徐州黄河
Xu Zhou Huang He

徐州黄河

（上卷）

政协徐州市文史委员会 编

李荣启 主编

中国文史出版社

《徐州黄河》编撰委员会

主　　编　　李荣启

副 主 编　　陈　萍

编　　委　　杨道君　　卜凡敬　　刘立纲

　　　　　　赵明奇　　田秉锷　　刘存山

　　　　　　黄小葵　　肖　岚

撰写（上卷）赵明奇　　彭　校　　郭洪亮

　　　　　　韩秋红

悲欣交并黄河情

□ 李荣启

岁月的流逝，最能冲刷人们的记忆——即便与人们生存环境攸关的大事变亦不例外。现在还有多少人能把"徐州"与"黄河"联系在一起？我是出生在徐州黄河故道上的人，看过了近半个世纪的沧桑变化，尚不知"故道"的身世！2011年起，我在市委副书记任上，奉命主持黄河故道二次综合开发，职责所系，需追根求源，方能谋划全局。通过搜求史料，我震惊了：黄河，这条中华民族的母亲河竟然在徐州境内流淌过七百多年！

从南宋高宗建炎二年（1128）至清文宗咸丰五年（1855）的728年间，黄河夺淮，从河南中部东下，经鲁南、苏北接壤之地，蜿蜒奔腾，一泻千里，先后于响水、滨海之境注入黄海。其间，黄河主流曾经在徐州大地上横卷出四百里波涛。

七百年，四百里，数十代人的生命接力，数十米厚的黄沙淤积，这就是徐州的"黄河时代"所留下的"历史大数据"。

直到咸丰五年，黄河于河南兰考铜瓦厢决口北徙，经行豫东、鲁中而于利津注入渤海，徐州这才迎来了她的"后黄河时代"。恍然之间，这段"后黄河时代"又经历了173年！

"后黄河时代"的徐州，并未与黄河一刀两断——黄河走了，"黄河故道"还在；黄河走了，"黄河文化"还在。然而人们对黄河故道的记忆却是苦涩的，是与风沙盐碱、寒冷饥饿联系在一起的。"风沙不把人情留，打罢麦穗打谷头，哥嫂逃荒离家去，爹娘吊死在梁头"，就是黄河故道人民生活的真实写照。

新中国成立后，在党和政府的领导下，黄河故道沿线的人民群众植树造林、防风固沙、改良土壤、发展生产，同自然灾害的斗争从未停止过。但是，由于历史条件的限制，人们对自然环境的改造只是局部的、零碎的、不系统的，直至我们实施二次综合开发前，故道沿线多数地区还是水不通、路不畅，生产力水平低下，仍然是全市的一条"贫困带"。

因而，"后黄河时代"的徐州，必然要带着对黄河的"不了情缘"，即带着黄河的"历史烙印"或"文化符号"去梳理昨天，经营今天，进而创造明天。

启动实施黄河故道二次综合开发始于 2012 年秋，恰逢党的十八大召开之际，我们赶上了中央高度重视扶贫开发、高度重视生态环境建设的大机遇。一开始我们就确立了"高标准规划、综合治理、县（市）区联动、彻底改变面貌"的指导思想。在开发建设的方法上，始终以项目为抓手，坚持水利、交通、农业、生态、扶贫、旅游、土地整治"七位一体"，扎实推进中泓贯通、道路畅通、土地整治、产业提升、生态建设、环境整治、文化旅游、扶贫开发、城乡用地统筹"九项工程"，确保实现粮食增产、农民增收、产业兴旺、生态美好等"十大目标"。

在江苏省委、省政府的大力支持下，徐州涉及黄河故道的五个县（市）区统一行动，以"敢叫日月换新天"的胆略和力度，展开了史无前例的开发工程大会战。五年多的时间里，筹措投入资金 240 多亿元，开挖和疏浚故道中泓 228 公里，新建二级河道 206 公里，开挖土石方 6000 多万立方米，新建改建配套建筑物 350 多座，修建沿河二级柏油路 220 多公里，建成高标准农田 160 万亩，栽植绿化苗木 300 多万株，建设大型湿地公园三处，增加储蓄水量 1 亿多立方米……

这些抽象的数字，对于没有从事过工程建设的人来说，或许没有多少概念，但当你乘车驶上新修的黄河故道观光路，就会有融入田园风景画的感觉——宽阔清澈的河水、花红柳绿的林带、品种多样的果园、红绿相映的万顷荷田、金黄飘香的稻谷、粉墙黛瓦的农舍都会让你陶醉。

黄河故道变了，由"贫困带"变成了"增长极"，变成了名副其实的休闲观光带，变成了徐州市优质农产品的生产带和宜居宜业的生态走廊！作为"徐州人"，尤其作为"徐州黄河人"，对徐州段黄河变迁的记忆是经历了层层叠加的。生逢盛世，托命大业，并目睹徐州母亲河的巨变，我视之为人生之幸，且时时萌生着不枉青春、无愧时代的感叹。

为了留住记忆，保存史料，启迪后人，徐州市政协启动了《徐州黄河》的编撰。本书的刊布，当可慰藉徐州人的黄河情缘，而从历史传承的角度看，我更倾向于将本书视作一部徐州人的"黄河叙事诗""黄河抒情诗"。

黄河从雪山走来，归宿是沧溟；黄河从历史走来，无尽是明天。这就决定了每一个枕着黄河涛声的城市，都会酝酿着自己的黄河之梦。"黄河清，圣人出"，或是昔日的期盼；"黄河清，百姓富"，则是今天的福祉。

从治理黄河，到阅读黄河，我们经历了实践向思维的飞跃，自然也感受了从悲凉向欣悦的升华；当我们从阅读走出，再回黄河治理的现场，或许可以感知："物我两忘"之境的实现，"天人合一"之境的迫近，从来都要凭借"人"的先觉与先醒。所以，面对徐州境内黄河故道的青山绿水，我们追怀的是历史，敬畏的是天道，感恩的是时代，珍视的是有为……这，也许就是经历了黄河磨难又成全了黄河新生的徐州人的精神禀赋吧。

是为序，与所有关注黄河、关注民生的朋友共勉。

2017年10月于徐州

目 录

上 卷

第一章
山川形胜　得天独厚
——古代徐州之地望

远古洪荒，印度板块搛入亚洲板块，东方大地不断崛起，沧海东退，江淮成陆，河泽安澜，土地肥沃，为江苏这个省份的经济社会发展造化了美好的舞台。五千年的历史洗练，五千年的文化陶冶，江苏不仅成为全国经济最发达的地区，并且拥有灿烂的区域文明成果和丰富的历史文化资源。

　　地壳造山运动，挤对泰山山脉至大别山脉形成一条东北至西南走向的褶皱，阻隔了中原与江淮的交通。然而，就在这阻隔带上有一个缺口，北来的泗水，西来的获、汴诸水以及后来的黄河在此相会，汇入淮河，再经邗沟以及日后的运河连接长江，串通了中国辽阔的西北与宽广的东南。在山脉与水脉交叉的口岸边逐步形成了一个城市，历史上因长寿的彭祖封国于此而叫彭城，这就是今天位于江苏省西北端的徐州城。

　　徐州城因山河形胜、交通优势自古为兵家必争之地，无论环境如何变迁，制度如何兴替，千百年来始终保持战略襟要的中轴地位。徐州城因帝王辈出、群英荟萃又是天下闻名的千古龙飞之地，历史上曾经是诸侯国都、西楚王都、刺史、郡守、州牧、知州、知府、道台等军政衙门的驻地，始终都是地方政权统治中心、相关战役军事指挥中心、淮海城乡经济调控中心和周边地区文化传播中心。近代以来，津浦、陇海铁路在这个苏鲁豫皖接壤地区的中心城市交会，南国重镇、北国雄关的地位更加突出。1904年，清末状元张謇在《徐州应建行省议》中奏曰：徐州为众星之月，"因时制宜，变散地为要害，莫如建徐州为行省"。①

　　进入21世纪以来，徐州成为江苏省规划建设的三大都市圈之一。高速铁路的运行，使传统铁路地位产生了质的飞跃；纵横交错及绕城四环高速公路的建成，为可持续发展打下了良好的基础；观音机场国际化二期工程的建设，缩短了徐州城与世界的距离；数字化通讯骨干网、局域网的建设，不仅使徐州跃上发展数字化城市的平台，亦奠定了徐州在淮海地区信息枢纽的地位。昔日的兵家必争之城成了商家必争之城；昨天的龙飞凤舞

---

① 张謇：《徐州应建行省议》，张孝若编：《张季子九录·政闻录》卷3，中华书局1931年版。

之地，又呈现出更加繁荣兴旺的景象；徐州这片饱经洗礼的热土已浑然天成为一个山中有城、城中有山、山水天全、人和天和、大气雄厚、超然俊朗兼具北雄南秀的历史文化名城。

图1-1 今日黄河故道

千里黄河影响了这个城市，淮海大地营养了这个区域中心城市，这个城市亦引领着这个地区的潮流和崇尚；通过向心和发散的历史积累，逐步在中华大地上形成了特色鲜明的文化单元片区。

徐州文化区是个天（时代）、地（区域）、人（人物）三维动态的文化圈，在不同历史时期孕育出不同特色的文化体。这些铭刻着乡土标记的文化体以徐州（彭城）城市群为中心和节点，在不同源动能的作用下发出巨大的辐射力与凝聚力，证明了自体的历史价值、科学价值、艺术价值以及在国家、国际文化丛林中的文化地位，塑造了徐州壮美的文化形象，营建了徐州纯美的精神家园，酿制了徐州子子孙孙甜美的文化营养。

然而，这些文化收获毕竟植根于这里的山川土地和人文环境。

第一节 地理面貌及环境变迁

徐州市位于江苏省西北部，地跨北纬 33° 43'~34° 58'、东经 116° 22'~118° 40' 之间。东邻连云港市东海县，宿迁市沭阳县；南接宿迁市宿豫县，安徽省泗县、灵璧县、萧县、砀山县；西依山东省单县；北靠山东省鱼台、微山、苍山、郯城等县和枣庄市。徐州市域东西最长 210 公里，南北最宽 140 公里，总面积 11258 平方公里，占江苏省总面积的 11.09%。其中徐州市城区面积 3037.3 平方公里。

7000 多年前，苏北是一片汪洋的浅海，并形成这一时期的海相沉积。两汉时期，苏北东部平原尚未完全形成，海岸线在灌云—阜宁—盐城—东台一线，海岸线以西，分布着大面积的潟湖和沼泽。[①]北部徐州的丰、沛、铜山、邳州、新沂、睢宁和连云港的东海、赣榆，承鲁南山地之余脉，地势稍高，自新石器晚期以来已形成较为发达的农业文明。上古徐州为九州之一，是战国时人们崇拜大禹托古创制的理想区划之一，泛指泰山以南、淮河以北、大海以西、豫州以东一片广袤的自然区域，专名袭取方圆之内的徐族、徐夷、徐国；而"徐"的文字起源则是更原始的徐人崇鸟仿生的建筑物象形加人类群聚的会意。《尚书·禹贡》将九州分为九等，徐州土质上中，名列第二；徐州的贡赋中，属第五等。彭城是中国最古老的城市之一，为该区域中心城邑。以彭城为中心的淮海地区在北宋以前是沿海经济链中最富裕的地区。气候温润，土质优良，众水归淮，农耕条件得天独厚，滋养了彭城及周边其他城市的发展。北宋以后，黄河侵泗夺淮，水患频繁。黄水裹挟黄土高原巨量的泥沙泛滥黄淮平原，致使土地盐碱沙化，徐州城市群周边农村遂沦为贫困地区，淮海地区亦沦为我国沿海最贫瘠的一环。

今之徐州市位于华北平原的东南部，域内除中部和东部存在少数丘岗外，大部皆为平原，主要是位于西北的徐沛丰小平原和位于东南的铜邳睢小平原。根据成因大致可分为剥蚀、堆积和黄泛冲积 3 种类型。丘陵山地

---

① 吴必虎：《历史时期苏北平原地理系统研究》，华东师范大学出版社1996年版。

分两大群：一群分布于市域中部，山体高低不一，其中贾汪区中部的大洞山为全市最高峰，海拔361米；另一群分布于市域东部，最高点为新沂市北部的马陵山，海拔122.9米。徐州市全境的地势由西北至东南缓缓倾斜，地面高程从丰县的45米，逐渐下落为徐州城区的30米左右，到新沂市为19米。徐州城区地势因横贯城区的黄河故道高出两岸3~9米，使得地表略见起伏。徐州市域主要矿藏资源有煤、铁、石灰岩、大理岩、硅石、石膏、富钾砂页岩、岩盐、黏土等。此外，金刚石及伴生矿物亦有多处发现。

图1-2 丰县二坝古黄河大堤

第二节 山川形势及交通形胜

"彭城山峻以踞，水奔以驰""环山堪为城，汴泗堪为池；进可攻，退可守"，加之城郊有平坦开阔地，是进行大规模军事行动的重镇，一向被称为险国严邑、金城汤池、南北锁钥、东西咽喉，得失至关王朝兴衰。项羽因彭城为"天下之脊"，可"虎视中原、背依三楚"而定都于此。公元前201年初，西楚王都的失陷，致使霸王别姬，自刎乌江，大汉王朝应运而生。1948年12月1日淮海战役中的徐州城得以解放，致使全世界看到新中国诞生的曙光。文史修养深厚的毛泽东说："徐州是兵家必争之地。"闻讯淮海战役大捷，他大笔一挥，欣然题曰："人民的胜利"。

徐州位于中原、齐鲁、江淮之交，上古时代陆路交通即四通八达。秦始皇统一天下，"车同轨，书同文"，徐州有八条车马大道通往四周各政治、经济都会，使徐州成为文化思想荟萃地、南北货物集散地。（参见史念海《秦汉之际徐州陆路交通图》）汉代至清代，徐州的陆上线路虽有调整，馆驿制度亦有变化，然陆上交通格局没有太大变化。唐代任山驿、大彭馆是徐州城郊官吏迎饯、公书递转的著名驿站。明清时除陆驿沿用，还出现水陆并用驿站，徐州城附近著名的有彭城驿、东岸驿、利国驿、桃山驿、房村驿等。

图1-3 明代"大彭驿"残碑

春秋末年，吴王夫差开凿邗沟和菏水运河。菏水运河使黄河、济水与淮河相通，邗沟使淮河与长江相通。徐州城雄峙水上交通干线之上，不仅增强了城市军事地位，同时也增加了商贸地位。战国时，魏国开挖鸿沟，连通汴水。汴水自开封分流后经商丘一支古称获水，东汉王景治河后通称汴渠。汴渠在徐州城东北注入泗水，使江淮赴洛阳、大梁的路线更加便捷，给徐州城带来了繁荣昌盛。隋唐运河通济渠虽不经徐州城，但位于徐州境内的运河要害——埇桥仍由徐州控制，事关朝廷安危。1128年，宋王朝看到前几年黄河决口的威力，欲借泛滥之力阻止金兵入侵，令杜充扒开黄河，从而牵动主流，致使黄河夺汴夺泗，合淮入海。元明清时，京杭大运河沟通五大水系，徐州段借道黄河（原泗水）经徐州城下。朝廷在戏马台设户部

图 1-4 "河清门" 匾

分司，管理漕政、税政、储政；在奎山下设广运仓，掌粮税征收、军粮转运、灾荒储备；在吕梁洪设工部分司，掌河道疏浚。每年经徐州城北上粮船12000多艘，运量400万石，加之民船无数，盛况空前。吕梁、百步二洪专职纤夫3000余人，逆流而上，号声震天。黄河沿岸客商云集，船民如蚁，熙熙攘攘，繁华至极，誉为"五省通衢"。清咸丰五年（1855）黄河北徙，徐州水路交通地位一跌千丈。1911年津浦铁路修成，1915年、1925年陇海铁路西、东二段先后修成，徐州城再次成为全国交通枢纽、区域物流中心、军事争夺的焦点。

解放后，两大铁路复线修通，京杭运河新航道的整治开通，国道、省道公路网的建设，使徐州枢纽城市的地位进一步提高；改革开放以来，高速铁路网、高速公路网的建设，国际化航空机场的建成，输油管道的运行，以及光缆干线等现代传媒骨干工程的建成，一套现代化大交通、大物流中心格局在这里业已形成，徐州城千百年来交通区位优势的"风水"得以保持，为新世纪跨越式可持续发展奠定了空间关系基础。

第三节 经济地理及生产物产

远古徐州气候湿热多雨，植被茂密，所属境内邳州出土 3.5 米的一对象牙化石可见一斑。上古徐州气候温润，修竹桑园。《尚书·禹贡》记载徐州的贡品"篚玄纤缟"是我国有关丝绸最早的文献记载；"五色土"象征东西南北中，用以祭祀天地；"泗滨浮磬"，则是制作国家礼仪大典乐器的材料。

汉代徐州地区的气候较现在温暖湿润。"西汉至东汉初，我国气候正处在五千年来第二个温暖期内。"根据竺可桢所绘《五千年来中国温度变迁图》可知，秦及西汉时期，平均气温较现今高约 2℃。佐证这一结论的还有正史文献《史记·河渠志》：汉武帝元丰元年（前 110）堵塞黄河决口瓠子口，"下淇园之竹以为楗"。淇园在今河南省淇县西北，位于北纬 35°，竹子为亚热带植物，苏北又在此线以南。由此可知，西汉时期的苏北确属亚热带气候区。"到了东汉时代即公元之初，我国天气有趋于寒冷趋势"，平均气温较现今低约 0.7℃。气温虽有转凉趋势，但与现在相差很小，亦处在相对温暖时期，比较适合农业生产。因此，苏北地区的开发虽然略晚于黄河中下游流域，但是因为其自然条件优越而不断加速开发。[1]古代徐州盛产煤铁，早在汉代，利国监设置铁官，开采铜铁，铸剑制镜，名扬海内外，日本出土汉三角缘神兽铜镜就有"铜出徐州"四字。

及东汉末年，徐州地区先后为刘备、吕布、曹操所占，江淮地区则为袁术掌控，军阀混战更趋激烈，苏北地区遭到更严重的破坏。建安三年十月（198），曹操又东伐吕布，采用谋士荀攸、郭嘉之计，决泗水、沂水灌下邳城，致使生民涂炭，徐州地区的经济也就开始下行了。魏晋隋唐时期，徐州地区自然灾害虽然不太严重，然其地处要冲，战争不断，经济发展亦受影响，但总体在全国仍处于中等偏上水平。

宋代元丰年间，苏轼在徐发现煤炭，写了著名的《石炭诗》，为中国

---

[1] 竺可桢：《中国近五千年来气候变迁的初步研究》，《考古学报》1972 年第 1 期。王子今在《秦汉时期气候变迁的历史学考察》（《历史研究》1995 年第 2 期）中认为"许多资料可以表明，秦汉气候确实曾经发生相当显著的变迁。大致在两汉之际，经历了由暖而寒的历史转变"。

煤炭工业留存了珍贵的历史文献。南宋以后，黄河泛滥，黄色的沙土漫淤了肥沃的青黑色本土，农耕条件逐年恶化，农业经济受到土壤、水文和小流域气候的制约。1882年，胡恩燮创办利国煤铁矿业，为徐州近代化民族工业开端，丰富了徐州多元经济。1912年，袁世凯弟袁世传采用机器化生产，修筑运煤铁路支线，形成日产500吨规模。1938年秋开始，日寇实行掠夺式开采。抗战胜利后，国民党政府将煤炭纳入战略物资，大规模开采。这些又带动机械、电力产业和服务业。随之而起的榨油、酿造、面粉加工、纺织制衣等轻工业、手工业也随着城市人口的增加而兴盛。

第四节 行政区划与建制沿革

徐州，因历史上曾是古徐国辖境而专名曰"徐"；设置市级行政建制，"徐州"遂成专名。

"徐州"之名，最早载于《尚书·禹贡》，当时系指"北至泰山，南至淮水下游，东至黄海，西至济水东岸"之广大地理区域，并非行政区划。新石器时代，在今徐州市境内渐次出现了史前文明邳州刘林遗址、大墩子遗址，新沂市花厅遗址，丰县邓庄遗址和徐州市区的下园墩遗址。1955 年 5 月发现的下园墩遗址，位于今之江苏师范大学云龙校区及周围地段，是一处规模较大的龙山文化遗址，延续的时间很长，上层已经到了商周时期。龙山文化已经进入文明社会，距今 4300 年左右。因此，下园墩龙山文化的创造者是徐州城市的直接先民。公元前 21 世纪，生活在今苏北鲁南地区的东夷部族之一大彭氏族的首领彭祖，被帝尧封于这一带，始建大彭氏国，这是徐州城早先得名彭城之原因。夏商时，彭国一直是东部方国中的强国，直至公元前 1208 年（商王武丁四十八年）为商所灭。彭国虽亡，彭城却始终没有停止发展的脚步。

西周时，分封诸侯，商纣王同母庶兄殷微子启被封于宋，今之市区、丰、沛、铜山、邳大致属宋，睢宁偏东，大致属鲁。（《汉书·地理志》）

《左传·成公十八年》（前 573）载，晋宋联盟与楚郑联盟争夺"彭城"，"彭城"之名最早在典籍中出现。因此，徐州又是江苏省较为古老的城邑之一。彭城在春秋为宋属"彭城邑"，战国时归楚，秦置彭城县，属四川郡，郡治在相（今安徽省淮北市境内）。秦汉之际，楚怀王孙熊心、西楚霸王项羽定都彭城。

公元前 201 年，刘邦将淮西三十六县交由其弟刘交治理，国号楚，都彭城。东汉章和二年（88），改彭城国。三国曹魏明帝时，从下邳迁徐州刺史部治所于彭城，"彭城"与"徐州"作为城市名称开始叠合，"彭城"自始称为"徐州城"，两个名称又多次交互成为中央管辖、下设若干个县邑的行政单位。

南北朝刘裕代晋后，将北徐州（淮河北）改为徐州，州治彭城，下辖彭城 12 郡 34 县。公元 465 年，北魏占领徐州后设置徐州都督区，下辖彭城等 7 郡，范围大抵在徐兖连淮地区。

隋初，置徐州，领彭城、淮南二郡。隋炀帝大业三年（607），改州为郡，全国分为 190 郡，彭城郡统 11 县，彭城、蕲（今安徽宿州南）、谷阳（今安徽固镇西）、沛、留、丰、萧、滕、兰陵、符离、方于（今山东金乡东）。（《隋书·地理志》）

唐初，置徐州总管府，领徐、邳、泗、鄑、沂、仁六州，本地区大部分属徐州、邳州。徐州领七县，即彭城、萧、沛、丰、滕、符离、诸阳（贞观二年废，入符离）。邳州领三县，即下邳、郯、良城（武原县改，今之邳县西北）。（《旧唐书·地理志》）唐玄宗天宝元年（742），改徐州为彭城郡；肃宗乾元元年（758），又复称徐州；宪宗元和二年（807），置武宁军节度使，治徐州，领徐、泗、濠三州；懿宗咸通三年（862），置徐州团练防御使；咸通十一年，赐号感化军节度使。五代时，本地区大部仍属徐州管辖。

北宋初，太宗至道三年（997），划全国为十五路，徐州属京东路；神宗熙宁七年（1074），分京东路为京东东路和京东西路，徐州属东路；元丰元年（1078），改属京东西路。时徐州领县五监二，即彭城、沛、萧、滕、丰五县和宝丰监、利国监。

南宋时，淮河以北均为金朝占领。金在其领域建五京，置十四总管府，合称十九路。时本地区属山东西路，大致为徐州、邳州辖境。徐州领县三镇五，即彭城、萧、丰三县和吕梁、利国、汴塘、白土、安民五镇；邳州领县三，即下邳、兰陵、宿迁三县。（《金史·地理志》）

元世祖至元八年（1271），本地区大部分属河南行省归德府。归德府领徐、邳、亳、宿四州。徐州领萧县；邳州领下邳、宿迁、睢宁三县。当时丰、沛县属中书省济宁路，至元二年（1265），沛县并入丰县，三年从丰县析出。（《元史·地理志》）元末，鉴于徐州在政治、军事上的重要地位，升徐州为徐州路，领滕、峄、邳、宿四州。顺帝至正十二年（1352），因镇压"芝麻李"起义，徐州城毁人亡，临时迁址于奎山，次年，降为武安州。（明嘉靖《徐州志》）

明初，徐州属中都临濠府。洪武十四年（1381），升为直隶州；永乐迁都后，徐州隶属南京，领丰、沛、萧、砀山四县。时邳州、睢宁以东均属淮安府。

清初，大体沿袭明制，徐州仍为直隶州，属江南省。雍正十一年（1733），升直隶州为府，析散州境置铜山县。时徐州府统辖一州七县，即邳州和铜

山、砀山、萧、丰、沛、宿迁、睢宁七县。①

民国初年，尽废旧有行政建制，将江苏省分为五道，本地区为徐海道，道尹公署驻铜山县（今之市区），辖境除原有八县外，增东海、灌云、沭阳、赣榆四县。1928年，

图 1-5 明代徐州黄河图

废徐海道。1931年，置徐州行政督察区。1938年，徐州沦为日寇统治。1943年，日汪炮制了伪淮海省，辖二十二市县。1945年，国民党政府将铜山县第一区析置徐州市。

解放初，徐州市为山东省辖市，领铜山县。1952年，徐州市划回江苏，由省直辖，同时设立徐州专区（辖一市九县一盐区）。1962年，连云港改由省直辖，徐州专区辖八县。1983年，实行市管县行政建制，撤销徐州地区，另析连云港市。徐州市现辖丰县、沛县、睢宁县、邳州市、新沂市、铜山区、鼓楼区、云龙区、泉山区、贾汪区共10个县（市）区。现全市总人口1023万人。

徐州市主城区有云龙区、鼓楼区、泉山区，加上融入的铜山区的铜山镇和经济开发区，不计流动人口，人口总数约108万人，是个拥有4000多年人类不间断居住历史和有确切文字记载2590（573+2017）年历史的区域中心城市。

---

① 雍正十一年（1733）徐州升州为府，辖上述八县。1953年新沂县划归徐州地区。1955年，原属徐州地区的萧、砀山县划归安徽省。现徐州市辖有丰、沛、邳、铜山、睢宁、新沂六县市。

第五节 区位优势与人文荟萃

上古三代，在中华大地上南北居中的彭城秉承炎黄文化遗传，形成了以和谐安康为主题，以领袖彭祖为标帜的区域文化，通过吸纳避战北迁的徐国文化，形成了物质与精神、生产与生活都很先进的本土文化区域。

春秋战国时期，以彭城为中心方圆300华里，是儒家思想和道家思想发源地。老子与孔子在城北沛泽相会，孕育中国传统人文意识形态；孔子讲学多次途经彭城，在城东吕梁观水一叹，"逝者如斯夫"遂成为万代警世通言。三晋、三秦、中原、齐鲁文化与荆楚、吴越文化在此交会，在本土的温床上，孕育了汉朝开国皇帝和一大批文臣武将。

汉初，徐州风俗随着"非刘氏莫王"的政治势力流布天下。楚王刘交尊儒尚经，彭城一时成为学术中心，为"独尊儒术"进行部分理论准备；东汉，楚王刘英礼佛兴寺，彭城又成为佛学中心之一，为封建社会"儒家正统，道佛两翼"的思想格局补充了条件。

东晋南朝时，佛教大都经徐州传布江南；北魏时，孝文帝亲临徐州请高僧组团赴首都平城（大同）讲学。徐州高僧率弟子传教的同时，亦励行改革，使云冈石窟的营造由西域风格转向汉化，奠定了今天这个世界文化遗产的主体风貌。嗣后，随着孝文帝迁都洛阳，龙门石窟的兴建亦留下了徐州佛韵。

隋唐两宋，帝王将相、迁客骚人在徐州流连忘返，留下了无数风流韵事和优秀的诗词歌赋。元明清时期，运河形成一条纵贯南北的文化带，徐州位于南北居中，起承转合，亦涌现许多文人墨客，遗存许多不朽的篇章。

民国时期，徐州人民以大无畏的精神献身革命，出现了一大批旧民主主义革命志士和抗日壮士，也出现了一大批革命英雄和艺术大师。许多非徐籍的革命家和革命烈士亦献身这片热土，谱写了壮丽的史诗。

文化风韵滋润了徐州，历代风流活化了徐州，从这个多元的舞台上，人们既可以领悟造化进化的哲理，亦可追闻先贤玄奥灵动的心音。纵观人类社会4000年，无论国都在西、在南、在北，彭城始终处于三个政治中心密集区的中心方位。无论是王朝更替，还是经济重心转移，徐州城市始终处于向心和发散的轴心段位，政治、军事、文化地理的襟要地位十分突出。

第六节 民情风俗与文化特点

一部徐州历史，是刀光剑影的争雄史，是大河横流的苦难史，是南北文化的交融史，亦是人文荟萃的创造史。徐州历史完整，千年一贯，史不断线，始终与祖国的命运息息相关；徐州风尚典型，南北交融、东西并蓄，涵具以"有种""讲究"为标志的勇敢仁义之风；徐州文化底蕴深厚，秉地域风土之优，融上古众家之长，开汉朝文化之先，启后世人文之绪，为民族打上了永不消失的烙印。

中国传统文化是在中华大地上由不同时代、地区、民族所形成的共同文化的复合体。徐州历史文化是徐州人在各个时期创造的反映徐州区域文明程度的物质和精神成果的文化总和。具体而言，从文化内容上看，徐州传统文化与中国传统文化是部分和整体的关系；从文化形态上看，二者是具体和抽象的关系；从文化属性上看，二者又是个性和共性的关系。这种共性关系可以具体归纳为两点：

第一，徐州历史文化是中国传统文化的源头之一，是融入中国传统文化的一部分。远古时代，徐州区域以适宜的自然地理和气候条件成为华夏先民的理想生活场所。距今五千余年的北辛文化时代的徐州先民已有了较为发达的农业；大汶口文化类型的邳县大墩子遗址中发现了造型优美的彩陶，说明当时徐州先民已掌握了较高水平的手工业技术和审美价值观；龙山文化时期，生活在徐州区域内的东夷部落已掌握了冶铜技术和原始城堡及吊脚楼的建筑技术。①

在神话传说的时代，徐州先民建立了一些古方国。比如，在帝尧时代，彭祖在今徐州境内建立了大彭氏国。彭祖的导引吐纳术和摄食养生法后来融入中国传统文化中，至今仍发挥着现实的功能。其他的如邳国、钟吾国、萧国等都在这一区域内。历史上，淮泗流域的徐国声势浩大，影响深远。古代九州之一的徐州和现在的徐州市均得名于它。

先秦诸子中的道家、儒家、墨家等创始人都在徐州区域内从事过他们

---

① 朱存明，安宇等著：《淮海文化研究》，西苑出版社2000年版。

的学术活动。比如，老子、孔子、墨子、孟子、庄子的出生地和主要学术活动地都是在今徐州市为核心的方圆200公里的古徐州境内进行的。可以说，徐州传统文化最突出的贡献就是在这个区域里产生了中国传统文化中几个主要的思想流派。儒、道、墨都是在大徐州区域内孕育而生的。

作为中华文明源头之一的徐州历史文化，在长期的历史发展过程中，与其他区域文化经过多次复杂的撞击、裂变、整合，相互影响，不断更新，最后殊途同归，凝聚成多元一体的中国传统文化，铸就了中国传统文化异乎寻常的凝聚力和经久不衰的生命力。

第二，徐州历史文化具体体现着中国传统文化的价值取向。中国传统文化在其历史发展的过程中，通过对自然、社会以及理念等各种事物的认知和评判，逐渐展示了自己的价值观念，并在儒、道、释诸学派的价值原则中获得了自觉的价值取向。同时，这种价值取向也体现在具体展现中国传统文化精神面貌的徐州传统文化之中，形成了徐州传统文化内涵丰富的价值系统，反映出徐州区域内不同社会集团的不同利益需要和不同的人生追求。①

以"仁"和"义"为思想核心的儒家文化所提倡的血亲人伦、现世事功、道德修养等思想都在徐州传统文化中展现得淋漓尽致。强调血缘纽带是"仁"的基本含义，是人性的最高表现，也是人的美德的最高概况。"义"是"仁"的价值判断准绳，是与"礼"——既成的社会等级名分和约定俗成的传统观念相吻合的社会规范。因此，"舍生取义"是徐州传统社会人生价值的最高体现。在中国漫长的史河中，徐州传统社会在实现"仁"和"义"的人生价值中涌现出无数的贞女烈妇和忠节孝友。据徐州地方志记载，徐州地区仅在清代被辑录在册的贞女烈妇就有三千三百八十九人；忠节孝友约有五千人。②

徐州区域是中国道家文化的旺盛之地，崇尚自然无为的道家思想对徐州传统社会产生了巨大的影响。在道家文化中，"道"被看作是流贯宇宙和社会人生的唯一规律。规律的表现形态就是自然的运行。因此，道家文化认为"自然无为便是'德'"。这种思想给徐州人的精神性格打上深刻的烙印。顺应天道，崇尚无为，以冷静超然的心态面对尘世的纷争，这在徐州历史上造就出许多急流勇退、隐逸流寓的名士，如东汉时期徐州名士姜肱

---

① 朱存明，安宇等著：《淮海文化研究》，西苑出版社2000年版。
② 赵明奇主编：《新千年整理全本徐州府志·人物传、烈女传》，中华书局2001年版，根据其中相关资料整理。

为了拒绝汉桓帝征其做官的诏令而远走他乡。另外，道家文化的超世主义也对徐州产生了重大影响，从而造就出许多不事权贵、不媚时俗的刚正不阿的义士，如西汉时期徐州名士龚胜愤恨王莽篡汉自立，拒不接受王莽征其做官的诏令，绝食十四日而亡。但是，道家文化所强调的自然无为思想也为部分徐州人长期不作为找到借口。①

徐州历史文化在体现中国传统文化价值取向的同时，还折射出中国传统文化刚健有为、自强不息、厚德载物及中庸尚和的基本精神。但是，徐州历史文化作为徐州这一方水土的文化，在漫长的封建社会中得到充分的发展，以至于形成巨大的历史惯性，构成了一些较为显著的特征：

其一，汉文化厚重地区的稳定性和排外性。外来文化的传入纵然会对本地区的社会发展、生活变迁产生一定的作用与影响，但外来文化在传入的过程中又不可避免地遇到强劲的长期支撑本地区的传统文化的制约。两种异质文化的相遇必然会发生冲击与碰撞，然而只有在这种冲击与碰撞中才能产生新的火花，加速着社会的发展与变迁。

徐州历史悠久，在其发展过程中逐渐形成了具有区域文化特点的思想观念、价值取向、道德情操、生活方式、礼仪制度、风俗习惯、宗教信仰、文学艺术等许多层面的传统区域文化，这种区域文化是保留在徐州民众中间具有稳定形态的中国区域文化。徐州历史文化的厚重性主要源于在其形成发展的历史过程中，地理环境、人文环境和社会政治环境都对其发展面貌及特征产生过重大的影响，经过历史长河中的不断磨炼更新，体现了其历史积淀的厚重性与稳定性。因此，当外来文化侵扰时，这种厚重性便会首当其冲与其产生对立、碰撞，直到最后融合形成一种全新的文化形态，以此来促进社会的发展与变迁。

其二，交通枢纽地区交流的迅捷性与多元性。中国历史上优先发展成为大城市的总是那些位于国家门户位置或地区性的门户位置，又具有优越的交通地理位置和自然条件的城市。徐州自古就是我国东部水运的枢纽，京杭运河沿线的重要城镇，进入近代后，津浦、陇海两条铁路的先后贯通更是体现了其交通位置的重要性。这种交通位置的重要性为不同区域之间的文化在此交流和迅速传播创造了条件，也为外来文化能够传入徐州提供了可能。由于不同文化方便迅捷地在此交流、碰撞、融合，从而也使得徐州社会变迁的同时亦产生了多元化的形态。

① 田秉锷，郑敏芝：《徐州名人》，李荣启主编：《徐州历史文化丛书（三）》，中华书局2005年版。

其三，军事斗争频繁地区对文化的破坏性和地域人格的英雄主义色彩。徐州在我国历史上有着十分重要的战略地位。从春秋时期开始，这里就成为"兵家必争之地"。古代徐州"北扼齐鲁，南屏江淮，东进黄海，西接中原"，其四面环山、山丘起伏。大运河与故黄河穿境而过，与淮、沂、沭、泗河交错成网。徐州天然地具备了军事上易守难攻的地理优势，素有"北国锁钥，南国重镇"之称。北宋徐州知州苏轼对此曾有这样的记述："徐州南北襟要，京东诸邑安危所寄也。"占据了徐州，顺泗水南下可入江淮，能控荆楚与吴越；逆流北上，可制齐鲁与燕晋。近代以来，津浦、陇海两大铁路在此交会，徐州又进一步成为进可攻、退可守的军事战略要地。徐州之得失，关系全国之大局。辛亥革命元勋黄兴说："南不得此，无以图冀东，北不得此，无以窥江东，胜负转战之地也。"据顾祖禹《读史方舆纪要》和近代史料记载，从夏朝的"彭伯寿征西河"起，到人民解放战争时的淮海战役止，徐州一带就发生较大规模的战争400余起。这些战争有统治阶级内部为争夺统治权力而发生的战争，有农民起义和人民革命战争，有外国侵略者侵占徐州所发生的战争。

频繁的战争给徐州人民带来了深重的灾难，也给徐州地方文化带来一定程度的破坏。尤其是外国势力的侵入，强迫人民按其文化习俗和价值观念扭曲，形成殖民时代的标记。然而，长期在战争烟火中生息的徐州人民也形成了不畏强暴的抗争精神和强悍的气质。苏东坡在上皇帝书中说徐州人"胆力绝人"。徐州知府石杰在《徐州府志》序中写道：徐州人"好勇尚气"。民国十五年（1926）《铜山县志》记载，其民多有"质直，重然诺""劲悍"和"好勇轻死"的特殊气质。这样"有种"的人民若当外敌入侵时，一定会爆发出不畏强权，敢于斗争的豪气，如杀洋人、烧教堂等激烈行为。同时，也一定会给正常的、有序的文化发展带来起伏回环的不确定因素和跳跃递进的质和量变数。

马克思、恩格斯曾经说过，"统治阶级思想在每一时代都是统治地位的思想"[1]，在考察历史运动时，应该"考虑这些思想的基础——个人和历史环境"。由于先秦时期徐州是中国思想意识形态发生发展的中心地区，是文化交流、交通往来最便利的地区，是生活技能开化最早的地区，又是汉王朝最高统治集团核心人物的出生地和事业发祥地，所以徐州"人人能言

---

[1] 中共中央马克思恩格斯列宁斯大林著作编译局编：《马克思恩格斯选集》第一卷，人民出版社1960年版。

西楚事，个个善解大风歌"。汉文化不仅从源文化上塑造了徐州人的本质特征，亦为民族文化、国家文化的构建、发展、壮大做出了卓越的贡献。因为文化具有时代性、地域性特点，更具有超时代性、超地域性特点，因此，徐州历史文化具有内在的主体性、系统性和开放性，在建设新世界新文化中仍然具有超强的生命力。

第二章

黄河之水　天上来乎

——历史黄河之品评

第一节 源远流长文明久

滥觞于远古时期的黄河文明，迭经三代，再历秦汉，在唐宋时期走向成熟，以其悠久的历史，深远的影响，著称于世，在华夏浩瀚的文明史册中写下浓墨重彩的篇章。

一、先秦时期：文明滥觞

先秦时期创造出了中国灿烂的奴隶社会文化。战国之际，中国由奴隶社会迈入封建社会，实现了社会发展的第二次飞跃，为创造更加璀璨的封建社会文化拉开了时代序幕。黄河流域作为先秦时期中国的政治、经济、文化中心，在这具有划时代意义的历史时期，对中国古代文明的进步，发挥着至关重要的作用。

（一）晨曦微露

公元前 21 世纪，禹以黄河中游晋南、豫西地区为统治中心建立了夏朝，开启了中国历史上第一个奴隶制度王朝，亦使中国跻身于世界文明古国之列，黄河流域成为华夏文明的滥觞之地。

夏代，分布于黄河流域的龙山文化在农业、历法、手工业、建筑、文字等方面日臻成熟，展露出文明的曙光。

在夏王朝统治的黄河流域，农业文明得到长足的发展，农业生产工具得到进一步的改进，此时进入了"锄耕"下的"熟荒耕作制"，谷物与蔬菜成为稳定的食物来源，尤其是凿井技术的发展，使得农业灌溉技术走在世界前列。此外，"六畜"已成为畜牧业中普遍的驯养动物。

为了适应自然条件，提高农业生产，夏代出现了历法。夏王朝所在的黄河流域普遍采用"以建寅之月为首"的"夏历"，此种历法流传至今，为世界最古老的历法之一。此外，夏代还出现了天干纪日法。

农业的发展，促使了手工业的进步。纺织业在夏朝统治下的黄河流域得到大力发展，已出现麻布等纺织品，改善了人类的生存条件。染色技术亦有进步，《夏小正》就记载了当时黄河流域的先民们从蓝草中提取靛蓝在衣物上染色。夏代青铜铸造技术日臻完善，是中国青铜文化贵族化的开始，相传禹铸九鼎作为镇国之宝，象征王权至上。此时，黄河流域的制陶业已采用快轮技术，所制陶器形状规则，厚薄均匀。

黄河流域优越的生态环境使得栖息在这片黄土之上的先民们建造了许多村寨，夏代在黄河中下游出现了我国最早的城市和宫殿，如登封王城岗遗址、偃师二里头宫殿遗址等，这些都成为极富特色的中国古代建筑业的起点。建筑业的发展又进一步促进了中国古代几何学的发展。

夏代，黄河流域的先民们已用简单的符号文字记录重要事情，如在偃师二里头遗址出土的陶器上就有象形文字符号。

城市、青铜器和文字的出现与发展，是黄河流域文明的重要标志，使得黄河流域沐浴在华夏文明的晨曦曙光之中。

（二）青铜文化

在黄河流域继之而来的商周时期是中国历史上重要的青铜时代，其青铜文化在世界文化史上占有极其重要的地位。

商周时期的青铜冶炼技术已出现人工掌握铜、锡、铅的配比之法，精通合金"六齐"规律，这是世界上最早的合金配比冶炼科学技术。在农业生产中，大量青铜生产工具的使用有力地促进了社会生产的发展。青铜兵器的出现，使得战争规模不断扩大，加快了王朝更迭、国家统一的速度，推动了中国历史的演进过程。

图 2-1 司母戊鼎

商周时期的青铜礼器代表着社会等级制度和权力象征，大型青铜重器和精美绝伦的青铜礼器展示着商周青铜文化的繁荣。安阳殷墟遗址出土的"司母戊"大方鼎通高 133 厘米，重达 1750 斤，饕餮纹繁杂，四足挺拔，雄踞地面，气度非凡。该鼎是目前世界上发现的最大青铜器，见证着黄河流域拥有当时世界上最发达的青铜冶炼技术。在岐山县出土的西周时期的毛公鼎上有铭文 497 字，是目前世界上现存铭文最长的青铜礼器。

作为汉字雏形的商代甲骨文将中国信史推至 3000 年前，是世界上最古老的文字之一，为推动中国古代文化的发展发挥着至关重要的作用，在世界文化史上占有重要地位。

（三）文化摇篮

1. 古代哲学

春秋战国时期是我国由奴隶制社会向封建制社会转变的大变革时代，春秋五霸和战国七雄续写着黄河流域豪迈的历史。而在这 500 余年间产生积淀的宝贵思想文化与同时代的希腊思想文化共同构成世界文化史上的东西两极，相映成辉。

百家争鸣代表着该时期思想文化的繁荣，而其中的儒家和道家思想构成了中国传统文化的重要内容。文明悠久的黄河流域不仅产生了孔子、孟子、荀子、老子、庄子、墨子、孙子、韩非子等这些享誉中外的历史文化名人，还留下了诸如《论语》《孟子》《荀子》《道德经》《庄子》《墨子》《孙子兵法》《韩非子》等灿若星河的旷世名作，堪称古代东方思想智慧之集成，至今仍在世界文化领域发挥着不可估量的作用。

2. 古代科技

春秋战国时期随着冶铁业的发展，黄河流域普遍使用了铁制兵器和农具，远远地走在同时代的西方之前，尤其是牛耕技术在黄河流域的广泛运用，更是走在了世界农业文明发展的前列。郑国渠和漳水十二渠是当时黄河流域的大型灌溉工程，鸿沟是黄河流域的重要人工运河，这些都作为世界农业史上的重大工程而永载华夏史册。

成书于春秋末期的鲁国《春秋》一书中，对于发生在黄河流域的日食记录就达 37 次之多，这在世界天文学史上是无与伦比的，其中关于天琴座流星雨的记载是世界上最早的记录。

这个时期的数学成就，主要表现在计算工具算筹的发明和记数法的十进位制的确立方面。这些都是黄河流域对中国数学发展所做出的巨大贡献。医学也有长足的发展，托名曾活动于黄河流域的黄帝与岐伯讨论医学的著作《黄帝内经》，就是一部内容极为丰富的经典巨著，为中华医学理论体系的形成奠定了基础。涉及黄河流域的地理著作《山海经》《禹贡》等也相继成书，推动了中国古代地理学的大发展。

二、秦汉时期：文明发展

秦国一扫六合，秦始皇在黄河流域建立了中国历史上第一个统一的、中央集权的封建王朝。汉承秦制，在黄河流域继续着封建帝国的辉煌。在400 余年的秦汉时期，黄河流域文明在世界文明史册中熠熠闪光，中国文明史走向了更高的发展阶段。

（一）手工业

秦汉时期，黄河流域出现了铸铁柔化技术，即在高温下对生铁进行脱碳处理的炒钢技术，比欧洲早了 1900 余年。东汉末年，黄河流域出现了水力鼓风的"水排"，这对 18 世纪欧洲产业革命时期的蒸汽机设计有所启发。此外，黄河流域已经开始利用煤炭做燃料炼铁，欧洲直到 18 世纪才用煤炭冶铁。

（二）天文学

秦汉时期的天象记录更趋详尽完备，天文仪器具有世界领先水平，黄河流域的天文科学走在世界前列。《汉书·天文志》里详细地记录了发现的第一颗新星，比西方记录的资料更加准确。东汉时期伟大的科学家张衡对陨星和彗星做了细致的记录和准确的了解，比西方早了1500余年。他发明了我国古代第一台自动的天文仪器——水运浑象（浑天仪），在世界天文学领域中开辟了使用组合仪器的先河。他还发明了用于监测地震的地动仪和用于观测风向的候风仪，这比西方早了1000余年。

图 2-2 地动仪（复制）

（三）数学和医学

成书于东汉早期的《九章算术》集秦汉时代算术、代数、几何等内容于一书，促进了我国古代数学的大发展，其成就已经遥遥领先于同时代的世界水平，对世界数学的发展起到不可忽视的作用。

东汉时期"医圣"张仲景的《伤寒杂病论》是最早具有世界先进水平的医学名著，其中记载的人工呼吸急救方法比欧洲早了1700余年。

（四）科技和文学

作为中国古代四大发明之一的造纸术出现在东汉时期。蔡伦对絮纸进行了改造，使得黄河流域出现了一种新型的便于书写的纸张"蔡侯纸"。造纸术对古代世界文化的传播起到至关重要的作用。

汉代，黄河流域作为文化中心，汉赋与乐府民歌犹如中国古代文学上的两朵奇葩在此盛行不衰，为后人留下宝贵的古代文学资料。

三、唐宋时期：文明辉煌

唐宋时期是中国历史上空前繁荣的时代，经济发达，文化昌盛，其在黄河流域创造的灿烂文明对华夏乃至世界历史都影响深远，在世界文明史上占有举足轻重的地位。

（一）科技

印刷术肇始于秦汉时期的印章和墨拓石碑，迭经隋唐时期的雕版印刷，至北宋时期升华为活字印刷术。活字印刷术的发明是世界印刷史上的伟大创举，为古代世界文化事业的发展做出不朽的贡献。

战国时期创造的"司南",在三国时期被马钧制造成指南车,首次应用在黄河流域,这种利用齿轮传动控制枢纽机关的机械原理比西方早了1000余年。北宋时期,出现了用于航行的指南针。这为500年后西方航海家开辟地理大发现的伟大时代奠定了基础。

黄河流域是世界上发明火药的故乡,唐代晚期火药开始应用到军事战争中,开辟了人类历史上由冷兵器时代跨入热兵器时代的新纪元。宋代又进一步发展了火药术,丰富了热兵器的种类并提高了实用效果。13世纪中国的火药术传到了西方,为后来的欧洲资产阶级革命战火摧毁高大阴暗的封建堡垒起到非常重要的作用。

北宋时期造纸术得到极大改进,不仅提高了纸张质量,而且节约了成本,使大量纸张走入社会普通阶层,为人类文化事业的发展做出不可磨灭的贡献。

（二）天文学

北宋时期,朝廷在黄河流域的政治中心开封创制成结构复杂的组合式仪象,开创了启闭屋顶的天文台,设置了有擒纵结构的机械钟系统,集测时、守时、报时等于一身。该仪器是11世纪世界历史上最杰出的天文仪器,在世界天文史上写下光辉一页。

（三）数学

唐代李淳风对《九章算术》作注,引用了祖冲之父子对球体积的研究,使得这项闻名于世的精巧球积算法流传后世,堪称一部举世闻名的中国古代数学经典著作,亦是世界古典数学名著之一。

（四）医学

隋代巢元方奉诏撰写的《诸病源候论》中关于外科手术缝合技术的理论比西方早了1100余年。唐代"药王"孙思邈撰写的《千金要方》《千金翼方》两部巨著,在中医史上开创一代新风。他的《大医精诚》是世界上三篇著名的医学伦理名作之一。唐廷召集苏敬等人编写的《新修本草》是世界上由国家颁行的最早的一部药典,比欧洲早了1000余年。

（五）文学

唐宋时期是中国古代文学发展的强盛时代,作为文化中心的黄河流域产生的唐诗宋词在世界古代文学史上熠熠生辉,影响深远。"初唐四杰"的奔放,"诗仙"李白的浪漫,"诗圣"杜甫的感伤,"诗豪"王维的飘逸……使得唐诗百花争艳、群星闪烁,为当时东亚和东南亚各国人民所传诵,其文学魅力影响至今。北宋词人柳永的婉约,苏轼的豪迈……使得宋词姹紫嫣红、千姿百态,成为中国古代文学之冠上的璀璨明珠,在世界文学史林中奇峰矗立，影响久远。唐宋八大家之散文更是一树多花，瑰丽异常，为中国古代文学的繁荣发展锦上添花。

（六）艺术

汉字书写的艺术魅力，形成唐宋时期书法的独特风格。唐代"颜体"的雄浑圆润，"柳体"的爽利挺秀，"狂草"的连绵回绕；宋代"宋四家"的潇洒行云，"瘦金体"的铁画银钩……堪称中国艺术史上的奇丽瑰宝，至今仍在世界艺术长廊中魅力无穷。

图 2-3 宋代汝瓷

北宋瓷器名扬天下，黄河流域烧制的官瓷雍容典雅，钧瓷行云流水，汝瓷含蓄莹润，这些艺术珍品是中国古代文明的杰出代表，在世界文明史上影响深远。

（七）城市

黄河流域的西安、洛阳和开封是唐宋时期的政治、经济、文化中心，也是当时世界上著名的大都市。唐都长安（西安）规模空前，经济繁荣，文化发达，交通方便，汇聚了亚洲、欧洲、非洲各国的使臣、商人、留学生，人口多达百万，为当时世界上最大的都市。唐代东都洛阳情况与长安大致相同，亦为当时世界大都市之一。北宋首都开封经济繁荣，文化昌盛，车船辐辏，商业发达，城中聚居 20 万户，百万人口，是 11 世纪世界著名的大都市。

四、北宋之后：文明式微

靖康之乱，中原板荡，黄河流域兵燹不断，水患频仍，经济、文化重心开始移向江南。满清入关，闭关锁国，中外经贸往来、文化交流几乎断绝。黄河流域的文明创造日渐式微。近代以来，随着西方列强对华虎视鹰瞵，瓜分豆剖，黄河流域逐渐陷入半殖民地半封建社会的深渊。

第二节 沧海桑田大造化

华夏数十亿年的地质运动为黄河的诞生创造了得天独厚的地理条件。湖泊水系的演化对黄河的生成意义非凡，华北古陆是黄河成长的辽阔摇篮，黄土高原是黄河壮大的物质基础。奔腾咆哮的黄河在华夏大地上以伟大的神奇力量书写着沧海桑田的大造化。

一、黄河变迁

黄河诞生于距今一百多万年前的早更新世时期，从文字诞生以来的信史来看，黄河就以善决善徙而著称于世。

上古时期，黄河泛滥，造就大禹治水的千古传说。三代以来，黄河流徙不定，殷人逐水而八迁。东周定王五年（前602），黄河在今河南浚县宿胥口改道，成为历史上首次记载的黄河迁徙大事件。此次改道结束了奔腾千年的"禹河"路线。

战国之际，诸侯争雄。黄河流域的各国纷纷筑堤引水，以邻为壑，使黄河水系发生开天辟地的大变化。黄河裹挟而来的泥沙难以在华北平原上恣意宣泄，只得积潴于堤坝之间，致使河床淤高，终致河患频仍，溃流急泻。

秦汉时期，河决魏郡，自河南濮阳东下山东聊城、惠民，在利津入渤海，这一入海河道，相对稳定一千年。历经魏晋隋唐，黄河虽然决口无数，支流众多，但入海主道基本固定。

北宋以降，河患加剧。庆历八年（1048），黄河在濮阳商胡决口，北流泛道经大名、德州，在黄骅奔入渤海。建炎二年（1128），宋将杜充掘黄河阻止金兵，致使主流开始经徐州入海。

元明清三朝，黄河屡决屡溃，泛滥横行，致使豫东、皖北和苏北大地疮痍满目。清代咸丰五年（1855），黄河在兰考铜瓦厢决口，东北直下东明、梁山、济南，夺大清河奔入渤海，奠定现行黄河下游入海格局。

二、华夏再造

（一）构造华北平原

一万年前的晚更新世时期，黄河下游岗丘遍布，湖沼串联，华北平原远非近日所见的一马平川地貌。一万年来，黄河在华北平原的冲积扇，所带来的万亿吨泥沙不断沉淀积累，终于构造成广袤无垠的华北大平原。距今五千年前的黄河冲积扇在华北所堆积的泥沙竟厚达 60 米。商周以来，由于受到人工堤防约束，黄河冲积扇的泥沙堆积厚度不断缩小。纵观历史，冲积扇是黄河溃决，改道易流频繁之地，其中尤以地处黄河中下游的河南省为甚。在这些泛道与大平原的万亿吨泥沙中，积淀了极其珍贵的古代水文和社会人文信息。

（二）远古湖泊的消失

广袤的华北平原在远古时期曾是千湖之地，黄河蜿蜒其间，天然湖泊成为自然水源。商周以来，由于黄河泥沙的冲泻积淀，黄河上中游秦晋地区的上古湖泊率先隐退。太原盆地的晋阳湖曾有千余平方公里，先秦时期已经大为萎缩。唐代，晋阳湖已经收缩到 150 平方公里。元代，晋阳湖已沦为牧马草地。与黄河关系密切的中游湖泊多在唐宋时期消失。黄河下游的湖泊更受水沙冲击，变化巨大。西汉时期的山东大野泽（梁山泊前身）水域辽阔，北宋时期形成 800 里烟波浩渺的梁山泊。金元时期黄河泛滥淤塞湖水，到明清时期终于使其淤为陆野。秦汉时期，地处徐州丰县的丰西泽、沛县的沛泽亦受历次黄河泛滥泥沙淤塞，终被湮废。

（三）古城的湮没

黄河下游历史悠久，文化灿烂，古城星罗棋布，灿若星河。然而由于黄河泛滥，溃流肆虐，许多见诸史册中的历史古城毁于黄患之灾，湮废沦陷。古都开封享有"城下城"之称，其地表 12 米以下是宋金故城遗址；地表 7 米以下是明代故城遗址。徐州亦有"府上府"之称，地表以下分别叠压着明清、唐宋、秦汉时期的古城遗址。徐州东南的秦汉古城下邳现圮于湖泊之中。汉代内黄古城现深埋于 9 米黄土之下。汉代东昏古城深陷于 8 米黄沙之下。在黄河奔流的华北平原之上，众多古城被黄水湮废。黄河就是这样"一方面用它的水和沙哺育了中华民族悠久的古代文明，一方面又如此轻率地调侃了散布在它身畔的人文聚落"。

（四）地上悬河

黄河在华北大地夷平古城、扫荡村落的同时，也逐渐抬高河床，使其成为举世闻名的地上悬河。从兰考东去徐州四百余里，沿途可见蜿蜒延伸的"土墙"残迹，土墙之上树木丛生，附近村落鳞次栉比，这就是明清时期黄河故道的防洪大堤，大堤束缚的河床高出两岸村寨七八米。

黄河下游的淤积绝非一蹴而就，而是渐进淤积，逐次抬高，终于变成举世罕见的地上悬河。历史上黄河下游屡次决堤，洪水肆虐咆哮，给中华民族带来深重的灾难。

（五）河口的变迁

黄河塑造华夏大地，也体现在河口地区。三千年前大约有 44% 的泥沙被黄河输送到河口与外海，如今这一比例增大到 60%。从 1855 年到 1954 年的百年间，黄河河口海岸每年向前推进 150 米，其后加快到 420 米，每年造陆 23 平方公里。

七千年前天津的古海岸在今武清一带，距今海岸 70 公里。夏代，海岸向前推了 20 公里。西周时期，海岸向前推进至张各庄。汉代已到歧口、军粮城，北宋时期推进到塘沽。

河口延伸，向浅海倾泻泥沙，导致了淤沙反馈，使河口以上一二百公里持续地淤积抬升，成了一种溯源淤积。

第三节 济运灌溉两相宜

古老的黄河在泛滥咆哮、肆虐华北大地的同时，又以充沛的水量滋润着这块广袤无垠的黄土地，灌溉良田，惠及四方，使黄河流域成为历史悠久的农耕文明之地，在世界文明史上熠熠闪光。

一、先秦两汉时期

黄河流域的灌溉之业始于上古时期，商代沟洫工程开始有了文字记载，西周时期沟洫工程已经形成一定的体系。西周实行井田制，田亩四周辟为沟渠，功能齐全，相当于现代的干渠、支渠、斗渠、毛渠的作用。这些沟渠由稻人专门司掌，随时调节进水量。

春秋战国时期，黄河流域的大型水利工程初兴于魏国，其中最受称道的是西门豹在邺地（今河北境内）修凿的漳河十二渠。漳河十二渠使邺地经济迅速发展起来，还为后世留下不朽功业，以后历经秦汉隋唐，十二渠为当地农业发展发挥着巨大作用。战国末期，黄河流域大型水利工程的兴建逐渐进入成熟阶段，著名的郑国渠就在这个时候应运而生。长达三百余里的郑国渠使黄河流域的灌溉业进入了一个新的阶段，其中干渠的选线与渠道的"立交"技术是当时世界上最先进的水平。

先秦时期，黄河流域的沟渠规模虽然不大，但已形成了初级农田排灌体系，为后世大规模兴修水利奠定基础。

秦始皇一扫六合，开创了大一统的中央集权封建帝国。在其政治经济中心关中地区黄河经流、沟渠纵横、灌溉发达、麦浪翻滚。

西汉时期，在秦代水利建设基础上，大力兴建水利事业。元鼎六年（前111），汉武帝令内史倪宽在关中兴建六辅渠，扩大了郑国渠灌溉范围。太始二年（前95），汉武帝令白公兴建了著名的白渠。白渠西从郑国渠南侧引泾水，东到下邽注入渭河，全长200里，使得郑国渠与渭河之间4500余顷土地得享灌溉之利，"衣食京师，亿万人口"。汉武帝时期还在关中地区兴建了龙首渠，其隧道竖井施工法在中国水利史上占有重要一页。

二、魏晋隋唐时期

汉末天下纷乱，民不聊生。得水利者，得天下。曹魏统一黄河流域，以洛阳为中心，在中原广修水利，充分利用黄河支流沁水、济水、清水、淇水，扩大灌溉面积。青龙元年（233），卫臻在关中扩建了成国渠，大大拓展了灌区。同时还在开封一带修建淮阳渠、百尺渠，将黄河与颖水连接起来，发展了农业，为曹魏雄踞中原奠定基础。

西晋灭亡，五胡乱华，北方进入十六国纷争时期。前秦统一黄河流域后，宰相王猛督理关中水利，重新修复了郑白渠，使"岗卤之田"得到灌溉，增强了国力。北魏继起，重新统一北方，河套地区的水利事业走向新阶段。刁雍修复河套240里的干渠，使周围4万余顷农田得以灌溉，河套地区成为"官课充足，民亦丰赡"的富庶之地。魏孝文帝登基以后，令六镇、云中、河西、关内六郡"各修水田，通灌溉"，使北魏各地的农业生产与水利事业蓬勃发展起来。

隋末天下大乱，李唐扫平群雄，定鼎中原，在黄河流域建立起空前强大的封建帝国，以发达的经济，繁荣的文化，强盛的国力，享誉世界。同时，作为政治经济文化中心的关中平原的水利事业也进入高潮。久负盛名的郑白渠是这时扩建的重点。首先从引水工程开始，在泾河中用石块筑起分水鱼嘴石堰，将泾水分为两支：南支为主流，北支入郑白渠。这是在灌区首次修筑建筑物，扩大了引水量。扩建工程的第二步，即把白渠改造为太白、中白、南白三渠（唐时成为三白渠），扩大灌溉范围。改建完成后，朝廷加强了对渠道的管理，建立专门的水利机构，30年大修成为定制。关中另一处水利工程是对成国渠的扩建改造，重点在水源的扩大。唐廷组织人力将莘川、莫谷、香谷、武安四水导入成国渠，大大加强了灌区水量，扩大了灌溉面积。除此两处之外，唐代还在黄河西岸龙门开渠引水，开辟了韩城灌区，面积达6000顷之上。著名水利专家姜师度重新修复龙首渠，开辟了2000余顷稻田。至于长安一带，南山之下，山涧溪谷之中的大小水利工程更是不计其数。"八水绕长安"是唐代水利事业发达的真实写照。

唐代，黄河上游河套地区的水利工程颇有建树。宰相杨炎开凿了陵阳渠，丰州刺史李景略修凿了咸应渠、永清渠，汾阳王郭子仪在灵武开凿御史渠，可灌良田2000余顷。河西走廊是大唐与西域诸国进行联系的必由之路，驻有重兵。为解决粮草事宜，兴修水利，发展农业史必兴之举。甘州刺史李汉通在甘、凉之地屯田兴修水利，仓廪充实。都督张守珪在瓜州、沙州（今甘肃境内）大修渠堰，开垦农田。唐廷对河东（今山西）的水利也颇为关注。贞观年间（627—649），首先在太原开凿了晋渠。在此基础上先后兴建了甘泉渠、荡沙渠、灵长渠、千亩渠，将整个工程的灌溉面积扩展至数千顷农田。贞元年间（785—804），绛州刺史韦武将原来分散的工程，统一规划，重新修建了统一的大型水利工程，1.3万余顷农田得到灌溉。

三、宋元时期

唐末藩镇割据，五代迭兴，十国鼎立，黄河流域动荡不安。北宋建立，黄河流域结束了五代纷争乱局。

北宋中期，王安石变法中的"农田水利法"将兴修水利提到重要位置，从而在黄河流域掀起一个水利建设的高潮。据《宋会要辑稿》记载：熙宁年间（1068—1077），今河南、河北、陕西、山东等黄河中下游地区共建水利830处，灌溉面积13.28万顷以上。受"农田水利法"影响，北宋对关中地区的三白渠进行了大规模的维修改建，成效可观。改建的三白渠扩大了灌溉范围，神宗遂改三白渠为"丰利渠"。

熙宁年间大兴水利建设的另一政绩就是掀起一个引黄淤灌的高潮。黄河挟带大量含有有机物质的泥沙奔流而下，泥沙沉淀后，往往将土地变成肥沃之壤。古人有意识地决口放淤，改良土壤，此为"淤灌"。王安石还在朝廷设置了"总领淤田司"机构来负责"淤灌"。京城开封成为当时重要的淤灌区。另外，今山东、河北、山西亦是重要的淤灌区。淤灌使得黄河流域土地增值增产，农业丰收。

蒙古兴起于漠北，吞金灭宋，统一华夏。元代，朝廷注意发展农田水利，曾在关中地区整修三白渠，使得灌溉区域较前代有所增大。元代由于在河套、河西驻有重兵，黄河上游的水利建设也进入高潮。著名水利家郭守敬在甘肃修复了汉唐古渠，使得河西农业生产稳步提升。郑鼎在今山西也修复不少沟渠，"导汾水，溉民田千余顷"。在黄河流域修复的一个较大的灌区，就是今河南境内的沁、丹灌区。4条长达677里的干渠得到疏浚、加固，使得5县463处村场田地"深得其利"，故名"广济渠"。

四、明清时期

明清时期，由于黄土高原植被遭到前所未有的破坏，水土流失更加严重，灌渠淤积日益突出，这给黄河流域古老的灌溉事业带来巨大的冲击。秦汉以来，关中平原灌区一直是国家水利体系的龙头，自此亦呈现萎缩趋势，虽经明清两代大力整修，也很难再现昔日辉煌。

当关中灌区衰退之际，黄河流域其他灌区却生机益然，尤以河套与陇西灌区光彩夺目。河套灌区分宁夏前套与内蒙古后套两部分。明代，驻防前套的官兵与民众大力拓建黄河两岸水利工程，形成了12条总长575里的灌渠，灌溉面积2000余顷。清代，康熙四十七年（1708），水利同知王全臣主持新开"大清渠"，引黄河之水归入唐徕，灌田1200余顷。雍正四年（1726），侍郎通智、宁夏道单畴书二人在宁夏兴建"惠农渠"，渠系完整，沟塍绣错，使灌区扩大了两万余顷。同时，通智又兴建了"昌润渠"，扩大灌区1000余顷。

晚清，内蒙古后套灌区进入蓬勃发展时期。从道光到光绪的六七十年间，后套陆续兴建许多干渠，其中"河套八大渠"最为著名。八大灌渠可灌田5650顷以上。

黄河上游陇西地区河流纷蔓，为灌溉农田储蓄了丰沛的水利资源。清代，陇西灌溉业有了较大的发展。陇西地区的灌溉技术有一大特点，即使用了大型轮式翻车进行引灌，而非像其他灌区依靠自流灌溉。湟水两岸引水灌渠有130余条，灌溉面积28万亩。而渭、泾上游的伏羌、秦州等地的灌溉面积也有几十万亩。

第四节 多沙多溃行道乱

作为中华民族摇篮的黄河，数千年以来，在缔造灿烂的华夏文明的同时，还经常汹涌澎湃，泛滥奔溃，河道频繁变换，摇摆不定。

据资料记载，黄河最早是经今河南新乡、浚县一线向北流动，至河北曲周东南合漳水，又北流过巨鹿汇大陆泽水，再北流至宁津东南纳皋泽之水，又北流至安平县东合滹沱水，北流至新安东南合易水，转东北流经霸县南、天津北，东入渤海。这条河道是著名历史地理学家谭其骧先生从《山海经》资料中发掘而出，故称之为"山经河"。

"禹贡河"的时代稍晚于"山经河"。"禹贡河"又称"禹河"，会洛水东流，经大伾山向北流，会漳水抵达大陆泽，再向北分为数支，东北流归渤海。禹河是山经河分流形成的，分流河段在大陆泽以下，大陆泽以上与山经河同道。

东周定王五年（前602），黄河在宿胥口（今河南浚县淇门镇附近）决堤，向东奔流，夺漯川旧道经今河南滑县老城北、浚县南，东北至长寿津（今豫北）折向北流，经今濮阳向北进入大名县境，而后北过馆陶东，经临清南，再北经高唐至平原西，过沧州南，东北入海。宿胥口河徙之后，禹河并未完全枯竭，二河并存分流了一个时期，约至战国中期，黄河始全由宿胥口东流。

宿胥口河至西汉时期已行水400年，河道已严重淤积抬高，决溢之患渐多。王莽始建国三年（11），黄河在今大名县以东决口，从此河失故道，东流泛滥山东各地，奔腾入海。这条改道的黄河称为"王莽河"。此次黄河迁徙，河道摆动较大，仅就海口尾闾河段就较之"大河故渎"南移300余里。东汉时期，王景在此基础上筑堤自荥阳东至千乘海1000余里，进行一次大规模治理，使其河道稳定了1000余年，是有史以来行河最久的一条河道。这条河道在浚县以下经濮阳，东北经莘县，折北经阳谷再东到东阿西南，又转向东北，经茌平北流禹城西，又东北经临邑折向东南，复东北经惠民南，再东北经滨州，东流至利津东南入海。

北宋景祐元年（1034），河决澶州横陇埽（今豫北），在东汉黄河北岸形成一条横陇新河。庆历八年（1048），黄河又在商胡埽（今濮阳东北）决口，横陇新河湮塞，全河之水出商胡口，蜿蜒向北经清丰、南乐以东，又经大名、馆陶以东，再经枣强、冀县之东，由武邑东合葫芦河经献县南，再东北至青县合御河（今南运河），经静海至天津合界河（今海河）入渤海。嘉祐五年（1060），自大名第六埽向东分出两股东流，下流130里"至魏、恩、德、博之境"再下合笃马河入海。元丰四年（1081），决小吴埽，经内黄北入大名，又北经丘县，过枣强至南皮合御河入海。元符二年（1099），决内黄北流，下流分为两股：一股入小吴旧道，下合御河入海；另一股自馆陶西北分出，北流丘县经巨鹿，至衡水与小吴旧道一股汇合，经独流口入海。

南宋建炎二年（1128），东京留守杜充为阻金兵南下，在今河南滑县西南掘河东流，致使黄河下游河道又发生重大改变。杜充掘河之后，黄河主流由今滑县东南向东奔溢，进入东明，经甄城以南，再经古菏水以北，东入泗水。侵占泗水河道后，黄河东南经鱼台、沛县、徐州、下邳（今睢宁古邳）、宿迁，至淮阴夺淮入海。

金元时期，黄河迁徙频繁。金初至元代至元年间，黄河渐次南徙，由涡、濉入淮。元代大德到至正年间，黄河又渐次北移，在徐州夺泗入淮。至正四年（1344），河决白茅堤（今曹县西北），波及济南、河间等地。元廷诏命贾鲁治河。贾鲁疏浚故道280里，堵塞白茅决口，修筑堤坝254里，导河至商丘入归旧道。经贾鲁治理后，黄河下游河道从原阳经封丘、开封，再过长垣、商丘、虞城，向东经过萧县，在徐州夺泗入淮。

明代，成祖迁都北京，江南贡赋多依漕运供给，黄河泛滥常使漕运中断。正统十三年（1448），黄河在新乡八柳树决口，"坏运道，东入海"；又决孙家渡，漫流经开封、淮阳过阜阳入淮。原来经虞城、夏邑，东出徐州的正河浅涩，漕船无法通行。为解河患，恢复漕运，朝廷相继采用强化两岸堤防之法，限黄河于两堤之间，并使其相对稳定地行水于一条河床之上。今郑州至兰考东坝头一段现行黄河河道和兰考向东南经民权、商丘、砀山、徐州、睢宁、宿迁、泗阳等地入淮的黄河故道，就是这个时期（弘治到嘉靖年间）形成的，行河300余年。

清代，咸丰五年（1855）六月，河决兰考铜瓦厢，南风大作，风卷狂澜，溃流至张秋穿运河，经大清河注入大海。清廷忙于镇压太平天国起义，无暇治河，致使河水改道，东北经利津奔向渤海。今兰考东坝头至利津之间的黄河故道就是这个时期形成的。

第五节 天灾人祸常为害

古老的黄河在缔造中华灿烂文明的同时，又以善淤、善决、善徙著称于世。数千年以来，黄河决溢，洪水咆哮，给黄河流域的人们带来深重的灾难。

距今四五千年的尧舜禹时代，黄河下游经常泛滥成灾，滔滔洪水四溢奔腾，怀山襄陵，浊浪滔天。商代，统治阶级为避黄河泛滥，频繁地迁移国都。战国时期魏襄王十年（前309），中国第一次以文字形式记载了黄河泛滥，洪水淹溢酸枣外廓城（今河南延津境内）的情况。

秦始皇一扫六合，统一华夏，"决通川防"，使黄河下游的河道、堤防归为统一。从此以后，黄河下游河道在两岸堤防约束之下，泥沙淤积严重，洪水泛滥不绝于书。从汉代前元十二年（前168）到民国二十七年（1938）的2106年间，黄河决溢1590余次，平均1.5年一次。洪水泛滥之时，浸禾稼、没民田、毁庐舍、漂人畜，百姓家破人亡，颠沛流离。

西汉元光三年（前132）河决濮阳瓠子口，"东南注巨野，通于淮泗"。此次黄河决溢，灾难严重。据史书记载，河决之后20余年没有堵塞，泛水波及16郡，其中梁楚之地，即今天苏鲁豫皖一带尤其严重。"岁不登数年，人或相食，方一二千里。"大量无家可归的难民漂泊乞食于江淮之间。相隔22年之后，汉武帝亲自督导堵塞决口，此次河患渐平。建始四年（前29），河决馆陶，洪水肆虐豫、冀、鲁3省32县之地，"水居地十五万余顷，深者三丈，坏败官室庐且四万所"，溺死无算，灾难深重。

王莽始建国三年（11），河决魏郡，"泛清河以东数郡"。从此以后，黄河长期为患。东汉时期，河患愈演愈烈，东南侵犯汴水，河汴乱流，纵横弥漫，"所漂数十许县"，为害数十年之久。

北宋熙宁十年（1077），河决澶州曹村埽，夺溜南徙，澶州以北旧河断流，"坏田逾三十万顷"，灾民辗转流离，饿殍遍野。洪水围困徐州70余日，城下积水二丈八尺，"城不沉者三版"，为害甚大。

明清时期，黄河下游决溢更多，为害更甚。以开封为例，自明代永乐二年（1404）至清代道光二十一年（1841）的400余年间，先后7次被洪

水毁城。其中永乐八年（1410），洪水"坏城二百余丈，民被患者万四千余户，没田七千五百余顷"。崇祯十五年（1642），洪水汹涌澎湃，破北门而入，合城男女老幼哀号，"及至夜半，水深数丈，浮尸如鱼"，城中屋宇仅存"钟鼓二楼……全活数千人"，数十万百姓尽溺洪流之中。清代道光二十一年（1841），河决城北张家湾（柳园口），全河大溜合为一股，直冲开封城，城垣再次深陷洪围。后因"城浸久"，部分城垣坍塌，洪水自南门涌入，"历五昼夜，城内低处尽满，形如巨湖"。房屋倒塌，百姓露宿城上，更加"大雨倾盆，日夜不绝，号哭之声闻数十里"。这次黄患，开封城被洪水围困 8 月有余。此外，洪水下流波及河南、安徽两省 23 州县。大溜所经之处，"人烟断绝，有全村数百家不存一家者，有一家数十口不存一口者"，灾情极其严重。

数千年以来，黄河以其迁徙异常、泛滥多灾的特性屡次被记载于历代史书之中，字里行间无不透露着黄河流域多灾多难的悲惨往事，为华夏子孙所深刻铭记。

第三章
海岱及淮 众水归淮
—— 黄河来前水系

徐州的水系变化复杂。以南宋初期（1194）黄河入侵汴水、泗水、淮河为界，在此之前的历史时期中，徐州是汴水、泗水的交汇地，沂、沭、泗等河流较为通畅，洪灾水患较少。

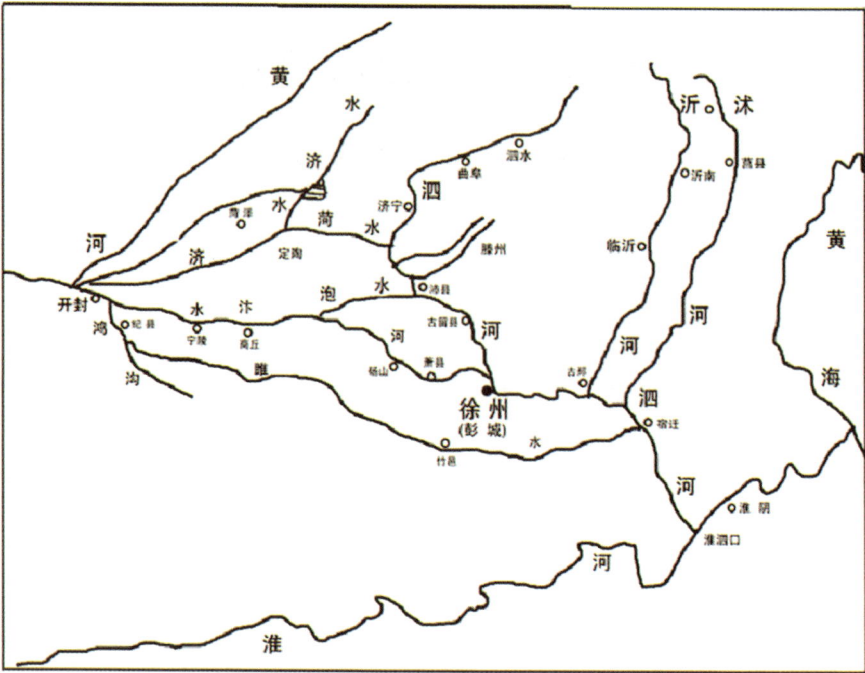

图 3-1 黄河夺汴、泗前徐州运河及沂沭泗水系

一、泗 水

泗河古名泗水，是鲁南苏北地区的母亲河。南宋时，黄河长期夺汴、夺泗、夺淮入海以前，泗水是淮河最大的支流。古泗水从山东沂蒙山太平顶西麓发源后，向西南流经今山东省曲阜市和兖州市，由山区进入平原，又沿山东古大陆西缘南流经今山东省济宁市、微山县、鱼台县和江苏省沛县、徐州市，直至淮安市北汇入淮河。其主要支流，在曲阜有洙水自左岸汇入；在邹县南有洸水自右岸汇入；在鱼台县东有菏水自右岸汇入，有涓涓水、漷水自左岸汇入；在沛县有泡水自右岸汇入；在徐州有汴水自右岸汇入；在睢宁古邳镇有沂水、沭水自左岸汇入；在宿迁南有睢水自右岸汇入。古泗水接纳这些支流后再南流于清口入淮。古泗水的支流洙水、洸水、菏水和汴水，还与汶水、济水和河水相通。在《尚书·禹贡》划分的九州里，泗水流域地跨兖州和徐州，土肥水丰，物产丰富。丝漆和织文等是兖州的主要贡品，五色土、雉羽、桐材、浮磬、纤缟等是徐州的主要贡品。同时，泗水由于其地理位置和南北走向，使其南边东西走向的长江、淮河和其北边东西走向的黄河、济水的水运相沟通，是唯一一条得天独厚、连接"四渎"的天然河道。春秋时期，济水、菏水交汇处的陶，被称为"天下之中"的经济都会；中游汴水、泗水交汇处的彭城（今江苏徐州），也早已成为北走齐鲁、西通梁宋、南连吴楚的要害之地；下游沂水、泗水交汇处的下邳是北控齐鲁、南蔽江淮的水陆要冲。

古泗水流域丰富的水资源为我们祖先创建文明古国提供了优越条件。沂沭泗河两岸发掘的旧石器遗址有数十处之多，1981 年发现的与"北京猿人"同时代、距今四五十万年的"沂源猿人"遗址，就是在沂源县沂河上源支流螳螂河北岸。地质年代为距今 2 万至 3 万年前的"山东一号洞"遗址，位于离"沂源猿人"遗址只一溪之隔的上崖洞，出土旧石器 50 余件。沂沭泗流域还有介于旧石器时代和新石器时代之间的距今 1 万年左右的被称为中石器时代文化或细石器时代文化的古人类文化遗址。细石器时代的遗址遗物在中国大陆发现不多，黄河流域发现的也很少。但 20 世纪 80 年代以来，仅在沂沭泗地区发掘的细石器时代遗址就有数十处之多，如临沂的凤凰岭、青峰岭，郯城的黑龙潭、白鸡窝，连云港市的桃花涧，东海县的大贤庄等。这些遗址遗物均说明，远古人类活动是较严格地受制于自然条件的。他们一般是选择在距河流、涧溪不远的高地向阳坡或洞穴居住，易于取水、渔猎和采集果实。他们使用的工具是简单而粗糙的石器和木棒。他们的猎物有鹿、马、牛、猪、巨河狸等。

在黄河夺泗和元、明、清三代开挖南北大运河之前，沂、沭、汴、濉等河流均以泗河为干流而注入淮河。

汴河大致从今天的河南省开封城西北向东南流经陈留、杞县东、考城县东南、宁陵县北、虞城县西南、安徽省砀山县和萧县，至徐州市区东北注入泗河。

在汉代，汴河是漕运的骨干河道，西汉武帝至宣帝间，每年漕运关东谷400万石至关中，其中大部分是经过汴河。西汉年末，汴河受到黄河决口影响，都城洛阳和淮河流域间的水路交通受阻。东汉初年不得不连年治理汴河。三国、两晋和南北朝时期，又进一步对汴河运道进行了整修。到隋朝，在今杞县以西汴河分出一支折向东南，经商丘、永城、宿县、灵璧、虹县，至盱眙北入淮河。这支撇开徐州以下泗河径直入淮的河道，就是唐、宋时期的汴河，亦称新汴河。但是，原来的汴河仍有灌溉和航运之利。

沂、沭两河原为泗河左侧的两大支流，属于山洪河道，发源于山东省沂源鲁山一带山区，向东南经今沂水县西，折向南流，经沂南县东、临沂市东、郯城县西，再折向南流经邳州东，至睢宁县古邳镇注入泗河。

沭河发源于山东沂水县北部山区，与沂河平行南流，经莒县东、临沂县东南至沭阳县北40里分成两支，一支向西南流，两汉时期于下邳注入泗河，到南北朝时干涸。另一支向南流经今江苏沭阳西100余里，至建陵山东又分两支：一支向西南至宿迁市区东南入泗河；一支向东南合粗水至东海县汇入游水（也称涟水）入海。公元520—525年，齐王萧宝寅在建陵山下沭河上修建大堰，截堵西南流入泗河的沭河分支而流入粗水。

濉河源头在今河南省开封县东南与鸿沟相通，向东南流经河南省杞县、睢县、宁陵、商丘县、夏邑、永城县西北，再折向东流，经安徽省宿县北、江苏省睢宁县至宿迁市区西南濉河口注入泗河。

元代，黄河由封丘南、开封东至陈留、杞县分为三股：一股由杞县、太康经陈州会颍水至颍州南汇入淮河；一股经鹿邑、亳州等地会涡水入淮河；一股经今商丘、徐州合泗水南下入淮河。汴河在杞县以上又成为黄河正溜，以下归德至徐州则变为黄河分支。明代前期，黄河在汴河故道南北迁徙不定。潘季驯治河以后，黄河基本归于一流。这时，汴河故道在虞城以上已全部淤垫，以下便成了黄河，经砀山、萧县至徐州与泗河相会南下入淮河。

从明代后期开始，由于弘治年间黄河在河南境内的北岸堤防形成，随后南岸也修了堤防，黄河由颖河入淮的河道于嘉靖初逐渐淤垫，河患自河南境内移至山东和江苏境内，集中在曹县、单县、沛县和徐州等地，加之明代统治者不惜一切代价积极"保漕"而消极"治黄"，所以，导致泗河水系发生了根本性的变化。

明代前期的运河大致与元代相同。元代的运河即京杭大运河，它有三种不同河段：一是新开凿的运道，即今山东济宁市至今山东梁山县以北的济州河，梁山县到临清的会通河，通州到大都（今北京）的通惠河；二是利用宋以前临清至直沽的御河，扬州到淮安的淮扬运河和杭州到镇江的江南运河；三是利用天然河道，即淮安至济宁的泗河水道。此时，徐州以南的泗河，既成为黄河水道，又兼为运河航道；徐州以北的泗河，则成为南北沟通黄河与济州河、会通河的运河航道。

图 3-2 今江苏省部分现代水系面貌图

二、汴 水

汴水，又名汴河、汴渠，是沟通黄淮水系兼具灌溉功能的一条古老河道，对早期黄淮地区的社会发展产生重要作用。

汴水，最早是一条天然水道，故名"汴河"。汴河，最早叫荥渎，又叫南济，即南济水（相对"北济水"而言）。荥渎之名最早见于《水经》，指黄河南、荥阳北有一条小沟，宽深各约四尺，它引出黄水，沟通淮河，东连于济（北济水），南达于江。因此，"荥渎"古时有"四渎"之称，即与四条大河相连接，是一条非常重要的河流。据《尚书·禹贡》记载："九河既道，雷夏既泽，灉、沮会同。……伊、洛、瀍、涧，既入于河，荥波既潴，导菏泽（《史记·夏本纪》《汉书·地理志》均作'道'，疏通。'菏泽'，在今山东定陶县东），被（读'陂'，筑堤防，见《尚书易解》）孟猪（泽名，即孟诸，在今河南商丘东北）。"意思是，荥阳西北是水聚积的地方，

— 45 —

水源来自黄河的溢出,大禹治水时曾以"荥渎"做排水渠道,导此水东流,注入淮泗。后来由于黄河泥沙的沉积而淤塞。

春秋前期,黄河之水从氾水关北牛渚口流向东北,在天津南注入渤海。当时古荥阳城旁有一条小河,由东南向西北流,注入黄河,这就是早期的"汴河"。战国时期,黄河改道南移,这条汴河被黄河泥沙淤积,失去地面踪迹。

战国中期,今河南东北大部由魏国占据。魏惠王九年(前362)迁都大梁(今河南开封),次年开始凿"鸿沟",自荥泽引黄河水入圃田泽(在今中牟县西),再向东开至大梁城北;惠王三十一年(前340),再于大梁城北继续东开,并向南转。鸿沟运河系统沟通了黄河和淮河。《史记·河渠书》称:"自是之后,荥阳下引河东南为鸿沟,以通宋、郑、陈、蔡、曹、卫与济、汝、淮、泗会。……此渠皆可行舟,有余则用灌浸,百姓飨其利。至于所过,往往引其水益用溉,田畴之渠,以万亿计,然莫足数也。"足见鸿沟兼有航运和灌溉的作用,有利于魏国政治、经济和军事。

战国末期,秦国派大将王贲攻魏,前225年,王贲为引黄河之水灌魏都城大梁(今河南开封),就在魏"鸿沟"基础上,沿着大禹治水的排水渠道开挖了一条从板渚经荥泽到大梁的渠沟,此即秦统一中国后,官方称呼的"鸿沟"。鸿沟由于有黄河作为水源,又有荥泽、圃田泽两大湖调节水量和沉积泥沙,保证了航道的通畅,但鸿沟距黄河太近必然受到黄河游荡的影响,常有水患,故民间又称其为"狼汤渠""狼荡渠"。因其经过"荥泽",也叫"荥渚",又因其有一段就在古汴河旧地,有些人也称之为"汴渠"。渠者,人工开挖的水道也。

秦王朝统一六国后,为向东南用兵,把鸿沟向东南延伸,自开封、经陈留直达淮阳,与淮河支流颍河贯通。楚汉相争时所谓以"鸿沟"为界,即是也。可以说,汴水的故道就是这条"鸿沟"的上半段。

两汉时候,一般称鸿沟的上游"浚仪"(今河南开封)以上为"渠水",称"浚仪渠"为"汳水"。《水经》:"汳水出阴沟于浚仪县北(今开封城西北)。"阴沟自卷县(今原阳县西)西引黄河,为鸿沟之另一引水口。"渠水"在开封分为向东、向南两支:南支为其正流,经淮阳国(今河南淮阳县)通颍水;东支为汴渠,即"渠水"向东南流,经"汳水"达商丘后,又分成两支:北支经获水过砀城北、古萧城南,在徐州城东北隅与泗水合流;南支经濉水直达于淮。因此,东汉许慎《说文解字》:"汳水受陈留、浚仪、阴沟(之水),至蒙(今商丘)为濉水,东入于泗,则淮泗可达于河也。"

西汉文帝以后,关中人口大增,再加上戍边士卒衣食所需,供应量大增,其中一部分是由荥阳漕渠取自江淮。《宋史·河渠志》载:"昔孝文时,

贾谊（前201—前169）言'汉以江淮为奉地'，谓鱼、盐、谷、帛多出东南。"

但西汉时，黄河下游已成为地上河，决口或溢出成灾也随之发生。自西汉文帝十二年（前168）河决酸枣，到王莽始建国三年（11）河决魏郡元城，放任不堵，

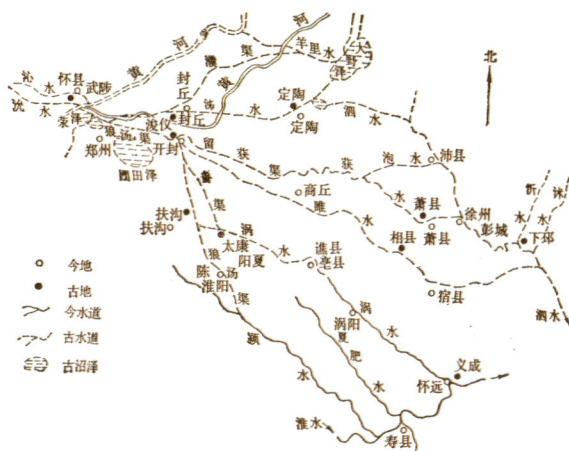

图 3-3 汉狼汤渠（鸿沟）水系示意图

形成第二次大改道止，在179年间有十二次决溢记载，决溢多在今河南北部。东汉初年，对黄河仍是放任自流。黄河、汴水、济水连成一片，在兖州、豫州一带，洪水浸没田园庐舍，冲淤运渠。汉明帝时，称："天下安平，人无徭役，岁比登稔，百姓殷富，粟斛三十，牛羊被野。"（《后汉书·明帝纪》）时人口增加，漕运日见重要，任黄河自流，危害太大。永平十二年（69）令王景、王吴修汴渠，治黄河。

东汉王景修汴渠，主要是将汴、黄分开，建筑汴渠引黄口水门和修黄河大堤。自荥阳县（今河南荥阳县东北）至千乘县（今山东高青县东北）海口，筑堤长千余里，使河、汴分流，河不侵汴。在荥阳北广武山和敖山脚下做渠，渠首段"十里立一水门，令更相洄注"。由《水经注》知，渠首段一百里内有六七处从黄河引水的水门，由西向东是建宁石门、荥口石门、宿须口、阴沟口、济隧口及十字沟口。汴渠经过王景修治后，重要性超过鸿沟（狼汤渠），因而自荥口以下通称为汴渠。

东汉安帝永初元年（107），调扬州五郡租米，赡给东都、济阳、陈留、梁国、陈国、下邳、砀山，七年又调滨水谷输敖仓。这两次大规模粮食调运，都是通过汴渠。《水经·谷水注》载有顺帝阳嘉四年（135）刻在洛阳建春门石桥柱上的一篇诏文，其中有"城下漕渠，东通河济，南引江淮，方贡委输，所由而至"等句，足见京师洛阳取自江淮的贡赋是由汴渠、黄河、洛水航运而来。

南北朝时，"汳水"改称"汴水"。《水经注疏》："水经之汳，后汉书明帝纪作汴。盖后人避'反'字，变从下，而今相沿不改矣。"所谓"后人"，主要是指南北朝时北魏王朝。北魏于公元494年迁都洛阳后，

社会上有流言，说洛阳距离"汳水"太近，且"汳"字写法与"反"相似，不吉利，东汉、曹魏、西晋数代总是出现内政反叛而导致国祚不长，盖因此故。有鉴于此，北魏王朝就借用当时荥阳附近索河的古名"卞水"，改写成"汴水"用以指代"汳水"。

《水经注》载："汳水出阴沟于浚仪县北。又东至梁郡蒙县为获水，余波南入睢阳城中。获水出汳水于梁郡蒙县北。又东过萧县南，睢水北流注之。又东至彭城县北，东入于泗。泗水东南过彭城县东北。东南过吕县（吕梁也）南。又东南过下邳西。又东南入于淮。"也就是说，北魏时的汴水，大致从今郑州西北荥阳县北广武山以北的板渚引黄河水，东流经中牟县北、浚仪（开封市东）、民权县南、商丘北、砀山北、萧县古城南，直抵徐州，在徐州市区北隅汇合北来山东的古泗水，经邳州，在淮阴县西北注入淮河。

据古籍记载，在魏晋南北朝时期，汴河古道是沟通河、淮，连接长江的重要水道，航运的自然条件较其他水线优良。三国时曹操曾利用汴河古道征讨；东晋桓温北伐"以谯、梁水道既通，请徐、豫兵乘淮泗入河"（《晋书·桓温传》）。南朝宋武帝刘裕伐秦"义熙十三年（417）十二月，……闰月，公自洛入河，开汴渠以归。十四年正月壬戌，公至彭城"（《宋书·武帝纪》），班师回南方。征讨、北伐用兵贵在神速，以上诸人此举，一方面说明古汴道在当时航运自然条件较其他水线优越，仍是沟通河、淮连接长江的理想航道；另一方面也反映了汴河故道由于南北对峙，多年失修，有时已经不

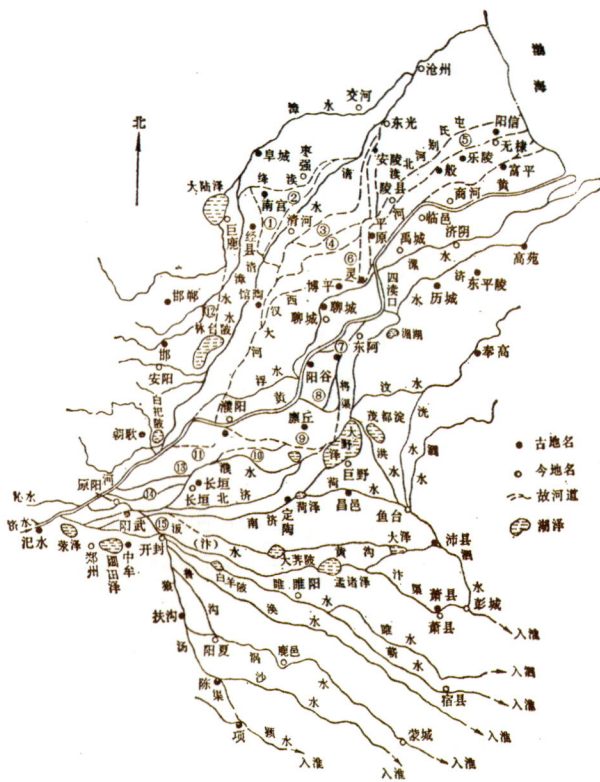

图 3-4 《水经注》中的黄河下游示意图

大畅通，时通时断，所以刘裕北伐后秦由长安班师回朝的时候，必须加以开通，才能回到南方。

文帝开皇七年（587），派梁睿于汴口地区"增筑汉古堰（后代称梁公堰）遏河入汴"①。文帝晚年，全国出现了"户口滋盛，中外仓库无不盈积"②的局面。隋炀帝继位后迁都洛阳。他凭借文帝积累的巨量民力、财富和一批有才能的技术队伍，如宇文恺、苏孝慈和元寿等人经过精心的勘测、筹划和组织，开挖了南通江淮的通济渠，北抵涿郡（今北京）的永济渠，由此形成了以洛阳为中心，西通关中，南至江淮、北抵涿郡的我国历史上第一个沟通全国的运河网。

通济渠是沟通黄河、淮河和长江三大水系的人工运河。据《隋书》和《资治通鉴》记载"自西苑引谷、洛水达于河"，再自"板渚引河通于淮"，然后"开邗沟自山阳至扬子入江"。从隋帝宫殿"西苑"开始，沿东汉张纯所开阳渠故道，山偃师至巩县的洛口入黄河。在板渚（今河南荥阳市汜水镇东北三十五里）引黄河水，经荥阳、浚仪之间的汴渠，浚仪以东另开封新渠，直趋东南，经河南省境的陈留、雍丘（杞县）、宋城（商丘县）、永城，安徽省境的宿县、灵璧、夏丘（泗县）于江苏省的盱眙入淮。归线则在徐州以下流经泗水（因泗水河道弯曲，又有徐州洪和吕梁洪两处险滩，因之新线撇开了徐州以下的泗水）径直入淮，在疏浚山阳渎、吴王夫差的邗沟基础上引淮河水自山阳（江苏淮安县）至扬子（江苏仪征县）达于长江。

此时期的汴水，不仅起到排洪除涝的作用，也沟通了东西方的交通，担负着王朝的漕运、军事政治职能。义宁二年（618）二月，宇文化及、司马德勘发动扬州兵变，杀炀帝广立秦王杨浩为帝，"十余日，夺江都人舟楫，从水

图 3-5 隋唐通济渠示意图

---

① 〔唐〕杜佑：《通典》卷177，浙江古籍出版社2000年版。
② 〔唐〕魏征·《隋书》卷24《食货志》，中华书局1973年版。

路而归。……行至徐州，水路不通……"[1]，舍舟登陆。可知当时汴、泗通济渠水线仍是逐鹿中原的重要军事通道。但"行至徐州，水路不通"，说明当时徐州以西的汴河水道，或因河道失修水浅，或因兵荒马乱，有时水运不甚畅通，也是历史事实。

据武同举《淮系年表》记载，"（唐）高祖武德七年……尉迟敬德……凿治徐州吕、梁二洪（今徐州东南六十里处吕梁山下）通粮饷"，徐州地方志与此记载略同。证明唐初武德年间，汴、泗水线仍为沟通河、淮连接长江的主要潜运之路，所以才任命名将尉迟敬德驻吕梁洪，并尽力组织民工加以疏浚。诗人李白曾坐船由长安到达砀山游山玩水，写下了《秋夜与刘砀山泛宴喜亭池》的著名诗篇，走的也是这条水道，说明当时砀山城北的汴水可以直通淮泗。

清代精于历代河道考证的学者胡渭在其所著《禹贡锥指》一书中指出："古汴水东流，经彭城县北而东入泗，不知何年改流从夏邑、永城、宿州、虹县，至泗、盱两城间入淮。"他指明了汴水改流的问题。但是，改流的具体日期，至今历史文献上尚找不到确切的记载。刘希为教授考诸唐宋文人大量著述和有关地方志，认为汴水初步南移改流大致在唐朝开元年间。因此，大致在开元以前，隋唐主要漕运粮道是汴、泗合流的通济航道，开元以后，由于河汴之交梁公堰年久堰破，李杰另开新堤，可能导致汴水南移，上游利用睢水航线，下游从商丘东南行取直路走蕲水故道：走永城、宿州、虹县入淮。这便是汴河新线，名叫广济新渠。

安史之乱期间汴渠漕运停顿。代宗广德元年（763）平定叛乱。安史之乱后，江南成为财政军需的供给基地，漕运至为重要。时刘晏致书宰相元载："浮于淮、泗，达于汴，入于河，西循底柱、砥石、少华、楚帆越客，直抵建章、长安，此安社稷之奇策也。"宰相元载得其书，"即尽以漕事委晏，故晏尽得其才，岁输始至。天子大悦，……凡岁致四十万斛。"763年，唐王朝委任刘晏为江淮转运使，负责漕运。他首先疏浚汴渠，扫除通航障碍；其次改革漕运，参照裴耀卿分段漕运法，江船不入汴，汴船不入河，河船不入渭；江南之运积扬州，汴河之运积河阴，河船之运积渭口，渭船之运入太仓，岁转输百一十万石，无升斗溺者。组织船队，武装护送，十船为纲，每纲三百人，篙工五十，自扬州遣将部输至河阴。刘晏改革以后，漕运效率大大提高。漕运运入太仓的粮食年最高额达一百一十万石，而且无升斗损失；同时缩短了航运时间，以前由江南运到洛阳需八九个月，改革后，

---

[1]〔唐〕魏征：《隋书》卷85，《宇文化及传》，中华书局1973年版。

自扬州转运漕粮到长安，只需四十天。说明唐代后期代宗时，汴水故道仍可通航漕运。而徐州，则是天下财富达于西京的必经之地。

韩愈于唐德宗贞元十五年（799），在徐州张建封幕任职，写了《此日足可惜赠张籍》《汴、泗交流赠张仆射》两首诗歌。前诗有"乘船下汴，东去趋彭城"句，后诗有"汴泗交流郡城角，筑场千步平如削……"句。郡城指彭城郡城徐州；城角指的是徐州市东北隅，"汴泗交流"和"乘船下汴水，东去趋彭城"，说明唐后期贞元年间汴水故道仍可沟通河、淮航运，是通行无阻的。

唐代白居易的《长相思·汴水流》诗"汴水流，泗水流，流到瓜州古渡头"，记述了汴水流入泗水，过徐州，顺运河航道至瓜州入江的水系状况，反映了唐宋汴水故道还是可以通航的。

唐德宗建中二年（781），淄青、寿州和魏州的割据者李正已和田悦派兵屯驻于埇桥（今安徽宿州北）和涡口（今安徽怀远县东北），阻止江淮漕船北上。后虽派兵恢复通航，但一年之后李希烈攻陷汴渠要冲汴州，漕运又断。自此以后，汴河漕运不断受到沿线割据势力的阻挠破坏，陷入时断时续的状态。从晚唐到五代，黄河流域战争不休。江南又建立了独立的政权，于是汴渠漕运停顿。

公元960年，北宋王朝建立。宋朝数度想疏浚汴河故道来加强国都开封和战略要地徐州的联系，均未能实现。宋光宗绍熙五年（1194）黄河在阳武决口，洪水南下夺泗入淮，夺淮入海，迫使汴水彻底改流东南行了。故宋代王应麟《玉海》引苏轼《书传》曰："自唐以前，汴、泗会于彭城，然后东南入淮。近岁汴水直达于淮，不复入泗矣。""近岁"指苏轼任职徐州期间，黄河决口，河道南徙，黄河夺泗入淮，迫使汴水改流东南行直达于淮，再不会泗，也不流经徐州，因为以前汴故道已变为黄河南徙的河道了。

由于北宋时期经济重心逐渐南移，汴梁城庞大人口消费全赖江南租税财赋，政府对汴渠的关注更偏重于江淮之地。北宋汴渠"以孟州河阴县南为汴，受黄河之口，河阴县东仍沿用隋唐故道。北宋汴梁漕运又以汴河为主。据《宋史·食货志》载：'宋都大梁，有四河以通漕运，曰汴河，曰黄河，曰惠民河，曰广济河，而汴河所漕为多。'太祖起兵间，有天下，惩唐季五代藩镇之祸，蓄兵京城，以成强干弱枝之势，故于兵食为重"。学士张洎说："今天下甲卒数十万众，战马数十万匹，并萃京师，悉集七亡国之民于辇下，比汉唐京邑，民庶十倍，不至艰歉者，有惠民、金水、五丈、汴水等四渠，派引脉分，咸会天邑，舳舻相接，赡给公私，所以无匮乏。唯汴水横亘中国，首承大河，漕运江湖，利尽南海，半天下之财富，并山泽之百货，悉由此路而进。"①太宗淳化二年（991），汴渠在浚仪县决口，太宗亲自督工堵塞，并言道："东京养兵数十万，居人百万家，天下转漕，仰给在此一渠水，朕安得不顾。"这些论述都反映汴渠在北宋的重要性。据《宋史·食货志》载："太祖开宝五年（972），运江淮米数十万石，太宗太平兴国六年（981）汴河运江淮米三百万石，菽一百万石，真宗至道年间运米五百八十万石，大中祥符年间（1008—1016）运米七百万石。"宋代诗人宋庠《汴渠春望漕舟数十里》写道："虎眼春波溢宕沟，万艘衔尾饷史州。控淮引海无穷利，枉是滔滔本浊流。"

汴渠的破坏大约从北宋末年开始。徽宗时（1101—1125）在江南地区搜罗奇花异草和怪石巨木，大搞"花石纲"，汴渠漕运量显著减少。宣和七年（1125），金兵大举南侵，汴京被围，汴渠上游堤岸失守。"靖康（1127）而后，汴河上流为盗所决者数处，决口有至百步者，塞久不合，干涸月余，纲运不通，南京（今河南商丘）及京师皆乏粮。"②宋室南渡，宋金对峙，以淮河为界，划地为治，汴河失去了交通运输的作用，加上黄水挟带的大量泥沙淤积，河道渐渐地湮废了，北支汴河由于黄河的袭夺，人们也不再叫它汴河，而叫它黄河。

南宋孝宗乾道五年（1169），楼钥出使金国，其《北行日录》载，"自离泗州继汴而行，至此，河益湮塞，几与岸平。车马皆由其中，亦有作屋其上"，汴河已不能通航。元朝统一全国后，建都大都（今北京），江淮贡赋北运，京杭大运河的开通，汴水已无输送漕运的重要作用。顾祖禹《方舆类纂》载，"明初建北京于大梁，规划漕渠，以浚汴为先务。洪武六年（1373）浚开封漕河，即汴河也。既而中格。自是河流横绝，汴水之流不绝如线。自中牟以东，断续几不可问矣"，汴水从此湮废。

汴河自春秋战国发端，秦汉之际成渠，北魏中期名称统一，到金、元之际被黄河袭夺，改为黄河南支，汴水水道从1194年被黄河南迁袭夺到1855年黄河在河南铜瓦厢决口改道北移，历时600多年，被河水大量泥沙淤积，遗留下来的是高出地面几米到十几米的黄河故道。

三、菏水

菏水，又名深沟，流域大约自今山东省鱼台县境内的泗水西通定陶县境的济水，久已湮没。

---

① 〔元〕脱脱等：《宋史》卷128《食货上三》，漕运，中华书局1977年版。
② 〔元〕脱脱等：《宋史》卷47《河渠四》，汴河，中华书局1977年版。

菏，历代注者皆云是古菏泽。菏泽之名，出于《尚书·夏书·禹贡》：
"荥波既猪。导菏泽，被孟猪。"是说大禹疏通了济水，水过菏泽，泽中之
水又向南溢入孟猪泽。又云："导沇水，东流为济，入于河，溢为荥，东出
于陶丘北，又东至于菏。又东北会于汶，又北东，入于海。"荥即河南省黄
河南岸古荥泽，陶丘即今定陶城北仿山。

　　故"菏"字本义，《说文》释曰："菏泽水，在山阳湖陵南"；《禹贡》：
"浮于淮泗，达于菏，从水，苛声"；东汉人许慎把"菏"字正名为水名，
且是专用字。

　　黄河之水溢出南岸为荥泽。水出荥泽，东流为济水，过定陶县北，东
入菏泽。水出菏泽东北流，会汶水，又北（过梁山东）、又东（过济南北），
流入大海。按《禹贡》所示，菏泽应在定陶东北方。后来的文献如《史记》《汉
书》都重复记载了《禹贡》之语，注者均持"菏泽"在定陶县东北之观点。
唐《括地志》云："菏泽在济阴县东北九十里定陶城东，今名龙池，亦名九
卿陂。"唐代济阴县在今定陶县西南马集镇与曹县西北韩集镇堤上范村交界
处，从此处往东北90里，即在今定陶县半堤乡境内。

　　菏泽的上源是济水，济水自陶丘（仿山）北东流，过戚姬寺龙山文化
遗址（古三朡）南，汇南来氾水，又东北流入菏泽。菏泽西岸有安丘堌
堆（龙山文化）遗址，北岸有开发区刘堌堆（龙山文化遗址），半堤乡柏
林寺（年代、性质待定）、沙土镇曹寺（龙山文化遗址）等遗址，东岸有巨
野县柳林镇张彪集玉皇庙（龙山文化）遗址，南岸有半堤乡潘楼村西荆城
遗址（初定为夏商遗址）。

　　故而，古菏泽是一个东西长为70里、南北宽约10里的窄长湖泽，是
古济水在这一带比较宽且深的河道。先秦时期，菏泽西通黄河、渭水，东
达青、齐、大海，东南经菏水入泗、入淮，入海；南经黄沟水连通孟猪泽，
北经沮水连通雷夏泽，故菏泽是上古东西南北的交通枢纽，是形成"陶"
为天下之中的关键所在。

　　菏水则是源于菏泽，并从菏泽东岸流向东南而达于泗水的一条东西走
向的自然河流，流经今巨野县、嘉祥县南部，金乡县北部，自鱼台县西北
入境，在鱼台县城东汇入从曲阜、兖州流来的古泗水，南过沛县、徐州、
宿迁而入淮河。在从巨野西部到鱼台县的古菏水两岸，散落着众多遗址，
如巨野县玉皇堌堆、后马海、左堌堆、长山地、昌邑、甲父、东缗、武棠
等古遗址。《禹贡》记载，徐州的贡物"浮于淮、泗，通于菏"，即船从淮
河入泗水，由泗水入菏水，由菏水入菏泽，再由菏泽转运帝都。后人为《史
记》《汉书》中的"菏水"作注，均认为：菏水是东出菏泽，向东南流入

泗水（今运河水道），连通淮河、大海、长江的一条重要交通水道。

由于黄河泛滥淤湮，历代对菏水起点的表述有以下几个观点：

东汉许慎《说文》："菏水在湖陵，即济水之下流也。""泗入济水而入淮"，可证菏水亦称济水。

东汉桑钦《水经》则是将菏水置于"泗水"条下的，曰："菏水从西来注之。"菏水作为泗水的主要支流，亦称泗水。

三国《水经》：济水又东至乘氏县西（汉晋乘氏县在今巨野县西南张彪村附近，公元488年迁菏泽今城），分为二：其一水从县东北流入巨野泽。"……其一水东南流者，过乘氏县南。又东北过昌邑县（今巨野南五十里昌邑村）北，又东过金乡县（今嘉祥南阿城铺）南，又东过缗城县（今金乡东北缗城遗址）北，又东过方与县北为菏水。"

《水经注》云："菏水分济水于定陶东北乘氏县西，又东南过乘氏县故城南，县即《春秋》之乘丘也。菏水又东经昌邑故城北。"《郡国志》："山阳有金乡县，菏水过其故城南"，"菏水又东经东缗县故城北"，"又东经武棠亭（今鱼台县武台）北"，"菏水又东经泥（宁）母亭（今鱼台王鲁镇附近北）"，"菏水而东与泗水合于湖陵（鱼台、沛县交界处之前程子村）西六十里谷庭城下（今鱼台城）"。

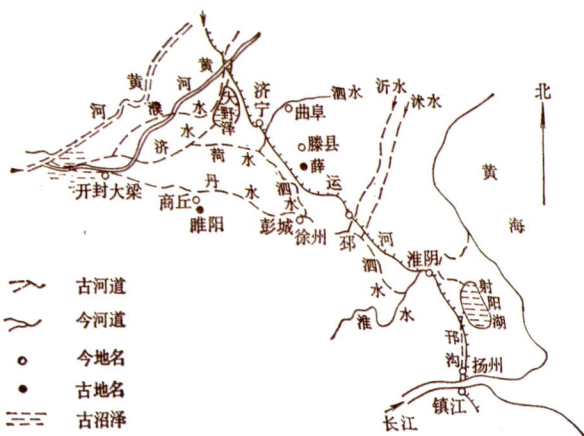

图 3-6 邗沟及菏水示意图

大部分学者认为，邗沟开凿的第三年（前484），吴国大败齐国后，野心进一步膨胀，决定再开凿一条沟通黄淮的运河，以为称霸天下服务，遂在今山东鱼台和定陶之间开出了一条运河，就是"阙为深沟，通于商、鲁之野"[1] 的菏水，以过菏泽、道济水，赴封丘黄池会盟诸侯。其故道相当今山东西南成武、金乡北之万福河。

菏泽地方文史学者潘建荣认为，吴王夫差虽确曾于公元前482年有黄

---

[1]〔春秋〕左丘明：《国语·吴语》，上海古籍出版社2015年版。

池会盟，但当时不仅有菏水水道可以通封丘济水岸边的黄池，而且从封丘黄池东流，过今兰考、民权、曹县、成武、单县，东经沛县入泗水的黄沟水路更近。另外还有包水、汳水也能从泗水西入黄池。这四条河道都可以说是位于商、鲁之间，吴王夫差赴黄池会盟究竟疏浚的是哪条河道是很难判断的，但他匆忙返回的路线是古汳水，这是有明确记载的。

西汉武帝元光三年（前132），河决瓠子口23年，鲁西南境内《禹贡》中水系受到严重淤塞；汉成帝河平年前，河决金堤，泛淹兖州、豫州四郡32县，水系再一次受到淤塞。据《汉书·明帝纪》诏书"两汉之交，济、汳混流，陶丘之北，渐成壤坟"的记载，可知西汉、东汉之间的60年间，黄河不断决口东南流，洪流过济水和汳水乱流。久之，菏泽以西，本为深壑大川的济水竟被黄河泥沙充填成岗丘，而无济水。

东汉明帝永平十二年（69），为治理古兖州境内的水患，诏王景治河。王景一面沿黄河修金堤、造水门，导河由今滨州入海，一面疏通汳水、黄沟水入泗水；浚定陶境内的氾水为南济水，过定陶城南、北入菏泽、通大野，东北流入海；又浚宛朐（牡丹区）境内的沮水为北济水（今赵王河）入大野泽。鉴于古济水故道已完全淤塞，王景沿济水故道又开一沟东入菏泽，曰五丈沟。这条沟在北魏郦道元《水经注》中被称为菏水。《水经注》曰："菏水上承济水于济阳东（在今东明县南境马头镇），世谓之五丈沟，又东经陶丘北……《尚书》所谓导菏水自陶丘北，谓此也。"查《尚书·禹贡》原文，分明说的是济水，而此说菏水，可证明此菏水（五丈沟）即古济水故道。在魏晋南北朝的三百多年间，"五丈沟"之名不绝于书。

《水经注》亦曰："南为菏水，北为济渎。"从《水经注》记载可以清楚看出，至北魏时期，菏水变化不大。

到了唐朝，从济阳（东明县南）东流，经定陶、菏泽（湖）、巨野、金乡、鱼台入泗水的菏水又被称为湛渠、白沟、五丈渠。《新唐书·地理志》载："有湛渠，载元初（689）引汴（水）注白沟，以通曹（州）、兖（州）赋租。"①济水河道被淤塞后，出黄河之水，于河南原阳县东南聚为潴，古称白马渊。渊水沿古济水东流封丘南、开封北，被称为白马沟，简称白沟。谭其骧先生《中国历史地图册》把从原阳至定陶、菏泽的水道标注为白沟。唐朝廷为把曹州、兖州的租赋运往西安，把开封城南之汴水引入白沟，以通漕运。这说明开封至白马渊的河道已淤塞，只有从汴水引流入白沟，以通漕运。唐《元和郡县图志》鱼台县下记载："菏水，即济水也，一名五丈沟，西自

①〔宋〕欧阳修、宋祁：《新唐书》卷42《地理四》，汴州陈留郡，中华书局1975年版。

金乡县界流入，去县十里，又东南流入泗水。泗水东北自任城县（济宁南）界流入，经县东与菏水合，又东流入徐州沛县界。"这反映出在唐代中后期，菏泽以下的河道既可称为济水，又可称为五丈沟。唐末至五代的80年间，战乱频仍，漕运中断，白沟、菏水渐塞。宋初，赵匡胤浚菏水，漕转兵粮，菏水遂又成为运河，一度成为青、兖、徐至汴京的重要通道。宋中期以后，菏水湮于河患，遂又浚北济水故道为广济河。金、元之世，菏泽、菏水等境内四泽十水，最终毁于河患，被淤为平原。

四、获　水

古水名。是流经今河南商丘、安徽淮北市萧县和江苏徐州境内的一条古代河流，沟通古汳水、泗水与淮水，至迟隋唐年间已淤废。

"获"，《水经》作"雅"，《汉书·地理志》《水经注》作"获"。《汉书·地理志》对获水的记载只有一句话："获水首受甾获渠，东北至彭城入泗，过郡五，行五百五十里。"言明获水流经西汉时期的五个郡，"东北至彭城"极有可能是从萧县至彭城的一段流向。

《水经注·汳水》中记载汳水："出阴沟于浚仪县北，……东迳陈留县之饼乡亭，……东迳雍丘县故城北，迳阳乐城南，……又东迳济阳考城县故城南，为淄获渠。……又东迳宁陵县之沙阳亭北，……又东迳梁国睢阳县故城北，又东至梁郡蒙县，为获水，余波南入睢阳城中。"可知，南北朝时期，汳水和获水是同一条河流，完整意义上的汳水从浚仪县北至睢阳城，获水是"出汳水"，以梁国蒙县为起点开始计，称为"获水"，在其上的考城县故城到蒙的这段称为"淄获渠"。

故《水经注·获水》："获水出汳水于梁郡蒙县北。《汉书·地理志》曰：获水首受甾获渠，亦兼丹水之称也。《竹书纪年》曰：……获水自蒙东出……东迳长乐固北、己氏县南，东南流迳于蒙泽。《十三州志》曰：……获水又东迳虞县故城北，古虞国也。……又东迳龙谯固……又东南迳下邑县故城北……又东迳砀县故城北……获水又东，谷水注之，上承砀陂。陂中有香城，城在四水之中。承诸陂散流，为零水、澧水、清水也，积而成潭，谓之砀水。……陂水东注，谓之谷水，东迳安山北，即砀北山也。……谷水又东北注于获水。获水又东历蓝田乡郭，又东迳梁国杼秋县故城南……获水又东历洪沟东注，南北各一沟，沟首对获，世谓之鸿沟，非也。……又东过萧县南……萧县南对山，世谓之萧城南山也。……山有箕谷，谷水北流注获，世谓之西流水，言水上承梧桐陂，陂水西流，因以为名也。余尝经萧邑，城右惟是水北注获水，更无别水，疑即《经》所谓睢水也。

城东、西及南三面临侧获水，故沛郡治，县亦同居矣。城南旧有石桥耗处，积石为梁……水又东历龙城……又东迳同孝山北……获水又东，净净沟水注之。水上承梧桐陂西北流，即刘中书澄之所谓白沟水也。又北入于获，俗名之曰净净沟也。又东至彭城县北，东入于泗。……水北流注于获。获水又东迳弥黎城（《寰宇记》所谓迷留城）北。刘澄之《永初记》所谓城之西南有弥黎城者也。获水于彭城西南回而北流,迳彭城。城西北旧有楚大夫龚胜宅，即楚老哭胜处也。获水又东转迳城北而东注泗水，水北三里有石冢被开，传言楚元王之孙刘向冢，未详是否。城即殷大夫老彭之国也。"

经考证，夏邑县故城即今之砀山县城；砀山故城即今之河南省永城市芒山镇政府所在地；杼秋县故城位今安徽萧县黄口镇西孙庙老黄口；萧县位今萧县龙城镇北5000米郭庄乡欧村北；龙城位今萧县县城龙城镇东；同孝山在今徐州市铜山县大彭镇境内，今名楚王山；弥黎城当在今卧牛东北侧卧牛村和矿医院高地一带；今楚王山（同孝山）东麓，有一条叫闸河的沟渠北注古黄河，即是《水经注·获水》所说的静静沟（白沟）残存，此为岱水支流，源于濉水系。可知，当是时，获水经过地区依次有蒙县、己氏县、虞县故城、下邑故城、砀县、杼秋县故城、萧县和彭城县等八县，大致呈东南流向。

从《中国历史地图集》上看，获水是先东南后东北流向，在萧县出现了转折点。在《元和郡县图志》中，获水也是先东南后东北流向，其中，徐州到宋州"西南取萧县路"，宋州也"东北至徐州"，亦可推断出由东南流向转向东北流向的转折在萧县。《元和郡县图志》中言："萧县，东北至州六十里。"嘉庆《萧县志》引《一统志》云："汴水，一名获水，自砀山县流入，经萧县东北。"获水是自萧县东北方向流入。又同治《续萧县志》载："获水自考城来，流经县前，其势漫折如眠弓，县城适当水之隈曲，故曰三面侧临隔水。"知萧县三面临水，由此可以推断获水在萧县境内应自萧县西北界流入，绕城复从县东北流出至于彭城。古萧县县城在今县城北部，古城西南、南部、东南三个方向均有山脉，获水从西北方向流入，向东南流遭遇山脉阻隔，旋而东北流，这样的地形、地势使得流入的河水只能从东北方向流出。这样的特殊地形使得萧县成为获水由东南流向转向东北流向的转折点。

古获水河道在徐州市区大概流经路线为：沿今310国道徐州西段（徐商公路）东行 [路南侧至今仍有获（汴）水河道残留，徐商公路本利用古黄河堤坝所成]，与311国道徐萧公路汇集，继续东南流，即大致顺卧牛矿铁路联络线卧牛山北，因受卧牛山及其余脉雁山一线高地阻挡，遂转向东北流（"回而北流"），于小山子（雁山）北侧、沿幸福家园、小康人家北侧、帘子布厂下方、万通佳园、段庄广场、射击场、儿童医院南、十八中下方（高头湾）、夹河街，在小北门外入今古黄河河床，在坝子街南（老城东北）与泗水汇流，注入泗水。20世纪80年代前，这些古获（汴）水一线地方尚迤逦散落残留水塘。今新淮海路西延长段，基本沿古获水河道走向。古获水后被黄河夺其河道，以致徐州段千多年来冲刷湮废淤积，导致河床游移不定，已非今日之貌。今矿山路那一段高头并向东延伸，本身为古获水北大堤，随着历年河床游移不定，由十八里湾一带一高头湾段，形成南北两条支流的"夹河"河套之态。虽然经历年冲刷，从淮海西延拆迁后，仍明显看出马路北侧老河堤残存断崖（最高处曾达7~8米高）地势。

图 3-7 古获水河道残存遗迹

五、泡 水

据《金史·地理志》载：泡水流经丰县、沛县。《水经注》记载，泡水上承睢水，于夏邑县界东北流，合瓠芦沟水，又经丰西泽，谓之丰水，即汉高祖斩蛇之处。又东经大堰，水分为二。又东经丰县故城南，水侧城北，东北流右合支水，水上承丰西大堰派流，东北经丰城北，东注丰水，丰水又东合黄水，又东经沛县故城南。水上旧有梁，谓之泡桥。据丰县旧志载：泡水在县城北百步许，自单县流至此，东入沛县界。《明史·地理志》载曰："（丰）县北有丰水，即泡河也。按：自嘉靖中为河流荡决，水道遂淤，故迹尚存。"

六、武 水

武水，一名治水，一名小沂水。据《水经注》记载，武原水出武原县西北，南经其城西，又南合武水，谓之泇水。南经刚亭城，又南至下邳入泗，谓之武原水口。据邳州旧志载，武水汇合泇水后，转而东南抵旧城西，复西南行，乃至于干沟。现下流既湮，上流又改，旧迹已全非。按郦道元注，武原水、武水自是二源，武水即今武河，至今州北，西流入武原水；武原水即今泇河，自泇口以上故道犹存。

七、沂 水

亦名沂河。位于山东省南部与江苏省北部，是沂沭泗水系中最大的山洪河道。古代为泗水支流，黄河夺淮、泗入海后，沂水成为黄河支流。明万历三十二年（1604），开河运河航道成，沂水又为新开运河所截，不得入黄河，因而改道南流，汇入骆马湖。明崇祯年间（1628—1644），为保运河河道和宿迁城，开拦马河（后名六塘河），引骆马湖水东注黄海。清康熙二十四年(1685)，挑挖六塘河，使沂河水东至灌河口入海。以后虽多次治理，直至新中国成立后1951年开挖新沂河，仍保持由灌河口入海的形势。今自北至南流经沂源、沂水、沂南、临沂、苍山、郯城、邳县、新沂等八个县（市），至江苏省邳州市吴楼村入新沂河，抵燕尾港进入黄海。全长574公里，流域面积17325平方公里，集水面积4892平方公里，河面最宽达1540米，流域北部为鲁沂山区，西北部为泰沂山区，地形西北高，向东南倾斜。沂河水系发育、支流众多，主要有汶河、蒙河、祊河、白马河等。

沂河在沂源县南麻镇南的螳螂河口以上，有四源：徐家庄河、大张庄河、高村河、螳螂河。《水经》曰："沂水出泰山盖县艾山。"《水经注》："沂水于下邳县北西流，分为二水，一水于城北西南入泗，一水经城东屈从县南，亦注泗，谓之小沂水。水上有桥，徐泗闲以为圮，子房遇黄石公，即此处。"《清史稿·地理志》沂州府下蒙阴县注："沂水三源。郑氏主中源出沂山，班氏主东源出乐山，桑氏主西源出艾山，经龙洞山而合，东入沂水。"《沂水县志》载："沂水三源，西源发源于绞岭西北刘家庄小泉，东北流转西，经艾山之阴；东源发源于王裕岭北之水盈泉，北流至大张庄南，又北经临乐山和狗跑泉；中源出自雕崖山之通广峪北，经雕崖山东自龙洞山北，栗山南，三川汇而为一。"1984年山东省委研究室编《山东省情》《临沂地区概况》《辞海》等文献书籍，均记载沂河发源于鲁山南麓或三府山南麓。其中，大张庄河为主源，其源头为沂河源头。

沂河上游(临沂以上)山丘区为主，水流湍急，暴涨暴落，水土流失严重；下游（临沂以下）水流平缓，又有泥沙淤积之患，主要靠筑堤排洪。根据史志记载，老沂河古时原在睢宁古邳镇东入泗河，河水在淮阴西入淮河，淮河入江入海。黄河多次夺淮夺泗，尤以1194年黄河为最，遂使水道发生巨变，泗水在济宁市微山县马坡附近注入洼地，而成南阳湖，与独山湖、昭阳湖、微山湖连接，其南部河床淤高，沂河通道受阻，遂被迫由西南向转为南向，滞积而成骆马湖、黄墩诸湖泊。历史上沂河、沭河、运河洪水相互侵扰，息息相通，灾害频繁。故有"沂沭河见了面，淹了苏北18县"民谣。

明代开始进行沂河治理。天顺八年（1464）修筑沂河堤28处。清康熙三十八年（1699）筑沂河两堤16800余丈。乾隆八年（1743）修邳州沂泗堤、芦口石坝。明清两代治理，主要是引沂济运、保障运河安全。新中国成立后，沂河干流较大规模治理可分三个时期：1951年到1953年为导沭整沂时期，以沂河干流筑堤、疏浚、裁弯、切滩、护岸和开辟分沂入沭水道为主；1954年到1958年重点是江风口建闸，扩大开挖分沂入沭水道及邳苍分洪道和部分建筑物工程；1971年沂沭河洪水东调工程开工，到1981年工程停建。

沂河过山东省界仍然西南流4.2公里至港上西，此处有310沂河公路大桥，下行不远即为芦口坝堵口，折转东南流20公里至华沂村东北，河分东西两支。西支右岸有老沂河口筑坝及节制闸7孔，各宽8米。1960年邳县开挖官湖截水沟后，老沂河不再有分洪任务，现在只发挥引水、排涝和通航作用。南流经过合沟等地，在王楼南注入骆马湖。

东支河道为新中国成立后开辟的新水道，为区别于嶂山闸以下的新沂河，称此段为新沂河草桥段。老沂河不分洪后也叫沂河。过老沂河口，在沂河中泓建有华沂24孔漫水闸，孔宽1.3米，东南流2公里于杨庄西左岸有白马河汇入，再行3公里，即有陇海铁路沂河大桥。以下有浪青河、新戴河汇入。南流经过港头于苗圩附近入骆马湖。省界至此河道长45.5公里。

沂河和中运河洪水经骆马湖调蓄后，一部分出皂河闸经中运河下排，绝大部分出嶂山闸进入新沂河东流至灌河口入海。

如果说沂河是母亲，骆马湖便是沂河的女儿。骆马湖在明代以前，只是沂河入泗的直河口以东、泗水以北、马陵山西侧的一片平原洼地。黄河侵泗夺淮以后，泗水河床逐渐淤高。至明代后期，原来入泗水的沂水严重受阻，被迫滞潴于此，致使原来互不相连的大江湖、隔头湖、埝头湖、骆马湖连为一片，统称骆马湖。清初及其以前，沭水西支曾经汇于沂河入骆马湖。并且因为沂河、沭河系山洪河道，临沂地面高程60米，鲁苏省界附近为35米，骆马湖则为20米，这么大的比降，洪水来时快如奔马，先于泗水到达。而泗水地处鲁西平原，水流缓慢，其在徐州以北形成南四湖，洪水也下注这里，使得湖面逐渐扩大，并漫潴周围洼地成湖，其南旧时就有黄墩湖。若大水年，整个苏北则是一片汪洋看不见了。

新中国成立初，为解决沂沭泗流域的洪水出路，将骆马湖建成临时滞洪水库，1958年又改建为常年蓄水水库，成为南北长35公里，东西宽15公里左右的大湖。非汛期蓄水一般在9亿立方米。该湖大部属宿迁市，一部属新沂市。骆马湖是调洪、灌溉、调节京杭运河水位、发展水产养殖业综合利用的湖泊，也是全国七大淡水湖之一。

沂河到了骆马湖，基本上就完成了她的生命历程。骆马湖现在排水河流主要是新沂河，其次是中运河。骆马湖南岸，是历史古城——宿迁。在这里发现了东夷文化遗址，即5万年前古人类活动所在地"下草湾文化遗址"。

八、沭 水

沭水为沭河的古称，现今称为沭河。早在战国时期的著作《周礼·职方氏》中就有记载："正东曰青州……其浸沂、沭。"沭水发源于山东省沂山南麓，同沂水平行南流，过郯城县入江苏省，原在今宿迁市汇入泗水再入淮河。1128—1855年黄河南徙，夺徐州市以下泗水河道和淮阴市以下淮河干流入海。后因河床淤高，黄河在1855年又北徙，留下废黄河故道，沭河失去了入淮的水道。

沭水，古人又写作"术水"，据《汉书·地理志》记载，"术水南至下邳入泗"。唐代颜师古注曰："术水，即沭水也。"

沭河流域南北较长，东西狭窄。北以沂山与潍、河河流域分水，南至新沂河北堤，西与沂河流域为邻，东以莒县低山丘陵及马陵山等山丘与滨海诸河为界。流域面积9250平方公里，其中大官庄以上4519平方公里，大官庄以下老沭河（江苏亦称总沭河）1881平方公里（包括总干排及分沂入沭水道256平方公里），新沭河2850平方公里。行政区划包括山东省临沂市和江苏省徐州市、连云港市的沂水、莒县、莒南、临沂、临沭、郯城、新沂、东海、赣榆等九个县（市）。

沭河古称沭水，原为入淮支流。因黄河侵犯，入淮通道淤塞，尾闾在沭阳和东海等县境内游荡，与沂河尾闾串通，从临洪口、埒子口及灌河口入海。1949年山东省和苏北行署分别开展"导沭整沂""导沂整沭"后，在临沭县大官庄北，建沭河拦河坝和胜利堰；向东开挖一条经沙入海河道；南支汇入新沂河。由此将沭河分为三部分：大官庄以上仍称沭河，大官庄向东一支称新沭河，大官庄向南一支称老沭河。

沭河发源于沂山南麓，南流至大官庄。全长196.3公里。主要支流有（流域面积大于100平方公里，下同）10条，多分布于左岸丘陵山区，是全流域洪水的主要来源。

新沭河于大官庄自沭河左岸分水向东，经新沭河泄洪闸东流入石梁河水库。出库后继续东流，至临洪口入海。全长80公里（山东境内20公里），主要支流有5条。目前新沭河承泄沭河大部及区间全部来水；分沂入沭水道调尾后，还承泄沂河部分洪水，是沂、沭河洪水东调入海的主要河道。

老沭河自大官庄过胜利堰南流，在堰下1.64公里处分沂入沭水道（尚未调尾）从右岸汇入，在红花埠南入江苏境，至新沂市口头入新沂河。全长103.66公里（江苏境内47公里），有支流6条。

从《说文解字》《辞海》对"沭"字的注释可以看出，"沭"是沭水（或沭河）的专用字，别无其他含义。因此，要解释沭河名称由来，应从"术"字上做文章。

《莒县地名志》认为"古术士施展法术之水汇成此川而得名"，此说近于荒唐。因为占卜和鬼巫之术在先秦各诸侯国普遍存在，当时的人们对此虔诚至信，并非只有沭河流域的古人信奉此道。况且"术士、巫术"等字义是"术"字的引申义，并非本义，因此，用"术士、巫术"等词义来解释"沭水"名称的由来只是望文生义。

《说文·行部》："术，邑中道也。从行，术声。"五代时期的文字学家徐锴在《说文解字系传》中说："邑中道而术，大道之派也。"可见，"术"字的本义是道路，"沭水"之名应该与道路有关。

据白寿彝总主编《中国通史》记述：春秋时期，我国东部有一条南北交通要道，这条道路北至齐国都城临淄（位于今山东省淄博市），南至徐国（江苏省泗洪县附近），中间经穆陵关、莒国（今山东莒县）、郯国（今山东郯城县北）。由于这条道路"僻在东方"，其重要性略逊于中原地区的主要道路。也就是说，这条道路在中国的东部地区虽然是一条交通要道，但相对于当时中国中原地区的主要道路来讲，只能算作是一条主干道中的分支。这个观点与徐锴所说"大道之派"相符，因此可以将这条道路称为"术道"。而从沭河的流经地域看，"术道"与"沭水"二者路线一致，相依相傍，古人便把这条"僻在东方"的交通要道一侧的河流称为"术水"。

"术水"成为这条河流的名字后，古人为了区别字义，又在"术"字上加了"水"旁，即"沭"，《汉语大字典》注："术，同'沭'，水名。《玉篇·水部》：'沭水，在琅琊，任绪钓鱼处。'"这里所引的《玉篇》是南朝梁顾野王所著字书。这就是说，南北朝之前，"沭"字的异体字还有"术""沭"等写法。《说文解字》中没有收录"沭"字，说明这个字在汉代已不常用。大概在秦始皇统一文字时，作"沭水"讲的"术"和"沭"字，就统一为"沭"字了，但实际上仍有少数人用这两个字，就像今天仍有少数人用繁体字和废弃的简化字一样，所以《汉书》有"术水"，《玉篇》有"沭水"，随着汉字的演化，许多异体字不再使用，"沭"字便成为今天的"沭河"专用。

虞姬沟，在江苏省北部。传为秦末西楚霸王宠姜虞姬为沭阳人，因而得名。源自新沂市宋山西麓，东南流经宋庄、王庄闸、鲍老庄、沭阳县虞沟崖，在埝下注入新开河。长 31 公里，宽 30 米。排涝流量 80 立方米/秒。今经多次修浚，为新沂、沭阳二县市排涝河道。

九、濉水、奎河

濉河，淮河支流，洪泽湖水系，在安徽省北部，江苏省西北部。由于历史上河道多有变迁，现代水文通常指 1968 年截流后的河道，也有称"新濉河"。也有将其干流与其支流奎河合称为奎濉河。濉河古称睢水，上承大梁（今开封）鸿沟水，下至小河口（今属江苏邳州）入泗水，源远流长，累受黄泛侵夺，河道多变，上游夏邑以西，下游浍塘沟以东，故道久已湮废。到 20 世纪中，变为源于砀山县洪河，止于洪泽湖，1968 年截流后，起点变为宿县张树闸。

濉河，古称相水，又名小河。源自河南省开封市陈留县西，东流经小河口入淮。明隆庆四年（1570）黄河在邳州段决口，原濉河淤塞南徙，上游淤为平地。至清末仅存安徽省砀山县以下河段。南流经萧山、濉溪、宿州市、灵璧、泗县等县（市），至江苏省泗洪县汇入洪泽湖。1966 年宿县符离集以北，上游河段改入新汴河，中游段改称新濉河，下游尾部江苏泗洪县青阳船闸以下仍称濉河，自青阳船闸经青阳镇识头入洪泽湖，长 29 公里，河宽 50~100 米。流域面积 381 平方公里。从上源起算，长达 360 公里。1950 年先后多次拓浚。今为重要排涝、引水、通航河道。

老濉河，濉河支流，又名濉河。在苏皖边界，1951 年开凿。因北段部分河道经过原濉河下游而得名。今北自安徽省灵璧县浍塘沟，经泗县到江苏省泗洪县小韩庄、洪庄入濉河。全长 75 公里，江苏泗洪县境长 13 公里，河宽 80~100 米。总流域面积 643 平方公里。为苏皖边界排水河道之一。

新濉河，入湖河流。在安徽省东北部、江苏省北部。原为濉河中断，1855 年黄河北徙后形成，故名。源自江苏省徐州市南部，南流铜山区、安徽省宿州市、灵璧县、泗县境，至江苏省泗洪县青阳镇西侧注入溧河洼，东南流入洪泽湖。全长 139 公里，下游河宽 160~633 米。流域面积 3143 平方公里。泗洪县以下可通航。为苏、皖两省边界地区重要排水河道。

运料河，濉河支流。在苏、皖两省边界。源出江苏省徐州市铜山区西南部。南流至安徽省灵璧县浍沟注入干流。全长约 55 公里。

奎河，濉河支流。古称支河，又名资河，因流经奎山之下而得名。在江苏省徐州市南部，安徽省宿州市北部。源自铜山区汉王镇拔剑泉。相传汉王刘邦拔剑触地即见水涌出。东流经云龙湖，又经徐州市城区东南隅转向南流，经铜山区高家营、徐庄等乡镇，至安徽省宿州市，东南称新濉河。为新濉河上源。全长 71 公里，河宽 44 米。流域面积 1352 平方公里。灌溉面积 4 万余亩。

十、微山湖

微山湖是位于中国山东省微山县南部的断陷湖。北与昭阳湖、独山湖和南阳湖首尾相连，水路沟通，合称南四湖。四湖中以微山湖面积最大，达 660 平方公里，水深 3 米左右。是中国北方最大的淡水湖，京杭大运河傍湖而过。

微山湖水面主要归山东省微山县管理，而湖西滩地（湿地）使用权为江苏所有，其中沛县辖微山湖湖区水面面积约 400 平方公里（含部分昭阳湖水面面积），湖岸线长 62 公里；徐州市铜山区辖微山湖湖区水面面积约 100 平方公里，湖岸线长 60 公里。

微山湖的形成是地壳运动、黄河决溢、人为活动共同作用的结果。微山湖的形成是由于四亿年前华北地区整体下降为前海和湖沼，特别是七百万年以来，由于地壳强烈运动，形成大面积凹陷，鲁中山西形成涝洼区，为微山湖的诞生创造了条件。另一个重要成因，是黄河不断决溢的淤积抬高泗水西岸的高地，导致黄河水长期占据此处形成了大面积湿地，现在的微山湖就形成于明代万历年间的黄河决口。可以说，今天的微山湖是黄河的杰作。

微山湖是南四湖的别称，由微山、昭阳、独山、南阳湖组成，属淮河流域泗河水系。在四湖形成之前，尚有赤山、吕蒙、武家、黄山、张庄、塔具、满家、阳城诸小湖，最终分别被四湖侵吞。这些小湖出现的时间先后不一，昭阳湖出现最早，有七八百年的历史。

微山湖盆狭长，呈西北东南走向，长 120 公里，宽 6~25 公里。中部称为湖腰，在湖腰修建二级坝，将微山湖一分为二，坝北为上级湖，坝南为下级湖，上级湖长 64 公里，下级湖长 54 公里。四湖周边长约 306 公里。最大控水面积 1266 平方公里。京杭大运河穿湖而过，沟通了南北江河水系。

南四湖的基底原来是山东丘陵西部边缘的一片冲积平原，古泗河从这片平原的西部由北而南流过。元代之前，曾是人烟稠密的繁华之地。元代以后，由小而大逐渐形成了湖泊。

微山湖属于淮河流域泗河水系。湖西地处黄河与故黄河之间的黄泛平原，地势平缓，比降为五千分之一至二万分之一，河道宽浅，洪水量大峰低，分别经洙赵新河、老万福河、东鱼河、复兴河等由西向东流入微山湖；北部由梁济运河接纳济北及郓城、梁山和东平湖新湖区一带的来水；湖东近湖区为泰沂山脉第四纪冲积地丘陵平原，远湖区为蒙山岐脉山丘区，河道短，洪水峰高流急，分别经泗河、泉河、洮府河、白马河、城河、郭河、十字河、薛城河、大沙河等由东向西流入微山湖。

微山湖承受东、西、北三面，鲁、苏、豫、皖四省32个县、市、区的来水，流域面积31700平方公里，入湖主要河流有47条，其中流域面积1000平方公里以上的主河道有泗河、梁济运河、白马河、洙赵新河、老万福河、复兴河、城郭河、东鱼河、洮府河、新薛河、新万福河共11条，出湖口有山东省微山县境内的韩庄闸和伊家河闸以及江苏境内的蔺家坝闸。

早期微山湖的出口有二：一由韩庄湖口闸入运，一由江苏省茶城小梁山的蔺家坝等处，由荆山桥达彭家河出三岔口济运，即荆山河。1758年又于韩庄南开伊家河帮助泄水，该河上起微山湖，下至江南邳县黄林庄入运。而荆山河后来下游淤塞，改经不牢河入运。

第四章

汉武堵决 苏轼抗洪

——主流来前路演

如果将黄河暴夺淮泗、经行徐州的"徐州黄河史"，定在建炎二年（1128）杜充决河为"起始点"，那么，此前在徐州所发生的一切"黄河事件"，都可以称为"徐州黄河史"前的路演。

　　理由是西汉武帝年间，黄河光临徐州 23 年后瓠子决口被堵；东汉永平年间王景整溃治河致使汴泗安澜千年；北宋"天禧洪水""熙宁洪水"这两次决口都是随决随堵，黄河依然北流渤海；而当杜充掘开黄河漫流东南而折向徐州时，谁也未曾料到，这一次的黄河南下，主流牵动，竟然成了徐州黄河的"七百年常态"！

　　因此，1128 年前的史实是"徐州黄河史"的"前奏"，是大幕将启的经行先声，是掀开波澜壮阔抗洪史的序篇。

第一节 河决瓠口 武帝成功

元光三年（前132）春季，黄河于顿丘决口。入夏，又冲决了濮阳瓠子河堤，洪水注入巨鹿泽，流入泗水、淮河，梁、楚十六郡国均被水淹，今之徐州地区首当其冲。苏北鲁南豫西皖北地区按《禹贡》评级在全国为"上中"，属第二等，土地肥沃，物产丰富，洪魔之下民生凋敝，国家赋税锐减。汉武帝一向注意兴水利、去水患。这次遭灾后，他调拨十万人筑堤治水。不料，水患猖獗，塞而复坏，以致前功尽弃。

汉武帝怨天，认为是上天的意志，人力无可奈何。"正道驰兮离常流，蛟龙骋兮放远游。归旧川兮神哉沛，不封禅兮安知外。"洪水不走正道而离开以往的河床，像蛟龙一样肆虐为害。其实，祸水之所以向南漫延，恰恰是"人祸"造成的。汉武帝治水，丞相田蚡却心怀鬼胎。他的封地尽在黄河以北地区，河水既已决而南流，其地受益，便散布谣言曰："水道天成，人不可逆。"他别有用心地对汉武帝讲，"塞之未必应天"，用神意吓唬决策者皇帝，阻挠继续治水，致使下游百姓遭灾达23年之久。元狩三年（前120），灾情最为严重，引起朝廷的不安。汉武帝下令将70万灾民迁徙到关中、朔方，又把水患全部归咎于水神河伯，"为我谓河伯兮何不仁，泛滥不止兮愁吾人。齿桑浮兮淮泗满，久不返兮水维缓"，这是说河伯没有半点儿仁慈，泛滥不止的洪水淹没了黄河以南的大片土地，却迟迟没有退去的迹象。直到二十年后，元封二年（前109），汉武帝去泰山封禅，巡祭山川，亲见水害之甚，乃命汲仁、郭昌率民数万复堵瓠子决口。

据《史记·河渠志》记载：元光三年（前132），"河决于瓠子，东南注巨野，通十淮、泗"，天子封禅巡祭山川，其明年旱。天子乃使汲仁、郭昌发卒数万人塞瓠子决。自临决河，沉白马玉璧于河。令群臣从官自将军以下，皆负薪填决河。是时东流郡烧草，以故薪少，而下淇园之竹以为楗。天子即临河决，悼功之不成，乃作《瓠子歌》，于是卒塞瓠子，筑宫其上，名曰"宣房宫"。自是之后，用事者争言水利，皆穿渠为溉田各万余顷。

汉代堵塞瓠子决口是黄河史上的重大事件。汉武帝为了表现一代帝王对民生疾苦的关心，亲临现场，并命令随从官员自将军以下都参加堵口劳动，极大地鼓舞了抗洪军民。由于当地人民烧柴草，木材很少，武帝便下令把淇园（当时卫国故苑）的竹林全部砍完，捆为桩楗，进行堵复。为表明对河伯的虔诚，他还将心爱的白马、玉璧沉于河中，祭祀水神。成功控制洪水后，武帝十分激动，建设宣房宫以示纪念，亲作两首《瓠子歌》以抒情怀。伟大的历史学家《史记》作者司马迁也随汉武帝参加瓠子堵塞决口的劳动。《史记·河渠书》太史公曰：甚哉，水之为利害也！余从负薪塞宣房，悲《瓠子》之诗，而作河渠之书。意思是：水与人的利害关系太大了！我随从皇帝参加了负薪塞宣房决口那件事，为皇帝所作《瓠子》诗感到悲伤，因而写下了《河渠书》。

汉武帝刘彻（前156—前87），江苏沛县人，是汉朝的第六个皇帝，庙号是世宗。汉武帝是汉景帝的第十个儿子，4岁封胶东王，7岁时被立为太子，16岁登基，在位54年。汉武帝是中国历代皇帝中第一个使用年号的皇帝，政治上独尊儒术，巩固中央集权，经济上促进农业发展，开疆土，通西域，是历史上少有的雄才大略的君主。创立乐府机构，促进了诗歌的发展。

《瓠子歌》二首，是汉武帝刘彻亲临黄河决口现场的即兴诗作，气势磅礴，对水患猖獗的描写入木三分；其歌词委婉凄切，充满痛恤爱民之意。《瓠子歌》突出汉武帝亲临河决之举，说明水利是关系国计民生的大业，为政者一刻也不能忽视。自秦朝统一后，皇帝亲临现场治理黄河，这是第一次，也是唯一的一次。虽寥寥数语，却给我们探究黄河文化留下宝贵的历史文献，甚至成为中国文学史上的千古绝唱。

瓠子歌

其一

瓠子决兮将奈何，浩浩洋洋兮虑殚为河。

殚为河兮地不得宁，功无已时兮吾山平。

吾山平兮钜野溢，鱼弗忧兮柏冬日。

正道驰兮离常流，蛟龙骋兮放远游。

归旧川兮神哉沛，不封禅兮安知外。

为我谓河伯兮何不仁，泛滥不止兮愁吾人。

齿桑浮兮淮泗满，久不返兮水维缓。

其二

河汤汤兮激潺湲，北渡回兮汛流难。

搴长筊兮湛美玉，河伯许兮薪不属。

薪不属兮卫人罪，烧萧条兮噫乎何以御水。

颓林竹兮楗石菑，宣房塞兮万福来。

第二节 王景治水 河泽安澜

一部中国史，可以说就是一部治河史、治水史，因为数千年来，中华大地上的水患从来就没消停过。中国历史上第一个王朝的缔造者就是一个治水工程师大禹，中国之所以被称为九州，这也是禹工程师治理水患之后形成的地貌。可以这么说，中国史始于治河史。众所周知，大禹用疏导法治水成功，他父亲鲧用堵塞法失败；然而，多数人不知道的是，疏导法并非治河的唯一选择，在后来的治水工程中，堵塞法也是良法之一。汉朝的王景便是疏堵并用，保住黄河 900 年的太平。

汉朝开始，天下太平，黄河却不太平。汉武帝时堵塞瓠子决口成功仅能保一时。西汉末年，黄河、汴渠决坏，水患持续 60 余年。到王莽，黄河又改道，天下苦不堪言，朝廷十分头疼。王莽还特意设立一个治理河患的办公室或专门委员会之类的机构，商讨治河方案。这是中华历史上第一次对治理河患进行理论上的总结和探讨。当时的理论方案已经呈现多元化趋势：有冯逡、韩牧提出来的"分疏治河"论，即多开支渠分洪泄流；有关并提出来的"滞洪治河"论，即给洪水留一个蓄积的空间，缓冲减洪；还有大司马张戎提出来的"水力刷沙"论，即用水来冲刷泥沙，就是将河道束紧，空间上的缩小使水流冲击力增大，将泥沙冲到海里去；更有"改道治河"论，干脆给黄河动个大手术，改河道，找一条距海相对较近，利于洪水排泄的河道。理论上的集大成者贾让，他的理论基础是"人不与水争地"，提出上中下三策：上策：改道。干脆将那些居住在泛滥区，跟河道太近的居民迁徙出去，给黄河让出一个淹没区，也就是使黄河的轨道变宽，与人类各不相干。中策：分流。多凿渠道，将洪水从旁边的渠道分走。下策：堤防。加高黄河原来的堤防，这个方法只能暂时解决问题，等泥沙淤积多了，黄河哪天又会发作改道。[①]

理论有了，谁来实践？到东汉，出了一个治水的伟大实践者王景。东汉明帝的时候，公元 69 年，黄河已经闹腾了几十年，朝廷于是委任王景为

[①]〔宋〕欧阳修、宋祁：《新唐书》卷42《地理二·汴州陈留郡》，中华书局1975年版。

治黄总指挥。这是历史上最英明的一个决策。《后汉书·王景传》:"永平十二年,议修汴渠,乃引见景,问以理水形便。景陈其利害,应对敏给,帝善之。又以尝修浚仪,功业有成,乃赐景《山海经》《河渠书》《禹贡图》及钱帛衣物。夏,遂发卒数十万,遣景与王吴修渠筑堤,自荥阳东至千乘海口千余里。景乃商度地势,凿山阜,破砥绩,直截沟涧,防遏冲要,疏决壅积,十里立一水门,令更相洄注,无复溃漏之患。景虽简省役费,然犹以百亿计。明年夏,渠成。帝亲自巡行,诏滨河郡国置河堤员吏,如西京旧制。景由是知名。"

王景首先的工作是修建堤坝,到东汉永平十二年(69)夏,王景奉诏和王吴共同主持了对汴渠和黄河的综合治理活动。王景依靠数十万人的力量,一方面修筑从濮阳城南到渤海千乘的千余里黄河大堤,另一方面又整治了汴渠渠道,新建了汴渠水门。不但使黄河决溢灾害得到平息,而且充分利用了黄河、汴渠的水利资源。王景治理后的黄河河道,大约穿过东郡、济阴郡北部,经济北平原,最后由千乘入海。总的来讲,河道流经西汉故道与泰山北麓的低地中,距海较近,地形低下,行水较顺利。由此,黄河决溢灾害明显减少,出现了一个相对安流时期。自此,黄河900年不曾改道。成绩是巨大的,投入也是巨大的,王景的治水方案,花费朝廷上亿钱。

王景,字仲通,乐浪郡邯(今朝鲜平壤西北)人。受家庭影响,王景少年时期就开始学习《周易》,并博览群书,特别喜欢天文数术之学。他工于心计,多才多艺。大约在光武帝后期或明帝初期(公元58年前后)任司空属官。永平(58—76)初年,有人推荐王景善于治水,汉明帝于是令王景与王吴一起疏浚浚仪渠成功。永平十二年(69)王景又受命主持大修水运交通命脉汴渠和黄河堤防,功效卓著。永平十五年(72)明帝拜王景为河堤谒者。建初七年(82)迁任徐州刺史。次年又迁庐江太守并卒于任上。

清代以后,在黄河上长期流传着"王景治河,千载无恙"之说。对此,古今学者都有不同见解。从史料记载看,王景筑堤后的黄河经历900多年没有发生大改道,决溢也为数不多,确是位置比较理想的一条河道。尤其是苏鲁豫皖四省,受汴渠交通灌溉之利,福泽匪浅。

第三节 天禧河决 贻永作堤

据《宋史》王贻永传："拜洺州团练使，徙徐州。河决滑州，徐大水，贻永作堤城南以御之。""河决滑州"，当指宋真宗天禧三年（1019）的那次决口。查《宋史·河渠志》："天禧三年六月乙未夜，滑州河溢城西北天台山旁，俄复溃于城西南，岸摧七百步，漫溢州城，历澶、濮、曹、郓，注梁山泊；又合清水、古汴渠东入于淮，州邑罹患者三十二。即遣使赋诸州薪石、楗橛、芟竹之数千六百万，发兵夫九万人治之。四年二月，河塞，群臣入贺，上亲为文，刻石纪功。"

再查《宋史·河渠志》对"熙宁洪水"的记载："（熙宁）十年五月，荥泽河堤急，诏判都水监俞光往治之。是岁七月，河复溢卫州王供及汲县上下埽、怀州黄沁、滑州韩村；己丑，遂大决于澶州曹村，澶渊北流断绝，河道南徙，东汇于梁山、张泽泺，分为二派，一合南清河入于淮，一合北清河入于海，凡灌郡县四十五，而濮、齐、郓、徐尤甚，坏田逾三十万顷。遣使修闭。"

比较两次洪水的走向，竟然是惊人的一致："天禧洪水"与"熙宁洪水"的经行路线当是从曹村 [今河南濮阳县城西南十余公里之新习乡（镇）有吉凌平、董凌平、马凌平、常凌平、李凌平等五个紧邻的村庄，此即原"曹村"] 决口，东走鄄城北，郓城北，汇入梁山泊。北流一支入北清河（济水）而继续入海；南流一支则过嘉祥，入泗水，南下鱼台、沛县，直趋徐州，再下淮阴而入淮。据此分析，即先由滑州东行，再于梁山泊分南北两支，北支从大清河（济水）入渤海；南支循泗水，经济宁、沛县南下，在徐州城东北角与古汴水汇合，复继续南下，并非今之古汴水黄河故道。王贻永时任徐州团练使，积极有效地组织了城南筑堤，抵御洪水侵袭，保护了徐州城防。"王堤"遗址今已难辨，抑或糅合在"苏堤"之中。

王贻永，字季长，是王溥的孙子。他性情清慎寡言，十分通晓书法，不追求歌舞技艺；咸平中期，娶郑国公主，授右卫将军、驸马都尉。他跟随真宗去泰山封禅，真宗告诫他要"与众和睦，清静求治"。他请求为朝外官，得以任单州知州、洺州团练使，转为徐州团练使。历任彰化、武定军节度使观察留后，被任命为安德军节度使，后升为同知枢密院事、枢密院使。不久，被任命为同中书门下平章事，兼任侍中。王贻永疏远权势，在枢密院十五年而始终无过失，人们称他谦静；去世后被赠官为太师、中书令，谥号"康靖"。

第四节 苏轼抗洪 保境安民

苏轼，字子瞻，号东坡居士，世称苏东坡，眉山人，北宋著名文学家、书法家、画家，唐宋八大家之一。熙宁九年（1076）底，苏轼奉诏由密州前往河中府任职。次年二月，到达汴京北面陈桥驿，朝廷又改任其为徐州知州。在徐期间，一代文豪率领军民抗洪，积极投身到滔滔黄患治理当中，不仅在为官从政方面留下最光彩的一页，也在徐州治黄历史上留下辉煌的篇章。

一、水穿城下作雷鸣 泥满城头飞雨滑

徐州其地"三面被山"，其城"三面阻水"，若"河失故道，遗患及于东方；徐居下流，受害甲于他郡"。自北宋开国以来至苏轼任职徐州之时，在这117年之间发生在徐州有史可查的黄河泛滥就多达12次，其中影响较大的有太平兴国五年（980），黄河泛滥"溢入州城"；太平兴国八年（983），黄河"涨丈七尺"，坏居民庐舍；天禧三年（1019），黄河"浸城壁，不没者四板"，太宗之婿、徐州团练使王贻永"作堤城南以御之"。

熙宁十年（1077）四月，苏轼抵达徐州就职。七月，黄河在澶州决口，汹涌不可阻遏，淹45州县，坏数万民舍，毁田30万顷。八月二十一日，洪水肆虐徐州，"水穿城下作雷鸣，泥满城头飞雨滑"，"彭门城下水二丈八尺，七十余日不退"。雨急水深，洪水茫茫，全城百姓有化为鱼鳖之险。

二、坐观入市卷闾井 吏民走尽余王尊

面对洪水困城的危局，苏轼抱定"坐观入市卷闾井，吏民走尽余王尊"的决心，要像汉代东郡太守王尊那样在抗洪斗争中身先士卒，视死如归。当时水高城危，富民争相出逃，城内人心惶惶。苏轼通告全城，只要他在，就决不让洪水进城，并劝阻意欲出逃的富民安心留在城内，民心始安。驻扎在徐州的禁军是朝廷控制下的正规部队，虽然地方官吏无权调遣，但是将士们囿于洪水围城的危局，更为苏轼坚决抗洪的精神所感染，在其请求下毅然协助抗洪。

徐州周边"岗岭四合"，地形"状若仰釜"，为防洪水倒灌地处洼地的州城，苏轼率领军民筑起一道全长948丈、高10丈、宽2丈的防洪大堤，

使洪水到堤而不能毁城。由于阴雨绵延，堤外水位不断上涨，八月底城外水深已达 28.9 尺，形势危急。苏轼带领全城军民分段严守，分头治水，同时又把城墙加高，墙基增厚，逐渐控制局势，转危为安。城外一片泽国，"老弱蔽川而下，壮者狂走无所食，槁死于丘陵、树木之上"，一派凄惨。苏轼派人用船载食在城外四处救人，使许多百姓得以脱险。

抗洪期间，苏轼布衣草鞋，亲荷畚锸，结庐城头，日夜抢险，过家门而不入，颇有大禹治水风范。同年十月，随着黄河的一条支流回归故道，各地水势告退，徐州终于脱险。

在这次抗洪斗争中，苏轼身先士卒，力挽狂澜，使得一城百姓化险为夷，因此深受徐州百姓敬仰爱戴，至今徐州民间还流传着不少关于苏轼抗洪的传说，"苏姑救城"便是其中一个。

相传，大水困城之际，苏轼的女儿苏姑看到父亲日夜操劳而忧心如焚，决心助父抗洪。一天夜里她听到鸟声传来："苏姑苏姑，河伯将过，红妆现身，全城免祸。"次日，她换上红妆登上城头看见滔滔洪水汹涌袭来，站在狂风浊浪中的河伯正向其招手。她纵身跳入滚滚洪水中，嫁给河伯，洪水迅速隐去，黄河复归平静。当苏轼和全城百姓赶到时，已不见苏姑，只见其红妆在黄河浊浪中若隐若现，后人将该地叫作"现红"。20 世纪 80 年代，人们在徐州下洪村附近的黄河故道上修建了人工岛，称为"显红岛"，以示纪念。徐州百姓为感念苏姑舍身救城的壮举，在府衙中为其修建了衣冠冢。清代多次重修此冢，历任知州知府均来祭祀。同治四年（1865），曾国藩驻营徐州，幕僚薛福成就曾把"苏姑救城"的传说收入其《庸庵笔记》中。徐州百姓还把黄楼称为黄楼庙，内塑苏轼和苏姑之像进行祭祀。徐州旧时风俗，每年正月十六日为黄楼庙会（亦称苏姑庙会），赶会的人多是女性，"苏姑香火满黄楼，有女如云拥陌头"便是当年庙会盛况的真实写照。"酥（苏）糖"为当时庙会一绝，人们争相购买。

三、明年劳苦应更甚 我当畚锸先黥髡

鉴于苏轼抗洪有功，神宗皇帝特地颁旨奖谕："亲率官吏，驱督兵夫，救护城壁。一城生齿，并仓库庐舍，得免湮没之害。"苏轼却认为"水来非吾过，去亦非吾功"，而且还有"明年劳苦应更甚，我当畚锸先黥髡"的计划。他考虑到徐州乃河患之地，为使今后免遭鱼鳖之害，当未雨绸缪，尽早防范。

苏轼对洪水困城之际仓促修筑的堤坝深感忧虑，上书朝廷请求拨款派丁修建更加牢固的石堤，防患于未然。当时朝廷正忙于堵塞澶州缺口，无暇顾及徐州。苏轼再次上书陈述利害关系，请求改建土木结构的堤坝。元丰元年（1078）二月，朝廷终于同意苏轼的请求，赐钱 2410 万为工款，米

1800 斛做工粮，民夫 7200 人参加徐州防洪改建工程。

苏轼改筑外城，"向水之冲以木堤捍之，水虽复至不能以病徐也"。又在城外东南方向"首起戏马台，尾属城"修筑了一道坚固的防洪堤坝。苏轼高瞻远瞩的防洪措施发挥了重要作用。同年夏，河水再次泛滥，"徐州守臣以立堤救水，城得不没"。后人为纪念苏轼抗洪的功绩，将此堤称为"苏堤"。宋代以后，黄河迭经改道，水患频仍，护城堤亦多次整修改修增修或移址重修。今所见苏堤乃清代重修，为纪念伟人苏轼，仍叫"苏堤"。

四、重瞳遗址已尘埃 唯有黄楼临泗水

元丰元年（1078）二月，苏轼为纪念在徐州抗洪成功，拆除霸王厅，用其材料在泗水之畔的东门之上建造高楼，八月十二日建成，历时半年之久，名曰"黄楼"。"黄楼高十丈，下建五丈旗。楚山以为城，泗水以为池。"黄楼高耸云霄，雄伟气魄，为当时徐州标志性建筑。

黄楼作为徐州历史上五大名楼之一，是按照中国传统的五行学说命名的。五行中的土为黄色，水来土掩，土能克水。苏轼修建黄楼，自然包含永镇水患，百姓平安之意。另外，苏轼治水期间受到徐州风俗启发，"霜风可使吹黄帽，樽酒那能泛浪花"，他看到徐州船家戴着黄帽驾船忙着抗洪，不禁叹道："舟人黄帽，土胜水也。"水灾过后，修建高楼，取名"黄楼"，即有"黄楼镇水"之意。

元丰元年，黄楼落成大典之日选在九月九日的重阳节。苏轼遍邀 30 余位文人雅士云集黄楼，欢宴畅叙，其中就有"苏门六君子"之一、江西诗派代表人物、徐州籍名士陈师道。

苏轼倚楼远眺，极目天舒，楚山泗水，尽收眼底。他忆起"去年重阳不可说，南城夜半千沤发"那段惊心动魄的洪水围城经历，想到"坐观入市卷闾井，吏民走尽余王尊"那终生难忘的抗洪岁月，看到"岂知还复有今年，把盏对花客一呷"的眼前盛会，不禁心潮澎湃，百感交集，写下了脍

图 4-1 黄楼

炙人口的《九日黄楼作》。与会雅士受其感染,亦诗兴大发,纷纷即席赋诗。"唐宋八大家"之一的苏辙当时远在济南,却专为黄楼落成写下了千古佳作《黄楼赋》。婉约派一代词宗秦观久慕苏轼大名,"唯愿一识苏徐州",亦写下一篇《黄楼赋》庆贺落成大典。"黄楼诗会"不仅是中国古代文学史上的千古佳话,更是徐州文化史上的著名事件,因此黄楼之名永载史册。苏轼任职徐州期间,写下了300余篇有关徐州风土人情的诗词文赋,后来整理为《黄楼集》存世。

在漫长的历史岁月中,黄楼屡毁屡建。1988年,有关部门在离遗址不远处的故黄河岸边重建了一座气势恢宏的新黄楼。"黄楼赏月"列为徐州八景之一。立于黄楼中的《黄楼赋》碑,碑文由苏辙撰写,苏轼亲笔书写。一碑之上留下"唐宋八大家"中的两位大家杰作,实为罕见。碑形为四方石柱,每面宽窄不一,四面满字。南宋张邦基在《墨庄漫录》中记载:当年徐州歌伎马盼盼聪颖秀丽,善学苏体。苏轼书写《黄楼赋》时遇事偶有停笔,她私下续写了"山川开阖"四字。苏轼一见含笑不语,略加润色后,接着往下书写"苍莽千里……"照此记载,《黄楼赋》碑文里应有马盼盼的笔迹。

《黄楼赋》碑在漫长的历史岁月中历经波折,历尽劫难。苏轼身陷"乌台诗案"后,此碑渐受冷落,无人问津。徽宗即位,"党禁"稍开,此碑又为人关注,日夜有人拓印,争相收藏。蔡京入相以后,将苏轼的文集雕版"悉行焚毁",碑刻在劫难逃。徐州官民感念苏轼抗洪救民恩德,不忍毁坏此碑,遂将其投入城濠中隐没,黄楼也改名为"观风"楼。南宋徐度在《却扫篇》里记载:宣和末年,禁令松弛,富户以收藏苏墨为尚,时徐州知州苗仲先命人将碑捞出,日夜拓印数千份,带到汴京出售,大获其利。事后,他以"法禁尚在"为由将碑砸碎。不过,此说有待详考。现在有关部门已将《黄楼赋》碑重新立于新修建的黄楼之中。

元丰二年（1079）春,苏轼罢徐州任,移知湖州。徐州百姓万人空巷,惜别苏公。苏轼忆起近两年的徐州生活,尤其想到和徐州父老共同度过的抗洪峥嵘岁月,"将去不忍",难耐别情,挥泪写下了《江城子·别徐州》:

天涯流落思无穷。既相逢,却匆匆。携手佳人,和泪折残红。为问东风余几许？春纵在,与谁同。隋堤三月水溶溶。背归鸿,去吴中。回首彭城,清泗与淮通。欲寄相思千滴泪,流不到,楚江东。

第五章

河夺汴泗　天灾人祸

——经徐历史纪事

杜充决堤，开启黄河主流正式经行徐州；有金一代，黄河挟汴夺泗，借淮入海；蒙元时期，徐州黄运交汇，舟楫天下；明清以来，徐州大河前横，五省通衢，携黄抱运，漕运天下。然大河狂澜，泛滥奔流，致使徐州数百年河务，前赴后继，筚路蓝缕。王朝更迭，逐鹿黄河，长烟烽火，风云徐州。及至近代，大河北徙，徐州黄河遂成千古绝唱。

第一节 宋代：杜充决堤 黄河夺泗

两宋之际，宋金交恶，烽烟四起，中原板荡。杜充为阻金兵南侵，决堤黄河，以水代兵，迫使黄河发生重大改道。黄河夺泗入淮，成为定势。从此，滔滔不息的黄河正式经行徐州，傍城而过，在徐州大地上奔腾咆哮七百余年，翻开了徐州黄河史上波澜壮阔的新篇章。

一、杜充误国

杜充，字公美，相州（安阳）人，两宋之际宰相。靖康元年（1126），任沧州知府，残忍好杀。时金兵南侵，燕地难民多逃至沧州避祸，杜充疑是金人内应，不论男女老幼悉数杀尽。建炎二年（1128），代为东京留守，畏金避战，决堤黄河，以水代兵，尽失河北之地。建炎三年（1129），尽弃河南江北，南逃建康，拜为右相。未几，金兵渡江南犯，遂降，任金国燕京行台右丞相。绍兴十一年（1141），宋金签订《绍兴和议》时病死。

杜充是使两宋之际疆域发生蜕变的关键人物。抗金名将宗泽三呼"过河"含恨而终时，黄河以北还是宋金激烈拉锯地区，黄河以南尚在宋军掌控之下。杜充身为主帅畏金如虎，一味避战失地，至其降金时，黄河上下、长江以北的广袤地区尽为金占，宋军退至江南，只得倚江而守。

《宋史》评论杜充："喜功名，性残忍好杀，而短于谋略。"提刑郭永曾向其献良策，不听。郭永愤曰："人有志而无才，好名而无实，骄蹇自用而得声誉，以此当大任，鲜克有终矣。"（《宋史·郭永传》）对其评价入木三分。

二、以水代兵

建炎二年冬，金军大举攻宋，摧关拔城，兵锋甚锐。东京留守杜充畏金避战，妄图掘开黄河，以水代兵，阻金南侵。《宋史》记载："是冬，杜充决黄河，自泗入淮以阻金兵。"滚滚黄河如脱缰野马，从滑州李固渡决堤之处，一泻千里，汹涌奔流，怀山襄陵，万里泽国。曾经繁华一时的两淮地区毁于一旦，百姓死难二十万人，数百万人无家可归，流离失所。同时瘟疫蔓延，人口死亡剧增。两淮曾是歌舞升平之地，经此 难成为饿殍千里的人间地狱。

由于黄河改道东南入淮，"金不能西，乃东会窝里嗢，同下北京（大名），继攻兖、郓"，再由徐州、泗州转攻扬州。高宗南逃，后在杭州建立起南宋王朝。

三、经行徐州

《尚书·禹贡》记载的黄河河道通常被认为是最早的有文字记载的河道。这条河道在孟津以上被夹束于山谷之间，几无大的变化。在孟津以下，河道汇合洛水等支流奔向豫北、冀南，又汇合漳水，向北流入巨鹿以北的古大泽中，然后分为数支，顺地势高下往东北方向注入大海。人们称这条河道为"禹河"，即"禹贡大河"。

在杜充决堤放水，迫使黄河改道之前，据文献记载，黄河下游已有三次重大改道：周定王五年（前602）黄河发生有文字记载的第一次大改道。洪水从宿胥口（淇河卫河汇流处）夺河而走，东行漯川，至长寿津（滑县东北）又与漯川分流，北汇漳河，至章武（沧州东北）入海。此河道在禹河之南，一直延续到西汉末年。

王莽新朝始建国三年（11），黄河发生第二次大改道。河决魏郡元城（大名），东南夺漯水故道，经豫北、鲁西北至禹城，别漯川北行，又经惠民等地至利津一带入海。到汉明帝永平十二年（69），王景"修渠筑堤，自荥阳东至千乘海口，凡千余里"，形成东汉大河。这条大河少有决溢，亦无大的改道，稳定了八百多年，形成千年之治。

唐末五代，战事频仍，黄河屡有决口。到北宋庆历八年（1048），黄河发生了第三次大改道。河决澶州商胡埽（濮阳东），向北直泻大名，经今滏阳河与南运河之间，至河北青县与御河相交，然后入海。宋人称这条河道为"北流"。嘉祐五年（1060），黄河自大名决河东流，自沧州境入海，宋人称此河道为"东流"。黄河泛滥，主道在二流之间摆动，但从庆历八年到建炎二年的80年间，"北流"基本上作为黄河主道保持在冀中平原至天津入海一线上。

黄河夺泗入淮的首次记录是在汉武帝元光三年（前132）。黄河在瓠子（濮阳西南）决口，再次向南摆动，流向东南经巨野泽（山东西南），夺泗入淮，由淮及海。然而瓠子堵决，黄河仍归北流。

宋金之际，杜充决堤，黄河再次夺泗入淮，下游河道发生重大改变，由北入渤海转为南下黄海。决口以下，河水东流，经豫北到鲁西侵占泗水河道，顺泗水南下，经行徐州，再东南入淮合流，奔入黄海，史称"黄淮合流"时期。

黄河夺泗入淮，经行徐州，在徐州历史上产生了重大影响：

首先，开启了徐州黄河史上的新纪元。上迄先秦下至唐宋的近两千年间发生在徐州的所有黄河事件，都可视为徐州黄河史的"序幕"。以建炎二年杜充决堤，河夺淮泗，经行徐州为时间起点，才正式拉开了徐州黄河史的帷幕，也是徐州历史上重要的里程碑。从此，奔腾澎湃的黄河与古代徐州的政治、经济、文化和社会生活息息相关，影响深远。

图 5-1 南宋黄河（1128 年）

其次，提升了古代徐州交通与战略地位。徐州北控齐鲁、南扼濠泗、东襟江淮、西通中原，自古就是水陆交通要道与兵家必争之地。历史上黄河支流较多，流域甚广，又南北摆动，夺泗占淮，在主道经行徐州以后，七百年内使得徐州成为八闽吴越北上齐鲁燕赵，西走中原秦晋的水陆要冲，交通地位日趋重要。徐州作为南北襟要，又得黄河之势，被历代兵家视为"南国藩屏"和"北门锁钥"，在王朝兴衰江山更迭的刀光剑影中军事地位备受瞩目。

最后，徐州河政与河务始为历代朝廷督办的大事。河政与河务关系到历代王朝的漕粮赋税、国计民生，河政兴则河务达，河务达则江山永固、国祚延绵，因此河政备受历代王朝重视，河务也为历代朝廷督办之要事。黄河经行徐州以后，从治河的战略角度考量，封建朝廷自然会重点关注徐州的河政与河务。

宋金交替，黄河改道，夺泗入淮，经行徐州。女真政权统治徐州以后，金代河务率先登上徐州黄河的历史舞台。

第二节 金代：挟汴夺泗 借淮入海

靖康之难，北宋灭亡，金占华北，徐州属之。黄河经行之地的徐州被金廷纳入严密周致的河务系统中，实行准军事化管理，一跃成为"黄河之城"。然而，随着女真统治阶层的日趋腐朽，阶级矛盾的日益尖锐，汲胙之流的黄河终于发生第四次大改道，挟汴绕徐，夺泗占淮，在徐州黄河史上留下重要的一页。

一、河患频仍

从北宋灭亡到金代明昌五年（1194）的 67 年间，黄河下游"或决或塞，迁徙无定"，然其主流皆沿杜充决堤后黄河南下夺泗占淮时的故道没有改变，即由豫北东走至鲁西再南折，侵夺泗水河道之后，南下徐州，经寒山（徐州两山口）转金山（徐州东南），再东南奔淮，最后流入黄海。

有金一代，河患频仍。励精图治的金世宗素有"小尧舜"之称，在其"大定之治"的 29 年间，黄河下游的决口就达 6 次之多，其中大定十七年（1177）和二十年（1180）的黄河泛滥皆波及徐州地区。

二、河务之作

为使国祚永固，金廷十分重视黄患的防范与治理，从中央到地方建立起严密周致的河务体系，同时为了做到统一调度、令行禁止，提高河务质量，遂将其纳入准军事化管理之中。金代中央设有正四品的都水监，总领河务事宜。全河上下共设 25 埽（河务管理职能部门），分属 6 名从七品的都巡河官统理，具体掌管巡视河道、河防缉盗、修缮堤坝、栽植榆柳等事务。每埽再设散巡河官（埽官）1 名，听命于都巡河官。全河共有埽兵 12000 人。大定二十六年（1186），黄河在卫州决口，金世宗为河务之需，开始大规模增加埽兵人数。此后直至金亡的 48 年间，黄河埽兵一增再增，形成一支规模庞大的准军事力量。

徐州境内黄河之滨的寒山埽与金山埽名列黄河 25 埽之内，属曹济都巡河官治下，两埽共设散巡河官 2 名，总计埽兵 960 人。徐州黄河历史上第一次有了专司河务的官员，一切治河事务，均受命于朝廷。徐州也成为名副其实的"黄河之城"。在地方上，金廷还任命府、州、县官吏兼管河务之事。徐州知州与彭城、萧、丰三县县令均在此列，开启了徐州地方官吏兼理黄河河务之先例，如大定二十七年（1187）二月，金世宗"每岁将泛之时，令工部官一员沿河检视……于是徐州彭城、萧、丰，滕州沛等十六州之长贰皆提举河防事，四十四县之令佐皆管勾河防事"。

黄河经行徐州，使其水陆交通和战略地位显著提升，被朝廷视为股肱之地。在朝廷锐意经营下，徐州成为军储重地。兴定四年（1220），"时朝廷以邳、徐、宿、泗军储"，徐州年储军粮十余万石。金代后期，蒙古雄起漠北，逐鹿中原，金廷避其锋芒，被迫迁都南京（开封），急需从淮北转运大批军粮，徐州作为京东要地，由此成为从黄河水路转运军粮的枢纽。元光元年（1222），金廷"又于灵璧县潼郡镇，设仓都监及监支纳，以方开长直沟，将由万安湖舟运入汴至泗，以贮粟也"。其具体水运路线是：从大庆关（大荔县范家镇辛村）顺河东下，直达湖城（今宿迁），再从湖城入潍水，经新开的"长直沟"，穿"万安湖"，舟行汴水，西上汴京。汴水东接宿迁，西到荥阳，在徐州与黄河相连，形成了一个以徐州为枢纽的北路黄河、南路汴水的环形水运网路。

三、挟汴夺泗

明昌五年（1194）八月，黄河发生第四次大改道，是年"河决阳武故堤，灌封丘而东"。滔滔洪水淹没封丘，向东南奔泻，分为南北两支，北支注入梁山泊后由北清河入渤海，南支从封丘、兰考入曹、单，在砀山以下挟汴绕徐，夺泗占淮，从而奠定了河强淮弱、夺淮入海的格局。

女真统治阶级的腐朽无能造成了这次纵黄夺淮的惨剧。中央河务官员冗多，遇事互相推诿，或者邀功请赏，相互倾轧。基层巡河官员多是各司故人，或因老病，或逃避繁重工作，行贿请托而不问事。对于奔腾咆哮的洪水，金廷束手无策，仅在孟阳河堤和汴河堤岸做些

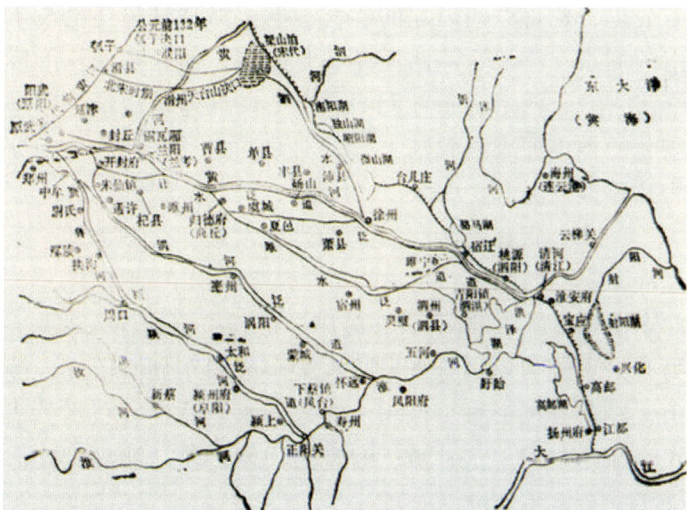

图 5-2 金代黄河（1194 年）

填筑修补之事，使洪水不没开封而已。山东、河北、河南等地黄河两岸的万千百姓丧命于黄水之中，百万难民流离失所，饿殍遍野，人间中原，几成地狱。

根据史料记载，黄河曾多次南下夺淮入海，仅从北宋灭亡到金代明昌五年的 67 年间，黄河夺淮入海就达 8 次，但都为时较短，对淮河流域影响不大。唯有此次黄河改道，挟汴夺泗，夺淮入海，不仅使得淮河流域的水系发生重大变化，还使淮河流域的豫东、鲁西、皖北、苏北 18 万平方公里的地区成为洪水走廊，数千万黎民百姓饱受黄河泛滥之苦。黄河由汴夺泗遂成定势，长达 661 年经汴泗夺淮入海之历史由此开始。

古代徐州，汴泗交流。作为古代淮河水系重要支流的泗水和汴水在这次黄河夺淮入海的大改道中受到巨大影响。

泗水源出蒙山南麓，四源并发，故称泗水。泗水经曲阜、兖州、鱼台、沛县至徐州东北隅汇汴水，再东行下邳（睢宁县古邳镇附近）交沂水、沭水，在宿迁以南合濉水，至淮阴与淮河汇流。在元代开挖南北大运河之前，沂、沭、汴、濉等河均以泗水为主道而注入淮河。因此，泗水当属淮河流域 27 万平方公里中最大的支流。在两汉唐宋时期，徐州地处泗水津要位置，是西安、洛阳、开封通往江南吴越的重要水道。

在此次黄河夺淮改道中，徐州以下泗水河道尽被黄河夺占。由于黄河泥沙淤积，泗水河床不断抬高，迫使泗水及其支流南下入淮受阻，徐州以北泗水逐渐滞积为今天的南阳、独山、昭阳、微山四湖（统称南四湖）。随着南四湖的形成，进而连成一片，至明末清初之际，四湖面积达到 2050 平方公里，使得徐州以北的春秋古邑留城遗址最终沦没于微山湖底。徐州东南的泗水支流沂、沭两河亦受此影响，而逐渐滞积形成了今天的骆马湖。秦汉古城、西楚霸王项羽的故乡下相城遗址也渐为骆马湖湮没。地处徐州东北的铜山原来高耸陆上，黄河夺泗之后，随着微山湖的逐渐形成，渐趋为其环抱，由山变岛。

汴水，古称汳水，属于沂沭泗水系，是泗水的一条重要支流，其前身是战国时期的鸿沟。鸿沟的主干从荥阳分黄河东流，经过大梁（开封），折向东南再过陈（淮阳），在睢阳（商丘）附近注入颍水，汇颍水再入淮河。另有丹水成为鸿沟分支，从大梁奔流向东到睢阳北，接获水继续东进过砀山，经萧县抵彭城（徐州）注入泗水。这样，获水就成为汴水的下游。汴水经徐州与河、济、濉、泗连为一体，使"汴泗交流郡城角"的徐州始终处于中转枢纽地位。

汴水曾经孕育了徐州远古时期的大彭文明，黄河夺汴行水以后，淤沙沉积，河床抬高，逐渐"河益湮塞，几与岸平"，有关的历史遗迹全被湮废。元季以来，黄河屡有决溢，成为常态。加之徐州以西，因地接梁宋，平野开阔，黄河决溢千里，势不可阻。明代黄河全部挤占汴水河道，徐州一线遂成悬河，千年汴水自此消失。在徐州奔腾咆哮七百余年的黄河，于清代咸丰五年（1855）又向北徙，使徐州以西的汴水古道成为风尘滚滚的黄河故道，从而改变了徐州水系流向。以汴水古道为基础的黄河故道成为徐州南北水系的分水岭，故道以北的水系汇入微山湖，以南的水系汇入洪泽湖。黄河故道沿线土质粉砂，干旱少雨，风起扬沙，降雨成为板沙，流水则为淌沙，水土流失严重。

四、逐鹿黄河

金末，女真统治腐朽至极，朝纲大坏。中原民不聊生，纷纷揭竿而起，红袄军起义遍布燕赵齐鲁大地。蒙古雄起漠北，灭夏吞金，欲统中原。徐州乃四战之地，又倚黄河天险，备受瞩目，各方逐鹿黄河，喋血徐州，拉开了悲壮苍凉的黄河战争画卷。

兴定元年（1217），杨安儿部数万红袄军与金邳州刺史纥石烈桓端激战于黄山（邳州土山附近），红袄军败走。不久，红袄军复攻邳州（睢宁古邳附近），金军败退。四月，金将完颜霆与刘二祖部红袄军激战于鲁南，战争一直打到徐州。翌年，红袄军急攻徐州胡村寨，兵败而退。此后三年（1219—1222）红袄军连续转战徐州各地，互有胜负。兴定六年（1222），红袄军进击徐州十八里寨，鏖战古城（铜山柳新东崮城）、桃园（铜山刘集桃园村）。在红袄军的连续打击下，徐州金军内部发生分裂。兴定五年（1221），金军中的义勇军占据砀山反金，转攻永城。金经略使纳合六哥、都统金山颜俊占据邳州叛金，遣使联宋。

正大九年（1232），蒙古军攻占河洛，进逼开封。金国徐州守将庆善努行向西驰援，至杨驿店（睢县东）全军覆没。金廷遂派徒单益都镇守徐州。二月，蒙古大军进占徐州黄河隘口张盆渡，大败金军。徐州兵力空虚，徒单益都只得组织黄河埽兵、河夫守城。蒙古大军攻城受挫而退，金军收复张盆渡，继而收复萧县。六月，徐州守军内乱，黄河埽兵总领王祐、张兴，都统封仙等领兵1700人火烧草场，驱逐徒单益都，向蒙古大军投降。七月，国用安率蒙古大军进驻徐州。金宿州、邳州守将遂降。

国用安既得三州之地，其他蒙古将军嫉妒不已，额苏伦欲并三州，派部将张进率兵入徐，被国用安击杀。国用安恐遭报复，遂以徐州降金。金哀宗为蒙古大军所迫，东逃商丘，遂命徐州守军北攻山东，以缓中原战事，但为徐州守军王德全所拒，哀宗遂遣藏国昌率军3000进击徐州，攻城不下。

天兴二年（1233），张荣率蒙古大军围困徐州，金将完颜赛不自缢于府第。翌年，徐州城破。至此，徐州为蒙古所有。

黄河挟汴夺泗，使徐州从汴泗交流之地一跃成为大河经行之城，迎来了磅礴恢宏的黄河时代。随着黄河南北硝烟、上下奔腾的巨流，滚滚向前的历史车轮载着徐州迈进了蒙元黄河时代。

第三节 元代：黄运交汇 广达三江

　　蒙元雄起漠北，吞金灭宋，定鼎中原，一统华夏。南北三千里，运河黄河交汇徐州，其地南北襟要，东西通汇，遂有舟楫天下之势。元代河政更趋完善，闸河制度成为徐州河务重要内容。然元季朝纲大坏，黄河频繁决溢，徐州深受其害，而由"治河"爆发的红巾军大起义在徐州历史上留下深远的影响。

一、黄运交汇

　　元定大都（北京），漕粮北运成为朝廷大事。元初曾用隋唐运河旧道转运江南漕粮，其路线大致为：由长江辗转入淮，逆黄河而上到达中滦早站（封丘西南），通过陆运180里至淇门（浚县西南），再入御河（卫河），水运至大都。因隋唐运河旧道多有壅塞，水陆转运颇有不便，而海运漕粮又多风涛失向、倾覆船亡之险。因此，修凿新的大运河成为朝廷当务之急。

　　至元十三年（1276），元廷开始修凿济州河，引泗水从济州（济宁）西北到须城安山（东平西南），全长150多里。至元十七年（1280），元廷又疏浚了通州运河。至元二十年（1283）济州河通行。漕路由淮河入泗水（中运河），经过济州河北抵安山，出大清河（黄河下游），再经东阿、利津入海，然后由海运入直沽（天津大沽口）转到大都。后因海口淤沙壅阻，运道不畅，又改由东阿陆运至临清，再入御河，最后水运至大都。至此，元代南北运河除东阿、临清之间的百里陆路外，已经大致沟通。

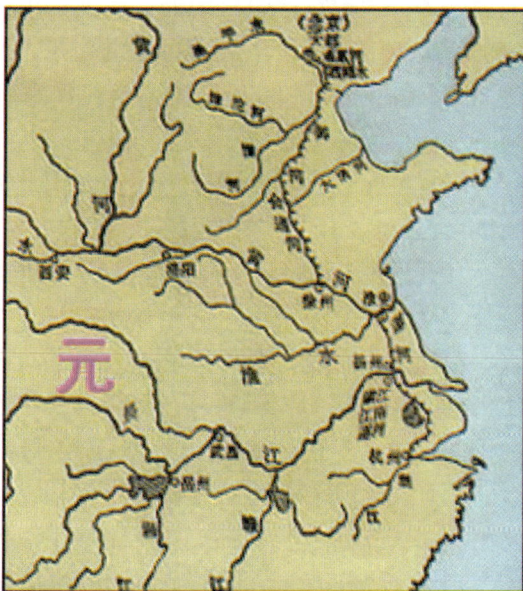

图 5-3 徐州黄运交汇

至元二十六年（1289），元廷再开会通河以疏运道。会通河自须城安山西南起，分梁山泊水源北流，经寿张（梁山西北）西北和东昌（聊城）至临清入御河，全长 250 余里。此工程历时 6 个月，中途建水闸 30 处，可随时调整流量。至此，南北千里大运河全线贯通。

至元二十八年（1291），朝廷按照郭守敬设计的方案开凿了通惠河。通惠河导引昌平县白浮村神山泉，通双塔榆河，再引玉泉诸水入城，汇于积水潭，又东折向南，出文明门（崇文门）至通州高丽庄入白河，全长 164 里，中设水闸 21 处，大体每八里置一片闸，工程历时一年。河成之后，漕船可以径直驶入大都城，从而减免了役夫陆路转运之苦。

元代陆续修凿完成的南北大运河全长 3000 余里，而地处运河腰中位置的徐州自古就是汴泗交流、黄河经行的水陆要冲和漕运枢纽，堪称"四方都会"。至元二十年南北大运河贯通后，沟通了海河、黄河、淮河、长江和钱塘江五大流域，徐州地当南北东西水运津要，遂成齐鲁江淮、燕赵中原咽喉要地。元代黄运交汇成为徐州黄河史上划时代的里程碑。

二、百里闸河

徐州段运河"北出济宁，南经留城，出井（境）山，过茶城（垞城），为往来津要"，从此徐州境山有了"淮海第一关"之称，当年运河全盛之时，此关之下舳舻相连，风帆蔽日。

南北大运河与黄河在徐州交汇合流，黄河在徐州夺泗南下，运河过淮溯泗而上，黄运在徐州以南的泗水河道汇股合流，徐州以南的黄河河道实际上就是运河的一段。运河再经过徐州以北溯泗而上，徐州以北的泗水河道实际上成为运河的一段。因此，元代的徐州不仅是"黄河之城"，还是名副其实的"运河之邑"。

千里漕运，长河一线。为了提升南北大运河的运行效率，确保漕粮顺利抵京，元代实施了严密周致的河政制度，建立"闸河"就是其重要内容。

元代开通南北大运河之后，鉴于运河经行的鲁西平原水势低缓，不利航行，必须在北起临清，南至徐州三汊口之间长约 700 里的运河上建闸控水，抬高下段水位，以保证漕船顺利逐级上行。从至元二十六年到至正元年（1341）之间的 52 年间，朝廷在此区段先后建船闸 31 座。以济州三闸为中心，以北建有 14 闸，以南建有 14 闸。

南北大运河在山东的"闸河"河段向南延伸到徐州，金沟闸、金沟隘船闸、沽头三闸（上中下）、三汊口闸六座节闸在徐州境内二百里运河之上依次排开，纵列有序，群闸相连，蔚为壮观。

表 5-1 元代徐州闸河情况简表

河闸	距离	建造时间	现址	备注
金沟闸	北距孟阳泊闸90里	大德十年（1306）	沛县湖屯乡金沟村	有月河
金沟隘船闸	北距金沟闸12里	大德十年（1306）	沛县湖屯乡金沟村南12里	
沽头上闸（北隘船闸）	北距金沟闸30里	延祐二年（1315）	沛县胡寨乡沽头村	后期与南闸位置有调动
沽头中闸	北距沽头上闸7里	至治三年（1323）	沛县胡寨乡沽头村南7里	
沽头下闸（南闸）	北距沽头上闸2里	大德十一年（1307）	沛县湖寨乡沽头村南14里	后期与隘船闸位置调动
三汊口闸	北距南闸120里	泰定三年（1326）	铜山	入盐河

沛县运河段原为泗水故道，朝廷根据漕运需要将"闸"与"隘闸"结合在一起。金沟闸与沽头二闸（北隘船闸、南闸）位于会通河南端，为防止漕船入河造成水道阻塞，这两处特设"隘闸"以限超宽船只过河。后来又在隘闸下岸立"石则"，丈量船只长度。但这两处地势高峻，为解决水浅舟涩的问题，朝廷采取措施，将河道岸侧的沽头隘闸调整到金沟大闸之南，在金沟与沽头两座大闸间增置一道小型"运环闸"（复式船闸），并在沽头闸与新迁隘闸之间选空地构筑了一道"滚水石堰"（有一定高度的石坝），使高于石坝的水流随时下行。另于金沟闸上添置木板积水，月河内构建一道大型滚水石堰。这样，金沟闸内的积水可通过滚水石堰下行，经下一道滚水石堰流至沽头闸内，"水涨即开大小三闸，水落即关闭大闸，止于隘闸通舟"，克服了高处水浅的困难，漕船得以逐级上行。至正八年（1348），朝廷还在徐州东南百步洪和吕梁洪两处险滩设置差官，协调漕船过洪。

三、大河狂澜

蒙元一代，河患频仍，分支繁杂。蒙古灭金之际，在归德（商丘）决河灌城，黄河夺滩流泗。不久，蒙古军又在开封重施灌城故技，黄河占涡入淮。至元二十三年（1286），黄河在中原地区决口15处，分成三股急流东进南下：一股经陈留、杞县、睢县东进徐州汇入泗水流淮；一股从中牟经尉氏、鄢陵、扶沟在皖北汇入颍水流淮；一股从开封经通许、太康在皖北汇入涡水流淮。这是黄河历史上河道迁徙最繁杂的一次。黄河夺泗、占颍、借涡入淮奔海，大河狂澜遍及整个淮河流域。

在南北大运河开凿之前，鉴于一段时期内黄河主流由颍入淮，徐州地位下降，至元二年（1265），朝廷降徐州为下州，将彭城县并入徐州，仅辖萧县一地，古老的行政名称彭城从此消失，这是徐州历史上辖县最少的时期。随着运河黄河交汇贯通，徐州地位日益提升，至正八年（1348），朝廷设置徐州路，这是仅次于行省级别的行政机构。

灭金伊始到元室北遁的 134 年间，徐州深受黄河决溢之害多达 30 余次，平均不到 5 年就发生一次。其中，至正四年（1344）的黄河泛滥对徐州影响颇大。

据《元史·河渠志》记载："至正四年夏五月，大雨二十余日，黄河暴溢，水平地深二丈许，北决白茅堤。六月，又北决金堤……砀山、丰、沛等处皆罹水患，民老弱昏垫，壮者流离四方。"

黄河泛滥，运河阻滞，千里漕运受到影响，朝廷患之。贾鲁主张堵塞白茅堤决口，挽河南流，重归泗水故道，借淮入海。此工程虽然浩繁庞大，但利于通黄保运，得到朝廷批准。至正十一年（1351），朝廷"发汴梁、大名十有三路民十五万人，庐州等戍十有八翼军二万人供役……河乃复故道，南汇于淮，又东入于海"。

贾鲁堵塞白茅堤决口，疏浚黄河故道 280 余里，修筑堤防 700 余里，仅在归德至徐州 300 余里之内，即堵塞治理大小决口 107 处，终使黄河主流归于旧道，经封丘、曹县、商丘、砀山进抵徐州，再次夺泗借淮，奔向黄海。"黄河三面绕孤城"的徐州不仅重现生机，还使徐州段运河得到黄河补给，相得益彰。

四、河上风云

蒙古贵族实行残酷的阶级和民族压迫政策，矛盾异常尖锐。元末，黄河泛滥又进一步激化了民族矛盾，终于爆发了轰轰烈烈的红巾军大起义，"惹红巾万千，搅得天下闹"，芝麻李起义与朱元璋北伐中原也于此时登上了徐州黄河史的舞台。

（一）芝麻李起义

芝麻李，萧县人（一说邳州人），名李二，因散一仓芝麻救济饥民，人称"芝麻李"。至正十一年刘福通在颍州（阜阳）起义后，芝麻李认为徐州是治河重地，民夫聚集，人心浮动，起事可成，遂与赵均用、彭早住等八人迅速发动起义。四人佯称"河工"混入城内，城外四人策应。当夜四更，城内四人燃起四火，鼓噪呐喊，城外四人亦燃火响应，内外喧呼，守军大乱。他们夺取军械，击退守军。黎明时分，芝麻李在霸王楼上竖起大旗，上书"虎贲三千，直抵幽燕之地；龙飞九五，重开大宋之天"，一时应募投军者十余万众。他们"烧香聚众"，头裹红巾，称红巾军，与中原红巾军、南方红巾军互为掎角，遥相呼应。不久，徐州及周边各地尽在芝麻李义军控制之下。

芝麻李义军占领徐州，扼黄河与运河交汇要冲，切断了南北大运河，阻断了漕粮北运，元廷极度恐慌。

至正十二年（1352），元廷命逯鲁曾为淮南宣慰使，率领所募两淮5000盐丁讨伐徐州，不果。再命济宁兵马指挥使保童、从知枢密院事月阔察儿进讨徐州，无果而终。七月辛巳，又命通政使答儿麻失里、枢密副使秃坚不花前来进剿，攻城不下。八月，顺帝命丞相脱脱亲率重兵前来镇压，脱脱又募3000敢死士，皆黄衣黄帽，号称黄军，前来攻城。

脱脱急攻西门，义军死战不退，脱脱坐骑中铁锭羽箭，易骑再战，遂破外城。次日，脱脱环攻四城，义军箭石如雨，官军多疲惫，数日不克。脱脱命以巨炮发石，昼夜环攻不息，州城尽毁，芝麻李出走沔阳，月余被俘，在雄州被杀。义军余部投奔濠州红巾军。

《元史》记载，徐州城陷之日，元军疯狂屠城报复，百姓惨遭兵燹之灾，此为徐州历史上第四次大屠杀。战后，朝廷已无力重建徐州城，只得将州城迁到旧城东南三里的奎山下，这是有史以来徐州城第一次迁址。明初定都南京，徐州成为拱卫京城的战略要地，明廷废弃武安州城，令知州文景宗迁回旧址，重建高峻雄壮的徐州城。同时，元廷迁怒徐州起义，降其为武安州（无属县），意即以武力使之安稳。但是，元朝腐败至极，气数已尽，各地起义如火如荼，排山倒海，就在芝麻李起义失败后的15年，朱元璋义军鏖战徐州，誓师北伐，统治中原百年之久的蒙古政权终于在农民起义的浪潮中灰飞烟灭，淡出历史舞台。

（二）朱元璋北伐

至正二十六年（1366），元徐州守将陆聚以徐、宿二州降朱元璋部将徐达。朱元璋以陆聚为江淮行省参政，仍守徐州。

次年，元左丞相库库特穆尔遣李二进攻徐州，陆聚令指挥傅友德御敌。傅友德亲率2000精兵溯黄河泛舟至吕梁，伏兵尽隐舟中，伺元兵劫掠无备，突然冲杀，元军大溃，溺死甚多，俘获李二及溃兵270余人，马5000余匹。

朱元璋灭张士诚后，解除了后患，专事北伐灭元。他在徐州制定了"先取山东，撤其屏障，旋师河南，断其羽翼，拔潼关而守之，然后进兵元都"的北伐方针。徐达、常遇春率师25万从下邳分路北伐，张兴祖从徐州攻济宁。洪武元年（1368）三月，明军尽占山东。四月，明军占领河南。元军弃守潼关，逃入关中。七月，明军沿运河北上，顺帝北逃。八月，明军占领大都，元朝灭亡。

大河奔流，徐淮万里。黄运交汇、舟楫天下的徐州在历史长空下又迎来了一个更加伟大而又悲壮的黄河时代。

第四节 明代：河务国策 漕运天下

明代徐州黄运交流，汇通天下。然河道序乱、多支并流，溃决甚于前代。徐州河患严重，毁城漂溺，堪称黄河史上的悲壮时期。同时，身负重大使命的治河能吏们在徐州黄河史的舞台上薪火相传，百年接力，展开"借黄行运""束水归漕"的大手笔，为后人留下了旷世不朽的治河工程，书写着徐州伟大灿烂的黄河时代。

一、经行概况

（一）洪武分流

明初，黄河主流承元旧道，"自曹县西南的黄陵冈向东南行，经单县南、砀山北至徐州附近入泗水"，即挟占汴水故道东流，至徐州夺占泗水之道南下，借占淮河水道奔入黄海。黄河还时常北决，在齐鲁大地夺占千里运河之道，冲击漕运。这些支流此决彼淤，迭为主次。

洪武二十四年（1391）四月，河水暴溢，决原武黑洋山，分为三股急流：一支东经开封城北五里，又东南经行淮阳、项城、太和、阜阳、颍上，东至寿州正阳镇，全身入淮，此道称为"大黄河"；一支仍沿贾鲁故道东行徐州，夺泗南下入淮，此道称为"小黄河"，渐成支流；另外一支由曹州、郓城漫东平之安山湖，致使元代开凿的会通河渐淤。洪武黄河南北分流使黄运交汇的徐州段一度浅涩干涸，京杭运河因之断航 20 年之久。

（二）永乐正流

永乐九年（1411）为了迁都北京之便，朝廷令尚书宋礼、侍郎金纯、都督周长疏浚元季淤塞的会通河，使大河由封丘金龙口东至鱼台塌场，汇入汶水，在汶水下游东平修筑新坝，截汶水流入南旺，再使十分之四的水量南下徐州、吕梁，趋淮入海，恢复了大河主流经行徐州的局面。

（三）正统分流

正统十三年（1448），黄河决于陈留县金村堤及黑潭南岸。不久，新乡八柳树和荥泽亦决口。黄流分为三股：一支"自新乡八柳树，漫曹、濮，抵东昌，冲张秋，溃沙湾，坏运道，东入海"；一支自荥泽"漫流于原武，抵开封、通许、尉氏、太康"，南入于淮；一支沿贾鲁故道经砀山东出徐州，水流甚微，"徐、吕二洪遂浅涩"。

（四）弘治定流

弘治二年（1489），黄河大决于开封及封丘金龙口，洪水四散溢流，郡邑多被其害。《明史·河渠志》记载："五月，河决开封及金龙口，入张秋运河，又决埽头五所入沁。"这次决口后，黄河形成东、南、北三面分流的局势，东流成为主流，由开封翟家口汇入沁河，再出丁家道口，东下徐州；南流分为三支：一支进颍水，两支入涡河，统汇于淮河入海；北流自原武经阳武、开封、封丘、考城至曹州冲入张秋运河。

弘治七年（1494），右副都御史刘大夏治河，断黄河北流之路，迫使大河全力南下，主流复归兰阳、考城、商丘一线，东行徐州汇泗水入淮趋海，自此基本固定了黄河下行主道。嘉靖十三年（1534）和十九年（1540），黄河虽曾一度抢占濉河、涡河入淮，也只是短暂分流，而黄河主流迳经徐州之势没有改变。

（五）黄运交流

明代徐州，黄运交流，舟行四方。成祖为迁都北京计，为得江南粮米赋税之便，永乐九年开始疏浚京杭大运河，永乐十三年（1415）运河全线畅通，南北运输全赖千里运河一线，徐州复为漕运枢纽。在万历五年（1577）至万历四十年（1612）的35年间，徐州段黄河主道在九里山西一分为二，主流经大孤山与九里山之间东流，在今秦梁洪附近与运河交汇；支流沿今"黄河故道"东行，至小浮桥，下大浮桥，与运河交汇。

朝廷在徐州设立专管漕粮督运的户部分司，又称广运仓。户部分司初期建署于元末"武安州"废址上，后移署于城内南街，又一度迁署于黄河大堤之上，到天启年间张璇任职时，户部分司才迁回城内。宣德五年（1430）增扩广运仓，周凡四里，开四门，有廒仓百座，屋宇千间，以贮江淮以南漕赋，足见规模之大。徐州东南吕梁洪为漕运险道，朝廷在此不仅建闸控水，还设立了工部分司，管理航道，并代管徐州"钞关"之税务。

漕运繁忙，在徐州运道狭窄之处，争道斗狠之事屡有发生。明代陆容在《菽园杂记》记载：白圭从京城南下杭州任浙江布政使，路过狭道流急的徐州洪（百步洪），为了争渡，家人和水手互殴斗狠。主事袁规汲取教训，遂对南北船只编队放行，并在沿途设立纤道、纤站、纤夫，以助船只通行。

明代漕运"法凡三变"，先是支运，即先由民船运粮至徐州等四仓，再由官船逐次转京城。一年四次，转运300余万石。宣德四年（1429），徐州仓转运漕粮即达274万石。宣德六年（1431）改为兑运法，由官船到运河沿线各地的水次仓兑粮起运，到京城缴纳。这样就免除了民船运粮徐州之劳。每年经徐州运河（黄河）北上京都的漕船多达 12143 艘，漕粮在 400 万石以上。

成化七年（1471）朝廷为加强漕运能力，开始对全线运河进行"分段管理"，徐州以其黄运交流、水陆要冲之地位自然备受朝廷关注。漕运官署遂以徐州以北的沛县为地标，将千里运河划为三段：沛县以南划为一段，沛县以北至德州为一段，德州以北再为一段。此后，运河（漕河）各段因地为号，加以标识，从京城为起点依次为：白漕、卫漕、闸漕、河漕、湖漕、江漕、浙漕。徐州地处"闸漕""河漕"两段。

"闸漕"河段即元代运河之"会通河"段。会通河北抵临清与卫河相交，南出徐州茶城口（垞城）与黄河交汇，南北纵横 700 余里。"闸漕"自南旺分水北至临清 300 余里，地降 90 尺，为闸 21 座；南至徐州镇口（垞城附近）390 里，地降 116 尺，为闸 27 座。朝廷又修坝 21 座，以防运河水泄。朝廷在徐州运河之上设置了梁境闸、内华闸、古洪闸、镇口闸、吕梁闸。铜山柳泉境山附近的梁境闸是千里运河南下淮海地区的第一道关口，明代此处刻有"淮海第一关"字样。

"河漕"河段即为徐州黄河。在"迦河"开凿之前，千里运河在徐州必须交汇黄河再下江南。黄河与会通河交汇于徐州茶城口，再南下至清口（淮阴）与淮河相汇。黄河分三股南下入淮：北路曰银河，近运河之道；南路曰符离河，近泗州明祖陵；中路曰浊河，不常迁徙，故能以水济运。因运河上流常溃，下游常淤，运道自南而北，出清口，经宿迁，溯吕梁、徐州二洪，再入镇口，其间陟险 500 余里。

运河南下徐州，河道渐宽，水流湍急，加之河床落差较大，漕船经行时险象环生。秦梁洪、徐州洪、吕梁洪南北纵列，形成徐州运河著名三险，其中尤以出产磬石和砚石闻名的吕梁洪最为凶险。万历年间朝廷为避开吕梁洪险，便于漕运，在徐州境内又开迦河（韩庄至邳州运河）260 里，为闸 11 座，修坝 4 座，至此舟楫不出徐州镇口，改与黄河汇于董家沟（宿迁西北）。

徐州作为黄运交流之地、南北漕运之枢纽，经济发达，物阜民丰。朝廷在徐州设置储运漕粮的广运仓，使徐州舟车鳞集，商业繁荣。1989 年有关部门在疏浚奎河的工程中，在徐州袁桥南侧出土了明代的《徐州广运仓记》碑，证实了明代徐州漕运的繁荣。由于黄运交流，交通便利，徐州又成为物资集散之地和转运枢纽。城内街巷坊市鳞次栉比，黄河岸边店肆场栈猬集如蚁。为加强四乡与徐州的联系，在泗水之上用铁索系舟之法架设了大浮桥（万会桥），在黄河之上架设了小浮桥（云集桥），每日按时启闭，以利通行。嘉靖二十六年（1547），又在徐州东门之外的黄河上架设浮桥，历时一月有余，新桥建成，取名"弘济桥"。130年后，罗马尼亚旅行家尼古拉·斯帕塔鲁·米列斯库看到气势恢宏的"弘济桥"时，大为惊叹，称其为"建于35艘船上的活桥"。

漕运的繁荣促使徐州对外经济交流的发达，当时徐州"一切布帛盐铁之利，悉归外商"，甚至活跃在徐州内外的"百工技艺之徒，悉非土著"。漕运的繁荣还直接影响到徐州城建的规模。明初新建的徐州城周长九里有余，景泰五年（1454），官府为了储粮护仓，兼运输方便，扩建了徐州城东部，将城外的广运仓纳进城内，大大扩展了城区面积。

二、黄河水驿

明代徐州水路纵横，流系发达，奔流南下的黄河在徐州作为京杭大运河重要的一段，"咽喉命脉所关，最为紧要"，"凡江淮以南之贡赋及四夷方物上于京者，悉由于此，千艘万舸，昼夜罔息"。每年经徐州黄河（运河）北上京都的漕船有1200余艘，运兵12万余人。

鉴于徐州为南北二京之间的水陆津要，关乎朝廷的千里漕运大事，明廷在此设置了规模庞大、组织严密的驿道交通体系，所有的水陆驿站都以城东黄河东岸的彭城驿为中心向四方辐射。彭城驿是黄河水驿，有船17只，船夫170人，并有外省船夫船只驻站。从驻站船夫人数和船只数量来看，彭城驿属于朝廷在千里黄河沿线设置的重要驿站。徐州以北黄河岸边泗滨书院东侧的沛县驿，乃江淮齐鲁间的水路要道，有船11只，船夫110人。外有驻站的徐州船5只、萧县船10只、砀山船5只、丰县船3只，共有船夫340人。徐州东北的夹沟驿是徐州齐鲁之间的大型水陆驿站，有船15只，船夫150人。徐州东南黄河之滨的房村驿是扼守江淮北上京师的水路要冲，有船3只，船夫30人，另驻外省船3只，船夫30人。另外，徐州东南的下邳驿（今睢宁县古邳镇）乃黄河支流沂、泗之上的重要驿站，有船4只，船夫40人。2016年有关部门在徐州回龙窝历史街区改造过程中，出土了一块带有"大彭驿"字样的明代残碑，从而佐证了古代徐州水陆要冲的地位。

徐州黄河驿站体系完善，畅通发达，这是古代徐州政治、军事、经济、文化地位显著提升的重要标志，为近代徐州的交通发展打下了坚实的人文历史和地理环境基础。

三、黄患之灾

有明一代的200余年间，徐州城遭受的水灾就达48次之多，平均不到6年就有1次。从弘治十八年（1505）到崇祯十七年（1644）的近140年间，徐州黄河决溢就达53次。黄患重灾区逐渐下移徐淮，出现河患"不在山东、河南，而专在徐、邳"之局面。"不怕刀兵之险，就怕鱼鳖之患"成为徐州百姓生活的真实写照。

嘉靖五年（1526），河水没丰县，县治被迫迁徙；嘉靖四十四年（1565）河决沛县，上下200里，运道俱淤，全河逆流，造成徐州运河首次改道；隆庆五年（1571），洪水灌徐州西门而入，毁舍摧屋，溺民无数；万历元年（1573），河决房村，垞城运道淤阻漕船千艘；万历五年（1577），黄河决砀山崔家道口，萧县没于黄水，县治迁至三台山南；万历九年（1581），河漫湖西，沛城被迫搬迁；万历十八年（1590），洪水倒灌徐州城，房舍倒塌，积水数年不退；万历三十一年（1603），河决沛县四辅口太行堤，危及新开运道，迫使朝廷"开洳分黄"；万历三十九年（1611），河决徐州狼矢沟，倒灌运河，徐州附近运道自此废弃。天启二年（1622），"河决徐州小店，睢城漂没，徙治避之"；崇祯二年（1629），"睢城尽圮，屋舍漂没一空"。明朝末年，由于吏治腐败，治河事务多倾轧，出现"决而塞，塞而复决，决无宁日"的局面。万历四十年（1612），终因河决三山之事，敷衍怠政之河道总督遭朝廷惩治。

徐州三山，据《大清一统志·徐州府一》记载："上有三峰，故名。山腰有洞，又名南洞山。其下为三山堤。"按照现址当属徐州东南潘塘地界。白洋河源出徐州大孤山、龟山之麓，经萧县永堌、姬村在宿州符离沟（符离集北）流入邳州之潲河，再经宿迁埠子、白鹿湖从东南两沟（泗水故道）汇入黄河，跨越两省，奔流200余公里。常因白浪茫茫，望之如洋，名曰白洋河。明季以来，白洋河常为黄水侵夺而流溢州城，直至清代顺治年间，黄河又一次决口，白洋河终被淤塞殆尽，不复存在。

万历四十年（1612）九月，河决徐州三山，出自白洋小河。滔滔洪水冲坏缕堤280丈，毁遥堤170丈。黄水夺占犁林铺以下20里的河道，使其淤为平陆。邳州、睢宁境内河水为之耗竭。河道总督刘士忠开韩家坝外小渠引水泄洪，坝以东遂成水路，可通舟楫。

十月，御史田生金上书弹劾河道总督刘士忠"不言淹没人民屋舍几何，作何查恤"，一味避重就轻，只言及"无伤于洳，无碍于运而已"，完全不顾"民皆巢居山处"之困境，造成"不知几千万遽登鬼录"之惨况，进一步指责刘士忠"非惟不仁，亦不忠也"。刘士忠因此被朝廷革职放归。

其实，刘士忠并非首位因治河无功而遭受弹劾丢官的河道总督，早在万历二十五年（1597），河决单县黄涸口，主流南下宿州，经宿迁新河口侵入运河，徐州、邳州300里运道为之干涸断航，漕运延迟，朝廷诏责河道总督杨一魁治河无功，削职为民。

有明一代，徐州遭受的最严重的一次洪灾便是天启四年的黄河泛滥。

天启四年（1624）六月甲申，河决奎山堤，半夜洪水从东南水门灌城而入，城内一片汪洋，水深一丈三尺，"官舍民庐尽没，人溺死无算"。八月，又逢连日暴雨，洪水再次肆虐，百姓避居城外云龙山，城内积水三年不退，州城尽毁。后来积水分成两股出城，《明史·河渠志》记载："一自南门经云龙山西北大安桥入石狗湖（云龙湖）；一由旧支河（奎河）南流至邓二庄，历租沟东南以达小河，出白洋，仍与黄会。"天启洪水是徐州黄河史上最严重的一次水灾。此次毁城，城内积沙1.5米，鼓楼亦因泥沙"淤高于门"而没，后人得以"辟其上为南北道"。这使得徐州历史遗迹几无幸存，唯有城南土山"范增墓"和西楚霸王戏马台因地势偏高，得以保全。

对于此次水灾，才识明练的徐州户部分司主事张璇有所察觉，而且预为防范。黄河暴涨前，张璇转移至戏马台之聚奎堂，并告知户部分司衙署附近的商民，及早避水于城南戏马台、土山、云龙山。是夜，河决城陷，商民多无恙，人皆服其先见，为其立碑建祠。因大水积年不退，张璇在戏马台所在的南山之上筑垣修宇，把分司衙署迁至此处办公，从此南山有了"户部山"之称，沿用至今。又因户部山地势高起，历次洪水皆没淹没，城内富户权贵多迁居于此，形成"人烟万户拥重台"的局面，徐民又称之为"小南城"，意为富贵之地。从天启四年到民国三十六年（1949）的325年间，户部山一直是徐州的经济文化重地，至今仍保存着大量明清、民国时期的建筑，是研究徐州民俗史的活化石。

天启大水对徐州城址变迁以及重建都产生重大影响。徐民囿于天启洪水淹溺之苦，商议集资迁城于云龙山侧。徐州兵备道杨廷槐请奏朝廷，得准于城南二十里堡再建新城，这是徐州历史上有文字记载以来的第二次迁城。新城开建十月有余，给事中陆文献向朝廷上书"徐城不可迁六议"，尤以运道不当迁、节省银两用于边地防务之由触动朝廷，遂使迁城之举罢废。

崇祯元年（1628）城中淤沙渐平，徐州兵备道唐焕修复旧城，经过数年修葺增补，直到崇祯八年（1635）才恢复旧观。崇祯城完全按照洪武城的规模和布局重建，街巷庐舍一应原址复建，地上地下建筑大都重合，形成"城上城、府上府、街上街、井上井"之奇观，如崇祯年间徐州西门内居民打井，在新井下面不偏不倚地出现一口老井，形成井下有井，井下套井的奇观，此地遂名"二眼井"。

现在徐州城市下面3~5米深的地层中就能发现完整的明代城址。早在20世纪30年代，彭城路南端的西盛丝线店与张同和酱菜店在挖掘地下室时，先后发现两座古代城门遗址，对照《徐州府志》府城图推测，这就是明代徐州城南门"奎光门"瓮城的一对耳门。新中国成立初期,人们在鼓楼街北端修建房屋时,于地下3米处发现明代官署残址;在疏浚奎河修建苏堤水闸时发现明代古闸。20世纪70年代,人们在老城隍庙施工时,发现明代城隍庙遗址。20世纪80年代,人们在热电厂工地之下发现明代"碧霞宫"遗址;在市中心古彭大厦施工中,发现明代徐州卫的碑文;在疏浚奎河工程中,在袁桥南侧发现明代广运仓碑;在人民舞台工地下发现了明代徐州城东门"河清门"石匾。20世纪90年代,金鹰商厦地层下的明代建筑遗迹最具代表性,共计发现官署民房遗址40余处,这些房屋遗址大都砌石为基,上垒青砖,内铺红漆木板,极显华贵。梳篦棋扇、簪带饰件散落其间,展现出一幅真实生动的历史生活画卷。

四、黄河烽烟

靖难之战,金戈铁马;农民起义,如火如荼,有明一代二百年间的烽火硝烟在徐州历史舞台上演绎着悲壮苍凉的故事,同时也在徐州黄河史册中留下凝重的一笔。

（一）靖难之役

建文元年（1399）,燕王朱棣以"清君侧"为名在北平起兵,争夺帝位。建文三年（1401）,朱棣再次举兵南下,两军对峙于河北。徐州是南军物资补给要地,朱棣遣部将李远率轻骑6000人奔袭沛县。燕兵扮成南军,背插柳枝相区别,长途奔袭,南军竟未发觉。燕兵尽焚沛县数万粮船和战略物资,运河水烫,鱼鳖皆死,南军动摇。

翌年二月,朱棣再次南下,燕兵急攻沛县,知县颜伯玮向徐州告急,竟无援兵。沛县城破,颜伯玮冠带升堂,南拜自刭殉国;侍子自刎其侧。主簿唐子清、典史董谦被执,不屈而死。

三月,燕兵攻徐州。守军战败,闭门不出。朱棣急欲南下,必先解除徐州后顾之忧。于是以百余骑埋伏九里山,只用少数人马在城下谩骂挑衅,诱敌出战。徐州守军5000人出城迎战,渡河之际,燕兵箭炮齐发,伏兵尽出。守军溃乱,争相逃命,溺死及被杀数千人,城中兵力单薄,无力再战,后顾之忧遂解。朱棣挥军南下,突破长江,占领金陵,夺得帝位。

（二）农民起义

明代中叶,朝政腐败,阶级矛盾日趋尖锐,农民起义如星火燎原,迅速在各地蔓延。正德四年(1509),河北爆发刘六、刘七农民起义。翌年三月,刘六率义军攻占徐州东南吕梁和房村驿,尽烧官署船只。九月,义军北上燕赵,遇明军重兵堵截,遂于十一月南下再攻徐州,不克,于是转攻宿迁,大败明军,活捉淮安知府刘祥。正德七年（1512）二月,刘六率义军南下宿迁小河口，遇明军截击转去桃源（泗阳），再北上邳州洳口集，鏖战郭家庄（睢宁古邳北）和庄里集（徐州西北），复转山东。八月，起义失败。

嘉靖三十七年（1558），徐州蝗灾，颗粒无收。官府催逼租税更甚，城南吴家集农民不堪忍受，奋起暴动，抢了漕粮，杀了乘舟赴任的如皋知县张藩，迫使知州刘民爱上奏朝廷请求蠲免租税，平息民乱。

天启二年（1622），徐鸿儒在郓城起义，南下进攻徐州。徐鸿儒义军由荆山口进至城下，结营子房山。知州汪心渊尽撤黄河船只，义军无法渡河攻城，遂转攻丰、沛。

崇祯八年（1635），张献忠义军攻占徐州，斩知州陈桂栋。崇祯十年（1637），李自成义军攻占睢宁，进至徐州东南房村驿，在胡山（铜山郭集西）与明军激战竟日，并推进至城南焦山，终未能进攻徐州而退。

崇祯十七年（1644），李自成大顺军攻破北京，明朝灭亡。李自成委任武愫为徐淮防御史进驻徐州。明末著名文学家凌濛初（《二拍》作者）当时在徐州房村驿参与治河，固守一隅，誓死不降。当房村被攻破之后，凌濛初气血攻心，吐血而亡，以死效忠明朝。

王朝兴衰，明清更替，历史的车轮缓缓进入了中国最后一个封建王朝时代，中华帝国渐由繁荣富强走向残阳夕照。

第五节 清代：大河前横 五省通衢

有清一代，徐州大河前横，五省通衢，黄运交织，漕运天下。黄河决堤泛滥，溃堤改道，甚于前代。束水攻沙，归溜安流，百年河务，前赴后继。然黄河北徙之后，徐州黄河历史终成千古绝唱。

一、经行情况

明代万历年间，潘季驯治河有成，尽断旁溢诸道，把金元以来黄河东出徐州夺泗入淮的主道固定下来，成为下游唯一河道。明季黄河泛滥频发，溢道频现，但潘季驯固定之东下主道始终未变。

顺治元年（1644），黄河自复故道，由开封向东经商丘、虞城、曹县、单县，再转砀山、丰县、沛县、萧县、徐州，再东南经睢宁、邳州、宿迁、桃源（泗阳），至清河（淮阴）与淮水汇合，由安东（涟水）云梯关入海。自此，桀骜不驯的黄河循此线路奔腾咆哮了 200 余年。

咸丰五年（1855），黄河在兰阳（兰考）铜瓦厢决口，夺溜向东经长垣、东明入张秋，穿运河，汇大清河复奔渤海。此次黄河北徙是徐州黄河史上的重要转折点，自金代肇始，迭经元、明，下迄晚清，在徐淮大地奔腾咆哮长达 600 余年的黄河从此不再经行徐州，只留下了一条历经沧桑、风尘仆仆的黄河故道，徐州陷入"黄沙弥望，牢落无垠，舟车罕通，闾阎雕敝"衰败景象，几成偏乡僻壤。这是近代徐州铁路交通兴起之前最为暗淡无光的岁月。

二、五省通衢

清代，徐州境内黄河东西奔腾，运河南北纵横，黄运交织的徐州西接中原，东至黄海，北达燕赵，南通江浙，将河南、直隶（河北）、山东、江南（包括江苏、安徽）、浙江五省连成一片，素有"五省通衢"之称。徐州运河重镇窑湾"日过桅帆千杆，夜泊舟船十里"，漕船南来北往，四方商贾云集，常住人口 30000 余人，有 8 省会馆、10 省代办常驻于此。运河支流房亭河畔的土山镇为千里漕运之黄金水道，四方辐辏，风帆万里，成为邳南经济中心。2014 年有关部门在清代丰县河汛官署"丰下汛"遗址（清代黄河梁寨码头）附近的黄河故道中出土了一艘沉没的清代大型木质商船，沉船上舶有大量的青花瓷器，足见当时商业水运的繁忙。

鉴于徐州黄运交织，天下漕运的重要地位，朝廷在此设置了机构严密的河务管理体系，如"徐州道"下辖"徐州河务同知""邳睢管河同知""宿虹河务同知"；"徐州河务同知"又下辖"丰北厅""铜沛厅""萧南厅"；"丰北厅"再下辖"丰上汛""丰下汛""铜汛"。

嘉庆二十三年（1818），河道总督黎世序在徐州北门（武宁门）之外、黄河之畔，建造了一座气势恢宏的三开间大门式牌坊，临河一面上书"大河前横"，向城一面上书"五省通衢"。整个牌楼光耀天地，雄镇黄河。此牌楼于20世纪60年代拆除，1987年有关部门在庆云桥东侧故黄河南岸又重建了典雅秀丽的牌楼，恢复旧观。

三、水患频发

清代，徐州靠近黄河，地势低洼，状如釜底，水患频发，倍于前代。有清一代的200余年间，徐州地区水灾就达203次之多，平均不到一年半就发生一次。康熙七年（1668）六月，郯城发生8.5级大地震，近邻震源郯城的邳州"坏城廓、庐舍殆尽。远近压死者不可胜数"。七月，河决花山坝，洪水淹没邳州城，今古邳镇旧城湖下就是该城遗址。知州黄日焕最终选址于洪福山南重建邳州城（今邳城镇），用银43000两，四年建成。乾隆四十六年（1781）夏，连绵暴雨，河决青龙岗，"沙淤陷沛县城，仓、署、坛、庙全行沉没"，遂迁沛城到栖山；嘉庆三年（1798）十二月，"河决子房山下，毁城坏屋，人畜多溺死"；咸丰元年（1851），河决丰县蟠龙集，"沛当顶冲，淹没栖山沛县城"，又迁沛城于微山湖以东的夏镇；其后数年，决口未堵，丰沛平原一片泽国，庄稼颗粒无收，饥人相食，惨极人寰。

嘉庆四年（1799），因"徐州城形如卧牛，河善汛溢"，遂在武宁门外"铸铁牛镇之"。镇河铁牛毁于20世纪60年代，1987年共青团徐州市委集资在故黄河迎春桥畔又铸起一尊镇河铜牛，"武宁门外水悠悠，万里长堤卧古牛"，这是频遭水患的徐州人民不屈不挠治水精神的历史见证。

有清一代，为避黄河水患，徐州官绅富贾不惜重金争相在地势较高的户部山周围营造宅院，二百余年来以致院落鳞次栉比，形成淮海地区少有的大型明清古建筑群。

四、徐州河务

徐州挟黄怀漕，黄运交织，是千里漕运要地，关系到江山社稷和朝廷命脉。因此，徐州河务历来受到朝廷重视，大量派重臣要员坐镇徐州治河。然而，清代河务最值得评说的就是皇帝亲自上阵，励精图治的康熙皇帝和乾隆皇帝于江南之际过境徐州，亲理徐州河务事宜，奠定徐州治河的大政方针。

（一）康熙南巡

康熙帝六次南巡，虽未驻跸徐州城，但往返江南的水陆路线均过徐州东境，因为南巡目的在于"躬历河道，兼欲观览民情，周知吏治"，处于黄运交汇、漕运天下的徐州自然成为康熙皇帝关注地区。

就在第二次南巡期间，康熙帝过境邳州时发生一件轰动朝野的"拦驾告御状"事件。

康熙二十八年（1689）正月，康熙帝自京城起程，开始二次南巡。南巡人马先由陆路南下，二十三日上午抵达邳州东境（今新沂地区），当天便有人拦道递交御状，"观者数万人，夹道悚息"（《邳志补》）。

拦驾上书者为年方二十的邳州生员陈肇宪，上书详陈邳州"邑民有五难"之事，进而恳请天子为民"除五难"。

陈肇宪所谓的"五难"即是：邳州 20 年间河决 10 余次，仍未堵塞；难民逃亡达数千口之多；水沉耕地 57 万亩；地丁摊银，百姓负担沉重；因水灾频仍，百姓欠纳 20 余年的钱粮赋税。

康熙帝认真展读了陈肇宪的上书，"甚为悯恻"，即令江苏巡抚洪之杰速查反映之事。据《邳州志》记载：康熙皇帝南巡返回京城后，颁布上谕赦免邳州百姓租赋 14 万两，夏秋米麦 34000 石，永除逃户 9200 丁、水沉土地 46 万亩。又诏令邳州修筑长堤，以遏北水之泛溢，解民倒悬之苦。

阅完御状的当天下午，南巡人马行至邳州"直河口"，康熙皇帝"下马坐堤"视察了黄运交汇之处的治河工程。

康熙帝视察之后，亦有所忧，认为"自徐州北镇口闸所出黄水及微山湖荆山口之水，俱归内运河。万一黄堤溃决，失于防御，中河黄河必将混而为一"，批评小民商贾自中运河开通以后，不再经行徐州段黄河的行为是"徒知目前小利，又安识日后长久有利无利"。最后，他提出自己的治河看法："镇口闸、微山湖等处水大，可仍开支河口。其黄河运道，原自不废，仍并存之。"

康熙皇帝对徐州段黄运交汇形势观察细致，分析入理。虽然他坐在"支河口"河堤之上，身处"下游"，却思考的是"上游"治河大事，虽不能以今日科学的治本相提并论，然亦属是远见之识。

康熙四十四年（1705）二月，康熙皇帝开始了第五次南巡。这次南巡，康熙皇帝特意在过境徐州之时，在舟中接见了徐州籍状元李蟠，一时传为佳话。

李蟠（1655—1728），字仙李，号根庵，别号莱溪，世居丰县，后迁居徐州户部山。有清一代共举行112次科举会试，共考取状元114名，其中江苏一省就有49人，而徐州仅有一人，便是康熙丁丑科状元李蟠。

康熙三十六年（1697），康熙帝亲自主持殿试，以河务问策。李蟠生活在"铜帮铁底"著称的黄河之城徐州，对治河事务自然了如指掌，遂以一篇治水佳卷拔得头筹，高中状元。授翰林院修撰，入国史馆，纂修《大清一统志》。被暹罗（泰国）使节赞为"天朝第一人物"。康熙三十八年（1699），则因牵扯到顺天府乡试泄题事件而遭弹劾，被判充军三年。赐归徐州后，就此归隐，以著述自娱。现有其诗文著作《偶然集》存世。

三月初六，南巡御舟入江南境（苏鲁交界处）。江南绅衿军民夹道跪迎，李蟠亦在跪迎的民众当中。康熙帝于龙舟之内召见李蟠，待遇之高令人暗慕。

康熙皇帝垂询了徐州河情，李蟠据实详禀，君臣相谈甚欢。雍正六年（1728）李蟠终老徐州，年七十三。80年后，后人在修撰《李公传》时对其当年顺天府乡试风波做了公正记述，还其清白。

（二）乾隆阅河 四临徐州

乾隆帝六下江南，其中四临徐州视察河务漕运，与徐州黄河结下不解情缘。具体来说，乾隆皇帝分别在乾隆二十二年（1757）、二十七年（1762）、三十年（1765）、四十九年（1784），即六次南巡中的第二、三、四、六次到徐州视察黄河河务。

乾隆二十一年（1756），河决铜山孙家集（铜山刘集西南），洪水横溢微山湖、不牢河，徐州尽成泽国。翌年四月，在第二次南巡结束返京途中，当船队行至徐州府宿迁县顺河码头（在宿迁城区）时，乾隆帝决定到徐州视察河务。随行大臣们认为大灾之后，必有瘟疫流行，恐对皇上不利，极力劝阻。但乾隆帝力排众议，安排皇太后等人由宿迁陆行至山东灵岩行宫驻跸等待，自己则轻装简从，从陆路直奔徐州。

初四，乾隆帝一行渡过黄河，抵达徐州，驻跸临时行宫；初五，赴孙家集视察堤工；初六，渡过黄河至荆山桥视察河工，转赴韩庄闸，最后北上离开徐境。

乾隆帝在行程匆忙的两天两夜中，在徐州召见了两江总督尹继善，江苏巡抚爱必达，江南河道总督白钟山，安徽巡抚高晋，工部侍郎梦麟，以及刑部尚书刘统勋，对徐州河务钦定了七项大事：

其一，将徐属七州县所有积年借欠籽种口粮，不分新旧，概予豁免。

其二，将徐州城北黄河南大堤改为"石堤"，加长五百丈，以工代赈；北面增加"新堤"（孤山新堤）。

其三，在荆山桥外增建节制闸坝，使湖水畅流入运。

其四，沂沭诸水下游，阻黄临运，应酌建涵洞，或开导沟渠。

其五，命将本年现运漕粮，截留五万石，存贮徐州等府，以备不时之需。

其六，钦定修徐州河神庙为行宫，定次年春竣工。

其七，责成总督尹继善，巡抚爱必达、高晋等酌办各工应需一切物料。

此次乾隆帝着令修建的黄河石堤，如今在徐州庆云桥西、故黄河南岸还残存着200余米。古石堤由17层巨石砌成，现露出地面部分仅6~7层。每块巨石长1~2米，厚0.5米，重达数吨，属"市级文物保护单位"，2003年中央电视台《走遍中国》栏目曾报道过。

乾隆二十七年四月，第三次南巡回銮途中，御舟驻跸宿迁顺河集，乾隆帝又从陆路奔赴徐州视察河务。十二日，乾隆帝抵达徐州，驻跸云龙山行宫。云龙山行宫专为乾隆皇帝临幸徐州而建，有殿阁亭台数十处，气势雄伟。如今只剩下一座大殿。十三日，乾隆帝检阅黄河岸边孤山新堤，次日起驾离开徐州。

这次徐州视察，凡五年前布置工程，乾隆帝逐一走到检查。他特别强调三件事情：

其一，为了减少沿岸百姓的负担，将徐州以西毛城铺石坝的"泄洪区"，"慎重封闭，毋得擅启"。

其二，钦定徐州黄河水文标准：一丈一尺五寸为警戒线，过此线，则泄洪。特于徐州北门外设立测水标志，随时监视黄河水。

其三，定各州县修城新标准：嗣后城工，在三百两以内，令地方官自办；在千两上下则上报，申请动用帑银。这样，就减少了百姓纳税的压力。

乾隆三十年三月，乾隆帝在第四次南巡结束后回京途中，第三次亲临徐州视察河务，驻跸云龙山行宫。廿五日，他遣官员祭祀徐州府铜山县河神庙；批准新任江南河道总督高晋奏折，铲平徐州毛城铺以东滩二三十里新淤之沙；批评荆山桥石工过长，未免靡费，似有浮冒情弊，因事属已往，不便深究；下令严查张宏运在淮徐道任内漫工一案，严查家产，勒限追赔。

乾隆四十九年闰三月，在第六次南巡结束返京途中，乾隆帝第四次奔赴徐州视察河务。廿六日御舟驻跸邳州洳口镇大营，廿八日驻跸铜山柳泉行宫，廿九日祭徐州河神庙，两日后离开徐州北上。

至今，乾隆帝一共留下42000余首诗，其中有关徐州的诗作楹联就有80余首，现在北京故宫大院墙壁的石刻上还有其到访徐州的诗作。

五、血染黄河

明清变乱之际，兵革不息，战火不止。满清残酷的民族压迫使得阶级

— 106 —

矛盾尖锐激化，农民起义烽火燎原，如火如荼。黄河激荡的徐州作为百战之地，演绎着一幕幕金戈铁马、悲壮山河的战争故事。

（一）太平军：喋血徐州

咸丰元年（1851）洪秀全发动金田起义，开始了轰轰烈烈的太平天国运动。咸丰四年（1854）太平军占领南京，拥有东南半壁，与满清分庭抗礼。

洪秀全定都天京（南京）后，即命林凤祥、李开芳率领精兵2万由扬州北伐，直捣北京。北伐军孤军北上，攻打天津受挫。杨秀清遂派主将曾立昌率7000援军北上接应。援军从安庆出发进入河南转攻到徐州境内，连克砀山、萧县、丰县。丰县知县张志周于城破之际，挂印投水而死。以丰县为中心的黄河沿岸贫民纷纷加入援军，仅民夫就有数万人。丰县武举孙惠田亦投入援军。

四月，援军在丰县刘家庄稍事整顿后，渡过黄河攻入山东，占领临清，距阜城北伐军仅200余里。清军将领胜保率重兵围剿，援军因粮草不济，廿八日退回丰县，据城坚守。清军攻城，激战3日。援军势单力薄，卅日夜间二更突围出城，再向南撤。黎明，退至黄河漫口支流。时河水陡涨，水流湍急，追兵将至，曾立昌断后阻击。清军蜂拥而来，曾立昌奋勇冲杀，终至力竭，乃跃马跳河，被急流吞噬而亡。此役，援军损失惨重，仅2000余人渡过黄河退入萧县大吴集，几经辗转终于回到天京。

（二）捻军：激战徐州

太平天国运动期间，在北方徐淮地区活跃着一支重要的农民起义队伍，那就是捻军。参加捻军的农民原本以贩运私盐谋生，每群为一捻，每捻数十人或百人不等，凡加入者"捻纸燃脂"为号，故称捻子。

咸丰二年（1852），捻党首领张乐行聚众起义，攻占永城。次年，太平军北伐，各地捻党纷纷起义响应。咸丰五年（1855），张乐行在涡阳雉河集召集各地捻首会盟，被推为盟主，称大汉永王，组成捻军，从此驰骋于淮海大地，屡次重创清军。

从咸丰六年（1856）到同治五年（1866）的10年间，捻军在徐州大小战斗20余次。咸丰八年（1858），捻军攻占丰县，俘知县陈孰诰，击杀守备王儿、教谕高青选、典史陶瓷，又从丰县渡河攻入山东。翌年，捻军攻占萧砀间黄河故道，又出击利国驿、韩庄。咸丰十年（1860），捻军击杀徐州总兵滕永胜。以后又连续进攻邳州、占领睢宁。同治二年（1863），捻军占领砀山，很快进逼萧县姚家楼和铜山敬安集，与徐州总兵姚广斌激战于城西十八里屯。

捻军不断发展壮大，清廷惶恐至极，急调两江总督曾国藩坐镇徐州，全力剿捻，并调拨装备精良的淮军主力归其调遣。

最为惊心动魄的战斗发生在同治五年（1866），捻军首领张宗禹率军从利国驿到铜山岛，在魏家庄与清军激战后，兵分两路进攻徐州，前队到荆山桥，后队在杨家集。淮军"第一能战"之将刘铭传即派徐州镇总兵董凤高为前锋迎战，并隔着荆山河放炮轰击捻军，双方激战多时，互有损失。捻军主动撤退，淮军亦撤回徐州。

捻军在徐淮大地纵横驰骋，连战连捷。朝廷诏责曾国藩督师无功，"坐老徐州"，撤其"平捻"之职，改调李鸿章到徐州督战剿捻。李鸿章的淮军装备了大量的西洋火枪和克虏伯火炮，又有洋人军事顾问，战斗力颇为强悍。同治七年（1868），浴血奋战达12年之久的捻军终于在优势清军的围剿中失败了，但捻军起义在徐州留下了许多可歌可泣的传奇故事，流传至今。

第六章

河务要员 治水能吏

——徐州黄河人物

凡事总是要有人做的。从事河道治理的人物，但凡有重要贡献的，历史自然不会忘记他们。汉武帝刘彻、治河安澜的王景、筑堤护城的王贻永、率民抗洪的苏轼等有关治水的功绩已在第四章叙述，本章谨以黄河正式经徐以后的治河有绩者及治河重大事件一并记叙。治河功臣侧重记载相关徐州之功绩。

一、贾鲁治水，河畅徐州

元代徐州，行政属河南江北行中书省、河南江北道肃政廉访司之归德府，处在黄河与京杭大运河的交汇点上，所以河防事、漕运事皆关乎天下安危，元朝廷自然对徐州一带多了一份关注。

元朝影响徐州最大的一次黄河泛滥发生在至正四年（1344）。

据《元史·河渠三》载："至正四年夏五月，大雨二十余日，黄河暴溢，水平地深二丈许，北决白茅堤。六月，又北决金堤，并河郡邑济宁、单州、虞城、砀山、金乡、鱼台、丰、沛、定陶、楚丘、武城，以至曹州、东明、巨野、郓城、嘉祥、汶上、任城等处皆罹水患，民老弱昏垫，壮者流离四方。水势北侵安山，沿入会通、运河，延袤济南、河间，将坏两漕司盐场，妨国计甚重。省臣以闻，朝廷患之，遣使体量，仍督大臣访求治河方略。"

伤害了百姓，影响了漕运，"朝廷患之"自在意料之中。但如何治河，群臣议廷，言人人殊。拖到至正九年（1349）冬，脱脱复为丞相，"慨然有志于事功，论及河决，即言于帝，请躬任其事，帝嘉纳之"。群臣之中，"唯都漕运使贾鲁，昌言必当治"。原因是，贾鲁在这几年做了调查研究，早已胸有成竹。"鲁尝为山东道奉使宣抚首领官，循行被水郡邑，具得修捍成策；后又为都水使者，奉旨诣河上相视，验状为图，以二策进献：一议修筑北堤以制横溃，其用功省；一议疏塞并举，挽河使东行以复故道，其功费甚大。至是复以二策封。"脱脱乃举荐贾鲁于帝，"大称旨"。

贾鲁的主张是，堵塞白茅堤决口，挽河南流，回到泗水、淮水旧道，东入黄海。此工程虽然浩大，但利于通黄河，保运道，故而符合元朝政府的要求。

"（至正）十一年（1351）四月初四，下诏中外，命鲁以工部尚书为总治河防使，进秩二品，授以银印。发汴梁、大名十有三路民十五万人，庐州等戍十有八翼军二万人供役，一切从事大小军民，咸禀节度，便宜兴缮。是月二十二日鸠工，七月疏凿成，八月决水故河，九月舟楫通行，十一月水土工毕，诸埽诸堤成。河乃复故道，南汇于淮，又东入于海。帝遣贵臣报祭河伯，召鲁还京师，论功超拜荣禄大夫、集贤大学士。"

白茅堤、金堤皆在曹州（今山东曹县庄寨镇白茅村与河南兰考县南彰镇宋庄之间）。对徐州而言，是其上游。上游治，下游利，贾鲁堵塞白茅堤决口，疏浚黄河故道280余里，修筑堤防700多里，仅归德府哈只口至徐州路 300 余里，即堵塞治理大小决口 107 处，终使黄河主流归于旧道，经今封丘、曹县、商丘、砀山等地，抵达徐州，进而循泗水、淮水河道，注入黄海。工竣，不但徐州段黄河重现生机，而且徐州段运河也得到黄河水之补给。

为表彰贾鲁治河之功，朝廷特命翰林学士承旨欧阳玄制《至正河防记》。除旌扬劳绩外，《至正河防记》还是元代治河经验的总结。

鲁尝有言："水工之功，视土工之功为难；中流之功，视河滨之功为难；决河口视中流又难；北岸之功视南岸为难。用物之效，草虽至柔，柔能狎水，水渍之生泥，泥与草并，力重如碇。然维持夹辅，缆索之功实多。"

欧阳玄则曰："是役也，朝廷不惜重费，不吝高爵，为民辟害……（贾）鲁能竭其心思智计之巧，乘其精神胆气之壮，不惜劬瘁，不畏讥评，以报君相知人之明。"

二、陈瑄与吕梁新河

黄河在金、元两朝，虽有溃决，但大势基本可控。金明昌中，北流断绝，全河皆入淮；元代黄河溃溢不断，至正中贾鲁堵塞白茅溃口，导河使南，汇淮入海。因而金、元两朝，徐州都处在黄河的主航道上。

到了明代，黄河溃决甚于金、元，而黄河主道也有南流与北流之分，故徐州段的黄河治理更为复杂和重要。

据《明史·河渠志·黄河》载：

——明洪武元年（1368）决曹州双河口，入鱼台。徐达方北征，乃开塌场口，引河入泗以济运，而徙曹州治于安陵。塌场者，济宁以西、耐牢坡以南直抵鱼台南阳道也。

这是黄河再一次从北面包剿徐州。

——（洪武）二十四年四月，河水暴溢，决原武黑洋山，东经开封城北五里，又东南由陈州、项城、太和、颍州、颍上，东至寿州正阳镇，全入于淮。而贾鲁河故道遂淤。又由旧曹州、郓城两河口漫东平之安山，元会通河亦淤。

这"全入于淮"的黄河，人们称之为"大黄河"，而沿贾鲁故道通往徐州的河道则变为支流，人称"小黄河"。因为黄河从曹、郓之两河口漫向东平，则黄河又有一股复出北路。南北分流的结果是徐州段黄河、运道一度浅涩而干涸。

洪武年间的黄河形势，后来又被屡屡重演。如正统十三年（1448）秋，黄河从河南新乡八柳树口溃决，漫曹、濮，抵东昌，冲张秋，溃寿张沙湾，坏运道，东入海。徐、吕二洪遂浅涩。再如嘉、万年间，黄河屡屡在徐州境内溃决，对徐、沛、邳一带造成的灾害达到史无前例。因为朝廷的重视，因为治河官吏的尽心尽力，徐州黄灾得以遏制。

当成化七年（1471）朝廷开始对京杭运河进行"分段管理"时，徐州与沛县就以其地域的特殊性引起了注意。漕运机构以沛县为地标，将沛县南划为一段，沛县至德州为一段，德州以北为一段。此后，运河（漕河）各段，基本上因地为号，加以标识，从北京为起点，依次为：白漕、卫漕、闸漕、河漕、湖漕、江漕、浙漕。徐州处在"闸漕""河漕"两段。

"闸漕"段，即京杭大运河的"会通河"段。会通河北抵山东临清，与卫河交汇；南出徐州茶城口，与黄河交汇，从临清至茶城全长七百里。自南旺分水北至临清三百里，地降九十尺，为闸二十有一；南至徐州镇口（茶城附近）三百九十里，地降百十有六尺，为闸二十有七。其外又有积水、进水、减水、平水之闸五十有四。又为坝二十有一，所以防运河之泄，佐闸以为用者也。其后（明万历中）开洳河二百六十里，为闸十一，为坝四，至此运舟不出镇口，改与黄河会于董沟（董家沟口，宿迁西北二十多里，洳运河入骆马湖处）。但"洳运河"仍从徐州境内（铜山、邳州、睢宁、宿迁）流过。

"河漕"之"河"，即为黄河。指在"洳运河"（韩庄至邳州运河）开凿前，运河的徐州段必须经行黄河（古泗水一段）南下。此段黄河自茶城与会通河交汇，下至清口与淮河交汇。南行又分为三股：中路曰浊河，北路曰银河，南路曰符离河。南路近明祖陵，北路近运道，唯中路去祖陵远，故能以水济运。这段黄河因迁徙不常，上流苦于常溃，下流苦于常淤。运道自南而北，出清口，经桃、宿，溯二洪，入镇口，不得不跋险五百余里而行。

黄运交汇，舟行四方，徐州得河、漕两利，可以视为天府之州。

永乐四年（1406），成祖命平江伯陈瑄督领转运，仍由海路北上。海运多险，陆挽亦艰。九年二月明成祖采纳济宁州同知潘叔正建议，命尚书宋礼、侍郎金纯、都督周长等疏浚元末就淤塞的会通河。

会通河上的南旺，为南北之脊（分水岭），自左而南，距济宁九十里，合沂、泗以济；自右而北，距临清三百余里，独赖汶水济运。宋礼用汶上老人白英策，筑坝东平之戴村，遏汶水使无入洸水，而尽出南旺，南北置闸三十八。又开新河，自汶上袁家口左徙五十里至寿张之沙湾，以接旧河。当年秋，宋礼还京，又请疏东平东境沙河淤沙二里，筑堰障之，合马常泊之水入会通河济运；又在汶上、东平、济宁、沛县并湖地设水柜（库）、陡门（闸门）。在漕河西者曰水柜，东者曰陡门，柜以蓄泉，门以泄涨。金纯又疏浚贾鲁河故道，引黄水至塌场口会汶，经徐、吕入淮，运道得以畅通。

陈瑄，永乐二年（1404）以平江伯充副总兵，管海运，永乐四年充总兵，始建议凿吕梁、徐州二洪乱石以平水势，并筑沛县、济宁等处长堤。在陈瑄督运期间，他在徐州的"水利功业"概括说有三：一是建闸——重设徐州、沛县、沽头、金沟、山东、谷亭、鲁桥等闸；二是建仓——与淮上、济宁、临清、德州等地同步建徐州仓；三是凿吕梁、百步二洪乱石以平水势，复置吕梁石闸。

当时徐州段运河（黄河）作为黄金水道、咽喉之地有"三洪"之险：秦梁洪、徐州洪（百步洪）和吕梁洪，皆危及航运，其中尤以徐州城东南的百步洪和吕梁洪最为险峻。"二洪"一带，礁石林立，水势汹涌，极易撞坏航船，为害甚大。明永乐十二年（1414），明成祖朱棣任命陈瑄组织人力凿石开滩，疏凿百步洪和吕梁洪，尽可能降低漕运主干道上的凶险。

陈瑄等人主张将二洪之中的怪石予以夷平，以利漕运。但工部尚书、运河浚疏总管宋礼却力排众议，坚持保留洪之怪石。他认为"河水多泥，留此石可以激泥先下，澄浊为清也"。但陈瑄的主张还是被朱棣采纳了。对于水盛时易毁而冲漫良田之堤坝，陈瑄则予以加高加固，因而在徐州段漕运的整治过程中，既要筑坝，又要凿石，吕梁洪工部分司署的官员们殚精竭虑地呵护着这关乎国家命运的漕运要道——吕梁洪。

从明永乐十三年（1415）"浚徐吕二洪，引淮舟入济"，到明宣德初年（1426 始），陈瑄还命人在吕梁洪旧河道凿渠导水（开"双流"行水），"渠深二丈，阔五丈，以利行舟"。宣德七年（1432），官方再一次开凿此渠，使其更深、更阔，并置石闸以节水。再后来，因为洪水湍险如故，加之凿石艰难，主事者又在吕梁洪增堤建坝以束水。成化年间管河主事郭昇、费瑄及正德年间陈邦彦等，在"后陈瑄时代"无不在吕梁洪的修坝凿石上呕心沥血而终于有成。（下详）

陈瑄（1365—1433），字彦纯，合肥（今安徽合肥）人，明代军事将领、水利专家，明清漕运制度的确立者。早年参与明军平定西南的战争。靖难之役时率水师归附明成祖，被授为奉天翊卫宣力武臣、平江伯。历仕洪武、建文、永乐、洪熙、宣德五朝，自永乐元年（1403）起担任漕运总兵官，督理漕运三十年，改革漕运制度，修治京杭运河，功绩显赫。宣德八年（1433）病逝于任上，年六十九，追封平江侯。

三、刘大夏与太行堤

正统十三年（1448）黄河北流，不但淤塞了山东运道，而且使徐州黄河断流，徐、吕二洪浅涩。这影响超出了徐州一地，几乎斩断了明王朝的漕运命脉。

《明史·河渠志》详细记录了朝廷内部对黄河治理的种种建议，如"景泰二年（1451）特敕山东、河南巡抚都御史洪英、王暹协力合治，务令水归漕河。暹言：'黄河自陕州以西，有山峡，不能为害；陕州以东，则地势平缓，水易泛溢，故为害甚多。洪武二十四年改流，从汴梁北五里许，由凤阳入淮为大黄河。其支流出徐州以南者为小黄河，以通漕运。自正统十三年以来，河复故道，从黑洋山后径趋沙湾入海明，但存小黄河从徐州出。岸高水低，随浚随塞，以是徐州之南不得饱水。臣自黑洋山东南抵徐州，督河南三司疏浚。临清以南，请以责英。'"此后，虽然有人弹劾王暹、洪英治水无绩，但朝廷仍命王暹、洪英调度。

接着，是工部尚书石璞受命治理。"（石璞）浚黑洋山至徐州以通漕"，"筑石堤於沙湾，以御决河，三年（1452）五月，河流渐微细，沙湾堤始成"，但到了"六月，大雨浃旬，复决沙湾北岸，掣运河之水以东，近河地皆没"。

此后，徐有贞、王恕、白昂等先后主持治河，但黄河"南北分治，而东南则以疏为主"的方针与局面未变。结果是黄河仍溃，漕运仍塞，两头不落。其实，在白昂治河时，他就提出了"北堵南分"的治河方略，但未得批准。

白昂治理不过两年，弘治五年（1492）黄河又在祥符（开封附近）、孙家口、杨家口、车轮口和兰阳铜瓦厢决为数道，俱入张秋附近之运河，形势极为严重。朝廷先命工部侍郎陈政往治，陈政赴任不久即逝世于工所。

翌年（1493）正月，刘大夏升任右副都御史（正三品），前往山东张秋治理黄河。其基本思路是有疏（南）、有堵（北）、有分（中），既体现了朝廷对运道安全的极度关注，又体现了他对整个河道形势的精准判断。

弘治七年（1494）五月朝廷又命太监李兴、平江伯陈锐前往同大夏共治张秋。十二月筑塞张秋决口工成。《明史·河渠志》载："初，河流湍悍，决口阔九十余丈，大夏行视之，曰：'是下流未可治，当治上流。'于是即决口西南开越河三里许，使粮运可济，乃浚仪封黄陵冈南贾鲁旧河四十余里，由曹出徐，以杀水势。又浚孙家渡口，别凿新河七十余里，导使南行，由中牟、颍川东入淮。又浚祥符四府营淤河，由陈留至归德分为二。一由宿迁小河口，一由亳涡河，俱会余淮。然后沿张秋两岸，东西筑台，立表贯索，联巨舰穴而窒之，实以土。至决口，去窒沉舰，压以大埽，且合且决，随决随筑，连昼夜不息。决既塞，缭以石堤，隐若长虹，功乃成。帝遣行人赍羊酒往劳之，改张秋名为安平镇。"

在安平镇决口已塞，河下流北入东昌、临清至天津入海，运道已通的情况下，刘大夏提出了"必筑黄陵冈河口，导河上流南下徐淮，庶可为运道久安之计"①的建议。廷议批准，刘大夏"乃以八年（1495）正月筑塞黄陵冈及荆隆等口七处，旬有五日而毕。盖黄陵冈居安平镇之上流，其广九十馀丈，荆隆等口又居黄陵冈之上流，其广四百三十馀丈。河流至此宽漫奔放，皆喉襟重地。诸口既塞，於是上流河势复归兰阳、考城，分流迳徐州、归德、宿迁，南入运河，会淮水，东注於海，南流故道以复。而大名府之长堤，起胙城，历滑县、长垣、东明、曹州、曹县抵虞城，凡三百六十里。其西南荆隆等口新堤起于家店，历铜瓦厢、东桥抵小宋集，凡百六十里。大小二堤相翼，而石坝俱培筑坚厚，溃决之患於是息矣"。

黄陵冈古属山东曹县，今属河南兰考。处今兰考南彰镇小宋庄附近，与上文"白茅堤"在同一区域。

开始，黄河自原武、荥阳一分为三：一自亳州、凤阳至清河口，通淮入海；一自归德州过丁家道口，抵徐州小浮桥；一自洼泥河过黄陵冈，亦抵徐州小浮桥，即贾鲁河也。刘大夏截断黄陵冈，修筑"太行堤"后，迫黄河全河南下，经徐州入淮、泗而趋海，这就让明、清黄河基本沿着固定的河道下行了。清人《读史方舆纪要》这样描述刘大夏所筑"太行堤"："又筑西长堤，起河南胙城，经滑、长垣、东明、曹、单诸县，下尽徐州，亘三百六十里，谓之太行堤，凡五旬而功毕。"

弘治十五年（1502），刘大夏举出南北军队陆路水路轮班值运粮食之苦，与百姓一样贫穷。孝宗不解其故。刘大夏指出将帅克扣之弊。孝帝遂令革除，以刘大夏正直严谨尤加信任。

虽然"（弘治）十八年（1505），河忽北徙三百里，至宿迁小河口。正德三年（1508）又北徙三百里，至徐州小浮桥。四年（1509）六月又北徙一百二十里，至沛县飞云桥，俱入漕河"②，但黄河东下徐州的大势还是没有改变。

刘大夏（1436—1516），字时雍，号东山。湖广华容（今属湖南）人。明代名臣、诗人。

举天顺三年（1459）乡试第一。天顺八年（1464），登进士第，授翰林院庶吉士，历兵部职方司主事、郎中、广东右布政使、户部左侍郎、右都御史等职。弘治十五年（1502），升任兵部尚书。辅佐孝宗实现"弘治中

① 《明孝宗实录》卷97，弘治八年二月己卯条。

② 〔清〕张廷玉：《明史》卷83《河渠一》，中华书局1974年版。

兴"，与王恕、马文升合称"弘治三君子"。

明武宗即位后，刘大夏屡疏请辞。正德元年（1506）以太子太保归乡。刘瑾专权时，罚戍肃州。正德五年（1511）遇赦返乡，复官致仕。正德十一年（1516）去世，年八十一，能诗，有《东山诗集》《刘忠宣公集》等传世。

四、盛应期与留城新河

刘大夏凿断黄陵冈，修筑太行堤使黄河全河南流，结束了黄河对山东中部运道的侵害，但另一个意想不到的"副作用"是黄河对徐州一带、对徐州段运道的侵害开始逐步显现。这一变化，明朝人即已看到。《明史·河渠志》云："自黄陵冈决，开封以南无河患，而河北徐、沛诸州县河徙不常。"

先是正德四年（1509）"南河故道淤塞，水惟北趋，单、丰之间河窄水溢，决黄陵冈、尚家等口，曹、单田庐多没，至围丰县城郭，两岸阔百馀里……明年九月，河复冲黄陵冈，入贾鲁河，泛溢横流，直抵丰、沛"。为保护黄河徐州段不致侵害运道，侍郎李堂建言："请起大名三春柳至沛县飞云桥，筑堤三百馀里，以障河北徙。"

嘉靖六年（1527），黄河在徐州上游之砀山、丰县等地决口"骤溢，东北至沛县庙道口，截运河，注鸡鸣台口，入昭阳湖。汶、泗南下之水从而东，而河之出飞云桥者漫而北，淤数十里，河水没丰县，徙治避之"。因为庙道口运道淤塞数十里，所以南北粮艘皆为其延阻。

当年冬，朝廷命工部侍郎章拯兼佥都御史主持治河。章拯建议从黄河中游（河南一带）向淮河分水，这是一个"脚疼医头"的办法，因而受御史弹劾而去职。年底，即家拜盛应期以右都御史总督河道，主持解决徐州"黄运相侵"的燃眉之急。

当时，出主意的人很多，光禄少卿黄绾、詹事霍韬、左都御史胡世宁、兵部尚书李承勋等，各献治河之议。黄绾的主张最极端，他主张在冀、鲁间开黄河，让黄河从直沽（天津）入海，使黄、运彻底分开。而胡世宁、霍韬、江良材等请于昭阳湖东别开漕渠，以避黄河之侵，为经久计。

嘉靖七年（1528）正月，盛应期上奏，采纳胡世宁等人的建议（胡："至于运道，臣与李承勋同行拟议，莫若于昭阳湖左、滕、沛、鱼台之中，地名独山、新安社诸处，别开一河，南接留城，北接沙口，阔五六丈，以通二舟之交；来冬冰结船止，更加浚阔，以为运道，此其上策也。"），提出"宜于昭阳湖左，别开新渠，北起姜家口，南至留城一百四十余里，以通漕舟"。别开新漕的工程，不但较疏浚旧河省力，而且因为运河整体平移二十至三十里，还可以避开黄河之侵。该工程计划发夫六万五千，用银二十万两，预期六月完成。

河工未成，正好赶上春旱，帝王为祈雨而修省。多事者遂纷纷议论，说开新河不是好主意，嘉靖皇帝急忙下令，停开新河。盛应期请延展一月而竟其功，朝廷不听。

开始，盛应期让郎中柯维熊分浚支河，柯维熊力赞新河之议。看到皇帝主意改变了，他也跟着说开新河不便。盛应期呈上奏章，自我申辩。嘉靖帝大怒，将盛应期与柯维熊双双夺职。左都御史胡世宁见状，特上奏道："新河之议倡自臣。应期克期六月，今四月，功已八九。缘程工促急，怨谤烦兴。维熊反复变诈，倾大臣，误国事。自古国家偾大事，必责首议，臣请与同罢。"嘉靖帝不许。（《明史·盛应期传》）

盛应期罢免后三十年，朱衡循其旧迹，开南阳新河，运道遂蒙其利。

盛应期（1474—1535），字思征，号值庵，南直隶苏州府吴江（今属江苏）人，盛寅四世孙。弘治六年（1493）进士，授都水主事，管理济宁诸闸。迁工部侍郎，为宦官所诬下狱，谪云南驿丞，正德时累迁为右副都御史，巡抚四川，嘉靖初改江西巡抚，奏免杂赋，积谷备荒，深受百姓爱戴。后进兵部右侍郎总督两广军务，为流言所中，被劾，嘉靖六年起为右都御史治理黄河，后召回致仕。嘉靖十四年（1535）九月十三日卒，年六十二。

五、潘希曾与丰沛长堤

新河没有开成，盛应期离职而去。以工部侍郎潘希曾代为总督河道。

沛县的漕河之灾总是挥之不去。那年，与北京附近的旱灾同时发生的是沛县的黄河泛滥。"会河决，淤庙道口三十馀里。"庙道口为沛县县城西北三十里之运河重镇、水旱码头，至今沛人仍有谚曰："丰县的烟，沛县的酒，光棍出在庙道口。"此谚极言其市井繁华。

黄河决口，怎么就淤了"庙道口"的"运河"呢？今天的徐州人、沛县人一定大惑不解。

《明史·河渠志》中的信息虽然错杂，但认真梳理，还是可见端倪。

上文所引正德四年（1509）"南河故道淤塞，水惟北趋，单、丰之间河窄水溢……曹、单田庐多没，至围丰县城郭，两岸阔百馀里……明年九月，河复……泛溢横流，直抵丰、沛"，可以想见，"两岸阔百馀里"是一种什么景象。

另据《明史纪事本末》载："武宗正德四年，河决曹、单趋沛，出飞云桥，命工部侍郎崔岩往治。岩发丁夫四万余人，塞垂成，涨溃。代以右侍郎李镗，四月弗成,盗起而罢。"则可以模拟出黄河(南河)泛滥的走势:从"曹县",向"单县",再经"丰县",直冲沛县飞云桥,其下游路线基本上是今沛县沿河的走势。那次黄河溃决并没有被彻底根治,所以才有二十年后的庙道口淤塞漕河三十余里。而对黄河"横切"漕河的大形势阐明最清晰的还是刑部尚书胡世宁。胡世宁于嘉靖七年的上奏中阐明:

> 运道之塞,河流致之也。请先述治河之说。河自经汴以来,南分二道:其一出荥泽,经中牟、陈、颍,至寿州入淮;其一出祥符,经陈留、睢、亳,至怀远入淮。其东南一道,自归德、宿、虹出宿迁。其北分新旧五道:一自长垣、曹、郓出阳谷,一自曹州双河口出鱼台塌场,一自仪封出徐州小浮桥,一出沛县飞云桥,一出徐沛之间境山之北溜沟。此六者皆入漕渠而南汇于淮,而今且湮塞矣。止存沛县一河,势合岸狭,不得不溢,所以丰、沛、徐州漫为巨浸,溢入沛北之昭阳,以致运道壅淤……决宜常浚,以分上流之势。自汴东南,原出怀远、宿迁、小浮桥、溜沟四道,宜择其便利者,开浚一道,以分下流之势。或恐丰、沛漫流久而北徙,欲修城武以南废堤,至于沛县之北庙道口,以塞新决,而防其北流,此亦一计也。

注意,胡世宁奏折的信息极为重要,即在嘉靖七年时,黄河从河南归德向淮、泗横切的六条河道,五条均已堰塞,只有出沛县飞云桥的一道行洪。所以,那时的黄河是不在徐州入泗(运道)的。

为了解决沛县这个"点"上的"黄运纠葛",前任总督河道盛应期即已上报朝廷,提出是从大处着眼,从上游做起,分别遣官疏浚赵皮寨(河南兰阳北),孙家渡(在河南荥泽),南、北溜沟(在徐州北郊)以杀黄河上流,并对武城(山东城武)以西至沛县以南的这段太行堤加以整修。但最迫切的难题是疏浚庙道口附近三十余里的运河淤塞,以及保障沛县段的运河免受黄河侵扰。

待嘉靖七年(1528)潘希曾接任总督河道,随即上奏朝廷:"迩因赵皮寨开浚未通,疏孙家渡口以杀河势,请敕河南巡抚潘埙督管河副使,克期成功。"帝从其奏。希曾又言,"漕渠庙道口以下忽淤数十里者,由决河西来横冲门上,并掣闸河之水东入昭阳湖,致闸水不南,而飞云桥之水时复北漫故也。今宜於济、沛间加筑东堤,以遏入湖之路,更筑西堤以防黄河之冲,则水不散缓,而庙道口可永无淤塞之虞",帝亦从之。

《明史·河渠志》载之其明:"八年(1529)六月,单、丰、沛三县长堤成。九年五月,孙家渡河堤成。逾月,河决曹县。一自胡村寺东,东南至贾家坝入古黄河,由丁家道口至小浮桥入运河。一自胡村寺东北,分二支:

一东南经虞城至砀山，合古黄河出徐州；一东北经单县长堤抵鱼台，漫为坡水，傍谷亭入运河。单、丰、沛三县长堤障之，不为害。希曾上言：'黄由归德至徐入漕，故道也。永乐间，浚开封支河达鱼台入漕以济浅。自弘治时，黄河改由单、丰出沛之飞云桥，而归德故道始塞，鱼台支河亦塞。今全河复其故道，则患害已远，支流达于鱼台，则浅涸无虞，此漕运之利，国家之福也。'帝悦，下所司知之，乃召希曾还京。自是，丰、沛渐无患，而鱼台数溢。"

潘希曾增修单、丰、沛三县一百四十里长堤，第一是保住了徐州至沛县北、鱼台南的运道不再受黄河侵害，第二是迫使黄河重回归德、砀山、徐州故道。此故道为黄河主流，后从单县长堤北端溃走鱼台的河道为黄河支流。"主道"行洪，"支流"补运，一举两得，沛县、丰县"渐无患"。

从造福一方看，徐州人应该记住潘希曾的名字。

潘希曾（1476—1532），浙江金华人。弘治十五年（1502）进士，改庶吉士，授兵科给事中，因灾异奏陈八事，指斥近幸。出核湖广、贵州军储还，不赂刘瑾，刘瑾大怒，矫诏廷杖除名。刘瑾伏诛，起迁吏科右给事中。嘉靖中历太仆卿，以右佥都御史巡抚南赣，迁工部右侍郎总理河道，筑长堤一百四十里，期年而成。历兵部左右侍郎。嘉靖十一年（1532）五月初四卒于官，年五十七。赠兵部尚书。有《竹简集》及《奏议》传世。

六、刘天和与黄河新堤

上段所说黄河出鱼台济运事，是一个利弊参半的形势。即水量适中，可以济运；水量过大，则可能沿运道北上，另辟入海路，进而扰乱漕运。为防患未然计，在嘉靖十一年（1532），总河佥都御史戴时宗请将鱼台一带，辟为"受水之地"，即"分洪区"或"水库"。他阐明："宜弃以受水，因而道之，使入昭阳湖，过新开河，出留城、金沟、境山，乃易为力。"

这一设想还没有实施，明年（1533），戴时宗离任。都御史朱裳接任。而他面对的形势则是黄河的鱼台支河在济运的同时，也携带了大量泥沙，泥沙入运，则又危及航道。所以朱裳提出："请塞梁靖口（在山东成武）迤东由鱼台入运河之岔口，以捍黄河，则谷亭镇迤南二百馀里淤者可浚，是谓塞黄河之口以开运河。黄河自谷亭转入运河，顺流而南，二日抵徐州，徐州逆流而北，四日乃抵谷亭，黄水之利莫大於此。"朱裳为徐州段漕运治淤的策略是"创筑城武至济宁缕水大堤百五十馀里，以防北溢。而自鲁桥至沛县东堤百五十馀里修筑坚厚，固之以石。自鱼台至谷亭开通淤河，引水入漕"，"大浚山东诸泉以汇於汶河，则徐、沛之渠不患干涸，虽岔河口塞亦无虞矣"。工部批准了这一方案，嘉靖皇帝也予认可。可惜朱裳丁忧回籍。

嘉靖十三年（1534）"河决赵皮寨入淮，谷亭流绝，庙道口复淤"。运河再次阻断。新任总河副都御史刘天和临危受命。

"天和役夫十四万浚之。"《明史·河渠志》就这样一笔带过。人们可以想象，十四万民工齐集庙道口上下游数十里工地，那是何等的壮观！

被后人忽略的历史情节是，这一年"河忽自夏邑大丘、回村等集冲数口，转向东北，流经萧县，下徐州小浮桥"。这条路线正是今天还可以看到的黄河故道。面对黄河的这一次改道，刘天和抓住了机会。他上言朝廷："黄河自鱼、沛入漕河，运舟通利者数十年，而淤塞河道、废坏闸座、阻隔泉流、冲广河身，为害亦大。今黄河既改冲从虞城、萧、砀，下小浮桥，而榆林集（山东曹县安才楼镇南）、侯家林（山东单县）二河分流入运者，俱淤塞断流，利去而害独存。宜浚鲁桥至徐州二百馀里之淤塞。"制可。

嘉靖十四年（1535），"从天和言，自曹县梁靖口东岔河口筑压口缕水堤，复筑曹八里湾至单县侯家林长堤各一道。是年冬，天和条上治河数事，中言：'鲁桥至沛县东堤，旧议筑石以御横流，今黄河既南徙，可不必筑……臣以为黄河之当防者惟北岸为重，当择其去河远者大堤、中堤各一道，修补完筑，使北岸七八百里间联属高厚，则前勘应筑诸堤举在其中，皆可罢不筑。'帝亦从之"。

在徐州境内，今天还可以看到的黄河故道大堤遗址，就是刘天和的政绩遗存。

七、从郭昇到陈邦彦吕梁治河的百年接力

吕梁洪处于徐州东南五十里之吕梁山（又名坷垃山，海拔 146 米）下，是徐州泗水（黄河）"三洪"中最险的河段。王应时《吕梁洪志》对其险情有所介绍。《志》称吕梁洪中怪石为"大石溜"。所谓"石溜"，即经激流冲击，变得异常光滑的巨石。这些"石溜"因险恶而出名，有卢家溜、门限溜、黄石溜、蛤蟆石、夜叉石、饮毂轮石等名。船只经过这些石溜，必须依靠纤夫牵挽，"水中横石数百步，其纵十倍……高出于水上者，齰然像人齿牙。水势小杀，则悍急尤甚。舟行至此，百篙枝柱，负缆之大流汗至地，进以尺寸"。

至明初，吕梁洪的通航条件依然凶险。漕粮往返，水盛时易过，水少

时难行。为保证漕运的畅通无阻，明王朝采取了一系列措施，设立专门的管理机构，配备专职人员，还设固定数量的"相识""稍水"与"洪夫"，协助漕船上下。"相识亦稍水之类，但稍水有优免权，食口粮，隶籍于公所，为扶放运船者。"在百步洪设稍水144名、洪夫901名、相识70名。吕梁洪的役夫比百步洪还要多，其中吕梁洪上闸有洪夫1050名、稍水123名，吕梁洪下闸有洪夫500名、稍水90名，都是吕梁本地精通水性之人。即使有这些人协助牵挽，吕梁洪漕运也十分艰难。

关于吕梁洪的治理，《明史·河渠志》这样记载：

"徐、吕二洪者，河漕咽喉也。自陈瑄凿石疏渠，正统初，复浚洪西小河。漕运参将汤节又以洪迅败舟，於上流筑堰，逼水归月河，河南建闸以蓄水势。成化四年，管河主簿郭昇以大石筑两堤，固以铁锭，凿外洪败船恶石三百，而平筑里洪堤岸，又甃石岸东西四百馀丈。十六年增甃吕梁洪石堤、石坝二百馀丈，以资牵挽。及是建闸，行者益便之。"这当然是极为简略概述。

明人杨宏《漕运通志》则如是记载：

吕梁上洪：在徐州洪南六十里，地以山名，故曰吕梁，河流于济会于徐以达于淮。其地狞石崵利，水为所束，故激而为飞流。成化庚子，主事费瑄叠石为堤，迫水使归于洪。又于堤西筑坝二十余丈以遏水势，而堤得以不啮。吕梁之险历千万年而十去五六，瑄之功也。

吕梁下洪：去上洪十里许，亦徐州地。成化己丑，主事王俨协议平江伯陈锐指示群工，凡石如交牙者断之，如牛领者截之，如龟背者夷之，两涯砌石为堤，周道坦然，其为民害者浅矣。

从怪石嶙峋、飞瀑直下，到波平浪静、河道安然，吕梁洪的变化是明朝水利部门持续治理的结果。不论"陈瑄时代"还是"后陈瑄时代"，吕梁洪的水利官员无不在修坝凿石上呕心沥血而终于有成。

（一）汤节、陈泰

在陈瑄初步治理后，宣德七年（1432），官方再一次开凿此渠，使其深二丈，宽五丈，夏秋有水，可以行船，并置石闸以节水。后来，因为洪水依然湍险，加之凿石艰难，主事者又在吕梁洪增堤建坝以束水。

正统初（1436始），再浚引河，水及徐吕二洪、西小河，致会通安流。正统七年（1442），参将汤节在徐州洪上游修筑堤坝，逼水归月河，在月河南口设闸以积水。景泰五年（1454），陈泰担任左金都御使时，再次积极治理徐州、吕梁二洪及运河河道。自景泰末年以后，工作重点由建造闸坝转为凿治河道。

（二）郭昇

明成化三年（1467）冬，郭昇以工部分司主事奉命至徐州。据清道光《铜山县志》载："（明）成化四年（1468）六月，管河主事郭昇以大石筑吕梁两堤，固以铁锭。凿外洪，败船恶石三百，而平筑里洪堤岸。又甃石岸，东西四百余丈。"郭昇因治理徐州洪有功，被擢郎中，仍莅洪事。成化七年（1471）分治沛县至仪真瓜洲漕河。郭昇，颍州人。他在成化四年经营的吕梁洪工程得到明朝廷的批准，工程包括：其一，以大石修砌吕梁二堤，外锢铁锭，内填杂石；其二，凿去外洪翻石，共修筑西堤三百丈，东堤二百丈，堤高一丈，宽五丈，用工十万；其三，对吕梁河道也进行了开凿。

（三）陈锐、王俨、潘洪

平江伯陈锐（1488—1505），为平江侯陈瑄曾孙，在弘治年间继承祖志，总督漕运十四年，在修建淮河口石闸及济宁分水南北两闸及救济淮安、扬州等地饥荒方面均有建树。协助他修筑吕梁洪工程的是时任兵部职方司主事的王俨、郎中潘洪。成化五年（1469），他们组织兵、夫，凿石开渠，以利舟楫，并将吕梁洪附近数百家居民迁聚为一镇，进而促进了贸易与乡镇发展。王俨（1437—1524），字民望，号畏斋，华容人，成化五年进士。治理吕梁洪之后，又曾任成都知府，擢陕西右布政使，累迁右副都御史，巡抚山东。弘治十三年（1500）七月迁户部右侍郎。弘治十五年六月进左侍郎，弹劾外戚侵民官地数万顷，被刘瑾诬陷逮捕入狱，谪戍辽东。刘瑾伏诛，赦还而卒。

到成化八年（1472），工部吕梁洪分司又修上洪石堤三十六丈，宽九尺，下洪石堤三十五丈，宽十四尺。进一步提高了吕梁洪运道的航运标准。

徐学士琼撰《重修吕梁下洪故道记》，以记其功：

惟我太宗皇帝命平江侯陈恭襄公总督漕运，开清江、临清等河，疏徐州、吕梁二洪以达于都，民至今赖之。惟皇上嗣有令绪，惟时掌吕梁洪，工部主事王民望，以前郎中郭腾霄奏请，下洪自恭襄既修，岁久水道变迁，自东折而西，复西折而东，势如关□，水溢则湍悍莫挽，涸则漈激，不利于转输，往来病焉。顾东涯古有里洪，凿之水就，往昔淤塞，今微冲开。若用功修之，水道直通上洪，实为经久之利事。下未举，督漕平江伯陈公、都宪李公会代郎中潘克宽，议协兴工，运思指示群工工作，其石如狼牙交者断之，如牛饮下者截之，如鼋背露者夷之，渊然鱼鳖之宫，则窒之，深不陷，浅不胶，□而平，矢而棘，两涯通砌，周道坦然，而外洪则固防之。厥功惟休，于尉迟鄂国以及襄公不有补哉！经始于成化十五年三月朔，讫工五月望，费出于储，迁天妃庙于洪口，祈灵祐也。徙居民庐于山，河防荡析也。官厅左右增翼以房，房之西复附以库，置闸官之居，修人夫之厂，挽道有陷者平以石，里洪之东涯亦联以夫厂，以便召趋于兹，又期而嘉迹之凿凿若此。克宽，名洪，广州人，天顺丁丑进士，由赵州知州改□。民望，名俨，华容人，成化己丑进士，由职方主事改。克宽以民望建兹嘉迹，宜刻石以昭永世，乃属文为记。成化十六年九月吉日。

（四）费瑄

明成化十五年（1479），江西铅山人费瑄以工部主事督水利于徐州。费瑄至吕梁洪后，"聚徒给廪，辇块石埴土累为长堤百六十又五丈，广五丈，而崇不过五尺。水小，则迫之归洪，河用不涸；大则纵之使漫流其上。又于西筑坝三十余丈，可以杀湍悍，而堤得以不啮。又观于东堤丛石间，民困牵挽，足不能良步。乃畚瓦砾，实其洼隙，外以石甃之，为丈四百二十有奇。又东南则甃为长衢，而行者亦因以为利"。吕梁之险历数千万年而被费瑄十去其五六。明武宗朱厚照正德十六年（1521）漕运总兵杨宏、瓯宁进士谢纯所著《漕运通志》载："成化庚子（1480），主事费瑄叠石为堤，迫水使归于洪。又于堤西筑坝二十余丈以遏水势，而堤得以不啮。吕梁之险历千万年而十去五六，瑄之功也。"

费瑄用三年时间把吕梁洪的西堤筑好时，任期已满。当地百姓联名上书朝廷留任，费瑄得以留任三年。三年后，吕梁洪东堤修成，费瑄被朝廷升迁为政选员外郎。

费瑄用两个任期、六年时间，基本上使吕梁洪能让漕船安然而渡。吕梁百姓感念费瑄功德，遂在下洪建"费公祠"。

明人李东阳撰《吕梁洪修造记》曰：

徐州有二洪，一以州名，一以山名，曰"吕梁"。吕梁之为洪有二，上下相距可十里，盖河之下流于济水，会于徐以达于淮。国家定都北方，东南漕运岁百万余艘，使船来往无虚日，民船贾舶多不可籍数，率此焉，道此其喉襟最要地也。洪石狞恶廉利，虎距剑惧，阳搤阴龃，中仅可下上，水势为所束不得肆，则急为飞流，怒为奔湍，哮吼喧哄。巨缆弦引，进不得尺寸。乘流而放，瞥惊瞬送，迅不复措手，其艰如此。铅山费君仲玉以工部主事督水利于徐，循行洪北，见其支流水所泄处旧阙以束藁，水至则荡为浮梗以去，会州县所具藁，岁至二十五万，以钱辅者加十有三，乃白诸部长及总漕都御史张公瓒、平江伯陈公锐，聚徒给廪，辇块石，填坏土，叠为长堤百六十又五丈，而崇不过五尺。水小则迫之归洪，河用不涸，大则纵之，使浸流其上。又于堤西筑坝三十余丈，以杀湍悍，而堤得以不啮。

又观于堤丛石间，民困牵挽，足不能移步，乃春瓦砾，实其洼隙，外以石甃之，为丈四百二十有奇。又东则甃为长衢，而行者亦因以为利。吕梁之险历数千万年，而十去五六，君于是有奇绩焉。初，君自成化庚子，越三年而成西堤，任满当代，民交章借君，又二年而东堤成。

明人何乔远著《名山藏》卷22载"费公祠"事："祀故工部主事费瑄于吕梁：瑄于成化间奉命管洪，筑石坝，捍水通漕，作石堤，以便挽者。岁省修堤草束役钱各三十余万。又时旱疫，瑄设法赈济，全活甚众，民思之，私为生祠。至是，知州张淮以请，礼部复议，故有是命。"此记费瑄功绩，又超出"水利"而有了"仁政"色彩。

清·道光《铜山县志》载："费公祠，在吕梁下洪。成化间，工部主事费瑄督理洪事，有惠政，洪人立生祠。"

（五）戴鳌、陈穆、陈洪范

正德三年（1508）以后，黄河逐渐北徙，流经徐州、吕梁二洪。嘉靖二十年（1541），黄河南徙，二洪愈益受病。徐州洪主事戴鳌、陈穆招募匠夫疏凿水中巨石，为军民商贾带来方便。嘉靖二十二年（1543），管河主事陈洪范疏凿吕梁洪运道，凿石行洪，漕运畅通，诚为功德之事，所以才有徐阶作记、文征明书丹、韩邦奇篆额的《疏凿吕梁洪记》记其盛概：

我国家漕东南之粟，贮之京畿，为石至四百万。其道涉江乱淮，溯二洪而北，又沿卫以入白，然后达于京师。为里数百而遥，而莫险于二洪。二洪之石其狞且利，如剑戟之相向，虎豹象狮之相攫，犬牙交而蛇蚓蟠，舟不戒辄败，而莫甚于吕梁。吏或议凿之，其旁之人曰："是鬼神之所护也。"则逡巡而不敢。嘉靖甲辰（二十三年，1544），都水主事陈君，往莅洪事，恻然言曰："古之君子，苟利于民则捐其身为之，翃里巷之浮言，其不足听。盖审而以罢吾所当为，是厚自为而为民薄也。"遂以二月二十六日率其徒凿焉，众亦闻君言以为仁也，咸忾以奋，阅三日，怪石尽去之，行者如出坦途。于是洪之士民来请余记。

清人胡渭撰《禹贡锥指》，肯定了陈洪范的治水功绩："吕梁山在州东南五十里，山下即吕梁洪也。有上下二洪，相距凡七里，巨石齿列，波涛汹涌。明嘉靖二十三年管河主事陈洪范凿吕梁洪，平之。自是运道益便。"

（六）陈邦彦

吕梁洪巨石去除后，使得徐州运道化险为夷。而当明神宗万历五年（1577）吕梁洪工部分司署主事陈邦彦上任时，由于黄河南迁，河水挟泥沙顺流而下，导致河床不断淤积抬高，致使吕梁洪狭窄的河道与汹涌的水势极不匹配，堤溃坝败，造成河水纵溢。此前的万历元年（1573）河决房村，吕梁洪河道几乎淤平，以致运道在茶城向北倒流。二年（1574）河、淮并溢。三年（1575）河决砀山，徐、邳、淮漂没千里。陈邦彦于是"所筑垣堤沿地形高下，帮护以土。自大王庙起至禹王庙止，为丈几一千四百，而其中加高以五六尺许者半之。下洪大王庙以南至关尉庙，旧苦无堤，今接筑石堤，亦帮护以土，为丈几五百。有旁堤，面广四尺，底广二之，而其高则大都一丈五六尺许。既又以水口不塞，脱有奔湍入，是以堤与撼也。则于禹王庙后，连山石堤续筑一百三十丈，以御万家集一带之流。于安民集前横筑缕水土堤三百五丈，以障黄家桥诸水于迁。乔集、高岗集、王公集则夹筑缕水石堤三百六十丈，以束李家桥诸水。而又于石盘沟西南直至东门加筑连山土堤八十余丈，或续茂前基，或径创新绪。河堤适成，民田亦复……"陈邦彦所筑堤坝工程量较之当年费瑄更为浩大，其功德亦不弱于费瑄。"诸生吏民皆德公而多其堤之力为不朽。"余孟麟在为陈邦彦所作的《吕梁洪堤记》也对陈邦彦功绩给予高度赞扬说："捍鸿涛以俾漕计，而保有数千顷之禾。利赖一方功尽兼之矣。"

"吕梁遂安流，泯泯无水声。"洪水消弭，吕梁洪主事们逸情兴湍发，着手采石伐木，增建亭台轩榭、寺观庙宇，供公务之余徜徉留恋。据清代道光《铜山县志》载："吕梁洪工部分司署，在吕梁东岸向西，明弘治十年（1497）主事来天球建，为本洪主事莅政之所。外为前门，左右为钟鼓楼，中有坊，曰漕河通济。又内为仪门，为正厅。左为仪仗库，右为小轩，后为川堂、后堂。由厅迤北，为大观堂，主事曹英建。后为状元亭，乃费宏读书处。亭后为望云楼，主事伍全建。大观堂西为宅。正德中（1506—1522）陈宪于公署四周为石垣，计六里，中为石门，左右通衢为二，门各有楼。又后立三门，以便出入，岁久圮坏。嘉靖四十三年（1564）主事王应时因旧增筑为城，延袤五百余丈，高二丈五尺，下广八尺。门四，东曰迎和，西曰广济，南曰通裕，北曰澄清。又于署西催迎厅前因高为楼，匾曰吕梁洪，其门曰正洪门。署左为观澜亭，右为养正书院，主事陈洪范建。北为社仓二区，主事郭持平建。万历二年（1574）主事黄猷吉重修。本署于城南建万石仓，夫厂二区、砖厂、药局各一区。俱久废。"城郭巍峨，方圆六里，这也许是自隋废吕县以来，吕梁城最繁华鼎盛的气象。

明万历三十二年（1604）李化成开成迦河后，避开了漕运二洪之险，漕船大部分不再经过徐、吕二洪北上，只有南下的回空船偶一经过。明万历三十八年（1610）徐州附近黄河决口淤塞运河后，漕船就全数出邳州直河口经迦河北上南下了。徐州洪、吕梁洪运道从此废弃。

八、曾钧、吴鹏与房村浚河

据《明史·河渠志·黄河上》，明嘉靖三十一年（1552）九月，"河决徐州房村集至邳州新安，运道淤阻五十里。总河副都御史曾钧上治河方略，乃浚房村至双沟、曲头，筑徐州高庙至邳州沂河。又言：'刘伶台至赤晏庙凡八十里，乃黄河下流，淤沙壅塞，疏浚宜先。次则草湾老黄河口，冲激淹没安东一县，亦当急筑，更筑长堤矶嘴以备冲激。又三里沟新河口视旧口水高六尺，开旧口有沙淤之患，而为害稍轻；开新口未免淹没之虞，而漕舟颇便。宜暂闭新口，建置闸座，且增筑高家堰长堤，而新庄诸闸甃石以遏横流。'帝命侍郎吴鹏赈灾户，而悉从钧奏。

"……时浚徐、邳将讫工，一夕，水涌复淤。帝用严嵩言，遣官祭河神。而鹏、钧复共奏请急筑浚草湾、刘伶台，建闸三里沟，迎纳泗水清流；且於徐州以上至开封浚支河一二，令水分杀。其冬，漕河工竣，进钧秩侍郎。"

"草湾老黄河口"等工程，均在淮安，故不详述；刘伶台，赤晏庙为乡镇地名，均在淮安城东北；安东县即今涟水县。

当时徐、邳等十七州县皆被水患，以铜山房村集至邳州新安一段河道淤塞影响最大，因而，曾钧将疏通五十里河道作为第一期工程（二、三期工程在淮安与开封）。此次清淤，当然靠"人海战术"，曲折是工程扫尾时"水涌复淤"。最可笑的则是，嘉靖帝听信严嵩的话，想用"遣官祭河神"的办法，巩固治水成果。曾钧、吴鹏在照办的同时，及时提出上游、下游同步治理的策略——在河南开浚支河与苏北筑堤建闸。因为兼顾全局，这次治理，当年见效。

曾钧（1509—1571），字廷和，江西进贤人。嘉靖十一年（1532）进士，授行人，擢南京礼科给事中，为人端严廉正，先后弹劾尚书刘龙、翊国公郭勋、礼部尚书严嵩、侍郎蒋淦、巡抚赵锦、操江御史柴经等，声震一时。出为云南副使，四川参政，河南左布政使。嘉靖三十一年以右副都御史总理河道，治理苏北河患，数月工成。嘉靖三十四年十月，进工部右侍郎。隆庆五年（1571）二月二十二日卒。赠刑部尚书，谥恭肃。

吴鹏（1500—1579），秀水人。嘉靖二年（1523）进士。授工部主事，历福建参议、总理河漕、吏部尚书。凡百官进退，悉听命于严世蕃，无敢自专，实充位而已。著有《飞鸿亭集》二十卷。

九、朱衡与南阳新河

本章第四节说到盛应期与其新河规划，因遭反对而终成"蓝图"。转眼过去四十年，到嘉靖四十四年（1565）七月，"河决沛县，上下二百馀里运道俱淤。全河逆流，自沙河至徐州以北，至曹县棠林集而下，北分二支：南流者绕沛县戚山杨家集，入秦沟至徐；北流者绕丰县华山东北由三教堂出飞云桥。又分而为十三支，或横绝，或逆流入漕河，至湖陵城口，散漫湖坡，达于徐州，浩渺无际，而河变极矣"。[1]

在这种极端"糜烂"的水患形势下，朝廷命朱衡为工部尚书兼理河漕，又以潘季驯为佥都御史总理河道。明年（1566）二月，复遣工科给事中何起鸣往勘河工。

虽然合作治河，但是朱、潘二人差异实际很大。从年龄上，朱衡大潘季驯将近十岁；从学历上看，朱衡是嘉靖十一年进士，比潘季驯早了十八年；从官职上看，朱衡是工部尚书兼右副都御史，为正三品，潘季驯是右佥都御史，为从四品；从个性上看，朱衡个性强直，容易固执己见，而潘季驯则善动脑筋，不愿人云亦云。将两个强人拴到一起，产生矛盾应属自然。

朱衡巡行沛县一带决口，见漕河成陆，独盛应期当年所凿新河故迹尚在，"地高，河决至昭阳湖不能复东，乃定计开浚"。

同为治河大臣的潘季驯则认为新河一线，土浅泉涌，劳费不赀，而在留城以上的漕河故道，因其初淤，尚可疏浚。"由是二人有隙。（何）起鸣至沛，还，上言：'旧河之难复有五。黄河全徙必杀上流，新集、庞家屯、赵家圈皆上流也，以不赀之财，投于河流已弃之故道，势必不能，一也。自留城至沛，莽为巨浸，无所施工，二也。横亘数十里，寨裳无路，十万之众何所栖身，三也。挑浚则淖隐，筑岸则无土，且南塞则北奔，四也。夏秋淫潦，难保不污，五也。新河开凿费省，且可绝后来溃决之患。宜用衡言开新河，而兼采季驯言，不全弃旧河。'"因为何起鸣的汇报是有倾向性的，所以"廷臣议定，衡乃决开新河"。

但潘季驯恢复故道的建议，也是言之成理的。不少廷臣给予认可，并勘议从黄河上游的新集（在曹县）、郭贯楼（在砀山县）等地开凿支河以减轻徐州一带的压力。而朱衡对此亦提出异议：

河出境山以北，则闸河淤；出徐州以南，则二洪涸；惟出境山至小浮桥四十馀里间，乃两利而无害。自黄河横流，砀山郭贯楼支河皆已淤塞，改从华山分为南北二支：南出秦沟，正在境山南五里许，运河可资其利；惟北出沛县西及飞云桥，逆上鱼台，为患甚大。

朝廷不忍民罹水灾，拳拳故道，命勘上源。但臣参考地形有五不可。自新集至两河口皆平原高阜，无尺寸故道可因，郭贯楼抵龙沟颇有河形，又系新淤，无可驻足，其不可一也。黄河所经，鲜不为患，由新集则商、虞、夏邑受之，由郭贯楼则萧、砀受之，今改复故道，则鱼、沛之祸复移萧、

---

[1]〔清〕张廷玉：《明史》卷83《河渠一》，中华书局1974年版。

— 128 —

砀，其不可二也。河西注华山，势若建瓴，欲从中凿渠，挽水南向，必当筑坝横截，遏其东奔，於狂澜巨浸之中，筑坝数里，为力甚难，其不可三也。役夫三十万，旷日持久，骚动三省，其不可四也。大役蹴兴，工费数百万，一有不继，前功尽隳，其不可五也。惟当开广秦沟，使下流通行，修筑南岸长堤以防奔溃，可以苏鱼、沛昏垫之民。

朱衡的建议得到了朝廷支持。潘季驯的方案也部分得以实施。具体分工是：

朱衡"乃开鱼台南阳抵沛县留城百四十馀里"，而让潘季驯"浚旧河自留城以下，抵境山、茶城五十馀里，由此与黄河会"。"又筑马家桥堤三万五千二百八十丈，石堤三十里，遏河之出飞云桥者，趋秦沟以入洪。於是黄水不东侵，漕道通而沛流断矣。"

"方工未成，河复决沛县，败马家桥堤。论者交章请罢衡。"

九月，原本就不赞成开新河的工科给事中王元春、御史黄襄等人同时上疏，弹劾朱衡悴工欲速，欺上误事，请求立即罢黜。原先曾奏上"复故道有五难"的给事中何起鸣这时也自变其说，称朱衡开新河为决策不当。

可贵的是，潘季驯虽然与朱衡在治水上存在分歧，但对马家桥溃堤事件并未落井下石。此时，他再次上疏，明确提出可以把疏浚黄河的工作暂时先放一放，等到运河工程完成以后，再行施工。"因里河工程（指开新河事）分委各工监督，时刻难离，且各处人夫派调颇多，二处工程（指疏浚秦沟、浊河和沿河筑堤事）一时与里河并举，其势必致重困。吾民诚有如该科所云者，臣随批行各该司道，姑候里河工程就绪，躬诣复勘呈夺，以凭具题，方敢兴工。"不久，新河工竣。"帝大喜，赋诗四章志喜，以示在直诸臣。"

隆庆元年（1567）五月新河成，西去旧河三十里，自留城而北，建留城、马家桥、西柳庄、蒋家桥、夏镇、杨庄、珠梅等七闸，全长一百四十余里。南阳新河竣工后不久，大批漕船便从此水道北上南下。"新河"的地理优越性在于，因为平行东移二三十里，所以暂时避开了黄河的侵扰。

所谓"新河"，是对已经淤塞的"旧河"而言的。"旧河"在沛县境内基本的线路是从龙固镇进入沛县，南下安国镇庙道口，经大屯镇西，抵沛县城，再东南下金沟、沽头、大闸、小闸，直趋留城（今沛县魏庙与五段东、微山湖西岸）。而朱衡所开"新河"，在北段避开"旧河"，大部分都在今昭阳湖、微山湖内，而在当年，则全为陆地，其北段在滕州境，南段在沛县境。潘季驯所疏浚的"旧河"，以留城为起点，沿古泗水往南，直到茶城，其北段在沛县，南段在铜山县。

朱衡（1512—1584），字士南，万安人。嘉靖十一年（1532）进士。历知尤溪、婺源，迁刑部主事、郎中。出为福建提学副使，累官山东布政使。嘉靖三十九年，进右副都御史巡抚其地。嘉靖四十四年，进南京刑部尚书，诏兼任左副都御史，经理河道，循遗迹完成了新河开凿工程，给漕运带来巨大便利。

十、翁大立与倡开泇河

今京杭运河苏、鲁交界一段，史称"泇运河"。它上自韩庄，经台儿庄、泇口镇、邳州（运河镇）、窑湾而通宿迁。在其明代初通阶段，其下游是从邳州直河口入运道的。

这条河的开掘，曲折颇多，下段再叙。而它的倡建者翁大立，尤其不该被人忘怀。

隆庆三年（1569）七月，"（河）决沛县，自考城、虞城、曹、单、丰、沛抵徐州俱受其害，茶城淤塞，漕船阻邳州不能进。已，虽少通，而黄河水横溢沛地，秦沟、浊河口淤沙旋疏旋壅。朱衡已召还，工部及总河都御史翁大立皆请於梁山之南别开一河以漕，避秦沟、浊河之险，后所谓泇河者也。诏令相度地势，未果行"。

四年秋，"黄河暴至，茶城复淤，而山东沙、薛、汶、泗诸水骤溢，决仲家浅运道，由梁山出戚家港，合於黄河。大立复请因其势而浚之。是时，淮水亦大溢，自泰山庙至七里沟淤十馀里，而水从诸家沟傍出，至清河县河南镇以合於黄河"。翁大立又上言：

> 开新庄闸以通回船，复陈瑄故道，则淮可无虞。独黄河在睢宁、宿迁之间迁徙未知所定，泗州陵寝可虞。请浚古睢河，由宿迁历宿州，出小浮桥以泄二洪之水。且规复清河、鱼沟分河一道，下草湾，以免冲激之患，则南北运道庶几可保。

当时，翁大立已内迁，而潘季驯以都御史复起总理河道。部议令其区画。"九月，河复决邳州，自睢宁白浪浅至宿迁小河口，淤百八十里，粮艘阻不进。"

翁大立再次进言："比来河患不在山东、河南、丰、沛，而专在徐、邳，故先欲开泇河口以远河势、开萧县河以杀河流者，正谓浮沙壅聚，河面增高，为异日虑耳。今秋水涝至，横溢为灾。权宜之计，在弃故道而就新冲；经久之策，在开泇河以避洪水。"又请从二者选一。部议主张先杜塞决口，而让翁大立条利害以闻。"大立遂以开泇口、就新冲、复故道三策并进，且言其利害各相参。会罢去，策未决，而季驯则主复故道。"

翁大立议开"洳运河"的原始动因是黄河在沛县、徐州段屡屡"横切"运河，动辄造成几十里、上百里的壅塞。一地壅塞，千里不通，"避黄行运"成为当时水利部门探讨的头号话题。而徐州"黄运同行""黄河侵运"的局面，已经到了不可回避，无法扭转，寸步难行的极限难点。

因而，翁大立议开"洳运河"是保漕运，通南北的明智之举。只是时机未到，或人们的认识尚未到位，这一合理主张暂时还是束之高阁。

但翁大立发出了第一声呐喊，或者说是他引发了"雠河之议"，即"借黄行运"与"避黄行运"的辩论。

因为自明成祖定都北京，漕运就成了朝廷的命脉，而治黄、治运、保漕亦成了明廷治理京杭运河的基本方针。明代前期的治黄保漕虽然在一定程度上阻止了黄河泛滥对山东段运河的侵害，但对黄河下游的泛滥却治理不力，以致在明代后期黄河害运便集中在徐州上下一段。这迫使明廷在对济宁以南运道进行改造和治理的同时，也在思考寻找一个既"治河"又"行运"的万全之策。从翁大立隆庆三年（1569）提议开洳，到万历三十二年（1604）洳河开成通航，前后共35年，历经了两代皇帝。"借黄行运"的代表人物是潘季驯、万恭、常居敬等，他们认为，只要把黄河治好，不仅解决了"黄患"问题，还可把黄河作为运道，因而根本不用开挖新河。"避黄行运"的代表人物是翁大立、舒应龙、刘东星、李化龙等，他们认为，要摆脱"黄患"对漕运的制约，就必须另辟运道（"洳运河"）。经过辩论和治运实践，万历皇帝采纳了"避黄行运"派的意见，支持开洳。由"借黄行运"到"避黄行运"，是明代治水保漕理论和实践上的一次革命。"洳运河"长流，翁大立具有"前瞻"之功。

十一、万恭与徐宿长堤

隆庆六年（1572）春，朝廷再次命尚书朱衡经理河工，以兵部侍郎万恭总理河道。二人赶到淮安总理河道衙门，首先便决定停止洳运河之议，"专事徐、邳河，修筑长堤，自徐州至宿迁小河口三百七十里，并缮丰、沛大黄堤，正河安流，运道大通"。

他们所以上任伊始就赶修徐邳长堤，一是因为水患在前，必须先期治理；二是因为徐邳段黄运合流，既是黄河的主要行洪段，又是运河的黄金漕运线。

先是隆庆四年（1570）秋，"黄河暴至，茶城复淤，而山东沙、薛、汶、泗诸水骤溢，决仲家浅运道，由梁山出戚家港，合於黄河"；同时，"淮水亦大溢，自泰山庙至七里沟淤十馀里，而水从诸家沟傍出，至清河县河南镇以合於黄河"。

当年九月，"河复决邳州，自睢宁白浪浅至宿迁小河口，淤百八十里，粮艘阻不进"。

"时茶城至吕梁，黄水为两崖所束，不能下，又不得决。至五年（1571）四月，乃自灵璧双沟而下，北决三口，南决八口，支流散溢，大势下睢宁出小河，而匙头湾八十里正河悉淤。"①

上述茶城、泰山庙、七里沟、吕梁、双沟、睢宁、白浪浅、宿迁小河口、匙头湾等地，均在徐、邳之境。灾害发生在徐州，工程自然要在徐州展开。这次长堤工程，费帑银金三万两，六十日而成。

万恭（1515—1591），字肃卿，号两溪，江西南昌人，嘉靖二十三年（1544）进士。历官南京文选主事、考功郎中、大理寺少卿。嘉靖四十二年为兵部右侍郎，后命兼右金都御史，巡抚山西。其间，御冠守边，教民耕种及水车之法。隆庆六年（1572），与工部尚书朱衡总理河道，筑徐邳长堤。又浚高、宝诸河，河患得以息。万恭"强毅敏达，一时称才臣"。治水三年，成绩尤著，反而受人弹劾，万历二年（1574）四月初九罢官，"回籍听田"。万历十九年卒，年七十七（一说万历十六年闰六月二十八日卒）。

筑堤之外，朱衡还对徐、邳一带的堤岸管理提出建议："徐、邳为粮运正道，既多方以筑之，则宜多方以守之。请用夫每里十人以防，三里一铺，四铺一老人巡视。伏秋水发时，五月十五日上堤，九月十五日下堤，愿携家居住者听。"

十二、潘季驯、江一麟、陈文燧的保河与奎河开凿

本章第九节讲朱衡开南阳新河，即有关于潘季驯的初步介绍。

经过朱、潘协力，新河与旧河首尾衔接——朱开新河百四十余里，疏浚旧河五十余里，复"建坝、置闸、厚堤、密树"，先后修筑了马家桥大堤3.5万余丈、石堤30里。至嘉靖四十五年（1566）九月上旬，终于使新开运河和疏浚的旧河完全沟通，大功告成。经过治理，漕运效率提高了17倍。当年，潘季驯以疏浚留城旧河之功，加右副都御史。

隆庆四年（1570）七月、九月，黄河在邳州、睢宁一带决口，"自睢宁白浪浅至宿迁小河口、淤百八十里"。明朝廷再次任命潘季驯总理河道。

潘季驯到任，亲自赶往邳州视察决口，调查灾情，并带病指挥堵口、

---

① 〔清〕张廷玉：《明史》卷83《河渠一》，中华书局1974年版。

筑堤。在实践中，潘季驯欣喜地发现：当河水穿越相对狭窄的河道奔流时，就会出现大浪淘沙"如汤沃雪"的现象。于是，一种全新的"以堤束水，束水攻沙，挽流归槽"的治水思路油然而生。潘季驯在《议筑长堤疏》和《趱赶粮储疏》中分别指出："必须筑近堤，以束河流，筑遥堤，以防溃决。长堤坚固，水则无处泄漏，沙随水走。"为此，潘季驯亲率军民日夜堵决固堤，动用人工5万，修堤4万余丈。而次年，则因运输船只漂没事故，遭勘河给事中雒遵弹劾而罢官。

万历四年（1576）七月及次年八月，黄河又在徐州决口，河漕矛盾更加尖锐。明朝廷恢复潘季驯官职，让他河漕兼理，事权为一。

明万历六年（1578）二月，潘季驯升任都察院右副都御史兼工部左侍郎，总督河道，提督军务。六月，潘季驯根据勘查结果，针对黄河沙多和下游黄淮运交叉的复杂局面，向朝廷递交了《两河经略疏》，提出了综合治理黄淮下游的基本方针，即"通漕于河，则治河即以治漕；合河于淮，则治淮即以治河；会河、淮而同入于海，则治河、淮即以治海"的治理原则，并且提出"束水攻沙，以水攻沙"的治水方略。由他指挥河工在徐州以下河漕，高筑大堤，修复高家堰和黄浦、崔镇等三处决口，"逼淮水尽出清口"，挽河归漕，束水攻沙，以解淮扬地区的水患，从而实现以洪泽湖调蓄洪水和"蓄清刷黄"的目的。

万历七年（1579）七夕，治河工程即将大功告成，潘季驯偕同助手江一麟登上云龙山，眺望彭城锦绣河山，不禁感慨万千，遂作《同江司徒小酌云龙山》七律（下详）。是年冬，两河工程相继竣工，至此，"黄淮顺轨，漕运畅通，清口无塞，海口大辟"，以至"流连数年，河道无大患"。令明朝廷揪心不已的漕运难题迎刃而解。

从万历七年起至万历十五年，徐州附近一段运河，年年安澜。张居正闻讯，大喜过望，专门写信向潘季驯致贺："此闻黄浦已塞，堤工渐浚。自南来者，皆报称工坚费省。数年沮洳，一旦膏壤，公之功不在禹下矣。"

明万历十五年（1587）、十六年（1588）黄河、沁河相继在开封、新乡一带决山，致使"黄水暴涨，冲入夏镇，毁坏田庐，居民多溺死"。此时明神宗想起了潘季驯。

是年五月十一日，潘季驯68岁时，朝廷再次起用他为右都御史，总理河道，兼理军务。此时，河、漕又重新分属两个部门管理，这为保漕、治河带来了矛盾和难度。潘季驯不顾年事已高、体弱多病，日夜兼程奔赴徐州"日与夫为伍，以舟为家、冲寒露暑，宿水餐风"。在全面勘查的基础上，潘季驯提出了整治山东、河南与徐州以北地区的综合治理规划，他针对河防问题指出："河防在堤，而守堤在人，有堤不守，守堤无人，与无堤同矣。"同时，他还提出了著名的"四防、二守"制度和岁修之法，即"昼防、夜防，风防、雨防""官守""民守"的修防法规，进一步完善了修守制度，并且指出："河防全在岁修，岁修全在物料。"尤其是他首创的"问责考勤"制度，一直沿用至今，仍被视为治水防汛和管理队伍建设的传统宝典。

万历十七年（1589）潘季驯率领军民堵住了沛县夏镇的决口。四月二十九日，山东、江苏、安徽的黄淮运河治理工程相继完工。六月初，徐州以北地区也大雨滂沱，导致河水猛涨。潘季驯亲临一线，一面查办失责官员，一面身先士卒"董率官夫，躬亲防御"。经过各方努力，至十月，各处险工、决口堵塞完成。明朝廷为嘉奖潘季驯治河保运有功，特授他为资政大夫。

万历十八年（1590）一月，潘季驯又以 70 岁高龄之躯，巡视邳睢河工，指挥治河。恐自己不久于人世，四五月间，潘季驯带病完成了又一部治水力作《河议辨惑》，文中涉及大小议题 31 个，文中提出了"以人为本，人定胜天"的唯物主义思想。

是年夏，徐州大水，暴雨成灾，洪水从徐州城堤决口冲入，水积城中逾年不退，亦使徐州遭受重大损失。为彻底解决徐州城内的积水问题，潘季驯会同徐州兵备副使陈文燧查勘后，提出了开凿奎河，排泄城中积水的建议。这一主张为明朝廷所接受。于是，他们召集万余名工匠"自护城河堤涵洞起，斜向东南，绵延 162 里"。因此河源出云龙山下的石狗湖，绕城南流经奎山以东，注入睢河，名"奎河"。万历十九年（1591）闰三月三日，工程竣工，四日正式开闸放水，城内积水消退，解除了徐州的水患，百姓转危为安。当年的奎河导源于"苏伯湖"（今云龙湖），北出苏堤，绕过州城多处，以容纳积水，经过奎山脚下南流，全长 46.8 公里，沿濉河东流，入洪泽湖。

今徐州"显红岛"东南侧的故黄河亲水平台上，有五根文化柱巍然屹立，正中一柱勒有："万历十八年，大溢徐州，水积城中逾年，河督潘季驯，浚奎山支河以通之，积水乃消。"此铭，是徐州人对潘季驯的历史怀念。

在徐州云龙山碑廊，嵌有潘季驯书《同江司徒小酌云龙山》"诗碑"。此诗作于万历七年（1579）七夕。全诗谓：

握手论交今白头，天涯相对一樽留。

帘前秀结千峰色，槛底声喧万里流。

世事误人称老马，机心终自愧闲鸥。

知君亦有烟霞癖，还许相从范蠡舟。

治河即将大功告成，潘季驯偕助手江一麟登上云龙山，眺望彭城山水，联想宦海沉浮，不由诗兴勃发。第二首《再登云龙山》，或写于他开挖奎河时段。老友江一麟去世已十多年，山河依旧，人事日非，宦海风涛，无时稍息，这让老人加剧了"逃禅"渴望：

> 龙山再上思依然，千里河流自蜿蜒。
>
> 几向蒿莱寻水脉，翻从沧海见桑田。
>
> 负薪十载歌方就，投杼当年事可怜。
>
> 为谢含沙沙且尽，归与吾已欲逃禅。

两首七律，镌刻在徐州云龙山上，诗意浓，书法美，一一点缀彭城山水。睹物思人，我们对曾经造福徐州百姓的水利专家、诗人充满敬意。

江一麟（1520—1580），字仲文，号新源，江西婺源县人，嘉靖三十二年（1553）进士。曾任安吉知州、工部郎中，广平府（治今河北省永年县）知府。隆庆元年（1567），朝廷考察天下官员，江一麟在广平府知府任上被评为第一。不久升监军副使，赴广东征讨倭寇。因功升右副都御史，兼贵州巡抚，旋升都御史，兼户部侍郎，总督漕运而治理淮河之务。就是在这一时段，他与潘季驯订交。

万历七年治河成功后，"总理河漕"潘季驯特专章上奏朝廷，文中曰："河工今幸底于成，然臣得窃尺寸以自效者，则抚臣实夹持之。抚臣休休有度，塞塞匪躬，无炫智能，无侥群议，忘己同心，识中肯款。始与臣同决大煲，既与臣力图其成，凡所为分工计饷，张官布令，纤毫皆抚臣力也。"奏稿中所称赞的"抚臣"，即指"总督漕运"江一麟。

明神宗皇帝看了奏折，特赐江一麟玺书、蟒袍和银币，并晋升江一麟为右都御史兼户部侍郎，督理漕务。而翌年，万历八年（1580），江一麟却因劳累过度，一病不起，临终仍惦念着漕务大事，语不及私。

潘季驯（1521.5.28—1595.5.20），字时良，号印川，湖州府乌程县（今属浙江省湖州市吴兴区）人。嘉靖二十九年（1550）进士。曾于江西、广东等地任职。从嘉靖四十四年（1565）开始，到万历年间止，他曾奉命先后四次出任总理河道都御史，主持治理黄河和运河，前后27年。故为明朝治理黄河的水利专家，亦是世界级的水利泰斗。官至太子太保、工部尚书兼右都御史。万历二十三年（1595）卒，年七十五。著有《宸断大工录》《两河管见》《河防一览》《留余堂集》等。

潘季驯出任总理河道期间，河道总理衙门虽在济宁，但他却长期驻节徐州，治理黄河和运河。

十三、舒应龙、刘东星、李化龙和曹时聘的泇运新河

叶方恒《全河备考》卷 22 对"泇运河"的开凿过程，有一概述：

"万历三十年（1602）于黄家口涨，冲鱼、单、丰、沛。三十一年特用李化龙，行淮、徐、凤、泗间，得前所开泇河遗迹。喟然兴叹，遂专力浚成之。于是运艘通行，昔称过洪，今称过淮，为出险矣。按开泇之议，始自隆庆年间中丞翁大立，万历三年中丞傅希挚建议详明，未得允行。二十年中丞舒应龙于韩家庄引湖水，注之泇，始启厥绪。二十六年中丞刘东星凿侯家湾、梁城，通泇口，遂可行舟。然总未能通达。至是，始共赞成出奇道以避至险。迄今，运道无阻。开泇之功，亦伟哉。然东南之漕，自清江浦出口，由清河溯桃源，经宿迁，从董沟口入骆马湖而抵泇河，尚有一百八十里假道于黄河。虽河伯安澜，不受其害，不可谓非黄与运，究相终始也。"

其具体经过为：

隆庆四年（1570）九月黄河决邳州，睢宁至宿迁段阻运船千余只，总河翁大立请开泇河。因工费太大而作罢。

万历二年（1574）都御史傅希挚出任总河，三年（1575）即提出开凿泇运河，但未获准。

万历二十一年（1593）汶、泗泛滥，堤溃运阻，总河舒应龙挑韩庄中心沟四十里，通彭河水道，以泄湖水，泇河路始通。

万历二十五年（1597）黄河又决黄堌（在山东单县），徐州、吕梁二洪干枯。

万历二十六年（1598），朝廷以刘东星为工部右侍郎兼右佥都御史，总理河道与漕运。刘东星在漕运要道徐州、下邳至宿迁一带，沿潘季驯治黄故道挑挖开浚，五个月工竣，费仅十万，得到皇帝下旨嘉奖。第二年（1599），他又启动泇运河工程，循韩庄故道，凿良城、候迁、顿庄及挑万庄，由黄泥湾至宿迁董家沟，其后，建巨梁桥石闸，德胜、万年、万家庄三草闸，而试行运，漕船十分之三由泇运河北上。工程概算原来估计需经费 120 万。刘东星吃住在工地，精心组织施工，和民工同甘苦，披星戴月，日夜不停地奋战，大大节省了工时公费，开工后挖成渠十分之三，经费只花了七万。但由于日夜操心，劳累有加，刘东星病倒在工地上。有人建议他回家养病，朝廷屡次温旨慰留，但这位明后期水利专家，为了国计民生，最后累死在治水工地上。

万历三十一年（1603）河决沛县，由昭阳湖穿夏镇，横冲运道。

万历三十二年（1604），总河侍郎李化龙继舒、刘未完工程，由夏镇

南面李家口，引水合彭河，经韩庄湖口，又合承、洳、沂诸水东南至邳州直河口，长二百六十余里，避黄河之险三百余里。其间改李家港，以避河淤；开王市、田家口以远湖险；中凿郗山，以拓展河渠；建韩庄、台庄等八闸，以节宣水利；洳运河得以通航。

李化龙以忧去，继任者"总河侍郎曹时聘终其事，疏叙洳河之功，言：'舒应龙创开韩家庄以泄湖水，而路始通。刘东星大开良城、侯家庄以试行运，而路渐广。李化龙上开李家港，凿都水石，下开直河口，挑田家庄，殚力经营，行运过半，而路始开，故臣得接踵告竣。'因条上善后六事，运道由此大通。其后每年三月开洳河坝，由直河口进，九月开召公坝入黄河，粮艘及官民船悉以为准"。

曹时聘的扫尾工作在万历三十四年（1606）进行，"总河曹时聘复大加展拓，建坝遏沙，修堤度纤，置邮驿，设兵巡，增河官，立公署"，完成了由"河道治理"到"河道管理"的提升。直至清康乾年间"洳为坦途"。"粮船过洪每为河涨所阻，运入洳而安流无患。"洳运河的开通，使山东运河最终避开了黄河，改变了黄河泛滥运道不通的局面，并且缩短了船舶的航程。

舒应龙（1541—1615），字时见，号中阳，广西全州（今广西全州县）人。嘉靖四十一年（1562）进士，由知县历部郎，累官至南京工部尚书，改南京兵部尚书。万历二十年（1592），召入京为工部尚书，总理河道。后被革职为民，又复为兵部尚书。

刘东星（1538—1601），字子明，号晋川，谥庄靖，直隶州沁水县（今山西沁水县）人。隆庆二年（1568）登进士，初授翰林院庶吉士，万历年后，历任刑部主事员外郎、浙江提学副使、湖广右布政史、右佥都御史、左副都御史、吏部右侍郎、工部尚书等职。一生参与治理黄河、开河围湖、修筑桥梁等重大工程，明万历二十八年，在开挖洳河引漕工程中，因积劳成疾，死于治河任所。撰有《明灯道古隶》《晋川集》等。

李化龙（1554—1624，一说1554—1611），字于田，长垣县老李庄人，万历二年（1574）进士，曾任嵩县知县、辽东巡抚、工部右侍郎、总理河道。文武全才，多有平叛、安国之功。万历三十一年（1603）有开通洳运河之功。

曹时聘（1548—1609），河北获鹿县人，明隆庆四年（1570）举人，第二年中进士，授都察院右佥都御史。万历二十九年（1601）巡抚应天（今南京），反对宦官增税害民，"吴人德之"，自南京北归后，罢而复出，为山东副宪，升任徐州兵备道而与徐州结缘。万历三十二年（1604）升任工部右侍郎，受命总理河道。当年秋，黄河在丰县、单县等地决口，曹时聘深入灾区察看，制订治理方案。万历三十三年（1605）十一月初十动工，自朱旺口至小浮桥开挖浅水新河全长 170 里，共分四大工段，由河南、山东、江苏 137 个州县正官分挑。曹时聘"以治河比治兵"，亲往施工"前线"，同民工一起挖河、筑堤。第二年二三月间工程告捷，50 余万民工无一伤亡。四月初九开闸放水，"全河大势奔腾东，尽归新渠"，实现了"黄河归漕"的宏愿。

"泇运河长 260 里，分属江南邳州者 100 里，其在山东省属峄者 110 里，又 50 里属滕。"泇河开成之后，黄河运道仍未废毁，当时的航运安排是："每年三月初，则开泇河坝，令粮运官民船，由直河口而进，以便利往。至九月初则塞之。每年九月初，则开吕公坝，入黄河，以便回空与官民船往来，至次年二月中则塞之，半年由泇、半年由黄。"

开泇工程，从议案到完成历时 30 多年，由借黄行运，到另辟新河，使苏鲁漕运得以通畅。清康熙年间，河道总督靳辅评价说："有明一代治河，莫善于泇河之绩。"乾隆年间漕运总督杨锡绂则说："泇之开，河臣舒公应龙建其议，刘公东星继其事，李公化龙毕其功，在当日言事诸臣，好以口舌持短长，或忌或阻啧有繁言，而三公殚心国事，不恤人言，尽智竭力，前后相继，疏凿挑浚，卒避三百里黄流之险，而成此二百六十里安流之运道，岂非万世之利，三公不可无祠。"乾隆二十八年（1763）夏，杨锡绂督运北上，过万年闸（今枣庄市峄城区古邵镇），与总河仪封张公、运河李监司商议各捐俸糈，命闸官孔毓贵在万年闸北，建三进大院落的"三公祠"，以颂其功。

十四、张璇与天启避水

张璇是徐州户部分司主事，不是"水利官员"，本节所以记述他的事迹，就因为他的事迹既有一个"水灾"的背景，又有一个关注百姓的主题。

明熹宗天启四年（1624）农历六月初二（7 月 16 日）子时，黄河在徐州南郊奎山决堤，水由城东南水门灌城，官廨民舍漂没，城中水深一丈三尺。

平地一丈三尺即四米多深的洪水，那真的要算"灭顶之灾"了。

顺治本《徐州志》对这次黄河水灾有如下记载："天启四年六月二日，奎山堤决，是夜由东南水门陷城，顷刻丈余，官廨民舍尽没漂，百姓溺死无数，六七年城中皆水，渐次沙淤，议复旧城。"

《明史·河渠志》记载："天启四年六月，（河）决徐州魁山堤，东北灌州城，城中水深一丈三尺，一自南门至云龙山西北大安桥入石狗湖，一由旧支河南流至邓二庄，历租沟东南以达小河，出白洋，仍与黄会。徐民苦淹溺，议集赀迁城。给事中陆文献上徐城不可迁六议。而势不得已，遂迁州治于云龙，河事置不讲矣。"

最可怕的是"子夜"、是"顷刻丈余"，这让睡梦中的徐州百姓逃无可逃。"百姓溺死无数"是个必然。

对于这次水灾，只有一个人，即徐州户部分司主事张璇，不但有所觉察，而且预为防范。同治版《徐州府志》在"宦绩传"做了简介："张璇，高邑人，天启四年为户部分司主事。才识明练，商民多被其泽。时黄河暴涨，璇于六月二日促装移戏马台之聚奎堂。是夜，河决城陷，独璇典守无失，人皆服其先见。因筑垣修宇，遂为署焉。凿义井，修放鹤亭。众为立碑建祠。"

所谓"商民多被其泽"，指的就是在张璇催着户部分司的同僚们赶紧向戏马台搬迁时，他并没有将自己的预测加以封锁，而是尽可能地告诫周围民众：黄河可能要发水！

张璇的局限是，他只是"户部主事"，是一个主管"税务""仓储"的外派人员，不是"知州""知县"那样的"父母官"，因而无权下达行政命令。

于是，在原户部分司衙门（城内，偏南）附近的商民，受了张璇的影响，避水于城南戏马台、土山或云龙山山坡，而大多数的徐州人，则在六月的暖风中沉沉入睡。

半夜时分，洪水灌城，廨舍尽没，溺死无数，酿成了徐州建城史上最大的一次天灾人祸。

荒乱中能够逃出城的市民、官员退居云龙山高阜避难。直到天启六、七年，徐州城中仍有积水。

据史料载，徐州大水灌城的悲剧多发生于明代，如景泰元年（1450）"水高一丈，民居尽圮"；隆庆五年（1571）"水决州城两门，倾屋舍，溺死人民甚多"；万历二年（1574）"城南门内俱浸"，万历十八年（1590）"城内积水逾多，后由潘季驯凿奎河池和水入濉河"。相比而言，天启洪水对徐州造成了毁灭性的打击。

张璇的警告，毕竟保住了徐州户部分司，提醒了进而挽救了一部分徐州人。

由于"户部分司"机关搬到了徐州"南山"（戏马台），所以，"南山"有了"户部山"的名字，并且一直延续至今。

徐州户部分司署于明永乐十三年（1415）设立。"户部"之所以在徐州设"分司"，起因于"广运仓"这座"国家粮库"。"广运仓"是储放"漕粮"的，自然要建一个"专司漕运"的机构。徐州户部分司设立之初，有管理广运仓之责，也有署理徐州段漕运之责，即还要兼管"钞关"之"税务"。再后来，朝廷将徐州"钞关"之"税务"转吕梁工部分司代管。徐州户部分司的主要业务便是管理"广运仓"了。

户部分司建立之初，建署于靠近"广运仓"的元末徐州新城"武安州"城内。后移徐州老城（明初洪武年间，知州文景宗将徐州州城迁回彭城旧址）内南街，并一度迁署于黄河大堤之上，到天启年间张璇任职时，户部分司已迁回城内。

这次大水，将徐州户部分司推上山巅。

此前，嘉靖二十六年（1547）工部主事冯有年曾称，南山"缭以周垣而门焉"，即南山原来是建有垣墙和大门的。而据《戏马台碑记》，"万历丙午"，即万历三十四年（1606）南山周围"筑石垣高四仞，保固百丈"。明崇祯九年（1636），郎中张湘又在"石垣"的大门上增建箭楼。清顺治二年（1645），郎中陈嘉应在"石垣"墙上增建雉堞。顺治四年（1647），郎中王维屏在石垣门楼内增建左右板屋，以为守护。康熙二年（1663）孙象贤在户部山重建四门，并命名："北曰右节，南曰玉钤，东曰左丽，西曰金雉。"户部山这衙署之地越发壁垒森严了。仰望户部山，徐州百姓又称之为"小南城"。

这就是"户部山"所谓的"前世今生"吧！

张璇事，不见《清史稿》。查《畿辅通志》卷六十五"选举"一章，又知道他是万历三十四年丙午（1606）科直隶省98个举人中的一员，名字后仅注三字："高邑人"。

史籍惜墨如金，而徐州人却永远地怀念他。

张璇在徐州的另一个文化遗存是云龙山上的"饮鹤泉"题字。

"饮鹤泉"原名"石佛井"，深23米，始因解决大佛面部渗水而开的涧水措施，因井邻近放鹤亭，所以明天启四年（1624），张璇将它改名曰"饮鹤泉"，并题"饮鹤泉"三字，且立碑于泉之南侧。

十五、靳辅与孤山减水坝

当代的徐州丁万河，已经入选中国"最美家乡河"。读者很少知道，她的前身原来是清康熙时代的一个重要工程——孤山减水坝之下的分洪河道。

在治理河道方面，清朝政府的重视程度是超越前代的。《清史稿·河渠一》谓："中国河患，历代详矣。有清首重治河，探河源以穷水患。"

清初的黄河形势，上承明末动乱，"自明崇祯末李自成决河灌汴梁，其后屡塞屡决。顺治元年（1644）夏，黄河自复故道，由开封经兰、仪、商、虞，迄曹、单、砀山、丰、沛、萧、徐州、灵璧、睢宁、邳、宿迁、桃源，东经清河与淮合，历云梯关入海"。

"自复故道"，也许就是"天意"吧。从此，黄河便在今天仍可以寻到的"故道"的线路上，又流淌了二百多年。

进入康熙时代，复因地震、风雨等因素的叠加，黄河下游特别是徐州附近的水患呈现着防不胜防的失控状态。仅据《清史稿·河渠一》即有：

康熙元年（1662）五月，决曹县石香炉、武陟大村、睢宁孟家湾。

二年（1663），决睢宁武官营及朱家营。

六年（1667），决桃源烟墩、萧县石将军庙。

九年（1670），决曹县牛市屯，又决单县谯楼寺。是岁五月暴风雨，淮、黄并溢。

十年（1671）春，河溢萧县。八月，又决（徐州）七里沟。

十一年（1672）秋，决萧县两河口、邳州塘池旧城，又溢虞城。

十四年（1675），决徐州潘家塘（大龙口，口洼即今大龙湖）、宿迁蔡家楼，又决睢宁花山坝，复灌清河治，民多流亡。

十五年（1676）夏，久雨……又决宿迁白洋河、于家冈。

而据徐州地方志所载者，还有：

《睢宁县志》：康熙三年，"是年河决朱官营口"。

《邳州志》：康熙七年，"是年河决屋宇荡然无余"。

《萧县志》：康熙九年，"是年秋河溢大水"。

《萧县志》：康熙十六年，"是年秋堤决大水"。

另据《清史稿·灾异一》所载"大水"则有：

康熙元年（1662）六月，萧县、沛县大水。

十五年（1676）六月，萧县大水。九月，铜山大水。

十六年（1677）二月，高邮、铜山、萧县大水。

十七年（1678）四月，萧县、铜山大水。

上述正史资料还忽略了康熙七年（1668）六月十七日（7月24日）的郯城8.5级地震及黄河邳州花山坝决堤对下邳城所造成的毁灭之灾。

就是在这一严峻时刻，康熙十六年（1677）二月，安徽巡抚靳辅出任河督。上任伊始，靳辅即上治河之策："治河当审全局，必合河道、运道为一体，而后治可无弊。河道之变迁，总由议治河者多尽力于漕舻经行之处，其他决口，则以为无关运道而缓视之，以致河道日坏，运道因之日稆……臣目见河沙无日不积，河身无口不加高，若不大修治，不特洪泽湖渐成陆地，将南而运河，东而清江浦以下，淤沙日甚，行见三面壅遏，而河无去路，势必冲突内溃，河南、山东俱有沦胥沉溺之忧，彼时虽费千万金钱，亦难克期补救。"

靳辅的治河之策共有八条。推行时基本上是"各工并举"。为了解除徐州城的黄河水患，靳辅在徐州开展的工程主要有：

其一，康熙十八年（1679），建南岸砀山毛城铺、北岸大谷山减水石坝各一，以杀上流水势。

其二，二十年（1681）六月，增建徐州长樊大坝外月堤千六百八十九丈。

靳辅所以要在毛城铺和大谷山修减水石坝，是出于徐淮流域"大局"和徐州城"小局"的综合考量。这从靳辅康熙十七年十月辛卯的奏折中可以得到印证："黄河自徐州而下，南北两岸堤并清河县南岸、白洋河以下两岸各堤，见在酌量攒修，委官设兵防守，当此伏秋大水，幸皆保固无虞。惟是徐州以下，虽在大修，而上流漫冲，以致宿、徐等州县处处被灾，秋成失望。臣拟建减水大坝一十三座，则水不涌涨。其原估堤工亦可量减。且告成之后，不特无夺河阻运之虞，而沿堤田亩水灾亦可永止。"（《康熙实录》《江苏省通志》）

因为黄沙淤积，所以黄河河床日益抬高，相比之下，河堤反而降低。这样，夏秋汛期，黄河便极易泛滥决口。在疏浚河道的同时，加高堤防是一个选项，问题是资金、人工的投入会十分巨大。靳辅的措施是"两岸各堤""酌量攒修"。对于徐州城而言，在黄河回复旧道（老汴水）之后，黄河紧贴城区北部、东部而过，而城北阻于九里山，城东阻于子房山、狮子山，河面骤然狭窄，自然水位升高，决口的风险就大大增强了。

靳辅提出建"减水大坝一十三座"，实际就等于建立十三个"分洪区"。一般而言，减水大坝都是"石坝"，坝上建石洞门，石洞门高程低于黄河大堤，以利泄洪。这样，黄河水涨时就能从减水大坝预留口门漫坝外泄，进而减低了下游的行洪量和行洪压力。鉴于乡村地广人稀，所以靳辅选择在徐州上游的砀山县毛城铺、铜山县大谷山修筑减水石坝，这对于保护徐州城作用显著。

而据靳辅《治河奏绩书》描述，当时在徐州境内所建减水坝远远超过"十三座"，计有：

黄河南岸：

砀山县——毛城铺减水坝一座，毛城铺减水闸一座，此二闸减水俱减入小神湖，历灵芝、孟山等湖，从归仁堤（在今泗洪县）五堡减坝便民闸，汇洪泽湖助淮。

徐州（彭城县）——王家山天然减水闸一座，十八里屯天然减水闸两座，此三闸水俱减入马厂湖，经永堌湖归灵芝、孟山等湖，由归仁堤减坝入洪泽湖助淮。

睢宁县——峰山龙虎山天然减水闸四座，此四闸水俱减入马厂湖，由灵芝、孟山等湖越归仁堤减坝入洪泽湖助淮。

宿迁县——归仁堤便民闸一座，五堡闸一座，此二闸水俱减入洪泽湖助淮。

黄河北岸：

徐州（彭城县）——大谷山减水坝一座，苏家山天然减水坝一座，镇口闸一座，此二坝一闸水俱减，由荆山口出彭家河口防入北运河。

邳州——羊山寺涵洞十二座，青墩营涵洞十座，直河涵洞两座，张家庄涵洞十座，奶奶庙涵洞十一座，以上各涵洞俱建以淤洼（意味可以视为天然"分洪区"）。

宿迁县——拦马河减水坝六座，朱家堂减水坝一座（此坝因淤洼而设，若萧家渡、杨家庄、七里沟、新庄口诸卑洼处悉淤高，此坝可以不用），各坝水俱减入中河。

据有关资料，黄河北岸还有属于睢宁的鲤鱼山减水坝。从保护徐州，保障黄河安全的角度看，靳辅的治理措施极为周密。

减水坝的规格，一般是每座石坝建有七个门洞，每门洞一丈八尺宽，总计泄水宽度达十二丈六尺，折合 32 米。

仅以毛城铺、大谷山减水坝为例，作用就十分显著。毛城铺（在今安徽砀山城东）距徐州城六十公里左右，大谷山距徐州城十公里左右，一远一近，一南一北，建了两座减水坝，等于建了两个分洪区，让徐州城的安全有了保障。

大谷山减水石坝的位置，在明代万历五年（1577）至万历四十年（1612）这三十六年间，还是徐州段黄河的主河道——黄河西来，在九里山西一分为二，主流走大孤山与九里山之间东流，在今秦梁洪附近与运河交汇；支流即顺今"黄河故道"东行，至小浮桥，下大浮桥，与运河交汇。

如此看来，靳辅建大谷山减水石坝，坝下的"滞洪区"正是旧日的黄河河道，村庄最稀，人口最少，如果分洪，损失也最少。

从徐州形势图看，大谷山河道正对黄河主道，似乎也是最自然而理想的路线。

靳辅所筑"长樊大坝"外的"月堤"，在徐州城区东。

建"坝"之外，靳辅还在徐州上游建"减水深底石闸"六座。建闸的动议，是在康熙二十三年十二月十九日提出的，见靳辅当日"题奏"。该"题奏"对徐州黄河形势的分析极具大局眼光："（河南省）两岸堤工，其宽不下数十里，迄至徐州，北岸系山嘴，南岸系州城，中央河道仅宽六十八丈。将千支万派浩浩无涯之水，紧紧束住，不能畅流，既难于下达，则自难免上壅。是以明朝二百余年间，徐城屡屡溃冲。而徐州以迤上南岸之漫溢，迄今岁岁见告也。"

鉴于这种上宽下窄的局面，在徐州上游分洪，是势在必行的选择。靳辅六闸的具体位置如下：

砀山毛城铺，黄河南岸，减水深底石闸一座；

徐州西王家山、十八里屯，黄河南岸，两处共建减水深底石闸三座；

徐州西北大谷山，黄河北岸，建减水深底石闸两座。

技术指标是：一闸泄水一丈，减徐州市区洪水一尺；六闸，泄水六丈，减徐州市区洪水六尺。

靳辅（1633—1692），字紫垣，辽阳人，隶汉军镶黄旗。祖籍辽阳（今属辽宁）。清顺治时为内中书，康熙初自郎中迁内阁学士，康熙十年（1671）授安徽巡抚，康熙十六年（1677）调任河道总督。其治河思路继承明朝潘季驯经验，注重对黄河水患进行全面勘察，综合整治。经过九年辛劳，终使黄河、运河堤坝坚固，漕运无阻。而在康熙二十七年（1688）反受御史某诬告"无功"，遭到免职。

翌年（1689）正月，靳辅被召扈从康熙帝南巡阅河。康熙帝一路所见，都是靳辅治河功绩，于是下诏恢复其曾经衔级。

康熙三十一年（1692）二月，人告发河道总督王新命勒取库银，康熙帝罢免王新命，重新起用"熟练河务及其未甚老迈"的靳辅为河道总督。靳辅以体衰多病推辞，帝不许。

东山再起，年老体衰，靳辅仍决心为治河贡献一切。上任不久，陕西西安、凤翔地区遭灾，康熙帝下令截留江北二十万石漕粮，命从黄河运到山西蒲州（今山西永济县北）。靳辅接受这项任务以后，亲自督运，水路运至孟津（今河南孟津县东北），然后陆路运到蒲州。因做得出色，得到康熙帝嘉奖。

就在这时，他还连连上疏，对修治黄河、淮河及运河提出了宝贵意见。其中一疏，即要求恢复受其牵连而被免职的佥事道陈潢的名分和因讨论河工而受处分的尚书熊一潇的名誉。七月二十六日以后，因发烧不止，靳辅请求退休，被批准。十一月，这位为治河而做出了巨大贡献的专家逝世于宿迁任所，终年60岁。清廷按例给予祭葬。

康熙三十五年（1696），清廷批准江南人民的请求，在黄河岸边为靳辅建祠。靳辅生前著有《靳文襄公奏议》《治河方略》，死后，追赠工部尚书。陈潢著有《治河述言》。

十六、徐州状元李蟠的《治河策》与康熙舟上接见

康熙皇帝与徐州状元李蟠有一段没齿难泯的命运交集。

李蟠，字仙李，号根庵。其祖父李向阳（字孝乾）、父亲李弇（字山洲），都是名诗人。李蟠于康熙三十六年（1697）赴京参加会试、殿试。策论题中有吏治、军务、河防诸事，李蟠的策论深得康熙皇帝满意。李蟠同科的榜眼姜宸英，乃是江南名词人，本当选为状元。康熙皇帝在听读最前十份墨卷后认为，姜宸英不做状元也已名满天下，而第六名李蟠乃徐州人，徐州尚无人中过状元，将李蟠选为第一名，亦可鼓励徐州士子。因而擢李蟠为一甲第一名，授官翰林院修撰，入国史馆，纂修《大清一统志》，时年43岁。

康熙三十八年（1699），李蟠任顺天乡试主考，因落第士子发泄愤懑而遭蜚语中伤，被判充军奉天（今辽宁沈阳）三年。副主考姜宸英，虽年已七旬，不明情况，也被牵连，遭受弹劾。三年后，李蟠被赐归故里，除应命赴蒙阴参与救灾外，其生活内容基本是诗文自娱。未料在其登科八年之后，状元与帝王又有了一次接触。

康熙四十四年（1705）二月初九，康熙帝自京起行开始了他的第五次南巡。初十，于张家湾登舟，经天津、静海、青县等地，于正月二十二日进入山东境内。三月初六，御舟入江南境。江南绅衿军民夹道跪迎，奏称："皇上轸念万民罹于水患，不惮跋涉之劳，为小民阅视河道，亘古未有。"感恩叩谢，欢声雷动。在这跪迎的人群中，就有徐州状元李蟠。

所谓"入江南境"并非徐州城，当指从夏镇至韩庄段或韩庄稍东一段运河。因其时夏镇属沛县，自然属江南无疑。康熙帝于舟中接见李蟠，这样的待遇绝不可能是一个罪犯所能享有的。如此看来，经顺天乡试案的无妄之灾后，康熙帝的接见，实际上就等于给李蟠做了政治平反。

十七、齐苏勒、孔毓珣与睢宁朱家海经验

清雍正初年，黄河水患以从"中游"向"下游"辐射的形态推进。如雍正元年（1723）六月，河决中牟十里店、娄家庄；二年（1724）六月，河决仪封大寨、兰阳板桥；三年（1725）六月，便下移到徐州睢宁县的朱家海，此次决口，黄水冲破南岸大堤，直泻洪泽湖。

河患下移，主要还是"人为因素"起了作用，即清廷加强了"中游治理"。

雍正元年，前任总河陈鹏年逝世，由齐苏勒接任总河。尽管齐苏勒治水很有经验，但雍正帝还是派兵部侍郎嵇曾筠赶往河南协助治理。齐苏勒

与嵇曾筠在沿着黄河考察之后，提出全面修整黄河大堤的建议。北岸大堤上起荥泽，下至山东曹县；南岸大堤上起荥泽，下至徐州砀山，两条大堤均有十二万三千余丈长。"中游"既然大堤夹岸，固若金汤，所以黄河堤防的薄弱环节此后多出现在"下游"，即徐州以下地区。

雍正二年，嵇曾筠出任副总河，驻武陟，辖河南河务，"东河"（河南与山东段）与"南河"（江南段）的分治自此开始。

雍正三年夏，面对睢宁朱家海的决口，河道总督齐苏勒的治理工作遇到了麻烦。据《世宗实录》载，齐苏勒灾后曾上疏进言："今岁六月中旬、山东山水发。骆马湖口泛涨二百余里。其湖水涌出宿迁县竹络坝口、抵阻黄水、不能畅流。致将睢宁县朱家海埽工沉陷。大堤坍卸。漫开水口四十余丈。出口之水、东归洪泽湖。诚恐湖内不能容受，随饬河员开放天然坝以分其势。朱家海漫口大溜湍激，甚难护防。两边大堤又经刷宽三十余丈。旋于上流斜筑挑水坝一座，水势稍平。相度情形，必于对岸挑浚引河一道。俾大溜归入正河。庶漫口易于堵塞。"雍正帝见奏，准其循序渐进，加以治理。

让后人敬佩的，还有雍正皇帝虑事周全。

据《世宗实录》：雍正四年夏四月壬午（二十日），（雍正帝）谕内阁："据总河齐苏勒奏报，朱家口水势陡长，东岸坝台、大埽冲陷，现在防守修筑等语。黄河水性无定，将来或有漫溢，河水旁引，恐有夺河之患。齐苏勒在工年久，历练老成，清、慎、勤三字，均属无愧，朕所深知。但年已望七，恐精力稍减，河工勤劳，思虑有不及处。两广总督孔毓珣，素谙河工事务。伊从前屡请陛见，今准其来京。著先至河上，详勘水势。协同齐苏勒细加商酌妥议。两广总督印务，著兵部侍郎阿克敦前往署理。"

两年前，派兵部侍郎嵇曾筠协助治水，今又派两广总督孔毓珣协助治水，这一人事安排既见帝王对臣子的关心，又见帝王对黄河水务的关心。

由于路途遥远，孔毓珣赶到徐州当在数月之后——查阅《世宗实录》，当年四月二十八日、二十九日，五月二日，六月二十九日，两广总督孔毓珣都有两广事务上疏朝廷；而七月十八日，朝廷户部还有回复两广事务的公文送达孔毓珣。而不论早迟，孔毓珣在入觐后，从北京赶到徐州，对朱家海的堵口工程都起到了重要作用。其中的玄妙还在于孔毓珣是一位"徐州通"。

孔毓珣（？—1730），山东曲阜人，字东美。康熙二十三年（1684）赐恩贡生，从湖广武昌通判，以政举卓异而升任徐州知州（康熙三十二年至康熙三十八年）。其时，"民敝於丁赋，毓珣在官七年，拊循多惠政"。这七年的徐州经历，让孔毓珣对徐州的山山水水都了如指掌。特别重要的一点是，孔毓珣任职各地，均关注治水，如在湖广上荆南道，曾筑"孔公堤"；擢广西按察使、四川布政使、加授广西总督、两广总督等，所在均以筑堤捍江，谨防水患而施惠于民。

朱家海堵口工程是在雍正四年腊月二十九日完成的。《世宗实录》载："雍正四年，丙午，十二月，戊午朔，丙戌（29），岁暮，祫祭太庙。上亲诣行礼……遣官祭太岁之神……河道总督齐苏勒奏报，朱家口决口合龙。得旨嘉奖。并加齐苏勒为太子太傅。"

与朱家海决口合龙相呼应的好事还有两件：

其一，当年腊月十二，朝廷宣布"免江南邳州、宿迁等四州县卫，本年份被水及雹灾额赋有差"；腊月十四"免江南睢宁县本年份水灾额赋有差"。

其二，堵塞朱家海决口后，黄河现一奇观："是月（十二月）河清，起陕西府谷，迄江南桃源（江苏沭阳）。"

"黄河清，圣人出"，这是古语。出不出"圣人"不可知，而黄河变清总是好事。

当日，这事折腾得好大。先是腊月二十六日"癸未，河道总督齐苏勒疏报：臣于睢宁工次，忽见黄河之水湛然澄清。随据河营守备朱锦等呈报，自河南虞城县至江南桃源县，共六百余里，于本月十六、十七、十八等日，河水澄澈，并无浊流。两岸士民，纷纷称瑞。洵属千古罕睹之奇征。臣不胜欢跃之至。疏入。报闻"。

接着是雍正五年正月初六，"癸巳，康亲王崇安等奏言，河道总督齐苏勒等疏报……黄河澄清六百余里，实为圣朝嘉瑞。恭请升殿受贺"；正月十七日，"甲辰，康亲王崇安等覆奏：先经河道总督齐苏勒奏报黄河澄清，嗣据漕运总督张大有、河南巡抚田文镜、副总河稽曾筠陆续奏称：黄河之水自河南陕州，至江南桃源县，约计二千里，水色澄清，略无沙滓。据各处沿河官弁呈报，自雍正四年十二月初九起，至二十九日，河水悉皆澄清。而稽曾筠于本年正月初四奏称：亲勘河水，澄澈如前。是则河水澄清，远跨陕西、河南、江南、山东四省之境，经历二十日之久，诚亘古以来未有之瑞，伏恳升殿庆贺，以慰群情"。

在一片颂扬声中，雍正帝并未发昏，他说："朕尝言天下至大，庶务至繁，断非人主一身所能经理。必赖内外臣工，协力赞襄，然后可以成一道同风之盛。"结果是，"内外臣工"，皆大欢喜，均晋一级。

雍正五年六月十一日，雍正帝"御制黄河澄清碑文"，勒石于江南清口、河南武陟县河神庙内。

这"黄河澄清"的插曲,是"朱家海效应"之一。"朱家海效应"之二,就是"朱家海模式"或"朱家海经验"的提出和推广。

面对朱家海的新成之堤,齐苏勒考虑到此地素为险要,为稳妥计,他提出了增筑"月堤"的建议。

雍正五年春正月二十二日"己酉,工部议覆:河道总督齐苏勒疏言:睢宁县朱家口堤工,已经合龙,大溜全归正河。惟是地居吕梁之下,素称险要,请添筑夹坝月堤;并于临河增修防风埽工,以资巩固。应如所请。从之"。

同时,齐苏勒还思考另一个长治久安的问题:如何减少黄河堤岸的崩塌或溃决呢?经调查询问,深入思考,他又上疏雍正帝:"黄河陡岸常患冲激,应改斜坡,俾水随坡溜,坡上悬密柳抵之。既久溜入中泓,柳枝沾泥,并成沙滩,则易险为平。"

雍正五年(1727)三月二十九日"丙辰,工部议覆:河道总督齐苏勒疏言,黄河大溜顶冲之处,请将陡岸削成斜坡,令水随坡溜;再取密叶大柳悬于坡上,以抵其溜之汕刷,纾其力之猛烈,久之大溜渐归中泓;而柳枝之上沾挂泥滓,悉成沙滩,易险为平,工不劳而费甚省。并请凡河崖陡峻之处,俱照此例行,所需工费,入抢修案内题销。应如所请。从之"。

此法的要点有二:其一,将迎水陡坡堤岸改为缓坡,以泄水势;其二,于缓坡上栽植"密叶大柳",以护堤防。所谓"密叶大柳",并非柳树新品种,实指将柳树密植。

《清史稿·河渠志》与《世宗实录》的记载都是极为简约的。局外人很少知道,齐苏勒提出"朱家海模式"其实与他二十多年的治水实践密不可分,也与孔毓珣的介入密不可分。总之,唯过来人、有心人才会有事业上的神来之笔。

齐苏勒(?—1729),字笃之,纳喇氏,满洲正白旗人。初入"官学"选天文生为钦天监博士,迁灵台郎,擢内务府主事,授永定河分司,开始治水生涯。康熙四十二年(1703),圣祖南巡阅河,齐苏勒扈跸。至淮安,遵上谕留下修筑黄河险工多处,并于回銮前毕工,因而得康熙帝嘉奖。回京后擢翰林院侍讲、国子监祭酒,仍领永定河分司事。康熙六十一年(1722),世宗雍正帝即位,擢山东按察使,兼理运河事。雍正元年,授河道总督。这才有上文所说的修整黄河大堤事。齐苏勒治河,最突出的特点是防患于未然。其上疏曾言:"治河之道,若濒危而后图之,则一丈之险,顿成百丈;千金之费,糜至万金。惟先时预防,庶力省而功易就。"

齐苏勒在徐州,还主持了微山湖区的运道清理。鉴于湖区百姓围湖种植已经影响了漕运，齐苏勒遂上报朝廷，请予清理。其疏言："兖州、济宁境内，如南旺、马踏、蜀山、安山、马场、昭阳、独山、微山、郗山等湖，皆运道资以蓄泄，昔人谓之'水柜'。民乘涸占种，湖身渐狭。宜乘水落，除已垦熟田，丈量立界，禁侵越。谨渟蓄：当运河盛涨，引水使与湖平，即筑堰截堵；如遇水浅，则引之从高下注诸湖。或宜堤，或宜树，或宜建闸启闭，令诸州县量事程功，则湖水深广，漕艘无阻矣。"

齐苏勒所谓"兖州、济宁境内"，当是就"上游"而言。考微山湖，今属山东省。而在明代、清代、民国三朝，皆为徐州沛县与山东滕县共管。微山湖，由微山、郗山、吕孟、武家、黄山诸小湖相汇而成。武家湖在留城（地当今沛县五段镇、魏庙镇之间）南，黄山湖在黄山（地当今铜山利国镇西）东，郗山湖在湖东郗山（微山岛北）下，其余小湖在今微山岛附近。这些小湖陆续出现于明弘治至嘉靖年间。初现时各自为湖。万历《兖州府志·山水》载："微山在（滕县）城南一百里，其下为微山湖，黄沟水入焉，又东南为郗山，其下为郗山湖，又稍南为吕蒙山（在微山岛东南隅），其东南为吕孟湖。"朱衡开凿漕运新渠时，郗山、吕孟诸小湖尚未连成片，西距武家湖甚远。明隆庆至万历十八年（1590），微山、郗山、吕孟湖连成一片，统称吕孟湖。翌年（1591）潘季驯主持开凿李家口河，"自夏镇吕公堂（昭阳老坝村）迤西，转东南，近微山（岛），经龙塘至内华闸（今徐州市铜山区张谷山东南），以接新开镇口（镇口在徐州市铜山区柳新镇）河，共一百里"（民国《沛县志》）。由此可知，当时这一线尚未成湖，吕孟诸湖与留城一带的积水尚有一段距离。但不几年李家口河便"黄水冲射堤岸，胥圮于水"，吕孟诸湖与留城一带的武家湖相汇为一了。

因为堵筑睢宁朱家口之功，齐苏勒加兵部尚书、太子太傅。五年，齐苏勒有疾，上遣医往视。此后，带病治河，并与嵇曾筠一起参与了修筑徐州砀山至海口的黄河大堤及邳州至江口的运河大堤，两堤纵横绵亘三千余里，保障了黄河的行洪顺利与运河的漕运安全。

而孔毓珣再回徐州，造福百姓，既是机遇，也是命运。大功告成，孔毓珣离开徐州，还不忘将他对治河机构的看法上报朝廷。雍正五年六月初一，"工部议覆广东总督孔毓珣奏：据河道总督齐苏勒言，淮徐道一官，有经管徐邳宿迁一带黄运两河之责，地方辽阔，工程浩繁。该道驻扎清江，与宿迁关相距二百余里，不惟难以稽查，而遇河工紧急之时，更不能分身兼顾。请将宿迁关税务，敕令督抚择就近贤员，以司其事……应如所请。得旨，宿迁关、著交与年希尧兼管，由闸税课著该抚遴选就近地方贤员管理"。因而宿迁设榷关，出乎孔毓珣建议。

十八、高斌治河与河工反贪

乾隆年间，黄河在徐州多有泛滥。先是乾隆七年（1742），河决丰县石林、黄村，夺溜东趋，又决沛县缕堤，不久堵塞。后于乾隆十八年（1753）秋九月，河决铜山张家马路，冲塌内堤、缕越堤二百余丈，南注灵璧、虹县，泄入洪泽湖，夺淮而下。

黄河溃决，本来是自然灾害，但因为历代行"朝廷管河"体制，又加上朝廷对黄河防洪工程投入巨大，所以河工作为一个肥缺，又是贪腐温床。关于此次溃决，臣子奏报，虽小有差别，但乾隆帝的态度一直是明朗的，即应严查严处：

闻鄂容安奏报："九月十一日，铜山县张家马路堤工，冲决内堤七八十丈，外堤四五十丈。现驻工督办。"乾隆即先后颁发谕旨，一旨谓："目今秋汛已过，何致冲决河堤？其中显有情弊。该管同知李焞，著革职拿问，交该署督策楞等严查，据实具奏。鄂容安虽署督篆，河工非其专责，免其交部。高斌、张师载身任南河日久，不能留心查察，致该处堤身卑薄疏松，一时溃决，漫延数邑。其罪实无可逭……即令高斌速赴铜山，勒限堵塞。如不能克期告竣。即行严奏治罪。"另旨谓："目下秋汛已过。何致尚有风涛冲决之患？看来必系在工之员，自知河工弊窦，现在彻底清查，将来万难掩饰；故令堤工漫决，希冀工料无从查核，以为巧于脱卸之计。果尔，则人心之坏，更为可恨。著传谕策楞、刘统勋严行查察。如上年铜沛同知，即系李焞，曾经承办堤工，则情弊更属显然。李焞现已降旨革职拿问，若果有此种情弊，即一面奏闻，一面将李焞于该处先行正法，以为亏空误工者戒。"

闻尚书刘统勋奏："徐州铜山县黄河冲开缕堤、越堤一百四十余丈，溜势全行掣过，夺河之形已成。督臣鄂容安驻工，率领员弁抢护。此处河形，直趋灵璧、虹县、睢宁，俱系七月间报灾之处。"乾隆帝亦有谕旨谓："今年江南黄河涨溢，虽属天灾，然果平时工程坚固，何至于此。皆由高斌等徇纵属员，经理不善所致。即将伊等拿交刑部，重治其罪，亦所应得。"

此后，乾隆帝"以尹继善督南河，遣尚书舒赫德偕白钟山驰赴协理"。

乾隆帝的两道"谕旨"中，均将矛头对准了河患"责任人"高斌。其实，高斌亦非等闲之辈。

高斌（1683—1755），字右文，号东轩，满洲镶黄旗人，乾隆皇帝"慧贤皇贵妃"之父。其家原为汉族，在内务府做奴仆。其女册封乾隆嫔妃后，改为满姓"高佳氏"。自雍正元年（1723）起，高斌历任内务府主事、苏州织造、广东布政使、浙江布政使、江苏布政使、河南布政使、江宁织造等职，自雍正十一年（1733），署理江南河道总督一职，随后实际担任该职；后又任直隶总督兼管北河河道总督、文渊阁大学士等职务。乾隆二十年（1755）三月，高斌卒于任上，终年72岁，谥"文定"。

论起来高斌也算是乾隆皇帝的岳父大人！查河工责任，或河工贪腐，竟然查到了老泰山头上，看来乾隆皇帝是动了真格的。

高斌治河的经历可以追溯到雍正年间。自"署理"江南河道总督，到实任，他的治河实践始于"南河"——江南省范畴，因而，从水利的角度看，说高斌是"江南通""徐州通"，不为过誉。唯因他治河有道，所以到了乾隆时代，每有河患，乾隆皇帝总是第一个想到他，支派他。

如乾隆七年（1742）十一月乙亥，命陈世倌会同高斌查勘江南水利。

十年（1745）春正月庚子，召高斌来京。庚午，高斌回直隶总督。三月乙未，加史贻直、陈世倌、来保、高斌太子太保。五月辛卯，以高斌为吏部尚书，命高斌、刘于义仍办直隶水利河道。

十一年（1746）闰三月庚子，召白钟山来京，命顾琮署江南河道总督，高斌暂管之，以刘统勋署漕运总督。秋七月丙申，丁酉，命高斌赴江苏察看黄、运工程。九月甲午朔，己亥，命高斌往奉天疏浚河道。

十二年（1747）春三月，丙午，以高斌为文渊阁大学士，戊辰，命高斌往江南会同周学健查勘河工，并清理钱粮积弊。秋七月己丑朔，命高斌等疏浚江苏六塘等河。

十三年（1748）春正月辛丑，命讷亲赴浙江同高斌会鞫巡抚常安。三月丁未，命高斌、刘统勋查办山东赈务。闰七月癸丑朔，戊辰，周学健以违制剃发，逮下狱。命高斌管南河总督。八月戊申，命仓场侍郎张师载往江南随高斌学习河务。九月壬子命策楞、高斌会鞫周学健。冬十二月丁酉，免高斌大学士，仍留南河总督任。

十六年（1751）八月庚寅，命高斌赴河南办阳武河工。

十八年（1753）秋七月壬申，命策楞、刘统勋会同高斌查办水灾。八月庚子，高斌免，以策楞署南河河道总督，同刘统勋查办河工侵亏诸弊。

用"南跑北奔"四个字，可以概述高斌60岁至71岁间的治河经历。问题是八月已经免职，九月决堤，怎么还是找到他头上？

原来是乾隆十八年（1753）七月，洪泽湖水涨溢，高邮东罗坝决口，邵伯运河二闸冲决，高邮、宝应被淹。河务布政伸富勒赫上奏：南河各厅将岁修抢修钱粮任意亏空，致使工料无措。乾隆帝遂署尚书策楞、尚书刘统勋前往查核，发现浮冒蒙混，种种滋弊，总计亏空十一万五千余两，其外河同知陈克济、海防同知王德宣亏缺，皆至二三万两；通判周冕应办物料,全无储备,以致二闸被冲,束手无策。乾隆帝谕示限亏帑人员一年赔补,到时不完,就地正法;将河督高斌、协办河务张师载革职,留工效力赎罪。

哪知当年九月,黄河冲决江苏铜山堤坝,高斌被罚赶赴铜山堵塞决口。因为查出了相关人员的贪污事实,高斌再次受到株连。

据史书记载,高斌在江南河道总督任上,勤奋谨慎,忠于职守,继承靳辅的治河方略,推进"分黄助清"的治理措施,还是卓有成效的。比如,宿迁以下至清口的黄河水流湍急,且中运河开挖在黄河北岸河道滩地的遥、缕二堤之间,与黄河主槽仅仅隔一道堤防,故运河极容易受到黄河主流的危害。高斌提出加培中运河南堤,作为黄河遥堤,进一步巩固黄河北岸堤防,进而保障了运河安全,且取得黄河安澜,运河通畅的好成绩。上报朝廷,乾隆皇帝极为高兴,于乾隆五年(1740)二月,钦赐"绩奏安澜"御笔题词,勒石成碑,立于运河北岸"四公祠"(今永宁小学附近)内,今收藏于淮安市清浦区清宴园的"御碑园"内。同年十月,乾隆帝又有《赐总河高斌》一诗相赠。此"赐总河高斌"诗碑,亦立淮安市清宴园。其诗曰:

> 禹功万古仰平成,疏浚随时赖俊英。
> 汇浦建牙资保障,黄流奏绩久澄清。
> 息机早是无穿凿,顺性犹然矢朴诚。
> 潘靳嘉猷编简在,千秋惟尔继贤声。

唯因高斌是个"老水利",所以"南河"每有事,乾隆皇帝总是派他出马。此事,上文已有罗列。也许是"多劳"而"多责",在乾隆十三年(1748),高斌随同御史刘统勋查办山东赈灾事宜、同副总河顾琮查办浙江巡抚常安贪赃案后,只因在办理监督籍没江南河道总督周学健家产案中有徇私从宽情形,被革去"大学士"一职,但还是兼管江南河道总督事务。

从赠诗相赞,到施与惩罚,让人感叹造化弄人,命运无常。

铜山决口后,当时新任江南河道总督策楞奏称:"铜山县小店汛,七月间溜逼南岸,曾经淮徐道张宏运查勘下埽后,溜势无定。至九月初间,堤外柳滩全行刷去,大溜直逼堤根。该管同知李焞、守备张宾,并未及时分报。直至堤头坍卸,始行具报,以致漫溢,贻误疏防,罪无可宽。请将李焞、张宾,一并革职拿问。并请将淮徐道张宏运,交部严加议处;游击张吉,解任效力。"又奏,"淮徐道义官管河同知李焞和武官守备张宾,因共同侵吞工帑,以致误工决口"。乾隆皇帝闻奏震怒道:"立令把李焞、张宾二人斩首示众,将高斌及江苏巡抚协办河务张师载,以渎职徇纵罪,绑赴刑场陪斩,后解缚释放,以儆效尤。"

因事先并未言明是陪斩,所以高斌吓得魂飞魄散,全身瘫软,昏迷在地。此时，他已七十高龄！

这是清廷对河工失职官员最严厉的一次惩处，在工文武官员，无不凛然。

在惩治腐败的同时，乾隆皇帝不忘赈济江南百姓。当年，应户部奏及江苏巡抚庄有恭疏请，对本年江南被水灾重之阜宁、清河、桃源、安东、高邮、宝应、甘泉、兴化、铜山、邳州、宿迁、睢宁、海州、沭阳，并镇江、淮安、大河、扬州、徐州等卫，共十九州县、卫，并灾害稍次之山阳、盐城、泰州、沛县、萧县、砀山、赣榆等七州县，依灾害轻重，按比例减征丁银、米。

到了乾隆十九年春，乾隆帝又降旨："截漕拨帑，增给赈银，多方筹办。并敕地方官，加意抚绥。灾户俱已得所。其积水渐消之地，亦皆次第补种，二麦可望有收。"

其赈济标准，对"九十分灾、极贫加赈两月；次贫、加赈一月；七八分灾极贫加赈一月；稍轻之江都、萧县、砀山、丰县、赣榆、五县，无论分数，极贫俱加赈一月；镇江、淮安、大河、扬州、徐州五卫灾军，及贫生兵属，俱随坐落州县，一体加赈"，并且申明，"查明极、次贫户，再行分别加赈一月、两月；其毋庸加赈者，仍酌量平粜，以济民食"。

据《高宗实录》，乾隆十八年水灾，应征地丁漕项银三十万三千两有奇，应征米、麦、豆十二万五千石有奇，皆蠲免。

铜山决口工程的修复，由舒赫德、刘统勋、策楞等负责。乾隆帝诏谕，乘冬令水消，及时施工，务必于桃汛以前，克期完竣。考虑到员弁夫役，奔走效力，昼夜勤劳，露立风霜。乾隆帝特拨河库银二万两，交舒赫德等，视其出力等次，随时奖励犒赏，以示鼓舞。所有在工兵丁，着加恩赏一月钱粮。河工急需物料，饬令豫（河南）东（山东）二省抚臣亲往督率，速为购办。

据刘统勋奏报：徐州张家马路堤工于十二月十二日辰时合龙。闻讯，乾隆帝深感嘉悦。

高斌任南河总督时，对徐州河务专注颇多。如据《世宗实录》："乾隆元年四月，河水大涨，由砀山毛城铺闸口汹涌南下，堤多冲塌，潘家道口平地水深三五尺。上以下流多在萧、宿、灵、虹、睢宁、五河等州县，今止议浚上源而无疏通下游之策，则水尤归宿，卜江南、河南各督抚暨两总河委勘会议，并移南副总河驻徐州以专督率。旋高斌请浚毛城铺迤下河道，经徐、萧、睢、宿、灵、虹至泗州安河陡门，纡直六百馀里，以达洪泽，出清口会黄，而淮扬京员夏之芳等言其不便。明年，召斌询问，斌绘图呈览，乃知之芳等所言失实，令同总督庆复确估定议，并将开浚有利无害，晓谕淮扬士民。初，斌疏浚毛城铺水道，别开新口塞旧口，以免黄河倒灌。至三年秋，河涨灌运，论者多归咎新开运口。斌言：'十月后黄水平退，湖水畅流，新淤随溜刷去，可无虞浅涩。'四年，斌又言，'上年清水微弱，时值黄水异涨，并非开新口所致'，而南人言者不已。上遣大学士鄂尔泰驰勘，亦言新口宜开。明年，黄溜仍南逼清口，仿宋陈尧佐法，制设木龙二，挑溜北行。"实践证明，高斌从毛城铺分水坝下开"引河"直下洪泽湖是有利沿途各州县的。

疏浚砀山毛城铺的同时，高斌还疏浚萧县王家山、睢宁峰山等减水闸下游引河；且规定只有在徐州水志（水尺）达到或超过七尺时，才准许开减水闸分泄黄河洪水，经由各引河注入徐州、萧县、宿迁、灵璧及杨疃等五个蓄水湖，待停蓄澄清以后，再泄入洪泽湖，用来"助清刷黄"。

乾隆二十年（1755）三月，高斌卒于工地。

乾隆二十二年（1757）二月丁卯（初五），乾隆皇帝南巡过淮安，见高斌治河工程巍然而立，遂有反思。当即传旨："原任大学士内大臣高斌，前任河道总督时，颇著劳绩。即如毛城铺，所以分泄黄流。高斌设立徐州水志，至七尺方开。后人不用其法，遂致黄弱沙淤，隐贻河患。其于黄河两岸汕刷支河，每岁冬季，必督率厅汛实力填筑。近年司工疏忽，因有孙家集夺溜之事，至三滚坝泄洪湖盛涨。高斌坚持堵闭，是以数年之间，下游州县，屡获丰收。其功在生民，自不可泯。至于癸酉，张家马路及运河二闸之决，则又其果于自信，抑且年迈志满之失，朕不得不治其罪。而要其瑕瑜，自不相掩。在本朝河臣中，即不能如靳辅，而较齐苏勒、嵇曾筠，朕以为有过之无不及也。兹者翠华南幸，追溯前劳，特沛恩纶，用孚公论。可与靳辅、齐苏勒、嵇曾筠一并祠祀，以昭国家念旧酬功之典，且亦使后之司河务者。知所激劝也。该部其遵谕行。"次日，乾隆帝又传谕："昨以内大臣高斌，前在南河懋著劳绩，特颁恩谕，令与靳辅、齐苏勒、嵇曾筠一同祠祀。更念有明一代治河之臣，最著者惟陈瑄、潘季驯二人。而季驯之功，实优于瑄。运道民生，至今攸赖。今清江之湄，瑄有专祠，季驯独不列祀典，朕甚悯焉。其以潘季驯与陈瑄并祀，有司春秋致祭，用昭崇德报功之典。"

另将高斌同时列入京师（今北京市）"贤良祠"，算是给高斌彻底恢复了名誉。

十九、刘统勋与铜山堵口

刘统勋，山东诸城人。祖籍江苏砀山。避元朝乱，移家山东省。至清初，已二三百年。他并非徐州地方官，却在徐州留下了治水的足迹与功绩。从朝廷说，这是信任；从徐州地方说，这是缘分。

刘统勋曾任漕运总督（驻淮安），其子刘墉曾任江苏学政（驻江宁），父子二人都是清中期大名鼎鼎的清官廉吏。他们与徐州结缘，一个因为"治水"，一个因为"兴学"。

康熙五十六年（1717）刘统勋中举，雍正二年（1724）进士及第，授翰林院庶吉士、编修，历任南书房行走、上书房行走和詹事等职务，乾隆元年（1736），升任内阁学士。看这架势，分明是"文官之路"。未料同一年，乾隆皇帝命他跟随大学士嵇曾筠到浙江学习海塘工程和治水之法。翌年（1737），即便在升任其为刑部侍郎（正三品）之后，仍然命他留在浙江继续工作，乾隆三年返还京城。

乾隆四年（1739），刘统勋因母亲病逝而丁忧。乾隆六年（1741），刘统勋守孝期满，被任命为都察院左都御史，负责监察朝廷官员言行。因上疏参奏大学士张廷玉和尚书讷亲而名闻朝野。担任都察院左都御史，看起来是"监察之官"，而潜在的趋势则是"河督""漕督"之官——前文已有交代，明清两代的"河督"一般都是由"都察院"的"右都御史"们兼任的，这一身份，因为有监察、执法之权，所以利于在抓水利时令行禁止。

乾隆十一年（1746），刘统勋出任漕运总督，开启了真正督修河道、治理水患之路。乾隆十三年（1748），刘统勋与大学士高斌巡查山东赈灾情况，并顺便勘察河道。高斌革职后，乾隆帝命策楞暂行署理南河河道总督印务。从经历看，刘统勋与高斌似有交集，但看其查勘高斌治下的南河亏欠事，并未徇私。这让乾隆帝增加了对他的信任。因而，到了当年九月河决铜山张家马路时，乾隆帝第一个想到了刘统勋。

张家马路河决引发的腐败案，上节已讲，今不赘述。河决，怎么堵？由谁堵？乾隆皇帝以两江总督尹继善督理南河，遣尚书舒赫德偕白锺山驰赴协理。但乾隆帝也很清楚，策楞虽署理南河河道总督，但"以河工非所习，改授两广总督"。在领导缺位的情况下，刘统勋临危受命，亲自驻守铜山张家马路，监督塞河，直到十二月工程告结。

一位身任漕运总督的二品大员，在铜山一住三个月（九月至十二月），就为堵住一处决口，封疆大吏的责任心，可以纠正许多历史偏见。在刘统勋指导堵口的同时，朝廷征求治理黄河的意见。独有吏部尚书孙嘉淦提出了重新将黄河引入入清河（济水）而入渤海的建言："自顺、康以来，河决北岸十之九。北岸决，溃运者半，不溃者半。凡其溃道，皆由大清河入海者也。盖大清河东南皆泰山基脚，其道旦古不坏，亦不迁移。前南北分流时，已受河之半。及张秋溃决，且受河之全，未闻有冲城郭淹人民之事，则此河之有利无害，已足征矣。今铜山决口不能收功，上下两江二三十州县之积水不能消涸，故臣言开减河也。上游减则下游微，决口易塞，积水早消。但河流湍急，设开减河而夺溜以出，不可不防，故臣言减入大清河也。现开减河数处，皆距大清河不远。计大清河所经，只东阿、济阳、滨州、利津四五州县，即有漫溢，不过偏灾，忍四五州县之偏灾，可减两江二三十州县之积水，并解淮、扬两府之急难，此其利害轻重，不待智者而后知也。减河开后，经两三州县境，或有漫溢，筑土埂以御之，一入大清河，则河身深广，两岸堵筑处甚少，计费不过一二十万，而所省下游决口之工费，赈济之钱米，至少一二百万，此其得失多寡，亦不待智者而后知也。计无便于此者。"（《清史稿·河渠志》）"上虑形势隔碍，不能用。"

本书之所以将孙嘉淦的建言录入，一是因为该建言是因铜山决口而引发，二是这番建言具有"百年先兆"的智慧。咸丰五年（1855），黄河决东坝头，改道北流，正好验证了孙嘉淦的判断。

"自铜山塞后，月堤内积水尚深七八尺至丈八九尺。上命于引河兜水坝南再开引河分溜，使新工不受冲激。"当然，这是刘统勋铜山张家马路堵口的后续工程。

到了乾隆二十一年（1756）秋天，黄河决口于铜山孙家集（在今铜山刘集镇），不久，决口堵塞。

《清史稿·河渠志》对孙家集决口的记载，仅一笔带过："二十一年，决孙家集，随塞。"

其实，此次决口对徐州的影响，尤其是对京杭运河徐州段的影响，几乎是"毁灭性"的。京杭运河不走徐州城区，就是因为这次"孙家集决口"。

同治《徐州府志》引康基田《河渠纪闻》载："铜山北岸孙家集河水漫溢掣溜，灌入微山湖，下及荆山桥河，铜、邳、宿、桃、海、沭诸州县被淹。"

而在孙家集决口时，南河总督富勒赫并未"将情形据实入告，不过含糊具奏"。因而《清史稿·河渠志》及《清高宗实录》对此次决口均语焉不详，甚至连决口的时间都没有确指。

倒是一个与徐州毫无瓜葛的人——乾隆元年状元金德瑛，在主持江西乡试回京时，路过徐州，目睹了孙家集黄河决口，至京，将所见所闻面陈于乾隆皇帝。《清史稿》列传九十二《金德瑛传》载："二十一年，迁礼部侍郎，充江西乡试考官。使还，经徐州，时河决孙家集，微山湖暴涨，入运河，江南、山东连壤诸州县被水。德瑛谘访形势，入陈於上前，上嘉德瑛诚实不欺。旋命尚书刘统勋董治疏筑。"

关于黄河在孙家集决口的水灾影响，我们还可以借助如下"旁证"：

一是《清史稿·李清时传》："二十六年，河决孙家集，运河由夏镇至南阳两堤俱溃，清时督修筑。"此"二十六年"当为"二十一年"之误。从夏镇至南阳间运河"两堤俱溃"，可以知道此次洪水从铜山孙家集向微山湖漫流及淤积的情况。另一束资料则见《钦定南巡盛典》卷三十五所载：署山东巡抚杨应琚奏：荆山桥河身淤浅，出水甚少，以至滕、峄等县积水难以宣泄；东河总督白锺山等奏称：济宁迤南，积水未消。请疏浚下游茅村河、荆山桥之彭家河以及猫儿窝垫高处所等……

杨、白二人，都在"南河"系统之外，却感受了"南河"范畴的"孙家集决口"所带来的影响，可见灾害之重。

如果还原孙家集决口的洪水走向，基本上是从西向东，以扇面形态横切徐州段（九里山以北）京杭运河。水过沙沉，大运河自然是一次性淤平；而作为京杭运河补水支流的不牢河，大部分（西段）河床亦随之淤高，致使其上的荆山桥"出水甚少"。

决口时间，有资料说在乾隆二十一年七月。推断依据或是：金德瑛主持江西乡试在六月，乡试毕，即回京，七月正好路过徐州。在目睹徐州孙家集洪水后，金德瑛写诗一首，以记见闻。这首诗的重要，即在它是反映孙家集决口的唯一"诗证"。诗题为《登云龙山见黄河北徙》：

> 云龙头角孤岧峣，众山青翠来相朝。
> 黄河猛迅山亦避，独缺西面容滔滔。
> 嵩室汴洛二千里，郁郁气象连平皋。
> 亭中宾主去已古，尚许陈迹观瞻豪。
> 彭城以河作地险，一曲东注天然濠。
> 惜数万户处釜底，恃蚁弗穴金堤牢。
> 今秋下瞩诧异事，可厉可揭才容刀。
> 始知上游孙家集，一夜啮决崩洪涛。
> 北山点点类洲沚，田庐多在银盘坳。
> 清河水道被横截，逆入充济咸浮飘。
> 哀彼征鸿陷中泽，羨尔逸鹤翔空霄。
> 古者治河不治运，纵令游演存宽饶。
> 今须俯首趋一线，甘受约束随吾曹。
> 自南自北两俱病，顾淮顾运功加劳。
> 薪刍木石日增垒，但有淤垫无疏淘。
> 逢霖未免辄涨溢，经霜不放积潦消。
> 当官隐讳冀苟免，涓涓弗塞匪崇朝。

不然怀柔百神日，胡独河伯逞其骄。

　　俯仰谣询动悱恻，岂为闰九重题糕。

　　明朝驿骑直北去，临流更验荆山桥。

　　从"俯仰谣询动悱恻,岂为闰九重题糕"句，好像又是写在"闰九月"。查阅《清高宗实录》,当年闰九月庚子（初五）,乾隆帝曾发谕旨："谕军机大臣等：白锺山等奏'因金乡等处被水，请将黄河无堤之处，设法堵截'一折。看来事属难行。黄河至江南徐郡铜山境内,河身窄狭之处,向来北岸,原未设有堤防。今秋因河水盛涨,下游宣泄不及,溢出过多,致金乡等处被水……"谕旨所谓"今秋因河水盛涨……溢出过多"，说的就该是孙家集决口吧。

　　黄河于孙家集决口，漫淤微山湖，淤塞大运河，灾发一地，其影响不但跨山东、江南两省，而且因阻断漕运而波及全国。所以，孙家集的堵口工程，亦不再是"铜山工程""徐州工程"，而升格为"国家工程"。

　　几乎是第一时间，乾隆帝组建了孙家集堵口工程的"领导班子"：乾隆二十一年闰九月乙卯（二十日）,"谕江南山东交界地方，黄河工程现有应需疏浚修筑之处，著尚书刘统勋驰驿前往，会同总河富勒赫、白钟山相度情形，一面奏闻，一面办理；河标副将朱一智，著刘统勋带往工所，差遣委用"。

　　至十月壬申（初八），乾隆帝又发谕旨："从前富勒赫学习河务时，参奏南河积弊，尚似能实心任事。朕冀其有剔弊厘奸之能，是以即令署理河督。乃年来所办诸事，不过寻常供职，漫无实在整顿。即如孙家集地方，向来不设堤工，留为减泄黄水盛涨，冬令复行堵筑，历年俱如此办理。乃去岁旁溢之处，渐露河槽，富勒赫并不先事预防；及今秋，水势冲漫，大溜渐移，亦未将情形据实入告，不过含糊具奏。现据刘统勋参奏，交部严加议处。若仍留总河之任，于河防重务，恐有贻误。富勒赫著来京候旨。其河道总督员缺，著爱必达补授；山东巡抚员缺，著鹤年调补；广东巡抚员缺，著周人骥署理。周人骥著来京陛见，即行赴任。鹤年现在奏请陛见，俟来京后，再赴新任。爱必达俟鹤年到任后，来京请训，再赴河道总督之任。爱必达未到任之先，刘统勋著暂行署理河道总督事务。"

　　二十天内，这"领导班子"就有所调整：先是由南河总督富勒赫、东河总督白钟山和刑部尚书刘统勋三人组成；后南河总督富勒赫革职，改由山东巡抚事爱必达补授南河总督，而在爱必达赴任前，由刘统勋暂行署理河道总督事务。在名分上，仍然是"三人小组"。

　　在铜山孙家集工地，集中了三个朝廷的二品大员，其规格之高，史无前例。

关于刘统勋的任命，出人意外而又入人意中。自上年腊月堵塞了张家马路决口，刘统勋即回漕运总督任。至乾隆二十一年六月十六日，刑部尚书汪由敦调补工部尚书，其刑部尚书员缺，即由刘统勋补授。刘统勋未到之前，汪由敦仍办刑部尚书事。八月壬寅（初六），顺天乡试开考。以户部左侍郎兼管府尹事刘纶、府尹陈兆仑为监临官，以刑部尚书刘统勋为正考官，刑部右侍郎蔡新为副考官。

未料顺天乡试刚结束，刘统勋就被派往徐州。事隔一年，两下徐州，且都是堵塞黄河决口，刘统勋与徐州的缘分又何止是"水利之缘"呢？

在十月初八那天，乾隆帝还向署理两江总督的尹继善发一谕旨："尹继善着实授两江总督。爱必达新任河督，于全河形势，一切修防，恐未谙练，尹继善仍著兼管河道事务。"这就等于在"三人小组"外，再加一个帮手。

十月丁丑（十三日），乾隆帝又发两道谕旨。

一谕曰："昨据爱必达奏办河工秸料，现委阿尔泰驰赴督催等语。孙家集工程，需料孔亟，自应大员督率。今爱必达已补授河道总督，该处堵筑，即系伊分内之事。若俟到任后方行前往，则鹤年来京，尚需时日。可传谕爱必达，即亲身督理山东料物，前赴工所；亦可与刘统勋面商河工一切事宜；于明岁修防等务，亦得早为熟悉。所有现在堵筑之处，尤当上紧督理，勿致稍有迟滞。俾漫水消涸，不误春耕。于山东、江南两省农事，所关甚巨，可速行传谕知之。"

再谕曰："前因孙家集地方，有堵筑工程。所需秸料，传谕图勒炳阿（河南巡抚）等，即速照刘统勋移咨，克期运送。并将起运若干，未运若干，即行奏闻。何以尚未奏到？黄河工程，关系紧要，现今需料甚急。图勒炳阿当亲往督催料理，勿致属员任意耽延，稍有迟误。并将现在办运情形，速行奏闻，可传谕知之。"

这两道谕旨传达的信息，有两点值得今人思考：其一，孙家集工地用料，是跨省供应的——至少有山东、河南和江南三省；其二，工程调度，是乾隆帝亲自安排掌控的。因而可以说：孙家集堵口工程又是一项"帝王工程"。

在上述背景下，刘统勋坐镇徐州，指挥孙家集堵口，自然一呼百应。至十月二十九日，孙家集堵闭合龙，河流顺轨。下游田地亦渐渐消涸，估计不会误明年春耕了。乾隆帝下旨称："甚属可嘉。刘统勋、白钟山俱交部议叙；其在工员弁，著该署督等，查明奏闻，交部议叙。"

第二年，即乾隆二十二年（1757）四月四日至六日，乾隆帝巡幸徐州。

四月初四日，乾隆帝颁发谕旨曰："河工为运道民生所系，朕宵旰忧勤，时深廑念兹者，翠华南幸，于高堰清口及徐州等处工程，亲临阅视，并与司河务诸臣详加筹酌。现今……黄河至徐州渐窄，北岸苏家山一带，又复迫束大溜，近城石坝，诚为最要。从前已有者，应加帮以培其势；从前所无者，应接筑以重其防。着尚书刘统勋率该道王鸿勋（曾任分巡曹东河道、改衔督理山东通省河道按察司副使）、钱度（时任江安督粮道、河库道）善为经理，加意督催，务于伏汛前竣工，以资预防。而备料集事，尹继善亦不得辞其责……"

照此分工，还特派侍郎梦麟同总河白锺山疏浚荆山桥一带；派总河张师载、安徽巡抚高晋协办徐州府黄河两岸堤工。看其形势，刘统勋于徐州石堤工程外，似乎还负有协调之责。

哪知，次日（丙寅）就有了调整。当天，云南巡抚郭一裕参劾云贵总督恒文贪污败检折送达，乾隆帝随即派尚书刘统勋"驰驿前往，会同贵州巡抚定长，秉公严审"。所以徐州石堤工程就由副都御史德尔敏接办。"令其驰驿迎至行在，面领训谕，即赴工次。"到了九月十八日（丁未）刘统勋再次受命，到山东、江南会同河臣，办理浚筑之事。

仅石堤一项，在乾隆九年所修徐属黄河两岸石工的基础上，这一年又增筑了徐城东西二门外石堤一千五百六十五丈，约合今五千二百多米，护佑徐州城十万生灵在有清一朝免遭灌城之灾。

大堤巍巍，坚不可摧，所以徐州人称城郊的黄河为"铁底铜帮"。而今，这些石堤虽然荡然无存，但是富有良知的人们依然记住了乾隆皇帝、刘统勋和德尔敏的名字。

二十、尹继善治苏兼及河务并升徐州为"府"

徐州之"州"，明代及清初，一为国家二级区划的省"直隶州"；一为国家三级区划的县级散州"徐州"，相当于古代的彭城县。至清初，江南省"直隶州"徐州，下辖散州"徐州"、丰、沛、萧、砀，共一州四县。

到雍正十一年（1733），徐州升"州"为"府"，徐州府在原辖五县的基础上，增辖睢宁、邳州和宿迁三州县，散州之徐州改称"铜山县"，成辖区八县格局。

因为是雍正年间升"州"为"府"，所以人们都将徐州的升格归功于雍正帝。从终极审批的角度看，自然离不开雍正皇帝；而原始的动议或实际的操作，则应归功于两江总督尹继善。

尹继善（1695—1771），章佳氏，字元长，号望山，满洲镶黄旗人，清朝大臣，东阁大学士兼兵部尚书尹泰之子。雍正元年（1723）进士，历官编修、云南、川陕、两江总督，文华殿大学士兼翰林院掌院学士，协理河务，参赞军务。有《尹文端公诗集》10 卷，曾参修《江南通志》。

在清中期的官吏中，尹继善可能是在江苏任职最长的人了。

请看他如下的"江苏经历"：雍正六年（1728），命署广东按察使的尹继善协理江南河务，这是尹继善与江南结缘之始；这年，尹继善三十四岁。雍正六年至雍正七年，尹继善署理江苏巡抚（苏州巡抚），雍正七年至雍正九年，实授江苏巡抚（苏州巡抚），同时署理江南河道总督；雍正九年至雍正十年，署理两江总督，雍正十年（协办）江宁将军，同时总理且兼管两淮盐政；乾隆八年至乾隆十年，再署理两江总督，乾隆十三年兼理江苏巡抚，乾隆十九年署理江苏巡抚，乾隆十八年至乾隆二十二年，兼署江南河道总督，乾隆十九年至乾隆二十一年兼署两江总督，乾隆二十一年至乾隆二十九年任两江总督，乾隆二十九年至乾隆三十年，兼管两江总督。

前前后后，反反复复，从 1728 年到 1765 年，近四十年的江苏生涯，尹继善基本都处在封疆大吏的高度，左右着江苏百姓的命运。

必须说明的是：雍正七年之前，"河道总督"为专设，驻江南清江（淮安），到雍正七年，改"河道总督"为"江南河道总督"，仍驻清江，以孔毓珣为首任江南河道总督；省"副总河"，任命曾筠为"山东河道总督"，驻济宁。雍正八年，孔毓珣卒，调稽曾筠为江南河道总督，让河南巡抚田文镜兼署山东河道总督。"江南河道总督"省称:督"南河"；"山东河道总督"省称:督"东河"。其实这"东河"的权限不止"山东"，河南省境内的黄河，亦属"东河"管辖。

在这"江苏巡抚""南河总督""两江总督"的位置上，徐州府的黄河事、运河事、军旅事、地方事，几乎都会有尹继善决策的成分。如雍正七年（1729）二月，实授尹继善为江苏巡抚，署江南河道总督。当月，朝廷即"豁免江南沛县水沉田地额赋银三千二百七十两有奇"。谕旨后特注明："从江苏巡抚尹继善请也。"

雍正七年十一月，诏："改江南漕标徐州营副将一员，守备二员，千总二员，把总四员，兼辖萧营守备一员，把总一员，兵一千名；宿迁营游击一员，守备一员，千总二员，把总四员，兵六百九十三名，归江南河标管辖。"此诏亦注明："从署江南河道总督尹继善请也。"

从这一民生、一军旅的两件事，就可以看到尹继善正在用他的"行政管理权"和"河务管理权"施加着对徐州的有效管控。

雍正七年十二月，雍正帝传谕内阁："据署山东巡抚费金吾等折奏疏，浚山东济宁嘉祥等县及江南沛县徐州等处水道，使归宿于海，则山东、江南二省历来被水州县，皆成乐土。朕思此项工程，既于民生大有裨益，则举行不宜稽迟。应先期派出官员前往，专司督修之事，以便备办物料，早动工程……一切办理机宜，悉听田文镜、嵇曾筠、孔毓珣、尹继善筹划调度。"这是尹继善介入徐州具体河务的发端。

第二年夏四月，东河总督田文镜折奏："豫省各处河渠以及旁流支派，共计二百七十余道，群趋竞赴于淮，皆有助清敌黄之力，必一律深通，方能合流奏效。"看罢田文镜提议，雍正帝也认为上下游一体疏通，有利于制黄而顺轨，但对"淮河能否容纳？于高堰堤工有无妨碍？"还是拿不准，所以"著将田文镜奏折抄录发与嵇曾筠、尹继善会同，悉心酌议"。

到了雍正九年（1731）三月，工部议覆："江南河道总督嵇曾筠会同巡抚尹继善疏言：江南黄运两河工程，关系运道民生。设官分职，必须因地制宜，随时通变。请将宿桃中河通判，改为宿迁运河通判。安清中河通判，改为桃源安清中河通判。其海防同知，应移驻童家营，改为分管山安南岸河务海防同知；江防同知，改为杨河江防同知并添设童家营巡检一员，把总一员。均应如所请。"尹继善的这次上疏，将一"运河通判"的机构安置在宿迁，等于提升了宿迁在黄运治理中的地位。

雍正十年（1732）十一月，加两江总督尹继善兵部尚书衔。在雍正十一年三月，尹继善筹划并促成了徐州由"州"向"府"的升格。

据《清世宗实录》："雍正十一年三月癸巳（4月25日），吏部议覆：原署两江总督尹继善，疏奏改设府县事宜。一、江苏直隶徐州，改为徐州府。设知府一员，附郭增置一县，设知县一员，与原辖之丰、沛、萧、砀四县及邳州、睢宁、宿迁三州县，俱归府辖。改淮安府分驻徐州之河务同知，为徐州府河务同知，添设粮盐捕通判一员，经历一员，改徐州原设之盐捕河务州同，为新县粮河县丞，吏目为典史，南岸州判为南岸主簿，北岸州判为北岸主簿，改州学正为府教授，以徐州原设之训导，改管新县学。一、凤阳府属之寿州，请分置一县，设知县一员，典史一员，以寿州原设之训导分管县学。并添设定远县属池河驿巡检一员。均应如所请。从之。"

寻定徐州附郭县曰"铜山"；寿州分设县曰"凤台"。

徐州之升"州"为"府"、由州辖五县到府辖八县及"铜山"之得名（原称"彭城"），这都是尹继善的功劳。

作为一个省的行政长官，兼管河务、军务（两江总督之本职），大事忠君，小事爱民，尹继善都兢兢业业，不敢怠慢。待乾隆帝登基后，尹继善更增加了几分谨慎。

清·昭连《啸亭杂录·尹文端公》载："公屡任中外，先后督两江几三十年，民相与父驯子伏，每闻公来，老幼奔呼相贺。公亦视江南为故乡，渡黄河辄心开，不侵官，不矫俗，不蓄怨，不通苞苴，严肃僚从，所莅肃然。将有张施，必集监司下属曰：'我意如此，诸君必驳我；我解说，则再驳之；使万无可驳而后可行，勿以总督语有所因循也。'以故，公行鲜有败事。所理大狱，雍正间江苏积欠四百余万，乾隆间卢鲁生伪稿及各省邪教等案，皆株连万千，而公部居别白，除苛解娆，不妄戮一人，人皆服之。公清谈干云，而尤长奏对。宪皇帝（雍正帝）尝告公曰：'汝知督抚中当学者乎！李卫、田文镜、鄂尔泰是矣。'公应声曰：'李卫，臣学其勇，不学其粗；田文镜，臣学其勤，不学其刻；鄂尔泰，大局好，宜学处多，然臣不学其愎也。'其敏捷也若此。"

另，民国时期陈邦贤撰《自勉斋随笔》，内有《一个月里同时掌九颗印》一节文字：

前清有一位封疆大臣，叫作尹继善，字元长，号望山，满洲镶黄旗人。他是雍正六年的进士，改庶吉士，散馆，授编修。他做过八任总督，一任是云贵总督，三任是川陕总督，四任是两江总督，尤其是在两江的时间最久，先后三十余年。他还有一件奇事，就是在一个月之内，兼摄将军、提督、巡抚、河督、漕督、盐政、上下两江学政等官，总共掌九颗印。他以汲引人才为务，遇事镜烛犀破，八面莹澈。他在簿书充斥的时候，随时批判，案无留牍。不但这样，并且尝和诸生论文课。听到的人没有不惊奇佩服的！清世宗尝有《怀旧》的诗说道："八旗读书人，假借词林授。然以染汉习，率多忘世旧。问以弓马事，曰我读书秀。及至问文章，曰我旗人胄。两歧失进退，故鲜大成就。自开国至今，任事奏绩茂。若辈一二耳，其余率贸贸。继善为巨擘，亦赖训迪诱。八年至总督，异数谁能遘。政事既明练，性情复温厚。所至皆妥帖，自是福量辏。前诗略如白，唱和亦颇富。独爱驰驿喻，知寓意不留。"也可见清廷之倚重了。

从进士及第，"八年至总督"，且能被雍正皇帝夸为"巨擘"，可见尹继善之优秀。

不可忽略的细事还有徐州乾隆行宫的选址、建造，亦尹继善所为。帝王已去，行宫尚存，一砖一瓦，都在提醒后人：唯利在百姓，时能功在历史。

乾隆帝南巡，第一次临幸徐州，所有的迎、送、巡察、接待等，均为尹继善安排。乾隆帝走后，尹继善又在徐州统筹荆山桥段河流疏浚、徐州黄河大堤加筑及徐州护城石堤修建等工程的"备料集事"工作。两江总督在徐州担负水利工程的总后勤，这是尹继善的功德之任。

二十一、邵大业与"苏堤"重修

在徐州，有一条苏堤路。"苏堤路"是在原"苏堤"上加修的。"堤"变为"路"的时间，算来也只有三四十年吧。

称"苏堤"，起源于苏轼。熙宁十年（1077）秋，黄河于濮阳曹村决口，洪水东下南进，围困徐州。徐州知州苏轼，"率其徒持畚锸以出，筑东南长堤，首起戏马台，尾属于城"。徐州人为纪念苏轼，后将此"东南长堤"命名为"苏堤"。

而苏轼选在此处筑堤，又是有其前鉴的，此即王贻永筑堤。

据《宋史》王贻永传："拜洺州团练使，徙徐州。河决滑州，徐大水，贻永作堤城南以御之。""河决滑州"，当指宋真宗天禧三年的那次决口。

查《宋史·河渠志》："天禧三年（1019）六月乙未夜，滑州河溢城西北天台山旁，俄复溃于城西南，岸摧七百步，漫溢州城，历澶、濮、曹、郓，注梁山泊；又合清水、古汴渠东入于淮，州邑罹患者三十二。即遣使赋诸州薪石、楗橛、芟竹之数千六百万，发兵夫九万人治之。四年二月，河塞，群臣入贺，上亲为文，刻石纪功。"

这次洪水的走向，与五十多年后苏轼遭遇的洪水相同，即先由滑州东行，再于梁山泊分南北二支，北支从大清河（济水）入渤海；南支循泗水，经济宁、沛县南下，在徐州城东北角与古汴水汇合，复继续南下。在这种形势下，徐州城的防洪重点当是城东与城北，因而从徐州城东南角、基本循河堤外侧方向筑堤，是防止洪水围城的最优选择。"东南"是指"堤"起于城市的"东南角"，向西南延伸，至"南山"（户部山）止，故其总的方位，仍在"城南"。因而，"贻永作堤城南"的记载，与苏轼之"东南长堤"，基本在同一空间；王贻永所作"城南"之"堤"，估计即苏轼"东南长堤"之前身。或者说，苏轼筑堤，原本就是"堤上加堤"。

明嘉靖《徐州志·山川·苏堤》有载："宋苏轼守徐时，河决为患，因筑以障城，自城属于台，长二里许，民赖以全，活者众，今尚存。"此"苏堤"在明朝天启四年（1624）的大水中被毁，至清末全部湮没。

"苏堤"不再，遗迹尚存，所以乾隆皇帝巡幸徐州时，眺望山河，仍然写下《苏堤》一诗："通守彭城问昔年，长堤亦得号髯仙。涨波未到麦芒绿，绝胜西湖巷柳妍。"

现存"苏堤"，留"苏堤"之名，其实并非苏轼所筑，而且位置也有挪移。此"苏堤"从徐州云龙山黄茅岗起，向西北延伸，至西关栅栏门旧址（今徐州儿童医院附近），再与黄河故道南大堤相衔接，全长约2800米。

非苏轼所筑，为何却有"苏堤"之名呢？这与一个人相关。此人即徐州知府邵大业。

邵大业于乾隆二十六年（1761）冬，赴徐州知府任。赴任之初，已经得知明年春天乾隆帝还要再临徐州、再看河工，于是他便产生了重修"苏堤"的念想。可能是条件不具备，因而当翌年（1762）春四月乾隆帝再次临幸徐州时，邵大业的"苏堤规划"仍然没有启动。

送走皇上，邵大业开始为修筑苏堤做准备。而真正施工，则在乾隆二十八年。对此，邵大业《重修徐州府苏堤碑记》有详细记载：

——"徐城之西有堤焉，起云龙山黄茅冈，至西关而止。长六百余丈，废坏不治，世传为宋苏文公所筑以御黄者，因名苏堤。"

"碑记"介绍了该堤的走向、长度，并交代在他上任前，此堤即被徐州人称为"苏堤"。

——"大业于是冬奉檄摄郡事，莅之日，访察利弊，则咸谓业曰：徐莫先于河患，河莫亟于城西。往者河水骤至西堤，韩家山、奶奶庙等埽工危险特甚，赖石健巩固无患。而居人皇皇者久之。业闻而心悸焉。"

"碑记"交代了重修"苏堤"是人心所向、人心所盼。

——"苏堤在埽工月坝之内，不濒河，初若无用，然周审形势，河三面绕城，其东、北二门循轨直下，迅急无碍。韩家山、奶奶庙当西北苏山之冲，中流激怒，一折而南，全河奔注，势若帆马，而孤城在肘腋之间，能勿懔懔！当此之际，作万一不虞之策，谋其未然，遏其旁溢，为万堞保障，诚无逾此堤者，顾可听其废坏不治哉！"

"碑记"分析徐州城"防洪"形势及重修"苏堤"所具有的"谋其未然"的意义。

——"癸未春，大中丞庄公临莅环视，获如请，乃饬吏相度测水平，视高下，卑者崇之，薄者厚之，旧址湮没者撤民居而新之。请于上，得闲款若干；谋之铜人，得夫力若干；更旁求别邑之好义者，得金若干。南起于云龙，北迄于月堤，中建石闸，以泄石狗湖之水入于奎河。众志既协，通力合作，不两月而工成。"

"碑记"记录了修堤经过。特意点明，重修"苏堤"还是请示了"大中丞庄公"即现任的江苏巡抚庄有恭。庄氏，状元及第。前一年才刚刚从贬谪中走出，开始了他的第三任"江苏巡抚"生涯。穿越了生死关，他似乎对苏轼也多了一份理解。

邵大业重修"苏堤"，纪念的意义有，但主要目的还是"抗洪保城"。

邵大业（1710—1771），字在中，顺天大兴人，旧籍浙江余姚。雍正十一年进士，乾隆元年，授湖北黄陂知县。

据《清史稿》本传："初到官，投讼牒者坌至，不移晷，决遣立尽。吏人一见问姓名，后无不识，众莫敢弄以事。有兄弟争产讼，皆颁白，貌相类。令以镜镜面，问曰：'类乎？'曰：'类。'则进与为家人语曰：'吾新丧弟，独不得如尔两人白首相保也。'二人感动罢去。蛟水坏城，当坏处立，誓以殉，水骤止，拯溺哺饥，完堤岸，民得免患。总督以其名上闻，会父忧去。"这故事颇有喜剧性，现身说法，化解兄弟矛盾，真是以情服人！此事被民国陈邦贤录入其《自勉斋随笔》，标题为《兄弟争产》：

前清有邵大业者，字在中，顺天大兴人。雍正十一年进士，乾隆元年授湖北黄陂县知县。初到任时，告状的有数百人之多，他随时把它一一地判决。有兄弟二人争产，都年已颁白，容貌极相类似。大业教他们各照镜子，照的时候问他们："你们的容貌是不是相类似呢？"他们两人答道："是相类似。"大业便告诉他们，他新丧弟，要求有这样的现象还不可得呢！言毕，唏嘘不止。那争产的兄弟二人大为感动，便相视涕泣罢去。

因为邵大业居官爱民，所以曾因此而降职："寻摄布政使事，大吏交章荐。十六年，高宗南巡，御舟左右挽行，名'虾须纤'。大业语从臣，除道增纤必病民，非所以宣上德意，遂改单纤。然大业卒因左迁。"这"虾须纤"，即在河两岸拉纤，两边纤绳形如"虾须"。邵大业的天真，是将乾隆帝南巡的御舟也改成"单纤"。为此"左迁"，可谓咎由自取啊！

关于在徐州政绩，"传"载："二十八年，授徐州知府，府城三面濒黄河，西北隅尤当冲，虽有重堤，恃韩家山埽为固。大业按视得苏公旧堤，起城西云龙山，迄城北月堤，长三里，湮为民居，复其旧。越岁，韩家山埽几溃，民恃此堤以无恐。复濬荆山桥河，于水利宣泄，规画尽善。治徐七年，间有水患，不病民。三十四年，坐妖匪割辫事罢职，谪戍军台，数年卒。"

七年清知府，八县留美名。作为一名文人，邵大业的诗写得极好，其《次韵童二树登云龙山》写道：

千尺玲珑暮霭横，彭门风月许谁争。
高亭尚有苏张迹，胜地空传楚汉名。
双屐蹑云看鹤影，一筇依日送河声。
莫因往事成惆怅，且听山人作凤鸣。

其《拔剑泉》诗曰：

策马来寻拔剑泉，汉皇遗迹尚森然。
一泓暗泻碧峰外，百丈晴拖绿树边。

溜响消残龙战气，芒寒微动灞陵烟。

鸿沟寂寞乌江冷，不信清流此地偏。

而他最有气魄的徐州诗作还是《徐州》：

龙吟虎啸帝王州，旧是东南最上游。

青嶂四围迎面起，黄河千折挟城流。

炊烟历乱人归市，杯酒苍茫客倚楼。

多少英雄谈笑尽，树头一片夕阳浮。

邵大业以勤政清廉入《清史稿·循吏传》，身后有《谦受堂集》行世。

二十二、康基田与徐州堵口

康基田（1728—1813），字仲耕，号茂园，山西兴县人。乾隆二十二年（1757）进士，授江苏新阳知县，调昭文。为县令几十年，迁广东潮州通判，累迁河南河北道，调江南淮徐道，治河有声。五十二年得擢江苏按察使。乾隆帝命其每年大汛，即赴淮、徐襄助河务。六月，河南睢州河溢，基田奉檄驰往堵筑。次年，迁江宁布政使，兼河务如故。五十四年，临时署理江南河道总督，新河督到任后，他即回布政使任。六月，又防汛于睢南，适逢徐州睢宁周家楼河溢，基田协助南河总督堵口成功，诏嘉恩赉。五十五年，护理安徽巡抚。因事革职逮问，遣戍伊犁。不久，许其赎罪，以南河同知用。五十六年，仍授淮徐道。五十九年，力守徐州丰汛曲家庄堤，擢江苏按察使，调往山东，仍兼黄、运两河事。

最奇怪的是，康基田两次人生起飞，都是因为在徐州治河有功。所以，徐州是康基田的"福地"。

乾隆五十四年（1789）二月甲寅（二十七日），乾隆皇帝对河臣做了一次调整：让河东河道总督兰第锡调补江南河道总督，让南河总督李奉翰调补为河东河道总督，而在兰第锡到任前，则让江宁布政使康基田驰往清江，暂时署理南河总督，李奉翰必须俟康基田接署后，才能起程赴济宁就河东河道总督任；待兰第锡到了清江，康基田再回江宁本任。因为是平级调动，所以他们几人都不必进京面圣。

"署理南河总督"，也算一次升迁吧！

到了六月，黄河沿线屡屡传来警讯。先是六月初十传来河南兰仪、江南睢宁等处河岸"卑矬蛰陷"的消息，抢修之外，是河臣们"亲赴河神庙敬谨拈香"。

六月十九日，两江总督书麟（应有兰第锡）等上奏，睢宁南岸周家楼，又有漫塌堤工之事，请朝廷派谙习河务者前往相助。原来，自"黄河自六月初旬以后，水势叠涨，大溜汹涌异常。初九夜间，狂风骤雨。阵水拥溜，高起数尺。睢宁县南岸周家楼、无工处水漫过堤。抢护不及，致将堤身刷开。口门已宽一百余丈。水深四丈以外。大河溜势，已有一半分趋入口"。

据六月二十四日书麟等奏："自六月十三日起，大河水势渐消。漫口两头，势渐平缓。现赶紧盘护，不令再塌。细量口门，计宽二百三十余丈，大河溜势，仍有五分有余。"

对此奏，乾隆很不满意，大概是他看出督臣、河臣都有故意弱化灾害的意思，所以追问："大河溜势是否不致又多掣动？何时可以兴工堵筑？约计何时可以完竣之处？"

就是在这个时候，康基田受命赴睢宁周家楼协助堵口。

周家楼决口对下游影响巨大。安徽巡抚陈用敷奏：因为周家楼决口，漫溢下注，泗州境之赤山、青阳等堡，田庐间被水淹。江苏巡抚闵鹗元奏：周家楼黄流漫口下注，邳州等处田庐，致有淹没坍塌；桃源、清河等处，村庄淹浸；阜宁县滩水上漾，亦有被淹之处。

身为江南河道总督的兰第锡与身为江宁布政使的康基田，亲临第一线指挥周家楼堵口。口门原宽二百三十余丈，堵口工作则从两边施工。他们察看溜势，下木龙，排巨埽，屯土石，得丈进丈，慎重为之，步步坚实，因而口门日窄一日。至九月初八，"共已做成一百二十丈"；九月十二日，"共筑成一百六十七丈"。复因秋雨稍多，风暴更大，施工更加难，而其加高坝面，镶筑边埽的工作从未停止。据他们上奏：核计工程已有十分之七，其未筑之六十余丈，约两旬内可以堵合。

因为口门越来越小，所以水位抬高，黄河正河的行洪能力亦渐渐提升。兰第锡、康基田上奏称："正河下游。近来日报长水。口门水势抬高。分归正河。东注益速。计坝工合龙时。全河复故。尚易为力。"乾隆帝则加批："不可为满言，慎重为之。"又批："览奏稍慰，伫待佳音。"

唯挑溜得力，进埽平稳，周家楼决口"于十月初三日卯时挂缆合龙"。

闻讯，乾隆帝大喜。"书麟、兰第锡、康基田均著交部议叙，所有在工文武员弁，除疏防之员，功过相抵，毋庸议叙外，其余在事出力者，并著该督等查明，分别等第，咨部议叙。"

康基田因此次治河之功，"诏嘉其奋勉，特加恩赉。五十五年，护理安徽巡抚"。

后因高邮粮胥伪造印串，巡抚闵鹗元被严谴，康基田被褫顶戴，革职逮问，遣戍伊犁，寻许赎罪，以南河同知用。五十六年，仍授淮徐道。等到乾隆五十九年（1794），徐州丰汛曲家庄决堤，康基田力守有方，避免了更多灾害，而被乾隆帝"特诏褒奖，擢江苏按察使"。

事情的经过是：乾隆五十九年秋七月癸卯（十八日），乾隆帝得军机大臣转来两江总督书麟等奏报，称六月二十三至二十九日，因为上游豫省沁、黄并涨，水势有长无消，致使徐州丰北厅属曲家庄地方在六月二十七日过水三十余丈。灾发时，有关河务官员即督率抢筑。到七月初六日，攒堵断流。

实际上，闻讯后，江南省即南河河务两方面的领导者书麟、兰第锡，皆赶往曲家庄漫工现场，督率道、将等，实力抢筑。这才做到"克日断流"。

乾隆帝一高兴，对相关人员"各赏给大荷包一对，小荷包四个，以示奖励"，并申明："统俟秋汛安澜奏报到时，再将该督等，并此次在工出力之道、将及文武员弁，一并交部议叙。"

到了七月二十四日（己酉），乾隆帝接书麟、兰第锡奏，才知江南境徐州丰汛四堡曲家庄漫口过水三十余丈，所以能在十日内抢堵完固，"维时淮徐道康基田，适在萧汛督抢埽工。随即驰往，先行裹护，并连夜集夫，在滩面圈筑越堰。绕过缺口，复将该河督等到工查看。于六堡滩内，就旧有土坝，盘筑草坝，赶紧堵筑，得以攒办完竣。是此事深得康基田之力。若非伊先行赶到圈筑越堰，恐漫口更致塌宽，难以施力。康基田于抵工后，即连夜集夫圈堰，绕过缺口，次第施工。办理甚属可嘉。今运河道罗烇、永定河道乔人杰，均因办理堵筑宣泄事宜，赏给按察使衔。康基田尤应加以恩奖，亦著赏给按察使职衔，用示鼓励"。

或许是康基田及时处置，免除了一场大灾，所以乾隆帝对相关责任人也网开一面："至该河督等于滩水漫堤，未能先事防护，原有应得之咎。姑念抢护出力，克期堵合，不忍再行治罪。所请交部严加议处，俱著加恩宽免。其该管文武员弁应得处分，亦著一体从宽，免其交部。该河督等倍当益加奋勉，督率工员，实力巡防，务期堤埽工程，益臻巩固，以副委任。"

这一年，康基田六十七岁。老骥伏枥，志在千里，徐州山河，见证了他的人生苍黄。

康基田长于书法，在徐州云龙山碑廊存其书法刻石多幅。其现状如下：

一、"天外长风"诗碑，高40厘米，宽85厘米；

二、"堵塞砀山曲家楼□□"刻石，六方，每方高35厘米，宽105厘米；

三、书跋条幅六，每幅高130厘米，宽45厘米。

"天外长风"诗碑刻其自作七律一首，行书。诗谓："大外长风鹤一鸣，洪河万里络山城。荡胸异境凌霄起，放眼荣光接日生。雨露不滋闲草木，风云谁与□升平。文章太守眉山老，蜀客重来一座惊。"落款："丁未春日龙溪太守招引放鹤亭，即席赋此，合河康基田题。"

丁未年，即乾隆五十二年（1787），"丁未春日"如果理解为"春节"，此时，康基田的职务依然是"江南淮徐道"（即以提刑按察使司的"副使"或"佥事"等整饬兵备，因其管理的范围称为"道"，故称"兵备道"），所以他应徐州知府（龙溪太守）之邀，而有此诗之作。据《高宗实录》载，此年二月，"壬戌，谕曰：康基田补授江苏按察使。伊由河南河北道、调任江南淮徐道。于河工事宜，最为谙习，且办事认真，不辞劳瘁。每年伏秋大汛时，仍应令其赴淮徐一带，帮办修防诸务，庶于河工有裨。其本任臬司事件，著交该督抚、或委藩司兼署，或于道员内拣选一员署理。不过数月，俱无不可"。所以，二月之后，他的官署即南移江南省江宁府。

"堵塞砀山曲家楼□□"刻石，记述曲家楼抗洪治水心得。从落款："嘉庆十六年辛未（1811）春朝前一日，合河康基田书，时年八十有四"可知，此为康氏逝世前二年居家时所书。此时，他已不在徐州。或为当时徐州当政者直接拜访康氏得来，进而上石。

书跋条幅刻石，共六方，有行书，有楷书；内容亦互不连贯，似书牍，亦似跋文，可能是题赠之作，被后人摹勒上石。

康基田书法，有清一代，著其名望。包世臣叙次清一代书人为五品、九等，将康基田书法定为"佳品上"二十二人之一。其留徐州书法刻石，自然丰腴，独抒心裁，已达人书俱老之境。

乾隆五十三年（1788），作为淮徐道的康基田主持扩建云龙书院。据王元勋《改葺云龙书院记》载，书院邀请康基田前来授课，授课之余，康基田看到书院规模略小，设施未备，意欲扩建。于是对黄茅岗认真进行实地勘查："今总宪康公观察淮徐政事之暇，日进诸生而训课焉。尝循黄茅岗，升高凝睇，喟然而叹曰：'美哉，洪流内转，群峰外旋。元气蕴藉，其在斯乎？'"

康基田勘定黄茅岗扩建书院事，曾因河防事一度耽搁。次年即与知府等人协商，结果众人"意同议合"，当时"凡官于徐者，罔不踊跃思效，乐见其成"。铜山、邳州等各级官员参与此事，各司其职，共举盛事。有了众人的赞同与襄助，康基田更是尽力，"公乃亲临相度，经体面势，易其方位，占离明，拱北极，狭隘既广，偏陂悉平"。"移四贤祠附之"，作为官员楷模。书院立山门、大门、二门几道重门；建六进院落，北起苏轼石床，南抵大士岩下半山亭。筑讲堂、寝室、课厅、斋房、廊庑等应有尽有。并亲书"云龙书院"四字悬于门楣。"栏盾周匝，垣埔外郭，宏敞深邃，迥异旧观。登堂四望，则群山叠翠，拱揖遥环，德水回波，揽络在抱。河山胜概，无不归我。户庭孕其灵秀，庶几有如古之经生硕儒者兴起而相应乎？"

二十三、黎世序与"五省通衢"坊

黎世序的名字，是徐州人最不该忘记的。徐州庆云桥东侧那座"五省通衢"的牌坊，便是黎世序留给徐州的无价之宝。

黎世序（1772—1824）字景和，号湛溪，初名承德，罗山县人，清嘉庆、道光年间治河名臣。黎世序幼年家贫，嘉庆元年（1796）中进士，同年任江西星子知县，不久调任南昌知县。南昌县境内彭蠡湖（今鄱阳湖）富仓、安乐等圩连年决口，四乡农田常常颗粒无收。黎世序到任后微服简从，实地勘查，了解水情，制订开河、筑圩、泄洪、浚淤方案，带头捐款筑堤。

嘉庆十三年（1808）黎世序任镇江知府。镇江丹阳练湖（旧名"曲阿后湖"）年久失修，积淤成田，汛期即成水患。黎世序依据图籍和民众意见，制订浚淤方案，动工建造三座大闸。工程竣工后，练湖通航，水患减少，淹没区农田开始受益。

嘉庆十六年（1811）黎世序任淮海道员，以"水利官"参与治水。为疏通海口，黎世序力排众议，改开挖新河与修筑长堤以"束水攻沙"，使海口淤积疏浚，河复返故道入于海。据《清仁宗实录》嘉庆十六年秋七月癸卯（二十七日；9月14日）载：

"本年凌汛后，淮海道黎世序即屡次将漫水汕开土山、必致河身淤垫之故，禀明河督陈凤翔，批令俟秋汛后再行筹办等语。"这证明黎世序的治理黄河入海口的策略是得到两江总督百龄和嘉庆皇帝赞赏的。

当年七月，河决徐州邳州绵拐山及萧县李家楼。

李家楼漫口宽至一百零一丈，口门水深达二丈八九尺。外滩已刷成河槽，亦宽一百余丈，水深一丈八九尺不等，夺溜已至八九分——即黄河洪水十之八九都从决口新河，漫流下游。《清仁宗实录》谓："李家楼以下漫水，迂回数百里，四散旁溢。江苏、安徽两省被淹各州县民田庐舍，悉在巨浸之中。"

因为黄河主河道近乎断流，所以睢宁峰山闸之东的黄河河道，淤成平陆者三千余丈。

其时，陈凤翔为南河总督，为堵口，自然是日夜辛劳。

到嘉庆十七年（1812）春黎世序调淮阳道时，"南河"一带仍然是个烂摊子。二月，李家楼漫口塞。不久，南河总督陈凤翔被黜，诏加黎世序三品顶戴，署南河河道总督（三年后，考验称职，始实授）。从这一年，黎世序开始与徐州直接发生关系。

说起陈凤翔的被黜，全是官场矛盾引发的。十七年春，微山湖"礼坝"溃决，两江总督百龄弹劾陈凤翔道："凤翔急开迟闭，坝下冲动，不早亲勘堵筑，用帑二十七万两有奇；而坝工未竣，清水大泄，下河成灾。"嘉庆帝严诏，斥凤翔贻误，革职，罚赔银十万两，荷校两月，遣戍乌鲁木齐。其实，这是无妄之灾。不久，凤翔诉辩，命大学士松筠、府尹初彭龄按讯，得百龄与凤翔同时批准开坝状；凤翔又攻讦百龄信任盐巡道朱尔赓额督办苇荡柴料，捏报邀功事。百龄被遣，凤翔免枷，但是仍赴戍，未行，病殁。

有前车之鉴，黎世序居官更为谨慎、勤勉。

乡居的儿子和一些亲朋故旧闻其升官，欲前往南河总督府谋求官职。黎世序手谕儿子："今黄河水患频仍，运河亟待疏浚……功以才成，业因才就，尔其能否？"

站在南河总督的立场，黎世序从整个流域来思考黄河治理。当年，他上疏道："自上年大浚，千里长河，王营减坝及李家楼漫口堵合，云梯关外水深二三丈至四五丈，为近年所未有。而清江浦至云梯关一带，较之河底深通时尚高八九尺。此非人力所能猝办，计惟竭力收蓄湖水，以期畅出。敌黄蓄清之法，在堰、盱二堤，有旨缓办；今年礼坝跌损，宣泄路少，二堤尤应急筑，以资捍卫。"此疏的主导思想即是"束水攻沙""蓄清敌黄"。

堰、盱二堤即指洪泽湖东的"高堰""山盱"两道大堤。

嘉庆十八年（1813），黎世序疏请加高徐州护城石堤工程，并增筑越堤。

嘉庆十九年（1814），黎世序实授南河总督。任内为剔除衙门旧习，黎世序查办了一批玩忽职守的河务官吏，提拔了一些治河有方的官员。

与此同时，黎世序吸取明代潘季驯、清初靳辅等人治理黄河、淮河的经验，运用"分洪治水"理论在徐州城西北十八里屯、苗家山、虎山等地依山建造了三座大坝，改"束水攻沙"为"重门钳束"（即用全河之水，并力攻沙），改厢埽（用土填压秸、苇的护堤办法）为碎石护坡。

嘉庆二十一年（1816），开凿龙、虎二山之根，做滚水坝以减水势。黎世序认为，固守徐州黄河堤防须依恃闸坝，于是上疏请建虎山腰滚坝：

"徐州十八里屯旧有东西两闸，金门宽三丈五尺，不足减水。其西南虎山腰两山对峙，凹处宽二十余丈，山根石脚相连，可作天然滚坝。北面临河，即十八里屯，山冈淤于土中，剥平山顶，改作临河滚坝。以虎山腰为重门擎托，可期稳固。"对其徐州西北十八里屯、苗家山、虎山腰修建减坝的建议，朝廷予以批准。

嘉庆二十三年（1818）十一月，黎世序提出在徐州睢宁县峰、泰二山之间建滚水坝，以减盛涨事。该奏疏是以两江总督孙玉庭与南河总督黎世序两人的名义上报的，故《清仁宗实录》仅有"据孙玉庭等奏"字样。《实录》载："据孙玉庭等奏，睢南厅属峰山闸外河近溜涌，请就峰、泰两山之闲，添凿减水滚坝，以护闸座。当交戴均元、吴璥会议具奏。兹据奏，应照所请办理。峰、泰两山之闲，凿建滚水石坝，分减盛涨，可免夺溜之虞。著即照议，赶紧兴修，于来年大汛前葳工，以备宣泄。其临黄坝两面包砌碎石一节，著照戴均元等所议，临黄一面镶筑护埽，用碎石包砌，足资抵御。其南面平水无溜处所，毋庸包砌，以归搏节。该督等，即核实办理，无任浮冒，工竣报部核销。"

从嘉庆皇帝的谕旨，也可以看出帝王的从善如流。

上两处凿山筑坝事，一在徐州上游，一在徐州下游，都是"硬工"。黎世序在指挥施工中还创造了石头铺面、构筑堤坡的新方法。此法可以节约开支，缩短工期，增大成效。先后节省白银二三十万两。

嘉庆二十三年（1818），黎世序在徐州还做了另一件大事：即于徐州府城北黄河边，修建了"五省通衢牌坊"。南向书"五省通衢"，北向书"大河前横"。

从此，"五省通衢"一语成为徐州的金字招牌。

道光二年（1822），黎世序加太子少保、江南河道总督。这一年，他又启动了挑宽徐州城黄河北岸大堤及加高南岸护城石堤的工程，并对铜山、沛县、丰县、萧县、邳州、睢宁县所属各厅堤工进一步加固。

居南河总督任长达十三年，黎世序不断钻研治河学问，著有《东南河

图 6-1 老牌楼

渠提要》一百二十卷，《续行水金鉴》一百五十六卷，《河上易注》十卷。这些著作已成为我国水利工程的经典名著。

道光四年（1824）正月二十一日，黎世序逝世于清江浦（即今江苏淮安），终年 52 岁。当时，清江浦民众罢市，沉痛哀悼其逝世，街号巷哭"数十年来所未有也"，士绅设灵位以哭悼。

黎世序勤于治学，一生著述颇丰，道光七年出版《黎襄勤公奏议》。

他通晓易经义理，清河县人苏秉国著有《周易通义》，黎世序曾延请之并与其讲论。另有《参同契注释》二卷，《湛溪文集》《黎襄勤公奏议》八卷，主修《练湖志》十卷等。

二十四、杨以增与大沙河

关于徐州大沙河的形成，《清史稿·河渠志》仅仅留下两句记载：

"咸丰元年（1851）闰八月，决丰北下汛三堡，大溜全掣，正河断流。时侍郎瑞常典试江南，命试竣便道往勘，又命福建按察使查文经驰赴会办。"

"三年正月，丰北三堡塞，敕建河神庙，从河督杨以增请也。五月大雨，水长溜急，丰北大坝复蛰塌三十余丈。上责以增及承修各员加倍罚赔。"

"丰北厅"属"徐州道"下辖之"徐州河务同知"（与该"同知"平级的还有"邳睢管河同知"和"宿虹河务同知"；该"同知"除"丰北厅"外，还下辖"铜沛厅""萧南厅"）管辖。"丰北厅"下辖"丰上汛""丰下汛""铜汛"。

算一下账，从决口，到堵口，共十七个月。黄河的决口虽然已堵塞，但那条大沙河还是留在了徐州的大地上。

记载咸丰元年闰八月丰北下汛三堡决口文案，最权威的是《清咸丰朝实录》。本文以《实录》为据，揭示一些历史细节。

咸丰元年（1851）闰八月丁亥（初四），南河总督杨以增上呈两份奏折，咸丰帝发布两道谕旨：

"谕内阁：杨以增奏赶办民堰漫水工程，请饬河员分赔归款等语……"

"又谕：杨以增奏：丰北厅属堤身坐蛰，现在赶办情形一折。据称：本年黄河水势，自白露节后，逐日加长。八月二十日寅时，风雨交作，河水高过堤顶。丰下汛三堡迤上无工处所，先已漫水，旋致堤身坐蛰，刷宽至四五十丈。现经该河督驰抵该处，先饬查明被水村庄，妥为抚恤，并查照嘉庆元年丰北六堡漫水成案办理。着陆建瀛、杨以增，严督厅汛各员，将现在漫口赶紧盘裹。应办各工，迅即兴筑。倘抢护迟延，致漫口刷宽愈甚，回空漕船，或有贻误，惟该河督等是问。并着查明此次蛰堤，是否实系无工处所，毋得借词掩饰。其疏防之该管文武各员，着即严行参奏。"

从此谕旨可知，黄河于丰下汛三堡决口，发生在八月二十日寅时，即三点至五点间，此时人们还在睡梦之中。可以想象，洪水突发，猝不及防，当地百姓的生命财产损失会有多大！咸丰皇帝得到信息，已是半月之后，一切皇命，都是马后炮了。

甲午（十一日），咸丰帝又"谕内阁：杨以增奏驰抵丰北三堡，勘得口门，续经塌宽至一百八十五丈，水深三四丈不等。现在大溜全行掣动，迤下正河，业已断流。被淹地方居民，罹此凶灾，流离失所，朕心实深悯恻。着该督抚等迅速筹款派员，妥为抚恤。毋令一夫失所。河溜现已分作两股，所拟启放各坝，并勘估各工，均着赶紧筹办。仍严饬道将等，将东西盘裹坝头，竭力保护。倘再有疏虞，或致贻误漕船回空，该河督等自问当得何罪耶？所有专管厅汛疏防失事之丰北厅通判王熙善、丰北营守备郝瀛东，着即行革职，枷号河干示众。丰县主簿钟乃澄、丰下汛把总李广爱、协防朱保珍，着一并革职；兼辖之徐州道沈濂、河营参将吕邦治、淮徐游击阚兴邦，均着革职，暂行留任，责令随同办工，不准置身事外。杨以增身任河督，未能先事豫防，实难辞咎，着摘去顶戴，与兼管河务之两江总督陆建瀛，交部分别议处。另片奏：沛县被灾较重，先行捐银拯济，并启放外南之顺清河，使湖水刷涤河身等语，均着照所拟，妥速办理"。

此谕的信息包括：决口现状、官员追究及灾民救助。从处分看，徐州河务体系的官员基本是"一锅端"。南河总督杨以增的处分是"摘去顶戴""交部议处"。

同一日，咸丰帝还有另两道谕旨，一谓："谕军机大臣等，杨以增奏勘明丰北漫口情形，并绘图贴说呈览。此次丰北三堡黄流漫溢，口门已塌宽一百八十余丈，大溜全行掣动。民田庐舍，多被淹浸。所谓保障斯民者安在耶？现在办理堵筑，需用浩繁国家经费有常，岂能任贻误各员，殃民糜帑？应如何分别罚赔，及设法筹款之处，着该督等迅速悉心筹划，妥议具奏。务当激发天良，樽节核计，毋得稍有浮糜，重干咎戾。将此谕令知之。"

二谓："江南河道总督杨以增，奏报丰北被灾，筹办抚恤事宜。得旨。……流离失所，皆朕之德薄所致，尔若不激发天良，何颜对朕？若入奏稍有不实，是增朕之过也。稽首吁天。夫复何言！"

看来，这位青年天子也动了感情。

丙申（十三日），咸丰帝特意向瑞常颁发谕旨道：

前据杨以增奏，丰北三堡，黄流漫溢，朕心实深焦灼。着瑞常于场事完竣后回京，路过徐州，即前往丰北一带，访察该处漫口是否实系无工处所，究系何员贻误，所报口门塌宽一百八十五丈，是否属实。现办裹头，已否完固？其民田庐舍，淹浸若干，被水居民，如何安抚？沛县一带村庄被灾尤重，现在情形如何？饥民众多，有无匪徒乘机抢掠、滋生事端？陆建瀛计已驰抵工所，现与杨以增如何筹划经费、核实办理？至河流串入运道，于回空漕船果否无碍？以上各情节，着瑞常逐一详细查明，迅速由驿具奏，以慰朕念。杨以增先后奏到折片，并谕旨二道，均钞给阅看。将此谕令知之。

瑞常，上年为赴朝鲜大使，调吏部侍郎；当年典江南乡试。咸丰帝多了一个心眼儿，让瑞常回京时，顺路到徐州丰北厅查看河决灾情。

从上引资料可知，徐州丰北河患，已经牵动了朝廷，牵动了帝王。

丙午（二十三日），咸丰帝传谕军机大臣等："陆建瀛奏丰北漫口情形一折，并片陈徐属民情等语。此次全河北趋，由沛县之华山、戚山分注微山、昭阳等湖，挟清水外泛，运河闸坝纤堤，均已漫淹。现在回空军船，衔尾南下，不以片刻停留。如何急筹宣泄，俾运道纤堤涸出，回空可以无误。其丰、沛、铜山、砀山各县，及毗连山东境内灾黎，荡析离居，不堪设想。虽据该督奏称，酌提银两，分饬该管道、府、县抚恤，并捐廉倡率，以资接济，能否不致流离失所，俾逃亡者可以次第复业，着该督等赶紧设法，饬属妥为办理。并移咨山东，一体实力安抚，不得令庸劣属员，讳饰侵渔，致滋流弊。徐属民情强悍，尤当随时查察，有无匪徒乘机抢掠，或勾结饥民，致酿事端。查文经到工，尚需时日，该督等即行饬属勘估工需，将现在筹办情形，迅速具奏，以慰朕怀。至杨以增前奏，请拨来年岁料银两一折，已交户部议奏矣。将此由四百里谕令知之。"

这道谕旨，披露了黄河决口的洪水走向及负面影响，对可能引发的社会动荡也有所估计和应对。

到了辛亥（二十八日），咸丰帝针对御史吴若准奏江北叠被水灾，请派大臣筹办赈抚一折，发下谕旨："南河丰北厅属堤工漫塌，节据陆建瀛、杨以增先后奏报情形，朕念江南山东两省被淹地方，小民荡析离居，深堪悯恻。迭经降旨，饬令陆建瀛、杨文定、陈庆偕各将境内灾黎，速行抚恤，并谕知瑞常于江南试差回京之便，亲赴丰北一带，查勘漫口，及被灾情形，据实奏闻。该督抚等，职在牧民，责无旁贷。着仍遵前旨，督饬地方官妥为抚绥，实力筹办。傥有玩视民瘼，或假手吏胥，致启侵吞克扣等弊，即着指名严参。该督抚等如有心徇隐，经朕访闻，或别经发觉，朕必另派大臣，前往查办。并将该督、抚惩处不贷。至丰北三堡漫塌口门，前据杨以增奏称，现宽一百八十五丈，东西盘裹坝头，不致续塌。何以该御史奏称，口门有三四百丈之宽。着陆建瀛等，迅即确查具奏。"

杨以增奏报决口"宽一百八十五丈"，而御史奏称"口门有三四百丈之宽"，二者谁实谁虚呢？

至咸丰元年九月甲寅（初二），咸丰帝接陆建瀛、杨以增奏请将已革厅员，从重治罪等语，谕曰："已革南河丰北厅通判王熙善，于该工漫口，不能先事豫防；迨危迫之时，又不早禀上司。及该道得信发银，已属人力难施。似此误工殃民，仅予枷号不足蔽辜。王熙善着即拿问，交该督等严行审讯，按律定拟，具奏。仍责令完缴应赔工费，以示惩儆。”"枷号"之后，再予"拿问""审讯""按律定拟"，这都是必须的。追赔工费，则是朝廷规矩。

九月戊午（初六），瑞常回京，将丰北漫口丈数及被淹地方情形奏报咸丰帝，其所见所闻与陆建瀛、杨以增等原奏，大略相同。这让咸丰帝心绪稍安，遂谕江苏山东各督抚，对百姓加意抚恤，毋令失所。

同时，据户部鉴于此次工程紧要，也依议将丰北工需银两，如数拨给。

即便资金到位，堵口工程可能还是超过原来的预估。咸丰元年十一月壬戌（十一；1852年1月1日），两江总督陆建瀛、江南河道总督杨以增上奏：仅修一条正坝，难以堵住决口，还须添筑二条辅助性的拦水坝，才能奏效。

十一月辛巳（三十；1月20日）两江总督陆建瀛、河道总督杨以增上奏，因为通筹丰工拨款，未能克期全到。而时已仲冬，距来年桃汛，仅八十余日，势难再缓。十一只好查照部拨数额，暂借藩关各库银两济用，诹吉兴工。得旨，工程开始。明天又奏，东西正坝及续估东西坝，应做土心护埽。开工后，以工代赈，召集百姓参与，而让穷黎不致有失所。咸丰帝同意了他们的做法。

出乎意料的是，丰工堵口在咸丰二年堵塞后，复决，直到咸丰三年正月才彻底堵塞。

杨以增终于可以轻松地喘一口气了。一百多年后，人们说起他，往往会说他的藏书故事，会说他的"海源阁"，而忽略他的治水之功。

下面，让我们说说作为南河总督的杨以增。

杨以增（1787—1855），字益之，一字至堂，别号东樵，山东聊城人。自幼博览群书，嘉庆二十四年（1819）中举，道光二年（1822）进士，历任贵州知县、贵阳府知府等，任职期间先教化，后刑政，清积案，明冤狱，政绩一直颇佳。后任广西左江道、湖北安襄郧荆道、甘肃按察使、陕西布政使。道光二十八年（1848）九月，升江南河道总督。杨以增到任前，南河总督是由两江总督李星沅兼署的。十月，道光帝发谕旨："江南河厅员弁名驻工次，勿得旷离贻误。"十一月即明确规定"江南河道总督养廉银一万二千两"。

"南河总督"掌黄淮会流入海、洪泽湖淮黄济运、南北运河泄水行漕及瓜洲江工、支河湖港疏浚并堤防之事；管辖地域延伸于江浙皖二省。因为是要缺、难缺，有人痴痴以求，有人避之不及。

在杨以增赴任前，即有朋友劝阻。杨以增说："吾稔知矣！徒以受皇上特达恩，以县令超擢至此，欲决去，诚不忍于心。"

虽然富有治河经验，杨以增仍然不敢掉以轻心。巡查堤防，勘验水情，督理工员，筹措物料，杨以增每每身临其境。

道光三十年（1850）四月初八日，杨以增上《查验岁料及勘办春修工程折》云："臣于三月中旬将应备重运挑筑各工料理放心，即由北岸先赴徐州，上自丰北，渡黄挨查而下……复由南岸前赴海口，直至工尾。渡黄而上，现已旋抵清江。计黄河十五厅、里河、运河、中河三厅，均已周历，除萧南厅向不预发岁料外，其余各厅岁料，按册差点，均系数堆足。"这是我们所知道的南河总督对辖区黄河做"全河踏访"的唯一例证。

水火无情即在其猝不及防。八月二十日，"中秋"都已过去，黄河竟然还发大水！这让坐在清江浦的杨以增寝食难安。闻讯，他即时向两江总督陆建瀛通报，并上奏朝廷，又马不停蹄赶往徐州丰北厅口门。不日，陆建瀛赶到，他们在工地接咸丰帝谕旨。杨以增虽摘去"顶戴"，依然坚守口门，指挥堵口事宜。

杨以增与陆建瀛"除夕风雪中，暮宿河上"。这史书的记载，揭示了朝廷二品大员的忠于职守，勤政不息。

咸丰五年（1855），黄河在兰阳东坝头决口，改道北流。当时，谁也想不到黄河一去，再不回头；更想不到的是，从兰阳经徐州入海的这段黄河会断流、会干涸，而成为一条"黄河故道"。

这一年，是杨以增生命的最后一年。在东坝头决口后，咸丰帝想到杨以增。九月初四，咸丰帝发出谕旨："杨熟谙河务，于古今治河源流谅能通晓，如有所见，不妨据实敷陈，以备采择。"当时，杨以增自感气力不足，遂上书自述："臣甫届七旬，身体素健，方以为犬马之劳，勘以长效……三年来筹饷之难，办事之苦，心力交瘁，每至彻夜无眠。"

这一年，杨以增连上十八折，直陈国事。十一月初一，杨以增上《丰工旧口门仍请陪堵折》。此折大意即趁黄河决口北泄而主流水落之际，将前年堵塞丰北决口进一步加固。

从以后的事实看，杨以增的建议已没有必要。但在咸丰五年冬天，黄河是北流还是南流尚不确定的时候，他的建议具有及时性和针对性。

请看杨以增的奏折："唯丰工口门以下，被水之区四年以来尽成泽国，现在上游旁溢，田畴可期涸复。灾民次第归来，群思及时播种。但丰工口门以上，兰口门以下数百里长河积水甚多，若不即为筹堵，来年大雨行时，两岸滩水汇同巨浸，仍由丰工口门滔滔下注，则新种之地，又有淹灌之虞，颠沛穷黎，何以堪此？"

仅摘至此，已见杨以增爱民良知。当年腊月十八日，杨以增逝世于清江南河总督署，可谓以身殉职。

　　杨以增出任江南河道总督不久，太平天国之乱发生。因为洪秀全政权对江南传统文化的破坏，致使江浙藏书家多不能自守。图书流失，不可避免。这给热爱图书的杨以增有了大量收购书籍的机会。收了图书，又有主管河道之便，遂船运于鲁，藏于其故乡东昌府（聊城市）之"海源阁"。"海源阁"的兴建一举改变了我国藏书以江南为中心的局面。"海源阁"藏书宏富，并多为宋元珍本。"海源阁"总计藏书二十余万卷。它与江苏常熟县瞿绍基的"铁琴铜剑楼"、浙江吴兴县陆心源的"皕宋楼"、浙江杭州丁申与丁丙的"八千卷楼"合称清代四大藏书楼。其中以瞿、杨两家所收藏的宋、元刻本和抄本书为最多，因之又有"南瞿北杨"之美称，杨以增成为中国藏书史上与江南对峙的"北杨"，为海内外学者所仰慕。

　　杨以增是林则徐的好友。其子曾拜林则徐为师。在杨以增身边，聚集了那个时代最有才华的一批诗人学者，如包世臣、梅曾亮、丁晏等。

　　丰北厅决口形成的那条河，今称"大沙河"。大沙河的堤岸上，曾经留下一个朝廷大吏、一个藏书家的脚印。

第七章

钦差驻守　储运天下

——借黄行运盛况

南宋建炎二年（1128），杜充以水代兵，牵动黄河主流从鲁西南侵泗入淮。绍熙五年（1194），黄河侵汴，从徐入泗，强夺淮河。此后，流经徐州境内长达727年之久。黄河夺泗夺淮不仅截断了泗水之沂、沭河南下入淮的通道，而且留下了因河床淤高而成为横贯东西的悬河，这就造成了其独特的水系。黄河以北的沂、沭、泗河因黄河断其南下出路，自成沂沭泗水系，不得不向东另谋入海通道，以南的各种水系则由洪泽湖入大运河。如此独特的水文环境为徐州当时漕运的发展提供了独特的条件。

第一节 皇权钦差衙门在

明初，京师在南京，地处经济发达的长江三角洲地区，物产丰富，自给自足能力强。这一时期，漕粮运输对朝廷的支撑力度尚不是很重要，运河、长江以及苏、松、嘉、常等周边地区的供给，足以给初建的明王朝提供成本低廉且数量丰厚的粮食和丝帛。徐州在这一时期发挥的作用仅是拱卫京师的北大门和向南京供给财粮。

永乐以后，由于迁都北京，使得整个漕运的方式、路线、成本均大为改变。首先，北京周边不具备南京的自然、经济和地理优势，迁都无疑使京师的粮食自给能力大为降低；其次，从江南运粮至京师的路线延长、成本增大，加之明初扫除北元势力所需的战争消耗，朝廷更是迫切地需要大量粮食物资供应。而该时期陆运和海运的逐渐废弛，使得依赖运河运输物资的重要性日益突显出来。徐州因扼南北水陆交通要道、地处大运河中段，且为黄、运交汇之所，因此必然成为漕运的重要枢纽。

一、徐州仓户部分司

永乐九年（1411），明成祖朱棣做出了打通大运河的决定，命工部尚书宋礼重开会通河，十三年（1415）河成。《明史·食货志》载："迨会通河成，始设仓于徐州、淮安、德州。"并有户部在徐州设立的专司漕运的徐州仓户部分司。

（一）徐州仓户部分司的衙署设置与沿革

徐州仓户部分司设立于明永乐十三年（1415），其署"先在南门外广运仓侧"，为"监督粮储、主事莅政之所"。正德十三年（1518）"圮于水"；十五年（1520），主事李崧祥"徙建城南门内"，后任主事杨概、林壁、梅守德、尹梁、张国华等"继相修葺"。据《明熹宗天启实录》载，天启四年（1624）六月二日夜，黄河水位暴涨，六月三日"黄水汹涌，魁山堤溃……冲裂徐州东南城垣……官廨民庐尽没"。主事张璇移署于南山戏马台台头寺聚奎堂，"缮屋宇""筑石垣"以作为新的徐州仓户部分司署。自此，南山戏马台始称"户部山"。崇祯九年（1636），郎中张湖"创建箭楼"。清顺治二年（1645），郎中陈嘉荫"修增雉堞"、立四门，名之曰"小南城"。四年（1647），郎中王维屏"于楼门内左右增板屋，为城守站立处"。康熙四年（1665），裁户部分司，"署废"。

明清时期，徐州仓户部分司设有主事一员，正六品。初授承直郎，升授承德郎，月俸米十石。虽然户部主事官秩不高，但在仓储管理中却起着"司内宰之分职，而外方伯之事"的作用，其责任非常重大。据同治本《徐州府

图 7-1 户部山

志》载，徐州仓户部分司主事"初专督广、永粮储，一岁一代，后兼理广运仓事，并管钞务，三年一代。后钞归吕梁工部，本司止管税务"。清康熙初裁撤后，"仓务归淮安及徐州管理，税务归淮扬道兼理"。

由上述可知，徐州仓户部分司存在的时间为明永乐十三年（1415）至清康熙四年（1665），共历 251 年，其主要职能为监督和管理徐州广运仓、永福仓的仓务和税务。

（二）徐州仓户部分司的仓务管理与运作

明初有三条运线：一是海运，将苏、松、江、浙等处的岁粮输纳苏州太仓，在刘家港用海船绕山东半岛运往直沽；二是淮运，用淮船能受三百石以上者由淮河、沙河抵陈州颍岐口，再用巨舟入黄河抵八柳树，再车运赴卫河输北京；三是陆运，将河南、山东粮运至临清仓，然后由临清运至北京。无论是淮运还是陆运，其实都是水陆兼运。全部漕运是永乐九年（1411）会通河疏浚、运河畅通以后才逐步实现的。

开始是由平江伯漕运总兵官陈瑄增造漕船数千艘，命江西、湖广、浙江等处民夫运粮至淮安仓，然后加派官军挽运，浙、直官军挽运至徐州仓，京卫官军再挽运至德州仓，最后由山东、河南军挽运至通州仓，以备京仓提取。这种方法"名为支运，一年四次"[1]。明人郑晓将这种运法称为"转运"[2]，即官军分数段转换挽运。十三年（1415）又规定扬州、凤阳、淮安三府漕粮每年派六十万石就近存于徐州仓。据《明史·食货志》载，宣德四年（1429）因国家复行支运法，"苏、松、宁、池、庐、安、广德民运粮二百七十四万石于徐州仓"。漕粮支运虽然减轻了卫所军丁的压力，却导致

---

① 〔清〕陈梦雷：《古今图书集成》卷162。
② 〔明〕郑晓：《今言》卷2。

普通粮户承受很大的负担，不仅需要长途运输漕粮到水次仓，而且耽误正常的农业生产，不利于社会的稳定与经济的发展。

由于"江南民运粮诸仓，往返几一年，误农业"，宣德六年（1431）陈瑄为整顿漕运制度，改支运法为兑运法，令"民运至淮安、瓜州，兑与卫所，官军运载至北，给予路费耗米，则军民两便"①。兑运法的实行，实际是明代漕军制度逐渐完善的开始，卫所军丁逐渐成为漕运的主力。正统初年，漕粮运输的数目大约在四百五十万石，其中兑运者三百八十万石，剩余七十万石存于徐州、淮安、临清等水次仓。景泰五年（1454）山东、河南、江苏等地发生灾荒，为防止饥民冲击徐州、淮安仓储，吏部侍郎江渊与平江伯陈豫，"筑淮安月城以固常盈仓，广徐州东城以护广运仓"，充分显示了国家政权对水次仓储的重视。成化初年，因各地丰歉不一，京城粮食不足，为调剂余缺，"召商于淮、徐、德州水次仓中盐，盐以备边，开中以实京储"。成化七年（1471），"罢民运淮、徐、临、德等仓粮，令军船径赴水次领兑，运递京、通二仓交纳"②，是为长运。长运法使民众最终脱离了繁重的漕粮运输，形成了专业性的运军队伍，但也使徐州、淮安、临清等水次仓的存粮大为减少。

表 7-1 明代前期经徐州段漕运表

时间	年漕运粮（石）
永乐十九年（1421）	3,543,194
宣德元年（1426）	2,399,997
宣德六年（1431）	3,488,800
正统元年（1436）	4,500,030
正统六年（1441）	4,200,000
正统十一年（1446）	4,300,000
景泰二年（1451）	4,235,000
景泰七年（1456）	4,437,000
天顺五年（1461）	4,350,000
成化二年（1466）	3,350,000
成化七年（1471）	3,350,000
成化十二年（1476）	7,000,000
成化十七年（1481）	3,700,000
弘治四年（1491）	4,000,000

本表依据徐从法：《京杭运河志（苏北段）》制作而成。

---

① 〔清〕张廷玉：《明史》卷79《食货三》。
② 〔明〕梁材：《议处通惠河仓疏》，见于陈子龙：《皇明经世文编》卷160。

万历时期，国家内忧外患不止，漕粮大量改折，仓储空虚，京粮匮乏。时漕运总督舒应龙上书言："国家两都并建，淮、徐、临、德，实南北咽喉。自兑运久行，临、德尚有岁积，而淮、徐二仓无粒米，请自今山东、河南全熟时，尽征本色上仓。计临、德已足五十万余石，则今纳于二仓，亦积五十万而止。"此法虽然可行，但由于当时河道淤塞、吏治腐败，加上万历年间的三次大规模军事行动，实行一段时间后即半途而废。万历三十五年（1607），运往京城的粮食仅一百三十八万石，不但京城驻军无粮可食，就连皇室用度与百官俸禄也捉襟见肘。四十年（1612），徐州水次仓"仓储空虚"，临清、德州"二仓如洗"。崇祯时，农民起义与外敌入侵不断，最高统治者更是忙得焦头烂额，无暇整理漕运仓储，徐州水次仓也与大明王朝一起消失在历史的烟云之中。

（三）徐州仓户部分司的漕税职能与徐州地方财政预算

从明洪武三年（1370）至万历十年（1582）这两百多年中，徐州地区每年的财政收入的很大一部分都得益于漕税，它包括由运河漕运经济带来的一系列的地方商业经济税收，即船舶的闸口通过税、停泊税、运河沿岸商品的营业税和盐税等税收收入。

在这两百多年中，徐州地方财政收入的绝大部分都来自于通过收取停泊船只的漕税。洪武六年（1373），设税课局于徐州。十三年（1380），吏部言："天下税课司局，岁收课额不及五百者，凡三百六十有四，宜罢之，从府、州、县征其课为便。"上从之。据嘉靖本《徐州志·田赋篇》记载："民间田土交易，官给契本工墨，商税课银三十五两有几，旧有税局，久废，今为之印识以照之，亦收其税。永乐七年（1409），以漕贡物盈缩不常，遣官点视，皆为定额。乃差有职事人点问，遂以所点为额。正统初，诏革徐地税课局钞不及三千者，吾邑焉亦例革，府县官管之，而漕货弛不复税，课额尚存，今每岁就均徭中编银解府。"

徐州地区因地理位置优越、漕运便利，在明中后期商品经济迅速发展。财政拮据的朝廷欲从中捞取利益，便令当地官府加大征税力度。"自隆庆以来，河道、闸口、沿岸均私擅自税，罔利病民，虽累诏察革，不能去也。"[1]

地方官府派人于萧、沛、睢、邳等县和徐州本府内各个重要漕运河段和沿岸设立关卡，拦截南来北往的行船商贾进行征税，这已是很普遍的现象。万历时，徐州当地府衙官员派税监加大私征力度，搜刮民财。万历后期，当地官员又将大货税、关卡抽分税等税目的征催之权接收过来，派持签牙

---

[1]〔清〕张廷玉：《明史》卷81《食货五》。

人或胥吏于桥头道旁征税。可以说，这些明后期新开税源的主要服务对象就是地方财政，而徐州地方官府对于朝廷的义务只限于此前已经固定下来的税额。

据旧志记载："万历二十一年（1593），过将漕粮乃起运北上南下，额解江安粮银道漕征米银六千五百八十七两三十七分，案前项内系正兑米税三千一百六十五石三斗一升五合四勺，加二五耗米七百九十一石三斗二升八合八勺，改兑银一千八百九十九两二十三分，此乃漕□□□三百一十三万六斗八升二合八勺，合符额数，额解徐州河岸商税银一万三千一百一十八两五钱三分五厘，内留支银一百二十两又解水脚银五十两二钱二分一厘六合，收闸船银一十三条共一百八十七两二钱一厘。"

同时，明后期徐州府县在保证上缴税额的基础上，把商税作为补贴地方财政的灵活手段。从《明会典》记载的当时徐州的商税年收入情况约为每年十五万两来看，商税的用途之广泛已成为地方财政的一种补充。正德年间的徐州官员们为选练民兵给予征税之人手，特招募犒赏其人，皆查各属商税，赃罚等银支给。而邳县则"商税征银一百一两九钱四分五厘，编入正税，助常年经费之用，而县官所征，实不止此"。知县张詹到任后，曾一度蠲免商税和过闸税，但由于各种因素的制约，最后不得不恢复原来的税收额度，在后来的征税过程中，税役严重的程度非常普遍。"税课原无定数，税钱岂尽报官。"[1] 巡拦、弓兵、拦截运河漕运之商旅收税，易于勒索诈财。"今之言税者，不过日官额之所以不登者，商贾瞒隐余。于是严搜逻之策，遣差提头、弓手等辈于界闸之首拦截，动至数十里之外，诛求客旅，得厚赂则私与放行，径不令其到务，弗亦以赂者，则被擒到官，信税之外，费用如故。"[2] "夫关市之征不可无，每见差遣巡税，弓兵把截，往往受赂，虽有漏税漏匿，即与放行。苟有不遂其欲，驾名匿税漏报，甚至肆怒群聚，遂致望风兴遁，驱之而去者多矣。"[3] 此外，徐州当地县衙门日用物品，则经常向商贾和过入境内之漕河摊派，或曰召商买办，令沿岸商铺行之役，名为"和买"，其实质就是低价强买收购，然后依托运河两岸繁荣的交通人流作为后盾，收取高额的铺租、盐税和其他商业税种，充实了当地府衙的财政。

从徐州地方预算的支出方面来讲，主要是通过漕河运输将一些贡品、粮盐货以及其他必备物资北上运输到北京所产生的一些费用支出，其中又

---

① 〔明〕吕坤：《实政录》卷1。
② 〔明〕汪天赐：《官箴集要》卷下。
③ 《初仕要览》卷1。

有额派、岁派、坐派和杂派等名目。"我朝军国之需，有额派、有岁派、有坐派，洪武开国定制如夏税秋粮、鱼课、茶课、药材乃运河漕运之类，皆有定制，此额派也。宣德以后，如宗室繁衍、加添禄米、增设职司，加添俸粮之类，此岁派也。又其后也，如营建宫室，买运大米之类，此坐派也。盖额派无增损也；岁派有增无损也，坐派有事则派事缓则停也。"①额派、岁派数额相对稳定，坐派、杂派具有权宜临时派征的特点。明初以后，徐州的各种征派不时加增，日积月累，多如牛毛，百姓渐不堪重负，这一切的原因就是北部边疆战事不断，为了能尽量多地从南部富裕城市尤其是运河两岸的城市搜刮民脂民膏，满足军兴的需要，地方政府因此加大了对百姓的课税力度，徐州自然也不例外。此外，皇室的腐化奢侈也加大了百姓的负担。

明朝初年，国家百废待兴，这时候的各个皇帝都能够体恤民力，供用简省，各地方官员同样节俭。旧志载："明初，太祖社稷之心重，而宠利之见泯矣。知府张异怀课之尤甚，虽粮盐竭尽，然宜及殚精竭诚，物振俗有报效朝廷之愿而不伤百姓之利矣。"

永乐初，案徐河三帮原额船二百四十七艘，每艘减闸税并留存运军月量千七百四石，折银二千三百五十二两；豆二千三百五十二石，折银一千七百六十四两。凡食盐引地，各有定额。铜山、萧、砀山、丰、沛五县皆食山东盐，合计增量额引五万八千八百九十五道，减实四万五千五百六十六道。②但在明中后期，随着统治者日益腐化，各种岁派逐渐增多，政府的预算也捉襟见肘。"洪武二十六年（1393），征徐州麦六万二千三百石，米七万九千三百四十石；弘治十五年（1502），征麦六万七千一百五十八石，米七万九千八百五十八石；万历六年（1578），征麦八万二千一百五十八石，米九万六千八百二十一石。"③见下表：

表 7-2 明代徐州征收麦、米简表

年　份	征麦（石）	征米（石）
洪武二十六年（1393）	62300	79340
弘治十五年（1502）	67158	79858
万历六年（1578）	82158	96821

到了崇祯初年，徐州每年的粮额上贡数为十四万八千二百石。另外，在成化八年（1472）以后，徐州地区漕粮征粮及改兑米、预备漕运米额数

①〔明〕敖英：《东谷赘言》卷下。
② 同治本《徐州府志》卷12《田赋考》。
③ 梁方仲：《中国历代户口、田地、田赋统计》，中华书局2008年版。

总计为四万八千石，兑运米三千石，次兑米一万八千石，徐州广运仓征米一万八千石。①可见，当地百姓的负担日益加重，生活更加贫苦，而这时，额派不足，借支徐州广运仓，乃令原供司府依数增派，隆庆、万历之时，额增如故，且多无益之征，给州县造成沉重负担。据嘉靖本《徐州志·田赋篇》记载："我朝徐州牧马草地二顷一十八亩，萧县场地一顷七十九亩五分，沛地一顷一十亩一分，砀山场地三顷六十八亩，丰县一顷二十三亩，徐州府草地三十六顷三十六亩，明邳州睢宁县场地亩数无定，然徐州正卫屯地为一千一百六十九顷四十亩并坐本州及萧、砀、丰境内；隆庆以后，数有陆余卒鲜定制其贡赋漕运之目烦琐，冗难天下通制不具裁，自万历元年，知州刘顺之议行一条鞭法贡赋各目渐废此明赋役额制之大较也古人士，宜之贡具详与地、物产下凡征之也。乃国朝取民之法，除田之税粮外，如盐课、茶课、铁课、鱼课，无所不取，固已重矣。但国初于公用物料，尤令税粮折纳，或官钱收买，故民对未至甚费。近年以来，则额征之外，杂派漕运物料，又纷纷而出，如供用丁库、料甲，徐州则又有供用器皿物料，盖有不胜数者矣。"

万历十年（1582）张居正去世后，一条鞭法虽然仍在继续实施，但随着官僚政治的日益腐败，一条鞭法也很快变了样，"条鞭法行十余年，规制顿紊，不能尽递也"。②徐州的情况亦是如此。初行一条鞭法时，徐州的财政支出基本包含了里甲、均徭和漕运商税等税的各役合并征收。但不久以后，一些官府既收条鞭银，又照旧在运河闸口征派税银，形成了条鞭外加役的现象。十一年（1583），御使张贞观谈徐州的徭役时指出："自民间苦里甲，而后有条鞭之法，是条鞭之行所以苏里甲之困也。但据所知，得则固有已征条鞭银，而复里甲漕粮者，亦有限年头役各色依然旧敛派私贴无算者，业已征其银而复役商税，是民昔之所苦者一，而今之所苦者二。"③

从嘉靖二十八年至万历三十二年期间，徐州的财政出现了年年亏空的严峻局面，为了弥补亏空，当地官府想尽办法，"司农百计生财，甚至变卖寺田，犹不能给"。嘉靖三十年（1551），户部尚书孙应奎及议增南直隶徐、苏、松等府增赋百二十万，但是依然无法解决整个朝廷的亏空，徐地之邳、丰、萧、砀亦额派加赋，然奏效甚微。嘉靖三十四年（1555）的均徭银预征，更是加重了徐州百姓的负担。④

① 梁方仲：《中国历代户口、田地、田赋统计》，中华书局2008年版。
② 〔清〕张廷玉：《明史》卷78《食货二》。
③ 〔清〕永瑢，纪昀纂修：《江南通志》卷76《食货志》，徭役。
④ 《明世宗实录》卷422，嘉靖三十四年五月丁未条。

明王朝税源日竭，财政崩溃，到了恶性循环的地步。万历二十五年（1597），由朝廷在全国范围内统一额定加税，带有量加税额以扼制滥派的性质，因此其加增量并不大。据《明史》记载，在此之前在徐州漕河段闸口河道上船舶所交的占道税和过闸税有三十二万五千余两，万历二十五年增银八万二千余两，合计每年征税银四十万七千余两，这一漕运商税在当时全国的赋税对额中所占的比重是微乎其微的，但是这种由中央核定的商税额毕竟只是官样文章，不能反映当时徐州商税的实征额。实际上，到了嘉靖、万历时期，由于商品流通的发达，商税成了官吏搜刮钱财的一个主要对象。税使四出，但并没有把搜刮上来的银钱上交国库，而是大部分被侵吞，徐州沿岸，民生凋敝。

二、徐州"三洪"与工部分司

古泗水自北向南过徐州城东又折向东南，因海拔落差，又受徐州一带地形所限，形成了三处湍急的水流，即历史上有名的"徐州三洪"。它们的形成与发展对徐州地区的漕运造成了很大的影响。徐州城东南五十华里泗水河道，因水中有梁如脊，因而得名"吕梁洪"；紧靠城东侧有洪长百步，故称"百步洪"，又名"徐州洪"；城东北因传说为秦始皇泗水求鼎处，故名曰"秦梁洪"。

（一）吕梁洪及吕梁洪工部分司

吕梁洪在州城东南五十里，其分为上洪和下洪，二者绵延七里，因水中有石梁而水流势猛险恶。据顾祖禹《读史方舆纪要》记载，吕梁洪"巨石齿列，波流汹涌，悬水三十仞，流沫四十里，鱼鳖不能游"。水中乱石林立，多如巨齿，水位落差大，水流惊湍怒号，巨浪沸腾，瞬间水流便达数里，成为南北漕运中水道最险要的地方，由于其地势险峻，溜急浪大，经常有翻船的危险，因而历代都进行了多次整治。

东晋太元九年（384），谢玄率师北上攻伐前秦至彭城，为解决给养问题，组织了九万人对吕梁洪水道进行了大规模的整治，以利给运。唐高祖武德七年（624），尉迟敬德导汶、泗，开凿治理有南北风险之称的徐州二洪。宋代元祐四年（1089）开凿治理，修月河石堤，上下建闸，相机启用，舟船畅通。

明清两代，吕梁洪是国家漕运的重要通道。据《明太宗实录》记载，永乐四年（1406），"工部言吕梁洪霖雨，水决近河路并圈沟桥一十九丈六尺，宜发民修理。从之"。[①]十二年（1414），陈瑄凿徐、吕二洪通漕。

---

① 《明太宗实录》卷58，永乐四年八月壬辰条。

十三年（1415），陈瑄主持漕运，开凿吕梁洪、建吕梁石闸以平复水势。同年，设吕梁洪工部分司于此，负责监督漕运、治理航道。

吕梁洪工部分司署初在吕梁洪东岸，坐东向西，弘治十年（1497）主事来天球建，为本洪主事莅政之所。"外为前门，左右为钟鼓楼，中有坊，曰'漕河''通济'。又进为仪

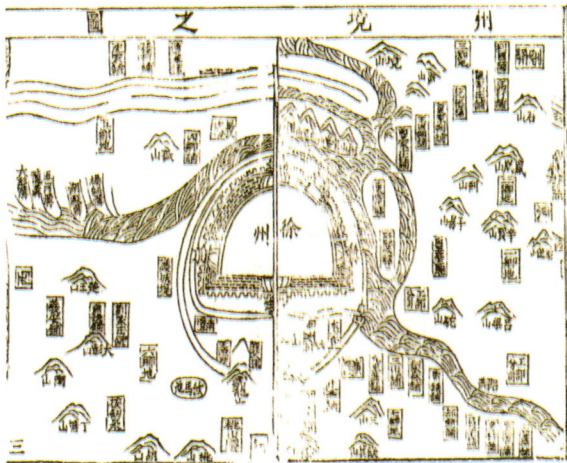

明万历《徐州志》州境之图

图7-2 吕梁洪工部分司

门、为正厅，厅左为仪仗库，右为小轩，后为穿堂。后堂由厅迤北为'大观堂'，主事曹英建，后为'状元亭'。《志》：费宏读书处。亭后为'望云楼'，主事伍全建。大观堂西为宅。正德中，主事陈宪于公署四周为石垣，计六里。中为石门，左右通衢，为二门，各有楼。又后，立三门以便出入，岁久圮坏。"嘉靖三十四年（1555）①，主事王应时"因旧增拓为城，高二丈五尺，基广八尺，延袤五百余丈。按方隅为门：东曰'迎和'，西曰'广济'，南曰'通裕'，北曰'澄清'。又于署西'催运厅'前因高为楼，匾曰'吕梁洪'，其门曰'正洪门'。……署左为'观澜亭'，右为'养正书院'，主事陈洪范建。北为社仓二区，主事郭持平建"。又有义塾，为来天球重建。万历二年（1574），主事黄猷吉重修本署于城南，"为万石仓夫厂二区，砖厂、药局各一区，俱久废"。② 清初，改明"吕梁工部分司"为"中河分司"，其衙署初仍明制，后徙宿迁，公署无考。康熙十七年（1678）裁。

明代，吕梁洪工部分司设有主事一员，初授承直郎，升授承德郎，月俸米十石，驻扎吕梁。起初"命官不一"，永乐中任此官职者，"或少卿，或廉使，或郎中"，成化二十一年（1485）后以正六品主事仟。③ 清顺治初，

① 顺治本《徐州志》卷2，《公署》。案：康熙本《徐州志》作"嘉靖四十三年（1564）"。考本书卷10《官司二》得知：王应时为"庚戌（嘉靖二十九年，1550）进士"，且无再任本司主事，而其后任于嘉靖三十七年（1558）任；考同治本《徐州府志》卷6《职官表》得知：主事王应时的任职期应在嘉靖二十二年（1553）至嘉靖三十七年（1558）间。故康熙本"四十三年"当误。

② 康熙本《徐州志》卷13《官署》。

③ 顺治本《徐州志》卷4，《秩官志》；康熙本《徐州志》卷10《官司二》。

差工部汉司官一员,三年更代,四年(1647)添差满司官一员,八年(1651)裁。十一年(1654)复差汉官一员,一年更代,十四年(1657)裁。康熙元年(1662)复差,一年更代。五年(1666)钞务归并淮徐道兼理,七年(1668)归徐属河务同知管理,八年(1669)复归本司,九年(1670)复添满司官一员,并随带笔帖式二员,十年(1671)裁笔帖式。十七年(1678)归并淮徐道,本司缺裁。

明代徐州设有两个税课局:一为徐州税课局,驻城中正街;一为吕梁洪税课局,驻吕梁。俱洪武六年(1373)建。正德末省吕梁局,归并州局。吕梁洪税课局设有大使一人,专司税务,品级未入流,月俸三石。

宣德元年(1426),吕梁洪漕舟艰阻,陈瑄于旧河西岸凿梁,深二尺,宽五尺,夏秋有水可以行舟。七年(1432),陈瑄复凿深吕梁、西渠,置二闸,节水通漕。宣德七年(1432)秋七月,"置吕梁漕渠石闸。初,平江伯陈瑄以吕梁上洪地陡水急,漕舟难行。奏准令民于旧洪西岸凿渠,深二尺,阔五尺有奇,夏秋有水可以行舟。至是,复欲深凿,置石闸二,时其启闭以节水,庶几往来无虞。事闻,命附近军卫及山东布政司量发民夫工匠协力成之"。①

成化三年(1467),吕梁洪工部分司主事张达修砌石坡,上洪长三十九丈,下洪长三十六丈。另有主事谢敬修砌吕梁上洪堤岸长三十六丈,宽九尺,高五尺;修下洪堤岸长三十五丈,宽十四尺,高五尺。据《明宪宗实录》记载:"成化三年(1467)九月……户部会六部等衙门官,议漕运总兵及各处巡抚等官所言事宜条奏:……徐、吕二洪,全藉河南脾沙冈等处水灌注,接济运船。先年设主事一员,后又添设河南参议一员专理,近乃罢去,兼管于河南布政司分巡官,以致上源淤塞,水利不兴,请如旧增置参议为便。"②

成化四年(1468),管河主事费增修筑吕梁洪堤坝石路。六月,"工部委官主事郭昇奏徐州洪势最险,自昔两堤卑隘,稍遇水涨,舟行无路,往来甚艰。而闸河上口一坝势亦如之,虽频年修筑,亦唯取办一时,殊非经久之策。又如外洪翻船等,石里洪坝下一湾尤为险恶,屡坏行舟。今欲以大石修砌两堤,其外则锢以铁锭,其内则填以杂石,而又凿去外洪翻船恶石,用石补平里洪堤岸,以便来往,须劝率往来中外官员及远近客商,以给其费,量请所属各浅夫及本洪溜夫以供其役。工部以闻,诏可"。③嘉靖二十三年(1544)春,管河主事陈洪范率众疏凿吕梁洪,狼牙怪石尽除,

①《明宣宗实录》卷93,宣德七年秋七月壬申条。
②《明宪宗实录》卷46,成化三年九月癸酉条。
③《明宪宗实录》卷55,成化四年六月癸卯条。

舟行如同坦途。据嘉靖本《徐州府志》记载："因吕梁洪在州东南五十里，上下二洪绵亘七里余，洪中诸石森列如齿，水脉劲疾，遇险怒号，白浪腾沸，一瞬数里如故，经宣、正、景、成四朝之治理，现仍为南北漕运之险焉，遂遣本朝主事张达修砌石堤，上洪长三十五丈，下洪长三十三丈，后主事费瑄修筑堤坝。主事徐有让修砌石堤。吕梁上闸，下闸，在洪南北，俱正中参将汤节建议设，后坏，然嘉靖二十三（1544）年，侍郎陈洪范议复。"而后次年，立《疏凿吕梁洪记》碑，记述当年陈洪范治水功绩并记载了吕梁洪的险恶和当时漕运的情况，碑文载："我国家漕东南之粟，贮之京庾，为石至四百万石。其道涉江乱淮，朔二洪而北。又沿卫河以入白沟，然后达于京师，为里数百而遥，而莫险于二洪。二洪之石，其狞且利。如剑戟之相向，而虎豹象狮之相攫，犬牙交而蛇蚓蟠。舟不戒辄败，而莫甚于吕梁。"①

（二）徐州洪（百步洪）及徐州洪工部分司

百步洪，在徐州古城东南约一公里处，为泗水所经，有激流险滩，凡百余步，故名百步洪。因距城较近，又称徐州洪。此处洪水波涛汹涌，气势磅礴。史书记载："水中有限石，悬流迅急，乱石激涛，凡数里始静。舟行过此，少不戒，即破坏覆溺。"宋代著名文学家苏轼任徐州知州时，与友人驾小舟游泗水察水情，北上圣女山，南下百步洪，尽享惊涛行舟之乐，自觉美不胜收，但同时他也注意到了此番考察对于国家漕运和水系治理的重要性，古代漕运，西至汴梁北至北京，一二千里运道上只有徐州洪和吕梁洪最为险恶。唐高祖武德七年（624），尉迟敬德曾开凿治理过徐州洪。

明成祖建都北京，当时徐州段南北运河尚未开通，运道仍以黄河经徐州沿泗水北上，所以朝廷很注重徐州洪的治理。

永乐十三年（1415），朝廷设徐州洪工部分司。本司设有主事一员，初授承直郎，升授承德郎，月俸米十石。初，专为漕运而设。据清顺治本《徐州志》载："本洪宋元皆名'百步洪'，去州城东南二里许，巨石盘踞，巉崿龃龉。汴泗经流其上，冲激怒号，惊涛奔浪，迅疾而下。舟行艰险，少不戒，即坏溺害与洪水等。故名曰'洪'。其形象'川'字，有三道：中曰'中洪'；西曰'外洪'；东曰'月河'，即里洪。相传唐尉迟敬德经略徐、吕二洪，热火石烂，从而凿之，遂成水道。宋元佑（祐）中，京东转运使上言朝廷，委官度地穿凿，修月河石堤，置上下闸。"永乐十二年（1414），平江伯陈瑄凿洪通漕，洪口置闸。正统七年（1442），参将汤节于上流筑堰，月河南

① 嘉靖《疏凿吕梁洪记》碑文，现坐落于江苏省徐州市铜山区凤冠山上。

口设闸。成化中，主事郭升、尹珍、饶泗，嘉靖中，主事戴鳌、陈□[1]相继修砌两岸牵路石坝，（嘉靖）二十五年（1546），主事冯有年修东岸石堤十六丈。隆庆二年（1568），因洪水安流，本司裁，六年（1572）议复，万历六年（1578）又"裁，归并吕梁"。

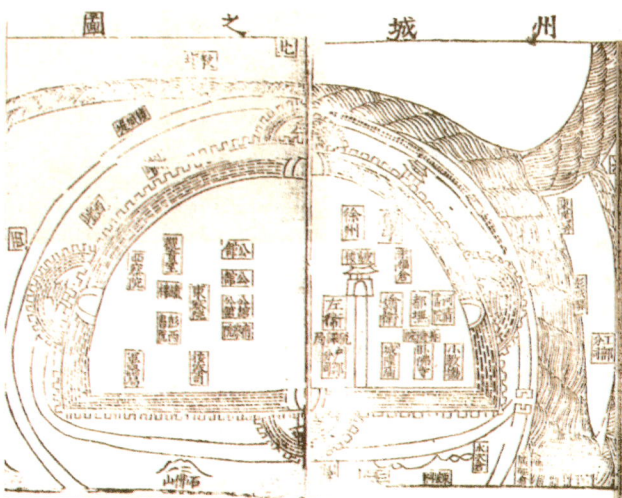

图 7-3 徐州洪工部分司

永乐十二年（1414），陈瑄凿徐、吕二洪通漕。据《南河全考》记载，永乐十二年（1414），"平江伯陈瑄请凿徐州洪，以通漕运，更于洪口建闸"。[2]《天下郡国利病书》载，永乐十二年（1414），"浚元会通河，以达漕舟于京通。十三年（1415）乃罢海运，悉从内河。一浚真楚诸湖，引江舟入淮；再浚徐州洪，引淮舟入济；最后疏汶河，达漕卫漳御，而济舟抵于直沽矣"。[3]同年，陈瑄主持漕运，开凿百步洪，并在徐州建仓置舍转运漕粮。经过历代多次的疏凿，至嘉靖二十年（1541），徐州洪其险尽平。但由于黄河泥沙大量淤积，至清咸丰五年（1855），黄河再度北徙，徐州一带便留下了一条高于两侧地面5~7米的废黄河，而徐州洪已淤埋于地下，形迹荡然无存。

（三）秦梁洪

秦梁洪位于今之京杭大运河畔。史载，秦始皇帝二十八年（前219）冬，始皇帝巡过彭城，首在此处打捞周鼎，未获，遂在泗水两岸积石为梁，长一里，高五丈，后人因此称之为秦梁洪。此后的很长一段时间里，史料中关于秦梁洪的记载都为之甚少。笔者翻阅古今史料，终于《河防一览》一书中见其记载："秦梁洪者，乃自古出于始皇帝也，与其宝鼎渊源之厚谓徐人之故也，而略终属二洪[4]（指徐州洪、吕梁洪）之列而不可不重视，然凿洪治运，匪以邀功，不得已也。嘉靖庚子十九年（1540）冬，然河决徐

---

① 清顺治本《徐州志》作"陆鳌、陈辅"。
②〔清〕傅泽洪，郑元庆：《南河全考》，引自《行水金鉴》卷106。
③〔明〕顾炎武：《天下郡国利病书》原编第11册，淮徐。
④ 指徐州洪、吕梁洪。

州，明年辛丑，徐云集桥流塞。于是秦梁洪渐浅，舟楫上下，悉由中洪，而里外通于二洪，遂以摒弃。顾兹中洪，年久不用，疏凿横突，隐见于波涛之间，激飞湍而鸣雷霆者，无虑数十块，舟一不戒，而杆其上焉，磨拽斯须，辄敝坏而不救。适足岁冬

图 7-4 古洪汉桥

河冻夫闲，可以兴役，乃召夫总甲刘福等谕意，众咸乐从。今年正月即毅然举事，募匠纠夫，躬亲劝督，万夫子来，昼夜并手协作，诸凡门限，洪中等石，划削殆尽。费银凡四百两，是则请于万安郭公守衡，而动支本洪岁办革来折色，不丝栗干于民焉。修凿告成，险阻以去，洪流深缓，牵路砥平，一时军民商贾，阖然称便。携石而载之言，聊以志岁月云尔。嘉靖二十一年（1542）秋月记。"[1]

　　明代徐州地区的漕运受到了运河、黄河及三洪各渠的影响，河道犬牙交错，这虽然在一定程度上增加了漕运的困难，但历经明代历朝统治者的苦心修筑经营后，徐州境内的漕运河道基本畅通无阻，为当时朝廷掌握国家的经济命脉提供了便捷畅通的交通条件。

---

① 〔明〕潘季驯：《河防一览》卷6，古今稽证《修凿中洪记》。

第二节 国家大廠广运仓

明清时期的水次仓与国家的漕运政策、军事政策以及政治中心的变迁密不可分。水次仓是指水边的粮食仓库，主要用于接纳或存留通过运河或自然河道转运而来的漕粮，其作用类似于中转站。明清时期，国家大部分漕粮从江南数省起运，为便于运船停留与军丁休息，朝廷在天津、德州、临清、徐州、淮安等沿运城市设立水次仓，以暂贮国家漕粮。从某种程度上讲，正是因为运河的疏通与漕运的发展才促进了沿运城市的繁荣与兴盛，而水次仓在其中的意义功不可没。

一、明清徐州运河水次仓的设置与沿革

明朝洪武时期，定都南京，对漕粮的需求量不是很大，即使有一定规模的漕粮转运，也主要用于练兵或边防需要。永乐迁都北京后，国家政治中心北移。《大明会典》记载："国朝自永乐定都于北，军国之需，皆仰给东南。"①经济中心与政治中心的分离，使得漕运规模扩大。"盖京师，天下腹心也，郡县犹肢体也，运漕犹咽喉也。"②但此时的运河经过元末农民战争及黄河的淤塞，早已残破不堪，运道无法畅通。为疏通河道，永乐九年（1411），明政府命令工部尚书宋礼总领其事，都督周长及刑部侍郎金纯协助，征发山东济南、青州、兖州、东昌、登州、莱州民夫16万人，南直隶徐州、应天、镇江等州府民丁、军卒10余万，用不到半年时间就疏通了从山东济宁到临清385里的会通河道。疏通后的会通河"深一丈三尺，广三丈二尺"。同时，从济宁到临清建闸15座，以节制水源，保持运道通畅无阻。徐州水次仓正是在此时得到进一步发展的。

（一）明代

会通河疏浚以后，运河的通航能力大为加强。每年通过运河的漕船有上万艘，漕粮数百万石。为转运存储漕粮，明廷在运河沿线修建了多处水次仓储。"迨会通河成，始设仓于徐州、淮安、德州，而临清因洪武之旧，并天津仓凡五，谓之水次仓，以资转运。"各仓具体情况详见下表：

① 〔明〕李东阳：《大明会典》卷27《会计三》，漕运。
② 〔明〕萧端蒙：《漕河策》，陈子龙：《明经世文编》卷286。

表 7-3 明代运河五大水次仓

仓名	分类	设置时间及规模	仓储位置	粮食来源
天津仓	天津仓、天津左仓、天津右仓	永乐二年（1404）设仓，三年（1405）增露屯1400所	直沽	海运江南漕粮
德州仓	德州仓、常盈仓	洪武年间置仓，永乐十三年（1415）扩建，东仓廒29座，西仓廒12座	在旧州城北门外，正统时移到城内	明初转运存储江南漕粮，后接纳山东、河南漕粮
临清仓	临清仓、广积仓、常盈仓	洪武年间建，仓廒72座，共720间	在临清州城内	明初转运存储江南漕粮，后接纳山东、河南漕粮
徐州仓	永福仓、广运仓	永福仓设于洪武元年（1368），广运仓设于永乐十三年（1415），宣德五年（1430）增建仓廒100座，房1,000间	徐州城南一里	苏、松、宁、池、庐、安、广德等处漕粮
淮安仓	常盈仓	永乐十三年（1415）建，仓廒80座，房800间	清江浦南岸	江西、湖广、浙江等处漕粮

本表依据杨宏:《漕运通志》卷6,漕仓(《四库全书存目丛书》第275册·史部);杜婉言、方志远著,白钢主编:《中国政治制度通史》第九卷·明代(人民出版社,1996年版）制作而成。

徐州地处南直隶北部，位于连接南北二京的中间地带，水陆交通极为发达，自古为南北兵家必争之地。迦河未开凿之前，江南之粮北上必须经过徐州，而北上之粮船又必须经过徐州吕梁、百步、秦梁三洪。为防止意外事故的发生，大量漕粮需先集中于徐州水次仓，然后再从徐州仓中取粮北上。

明代徐州水次仓有两座,分别为永福仓和广运仓。永福仓"旧在州左,洪武元年（1368）设,知州文景宗建。景泰四年（1453）知州宋诚、成化十年（1474）知州陈廷琏相继修增"①。"隆庆三年（1569）改为学。户部主事朱光宇、知州章世祯即旧学地建仓",后为水所毁没。②广运仓"距城南二里许",东临泗水,永乐十三年（1415）"为漕运转输建"。宣德五年（1430）,"增创仓廒凡一百座。成化中,罢转输,令卫军径诣仓兑。正德前,中使司之。嘉靖初,罢中使,惟部使督之如故"。③《漕运通志》也记载:"徐州仓（广运仓）宣德五年（1430）增建,在城南一里,建置上同,廒一百座,共一千间,今存五十一座,共五百一十间。"后仓廒倾圮,仅存四座。主事

---

① 明万历本《徐州志》卷2,公署。

② 清顺治本《徐州志》卷2,公署。

③ 清康熙六十一年（1722）本《徐州志》卷13,官署。

梅守德"方图修复，会任满，去。主事尹梁继任"，修复六座。^① [①]

1989 年徐州奎河清淤，在袁桥南河底发现明代石碑一通。碑首额题篆书"徐州广运仓记"六字。碑文叙述了广运仓的方位、仓储和占地规模、功能建筑的布局组成。在"成化丁酉年（成化十三年，1477）"对广运仓进行一次大规模修葺后，徐州广运仓恢复了鼎盛时期的规模。

附近的地质勘查资料表明，表土第一层为杂填土，厚约 2.3 米；第二层是粉质黏土，厚约 2 米；第三层为淤泥质黏土，厚 2.5 米。第三层的底部为老地面，土中夹有陶片、碎砖石块。广运仓碑就坐落在这层老地面上，碑的近旁还清理出古树桩等。在附近的基建施工中，三层土曾发现过大量腐烂的粮食。根据考古发掘和历史资料记载，该地确认为明代徐州广运仓旧址。《徐州广运仓记》碑文（参见第十章下之《徐州广运仓记》）

图 7-5 徐州广运仓碑

填补了历史文献资料记载的空白，成为明代五座"国储"粮仓唯一的实证。

（二）清代

明代徐州永福仓、广运仓均没于水。清朝建立后，虽对粮仓也有修建，但比明代已是有减无增。顺治二年（1645），郎中陈嘉胤执掌徐州仓，在明代徐州广运仓原址上"修葺衙宇"，"创建南廒一座"，并建有楼房、仓神祠及大门垣墙。^②四年（1647），户部郎中王维屏管徐州仓，"办事清简"。六年（1649），进士张云翼司徐州仓，为事"惠商恤民，汰灾役"。 [②]

清初所设的"徐州仓户部分司"在康熙四年（1665）裁撤后，徐州仓（广运仓）的情况就鲜有记载。嘉庆后，徐州仓基本默默无闻，几乎从各种史料中消失。

二、明清徐州运河水次仓的管理与运作

徐州运河水次仓作为明清时期转运、存储漕粮的重地，受到了封建统治者的高度重视。为维持仓储秩序的稳定，明清两朝均从上到下设立了一系列机构对徐州水次仓进行管理。这些管理机构和管理人员对徐州水次仓或间接监督，或直接控制。其人员的数量既与国家的漕运政策有关，同时也与徐州水次仓规模、河道状况密不可分。

（一）明代徐州运河水次仓的管理与运作

明代徐州水次仓管理机构齐全，职责明确。除户部所辖的徐州户部分

---

① 明嘉靖本《徐州志》卷7，漕政。
② 清顺治本《徐州志》卷2，公署。

司主事直接掌管广运仓、永福仓仓务之外，广、永二仓均另设判官、大使、副使，俱不入流，月俸三石，"兼督于户部分司"。此外，还有劳役性质的差役如攒典、斗级、库子等。据《徐州广运仓记》碑文记载，"甫设判官一，大使二，副使四，攒典十二，斗级一百八十，仓夫一千九十"。另有致仕武官 2 人率老幼军丁 10 人把手，半年一更。合计共有 1301 人。仓中所储粮食最高达 200 余万石，"皆江浙直隶东南一带民运"。后来由于"官军司其事者出纳多弊。户部请于上，肆增部官一员，期年更代。未几，复设内臣二员恒兼之"。由此可见明廷对徐州广运仓管理的重视。正统以后，陆续裁减差役人数。景泰后，"粮运直达于京，而所储减三之二，官夫悉如其减"。虽然管理官员及仓夫有所减少，但按照"悉如其减""三之二"的比例来估算，也应保持不少于 430 人的规模。

徐州水次仓由于位于黄运交汇区域，所以在明初"支运法"时转运漕粮数量相当庞大。永乐十二年（1414），"平江伯陈瑄等始议原坐太仓岁粮，苏州并山东兖州送济宁仓，河南、山东送临清仓各支收。浙江并直隶卫分官军于淮安运至徐州，京卫官军于徐州运至德州，各置仓廒收囤，山东、河南官军于德州接运至通州交收，名为支运，一年四次"[1]。永乐十三年（1415），"扬州、凤阳、淮安三府秋粮内每岁定发六十万石运至徐州仓"[2]。宣德四年（1429），"（平江伯陈）瑄及尚书黄福建议复支运法，及令江西、湖广、浙江民运粮五十万石于淮安仓，苏、松、宁、池、庐、安、广德民运粮二百七十四万石于徐州仓"[3]，甚至安徽铜陵的漕粮也通过其仓储基地大通港运往徐州仓。

由于支运法对江南民众造成严重的负担，所以明廷又实行兑运法。兑运法使民运漕粮数量大为减少，军运专业化程度加强，而且无须将漕粮运往四大水次仓，而由民众运往江南瓜洲、淮安水次仓，然后由漕军运往北京。但是支运法在此期间并没有废除，不愿意运往江南水次仓的民众仍可运粮到四大水次仓。即"正统初，运粮之数四百五十万石，而兑运者四百八十万石，淮、徐、临、德四仓支运者十之三四耳"[4]。景泰五年（1454），山东、河南、江北地区发生严重灾荒，为防止饥民冲击淮安、徐州仓储，朝廷"筑淮安月城以护常盈仓，广徐州东城以护广运仓"[5]，"成化初，岁荐灾，京储不足，召商于淮、徐、德州水次仓中盐"[6]。

① 〔清〕陈梦雷：《古今图书集成》卷162《漕运部·汇考八·明二》。
② 〔清〕永瑢、纪昀纂修：《江南通志》卷77《食货志》，漕运。
③ 〔清〕张廷玉：《明史》卷79《食货三》，漕运。
④ 〔清〕张廷玉：《明史》卷79《食货三》，漕运。
⑤ 〔清〕张廷玉：《明史》卷168，江渊传。
⑥ 〔清〕张廷玉：《明史》卷80《食货四》，盐法。

成化七年（1471），应天巡抚滕昭为进一步减轻民众负担，将江南地区的漕粮直接交给运军，然后付给运军一部分漕粮作为路耗，作为运军运粮之用。数年后，朝廷进一步规定原先在淮、徐、临、德支运的七十万石漕粮也全部改在水次交兑，这种运粮方式被称为改兑法，又称为长运法。但是由于各地区缴纳漕粮的日期和方式存在差异，兑运法和支运法仍在一定的区域范围内存在，并且一直断断续续延伸到明末。

长运法较为明确的实行时间是在成化十一年（1475）。当时朝廷规定："罢民运淮、徐、临、德等仓粮，令军船径赴水次领兑，运递京、通二仓交纳。"[①]长运法的优点是完全消除了民众的负担，形成了专业化的运军队伍，运粮的效率得到了提高；缺点是运军常年奔赴于运河南北，不仅压力增大，而且面临种种勒索和责难。长运法施行以后，徐州水次仓存粮数量大为减少，一般只接纳附近几个州县的税粮，数量在十万石左右，据清顺治本《徐州志》和《太仓考》记载，徐州广运仓"岁额夏税秋粮共二万八千一百五十石"，如遇灾伤，每石折钱四钱，共"银一万一千二百六十两，内徐州所属一万八千一百五十石，凤阳府属一万石"；徐州永福仓则"岁额粮一十一万六千五百四十二石一斗二勺四抄六撮四圭九粟"，遇灾每石折银三钱并各折不等，共折"银四万五千二百九十三两四钱四分四厘九毫八综"。

正统、景泰、成化时，国家虽已实行兑运法，并定每年漕运额为四百万石，但实为支兑兼用，五大水次仓仍然每年存支运粮上百万石，且不断接受冻阻、挂欠、漂流漕粮，其粮贮量并没有明显降低。以至正德年间，徐州广运仓出现了兴盛的局面，有仓厫百座、仓房千间，可"储粮百万石"。明代大运河每年粮食运输量达四百万石以上，而运粮于徐州仓的年份可"达二百七十四万石"之多，徐州仓所占比例高达 68.5%。

广运仓不仅规模宏大，而且戒备森严、设施齐全。仓储四周"墙下有堙"，高墙垣、深壕沟；"值宿有铺"，四门设有门房警卫。墙垣之内则"区画"齐备，还建有神庙、亭阁、花园、凿池、筑山，"槐柳翁郁，松竹交加"，以供官员们闲暇游憩。

嘉靖年间，广运仓的盛况不减正德时期。2002 年秋，袁桥南、徐州酒厂的热电厂工地施工时出土了两块有关广运仓的碑刻。两碑尺寸大致相同，高 2.5 米、宽 0.8 米。其一为青石碑，碑首弧形，碑文题于"嘉靖甲子（嘉靖四十三年，1564）仲春（二月）既望（十六日）"，内容大致描述了徐州

————————
① 〔清〕张廷玉：《明史》卷79《食货三》，漕运。

广运仓东徐州洪的水流态势。另一为竹叶纹石碑，碑额亦为弧形，碑首篆书《会计堂记》，碑文讲述了为官之"德政"。两碑的下半截有约一米高的部分已发黑，水锈遍布碑体，似为碑先立于污泥水中，久后又被湮埋于地下土中所致。这两块碑刻均为明代嘉靖后期的纪事碑，内容均涉及广运仓、永福仓的盛况和逸事，补充了徐州广运仓特别是没有更多文献记载的永福仓的史料。《会计堂记》碑文证明了嘉靖年间永福仓的编制尚存，因此史料价值更高。

由于淮、徐、临、德每年存预备粮过多，加上久不支用，以至于腐烂不能食。在这种情况下漕粮改折越来越盛。万历十四年（1586），"户部又以临、德二仓粟米积久成腐，将二仓每年坐派山东、河南应解漕米十九万四千四百石，余石尽征折色"①。漕粮的大量改折，不仅使京储不足，而且使四大水次仓无粮可存，其救灾平漕的功能也无法发挥。由于改折之风得不到遏制，到万历三十一年（1603）时，运往京城的漕粮仅为一百三十八万石，不仅京城驻军无粮可食，就是官僚皇室用粮也入不敷出。在这种情况下，仓储日益空虚，到崇祯时期，由于国家矛盾尖锐，农民起义不断，国家无暇顾及仓储管理，徐州水次仓也随着漕运衰落下去。

朝廷在不断整修广运仓、调拨粮食的同时，徐州洪也经多次治理，"其险尽平"，上下洪均无险，南北粮漕船可在奎山的东山头北麓、广运仓南门靠岸。广运仓的南门位于运河（黄河）西岸，运河修有为直接进入仓院内的支流，称为"支河"。这条支运河除作为粮船靠岸进仓的通道外，还与护仓濠相同，是仓濠的直接饮水源。支河后来成为万历十八年（1590）"奎河"的一段，故在清顺治本《徐州志》中有"浚奎山支河以泄之"的排洪记载。清同治本《徐州府志》的《徐州府外城图》上仍称奎河为支河。20 世纪60 年代，广运仓仓东的这条"支河"河道仍依稀可见，保留于"护城石堤"之东，黄河主河道以西。

（二）清代徐州运河水次仓的管理与运作

清代共有六大水次仓，分别设在德州、临清、徐州、淮安、南京、凤阳。②清代徐州水次仓的管理机构和管理方法与明代相比，既有共性，又有差异。

明代漕法"初支运，次兑运、支运相参，至支运悉变为长运而制定"③，所以徐州水次仓在各个不同阶段所发挥的作用也不同。明初，徐州水次仓转运漕粮数目较大，所以朝廷不仅派遣户部主事进行监督，而且还不定

①〔明〕王在晋：《通漕类编》卷4《漕运》。
②〔清〕赵尔巽：《清史稿》卷121《食货二》，仓库。
③〔清〕张廷玉：《明史》卷79《食货三》，漕运。

期的让御史进行检查，发现舞弊现象可直接上报刑户或皇帝。自永乐、宣德时就形成了"水次仓有天津、临清、徐州、淮安、德州凡五处，两直隶、府、州、县、都司、卫及各省司、府、州、县皆置仓，累年建革不一。其内外各仓管粮官，总督则有侍郎，提督则有郎中、员外郎、主事等官，巡视则有御史等"①。宣德后皇帝更派遣中官对徐州水次仓进行监管，与户部主事共同管理。宦官势力深入仓储，一方面反映了中官在明代中后期已经成为一种庞大的势力，延伸到了国家政治、经济的各个方面。另一方面也说明了皇帝对监督仓储官员的不信任，所以派宠幸的宦官对其进行监视。明中后期实行兑运法和长运法，水次仓功能和作用削弱，但转运仍然在一定程度上存在，几乎贯穿整个明王朝。即使到了明中后期朝廷对徐州水次仓不再予以重视，但监督官员仍以中央派遣的户部司官为主，维持着形式上的国家化。

　　而清代徐州水次仓的管理则多有反复。清代漕运方法继承明代长运法，漕粮由运军从江南、江北运道直接运往京师，水次仓很少起转运的作用。清代徐州水次仓存粮几乎没有超过十万石，其作用也只是满足运军和地方灾荒救济。顺治初，沿用明代管理方式，由户部官员管理仓储，后来由地方或钞关代管。康熙时又由户部官员管理，后又由地方管理。清政府之所以在徐州水次仓运作上出现如此多的反复，除了徐州水次仓的管理较为简单、功能较小以外，另外一个重要的原因就是清代漕粮改折的数目很大，水次仓存储漕粮除部分留作备荒外，绝大多数都通过改折的方式进入了中央户部，成为国家的财政储备。

　　总体上讲，清代徐州水次仓的历史地位远不如明代。从横向上看，清代徐州水次仓与其他水次仓相比规模较小，无论是存粮数量还是征银数目都不如其他仓储。从纵向上看，清代徐州水次仓不仅在储粮数量上较明代大为减少，而且在管理程序上也不如明代完善。其原因在于：一、运法。清代漕粮始终实行长运法（也称"直达法"），并不在水次仓装卸存储漕粮。二、漕粮的来源及运输人员。清代徐州水次仓主要接受南直隶和附近省份部分州县的漕粮，并且由民众自行运送，因此专业化程度不高。三、漕粮的用途。清代徐州水次仓存储的粮食基本不是为皇室、官僚、京城驻军服务，而是用于支给漕运军丁行月钱粮、附近军队开支以及救灾服务等。

　　顺治二年（1645），朝廷差户部司官管理徐州广运仓，但康熙四年（1665）即停部差，徐州仓粮务归淮安仓户部分司与淮徐道兼管，而税务

---

① 〔清〕米奇龄：《续文献通考补》卷28《国用补三》。

先归淮扬道，后归徐属河务同知，再后归中河分司。当时徐州仓"额征本色米麦二万六百九十三石，银二万五百一十七两，从徐州所属州县征解，隶属淮徐道管辖"①，粮税的主要来源也只是徐州下属的几个州县而已。

康熙三年（1664），为加强对水次仓户部司官的监督与考核，规定"淮、徐、临、德四仓监督，自到任至任满，按月扣算，凡任内钱粮与旧欠钱粮各作十分，如任内钱粮全完，又完旧欠至二分以上者，记录一次；至四分以上者，加一级；一分者，免议。未完一分者，罚俸三个月；二分者，罚俸六个月；三分者，罚俸一年；四分者，降一级调用；五分者，降二级调用；六分者，降三级调用；七分以上者革职"②。清廷对水次仓监督考核的目的是为了增强国家对漕粮的收缴力度，扩大满清统治者控制社会的物质基础，希望通过对仓储官员的鞭策来增加国家的粮食积蓄。对于地方州县征收漕粮运往徐、淮二仓的县级官员，又题准"淮、徐、临、德四仓及凤阳、江宁二仓钱粮，州县官欠不及一分者，停其升转，一分者罚俸六个月；二分者罚俸一年；三分者降俸一级；四分者降俸二级；五分者降职一级；六分者降职二级；七分者降级三级，俱戴罪督催，完日开复，欠九分以上者，革职"③。其他布政司、督粮道、知府、直隶州知州均担有督促地方县级单位征收钱粮的权力，如不能按时完纳，要承担连带责任。

康熙八年（1669），朝廷规定，各地榷关根据征收银数委派各部属员或地方官员管理，其中"挖运厅、居庸关、徐州仓税额较少，应交与地方官征收"④，徐州仓因黄河变迁，运道改变，其地位较明代有所下降，商业也不甚发达，所以税收额数较少于其他运河水次仓。

乾隆十六年（1751），进一步规范徐州仓征粮银数，定徐州仓征银二万一千五百十六两五钱六分七厘，麦五千六百三十九石九斗五升九合，豆四千三十七石四斗一升六合。

至嘉庆年间，徐州仓不再征粮，而是只征收改折银，岁额"银二万七千六百九十五两有奇，耗银二千七百六十九两有奇"⑤，徐州水次仓的衰落便是从嘉庆朝开始的。徐州仓从清初专门存贮漕粮的仓储机构到嘉庆时逐渐演变为类似于征税与收存银两的财政机构，充分显示了国家漕运的衰败及税粮折银对水次仓的影响，这种变化一方面反映了社会经济的

① 〔明〕王在晋：《通漕类编》卷4《漕运》。
② 〔清〕伊桑阿：《康熙朝大清会典》卷28《仓庚一》，水次仓。
③ 〔清〕伊桑阿：《康熙朝大清会典》卷28《仓庚一》，水次仓。
④ 官修《清文献通考》卷26《征榷考》，征商·关市。
⑤ 〔清〕托津：《钦定嘉庆朝大清会典》卷15《水次仓》。

商品化程度提高，另一方面也带来了清末社会的粮食危机。

嘉庆后，漕粮改折越来越多，徐州水次仓的漕粮就多以改折形式征收。道光时，运道浅塞和漕粮海运更加剧了徐州水次仓的衰败。清代黄河的几次泛滥和改道对徐州经济的发展造成了灾难性的后果，特别是咸丰五年（1855）黄河决口，运河山东段被拦腰截断，徐州段运河遂不畅通，徐州水次仓也只能和徐州一起衰落下去。

明清时期徐州水次仓的管理存在着很大的弊端。洪武时期，法律严明，对犯罪官吏处罚严酷，所以徐州水次仓运作效率较高，腐败现象较少。后宦官势力深入仓储，他们不但贪污腐败，而且勾结监仓官员和地方泼皮扰乱仓纪、勒索民户、迫害地方。虽然一些廉洁的官员对此极为愤怒，并上书皇帝要求撤销监仓中官，但这一现象仍存在了近百年。由他们所遗留的仓储弊端为以后其他仓储官员所沿袭，对水次仓的正常运作产生了极大的危害。清代徐州仓储腐败现象较明代更甚，在雍正、乾隆时期出现了多起影响很大的仓储腐败案件。但由于清代徐州水次仓存粮较少，而且由地方管理，所以贪渎现象在史料中并不多见。

三、徐州运河水次仓的功能与作用

随着会通河的疏浚与海运、陆运的罢停，内河漕运成为明清两朝五百余年间国家税粮运输的最主要形式，不仅是封建王朝维系国运的经济命脉，而且也刺激了沿运城市的社会经济发展。

明清时期徐州运河水次仓的功能与作用主要表现在政治、军事、社会、经济等方面。政治和军事功能主要体现在转运、存储国家漕粮以供应京城皇室、官员、军队的粮食需求。社会和经济功能则体现在灾荒时期的赈济、填补漕粮缺额以及促进当地社会经济发展等方面。

（一）政治军事功能

明政府定都北京后，京城不仅有众多的皇亲国戚和行政官员，而且有数十万的驻防军队。为满足巨大的粮食需求，明代每年转运的漕粮大约在四百万石，通过淮安、徐州、临清、德州、天津等仓转运到通州仓或京仓。

明代官僚体制分为文武二级，从正一品到九品不等。由于级别及职能的不同，他们的俸银也存在着很大的差异。公、侯、伯这些世袭勋爵以及公主、驸马都尉皇室人员的禄米都在千石以上。据《太仓考》记载，"魏国公（徐达及其后代）禄米五千石，本色二千石，折色三千石。英国公（张辅及其后代）禄米三千二百石，本色一千五百石，折色一千石，内折绢二百石，随府米一百石。成国公禄米三千石，本折色各一千五百石。定西侯禄米一千五百石，本折各七百五十石头。平江伯禄米一千石，本折各五百石。宣城伯禄米一千石，本折各五百石。宁安大长公主禄米一千石，本色七百石，折色三百石。驸马都尉禄米一千石，本色七百石，折色三百石"①。上面只是其中一小部分的勋爵及皇室贵族俸禄数量，不在其中的其他人员俸禄也不低于一千石。总计所用漕粮数量为本折米七万四千一百三十石，这部分漕粮虽然占四百万漕额的比例很小，但这只是明初的统计数字，随着皇室人员的增加以及功臣后代的繁衍，其所占比例也会不断扩大。

关于中央和地方官僚本折的比例，永乐十九年（1421）朝廷规定"一品至五品，三分米，七分钞。六品至九品，四分米，六分钞"②。文官俸禄为，正一品岁该俸一千四十四石，内本色俸三百三十一石二斗，折色俸七百一十二石八斗，本色俸内除支米一十二石外，折银俸二百六十六石，折绢俸五十三石二斗，共该银二百四两八钱二分。从一品八百八十八石。正二品七百三十二石。一直到从九品六十石，未入流三十六石为止。武官俸禄为，左右都督每月俸粮八十七石，岁共一千四十四石。都督同知每月俸粮七十四石，岁支八百八十八石。都督佥事每月俸粮六十一石，岁支七百三十二石。永乐以后，国家对官员俸禄的比例有所提高，但是也多以本折分成的方式发放。

徐州广运仓不仅是进入京畿的门户，而且是国家漕粮转输的必经之地，接纳其他仓储转运来的漕粮。广运仓的储存能力可观，可达两百余万石，粮盐并存，平时起到收纳、储备之用，有力地维持了明朝的封建统治。如《漕运通志·漕例略》记载收储情况："永乐十三年（1415），罢海运粮。徐州并山东兖州府秋粮内，每岁定拨三十万石，俱运赴济宁仓。又令浙江都司并直隶卫分官军于淮安，运粮至置仓收囤③。京卫官军于徐州运至德州置仓收囤。"宣德四年（1429），"瑄及尚书黄福建议复支运法，乃令江西、湖广、浙江民运百五十万石于淮安仓，苏、松、宁、池、庐、安、广德民运粮二百七十四万石于徐州仓，应天、常、镇、淮、扬、凤、太、滁、和、徐民运粮二百二十万石于临清仓，令官军接运入京、通二仓"。④正统元年（1436），"运粮四百五十万石，内兑运二百八十万一千七百三十五石，淮安仓支运五十万二百六十五石，徐州仓支运三十四万八千石，临清仓支运三十万石，德州仓支运五十万石，通州仓收六分，京仓收四分，南京仓收

①《太仓考》卷4，岁支。
②《太仓考》卷4，岁支·在京俸粮。
③〔明〕杨宏：《漕运通志》卷6，漕仓，见于《四库全书存目丛书》第275册·史部。
④〔清〕张廷玉：《明史》卷79《食货三》，漕运。

二万石"。①

清代京城皇室、官僚用粮多以直达漕粮为主,徐州水次仓存储粮食并不直接为皇室服务,一般通过改折的形式折银入部。入部的银两大部分用于皇室和官僚的俸禄开支,因此清代徐州水次仓从根本上讲也是服务于统治阶层的。

徐州水次仓漕粮最主要的用途就是供应卫所军队和运军行月钱粮的需求。明清时期,军事行动比较频繁,在全国各地都驻扎着大量的军队,用以防御少数民族和国内的叛乱。这些军队分布于全国数百个卫所之中,人员近二百万。其中,仅明代徐州地区驻扎的徐州卫和徐州左卫就有一万三千多人。大量军事人员和军事行动、公益工程需要庞大的粮食消费,而这些粮食就来自于水次仓转运或存储的漕粮。据《漕运通志·漕例略》记载,成化二年(1466)定每三年浚仪真、瓜州港,令"高邮、淮安、大河、邳州、徐州、徐州左六卫,俱于徐州仓支米麦二石六斗"。

另外,明清时期的漕运军丁人数也达十多万人,他们每年奔波于运河南北,将漕粮从各水次仓运往京师,他们的粮食消费和俸禄开支也由水次仓支给。运军是漕运的基本队伍,对于保障漕粮的输送起着重大的作用。明清时期专业运军达十多万人,他们的任务十分艰难,不仅要转运漕粮,而且对运河沿岸的治安状况也负有管理之责。明初对运军十分苛刻,他们俸禄微薄,不仅有风波覆溺的危险,而且衣食无着,整年奔波于运河南北,少有与家人团聚的日子。为增强运军的积极性,明中后期和清代允许运军携带一定的私人物品在运河沿岸城镇出售,以提高他们的收入,补贴其生计。明清时期运军的俸禄支出有行粮和月粮之分,行粮指运军运粮时的消费,月粮则是他们的固定收入。成化三年(1467)规定,"高邮、淮安、大河、邳州、徐州、滁州左六卫俱于徐州仓支取米麦二石六斗"②。

清代运军的俸禄则根据运粮路程的远近有所不同,一般从江南水次出发的俸禄较高,江北的则相对较少。顺治初规定"江南、江宁等卫,领运千百总各有廪俸,又支行粮三石,运丁每名行粮三石,月粮十二石,俱本折各半。行粮每石折银一两一钱,月粮每石折银一两。镇江卫千百总不支行粮,运丁每名行粮二石九升五合,月粮九石五斗四合,本折各半。行粮每石折银八钱,月粮每石折银五钱。安徽、宁、太、庐、淮、滁、徐等卫千百总于廪俸外,照各卫兼支行粮,运丁每名行粮二石四斗、二石六斗、二石八斗不等,月粮八石、九石六斗、十一石六斗、十二石不等。本折各半,

①《明英宗实录》卷22,正统元年九月甲午条。
②《明会典》卷25《户部十》,漕运。

行粮每石折银四钱、八钱、一两、一两二钱不等，月粮每石折银三钱、四钱、五钱、八钱、一两不等，以上行月粮本折于各州县卫南屯银米，及折漕加漕新增减扣工食等项，并淮安、凤阳、徐州三仓支给"①。

清代漕运实行直达法，所以运军所行路程远于明代，他们的月粮收入也比较高。明清运军俸禄支出以就近为原则，江北卫所从临、德二仓支，江南卫所军队则从淮、徐、凤等仓支取。

（二）社会经济功能

徐州水次仓位于大运河中段，连接南北，其仓粮存储能力在宣德时位居全国首位，救灾功能相当明显。据民国本《铜山县志》记载，景泰二年（1451），"徐郡大饥，发广运仓赈济"。三年（1452）"八月，徐州水灾。十一月，尽发徐州仓粟赈贷，应输南京者补其缺"。四年（1453），"徐州大水，民益饥，道殣相望。王宏尽发广运仓米赈之"。《江苏省通志稿》记载，成化二年（1466），淮安、徐州等地发生灾荒，"发徐州水次仓粮二十万石，赈济本州属县。仍敕巡抚都御史林聪斟酌，各府州县饥民，下户许报五六口，上户不得过十余口，每口给粮一石，以苏其困"。

作为明代国家漕粮存储重地，徐州水次仓的漕粮不仅用于当地救荒，还曾被用于江南、山东等地的灾荒赈济。《江苏省通志稿》载，成化二年（1466）闰三月，右都御史周瑄言："南京军民饥馑，凤阳、淮安等府今岁饥荒特甚，乞敕该部计议，发淮安府常盈仓粮二十万石，赈济凤阳及淮安所属州县，发徐州水次仓粮二十万石，赈济本州属县。"夏燮《明通鉴》载，嘉靖七年（1528），"浙江杭、嘉、湖等处灾伤，诏于充军粮米二十万石、南京仓粮六万石，并徐州仓粮四万五千石，每石折银五钱，通融分派灾重州县，以苏民困"。四十年（1561），"山东济南等六府饥，发临德二仓米三万石，徐州仓米二万石给"。②隆庆三年（1569），"河大决沛县，漕艘阻不进。帝从大立请，大行赈贷。大立又请漕艘后至者储粟徐州仓，平价出粜，诏许以三万石赉民"③。康熙二十四年（1685），户部左侍郎苏赫疏言："臣踏勘江南被灾，邳州、宿迁、高邮、邵伯、盐城、兴化等六州县卫所，黎庶罹灾，有房屋飘荡，见今贫乏，不能糊口者，有仅度一二月者，应蠲免赈济。查凤阳、徐州、淮安等仓，所有积年支给运丁余剩米麦，应行动用。"④

①〔清〕伊桑阿：《康熙朝大清会典》卷26《总运一》。
② 中国社会科学院历史研究所资料编写组：《中国历代自然灾害及历代盛世农业政策资料》，农业出版社1988年版。
③〔清〕张廷玉：《明史》卷223，翁大立传。
④《清圣祖实录》卷122，康熙二十四年九月甲寅条。

徐州水次仓救济的范围主要集中在江南州县，救济方式一般为折银或发粮，数量在数万石到二十万石之间，这个数目既可以在一定程度上救济灾民，又不危及明政府的漕粮总数四百万石之额，是国家漕运可以承受的调拨数目，一旦超过这个范围，政府一般会采取其他方式救济，而不会过多动用水次仓储存的漕粮。

明清徐州水次仓的另一个重要作用就是填补漕粮缺额，国家每年漕运需求量以四百万石为标准。每当遇到灾荒或京城存粮不足时，往往会将徐州及各水次仓剩余米麦运往京、通仓，以满足国家需求。清代徐州水次仓存粮不多，未超过十万石，即使用于填补漕粮缺额，作用也不是很大。通常会将存粮折为银两，运部买粮入仓。这样不仅减少了粮食长途运输的耗费，而且促进了京城附近粮食交易的扩大和商品贸易的繁荣。

（三）对徐州城市发展的影响

明清徐州运河水次仓除了有其重要的政治军事和社会经济功能外，其对明清时期徐州城市的发展也产生了重要影响。

明代徐州广运仓、永福仓等仓储机构的设置使得徐州成为漕运重地，再加上徐州重要的地理位置、交通条件以及徐州洪和吕梁洪两处险段的存在，更使得徐州成为明代前期治黄保运的关键地区。明初，朝廷在徐州设置徐州仓户部分司和徐州洪、吕梁洪、夏镇工部分司，设置徐州、徐州左二卫所，可以看出这一时期徐州城市地位的重要性。另外，运河的流经和水次仓的设置，使得大量漕船和南北商船在此停留，也促进了徐州当地社会经济的繁荣。明人陈仁锡在《重建徐州洪神庙记》中称："凡四方朝贡转漕及商旅经营者，率由是道。"[1]成化年间，李东阳在其《吕梁洪修造记》中写道："国家定都北方，东南漕运岁百余万艘，使船往来无虚日，民船、贾舶多不可籍数,率此焉,道此其喉襟最要地也。"[2]朝鲜人崔溥在其著作《漂海录》中更是称："江以北，若扬州、淮安，及淮河以北，若徐州、济宁、临清，繁华丰阜，无异江南。"[3]因为运河的流经和水次仓的设置，使得徐州城市地位相比以前大为提高。而万历年间泇运河的开凿所带来的运道东移，加之明代支运法的废止，共同导致了广运仓的衰落，徐州的城市地位也因此大大降低，难以恢复前期的繁荣景象。到了清代，徐州水次仓的历史地位已远不如明代，而其城市地位更是一落千丈。

可以说，明清时期徐州水次仓的盛衰与徐州城市地位的起落有着紧密

① 〔明〕陈仁锡：《皇明世法录》，见于《四库禁毁书丛刊》史部·第15册。
② 〔明〕陈子龙：《明经世文编》卷54《李西涯文集》。
③ 〔朝〕崔溥：《漂海录》，社会科学文献出版社1992年版。

的联系，大体上存在这样一个规律：仓兴则城盛，仓败则城衰。究其原因，则是由于徐州水次仓设立于运河沿岸，它对徐州城市的选址和建设一定程度上存在着相互制约的关系。

景泰五年（1454），为了既便于储粮护仓，又使运输方便，明代政府扩建了徐州的南城，将原来在城外的广运仓扩进城内，这在同治本《徐州府志·纪事表》和民国本《铜山县志·纪事表》中都有相关的记载。天启四年（1624），河决奎山，徐州城中水深一丈三尺，官舍民房全被淹没。兵备杨廷槐强请迁城于城南的二十里铺。兵科给事中陆文献上《徐州不宜迁六议》，论述"徐州不宜迁"的六条原因中就有"四为仓库不当

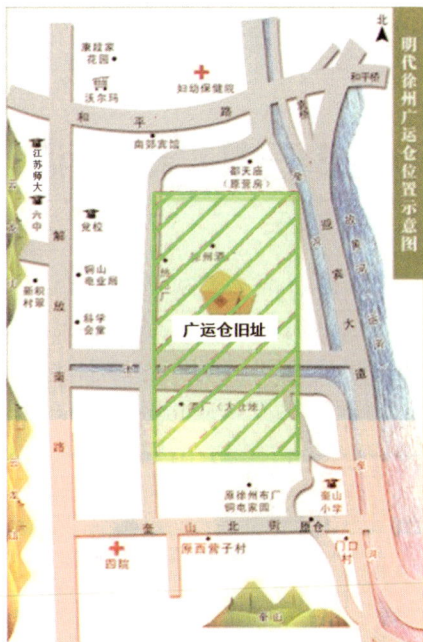

图7-6 徐州广运仓徐州博物馆考古所

迁"这一条。① 于是迁城之事才算作罢，而不得已暂将州治迁到城南二里的云龙山东。同治本《徐州府志·建置考》记载了陆文献的原文："徐设卫所，宿重兵，贮库运仓，改兑米一十九万六千有奇，差户部漕郎领之。今城迁则仓储将徙之新城乎？将因仍旧地乎？图新，则仓粮之旱脚滋繁；如仍旧，则积贮之防卫谁属？况部司兼摄税务，则部署不能远河，仓廒又岂能远河。至官军之防卫，道镇之弹压，其不能去河又明矣！"

徐州运河水次仓对明代徐州城市的选址和建设产生了重要影响。据明正统本《彭城志》记载，明代广运仓利用了徐州城南奎山之北的元代武安州旧城。《徐州广运仓记》碑文载："今广运仓即其地也……在州治南二里许，百步洪环其左（东），云龙山耸其右（西），军屯亘乎前（南，为奎山），市肆横于后（北），而仓岿然中立，雄伟闳靓。"其整体地势，南高北低。如此有利的仓储位置，不但不能弃，反而应扩城郭、屯重兵以护卫之。清代的徐州仓继承了明代广运仓的基础。据考古资料显示，清末的徐州仓，南北长330米，东西宽270米，但也只是明代广运仓原址上的东北一角，规模远不能与明代广运仓相提并论。由此亦可窥测明代徐州广运仓之雄伟壮阔。

① 《明熹宗实录》卷63，天启五年九月丙辰条。

第三节 三教九流黄河沿

明清时期，乃至近代以来，徐州黄河沿聚集着一批下层贫苦人群，他们有的靠出卖体力维持生计，也有的靠手艺、"绝活"甚至坑蒙拐骗等不法行为谋生。徐州黄河沿在一段时期内出现过漕运鼎盛的繁荣盛况，它是国家富强、百姓富足的真实写照，但同时也饱含着无数劳动人民的血泪与辛酸。

一、徐州河上劳工与徭役

对于漕运系统来说，没有庞大的劳动力群体是不行的。在运河徐州段两岸，有一批从事体力劳动、帮助和维持漕运系统基本运转的百姓，他们充当着各种角色：闸夫、浅夫、船力、造船厂漕船的维修工、坝夫等。据陈瑄当时的估计，每天来往于淮安至徐州段运河两岸入役的劳力就有三万余人。[1]

明代知县有维持所辖县境内漕河河段之责。他们在履行此项职责时，会指派一些官员协助其征召当地的劳力。因此，从事维修漕河河段的劳役处在地方官员的直接管控之下。此外，许多技术工匠及其家庭也是按规定直接登记注册并分派给漕河各机构的。每隔一段时间，每户家庭就须向有关机构提供一名劳役。这种徭役是无偿的，官府也不供应秋粮。据《漕河图志》记载："漕河夫役，在闸者，曰闸夫，以掌启闭。溜夫，以挽船上下。在坝者，曰坝夫，以车挽船过坝。在浅铺者，曰浅夫，以巡视堤岸、树林、招呼运船，使不胶于滩沙，或遇修堤浚河，栗而役之，又禁捕盗贼。泉夫，以浚泉。湖夫，以守湖。塘夫，以守塘。泉、湖、塘夫差的职责主要是守护水源，以供运道不时补水。又有捞沙夫，调用无定。挑港夫，征用有时，若计工重大，则发附近军民助役，事毕释之。排里甲顾税者不算，其曰带口粮米水之物，不依官府也。"[2]

应召的劳役人数不是固定的，一般是按照服役的任务来计算工程量。

---

① 〔明〕王琼：《漕河图志》卷4。
② 〔明〕王琼：《漕河图志》卷3

嘉靖七年（1528），漕运总督唐龙在邳县附近修建新沟渠时，就一次性征发了五万多名劳役，①加重了百姓的负担。朝廷为了缓解这些问题，有时会给劳力提供口粮，但在服役当中的花费还需由劳役本人先垫付，因此徐州地方财政每年能从这些劳役身上节省几万两白银。

但有些工程通常不需要如此多的劳役。一般情况下，每铺都是几人到几百人不等。"沛县浅铺，劳役十九，每铺老人一名，夫二十名，共夫三百八十名；丰县一百三十九名；砀山县二百一十五名；萧县一百一十九名。徐州浅铺三十六，每铺老人一名，夫四十名，共夫一千四百名；睢宁县浅铺十一，每铺老人一名，夫一百五十名，共夫一千六百五十名。"弘治二年（1489），因运道通流，每铺暂停一百三十名，存留二十名。"邳州浅铺十，每铺老人一名，夫一百五十名，共夫一千五百名。"弘治三年（1490），"每铺减留二十名。邳州卫、东城□浅铺，浅夫二十名"。②然而许多证据表明，服役的人群中有很大一部分是由他人代替服役的，如在徐州附近急流处服徭役的苦力是由萧县输送的。③

在徭役兑换成银两支付到地方财政后，该县知县就无须再输送劳役了，但当地官员必须把每个劳役的人头银收缴上来，交给负责管理急流的漕河机构。当然，其中的一部分是用来填补地方财政漏洞的。据《天下郡国利病书》记载，成化十三年（1477），敕工部管河郎中言："凡河道夫役之税可为经文便益者，悉听从宜处置。乃得不拘常额，量用多寡，定拟征派，又多为榜示，以防欺弊，严行校核，以杜贪腐。由是，银钱积有羡余，桩缆急有备入库而民不受害，今照得徐地南北军民船只运粮载货，夫役纳力，其实便益军民而得先银千两有奇，不责办有司，故里巨而官不知费。"④

明中后期一条鞭法的实施，对徐州的漕运劳役制度产生了重要影响。它虽是朝廷用来合并和简化徭役征召的政策，但实施起来反而较原先更为复杂。

一条鞭法最早在南直隶颁行，是该地区各区域为达到税收和劳役兑换目的而实施的一系列行政命令，但这些行政命令既非系统化，也无全国统一标准。一条鞭法的推行，或许包含了所有服役人应该完成的任务，或许没有完全包含，但至少在徐州地区，部分税收仍然征收实物，劳役征收仍在进行。还应指出的是，地方财政虽然在一条鞭法推行后有所改善，但大

---

① 明嘉靖本《徐州志》卷7，漕政。
②〔明〕工琼：《漕河图志》卷3。
③〔明〕顾炎武：《天下郡国利病书》第11册。
④〔明〕顾炎武：天下郡国利病书》第1、2册。

量的行政程序和制度漏洞或多或少地为某些地方官员试图抵消一条鞭法的效能提供了机会。徐州地方官员可以随意操纵许多税收的细节问题，这样就容易滋生腐败。虽然一条鞭法反映了以钱币代替实物和劳役进行征收的总趋势，但给服役人带来的后果则难以估量。久而久之就造成了银贵粮贱的结果，服役百姓叫苦不迭。虽然如此，绝大多数的劳役还是不得不遵守规定，完成他们的服役任务。

在徐州与沛县之间的运河沿岸，有这样一群劳役，他们和普通人一样，负责保护堤道，但由于夏季黄河沿岸经常受到洪灾的威胁，因而他们必须在服役期间长期生活在堤道上。服役时，他们有权选择将家人带到工地上一起生活。在徐州附近，这些人的总数一度达到一万五千多人。[①]不过这些人不同于那些拉着官船前进的纤夫。他们的人数不固定，甚至不属于法定的为漕河服徭役的苦力。多数情况下，只要地方官员找到了他们，无论何时何地，甚至他们不属于里甲服役的范围，他们还是会被迫服役效劳。《治水筌蹄》中有记载："河道侍郎察有堤五夫，与无堤用，有夫无铺，与无夫同。邳、徐之堤，为每里三铺，每铺三天。南岸自徐州青田浅起至宿迁小河口而止，北岸自吕梁洪城起至邳州直河而止。为总管府佐者例察，南铺以千文编其号，北铺以百家编其号，不胜，则管以游天五百驰至；而守河于徐、邳之间，亦接其法。正夫信地而补，各督其队，无事，则驻定如山，协征夫以修，纠征夫以导，每岁五月十五日上堤，九月十五日下堤，以募力充之。著为例。"

由此可以看出，在当时的环境下服役百姓是如何辛苦。如果再遇上大的洪峰灾害严重影响运河漕道，除这些劳役外，官府还要大规模征派或强行折扣劳工去抢险救灾。虽然客观上保障了当地百姓免受洪灾之苦，但这绝非统治者的初衷。他们这样做主要是为了保障朝廷的漕运命脉不受水患洪灾的破坏，从而保证运粮进京的时间。对当地衙门的各级官员而言，他们则可以利用抓役救灾的幌子向朝廷邀功领赏，用百姓的血汗来捞取个人的政治前途。而服役的百姓不过是统治者刀俎上的鱼肉而已。

从徐州地区的状况便可看出漕运水利徭役对当

图 7-7　黄河渡口《禁碑》拓片

---

① 〔清〕陈梦雷：《古今图书集成》第695册。

时整个社会的影响是何其深刻。从徭役与财政和漕运水利之间的关系来看，它的影响可以说是广泛的，它是运河沿岸各个城市在如何解决这三者之间的矛盾时所面临的一个共同问题。当然，只靠徐州或某一个州府本身是没有办法解决这个矛盾的。其根源还在于封建王朝的管理体制，在于贡赋和小农制度以及由此而引起的一系列的社会变化。也许这种变化的缺点在每个王朝初期还没有完全暴露出来，但当它随着王朝的兴盛和发展壮大而逐渐成熟时，其显现出来的特点之一便是生产关系严重不适应生产力的发展状况。这一点，在出现了资本主义萌芽的明中后期显得尤为突出。徐州地区的情况只是整个国家的一个缩影，但这也许是朝廷日后在面临农民起义时出现的财政困难、漕运崩溃甚至最终导致整个王朝覆灭的一个间接因素。

二、明清以来徐州黄河沿江湖行当

在徐州段运河两岸，除了有从事体力劳动、帮助和维持漕运系统基本运转以谋生的百姓外，明清以来至近代，乃至解放前，还有一批走江湖的谋生者。所谓"江湖"，在中国文化中有多种含义。其直接含义泛指江河湖海、四方各地。但在此处应体现的是其间接含义，即民间、远离官府的地方。也指四方流浪，靠卖艺、卖药、占卜等手段的谋生者，亦指这种人所从事的行业。

江湖有自己的一套游戏规则。明清以来至新中国成立前，活跃在徐州黄河沿、大坝头、黄楼、庙会、各县的码头、集市的卖艺人，谋生也绝非容易之事，需要头脑灵活、能说会道、精明强干，并有软硬兼施的手段和本领，方能立足。这一时期的徐州江湖行当主要有：

（一）卖艺人

卖艺人又分为好几种，有变戏法的，有练武把式的，有耍猴的，有玩魔术的，林林总总，热闹非常。

（二）说书人

说书场大多较简陋，说书人坐在桌子后面，道具是一把折扇，一方惊堂木。说书人手持折扇，声情并茂，讲的内容主要为历史小说，如《三国演义》《隋唐演义》《七侠五义》《杨家将》《岳飞传》《施公案》《彭公案》等。每当说一段落或关键处，惊堂木一拍：欲知后事如何，且听下回分解。接着，书场伙计便开始向听众讨赏钱。至新中国成立初期，徐州的书场仅剩84家，且多集中于黄河沿，各县数量不等，情形大致相同。

（三）曲艺人

1. 口技

口技是一门优秀的民间表演技艺，属于杂技的一种，起源上古时期的狩猎，人们通过模仿动物的声音从而骗取猎物获得食物。《史记·孟尝君列传》记载，孟尝君出使秦国被秦昭王扣留，其一食客装狗钻入秦营，偷出狐白裘献给昭王爱妾以说情放孟。孟逃至函谷关时，昭王又令追捕，另一食客装鸡叫引众鸡齐鸣骗开城门，孟尝君得以逃回齐。这是最早将口技运用到军事领域的记载。及至宋代，口技已成为相当成熟的表演艺术，俗称"隔壁戏"。从宋代到民国时期，口技在徐州黄河沿盛为流行，表演者用口、齿、唇、舌、喉、鼻等发声器官模仿大自然各种声音，如飞禽猛兽、风雨雷电等，使听众如有身临其境之感。

2. 相声

相声，是华北地区的一种民间说唱曲艺，来源于八角鼓，在明朝转变为相声。"相声"古作"象声"，模拟口技而来，一个人说为单口相声，两人说叫对口相声，三人以上叫群口相声。相声讲的是"说、学、逗、唱"四种技巧，寓庄于谐，以讽刺笑料反映社会生活现象，以引人发笑为艺术特点。新中国成立初期，徐州黄河沿的"百花园"曲艺场，说相声的名家有张明新、王元臣等，深受广大观众的喜爱。

3. 木偶戏

木偶戏，古代又称"傀儡戏"，由一人敲锣打鼓，一人操纵木偶，口中模仿木偶的角色唱念表演。西洋镜和木偶戏在清末的徐州黄河沿广受欢迎。

4. 大鼓

大鼓，又称书鼓，两面蒙皮、扁圆形，放在鼓架上，演者手持鼓板或铜制鸳鸯板，站着演唱，不论何调离不开十三大辙。新中国成立前，徐州较有名的大鼓艺人张朝聘、张家成、郑良怀、张立仁，西河大鼓名家谭金秋，唱渔鼓的有朱元才、刘宪松、魏傻子，唱花鼓的卜庆春，河南坠子名家范筱英、周玉兰、徐玉兰、郭美珍，唱徐州扬琴的有张二妮、崔金兰等。新中国成立初期在大同街曲艺实验书场演出，20世纪60年代迁至"百花园"。

5. 快书

快书，以说为主兼表演的一种艺术形式，不同地域和方言采用不同的方式和风格。有山东快板书、天津快板书、上海锣鼓书等。由于徐州与山东有着特殊的地缘关系，因此，在徐州地区影响较大、流传较广的当属山东快书。此行当名声最响的是山东快书表演艺术家高元钧（1916—1993）。他14岁拜戚永立为师，20世纪40年代随师来徐州，在黄河沿卖过艺，后又到金谷里娱乐场鸣凤茶社演出，专说《武松传》，在徐州生活了十余年。

（四）西洋镜

西洋镜是电影未普及前的一种动画片。西洋镜，徐州方言叫"洋片"，是旧时西洋传入我国的一种根据光学原理暗箱操作的逗乐装置。需两人协同操作：一人将画框推进特制的大影箱，观众从镜孔观看，另一人在影箱另一头接换。

（五）占卜者

明清以来，在徐州黄河沿从事占卜这一行当的盲人占有一定比例，他们以人的生辰八字、阴阳五行及天干地支来推算人的命运，妄论人一时一生的吉凶祸福。也有的以为人看风水谋生，被称为"阴阳先生"，主要替人相住宅、相墓地。旧时盖房、修墓都要讲究风水好坏，求得子孙兴旺，财运亨通。这些占卜者多在黄河沿、桥头等处立窑摆摊，也有流动者，手持"诸葛神算某半仙""风水八卦"等字样的招牌，手中打着竹简，口中吆喝着"预知祸福""指点迷津""算卦"等。

（六）行医卖药者

此行当又分卖眼药的、卖咳嗽药的、卖膏药的、卖药糖的、卖牙疼药的、卖大力丸的、卖人丹的、卖闻药和避瘟散的、卖丸散膏丹的，等等。他们多集中于黄河沿。新中国成立前，人们往往把那些卖假药行医的江湖骗子和江湖郎中混为一谈。其实江湖郎中也真有一些治病偏方，如烫伤、皮癣、咳嗽等小症，但大多号称有祖传秘方、宫廷秘方、能包治百病的郎中多为骗子。那个时代医学不发达，穷人有头疼脑热便请江湖郎中看病开药，一些骗子通过这种途径挣钱相当容易。

（七）镖师

过去商贾官宦出远门携带钱财货物，怕被绿林或盗贼劫掠，便请保镖护送，于是镖局应运而生。清末民初徐州脚行运输业的保镖有帮派大字辈的陶昌风，人称陶六爷，系新沂人，武艺高强。当时徐州及各县的马车、洪车的货车队插上陶的镖旗，土匪都不敢妄动。另外还有一位著名的镖头高大奎，此人曾在光绪年间为慈禧太后的禁卫军开道。1923年5月6日发生的震惊中外的临城劫车事件，当局在中外的强大压力下，不得不邀请这位帮首镖头前往劫车头目孙美瑶据点抱犊崮说情。

随着社会的发展，镖行逐渐衰退，一些会拳脚功大的人便闯荡江湖，靠打拳卖艺为生。这在新中国成立前的黄河沿倒是常见，习武卖艺者扎靠紧束，脚蹬薄底快靴，双手作揖念念有词，说完便伸展腿脚，将枪棒取出施展武功，不外乎枪刺咽喉、钢板击头、滚地九节鞭等，演完后双手抱拳讨赏。此时，围观者纷纷解囊。

（八）人贩子

人贩子，旧时指通过施诈、诱拐等手段，以贩卖人口为业的人。他们会趁大人不备，将儿童诓骗或劫持，弄到远方卖掉。有的使用骗术，将年轻妇女骗到手，利用运河的交通便利随之将其卖到外埠，买方大都是老光棍汉，将买来的女子严加看管，想逃出很难。明清时期，每逢荒年，或是遇黄河水患，也会出现贩卖人口的"人市"。徐州黄河沿三马路处在明清时期便是一个"人市"，在那儿可以做买卖妇女、儿童的交易。

（九）娼妓

"娼"，一般是没有受过培养教育的性服务者，多是因生活所迫，靠为纤夫、贩夫、漕夫和底层人群提供生理满足而获取收入者，徐州州（府）县的黄河沿岸均有。徐州以奎山附近的大车店、小客栈居多。而受过专业训练，甚至能说会唱、琴棋书画兼通者，称为"妓"，是为达官贵人、漕头、把头服务的，收费较高，徐州及各县均有，档次不一，以徐州黄河沿"金谷里"的档次较高，服务亦周全。妓院取名并不直接，有的叫"书寓"，有的叫"棋院"，有的叫"雅室"。"金谷"取自于历史上石崇藏娇的金谷园，以之命名这一片区。

北宋以前的城市，一般是坊、市分区，即住宅区与商业区严格分开。及至唐朝，一些城市的商业区

图 7-8 金谷里

域扩大到城外，叫作草市。北宋时期，城市的发展出现了新的转折。随着商品经济的发展和城市人口的增加，原有的"坊""市"界限被彻底打破，商店可以随处开设，不再采取集中的方式，从而刺激了城市商业功能的凸显和商业地位的崛起。同时，由于旧坊制被打破，城市中行业分区性逐渐消失，城郊和市镇便逐渐成为城市和乡村的桥梁和纽带。加之明清时期的黄河绕徐州城而过及诸条运河的开凿，更加使徐州成为漕粮物资输送、南北商贾往来的重要集散地。这也是导致徐州市井文化繁荣的一个客观环境。

第四节 海外名人河上客

京杭大运河全长 1700 多公里，元明清时期作为沟通南北经济和交通的大动脉，不仅促进了沿线城镇经济的发展和南北经济文化的交流，也成为当时连接中国和世界的桥梁和纽带。元明清时期，大批外国使者、传教士、旅行家等由此经过，运河沿线的交通和水利设施、城镇乡村以及风土民情，给这些运河上的外国人留下了深刻的印象，京杭大运河也因此成为外国人观察当时中国物质文明和精神文明的重要窗口。

一、马可·波罗（1254—1324）

元代疆域极其辽阔，交通便利，东西方文化交流日趋紧密。徐州地理位置显要，加之南宋绍熙以来黄河南徙，更使徐州成为水陆交通要衢，为中外文化在此交流融会创造了优越的客观条件。这一时期，世界著名旅行家马可·波罗关于邳州的见闻记述极具代表性。

马可·波罗出生于意大利威尼斯的一个商人家庭，后来他辗转来到中国，受到元世祖的信任并被留下做官。他在中国生活了十七年，所见东方风物甚多。公元 1296 年，他在威尼斯与热那亚的海战中被俘，在狱中由他口述自己当年在东方的见闻，由狱友鲁思梯谦笔录成《东方见闻录》（又名《马可·波罗行纪》）。该书在当时的欧洲社会引起了强烈的反响，以至于此后数百年间对欧洲人的中国观产生了深远的影响。

马可·波罗在其书第一百三十六章中写道："离此临州城后，南向骑行三日，沿途皆见有环墙之城村，并富丽，尚属契丹境。居民是偶像教徒，人死焚其尸，臣属大汗，使用纸币，不用其他货币，有世界最良之鸟兽以供猎捕，凡适于人生之百物皆饶。行此三日毕，抵邳州，城大而富贵，工商业颇茂盛，产丝甚饶。此城在蛮子大州

图 7-9 马可·波罗

入境处，在此城见有商人甚众，运输其货物往蛮子境内，及其他数个城市聚落。此城为大汗征收赋税，其额甚巨。"[①]

马可·波罗在《东方见闻录》中有关邳州的描述，弥补了《元史·地理志》中对邳州记述过简之不足。更重要的是，他把七百年前邳州地区人情风物的鲜活资料介绍到了欧洲，加深了当时欧洲社会对远在万里之遥的邳州地区的了解，有力地促进了邳州地区与欧洲的文化交流。

二、崔溥（1454—1504）

朝鲜成宗十九年、明朝弘治元年（1488）正月三十日，朝鲜济州等三邑推刷敬事官崔溥闻父丧，率从者42人登船奔丧，不幸遭遇风浪，漂流海上14天，历经艰险，在明朝宁波府属地获救登岸。在中国官员的押送下，从宁波沿着运河北上通州，崔溥也成为明代行经运河全程的第一个朝鲜人。

（一）崔溥及其《漂海录》

崔溥在北京觐见明朝皇帝后，于四月二十四日从北京会同馆起程，由陆路回朝鲜。回国后，奉李朝国王之命撰写经历日记，七天后向成宗进呈，此日记即是《漂海录》。据其书载，崔溥北上过徐路线如下：

钟吾驿（直隶淮安府宿迁县）→直河驿（直隶淮安府邳州）→下邳驿（直隶淮安府邳州）→邳州城→新安驿（直隶淮安府邳州）→房村驿（直隶徐州）→彭城驿（直隶徐州）→夹沟驿（直隶徐州）→沛县→泗亭驿（直隶徐州沛县）→兖州府

据《漂海录》载，崔溥于弘治元年（1488）二月初六日押抵杭州，十三日从杭州起程北上。一路上船行运河，过驿过闸，二十一日达镇江，次日渡江至扬州，二十七日抵淮安，三月二十七日到达通州张家湾，贯通运河，全程历时44天。

尽管此书出自朝鲜人之手，但在一定程度上能够反映出明代社会的政治、经济、文化、交通和生活习俗等多方面的状况，尤其是关于明代运河交通和水利设施以及运河沿岸城镇的记载，极为难得，具有重要的史料价值和学术价值。

（二）《漂海录》与明代徐州运河

崔溥从浙江登陆以后，一路沿京杭运河北上，对京杭运河本身有了进一步的认识，对沿途的堤坝闸等水利设施做了详细的描写。

坝之制：限二水内外两旁石筑作堰，堰之上植二石柱，柱上横木如门，

[①]〔意〕马可·波罗口述，鲁思梯谦记录，沙海昂注，冯承钧译：《马可·波罗行纪》第一三六章，商务印书馆2011年版。

横木凿一大孔，又植木柱当横木之孔，可以轮回之。柱间凿乱孔，又劈竹为绚，缠舟结于木柱，以短木争植乱孔以庆之。闸之制两岸筑石堤，中可容过一船。又以广板塞其流以贮水，板之多少随水浅深。又设木桥于堤上，以通人往来。又植二柱于木桥两旁，如坝之制，船至则撤其桥，以索系柱，句上广板通其流，然后拉舟以过，舟过复塞之。[①]

总的说来，对运河的治理遵循着"水泻，则置堰坝以防之；水淤，则置堤塘以捍之；水浅，则置闸以贮之；水急，则置洪以逆之；水会，则置嘴以分之"的原则，因地制宜，从而确保运河的畅通。

崔溥等人于三月二日经过徐州的房村驿。《漂海录》记载："是日，少雨大风。自新安驿过马家浅、双沟、丰沛萧砀四县夫厂及房村集，又过金龙显圣灵庙，至吕梁小洪。以竹索纤舟而上，过尼陀寺，西岸有关羽、尉迟恭、赵昂之庙。又过房村驿至吕梁大洪。"

明代徐州段运河极为重要而又难以治理，原因就在于有吕梁洪和百步洪（徐州洪）两处险段。"洪"是方言，石阻河流曰"洪"，自徐州洪至吕梁洪五十里间，水流落差大，水中怪石林立。二洪中尤以位于徐州城东南五十里处的吕梁洪最称险恶。吕梁洪分上、下二洪，绵亘七里余，水流湍急，水中怪石林立，船只经过必须依靠纤夫的牵挽，否则不但逆水行舟艰难，且可能撞上水中巨石，致船毁人亡。徐州、吕梁二洪如此之险，故史书中多有"徐、吕二洪者，河漕咽喉也"，"自汉唐来，粮运皆避之"的说法。崔溥在这里用生动的语言为我们详细地描述了徐州吕梁洪之险状："洪在吕梁山之间，洪之两旁水底乱石、巉岩峭立，有起而高耸者。河流盘折至此开岸，豁然奔放，怒气喷风，声如万雷，过者心悸神怖，间有覆舟之患。东岸筑石堤，凿龃龉以水势。虽鼻居舻必用竹绚，须十牛之力，然后可挽而上。臣等自青山龙神寺前，逆洪水过形胜楼，夜过工部分司、王家桥、李家桥、老聃庙至水首庙前。洪之湍急处可八九里。"[②]

三月初三日，崔溥等人经过徐州城。《漂海录》记载："是日，雨，大风。晓过九女塚、子方山至云龙山。山上有石佛寺，甚华丽。其西有戏马台、拔剑泉。又过蝗虫集、夫厂、广运仓、国储门、火星庙至彭城驿。登庸门、进士朱轩在驿前。徐州府城在驿西北二三里。徐州，古大彭氏国，项羽自称西楚霸王定都于此。城之东有护城堤，又有黄楼其旧基，即苏轼守徐时所建。苏辙有《黄楼赋》至今称道。"

① 葛振家：《崔溥〈漂海录〉评注》，线装书局2002年版。
② 葛振家：《崔溥〈漂海录〉评注》，线装书局2002年版。

运河的流经导致了明代前期徐州商品经济的繁荣，崔溥在《漂海录》中称："江以北，若扬州、淮安，及淮河以北，若徐州、济宁、临清，繁华丰阜，无异江南。"

崔溥在此还看到了明代徐州段运河的另一险段百步洪（徐州洪），崔溥同样在《漂海录》中做了详细的记载："臣等自驿过夫厂，厂在两水交流之中。过至百步洪，泗、洙、济、汶、沛水合流自西北，至徐州城北，泗清汴浊会流，南洪于是洪。洪之湍急处虽不及吕梁之远，其险峻尤甚。乱石错杂，磊砢如虎头鹿角，人呼为翻船石，水势奔突，转折壅遏，激为惊湍，涌为急溜，轰震霆，喷霰雹，冲决倒泻，舟行甚难。臣船自工部分司、清风堂之前，用人工百余，徇两岸牵路，以竹所缚舟，逆挽而上。"①

由于徐州段运道的重要性，再加上有吕梁洪和百步洪两处险段，明朝投入了大量的人力和物力对其进行治理。永乐十二年（1414），平江伯陈瑄疏凿河道，并于吕梁上洪洪口建闸。永乐十六年（1418），又置吕梁洪上、下二闸，上闸在洪北，下闸在洪南。宣德四年（1429）十一月，经陈瑄奏议，在谢沟、胡陵城分别设置闸官。宣德七年（1432），进一步深凿吕梁漕渠，并安置了两座石闸，按时启闭以节水。英宗初年，"再浚引河水及徐、吕二洪，西小河会通安流"。②据清同治本《徐州府志》记载，正统七年（1442），"参将汤节在徐州洪上游修筑堤坝，逼水归月河，在月河南口设闸以积水"。成化四年（1468）六月，工部管洪主事郭昇奏请"以大石修砌吕梁二堤，外锢铁锭，内填杂石，又奏请凿去外洪恶石"。继郭昇之后，徐州洪主事尹珍、饶泗又相继凿去洪中乱石。

在治理徐州洪的同时，对吕梁河道也进行了开凿。成化五年（1469）三月，王俨对吕梁下洪进行了凿治，"石如狼牙交者，断之；如牛饮下者，截之；如龟背露者，夷之；渊然鱼鳖之宫，窒之"。③崔溥等上岸步行，见铺石坚整，于是询问随行的明朝官员傅荣："治此路者其有功于后世乎？"傅荣答曰："在昔，此路湫隘，稍遇水涨，无路可寻，水退则土去石出，艰于步履。近年，郭昇、尹庭用相继修补，用石板甃砌，扣以铁锭，灌以石灰，故若此坚且固矣。"④从崔溥和傅荣的问答中可以看出，明代前期对徐、吕二洪的治理可谓取得了显著成效。

三月四日，崔溥等人继续北行，在徐州城东见到了当时的运河浮桥。《漂

---

① 葛振家：《崔溥〈漂海录〉评注》，线装书局2002年版。
② 〔清〕张廷玉：《明史》卷85《河渠三》，运河上。
③ 〔明〕杨宏：《漕运通志》卷6，漕仓，见于《四库全书存目丛书》第275册·史部。
④ 葛振家：《崔溥〈漂海录〉评注》，线装书局2002年版。

海录》对此有记载："以舟为桥，截河流，号为大浮桥。桥之上下，樯竿如束。拨桥中二舟以通往来船，船过还以所拨之舟，复为桥。"①

三月五日，崔溥等人继续前行。《漂海录》记载："过刘城镇。是日晴。晓发船，过九里山至洞山，山有十王殿。又有秦梁洪铺、茶城店、梁山寺至镜山市镇。山有上下寺，皆巨刹。又过集殿、白庙儿铺、夹沟浅至夹沟驿。驿丞忘其姓名，不从陈萱之言，供馈臣等甚优。"

崔溥一行沿运河北上的最大收获是在夹沟驿黄家闸的眉山发现了万翼碑。依据《漂海录》中的记载，万翼碑碑文如下：

洪惟我朝太祖高皇帝龙飞淮甸，混一寰宇，乃建都南京以临天气。暨我太宗文皇帝绍基鸿业，迁都北京。于时，方岳诸镇及四夷朝聘贡赋，每岁咸会于畿内。而滇蜀、荆楚、瓯越、闽浙，悉由扬子江泛东海，沿流北入天津，渡潞河诣京师。其江海之阔，风波之险，京储转输为难，故我太宗文皇帝虑东南海运之艰，乃召股肱大臣往徐、扬、淮、济，度地势，顺水性，东自瓜州，西自仪真，咸作坝以截之，俾不泄于江。仍因近世旧规，凿漕引水为河，而总会于扬，由扬到淮，由淮至徐，由徐至济。自济以南，则水势南下，接黄河会淮入海；自济以北，则水势北流，接卫河会白河亦入于海。上复以地形南北高下不一，分泄水势无以贮蓄，非经久计，仍命有司置闸，或五七里一闸，或十数里一闸，潴水济舟，迨今渊源不竭。自是方岳藩镇与夫四夷朝聘会同，及军民贡赋转输、商贾贸易，皆由于斯。而舟楫之利始通乎天下，以济万民无复江海风涛之厄，我太宗是作实缵禹之功，补天之不足，开万世太平之圣典也。矧徐乃古彭城东方大郡，襟淮带济，为南北两京喉舌。徐之北，黄家村之东，有山溪一派，南流入闸，水势汹涌多伏流，走沙壅塞淤浅，舟楫经此，恒为阻隘，民甚病焉。天顺戊寅春，有司具疏闻于朝，我英宗睿皇帝丕缵洪体，益笃前烈，乃召有司立闸以通之，设官以理之。自是舟楫往来无复前患云云。②

碑文对明朝治理运河的目的、方式、过程做了详细的记载。从材料中我们可以看出，在明成祖时期，由于考虑到东南海运的艰难，遂召集大臣商议治理徐、扬、淮、济等处运河，通过兴修水闸等措施，疏通运道，使得运河河道基本定型，并真正成为连接南北的经济大通道。此后英宗又通过设置官吏以管理各闸口，从而确保了运河的通畅。碑文还介绍了徐州运道的重要性以及黄家闸设立的原因。这段文字和《明史》中永乐帝治理运

① 葛振家：《崔溥〈漂海录〉评注》，线装书局2002年版。
② 葛振家：《崔溥〈漂海录〉评注》，线装书局2002年版。

河的记载有相同之处，为研究明朝对运河的治理提供了可信的文物资料，具有较高的史料价值。看过碑文之后，崔溥等人继续北行。《漂海录》记载："闸官开闸，令人功牵上臣船以过。又行过义井、黄家铺、侯村铺、李家中铺、新兴闸、新兴寺、刘城镇，夜三更至谢沟闸。"

三月六日，崔溥等人经过沛县。沛县位于徐州西北，地处苏、鲁、豫、皖四省交界之地，北靠微山湖，京杭大运河穿境而过。民国本《沛县志》载："沛为徐州北鄙，齐、鲁、滕、曹交错之地，毗连丰、砀、铜、萧，自昔人物俊伟，照耀寰区。"《漂海录》对沛县的名胜古迹更是做了极为详细的记载：

是日晴。晓过沽头下闸、沽头中闸、社学、沽头上闸、刁阳湖、金沟儿浅，有上中下三处，至沛县。县即汉高祖故里也。县之东北有河，即泡河。河之越岸有高墩，其前建旌门，标以"歌风台"之名，即高祖歌大风之处也。县之东南有泗亭驿，即高祖少为泗上亭长之处也。河之西接有圯桥，即张良取履处。飞云闸在河口。臣等溯其河，历其闸，观其台，访其桥，至驿前。

在到达沛县泗亭驿后，同行的明朝官员傅荣问崔溥："足下观我大国制度以如何？自江南抵北都，旧无河路，自至正以来，始为通路之计，至我太宗朝置平江侯以治之。疏清源、浚济沛、凿淮阴，以达于大江。一带脉络，万里通津，舟楫攸济，功保完全，民受其赐，万世永赖。"崔溥答曰："向非此河路，则我等于崎岖万里之路，有百技跋行之苦，今乃安卧舟中以达远路，不知颠仆之虞，其受赐亦大矣。"① 他对明代大运河的交通作用给予了高度评价。

崔溥等人离开泗亭驿后，过水母神庙，冒夜而行。三月七日，经庙道口、陵城闸到达山东兖州府境内。

三、策彦周良（1501—1579）

策彦周良，号怡斋，后称谦斋，日本室町幕府后期临济宗高僧，五山文学后期代表诗人。他博学多才，通晓汉文，分别于明嘉靖十八年（1539）、嘉靖二十六年（1547）先后两次作为日本遣明使副使、正使，率领遣明贸易使节团入明，并将其入明期间的见闻写成《入明记》。这是日本十九次遣明使中留下的为数不多的汉文日记，是了解明朝社会经济、文化制度、风物风俗以及明代中日关系不可多得的珍贵史料。策彦周良在沿运河往返的过程中曾三次经过徐州，留下了众多有关徐州水利和交通设施、名胜古迹和风土民情的记载，对了解明代徐州社会历史具有重要意义。

---

① 葛振家：《崔溥〈漂海录〉评注》，线装书局2002年版。

（一）策彦周良及其《入明记》

"遣明使"是指日本中世（1192—1603）室町幕府向明朝派遣的朝贡使节。明朝 200 多年间，为了打击倭寇、控制私人海上贸易，明廷与日本之间的往来是以勘合贸易形式进行的。从 1401 年（明建文三年，日本应永八年）至 1547 年（明嘉靖二十六年，日本天文十六年）的近 150 年间，日本室町幕府共向明朝派出遣明使 19 次，用于对明贸易的遣明船总计 84 艘，随员达万余人。

国朝初立，"明祖定制，片板不许入海"，实行严厉的海禁政策，并在《大明律》条款中以法律的形式定为基本国策。以至于"有

图 7-10 策彦周良

勘合以来，使船之外绝无往来"，两国之间所有交流只能通过遣明船进行，勘合贸易成为明代中日两国交流的唯一通道，作为勘合贸易参与者的遣明使在其中扮演了重要角色。

策彦周良，日本文龟元年（1501，明弘治十四年）生于丹波（今日本京都、兵库县交界地区），是室町幕府管领细川氏家老井上宗信的第三子。9 岁入佛门，师从天龙寺僧心翁等安。幼时聪慧好学，朝经夕梵，触耳能谙，过目能诵，天赋令其师称奇。10 岁起誊写《三体诗》，并每日在其师面前背诵十首，"恰如屋上建瓴水，半字靡有停涩"。在师等安口授之下，策彦在修习佛法的同时，还兼学《左氏传》《古文真宝》、杜甫、苏轼、苏辙、黄庭坚等诗文集，并涉猎《论语》《孝经》《庄子》《孟子》等儒家典籍。其劬忘寝食，借萤光惜驹阴，多年苦读积淀的深厚汉学修养，使其初出茅庐就被五山禅林文学名家所关注。当时的著名学僧雪岭永瑾和月舟寿桂对其诗文赞不绝口。

策彦 24 岁时，曾替雪岭代制过道旧疏，被誉为"大手笔"。由于策彦品高德厚、博学多才，受到周防国（今日本山口县东南部）武上豪族大内义隆的赏识。1539 年，受大内义隆派遣，任遣明副使入明。因出色完成使命，回国时名声大振，"山中阖众，无长无少，迎郊候门，欢跃累日，贺宾上客，如无虚日"。1547 年，被大内义隆任命为遣明正使再次入明。衣锦还乡后，受到甲斐国护国将军武田信玄的盛情款待。著名的战国武将织田信长曾多次召见策彦，听他介绍大明的自然风光、风土人情等。策彦周良之所以能顺利完成外交使命，除了他"言不妄发，动必循礼，进退周旋中度，善辞

- 223 -

令谙大理"之外,还多得益于其"能诗善书",具有中华"威仪文学"的修养。

嘉靖十八年（1539），日本京都天龙寺湖心硕鼎和尚为正使,策彦周良和尚为副使,出使明王朝。二十六年（1547）,再以策彦周良和尚为正使,出使大明。策彦的两次出使均由宁波登岸,经杭州沿大运河北上。策彦将其入明期间的见闻撰写成日记体的《入明记》。全书20余万字,主要使用汉文,其中掺夹少量的片假名与平假名。《入明记》是日本现存为数不多的遣明使记录,对沿途各地名胜古迹、宗教信仰、地形地势、官吏交往、商贸交易及风土人情均有涉及,是了解明朝的社会经济、文化制度、风物风俗以及明代中日关系不可多得的珍贵史料,曾被日本明治政府列为国宝。

（二）《入明记》与徐州风物

据策彦周良《入明记·初渡集》记载,日本朝贡使团于嘉靖十九年（1540）正月三日由宁波沿运河北上抵达邳州直河驿,十五日离开,停留12天。归程由北京南下,六月二十五日抵沛县泗亭驿,七月七日离开,停留11天。《入明记·再渡集》记载,日本贡使于嘉靖二十八年（1549）二月十一日再次由宁波沿运河北上抵邳州直河驿,二十五日离开,停留14天。策彦使团三次过徐,共在徐州境内停留37天。策彦北上过徐路线如下:

钟吾驿（直隶淮安府宿迁县）→直河驿（直隶淮安府邳州）→下邳驿（直隶淮安府邳州）→新安驿（直隶淮安府邳州）→房村驿（直隶徐州）→彭城驿（直隶徐州）→夹沟驿（直隶徐州）→泗亭驿（直隶徐州沛县）→沙河驿（山东兖州府济宁州）

策彦周良在其《入明记》中对沿途经过的驿站、闸坝等交通和水利设施做了详细记载。嘉靖十九年（1540）正月三日,策周彦良一行由宿迁钟吾驿（时属淮安府宿迁县）乘船抵达邳州直河驿（时属淮安府邳州）。当时的邳州州治在今睢宁县古邳镇,直河驿在州治东南六十里。《入明记·初渡集》记载:"天气初融,卯刻开船,巳刻,著直河驿。舟行十五里,未刻,拨船,船路二十里泊于中流,时维酉。"六日,"卯刻开船,申刻,著新安驿"。新安驿（时属淮安府邳州）在州治西四十里。

沿新安驿北上,策彦周良等人抵达徐州房村驿。房村驿在城东南五十里,永乐十三年（1415）建。《入明记·初渡集》记载,"八日,寅刻,鸣鼓解缆,辰刻,著房村驿","午时,开船,船行五十七里而泊于中流。时已戌,盖以前程有百步洪也"。

关于徐州百步洪之险,元明史料中多有记载。正因为百步洪极为艰险,故策彦周良所乘使船被迫"泊于中流"。离开百步洪后,策彦周良一行抵达徐州彭城驿。彭城驿在城外河东岸,旧在城南二里许,永乐十三年（1415）

建。"九日，巳刻，超百步洪，到彭城驿，舟行三十里。"

在徐州城内停留三天后，策彦周良继续前行，先后经过夹沟驿、谢沟闸、泗亭驿。据嘉靖本《徐州志》记载：夹沟驿，在城北九十里，永乐十三年（1415）建；谢沟闸，在沛县县治西南四十里，宣德八年（1433）工部主事侯晖建；泗亭驿，在沛县县治东南，永乐十三年（1415）知县李举贤建，"成化十八年（1482）圮于水，稍南徙其址，遂多为民窃占。嘉靖丙午（嘉靖二十五年，1546），知县周泾请复故址重建"。《入明记·初渡集》记载："十二日，雨，寅刻开船。辰刻，著夹沟驿，舟行二十里。""十三日，寅刻开船，午刻，过沛县谢沟闸，舟行五十里而泊于中流。""十四日，辰刻拨船，巳刻，著泗亭驿，舟行十五里。"回程时，策彦周良等人再次经过泗亭、夹沟、彭城等驿站。《入明记·初渡集》记载嘉靖十九年（1540）六月二十五日，"立秋，寅刻开船，午刻，著泗亭驿，舟行四十里"。二十七日，"天少阴不雨。辰刻开船，酉刻，著夹沟驿"。二十八日，"酉刻，著彭城驿。舟行八十里，盖以驿前河水之急，不克凑泊，泊于驿外之支流"。

嘉靖二十八年（1549）二月，策彦周良第三次经过徐州。十五日，抵达房村驿。十六日，过吕梁洪。《入明记·初渡集》记载："时方风暴，故四五里许而泊矣。申刻开船，四五里许，又泊于中流。"从中我们可以看到船只过洪之难。过吕梁洪后，策彦周良等人继续前行。"二十二日，晴，卯刻，发彭城而开船，顺风。午后，著夹沟驿。少焉，打廪粮。酉刻，又开船，数里而停泊于中流之闸前。""二十三日，晴，巳刻开船，飓风急而淹滞于中流者数。酉刻，又超闸，水浅故，又泊于中流。"

策彦周良对沿途所看到的名胜古迹做了特别详细的记载。嘉靖十九年（1540）正月四日，策周彦良一行抵达下邳驿。策周彦良携三英、宗桂上岸，访圯桥遗址。圯桥是秦末张良与黄石公相遇并受《太公兵法》之桥。事见《史记·留侯世家》。后桥毁废，故址在今睢宁县古邳镇境内。北魏郦道元《水经注·沂水》载："一水径城东，屈从县南，亦注泗，谓之小沂水。水上有桥，徐泗间以为圯，昔张子房遇黄石公于圯上，即此处也。"因此称其为"圯桥"。《入明记·初渡集》记载："东去驿门二里许，有圯桥，授书房亦在此。房里中央按黄石公像，右侧有二童。左方按张子房像，右侧有二童捧书。有授书山房记镌于石。其略云：子房佐汉高帝，蹙秦灭项，克复韩家五世之雠。事功忠义与日月争光，而实赖黄石公命，圯下取履，折其豪迈之气云云。"

参观完圯桥遗址后，策彦周良又偕大光、钧云上岸游羊山寺。羊山寺，又名宗善禅寺，位于今睢宁县古邳镇羊山之上。汉献帝初平四年（193），东汉下邳国丹阳人笮融任下邳相，在下邳城西南二里处的羊山上建浮屠寺。

浮屠寺上累金盘下为重楼，可容三千余人。浮屠寺里建有佛塔，塔上有九个金盘（九面铜镜）：八面朝八方，中间一面朝天，故名"九镜塔"。浮屠寺还曾因九镜塔而更名为"九镜禅寺"。至唐代贞观年间，九镜禅寺更名为释迦院，这便是羊山宗善禅寺的前身。九镜塔不幸在宋、金战火中毁没。明成化初，宫中太监邳州人徐瑛奉皇后懿旨，斥资重建释迦院，七年（1471）五月落成，宪宗皇帝赐名为"宗善禅寺"。《入明记·初渡集》记载："寺在高岗，成化年间敕谕宗善禅寺。佛殿左右柱题两句云：云捧楼台出天上，风飘钟磬落人间。岗之绝顶有层楼，于此望八景。"对于"八景"的名称，策彦周良也做了记载："八景之条件，开写于后：羊寺晚钟、沂武交流、静圣洪翠、岾峰独秀、鱼亭晚照、圯桥进履、灵台夜月、官湖夏景。"

正月八日，使团抵房村驿，策彦周良与大光、钧云上岸参观徐州吕梁书院、费公祠等名胜古迹。据嘉靖本《徐州志》记载，吕梁书院"在吕梁洪，嘉靖癸巳（嘉靖十二年，1533）工部主事郭持平建"。费公祠在吕梁下洪，"成化间，工部主事费瑄督理洪事，有惠政，洪人立生祠祀之，后登祀典"。《入明记·初渡集》记载："徐步极目，有名士之遗迹，榜以吕梁书院四大字。又有费公祠，有碑文镌于石。其略云：徐州有二洪，一以州名，一以山名，山名者曰吕梁云云。"

正月十四日，策彦周良抵达沛县泗亭驿，上岸参观沛县歌风台。歌风台为纪念汉高祖刘邦衣锦还乡所著《大风歌》而兴建，位于徐州沛县县城中心汉城公园内，为"沛县古八景"之一。《入明记·初渡集》对歌风台做了详细记载："台门横揭'歌风台'三大字，台中央安牌，牌书以'汉高祖皇帝位'六字。台前有琉璃井，井畔有碑文，又高祖手敕大字书镌于石，别记之。"策彦周良为此专作歌风台琉璃井诗以示纪念，诗云："苛法已蠲民气和，升平乐入大风歌。歌台遗响犹盈耳，丰沛雪消春涨多。汤沐邑荒无主人，苔封古井几回春。岂知一滴琉璃碧，曾洗五年兵马尘。"策周彦良还简略记载了《汉高祖手敕太子书》的主要内容。嘉靖十九年（1540）六月二十六日，使团回程抵达沛县泗亭驿，策周彦良又会同正使大光、钧云再次上岸，重访歌风台。《入明记·再渡集》记载，嘉靖二十八年（1549）六月二十四日，策周彦良在第三次抵达沛县泗亭驿后，再次游览歌风台。

嘉靖十九年（1540）六月二十八日，策彦周良一行回程经过徐州境山。境山，又称"井山"，位于徐州主城区北25公里的苏、鲁交界处，海拔76米，现属铜山区柳泉镇。嘉靖本《徐州志》记载：境山，"距城四十里，西临泗水，有镇、有闸、有寺"。镇即境山镇，闸即梁境闸，寺即大云禅寺。境山附近的梁境闸是行船进入淮海地区的第一道关口。当时每过一闸，要等候船队成帮，方可通过。境山就成为船夫商贾停步歇脚、漕运官员查检货物、征税纳赋的地方，因而此处被称为"淮海第一关"。境山西麓建有大云禅寺，洪武十五年（1382）僧高峻重建。据碑文记载，寺庙由山门、大殿、钟楼、鼓楼等建筑组成，至今仍可发现石狮、龟座、雕龙碑额等遗存。《入明记·初渡集》对大云禅寺也有相关记载："所历过有境山，山下有寺，佳景可爱，旁门楣以'大云禅寺'四大字。"

嘉靖二十八年（1549）二月十七日，策彦周良三过徐州，并先后游览了徐州卧佛寺、石佛寺、铁佛寺、汉高祖庙等名胜古迹。

《入明记·再渡集》载："十七日，卯刻开船，午时，著彭城驿。即刻，同副使钧云上岸，经浮桥入城里，游卧佛、石佛、铁佛三寺。"嘉靖二十六年（1547），鉴于"州城北有浮桥二（万会桥、云集桥）"；驿站、漕运府署都设在城东门外夹河洲，进城办事往来不便等原因，徙桥于东门外，因"其功甚弘，其利甚济"，改名为"弘济桥"。策彦周良入城所经过的浮桥，即"弘济桥"。

"十八日，与副使钧云、慈眼以下同上岸，诣汉高祖庙。"汉高祖庙，在徐州城南五里广运仓东。据嘉靖本《徐州志》记载："永乐间，耆民梁聚等建。正统间，知州杨秘，成化间，监储、监丞马敬继修。正德间，复圮，户部主事王遵重修。"

四、利玛窦（1552—1610）

利玛窦是明万历年间来中国的意大利耶稣会传教士。他在有名的《利玛窦中国札记》中谈到，他从南京到北京，沿途经过了许多运河城市，其中就包括扬州、淮安、徐州、济宁、临清等运河沿岸城市。对明代运河漕运的有关情况，利玛窦也很感兴趣，并在其《利玛窦中国札记》中做了详细的记载："万历十年（1582）至三十八年（1610），每年南方各省要向皇帝运送各种在贫瘠的北京为生活舒适所缺少或需要的物品，水果、鱼、米、做衣服用的丝绸和六百种其他物品，这一切东西都必须在规定的日期运到，否则受雇运输的人将受重罚。"

建筑材料及其他物品也经运河运输，利玛窦也在其《利玛窦中国札记》中写道："（万历年间）经由运河进入皇城，他们为皇宫建筑运来了大量木材，梁、柱和平板，特别是

图 7-11 利玛窦

皇宫被烧毁之后，而据说其中有三分之二都被火烧掉……中国人喜欢用砖而不用石，供皇宫所用的砖可能是由大船从一千五百英里之外运来的。仅是为此就使用了很多船只，日夜不断运行。沿途可以看到大量建筑材料，不仅足以建筑一座皇宫，而且还能建成整个的村镇。"由此可见，当时经运河运输的建筑材料规模之大，数量之多。

五、米列斯库（1636—1708）

罗马尼亚人尼古拉·斯帕塔鲁·米列斯库，曾作为俄国沙皇的使者，于清康熙年间来到北京，归国后撰写了《中国漫记》。米列斯库在《中国漫记》第四十四章中写道："徐州……位于黄河岸，黄河把本地区分成南北两半。徐州城十分著名，因为它位于四省交界处。这里有一座十分宏大的桥，人们把它叫作'活桥'，建于三十五艘船上。这里也有许多河川湖泊，有一条河十分有名，据说古代皇帝夏禹曾铸九鼎沉入此河，鼎上绘有中国九省之图，许多皇帝都曾试图打捞这九鼎，但都未寻到。传说谁找到这九鼎，谁就能做皇帝。"[1] 文中所提到的"活桥"便是古代徐州城东门外的弘济桥，所提及的沉鼎之"河"便是古泗水。

古代徐州以其独特的自然地理形势和便捷的水陆交通条件，素有"南国重镇、北国锁钥"之称，为历代兵家所必争。北宋以后，黄河南徙，

图 7-12 米列斯库

汴、泗合流，夺淮入海。黄河下游的徐州段河面宽阔、水流湍急，给交通带来极大的不便。于是徐州人便用自己的聪明才智建造出了"活桥"（浮桥）。

据有关文献资料记载，徐州的"浮桥"最早可追溯至元代武安州之前。练鲁记有《徐州故城》外"浮梁驾连舺"；成廷珪在《悲徐州》诗中说，脱脱元军攻徐州城，"夜斫浮桥开"。

明人王梃在《汴水桥记》中载："徐故天下舟车要会，舟行者，溯'二洪'、凌汴泗，虽险有常道。若行陆者，至城东门外必渡河（过桥）"。洪武年间，徐州只有汴水之上的云集桥（在今庆云桥东侧）和泗水之上的万会桥（今已废）。

从明嘉靖本《徐州志·州治之图》可知，云集桥在城北门外，跨古汴水（明代称黄河或小黄河）南北而建。元代时河道尚窄，于是便"垒石为桥"。明

①〔罗〕尼古拉·斯帕塔鲁·米列斯库著，蒋本良、柳凤运译：《中国漫记》，中华书局1990年版。

初"比舟为之"建作浮桥,俗称"小浮桥"。正统二年(1437),"坚筑两岸,修舟梁"。成化二年(1466)又"相继重修"。嘉靖十六年(1537),"联舟而加板于上,贯以铁索,施以栏楯(栏杆),名曰'云集'"。

"去城东二里有万会桥",万会桥跨越古泗水东西而建,俗称"大浮桥"。在万会桥的位置,元代建有石拱桥,年久,"圮于水"。洪武十八年(1385)"比舟为桥",始建为浮桥。正统年间(1436—1449)改作"架木为梁"的木桥。木桥称作"万会桥"。木桥损毁更易,"未几又坏",才改作浮桥。朝鲜人崔溥在弘治元年(1488)三月四日"过徐州"记,徐州城东运河上"以舟为桥,截河流,号为'大浮桥'。桥之上下,樯竿如束。拨桥中二舟,以通往来船只,船过还以所拨之舟,复为桥"。

小浮桥比大浮桥的名气大,史书记载也多。西安碑林的《黄河图说》碑中就绘有"小浮桥"。"武宗正德三年(1508),河徙,徐州小浮桥入漕(河),全(黄)河大势……尽趋徐、邳,出'二洪(徐州洪、吕梁洪)'";九年又记"至小浮桥入运河"。到嘉靖年间,黄河仍"下徐州小浮桥"。"嘉靖末,小浮桥渐淤"。万历二十四年(1596),有"请浚小浮桥……以济徐邳运道"的记载。

明代徐州城东门外的黄河之上,仅是靠小船摆渡。由于水流过快,时常翻船。如遇风急水涨之时,南北车马纷沓结集于此,也只能望河兴叹。嘉靖二十六年(1547),徐州地方官员曾一度移万会桥于东门外,不久就因万会桥附近摆渡溺死人命,又因万会桥舟旧数少(仅有18艘)而复位原址。当年,徐州地方征调本年徭役之民和管理云集、万会桥的桥夫,用治安罚款和征集特别交通费作为建桥资金,历时一月有余,新造大船35艘,铁缆、铁锚若干,建成东门外新桥,并以普度众生之意取名"弘济"。这就是130年后米列斯库见到的"活桥"。

如明嘉靖本《徐州志·州治之图》所

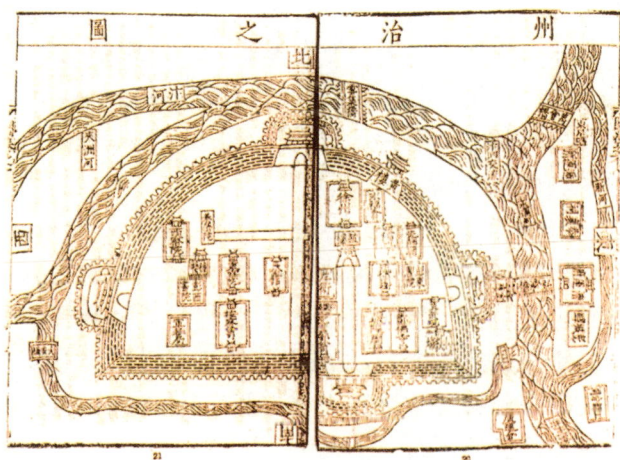

明嘉靖《徐州志》州治之图

图 7-13 明嘉靖《徐州志》州治之图

示：北来的运河在"汴泗交流"的正西古汴水河道有"云集桥"，古泗水河道有"万会桥"，徐州城东门外与东夹河洲相通之地有"弘济桥"。徐州城"实南北津要，驿使行旅为渡尤急"。这三座桥都是把船连系起来，"浮舟为梁"、上铺木板的活动式"浮桥"。明清时期，出于漕运税收的考虑，一般的浮桥除具备"桥"的功能外，还可做"关闸"使用。定时开启，收取一定的通关税或漕税后再放行通航。夹河洲东、子房山脚下有"新河"，可直行南北"走船"，三座浮桥只作"驿使行旅"之用。

弘济桥是徐州劳动人民智慧的结晶。此桥设计时，围绕造桥技术等问题争议很大。许多人担心，徐州东门外适值百步洪上端，黄河水势迅猛，施工顺利与今后安全都难以保证。但徐州人民不畏险阻，以创造性的劳动，克服了许多困难和艰险，终于造成了这座气魄宏大的"活桥"。后来的岁月亦证明，这座桥的建造技术是过硬的，它的经久耐用是徐州人民的一份自豪。明清之际，长江中下游河道尚无桥梁，黄河徐州段以下亦无桥梁，翻阅米列斯库漫游全中国的日记，也没有第二例令他如此惊叹的、铺设在激流上的"十分宏大"的桥。由此可见，徐州弘济桥在中国桥梁史的地位也是非常显要的。

清咸丰五年（1855），黄河从兰考决口北流，南支黄河水流日浅，弘济桥渐圮。日寇占领徐州后，为了调遣兵力和调运物资方便，在徐州城内修建了两条马路，一条东西走向即今天的淮海路，另一条南北走向即今天的中山路。当时日伪市长张云生作诗"日出东方，启我明光，桥通路成，普济众生"，献媚讨好日本人。日本人遂将东西走向的这条路命名"启明路"，弘济桥旧址的路桥命名为"济众桥"。而南北走向的这条路桥竣工后，恰逢张云生六十大寿。为表庆祝，特取名为"庆云桥"。日寇投降后，启明路改叫"中正路"；淮海战役胜利后，中正路改名叫"淮海路"，"济众"桥名不知何故竟然袭用。也有知名人士要求改掉"庆云桥"之名，依路名改为"中山桥"，最后也不了了之。

2004年初，重修济众桥，为了摒弃63年前的亡国之耻，恢复450年前的古雅桥名，在人大代表、政协委员和广大市民的建议下，市政府决定将桥名"济众"复称"弘济"。由赵明奇执笔以徐州市人民政府的名义撰写了《重修弘济桥记》，刻石立于桥西南栏柱。同时，米列斯库的日记作为中西交通史料被译成多种文字出版发行，使徐州历史文化在世界范围内得到了更加广泛的传播。

明清时期的京杭大运河联结着中国与世界，在中外文化交流中发挥着重要作用，成为外国人观察中国物质文明和地域文化的窗口。明代以前的徐州是龙飞之地、军事重镇，明代运河的流经使得徐州成为河漕重地，同时更促进了徐州的经济繁荣和文化交流。正如弘治年间朝鲜使者崔溥在其《漂海录》中所言江北："若徐州……繁华丰阜，无异江南。"徐州的历史文化和风土人情同样给策彦周良使团留下了深刻的印象，其留下的有关徐州运河和城市景观的记载，亦为我们展现了明代中后期徐州地区的社会风情。明清时期的一些外国使节、传教士、旅行家等多取道于此，京杭运河沿线的闸坝河道、城镇乡村、风土民情，均给他们留下了深刻的印象。这些外国人带着强烈的兴趣和新奇的目光来审视京杭运河，他们生动的描述体现了中外文化在这里的交流与碰撞，这些记载后来很大程度上转化为了外国人对中国的认识，成为中国文化向外传播的重要载体。[①] 同时，他们的描述也为我们更进一步了解徐州运河乃至京杭大运河有着重要意义。

① 胡梦飞：《近十年来国内明清运河及漕运史研究综述（2003—2012）》，《聊城大学学报（哲学社会科学版）》2012年第6期。

第八章
祝愿安澜 祈求河平
——徐州黄河崇拜与祭祀

上起先秦，下迄明清，徐州汴泗交流，黄运交汇，堪称四方都邑，五省通衢，以舟楫八方，漕运天下之津要枢纽地位蜚声古今。宋金以降，黄河正式经行徐州，黄河崇拜遂成徐州传统崇拜中的重要内容，与社会各阶层的生活息息相关。由此，内容庞杂、蕴意深邃、仪式浩繁、经久不衰的黄河祭祀活动走进了徐州黄河史册。

第一节 黄河崇拜的原因

先秦以来，徐州汴泗交流，源远流长的汴水和泗水孕育了徐州古老的文明；宋金之际，黄河挟汴夺泗，借淮入海，正式经行徐州；迄至蒙元，黄运交汇，舟楫四方；明清时期，携黄抱运，漕运天下。黄河在徐州大地奔腾咆哮长达 700 余年。

一、水患频发

从秦汉伊始到清代咸丰五年（1855）黄河北徙的两千年间，徐州共历水患 400 余次，尤其是黄河正式经行徐州之后，从宋元至明清时期，水患就多达 373 次。明代天启四年（1624）六月，黄河在奎山决口，半夜洪水从东南灌城，城中积水四米，庐舍尽没，溺死无数。城中大水三年不退，州城尽毁，被迫迁城。这是徐州黄河史上最严重的一次水患。

徐州山河舒缓，地宜菽麦，其民重厚，专好稼穑，属于传统的农耕文明社会。汴泗交流，黄河经行的地理条件在徐州农耕社会中占有举足轻重

图 8-1 古黄河纪念碑

的地位，使得徐州百姓的生产生活与奔腾不息的黄河密切相关，更使得徐州百姓对泛滥流溢，奔泻千里的黄河产生神秘敬畏之感。因此，徐州百姓通过祭祀黄河来表达风调雨顺，大河安宁的美好愿望。

二、黄运相侵

元定大都，疏通南北大运河，以便江南漕粮赋税北上。徐州黄运交汇，黄河成为千里运河的重要一段，徐州漕运关乎朝廷的江山社稷、国祚绵长。因此，朝廷视其为天下津要，水陆要冲。明清时期，漕运大事更加依赖于南北纵横的千里大运河，地处南北水陆之要的徐州被朝廷认为"咽喉命脉

所关,最为紧要"。

但是,桀骜不驯的徐州黄河时常泛滥溃溢,以致黄运相侵,运道淤塞,阻滞漕船千艘竟成司空见惯之事,深为朝廷忧虑关切。

嘉靖四十四年(1565),河决沛县,淤塞南北二百余里运道,全河逆流,迫使徐州运河首次改道;万历元年(1573),河决房村,千艘漕船淤阻徐州垞城运道;万历三十九年(1611),河决徐州狼矢沟,倒灌运河,徐州运道自此废弃。

治河护漕成为明清五百年间国家之大事,上至朝廷及河道总督,下至徐州道及徐州河务同知,在束水攻沙、挽河归漕的过程中,无不于艰辛困顿之际将精神凤愿寄托在对黄河的膜顶崇拜之上,希望通过祭祀黄河达到海晏河清、大河安澜的大治局面。

三、政治功利

《左传》记载:"国之大事,在祀与戎。"祭祀活动成为历代封建统治阶级维护纲常伦理、社会秩序的重要手段,而祭祀黄河则属于中国古代重要的祭祀内容。《左传》记载:西周景王之子"用成周之宝珪沉于河,祷河";《汉书》记载:汉武帝时河决瓠子,东郡太守王尊"躬率吏民,投沉白马,祀水神河伯";《后汉书》记载:汉明帝"荐嘉玉絜牲,以礼河神"。隋唐时期水神崇拜开始正式列入国家正祀,"四渎"(黄河、济水、淮河、长江)与"四海"(东海、西海、南海、北海)均入国家祀典。金元时期,河患严重,黄河崇拜愈演愈烈,河神庙宇之名始见于史籍。明清时期,朝廷加封黄河诸神各种名号,组织隆重祭祀活动。

历代封建朝廷和官府关于徐州黄河的崇拜活动亦屡见于正史典籍中。金代大安二年(1210)四月,徐州、邳州黄河清五百余里,金帝完颜永济以河清告宗庙社稷。嘉靖六年(1527),黄河在丰县决口,都御史章拯向黄河河神金龙四大王"屡祷获应",遂向朝廷上奏,命有司重修金龙四大王庙,"岁时致祭"。乾隆二十一年(1756),河决铜山孙家集,徐州尽成泽国。翌年四月,乾隆帝在第二次南巡结束返京途中,取道徐州视察河务。检阅河工之余,乾隆帝令两江总督尹继善在徐州修建惠佑龙王庙,春秋祭祀,以保安澜。

第二节 黄河水神的类型

徐州的黄河祭祀活动历史悠久，内容庞杂，所祭祀的黄河水神来源各方，派系繁多，主要有以下类型：

一、神秘莫测的自然力量

中国是传统的农耕文明社会，风调雨顺、五谷丰登是历代百姓最大的愿望。大自然中的风雨雷电对农业生产影响至深，因此人们对其十分崇拜，希望通过各种祭祀活动向其表达和平安定之诉求。

明清时期，徐州及下属各县皆设有风云雷雨山川坛。同治《徐州府志》记载："铜山县，在府城南门外一里；萧县，在县南门外；砀山县，在县南门外；丰县，在县东一里许；沛县，在县南一里；邳州，在新城北门外；宿迁县，在县学宫西南；睢宁县，在县城南。"

二、神祇化的古圣先贤、帝王能臣

禹王庙。上古时期"三过家门而不入"的大禹是中国家喻户晓的治水英雄，也是黄河祭祀活动中历时最久、地位恒定的水神。禹王庙在各朝各代，江河湖汉之地比比皆是。嘉靖年间，户部分司在徐州吕梁上洪东岸就建有禹王庙。萧县知县朱同芳在白茅山亦有修建。

昭惠灵显真人祠。战国时期，秦国蜀郡太守李冰凿山穿江，大修水利，建成伟大工程都江堰，名垂青史。历代对其庙祭不绝。北宋政和三年（1113），以李冰次子从祀，谓之郎君神（二郎神），后封昭惠灵显真人。元代，在徐州吕梁洪畔建有昭惠灵显真人祠。

渊德公庙。西汉下邳令韩棱政绩颇著，在城（古邳镇附近）西六里的巨山之南邳民立祠祀之。邳州境内水旱灾厉之年，"往祷而辄应"。唐代，祠宇有所扩建。

光武庙。东汉光武帝削平诸雄，统一全国，重建汉家威仪。他兴修水利，发展农业，开创"光武中兴"，为后人景仰，立庙祀之。明代，在丰县西北建有光武庙。

关尉神庙。汉寿亭侯关羽和唐鄂国公尉迟敬德曾经在吕梁治水，徐民感之。元代皇庆年间（1312—1313）在吕梁上洪之畔建有关尉神庙，春秋祭祀。

明代，在沛县运河满家闸南建有洪庙，专祀关羽。

黄楼庙。宋代，苏轼任徐州知州，率领全城军民抗洪保城，深受士民爱戴。徐州百姓把苏轼修建的黄楼称为黄楼庙，对苏轼和苏姑岁时祭祀。万历元年（1573），徐州知州刘顺之重建东坡祠，予以祭祀。正月十六日为黄楼庙会（亦称苏姑庙会），徐州旧时风俗，赶会的人都是女性，"苏姑香火满黄楼，有女如云拥陌头"便是当年庙会的真实写照。"酥（苏）糖"为当时庙会一绝。

晏公庙。晏成仔，元代贤吏，治水有方。病殁，封平浪侯。后人以神祭之。明太祖加封其为晏公，敬平浪侯为水神。明代，在邳州（古邳镇附近）东南和宿迁城南均建有晏公庙。

三、传统祭祀文化中的水神

龙王庙。龙是中国古代神话的四灵之一，有以方位为区分的"五帝龙王"，以海洋为区分的四海龙王。龙王之职就是兴风布雨，治理江河，消灾弥难，风调雨顺，与农耕社会的生活息息相关，敬畏龙王成了民间普遍的信仰。唐宋时期，官方实行祭祀五龙之制，开始设坛祭祀龙王。清代，朝廷又封运河龙王为"延庥显应分水龙王之神"，令河道总督岁时致祭。

隆庆四年（1570），朝廷诏令徐州洪主事在运河之畔的夏镇修建龙王庙，赐名"洪济昭灵庙"，春秋致祭。徐州南郊云龙山北麓亦敕建一座龙王庙，后曾做乾隆行宫；徐属各县亦均建有此庙。

雍正三年（1725），河道总督齐苏勒在朱家海（宿迁王官集朱海村）督办河务，黄河出现河清奇观，朝廷视为盛世之兆。雍正帝拨发帑金，命齐苏勒在宿迁皂河集重修河神庙，并御笔亲题"安澜龙王庙"，以纪念此次黄河水清之盛事。每年正月初八至初十日，便是安澜龙王庙会，人山人海，盛况空前。

天妃宫。天妃亦称妈祖，是中国民间传说中的著名水神，为历代朝廷所祭祀，影响极广。五代时期，闽王统兵马使林愿第六女名林默，能乘席渡海，云游列岛，人呼龙女。北宋雍熙四年（987），在湄洲岛升化成仙，常穿红衣飞越海上，救世济人，泽被一方，时人尊其为海神，立庙祭祀。元代，加封其为"天妃"。明清时期，徐州及下属各县均建有天妃宫，仅沛县一地就有10座天妃宫，均在运河岸边与黄河堤坝之处。

三官庙。三官，亦称三元，即天官（掌管赐福）、地官（掌管赦罪）、水官（掌管解厄）。三官是道教所奉之神。徐州西门之外、城北及城南三堡都建有三官庙，丰、沛、萧、邳、砀山、睢宁亦有三官庙。

河神庙。即河伯庙，河伯本天神，后为黄河水神。商周时期始为人奉祀。

相传河伯暴虐，"溺杀人"，另有河伯娶妇之事，为人鄙恨。相传宋代苏姑为使徐州百姓免受淹溺之害，自我牺牲，跳入黄河祭奠河伯。邳州旧城（古邳镇附近）黄河大堤及西门之外均建有河伯庙。

水母庙。水母是中国民间传说里的水府娘娘，她是道教中的水神，专司舟楫畅通、风调雨顺之事。沛县城南和邳州城西均建有水母庙。

四、宦绩显著的河漕官员

明清时期，徐州黄运交流，漕运天下，朝廷不仅在此设置了机构严密的河务管理系统，还屡次派遣朝廷重臣坐镇于此督河。因此，明清两代，在徐州治河史上涌现出一批政绩显著的能官贤史，徐民感念其德，立祠祀之。

费公祠。成化年间（1465—1487）工部主事费瑄督理洪事，政绩颇佳。时人感念其德，遂在吕梁下洪立生祠，祀之。

潘公祠。嘉靖年间（1522—1566）河道总督潘希曾在徐州治河有方，徐民在城北四十里的"淮海第一关"境山立祠祀之。

朱公祠。隆庆年间（1567—1572）左副都御史朱衡治河有方，开通新河，漕运遂通。沛民立祠祀之。

刘牧祠。万历三年（1575），刘顺之任徐州知州，筑张村堤，塞房村口，创筑护城堤，政绩显闻。徐民在城中及南郊戏马台建祠祀之。

赵公祠。崇祯年间（1628—1644）工部郎中赵士履治运有方，护漕有功，沛民在运河西岸立祠祀之。

董公祠。康熙年间漕运总督董讷剔弊厘奸，漕政肃清，治河有方，深受朝廷嘉许。宿迁之民在城北立祠纪念。

高公祠。高晋是乾隆年间（1736—1795）的治河名臣，任职淮徐道期间，精于治河，疏导有方。百姓在徐州北门外立祠祭祀。

李公祠。李鸿任职淮徐道期间，在徐州治河勤勉有加，政绩颇著。百姓在徐州北门外黄河大堤上立祠祭祀。

康公祠。康基田是乾隆年间的治河重臣，任职淮徐道期间，治河有声，深受敬仰。徐民立祠祀之。

王公祠。咸丰年间（1851—1861）王梦龄任职徐州道，督导治河，保漕护运，深受朝廷嘉许。百姓在徐州南门内大街丁家巷立祠纪念。

五、徐州黄河专属水神

徐州黄河特有的水神，主要是指徐州洪水神和吕梁洪水神。明清时期，徐州黄河五省通衢，漕运天下，堪称水陆津要，四方咽喉之地。徐州洪（百步洪）与吕梁洪又是这千里漕运上的险滩要隘，"二洪之险闻于天下"。

位于城东南二里的徐州洪"冲激怒号，惊涛奔浪，迅疾而下，舟行艰险"。吕梁洪"悬水三十仞，流沫四十里，鼋鼍鱼鳖之所不能游也"，巨石齿列，波涛汹涌，船毁人亡，为害甚大。

（一）金龙四大王庙

吕梁洪上洪和下洪分别建有神庙。上洪神庙建于永乐年间，旧称河平王庙。宣德十年（1435），知州杨秘重修；下洪神庙建于元代皇庆年间，明代天顺年间（1457—1464）重修，旧称龙神庙。徐州洪神庙旧称灵源宏济王庙，或称金龙四大王庙。元代重建，明代成化七年（1471）主事郭昇再次重建。另外，徐州北门外长堤、东门黄河东岸、东南房村驿以及丰、沛、萧、砀山、邳州、宿迁等县都有修建。

明清时期，金龙四大王庙蜚声宇内，远近皆知。据《涌幢小品》记载：南宋人谢绪归隐金龙山，当元军占领临安（杭州）灭亡南宋之后，悲愤投江而死，尸身不坏如生。时人为其立庙纪念。

朱元璋起义反元，谢绪向其托梦以神相助。谢绪首次显灵就是在吕梁洪。朱元璋部将傅友德与元军大战吕梁洪，元兵忽见空中有披甲神人挥剑向其冲来，顿时惊溃，大败而逃。

永乐年间，朝廷开凿会通河，舟楫过河，向其祈祷，无不应验，于是在吕梁洪为其建祠。隆庆年间，潘季驯督治运河，河塞不流，于是写文向其诘问，复曰："河将以某日通也。"果然应验。

谈迁在《北游录》中记载：清初，河道总督杨方兴在宿迁疏浚河道时，无论怎么施工，都难以疏通。杨方兴愁眉不展，百思不得其解。有人告诉他，只有诚心祭拜河神金龙四大王才可奏效。但杨方兴不以为然。于是，河神附体，责备杨方兴轻慢神灵。杨方兴大怒，就以妖言惑众的罪名将被附体之人杖毙，把尸体扔进黄河。奇怪的是，此人在河里漂荡3天后却活了过来。杨方兴这才拜服河神金龙四大王的神威，诚心诚意地到庙里燃香祭祀，与河神相约在四月二十日开坝。果然，时间一到，河道里万艘竞发，河流顺轨。杨方兴经此一事，遂诚意笃信河神，并将宿迁的金龙四大王庙修复一新。

顺治二年（1645）河道总督杨方兴向朝廷上书，郑重其事地要求朝廷敕封谢绪为河神。二月，朝廷加封其为"显佑通济金龙四大王"，为黄河之神。从此以后，清代官方祭祀黄河之神的皇家庙宇就定在了宿迁，"世祖朝，宿迁祀河神宋谢绪"。

鉴于二洪凶险异常，每当过洪，船主、纤夫、艄公等无不"宰牲酾酒，恭谒庙貌"，对金龙四大王尊仰有加。

（二）柳将军庙

《徐州府志》记载：明代都御史潘季驯到徐州总理河道事务，当乘舟来到睢宁双沟镇时，正遇暴雨冲堤，水流湍急，就在小船即将被洪水打翻之际，突然从岸上倒下一棵大柳树，恰巧将小船稳稳地支撑住，挽救潘季驯一命。人们感念柳树有功，便称其为"柳将军"。后人为纪念潘季驯治水有方，又在这棵柳树旁建造一座庙宇，取名"柳将军庙"，同时立碑"潘公再生处"。

但是，丰县民间常把柳毅称为柳将军，当作水神来祭祀。相传，柳毅是唐代湖广人，后迁居丰县。柳将军传说源于唐代，经过不断的艺术加工，流传至今。唐代李朝威的传奇小说《柳毅传》、元代尚仲贤的杂剧《洞庭湖柳毅传书》讲的都是柳毅的传说。

相传朝廷派柳毅到丰县做官，途经泾河，见岸边有一牧羊女放声悲啼，其状甚哀。柳毅问明原委，方知此女是洞庭湖龙王之公主，因从父命嫁至泾河，遭泾河恶龙残暴伤害。柳毅决意倾力相助，为龙女传书洞庭，以解其困。

柳毅历尽艰辛，传书成功，龙女获救。龙女叔公钱塘君为了感谢他，欲将龙女嫁给柳毅，被他婉言谢绝。但龙女敬仰其人品，爱慕之心弥坚。从此，龙女决心等待柳毅，与之再遇。

柳毅在丰县为官，造福一方。无奈其间连娶两妻皆亡，回想起洞庭分别时龙女所表露的爱慕之情，动了念想，遂临窗而书，以寄相思。书写完毕，信手掷入井中，果被时刻关注柳毅的龙女所得。龙女化为卢氏嫁给了柳毅，演绎了一场人神相恋的美丽故事。

后来，柳毅被玉帝封为"圣水将军"，管理天下江河湖海大事。一年夏天，玉帝派柳毅降暴雨，要在十天之内，水淹丰沛两县一万个村庄。柳毅遂与公主商议。龙女献策，指出丰县有个叫"万庄"的村子，该村面临大河，河又通湖，能疏导水流，不致回淹村庄。这样，既可完成玉帝下达的任务，又可保护一方百姓免受洪灾之苦。柳毅依计行雨，丰沛百姓果然得救。

丰县百姓感念柳毅恩德，在西关建了柳将军庙。正德《丰县志》记载：柳毅庙在县治西门外迤北，岁久倾圮。明万历三十二年（1604），重修柳毅庙（柳将军庙）。据说，嘉靖、万历年间丰县有黄水，求之甚为灵异。旧时丰县柳毅庙会在农历九月初二至初五，庙会期间香客云集，盛况空前。20世纪60年代此庙被拆。至今，丰县流传民谣："丰沛收，养九州，将军庙里去磕头。"

此外，明清时期徐州还有一些名气较小的乡土水神。明代宿迁孝义乡人张襄在渡黄河之时，为船家所害，于是向家人托梦，据实以告，终使船家被官府拿获。以后，张襄经常托梦言事，颇为应验。乡人视其为河神，在小河口建祠祭祀。

六、城隍庙

城隍本指城墙和护城河。城即坊，隍即水庸（沟），后来将水庸附会成守护城池之神，称为城隍。城隍是道教中的护城之神，是汉族民众普遍崇祀的神祇，多以有功于一方且为当地民众所景仰的历史人物充当。城隍能呼风唤雨，降妖除魔，凡旱涝灾异、农业丰歉、生疾罪祸、求子祈寿等人间之事都悉为管理。唐代始令天下通祀城隍，宋代奉祀城隍极为盛行，朝廷多给城隍封爵：定京都城隍为王，府城隍封公爵，州城隍封侯爵，县城隍封伯爵。

徐州城隍神是汉初名将纪信。纪信忠心事主，舍身救驾，为刘邦慷慨赴义，为后人尊重。全国有 20 多个地方尊其为城隍。明代，徐州城隍庙位于旧时的城隍庙街（青年路）。洪武二年（1369）知州文景宗修建。城隍庙坐北朝南，大门为三拱形，二门为戏楼，再后面是城隍大殿。大殿里悬挂着帷幔，城隍老爷坐北朝南，身穿朝服，十分威严。

明清时期，徐州城隍庙会盛况空前。庙内灯火辉煌，人山人海。城隍巡城是祭祀活动的高潮，往往观者如潮，万人空巷，道路水泄不通。

表 8-1 明清徐州主要河神庙祠数量简表

河神庙祠	铜山	丰县	沛县	萧县	砀山	邳州	睢宁	宿迁
洪庙			1					
龙王庙	2		1	1	1	1	1	1
禹王庙	2			1				
三官庙	3	6	4		2	2	2	4
水母庙			1			1		
大王庙	10	1	4	1	1			2
甘泉庙						1		
晏公庙				1		1		1
东坡祠	2							
朱公祠			2					
费公祠	1							
潘公祠	1							
天妃行宫			10					
关尉神庙	1							
徐州洪神庙	1							
吕梁洪神庙	2							
金龙四大王庙	3					1		1
昭惠灵显真人祠	1							
风云雷雨山川坛	1	1	1	1	1	1	1	1

第三节 徐州黄河崇拜与祭祀的特点

一、泛神崇祀

明清以来，作为水陆津要、五省通衢的徐州，以其优越的地理位置对南北文化兼容并蓄，融会贯通，形成徐州黄河信仰文化的一源多体性，反映出黄河崇拜与祭祀活动的泛神主义，内容丰富，形式多样，既包括对龙王、妈祖等民族共同推崇对象的崇拜与祭祀，也有对纪信、张襄等带有鲜明徐州文化特色对象的祭祀活动，丰富了徐州黄河崇拜与祭祀的内容。

二、地域广泛

古代徐州黄河崇拜与祭祀活动的特征还表现在地域广袤、人口众多上面。宋元以降，直至明清，河神庙宇遍布徐州黄河之滨、运河之畔，各种祭祀活动充斥于一府八县、城乡内外，上至官府下至黎民，无不专注于河神祭祀活动。

三、功利性强

（一）封建政权祭祀黄河的功利性

自人类产生以来，只有对社会生产、生活产生重大影响的有实用价值的自然之物，才会受到人们的崇拜和祭祀，具有很强的功利性。《礼记》曰："凡治人之道，莫急于礼；礼有五经，莫急于祭。"故历代封建政权莫不对黄河祭祀活动赋予重大的政治功利性。黄河祭祀与世俗社会制度糅合在一起，就成为维护封建统治制度的工具。封建统治阶级通过黄河祭祀活动来强化政治统治的等级观念，突出其统治地位的合法性、特殊性，维护其统治权力，最终达到更好地管控百姓、驾驭社会之目的。

（二）民间祭祀黄河的功利性

徐州是华夏农耕文明社会的重要组成部分，百姓们积累了丰富的农业生产经验，对与农业生产、生活息息相关的黄河产生崇拜，并进行祭祀活动，更讲求功利性。趋利避祸是人类的本能。每当面对桀骜不驯、泛滥奔溃的滔滔黄河，人们在敬畏之余，建立了大大小小的河神庙，虔诚地向河神进行祭祀，希望通过此种方式满足河神，使得黄河不再泛滥，安澜宁流，确保农业生产顺利进行，百姓生活安定有序。这种务实求存的精神使得黄河祭祀带有强烈的实用功利色彩。

第九章

逝者如水　胜迹如山

——徐州黄河之胜迹

一、淮海第一关

《尚书·禹贡》："海岱惟淮即徐州。""海"指黄海，"岱"指泰山，"淮"即淮河。北宋词人秦少游（今江苏高邮人）自称"淮海居士"，清代也有人建议这一地区应建淮海行省。今人习惯以徐州为中心，北至泰山、东抵海州、西达开封、南到淮河一带统称"淮海地区"。千里淮海何为关口，"淮海第一关"就扼在京杭运河咽喉之地的境山上。

境山位于徐州西北25公里的苏鲁交界处，因传说有山头井，又称井山，海拔76米，地属铜山区柳泉镇。"淮海第一关"五个大字就凿刻在境山西麓的山岩上，字体正楷，字径50厘米，未署名。从这里所以能形成关口的时代分析，这几个字的镌刻年代为明代。原来，京杭运河出京师和山东行省后，河道渐宽，水流湍急，加之运河徐州段利用黄河旧道，河床落差大，

形势险峻，险象环生。这里的秦梁洪、徐州洪（百步洪）、吕梁洪是整个运河行船的著名三险。除三洪外，还要过梁境闸、内华闸、古洪闸、镇口闸、吕梁闸诸闸。境山附近的梁境闸是船入淮海地区的第一道关口。当时每过

图 9-1 淮海第一关

一闸，要等候船队成帮，方可过闸，境山就成为船夫商贾漕运官员停步歇脚、求神安渡之所，因而古人称此处为"淮海第一关"。

说到求神拜佛保佑，就得说到位于景山西坡的大云寺。据说，当日的大云寺三进庙院，步步登高，规模宏大，正门面西，与西天雷音寺遥相呼应。住持以下，僧侣济济，各有所司，有条不紊；香客接踵，梵音如缕。山脚下的船闸旁，即是船运码头，河岸店铺林立，买卖兴隆，方言混杂，热闹异常。那通往大云寺的山路上，登山进香者更是人头攒动，其中最多的是南来北往的船家，他们涉险碧波，命悬一线，登岸之后，宁可少补充一些

生活用品，也不能不虔诚礼拜神佛，祈求平安。可惜的是随着运河东走泇口由韩庄北上后，境山"淮海第一关"日渐冷落。

京杭运河自元代至元二十六年（1289）全面开通后，江南漕粮均由此输入京师。当时运河盛况，舳舻相连，风帆蔽空，每年有万余艘船只往返关口。由于运河在徐州一段借用黄河河道，因而黄水泛滥决堤直接影响到漕粮的运输。从明代隆庆至万历年间，黄患日甚。徐州以下河道淤积十分严重，虽有潘季驯"束水冲沙"之策，终究不能治本。明万历三十二年（1604），运河改道由韩庄经泇河入邳县南流入淮，徐州一段运河随之冷落，到了清咸丰五年（1855）黄河北徙后，泥沙淤积河道，再不能行船过帆了，"淮海第一关"也不见昔日的繁荣景象了。境山上"庙宇广阔、房舍众多"的大云禅寺，现在只剩下残垣断壁、龟趺残碑，昔日的险关要津，终为穷乡僻壤。近年，有文史爱好者从此寻得石狮、石雕栏杆等残留旧物，再参考文献记载和当地留存地面的文物及庙宇碑文记载出现的"极其华丽，热闹非凡"等字句，仍可想见"淮海第一关"当年的雄姿盛景。

二、柳泉乾隆行宫

徐州北区的群山间，曾有一座乾隆行宫，行宫坐落在铜山区茅村镇檀山村南、店子村东、梅庄村北，当地人习惯称之为梅庄行宫，其实它的本名是柳泉行宫。

柳泉行宫作为乾隆帝南巡时在徐州留下的三处行宫之一（另外两处分别为徐州云龙山行宫及新沂马陵山行宫），由于遗址的严重损毁，以及文献资料的缺失，一直以来不为世人所广知。目前国内公开的各种关于乾隆行宫的研究资料中，凡涉及柳泉行宫之处，大多以一句"不详"而略过。

据《钦定南巡盛典》《清高宗实录》等史料记载，乾隆帝一生曾六次下江南，其中分别于乾隆二十二年（1757）四月、二十七年（1762）

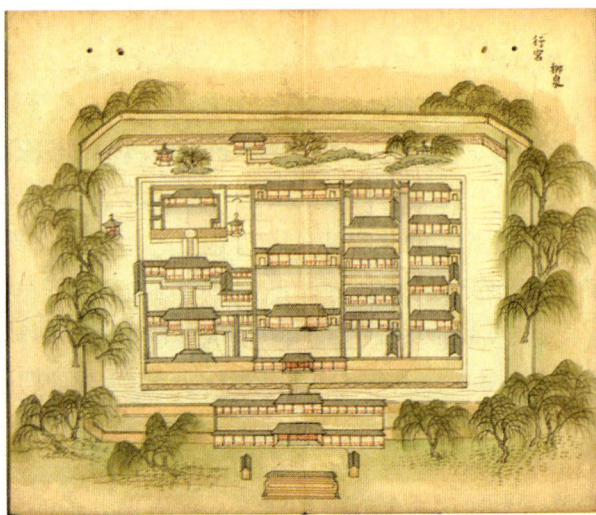

图 9-2 柳泉乾隆行宫

四月、三十年（1765）三月、四十九年（1784）三四月间，先后四次来到徐州。柳泉行宫即修建于乾隆第六次南巡之前。

该行宫始建于乾隆四十年（1775），占地数百亩，选址于梅花山、檀山、小青龙山、广山四山之间的平地上。建造规模仿照北京故宫样式，规模虽小，但也气势雄伟。午朝门外有玉石栏杆桥，龙壁屏风和一对巨大的护门石狮。午朝门内建有前后正殿两座，两边是配殿，墙体均是雕工精细的优质青石砌成，殿与殿间有长 5 米的条石铺路。殿后有御花园，园内有假山、鱼池、花圃等。

据说，修建这座行宫耗时三年才完成。但据《清高宗实录》记载，乾隆帝在柳泉行宫只住宿了两个晚上，即乾隆四十九年（1784）闰三月二十八、二十九。通过《近世中西史日对照表》的换算，这两天分别是1784 年的 5 月 17 日和 18 日，即乾隆帝第六次南巡归来的途中。

后来行宫年久失修，于咸丰七年（1857）的战乱中倒塌，墙石多被居民拉走盖房。光绪三十四年（1908）修建津浦铁路时，又将行宫旧址隔成东西两段。至民国初，尚有残垣断壁、假山、鱼池和小石桥。如今这些已荡然无存。现在能看到的只有店子村东当年御花园内用土堆成的一座小假山，还有横七竖八地躺在大沟中的几块青条石。

三、桓魋石室

徐州北郊大运河畔，有一个极为普通的山丘，因春秋末期宋国大司马桓魋造石室于此，此山便出了名，《一统志》中称它为桓山。

桓山是古泗水道上的游览胜地。宋代、明代的文人墨客在此留下题字、诗文石刻多处。但年久风化，多以模糊难辨。苏轼在徐州当了不到两年的父母官，曾三游桓山。第一次是他上任不久，去荆山巡视水情，因乱石挡道，车不

图 9-3 桓魋石室

通，路途返回，偶见圣女山（桓山）而前去探视。第二次是翌年正月，共10人逆泗水北上，系舟于桓山脚下。第三次则是在离任之前。

据陆容《菽园杂记》记载，明成化年间，提督徐州仓太监韦通在桓山掘得一辆独轮车，色绿如瓜皮，重三十钧，推之轮转行进，上有识文"陆机造"。于是，成化年间在桓山之巅修桓山寺。此寺在石室西侧20米处，建有大殿、配殿，山门内塑有如来、十八罗汉、四大天王之神像。今寺庙无存，石椁还在。洞外有四个双浅刻大字——桓魋石室。

四、荆山桥

位于徐州东北10公里的荆山南面，有一座横跨原荆河之上的古桥，是为"荆山桥"。荆河水源于微山湖，经蔺家坝东流，过荆山而下为不牢河，至邳州汇入京杭大运河。

图9-4 荆山桥

建桥之前，此处水流湍急，乱石纵横，两岸地势低洼，洪水一来，便成泽国，南北行人受阻，交通大为不便。往往拂晓鸡鸣时登船，日晡（申时，一天中的15时至17时）还不能到达对岸。

据清同治本《徐州府志》记载，该桥于清康熙壬戌年（康熙二十一年，1682）动工，至康熙辛未年（康熙三十年，1691）竣工，历时近10年，费银两万六千八百两。桥身长三百六十二点五丈，顶宽一点九丈，可并行两辆马车。

这是一座造型美观、气势恢宏的大桥。桥头有过桥牌坊，桥身有石栏杆，中孔拱顶全部用花岗石条砌成，接缝处除用糯米浆浇灌外，另用元宝形铸铁扣相连接，桥面铺有青砖，远远望去，煞是壮观。

乾隆十一年（1746）对荆山桥进行了一次扩建。扩建后的荆山桥总长度达到四百八十二丈五尺，约合一千五百六十米，共有桥洞一百四十九个。桥身雕龙十二条，桥中间有石狮一对，石狮中间的横额有乾隆御书"万世津梁"四个大字。此桥修成后，惠泽两岸乡民，便利南北商贾，成为贯通南北的大动脉。

新中国成立时，这座风华绝代的古迹已经面目全非，仅能勉强通过行人，而它西侧的新型公路桥和铁路桥日益繁忙，适应不了时代发展的荆山桥受到了冷落。1958 年，徐州市大兴农田水利，开挖不牢河，疏通大运河航道，用爆破的方法将其拆除，历史悠久的荆山桥从此在人们的视野里消失了。目前，仅有过桥牌坊尚存完好。它静静地屹立在运河岸上，如一个饱经沧桑的老人，向人们述说着往昔的荣耀与不幸。

五、九里山

九里山横亘在徐州北郊，呈东北至西南走向。西南端濒临故黄河，东北端紧靠大运河。群峰起伏，重峦叠嶂，连绵九里，故名九里山。九里山的战略位置十分重要，在兵家必争之地的徐州所发生过的一些大规模的战争，几乎都与九里山密切相关。楚汉相争时期的项羽、刘邦，三国鼎立时期的刘备、曹操、吕布，南北朝时期的宋武帝刘裕，唐代的宣武军节度使朱全忠，明代的燕王朱棣……莫不以九里山作为进攻或固守的基地，在此叱咤风云。金戈铁马、刀光剑影、烽烟滚滚数千年，丰富的历史遗存和传说，使九里山充满传奇色彩。九里山诸峰林立，峰峰有名。山西一峰形如卧象，名象山；当中高而圆者，曰团山，山上有一 3 米巨石，石中凹洞深 1.7 米，叫作"旗杆眼"，传说韩信曾在此摆兵布阵与项羽作战，樊哙在石上树立一面大旗指挥战斗，这石便叫"磨旗石"；再东是宝峰山，陡山口、虎山，山坳有路叫虎山坳；再东是琵琶山，状若琵琶；中间有车道口，另外还有寨山，因明末遗民万氏在此筑寨而居，所以又叫万寨。还有一些村庄的名字与九里山有关联，如八里屯——屯兵之处、马场湖——驯马之处等，至今仍在沿用。民国时期，国民党和侵华日军曾在这里驻扎军队、修建机场、置放弹药。英雄的徐州人民在中国共产党的领导下，爆炸了置放弹药的军火库，有力地支援了解放战争，为九

图 9-5 九里山

里山的历史增添了光彩的一页。

九里山历史悠久，不仅出土过大量的古生物化石，而且山前山后有众多的文物古迹和人文景观，成为人们游览、观光、休闲的胜地。

六、刘向墓

刘向墓原在徐州老城东北三里处，后因黄水泛滥，几度迁移至九里山白云洞下。北宋文学家苏轼曾拟为刘向修建祠堂，因离任未果。清朝乾隆皇帝下江南来徐州阅河之余，曾亲往故黄河北岸的刘向祠堂拜谒。历代许多名人、文人专程而来，留下许多诗文佳作。

在两汉文化史上，能与司马迁学术地位比肩的大学者，唯有文献学宗师刘向。刘向在经学、文学、史学领域皆有巨大成就，而被现代社会继承并且产生世界影响的实属其在目录学领域的巨大贡献。刘向创始的古籍整理方法及书目解题方式和图书分类体系，不仅影响了中华民族学术发展的每一个阶段，也在世界文化史上留下了辉煌的一页。

图 9-6 刘向墓

刘向，原名更生，字子政，成帝即位后改名向。沛(今徐州沛县)人，西汉楚元王刘交四世孙。他"为人简易，无威仪，廉清乐道，不交接世俗，专积思于经术，昼诵书传，夜观星宿，或不寐达旦"。他刚正不阿，嫉恶如仇，曾因用阴阳灾异推论时政得失，多次弹劾外戚宦官专权误国而屡遭迫害。虽两次下狱，仍不屈不挠。刘向历任谏议大夫、给事黄门、散骑宗正给事中。成帝时升光禄大夫，领校中五经秘书，终职于中垒校尉。故后世辑佚其作品又称《刘中垒集》。

刘向的一生著述宏富，其中所反映的学述思想博大精深，他研治《春秋谷梁传》，参加石渠阁辩论，著述《五经通义》9卷，《五位要义》5卷，《尚书洪范五行传》11卷，奠定了其今文派经学大师的地位。他还是西汉时期优秀的散文家，创作的 33 篇辞赋，大多已失传，然从仅存的《九叹》及《清雨华山赋》来看，辞章练达、寄意深邃，笔力不让扬雄、司马相如，对后世古文影响亦很大。他的著作尚有《新序》30 卷，《说苑》20 卷，《列女传》15 卷，《列仙传》3 卷。这些杂史，或讽喻劝世，或借题发挥，或褒扬节烈，或神踪仙迹，但并非无稽之谈。这类著作记述古事，分类以从，取材广泛，质朴生动，其中许多名篇诸如《叶公好龙》《丑女无盐》等，传播久远，深入人心。即便是列女列仙，其史料价值亦很大。

刘向的最高成就在于古文献整理，并在此基础上创立了中国校仇学和目录学，制定了综合性的分类目录，清查了先秦以来中国学术领域的财富。他从当时的学科体系出发，联系社会思潮，创意撰写叙录，全面反映了西汉末年社会图书总量，并使许多具有进步意义的古籍得以进一步流传。

因刘向在中国文化史上有着崇高的地位，故历代文人均对其十分敬仰，纪念的形式也很多，刘氏郡望彭城建有刘向墓与刘向祠便是其一。《水经注·泗水》记载："彭城北三里有石冢被开，传言楚元王之孙刘向冢。"民国本《铜山县志·古迹考》亦记："刘向墓，城西北二里演武场（今飞机场）南。墓侧旧有祠，黄河南徙，墓在北岸，距河十数步。道光二年（1822）圮于河，今迁于徒山口迤南。"现在九里山北白云洞下，附近有刘窝村。刘向墓在"文革"中被毁坏，尚存一块明碑卧于山麓。碑阳有"先贤中垒校尉刘向之墓"十字；碑阴有文 23 行，每行约 69 字，计 1500 余字，略述了彭城刘氏一族诗礼治家、代代相承及祖茔等情况。碑为楚元王宗族五十九世孙刘景唐重立、刘盘书丹，明嘉靖十二年（1533）勒石。

七、牌 楼

老牌楼始建于清嘉庆戊寅二十三年（1818），建造人为治河专家、河道总督黎世序。60 多年后的光绪九年（1883），徐州道尹赵椿平重修。牌楼矗立在一丈多高的青石台上，远远望去，巍峨壮观。牌楼的横额上两面有字，北面为"大河前横"，南面为"五省通衢"。八个大字，言简意赅，意蕴深长。

大河前横，指的是黄河（古

图 9-7 牌楼（北面）

汴水）。从公元 1128 年夺泗入淮，到 1855 年改道山东入海，滔滔黄河水流经徐州七百多年，给徐州带来无穷的灾难。一次次灾难，一次次治理，正如治河专家黎世序所说："治河不易，犹如黄河波涛一浪连着一浪……"顽强的徐州人民在灾难面前从来没有屈服过。和苏轼建黄楼一样，建牌楼是徐州人民又一次抗洪卫城胜利的标志。

五省通衢，指的是运河流经的几个省份。徐州自古就是水陆交通要道。金代黄河夺泗入淮后，徐州以下的泗水就成了黄河的一部分。元代定都北京后，开通了京杭大运河，泗水又成为大运河的一部分。明代的徐州，是南北漕运和公私商旅往来的通衢大道和连接京师（北直隶）、山东、河南、南京（南直隶）、浙江五省的重要枢纽。满清入关后，于清顺治二年（1645）沿明制设江南承宣布政使司，即废除南京为国都的地位，设巡抚衙门于江宁府（今江苏南京）。康熙初年，改承宣布政使司为行省，江南承宣布政使司即改为江南省。六年（1667），因江南省东西分置而建江苏、安徽二省，与直隶、山东、浙江合计五省，故称"五省通衢"。

老牌楼建在徐州古城北门"武宁门"外黄河南岸的护城石坝上，即后来的牌楼市场处。随着时代的发展，此处已成闹市区。1964 年，这个矗立了 150 多年的牌楼被拆除了。20 世纪 80 年代，故黄河沿岸的景点陆续恢复，牌楼就是其中之一。

如今，一个双层飞檐的牌楼巍然屹立在故黄河岸上。由四根鲜红的圆柱高擎，牌楼横额上仍是"督河使者黎世序"于"嘉庆戊寅（二十三年，1818）季秋月（九月）"所书的那八个大字。"大河前横"的北面，是平如明镜的故黄河水；"五省通衢"的南面是喧闹的市场和日新月异的新徐州。

图 9-8 牌楼（南面）

八、黄　楼

提起苏轼，人们就会想起黄楼。黄楼是苏轼在徐州留下的标志性建筑。北宋神宗元丰元年（1078）二月动工，八月十二日建成，历时半年之久。全楼涂以黄色，故称"黄楼"。在中国的五行学说中，金、木、水、火、土存在着相生相克的关系：木生火，火生土，土生金，金生水，水生木；木克土，土克水，水克火，火克金，金克木。五行又与五色相对应，其中，土为黄色。苏轼筑此黄楼，包含着永远克制水患的意思，这寄托了苏轼的希望，也反映了徐州人民的心愿。

据地方志记载，金代末年，黄楼还矗立在东门城墙之上。元明时期，黄楼已移至地面，仍在城东北隅，清代曾多次重修，虽然规模较小，但大体格局不变，并在地面上增加了平台和石栏。20世纪50年代中期被拆除。1988年10月，徐州市有关部门又在离原址不远的故黄河岸上，重建了一座350平方米的新黄楼，仍是仿宋建筑，双层

图 9-9 黄楼

飞檐，丹柱黄瓦，十分壮观。"黄楼赏月"已是徐州富有历史意义的名胜之一。"碧水柔波，不尽黎民厚意；黄楼明月，长留太守清风"这一诗联，充分表达了徐州人民对苏轼的景仰之情。

九、镇河铁牛

"武宁门外水悠悠，万里长堤卧古牛。青草绕前难下口，长鞭任打不回头。风吹遍体无毛动，雨润周身似汗流。莫向函关跨老子，国朝赖尔镇徐州。"这是一首在徐州流传甚广的《镇河铁牛》诗。全文通俗晓畅，诙谐风趣。从其遣词造句及用典情况来看，此诗当出自清代文人笔下。

镇河铁牛铸造于清嘉庆四年（1799），置于徐州城北门（武宁门）外。同治本《徐州府志》载："徐州城形如卧牛，昔人以河善汛溢，故铸铁牛镇之……"镇河铁牛身长约2米，高约1米，重千斤。头向西北，尾向东南，

图 9-10 镇河铁牛

昂首翘鼻，双目圆睁，直视西来之滔滔黄河。牛身铸有54字铭文："太岁在己土德盛，月唯庚午金作镇，铸犀制乘吉命，蛟龙虬伏水波静。天所照惟顺兮，安流永宝。岁在嘉庆己未庚午月庚辰日庚辰时铸。"这是当年经过慎重选择的生辰八字，有极其浓厚的迷信色彩，亦有相当合理的科学成分。迷信色彩来源于宿命论思想，实为糟粕。科学成分在于它准确无误地记载了铁牛诞生的时间。这里的己未年庚午月庚辰日庚辰时相当于清代嘉庆四年（1799）五月二十三日七时至九时，折公元1799年6月25日7时—9时。铭文的主题是顺天承运，祈求河平，表达了人们希望黄河不再兴风作浪，永远平安和顺的意思。这当然只是一个美好的愿望。面对着汹涌而来的洪涝黄患，一个小小的铁牛又怎能镇得住呢？"文革"期间，这个镇河铁牛被当作"四旧"破除了。

但是，镇河铁牛毕竟是地方上的一种文化现象，它产生于洪涝黄患肆虐的年代，是历史的见证。1985年7月，在共青团徐州市委的号召下，全市团员、青年积极参加义务劳动和筹集资金，铸造了一个长2米、高1米的新铁牛，于同年12月23日安放在故黄河岸上。

十、子房山、子房祠

徐州城东有一座树木葱茏的山峦，便是著名的子房山，海拔146米。子房山的命名是为纪念西汉留侯张良而取意的。从子房山向下环视，汴泗交流处、大坝头、百步洪、东门桥、萃墨亭、彭城驿、户部山、金谷里、丰储街、矶嘴坝、广运仓等黄河要害和名胜尽收眼底。古人云，"子房山上架大炮，炮炮打中运河船"。因此，子房山是黄河南来北往的咽喉要塞。

张良，字子房，在秦末农民起义时，率领百余名少年由下邳到彭城来寻找盟军，在沛县东南的留县（已沉入微山湖）遇到刘邦，从此成为刘邦的亲密谋士。高帝二年（前201），张良被封为留侯。

张良晚年目睹韩信被诛，萧何下狱，便借口求仙，悄然退隐，随赤松子云游世外。

徐州子房山相传是张良以箫声吹散项羽子弟兵的山头①。当然，这只是于史无征的民间传说，不过这也许就是子房山得名的原因了。相传张良在子房山上用洞箫吹奏楚调，引动楚兵思乡之情，楚兵纷纷逃亡，导致楚霸王势单力薄而失败。

图 9-11 子房山

民间传说的年代愈久，新的情节愈多。箫的音量很小，竟然能传遍战场，实在令人难以置信，于是形成更多的说法。其一是说：张良命令士兵放起几个大风筝，悬挂笭箵，每个箵中坐一人，手持梅花铁笛，吹奏楚歌，其声哀怨悲凉。这种说法至少在明代以前就流行了。

图 9-12 子房祠

子房山建有子房祠，又称留侯祠。原是明代宣德初年平江伯陈瑄所建。其时，徐州大旱，时任总兵的陈瑄率臣僚及百姓祈雨。行至子房山下，大雨倾盆，瑄以为子房显灵感应所致，遂建祠祭祀。并以竣工之日农历五月

---

① 清乾隆本《徐州府志》卷2《山川》。

十九为子房山庙会日。清代嘉庆年间徐州道张鼎重修。大殿内有张良塑像。司马迁在《史记》中写道："余以为其人计魁梧奇伟，至见其图，状貌如妇人好女。"[①] 塑像便按这种状貌来塑造。祠东有黄石公庙，塑像为一鬓发皆白的老人，着褐色衣袍。祠南有罗成庙。

子房祠曾为历代诗人凭吊吟咏。新中国成立后几年间，子房祠正殿及许多碑刻仍保存完好。"文革"中张良的塑像固然荡然无存，连祠前有名的李白《经下邳圯桥怀张子房》的诗碑也被砸坏。

21世纪初，津浦、陇海两铁路修筑以后，子房山就在铁路之侧，而且已与繁华的市区连成一片，甚至山坳处也是房舍层列。子房祠垣址及两方石碑至今犹存。作为江苏省非物质文化遗产保护项目——子房山庙会亦得以保护传承。庙会以五月十九为正会日，历时三天，苏鲁豫皖接壤地区赶会人有数万之众，子房老爷出巡、民间技艺展示等传统文化内容得以繁衍，成为汉文化景观的又一窗口。

十一、弘济桥

古代徐州以其独特的自然地理形势和便捷的水陆交通条件，素有"南国重镇、北国锁钥"之称，为历代兵家所必争。北宋以后，黄河南徙，汴、泗合流，夺淮入海。黄河下游的徐州段河面宽阔、水流湍急，给交通带来极大的不便。于是徐州人便用自己的聪明才智建造出了"活桥"（浮桥）。

据有关文献资料记载，徐州的"浮桥"最早可追溯至元代武安州之前。练鲁记有《徐州故城》外"浮梁驾连舴"；成廷珪在《悲徐州》诗中说，脱脱元军攻徐州城，"夜斫浮桥开"。

明人王椊在《汴水桥记》中载："徐故天下舟车要会，舟行者，溯'二洪'、凌汴泗，虽险有常道。若行陆者，至城东门外必渡河（过桥）。"洪武年间，徐州只有汴水之上的云集桥（在今庆云桥东侧）和泗水之上的万会桥（今已废）。

从明嘉靖本《徐州志·州治之图》可知，云集桥在城北门外，跨古汴水（明代称黄河或小黄河）南北而建。元代时河道尚窄，于是便"垒石为桥"。明初"比舟为之"建作浮桥，俗称"小浮桥"。正统二年（1437），"坚筑两岸，修舟梁"。成化二年（1466）又"相继重修"。嘉靖十六年（1537），"联舟而加板于上，贯以铁索，施以栏楯（栏杆），名曰'云集'"。

"去城东二里有万会桥"，万会桥跨越古泗水东西而建，俗称"大浮桥"。

---

① 〔汉〕司马迁：《史记》卷55《留侯世家》。

在万会桥的位置，元代建有石拱桥，年久，"圮于水"。洪武十八年（1385）"比舟为桥"，始建为浮桥。正统年间（1436—1449）改作"架木为梁"的木桥。木桥称作"万会桥"。木桥损毁更易，"未几又坏"，才改作浮桥。朝鲜人崔溥在弘治元年（1488）三月四日"过徐州"记，徐州城东运河上"以舟为桥，截河流，号为'大浮桥'。桥之上下，樯竿如束。拨桥中二舟，以通往来船只，船过还以所拨之舟，复为桥"。

小浮桥比大浮桥的名气大，史书记载也多。西安碑林的《黄河图说》碑中就绘有"小浮桥"。"武宗正德三年（1508），河徙，徐州小浮桥入漕（河），全（黄）河大势……尽趋徐邳出'二洪（徐州洪、吕梁洪）'"；九年又记"至小浮桥入运河"。到嘉靖年间，黄河仍"下徐州小浮桥"。"嘉靖末，小浮桥渐淤"。万历二十四年（1596），有"请浚小浮桥……以济徐邳运道"的记载。

明代徐州城东门外的黄河之上，仅是靠小船摆渡。由于水流过快，时常翻船。如遇风急水涨之时，南北车马纷沓结集于此，也只能望河兴叹。嘉靖二十六年（1547），徐州地方官员曾一度移万会桥于东门外，不久就因万会桥附近摆渡溺死人命，又因万会桥舟旧数少（仅有18艘）而复位原址。当年，徐州地方征调本年徭役之民和管理云集、万会桥的桥夫，用治安罚款和征集特别交通费作为建桥资金，历时一月有余，新造大船35艘，铁缆、铁锚若干，建成东门外新桥，并以普度众生之意取名"弘济"。这就是130年后米列斯库见到的"活桥"。

如明嘉靖本《徐州志·州治之图》所示：北来的运河在"汴泗交流"的正西古汴水河道有"云集桥"，古泗水河道有"万会桥"，徐州城东门外与东夹河洲相通之地有"弘济桥"。徐州城"实南北津要，驿使行旅为渡尤急"。这三座桥都是把船连系起来，"浮舟为梁"、上铺木板的活动式"浮桥"。明清时期，出于漕运税收的考虑，一般的浮桥除具备"桥"的功能外，还可做"关闸"使用。定时开启，收取一定的通关税或漕税后再放行通航。夹河洲东、子房山脚下有"新河"，可直行南北"走船"，三座浮桥

图 9-13 弘济桥

只作"驿使行旅"之用。

弘济桥是徐州劳动人民智慧的结晶。此桥设计时，围绕造桥技术等问题争议很大。许多人担心，徐州东门外适值百步洪上端，黄河水势迅猛，施工顺利与今后安全都难以保证。但徐州人民不畏险阻，以创造性的劳动，克服了许多困难和艰险，终于造成了这座气魄宏大的"活桥"。后来的岁月亦证明，这座桥的建造技术是过硬的，它的经久耐用是徐州人民的一份自豪。明清之际，长江中下游河道尚无桥梁，黄河徐州段以下亦无桥梁，翻阅米列斯库漫游全中国的日记，也没有第二例令他如此惊叹的、铺设在激流上的"十分宏大"的桥。由此可见，徐州弘济桥在中国桥梁史的地位也是非常显要的。

清咸丰五年（1855），黄河从兰考决口北流，南支黄河水流日浅，弘济桥渐圮。日寇占领徐州后，为了调遣兵力和调运物资方便，在徐州城内修建了两条马路，一条东西走向即今天的淮海路，另一条南北走向即今天的中山路。当时的日伪市长张云生作诗"日出东方，启我明光，桥通路成，普济众生"。日本人遂将东西走向的这条路命名"启明路"，弘济桥旧址的路桥命名为"济众桥"。日寇投降后，启明路改叫"中正路"；淮海战役胜利后，中正路改名叫"淮海路"，"济众"桥名不知何故竟然袭用。

2004年初，重修济众桥，为了摒弃63年前的亡国之耻，恢复450年前的古雅桥名，在人大代表、政协委员和广大市民的建议下，市政府决定将桥名"济众"复称"弘济"。同时，米列斯库的日记作为中西交通史料被译成多种文字出版发行，使徐州历史文化在世界范围内得到了更加广泛的传播。

十二、户部山

户部山在徐州城南，原名"南山"，其命名是徐州人民饱受黄河水患的历史见证。

徐州户部分司署是明永乐十三年（1415）设立的专司漕运的财政机构，除督运漕粮外，还兼管钞务、税务、广运仓仓务等事宜。仓监及分司署主事，一岁一换。正德十三年（1518），黄河在澶渊决堤，次年水淹徐州城。户部分司署衙被冲溃，暂借民房办公，很是不便。徐州户部分司主事李崧祥呈请户部尚书批准，在城东南隅重建新署衙。

天启四年（1624），黄河又一次暴涨，徐州户部分司署迁移到南山戏马台台头寺的聚奎堂。当夜，黄河在奎山附近决口，水由东南水门灌城，顷刻水深一丈三尺，居民溺死无数。当年八月大雨，河水再次泛滥，居民避居云龙山、子房山等高地。水稍退，主事张璇在戏马台上修筑房垣，作为户部分司署驻地。从此，南山便称"户部山"。

崇祯九年（1636），郎中张湘于户部山石墙上修建箭楼。清顺治二年（1645），郎中陈嘉胤又在石墙上增修雉堞。四年（1647），郎中王维屏在楼门内增建左右板屋。康熙二年（1663），孙象贤在户部山四面建门，北为右节门，南为玉钤门，东为左丽门，西为金雉门，十分壮观。

康熙初，废徐州户部分司，改为徐州河营守备，其署衙仍设在户部山，直至二十五年（1686）河营守备署迁往城东门外黄河南岸，但户部山的名称一直保留至今。

图 9-14 户部山古建筑群碑

十三、李蟠状元府

有清一代 112 科考试，江苏省中了 49 名状元，而徐州仅有 1 名，便是李蟠。李蟠的廷试题是治理黄河，因其生长在徐州的黄河边，耳濡目染黄河大小事件，阅读过古今黄河文献，故写来得心应手，也算是黄河成就了这番功名吧！

李蟠，字仙李，号根庵。其祖父李向阳（字孝乾）、父亲李弇（字山洲），都是名诗人。李蟠于康熙三十六年（1697）赴京参加会试、殿试。策论题中有吏治、军务、河防诸事，李蟠的治河策论深得康熙皇帝满意。李蟠同科的榜眼姜宸英，乃是江南名词人，本当选为状元。康熙皇帝在听读最前十份墨卷后认为，姜宸英不做状元也已名满天下，而第六名李蟠乃徐州人，徐州尚无人中过状元，将李蟠选为第一名，亦可鼓励徐州士子。因而擢李蟠为一甲第一名，授官翰林院修撰，入国史馆纂修《大清一统志》，时年四十三岁。

康熙三十八年（1699），李蟠任顺天乡试主考，因受贿舞弊而充军奉天（今辽宁沈阳）。副主考姜宸英，虽年已七旬，不明情况，也被牵连，遭受弹劾。三年后，李蟠被赐还，从此退隐家乡徐州，以著述自娱，有诗集《偶然集》，诗风潇洒爽逸。其精通古文，书法学元代赵孟頫，文章、墨迹都受到当时推崇。

现今的徐州城南关劳动巷 20 号，当年是清代康熙年间状元李蟠的状元府第。在悬挂"进士及第"金匾时，状元府占地三亩二分，厅、堂、楼、阁及大小房屋共 81 间。目前仅存一些配房和一所状元楼。

十四、显红岛

显红岛位于市区东南鸡嘴坝（矶嘴坝）河中宽阔处，是用挖出的河泥堆成的河心小岛，上面有凉亭、花架、游船码头。这个小岛被命名为"显红岛"，是根据"苏姑红妆现于黄水"的故事而来的。

民间传说：苏东坡的女儿苏姑帮助她父亲抗御洪水。有一天夜间，她听到鸟的叫声："苏姑，苏姑，河伯将过。红妆现身，全城免祸！"凌晨，苏姑身着红妆，站立城头，看到河伯乘滔滔黄水而来。苏姑舍身跳入水中，嫁给河伯，黄水迅即平复。当苏东坡和全城百姓赶到时，只见苏姑的红妆时沉时浮，现于黄水之中。徐州百姓感念苏姑拯救全城的大恩，在府署修建了苏姑的衣冠冢，盖了苏姑庙。直到 20 世纪 50 年代，府衙西北角还有苏姑墓，而苏姑庙的庙会到"文革"前夕才终止。

当然，民间传说只是为纪念苏轼治水的历史而创造了苏姑的故事。事实上，苏轼只有苏迈、苏迨、苏过、苏遁四个儿子，并没有女儿。显红岛的命名将永远为苏轼增添了一位贤德的女儿。

图 9-15 显红岛

十五、萃墨亭

萃墨亭，原名苏墨亭。据清同治本《徐州府志》载：“萃墨亭，在城东南百步洪洲上。明成化中，主事尹珍于洪东崖石间得石刻一，盖轼守徐时笔也。因建亭洲上，名曰‘苏墨’。陷石壁间，又于亭旁建清风堂。正德末，亭坏，主事李香筑台重建，更今名，自为记。又有追胜亭在苏墨亭旁，亦尹珍建，今俱废。”[①]

萃墨亭原称苏墨亭，明代大学者邹守益有一篇《萃墨亭记》，他在文中将萃墨亭之演变分为四个时期。一是北宋时期：“昔苏文忠公偕山人张天骥、诗僧道潜，乘月游百步洪。纪十六字于石”，叙述来历。二是成化时期：“成化庚子（成化十六年，1480），督洪事尹君廷用获之水中，作亭于洪之洲以覆之，名曰‘苏墨’。旁建清风堂、追胜亭，士君子各赋而记之”，重建苏墨亭。三是正德时期：“比年，河决丰沛，徐多水患，亭悉圮。正德己卯（正德十四年，1519），陆君德如葺之，比复圮”，述屡修屡坏。第四个阶段是嘉靖时期：“嘉靖二年（1523），李君汝兰辇石筑基，复作亭其上。置苏墨及诸碑刻赋咏，名之曰‘萃墨’，予将之广。汝兰以记请”，重建萃墨亭。短短百十字，邹守益把萃墨亭的由来交代得非常清楚。

2006年底，位于徐州百步洪南面的显红岛，经改造成为一处公园。公园里建有一个亭子，题为“萃墨亭”。左右有楹联：“怀古登亭追往事，临风望水慨今朝。”

图 9-16 萃墨亭

十六、徐州乾隆行宫

乾隆皇帝在位六十年，共到徐州四次，都是南巡途中路过而短暂停留。其具体时间分别是：乾隆二十二年（1757）、二十七年（1762）、三十年（1765）、四十九年（1784）。乾隆皇帝到徐州的主要目的是“阅河”，即实地考察黄河水情和徐州的河防工程。

乾隆二十二年（1757）四月初，弘历乘船北上，至宿迁县顺河集码头，弃舟登陆到徐州。当时灾后不久，饥民遍野，瘟疫流行，一派凄惨景象。

---

① 清同治本《徐州府志》卷18上《古迹考》。

随驾大臣曾劝皇帝不必亲到徐州，乾隆力排众议，坚持来徐视察。

就在这次视察后，乾隆皇帝指示地方官员兴建行宫，以便再来徐州时居住。当时的两江总督尹继善亲行查勘，选定了行宫地址。兴建行宫的工程费用，全由朝廷拨款。行宫建成后，不仅为古城增色，也为后世留下了别具一格的历史建筑。

从清代《江南通志》所载徐州乾隆行宫的全图可见，行宫范围是北至土山，南抵云龙山，东接御桥，西达今日之中山南路。前后左右均为三进院落。

清末以来，行宫建筑大多已毁。现存有大殿和东西配房各三楹。大殿面阔 13.30 米，进深 6.8 米，四梁八柱，全系川柏，单檐挑角，黄釉筒瓦，椽檩彩绘，廊楣也绘有金龙，金碧辉煌。四周柱廊，十分壮观。大殿坐北朝南，正对云龙山。

乾隆皇帝对行宫的选址和构建颇为满意，亲自为行宫撰写了两副对联："名园依绿水，野竹上青霄""户外一峰秀，阶前众壑深"。从这些描绘也可想见当年行宫景色的秀丽宜人。

1960 年，乾隆行宫遗址辟为徐州博物馆，行宫大殿和东西配房作为陈列历代文物或举行展览使用。1977 年春，在东院修建了具有典型民族风格的"碑园"。

图 9-17 徐州乾隆行宫

十七、云龙山

云龙山在今徐州市区南部，是一座历史文化丰厚、景色优美宜人的名山。九节山头蜿蜒起伏，像一条云缠雾绕的巨龙，昂首向东北，曳尾在西南，长达六华里。云龙山东坡面向黄河，山腰有榜书"河山带砺"四个大字，于此东望，奎山塔、广运仓、户部山，北向转东的黄河拐弯处一览无余。黄河上南来北往的文人墨客、商贾游民每每登岸，多上云龙山祭礼如来观音，瞻仰东坡名胜。

其实，云龙山最早叫石佛山。《大明一统志》载："云龙山在江南徐州南二里

图 9-18 云龙山

许，山有云气，蜿蜒如龙，故名。东岩石峰围匝，中有大佛，俗谓之石佛山。"据考证，大石佛开凿于公元 466—486 年这二十年间。原本无名的荒山因佛得名，大约延续到宋代。北宋有一个隐士，名叫张天骥，自号云龙山人，又称张山人，此人深受道家思想影响，醉心于修身养性。他养了两只鹤，并在山顶筑一草亭，名曰"放鹤亭"。苏轼经徐州时，与张山人结下了深厚友谊，并写下传世名篇《放鹤亭记》。石佛山之名遂被云龙山取代。

（一）船厅

船厅位于云龙山顶平台东北角，与南侧放鹤亭比邻，是明清时期徐州城区人民避水灾之难的重要场所。船厅初无正规建筑。由于这里面对黄河，总览全城概貌遂成为治河官员们首选的观察所；又因为时间急迫、物质所限，草席棚、油毡房都曾配合放鹤亭作为官员办公之所。为了纪念古代英贤治水通漕的功绩，勿忘黄河泛滥造成的灾难，清光绪三十二年（1906）徐州知府田庚始建砖木结构的船厅。

船厅为两层结构楼房，居云龙山制高点，轩堂敞亮，视野开阔，带砺河山尽收眼底。船厅上层为船，西边为船舱，东面为甲板，有座位、栏杆；下层为亭，周围有台阶，南面有梯可以攀登。船舱西面墙上悬匾一块，上书"天上座"三个人字，匾下两边有对联："春水船如天上座，秋山人在画中行。"舱门两边有江苏候补教谕王琴九所书对联：

大地俯青徐看残落日平原百战山河谁楚汉，

孤亭绕翠嶂倚遍疏棂画槛千秋雪月共苏张。

辛亥革命后，淮军驻云龙山，士兵烤火不慎将船厅烧毁。

现有船厅为 1979 年重建，于 1980 年竣工。这次重建的船厅仍近似楼

船，为传统的民族形式，规模宏敞，造型美观。东北角为三层，上层是茶室，门上和门两边重写了"天上座"匾和原来的对联。茶室外有平台石栏，凭栏远眺，群山入黛，黄河故道像一条白带贯穿市区。西部是大厅，花格玻璃门窗，宽敞明朗。门外丹楹画廊。庭院三面有廊，廊上端为花饰挂落，下为朱红座栏。日后，船厅又经过几次维护，制式风貌一仍其旧。

（二）放鹤亭

从云龙山北麓登山，过铁亭200米，即到达山顶。月形院门额上有光绪三十二年（1906）徐州知府田庚题写的"张山人故址"五个隶字。

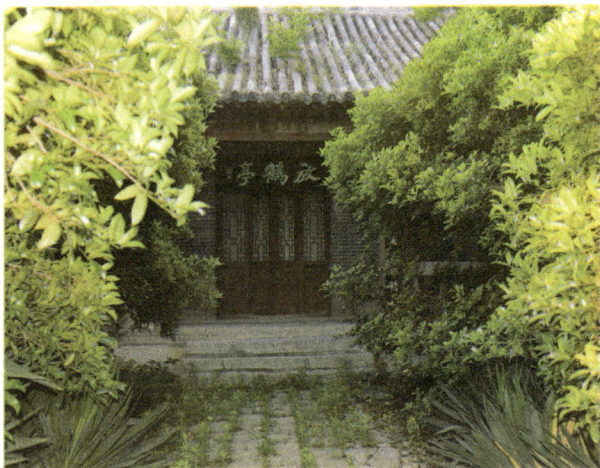

图 9-19 放鹤亭

走进院门，平坦开阔的四方庭院铺有甬道。院之东侧即是放鹤亭，飞檐丹楹，宏敞明亮，前有平台，周环游廊，其南北长11.95米，东西宽4.95米。平台前有砌成石栏杆的饮鹤泉，向南10多米则是高耸的招鹤亭，三者密切相关。

北宋隐士张天骥筑此草亭，取名放鹤亭。放鹤亭周围环境幽美，然而其闻名遐迩的更主要的原因则是著名文学家苏轼曾用如椽之笔描绘了山人放鹤的图卷。苏轼在著名的《放鹤亭记》中，清晰明快地概述了徐州翠嶂四周的形胜，说明了亭址的奇幽异美，描绘了白鹤飞鸣的超逸形象，介绍了放鹤亭命名的由来。

张天骥，字圣涂，自号云龙山人。家有花园、田宅，在云龙山西麓黄茅岗筑有草堂。草堂后因洪水淹泡毁坏，又往高处迁移重建。他爱好诗书、花木和音乐。其父张希甫、母李氏及他本人都深受道家哲学的影响。

苏轼早年也曾受道家思想的熏陶。他从小在家乡四川眉山县，跟着眉山天庆观北极院道士张易简学习过三年。成年之后，道、佛、儒三家思想对苏轼几乎有同样的影响。他仕途坎坷，政治上屡遭挫折，更助长他放达旷逸的性格。因此，他与张天骥感情十分投洽。他们的友谊保持很久。十二年后，即元祐四年（1089），苏轼任杭州太守时，张天骥还不远千里到杭州去看望他。苏轼热情款待了这位老人十天，才赠诗话别。

云龙山上既有放鹤亭，又有招鹤亭。招鹤亭建在高耸之处，砖木结构，小巧玲珑，檐角欲飞。此亭是登高远眺的好地方。

人们喜爱幽雅的放鹤亭，也自然怀念飘逸豪放的苏东坡和张山人。放鹤亭屡坍屡修，世代留存。明嘉靖十一年（1532）徐州都司戴时宗，清同治十一年（1872）徐海道、吴世熊都曾重建过放鹤亭。辛亥革命后也曾修过，但嗣后年久失修，到新中国成立前已破败不堪。新中国成立后，徐州市政府拨款修缮，恢复旧观。

1979年，放鹤亭又加整修，彩栋丹楹，焕然一新。原来悬挂的乾隆所书"放鹤亭"匾额，改用苏轼笔迹，重新置匾，高悬其上。

（三）饮鹤泉

饮鹤泉位于放鹤亭西侧。泉亭相依已逾千载。如今可以见到饮鹤泉凿作一井，四方环绕石栏，颇为美观。井南侧立有石碑，上冠"古迹"两字，中间书有"饮鹤泉"三个尺幅大字。上款为"天启癸亥（天启三年，1623）仲冬（十一月）吉旦"，下款署"古鄗张璇重浚"。当时的张璇任徐州户部分司主事，疏浚饮鹤泉后，立此碑做纪念。碑文为张璇手书，其籍贯"古鄗"，今为河北省柏乡县。

图 9-20 饮鹤泉

新中国成立后饮鹤泉水深尚有三尺，后因乱掷瓦石而堵塞干涸。1962年曾重淘泉井，测得井深24.6米，和旧志所说"七丈余"相符。井壁系穿岩凿成，有两条石缝：一在北侧井口下6.5米处，垂直长3米；一在西南侧井底向上1.9米处，水平长0.35米。估计这便是水源通道。其实这也是古人为了解决大佛面孔流水而采取的科学措施，既体现了劳动人民的智慧，又增加了一处云龙名胜。

（四）东坡石床

云龙山西麓峭壁下的黄茅岗上有一座天然石台，上刻有"石床"二字。

图 9-21 东坡石床

台高 1.75 米,长 3.3 米,宽 1.3 米。本是一块极为普通的石头,经苏轼这么一睡,便留下一段千古佳话,成为后人瞻仰的胜地。

北宋元丰元年(1078)九月十七日,苏轼和山人张天骥、颜复、王巩来到这里。临别前,他们在张山人的茅舍一聚。酒逢知己千杯少,苏轼醉倒在黄茅岗上,写下了千古绝唱《登云龙山》。后人便将那块巨石称作"东坡石床"。黄茅岗也因此出了名。

历代的诗人骚客、文人雅士登山怀古、寻踪览胜时常在此歌之咏之。仅刻于石壁之上步韵唱和的诗作题字、碑文就达三十多方。明代唯心主义哲学家王守仁路过徐州时曾题写"黄茅岗"三个勒石,因风雨侵蚀,年久漫漶。清代,乾隆皇帝又重题写"黄茅岗"三个大字,刻于石壁之上。另外,还有云龙山樵张翃题写的"枕石卧云"以及其他人题写的"旷逸""岗岭四合"等石刻,皆成为黄茅岗上的一大景观。

(五)大石佛

云龙山唐宋之前叫石佛山,因山有大石佛而得名。大石佛原来是云龙山东坡就山岩而雕凿的释迦牟尼头像。雕凿时间史志无载。据有关专家考证,石佛头像大约雕成于公元 466 年至 486 年这二十年间。

此后数百年间,在大石佛两侧陆陆续续出现了一些小的雕像,这些雕像产生于不同的年代,分别刻有为皇帝、皇后求福,为父母、妻子求福,为远行河西的人求福等字样。因年代久远,许多人名、官衔模糊不清,难以辨认。由于千百年来的风雨剥蚀和天灾人祸,这蔚为大观的浮雕群受到了严重的损害和破坏。直到明洪武三十一年(1398),主持僧胜吉建佛殿三间及僧房一所。宣德二年(1427),僧文安扩建大殿五间,高四丈五尺。不幸的是,五年之后即宣德七年(1432)就毁于大火,两侧造像损失甚多,而大石佛却安然无恙。八年(1433),僧文安再次集资重建,并建造配殿、山门、方丈禅堂和峡廊,历时两年方竣工。这次重建的大殿巍峨壮观,进深 20.78 米,宽 19.6 米,便是我们现在看到的大雄宝殿,

属于典型的明代建筑风格。正统三
年（1438），立《重修云龙山兴化
寺碑》，碑文详细记述了兴化禅寺
建造之始末，碑今犹存，立在殿外
右侧贝屃身上。

清康熙三十四年（1695），
臬司（按察使）刘孟倬的父亲和
知州王皂承出资为大石佛添加了
两臂和前胸。至此，这个开凿了
千年的头像仿佛修成正果，终于
成为一个完整的坐像，高达 11.52
米，合三丈四尺有余。此像方面
大耳，颐丰肩宽，环手端坐于大
雄宝殿之内，双眸微合，带着庄
严而又慈悲的笑意，俯瞰在脚下
匍匐叩拜的芸芸众生。

（六）大士岩

图 9-22 大石佛

大士岩在云龙山西半坡依山而
建，开凿于清康熙五十七年（1718）。其开凿是一个偶然。当时徐州知府姜
焯（山东昌邑人）在重修放鹤亭后，欲建僧舍守亭，民工在西坡清理乱石、
平整土地时，挖掘出一块巨石，广约八丈，看其外形，与一石碑上的观音
画像相似。此石碑就立在下面黄茅岗上，为唐代吴道子所画。姜焯大喜，
认为这是天意，于是命人以碑上的画像为依据，雕凿出一个观音坐像来。
此像雕得光洁晶莹，神态自然，加之能工巧匠善用巧色，将原巨石上的一
道洁白如玉的石纹设计在坐像腰际，因此被人们称为"玉带观音"。这尊观
音雕像右手抱一婴儿，民间又叫"送子观音"。大士岩历时四年建成，其建
造程序是：先雕坐像，并在坐像石壁上开凿石龛，而后以山岩峭壁为后墙
建一座坐东向西的大殿，大殿两边各建房三间，对面是韦驮殿三间，后改
为山门，山门上嵌石刻"大士岩"三字。

在十年浩劫中，大士岩不可避免地遭到了破坏。现今的大士岩是徐州
市人民政府于 1979 年拨款重修的，观音像也是重塑的。大士岩院内整洁清
幽，两棵高耸入云的古柏已粗可合抱。站在山门上，俯瞰脚下万木葱茏，
纵目西望远山叠翠，烟波浩渺的云龙湖上游船穿梭，水鸟翔集，大好风光
尽收眼底。

十八、云龙湖

云龙湖在古代蓄洪、灌溉方面发挥了一定的作用,对徐州城上游滚水坝的减排也有相当的调节作用。

风光秀丽的云龙湖湖面开阔,烟波浩渺,除北面有一条大堤外,其三面均为青山环抱。西面有韩山、天齐山,南面有泉山、珠山、拉犁山,东面有连绵逶迤的云龙山。三面青山抱碧水,碧水如镜映蓝天,山水相依,峰影嵯峨,自然风光和人文景观十分迷人。

云龙湖原名石狗湖,究其历史,已有千年。史称其"地卑下,岁旱可成田,雨潦则南山之水尽汇于此,积久不退,民田多涝,明万历年间作二石狗锁之"。故名石狗湖。清道光年间所修的《铜山县志》中亦有同样的记载。如果往前追溯,石狗湖又叫苏伯湖、簸箕洼等。苏伯湖大约缘于对苏轼的敬仰,簸箕洼则缘于其独特的地理环境,地形地貌似簸箕。

北宋熙宁十年(1077),苏轼知徐州,刚到任便面临着洪水灭城的严峻考验。为了抵御洪水,他动员城中的军民在城南筑了一道大堤。在取得抗洪卫城的胜利之后,他曾感慨地说:"引上游丁塘湖与金钟湖之水,灌入此湖,于北岸堤口置闸,则此湖风光可与西湖媲美,而徐州俨如杭州。"这当然是苏轼的一个美好愿望,如何治理徐州的水患,也许已有规划,可惜的是未能实施他就离任了。

明万历十八年(1590),黄河决堤,洪水灌城。为排除城中积水,著名水利工程专家潘季驯和徐州兵备副使陈文燧"凿奎山支河一道"。此河自苏堤入徐州外城,过奎山而南流经安徽宿州入洪泽湖。奎河开凿后,曾几次排泄石狗湖中的湖水,使徐州城转危为安,也曾灌溉农田,给人们舟楫之利。然而,由于石狗湖水患得

图 9-23 云龙湖

不到彻底根治，水大时仍有溢溃之患。志书上就曾记载着清康熙三十六年（1697）秋的一场水灾："大淫雨，花山河溢，石狗湖水涨，坏城东南居民庐舍。"乾隆二十三年（1758），徐州知府邵大业重修苏堤，虽然在原有基础上增高加固，石狗湖依然旱涝无定。

新中国成立之初，石狗湖已大部分淤塞成沙荒和沼泽之地，每当夏秋多雨季节，常有山洪暴发，湖水泛滥时可淹六七百亩农田，危及市区的安全。1958年，徐州市人民政府大兴水利，废田还湖，扩大了水域面积，将石狗湖开挖成一个人工湖，在湖东修建现代的节制闸。从1959年秋起，驻徐部队和全市人民连续苦战三冬春，在石狗湖北岸筑起一道可蓄拦洪水两千多万立方的八里长堤，此堤被命名为"八一大堤"。而后，石狗湖正式改称云龙湖。

云龙湖蓄水量增加了，湖床又高于市区，为了确保全市人民生命财产的安全，1975年再次加固"八一大堤"，大堤北侧的苏堤同时也加固并铺成柏油大路，遂改称"苏堤路"，并打通云龙山体，开凿长达两千多米的溢洪道。经过四十多年连续不断的开发和建设，云龙湖已经根绝水患，造福人民，成为人们游览、观光、休闲的胜地，其总面积已经超过南京的玄武湖和杭州的西湖。1994年12月，云龙湖与杭州西湖结为"姊妹湖"，苏轼的愿望也最终实现了。

十九、徐州道台衙门

道和道员制度是在明代形成的。清承明制，进行了一些改革。道的长官称道员，俗称道台，办公机关称道台衙门，其主要职责是协助督、抚、藩、臬诸地方人员管理政务，监督府、县。清代道员的衔额与品秩，至乾隆十八年（1753）固定为正四品。清代的道按其职责可分为两类：一是掌管一事的道，一是掌管一地的道。后一种道为守巡道，以所辖地区命名，实际上是省级政权派往各地的监察机构，守巡道驻地多设在政治中心、战略要地或关津码头，徐州道台衙门属后一种，在明清两代历经兴衰起落。特殊的是徐州道台衙门曾经是徐州河务同知的公署，承旨皇命，奉接河、漕二总督的指令，行使河工、河防等河务管理权。衙门大堂有张鼎题联曰："地当黄运之中，水欲治，漕欲通，十里河流，涓涓都从心上过；官作军民之主，宽以恩，严以法，一力士庶，笑啼尽到眼前来。"可见职责曾有所在。

徐海道署在明初的时候为东察院故址，洪武十一年（1378）建为巡按御史莅事之所，正德六年（1511）改为道署，万历末年毁于水，道署迁往东大察院，崇祯三年（1630）徐州兵备道唐焕在今址重建道署，是为明代道署兴衰情况。清代重设淮徐海道，辖徐州、淮阴、海州属地，后改为淮徐道。雍正七年（1729）以淮徐道专管河务。雍正十年（1732）迁至宿迁，这里只做淮徐道行署。乾隆六年（1741）淮徐道兼理淮、徐、海地方事务，道台又移驻徐州，并对道台增修扩建，达到鼎盛。1865年至1866年间，曾国藩、李鸿章曾驻守道台衙门，指挥淮军对捻军作战。光绪十一年（1885）段喆任徐州道台，重修道台衙门，辖地仅限徐州一地。

徐淮海道署虽建于明代，但由于徐州水患频繁，明代道署已深埋于地下。现存道署格局应为清乾隆六年（1741）兴建，光绪十一年（1885）徐州道段喆重修，民国初年又进行过大规模的修整。据清同治《徐州府志》"徐海道署图"看，"道台衙门"坐北向南，规模庞大，有三进三落，有大小院落30多个。门前是高大的照壁，照壁中心绘有海水太阳图，照壁两侧有东、西辕门，门外分别为福神祠和马王庙。旗杆上悬"徐海道"旗帜。中轴线上有大门、二门、大堂、二堂、三堂、后楼和左右配房。东侧为办公的禀事厅、巡务科房、河务科房及茶房、厨房，西侧为花园、喜雨轩等，两院端头有更棚。

清朝灭亡后，北洋政府于1913年在各地重新设道，改道员为观察使，1914年又改观察使为道尹。徐海道于民国初年置，属江苏省，治铜山县，辖铜山、丰县、沛县、萧县、砀山、邳县、宿迁、睢宁、东海、灌云、沭阳、赣榆十二县，专门负责地方治安。由于道台衙门被张勋占据，道尹移至大马路一带办公。1930年国民政府颁布法令废除道和道尹制度，徐海道废除。1917年，"道台衙门"成了张勋的"大帅府"，他在此处密谋了一次轰动中国的复辟，并从此处带着他的5000辫子兵北上，演绎了一场千古闹剧；1928年4月，蒋介石等人在此处誓师，开始了第二次北伐；1938年，这里是第五战区司令部，李宗仁在此指挥了著名的台儿庄大战；1946年初，周恩来、张治中、马歇尔组成的军事调停三人小组，曾在这个地方工作过，为了和平积极斡旋；1948年，这个院子成了国民党徐州"剿总"司令部，淮海战役期间刘峙、杜聿明在这里指挥几十万军队同解放军作战；1952年，毛泽东第一次到徐州视察，曾在这里小歇。

二十、苏　堤

杭州西湖有苏堤，徐州西关也有苏堤，而且同样是苏轼任知州时留下的治水工程纪念。

北宋熙宁十年（1077）秋，苏轼调任徐州知州不久，即面临洪水围城的考验。当时城下积水二丈八尺，咆哮的洪水随时可能吞城。作为一郡之长的苏轼决心像东汉东郡太守王尊那样，"以身填堤"，誓与徐州城共存亡。

大雨不停的日日夜夜，苏轼亲荷畚锸，抗洪抢险。他率领军民首先筑起一道"首起戏马台，尾属于城"的东南大堤。他与僚吏分段守堤，严阵以待。接着又调集公私船只系于城堞之下，以减缓水浪的撞击。后来又采纳和尚应言的建议，开凿清冷口，将洪水引入故道。经过这样机智顽强的搏斗，终于战胜了洪水。为了保全徐州免遭水灾，苏轼又向朝廷申请，批准改筑外城，建木岸，建黄楼，增固堤坝。

清代整修过的徐州苏堤南起黄茅岗，北迄黄河大堤，长七百二十九丈，高一丈二，顶宽三丈左右，为了纪念苏轼，遂命名为苏堤。今日徐州之苏堤，东起云龙山下，西延而北，已是一条平坦宽阔的柏油路了。

二十一、吕梁洪孔子观道亭

汴水和泗水是古代著名的河流。汴水西接鸿沟与黄河连通，向东流经开封，至徐州东北角与泗水汇合。泗水发源于山东泗水县东蒙山南麓，南流经过徐州时，受两侧山地所限，形成秦梁洪、百步洪（徐州洪）与吕梁洪三处激流。

吕梁洪在徐州东南30里的吕梁山之下。因位于古吕城（春秋时期宋国城邑，今废）之南，水中有石梁，所以称为吕梁洪。其西岸有东汉末吕布筑的城堡，今已湮废。吕梁洪分上洪、下洪，相距七里。由于泗水屡被黄河夺去水道，于今泗水河道已夷为平地，只有山下鹅卵形的碎石和上洪村、下洪村的地名还依稀存在其痕迹。

吕梁洪水势险恶。《庄子》《列子》等古籍记载，孔子曾在这里观看瀑布。当然，《庄子》《列子》所述未必是历史事实，而孔子观道亭的修建也许是后人的一种纪念。

孔子观道亭是明代徐州吕梁洪工部分司员外郎张镗（浙江山阴人）于明嘉靖十四年（1535）所建。张镗登临吕梁洪畔的

图 9 24 吕梁洪孔子观道亭

塔山（又名凤冠山），远眺诸山环拱，风景秀异，追怀孔子的圣迹往事，联想到自己的岳父乃孔子后裔，于是捐资修建了"孔子观道亭"，以纪念孔子

吕梁观瀑。

张铠往谒曲阜孔庙，从孔氏家祠中得到《鲁司寇孔子真像》一幅，遂命人绘图镌刻成石碑，矗立在塔山孔子观道亭旁边，供人瞻仰。

明代又有无锡人秦凤山在塔山上建有一座川上书院，其命名取意《论语·子罕篇》"子在川上曰:逝者如斯夫,不舍昼夜"。秦翁又买山地百余亩，所获黍稷为春秋祭孔之用。

清乾隆三十一年（1766），徐州知府邵大业到塔山游览，见孔子观道亭已坍毁不堪，两尊孔子画像石碑在春秋时节常为洪水浸没，邵大业颇为痛惜，次年便与孔子六十八代孙孔传洙商量修复事宜，铜山县令施恩祖与乡绅也纷纷赞助捐资。于是，孔子观道亭又复旧观。

当年观道亭附属建筑还有观澜亭、聚益亭、大观堂等处，于今俱已不存。只有孔子观道亭遗址，仍有两层土夯高台高耸在塔山之巅。

二十二、圯桥

圯桥，秦末张良与一老父相遇并受《太公兵法》之桥。事见《史记·留侯世家》。桥后毁废，故址在今江苏省邳睢宁县古邳镇境内。据北魏郦道元《水经注·沂水》记载："一水径城东，屈从县南，亦注泗，谓之小沂水。水上有桥，徐泗间以为圯，昔张子房遇黄石公于圯上，即此处也。"因称此桥为圯桥。

公元前173年，张良不满秦王朝的统治，招募刺客谋刺秦始皇，后因袭击失败，逃亡隐匿下邳（今睢宁县古邳镇），遇上黄石公。黄石公故意脱履，唤张良替他穿上，张良依言为之进履。黄石公见这一书生可塑可造，随后召张良来到这座桥上，几次考验，认为该生诚实可信,遂将《太公兵书》传授予之。张良获此兵书，投归刘邦，在秦末农民起义战争中运筹帷幄，决胜于千里之外。张良圯桥进履的故事一直被当地人流传至今。

二十三、徐州的驿站

驿站是一种交通运输机构，是古代供传递官府文书和军事情报的人或来往官员途中食宿、换马的场所。在古代社会通信手段十分原始的情况下，驿站担负着各种政治、经济、文化、军事等方面的信息传递任务，在一定程度上对于加强各地区之间的联系和维护国家统一具有重要意义。

我国古代的陆路交通，先秦时期已有了相当的发展。西周至春秋战国时期，已有邮传制度的建立，在主要交通要道上，每隔相当距离，即置邮或传舍，作为传递信息之用。秦朝统一六国后，在全国各地修筑了以咸阳为中心四通八达的驰道。唐代全国共有驿站 1639 所，另外还有专供达官贵人和朝廷官员使用的馆舍。宋代以士兵充当驿夫，同时在马递、步递外，又新创一种昼夜兼程的急递铺。元代在全国各地交通线上都设置了"站赤"，以便"通达边情，布宣号令"。中央设通政院和兵部，分别对蒙古和中原地区的驿站进行管辖。到了明清时期，驿站制度更是日趋完善。

明朝建立以后，即在全国各地设立驿站。徐州段运河是明代南北大运河"咽喉命脉所关，最为紧要"的一段。明代每年由此北上的漕船 1.2 万余艘，运军 12 万多人，运送漕米达四百万石。随着京杭大运河的开通，徐州的驿站日趋兴旺。明代徐州的驿站，不仅初具规模，而且形成网络。它们以徐州城东的彭城驿为中心向外辐射，由水路和陆路组成了一个颇具规模的驿站网。这些驿站常备人夫、马骡、车船并措办口粮，专供传递官府文书的驿使和过往的官员使用。

彭城驿。为水驿。据民国本《铜山县志》卷十七记载，"旧制有彭城驿，明永乐十三年（1415）置，初在城南二里许，嘉靖二十二年（1543）徙黄河南岸，国朝因之，至雍正十三年（1735）裁撤，又有夹沟水驿，在城北九十里，今废"。朝鲜人崔溥在其著作《漂海录》中也记载，徐州府城在彭城驿西北二三里。彭城驿有船 17 只，船夫 170 人。

夹沟驿。在城东北部今山东省微山县东南韩庄，是沟通徐州与鲁东南的重要通道。它系水陆两用驿站，不仅配备船 15 只，船夫 150 人，还有山东胶州驻驿的。

房村驿。在城东南今铜山区东南房村，也是水驿，有船 3 只，船夫 30 人。

东岸驿。据旧志记载，东岸驿"在府北黄河北岸，明永乐十三年（1415）置，乾隆间移府城东关。明制，有州县，上马二十四匹，中马十九匹，下马十七匹，马夫六十名，骡六十六头，骡夫数同，什物一百二十六副，外、江、浙二省协济粮金，上马十七匹，中马八匹，下马十匹，马夫三十五名，上、中、下铺陈三十五副，什物同，并废"。

利国驿。据旧志记载，利国驿"在府北八十里，明永乐十三年（1415）置，旧州县有石山陆驿，在府东北四十里，明嘉靖四十二年（1563）裁。明制，有州县，上马十二匹，中马七匹，下马九匹，马夫十六名，骡六十五头，骡夫数同，什物九十一副。外，江、浙两省协济粮金，上马十三匹，中马九匹，下马十一匹，马夫三十五名，上中下铺陈三十五副，什物同"。

桃山驿。据旧志记载，"在府南五十里，明永乐十三年（1415）置。明制，有州县，上马十二匹，中马七匹，下马九匹，马夫二十六名，骡六十五头，骡夫数同，什物九十一副。外，江、浙两省协济粮金，上马十三匹，中马九匹，下马十一匹，马夫三十五名，上、中、下铺陈三十五副，什物同，俱废"。

　　石山驿。明永乐年间还建有石山驿，规模不小于桃山驿（桃山驿年耗银二百六十八两，石山驿年耗银三百七十八两），明嘉靖四十年（1561）废。

　　邳州赵村驿。据旧志记载，赵村驿"在州东南猫儿窝运河口，明万历四十四年（1616）置，今又名夹沟驿。旧制邳州有下邳驿，在旧州城南堤上，明洪武三年（1370）置，额设水夫四十名，又有直河驿在旧城东南三十五里，明洪武二十三年（1390）置，后俱废"。

第十章
天光云影 河川寄情
——徐州黄河文赋

东汉·班固《泗水亭碑铭》

皇皇圣汉，兆自沛丰。乾降著符，精感赤龙。承斁流裔，袭唐末风。寸天尺土，无俟斯亭。建号宣基，维以沛公。扬威斩蛇，金精摧伤。涉关陵郊，系获秦王。应门造势，斗璧纳忠。天期乘祚，受爵汉中。勒陈东征，剟擒三秦。灵威神佑，鸿沟是乘。汉军改歌，楚众易心。诛项讨羽，诸夏以康。陈张画策，萧勃翼终。出爵褒贤，裂土封功。炎火之德，弥光以明。源清流洁，本盛末荣。叙将十八，赞述股肱。休勋显祚，永永无疆。国宁家安，我君是升。根生叶茂，旧邑是仍。于皇旧亭，苗嗣是承。天之福佑，万年是兴。

唐·梁肃《圮桥石表铭》

阴阳之精，不测曰神。阙有黄石，假形为人。告谟留侯，夷项灭秦。迹寄谷城，精还氤氲。惟帝轩后，肇兴兵谋。玄女降符，实平蚩尤。爰自陶唐，洪水横流。天乃赐禹，洪范九畴。乱秦纷如，帝在草茅。赫矣黄石，亦命留侯。丕显有唐，绍汉绝风。革暴奉天，帝轩比崇。亦有反常，贪乱图功。人神莫从，功罔弗凶。有开必先，惟德乃同。式昭兹道，顺于家邦。作为纪铭，永鉴无穷。

北宋·苏辙《黄楼赋》并序

熙宁十年秋七月乙丑，河决于澶渊，东流入钜野，北溢于济，南溢于泗。八月戊戌，水及彭城下，余兄子瞻适为彭城守。水未至，使民具畚锸，蓄土石，积刍茭，完窒隙穴，以为水备。故水至而民不恐。自戊戌至九月戊申，水及城下者二丈八尺，塞东西北门，水皆自城际山，雨昼夜不止。子瞻衣制履屦，庐于城上，调急夫，发禁卒以纵事，令民无得窃出避水。以身帅之，与城存亡，故水大至而民不溃。方水之淫也，汗漫千余里，漂庐舍，败冢墓，老弱蔽川而下，壮者狂走，无所得食，槁死于丘陵林木之上。子瞻使习水者浮舟楫，载糗饵以济之，得脱者无数。水既涸，朝廷方塞澶渊，未暇及徐。子瞻曰："澶渊诚塞，徐则无害，塞不塞，天也，不可使徐人重被其患。"乃请增筑徐城，相水之冲，以木堤捍之，水虽复至，不能以病徐也。故水既去，而民益亲。于是即城之东门为大楼焉，垩以黄土，曰："土实胜水。"徐人相劝成之。辙方纵事于宋，将登黄楼，览观山川，吊水之遗迹，乃作黄楼之赋。其辞曰：

子瞻与客游于黄楼之上，客仰而望俯而叹曰："噫嘻殆哉！在汉元光，河决瓠子，腾蹇钜野，衍溢淮泗，梁楚受害二十余岁。下者为污泽，上者为沮洳。民为鱼鳖，郡县无所。天子封祀太山，徜徉东方，哀民之无辜，流死不藏，使公卿负薪以塞。宣房瓠子之歌，至今伤之。嗟惟此邦，俯仰千载，河东倾而南泄，蹈汉世之遗害。包原隰而为一，窥吾墉之摧败。吕梁龃龉横绝乎其前；四山连属，合围乎其外。水洄洑而不进，环孤城以为海。舞鱼龙于隍壑，阅帆樯于晡晚。方飘风之迅发，震鞾鼓之惊骇。诚蚁穴之不救，分闾阎之横溃。幸冬日之既迫，水泉缩以自退。栖流槎于乔木，遗枯蚌于水裔。听澶渊之奏功，非天意吾谁赖？今我与公，冠冕裳衣，设几布筵，斗酒相属，饮酺乐作，开口而笑，夫岂偶然也哉？"

子瞻曰："今夫安于乐者，不知乐之为乐也，必涉于害者而后知之。吾尝与子冯兹楼而四顾，览天宇之宏大，缭青山以为城，引长河而为带。平皋衍其如席，桑麻蔚乎旆旆。画阡陌之纵横，分园庐之向背。放田渔于江浦，散牛羊于烟际。清风时起，微云霡霂。山川开阖，苍莽千里。东望则连山参差，与水背驰。群石倾奔，绝流而西。百步涌波，舟楫纷披。鱼鳖颠沛，没人所嬉。声崩振雷，城堞为危。南望则戏马之台，巨佛之峰，岿乎特起，下窥城中，楼观翔翔，嵬峨相重。激水既平，渺莽浮空。骈洲接浦，下与淮通。西望则山断为玦，伤心极目，麦熟乔秀，离离满隰。飞鸿群往，白鸟孤没。横烟澹澹，俯见落日。北望则泗水淡漫，古汴入焉，汇为涛渊，蛟龙所蟠。古木蔽空，乌鸟号呼。贾客连樯，联络城隅。送夕阳之西尽，导明月之东出。金钲涌于青嶂，阴氛为之辟易。窥人寰而直上，委余彩于沙碛。激飞楹而入户，使人体寒而战栗。息汹汹于群动，听川流之荡潏。可以起舞相命，一饮千石，遗弃忧患，超然自得。且子独不见夫昔之居此者乎？前则项籍、刘戊，后则光弼、建封。战马成群，猛士成林。振臂长啸，风动云兴。朱阁青楼，舞女歌童。势穷力竭，化为虚空。山高水深，草生郊墟。盖将问其遗老，既已灰灭而无余矣。故吾将与子，吊古人之既逝，闵河决于畴昔。知变化之无在，付杯酒以终日。"

于是众客释然而笑，颓然而就醉，河倾月堕，携扶而出。

北宋·秦观《黄楼赋》

惟黄楼之瑰玮兮，冠雉堞之左方。挟光晷以横出兮，干云气而上征。既要眇以有度兮，又洞达而无旁。斥丹臒而不御兮，爰取法乎中央。列千山而环峙兮，交二水而旁奔。冈陵奋其攫拏兮，溪谷效其吐吞。览形势之四塞兮，识诸雄之所存。意天作以遗公兮，慰平日之忧勤。繄大河之初决兮，狂流漫而稽天。御扶摇以东下兮，纷万马而争前。象罔出而侮人兮，螭蜃过而垂延。微精诚之所贯兮，几孤墉之不全。偷朝夕以昧远兮，固前识之所羞。虑异日之或然兮，复压之以兹楼。觊登临之信美兮，又何必乎故丘。觞酒醪以为寿兮，旅肴核以为仪。俨云髻以侍侧兮，笑言乐而忘时。发哀弹与豪吹兮，飞鸟起而参差。怅所思之迟暮兮，缀明月而成词。噫！变故之相诡兮，遒传马之更驰。昔何负而逴遭兮，今何暇而遨嬉。岂造物之莫诏兮，惟元元之自贻。将苦逸之有数兮，畴工拙之能为。毗哲人之知其故兮，蹈夷险而皆宜。视蚊虻之过前兮，曾不介乎心思。正余冠之崔嵬兮，服余佩之焜煌。从公游于斯楼兮，聊裴回以徜徉。

北宋·苏轼《放鹤亭记》

熙宁十年秋，彭城大水。云龙山人张君之草堂，水及其半扉。明年春，水落，迁于故居之东，东山之麓。升高而望，得异境焉，作亭于其上。彭城之山，冈岭四合，隐然如大环，独缺其西一面，而山人之亭，适当其缺。春夏之交，草木际天；秋冬雪月，千里一色；风雨晦明之间，俯仰百变。山人有二鹤，甚驯而善飞，旦则望西山之缺而放焉，纵其所如，或立于陂田，或翔于云表；暮则傃东山而归。故名之曰"放鹤亭"。

郡守苏轼，时从宾佐僚吏往见山人，饮酒于斯亭而乐之。挹山人而告之曰："子知隐居之乐乎？虽南面之君，未可与易也。《易》曰：'鸣鹤在阴，其子和之。'《诗》曰：'鹤鸣于九皋，声闻于天。'盖其为物，清远闲放，超然于尘埃之外，故《易》《诗》人以比贤人君子。隐德之士，狎而玩之，宜若有益而无损者；然卫懿公好鹤则亡其国。周公作《酒诰》，卫武公作《抑戒》，以为荒惑败乱，无若酒者；而刘伶、阮籍之徒，以此全其真而名后世。嗟夫！南面之君，虽清远闲放如鹤者，犹不得好，好之则亡其国；而山林遁世之

图 10-1《放鹤亭记》碑

士，虽荒惑败乱如酒者，犹不能为害，而况于鹤乎？由此观之，其为乐未可以同日而语也。"

山人忻然而笑曰："有是哉！"乃作放鹤、招鹤之歌曰："鹤飞去兮西山之缺，高翔而下览兮择所适。翻然敛翼，宛将集兮，忽何所见，矫然而复击。独终日于涧谷之间兮，啄苍苔而履白石。鹤归来兮，东山之阴。其下有人兮，黄冠草屦，葛衣而鼓琴。躬耕而食兮，其馀以汝饱。归来归来兮，西山不可以久留。"

元丰元年十一月初八日记《放鹤亭记》。

明·冀绮《徐州广运仓记》碑文

徐州广运仓在州治南二里许，百步洪环其左，云龙山耸其右，军屯亘乎前，市肆横于后，而仓岿然中立，雄壮闳靓，允为储蓄地。永乐初，文皇帝北上，命大臣营度，比都寻拓充，广为水次仓，盖转输法也。维时冬，官民计工修造廒仓□□座。宣德中增之，通一百连，计一千间；其广三百九步，衺过广一百一十一步。仓外余地，戴诸州籍可徵。第是厅事促小，神庙隘陋，四门门房总二十八间；墙下有堡，直宿有铺，共三十六间；九里沟瓦窑□座，地约廿亩，房廿间；仓门西地十亩，灰窑二座，烧造处也；仓门北地二段，官舍三，燕居所也。甫设判官一，大使二，副使四，攒典十二，斗级一百八十，仓夫一千九十。所贮粮一百万石，皆江浙直隶东南一带民运。数节支漕运、官军司其事者出纳多弊。户部请于上，肆增部官一员，期年更代；未几，复设内臣二员恒兼之。迨景泰间，粮运直达于京，而所储减三分之二，官夫悉如其减。专之，则原增内外官也，巡抚诸司无与焉。历天顺来，空廒数多，风雨摧圮，赤白漫漶，存者仅半，地亩榛芜。已而，内外相续者咸同心勤力，存加修葺，旧者新之，隳者复之，小者大之。若神庙，则仪真柳公琰为之重修门殿廊房，计十四间也；庙前甃井为仓人济渴之需。若公厅，则武城高公弼为之鼎建门堂厢房，计廿一间也；厅后筑山，为同寅游憩之所。墙高有内外之殊，沟深有萦纡之状，槐柳蓊郁，松竹交加。凡若此，则中贵定州马公敬、象州韦公通赞襄区画之功居多焉。成化丙申秋，余来徐州踵厥事。越明年秋，筑桥告成，请莆阳方公文中记之，因叹曰："桥成尚记斯仓也。"

国家大务安得无记？余遂述其概以记。若夫前之有事于仓内外，官其姓名，悉列于碑阴云。

成化丁酉秋九月二日立石。

明·顾霶《重建吕梁社仓记》

吕梁之区，延漫皆石山，其中有土则尽晶沙磊碛，禾稻不生。乃其民河上聚居之众顾数千百人，依山为聚落者复离离见也。吕梁居大碛野，唯治河洪，民皆以洪，故云：昔有社仓，贮粟建于河上。今岁久渐废，民众粟少，盖土砾而民众，其食易缺。按吕梁民岁时食用，悉转粟于徐邳之间。然北距徐州，南抵下邳，各百余里，沙莽弥望，四无市郭也。粟非乘舟挽车莫能至，其取诸本土者绝罕少。故建仓比郡邑处尤切要。盖其为仓即非郡邑比，其始由官洪者为义所建，故云义仓；掌无额吏，亦鲜出粟，故其弊易至于废而匮粟。旧建河上地远，辄遇流贼起，民仓卒携粟置分署中。岁时盗亡亦多有也。嘉靖戊戌，碧山张子来至，随览于吕梁之原，见其环河之土皆沙碛相杂也，河上之民聚凡数千百人，又多聚落民也，其吕梁负粟者又率非徐邳莫能至也，乃慨然太息，谓若吕梁地其不可呕贮哉！遂仿社仓故事，籍粟至四千，然又散民间室渐废，复在河上也。按仓历上下数百年，时久则废，久不变能不竟废也！乃改建于嘉靖之庚子仓，至官洪者相振以来，不知其几建，今又建于张子兴裕，其方永矣。籍粟四千，粟不多，于是为广贮粟，仓旧卑矮，不可多贮，于是为增置。其仓在河上，旧患贼盗，署四周皆建垣城，于是为迁置垣城，亦以荒碛之区，故经画尤至。张子曰：贮粟之道不广不裕，不固不久也。吕梁地又易匮而废也。噫！斯备之矣。仓粟比旧贮，今积为六千余石，洪无入粟，加张子俭笃，又须二年耳。然张子即召归，居洪无日，而止于六千可恨也。仓横亘前后凡五丈，长凡三十三丈五尺，视河上倍之矣。四面缭以垣墙，前开大门，又次一门，门凡二座，中搆一堂，堂之东西建房各五，森然缘堂而比栌者，所谓仓房也。其中台榭亭池，桥路细折，皆备具，砌造多采吕梁山石，度洪暇时，役事洪夫足供使，故不役吕梁民。其余材植之费则张子出己资为之，故能底于迄成，以洪无官钱云，其事尤可记。张子名珍润，丹阳人，与予同乙未榜进士。

（清康熙《徐州志》卷30，清道光《铜山县志》卷19）

明·李默《吕梁洪修复堤岸记》

今神州雄奠燕蓟，衣冠玉帛贡篚之珍，则壤之赋，四方辏进，其道徐而北者，舳舻相衔至旁午也。矧徐吕二洪，石稜稜弥亘，河复森列错许以为舟厄，而吕梁延亵最广，盖天下称险焉。虽上承汶泗，泉湖委流，而实倚浊河、汴、沁汇为之助。当其淫潦暴涨，险不可睹，功在篙师，即有枯涸，舟辄胶滞。顷年山东诸流颇疑涓细，黄河又复南徙，二洪愈益受病，至崖朝廷遣大僚，行水疏导节缩，殆无留智。水部主事东平徐君有让之治吕梁也，为嘉靖辛丑，遘逢事会，弊力以图，始于洪南置石闸，语在学士张公记中。已复筑堤上洪障，绝漫流归之内洪，并掇水中悍石甃为堤岸，东西遂成牵道，凡七百二十一丈有奇。当狭处别作水门，至此稍益深；下洪亦改凿内洪，障以木闸，并甃堤，悉如上洪之制，堤长减十之七。徐人称内外洪犹吴越，称大小港也。洪以东岸为内，水盛则内外皆舟，涸即专归内港，非此则水漫力微，石始重贻舟病；木闸水门皆随舟启闭，以木方石工力减钜千。水门又殊省，凡如此者，相地宜与物力以相屈也。诸役作于徐君莅事之明年，数月而毕。夫匠以名记为千五百三十有六，并役诸在官者，不以勤民糜帑藏。发谋秉虑，调度征停，惟徐君能，而画可赋功奖成令绪，则节使少司空万安、郭公持平力也。又明年癸卯仲春，予以赴阙出洪下，周览近迹，惊顾骇叹，以为少时游历所未有，方舟利涉，爰思作者之劳，而徐君适以记见属，又曷忍辞。呜呼！君子图事轨物将以济时也。今天制水旱，地私川渎，运道阻艰，妨国大计，徐君乃能应时裁变，争尺寸之水于石罅间，利济万艘，卒以力胜此，其才智不已伟耶。汉唐漕东南之粟以饷关中，所经三门砥柱之险，不啻吕梁也。是时笐干诸臣，疏凿排击，固已不遗余力，厥后法日以弛，运益告艰，彼人家国，亦视以为盛衰，吁可畏哉。继自今有如甘露时降，川祇效灵，则洪流浩渺，舟楫自便，无所事智，即不然，徐君之法何可废也。舍是弗图，脱有缓急，非转般则海运耳，斯岂盛世所宜闻。然则，后之君子宁无感于予言而重修徐君之旧者乎。徐君职竞维思，忧形于色，既以身为国役，而又以图其后人，其用志弘且远矣。

（清康熙《徐州志》卷30）

明·徐阶《吕梁洪碑记》

君子之为政也，其必本诸万物一体之学乎！万物生而同出于天，其始也本一体也。惟夫自为之私胜而又不知学以求之，于是其情日疏，其势日隔，忧喜好恶，漠乎不相关，而善政始日以废。盖昔颜子问仁，孔子告之克己复礼。及问为邦，孔子告之以四代之礼乐。说者曰：克己复礼，学也；四代之礼乐，政也。呜呼！政与学析而为二，则亦不知君子之所以为政者乎。今夫语治至于虞夏商周，语人至于舜禹汤武，其亦无以加矣。然而孔子冒非圣之嫌，弃反古之惑，本其所谓礼乐者，去取之而不顾里巷之浮言，其在士大夫之身，曾不足为损益，而世之君子恒至于畏且忌，而遂罢其所当为，何孔子之勇而世之君子其怯甚也。孔子之学以为万物一体，视天下之政有一不宜于民，不啻疾痛之在身也，惕然惟去之之为快。故虽前圣之制作不得而徇，世之君子莫不有自为之私焉，故虽里巷之浮言惟恐其足以为吾累而不肯以易天下之安。夫其自为之私是则所谓己也，己克而礼复则能以万物为一体，而行四代之礼乐，四代之礼乐行则化理洽而天下归其仁，是则孔子所以告颜子之旨而政与学未尝二者也。呜呼！斯义晦而天下无善政矣。我国家漕东南之粟，贮之京庾，为石至四百万，其道涉江乱淮，溯二洪而北，又沿卫以入白，然后达于京师。为里数百而遥，而莫险于二洪。二洪之石其伫且利，如剑戟之相向而虎豹象狮之相攫；犬牙交而蛇蚓蟠，舟不戒辄败，而莫甚于吕梁。吏或议凿之，其旁之人曰：是鬼神之所护也，则逡巡而不敢。嘉靖甲辰都水主事陈君往莅洪事，恻然言曰：古之君子苟利于民则捐其身为之，矧里巷之浮言其不足听。盖审而以罢吾所当为，是厚自为而为民薄也。遂以二月二十六日率其徒凿焉。亦闻君言以为仁也，咸怃以奋。阅三日怪石尽去，舟之行者如出坦途。于是洪之士民来请余记。始君为诸生余幸识之，常与言万物一体之学，君欣然受焉，不意其果能行之也。今天下之政不宜于民者多矣，然而论者知求之政而不知求之学，往往以自为之私为之，故其说愈长而善政卒不可见。其甚也，谓学不可以施诸政，而学校之设，六经之教，亦且为具文，夫孰有知孔颜之授受者乎。余故因君推本而记之石。君名洪范，字锡卿，辛丑进士，浙之仁和人。

（清康熙《徐州志》卷30，清乾隆《徐州府志》卷27，题为：疏凿吕梁洪记》，清道光《铜山县志》卷18）

明·马一龙《吕梁洪城垣记》

吕梁王君增筑城垣，见益河马子曰：吕梁洪旧无垣，刘贼起山东，被害前都水始作是垣，其后圮废。莫君双坡采石欲修复，寻改任去。倭夷窃发海岛，屠掠江淮间，民将弃所居遁逃。应时谕居民，率洪夫更翻照，后取莫公石并捐俸益所需。成之，视旧垣，高广皆倍，拍流枕冲，砥防水决啮。周为五门，其一正洪，就分司浮挽之便；四通于外，启闭有常，洪民可无恐而国家漕运庶几赖矣。是役也，上总理大夫不闻，下有司小民无所扰，邀名敛怨之事，二者幸免，当幸得书于太史氏否！益河子曰：是可记也。垣仍旧址，作者谁，先前记书之。吕梁水势悬漈为天下险，观水者自古有名言。今受大河并淮泗涌泄，险又可知。天下贡赋舟船衔尾千万里程，日转输，为国家津要，吾皆可以无论者。而作是垣也，独谓诸君有造之功，且慨世道日愈变，吾土人不皆如君等尽心力干蛊天下事，岂可付之，无可奈何而已哉。夫古今建立事功者，莫如为民物造命，君相以下，不系事功大小，凡所无因而造始者，皆命自我出。吕梁开辟以来无垣，而今有垣矣。

基命在我，是即操造物之权以为一物之命耳，岂不可与天地造化万物，君相造就万民，推而例观乎。况垣能安集其民据以御强暴，得免流离死亡，而浮挽之力岁常充余，则洪民与漕运命脉亦胥此有造，故事功虽小，而所关系甚重大者也。但追思大道为公之世，不事藩篱；利欲驱民争斗，始有设险为城郭者。昔惟邦国，今则十室之邑有之，可见利欲炽起而相角者众，不然，非肤挫锋镝则膏烈灰烬矣。君子随时因革，有不得已者，推是以例其余也。如徐州仓场，委顿道傍；远如大同边卫，声援不建，更无以借寇兵资盗粮为虑者。京师不筑四辅之城，囤积兵食以备夹击。边圉不修，辄仅之废烽火守望以为策应。移君谋洪之垣，谋之固，不必请内帑张皇动众，天下时势不难图耳。王若必有志焉，行进长司空，朝夕国是，展布其大者，视斯垣如何往见华峰秦公，谕奎山方可称君为八闽有道之士；以麟经魁天下，在吕梁建书院，正民德，修石堤，厚民生，纂洪志，奠民依，执此以往，赞吾君相，殆将有以造天下之命。王君再拜。请书其言于石。

（清康熙《徐州志》卷 30）

明·万恭《重修石堤记》

黄河流经中国，故道大都三变焉。赵宋前自龙门而下会沁水历大伾，或经大名河间，或道修武下卫河，皆东注青州之海，此北道也，时则患在河北。赵宋都汴，遵卫河为玉河，恐黄河伤之，遂堤大樊，排沁入河，河势大炽，乃南决穿宋郑，或出颍昌，或出寿春，会长淮而注于扬州之海，此南道也，时则患在河南。我朝饷道不藉之，而徒以汶泗沂河之水灌而输输，故徐邳之间有清田浅、白浪浅，出清河，特航河而达淮扬。正统以后，条行河南，条析徐邳，而徐邳旧渠遂博，青田、白浪不虞浅阻，饷道大利。然河身故在河南也。嘉靖中，河南故道悉湮，而全河尽注徐邳，此东道也，时则患在徐邳。而吕梁夏秋黄水注荡，莫之谁何。梁王城南至下邳，庐殚为河，田殚成渊，治水使咸委之曰"天灾流行"，直束手避之耳。隆庆壬申，余以总河至，都水黄君猷吉以治吕梁，至秋河水大灌吕梁城。黄君以居民避入山麓，已乃循山林而望之。则吕梁者，徐方之门户，而下邳之头颅也。明年癸酉，白余以洪夫锢石为堤五百丈，而城以南至下邳，百里悉为平陆，稼穑蔽野，岁以大稔，皆德黄君而多石堤之功。又明年甲戌，再白余：以洪夫锢城北石堤三百七十丈，又北联梁王城石堤而捷诸凤冠山之麓七十丈；又锢城西旧堤三百丈；又议锢城南新堤三百八十丈。余以病返，初服舣金龙之祠，憩九宫之台，陟梁王之城，登凤冠之巅，以北望徐方，南睇下邳，则黄河若带，石堤若墉；熏风时来，麦秋大至。如茨者，如梁者，如栉者，如坻与京者，注吕梁城而下，长亩而登之。梁民曰：堵我洪涛，锡我年丰，谁之功！邳民曰：蔽我头颅，成我稼穑，谁之力！余为之拊膺高蹈，曰：固我上游，泽我下流，唯帝之休。黄君曰：记诸。余因忆西汉故事：有凿山空洞引水灌田数万顷者，惧其久而湮也，则窍洞瘗钱百万缗，历数百祀而洞湮，田无溉，乃修洞而得所瘗缗钱，用其半而洞成，溉田若故，而复瘗其半纳窍中，以待百世而下之修洞者。嗟古人惠人意深长乃尔哉。黄君为石堤绕城十余里，役夫为工凿石为材，烧石为粉，梁民不烦负荷，不费瓶粟，不惊鸡犬，而坐享千百世平成之利，波及下邳，而复纪诸贞珉，以永千百世平成之业，此古惠人窍洞瘗钱意也。呜呼！我吕梁父老子弟，其绎思之哉。

（清康熙《徐州志》卷30）

明·余孟麟《吕梁洪堤记》

余使齐鲁而南，则尝观禹迹，临尉城访韩彭之故墟，盖有感于皓皓旰旰之歌焉已。乃循洪上下，环筑为堤，望若长虹绵亘然。噫乎！斯与古所称洪枋巨堰奚异哉。余亟问水，亟问从诸生、吏民，闻说堤所从来，则知都水陈公之嘉勋，逴乎可纪而传也。公自拜命至，见河水纵溢，迩来尤甚，日夕廪廪，采群议，躬相度，既得其概，则喟然曰：延道弛故弥望无涯，常流徙故淤陷为害。庶几水可以漕而民亩不数为败，舍治堤其无由来也。乃即前治水使者所筑垣堤，沿地形高下帮护以土，自大王庙起至禹王庙止，为丈凡一千四百，而其中加高以五六尺许者半之。下洪、大王庙以南至关庙，旧苦无堤，今接筑石堤，亦帮护以土，为丈凡五百。有旁堤面广四尺，底广二之，而其高则大都一丈五六尺许。既又以水口不塞，脱有奔湍溃入，是以堤与撼也。则于禹王庙后连山石堤续筑一百三十丈，以御万家集一带之流；于安民集则横筑缕水土堤三百五丈，以障黄家桥诸水；于迁乔集、高岗集、王公集则夹筑缕水石堤三百六十丈，以束李家桥诸水；而又于石盘沟西南直至东门，加筑连山土堤八十余丈，或缵茂前基，或径创新绪，河堤适成，民田亦复盛哉。铄乎！诸生、吏民皆德公，而多其堤之功为不朽，乃数数向余言。洪故有堤，屡修屡圮，以水大溢而岸善崩也。其堤有断续，则作者之人方发谋致法而以迁任去，以惜费阻，乃又因旧举事者第在便文养誉，故费莫底定，劳不臻逸，而且以增修贻后人也。陈公独鳃鳃为万全计，以期于有成。盖惟明计划，勤巡考，故工无敢窳，酌留洪夫，不行役而为之作，乃两便，故力易办，尽地分，役未尝假劝于里氓，故调遣不扰；具医药，劳饮食，抚慰周至，故民用命。昔王海垒鄣，河患息，而转运无与常；坚堰渭，运道便，而护耕

- 287 -

之绩阙如也。即今捍鸿涛以俾漕计，而保有数千顷之禾，利赖一方，功尽兼之矣。赖史氏一言将镌之石与，斯堤岿然并峙，尚亦永有鉴哉。余按：《水经》云，吕梁之水，悬涛湔济，实为泗嶮。以彼其时止泗水注之耳。兹黄河南徙，顾以洪束之，迫阨其性，奈何不溃散也。堤防之作虽称救败术，乃约拦水势，俾流不他徙，治水使者往往惟是为务，宜矣。晋谢元于吕梁用工九万，拥水立七拖以利运漕。公今费省而公私利之，岂殆其埒耶。噫乎！古有障大泽勤其官而受封国者，公行且以三年，考绩闻之上，将无表厥异能，增秩赐金，如河堤谒者故事乎。公名邦彦，池之青阳人。与余同甲戌进士。其在洪修公署、建书院及龙神庙、惠民局、洪济仓，俱撤故易新，山水增壮。他如刷浅防决，修堡筑坝类，不可殚述，而堤工其尤大者，乃撰次如左。夫惠流者路颂，功远者世思，是可以觇政矣。故记。

（清道光《铜山县志》卷 19）

明·李汝让《迁县附记》

新县之迁，力其事者不佞汝让，而首其议者则邑都谏惺宇张公也。方河之决堤灌城也，富者携妻孥出避，贫者依埤堄为家，四顾汪洋，居然水泽，议者遂有避地迁县之议。当是时也，何得有城？何得有今新县？独都谏君屹不为摇，泊宅水滨；不佞让亦假丽谯视事，得相保而有今日。乃新城所占之地，多都谏君业。不佞请以官地偿之，都谏君坚不受。曰："郡侯为乡邦建百世不拔之业，而为邑人者，顾独吝尺寸之土，不以成厥美且阴有市心焉，亦何以间于邻国？"不佞亦高谏君之谊，受其地，得藉手而成今县治。今年秋，县治落成。辱谏君不鄙，赐文，勒之石。乃谏君首事让地之美，不表示后人，则不佞汝让过也。聊疏数语，记诸石，匪徒示后之守土者知所景仰，亦将示后之父老子弟颂都谏君高谊无穷期云。县地占都谏君地十分之七，而出蔡司徒、张司寇、王宁津、高太学者则十之三焉。都谏君名贞观，司徒名桂，司寇名斗，宁津名嘉宾，太学名棠。其地东至宁津，南至都谏，西至司徒、司寇，北至城址。地凡四十三亩五分。他若督工、乡民得列名下方者，录勤事意也。

明·李汝让《重修飞云桥疏》

伏以为梁利涉，固万世之常经；籍众成功，实一时之权画。爰凭广募，期树鸿功。惟此偪阳，肇从周季，改名沛邑。爰自先秦，逮汉祖之龙兴，有声宇内；嗣群英之虎变，擅美寰中。

黄河万派自天来，绕西南而襟带；邹峄群峰从地起，环东北以屏围。

据水陆之要冲，轮蹄杂沓；当舟车之孔道，冠盖迥翔。泡水奔注而东，夙导地中之脉；泗源顺流而下，时兴水面之波。闻说先朝于此建闸，不知何代就此为桥。涣锡嘉名，用宏杰构。羡豁达之伟概，仰溯歌风之章；摹高旷之雄词，首摘"飞云"之句。相沿既久，靡易厥初。

忆当嘉靖之终，浊流塞运；续于万历之始，春水啮城。造舟为梁，粗延岁月；牵绳以渡，几历春秋。不无少济于须臾，终是难行乎久远。新津倡始，面龙泉而向易东西；龙阳继兴，对来薰而径还南北。顾兹泽国，难求不水于十年；即有危桥，讵保独存于一旦？

迩岁临于癸卯，适时届乎新秋。暑雨连绵，阴霾迷乎四野；郊原布濩，沾濡病此三农。痛河伯之不仁，溃堤而入；乘邑人之无备，卷土而来。力过奔牛，折合抱之门关，轻如拉朽；猛同逸虎，摧干云之雄堞，易若堆沙。宫廨荡然为一空，坐见树头栖苴；民居净焉其若扫，立看釜内游鱼。沉者沉，浮者浮，非是飘厢即没廪；号者号，泣者泣，总为呼女以招儿。依断岸而居，幸尔暂焉有土；随坏舟而去，飘然倏以无家。风送水声来耳边，哪堪入听？月移云影沉波底，只是增悲！不惠天心，旁毒万姓，畴将人力，偏守一桥。恻动当途，念抚摩之不易；简及不佞，愧塞劣以何胜？冒伏暑而升车，恭勤上命；遵丽谯而视事，遑暇安居。历任频年，敢云尽职。当官诸务，亦颇经心。吏弊千疮，医疗第寻标本；民艰百孔，补塞一任机宜。河上畚锸云屯，庆如期而就绪；县治土木猬起，冀不日以求成。眷兹一线之渠，畴当天险；值此五年之候，犹靳人谋！念时诎而举盈，难谐众口；必财丰以首事，始惬舆心。询我缙绅，遂及父老：春水断桥人不见，一苇奚航？晴虹偃岸客来过，万方竟济！爰从众议，普告四民：成大厦之万间，实资群木；冶洪钟之千石，岂事一金？慨矣倾囊，务使铢铢流惠；奋焉发廪，旋教粒粒生春。庶吴楚之名材，岩岩山积；而班倕之巧匠，滚滚云归。 酬征夫目清波，早释望洋之叹；招招舟子卧斜阳，靡闻争渡之喧。共成不世之慈航，偕我舍筏登岸；愿结无穷之圣果，还他立地成真。谨疏。

清·佚名《镇河铁牛铭》

太岁在己土德盛，月唯庚午金作镇，铸犀利水乘吉命，蛟龙虬伏水波静。天所照惟顺兮，安流永宝。

岁在嘉庆己未庚午月庚辰日庚辰时铸。

清·邵大业《重修塔山观道亭记》

吕梁山稍南曰塔山，有亭曰观道，又曰：川上奉孔子石刻司寇像。考之，石为前明嘉靖工部员外郎孔氏婿张镗分司洪上时所建。久就圮，由山而南至河滨，则有故宫三楹，亦奉孔子石刻像二，赭壁颓然，每夏秋水涨，没于惊涛蓄浪之中。志不载兴建之由，而称吕梁旧有城，意者庙随城立，城坏而庙与俱废欤。乾隆丙戌余过其地，登山临河，怒焉伤之。越丁亥，孔氏六十八代孙传洙巡检兹地，因与谋所以新之者，传洙曰：亭未尽圮也，请还其旧奉司寇像，而撤废宫之材，建堂于亭后，奉石刻像一，其一则并奉于亭，不搆新材，不事丹黝，朴固可久，费不烦而工易讫，其可乎！余曰：可哉。于是传洙踊跃兴事，而县令施君恩祖与一时绅士慕道者醵金鸠工，欣然乐从。不两月，有堂焕然，有亭翼然，石垣阶砌，靡不具举，三石像皆得所位置。余率僚属仰而瞻，俯而拜，高望而远思，穆如肃如也。窃惟圣庙自郡县建立，外例不得私祀，而泖像尤非制也。顾圣迹所到，后世荣之，往往张皇其事，如石门历下问津，请见诸圣迹，铸像立石所在都有谕者，谓其希心圣贤不悖于道。塔山近吕梁，旧说庄子所称观水吕梁事即兹地，而附之者谓川上之叹，发于此，是不为无稽矣。彭城自汉唐宋以来，名胜罗列，如歌风、戏马之台，云梦舞阳之城，逍遥秀楚之堂，阳春放鹤之亭，以及大彭之馆，燕子之楼，无不夸诸志乘，而名公硕彦、吊古之徒游其地者，亦无不循文考迹，形诸诗歌，发为咏叹，如恨不及见者。矧夫，尼山之所经，道脉之所存，其倍蓗什伯于前所称者，不待智者辨也。顾忍听其汩没于荒烟蔓草中哉！且兹固闵子、子张之乡也。其于圣门为尤近，而风俗好尚近义知耻者，人谓类于齐鲁，其于兹亭不更有系欤。传洙请伐石纪其事，乃为著其兴废本末并发其义，以见此役非徒为好古而已。是为记。

（清道光《铜山县志》卷20）

清·鳌图《吕梁石砚铭》

宣圣至此，更生生此，韩昌黎判此，苏东坡守此，此石之所以产此，而我得之。其刚健秉刘项之余气，其秀润被韩苏之遗风，得之者歌文德而颂武功。

以水激石，以石捍水。山川之精，妙合而凝。以此为田，子孙流传。歌咏升平，亿万斯年。

吕梁石砚，价重端溪，古人求之，我独得之。是盖造物者故秘其奇，待助老夫之文与诗。

坚凝具体，细润有情。端溪歙县，愧负重名。携斯石而归去，不虚三至彭城。

吕梁洪，水如激箭声如钟，化作片石天地中。鼠须濡染双脊龙，发为文章气如虹。

扣之有声，磨之有声，如洪涛白浪之震惊，如千军万马之奔鸣，如韩潮苏海，歌庙堂而奏太平。是皆斯石从前之阅历，挥毫濡墨以发，见于我之聪明。

（鳌图《习静轩文集》）

附　录

附录一：黄河大事纪年

1. 秦始皇二十二年（前225），王贲攻魏，引河沟灌大梁，大梁城坏。《史记·魏世家》作引河沟而灌大梁，王横亦只"决河灌其都"。当时秦兵所引者只知其为河水，原不详其为正河否也。汉贾让治河上、中、下策亦言及魏堤，当是破堤引水，此为引河水灭人国之始。（智伯引汾灌晋阳未成而败。）

2. 汉文帝十二年（前168），冬十二月，河决东郡。此即《史记·河渠书》：《汉书·沟渠志》，汉兴三十九年孝文时河决酸枣东溃金堤。酸枣在今河南省延津县境，当时黄河经由汲县胙城，决口在右侧，此为河决之始。

3. 汉武帝元光三年（前132）五月，河决濮阳瓠子，瓠子在今河南省濮阳县境，东南注巨野通淮泗，在当时右岸。氾水十六，至元封二年（前109）四月武帝至瓠子临决命从臣将军以下皆负薪置决河，作瓠子歌，于是卒塞瓠子，作宫其上名曰宣防宫。

4. 自塞宣防后，河复北决于馆陶，分为屯氏河。时间不详，从文义上看是元封二年四月后不久，未逾一个汛期，地点当距今河北省馆陶县不远，在当时黄河左侧分流，入渤海，广深与大河等，渠通利，百姓安之。至公元前39年，屯氏河决，流行七十年。

5. 汉元帝永光五年（前39）河决清河郡灵鸣犊口。灵县在今山东省高唐县西南，鸣犊河当在黄河之左，至公元前32年，灵鸣犊口已不利，至公元前29年，河决于上游馆陶及东郡金堤，灵鸣犊口当自淤。

6. 汉成帝建始四年（前29）河决馆陶及东郡金堤，泛滥兖豫，凡灌四郡三十二县，水居地十五万余顷，败官亭室庐且四万所，在当时黄河左右岸俱溃，本年终，王延世用竹笼平堵成功，改明年为河平元年。

7. 公元前27年，河复决平原，入济南千乘，所败坏者半。由王延世、杨焉、许商、乘嘛延年等塞。

8. 公元前17年，渤海、清河、信都河水溢溢，灌县邑三十一，败官亭民舍四万余所，在当时黄河左侧。译者因其自决，可且勿塞，以观水势。河欲居之当稍自成川，用财力寡。于是遂止不塞，后始建国三年上游决魏郡，当亦自淤。

9. 王莽始建国三年（11），河决魏郡，泛清河以东数郡。先是莽恐河决为元城冢墓害，及决东去，元城不忧水，遂不堤塞，魏郡治安阳，其属邑约当今河南省安阳市及河北省大名二专区。河决向千乘，在黄河当时右侧，至汉明帝永成十二年（69）王景修渠筑堤在河右渠左，自荥阳东至千乘海口千余里，十里立一水门（墕流法），令更相洄注。左岸无损，近千年河未迁徙。

10. 唐宪宗元和八年（813）河溢，浸河州羊马城之半，滑州薛平，魏博田宏正征役万人于黎阳界开古黄河道南北长十四里，东西阔六十步，深一丈七尺，决旧河水势入新河。此为左侧一部分改道，实际收获甚微，在今河南省浚县、滑县之间。

11. 唐懿宗咸通四年（863）河泛滥，怀滑州西北堤，萧仿移河四里。按：当时是向左移四里，实亦收效甚微，上两条未见其他记载，当亦自淤塞。

12. 梁朱友贞龙德三年（923）段凝以唐兵渐逼，乃自酸枣决河东注于郓，以限唐兵，谓之护驾水。决口日大，屡为曹濮患，至唐同光二年（924）命屡继英塞之，未几复坏，按：郓，今山东省郓城县，酸枣在河南省延津县境内，在黄河右侧，济渠从此淤淀，宋代开五大河以便山东省漕运。

13. 周世宗显德初（954）河大决东平之杨刘，宰相李谷监治堤，自阳谷抵张秋以遏之，少患少息，然决河不复故道离而赤河。按：杨刘在今山东省东阿县东北古黄河南岸。至宋庆历间游、赤，金河淤而商胡决，在1048年。

14. 宋太祖开宝四年（971）十一月，河决澶渊，泛数州，守官不时上言，知州杜审肇坐免，通判司封郎中姚恕弃市。澶渊在今河南省濮阳县，在当时黄河右岸。

15. 开宝五年（972）五月，大河决濮阳，又决阳武，发诸州兵及丁夫凡五万人，遣团练使曹翰护役，未几河决皆塞。按：决濮阳者与上条澶渊决口同为一役，在当时黄河右岸。决阳武者，在今河南省原阳县。

16. 宋太宗太平兴国八年（983）五月，大河决滑州韩村，泛澶、濮、曹、济诸州，东南流至彭城至于淮。在今河南省滑县，在当时黄河右岸，诏发丁夫塞之久不成，至十二月始塞。

17. 宋太宗淳化四年（993）九月，澶州河涨，冲陷北城，坏民舍官署仓库，民溺死者甚重，水西北流入御河，浸大名府城，诏发卒代民塞之。按：决口在黄河左岸，今河南省濮阳县。

18. 宋真宗咸平三年（1000）五月，河决郓州王陵埽，浮巨野入淮泗，命使率诸州丁男二万人塞之。在黄河右岸今山东省郓城县。

19. 宋真宗大中祥符四年（1011）八月，河决通利军，大名府御河溢，合流坏府城，害田，人多溺死。在当时黄河左岸，今河南省浚县。

20. 宋真宗天禧三年（1019）六月，河溢滑州城西北天台旁，又决城西南，漂没公私庐舍，历澶州、濮、郓、济、单至徐州与清河合入淮。州邑罹患者三十一，发兵夫九万人塞之。在当时黄河右岸，今河南省滑县。

21. 宋真宗天禧四年（1020）六月，河复决天台下，走卫南浮徐济，害如三年而益甚，至仁宗天圣五年（1027）始塞。以近天台遂名为天台埽。

22. 宋仁宗天圣六年（1028）八月，河决澶州王楚埽，凡三十步，在当时黄河左侧。

23. 宋仁宗景佑元年（1034）七月，河决澶州横陇埽，在当时黄河左侧。

24. 宋仁宗康定元年（1040）滑州大河泛滥，坏民庐舍，庆历元年（1041），诏停修决河，自此久不复塞。

25. 宋仁宗庆历八年（1048）六月，河决澶州商胡埽，决口广五百五十七步，乃命使省视河堤。按：商胡在当时左岸，商胡由经河北省沧县北入海。王景河从此改道，至1128年杜充决河。流行八十年。商胡在今河南省濮阳县境。

26. 宋仁宗嘉祐元年（1056）四月，塞商胡北流入六塔河，河不能容，是夕复决，溺兵夫漂刍稿不可胜计。命三司盐铁判官沈立往视，修河官皆谪，由是议者久不复论河事。六塔河在今河南省清丰县，河决仍回商胡河，此为宋代第一次回河。

27. 宋神宗熙宁二年（1069）八月，塞商胡河，自其南四十里计家港东，北决，汛滥大名、恩、德、沧、永静军五州军境。按：决口在今河南省清丰县境，向左侧泛滥，经章武入海，此为宋代第二次回河。

28. 宋神宗熙宁十年（1077）七月，大决于澶州曹村，澶渊北流断绝，河道南徙，东汇于梁山、张家泺，分为两派，一合南清河入淮，一合北清河入海，凡灌郡县四十五，而濮、齐、郓、徐尤甚，坏田逾三十万顷，遣使修闭，至公元1078年四月决口塞，改曹村埽为灵平埽。按：曹村在今河南省滑县境，在当时黄河右侧。

29. 宋神宗元丰四年（1081）四月，小吴埽溢，复大决，自澶注入御河，恩州危甚。诏东流已填淤不可复，将来更不修闭小吴决口，侯见大河归纳应合修立堤防，令李立之经划以闻。按：当时胡河上游史向左摆。

30. 宋神宗元丰五年（1082）八月，河决郑州原武埽，归纳梁山泺，分流四分以上，将淹及开封，令并力筑堤修闭，至十二月塞。在今河南省原阳县，在当时黄河右侧。

31. 宋哲宗元祐八年（1093）五月，堵塞北注，上游遂涌而溃，南犯德清，西决内黄，东淤梁村。河水四出，坏东郡浮梁，濒河多被水患，流民入京师（今河南开封），往往泊御廊及僧舍。按：德清，河南省清丰县，泛滥范围在当时黄河左侧，今河南省清丰、内黄、滑县、濮阳。

32. 宋哲宗元符二年（1099）六月末，河决内黄口，东流遂断绝。八月诏大河水势十分北流，其以河事付转运司，责州县共力救护堤岸。按：决口在东流梁村之上游今清丰县境。上两段为宋代第三次回河。

33. 宋高宗建炎二年（1128）冬，杜充决黄河自泗入淮，以阻金兵。按：决口地点宋史未详书，从今人在新河沿岸设埽布置，决口当在滑卫之间。《金史·河渠志》："近世河离故道，自卫东南而流。"从此南北分流，堤防不完整，至明筑断黄陵岗三百六十余年间，泛滥填淤多呈半自然状态，此实为商胡改道后之改道。

34. 金世宗大定八年（1168）六月，河决李固渡，水溃曹州城，分流于单州之境，未堤塞。李固渡在东明下游黄河左侧。

35. 金世宗大定二十年（1180）河决卫州及延津京东埽，弥漫至归德，令自卫州埽下接归德府南北两岸增筑堤，设河官埽兵。按：决口在当时黄河右岸，在今河南省汲县。

36. 金章宗明昌五年（1194）八月，河决阳武故堤，开封以东。按：阳武之决，仅把杜充决河裁弯取直，不应列为大徙。金代只补筑孟阳堤及南岸汴堤，防黄水不致犯汴京城。

37. 元世祖至元九年（1272）七月，卫辉路新乡县河北决，其后河徙自原武出阳武南，新乡流绝。按：在今河南省新乡县、原阳县，黄河向右岸移动。

38. 元世祖至元二十三年（1286）河决开封、祥符、陈留、杞、太康、通许、鄢陵、扶沟、洧川、尉氏、延津、中牟、原武、睢州等十五处，调东京（今河南开封）民夫分筑堤防。按：当时黄河堤线不完整，时向两侧泛滥填淤。

39. 元世祖至元二十七年（1290）六月，河溢太康，没民田三十一万九千八百余顷，十一月决祥符，太康、通许、陈、颍大被其患。

40. 元成宗大德元年（1297）七月，河决杞县蒲口，河南肃政廉访使尚文建言蒲口不塞，郡县争言塞之便。明年蒲口复决，塞河之役无岁无之。按：当时黄河左侧决蒲口，蒲口在今河南省杞县，见县志。

41. 元仁宗延祐元年（1314）五月，河决郑州，汴梁路、睢州诸处决破河口数十，由开封小黄村分泄，比旧浅六尺。决上流南岸则开封被害，决下流北岸则山东可忧，当遗小就大，免税赈饥，小黄村口仍旧流通。按：黄河当时无完整堤线，虽时填淤泛滥并无冲决之害。

42. 元顺帝至正四年（1344）五月，黄河暴溢，水平地两丈许，北决白茅堤，六月又北决金堤，并河郡邑，济宁、单州、虞城、砀山、金乡、鱼台、丰沛、定陶、楚丘、武城以至曹州、东明、巨野、郓城、嘉祥、汶上、任城等处皆罹水患，民老弱昏垫，壮者流离四方。水势北浸安山，沿入会通运河，延袤济南河间。将坏两漕司盐场，妨国计甚重。十一年四月，由贾鲁疏塞并举，挽河使东行以复故道，十一月水工毕功。按：白茅在今河南省兰考县，当时左侧决入大清河。

43. 元顺帝至正二十六年（1366）二月，河北徙，上自东明、曹、濮下及济宁皆被其害。按：黄河复决入大清河入海，贾鲁的功绩及所谓治河名臣欧阳玄的文章，都从自然的规律中获得客观的评价。

44. 明太祖洪武二十年（1387），河决开封城，自安远门入，淹没官民廨宇甚众。

45. 明太祖洪武二十五年（1392），河决阳武之黑阳山，东经开封城五里，又南行至项城颍上，东至寿州正阳镇全入于淮，而故道遂淤。

46. 明英宗正统十二年（1447）七月，河决张秋沙湾入海，寻决荥阳入淮，工部尚书石璞治之。

47. 明英宗正统十三年（1448）七月，河决河南新乡八柳树口，漫流山东曹州、濮州，抵东昌，坏沙湾等堤。命工部右侍郎王永和往视其事，上两项都在当时黄河左侧入大清河，沙湾在今山东省寿张县。

48. 正统十三年（1448）七月，河徙开封西北荥泽县孙家口入汴，至寿州入淮，又决荥阳东过开封城西，南经陈留。自亳入涡口，又经蒙城至怀远界入淮。

49. 明英宗天顺五年（1461）七月，河决汴梁土城，当时筑塞砖城五门以备，越三日砖城北门亦决，水深丈余，官舍民居漂没过半，公帑私积荡然一空，周府官眷臣等乘舟筏避于城外高处，军民死者不可胜计，命工部右侍郎薛远往视塞之。

50. 明宪宗成化十八年（1482）五月，河南开封州县黄河水溢，淹没禾稼，开封城垣几垫，乃增筑汴垣护城堤。按：汴垣被水自洪武以来呈自然漫流状态，至孝宗弘治二年（1489）命南京工部侍郎白昂修治，塞金龙口，于荥泽开渠导河，由陈颍至寿州达于淮，又筑渠堰于徐、兖、瀛、沧之间，以杀河势。

51. 明孝宗弘治五年（1492）河复决金龙口，溃黄陵岗，再犯张秋，六年二月，命刘大夏为都察院右副都御史修治决河。按：金龙口即荆隆口，在今河南省封丘县黄河左岸。

52. 明世宗嘉靖五年（1526）六月，黄河上游骤溢，东北至沛县庙道口截运河往鸡鸣台口入昭阳湖，汶泗南下之水从而东，河故道出飞云者移而北，泥沙填淤亘数十里；管河官力浚之，仅通舟楫。按：从此汶泗等水不和淮水相汇，汶泗今日从黄河而东，他日不能再随黄河而西，因黄河河床高仰故也。

53. 明神宗万历三年（1575）八月，河从桃源崔镇北决，淮水从高家堰东决，徐邳以下至淮南北漂没千里，共成一湖，居民结筏浮箔，采芦心草根以为食。按：桃源崔镇在今江苏省泗阳县，在当时黄河左侧。五年（1577）八月，河复决崔镇，六年（1578）二月陞刑部右侍郎潘季驯为都察院右副都御史兼工部右侍郎总理河漕，兼提督军务，七年（1579）两河工成，赏总督河道官潘季驯、江一麟等银币。按：此为潘季驯之黄金时代。十四年（1586）五月，河决淮安范家口，水灌淮城。全河几夺又决天妃坝，十九年（1591）九月，决泗州浸及祖陵，潘季驯免官归里，蓄淮敌黄之论废置。

54. 明神宗万历二十一年（1593）五月，黄堌口决，在山东单县黄河右侧，南射归仁集石堤，口阔一千二百五十丈，深二丈七八尺，经虞城、砀山、萧县、宿县、灵璧、睢宁、宿迁地方耿车小河口入白鹿湖，邸家湖，南浸归仁堤。按：归仁堤，潘季驯筑；堤长七千六百八十二丈八尺，用以护寝陵。黄堌决口前后八年未堵，后因决萧家口蒙墙寺，黄堌口淤。

55. 明神宗万历二十三年（1595）九月，分黄导淮，杨一魁议先分黄，次导淮。又为祖陵计，黄堌口决当制，小林口淤当挑，归仁堤当培，括币二十五万，役夫二十万。分黄导淮，自黄江嘴导河分趋五港、灌口，径入海以杀黄势，毋尽入淮，导淮自清口辟积沙数十里，又于高堰旁周家桥武家墩引洪泽湖水入宝应诸湖，并预浚入江入海之路以泄之，祖陵水渐退。

56. 明神宗万历二十九年（1601）开归大水，河决萧家口，蒙墙寺，商虞多被淹没，后因大水决曹县缕堤，萧家口自淤。按：萧家口在商丘县境黄河右侧。

57. 明熹宗天启四年（1624）六月，河决徐州，魁山堤溃，四散奔流，冲徐州东南城垣，平地水深丈余，淹死人畜甚多，决口在黄河右岸，迁州治于云龙山。

58. 明思宗崇祯十五年（1642）九月，黄河决马家口（人工决口），冲破汴城。河骤决，声振百里，挑城北门入，穿东南门出，流入涡水，涡水忽高两丈，士民溺死数十万。明亡后，清初始塞。

59. 清世祖顺治九年（1652），河决封丘大王庙口，毁封丘县城，水从长垣趋东昌，坏安平堤，北入海，大为漕渠梗。十二年大王庙口塞，在黄河左侧，今河南省封丘县。

60. 清圣祖康熙十五年（1676），黄河倒灌洪泽湖，高堰决三十四处，黄淮并东下，淮扬大困。十六年（1677），命安徽巡抚靳辅总督河道，靳辅一遵潘季驯治河之策，上固堤防，束水行沙，中筑高堰蓄淮敌黄，下固海口不浚自通。至二十四年（1685）大致告成。

61. 清圣祖康熙五十九年（1720）六月，河决马营口，直注原武，自北岸大堤至决河北岸，南北二十余里皆成巨浸，并流注滑县、长垣、东明等处入运河，将张秋迤南赵王河对岸漫溢，由五孔桥入盐河下海。诏陈鹏年署河道总督，逾年筑塞。

62. 清圣祖康熙六十一年（1722）正月，河复决马营口，下灌张秋，奔注大清河。九月秦家厂又决，马营口漫开，至十二月塞讫，后漫水复开，至雍正元年正月抢筑报竣。陈鹏年死于工次。

63. 清世宗雍正二年（1724）六月，江南黄河南岸睢宁县朱家海大堤决口，总河齐苏勒率兵夫塞之。未浚，明年四月黄水陡涨，冲激东岸，坝台蛰塌，命广东总督孔毓珣前往协办，至十二月决口塞。按：在黄河右侧，江苏省睢宁县。

64. 清高宗乾隆六年（1741）七月，黄水大涨，冲塌石林口土坝，漫堰溃成大河，冲沛县缕堤；河督完颜伟集夫塞之。按：在江苏省丰县，当时黄河左侧。

65. 清高宗乾隆十年（1745）八月，黄河南岸陈家浦以下向无堤工处，本年漫堤过水有百余丈，由白钟山、尹继善远筑遥堤，直接老滩高处，以束水势。十月合龙，在江苏省淮阴县。

66. 清高宗乾隆十六年（1751）六月，河决阳武祥符朱（地名），水经延津漫曹濮入张秋归海，别由金乡鱼台，济宁至南阳湖东注，运道大阻。完颜伟赴工堵筑，至冬合龙工竣，河归故道。

67. 清高宗乾隆十八年（1753）九月，江南铜山县张家马路河水冲决内堤七八十丈、外堤四五十丈、缕越堤一百四十余丈，大溜全行掣过，漫水南注虹，灵诸邑归洪泽湖。决口在黄河右侧，由刘统勋堵筑，是年冬合龙。孙嘉淦曾建议改由大清河入海，清廷不纳。

68. 清高宗乾隆二十六年（1761）秋，黄沁并涨，河南省中牟县杨桥大堤漫口，夺溜入贾鲁河，由涡河南入于淮。河南之开封陈州、归德，安徽之颖、泗等州县俱被淹。发帑赈济，命刘统勋前往堵筑，未及两月筑竣。杨桥在黄河右侧河南省中牟县。

69. 清高宗乾隆三十一年（1766）八月，江南铜沛厅南岸韩家堂溜势汕刷大堤，于十八日漫溢六十余丈，数日刷宽至九十余丈，溜趋漫口十之六七，下注陵子、孟山等湖，汇入洪泽湖，出清口归海，十月堵筑合龙。按：在黄河右侧江苏省铜山县。

70. 清高宗乾隆三十九年（1774）八月，江南黄河南岸老坝口堤工于十九日漫溢过水，缺口七十余丈；淮安被淹，房塌人死，于十月合龙，在黄河右侧。

71. 清高宗乾隆四十三年（1778），河南省黄河南岸仪封十六堡漫水缺口七十余丈，刷宽至一百五十余丈，漫水由贾鲁河故道自河南省考城、睢州、宁陵、永城达亳州，经涡河入淮。自秋阻冬堵筑五次，未能合龙。高晋死于工次，阿桂督役至四十五年（1780）二月堵筑至八次始合，金门水深十一丈。

72. 清高宗乾隆四十六年（1781）七月，河南北岸青龙冈冲宽七十余丈，全溜归注，是年异涨，山区材木房舍冲散，漂流塞断三门半日，遏水高过三门，始冲开积木，浩瀚奔流。大堤普遍漫溢，漫水入运，南越微山湖，北穿五孔桥截汶入大清河归海。阿桂堵筑五次无成，后改道南堤外自兰阳三堡至商丘七堡一百七十余里，至四十八年三月始合。

73. 清高宗乾隆五十二年（1787）六月，河南睢州南岸决口，大溜全挚。七月阿桂堵筑，口门刷宽二百余丈，十月合龙。金门水深七丈以外。

74. 清高宗乾隆五十四年（1789）六月，睢宁南岸周家楼水漫过堤，刷开堤身宽一百余丈，陆续塌宽二百三十余丈，水归洪泽湖，十月堵合。

75. 清仁宗嘉庆元年（1796），丰北厅六堡河决二口，各宽五六十丈，大溜全注北门，正河断流。漫口水势北注单县、金乡、鱼台，入微山湖，由荆山桥水线串入宿迁隅头、骆马诸湖，由南北六塘河归海，李奉瀚堵筑，至次年（1797）正月始合。

76. 清仁宗嘉庆二年（1797）七月，山东曹县北岸二十五堡堤工漫溢长三十余丈，至八月口门塌九十余丈，口门水深十一二丈，形如锅底，稀淤浮于新加堤顶之上。刘墉堵合，二次失败，后因睢工堵乾口。

77. 清仁宗嘉庆三年（1798）九月，河南睢州上汛五堡，漫溢缺口一百五六十丈，分溜十之八，漫水入睢州十八里河，南至鹿邑，归亳州，入洪泽湖，司马　堵筑至四年正月合龙。

78. 清仁宗嘉庆四年（1799）八月，丰砀南岸丁工民堰至邵家坝一带普遍漫溢，刷成沟槽五道，各宽二十余丈至七八十丈，挈动大溜，漫水由洪沟、滩股等河递注洪泽湖。康基田堵合，十二月毕功，渗漏过水，五年正月在抢修工中坝身失火，引溜过水，康基田撤职，吴璥继任，至九月合龙。

79. 清仁宗嘉庆八年（1803）九月，河南省黄河北岸封丘汛衡家楼过水，地势建瓴夺溜，口门一百八十余丈，漫水下注山东张秋入大清河。由吴璥堵筑，九年三月合龙。清仁宗嘉庆十一年（1806）九月，嘉庆帝有"军务有平定之日，河工无宁晏之期"之谕。

80. 清仁宗嘉庆十六年（1811）七月，江南萧南厅李家楼漫水，至八月口门宽一百余丈，水深二丈八九尺，夺溜八九分，松沙稀淤距河心八九百丈。百龄陈凤翔堵办，至十七年三月合龙。李工特点，至二十丈，漫水由毛城铺入洪泽湖。李工特点，没有引河，也没有挑水坝。

81. 清仁宗嘉庆十八年（1813）九月，河南睢州下汛二堡大堤坐蛰过水，全黄下注洪泽湖，至十九年六月口门宽一百九十五丈，继续塌宽至二百一十余丈，吴璥督办，至二十年二月合龙。

82. 清仁宗嘉庆二十四年（1819）七月，南岸兰阳汛八堡大堤漫水缺口七十余丈，挈溜三四分。仪封三堡漫一百一十余丈，挈溜五六分，未及堵筑，上游武陟汛缕堤，九堡出险夺溜，兰仪口门断流，筑堰堵闭。

83. 清仁宗嘉庆二十四年（1819）八月，武陟汛马营口漫溢，黄沁汇流东注，口门宽一百六七十丈，水势由原武、阳武及辉县边界至延津、封丘等县下注山东张秋，俱系衡工漫水所经旧路。漫口经王家沟至马家营系康熙五十九年（1720）漫工旧地。吴璥督办，至二十五年（1820）三月合龙，金门水深十二丈有余。

84. 清仁宗嘉庆二十五年（1820）三月，仪封三堡以下堤身坐蛰三十余丈，挈动大溜，新河挂淤断流；漫口续塌至一百三十余丈。吴璥督办堵筑，至十二月合龙。

85. 清宣宗道光十二年（1832），江南桃南于家湾湖民挖黄河堤放水淤田，在十三堡刨挖大堤冲开口门四五十余丈，全黄入洪泽湖。湖滩三四十里向系腴田，今湖高水占，农民要田，皇朝需运，是矛盾之所在。张井督塞，于十三年（1833）正月合龙。

86. 清宣宗道光二十一年（1841）六月，祥符上汛三十堡顶过水，漫塌二十余丈，省城猝被水围，缺口刷宽八十余丈，大溜全挈，直冲护城堤，由北面入堤南行，偏西刷成深槽，向南顺堤由东南缺口而出，撤城碟以御激溜。漫水经陈留、杞县等属县归涡河下注安徽颍凤，以淮河以达洪泽湖。王鼎督筑，至二十二年（1842）二月屡遭走失，方得合龙。二十三年（1843）

九月重修省垣。

87. 清宣宗道光二十二年（1842）七月，桃源崔镇杨工上下漫水，直穿运河冲破遥堤，由六塘河入海，口门宽一百余丈。麟庆建议改道，自萧庄以下由北潮河灌口入海。潘锡恩督塞，因二十三年中牟大工堵乾口。

88. 清宣宗道光二十三年（1843），中牟下汛九堡过水夺溜南趋，口门塌宽一百余丈，注入洪泽湖，麟魁督堵，至二十四年（1844）二月连遭失败，又钟祥继任，于十二月堵合。

89. 清文宗咸丰元年（1851）八月，丰北三堡口门塌宽一百八十五丈，水深三四丈，大溜全掣，正河断流，决水北趋沛县入微山、昭阳等湖。杨以增督堵，二年（1852）第一次失败，三年（1853）第二次堵合后，五月雷雨大作，复成漫口。大溜北趋十八里屯河，五年（1855）铜瓦厢改道，丰工堵乾口。

90. 清文宗咸丰五年（1855）六月下北兰阳汛三堡铜瓦厢漫溢夺溜，正河断流。口门刷宽七八十丈，至七月塌宽一百七八十丈，决水经直隶长垣县、山东濮州、范县至张秋镇穿运归大清河入海。明刘大夏筑断黄陵岗形成之南河至此三百六十年告结束。

91. 清德宗光绪十三年（1887）八月，郑州十堡走漏过水，堤身坐蛰，水从堤顶漫过，刷宽口门三四丈。数日间值西北风大作，遂至大溜全掣，口门三百余丈。山东黄河断流，全流入淮，注于洪泽，入江入海，侍郎徐郙厢抚卞宝俱建议从石桥（十堡）对岸经荥泽、原武、阳武、封丘、铜瓦厢开一引河，导水入大清河，议格不行。李鹤年、李鸿藻督筑，至十四年（1888）五月，引河自行开放（是这次工程之特点）埽占蛰压沈捆厢船，至功败垂成。由吴大澂、潘骏文堵筑，十二月合龙。

92. 清德宗光绪三十年（1904）六月，山东利津县薄庄漫口，水东北入徒骇河遂不堵。光绪初年新河堤线逐渐形成，随弯就曲，利津以下尾闾屡改，向南形势益复不顾。周馥抚鲁，预作改道之备；迁薄庄当险工新河道之居民于安全地带，是年六月异涨，河水决溢入徒骇河，薄庄被冲，先有筹备，民未受害，此后十余年间，河流安澜，未尝一决，下游化险为夷，河费亦减。

93. 1921年，山东利津县宫家坝决口，正河向左入徒骇河，口门宽1768米。1922年，由美商承包架桥平堵，至1923年5月堵筑断流，漏水特甚，复用压埽填土，始得闭气完工。

94. 1933年8月，滑县李石头庄决口，正河夺溜，过滑县濮阳入山东省寿张阳谷，至陶城铺而归正河。李协主张不堵，宋希尚堵，至1934年完工。

95. 1938 年 6 月，蒋介石命挖开黄河大堤花园口引水以阻日寇，洪水泛滥河南、安徽、江苏等地，入洪泽湖，口门宽 1460 米。1946 年 3 月由美商承包架桥平堵，至 7 月 1 日失败。第二次十月开工仍架桥平堵，至 1947 年 1 月第二次失败。第三次由中国河工人员捆厢进埽，3 月合龙。洋工平堵失败两次，而后用土法立堵完工。

附录二：徐州水灾纪年

前179 楚国地震、大水

公元前179年，即汉文帝元年初夏，包括今之徐州全境在内的黄淮地区发生大地震，引起大水灾。据《汉书·文帝纪》记载："文帝元年四月，齐、楚地震，二十九山同日崩，大水溃出。"《汉书·五行志》亦曰："文帝元年四月，齐、楚地山二十九所同日俱大发水，溃出。"

前132 — 前109 楚国水灾

公元前132年夏至公元前109年间，亦即汉武帝元光三年至元封二年，楚国广大地区因黄河瓠子决口未塞，连续二十四年遭受水灾。据《汉书·武帝本纪》记载："元光三年夏五月，河水决濮阳，氾郡十六。发卒十万救决河。"武安侯田蚡为丞相，其奉邑食鄃。鄃居河北，河决而南则鄃无水菑，邑收多。言于上曰："江河之决皆天事，未易以人力为强塞，塞之未必应天。"而望气用数者亦以为然。于是天子久之不事复塞也。瓠子决口"灌梁、楚地"，"岁因数不登，粮食歉收日益严重"。元封二年（前109），汉武帝往万里沙巡祭山川，归途时亲自"临决河，沈白马玉璧于河，令群臣自将军以下皆负薪填决河。是时东郡烧草，以故薪柴少，而下棋园之竹以为楗。天子既临河决，悼功之不成"，乃作《瓠子歌》，并在塞口上筑"宣房宫"，从此"河北行二渠，复禹旧迹，而梁、楚之地复宁，无水灾"。

前70 楚国地震、水灾

公元前70年6月3日，即汉宣帝本始四年四月二十九日，河南以东、海岱及淮广大地区地震，并遭洪水袭击。据《汉书·五行志》记载："汉宣帝本始四年，地震，河南以东四十九郡，北海、琅邪坏祖宗庙、城郭，杀六千人。"

前32 — 前7 徐州大水

公元前32年至公元前7年，汉成帝年间，中原及山东、苏北地区曾经发生大水灾。据《后汉书·王景传》转引《十三州志》曰："成帝时，河堤大坏，泛滥青、徐、兖、豫，四州略篇。"

106 徐州大水

公元 106 年，即汉殇帝延平元年夏秋，黄河中下游地区普遍大水。据《后汉书·殇帝纪》记载："殇帝延平元年六月，郡国三十七雨水。"又据《后汉书·和帝纪》记载："九月，六州大水。己未遣谒者分行虚实，举灾害，赈乏绝。"次年春正月，"禀司隶、兖、豫、徐、冀、并州贫民"。

107 下邳国水灾

公元 107 年，即汉安帝永初元年秋，下邳境内曾经发生水灾。据《后汉书·安帝纪》记载："是岁，郡国十八地震；四十一雨水，或山水暴至；二十八大风，雨雹。"据李贤注释徐防被罢免的原因是"以灾异屡见也"；而尹勤被解职的原因则是"以水雨漂流也"。"癸酉，调扬州五郡租米，赡给东郡、济阴、陈留、梁国、下邳、山阳。"次年春荒，"正月，禀河南、下邳、东莱、河内贫民"。《古今注》曰："时州郡大饥，米石二千，人相食，老弱相弃道路。"

154 彭城国水灾

公元 154 年，彭城境内泗水河因暴雨水位陡涨，逆流上溯，淹毁农田庄稼。据《后汉书·桓帝纪》记："招司隶校尉、刺史曰：'蝗灾为害，水变仍至，五谷不登，人无宿储。其令所伤郡国种芜菁以助人食。'"九月，又诏令"其不被害郡县，当为饥馁者储……其禁郡国不得卖酒，祠祀裁足"。

188 彭城国、下邳国、沛国大水

公元 188 年，即汉灵帝中平五年，彭城、下邳、沛等郡国发生大水灾。据《后汉书·灵帝纪》记载："中平五年六月郡国七大水。"同书《五行志》记："郡国六水大出。"刘昭按语引《袁山松书》曰："山阳、梁、沛、彭城、下邳、东海、琅邪。"

969 睢宁大水

公元 969 年，即宋太祖开宝二年，因黄河决口，睢水泛滥，睢宁县境内遭受大水灾。据《睢宁旧志选择》载："太祖开宝二年，睢河水大泛滥，睢陵秋禾淹没。"

970 徐州水灾

公元 970 年，徐州境内发生水灾，农田受损。据《宋史·五行志》记："开宝元年六月，天下二十三州府大雨，江河泛滥，坏民田庐舍；二年七月，黄河决于夏邑县（今河南夏邑县）；是岁，青、蔡、宿、淄、宋诸州水，真定、澶、滑、博、洛齐、颍、蔡、陈、亳、宿、许州水，害秋苗。"《宋史·五行志》记载："开宝三年，郑、澶、郓、淄、济、虢、蔡、解、徐、岳州水灾，害民田。"

980 徐州大水

公元 980 年，黄河泛滥，致使白沟河水漫溢，泛入徐州城。据《宋史·五行志》和《宋史·太宗本纪》记载："太平兴国五年五月，白沟河溢入州城。"明嘉靖本《徐州志》又补述："毁民舍，堤塘皆坏。"

983 徐州大水

公元 983 年秋天，因黄河决口，清河暴涨，徐州遭受大水灾。据《宋史·五行志》载："（太平兴国）八年五月，河大决滑州房村，径澶、濮、曹、济诸州，浸民田，坏居民庐舍，东南流入淮。""八月，徐州清河涨丈七尺，溢出，塞州三面门以御之。"

1009 徐州大水

公元 1009 年初秋，徐州上游黄河泛滥，造成古运河决堤，致使徐州境内及北邻地区大水成灾。《宋史·真宗本纪》记："秋七月乙亥，蠲京东徐、济七州水灾田租。"

1019 徐州大水

公元 1019 年夏天，因黄河决口，徐州发生大水灾。据《宋史·五行志》载："天禧三年六月，河决滑州城西南，漂没公私庐舍，死者甚众，历澶州、濮、郓、济、单至徐州，与清河合，浸城壁，不没者四板。"又据《宋史·真宗纪》记载："六月，以河决遣使救齐、徐等州民被溺者，恤其家。"又载：次年"二月，诏徐州赈贫民"。

1023 徐州水灾

公元 1023 年间，因黄河泛滥，徐州发生水灾。《宋史·五行志》记载："天圣初，徐州仍岁水灾。"《宋史·仁宗纪》又载："天圣元年春正月戊子，以京东、淮南水灾，遣使安抚。"

1077 京东东路大水

公元 1077 年秋，黄河在澶州决口，河水横流南下，漫巨野，溢泗水，徐州境内及周邻地区遭受大水灾害；知州苏轼率民抗洪抢险，加筑城墙，驾船救民，奋战七十余日，终使全城数万民众性命、财产得以保全；事后，苏轼又聚众筑堤备患，留下了许多事迹和遗迹。《宋会要辑稿》所载灾况同《宋史》，亦记"诏发仓廪，开府库，徙民移粟以赈济之"。朝廷另赐徐州钱两千四百一十万，命改筑徐州外小城。

1078 徐州水灾

公元 1078 年夏，因黄河决口，淮河泛滥，徐州境内有水灾。据《宋史·神宗本纪》载："元丰元年夏四月戊辰，塞曹村决河，名其埽曰灵平；五月甲戌朔，赐塞河役死家钱。"《宋史·五行志》又记："元丰元年五月，淮水泛滥。"

1128 徐州水灾

公元 1128 年冬，金兵南侵，宋将杜充决黄河水以阻金兵，致使徐州乡野水灾。据《宋史·高宗本纪》记载："建炎二年，是冬，杜充决黄河，自泗入淮以阻金兵。"致使主流南迁。

1266 睢宁水灾

公元 1266 年夏，睢宁发生水灾和旱灾。据《睢宁旧志选译》引《灵璧志》记载："世祖至元三年五月，睢水四溢，禾麦尽淹没。"

1297 徐州、邳州大水

公元 1297 年春，由于黄河泛滥，徐州、邳州、睢宁大水，淹没田地，冲毁房屋。据《元史·五行志》记载："大德元年三月，归德徐州，邳州宿迁、睢宁、鹿邑三县……河水大溢，漂没田庐。"《元史·成宗纪》又载："三月以河水溢免徐邳等县田租。"

1298 归德府大水

公元 1298 年夏，由于黄河决口，河水泛滥，徐、邳二州所在归德府并丰、沛二县大水。据《元史·五行志》记载："元成宗大德二年六月，河决蒲口，凡九十六所，泛溢汴梁、归德二郡。"清乾隆本《徐州府志》则载："元成宗大德二年，丰、沛水。"

1302 徐州、睢宁大水

公元 1302 年夏，徐州、睢宁持续大雨五十天，沂、武二河合流泛滥，徐州、睢宁县遭受大水灾。据《元史·五行志》记载："大德六年五月，归德府、徐州、邳州睢宁县雨五十日，沂、武二河合流，水大溢。"

1309 徐州、邳州大水

公元 1309 年秋，因黄河决口，徐州、邳州大水，发生饥荒，政府下令免除当年二地百姓的劳役和赋税。据《元史·五行志》记载："至大二年七月，徐州、邳州饥。"《元史·武宗本纪》亦载："至大二年十一月庚辰朔，以徐、邳连年大水，百姓流离，悉免今岁差税。"

1326 归德府水灾

公元 1326 年春，因黄河决口，徐州、邳州发生水灾，官府发放粮食五万六千石以赈济受灾百姓。据《元史·泰定帝本纪》记载："泰定三年二月，归德府属县河决，民饥，赈粮五万六千石。"《元史·五行志》亦载："（泰定三年）二月，归德府河决。"

1337 归德府水灾

公元 1337 年夏，因河水泛滥，徐州、邳州遭受水灾。据《元史·五行志》记载："顺帝至元三年六月，汴梁兰阳、尉氏二县、归德府皆河水泛滥。"

1339 邳州、宿迁水灾

公元1339年夏，因沂水、沭水泛滥，邳州、宿迁地区遭受水灾。洪水冲毁堤防，损害田稼。据民国本《江苏通志稿》记载："元至元五年，沂、沭二河暴涨，决堤坏稼。"《元史·顺帝纪》又记："至元六年春，邳州饥，赈米两月。"

1341 睢宁水灾

公元1341年夏，因睢水泛滥，睢宁遭受水灾。据《睢宁旧志选译》引《灵璧志》记载："顺帝至正元年五月，睢水泛滥。"

1344 丰县、沛县大水

公元1344年夏，由于天降大雨，黄河暴涨决口，丰县、沛县大水。据清乾隆本《徐州府志》记载："至正四年五月，大雨，黄河暴溢，决白茅堤，丰、沛大水。"次年春，徐州饥荒，人相食。

1349 沛县大水

公元1349年夏，由于白茅堤决口，黄河泛滥东流，沛县遭受大水。据《元史·顺帝本纪》记载："至正九年五月，白茅河东注沛县，遂成巨浸。"明嘉靖本《徐州志》亦记："顺帝至正九年五月，白茅河东注沛县，遂成巨浸。"

1366 沛县大水

公元1366年，沛县大水。据《元史·五行志》记载："至正二十六年二月，河北徙，上自东明、曹、濮，下及济宁，皆被其害。"民国本《沛县志》亦载："元顺帝至正二十六年，大水。"

1368 沛县水灾

公元1368年，即明太祖洪武元年，山东曹州黄河决口泛滥鱼台等县，沛县北部亦遭受水灾。据《明史·徐达传》记载："明太祖洪武元年，河决曹州双河口，入鱼台，徐达北征开塌场口，引河入泗。"

1406 吕梁洪水灾

公元1406年，即明成祖永乐四年，徐州境内降雨连绵，吕梁洪堤坎决口。据《明太宗实录》卷58记载："永乐四年八月壬申。工部言：吕梁洪霖雨，水决近河路并圈沟桥一十九丈六尺，宜发民修理。从之。"

1427 徐州水灾

公元1427年春，即明宣宗宣德二年三月，徐州所属之丰、沛县遭到水灾；夏秋，全州辖境均遇连续大雨，致使河水泛滥，毁坏堤防，淹没庄稼。据《明宣宗实录》卷28、卷30记载："宣德二年三月，免直隶丰、沛二县民水灾田粮一万五千六十余石，谷草五千五百四十余束。""八月，直隶徐州奏，七月积雨连旬，河水泛滥，冲决堤岸，淹没庄稼……上命行在户部遣官验视，蠲其租税。"

1431 徐本州、沛县水灾

公元1431年夏，即明宣宗宣德六年八月，徐州本州境及沛县持续大雨，河水泛滥，淹没庄稼。据《明宣宗实录》卷82记载："宣德六年八月，直隶徐州及沛县奏，今年六月天雨不止，河水泛溢，淹没禾稼。"

1437 徐州大水灾；邳州旱灾、蝗灾、水灾

公元1437年春夏，即明英宗正统二年，淮安府属邳州、海州地区有旱灾、蝗灾发生；继之，黄河泛滥，徐州、邳州境内又遭水患，民居被毁，庄稼被淹，损失惨重。据《明英宗实录》卷31记载："正统二年六月庚辰，命行在都察院右副都御史贾谅等赈济饥民。时直隶凤阳、淮安、扬州诸府，徐、和、滁诸州，河南开封各奏自四月至五月阴雨连绵，河、淮泛涨，民居禾稼多致漂没，人不聊生，势将流徙。上命谅及工部侍郎郑辰往视之。"

1438 徐州、邳州大水灾

公元1438年秋，即明英宗正统三年八月，徐州、邳州及邻近地区连降暴雨，河水泛滥，邳州境内及上游阳武河堤先后决口，毁房屋，淹庄稼，百姓饥困。据《明英宗实录》卷45记曰："正统三年八月乙丑，直隶淮安府邳州河决，田禾伤损，山东鱼台、望乡、嘉祥三县尤甚，巡抚侍郎曹弘以闻，诏令随宜修筑。"同书卷46又记："山东济宁州、东平州、直隶徐州属县各奏七月中骤雨河溢，军民庐舍俱被倾荡，田亩禾稼没无遗，上命行在遣官复视。"

1446 徐州水灾

公元1446年，即明英宗正统十一年秋，天雨连绵，河水泛涨，徐淮地区房屋田亩普遍遭淹。据《明史·五行志》记载："正统十一年，徐州大水。"《明英宗实录》卷146亦载："冬十月丁未，免直隶徐州粮草十之三，仍命有司发廪济民。时巡按浙江监察御史黄棠奏：'臣经历河上，见水势弥漫，迨今未落，近河之民居舍禾稼尽皆淹没，若不赈恤，恐致失所。'故有是命。"

1456 徐本州、丰县、沛县大水灾

公元1456年夏，即明景帝景泰七年六月，由于黄河决口，徐州及其属县丰、沛大水。据《明史·五行志》记载："景泰七年八月，河决开封，河南、彰德田庐淹没。是岁，畿内、山东俱水。"《明英宗实录》卷272亦载："景泰七年十一月。免直隶徐州并所属萧、沛等四县今年灾伤田粮

四万八千七百五十余石，谷草六万一千一百余包。"

1457 徐州旱灾、水灾

公元1457年春夏，即明英宗天顺元年，徐州、邳州地区先遭旱灾，庄稼多损；夏秋间，天雨连绵，河湖泛溢，再被水灾。英宗遣户部官员至徐考察灾情；入冬，命左金都御史王俭前往赈济灾民。据《明英宗实录》卷282记载："天顺元年九月丙寅，淮安等府及直隶徐州等卫各奏今年三月至五月田苗旱伤，六月以来天雨连绵，河湖泛溢，复被淹没。命户部复视之。"

1489 徐州、睢宁水灾

公元1489年，即明孝宗弘治二年夏，由于黄河决口，徐州、睢宁大水。据《明孝宗实录》卷34记载："孝宗弘治三年正月，户部侍郎白昂奏：'（河水）出丁家道口等处，俱下徐州……'"《睢宁旧志选译》引《灵璧志》记载："孝宗弘治二年，河决口，黄水入睢宁西乡，田禾全淹没，民多溺死。"

1500 徐州水灾

公元1500年，即明孝宗弘治十三年夏，徐州及丰、沛、肖、砀等属县因黄河决口而遭受水灾。秋，孝宗又下令免除徐州等地次年的岁贡。据《明孝宗实录》卷167记载："弘治十三年十月丙戌，巡抚直隶监察御史曹玉奏徐州并肖、沛、砀、丰诸县多被河患……"《行水金鉴》亦载："弘治十三年，河决丁家道口，徐州并肖、沛、砀、丰皆被河患。"

1501 徐州、邳州水灾

公元1501年，即明孝宗弘治十四年夏，由于黄河泛滥，徐州等地遭受水灾。秋，孝宗下令免除徐、邳等灾区的夏税。《明孝宗实录》卷178记载："弘治十四年八月癸丑，以水灾免直隶凤阳、淮安二府及徐州并高邮等五卫所夏税子粒有差。"

1507 沛县水灾

公元1507年，即明武宗正德二年，因黄河东迁，河水泛入泡河，沛县遭受水灾，洪水淹死庄稼，冲毁民宅。冬，武宗下令免除沛县当年的税粮。据明嘉靖本《徐州志》记载："正德二年，黄河东徙，入泡河，沛县大水。坏民禾稼、民舍。"

1508 徐州、邳州水灾

公元1508年，即明武宗正德三年夏，由于黄河东迁，河水泛滥，徐州、邳州遭受水灾。秋，武宗下令免除徐州、邳州当年的夏税。冬，武宗又下令免除徐州、邳州正德二年（1507）以前所积欠的马匹。据《明武宗实录》卷42记载："正德三年九月庚子，以灾伤免凤阳、淮安、扬州、庐州四府，徐、和二州及留守诸卫夏税子粒。"

1509 徐本州、丰县、沛县水灾

公元1509年，即明武宗正德四年夏，由于黄河决口，河水泛滥，徐州本州及丰县、沛县遭受水灾。据《读史方舆纪要》记载："正德四年，河决曹县扬家口，奔流单、曹二县，东达壬子河，抵丰、沛，舟楫通行，遂为大河。"又《明武宗实录》卷56记载："正德四年六月，黄河又北徙一百二十里至沛县飞云桥，俱入漕河，因单、丰二县河窄，水溢黄陵冈、尚家等口，曹、单二县田庐实多淹没。九月，又决曹县粮进等口，直抵单县，人畜死者，房屋冲塌者甚多，围丰县城郭，两岸相对阔百余里。"

1523 徐州、邳州大水灾

公元1523年秋，即明世宗嘉靖二年七月，黄河在沛县决口，泛入昭阳湖，洪水汹涌下泄，徐州及其丰、沛等属县，邳州及其睢宁、宿迁属县，以及下流广大地区遭受大水灾，人民流离失所，饥寒交迫，卖儿卖女，群起暴动。据乾隆本《沛县志》记载："世宗嘉靖二年，河决沛县，北入鸡鸣台口，漫昭阳湖，塞运道。"乾隆本《徐州府志》又记："嘉靖二年，丰县大水；沛县秋河决，塞运道，坏民庐舍，平野中水势接天，民多流亡；睢宁大饥，人相食。"《明世宗实录》记载更详，卷29曰："嘉靖二年七月，淮安、徐州、扬州等府、州、县大水，漂房屋六百家，溺死男妇八十余口。"同书卷34又载："大学士杨廷和等奏疏：'经过淮、扬、邳诸州府，见今水旱非常，高低远近，一望皆水。军民房屋田土概被淹没，百里之内、寂无炊烟。死徙流亡，难以数计，所在白骨成堆。幼男稚女，称斤而卖，十余岁者，止可数十。母子相视痛哭，投水而死。官已议为赈贷，而钱粮无从措置，日夜忧惶，不知所出。自今抵麦熟，时尚数月，各处饥民，岂能垂首枵腹，坐以待毙，势必起为盗贼，近闻凤阳、泗州、洪泽饥民啸聚不下二千余人……将来事势尚有不可预料者。'"朝廷无可奈何，仅"以灾伤免应天、庐、凤、淮、扬等府，滁、和、徐等州，嘉靖元年、二年未征草场子粒、银两"。《明典汇》则记："嘉靖二年，留苏、松等处银、米，并发太仓银二十万两，折漕料九十万石，赈徐州诸县。"

1526 徐本州、丰县、沛县大水灾

公元1526年夏，即明世宗嘉靖五年六月，由于黄河决口泛溢，徐州、丰县、沛县大水。据《明史·五行志》记载："嘉靖五年六月，徐、沛河溢，坏丰县城。"明嘉靖本《徐州志》亦载："嘉靖五年，丰大水，城陷。"清乾隆本《徐州府志》则明记："五年六月二十七日，黄水陷丰县城。"《明纪》尚曰："五年六月，河水没丰县，徙丰县治。"《明史·河渠志》又载："嘉靖五年六月，黄陵冈决，河徙不常。上流骤溢，东北至沛县庙道口，

截运河，注鸡鸣台口，入昭阳河，汶、泗之水从而东。其出飞云桥者，漫而北，淤数十里，河水没丰县，徒治避之。"

1527 丰县、沛县水灾

公元 1527 年，即明世宗嘉靖六年夏，朝廷以工部所请，诏建河神司于沛县，因当时漕河复通，以为神助。孰料神明不灵，秋冬之交，河决上流，丰、沛境内复遭水灾，据乾隆本《徐州府志》记载："嘉靖六年，沛、丰俱大水。"《明史·河渠志》尚记："嘉靖六年十月，（黄河）又决城武杨家、梁靖二口吴士举庄，冲入鸡鸣台，夺运河，沛地淤填七八里，粮艘阻不进。"

1542 沛县水灾

公元 1542 年，即明世宗嘉靖二十一年夏，沛县持续暴雨五六天，致使河水泛滥成灾，庄稼受淹，房屋受损。据明嘉靖本《徐州志》记载："嘉靖二十一年夏，大雨，五六日如注，昼夜不止，河溢，坏官署、民居、禾稼。"乾隆本《沛县志》又言："嘉靖二十一年夏，沛大雨如注，昼夜不息，湖河并溢，水深数尺，居民、禾稼伤者过半。"

1547 徐州水灾

公元 1547 年秋，即明世宗嘉靖二十六年七月，徐州及其属县遭受水灾，洪水冲毁民居，损坏庄稼，世宗下诏免去徐、沛等县当年秋粮。据明嘉靖本《徐州志》记载："嘉靖二十六年秋七月，徐州萧县、砀山县大水，坏伤民舍、禾稼。"

1552 徐州、邳州大水灾

公元 1552 年秋，即明世宗嘉靖三十一年九月丁酉，黄河决口泛滥，徐州、邳州及其属县遭受水灾。据《明史·世宗纪》记载："嘉靖三十一年九月丁酉，河决徐州，房村集至邳州新安运道淤阻五十里。"《明史稿·曾钧传》亦载："嘉靖三十一年，徐、邳等十二州、县连被水患。"清乾隆本《徐州府志》则记："三十一年春，沛县饥；秋，宿迁、睢宁大水。"

1553 徐州、邳州大水灾

公元 1553 年，即明世宗嘉靖三十二年春，因上年大水灾，徐州、邳州及其属县丰、沛、睢等饥荒严重，人至相食。由于决口堵塞未浚，河水复涌，前力尽弃，水灾依然，朝廷原济不力，人民困苦无赖，纷纷群聚劫富。奸官严嵩蒙蔽皇帝，奏请祭祀河神，亦无济于事，更加重人民灾难。清乾隆本《徐州府志》亦载："嘉靖三十二年春，徐、萧、沛、丰、邳、睢宁俱大饥，人相食，命侍郎吴鹏赈恤。"另《明世宗实录》卷 393 记载："大学士严嵩等言，徐、邳等十七州、县连被水患，民饥剽劫，吏不能禁，恐生他变……"卷 394 又云："大学士严嵩本言，顷徐、邳水患，挑浚几成，一夕水涌，旋淤，前功尽弃。其或涌或淤，若有神使，请遣太常官斋香帛往授各巡抚官，祭太河、泰山、沂山金龙庙等神。（上批）从之。"然鬼神无佑，当年六月，"山东、徐、邳赤地千里，大水腾溢，草根树皮掘剥无余，子女弃殍，道相望，盗贼公行，……蠲赈不足以苏民穷"。

1558 徐州水灾

公元 1558 年，即明世宗嘉靖三十七年，黄河决口，改道北行，分支漫流，造成徐州及其丰、沛、萧、砀属县沙淀淤阻。据《明史纪事本末》记载："嘉靖三十七年，河北徙，离为十一，河南、山东、徐、邳皆苦之。"《明史·河渠志》另记："嘉靖三十七年，河决段家口，析而为六，曰：大溜沟、小溜沟、秦沟、浊河、胭脂沟、飞云桥，俱由运河至徐洪。"清乾隆本《徐州府志》又记："嘉靖三十七年河北徙，自归德新集淤而为陆。二百五十余里……水得分泻，不致雍溃，然分多势弱，浅者仅二尺，识者知其必淤。"

1565 徐州大水灾

公元 1565 年秋，即明世宗嘉靖四十四年七月，黄河在沛县境内决口，泛滥成灾，徐州及其属县丰、沛、萧、砀俱遭大水，据《明纪》记载："嘉靖四十四年秋七月，河决沛县，上下二百余里运道俱塞，散漫湖陂，达于徐州，浩渺无际。"《明史·河渠志》亦有相同记载，并曰："运道俱淤，全河逆流，自沙河至徐州以北，至曹县棠林集而下，北分二支：南流者绕沛县戚山、杨家集，入秦沟至徐；北流者绕丰县华山东北，由三教堂出飞云桥，又分而为十三支，或横绝，或逆流，入漕河至湖陵城口，散漫湖陂，达于徐州，浩渺无际，而河变极矣。"乾隆本《徐州府志》另记："嘉靖四十四年，徐、萧、沛、丰大水，民饥；萧兼旱、蝗；沛更河决，塞运，淹死民人无算，尚书朱衡请拨宫眷银大赈。"咸丰本《邳州志》尚转载《明世宗实录》卷 549 所记："四十四年八月壬辰，以徐、邳河淤，命总理河道尚书朱衡祭告大河、东岳等神。"

1569 徐州、邳州大水灾

公元 1569 年秋，即明穆宗隆庆三年闰六月，徐州、邳州及其属县均遭大水灾，沛县境内黄河决口，山东沂、沭诸水亦居高下泄，房屋田禾损失惨重；次年春，有饥民迫于生计，铤而走险。据《明穆宗实录》卷 34 记载："隆庆三年闰六月，直隶淮、济、徐、沛及浙东西江、南江北大水，坏城垣，淹田舍，漂人畜无算。"同书卷 35 又载："三年七月壬午，河决沛县，自考城、虞城、曹、单、丰、沛抵徐州，俱罗其害，淹没田庐不可胜数；漕州（舟）二千余皆阻邳州，不得进；茶城淤塞，俟水退乃可疏浚；独徐、沛灾民流移困苦，宜令户部亟议赈济，以安人心。"巡按直隶监察御史李绍先奏言："江洋群盗四起，杀掠泰兴县等处，皆徐、沛通泰间被水饥民及江南所遣浙、福水兵，相引为非，滋蔓可虑。乞饬守臣多方抚剿，以安地方。"

1570 邳州水灾

公元 1570 年 10 月 8 日，即明穆宗隆庆四年九月甲戌，邳州境内黄河决口，睢宁至宿迁河道淤塞，下游广大地区皆遭水灾。据《明史·穆宗纪》记载："隆庆四年九月甲戌，河决邳州。"乾隆本《徐州府志》亦载："隆庆四年九月，河复决邳州，自睢宁白浪浅，至宿迁小河口，淤百八十里，时茶城至吕梁黄水为两崖所束不能下，又不得决，至五年四月乃自灵壁、双沟而下。"同治本《徐州府志》尚记："睢宁大饥，砀山亦大饥。"《明穆宗实录》卷 49 除记河淤而外，另载："……运船千余艘不得进。"朝臣议开泇河以避河险而利漕运。

1571 徐州、邳州大水灾

公元 1571 年 4 月 26 日，即邳州境内黄河决口，漕舟、漕粮损失惨重，下游遭淹；9 月 24 日，大水冲毁徐州城西门，溺死人口许多。据《明纪》记载："隆庆五年夏四月甲午，河复决邳州王家口，自双沟而下北决三口，南决八口，损漕船、运军千计，没粮四十万余石，匙头湾以下八十里悉淤。"《明史·五行志》亦记："隆庆五年四月，（河）又决邳州，自曲头集王家口新堤多坏。"明人冯敏功《开复邳河记》云："隆庆庚午秋八月，河决睢宁之白浪浅，复决青羊浅，既而二浅皆淤，河益分裂溃决。（次年四月）决而南为王家口、张摆渡口、马家浅口、曲头集口；决而北为曹家口，其小口在新安左右者七。于是河流由决口南趋睢宁，漂没军民田庐无算。轻舟从此出小口，其支分而北者，出直河。而正河自曹家口至直河九十里，胥为平陆，淤运艘九百三十，官民船数百。自曹家口上至曲头，直河下至宿迁，又九十里，浅不通舟，运道阻绝。"明人王世贞《冯敏功传》又云："隆庆五年，大风雨弥旬，黄河诸塞尽溃，敏功按部至邳，下令土其门，水急不能御，即解衣裙囊沙塞之。"当年，徐州、沛县境内亦有险情。据同治本《徐州府志》转载旧志云："隆庆五年九月六日，水决州城西门，倾屋舍，溺死人民甚多。"乾隆本《沛县志》亦云："隆庆五年秋，河溢，大水夜至，城几陷，力御始免。"

1572 徐州、邳州水灾

公元 1572 年秋，即明穆宗隆庆六年七月，黄河陡涨，泛滥成灾，徐州、邳州及其砀、睢、宿等属县遭水患。据康熙本《邳州志》记载："隆庆六年七月,黄河暴涨,一夕丈余,邳、宿、睢被灾尤甚。"同治本《徐州府志》转载旧志亦云:"隆庆六年七月,黄河暴涨,徐、砀以下悉成巨浸,邳、宿、睢被灾尤甚。"《明史·河渠志》尚记,(是年)缮丰、沛大黄堤,修徐、邳南北长堤三百七十里,正河安流,运道大通。

1573 徐本州、邳州水灾

公元1573年7月至8月间,即明神宗万历元年七月,黄河水涨,在徐州房村溃决,徐州及邳州、睢宁、宿迁均遭水灾;嗣后,黄河又在上游河南境内渑池决口,徐、萧、砀复遭大水。清乾隆本《徐州府志》亦记:"万历元年,河决房村。"《行水金鉴》曰:"沛县窑子头至秦沟口筑堤七十里,接大北堤、徐邳新堤外,别筑遥堤,而河稍安。"故丰、沛是年少受河害,《明神宗实录》卷23另有因房村决口,茶城运道淤阻漕船千艘之事。

1574 徐州、邳州大水灾

公元1574年秋,暴雨如注,河水陡涨,黄河在邳州境内娄儿庄决口,大水环围徐州城,二州及其属县均受水害。顺治本《徐州志》则记:"万历二年,大水环城为海,四门俱塞。"乾隆本《徐州府志》亦记:"是年大水环州城,四门俱塞;萧城南门内成巨浸,徐、萧民饥。"《南河全考》另记:"万历二年,河决邳州娄儿庄。"《明神宗实录》卷30又载:"万历二年十月,赈恤徐、淮等处灾伤,准留漕粮一十六万余石,银六万余两。"

1575 徐州、邳州大水灾

公元1575年初夏,即明神宗万历三年四月,徐州、邳州及属县均有洪水为害;9月间,黄河在砀山境内决口,徐、邳地区及下游州县一片汪洋,庄稼无收,人民困苦;朝廷略有蠲免。据《明史·五行志》记载:"万历三年四月,淮、徐大水;八月,淮、扬、凤、徐四府州大水,河决高邮、砀山及邵家口、曹家口。"《读史言舆纪要》亦载:"万历三年,河决桃源崔镇,逆灌邳、徐。"《明史·神宗纪》并记:"万历三年八月,免淮、扬、凤、徐被水田租。"

1576 徐州、邳州大水灾

公元1576年秋,即明神宗万历四年九月,黄河在沛、丰县境内决口,徐州及邳州之睢宁、宿迁均受其害。据《明纪》记载:"万历四年九月,河决,冲及沛县缕水堤及丰县长堤,丰、沛、徐州、睢宁田庐漂溺无算。"《明史·神宗纪》云:"万历四年冬十月乙亥,赈徐州及丰、沛、睢宁、金乡、鱼台、单、曹七县水灾,蠲租有差。"

1577 沛县、宿迁水灾

公元1577年9月至10月间,即明神宗万历五年十一月,黄河在沛县、宿迁县等处决口,裂堤岸,毁庄稼,淮、扬下游均受其害。据《明纪》记载:"万历五年秋八月,河复决宿迁、沛县等县,两岸多坏。"清乾隆本《徐州府志》亦载:"万历五年八月,河复决崔镇,宿、沛、清、桃两岸多决、黄河日淤。"《明神宗实录》卷70并载,当年十二月,淮、扬、庐、凤四府,徐、和、滁三州,"其万历六年以前小民拖欠者,命尽蠲免,以甦民疲困"。

1578 徐州、邳州水灾

公元1578年,即明神宗万历六年秋,沛县境内黄河涨溢,徐州、邳州及属县睢宁、宿迁境内亦有水灾。据同治本《徐州府志》转载旧志云:"万历六年秋,沛,河溢,睢宁亦大水。"同治本《宿迁县志》亦载:"万历六年七月,河水涨溢,徐、砀以下成巨浸,县境与邳州被灾尤甚。"康熙本《睢宁县志》仅记:"万历六年,又大水。"

1589 沛县水灾

公元1589年7月至8月间,即明神宗万历十七年六月,黄水暴涨,沛县境内多处决口、漫堤,造成灾害。据《明史·河渠志》记载:"万历十七年六月,黄水暴涨,决兽医口月堤。漫李景高口新堤,冲入夏镇内河,坏田庐、没人民无算;十月,决口塞。"

1590 徐本州大水灾

公元1590年,即明神宗万历十八年,黄河泛滥,大水冲进徐州城中,房屋被毁;积水经年不消,人民生活困难。据顺治本《徐州志》记载:"万历十八年,徐城大水,官廨民庐尽没水中;秋复大雨如注,真武观井泉涌出如瀑。"乾隆本《徐州府志》亦载:"万历十八年,河大溢徐州,水积城中者逾年,众议迁城改河,潘季驯竣奎山支河以通之。"

1592 徐本州、宿迁大水灾

公元1592年,即明神宗万历二十年,黄河于狼旋、磨脐二处决口,沂蒙山水及马陵山水又同时暴发,邳州、宿迁地区被淹。据乾隆本《邳州志》记载:"万历二十年,河决狼旋、磨脐二口,蒙阴、马陵山水俱发,邳、宿俱沉鉴底。"

1593 徐州、邳州大水灾、瘟疫

公元1593年6月间,即明神宗万历二十一年五月,大雨连绵,黄河泛涨,在山东单县境内黄河口决堤,徐州、邳州及其丰、沛、睢、宿等属县皆遭水灾;邳州城陷水中;当年夏粮无收,饥荒严重;入夏又流行疾病,死亡人数众多。据《明神宗实录》卷263记载:"万历二十一年八月,总督河道舒应龙疏:'五月既望以来,大雨倾注,河流泛溢,邳州城业已陷没。'"《明史·五行志》仅记:"万历二十一年五月,邳州、高邮、宝应大水决湖

堤。"清乾隆本《徐州府志》记之曰："万历二十一年六月，大水，邳州、宿迁溺死人民无算；沛、丰亦苦霖雨三月，人有食草木树皮者；徐、萧大饥，人相食，疫复盛行，死者载道；督抚请留南粮赈之。"咸丰本《邳州志》亦记："万历二十一年五月，河决单县黄河口，一由徐州出小浮桥，一由旧河达镇口闸，邳城陷水中。"咸丰邳志尚附注，认为邳州城陷水中，不仅是黄河决口所致，亦有本地大雨如注所为。

1597 徐州、邳州水灾

公元1597年5月至6月间，即明神宗万历二十五年四月，黄水在山东单县黄堌口决堤，主流南下宿州，经宿迁新河口入河，徐、邳运道三百余里干涸，水不盈尺、漕舟受阻，漕粮误期，河道总督杨一魁削职为民。据乾隆本《徐州府志》记载："万历二十五年四月，河复大决堌口，由宿州符离桥出宿迁新河口入大河，其半由徐州入旧河。上源水枯，二洪告涸。"《明神宗实录》亦记，杨一魁浚小浮桥、沂河口、小河口，藉山东诸泉，以济徐、邳运道。四月，黄河南徙，北资遂绝，粮艘阻塞，科臣多言黄堌宜塞，旧河宜浚。一魁斥为民。

1599 徐州、邳州水灾

公元1599年，即明神宗万历二十七年，黄河在上游坚城集决口，徐、邳运道干涸。据顺治本《徐州志》记载："万历二十七年，河决坚城集，故道涸绝，举步可越。"清运受损，原赖河运之生计遂断。乾隆本《徐州府志》又记："二十七年，总河刘东星浚复黄河故道，自萧县赵家圈至两河口。"

1603 徐本州、丰县、沛县水灾

公元1603年，即明神宗万历三十一年春夏，徐州及丰、沛等属县大雨连绵，庄稼受损；黄河水势猛涨，多处决口，丰、沛境内受淹。据顺治本《徐州志》记载："万历三十一年春夏，淫雨尽伤禾稼，冬大饥，人相食；是年夏，水决城东南之匀平坝。"《明史·河渠志》亦载："万历三十一年四月，河水暴涨，冲鱼、单、丰、沛间，乃命李化龙为工部尚书治之。化龙甫至，河水决单县苏家庄及曹县缕堤，又决沛县四铺口太行堤，灌昭阳湖，入夏镇，横冲运道。"《明纪》亦记："万历三十一年五月，河决沛县四铺口太行堤，陷县城，灌昭阳湖，横冲运道，丰县被浸。"

1604 丰县、沛县大水灾

公元1604年秋，即明神宗万历三十二年八月，黄河在上游和丰、沛境内多处决口，丰、沛平原一片汪洋，沛县城被淹，洪水逆流，邻近济宁、鱼台、单县亦遭灾害。据乾隆本《徐州府志》记载："万历三十二年八月，河决朱旺口及太行堤，丰境悉成巨浸；是年，沛亦大水，陷城。"《明史·河

渠志》又记："是秋，河决丰县（黄庄），由昭阳湖穿李家港口，出镇口、上灌南阳，而单县决口复溃，鱼台、济宁间平地成湖。"乾隆本《沛县志》则载："秋七月，河决赵庄口，复决新洋庙口。"康熙本《鱼台县志》亦载："万历三十二年，河决沛县之赵庄口，复决沛县之新洋庙口，冲邑城，没田庐，县署水深数尺。"是年，河道总督李化龙改开泇河，自沛县夏镇李家港口起，至宿迁董沟出口，凡二百六十里，自是漕舟不畏二洪之险及镇口之淤。

1611 徐州水灾

公元 1611 年，即明神宗万历三十九年，徐州以北，山东、河北地区遭水灾。据《明史·神宗纪》记载："万历三十九年六月，自徐州北至京师，大水。"《明史·河渠志》又载："万历三十九年六月，（河）决徐州狼矢沟。"

1612 徐本州、邳州水灾

公元 1612 年，即明神宗万历四十年，黄河在徐州本州境内三山决口，毁缕堤，遥堤甚宽，邳州、睢宁境内正河断流；洪水泛滥邳、睢、宿地区，人民困居高处，官吏隐灾不报以逃罪责。据《明史·河渠志》记："万历四十年九月，（河）决徐州三山，冲缕堤二百八十丈，遥堤百七十丈，犁林铺以下二十里正河悉为平陆，邳、睢河水耗竭。总河刘士忠开韩家坝外小渠引水，由是坝以东始通舟楫。"《明神宗实录》卷 500 则另有载记："万历四十年十月，御史田生金疏言：'三山口决，据报阔深若干矣。乃河臣刘士忠疏不言淹没人民屋舍几何，作何查恤，而第曰无伤于泇，无碍于运而已，岂睢、灵、邳、宿之冲，其民皆巢居山处者哉。闻河堤夜决，迤东一带不知几千万遽登鬼录，乃不一奏报，犹徐徐然夸挽回之有机，侈韩坝为天授，非惟不仁，亦不忠矣。'"刘士忠因此被退职放归。

1613 徐州、邳州水灾

公元 1613 年秋，即明神宗万历四十一年七月，徐州、邳州及其属县遭受水灾。据顺治本《徐州志》记载："万历四十一年秋七月，河决祁家店堤口，城南胥溺。"乾隆本《徐州府志》亦记："万历四十一年七月，河决徐州祁家店，睢宁大水。"民国本《沛县志》转载旧志云："四十一年夏五月，麦大稔，斗值银二分；秋，大水，时霖雨，水与堤平，堤几溃。"

1616 徐州、邳州水灾

公元 1616 年，即明神宗万历四十四年春，因上年旱灾，徐、睢及周围地区均闹饥荒。时至仲夏，徐、邳地区又因黄河决口，荒上加灾。据《明史·河渠志》记曰："万历四十四年五月，（河）复决狼矢沟，由哈鳗、周柳诸湖入泇河，出直口，复与黄会。"《明神宗实录》卷 550 又记："四十四年十月，巡漕御史梁州彦奏言：'……累年来（河）一决狼矢，再决三山，复决塔山，壁马空沉，此塞彼溃。今岁狼矢又见告矣。以伏流涨发，高与堤齐，俯瞰徐城如累卵。'"

1617 徐本州水灾

公元 1617 年，即明神宗万历四十五年，黄河又在狼矢沟决口，徐州局部地区遭淹，据顺治本《徐州志》记载："万历四十五年，大水，河决狼矢沟，淹东北各乡村，吕梁洪水干。"乾隆本《徐州府志》亦记："万历四十五年，河决徐狼矢沟，吕梁洪竭。"《明史·河渠志》尚记："四十二年，刘士忠卒，总河三年不补。河防日以废坏，当事者不能有为。"

1621 徐本州、睢宁水灾

公元 1621 年 8 月 2 日，即明熹宗天启元年六月十五日，徐州连续大雨七天，城中积水数尺，毁坏房屋千余间；是年，河决灵璧双沟、黄铺、睢宁局部受灾。据顺治本《徐州志》记载："天启元年六月十五日，大雨七昼夜，城内水深数尺，坏民房舍千余间。"

1622 徐本州、睢宁水灾

公元 1622 年，黄河在徐州东南五十里吕梁洪附近小店村决口，徐州东南局部地区及睢宁县受灾。据《睢宁县旧志选译》转载《灵璧县志》记载："天启二年，河决徐州小店，睢宁、灵璧溺死者甚多。"《行水金鉴》亦载："天启二年七月：河决围绕睢城，庐舍漂没，徙治避之。"《睢宁旧志选译·建置志》又记："天启二年，大水，城倒塌一半。"

1623 徐本州、邳州水灾

公元 1623 年 9 月至 10 月间，即明熹宗天启三年九月，黄河在徐州境内青田大龙口溃决，邳、睢等下游地区遭灾，水过沙淤，大片良田转眼变成荒沙平陆。据《明纪》记载："天启三年秋九月，河决徐州青田大龙口，徐、邳、灵、睢并淤；吕梁城南隅陷，沙高平地丈许；双沟决口亦满，上下百五十里悉成平陆。"《明史·五行志》亦记："天启三年，睢宁河决。"

1624 徐本州大水灾

公元 1624 年 7 月 16 日夜，即明熹宗天启四年六月二日，黄河在奎山决口，洪水冲垮徐州城东南城墙，城中水深四米多，房屋尽淹，死人无数，官民退居云龙山等高阜避难，连年水淹沙淤，徐州城被埋；有人议迁州治于二铺，未成；遂于原址营建新城。据顺治本《徐州志》记载："天启四年六月三日，奎山堤决，是夜由东南水门陷城，顷刻丈余，官廨民舍尽没漂，百姓溺死无数，六七年城中皆水，渐次沙淤，议复旧城。"《明史·河渠志》

亦记："天启四年六月，（河）决徐州奎山堤，东北灌州城，城中水深一丈三尺，一自南门至云龙山西北大安桥入石狗湖，一由旧支河南流至邓二庄，历租沟东南以达小河，出白洋，仍与黄会。徐民苦淹溺，议集资迁城。给事中陆文献上徐州不可迁六议。而势不得已，遂迁州治于云龙，河事置不讲矣。"

1626 徐本州、宿迁大水灾

公元 1626 年 8 月 30 日，即明熹宗天启六年七月初九，黄河在匙头湾决口，倒流入骆马湖，郑徐及宿迁境内灌淹。据《明史·五行志》记载："天启六年秋，河决匙头湾，倒入骆马湖，自新安镇抵邳、宿，民居尽没。"《明史·河渠志》亦载："（天启）六年七月，河决淮安，逆入骆马湖，灌邳、宿。"咸丰本《邳州志》曰："天启六年七月初九日，（河）决匙头湾，自新安镇以下，荡然大壑，田庐尽没。"

1629 徐本州、沛县、睢宁大水灾

公元 1629 年春，即明思宗崇祯二年二月，徐州境内久雨不止，夏粮受损；及夏，黄河多处决口，徐州水深七尺，沛县庄稼尽没，睢宁城被毁坏淤垫；及秋，沛县仍有连绵大雨，灾情严重。据顺治本《徐州志》记载："崇祯二年二月，徐州大水，二麦尽淹溺；四月，大水决郭家嘴，没石狗湖，平地深七尺，由下洪渐入黄河。"乾隆本《沛县志》又载："崇祯二年，黄河溢，大水自七山来，田禾尽没于水，民乏食，以牛易粟；秋，沛霖雨，大水。"康熙二十二年本《睢宁县志》又载："崇祯二年，河复决辛安口，睢城尽圮，民居漂流一空。"《明史·河渠志》记曰："崇祯二年春，河决曹县十四铺口；四月，决睢宁，至七月中，城尽圮；总河李若星请迁城避之，而开邳州坝泄水入故道，且塞曹家口、匙头湾，逼水北注，以减睢宁之患。"《崇祯长编》卷 31 记："崇祯三年二月李若星疏奏：'睢宁水患，至于城池溃决、人民荡析，固百年来未有之奇惨也！臣与司道厅县诸臣金议，淤沙壅塞之场，根基既不坚固，又沿河数十里尽皆泥沙，深者丈余，浅者七八尺，求一段故堤不可得……计唯有开邳坝，复故道，沿河筑旧堤以为补偏救弊之策耳……其睢宁旧城湮溃已经三次，去年四月十五日，水涨，湮而未溃，至七月十五日，堤坏而城始坍。其间历时三月，士民犹得移徙。若再因循不迁，贪沃饶之利而忘沉溺之害，洪水复至，未有不胥人民而化为鱼鳖者，况此城昔如釜底，今已淤塞，就平仍此故墟，终为陷阱。所当亟行抚按定议移城，不得以县民安土，重迁付之不问也。前项募夫办料计周银八千六百二十六两有奇，应于淮安府山阳县河道项内动支。所当，并例上奏。'"

1631 徐本州、丰县、沛县水灾

公元 1631 年夏秋，即明思宗崇祯四年六月，徐州本州及丰、沛地区阴雨连绵，致使黄河水涨，泛滥外溢；9 月至 10 月间，黄河在丰县境内西洋庙、十七铺决口，田禾民居被淹。据顺治本《徐州志》记载："崇祯四年六月，大雨，有蝗；八月，大雨，河溢。"乾隆本《徐州府志》则记："崇祯四年八月，大雨，河溢；九月，丰县河决西洋庙口及十七铺。"

1632 丰县、邳本州、睢宁、宿迁水灾

公元 1632 年 7 月至 8 月间，即明思宗崇祯五年六、七月，黄河在河南孟津决口，殃及下游几百里，丰县、邳州本州及睢宁、宿迁俱受其害，加之迭遭蝗灾，饥荒严重。据《明史·五行志》记载："崇祯五年六月壬申，河决孟津口，横浸数百里。"乾隆本《徐州府志》亦载："崇祯五年，萧、丰诸邑大水，人饥。"《崇祯长编》卷 62 又记："五年八月，直隶巡按饶京疏报黄河漫涨，泗州、虹县、宿迁、邳州、睢宁……诸州县尽为淹没……恳求皇帝大沛恩膏，使再饥之民不愁追呼，而专求生计，庶恒心少留寇，盗亦可弭尔。"

1634 沛县水灾

公元 1634 年 7 月 14 日，即明思宗崇祯七年六月甲戌，黄河在沛县境内决口；7 月 27 日半夜，沛县又遭暴雨袭击，损失惨重。据《明史·庄烈帝纪》载："崇祯七年六月甲戌，河决沛县。"乾隆本《徐州府志》亦载："崇祯七年六月，河决沛县之满坝及陈岸之水口。"今本《沛县简志》转载旧志云："崇祯七年七月，大雨，初三日半夜，暴雨如注，平地水深三四尺，墙屋倒塌几尽，人畜死伤不可胜数。"

1636 徐本州、丰县水灾

公元 1636 年，即明思宗崇祯九年夏秋。徐州及丰县境内阴雨连绵；7 月间，河决长山堤，泛滥成灾。据顺治本《徐州志》记载："崇祯九年六月，河决长山堤口，参议徐标率河防同知张俊英塞之。"

1640 睢宁水灾

公元 1640 年，即明思宗崇祯十三年，睢宁曾遭水灾，据《睢宁旧志选译》转载旧志云："崇祯十三年，本县先大旱，后因黄河决口淹没，灾情严重，人互相食，年壮者皆流亡外地。"

1645 沛县暴风雨、洪水

公元 1645 年，即清世祖顺治二年，沛县遭到暴风雨袭击，黄河在境内决口，泛滥成灾，当年发生饥荒。据《微山县志大事记》转载康熙本《鱼台县志》曰："县境淹没，十室而九空，田产荒芜，蒲草弥望，萧条极目。"

《清史稿·世祖本纪》记载："顺治三年，五月辛未，免沛、萧二县元、二荒赋之半。"

1646 丰县洪涝

公元 1646 年，即清世祖顺治三年，黄河决于刘通口，水向北流，在丰县境内泛滥成灾。据《清史稿·世祖本纪》载："顺治四年秋七月甲辰，免徐州上年荒赋。"

1647 徐本州、丰县、沛县大水灾

公元 1647 年秋，即清世祖顺治四年六月，徐本州、丰县、沛县等地连降暴雨，大水泛滥成灾。《清史稿·灾志》记载："顺治四年六月，暴雨三阅月。"道光本《铜山县志》亦记曰："秋霖雨，大水。"民国本《沛县志》则载，当年沛县境内黄河水位猛涨，溢出大堤，"余流自单县入丰县，流入太行堤内，水深丈余"。

1652 邳本州、睢宁水灾

公元 1652 年，即清顺治九年，邳州境内黄河决口，造成邳州、睢宁地区水灾。据乾隆本《徐州府志》记载："顺治九年，河决邳州、睢宁。"咸丰本《邳州志》亦记："河决邳州，三日水退。"同治本《徐州府志》亦载："是年邳州河决，城垣倾圯。"

1654 徐州水灾、雹灾

公元 1654 年，即清世祖顺治十一年，徐州境内黄河决口，发生水灾；又因冰雹损伤庄稼歉收。据《清史稿·世祖本纪》载："十一年六月己未朔，河决大王庙。冬十月辛未，免庐、凤、淮、扬四府，徐、滁、和三州灾赋。"乾隆本《徐州府志》则有"雨雹伤麦"之记。

1662 沛县、睢宁、宿迁水灾

公元 1662 年，即清圣祖康熙元年，沛县、睢宁、宿迁境内黄河分别决口或外溢，造成水灾。《清史稿·灾异志》记载："萧县、沛县……大水。"民国本《沛县志》记载："秋，河决香炉口，沛大水。"《行水金鉴》有"是年河决睢宁"之记。同治本《徐州府志》亦有"河溢宿迁"的记载，是年朝廷"免直隶、江南各州县灾赋有差"。

1663 年睢宁冰雹、洪涝

公元 1663 年，即清圣祖康熙二年，徐州境内夏麦大丰收；7 月间，睢宁境内突降冰雹，其大如拳，砸伤庄稼；是年黄河又在睢宁境内决口，造成水灾。据乾隆本《徐州府志》记载："徐州夏麦大稔，六月睢宁雨雹。"康熙五十年本《睢宁县志》亦载："雨雹如拳，伤禾稼。"《行水金鉴》则记道："是年河决睢宁。"

1666 沛县水灾、瘟疫

公元 1666 年，即清圣祖康熙五年，水灾后县沿河地区流行疾病。据乾隆本《湾县志》记载："康熙五年夏，总河部院杨茂勋征千夫，塞黄家嘴决河，河干大疫。

1667 徐州水灾

公元 1667 年，即清圣祖康熙六年秋，黄河在萧县境内决口，造成徐州地区水灾。乾隆本、同治本《徐州府志》均记载："是秋大水，河萧西北堤决。"民国本《江苏通志稿》则有"七年三月，免邳州、安东等六州县……去年水灾额赋"的记述，亦可见徐州东部地区遭灾。

1668 徐州大地震、洪涝、蝗灾

公元 1668 年 7 月下午 19 时至 21 时，即清圣祖康熙七年六月十七日夜戌时，山东莒县发生强烈地震，波及近邻徐州，余震经月不止，官民财产损失惨重；地震造成黄河决口，洪水冲毁城市乡村，房屋、田野悉为巨浸，经月不退；嗣后局部地区又闹蝗虫，百姓苦不堪言。据康熙二十二年本《徐州志》记载："六月十七日夜戌时，地大震，回复时多自西北，如万毂声从东下，城堞台榭倾圮过半，压死者远近不可数，民多露处席棚中，经月乃定。是年河复溢，淫雨、蝗蝻互相为灾。"康熙本《邳州志》亦记："戌刻，月方出东方，有声自西北来，霎时地大震，泉沙涌出，楼房扑地，压死男妇百人。七月十二日河水决，残屋剩椽，荡然无余。"又记，"河水泛滥、决堤而入，全城尽坏。自此积为巨浸，水不复出，民不复入。"康熙二十二年本《睢宁县志》载："戌时地大震，土裂泉涌起黑坎，民居倾塌，覆压人畜无算。"乾隆本《沛县志》曰："地震有声，县城东、南两面大坏，庙牢、演武场、歌风台等公私庐舍倾圮几尽，压死人民甚众。"乾隆本《丰县志》亦曰："有声如钟，自北而南，地震；屋宇尽倾，男妇老幼压死甚众；次二、三日连震，人皆露处。"另有邳县燕子埠《寨山奶奶庙壁刻》一则，谓："戊申季夏山东同现地震，房屋倒塌，压死人民不可胜数，较之嘉靖年压死王槐野、韩苑洛，马伯循之变更为甚焉。大清康熙七年六月十七日戌时地震，丙午举人雷亨书，本山主持道士栗教成勒。"《清史稿·圣祖本纪》载："是岁，免……江南、山东、河南……等省二百一十六州县灾赋。"

1670 徐州洪涝、暴雪、严寒

公元 1670 年，即清圣祖康熙九年秋季，徐州境内黄河决口形成洪涝灾害；冬季，降大雨，天寒地冻，井水泉水或有结冰。《清史稿·圣祖本纪》曰："是岁，免江南等省二百五十三州县灾赋。"

1672 邳州洪涝

公元 1672 年，即清圣祖康熙十一年秋天，邳州境内黄河决口，邳州城陷于水。据乾隆本《徐州府志》记载："康熙十一年秋，河溢萧县，又决邳州。"《行水金鉴》记曰："十一年秋，河决邳州，城又陷。"咸丰本《邳州志》及民国本《邳志补》皆记："康熙十一年秋，河决塘池，邳城又限于水。"民国本《江苏通志稿》则曰："八月甲辰，发淮安库银赈邳州、宿迁、桃源、清河四州县水灾饥民。"

1675 徐州、邳州、睢宁、宿迁洪涝

公元 1675 年，即清圣祖康熙十四年，徐州以东至宿迁地区黄河多处决口，造成严重水灾。据《清史稿·灾异志》记载："康熙十四年，河决徐州之潘家堂及宿迁之蔡家楼。"咸丰本《邳州志》亦记："康熙十四年，决花山、坝口、辛安（即新安镇）、黄山、白山、青羊、木社等处。"

1676 徐州水灾、沛县冰雹

公元 1676 年，即清圣祖康熙十五年，徐州境内大水泛滥成灾；宿迁境内黄河决口，沛县境内大雨冰雹。据乾隆本、同治本《徐州府志》记载："是年徐州大水。"《行水金鉴》则记："河决宿迁。"另乾隆本《沛县志》记载："康熙十五年夏，大雨雹，秋九月有雷。"《清史稿·圣祖本纪》又记："是岁，免直隶、江南、江西、陕西各省三十四州县灾赋有差。"

1677 徐州洪涝：沛县冰雹

公元 1677 年，即清圣祖康熙十六年夏，徐州又发大水，黄河在徐州、宿迁多处决口，泛滥成灾；沛县又有大雨冰雹。据乾隆本《徐州府志》记载："是年又大水：七月，河决；夏沛有大雨雹。"乾隆本《沛县志》载："康熙十六年，夏沛大雨雹，有巨如升斗者。"民国本《江苏通志稿》记曰："十六年十一月，免徐州本年水灾额赋。"

1694 徐本州洪涝

公元 1694 年，即清圣祖康熙三十三年，徐州境内黄河漫溢造成水灾。据乾隆本《徐州府志》记载："康熙三十三年，徐州黄河溢。"同治本《徐州府志》亦载："三十三年，河溢山口。"

1698 徐本州洪涝

公元 1698 年，即清圣祖康熙三十七年，黄河在李家楼决口，徐州遭受水灾。据乾隆本《徐州府志》记载："康熙三十七年，河决李家楼。"

1702 沛县、宿迁洪涝

公元 1702 年，即清圣祖康熙四十一年秋，沛县又遭受洪涝灾害；黄河在宿迁漫堤，其境亦受害。据《历代天灾人祸表》记曰："康熙四十一年

江南亳、沛五州县卫水。"乾隆本《沛县志》上年亦曾有记载："自是连三年皆被水。"另有乾隆本《宿迁县志》记载："康熙四十一年，河溢宿迁竹络坝。"

1720 丰县、沛县水灾

公元 1720 年，即清圣祖康熙五十九年，丰县黄河水涨漫溢泛滥成灾。据民国本《沛县志》转载《南河成案》所记："康熙五十九年六月，丰县，河决，入微山湖，并入邳宿运河。"

1725 睢宁、宿迁洪涝

公元 1725 年 7 月至 8 月间，黄河在睢宁境内决口，造成洪涝灾害，近邻宿迁也遭水灾。乾隆本《江南通志》及《续行水金鉴》俱载："雍正三年六月河决，睢宁、宿迁被水。"《清通典》又记："雍正三年，江南睢宁、宿迁二县饥。"

1726 宿迁水灾

公元 1726 年 5 月间，即清世宗雍正四年四月，黄河在宿迁境内决口，河水外溢泛滥成灾。据《续行水金鉴》记载："四月，宿迁河决，夏溢。"

1727 沛县洪涝

公元 1727 年，即清世宗雍正五年秋，黄河在清水套决口，沛县境内遭到水灾。据乾隆本《沛县志》记载："雍正五年秋，清水套决，淹护城堤，坏民庐舍，塞城门乃免；自是连三年大水。"

1729 睢宁水灾

公元 1729 年 10 月至 11 月间，即清世宗雍正七年九月，过境黄水淹睢宁，造成水灾。据光绪本《睢宁县志》："雍正七年九月，黄水自毛城铺流入睢宁。"

1733 睢宁水灾

公元 1733 年，即清世宗雍正十一年，黄河泛滥，侵入睢宁境内，据光绪本《睢宁县志》转引《灵璧志》："雍正十一年黄水入睢，田禾被淹。"

1739 徐州府洪涝

公元 1739 年，即清高宗乾隆四年，徐州府所属铜山、丰县、沛县、萧县、砀山、邳州、睢宁等州县，连续遭受暴雨、山洪、黄水等袭击，造成洪涝灾害。六月初八日，江苏布政使徐士林奏曰："据徐州府禀报，五月十八、十九等日（6 月 23 日、24 日）昼夜大雨，山水陡发，黄水漫溢，致铜山之北、沛县之南洼下田庐多有被淹之处。砀、丰沿河滩地亦有被淹等语。"六月十六日，那苏图奏曰："兹据徐州府禀报，萧县天然闸下引河一道，通齐村达宿州之徐溪口归洪泽湖。旧例凡遇大讯洪水涨盛，则开闸放水，上减急湍，下助清流。今于五月十五、十六等日（6月20日、21日）雨水盈溢，山水齐发，黄河奔注，引河不能容纳，萧境临河低洼民居、地亩俱被淹没，房屋浸塌，麦禾损伤。铜山接境亦被漫及。又铜山北岸黄村、石亭等处，原系宣泄水口，由铜山而入沛境，归昭阳、微山二湖。今黄水陡涨，致铜境之北、沛境之南洼下田庐被水冲漫。邳州、砀、丰沿河滩地亦有被淹之处……"十一月十八日，徐士林又奏曰："江南淮、扬、徐、海四府州，今年夏秋被水……查勘各属内被灾二十州县并三卫，通计大小饥口一百二十七万五千九百余口，分别等次先后给赈。徐属之铜山、邳州、丰县、沛县、萧县、砀山及海州并属沭阳等九州县，地界淮北，终岁之计全赖麦收，今夏麦被淹，秋汛积水未退，晚禾失望，被灾为独重。"

1740 徐州府洪涝

公元 1740 年，即清高宗乾隆五年，徐州府所属铜山、丰县、沛县、萧县、栖山、邳州等州县和徐州卫，继上年洪涝之后，夏秋又遭暴雨、山洪、河湖决堤等侵袭，又形成洪涝灾害。六月十五日，江苏布政使徐士林奏曰："徐属之邳州正当收麦之时，五月二十日（6月13日）大雨竟日，至二十七日（6月20日）复又大雨，二十八、二十九等日（6月21日、22日），东省山水骤发，直灌邳境，运河漫溢。其源河低洼麦地水淹二、三、四尺不等，……收成顿减。灾浸之后，民何以堪。……"六月二十一日，江苏巡抚张渠奏曰："复据邳州具报，本境于五月二十（6月13日）外雨水过多，又兼五月二十八、二十九等日（6月21日、22日）东省山水骤发，直灌邳邳境，运河平酒。各社极洼麦地俱被水淹至四五尺、二三尺不等，收成大减。"

七月初二日，张渠又奏曰："现据徐州府属之沛县具报，境内缕水堤南，于闰六月初二至初八日（7月25日—31日），因黄河水长从石林口喷出，将汉二、汉三等里秋禾淹伤。地内水深三四尺不等，房屋幸无被冲。"

九月初五日，江苏布政使徐士林奏曰："徐州府属之邳州，七月十八、十九日（9月8日、9日）大雨，河水盛长，洼地被水，……惟养麦杂豆不无损伤。徐州卫坐落各县地方，亦有被水。"

1741 徐州府洪涝

公元 1741 年，即清高宗乾隆六年夏秋，徐州府所属铜山、沛县、萧县、砀山、宿迁、邳州等州县又遭暴雨、山洪及河湖泛滥等侵袭，形成洪涝灾害。徐州卫坐落各县地方，亦遭水灾。灾情各有关地方官所奏甚详。四月二十八日漕运总督常安奏曰："运河水势，自四月初四日（5月18日）以后，连得大雨数日，一路水皆畅满，并无浅涩，……行舟所过，江南淮安府、徐州府属二麦因雨水过多，低洼之处间被淹浸，高阜之处已获者将及一半。……自十六日（5月30日）天色晴霁，业已经旬。"

五月初四日，高斌等奏曰："因连日雨水过多，淮源上游远处山水大发，洪泽湖水每日加长三、四、五寸不等。四月内长至一丈一尺，山盱三滚坝过水二尺三寸。黄河上游河南沁河水发，四月十二、十三等日徐、邳各工，陡长水六尺、七尺不等。山东运河水亦长发，……湖水畅出清口会黄东注入海。……查今年四月内雨水过多，麦熟以前汛水长发太早，实属罕遇。淮、海、徐、邳地方低田俱被淹浸，二麦无收。"

八月初一日，巡视南漕御史都隆额奏曰："运河之内惟微山湖水势浩大，臣目观情形，遍访舆论，乃知此湖水大之由，实因江南砀山境内黄河北岸石林、黄村二口减下黄水从此二口而入，自西至东经江南之沛县、铜山流至山东之微山湖而上。查此二口原系减泄黄水之处，但减泄过多，不但近河之沛县、铜山，即接壤之山东鱼台、滕县等处地亩，多被淹浸，而且水归湖内，拍岸盈堤，湖东之石土堤工亦危险堪虞。"

八月二十七日，暑两江总督杨超曾又奏曰："查本年江苏所属之淮、徐、海等府州，于四、五月内二麦被水，七月十九等日（8月29日），又遭骤雨狂风，秋禾淹浸受伤。查核下江被灾最重之……铜山、沛县、宿迁、海州、沭阳等七州县。"

1742 铜山、丰县、沛县，邳州洪涝

公元1742年，即清高宗乾隆七年春，丰县暴雨连日，庄稼受损；夏秋，黄河决于石林口，铜山、邳州境内大水成灾；同年，黄河又在沛县境内决口外溢，造成洪涝。据道光本《铜山县志》记载："乾隆七年，河大涨，石林口决，旋塞，田庐淹没甚广，诏发帑廪普赈，民赖以全。"《丰县简志》曰："七年春，暴雨数日，伤害禾苗。"咸丰本《邳州志》亦曰："是年，水，赈，蠲免银一万二千四百余两，米五百余石。"

是年七月十六日，协陕道事沈廷芳曾上奏曰："淮、徐两部，连岁凶灾，今年复遭夏涝，麦收荡然。"次年闰四月初三日，两江总督尹继善亦上奏朝廷曰："只因淮、徐等郡，连年被水，小民生计本属艰难，去岁河湖异涨，漫溢汪洋……"《清史稿·高宗本纪》亦记载："七年五月癸酉，免江苏沛县昭阳湖水沈田亩额赋。""冬十月丙戌，拨山东、河南明年运漕末各五万石备江南赈；庚寅，命江南截留癸亥年漕粮二十万石，仍拨山东漕粮二十万石，河南仓米二十万石，运江南备赈。"

1743 铜山、丰县、沛县洪涝

公元1743年，即清高宗乾隆八年，铜山境内夏季干旱成灾；秋季，黄河又决口外溢，铜山、丰、沛地区迭遭水灾，道光本《铜山县志》记载：

"乾隆八年夏，旱；秋，河溢。"八月初九日江苏巡抚陈大受上奏曰："淮、徐、海三府州属，……各该处被水成灾……目下已届秋成，……铜、沛、丰、萧四县，间有黄水淹浸之处。"

1744 铜山蝗灾、洪涝；沛县旱灾、洪涝

公元1744年，即清高宗乾隆九年春，沛县境内干旱。秋天，铜山境内有蝗虫灾害；同时黄河又溢，铜山、沛县境内又遭水灾。据六月十五日江苏巡抚陈大受上奏曰："徐属铜山、沛县境内，黄河北岸漫滩之地，五月内据报黄水涨发，沛县之汉三里、胡庄一带，民田被淹。"八月初五日，又奏："又据徐州府禀称，徐郡五月内（6月11日—7月9日）黄水偶涨，民屯田地不无漫淹，水退悉已补种。今于七月初一日（8月8日）起接值秋汛，至十二日（8月19日）共涨水三尺余，铜山县北岸腹里补种田亩，又复流浸。"

1745 徐州府旱灾、洪涝

公元1745年，即清高宗乾隆十年，徐州府所属铜山、丰、沛、邳州、宿迁、睢宁等州县，初有春旱，自四月份以来，骤雨连降，山湖水涨，黄河、运河泛滥，致使夏秋作物俱遭水灾。据道光本《铜山县志》记载："乾隆十年，夏旱。"又据五月初十日，江苏巡抚陈大受奏曰："徐、海二属连得大雨之后，萧县毛家河子堰被山水漫溢，邳州固沂河水发，低洼之地被淹。"

八月十六日，陈大受复奏曰："淮、徐、海一带，六、七月间大雨连绵，兼之黄水骤涨，河湖皆盈。其徐州府铜山县境黄河，七月内屡次骤涨，较昔年盛涨时大至二三尺。北岸无堤之处及沿河滩地，秋禾淹没，民居坍倒。其南岸城池低于水面一丈有余，护城石工仍高出水面四五尺不等。北门外一段，迎溜顶冲最为危险。七月二十一日（8月18日）水已漫入。该道府厅县等上紧防护，增筑重堰，得保无虞。闻近日水已渐次消落。徐属之萧县、砀山等县，低洼田地亦被黄水漫淹。沛县、邳州、宿迁、睢宁等州县，洼地积水甚深，秋禾受伤。"

九月十八日，陈大受再奏曰："迨六、七月内大雨连绵，淮、徐、海三属低洼田地悉被水淹，黄水又复盛涨，东省沂河、骆马湖等处亦经水发奔注下游，以致雨水所淹之地更加潴积，而雨水未淹之地亦间多浸损。"

十二月初二，陈大受又奏曰："铜山县吕梁庄，因冰凌阻塞，水陡上三四尺，淹及滩地民房。……臣抵宿迁县境、随据该县……禀称，十一月初十、十一等日（12月2日、3日）得有大雪，连日寒气过甚，境内黄河间有冰凌淌行至下游睢宁县境内鲤鱼山口，积凌插河大溜不得舒畅，以致铜邑之吕梁庄上下河水自十七日（12月9日）夜起至十八日（10日）陡长

三四尺，两岸堤外河滩已涸种麦地亩复被淹没，民房多被水浸。……查吕梁一带河滩村庄约三十余处，秋间被灾重，今复被凌水漂荡，所领赈粮，又成乌有。"

1748 铜山冰雹、洪涝；睢宁洪涝

公元 1748 年 7 月至 8 月间，铜山县境内天降大雨冰雹，毁坏人民草房；9 月至 10 月间，黄河发水，铜山、睢宁境内被淹。据道光本《铜山县志》记载："乾隆十三年六月，雨雹，坏民庐舍，抚恤。"光绪本《睢宁县志》则记："十三年，黄水入睢，田禾淹没，岁大饥。"另有八月十一日江南河道总督高斌奏折曰："徐州府属之铜山县，于八月初旬（9 月 23 日—10 月 2 日）黄水长发，黄河两岸滩地被淹，幸秋禾已经全获，……惟被淹之处民房间有倒坍，……不能修整者共七百余户。"

1749 徐州府洪涝

公元 1749 年，即清高宗乾隆十四年夏秋，徐州府境大雨成灾，加之山东客水过境，宣泄不畅，造成洪涝。据六月二十五日高斌等奏曰："今年六月中旬，山东上源山水陡发，邳、宿运河及骆马湖水骤长，较十二年（1747）大水仅小尺余，以致骆马湖尾闾之六塘河水利堰工漫缺二处。"七月初四日觉罗雅尔哈善奏曰："查沛县、宿迁、沭阳等县，伏汛雨多，河水泛溢。据邳州禀称，六月以来，大雨连旬，上游河水盛发，以致诸河并涨，积水无从宣泄，低处田禾渐被浸损。现在竭力疏消补种。"七月二十四日觉罗雅尔哈善又奏曰："据睢宁县、铜山县禀报。六月以来雨多。二十四日又遭大雨。黄水陡发，关厢附廓低处皆有积水。各乡田禾亦有淹伤，房屋间有坍倒。又据丰县报称，六月初六至二十五等日（7 月 19 日—8 月 7 日），大雨连绵。"道光本《铜山县志》记载："乾隆十四年，饥，赈。"咸丰本《邳州志》亦载："十四年，赈，蠲免银八百余两，按丁志（嘉庆本《邳州志》）云，自乾隆四年至十四年，八次赈济，共发帑银八十五万六千余两，米三十万五千余石。"

1752 铜山洪涝

公元 1752 年 7 月 31 日，即清高宗乾隆十七年六月二十一日，黄河在铜山境内漫溢，毁坏农田房屋。据道光本《铜山县志》记载："乾隆十七年六月二十一日，河水漫溢，坏庐舍民田，赈恤。"《清史稿·高宗本纪》亦载："十七年秋七月丁亥，赈江苏铜山等县水灾。"

1753 徐州府洪涝

公元 1753 年，即清高宗乾隆十八年夏秋，徐州府境内连日大雨，河湖水涨外溢，造成洪涝大灾害。乾隆皇帝闻奏震怒，立令把误事的河务同

知李焞、守备张宾二人斩首示众，将南河总督高斌及江苏巡抚协办河务张师载，以渎职徇纵罪，绑赴刑场陪斩，后解缚释放，以儆效尤。

九月初二日鄂容安奏曰："据徐州府详报，八月二十二日（9月18日）昼夜大雨，二十三日（9月19日）又复大雨彻夜，黄水复长至一丈一尺。铜、萧、邳、宿、睢等六州县，沿河两岸从前被水各地方已涸者复又被淹。"九月十六日刑部尚书刘统勋奏折曰："九月十三日由桃源县工次赶徐州，中途接到铜沛厅等禀帖，内称徐州下游南岸小店汛内工程危险。……旋于本日夜间在古城堤上接到该厅等禀报，十一日（10月7日）三更时分，风雨交作，水势汹涌，冲开口岸，缕堤、越堤俱过水二十余丈。……十一日（10月1日）巳时，绕渡口门周视探量，已宽一百四十余丈，溜势全行挚过，夺河之形已成。"

九月十八日江苏巡抚庄有恭亦上奏："徐州府知府……禀称，铜山县黄河南岸张家马路，于本年七月二十三日新生险工。自九月初四日起至初九日（9月30日—10月5日）黄水复长至一丈八寸，大溜南向，新工正当顶冲，遂于初九日（10月5日）夜，堤旁柳园刷去，堤坡堤顶亦刷去一丈，仅存堤身一丈七八尺。……不意至十一日（10月7日）亥刻，西北风大作，水涌溜急，刷开缕堤七八十丈，冲开越堤四五十丈，现在黄河大溜直贯南趋铜山。下游被水地方系徐属之睢宁及下河凤阳府属之灵璧、虹县等处，其水仍由孟山湖归洪泽，所有决口附近村庄居民，见堤工危险，先已搬移。尚未损伤。"十一月初一郭一裕又呈奏："今淮、扬、海各属业已放给初赈，民情安静，并无流离转徙之事。徐州因张家马路河水漫溢，兼之九、十间雨水仍多，以致所属州县暨下河高、宝、兴、泰等处灾地渐广。……再行确勘，随查随赈，民情亦堪安贴，所需银米……约略四百余万，似敷正赈之需。"

《清史稿·高宗本纪》记载："十八年八月辛亥，赈江苏铜山十二州县水灾；九月丙子，谕将贻误河工之同知李焞、守备张宾斩于铜山工次，命策楞等缚高斌、张师载令目睹行刑讫释放。"

1756 铜山、丰县、沛县、邳州、宿迁洪涝

公元1756年，即清高宗乾隆二十一年秋，因雨水过多，黄水猛涨，致使黄河在铜山境内孙家集等处决堤，河北丰沛至宿迁几百里地一片汪洋。据当年十月二十日江苏巡抚庄有恭奏章曰："沛县城垣，因孙工漫口，黄水夺溜，下游淤垫，以致湖水壅积，漾及沛城。……勘得沛县四境皆水，周方百有余里，村庄集镇皆□□□于波涛□□□护城土堤，通判……竭力防护，……水势较盛涨时仅退三寸，堤面出水不过二三尺不等。……自沛邑……窑湾、猫儿窝，此二百余里中，两岸河堤间段湖与

运（相连），……民田俱在水中。内有徐塘口上下二十余里，乃孙工夺溜下（注），……（洪）流浓滚，民半迁移，舟行树杪，运河不可辨。"

十月二十九日刑部尚书刘统勋又奏："徐州铜山县孙家集大堤过水之处，今年黄水盛涨，平地刷成沟槽，致成漫溢。……十月二十九日（12月20日）合龙堵闭断流。全河大溜，照旧顺轨遄行，从此下游田地渐次消涸，庶（不致）有误春耕。查所筑坝工计长二百二十一丈。"

民国本《江苏通志稿》记载："乾隆二十一年六月己亥，除邳州沙压地赋。"《清史稿·高宗本纪》亦载："二十一年闰九月辛酉，免江苏清河十二州县卫被灾漕项；二十一年春正月乙未，赈江苏清河等十九州县水灾。"

1758 年铜山、丰县蝗灾；铜山、沛县水灾

公元 1758 年，即清高宗乾隆二十三年夏，铜山、丰县境内发现蝗虫；沛县境内尚有部分地区上年积水未涸；黄河南岸窦家寨又决口。七月十六日两江总督尹继善亦奏称："六月二十三日（7月27日）因黄水陡长，又有西北风暴，徐属黄河南岸窦家寨漫开土坝，水注毛城铺，将金门土坝亦刷开数丈。"道光本《铜山县志》则记："乾隆二十三年，饥，赈。"

1760 铜山、沛县、邳州、宿迁水灾

公元 1760 年，即清高宗乾隆二十五年夏，阴雨连月，小麦登场未及入仓，略有损失；低洼之地秋庄稼间有淹没，不久即退出，灾情较轻。七月二十八日两江总督尹继善亦奏曰："徐属……惟铜山、砀山二县黄河堤外滩地，因五月（6月13日—7月1日）内黄水盛涨，秋禾全被淹没，而所收在场二麦多有漂淌，情形最重。"道光本《铜山县志》仅记："二十五年秋，大水，灾田赈济。"

1761 铜山、沛县、邳州、睢宁、宿迁水灾

公元 1761 年，即清高宗乾隆二十六年秋，雨量过大，黄河水涨，源滩盈溢，铜山、沛县、邳州、睢宁、宿迁部分地域遭到水灾，实情较往年甚轻。据八月初六日安徽巡抚托庸报："据灵璧县禀称，七月二十日（8月9日）风雨过大，黄河水势陡长，铜山县耿家庄缕堤漫塾二处，灌入灵境，被淹田地东西南北约宽长三四十里。幸来势尚缓，并无淹伤人口。"

八月初七日两江总督尹继善亦奏报："徐州之铜山、睢宁、邳州，因耿家河之卫工头漫堤之水，骤溢田间，幸一日之后即便消落，受淹无多。"另据《清史稿·高宗本纪》记载："冬十月壬辰，赈江苏铜山等县水灾。"

1766 铜山、沛县、邳州、睢宁、宿迁洪涝

公元 1766 年，即清高宗乾隆三十一年初夏，雨水偏多，加至洪水过境，铜山、沛县、邳州、睢宁、宿迁境内遭到水灾；9 月 21 日夜，河

决铜山境内韩家堂，溃南岸河堤四十余里，加重了灾情。八月二十一日江苏巡抚明德奏道："本月十八日（9月21日）夜，铜山县黄河南岸漫溃六十余丈……据称，韩家堂在徐州府迤下四十里黄河南岸漫溃。江苏之睢宁，安徽之灵璧、虹县俱不免受伤。"八月二十九日明德再奏："臣亲赴两岸漫口逐一查勘，……建口两岸堤上灾民共三千余户，皆系附近漫口村庄之民，……嗣臣赴漫口西南一带查勘，铜山县村庄正当漫口，被水较重，萧县系西南一隅，被水较轻，被水灾民俱搬移山坡及高阜处所栖止。"九月十二日明德续奏道："查勘得漫口东南铜山县被水村庄，俱当漫水正冲，当被水之时灾民俱已搬移南面之梅花山、宝光寺山、褚兰山一带高阜处所。……缘该县偏处漫口东南，八月十八日（9月21日）夜黄水漫溢，至二十三日（9月26日）以后始漫入该县境内。该县共三十二社，计被淹十三社，水深一二尺至三四尺不等。被淹地方虽广，但系逐渐延漫之水，并非急溜，……并未淹及庐舍。……惟是该县被水各社即系本年六、七月间被水之区，秋禾既已歉收，而水涸之后布种之冬麦现在又被水淹，民情未免较苦。臣与该道府详加酌，……定为成灾七、八、九分不等。"十月十二日明德又补奏："铜山县、萧县及徐州卫坐落铜山县被水极次贫民一万五千七百八十二户，大小七万三千九百一十口。"十一月十一日永泰奏："江淮等属地方，本年夏秋多雨洼地被水成灾。惟徐州所属被灾较重。"

1771 邳州、睢宁、宿迁洪涝

公元1771年，即清高宗乾隆三十六年，因雨水较多，山洪暴发，加之上游河水溢注下游，使宿迁、邳州、睢宁、宿迁等地洼地区被淹。《河渠纪闻》："七月，河决宿迁。"七月初十日萨载复奏曰："立秋以来，各属地方雨泽匀调。……至邳、宿被淹洼地，早经涸出，俱已补种杂粮。署徐州府禀称：'迩日黄河水势异长，堤岸各工尚俱保护平稳，惟宿迁迤上之支河口因漫滩之水浸至堤根，蛰塌十余丈，现在抢护，并开放毛城铺、峰山闸及王营减坝等处后，黄水虽渐见消落，但减下之水归入下游河道，均出槽漫溢，近河民田不无被淹。'"

1776 铜山、邳州、睢宁、宿迁水灾

公元1776年，即清高宗乾隆四十一年，因雨水频繁及山东洪水过境，徐州府属东部地区州县均遭水灾。八月十八日江宁布政使陶易奏："本年夏秋以来，甘霖叠沛，各属高田禾苗长发畅茂。惟淮、徐、海三府州属滨临海疆，为黄、运湖河下游，地本低洼，因雨水稍多、河滩洼地间被淹浸。……遂自江宁前赴淮安、海州、徐州所属各州县逐加履勘，内徐州府属之铜山、邳州、宿迁、睢宁四处，洼地积水本轻，涸复后已补种杂粮，

不过收成稍歉，不致成灾。惟淮安府属之阜宁、安东、清河、桃源，徐州府属之萧县及海州并沭阳等七州县，积水未尽涸出，不能补种杂粮，然此内多系减则之区，积水由渐淹浸，勘定成灾实止五分七分不等，照例赈缓，毋庸抚恤。"

1780 徐州府洪涝

公元1780年，即清高宗乾隆四十五年夏秋，徐州府境内大雨频繁，山洪突发，河湖水势陡涨，7月18日夜1时至3时，睢宁境内郭家渡大堤漫溢，决口二十余丈，造成灾害。七月初六至九月十六日萨载等大臣陆续奏报灾情曰："睢宁县郭家渡漫口现已塌定。测量口门宽九十七丈，水深一丈八九尺至二丈一二尺，掣动大溜十之七八。其漫溢之水，三股分流下注，统归洪泽湖。伏查今岁黄河自六月以来，汛水叠长，溜势上提下移，变迁莫定。郭家渡漫口后，上游之水仍在加长，漫口外高内注，势若建瓴。大溜奔腾下注，其有二三分仍由正河行走者，系循北岸分入正河，两旬以来形势如旧，……大河水势于初九日以后，每日有消无长。又兼七月初二日（8月1日）大雨如注，水势盛长，溜亦湍急。又据宿州禀报，州境于五、六月间（6月3日—7月30日）连得大雨，萧、铜山水建瓴而下，又值毛城铺开放减泄之水同时并注，下游宣泄不及，以致濉洪南股、北股等河不能容纳，沿河村庄禾稼均有淹损。又，七月二十一日（8月20日）江南砀山县三岔河口冲开，水由水城南下，经过之处田禾亦有淹浸。其三岔河漫决民堰，据砀山县禀称，所漫之水东南由旧河形入，于永城境内，西则归该县之减水河，被淹民田仅止三四区图，一隅偏灾情形甚轻，毋庸抚恤，与永城境内大概相同等情……查邳州一缺，路当孔道，界连黄、运两河，地冲事剧，讼案纷纭。现因睢宁漫口，该州接壤睢邑之沿河村庄被水淹浸。江北地方今年黄、淮水势盛涨，其因郭家渡漫口被水成灾者，下江则徐州府属之睢宁县被灾较重，邳州、宿迁次之。又睢宁县城一座，因本年八月内（8月30日—9月27日）郭家渡堤工漫溢，淹浸城根，以致城垣墙垛等项间有倒塌。淮安、徐州所属州县，本年被水……成灾十分之睢宁一县，成灾九分、七分之邳州、宿迁、萧县、桃源、清河五州县，……并淮安、大河二卫坐落该州县屯军应给头赈，钱文早已放竣。"

1781 徐州府洪涝

公元1781年，即清高宗乾隆四十六年夏秋，徐州府及周围地区连绵大雨，河湖猛涨，黄水多处决口，毁城坏屋，淹死人畜无数。据道光本《铜山县志》记载："乾隆四十六年五至六月间，淫雨过度，微山湖水溢，坏庐舍，溺死人畜无算，赈恤。"光绪本《沛县志》亦载："八月，豫省青龙冈河决，沙淤陷沛县城,仓、署、坛、庙全行沉没,乃迁治栖山。"《河闻纪闻》则记:"七月,河决豫省北岸青龙冈,全溜入运,分泄微山湖;九月,青龙冈决河漫水淹没沛城,迁治栖山。"《清史稿·高宗本纪》尚记:"四十六年六月庚辰,江苏睢宁魏家庄河决;八月丙戌,魏家庄决口合龙。"另据十月初十漕运总督鄂宝奏报:"豫省仪工漫口下注东境,以致济宁迤南之南阳、夏镇一带,纤道淹漫,河湖相连,非西北顺风不能行舟,……台庄以南至邳州一带亦无纤路。"十月二十四日两江总督萨载亦奏曰:"查豫省漫溢之水经由荆山桥乃汇注邳、宿运河并骆马湖内,自十月初旬至今,逐日消落一二寸不等。今载至二十四日运河水消落一尺四寸,骆马湖及六塘河内各消水一尺九寸,势渐平缓。"

十一月初十江苏巡抚闵鄂元又奏道:"江苏通省城垣共六十二座,内惟徐州府属沛县城一座,因本年九月内(10月17日—11月15日),豫工漫水下注微山、昭阳等湖,以致护堤冲溃,城垣间段坍塌。其该县夏镇城垣一座,被水淹浸,亦有残损。又睢宁县城一座,上年(1780)郭工漫口,黄水淹浸城根,间有鼓裂,本年复被淹水,续有坍损。"《清史稿·高宗本纪》又载:"四十六年冬十月丙子,赈江苏铜山等县水灾。"

1789 铜山、邳州、睢宁、宿迁水灾

公元1789年5至6月间,即清高宗乾隆五十四年五月,雨水偏多,铜山、邳州河湖盈漫,田亩被淹;黄河在睢宁县境周家楼漫溢,又造成宿迁及下泄沿途广大地区水灾。据《南河成案》记载:"乾隆五十四年五月,河决睢宁,宿迁被水。"咸丰本《邳州志》亦记:"五十四年,水,蠲免屯卫银米有差,赈银一千余两。"另据乾隆五十五年正月二十日两江总督书麟奏折曰:"上年(1789)黄河南岸睢宁县周家楼漫溢,下注之水由旧河形出归仁堤,入安河之陡门,归洪泽湖。"《清史稿·高宗本纪》尚记:"五十四年九月辛卯,赈江苏铜山等十一州县水灾。"

1790 邳州、睢宁、宿迁洪涝

公元1790年,即清高宗乾隆五十五年夏秋,黄河在上游砀山境内决口,大水泛及睢宁地区,致使低洼田亩受灾;山东洪水过境,运河骆马湖暴涨,邳州、宿迁沿河湖地区不无损失。据光绪本《睢宁县志》记载:"乾隆五十五年,黄河在砀山决口,大水流入睢境。"据工部右侍郎韩镈奏曰:"伏查立秋以后雨水较多,嗣于七月初六、初七日(8月15日、16日)河水续长,丰、砀一带漫滩拍岸,溜势坐湾,致将砀山县近黄民堰漫缺两处,汇归毛城铺滚坝下注,水势浩瀚。坝尾刷宽,过水较大,下游洪、灉两河

民堰多有漫缺，附近民田不无淹浸。"八月初八韩镕又奏："邳、宿运河，因东省山水涨发，七月内运河及骆马湖水均涨至二丈以上。"《清史稿·高宗本纪》又记曰："五十五年秋七月戊申，赈江苏砀山等县水灾。"

1794 丰县、沛县、睢宁、宿迁洪涝

公元1794年，即清高宗乾隆五十九年夏秋，始由河南等省水大，致使丰县境内黄河曲家庄地方漫溢，漫水下注微山湖造成田亩被淹；继由秋雨偏多，致使睢宁、宿迁低洼地区稻棉积水。八月二十九日江苏巡抚奇丰额亦奏报："徐州府属之砀山等县，因曲家庄黄水漫溢低田被淹。兹据查得曲家庄地方，先因黄水盛涨，大堤坐蛰过水，由丰、沛二县顺堤河下注，归入微山湖，宣泄不及，上漾旁溢，以致附近洼地，积水数寸至尺余不等。……庐舍并无倒塌，不致一夫失所。其坐蛰处所，早经抢筑完竣，水已断流，现在积水已消，田均涸复，……实系勘不成灾。"

1796 徐州府洪涝

公元1796年，即清仁宗嘉庆元年夏秋，雨水连绵，山洪暴发，河湖盛涨；7月23日丰县境内六堡黄河漫堤，徐州府辖境全部遭灾。据《清史稿·仁宗本纪》记载："嘉庆元年六月癸巳，江南丰汛河决。"《南河成案续编》亦载："六月，河决丰县、沛、铜、萧、邳皆水。"光绪本《沛县志》记曰："六月，河决，丰、沛等县皆水，是岁自秋至冬，铜、丰、沛、砀赈四月。"光绪本《续修丰县志》则记："嘉庆元年，黄水开砀山庞林，入丰界，县西、南、北三面尽水。"道光本《铜山县志》则云："元年，秋大雨，河北岸六堡漫溢，分别蠲赈。"十一月二十六日江南堤督王柄亦上奏曰："徐州府属之丰、沛二县，本年被黄水漫淹，全境失收。其余邳州、铜山、萧县、砀山、宿迁、睢宁各州县，收成仍有二、三、四分至五分不等。"咸丰本《邳州志》对是岁水灾记道："元年，水，蠲免银三千余两，米麦一千一百余石，赈银十五万四千余两。"

1797 徐州府洪涝

公元1797年，即清仁宗嘉庆二年，因上年丰县六堡决口未全部堵塞，下游徐州属境仍有积水；9月11日，砀山境内黄河大水漫堤，下注丰、沛县境及微山湖地区，铜山、邳州、睢宁县境为水之必经，水患亦难免。八月初三苏凌阿紧急奏报："据萧南厅禀称，酌当头堡之杨家马路及三堡之关家马路地方。因七月十九、二十等日（9月9、10日）水势异涨不消。较之乾隆五十九年（1794）盛涨之时更大二尺余寸。南北两岸汪洋一片，兼值东北大风，昼夜不息。……自虞城交界以下。直至赵家堤口，计长

二十余里,于七月二十一日（9 月 11 日）丑刻普面冲水,高于子埝尺余。察看漫口二处,一宽七十余丈、一宽四十余丈,过水深一丈八九尺不等。……现将砀汛漫口,于八月初三日（9 月 22 日）堵闭断流。惟东省曹汛漫水下注,所有江境丰、沛两县,均当其冲。再查微山湖,现存水一丈三尺余寸,将来曹汛漫水漾纡下注,尚可不致淤垫。"八月二十八日苏凌阿查勘灾情后,又奏报:"查砀山、萧县、睢宁、丰县、沛县、铜山,并漫水下注,滨临湖河之邳州北岸,被水各有轻重,成灾九分,以至八分、七分、五分不等。"十二月初八日江宁布政使孙日秉亦上奏章陈述岁末灾况:"本年七月（8 月 22 日—9 月 19 日）间,江南砀山县及山东曹县两处,河堤漫溢。徐州府属之砀、萧、丰、沛、铜山、邳、睢等州县,民田被水。各州县被水之地,坐落黄河南岸砀、萧、睢宁三县,早经涸复。惟黄河北岸丰、沛、铜、邳四州县,正居曹县下游,必须口门堵合,断绝来源,方能消退。"咸丰本《邳州志》记载:"嘉庆二年,水,蠲免银三千余两,米麦九十余石,赈银九万七千余两。"

1798 徐州府洪涝

公元 1798 年,即清仁宗嘉庆三年,黄河在河南考城决口,漫水东流,下注微山湖,丰、沛县境首当其冲,铜山、邳州、睢宁亦被水淹,庄稼普遍欠收;冬腊月,黄水又于徐州子房山决口,淹死人畜无数。据光绪本《沛县志》记载:"嘉庆三年,河决考城,水由西北转入昭阳湖,漫淹沛境。"同治本《徐州府志》亦记:"嘉庆三年,宿迁沭水溢;秋,河决,下注微山湖,铜、丰、沛、邳皆水。"道光本《铜山县志》则记:"三年秋,大水,曹汛河决,下注微山湖,淹没田禾,赈;十二月,河决子房山下,人畜多溺死。"十一月二十八日江南河道总督康基田亦奏报:"由荆山桥坐船至邳、宿、桃、清、运中河内逐细查勘,较大汛盛涨时已落水丈余。所有泄清入黄之水线河子房山引渠、宿迁十字河、中河刘家庄等处口门,先经堵筑坚固。"十二月初四日,两江总督李奉翰综合灾情呈奏:"本年江苏淮、徐、海等府属,濒临湖河地亩,被淹歉收。……丰县、沛县、铜山、邳州、宿迁、安东、海州、沭阳等八州县卫,被灾九分、八分之极次贫民,均请展赈一个月。"又据咸丰本《邳州志》记载:"嘉庆三年,水,蠲免银一万余两,米麦七百余石,赈银八万八千余两。"《南河成案续编》尚记:"嘉庆三年,砀、萧、丰、沛县皆抚恤有差。"

1799 徐州府洪

公元 1799 年,即清仁宗嘉庆四年夏,徐州府辖境及周邻地区连日大雨,河湖水位盛涨;8 月 1 日,黄水在砀山漫溢,冲刷槽沟多处,淹浸下游广大地区，致使徐属州县均遭水灾。据《南河成案续编》记载："嘉庆四年八月，河决砀山、萧县、邳州皆水。"又据七月十一日江苏巡抚宜兴奏报曰："徐属之萧县、铜山、砀山三县，因六月初旬黄水盛涨，……开放毛城铺减坝并天然闸分泄水势，该县各乡均有被闸坝注水淹没之处。适六月下旬连日大雨，积水不能消退。七月初一（8月1日）黄水复涨，毛城铺减坝口门宣泄不及，水漫迤西大堤。萧县高低各乡，并铜山县之西乡，砀山县之东乡，民田庐舍均被漫淹，水势汪洋不能消退。其余丰、沛、邳、睢等州县，及淮安府属之清河县，因六月内雨水较多，亦有因闸坝泄水漫入，低洼田地间有积水之处。"八月二十八日费淳又呈奏灾情称："淮安、徐州、海州属，濒临河湖州县，或因毛城铺天然闸黄水冲刷下洼，积巨浸，或因雨泽过多，宣泄不及，风潮猝至，海水漫溢，以致低洼地亩被淹成灾。……逐一详细履勘，积水现未消退，秋成已属失望。"咸丰本《邳州志》曾记载："嘉庆四年，水，蠲免银三千余两，米麦二百余石，赈银一万五千余两，赈米一千石，支放常平仓麦五千石。"《徐州府案册》亦记："是岁，铜、丰、沛等县及徐州卫皆有赈。"

1800 铜山大雪；睢宁水灾

公元 1800 年 1 月至 2 月间，即清仁宗嘉庆五年正月，铜山县境内大雨夹雪；10 至 11 月间，睢宁县境内黄水外溢，泛滥成灾。据道光本《铜山县志》记载："嘉庆五年正月，大雨雪。"又据光绪本《睢宁县志稿》记曰："嘉庆五年九月，河泛成灾。"另民国本《江苏通志稿》有载："嘉庆五年十月甲戌，截留江南铜山等七州县漕粮四百万石有奇，赈徐州府属水灾。"

1802 徐州府洪涝

公元 1802 年，即清仁宗嘉庆七年，上游砀山县境内黄河南北两岸皆决口，洪水下泄，徐州府属各州县均遭水灾。九月二十八日两江总督费淳上奏："砀山县境黄河北岸之贾家楼地方，于九月初五（10月1日）大堤漫水，附近村庄被淹。所过之水下注丰、沛，而沛县因护城堤抢护不及，城内亦皆有水。……查得砀山县蒲芦等四里系在黄河北岸地方，因贾家楼漫水下注被淹，并淹及丰县之大坞等五里，沛县之坊一等二十四里，铜山县之四五两乡。惟沛县地势较低，以致水入城中，幸漫口旋即挂淤，抢堵断流，水势逐渐消退，今已全涸。……其在黄河南岸之砀山县马昂等六里，萧县之坊一等二十三里，铜山县之六乡，俱因砀汛唐家湾引河民堰刷宽，进水较大，而下游洪、滩等河，又为天然、峰山等闸分注之水顶托涨满，一时宣泄不及，以致各村庄被淹较重。"道光本《铜山县志》仅记："嘉庆七年九月五日，砀山贾家楼河水漫溢，下注，伤禾稼，赈恤。"

1804 铜山、邳州、宿迁水灾

公元 1804 年，即清仁宗嘉庆九年夏，雨水稍多，徐州府辖境东部地区州县间有水淹，灾情次重。据七月十一日江苏巡抚汪志伊启奏："江苏各属勘报：被水三分余者，邳州二州县。"

1806 铜山、邳州、睢宁、宿迁洪涝

公元 1806 年，即清仁宗嘉庆十一年秋，黄河先后在睢宁及铜山境内决口，徐州府东部地区低田被淹，庄稼欠收，据《南河成案续编》记载："嘉庆十一年七月，河决睢宁；九月，又决铜山。"又据九月十四日两江总督铁保奏报："本年黄河水势浩瀚，徐州府属宿南厅三堡及郭家房两处先后漫口，淹及睢宁、宿迁、邳州等三州县低田；铜山县低田因启放闸坝，间被黄水漾淹。"咸丰本《邳州志》亦记："嘉庆十一年，黄河南岸水，蠲免卫屯银未有差，赈银三千余两。"

1807 铜山、邳州、宿迁水灾

公元 1807 年，即清仁宗嘉庆十二年秋，因上游黄水漫滋下注，致使铜山、邳州、宿迁境内有积水淹浸晚庄稼。据八月二十二日护理江苏巡抚胡克家奏报："徐州府属各州县于七月中、下两旬（8 月 14 日—9 月 1 日）得雨稍多，低洼间有积水，内铜山一县因黄水涨漫，晚禾被淹。"九月十三日河东河道总督吴敬亦奏："兹查本年江境大谷山杨家楼外滩，冲刷沟槽，黄水分入水线河，下注邳、宿运河，其漫水经过毛村桥，沿山倒漾，灌入旧有之岗头、毛村、川利、刘武等处坡湖，直抵蔺家山坝外，甚为宽广。"江苏巡抚汪日章复奏："铜山、萧县、邳州等六州县，或因西水下注，河湖涨漫或因东省蒙沂山水涨发，下游黄水漫溢，以致秋禾被淹。"

1808 铜山、邳州、睢宁、宿迁水灾

公元 1808 年，即清仁宗嘉庆十三年秋，因雨水偏多，客水过境等，徐州府属东部地区仍有低洼田亩积水，灾情较往年轻微。据六月二十六日江苏巡抚汪日章奏报："邳州、砀山两州县雨水稍多，低洼田亩间有积水。"九月十五日复奏："海州直隶州、徐州府属铜山、萧县、砀山、邳州、宿迁、睢宁等州县卫，因入夏以来，或雨水、山水汇注，或黄水、潮水漫溢，以致滨江临河及近堤民屯田亩，亦有淹，并有春麦被雹，秋不复行被水者，共十三州县。"

1811 铜山、邳州、睢宁、宿迁洪涝

公元 1811 年，即清仁宗嘉庆十六年秋，黄河先后在邳州棉、拐山，砀山李家楼漫溃，洪水东泻，溜势汹涌，造成徐州府属东部州县洪涝灾害，局部地区田地房屋淹在巨浸之中。据咸丰本《邳州志》记载："嘉庆十六年

七月初九，河溢棉、拐二山；初十日，复决上流李家楼。"又据七月二十八日两江总督百龄奏报："现据砀山县禀报，该县李家楼堤工漫溢，近城村庄猝被瀹浸。接徐州道……来禀，萧南之李家楼大堤坐蛰过水之处，口门现已刷宽五十二丈，水深二丈七八尺，溜势涌盛，……该处项冲之砀山城，尤为险要。其附近之萧县、铜山、睢宁等处，田庐亦渐被淹损。"

1813 徐州府旱灾、水灾

公元1813年，即清仁宗嘉庆十八年春夏，徐州府属各州县遭受旱灾；入秋，连得大雨，积水成灾；9月至10月间，黄河在铜山境内决口，洪涝加重。据江苏巡抚朱理八月二十七日、九月二十四日、十月二十八日连续奏报："丰县、沛县、萧县，砀山、宿迁、睢宁等各州县并徐州卫高阜之区，先因雨泽稀少，庄稼受旱黄萎，迨后虽得透雨，未能有济。其低田复因七月下旬及八月初旬（8月16日—9月4日）连得大雨，一时不及宣泄者，间有被淹。交八月节后，黄水盛涨，桃北、睢宁间有漫溢之水，沿堤民居、地亩不无淹浸。睢宁等地，除已被水旱之灾，又于九月初旬（9月24日—10月3日）因黄河盛涨，桃北丁家庄及睢南薛家楼无工处所，刷通漫水、田房间被淹浸。又邳州一州南岸毗连睢宁，黄水倒漾入境、田庐亦有受淹。"另据道光本《铜山县志》记载："嘉庆十八年秋九月，淫雨十日，河水溢，沿河旱麦淹没。"光绪本《沛县志》则云："十八年夏，大旱，昭阳湖干，乡民在留城起石；岁大饥，次春人多流亡。"

1815 铜山、睢宁、宿迁水灾

公元1815年，即清仁宗嘉庆二十年，徐州府属东部地区有水灾发生。据九月十五日江苏巡抚张师诚奏文曰："查……淮安府属之阜宁、清河、安东、徐州府属之铜山、萧县、砀山、宿迁、睢宁等十二县，或夏间（5月9日—8月4日）雨水过多，河荡泛涨，漫入低田；或山水汇注，圩埂冲缺，禾苗淹损；或积水难消，……或黄水漫至堤根，豆禾浸没，……又续因雨多被淹。"

1821 铜山、沛县、邳州、睢宁宁、宿迁水灾

公元1821年，即清宣宗道光元年，徐州府属大部分地区遭暴雨。夏秋时节，黄水暴涨，漫溢泛滥，田亩民居皆遭灾害。据七月二十一日两江总督孙玉庭启奏："铜山县境天然闸及十八里屯，坐落黄河南岸，以及睢宁境内峰山闸河，均为减泄黄流要津。本年六月内，黄水盛涨，由道厅察看情形，已逾定志，次第启放各闸坝，以资宣泄。……嗣据铜山县……先后禀报，该县因夏令黄水异涨，启放宣泄，水势汹涌，两岸民堰甚形危险。……旋于六月二十三日（7月21日）夜水势陡长，十八里屯闸门之水，

由虎山腰冲入天然闸河，直注西埝，水势腾涌，兼值大雨倾盆，风狂浪激，人力难施，以致六乡彭家台地方，漫缺民埝二十余丈，直趋萧县坊一等里，现在积水二三尺，秋粮不免被淹，房屋间有坍塌。"光绪本《睢宁县志稿》记曰："元年五月，大雨成灾。"光绪本《沛县志》亦记："元年秋，淫雨害禾稼。"咸丰本《邳州志》则载："道光元年，蠲免银一千五百余两，米、麦一百二十石，赈银十万一千两。"

1822 徐州府洪涝

公元1822年，即清宣宗道光二年春，因上年水灾，徐州府属之铜山、丰县、沛县、宿迁、睢宁等县饥荒；秋季，各州县又遭洪涝。七月二十八日魏元煜启奏："徐州府属之沛县、萧县、邳州、宿迁、睢宁及海州等州县，俱因六、七月（7月18日—9月14日）间连得大雨，并峰山闸河堰工漫缺，黄水下注，及湖河山水涨发，低洼田地均有积水，秋禾间被淹浸。今据各委员会同各该州县卫勘复，被水较重之海州、沛县、萧县、邳州、睢宁等五州县，并徐州卫，成灾分数由司汇核确实。"十月十八日河东河道总督严良启奏："微山湖水势，截至九月初旬（10月15日—11月13日）积水一丈八尺六寸八分，较嘉庆二十一年（1816）异涨更大。东境减水各路久经全启，总未见消，湖堤既行吃重，民地复多被淹，……并淮南河来咨，丰、沛、铜山等县，滨湖田亩被淹过多，该处一带灾民望启蔺坝为迫切。"咸丰本《邳州志》记载："道光二年，蠲免银百六十两，赈银一万三千余两。"

1832 徐州府洪涝

公元1832年，即清宣宗道光十二年夏秋，大雨连旬经月，河湖暴涨，庄稼严重损失，房屋毁坏众多，人民生活困苦。据光绪本《沛县志》记载："道光十二年夏，淫雨百日，湖水涨高八尺许，抵旧县治南，田禾无一存者。"《丰县简志》根据光绪本《续修丰县志》转载："1832年（道光十二年），从春至夏，多雨少晴；秋，阴雨更甚，旧历八月二十一日"下了一天，傍晚刚停，将近半夜，大雨又至。城北泡河水暴涨数尺，在县城东北角决堤，注入城中，房舍尽淹"。光绪本《睢宁县志》仅记："十二年秋，大雨成灾。"同治本《徐州府志》尚记"邳州，秋，淫雨害稼；夏，萧，大雨四十日；宿迁，大饥，人相食。"七月十三日，江苏巡抚林则徐奏报："徐州府属之沛县、砀山、邳州、宿迁、睢宁……因连旬雨泽较多，低田间有积水。"九月十八日林则徐又详奏水情曰："徐州府属各州县，夏秋以来叠报被淹。迨八月间雨仍不止。旋据刘鸿翱禀称，大雨之后，黄河异涨。八月二十一日（9月15日）启放铜山县境内天然闸减泄黄流。因闸水势若建瓴，兼之东风大作，西堰被刷三处，水由铜山县境冲入萧县之（坛）一等九里，乐一等八里，深自三四尺至六七尺不等。该处民田并徐州卫坐落屯田猝遭淹灌，房屋冲塌，居民迁避高阜，露宿蓬栖，情殊可悯。又丰县城垣地势最洼，护城之顺堤河一道，上承山东单县诸水，七月间（7月27日—8月25日）已漫溢入城，设法疏消尚未尽退。八月二十二、二十三等日（9月16日、17日）大雨倾盆，河水复漫过堤岸，直注县城，积深二三尺至五六尺不等，官署、民房均多倒塌。"十一月二十九日林则徐复奏灾情曰："伏查江苏省本年被水各属……铜山、萧县、砀山、邳州、宿迁、睢宁等十六州县，同淮安卫屯坐安东、阜宁二县，大河卫屯坐清河、安东、阜宁三县，徐州卫屯坐铜山、萧县、砀山三县，成灾五分及勘不成灾，贫民贫军，亦请赏给一月口粮。"《清史稿·宣宗本纪》记载："十三年冬十月，蠲缓江苏桃源等六十三州厅县卫新旧额赋。"

1841 徐州府水灾

公元 1841 年（清宣宗道光二十一年）8 月 2 日，黄河在河南祥符三十堡决口，黄水围开封城八个月，并泛淮千里，直注洪泽湖，豫东、皖北、苏北地区一片汪洋，徐州府属各州县亦不同程度受其影响。据《清宣宗实录》卷 358 和卷 360 记载，徐州府之铜山、丰县、沛县、萧县、砀山、宿迁、睢宁及徐州卫均在被灾之列。

1842 铜山水灾

公元 1842 年，即清宣宗道光二十二年秋，因上游洪水来势汹涌，河道一时不能畅泄，造成铜山及桃源境内黄河决口，低田被淹。据两江总督晋英十二月二十七日奏折所述："与桃北决口的同时，上游徐州府附近之铜山、萧县亦因水势凶猛，闸河不能容纳，直过埝顶，致将铜山境内半步店埝工冲刷决口。沿河低洼田地，均被淹浸。"直至年底，积水仍未全部消涸。江苏巡抚程采十二月初五日曾启奏："徐州府属之萧县及徐州卫因积水尚未全消，二麦不能播种。乏食贫民屯军，赏给一月口粮。"

1851 徐州府大水灾

公元 1851 年 9 月 14 日，即清文宗咸丰元年八月十九日，丰县境内蟠龙集处黄河决口，初始四五十丈，继之塌宽至一百八十余丈，黄河主流为之牵动，正道断流，上游洪水悉从决口奔泻而出，丰、沛首当其冲，房屋、田亩皆在巨浸，沛县县治被迫迁往夏镇，洪流泛滥下泄，铜山、邳州、睢宁、宿迁及下游地区一片汪洋。灾民流离失所，四散逃荒，至有人相食之现象。而河道官员侵吞治河公款，中饱私囊，至有 餐糜费千金之事实。人民苦不堪言，纷纷啸聚反抗，以求生存。据光绪本《沛县志》记载："文宗咸丰元年八月十九日，河决蟠龙集，沛当顶冲，入昭阳湖，淹没栖山沛县城"。

河水东北趋泻昭阳湖之主流所经,形成今之大沙河。光绪本《续修丰县志》亦载:"咸丰元年八月十九日,黄水决,县东、南、北一片汪洋。"闰八月十二日曾国藩在一封家书中提及:"黄河于丰县北岸决口,数十万生灵罹此凶灾。目前抚恤固非易事,将来堵筑,非帑金数百万不可。"闰八月十八日两江总督陆建瀛启奏:"前赴丰工漫口处所查勘,口门已宽一百八十余丈,全河北趋,由沛县之华山、戚山分为两道,注于微山、昭阳、南阳等湖,遂挟清水外泛。山东一带运河据报,闸坝纤堤均已漫淹。江境韩庄以下,亦复如是。……其被淹灾黎,沛县最重,丰县次之,铜、砀又次之。"

十月二十八日杨文定亦奏:"淮、徐两属,因丰北漫口,黄水、湖水下注,田禾不免被淹。其余各属,或被风雨,或因积水受伤,收成亦多减歉。"实情发生后,朝廷派大学士杜受田赴灾区临赈,又命陆建瀛会同南河河道总督杨以增督办河工,以工代赈,然决口一时难以合龙,灾荒危害亦未有多少减轻。咸丰二年五月初二,内阁学士兼礼部侍郎胜保在《奏陈时务折》中对此次大水灾亦有具体陈述,其曰:"去岁河决,丰北淹没生民千万;(今)河决未复,数郡为鱼,离居荡析,所不待言。而数十万赴工之人,非失业之徒,即游手无赖,入春以来,以工代赈,故亦粗安。今工歇,而田庐猛然巨浸,穷无所归,岂能待毙?现闻沿河饥民,人皆相食。兼之粮船水手,素非良善,今岁南粮半由海运,半阻河干,此辈营生无策,岂免冒死犯科?脱枭黠之魁,超而倡之,指臂一呼,豺狼四合,恐朝廷旰食,南顾不遑。况该处风气顽悍,前代之乱,多起于是,此淮徐之忧也。"

胜保言辞不无对灾民之污蔑,然对丰工激起民变的恐惧也跃然纸上。《清史纪事本末》在涉及此次大水灾时有一番论述,颇为恳切,谓:"秋闰八月,南河丰北厅堤决。南河岁费五六百万金,然实用之工程者,什不及一,余悉以供官吏之挥霍。河帅宴客,一席所需,恒毙三四驼,五十余豚,鹅掌猴脑无数。食一豆腐,亦需费数百金,他可知已。骄有淫佚,一至于此,而于工程方略,无讲求之者,故河患时警。"

丰县蟠龙集决口,清廷虽拨巨款堵筑,然延至咸丰三年正月,方才合龙。咸丰元年十二月初五日,文宗上谕:"蠲缓江苏铜山、丰、沛、萧、砀山、邳、宿迁、睢宁等五十五厅州县被水歉区新旧额赋,赈铜山、丰、沛、邳四州县继徐州卫灾民。"

1852 徐州府大水灾

公元1852年,即清文宗咸丰二年,由于去年丰县蟠龙集决口尚未堵合,河水仍从口门外溢,加之夏秋连绵阴雨,徐州府境内饥荒十分严重,人互相食,饿尸遍野,惨不忍睹。清廷忙于镇压太平天国农民起义,救灾杯水车薪，治河款项不及军需费用之半，加之官吏贪污腐化，更加重了灾情。据光绪本《睢宁县志稿》记载："咸丰二年夏，阴雨连绵八十八日，田禾尽没。"同治本《徐州府志》等州县志皆记："夏，大水。"民国本《邳志补》尚记："是岁大饥，人相食。"又《清史稿·杜爱田传》记载："咸丰二年，因河决丰北久未塞，山东、江北被灾重……黄河将浚复决，灾广民众。"次年正月，举人曹兰田赴京会试，途经苏北，写下了亲眼目睹的《癸丑纪行》："二十六日，至清江浦，饥民夹道，愁苦之声，颠连之状，惨不忍言。越日渡河，行经邳州、桃源、宿迁等处，沿途饿莩，市井街巷多弃尸。询之士人，皆云前年河决丰北，去年塞而复决，死者过多，故收葬者少。"几近同时，刑部左侍郎罗淳衍曾启奏："丰工决口后，小民流离失所，江苏之清河、宿迁、邳州，山东之滕县、鱼台、嘉祥等处，所在民多饿莩，尸骸遍野。请饬两河总督、江苏巡抚，分饬地方官督同绅士耆老，广置义冢殡埋。"工部左侍郎吕贤基亦于咸丰三年三月上奏："今粤西会匪滋事，二年以来，命将出师，竟无成效，甚至围攻省城，大肆猖狂。南河丰工，未能合龙，重运之阻滞，灾民之屯聚，实在堪虞。河工费已四五百万，军需费已一千余万，计臣束手无措，必至搭克腺削，邦本愈摇。"据同治本《徐州府志》记载："咸丰二年，截留漕米三十万石，赈给铜沛等县及徐州卫被水灾民。"

1853 徐州府大水灾、瘟疫

公元 1853 年，即清文宗咸丰三年，春荒十分严重，饥民离乡乞食，尸骸遍野枕藉；丰县决口于 2 月、3 月间合龙，6 月间，再次决口，荡涤徐境；加之风暴、瘟疫，徐州府属各州县灾难深重。安徽巡抚李嘉端当年曾启奏："二月十九日，由京师赵程赴皖，于山东境内，即见有饥民沿途乞食，鸠形鹄面，嗷嗷待哺。及二十八、二十九等日，行抵山东、江苏交界处所，饥民十百为群，率皆老幼妇女，绕路啼号，不可胜数。或鹑衣百结，面无人色；或裸体无衣，伏地垂毙。其路旁倒毙死尸，类多断胔残骸，目不忍睹。……询之居民，佥称河决以来已将三载，……虽合龙之后，田庐皆已涸出，而有恒产者，苦乏籽种牛具，终无生理，无业者更不待言。壮丁离乡求食，类多散走四方。其倒毙之尸，半被饥民割肉而食，是以残缺等语。臣听睹之余，不胜悲骇。小民流离失所，至于以人食人，实为非常饥馑。"刑部左侍郎兼吏部右侍郎罗淳衍也曾上奏当时情形："南河两载始行合龙，百姓不能耕植，遂渐次变为饿莩，死者山积。现闻江苏之清江、宿迁、邳州，山东之滕县、鱼台、嘉祥等处，尸骸遍野，递相枕藉，官民车马所过，无不惨目伤心。"时任左副都御史、奉朝命巡视黄河山岸的雷以诚亦上过一个奏折，专讲他途经鲁南苏北时的见闻："道上饥民络绎，纷纷求食，面俱菜色，几于朝不保暮。"

严重的春荒尚未过去，6月（五月）间，堵合不久之丰工再次复蛰。据光绪本《沛县志》记载："三年正月江督陆建瀛，等奏丰工合龙；是年五月，兵三堡复决，丰沛漫流如故。"加之 7 月、8 月（六月、七月）间迭次风暴，苏、鲁二省连续三年遭水潦之灾。东河河道总督长臻曾接连三次奏报朝廷称："查江境丰北大工春间堵合后，……旋准南河咨会并道、厅、州、县弛禀，丰工大坝西首土墓漫塌，溜向北趋，灌入微山、昭阳等湖，水势逐日增长，又将南路残缺堤堰淹没。""微山湖水因沁、黄来源甚旺，由丰北口门下注该湖，逐日增长，水面抬高，上次湖边被灾村庄，复经漫淹。""江境丰工复溢，黄流灌注东境微山湖，漫入运河。……奴才月前到济，亲往履勘，惟膝汛十字河四面沙山峻立，尚有河身。峄汛八闸堤岸间多出水，其自运河厅属石佛闸以下，南至加河厅所属韩庄以上，汪洋一片，不分湖河，而微山湖漫水尤广。"两江总督怡良、署江苏巡抚许乃钊亦奏："窃照丰工复蛰，下游各县被水，……当即饬委徐州道王梦龄就近勘明，沛、丰二县迎溜顶冲，受灾最重；铜山、砀山二县地处口门上下左右，邳州因湖水顶托，泛淹广阔，情形亦重。被水灾民荡析离居，露处高阜，……成灾自十分至七八分不等。"另据光绪本《沛县志》记载："咸丰三年，黄河合口复决；二月，粤匪陷金陵，邑中戒严，匪股窜临清州，回过沛县。溺死者甚多；是年，疫，人死过半。"同治本《徐州府志》亦记："咸丰三年春，萧疫，沛水；三月，宿迁地震，大饥，疫；是年，徐竹有花，多枯死。"光绪本《睢宁县志稿》则记："三年春荒时，人相食。"朝廷复赈铜沛等县灾民。

1854 徐州府水灾、旱灾

公元 1854 年，即清文宗咸丰四年，去年丰县黄河决口仍未堵塞，河水仍漫流丰沛大地，辗转微山湖向东奔泻，徐州府北部地区继续遭受洪涝灾害。据光绪本《沛县志》记载："咸丰四年三月，粤匪攻陷丰，沛中戒严；冬，饥。"同治本《徐州府志》亦载："咸丰四年冬，沛饥；比年决河未塞，徐北境皆大水。"另据四月二十三日江苏巡抚许乃钊奏："淮、徐各属因丰北口门未堵，来源未息，低洼积水之区仍未消涸。"是年，朝廷复赈铜沛等县及徐州卫灾民。

1855 徐州府水灾

公元1855年，即清文宗咸丰五年春，徐州府境内仍有上年积水，丰县黄河决口未堵。入夏水势时涨时落，徐州府河北地区仍遭淹浸；8月1日，黄河从河南兰仪铜瓦厢决口，正溜改道大清河入海，结束了黄河经行徐州的历史。但是，入秋以来连遇狂风大雨，河南仍有漫水下注，经丰工决口泄泻徐北，导致湖水泛滥，收成歉薄，据去年三月十八日江苏巡抚吉尔杭阿启奏："江苏省所有低洼积水之处，现在陆续涸复，惟丰工漫淹处所，尚未清退。"六月十九日吉尔杭阿又奏："兹据各属先后禀报四月上、中、下三旬（5月16日—6月13日），或得微雨，或得雨一二寸至八九寸及尺把不等。在田大麦渐次登场，小麦亦皆黄熟，惟因扬花吐秀之际，连遭风雨，以致摧折淹浸受伤，结实未能饱绽……所有淮、徐各属积水之区，屡经多方宣泄。丰工未堵，水势长落靡常，骤难涸复。"十一月二十四日吉尔杭阿续奏："徐州府属之铜山、沛县，于八月十二、十三日（9月22日、23日）得雨一二尺有余。丰县雷雨如注，平地水深一二尺。兼因豫省堤工漫口后，水势下注，仍多被淹。从前丰工漫水之处，消退又未能迅速，收成不无失望。其余各属，亦因入夏以后，连遇狂（风）大雨，或值江河泛涨，积水无从宣泄，并有亢晴日久，得雨已迟处所，禾棉间有受伤。"另据《清文宗实录》记载，咸丰五年十二月上谕："蠲缓江苏……铜山、砀山、邳、宿迁、丰、沛六十三厅州县暨徐州……八卫被水被旱屯庄庄新旧额赋有差；赈丰、沛、邳三州县并徐州卫被灾贫民一月口粮。"

1871 徐州府大水灾

公元 1871 年 9 月，即清穆宗同治十年八月，山东郓城侯家林黄河决口，河水南窜，徐州府境内旧黄河北岸一片汪洋，庄稼俱被淹没。光绪本《沛县志》亦记："同治十年，河决山东侯家林，昭阳湖漫溢，丰、沛县乡镇田畴俱被淹没。"光绪本《睢宁县志稿》亦有载："同治十年，山东侯家林河决，水至本县旧黄河北，河北各社大灾。"《清穆宗实录》记曰，同治十年十二月初六日上谕："蠲缓江苏铜山、丰、沛、萧、砀山、邳、宿迁、睢宁……三十五厅州县被水被旱地方暨未开垦田亩新旧额赋并杂课有差。"

1872 徐州府水灾

公元 1872 年 3 月至 4 月间，即清穆宗同治十一年山东郓城侯家林决口合龙，徐州府境内因上年积水，加之当年雨水宣泄不畅，仍有水涝为灾。《清穆宗实录》记载，同治十一年十一月初三上谕："蠲缓江苏铜山、丰、沛、萧、砀山、邳、宿迁、睢宁……三十六厅州县暨徐州……四卫被水被旱地方新旧额赋有差。"另考周邻地方史料，当年徐州府境内仍以水灾为主。

1874 徐州府大水灾

公元 1874 年，即清穆宗同治十三年，入夏以来，徐州府境内因雨水偏多，加之上游诸水汇注，河湖泛涨；11 月至 12 月间，山东石庄户黄河决口，洪水弃泻雨下，徐州府北境普遍被淹，饥民纷纷南下逃荒。据光绪本《沛县志》记载："同治十三年八月，潮水涨；十月，河决山东石庄户，平地水深数尺，麦苗被淹；夏镇水深数尺，高阜并可行船。"光绪本《睢宁县志》亦载："同治十三年，山东石庄户黄河决口，旧邳州一带有水。"另据七月二十九日江苏巡抚张树声启奏："徐、淮一带入夏以来雨水稍多，兼之上游诸水汇注，湖河泛涨，底水顶托，虽经饬令设法疏消，无如宣泄不及，间有被淹受伤之瞬。"光绪二年（1876）二月初七漕运总督文彬在涉及这次水灾时尚奏报："徐州蔺家山坝系为拦蓄微山湖水而设，遇有启闭，向由南河垫办造销。……同治十三年夏间，湖水盛涨，高逾坝顶八尺有余，致被漫开。"此次水灾使得许多饥民背井离乡，南下逃荒。《清穆宗实录》记载，同治十二年（1873）十一月二十日上谕："蠲缓铜山、丰、沛、睢宁……三十六州县既徐州四卫被旱被水地方新旧额赋有差。"

1875 徐州府水灾

公元 1875 年，即清德宗光绪元年，上游洪水来势旺盛，徐州府境内运河溃决，致使沿岸地区被水。据光绪本《续修丰县志》记载："光绪元年，黄水决郓城，东南注运河，泛入昭阳湖，泄县北。"另据八月十三日漕运总督文彬奏报："江北运河及洪泽湖，上年已交冬会，仍见增长，以致底水较大。本年入伏以后，来源越旺，拍岸盈堤，日久不通，所有徐属运河两岸长堤纷纷溃塌。"是年十一月初六朝廷谕旨，蠲缓徐州府境内八县一卫被水额赋。

1879 徐州府旱灾、水灾

公元 1879 年，即清德宗光绪五年，徐州府境内黄河故道及山陵高地被旱，河湖沿边注地被淹现象仍有发生。据《清德宗实录》记载十一月十四日上谕，蠲缓徐州府属各州县被水、被旱已垦、未垦及营垒、厌废民屯田地新旧钱粮、漕粮、地租、杂课有差。"

1903 徐州府水灾、风灾

公元 1903 年，即清德宗光绪二十九年，由于黄河改道后的地理条件所致，徐州府境内各州县间杂有低田被淹，高田被风，庄稼受损情况。据当年十二月十九日两江总督魏光焘奏报："江宁等属，夏秋多雨，被淹难消。高旱各田所种禾豆杂粮复被风吹伤损，收成歉薄，铜山、丰县、沛县、萧县、砀山、邳州、宿迁、睢宁等二十五州县勘不成灾田地，应征光绪二十九年漕粮及改征折色银两，均请缓至三十年秋成后，分作二年带征。"清廷延至次年三月十二日才颁谕："蠲缓江苏江宁等六府州属被旱被水地方，新旧钱粮漕未有差。"

附录三：明代河督任职简历

1. 王恕。陕西三原人，正统十三年进士，成化七年由左副都御史总理河道。浚高邮邵伯诸湖，修雷公上下勾城、陈公四塘水闸，旋改南京户部左侍郎。

2. 白昂。江南武进人，天顺元年进士，弘治二年由户部左侍郎修治河道。是年河决原武及封丘荆隆口，下曹濮，冲张秋，又冲中牟并仪封、考城，命侍郎白昂役夫二十五万塞之。赐之敕文有"黄河泛滥流经北直隶山东，入于张秋，运河闸座淹没，堤防冲塌，有妨运道，所系匪轻"。白昂筑阳武长堤以防张秋，北塞决口三十六，南疏月河十余，河入汴，汴入濉，濉入泗，泗入淮以达于海。昂又以河南入淮非正道，北凿小河十二道引水入大清河，东北分治，东南注疏。敕文会同三省巡抚，实与总理河道无异。

3. 陈政。安徽合肥人，以世爵仕至工部左侍郎。弘治四年以都察院右佥都御史总理河道。是年河复决金龙口，溃黄陵岗，再犯张秋，入漕河与汶水合而北行。赐陈政敕文："统摄四省，同各该巡抚按疏浚运河，修筑决口，务使运道通行。此系国家大计。"陈政修筑堤岸，增广闸座，役夫十五万，弗绩。寻卒。

4. 刘大夏。湖广华容人，天顺八年进士，弘治六年为都察院右副都御史修治决河。赐以敕文："今日治河乃是恐妨运河致误国计，然事有缓急，必以当急为先。今河水漫散，其于运河有无妨碍？漕船往来有无阻滞？必使粮运通行，不致过期以失岁额。粮运既通，方可溯流寻源以施疏塞之方，以为经久之计。"大夏沉船以塞张秋决口，筑长堤三百六十里，即今太行堤，起河南胙城经滑县、长垣、东明、曹、单诸县，下尽徐州。用军民夫十二余万人，用铁一万九千余斤，浚贾鲁旧河四十余里，筑黄陵岗决口九十余丈，又筑荆隆决口四百三十余丈。功成，入为户部左侍郎。刘大夏虽无总理河道之命，但筑断黄陵岗以固南河之势，实自大夏始，前此视治河临时之急，仓促之变，命将出师，赐以敕文。从此河事日亟，总理河道遂为常设之职矣。

5. 张凤。正德六年，命都察院右佥都御史总理河道。

6. 刘恺。正德七年，以右都御史总理河道。九月，河决黄陵岗，恺率众告祭。越二日，河南徙，工部尚书李燧称刘恺告祭有功，诏赐恺羊酒。恺于修河束手无策，燧从而献谀归功于神，皆可罪云。

7. 赵璜。江西安福人，弘治三年进士，正德十年，升巡抚山东右佥都御史。赵璜为工部右侍郎兼都察院左佥都御史总理河道。十一年璜以治河功成，重造黄陵岗昭应河神祠。

8. 龚宏。正德十一年升应天府府尹，龚宏为都察院右副都御史总理河道，于十二年曾奏黄河修守事宜数事，报可。十四年敕工部左侍郎崔岩兼都察院右副都御史修理黄河。

9. 章拯。浙江兰溪人，弘治十五年进士。嘉靖三年，工部言河道事重，请复设总理大臣。于是吏部言抚郧阳右副都御史章拯可。拯言黄河济漕国家之利。又言海口不可浚。御史吴劾其苟且塞责，嘉靖六年还京别叙。

10. 盛应期。吴江人，弘治六年进士，以工部侍郎致仕。嘉靖六年，即家拜右都御史总理河道。盛应期凿新河于昭阳湖东，北起江家口，南出留城口，以避黄河冲塞之患，修筑单县林至沛县旧城堤百四十余里，以塞黄流入湖之道。功未成，会旱灾，言者多谓非计，遂罢役。后三十年朱冲循新河遗迹成之，《明史》有传。

11. 潘希曾。浙江金华人，弘治十五年进士。嘉靖十五年秋，以工部右侍郎兼右都副御史总理河道。言"臣愚且拙，不敢求新奇之功，不敢为苟且之计，唯欲因旧以为功，从省以计事。故舍新河而修漕，图其易也"。又曰："河复故道，疏支河，此漕运之利，国家之福也。"于济沛间加筑东堤以遏决河入湖之路，更筑西堤，以防黄河之冲。十年召入京，改兵部侍郎，卒官。

12. 李绂。河南固始人，弘治十八年进士。称疾杜门不出，坐视河患被御史劾奏，请亟罢黜，以戒人臣怠事者。绂惶恐谢不职夺俸三月。

13. 戴时宗。福建晋江人，正德九年进士。戴时宗欲复孙家渡、涡河、赵皮寨、梁靖口四故道以分泄，又自劾乞罢。

14. 朱裳。河北沙河县人，正德九年进士，嘉靖十二年以都察院右副都御史总理河道。朱裳塞黄河之口以开运道，借黄河之水以资运河。谓："非缮筑堤岸增其高厚忧且不细。"又曰："黄河自古为患，惟我朝借之以资运渠之利；古也专除其害，今也兼资其利。"于十八年再任总河。卒，史称朱裳性峻直，有清操，历官三十年。攻苦食淡，常若一日，有先朝名臣之风。《明史》有传。

15. 刘天和。湖广麻城人，正德八年进士，嘉靖十三年进右副都御史总理河道。天和浚淤修河三万四千七百九十丈，修闸一十五座，自鱼台塌场口上至鲁桥，下至徐沛（会通河的一段）赖以济运，计划蓄泉济运。史称天和宇度宏量，有泛应才；长于治军，有花马池却虏之功。治民多惠政，在朝不避权幸。致仕卒。《明史》有传。

16. 李如圭。湖广澧州人，弘治十八年进士，嘉靖十五年总理河道，旋升兵部右侍郎。对治河无所建树。

17. 于湛。江南金坛人，正德二年进士，嘉靖二年由右副都御史总理河道。曾凿河四十余里，截涡河之水入河济洪。

18. 胡缵宗。陕西秦安人，正德三年进士，嘉靖十八年总理河道。开孙继口、孙禄口以分杀水患，灌徐、吕二洪以济漕。《明史》有附传。

19. 王以旂。江南江宁人，正德六年进士，嘉靖二十年由兵部右侍郎总理河漕。开李景高支河，导河东注以济二洪，进秩一等。《明史》有传。

20. 周用。江南吴江人，弘治十五年进士，嘉靖二十二年以工部尚书总理河道。主张沟洫容水。《明史》有传。

21. 韩邦奇。陕西朝邑人，正德三年进士，巡抚山西致仕，嘉靖二十三年以故官起督河道。《明史》有传。

22. 詹瀚。江西玉山人，正德十二年进士，嘉靖二十六年总理河道。开支河，修长堤。《明史》附传于《何遵传》中。

23. 胡松。江南绩溪人，正德九年进士，嘉靖二十七年总理河道。不逾而罢。《明史》有传。

24. 汪宗元。湖广崇阳人，嘉靖八年进士，嘉靖二十九年总理河道，不久被严嵩所罢。

25. 何鳌。浙江山阴人，正德十二年进士，嘉靖二十九年总理河道。

26. 连矿。山西永宁人，嘉靖十五年进士，嘉靖三十一年总理河道。浚刘伶台至赤晏庙八十里，筑草湾老黄河口，增高家堰长堤，缮新庄等旧闸，前后治河四年，入为南京刑部右侍郎。《明史》有传。

27. 胡植。江西南昌人，嘉靖十四年进士，三十四年总理河道，三十九年复总理河道。植党严嵩父子，与嵩为乡里，尝观嵩杀杨继盛，尤为人所恶。

28. 孙应奎。浙江余姚人，嘉靖八年进士，三十五年以右副都御史总理河道。力阻开胶莱河议，以直声闻。《明史》有传。

29. 王廷。四川南充人，嘉靖十一年进士，三十六年以陕西布政使总理河道。《明史》有传。

30. 林应亮。福建侯官人，嘉靖十一年进士，三十九年以右副都御史总理河道。

31. 孙植。江南平湖人，嘉靖十四年进士，四十年以右佥都御史总理河道。

32. 王士翘。江西安福人，嘉靖十七年进士，四十年以右佥都御史总理河道。数年以来，总河之升迁，席不暇暖，亦由河上之无所事事也。

33. 陈大宾。江陵人，字敬夫，嘉靖进士，由工部侍郎总理河道，隆庆五年卒。

34. 吴桂芳。江西新建人，嘉靖二十三年进士，四十二年以右副都御史总理河道，旋提督两广军务兼理巡抚。万历三年总督漕运，五年因与运道总理傅希挚议不合，罢希挚以李世达代，世达旋任他职，桂芳兼理河漕。桂芳增筑扬州外城。《明史》有传。

35. 李迁。江西新建人，嘉靖二十年进士，四十二年以工部右侍郎总理河道。出入中外三十年，不妄取一钱。《明史》有传。

36. 陈尧。通州人，嘉靖十四年进士，四十三年以工部右侍郎总理河道。

37. 孙慎。嘉靖四十四年以右副都御史总理河道。时河患方亟，孙慎被命迁延不即赴任，被劾回籍候用。

38. 朱衡。江西万安人，嘉靖十一年进士，四十四年为工部尚书兼都察院右副都御史总理河道及漕运。即盛应期所开新河故址复开之，自南阳以南，东至夏村，又东南至留城，并筑堤吕孟湖以防溃决，引鲇鱼、薛、沙诸水入新渠，筑马家桥以遏飞云桥决口。所开河长一百九十四里，漕运颇便，晋太子大保。《明史》有传。

39. 潘季驯。浙江乌程人，嘉靖二十九年进士，四十四年由大理寺左少卿为都察院右佥都御史总理河道。以母忧去职，隆庆四年起故官再理河道。坐驱运船入新溜漂没多，被劾罢职。万历六年以右都御史工部左侍郎总理河漕。季驯筑崔镇以塞决口，筑遥堤以防溃决，淮清河浊，借清淮以刷浊，淮弱河强，筑高堰蓄淮以敌强，二水并流，海口自浚。两河工成，加太子太保迁南京兵部尚书，以右张居正落职为民。十六年复起为右都御史总理河道，二十年以泗州大水，患及祖陵去职。著有《河防一览》。《明史》有传。

40. 翁大立。浙江余姚人，嘉靖十七年进士，隆庆二年以都察院右副都御史总理河道。大立以下民昏垫，闾阎愁困状帝莫能周知，乃绘十二图以献，且言时事可忧可虑者五，治运治淮亦著成绩。五年以黄河暴涨运道淤阻，被劾罢。《明史》有传。

41. 万恭。江西南昌人，嘉靖二十三年进士，隆庆六年以兵部左侍郎兼都察院右佥都御史总理河道。恭筑黄河堤在邳宿间三百七十里，缘运河堤建平水闸二十余。恭强毅敏达，一时称才臣，治水三年被劾罢。著有《治水筌蹄》。《明史》有传。

42. 傅希挚。河北衡水人，隆庆末以巡抚山东改总理河道。以茶城淤塞，开梁山以下宁洋山出右洪口。万历五年与总督漕运吴桂芳不合，巡抚山西。

43. 李世达。陕西泾阳人，嘉靖三十五年进士，万历五年以巡抚山东总理河道。六年巡抚浙江，历任吏、兵、刑部尚书。世达言效忠持正者，语虽过激心实无他，即或心未可知，而言不可废，惟缄默依阿然后加罚黜，则谠言日进，邪说渐消。《明史》有传。

44. 凌云翼。江南太仓州人，嘉靖二十六年进士，万历八年以兵部尚书兼都察院右副都御史总理河道。凌云翼有干济才，然好杀戮。《明史》有传。

45. 舒应龙。湖广全州人，嘉靖四十一年进士。万历二十年工科给事中，杨其休称其老成谙练，由南京兵部尚书改工部尚书总督河道，管理军务。二十二年回工部管事，忠勤部务，特旨优叙。

46. 顾养谦。万历二十三年以兵部左侍郎为工部尚书总理河道。

47. 杨一魁。山西解州人，嘉靖四十四年进士，万历二十三年由南京都察院右佥都御史升工部尚书总理河道。时黄淮并涨，淹没明代祖陵，潘季驯因以去职，一魁分黄导淮，自黄江嘴导河分趋五港、灌口尽入海，以杀黄势，勿尽入淮；导淮则清口辟积沙数十里，又于高堰旁周家桥、武家墩引淮入射阳湖，为预浚入江入海之路，祖陵水渐退。三十年，以一魁不塞黄堌口，致冲祖陵，斥为民，至天启二年追复原职。

48. 刘东星。山西沁水人，隆庆二年进士，万历二十六年以工部左侍郎兼都察院右佥都御史总理河道，兼管漕运。东星开泇河，仅成十分之三，以劳瘁卒官。东星性俭约，历官三十年，敝衣疏食如一日。《明史》有传。

49. 李颐。江西余干人，隆庆二年进士，万历二十九年以右都御史兼工部左侍郎总理河道兼管漕运。时黄河泛滥，总河大臣或以罪去，或以忧死，迄无成功，颐即任以劳瘁致病卒。颐廉正，有干才，任宦三十年，敝车羸马，布衣疏食。巡抚顺天中使惮之。《明史》有传。

50. 曾如春。江西临州人，嘉靖四十四年进士，万历三十年以工部侍郎总理河道。时河决蒙墙口，如春塞蒙墙口，开引河功未半，遽放水，旋淤，如春忧卒。

51. 李化龙。河北长垣人，万历二年进士，三十一年任川贵总督，以工部右侍郎总理河道。与淮扬巡抚李三才奏开淤河，由直河入泇河抵夏镇，出徐州吕梁之东，以二百六十里之安流代三百六十里之险道。化龙认为黄河为运河之贼，舍黄一里即舍一里之贼。化龙有文武才。《明史》有传。

52. 曹时聘。万历三十二年由巡抚应天右金都御史为工部右侍郎总理河道。时聘大挑朱旺口，用帑八十万，无功。

53. 周孔教。江西临川人，万历八年进士，三十六年由应天巡抚都察院右金都御史为右副都御史总理河道。工科给事中劾其工于媚灶，骤列通显，未即总河任。

54. 刘士忠。陕西华州人，万历二年进士，三十九年以右金都御史总理河道。开复三山河，御史田生金劾其夸侈。士忠任总河时，曾擒获海洋倭寇。

55. 李景元。河北大名人，万历进士，四十一年由工部侍郎兼都察院右金都御史总理河道，以守制未即任。

56. 胡桂芳。万历四十二年以工部右侍郎兼都察院右金都御史总理河道，四十三年因病回籍调理。

57. 王佐。浙江鄞县人，万历十二年进士，四十六年由江西巡抚总理河道。曾言治河以无事为治，不求穿凿。佐清白大节，始终如一，士论称之，时河道日以废坏，当事者不能有为。

58. 陈道亨。江西新建人，万历十四年进士，泰昌元年以工部左侍郎兼都察院右金都御史总理河道。道亨贞亮有节，自参政至尚，不以家自随，所至不私一钱。《明史》有传。

59. 房壮丽。天启二年以江西巡抚为工部右侍郎总理河道。三年，中途称病，请告，不许。

60. 南居益。陕西渭南人，万历二十九年进士，天启五年以福建巡抚为右工部侍郎总理河道。魏忠贤衔居益不及己，削籍为民。居益少历操行，巡抚福建，平海盗，闽人立祠以祀。居益后被李自成所执，不屈绝食而死。《明史》有传。

61. 李从心。阉党，天启五年，以工部尚书总理河道，论徒三年。

62. 李明道。宦官，天启七年春总理河道。

63. 张九德。天启七年以工部尚书兼都察院右副都御史总理河道。

64. 丁启浚。崇祯元年总理河道。

65. 李若星。河南息县人，万历十三年进士，崇祯元年以工部右侍郎兼右金都御史总理河道。河决睢宁，若星迁城避之，都城戒严，遣兵入卫，后死于兵。《明史》有传。

66. 朱光祚。湖广江陵人，万历二十三年进士，崇祯三年以工部尚书兼都察院右副都御史总理河道，获罪瘐死。

67. 刘荣嗣。曲周人，万历三十四年进士，崇祯六年为工部尚书兼都察院右副都御史总理河道，被劾瘐死狱中。

68.周鼎。江南宜兴人，万历四十一年进士，崇祯八年任总理河道，鼎重浚泇河，又修高家堰，鼎任职五年，卒以运阻削职。

69.张国维。浙江东阳人，天启二年进士，崇祯十三年任工部右侍郎兼都察院右金都御史总理河道。维修治江南运河，会大旱，浚诸水以漕，明亡殉难。《明史》有传。

70.黄希宪。崇祯十六年任总河。

71.周堪赓。崇祯十六年任总河。

明代从成化七年（1471）起至崇祯末（1643），前后更迭计七十一人。在筑断黄陵岗前南河问题不大，汛期常北决荆隆口，南河淤垫不严重，堤防不完整，部分流量入泗入淮，大部分流量经澄清后入洪泽湖。公元1495年后，虽保证北不犯运，而南河曹、单、丰、沛之下日趋严重，迄万历初叶八十年间，历任河督席不暇暖，潘氏整饬一番，不过十年有余又大变方案，潘杨俱获罪而去，此后除泇河之役外，更无可述。末季河臣更初不保夕，多获谴幽瘐以死，可慨也矣。

附录四：清代河督任职简历

1. 杨方兴。镶白旗人，顺治元年以兵部尚书任河督。曾两次堵筑封丘大王庙决口，主张以河济运。于顺治十四年解职。

2. 朱之锡。浙江义乌人，顺治三年进士，十四年以吏部右侍郎升任兵部尚书兼都察院右副都御史总督河道。顺治帝称之锡气度端醇，才品勤敏。史称其公忠体国，曾数上书陈两河利害，著有《河防疏略》。盛暑隆冬，什九在外，劳不乘，暑不盖，有古大臣风。轸恤夫役，有惠政。积劳成疾，遽卒，年四十五岁，时康熙五年《清史稿》有传。

3. 卢崇峻。广宁人，继朱之锡为总河。

4. 苗澄。于顺治十七年署理总河。

5. 杨茂勋。于顺治十七年代理总河。康熙六年，以贵州总督再任河道总督。

6. 罗多。满洲人，康熙八年为总河。

7. 王光裕。辽东人，康熙十年为总河，十五年黄河倒灌洪泽湖，高堰溃决，黄淮合并东下，淮扬大困，光裕解勘问。

8. 靳辅。汉军镶黄旗人。原籍辽阳，由翰林编修巡抚安徽。康熙十六年二月，任兵部尚书兼都察院右副都御史总督河道，提督军务。敕文有山东、河南各巡抚悉听节制，便宜举行，不从中制。辅一本明潘季驯方案，以水治水，以水攻沙。大修堤防，加高洪湖大堤，创造洪泽湖坦坡，添筑减水坝以泄异涨，助淮敌黄，增辟中河，自皂河口至杨庄一百八十里，上接迦河，黄运各为一河。至康熙三十一年卒于任。谥文襄。著有《治河方略》《清史稿》有传。

9. 于成龙。汉军镶黄旗人，于康熙三十一年由左都御史汉军都统任河道总督。企图诬陷靳辅，被斥责，三十四年丁艰罢。三十七年复任，三十九年卒于任。《清史稿》有传。

10. 王新命。四川三台人，康熙二十七年由浙闽总督任河督，代靳辅。

11. 董安国。康熙三十四年于成龙丁艰，代为河道总督。安国筑拦河坝于云梯关，挑引河一千二百丈于马家港，拟人工改道黄河出灌河入海。

因去路不畅，责令培修。

12. 徐廷玺。康熙三十一年以顺天府尹为副总河，靳辅为总河。

13. 董讷。山东平原人，进士，三十一年署理总河。

14. 张鹏翮。湖北麻城人，康熙九年进士，三十九年由江南江西总督调河道总督。加筑高家堰，使清水大半入黄。四十七年入为刑部尚书，康熙称其一介不取天下廉吏；雍正谓其秉性孤介，持躬廉洁。著有治河书，《清史稿》有传。谥文端。

15. 赵世显。康熙四十八年任南河总督，六十年为属员讦罢。

16. 陈鹏年。湖广湘潭人，康熙三十年进士，六十年署河道总督，雍正元年卒于任，史称其洁己奉公，实心为国。谥恪勤。

17. 齐苏勒。满洲正白旗人，初为钦天博士，雍正元年署理河道总督，七年卒于任，苏勒操守清洁，办事明敏。谥勤恪。《清史稿》有传。

18. 嵇曾筠。江南无锡人，康熙四十五年进士，雍正二年四月由河南巡抚特授河南副总河。七年三月，授河南山东河道总督兼管运河，八年五月署江南河道总督，乾隆元年兼任浙江巡抚总理浙江海塘工程。三年十二月卒，史称其悉心筹划，殚力宣劳，与靳辅、齐苏勒媲美。谥文敏。《清史稿》有传。

19. 尹继善。满洲镶黄旗人，雍正元年进士，六年四月任内阁学士调协理江南河务，七年正月署理河道总督，至乾隆三十六年卒。谥文端。《清史稿》有传。

20. 孔毓珣。山东曲阜人，雍正七年任江南河道总督，八年卒。谥温僖。

21. 田文镜。汉军正黄旗人，雍正八年任河南巡抚兼北河总督。

22. 徐湛恩。雍正六年由左金都御史协理河南河务，七年擢内阁学士协理河务。

23. 沈廷正。汉军镶白旗人，雍正八年由云南巡抚任东河河道总督。

24. 朱藻。雍正八年任河道协理东河河道总督，九年任东河河道总督。

25. 高斌。满洲镶黄旗人，雍正九年任河南布政使，迁河东副总河，十一年署江南河道总督。乾隆十八年河决铜山，因同知李炖、守备张宾侵帑误工，高斌、张师载同李、张缚赴刑场，目睹行刑，二十年高卒于工次。《清史稿》有传。

26. 阿兰泰。满洲镶蓝旗人，雍正十年任河东副总河。

27. 孙国玺。雍正十年任大理寺少卿，调河东副总河。

28. 白锺山。汉军正蓝旗人，雍正十二年七月任江苏布政使调任南河副总河，专司河务。十二月调河东河道总督。乾隆七年调南河，十一年以陈家浦冲刷淹没革职,并被参奏抄寄顿财产。二十六年卒于南河总督任所。谥庄恪。

29. 刘永澄。雍正十三年任江南副总河。

30. 刘勷。雍正十二年任河东副总河。

31. 德尔敏。乾隆元年任南河副总河。

32. 完颜伟。满洲镶黄旗人,乾隆六年任江南副总河。

33. 周学健。江西新建县人,雍正元年进士,乾隆十二年九月任福建巡抚授江南河道总督。后因事获罪,往直隶效力,又因他罪赐自尽。

34. 张师载。河南仪封人,举人荫生,乾隆十四年任仓场侍郎,赴江南学习河务,十八年因属员赃案陪斩,革职。二十二年任河东河道总督,二十八年卒。

35. 顾琮。满洲镶黄旗人,雍正十一年八月授直隶总河,乾隆二年八月署河道总督,十一年署江南河道总督,十四年调河东河道总督,十九年因南河任内浮费工银革职,卒。《清史稿》有传。

36. 富勒赫。乾隆十八年以布政使学习河务,二十年署南河,二十一年罢,并严加议处。

37. 策楞。乾隆十八年署南河。

38. 爱必达。乾隆二十一年署理江南河道总督。

39. 嵇璜。江南无锡人,雍正八年进士,乾隆二十二年任吏部右侍郎任南河副总河。二十三年内调礼部尚书,四十六年曾建议黄河归山东故道。乾隆五十九年卒。谥文恭。《清史稿》有传。

40. 高晋。满洲镶黄旗人,乾隆二十三年协理江南河工,二十六年授南河河道总督,三十年调两江总督仍总理河务。四十三年七月赴河南堵筑仪封漫口,十二月,埽工蛰陷,交部严加议处。卒,谥文端。《清史稿》有传。

41. 叶存仁。湖广江夏人,乾隆二十八年任河南巡抚授河东河道总督,二十九年卒。

42. 李宏。二十九年任河东河道总督。

43. 李清时。乾隆三十年由淮徐道擢授河东总河。

44. 吴嗣爵。浙江钱塘人,进士,乾隆三十三年授河东河道总督,四十一年内迁。

45. 姚立德。浙江钱塘人,乾隆三十六年授河东河道总督,四十四年革职。

46. 萨载。乾隆四十一年任江南河道总督。

47. 李奉瀚。汉军正蓝旗人,乾隆四十四年由河库道署江南河道总督,嘉庆二年调两江总督。

48.袁守侗。山东长山县人，乾隆四十四年四月授河东河道总督，十一月调直隶总督。

49.陈辉祖。湖南祁阳人，荫生，乾隆四十四年任河南巡抚，授河东河道总督，四十五年十二月调任。

50.韩荣。四川毕节人，乾隆四十五年授河东河道总督，四十七年丁艰。

51.何裕城。湖南靖州人，乾隆四十七年七月任河东河道总督，四十八年三月调河南巡抚。

52.兰第锡。江西吉安人，举人，乾隆四十八年任永定河道，调河东河道总督，五十四年调南河，嘉庆二年卒。

53.康基田。山西兴县人，乾隆进士，五十四年署理南河，嘉庆五年以失火延烧革职。著有《河渠纪闻》。

54.司马驹。江南江宁人，嘉庆二年授河东河道总河，以河工漫口，籍没家产。

55.吴璥。浙江钱塘人，乾隆四十三年进士，嘉庆四年三月署河东河道总督，五年二月调南河，九年内调，十二年任河东河道总督，十三年内迁，十四年任南河，十五年内迁，十九年授河东河道总督，道光二年卒。

56.王秉韬。汉军镶黄旗人，举人，嘉庆五年授河东河道总督，七年卒。

57.嵇承志。江南无锡人，举人，嘉庆七年授河东河道总督，九年内迁。

58.徐端。浙江德清人，举人，嘉庆九年授河东河道总督，调南河，因与松筠抗辩，特旨徐端不胜河督之任，革职。十四年以荷花塘漫工复塌，降副职。

59.李亨特。汉军正蓝旗人，前河督李宏之孙，奉瀚之子。嘉庆九年授河东河道总督，十一年四月革任。

60.戴均元。江西大庾人，乾隆四十年进士，嘉庆十年任吏部右侍郎，赴南河预筹事宜，十一年五月转吏部左侍郎，授江南河道总督，十三年因病去职。

61.马慧裕。嘉庆十三年六月授河东河道总督，十四年七月调漕督。

62.那彦成。满洲正白旗人，乾隆五十四年进士，嘉庆十三年三月任西宁办事大臣，擢江南河道副总督，十四年因荷花塘漫工复塌，往新疆换班。

63.陈凤翔。江西崇仁人，嘉庆十四年七月由永定河道擢河东河道总督。十五年十二月调南河，十七年迟堵礼坝，过泄湖水，贻误全河，革职，枷号四月，戍乌鲁木齐。

64.蒋攸铦。汉军镶蓝旗人。乾隆四十九年进士，原任浙江巡抚，嘉庆十五年十一月，调江南河道总督，十二月回浙抚任。

65．黎世序。河南罗山人，进士，嘉庆十七年八月署江南河道总督，道光四年卒。谥襄勤。著有《续行水金鉴》。

66．李鸿宾。河南德化人，嘉庆六年进士，十九年授河东副总河。二十年正月，擢河东河道总督，五月乞养，二十四年八月复授东河，十月自陈不胜河督之任，降郎中，留工经营钱粮，复有罪回任。二十五年三月仪封三堡又漫口，复革职效力。

67．李逢亨。嘉庆二十年任永定河道，五月授河东河道总督，二十一年十一月以不谙河务，回永定河道任。

68．叶观潮。福建闽县人，举人，嘉庆二十一年授河东河道总督。二十四年七月南岸仪封、兰阳漫口，革职效力。复因北岸马营漫口在北岸工次枷号，并饬令赔工。

69．张文浩。浙江会稽人，嘉庆二十五年以运河道署河东河道总督，道光四年任南河河道总督，十二月因暴风掣塌高堰石工，革职枷号，戍伊犁。时两江总督孙玉庭亦因是案解任，专督漕运，引黄济漕，淤涩不通，复赔费，免职。

70．姚祖同。浙江钱塘人，举人，前河督姚立德之子。道光元年任河南巡抚，兼河东河道总督。

71．严烺。道光元年七月，由河南河北道任河东河道总督，五年调南河，六年复调东河，十一年因病解职。

72．张井。陕西肤施县人，嘉庆六年进士，道光四年由河南开、归、陈、许道署理河东河道总督。五年赴江省会议全河大局，六年奏言黄河绕避高淤，由安东改道至丝网滨入海。调南河，改道亦格议不行，十三年因病解职。因自五年淮不汇黄全部出江，倒塘灌放，洪泽湖亦不蓄水，安全无险，南河仅有十二年桃源烟墩溢决，二十二年崔镇杨工决口。

73．潘锡恩。安徽泾县人，进士，道光六年由江南淮扬道任南河副总河。九年丁艰，二十二年复职，二十八年因病解职，杨以增代。

74．林则徐。福建侯官县人，嘉庆十六年进士，道光十一年七月任江宁布政使，十月调河东河道总督，十二年二月去职，任江苏巡抚。《清史稿》有传。

75．吴邦庆。河北霸州人，进士，道光十二年任河东河道总督。十五年解职。

76．麟庆。满洲镶黄旗人，进士，道光十三年署江南河道总督，二十二年以崔镇决口去官。

77. 栗毓美。山西浑源县人，嘉庆六年拔贡，十五年五月由护理河南巡抚擢河东河道总督，抛砖筑埽，安澜奏绩，二十年卒。谥恭勤。《清史稿》有传。

78. 文冲。满洲人，道光二十一年由永定河道升河东河道总督，以祥符上汛漫口革职，枷号河干。

79. 钟祥。由库伦办事大臣于道光二十三年任河东河道总督，二十九年卒。颜以煜代。

80. 惠成。满洲人，道光二十四年任河东河道总督，以中牟下汛九堡漫口革职，枷示河干。

81. 杨以增。山东聊城人。道光进士，道光二十八年由陕西巡抚任江南河道总督。以咸丰元年丰北决口革职留任，培堵漫口，六年病殁。长庚代。

82. 颜以煜。广东省连平举人，道光二十九年，由淮海道升任。

83. 长臻。内务府镶黄旗人，咸丰三年任河东河道总督，五年五月病卒，李钧代。

84. 李钧。河北河间人，进士，咸丰五年任河东河道总督。九年因病解任，黄赞汤代。

85. 长庚。咸丰六年由直隶布政使任南河河道总督。十年革职，漕运总督王梦龄代。南河总督裁撤。

86. 黄赞汤。咸丰九年由刑部右侍郎任河东河道总督，同治元年七月调广东巡抚，谭廷襄代。

87. 谭廷襄。字竹厓，浙江山阴人，同治元年以山东巡抚暂署，三年七月调刑部右侍郎，郑敦谨代。

88. 郑敦谨。同治三年七月由直隶布政使任河东河道总督，四年调湖北巡抚，张之万署。

89. 张之万。直隶南皮进士，同治四年四月以河南巡抚署河东河道总督，五年调漕运总督，苏廷魁代。

90. 苏廷魁。字赓堂，同治五年九月以河南布政使任河东河道总督，是年内调，乔松年代。

91. 乔松年。山西进士，同治十年由仓场侍郎任河东河道总督，光绪元年二月卒，曾国荃代。

92. 曾国荃。湖南人，光绪元年以陕西巡抚任河东河道总督，未到任前由河南巡抚钱鼎铭暂管，二年八月调山西巡抚，李鹤年代。

93. 李鹤年。奉天义州人，道光二十三年进士，光绪二十八年由闽浙总督调河东河道总督，七年任河南巡抚，梅启照代。《清史稿》有传。

94. 梅启照。江西人，光绪七年八月，由兵部侍郎任河道总督，九年二月革职，庆裕代。

95. 庆裕。光绪九年由漕运总督任河东河道总督，十二月调盛京将军，成孚代。

96. 成孚。光绪九年十二月由河南布政使任河东河道总督，十三年革职。

97. 李鸿藻。直隶高阳进士，光绪十三年十二月礼部尚书督办郑州大工，暂署河东河道总督。

98. 吴大澂。江苏吴县进士，光绪十四年七月由广东巡抚署河东河道总督。十六年回籍省亲，许振祎代。

99. 许振祎。江西新建进士，光绪十六年二月，以河南布政使任河东河道总督。八月奏河工积弊，自十七年起每年河工银以六十万两为准。二十一年十一月因病解职，任道镕代。

100. 任道镕。江苏宜兴人，光绪二十二年二月署河东河道总督，二十七年调浙江巡抚，锡良代。

101. 锡良。原任湖北巡抚，光绪二十七年正月任河东河道总督，九月兼署河南巡抚。河东河道裁撤。

清代自公元 1644 年至公元 1855 年（咸丰五年）共二百一十二年，前后河督计一百零一人，被谴革职要占半数，朝赐恩宠，暮蒙罪责，一般臣工视为畏途。幸进者，据为升迁之要津，背缚倍斩，伊犁效力，枷示河干受耻辱，功成太子太保，溃败革免培修。在下庸人误国，在上蒙昧多忌，启于南行，怵于北返，违背黄河历史之特性，蔑视客观内在之规律，必然焦头烂额，终致覆车偾事而后已。睹河臣更迭之频繁，可知这三百六十年中（1495—1855）河事之梗概矣。

附录五：明代徐州河务职官年表

一、明代河务机构的设置及徐州河务管理

明朝于"工部"下设"都水清吏司"，简称"都水司"，主管官为"郎中"，助手为"员外郎"及"主事"。这是"法定的水利官"。而在实际的运作中，朝廷派往治河与治漕的第一责任人，其品级则都远远地高过"都水司"，高过那个五品"郎中"。

开始，明代的河务官管河（黄河），漕务官管漕，本来是分工明确的。后来，因为黄河与运河大部分时间在徐州境内（有时也会波及徐州以北的山东诸州县，或徐州以南的淮安一带）交汇，所以"治河"与"保漕"在徐州不但是复杂的，而且是合二而一的。基于这使命的合一，因而河务官、漕务官职责交叉便是常态，坐镇徐州这个黄运交汇点也是常态。

据《明史·职官二》："太祖时，尝置京畿都漕运司，设漕运使。洪武元年（1368）置漕运使，正四品，知事，正八品，永乐间，设漕运总兵官，以平江伯陈瑄治漕。宣德中，又遣侍郎、都御史、少卿等官督运。至景泰二年（1451），因漕运不断，始命副都御史王竑总督，因兼巡抚淮、扬、庐、凤四府，徐、和、滁三州，治淮安。成化八年（1472），分设巡抚、总漕各一员。九年复旧。正德十三年（1518）又分设。十六年（1521）又复旧。嘉靖三十六年（1557），以倭警，添设提督军务巡抚凤阳都御史。四十年（1561）归并，改总督漕运兼提督军务。万历七年（1579）加兼管河道。"

解读上"志"，如果说陈瑄治漕、治河还是"临时职务"，那么从王竑担任"总督漕运"，这"河道总督"与"漕运总督"就开始了"专设"。

关于河道官员的专设，《职官志》记载较为错杂：

"总理河漕兼提督军务一员。永乐九年（1411）遣尚书治河，自后间遣侍郎、都御史。成化后，始称总督河道。正德四年（1509），定设都御史。嘉靖二十年（1541），以都御史加工部职衔，提督河南、山东、直隶河道。隆庆四年（1570），加提督军务。万历五年（1577），改总理河漕兼提督军务。八年革。"

据《职官志五》，与"总理河漕兼提督军务"相配合的还有"总督漕

运总兵官一人。永乐二年（1404），设总兵、副总兵，统领官军海运。后海运罢，专督漕运。天顺元年（1457）又令兼理河道。协同督运参将一人，天顺元年设，把总十二人，南京二，江南直隶二，江北直隶二，中都一，浙江二，山东一，湖广一，江西一"。

所谓十二位"把总"，其中的两位属"江南直隶"，徐州就在他们的分管之下。

另据《职官志》，介入徐州一带部分（沛县段）河务的还当有"巡抚山东等处地方督理营田兼管河道提督军务"。"巡抚"正统五年（1440）始设；十三年（1448），定遣"都御史"。嘉靖四十二年（1555），加"督理营田"。万历七年（1579），始"兼管河道"。八年（1580），加"提督军务"。

治河之最高长官，以朝廷"都御史""佥都御史"衔出任，其实已超出了"水利"业务的范畴。唯其有监察背景和司法职权，所以在治水过程中才能令行禁止。"巡抚"而"督理营田"，再"兼管河道"，再"提督军务"，也都有"综合治理"的需要。

"总理河漕"之下，是分管"河道"的"道员"，为正四品。徐州道，兼河务，驻宿迁（"道"的职责还有分管粮道、海关道、巡警道、劝业道、分守道、分巡道、兵备者）。

此外，以军职兼管河道者，在徐州还有"镇"的参将或副将（属江南提督领导）。

在实际的运作中，户部与工部的基层组织，如徐州的户部分司、吕梁洪工部分司、夏镇工部分司等，也都会介入"河务"或"漕务"工作。

"彭城十一卫"（徐州卫所）的财务开支，则属户部十三清吏司之"四川司带管"；徐州仓（临清、德州、淮安、天津各仓）的财务开支则属户部十三清吏司之"云南司带管"。

将上述资料归拢，跳出明代黄、运管理制度的复杂及体制的纷乱，"河""漕"管理的文官体系大概是：

最上一级是尚书级（正二品）或侍郎级（正三品）的总理河道、总（或提）督河道、总漕兼管河道，接着是道、厅、汛、堡的梯级组织，由郎中、主事、所属州县之管河同知、通判、州判、县丞、主簿来担任；武职系统则是总理河道的"军门署"，其下辖"道""卫""所"。"道"即"兵备道"（在徐州，即为"徐州兵备道"），"卫"即"道"下所设军事机构（在"徐州兵备道"下，有徐州卫、徐州左卫及邳州卫）。任"兵备道"者，多为正四品，而据《徐州府志》载，"徐州卫"设指挥使（正二品）、指挥同知（从二品）、指挥佥事（正三品），其属还有经历（正六品）、镇抚（从六品）、知事（从八品）等,品级都较文职为高。"徐州卫"初设五个"千户所",每个"千户所"设"千户"（正五品）、"副千户"（从五品）各一。后至景泰年间再增二千户所,故至明代中期"徐州卫"已下辖七个千户所。与之平级的"徐州左卫"也辖有五个"千户所"。仅此二卫,徐州驻军定然在一万五千人左右。这些兵士,战时打仗,河漕有事,则以防洪抗洪为主。

在这个分级、分段管理的体系中,另有监察史、锦衣卫千户等,出任管河道主事、管洪主事、管泉主事、巡河御史、管河御史等。总之,这是一个"中央"与"地方"相互衔接的管理体系。河道事是地方事、百姓事,也是国家事、帝王事。

二. 明代徐州闸坝

明代,山东段运河经过永乐九年（1411）、隆庆元年（1567）、万历三十二年（1604）三次改道后,共建闸三十九座（一说三十八座）。即嘉靖年间（1522—1566）,山东运河主航道新建闸二十二座：板闸、砖闸（此二闸由临清河道移位改建）、戴家湾闸、土桥闸、梁家乡闸、永通闸、通济桥闸、戴家庙闸、安山闸（东平县大安山）、靳家口闸、袁家口闸、十里闸、柳林闸、寺前铺闸、通济闸、仲家浅闸、八里湾闸、湖陵城闸、庙道口闸、沽头闸、谢沟闸、新兴闸。隆庆元年（1567）,自南阳经夏镇至留城开成新河一百四十余里（南阳经谷亭至新兴旧河废）,在此运道上又增建了利建、邢庄、珠梅、杨庄、夏镇、满家、西柳庄、马家桥、留城九座新闸。万历三十二年（1604）"泇河行运",山东泇运河自夏镇经韩庄、台儿庄至邳州接旧黄河,此段运河再建新闸八座：韩庄闸、德胜闸、张庄闸、万年闸、丁庙闸、顿庄闸、侯迁闸、台儿庄闸。

闸坝林立,节节掌控,是山东段、徐州段运河的奇观。这是一种巨大的建设投入,也是一种庞大的经营管理。这些闸坝印证的是明代朝廷对运河的管理是全局性、体系性的。

附录 5-1 徐州仓户部分司

姓名	籍贯	出身	始任年	备注
熊 壮				
郭 安	襄城	进士		
邱 逵		进士		
车 宁	闽县	进士		
蒋 敷	江宁	进士		
孙 确				

苗 灏	德州	进士	景泰中	
李淑玉	长乐	进士		
贾 杰				
夏 忠	德州	进士		
解延年	栖霞	进士		
王 珪	松江	进士		
张 遂				
冯 灏				
蒋云汉	巴县	进士	天顺中	
张 瓒	山西	进士		
余 璞	富顺	进士		
刘 璋	卫辉	进士		
阎 恕	荥阳	进士		
刘 澄	四会	进士		
柳 琰	仪征	进士		
冯 绪	昌邑	进士		
刘 道	怀仁	进士		
李 衍	武强	进士		
高 弼	武城	进士		
袁 江	祥符	进士		
冀 绮	宝应	进士		
翟 通	仪封	进士		
毛 泰	南阳	进士		
刘 忠	南溪	进士		
郁 庠	景州	进士		
李 云	宜兴	进士		
吴 裕	揭阳	进士		
童 兰	孟津	进士		
田 铎	阳城	进士		《县志》"田"作"白"
缪 昌	无锡	进士		
孙 识	商河	进士		
康绍宗	武定州	进士	成化中	
丁 珝	海丰	进士		
陈 昌	无锡	进士		

郭秉韶	桂阳	进士		
黎世容			弘治年	
余 征	莆田	进士		
徐 逵	长沙	进士		
徐文英	西平	进士		
赵亮采	齐河	进士		
王 琰	孝感	进士		
胡 经	滨州	进士		
相 枢	博兴	进士		
赵 鹤	江都	进士		
陈 策	无锡	进士		
王 玹	阳城	进士		
宋 毓	德州	进士		
庄 禅	武进	进士		
侯启忠	长宁	进士		
鲍继文	曲阜	进士		
毛思义	阳信	进士		
张 秀	瓯宁	进士		
杨 清	清河	进士		
于 鳌	滁州	进士		
冯 驯	岳池	进士		
郑 琼	海阳	进士		
张孟忠	闽县	进士		
高 瑁	睢宁	进士		
王 遵	宣城	进士		
王进贤	邓州	进士		
杨 易	建安	进士		
康 浩	武功	进士		
蒋 彬	全州	进士		
张拱辰	顺德	进士		
李崧祥	贵池	进士		
杨 桀	德州	进士	正德年间	
孙 仪	平度	进士		
郑 建	祁门	进士		

王召	无锡	进士		
华金	无锡	进士		
江元辅	婺源	进士		
许继	闽县	进士		
韦尚贤	南安	进士		
尹尚宾	茶陵	进士		
陈玑	鄞城	进士		
郑絅	莆田	进士		
王邦裕	堂邑	进士		
伍铠	晋江	进士		
李开先	章邱	进士		
王维垣	武清	进士		
高翀	安陆	进士		
张愚	天津	进士		
张伟	河间	举人		
窦润	滁州	进士		
王问	无锡	进士		
郭朝宾	汶上	进士		
吴岳	汶上	进士		
陈捷	长乐	进士		
李琇	含山	举人		
李继光	泸州	进士		
林壁	侯官	进士		
周镐	汲县	进士		
梅守德	宣城	进士		
尹梁	晋州	进士		
李台	公安	进士		
方瑜	歙县	进士		
李燧	金乡	进士		
卢岐嶷	长泰	进士		
李敬	泾阳	进士		
杨允贤	寿张	进士		
郑铭	闽县	进士		
岳东升	信阳	举人		

邓廷猷	蒲圻	进士		
毛木	任县	进士		
雷上儒	嘉鱼	进士		
马云雷	祁县	选贡		
张文渊	四川	进士		
张一霁	睢阳	进士		
刘大遗	晋江	进士		
毛自道	平原	进士		
蔡可教	成安	进士		
王缵宗	南充	举人		
赵讷	猗氏	进士		
顾应龙	无锡	进士		
赵讷	孝义	进士		
朱光宇	祥符	进士		
薛钥	代州	进士		
申嘉瑞	叶县	解元		
张国华	巫山	举人		
张敷潜	晋江	举人		
许大光	安阳	进士		
郑继之	襄阳	进士	万历初	
杨以忠	武进	进士		
高荐	益都	进士		
杨佩训	晋江	进士		
姜士昌	丹阳	进士	万历十年	
周大谟	宝庆	举人		
陈一简	繁昌	进士		
傅崇明	卫辉	进士		
洪敷诰	临桂	进士		
黄应聘	江津	进士		
叶炜	宣城	进士		
周继京	晋江			
袁谏	西充	进士		
鲁点	南漳	进士		
曹志遇	兴国州	进士		

胡廷宴	漳浦	进士		
杨思谦	新化	进士		
裴文焕	临清州	进士		
张守道	宣城	进士		
李廷训	固原	进士		
卢瑛田	东莞	进士		
张 晓	益都	进士		
宋统殷	即墨	进士	万历四十四年	
刘宏宇	泰州	进士		
陈王道	东莞	举人		
郭长发	惠安	举人	天启二年	
张 璇	高邑	举人	天启四年	
刘继芳	泾阳			
史启元	江都	进士		
林 钟	晋江	举人		
张道泽	沁水			
许国土	祁州	进士		
张 湖	太邑	举人		
韩昭宣	蒲州		崇祯十一年	
张永禧	宜兴			
刘士俊	蒲州	进士	崇祯十五年	
盛 黄	项城	举人	崇祯十七年	

附录5-2 徐州洪工部分司

姓名	籍贯	出身	始任年	备注
王 矩		御史		
杨 琏	定远	户部郎中		
孙 升	济宁州	工部郎中		
史 宏	溧水	工部郎中		《县志》作"史历"
王 豫	祥符	进士		
以后（下）皆主事				
王 忠	临海	进士		
蒋希性	缙云	进士		
蒋 文	侯官			

成 伟	兴化			
李 蕃	河阳	进士		
袁 润	丰城	进士		
张 寰	新建			
宋 德	嘉祥	进士		
谢 弁	余姚			
郭 升	颍州	进士		
王 道	固始	进士		
方 彬	莆田	进士		
尹 珍	大河	进士		
吴 超	漳浦	进士		
饶 泗	进贤	进士		
吴 瑞	昆山	进士		
谢 缉	乐安	进士		
冯 夔	无锡	进士		
夏从寿	江阴	进士		
董 恬	上海	进士		
胡 昉	萧山	进士		
朱 衮	上虞	进士		
罗 循	吉水	进士		
陆 鳌	吴江	进士		
戴德孺	临海	进士		
吴 哲	华亭	进士		
陈 辅	仪征	进士		
陆 金	吴江	进士		
王时泰	余姚	进士		
李 香	分宜	进士		
陈之良	应山	进士		
于思睿	青城	进士		
刘 录	鄱阳	进士		
陈 明	历城	进士		
胡 岳	鄱阳	进士		
马从谦	溧阳	进士		
李载赞	石首	进士		

戴 燡	鄞县	进士		
陈 穆	鄞县	进士		
王重光	山东新城	进士		
王 觉	无锡	进士		
冯有年	无锡	进士		
彭登瀛	临桂	进士		
陈元琰	怀安	进士		
吴遵晦	钱塘	进士		
张大猷	番禺	进士		
董 懋	泸州	进士		
姚体信	平湖	进士	嘉靖四十年	
李 汶	任邱	进士		
王 宜	晋江	进士		
刘 泮	江都	进士		
欧阳绍庆	江西太和	举人		
张登云	宁阳	进士		
万文卿	南昌	进士		

附录 5-3 吕梁洪工部分司

姓名	籍贯	出身	始任年	备注
徐 仪	南城	大理寺左丞	宣德间	
王 溥	新昌	刑部郎中		
荣 华	宛平	以河南副使任		
萧 宏	宣州			
以后（下）皆主事				
张 蓉	湖广			
谢 遂	海州			一作"山东"。《县志》"遂"作"达"
邱 奎	山东			
杜 谦	昌黎	进士		
虞 钟	开化	进士		
钟 宸	华亭	进士		
张 达	太和	进士	成化三年	
过 璘	平湖	进士		
谢 敬	德州	进士		

孙佐	仁和	进士		
李瀛	宛平	进士		
王伊	华容	进士		
费瑄	铅山	进士		
李侃	玉山	进士		
李浩	曲沃	进士		
李泰	江西新城	进士		
赵璜	安福	进士		
来天球	萧山	进士		
皇甫录	长洲	进士		
张文锦	广宁卫	进士		
刘天麒	桂林卫	进士		
姜容	余姚	进士		
伍全	安福	进士		
李楫	成都卫	进士		
蒋益	武进	进士		
陈宪	余干	进士		
郭持平	万安	进士		
温儒	招远	进士	嘉靖二年	
冯世雍	江夏	进士	嘉靖五年	
卢绅	咸宁	进士		
蒋应奎	江都	进士		
张铿	余姚	进士		
公跻奎	蒙阴	进士		
张珍	丹阳	进士	嘉靖十六年	
徐有让	东平州	举人		
陈洪范	仁和	进士		
曹英	江津	举人	嘉靖二十五年	
莫璠	蓟州	进士		"莫"一作"纪"
包应麟	临海	进士	嘉靖二十九年	
诸暲	余姚	进士	嘉靖三十二年	
王应时	侯官	进士		
卢嘉庆	祥符	进士	嘉靖三十七年	
章汝槐	临川	进士	嘉靖三十九年	

河 源	广昌	进士		
吴善言	成安	进士		
唐 链	湖广	进士		
吴自新	江宁	进士		
黄猷吉	山阴	进士		
陈邦彦	青阳	进士		
公一扬	山东	进士		
沈 修	仁和	进士		
萧 雍	宁国	进士		
李 瑞	林县	举人		
佘毅中	铜陵	进士	万历四年	
陈 瑛	莆田	进士		
袁光宇	常熟	进士		
黄承元	秀水	进士		
刘不息	祥符	举人		
朱家法	上海	进士		
袁应泰	凤翔	进士		
赵应选	新昌	进士		
傅淑训	孝感	进士		
王命禹	萧山	进士	万历三十九年	
吴大山	钱塘	举人		
蒋 谨	江阴	进士		
金元嘉	吴江	进士		
晋承惠	洪洞	举人		
赵 濂	韩城	举人		
聂云翘	曲江	举人	天启七年	
屠存仁	嘉兴	进士		
胡 链	余干	进士		
王赞资	会稽			
余 宗	襄阳	举人		

附录 5-4 夏镇工部分司

姓名	籍贯	出身	始任年	备注
陈 宣	永嘉	进士		

胡倬	临桂	进士		
俞稳	宁海	进士		
江师古	蒲圻	进士		
蒙惠	苍梧	进士		
高贯	江阴	进士		
章文韬	黄岩	进士		
章拯	兰谿	进士		
王孝忠	南充	进士		
王銮	大庚	进士		
李瑜	缙云	进士		
乐选	仁和	进士		
王佩	文安	进士		
颜德伦	安福	进士		
侯宁	东平	进士		
许诗	灵宝	举人		
徐维贤	上虞	进士		
吴衍	南城	进士		
钦拱极	太仓	进士		
曾鉴	德州	进士		
陆梦韩	平湖	进士		
施笃臣	青阳	进士		
宋豫卿	富顺	进士		
以上驻沽头				
陈楠	奉化	进士		
以下迁夏镇				
钱锡汝	吴江	进士		
李赝	华亭	进士		
高自新	获鹿	进士		
钱锡汝	吴江	进士		万历元年再任
陆橔	长洲	进士		
詹思谦	常山	进士		
王焕	咸宁	进士		
詹世用	弋阳	进士		
韩杲	光山	进士		

杨 信	咸宁	进士		
余继善	固始	进士		"余"一作"徐"
钱养廉	仁和	进士		
尹从教	宜宾	进士		
杨为栋	綦江	进士		
梅守相	宣城	进士		
茅国缙	归安	进士		推补更替领敕行事自此始
汤 沐	安陆	进士		
刘一鹏	南昌	举人		
钱时俊	常熟	进士		
石 炬	兴国州	进士		
黄元会	太仓	进士		
张应完	鄞县	举人		
章 谟	德清	进士		
陆化熙	常熟	进士		
刘 泓	海盐	进士		
朱瀛达	余姚	进士		
丰 建	鄞县	进士		
吴昌期	吴江	举人		
赵士履	常熟			
于重庆	金坛	进士		
宫继兰	静海	进士		
朱锡元	山阴	进士		

附录 5-5 淮徐兵备道

姓名	籍贯	出身	始任年	备注
江舜民	婺源	进士		
张 宪	蔚州	进士		
毛 科	余姚	进士		
冯 显	安肃	进士		
柳尚义	巴陵	进士	正德年	
罗 循	吉水	进士		
陈 和	龙岩	进士		

余　祐	鄱阳	进士		
蔡　需	宝坻	进士		
李　珏	开州	进士		
吴嘉聪	振武卫	进士		
赵　春	巴陵人	进士	嘉靖年	
秦　钺	慈谿	进士		
吴　昂	海盐	进士		
何　鳌	顺德	进士	嘉靖九年	
何　鳌	山阴	进士		
查应兆	长洲	进士		
宋　圭	北直新城	进士		
张　臬	进贤	进士		
屠大山	鄞县	进士		
王　梃	象山	进士		
杨　宜	衡水	进士		
郭延冕	文水	进士		
王　畿	衢州	进士		
谭　棨	涪州	进士		
李天宠	孟津	进士		
刘天授	吉安	进士		
于德昌	四川右护卫	进士		
翁时器	余姚	进士		
卢　鉴	咸宁	进士		
钱　峄	鄞县	进士		
余朝卿	南昌	进士		
徐　节	临汾	进士		
陈　奎	怀安	进士		
刘经纬	进贤	进士	隆庆二年	
冯敏功	平湖	进士	隆庆三年	
舒应龙	全州	进士		
陈文焕	临川	进士		
林　绍	漳浦	进士	万历五年	
游季勋	丰城	进士		
张　纯	漳浦	进士		
唐　链	常德	进士		

陈瑛	莆田	进士		
莫与齐	柳城	进士		
陈文燧	临川	进士		
周梦阳	南漳	进士		
毕自严	淄川	进士		
徐成位	景陵	进士		
郭光复	固安	进士		
曹时聘	获鹿	进士		
刘大文	博平	进士		
卜汝良	归安	进士		
冯盛明	涿鹿卫	进士		
李文芳	绵州	进士		
徐成位	景陵	进士		再任
袁应泰	凤翔	进士		
杨洵	济宁	进士		
高捷	淄川	进士		
岳骏声	嘉兴	进士		
施天德	新喻	进士		
赵谦	沂州	进士		
杨廷槐	钱塘	进士		
王振祚	华州	进士	天启六年	
唐焕	益都	进士	天启七年	
杨廷槐	钱塘	进士		再任
刘宏	海盐	进士		
徐标	济宁州	进士	崇祯六年	
姜兆张	潍县	进士	崇祯十三年	
张若獬	胶州	进士	崇祯十四年	
何腾蛟	山阴	举人	崇祯十六年	
范鸣珂	宣州卫		崇祯十七年	
郑之俊	归德		崇祯十七年	

附录5-6 淮安府河务同知

姓名	籍贯	出身	始任年	备注
孙鸣教	京山	举人	万历二十二年	

陈昌言	宜阳		万历二十四年	
陈 潮			万历二十五年	见《实录》
樊玉衡	黄冈			
许一诚	蓟州	举人	万历二十六年	
张 执	富平	举人	万历三十一年	
张凤翼	长安	举人	万历三十三年	
崔维岳	大名	举人	万历三十六年	
吕 谔	莱阳	举人	万历三十九年	
郑 谦	黄冈	举人	万历四十一年	
萧大成	陕州	举人	天启元年	
司乃疆	内黄	举人	天启三年	
吴嘉言	汉阳	选贡	崇祯元年	
孔从先	清远	举人		
姚来琯	南城	恩贡		
张俊英	衡水	举人	崇祯九年	
朱梦弼	嘉兴	举人	崇祯十五年	
朱以（雨汴）	山东兖州			鲁藩宗室
郑之俊	归德		崇祯十七年	
以上十九人驻徐州				
鲁 佶	景陵	举人	万历四十一年	
祝名先	黄冈	举人	天启二年	
宋士中	奉新	举人	天启五年	
周霖雨	行唐	举人	崇祯二年	
胡 宾	麻城	举人	崇祯三年	
谭元方	景陵	举人	崇祯八年	
张以谦	醴泉	选贡	崇祯十二年	
邓应韬	江西	选贡	崇祯十四年	
黄光炜	汝宁	举人	崇祯十六年	
以上九人驻邳州				
张 纯			隆庆四年	任管河郎中

附录 5-7 徐州属闸官

姓名	籍贯	出身	始任年	备注
吕梁洪闸官:				
蔡信育				
刘达并			正德间	
张 儒			嘉靖间	

附录 5-8 沛县属闸官

姓名	籍贯	出身	始任年	备注
西柳庄闸官:				
邬 灌	丰城			
王廷儒	襄垣			
谢永贞	博平			
常三省	馆陶			
饶永宣	新建			
李 萼	滨州			
杨 津	太原			
沽头闸官:				
高 昇				
留城闸官:				
李宗道	束鹿			
边大伦	长清			
邱国用	上杭			
王 贡	济阳			
高尚策	利津			
马家桥闸官:				
叶 臻	丹徒			
周 官	恩县			
王 臣	城武			
刘一凤	苏州			
程师尹	馆陶			
路 韶	棠邑			
秦尚仓	夏县			
区 英	南海			

周 凤	临桂			
杨宗颜	肥城			

附录5-9 宿迁护漕参将

姓名	籍贯	出身	始任年	备注
古道行	扬州			
倪 鸢		以凤阳留守管宿迁营事		

附录六：清代徐州河务职官年表

徐州仓户部分司，康熙四年（1665）裁。中河分司，即明吕梁工部分司，顺治八年（1651）裁；十一年（1654）复差，十四年（1657）裁；康熙元年（1662）复差，五年（1666）钞务归并淮扬道兼理，七年（1668）归徐属河务同知管理，八年（1669）复归本司，十七年（1678）归并淮徐道本司，缺裁。淮徐道，康熙二年（1663）裁归淮海道；九年（1670）复设，十五年（1676）兼管夏镇分司、沛县河道，十六年（1677）并管中河分司钞务；三十二年（1693）以所辖沛县河道改归东省道员管理，三十九年（1700）管河库。雍正七年（1729）复以淮徐道为分巡道，兼理河务。凡徐属河厅皆隶焉。乾隆八年(1743)增设淮徐海巡道，三十年（1765）裁巡道，以河道兼之。嘉庆八年（1803）分淮海属淮扬道，专辖徐州。咸丰十年（1860）裁，淮扬海二道缺，并徐州道为淮徐扬海道。同治四年（1865）复设淮扬道，以淮扬二属隶之，专辖徐海。

附录6-1 户部分司

姓名	籍贯	出身	始任年	备注
陈嘉荫	东平	举人	顺治二年	
王维屏	山西	举人		
边维隆	河南	举人		
姚 瑛	杭州	进士		《通志》作"姚元瑛"
张云翼	洛阳	进士	顺治九年	
贾益谦			顺治十年	
谷应泰	丰润	进士	顺治十一年	
马翰如	陇州	举人	顺治十二年	
贾 壮	河南		顺治十三年	
丁裕初			顺治十四年	
吴愈圣			顺治十五年	
徐谓第			顺治十六年	
钟 琇			康熙二年	

孙象贤	山西		康熙三年	
王斗枢				

附录 6-2 中河分司

姓名	籍贯	出身	始任年	备注
谷明登	鹿邑	举人	顺治初	
沈浣先	苏州	举人		
郭 浩				
宁之凤	宁阳	进士		
李本晟	蕲州	进士	顺治十一年	
佟宏器	奉天			
杨西狩	南昌	进士		
包元臣			康熙二年	
金达喇汉			康熙三年	满洲

附录 6-3 夏镇工部分司

姓名	籍贯	出身	始任年	备注
杨天祥	奉天		顺治二年	
高鹏南				
狄敬	溧阳	进士	顺治八年	
常锡胤	鄢陵		顺治十一年	
顾大申	华亭	进士	顺治十四年	
李禧熊	仁和	进士	顺治十七年	
郭谏	福山	进士	康熙二年	
符应琦	饶阳	进士	康熙五年	
戚崇进	威海卫	拔贡	康熙八年	
骔汉	满洲		康熙九年	
戴锡纶	余姚	进士		
穆臣	满洲		康熙十二年	
吴定	上海			

附录 6-4 分巡河务兵备道

姓名	籍贯	出身	始任年	备注
赵福星	辽东		顺治二年	
萧时彦	辽东			
张兆羆	陕西			道署题名作"兆熊"
刘明侯	山东	进士		
张斌				

胡廷佐	平凉	选贡	顺治十年	
李浴日				
李世洽				
项锡胤	奉天		顺治十七年	《铜山志》作"锡允"
戴圣聪	盖平		康熙九年	
吴 炜	大兴	举人	康熙十七年	
司 琨			康熙十九年	正黄旗
刘元勋	咸阳	进士	康熙二十年	
常君恩	定海	恩贡	康熙二十三年	
刘 暄	顺天		康熙三十一年	
苏昌臣	直隶		康熙三十四年	
徐 丽	奉天		康熙三十五年	
郭文煜	奉天		康熙三十六年	《铜山志》作"郎文煜"
施世纶			康熙三十八年	镶黄旗
张 弼	山西		康熙四十一年	
李 梅	奉天		康熙四十四年	
蒋陈锡	常熟	进士	康熙四十四年	
刘廷机	奉天		康熙四十四年	
潘尚智	乌程		康熙五十五年	
张其仁	韩城		雍正元年	
康宏勋	泾阳		雍正四年	
吕维炳			雍正八年	镶蓝旗
张师载	仪封	举人	乾隆三年	
白 嵘			乾隆三年	正白旗
王鸿勋	直隶通州		乾隆五年	
英 廉			乾隆五年	
姚廷栋	桐城		乾隆五年	
王云铭	惠民	进士	乾隆八年	
黄兰谷	休宁	进士	乾隆八年	
庄亨阳	南靖	进士	乾隆九年	
高 晋		举人	乾隆十一年	镶黄旗
李敏第	河南	进士	乾隆十一年	
朱 绣	贵州	进士	乾隆十二年	
卫哲治	河南	拔贡	乾隆十二年	
定 长			乾隆十二年	正黄旗
孙廷钺	金匮	监生	乾隆十三年	
德 伦		监生	乾隆十三年	镶红旗

张宏运	武昌	监生	乾隆十七年	
伍泽梁			乾隆十八年	
周承渤			乾隆十九年	
郭永宁			乾隆二十一年	
钱 度	武进	举人	乾隆二十一年	
何达善			乾隆二十三年	
李 宏			乾隆二十七年	正蓝旗
李清时	福建	进士	乾隆二十九年	
吴嗣爵	钱塘	进士	乾隆三十年	
姚立德	仁和		乾隆三十三年	
巴灵河		举人	乾隆三十六年	镶红旗
韩 鑅	毕节		乾隆四十年	
何裕城	山阴		乾隆四十六年	
刘锡嘏	通州	进士	乾隆四十七年	
康基田	兴县	进士	乾隆五十一年	
成汝舟	文水		乾隆五十二年	
师彦公	韩城		乾隆五十二年	
康基田	兴县	进士	乾隆五十三年	再任
永龄（改名"策丹"）			乾隆五十五年	正黄旗
师彦公	韩城		乾隆五十五年	再任
康基田	兴县	进士	乾隆五十五年	再任
王世峰	湘潭	举人	乾隆五十七年	
康基田	兴县	进士	乾隆五十七年	再任
述 德			乾隆六十年	汉军正黄旗
孙步云	富平		嘉庆三年	
田自福	深州	监生	嘉庆三年	
徐 端	德清	监生	嘉庆七年	
阎学淳	昌乐	进士	嘉庆八年	
徐 端	德清	监生	嘉庆九年	再任
鳌 图		举人	嘉庆九年	汉军镶红旗
单 沄	浙江	举人	嘉庆十一年	
张 鼎	宛平		嘉庆十二年	
王逢源	崔平	举人	嘉庆十七年	
毓 岱			嘉庆十八年	汉军镶黄旗
施云梯	宛平		嘉庆十九年	
毓 岱			嘉庆十九年	再任

施云梯	宛平		嘉庆十九年	再任
严焕	仁和		嘉庆十九年	
张鼎	宛平		嘉庆二十一年	再任
周以辉	嘉善		嘉庆二十一年	
严焕	仁和		嘉庆二十二年	再任
周以辉	嘉善		嘉庆二十三年	再任
吴耆德	钱塘		嘉庆二十五年	
沈如镕	归安		道光四年	
吴耆德	钱塘		道光四年	再任
张作楠	金华		道光五年	
沈学廉	仁和	进士	道光六年	
王贻象	济宁		道光八年	
余霈元	德化	进士	道光九年	
王廷彦	钱塘		道光十一年	
李国瑞	郑州	举人	道光十二年	
王廷彦	钱塘		道光十四年	再任
武凌汉	富平	举人	道光十五年	
王廷彦	钱塘		道光十六年	再任
陆楷	大兴		道光十七年	
朱襄	芜湖	进士	道光十七年	
李鹍	邹平	举人	道光十九年	
朱襄	芜湖	进士	道光十九年	再任
晏曙东	南宁	举人	道光二十年	
沈镐	归安		道光二十年	
毓衡			道光二十年	满洲正蓝旗
沈鹏	清苑		道光二十二年	
毓衡			道光二十二年	再任
晏曙东			道光二十三年	再任
颜以燠	连平州	举人	道光二十三年	
查文经	京山	进士	道光二十六年	
韩椿		进士	道光二十七年	汉军镶白旗
张道进	安陆	进士	道光三十年	
沈濂	秀水	进士	道光三十年	
李正鼎	吉水		咸丰元年	
屠元瑞	宛平	举人	咸丰元年	
沈濂	秀水	进士	咸丰元年	再任
王梦龄	大兴		咸丰元年	
吴棠	盱眙	举人	咸丰十年	

汪尧辰	成都		咸丰十一年	
张富年	仁和		同治元年	
汪尧辰	成都		同治元年	再任
朱善张	平湖		同治元年	
王尧辰			同治三年	再任
颜培瑚	连平州	进士	同治三年	
张树声	合肥		同治四年	
李鸿裔	中江	举人	同治五年	
高梯	彭泽	举人	同治六年	
朱忻山	山阴		同治九年	
吴世雄	仁和		同治九年	

附录6-5 监司巡道徐州道

姓名	籍贯	出身	始任年	备注
段起	清泉		光绪三年	
谭均培	镇远	进士	光绪四年	
张富年	仁和		光绪五年	
程国熙	歙县		光绪七年	
桂中行	临川		光绪十年	护
段喆	宿松		光绪十年	
桂嵩庆	临川		光绪十六年	
沈守谦	海盐		光绪十八年	
阮祖棠	会稽		光绪二十二年	
桂嵩庆	临川		光绪二十三年	再任
穆克登布			光绪二十九年	镶红旗
李荆楚	合肥		光绪三十年	
袁大化	涡阳		光绪三十一年	
袁世廉	项城		光绪三十二年	
田庚	怀远	进士	光绪三十四年	兼
奭良			光绪三十四年	镶黄旗
张庭杰	上饶		宣统元年	
林开暮	长乐	进士	宣统三年	
田庚			宣统三年	

清顺治初,设淮安府分管徐属河务同知,驻徐州;邳宿同知,驻邳州。康熙九年（1670）设宿桃同知,驻宿迁;归仁堤同知,驻宿迁之白洋河。十七年（1678）裁宿桃同知,改归仁堤同知为宿桃归仁同知,驻白洋河。又改宿邳同知为邳睢灵璧同知,仍驻邳州。二十七年（1688）设中河通判,

管漕运中河。三十八年（1699）改宿桃归仁同知为宿虹同知。是年分中河通判为二，辖宿桃西境中河者为上中河通判，雍正九年（1731）改上中河通判为宿迁运河通判。乾隆二年（1737）改徐属同知为铜沛同知，又分社丰萧砀通判。二十七年(1762)设六塘河同知，专管六塘河。五十二年（1787）裁六塘河同知，分邳睢灵璧同知为二，北岸为邳北同知，南岸为睢南同知。五十六年（1791）又分丰萧砀通判为二，北岸为丰北通判，南岸为萧南通判。嘉庆五年（1800）改萧南通判为同知，改邳北同知为通判。八年（1803）分改宿虹同知为二，北为宿北同知，南为宿南通判。自后定制分管徐郡河务者凡八厅。咸丰六年（1856）河决铜瓦厢，徐郡河涸。十年（1860）八厅俱裁，改运河通判，设徐州府运河同知，驻宿迁，专司邳宿运河。

附录6-6 徐属河务同知

姓名	籍贯	出身	始任年	备注
朱家栋			顺治初	
史应选	会稽	选贡	顺治二年	
杨作栋	醴泉		顺治四年	
韩竟秀	淄川	恩贡	顺治七年	
叶腾凤	永平	进士	顺治十一年	
魏裔鲁	伯乡	副贡	顺治十一年	
董绪	泽州	进士	顺治十七年	
陈大常	峨嵋		康熙元年	
朱一范	义乌	拔贡	康熙三年	
纪元	文安	进士	康熙七年	
冯源济	涿州	进士	康熙十一年	
祖文明		廪生	康熙十三年	正黄旗

附录6-7 邳属河务同知

姓名	籍贯	出身	始任年	备注
魏执中	辽阳		顺治二年	
李艳	梓潼	恩贡	顺治五年	
徐腾鲸	辽阳		顺治七年	
薛所习	孟县	选贡	顺治九年	
孙裔昌	霑化	拔贡	顺治十三年	
张四维	蓟州	拔贡	顺治十七年	
解机	万全	拔贡	康熙四年	
陈沃心	元城	廪生	康熙六年	
马光远	辽阳		康熙七年	
苏嵋	大兴	进士	康熙十二年	

附录 6-8 宿桃归仁河务同知

姓名	籍贯	出身	始任年	备注
董安国			康熙十七年	任宿桃南岸同知
佟国聘	奉天		康熙十三年	初任归仁同知
			康熙十七年	改任宿桃归仁同知
李灿			二十年	正红旗
刘沛引	大兴		二十四年	

附录 6-9 徐属同知

姓名	籍贯	出身	始任年	备注
乔显忠	榆林卫		康熙十八年	
臧兴祖		荫生	康熙二十四年	正红旗
王隆熙	齐河		康熙二十六年	
李梅	奉天		康熙三十七年	
张士绅			康熙四十二年	镶白旗
王友德			康熙五十二年	镶红旗
孙国瑜	奉天		康熙五十八年	镶蓝旗
于鳌			雍正五年	镶蓝旗
张铎	青县		雍正六年	
高越			雍正八年	镶黄旗
林孟文	平远		雍正九年	
李椐			雍正十年	镶蓝旗

附录 6-10 邳睢灵璧同知

姓名	籍贯	出身	始任年	备注
俞森	钱塘		康熙十八年	
李缵宗	辽阳	荫生	康熙二十年	
高承爵	辽阳	荫生	康熙二十一年	
蒋征猷	严州	贡生	康熙二十五年	
丁健	浙江		康熙二十六年	
冯佑	绍兴		康熙二十九年	
陈谦吉	泽州		康熙二十九年	
项余	汉阳		雍正七年	
叶存仁	江夏		乾隆元年	

附录6-11 宿虹同知

姓名	籍贯	出身	始任年	备注
甘士调			康熙六十年	正蓝旗
牟鋐			雍正三年	正白旗
孙钧	济宁州	岁贡	雍正五年	
佟世表			乾隆元年	正蓝旗

附录6-12 铜沛同知

姓名	籍贯	出身	始任年	备注
钟昭	宛平			《旧志》
林孟文				《旧志》
陈景瀛	鱼台		乾隆三年	
冯焜	涿州		乾隆四年	
叶存仁	江夏		乾隆八年	
张宏远			乾隆十一年	
李			乾隆十五年	佚名
舒超			乾隆十七年	
孔傅檀	曲阜	至圣裔孝廉方正	乾隆十八年	
常绍炜		正蓝旗	乾隆二十一年	
王峄	常山		乾隆二十六年	
黄涛			乾隆二十九年	汉军镶红旗
王益灿	山阳		乾隆三十三年	
师彦公	韩城		乾隆三十三年	
徐文炜			乾隆三十四年	镶蓝旗
唐侍陛	甘泉		乾隆三十七年	
杨恪曾			乾隆四十二年	
唐侍陛	甘泉		乾隆四十二年	再任
何堂	清河	拔贡	乾隆四十四年	
师彦公	韩城		乾隆四十五年	再任
王谟	山阳		乾隆四十六年	
何堂	清河	拔贡	乾隆五十年	再任
范普	钱塘	副贡	乾隆五十二年	
何堂	清河	拔贡	乾隆五十二年	再任

附录6-13 丰萧砀通判

姓名	籍贯	出身	始任年	备注
李景宗			乾隆二年	正蓝旗
杨惠春	邹县		乾隆三年	

徐文炜			乾隆六年	镶蓝旗
施大成			乾隆十一年	
李宗典			乾隆十三年	
陈大壮	江西		乾隆十四年任	《淮安府志》：雍正间任清河县丞，作宝应人
朱琬			乾隆十九年	
吴芝淦			乾隆二十二年	
火秉礼			乾隆二十二年	
朱汉			乾隆二十三年	
刘世桢			乾隆二十三年	
王国霖			乾隆二十五年	
朱景襄			乾隆二十八年	
边方泰			乾隆三十二年	
阎学淳			乾隆三十二年	
孙步云	富平		乾隆三十八年	
王谟	山阳		乾隆三十九年	
何堂	清河	拔贡	乾隆四十三年	
王谟	山阳		乾隆四十三年	再任
师彦公	韩城		乾隆四十四年	
徐光第	清河		乾隆五十年	
张裕			乾隆五十二年	
莫泘			乾隆五十二年	

附录 6-14 邳睢灵璧同知

姓名	籍贯	出身	始任年	备注
杨俣			乾隆十三年	
涂土炳			乾隆十四年	
舒超			乾隆十八年	
王坤元			乾隆二十一年	
冯焜	涿州		乾隆二十二年	
朱汉			乾隆二十三年	
刘世桢			乾隆三十年	
卢			乾隆三十六年	佚名
王问夔			乾隆三十八年	
孙步云	富平		乾隆三十九年	
叶雯			乾隆四十五年	
邱麟阁			乾隆四十七年	
徐光第	清河		乾隆五十年	
曹恒	宛平		乾隆五十一年	

附录6-15宿虹同知

姓名	籍贯	出身	始任年	备注
郭起元			乾隆十三年	
于鳌			乾隆十四年	镶蓝旗
王连璧			乾隆十六年	
沈锡鼎			乾隆十七年	
蒋尧年			乾隆二十一年	
吴嗣爵			乾隆二十五年	
满普			乾隆二十六年	
黄涛			乾隆三十二年	汉军镶红旗
徐文炜			乾隆三十四年	镶蓝旗
李志谦			乾隆四十三年	
德福			乾隆四十四年	
陈烈			乾隆五十年	
孙步云	富平		乾隆五十一年	

附录6-16运河通判

姓名	籍贯	出身	始任年	备注
胡琮			雍正十一年	镶白旗
王林			乾隆元年	
李飞鲲			乾隆八年	
王林			乾隆十年	再任
于鳌			乾隆十二年	镶蓝旗
崔云龙			乾隆十四年	
胡宏业			乾隆十五年	
崔云龙			乾隆十五年	再任
胡宏业			乾隆十八年	再任
朱景襄			乾隆二十一年	
解韬			乾隆二十二年	
蒋尧年			乾隆二十三年	
殷维玠			乾隆二十三年	
吴曰贤			乾隆二十四年	
松龄			乾隆二十七年	
王益灿	山阳		乾隆三十年	
张永祚			乾隆三十三年	
朱国樑			乾隆三十五年	
李洪馥			乾隆三十八年	
邱麟阁			乾隆四十二年	
徐昂			乾隆四十三年	
马充符	历城		乾隆四十五年	

和隆阿			乾隆四十七年	
徐光第	清河		乾隆四十八年	
许兆升			乾隆四十九年	
赵敏胜			乾隆五十年	
侯封晋	东平州		乾隆五十一年	
吕渭庚			乾隆五十一年	

附录 6-17 铜沛同知

姓名	籍贯	出身	始任年	备注
陈　熙	秀水		乾隆五十四年	

附录 6-18 丰萧砀通判

姓名	籍贯	出身	始任年	备注
阎学淳			乾隆五十四年	

附录 6-19 睢南同知

姓名	籍贯	出身	始任年	备注
徐光第	清河		乾隆五十二年	
莫　沄			乾隆五十四年	

附录 6-20 邳北同知

姓名	籍贯	出身	始任年	备注
徐绍基	钱塘	举人	乾隆五十二年	
雅秉阿	满洲		乾隆五十六年	

附录 6-21 宿虹同知

姓名	籍贯	出身	始任年	备注
吕渭庚			乾隆五十五年	

附录 6-22 运河通判

姓名	籍贯	出身	始任年	备注
王肇濬			乾隆五十四年	
范　普	钱塘	副贡	乾隆五十五年	
王肇濬			乾隆五十六年	再任
荣　安			乾隆五十六年	

附录 6-23 铜沛同知

姓名	籍贯	出身	始任年	备注
福 庆		举人	乾隆五十六年	汉军正黄旗
范 普			乾隆五十九年	再任
刘祖志	高阳	举人	乾隆五十九年	
冯 珏	历城		乾隆六十年	
张 鼎	宛平		嘉庆三年	
吴 宽	钱塘		嘉庆七年	
袁德辉	钱塘		嘉庆八年	

附录 6-24 萧南通判

姓名	籍贯	出身	始任年	备注
陈 煜			乾隆五十六年	
王世臣			乾隆五十六年	
熊 辉			乾隆五十八年	
王世臣			乾隆五十九年	
熊 辉			乾隆六十年	再任
孙同焜			嘉庆二年	
罗 锦			嘉庆三年	
熊 辉			嘉庆五年	再任
张 鼎	宛平		嘉庆五年	
王世臣			嘉庆五年	再任

附录 6-25 丰北通判

姓名	籍贯	出身	始任年	备注
阎学淳			乾隆五十六年	
田 治			乾隆六十年	
熊 辉			嘉庆二年	
罗 锦			嘉庆三年	
雷廷珍			嘉庆三年	

附录 6-26 睢南同知

姓名	籍贯	出身	始任年	备注
熊 辉			嘉庆三年	
范 普	钱塘	副贡	嘉庆五年	

附录 6-27 邳北同知

姓名	籍贯	出身	始任年	备注
曹 恒			乾隆五十九年	再任
穆克登佈	满洲		乾隆六十年	
朱裕临	当涂		乾隆六十年	

附录 6-28 宿虹同知

姓名	籍贯	出身	始任年	备注
刘祖志	高阳	举人	乾隆六十年	
王世臣			乾隆六十年	
郑巨川			嘉庆五年	
孙茂承	宛平		嘉庆六年	
郑巨川			嘉庆八年	再任

附录 6-29 运河通判

姓名	籍贯	出身	始任年	备注
乐 善			乾隆五十七年	
雅秉阿	满洲		嘉庆二年	
王世臣			嘉庆三年	
李 康			嘉庆三年	

附录 6-30 铜沛同知

姓名	籍贯	出身	始任年	备注
王元佐	宛平		嘉庆十年	
朱景昌			嘉庆十年	
王元佐			嘉庆十年	再任
严 炳	仁和		嘉庆十六年	
马瀛山	平遥		嘉庆二十年	
马 宁			嘉庆二十年	
王豫泰			嘉庆二十三年	
马 宁			嘉庆二十三年	再任
孙茂承	宛平		嘉庆二十四年	
胡 晋	大兴		道光二年	
陆 楷	山阴		道光十年	
胡 晋	大兴		道光十年	再任
陆 楷	山阴		道光十一年	再任
崔志元	凤台	举人	道光十三年	
曹文昭	汾州		道光十五年	

田宝裔	安阳	荫生	道光十五年	
任为琦			道光十七年	
田宝裔	安阳	荫生	道光十七年	再任
任为琦			道光十八年	再任
晏曙东	南宁	举人	道光十八年	
黄世铭	桐乡		道光二十年	
晏曙东	南宁	举人	道光二十年	再任
孙企曾	归安		道光二十一年	
丁映南			道光二十二年	
唐汝明	剑州		道光二十三年	
金安澜	桐乡	进士	道光二十五年	
李赓扬	郑州		道光二十九年	
左仁	湘乡	举人	道光三十年	
朱忻	山阴		道光三十年	
屠元瑞	宛平	举人	咸丰元年	
范凤谐	南城	举人	咸丰元年	
屠元瑞	宛平	举人	咸丰二年	再任
马潏	归安		咸丰三年	
沈文藻	归安		咸丰三年	
张用熙	桐城	举人	咸丰三年	

附录6-31 萧南同知

姓名	籍贯	出身	始任年	备注
王世臣			嘉庆五年	
张鼎	宛平		嘉庆七年	再任
陈熙	秀水		嘉庆十年	
郑巨川			嘉庆十五年	
陈熙	秀水		嘉庆十五年	再任
施云梯	宛平		嘉庆十六年	
崔文灿			道光五年	
熊煐			道光六年	
陆楷	山阴		道光十年	
崔志元	凤台	举人	道光十一年	
雷体乾	阳高		道光十三年	
晏曙东	南宁		道光十四年	
张书绅	渑池	举人	道光十八年	
晏曙东	南宁		道光十八年	再任
黄世铭	湘阴	进士	道光十八年	
张书绅	渑池	举人	道光二十年	再任

黄世铭	湘阴	进士	道光二十年	再任
张建勋			道光二十一年	
黄世铭	湘阴	进士	道光二十一年	再任
谭祖同	南丰	举人	道光二十二年	
唐汝明	剑州	举人	道光二十二年	
孙鋆	玉田		道光二十二年	
唐汝明	剑州	举人	道光二十三年	再任
孙鋆	玉田		道光二十三年	再任
王漳	遵义		道光二十五年	
彭以竺	历城	进士	道光二十六年	
刘秉铢	沂水	进士	道光二十七年	
李万杰	太湖	进士	道光二十八年	
尹绍烈	蒙自	副贡	道光二十九年	
范凤谐	南城	举人	道光三十年	
马濬	归安		咸丰三年	
王漳	遵义		咸丰四年	再任
奎印			咸丰四年	蒙古正蓝旗
张溁	肤施		咸丰六年	
刘虞采	诸城		咸丰七年	
平履和	大兴		咸丰七年	
张福谦	大兴		咸丰八年	
娄诗棠	山阳		咸丰九年	

附录 6-32 丰北通判

姓名	籍贯	出身	始任年	备注
姜志安			嘉庆十年	
胡炜			嘉庆十一年	
姜志安			嘉庆十二年	再任
董文征			嘉庆十三年	
娄青			嘉庆十四年	
程国樑			嘉庆十六年	
唐文睿			嘉庆二十四年	
沈成宗			道光二年	
田宝裔	安阳	荫生	道光六年	
马光瀛	吉林		道光七年	
丁映南			道光九年	
田宝裔	安阳	荫生	道光十四年	再任
万醇	南昌		道光十五年	
孙企曾	归安		道光十八年	
雷体乾	阳高		道光二十一年	
赵汝泰	新昌		道光二十一年	

孙企曾	归安		道光二十二年	再任
赵汝泰	新昌		道光二十三年	再任
曹文振			道光二十五年	
孙乃坤			道光二十六年	
蔡允寿			道光二十六年	
王熙善	天津		道光二十八年	
朱善张	平湖		道光二十九年	
王熙善	天津		道光三十年	再任
张渼	肤施		咸丰元年	
黄海安			咸丰三年	汉军镶红旗人
马濬	归安		咸丰四年	
汪尧辰	成都		咸丰四年	
马濬	归安		咸丰五年	再任
沈金城	乌城	优贡	咸丰六年	
胡志章	钟祥		咸丰八年	
黄铭仁	平湖		咸丰八年	

附录 6-33 睢南同知

姓名	籍贯	出身	始任年	备注
周以辉	嘉善		嘉庆九年	
雷廷珍			嘉庆十年	
姜志安			嘉庆十五年	
徐宝善			嘉庆十七年	
黄炳			嘉庆十九年	
唐文睿			嘉庆二十年	
王廷彦	钱塘		嘉庆二十年	
周以辉	嘉善		嘉庆二十一年	再任
黄炳			嘉庆二十四年	再任
唐文睿			道光二年	再任
于颐发	荣成		道光五年	
唐文睿			道光五年	再任
沈成宗			道光五年	
唐文睿			道光六年	再任
崔文灿			道光七年	
陈式平			道光七年	
袁峒	长山		道光十三年	
周际云	修文	进士	道光十八年	
袁峒	长山		道光十八年	再任
娄晋	山阴		道光十九年	
陈璐	山阴		道光十九年	
周际云	修文	进士	道光二十一年	再任

续表

梁佐中	高要	举人	道光二十二年	
孔继鑅	曲阜	进士	道光二十三年	
梁佐中	高要	举人	道光二十四年	再任
于昌进	荣成		道光二十五年	
娄　晋	山阴		道光二十六年	再任
曹联桂	新建	进士	道光二十七年	
孙进福	韩城		道光三十年	
乔松龄	绛州		咸丰元年	
沈文藻	归安		咸丰元年	
陈　荣	山阴		咸丰二年	
晁叙龄	六安州	举人	咸丰三年	
王寿籛	怀宁		咸丰五年	
许大猷	钱塘		咸丰六年	再任
王寿籛	钱塘		咸丰七年	再任

附录 6-34 邳北通判

姓名	籍贯	出身	始任年	备注
王元绪			嘉庆五年	始改通判
张文浩	大兴		嘉庆八年	
赵　惺	长宁		嘉庆九年	
王廷彦	钱塘		嘉庆九年	
严　烺	仁和		嘉庆十一年	
朱　楹	长兴		嘉庆十三年	
王士钟	归安		嘉庆十九年	
熊　增	汉阳		道光元年	
田宝裔	安阳	荫生	道光三年	
万承紫	南昌		道光四年	
颜尔懋	连平州		道光四年	
雷体乾	阳高		道光五年	
沈　镐	归安		道光六年	
袁　坰	长山		道光九年	
马光瀛	吉林		道光十年	
万　醇	南昌		道光十四年	
颜尔懋	连平州		道光十五年	再任
万　醇	南昌		道光十八年	再任
金　汉	天津	举人	道光二十四年	
黄钦鼒	湘阴		道光二十七年	
蔡允寿	历城		道光二十八年	
王熙善	天津		道光二十九年	
朱善张	平湖		道光三十年	
周兆桂	仁和		道光三十年	

张　溴	肤施		咸丰元年	
王恩沛	大兴		咸丰元年	
丁承钧	大兴		咸丰元年	
周兆桂	仁和		咸丰二年	再任
张秀山	景州		咸丰三年	再任
杨廷菜	大兴		咸丰四年	
陈际春	秀水		咸丰五年	

附录 6-35 宿南通判

姓名	籍贯	出身	始任年	备注
顾麟现			嘉庆八年	
黄　坤			嘉庆九年	
郑巨川			嘉庆十三年	
徐承恩			嘉庆十四年	
王贻象	济宁州		嘉庆十六年	
马光瀛	吉林		嘉庆二十三年	
程国樑			嘉庆二十四年	
陈大鲲			道光五年	
范玉琨			道光六年	
章承裴			道光九年	
沈　镐	归安		道光九年	
程国梁			道光十三年	再任
娄　晋	山阴		道光十七年	
雷体乾	阳高		道光十九年	
娄　晋	山阴		道光十九年	再任
缪　镕	芜湖		道光二十一年	
赵光煦	山阴	举人	道光二十一年	
娄　晋	山阴		道光二十二年	再任
雷体乾	阳高		道光二十六年	再任
王　恒	大兴		道光二十八年	
金安清	大兴		道光二十九年	
帅　惺	宛平		咸丰三年	
刘保翎	单县		咸丰五年	
沈　鸿	清苑	举人	咸丰七年	
胡尔仪	大兴		咸丰十年	

附录 6-36 宿北同知

姓名	籍贯	出身	始任年	备注
孙茂承	宛平		嘉庆八年	
张文浩			嘉庆九年	
沈　琪			嘉庆十年	

寿遐龄			嘉庆十二年	
吴耆德	钱塘		嘉庆十三年	
王廷彦	钱塘		嘉庆十三年	
王良谷			嘉庆十六年	
孙茂承	宛平		嘉庆十六年	再任
王贻象	济宁州		嘉庆十九年	
吴 宽			嘉庆十九年	
赵大赤			嘉庆二十年	
吴耆德	钱塘		嘉庆二十四年	再任
于颐发	荣成		嘉庆二十五年	
熊 增	汉阳		道光元年	
沈如镕	归安		道光元年	
沈 镐	归安		道光四年	
沈如镕	归安		道光四年	再任
马光瀛	吉林		道光四年	
沈如镕	归安		道光五年	再任
袁 垌	长山		道光九年	
于颐发	荣成		道光十年	再任
陆 楷	大兴		道光十三年	
娄 晋	山阴		道光十六年	
陆 楷	大兴		道光十六年	再任
丁映南			道光十七年	
陆 楷	大兴		道光十七年	再任
于颐发	荣成		道光十八年	再任
缪 镕	芜湖		道光十九年	
王国佐			道光十九年	
雷体乾	高阳		道光二十年	
王国佐			道光二十年	再任
雷体乾	高阳		道光二十年	再任
王国佐			道光二十一年	再任
赵汝泰	新昌		道光二十二年	
曹文昭	汾州	举人	道光二十二年	
陈 韶	涪州		道光二十二年	
于昌进	荣成		道光二十六年	
曹联桂	新建		道光三十年	
黄海安			咸丰三年	汉军镶红旗
马寿龄	吉林		咸丰四年	

谭祖勋	南丰		咸丰四年	
谭祖同	南丰	举人	咸丰七年	
李翰华	郑州		咸丰七年	
陈荣	山阴		咸丰八年	
黄海安			咸丰九年	再任

附录6-37 运河通判

姓名	籍贯	出身	始任年	备注
寿遐龄			嘉庆九年	
罗锦			嘉庆十年	
寿遐龄			嘉庆十年	再任
单禄昌			嘉庆十一年	
王贻象	济宁州		嘉庆十二年	
胡炜			嘉庆十三年	
王贻象	济宁州		嘉庆十三年	再任
戴杲			嘉庆十四年	
缪隽			嘉庆十八年	
孙厚坤			嘉庆十八年	
瞿昱			嘉庆二十一年	
黄树椿			嘉庆二十二年	
于颐发			嘉庆二十二年	
缪元淳			道光元年	
戴杲			道光二年	再任
陈大鲲			道光四年	
戴杲			道光五年	再任
于颐发			道光五年	再任
谢肇瀛			道光六年	
裘杰			道光九年	
程国樑			道光十三年	
缪镕			道光十三年	
沈树基	秀水		道光二十三年	
缪镕			道光二十三年	再任
雷体乾	阳高		道光二十四年	
江沅			道光十五年	
雷体乾			道光二十六	再任
沈树基			道光二十六年	
马潘	归安		咸丰元年	
沈文藻	归安		咸丰元年	

帅惺	苑平		咸丰二年	
张文涛	顺天		咸丰五年	
奎印			咸丰六年	蒙古正蓝旗
章仪林	固安		咸丰七年	
金庆澜	嘉善		咸丰八年	
娄诗棠	山阴		咸丰十年	
以上运河通判				
徐州府运河同知				
姓名	籍贯	出身	始任年	备注
戴国琛	都昌		咸丰十年	
王锡桐	丽江	举人	同治元年	
励炯	鄞县	举人	同治二年	
吴振元	天津	举人	同治四年	
以上徐州府运河同知				
附：六塘河同知				
叶雯			乾隆年	
陈			乾隆年	佚名
德福			乾隆四十九年	

附录6-38 运河同知

姓名	籍贯	出身	始任年	备注
于赞	荣成	监生	光绪八年	
程清鹏	平湖	监生	光绪九年	
王宗千	大兴	监生	光绪十年	
万青选	南昌	监生	光绪十三年	
吴邦直	钱塘	副贡	光绪十四年	
徐肇谦	会稽	监生	光绪十五年	
吴培曾	会稽	副监生	光绪十八年	
万青选	南昌	监生	光绪十八年	再任
王耕心	正定	监生	光绪二十四年	
景启骥	祥符	增贡生	光绪二十四年	
汪咏沂	歙县	副监生	光绪二十五年	
项兆麟	钱塘	增贡生	光绪二十六年	
王耕心	正定	监生	光绪二十八年	再任
陈瀚	诸暨	举人	光绪二十九年	
兰均	长沙	监生	光绪三十二年	
路孝思	周至	监生	光绪三十三年	

程松生	歙县	举人	宣统元年	
沈福昌	会稽	监生	宣统元年	
魏大综	钱塘	副贡	宣统三年	
陈捷三	绩溪	监生	宣统三年	
邱文纯	海宁	副贡	宣统三年	

附录 6-39 铜山县属闸官

姓名	籍贯	出身	始任年	备注
梁境闸闸官:				
刘应才			顺治间	

附录 6-40 沛县属闸官

姓名	籍贯	出身	始任年	备注
杨庄闸闸官:				
□ 时			顺治间	
董耀先	临汾		康熙三十六年	
张志鼎	富平		康熙五十一年	
曾世球	崇仁		康熙六十一年	
徐能基	丰城		雍正二年	
张士英	永定		雍正三年	
纪 钧	如皋		雍正九年	
刘 瑛	济宁州		雍正十年	
徐学乾	江阴		雍正十二年	
陆良瑜	吴县		乾隆二年	
沈 时	绍兴			以下六人见《沛志》，年月无考
沈大英	顺天			
翁光岳	萧山			
杨梦熊	义乌			
王克明	博野			
吴 典	绍兴			
以上杨庄闸闸官				
夏镇闸闸官:				
邢文煌	汾阳		顺治初	
侯凤鸣			顺治间	
陈宗器	河间		康熙二十六年	
黎家全	长汀		康熙四十二年	
李暨侯	渭南		康熙四十四年	

李　静	安肃	康熙五十三年	
魏湘年	建昌	康熙五十五年	
张山涛	嘉祥	雍正九年	
杨山立	山阳	雍正十一年	
胡　简	常熟	雍正十二年	
李鹏翮	济宁州	雍正十三年	
雍　然	山阳	乾隆四年	
孙光耀			以下四人见《沛志》，年岁无考
陈文泰			
黄守信	富平		
陈宗器	山阴		
以上夏镇闸闸官			

徐州北岸营守备署在府城外，久圮，乾隆二年（1737）改铜沛河营，驻北门外。南岸营守备初驻戏马台户部旧署，康熙二十五年（1686）迁东门外黄河南岸，乾隆二年改丰萧砀河营，驻北门外。运河营守备署在皂河集。

附录 6-41 淮徐河营游击

姓名	籍贯	出身	始任年	备注
彭　镇			雍正十年	
徐　奉			乾隆二十六年	
李永吉			乾隆三十三年	
高圣奇			乾隆三十八年	
李尚仁			乾隆四十四年	
韩　胜			乾隆四十六年	
蓝　珠			乾隆四十七年	
韩　胜			乾隆五十年	再任
庄　刚			乾隆五十五年	
姜　焕	宿迁		嘉庆六年	
孔　成	桃源		嘉庆八年	
包宗尧	桃源		嘉庆十二年	
张　位	铜山		嘉庆十七年	
陆　允	宿迁		嘉庆十八年	
刘槱俊	济宁州		嘉庆二十三年	
回聚功			道光元年	

封绍	砀山		道光十五年	
刘橚	邳州		道光十七年	
颜兆燕			道光十九年	
杜士贵	铜山		道光二十年	
卢永盛			道光二十一年	
黄佩	宿迁		道光二十四年	
张泰			道光二十五年	
杜士贵	铜山		道光二十八年	再任
阚兴邦	砀山		道光三十年	
徐承宗			咸丰元年	
王基棠			咸丰二年	
颜兆燕			咸丰三年	再任

附录 6-42 徐宿河营守备

姓名	籍贯	出身	始任年	备注
唐建功	济宁州		康熙十七年	
王金锡	荆州	武举	康熙十九年	
华成名	宿州		康熙二十五年	
陈友谦			康熙三十八年	镶蓝旗
刘汶远	汶上		康熙四十七年	
朱锦	宝应		康熙五十五年	

附录 6-43 邳睢灵璧河营守备

姓名	籍贯	出身	始任年	备注
张得功	郓城		康熙十八年	
姚国干	仪封		康熙二十五年	
赵国泰	济宁州		康熙三十年	
张鹏黄	高唐州		康熙三十九年	
杨九奏	济宁州	武举	康熙五十二年	

附录 6-44 宿虹河营守备

姓名	籍贯	出身	始任年	备注
柳连城	济宁州		雍正六年	

附录 6-45 徐河南岸营守备

姓名	籍贯	出身	始任年	备注
徐国瑸		武举	雍正七年	正蓝旗

附录 6-46 邳睢河营北岸守备

姓名	籍贯	出身	始任年	备注
李凤岗	宛平		雍正七年	

附录 6-47 宿虹南岸河营守备

姓名	籍贯	出身	始任年	备注
徐三元	铜山		雍正八年	

附录 6-48 徐河南岸营守备

姓名	籍贯	出身	始任年	备注
戴大鹏	淮安	武举	乾隆二年	

附录 6-49 徐河北岸营守备

姓名	籍贯	出身	始任年	备注
李 泽	铜山		乾隆元年	

附录 6-50 邳睢河营南岸守备

姓名	籍贯	出身	始任年	备注
王 起	济宁州		雍正十年	

附录 6-51 宿虹南岸河营守备

姓名	籍贯	出身	始任年	备注
汪 顺	清河		乾隆二年	

附录 6-52 宿迁运河营守备

姓名	籍贯	出身	始任年	备注
张其智	桃源		雍正八年	
柳连璧	济宁州		雍正九年	
邱若龙	济宁州		雍正十年	
宋可道			乾隆二年	
邱若龙	济宁州		乾隆二年	再任

附录 6-53 丰萧砀河营守备

姓名	籍贯	出身	始任年	备注
戴大鹏			乾隆五年	
吴 灿	大兴		乾隆八年	
武 申			乾隆十一年	
朱天留			乾隆十五年	
邱若龙	济宁州		乾隆十七年	
朱天留			乾隆十九年	再任
杨梦周			乾隆二十二年	
戴守信			乾隆二十三年	

附录 6-54 铜沛河营守备

姓名	籍贯	出身	始任年	备注
孟 宣	阳谷		乾隆七年	
宋得胜			乾隆十七年	
孟 宣	阳谷		乾隆二十年	再任

附录 6-55 邳睢河营南岸守备

姓名	籍贯	出身	始任年	备注
王 起			乾隆年	
张兴祚	铜山		乾隆十五年	
郭 召			乾隆十七年	
马有功			乾隆二十年	
顾邦勋			乾隆二十二年	

附录 6-56 邳睢河营北岸守备

姓名	籍贯	出身	始任年	备注
李凤岗			乾隆年	
郑一举	桃源		乾隆十七年	

附录 6-57 宿虹南岸河营守备

姓名	籍贯	出身	始任年	备注
柳连城			乾隆三年	
周 道			乾隆十一年	
纪文得			乾隆二十年	
朱天留			乾隆二十一年	

附录 6-58 宿虹北岸河营守备

姓名	籍贯	出身	始任年	备注
汪 顺	清河		乾隆三年	
魏 吉			乾隆十二年	
朱 礼			乾隆十六年	
杨梦周			乾隆二十年	
朱 礼			乾隆二十二年	再任
张 瑞	萧县		乾隆二十三年	

附录 6-59 宿迁运河营守备

姓名	籍贯	出身	始任年	备注
蒋承周			乾隆十一年	
宋可道			乾隆十三年	再任
郑一举	桃源		乾隆十五年	
徐 章			乾隆十五年	
郑一举			乾隆十六年	再任
纪文得			乾隆十七年	
朱 礼			乾隆二十年	
郑一举			乾隆二十二年	再任
张 臣			乾隆二十二年	
朱 礼			乾隆二十三年	再任
蓝 珠			乾隆二十四年	

附录 6-60 丰萧砀河营守备

姓名	籍贯	出身	始任年	备注
朱一成			乾隆二十六年	
杨国棻			乾隆二十九年	
刘 俊	济宁州		乾隆三十二年	
封 捷			乾隆三十六年	
朱一成			乾隆四十年	再任
程 珩			乾隆四十二年	
林 藩			乾隆四十三年	
唐得功			乾隆四十九年	

附录 6-61 铜沛河营守备

姓名	籍贯	出身	始任年	备注
沈　忠			乾隆二十六年	
李永吉			乾隆二十九年	
王辅臣			乾隆三十二年	
王定基	清河		乾隆三十六年	
郑永泰			乾隆四十二年	
刘　相			乾隆四十三年	
刘　普	铜山		乾隆四十八年	

附录 6-62 邳睢河营南岸守备

姓名	籍贯	出身	始任年	备注
王大林			乾隆二十五年	
沈子明			乾隆三十一年	
韩　胜			乾隆三十九年	
庄　刚			乾隆四十九年	
桌　采			乾隆五十三年	

附录 6-63 邳睢河营北岸守备

姓名	籍贯	出身	始任年	备注
郑一举			乾隆年	
张　臣			乾隆二十六年	
周　銮	铜山		乾隆三十年	
王定基	清河		乾隆三十八年	
刘　普	铜山		乾隆四十五年	
张士斌	桃源		乾隆四十九年	
汪　德	清河		乾隆五十年	

附录 6-64 宿虹南岸河营守备

姓名	籍贯	出身	始任年	备注
陈　柱			乾隆四十一年	
刘　成			乾隆四十四年	
陈　柱			乾隆四十五年	再任
祁治平			乾隆四十六年	
李　环			乾隆四十八年	

附录 6-65 宿虹北岸河营守备

姓名	籍贯	出身	始任年	备注
刘　德			乾隆三十年	
杨　文			乾隆三十九年	
王　升			乾隆四十七年	

附录 6-66 邳宿运河营守备

姓名	籍贯	出身	始任年	备注
周　銮	铜山		乾隆三十一年	
蓝　珠			乾隆三十二年	再任
俞　仑			乾隆三十六年	
李尚仁			乾隆三十八年	
曹　伦			乾隆四十四年	
李尚仁			乾隆四十五年	再任
孙　祥			乾隆四十五年	
王　升			乾隆四十六年	
孙　祥			乾隆四十六年	再任
徐甸河			乾隆四十八年	
罗永茂			乾隆五十年	

附录 6-67 宿虹南岸河营守备

姓名	籍贯	出身	始任年	备注
张　烈			嘉庆四年	
董　珠			嘉庆六年	

附录 6-68 宿虹北岸河营守备

姓名	籍贯	出身	始任年	备注
周　永			乾隆五十六年	
张　刚			嘉庆四年	

附录 6-69 运河营守备

姓名	籍贯	出身	始任年	备注
张永盛			乾隆五十七年	
冯　畅			乾隆六十年	
孙　贤			嘉庆元年	
唐石麟			嘉庆五年	
刘　俊			嘉庆八年	

附录 6-70 运河营守备

姓名	籍贯	出身	始任年	备注
王　林			嘉庆十三年	
郃　沛			嘉庆十四年	
王　林			嘉庆十五年	再任
郃　沛			嘉庆十五年	再任
张克明			嘉庆十六年	
郃　沛			嘉庆十六年	再任
白永兰			道光元年	
郃　沛			道光三年	再任
白永兰			道光三年	再任
王殿选			道光七年	
卢永盛			道光七年	
李赞勋			道光七年	
陈应祥			道光十年	
李赞勋			道光十一年	再任
陈　斌			道光十五年	
李赞勋			道光十五年	再任
陈应祥			道光十八年	再任
李赞勋			道光十八年	再任
赵秉节			道光二十四年	
陈应祥			道光二十四年	再任
李赞勋			道光二十五年	再任
罗秉志			道光二十五年	
李赞勋			道光二十五年	再任
陈应祥			道光二十六年	再任
蔡觐贤			道光二十六年	
章朝玠			道光三十年	
陈万程			咸丰元年	
贺正捷			咸丰二年	
蔡觐贤			咸丰二年	再任
安振基			咸丰三年	再任
张玉清			咸丰五年	
陈　坦			咸丰五年	
张玉清			咸丰九年	
霍永清			咸丰九年	
陈　坦			咸丰九年	再任

附录 6-71 夏镇汛外委把总

姓名	籍贯	出身	始任年	备注
牛绍九			光绪年	
冯袭之			光绪年	
曹大志	铜山		光绪年	
苗振清			光绪年	
闵得元	铜山		光绪年	
贾瑞堂			光绪年	
王长龄	铜山		光绪年	
郭金玉	铜山		光绪年	
靖德荣	铜山		光绪年	
徐传文	铜山		光绪年	
王占一	铜山		光绪年	
赵嘉存	铜山		光绪年	
郭廷兰	铜山		光绪年	
张凤岐	铜山		宣统年	
夏镇汛额外外委：				
常凤舞	沛县		光绪年	
任占鳌	沛县		光绪年	
郝宗源	沛县		光绪年	
郝云峰	沛县		光绪年	
陈世恩	沛县		宣统年	

徐州黃河

Xu Zhou Huang He

徐州黄河

（下卷）

李荣启 主编

政协徐州市文史委员会 编

中国文史出版社

目　录

下　卷

第一章

一盘"跨世纪大棋"

——渐次拓展的黄河故道治理

第一节 历史遗产：三脉径流的徐州水系

　　1855年黄河改道北徙，在徐州境内留下一条西北—东南走向的"黄河故道"和西南—东北走向的"大沙河"。从此，地势高亢的黄河故道成为淮河水系与沂沭泗水系的分水岭，即在徐州境内以黄河故道为界形成三个独立的河流系统：中为黄河故道水系，北为沂沭泗水系，南为淮河水系。

　　欲认识黄河故道水系，请看如下"黄河故道大数据"：

　　长度：黄河故道在徐州境内分为两条河道，原主河道称为废黄河、故黄河，今统称为"黄河故道"。该"故道"从苏皖交界处的丰县二坝起，流经丰县、铜山、市区和睢宁县，继续东流入黄海。在徐州市范围内，黄河故道全长173公里，其中丰县境内26.5公里，铜山区境内56.3公里，市区20.7公里，睢宁县境内69.5公里。原黄河分洪道称"大沙河"，从二坝入境，经丰县、沛县入昭阳湖，全长61公里，其中丰县境内28公里，沛县境内33公里。黄河故道在本市总长度累计为234公里，占四省（豫、鲁、皖、苏）全部黄河故道总长度738公里的31.7%，占苏北总长度553公里的42.3%。

　　面积：徐州境内黄河故道流域土地总面积27.03万公顷，其中故道滩地面积15.32万公顷，占56.7%；在故道滩地面积中，高滩地4.09万公顷，占滩地面积的26.7%；坡地5.98万公顷，占39.1%；低滩地4.18万公顷，占27.3%；中泓水面1.06万公顷，占6.9%。

行政：徐州市黄河故道共涉及4县(市)、6区、30个镇、9个办事处2个果园。其中丰县6个镇，沛县6个镇，铜山区8个镇、2个果园，睢宁县5个镇，邳州4个镇，开发区1个镇，泉山区4个办事处，云龙区4个办事处，鼓楼区1个办事处，共425个行政村，区域内总人口136.94万。

一、流水汤汤沂沭泗

沂沭泗水系位于黄河故道以北，总面积7.96万平方公里，徐州境内面积8479平方公里，分为南四湖、中运河、沂河和沭河等水系。

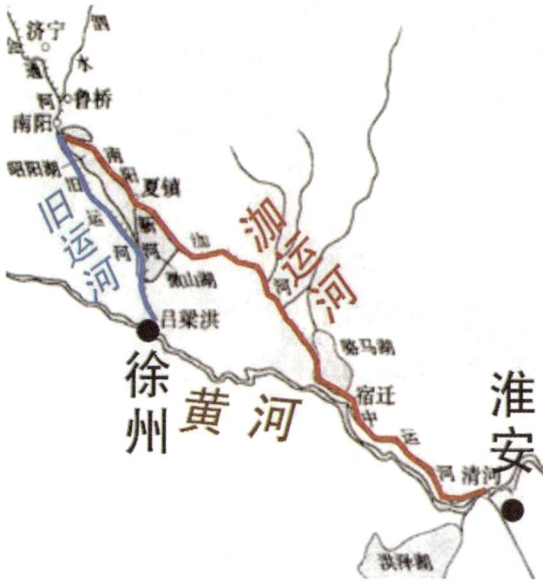

南四湖水系：南阳、独山、昭阳、微山四湖，统称"南四湖"。湖区西北—东南走向，呈两端大、中间小的哑铃状，长125公里，宽5~24.5公里不等。20世纪50年代末在昭阳湖南部建二级坝，腰截南四湖为上下二级湖，坝上称上级湖，蓄水位34.2米时，相应湖面积601平方公里，蓄水量9.24亿立方米；坝下称下级湖，蓄水位32.5米时，相应湖面积664平方公里，蓄水量7.78亿立方米。流域范围主要是山东蒙山西麓和湖西平原，韩庄以上流域面积31700平方公里。山东省境内主要支流，湖东有洸府河、泗河、白马河、城漕河、北沙河、新薛河，湖西有梁济运河、朱赵新河、万福河、东鱼河等。这些河道分别汇入南四湖。徐州境内南四湖支流多在湖西地区，上级湖有复新河（入湖口门在山东鱼台境）、姚楼河、大沙河和杨屯河；下级湖有沿河、鹿口河、郑集河。南四湖有3个出口，湖东微山县境内为韩庄运河和伊家河（湖口均已建闸），湖南铜山区境内可经蔺家坝闸入不牢河。

中运河水系：韩庄运河至台儿庄合伊家河后，即为中运河。中运河自邳州黄楼入江苏省境内，至新沂二湾附近入骆马湖，长55公里。除承泄韩庄

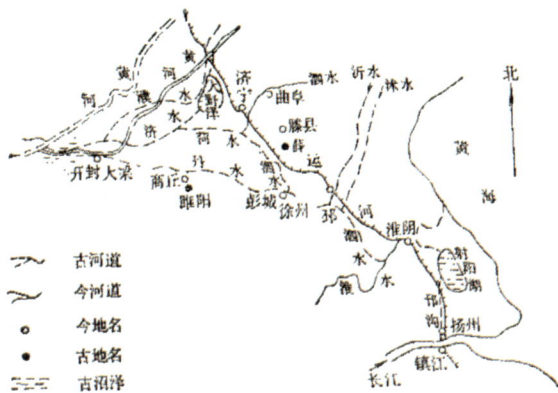

运河来水之外，还承担邳苍地区 7200 平方公里排水任务。主要支流左岸有陶沟河、邳苍分洪道、城河、官湖河，右岸有不牢河、房亭河、民便河等。不牢河即京杭运河不牢河段，上接蔺家坝闸承泄南四湖部分洪水，并纳湖西顺堤河、桃源河，东行至大王庙入中运河，刘山闸以上流域面积 1626 平方公里。邳苍分洪道分泄沂河洪水及邳苍地区泇河、汶河等 2357 平方公里区间来水入运。

沂河水系：在山东省境内，沂河与沭河并行南流经彭家道口、李庄，于齐村西进入徐州市邳州境内，流至新沂市苗圩附近注入骆马湖。从河源至骆马湖，沂河全长 333 公里。其中，徐州市境内长 45.5 公里，在骆马湖以上沂河流域面积 11820 平方公里。徐州市境内沂河有白马河、浪青河、新戴河等支流自东岸汇入。

中运河、沂河洪水注入骆马湖后，再经嶂山闸泄入新沂河。骆马湖为具有防洪、蓄水综合功能的大型湖泊，蓄水位 23.0 米时，相应湖面积 375 平方公里，蓄水量 9.01 亿立方米。嶂山闸下新沂河北岸有湖东排水河汇入，至口头纳总沭河，又东行至沭阳境内会新开河。新沂河自嶂山闸至灌河口河长 144 公里，其中嶂山闸至口头段北堤位于新沂境内，长 17 公里。

沭河水系：沭河在山东省境内南流至大官庄分为两支：东支为新沭河，东行经石梁河水库流至连云港市境内临洪口入海；南支为总沭河（亦称老沭河），于郯城红花埠入徐州新沂市境内，流至口头汇入新沂河。自河源至口头，沭河长 300 公里，其中江苏省境内长 47 公里。沭河左岸有黄墩河、右岸有新墨河等支流汇入；流域面积：大官庄以上 4519 平方公里，大官庄至口头 1881 平方公里。

二、安河濉河携手行

徐州段黄河故道以南为"淮河水系"，流域面积 2020 平方公里。该水系又分为安河与濉河两个水系，皆直接泻入洪泽湖，其中安河水系流域面积 1350 平方公里，濉河水系流域面积 670 平方公里。

濉河水系：有干支河 20 条，主要有闸河、奎河、灌沟河、郎溪河、闫河、看溪河、运料河等。多源出于铜山及徐州市区，南流入安徽省萧县、宿县、灵璧境汇入濉河，濉河下游与新汴河在漂河洼合流后入洪泽湖。

安河水系：流域范围北起黄河故道、南至老濉河，西以峰山下之闸河与濉河水系为界，东滨洪泽湖。徐州境内主要有龙河、潼河、徐沙河等支流。龙河与潼河在泗洪县大口子汇入安河（大口子以下为安河本干）。安河东南流经金锁镇经安河洼入洪泽湖。龙河源出睢宁县龙集西北，南行穿徐沙河，至汤集北分为新、老两支龙河，于七咀子合流出睢宁县境，下游为安河。老龙河自河源至七咀子长62.3公里；新龙河自汤集至七咀子长22.2公里。龙河支流有牛鼻河、白塘河、小濉河、西渭河、中渭河等，均于左岸汇入。潼河上源为闸河，由灵璧县入睢宁境，于二郎庙左合白马河后入泗县境，下至大口子入安河。其支流白马河源于万庄水库下游，至张山左会田河后入潼河。徐洪河起于睢宁县东部之沙集，纳徐沙河后南下至七咀子与新、老龙河汇合，循龙河及安河线路入洪泽湖。徐洪河自沙集至七咀子长17公里，七咀子至洪泽湖段长近56公里。

三、黄河故道"老龙背"

"老龙背"仅为一比喻，此比喻源于黄河故道河床、河岸的高高耸起，犹如龙行。

黄河故道滩地高于堤外两侧地面5~7米，因而成为独立的水系。自河南省兰考三义寨到丰（县）砀（县）边界的二坝长213公里，流域面积2571平方公里，其中兰考境内893平方公里属东鱼河水系，其余1678平方公里，来水经大沙河入南四湖上级湖。二坝以下至睢宁县袁圩，黄河故道河道长192.7公里，流域面积891平方公里，其中安徽省132平方公里，徐州市759平方公里（徐州市区以上459.1平方公里）。1991年，徐洪河从沙集北延至房亭河，穿断黄河故道，洪水由沿线水库调蓄和分洪道分段分泄，不再下排。横跨徐洪河兴建黄河北闸，徐洪河沟通沂沭泗及濉安河水系，通过黄河北闸控制调度运用。实施淮水北调时，开启黄河北闸向北输水；当骆马湖汛情严峻或黄墩湖地区内涝严重时，可视濉安河地区汛情相机开启黄河北闸，通过沙集闸下泄

200~400立方米每秒。

　　大沙河，是1851年黄河在蟠龙集决口泥沙淤塞了二坝处黄河河床，散漫东北冲刷形成的河道，自丰、砀边界的二坝流经丰、沛两县，于沛县龙固镇程子庙注入南四湖上级湖，长61.5公里。1855年黄河从铜瓦厢北徙后，二坝以上皖、鲁、豫三省黄河故道滩地1658平方公里来水由大沙河排入南四湖上级湖，成为黄河故道进入徐州境内的第一条分洪道。大沙河地势高亢，两岸无支流汇入，自成独立水系，河槽宽浅，无一定排水坡降。

第二节 靡不有初：四面八方"外围战"

新中国成立后，历史上形成的洪水走向并没有改观：徐州地处沂沭泗流域中游，承泄上游5.7万多平方公里的来水，素以"洪水走廊"著称；因而徐州地区暴发的水灾，亦主要来自于沂沭泗流域的几条排洪河道沂河、沭河以及包括泗河在内的"南四湖"泄洪。

从"对症下药"的角度部署徐州地区的水利棋局，黄河故道治理自然不是重点。在新中国成立后相当长的一段时间内，徐州水利的重点都是沂沭泗。就"黄河故道"而言，治理沂沭泗只能是一场"外围战"。

一、沂、沭、泗河的蓄泄兼筹

沂、沭、泗河是沂沭泗流域的主要排洪河道。南宋以前河流通畅，元、明、清三朝黄河屡屡在徐州地区泛滥，以致泗水淤塞，沂、沭受阻，北部形成南四湖，南部形成骆马湖，河湖侵扰，众流潴壅，行洪不畅，极易成灾。

新中国成立前，因洪水无出路可走，在黄河故道以北地区四处漫流。据《新沂河年鉴》记载，1906—1940年35年间，沂、沭、泗中下游共发生较大洪水11次；1945年以后，连续5年水灾。

（一）"导沭整沂"与"导沂整沭"规划

1949年夏季，刚刚获得新生的徐州人民又遇上沂、沭、泗大洪水。在徐州境内，南自废黄河，北至陇海铁路，一片汪洋。政府为了根治水患，恢复生产，在灾区人民缺衣少食、生活十分困难的情况下，采取"以工代赈"的办法，着手治水。实施了"先沂沭后汶运，沂沭分治"的方针。1949年冬，按照华东水利部召开的沂沭泗治理会议决定，在山东省境内实施"导沭整沂"，在江苏省境内实施"导沂整沭"。

1953年，在江苏省境内完成新沂河的开挖；在山东省境内完成导沭工程，使沂沭泗水系有了新的入海出路。

沂沭泗流域治理由淮河水利委员会统一领导，随着水情、工情变化，1953年以后，先后进行了三次流域治理。1954年，淮河水利委员会提出《沂沭汶泗洪水处理意见》，对南四湖洪水处理采用一级湖方案，在出口处建蔺家坝和韩庄闸，微山湖水位33.5米时，合计泄量1000立方米每秒；对沂沭泗运洪水处理，采取分沂入沭（设计流量2450立方米每秒），大官庄处新老沭河自由分洪方式，兴建老沭河龙门水库调蓄洪水；建沂河江风口分洪闸，设计分洪2000~2100立方米每

秒，确定李家庄以下沂河干流下泄4650立方米每秒，华沂以下新沂河3500立方米每秒，老沂河分泄500立方米每秒，口头以下新沂河最大泄量4500立方米每秒。

1957年3月，由淮河水利委员勘测设计院会同江苏、山东两省治淮指挥部编制完成《沂沭泗区流域规划报告（初稿）》，是年汛期大洪水后修订规划，12月编制《沂沭泗流域初步修正成果及1962年以前工程意见草案》，该草案提出南四湖二级湖蓄水方案，整修加固湖西大堤，微山湖水位33.5米时，出口泄量由原规划1000立方米每秒扩大到2000立方米每秒；沂河李家庄以下干流按6000立方米每秒加固堤防；新沂河按6000立方米每秒扩大；老沭河修建龙门水库；新沭河按6480立方米每秒扩大；兴建石梁河水库等工程。

1969年11月，国务院成立治淮规划小组。12月，由水电部组织苏、鲁、豫、皖四省，在总结分析淮河流域的洪水客观规律和实际情况的基础上，编制了1971年治淮战略性骨干工程规划，把"东调、南下"工程作为处理沂沭泗洪水的战略工程。具体工程措施是，扩大现有分沂入沭和新沭河，使其排洪能力分别达到4000和6000立方米每秒；兴建刘家道口、彭家道口、大官庄和人民胜利堰等节制闸，以控制沂沭河上游来水，使其80%的洪水经新沭河东调入海；在郯城与东海县交界处修建老沭河龙门水库，规划蓄水位51.5米；扩大南四湖出路，微山湖水位33.5米时下泄2500立方米每秒，相应扩挖韩庄运河、中运河和新沂河，使其排洪能力分别达到5600、7000和8000立方米每秒。

1984年10月，淮河水利委员会根据苏、鲁、豫、皖四省意见，提出了《淮河流域修订规划第一步规划讨论稿》。为尽快发挥20世纪70年代已建沂沭泗洪水"东调南下"工程作用，规划中提出近期防洪标准可先达到二十至五十年一遇。

1991 年江淮大水以后，国务院做出《关于进一步治理淮河和太湖的决定》，沂沭泗洪水东调南下工程被列入重点治理项目，淮河水利委员会编制了《沂沭泗洪水东调南下近期工程复工报告》。

1993 年 10 月，国家计委审查批准《沂沭泗洪水东调南下工程》，明确分两步走的实施方案，第一期工程，在"八五"期间按二十年一遇标准治理；第二期工程，在"九五"期间再进一步提高。一期工程新沂河、沂河、老沭河、中运河分别按 7000、7000、3000、5500 立方米每秒续建，全面加固湖西大堤等。但具体工程项目内容与地方要求差距很大，工程实施步骤苏、鲁两省意见不一。

1993 年 12 月，水利部副部长张春园率国家计委、水利部有关同志就治淮治太工程有关问题与江苏省副省长姜永荣等进行了讨论和会商，签订了《关于江苏省治淮治太工程有关问题的会商纪要》。

1994 年 3 月 25 日，水利部副部长张春园与江苏省副省长姜永荣在北京签订《关于韩庄运河台儿庄至大王庙和中运河临时性水资源控制工程实施问题的会商纪要》。两个纪要的签订，统一了工程项目和实施步骤，为启动沂沭泗洪水东调南下工程、实施中运河扩大工程创造了条件。

1994 年 4 月 28 日，中运河扩大工程正式开工。经过五年奋战，徐州市及所属沛县、铜山、邳州、新沂四县（市）组织劳力，筹集配套资金，按批准工程标准，对沂河、沭河、邳苍分洪道、中运河和南四湖湖西大堤进行了大规模的整治，共完成土方 4507 万立方米，石方 3.86 万立方米，混凝土 9.5 万立方米，完成工程总投资 8.5 亿元。沂、沭、邳、运主要流域性河道防洪能力有了提高，大部分工程的防洪标准由十年一遇提高到二十年一遇。

在实施骨干工程的同时，对沿线支河和排灌站影响工程进行了适当治理，带动和促进了区域性排灌工程和徐州、邳县、新沂、沛县四市（县）的城市防洪工程建设。

（二）嶂山切岭与嶂山闸

嶂山切岭，位于新沂与宿迁交界处的峿山与嶂山之间的马陵山断麓。在新中国成立之初的"导沂整沭"期间，骆马湖原计划为临时拦洪水库，为控制骆马湖下泄新沂河流量，实施嶂山切岭工程。1949 年 11 月，嶂山切岭历经三次，完成土方 470 万立方米，设计流量 710 立方米每秒，开挖工段：上游进口段 1.8 公里，河底高程 20.9 米，河底宽自上游 300 米渐变到 200 米；中段 3.53 公里，河底宽 200 米，河底比降 0.4‰；下段 2.5 公里，河底宽自 200 米渐变为 300 米，河底高程 18.48 米。大河槽中挖中泓排水沟，深 2.0 米，底宽 26 米。1958 年，骆马湖辟为常年蓄水库，1959 年 10 月兴建嶂山闸，扩大嶂山切岭，以增加骆马湖下泄新沂河流量。为发挥嶂山闸排洪与蓄水效益，使嶂山闸与新沂河配套，1962 年起，按湖水位 23.5 米时泄洪 5000 立方米每秒，扩挖嶂山切岭段（上下游引河），工程历时 5 年，到 1966 年共完成土方 800 万立方米。1972 年冬，按湖水位 22.5 米下泄 5000 立方米每秒再次扩大，到 1978 年完成土方 648 万立方米。现已达到湖水位 25.1 米时，泄洪 8000 立方米每秒的设计标准。

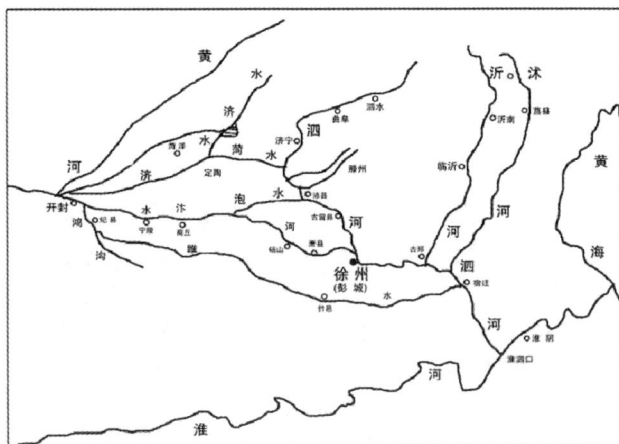

嶂山闸于 1961 年 4 月建成，共 36 孔，每孔净宽 10 米，闸底板高程 15.5 米，闸顶高程 28.0 米，上游骆马湖设计洪水位 25.1 米，下游新沂河设计洪水位 15.5 米，最大设计泄洪流量 8000 立方米每秒，要求骆马湖水位 22.5 米时泄洪 3500 立方米每秒。嶂山闸建成后实际发生最大泄量为 1974 年汛期 5760 立方米每秒，上游最高水位 25.25 米。1979—1980 年，嶂山闸按基本烈度 8 度抗震加固。为保证嶂山闸自身安全及沂沭泗河洪水东调南下工程正常运行，2004 年 4 月，水利部下达了关于嶂山闸除险加固工程初步设计的批复：嶂山闸上设计洪水位 25.00 米，设计泄洪流量 8000 立方米每秒，校核洪水位 26.00 米，校核泄洪流量 10000 立方米每秒。工程总投资 11305 万元，共完成土方开挖及填筑 113.14 万立方米，拆除混凝土及钢筋混凝土 1.53 万立方米，新浇筑混凝土及钢筋混凝土 3.45 万立方米，金属结构制作安装 1254 吨。嶂山闸除险加固工程建设期间，经受了 2007—2009 年 3 个汛期行洪考验，共开启闸门 65 次，累计泄洪量达 162 亿立方米。嶂山闸控制沂、沭河洪水错峰和拦蓄径流、灌溉供水等发挥了显著的工程效益。

（三）开挖新沂河

新沂河，地处沂沭泗河水系下游，位于徐州、宿迁、连云港三市境内，自骆马湖嶂山闸东流经新沂、宿豫、沭阳、灌云、灌南等市、县，至堆沟会灌河于燕尾港南灌河口入黄海，长 144 公里。

历史上，沂河为泗水支流由淮河入海，黄河夺泗淤塞泗水河道，泗、沂洪水失去出路，逐渐潴积成骆马湖。汛期，骆马湖洪水由总六塘河入南、

北六塘河经灌河入海，部分经中运河入淮阴以下黄河故道入海。

1949 年冬，为安排洪水出路，苏北区党委根据党中央整治沂、沭河的决定，确定"导沂整沭""沂沭合流"治理原则选定自嶂山至滨海堆沟，采用"筑堤束水，漫滩行洪"方案，开挖新沂河，将沂、沭、泗河洪水排入黄海。设计标准：沂河临沂洪峰 6000 立方米每秒，中运河 500 立方米每秒，经骆马湖和黄墩湖滞洪后，中运河控制下泄 1360 立方米每秒，开辟嶂山口门入新沂河 710 立方米每秒，沭河来水 2500 立方米每秒，新沂河在口头以下按行洪 3500 立方米每秒挖泓筑堤。

同年 11 月，采取"以工代赈，治水结合救灾"，组织十县民工 55 万人次开挖新沂河，完成土方 2882 万立方米。1951—1953 年，新沂河全面复堤，培修加固。

1954 年淮河水利委员会提出《沂沭汶泗洪水处理意见》，口头以下新沂河最大泄量 4500 立方米每秒。

1957 年 7 月，沂、沭、泗大水，黄墩湖滞洪，新沂河超标准行洪，沭阳站最大流量 3710 立方米每秒。同年，淮河水利委员会编制《沂沭泗流域规划》，提出新沂河按行洪 6000 立方米每秒标准设计、7000 立方米每秒校核。1958 年 1 月，江苏省人民委员会批准新沂河大堤按行洪 6000 立方米每秒全面加固加高。

1958 年，淮阴专署动员泗阳、泗洪、沭阳、淮阴、涟水、灌云、灌南七县民工 12.1 万人，历时三年完成土方 2124.2 万立方米。1963 年，新沂河北堤按行洪 4000 立方米每秒遇沭河行洪 2000 立方米每秒，复堤大马庄至邵曹路 7.3 公里，超高 1.5 米，顶宽 6 米，迎水坡 1:2~1:5，背水坡 1:3，堤顶高程：口头 20.1 米，邵店 20.83 米，护坡 1 公里。

1966 年，培堤与块石护坡邵店至口头北堤 5.8 公里和 1.5 公里。1973 年，新沂河续办工程完成。先后动员泗阳、泗洪、沭阳、淮阴、涟水、灌云、灌南 7 县民工 54 万人次，完成土方 3230 万立方米，石方 64 万立方米，混凝土 4.1 万立方米。新建涵、闸 16 座，偏泓生产桥 70 座，电排站 6 座。国家投资 4417 万元。

1983—1986 年，按行洪 7000 立方米每秒，除险加固大马庄至口头段 13.378 公里，堤顶宽 8 米，堤顶超高洪水位 3 米，前戗台顶宽 8 米，超高洪水位 1.0 米，边坡比 1:3；块石护坡 12.878 公里；接长和新建桥、涵 9 座，漫水路面 15 条，新修防汛公路 12.878 公里。

1991 年江淮发生特大洪涝后，国务院在治淮、治太会议上决定续建东调南下工程，新沂河整治工程是沂沭泗河洪水东调南下工程的重要组成部分。

"九五"期间，国家投资实施新沂河除险加固，使新沂河行洪能力提高到 6000 立方米每秒，工程标准二十年一遇，建筑物工程按五十年一遇标准校核。

2006—2008 年，实施新沂河五十年一遇整治工程：防洪标准，支流二十年一遇；排涝标准，沿河洼地五年一遇；设计流量，新沂河口头以上 7500 立方米每秒，口头以下 7800 立方米每秒；概算投资 14.1 亿元。扩建新沂河海口枢纽 18 孔中深泓闸，开挖上下游引河和连接段；扩挖泓道 185.1 公里，其中沭西段中泓 6.9 公里，沭东段南偏泓 94.8 公里，北偏泓 83.4 公里；加高加固堤防 153.0 公里，其中盐河以东 99.6 公里，盐河以西 51.5 公里；支流新开河口两岸复堤 1.1 公里，山东河口复堤 0.8 公里；南、北偏泓生产桥接长 117 座，拆除重建 8 座；加固沭阳枢纽、新建柴沂截水沟挡洪闸；修筑新沂河堤顶防汛道路长 239.1 公里，上堤道路 36.5 公里；支流新开河复堤段堤顶防汛道路 2.0 公里。2010 年利用工程节余资金在新沂河南堤 50 公里、北堤 66 公里堤顶的泥结石路面上增做混凝土路面。

（四）疏导沂河

沂河古称"沂水"，是沂沭泗水系中最大的山洪河道。源出山东沂蒙山区，流经沂源、沂水、沂南、临沂、苍山、郯城，于邳州市的齐村进入徐州境内，至新沂市苗圩附近注入骆马湖。河道总长 333 公里，其中山东境内 287.5 公里，徐州境内 45.5 公里。骆马湖以上流域面积为 11820 平方公里。沂河在山东省境内彭家道口有分沂入沭水道，江风口有郯苍分洪道分水入中运河。沂河正干于齐村西入邳州境内，右岸卢口坝原有一股分流入城河，下入中运河，新中国成立初期已堵闭。沂河在华沂分为两支，西支为老沂河，在王楼南入骆马湖，上端建有华沂节制闸。老沂河原有分泄沂河洪水任务，1960 年修改规划后，老沂河不再分洪，只发挥引水、排涝和通航作用；东支为新中国成立后开辟的沂河新道，为区别于嶂山闸以下的新沂河，称新沂河草桥段。1960 年老沂河不再分洪后，该段新道统称为沂河。沂河穿陇海铁路南流于苗圩附近注入骆马湖。沂河和中运河洪水经骆马湖调蓄后，一部分出皂河闸经中运河下排，大部分出嶂山闸，由新沂河东流至灌河口入海。

沂河上游为丘陵山区，沂源处海拔 700 米以上，最高的鲁山为海拔 1108 米，至临沂北渐入平原。临沂附近地面高程为 60 米左右，苏鲁省界附近为 35 米，至骆马湖降至 20 米。临沂以上河道比降为 1/50~1/1500，临沂至省界 1/1500~1/4000，省界至骆马湖 1/4000~1/5000。由于上游河床比降大，水土流失较为严重；下游比降小，水流平缓，泥沙淤积河床。沂河洪水多发生在 7—9 月，洪峰流量大，历时短，水流湍急，暴涨暴落。

徐州市境内的沂河堤防保护着 110 万亩耕地，防洪任务十分繁重。

1949 年开始进行沂沭河整治工程。当时，骆马湖以上沂河分属山东省和苏北行署，苏鲁两省省界在华沂附近。因此，今

邳州市境内的沂河堤防工程由山东省导沭整沂委员会负责实施；华沂以南新、老沂河由苏北导沂整沭委员会负责实施。

按照 1950 年 2 月华东水利部沂沭河治导技术会议制定的沂河洪水流量（临沂）6000 立方米每秒的治理方案。1949—1953 年，在骆马湖以上，沂河按分洪 1000 立方米每秒标准开辟分沂入沭水道；李庄以下干流，按行洪 3500 立方米每秒，堤顶超高 1.2 米，顶宽 6 米标准复堤；堵闭芦口坝，不再分泄沂河洪水入城河；堵闭原武河分洪口，另按分洪 1500 立方米每秒要求开挖向武河分水的分洪道；开辟华沂以下入骆马湖沂河新道，即新沂河草桥段，筑堤束水，漫滩行洪；华沂以下老沂河，按行洪 500 立方米每秒整修堤防。同时睢宁、邳睢、新安三县（当时属淮阴专署）出民工，赴宿迁、沭阳，与淮阴专署共同实施骆马湖以下至海口的新沂河开挖和嶂山切岭等工程。

1953 年 9 月，淮河水利委员会召开沂沭泗汶区水利工作座谈会，确定沂河临沂洪水流量从 6000 立方米每秒调整为行洪 8500 立方米每秒，山东省分沂入沭水道扩大为 1500 立方米每秒。

1955 年，华沂以上堤防，按 4200 立方米每秒加复；华沂以下，老沂河按 700 立方米每秒复堤加固。险工段加做块石护岸，由邳县、新沂县施工，

共做土方 193 万立方米，石方 4.38 万立方米。同年，兴建华沂老沂河节制闸 1 座，共 7 孔，每孔净宽 8 米，过闸流量 700 立方米每秒。

1956 年春季，苏鲁省界至华沂段沂河，按安全行洪 4500 立方米每秒进行除险加固。冬季，按 5000 立方米每秒要求，实施复堤加固、清障和险工护岸工程，共完成土方 85 万立方米，石方 2.5 万立方米。

1957 年汛期，沂河遇特大洪水，先后出现六次洪峰，7 月 19 日 23 时，临沂洪峰流量达 15400 立方米每秒，山东境内堤防多处溃决，徐州境内堤防齐村、张老坝等处出现险情。同年冬，沂河李家庄以下按行洪 6000 立方米每秒，华沂以下新沂河按堤顶高超洪水位 2 米，顶宽 6 米，险工段顶宽 8 米加固。老沂河按行洪 700 立方米每秒，堤顶超洪水位 1.5 米，顶宽 4 米加复，共完成土方 230 万立方米，石方 1.29 万立方米。同时，兴建华沂漫水闸，以调节沂河枯水流量发展灌溉和便利交通。

1960 年，调整内部排涝规划，邳县开挖了官湖截水沟，邳北涝水经华沂节制闸入老沂河排入骆马湖。老沂河河口封闭，建引水涵洞，不再承泄沂河洪水。沂河上游洪水，全部经沂河新道入骆马湖。

1971 年，复堤加固沂河草桥段，完成土方 120 万立方米。

1974 年，按照当年行洪水位，华沂以上堤顶超高 3 米，华沂以下堤顶超高 2 米，实施复堤加固、险工护砌工程。至 1980 年，共完成土方 387 万立方米，石方 1.22 万立方米。

1991 年 10 月，淮河水利委员会编制《沂沭泗河洪水东调南下近期工程复工报告》，确定沂河按二十年一遇治理的工程项目。

1992 年，加固埝头镇堤防险工段 2.4 公里，按苗圩处洪水位 26.0 米设计，堤顶高程苗圩 28.5 米，至埝头镇北为 29.0 米，顶宽 8 米进行加复；左岸省界以下两段险工 1790 米实施块石护砌。同时，改建和加固沂河支流新戴河沿线 7 座排涝挡洪涵闸。1995 年 5 月，在新沂市境内，搬迁沂河入骆马湖口门处阻水严重的骆马湖林场，彻底平毁纵横向圩堤 7.95 公里做土方 35 万立方米。柳沟引水涵洞改建，华沂引水涵洞接长。在邳州市境内胡滩护坡 657 米。

1997 年元月，采用机械化施工复堤加固沂河大堤，按行洪 7000 立方米每秒，华沂以上堤顶超设计洪水位 2 米，顶宽 6 米；华沂以下超高 2.5 米，顶宽 8 米，全线复堤 36.99 公里；加固接长沿线代沟、埝头等 17 座穿堤涵洞；改建浪青河毛墩涵洞，堵闭南侧 4 孔老涵洞，原北侧拱涵拆除，新建 7 孔 3 米 × 4.7 米钢筋混凝土箱涵，设计流量 73 立方米每秒；加固护砌庄安子、郭家险工 1220 米。同年 9 月完成全部工程，共完成土方 138 万立方米，石方 12374 立方

米，混凝土4048立方米，更换启闭机30台。1998年11月，沂河二十年一遇工程尾工扫尾，完成彭庄、三岔河、代沟、庄安—杨庄、吴家、毛墩—杜市六处险工6780米干砌块石护坡；授贤、张家、华沂—铁路桥、张家口—代沟、庄安—杨庄、毛墩—杜市六段22.9公里砂堤充填式防渗帷幕灌黏土浆。新建堤顶防汛道路4800米及三岔河（新戴河）、柳沟两座防汛桥；重建骆马湖东堤滨湖涵洞；老沂河分洪口北、五墩、土楼、范庄四座排涝站按每平方公里0.5立方米每秒排模增容改造；开挖堰头以下入湖段中泓6600米，底宽150~175米，底高程20.0~20.5米，弃土填滩。1999年10月完工，完成土方244万立方米，砌石及混凝土29459立方米。

2008年，按防洪五十年一遇，在邳州市境内，堤防截渗16.56公里，欠高段复堤和险工段护坡11.4公里，拆建红旗涵洞、封堵万丰涵洞。在新沂市境内，全线复堤，开挖华沂至铁路桥中泓4.786公里、入湖段中泓4.2公里，建4.5米宽防汛路。

（五）整治总沭河

沭河古称沭水，发源于山东省沂山南麓，南流至临沭县大官庄，分为东、南两支。东支为新沭河；南支即总沭河，又称老沭河，经郯城于红花埠流入新沂市境，至口头汇入新沂河。总沭河在山东省大官庄胜利堰以下长103.66公里，其中江苏省境内长47公里。沭河上游为山区，地势陡峻，坡降1/1000~1/3000，进入新沂市境内地势渐趋平坦，平均坡降约为1/5000。王庄闸至口头段17公里河道，河道纵向比降1/1400。沭河在大官庄以上流域面积4519平方公里，大官庄以下至口头区间流域面积1881平方公里，其中，新沂境内流域面积448平方公里。

沭河，在冬春之交，常干涸无水；在夏秋雨季，山洪暴发，水流陡增，峰高量大，下游新沂境内河槽狭窄，宣泄不及，且沿河土质多砂壤土，河堤极易溃溢。口头以下，水系紊乱。新中国成立前，新安镇至沭阳、东海，均为沭河泛滥区域，并常与沂河涨水连成一片，沂涨犯沭，沭涨犯沂，沂沭并涨，呈"沂沭不见面，见面一大片"之势，洪水灾害频繁而严重。

1949年春，山东省导沭经沙入海工程开工，在大官庄拦沭河建人民胜利堰，限制沭水经总沭河进入江苏流量不超过1000立方米每秒，并在人民胜利堰以上切开马陵山，分泄沭河洪水3500立方米每秒，经沙河（新沭河）出临洪口。

1952年，在山东省境内开辟分沂入沭水道，从李家庄分泄沂河洪水1000立方米每秒，在人民胜利堰以下进入老沭河。规划沭河大官庄以上洪水4500立方米每秒时，经新沭河出临洪口2800立方米每秒，人民胜利堰南下1700立方米每秒，与分沂入沭流量汇合，要求总沭河行洪能力为2500立方米每秒。1949—1952年，江苏省复堤整修总沭河，完成土方30余万立方米。

1957年沂沭泗流域大水，总沭河新安镇流量达2820立方米每秒，超过设计行洪标准320立方米每秒。堤身出现多处渗水，苏营村一带洪水位距堤顶仅0.4米，经沿线干部群众全力抢险，幸免溃堤。1957年汛后，按行洪2500立方米每秒全面加固总沭河大堤，堤顶高程超洪水位2米，顶宽4米，内外坡1:3。同时，实施险工护岸、鸡嘴坝和中和岛圩堤工程，完成土方255万立方米，石方1.6万立方米。

1966年12月，为稳定王庄上游河床并解决上游的灌溉水源，同时结合沂北干渠穿越总沭河的输水地涵，兴建王庄节制闸，闸上游河床可蓄水420万立方米，下层沂北干渠2孔地下涵洞可为沭东地区送水15立方米每秒，完成土方45.75万立方米，石方1.81万立方米，混凝土1.12万立方米。1972年7月，为蓄水灌溉，在唐店镇东建成塔山闸，闸上河床可蓄水800万立方米，完成土方25万立方米，石方和混凝土1.24万立方米。

1974年8月，沂、沭河同降暴雨，沂河洪水分沂入沭最大流量达3080立方米每秒，沭河经人民胜利堰下泄1150立方米每秒，汇合后新安镇出现洪峰流量3320立方米每秒，超过总沭河行洪标准820立方米每秒。

1974年11月，开始实施汛后水毁修复工程。按照当年洪水位加2米超高，堤顶宽6米，

全线复堤整修和加固险工险段，完成土方 218 万立方米，石方 2.2 万立方米。1983 年，新沂河嶂山到海口段流量扩大到 7000 立方米每秒，1985 年冬，相应加复总沭河入新沂河口 500 米回水段堤防。

1984 年，淮河水利委员会提出《沂沭泗洪水治理东调南下工程修正规划》后，按二十年一遇标准全面整治总沭河。1988 年 1 月，淮河水利委员会和江苏省水利厅批准沭河治理第一批应急工程，对陈埝、老虎溜、焦圩、油坊庄、焦道、打靶场、土城等 8 处险工险段进行浆砌块石护坡防冲；对利民闸段东堤裁弯取直；利民闸拆除，重建 3 孔高 3 米、宽 3 米的钢筋混凝土箱涵。1991 年春，淮委批准了第二批应急工程，至 1992 年 6 月竣工。沿河夏庄、舒吴、玄庙、杜湖、河湾、庙后、响马林、尹林、苏营等 13 处险工长 16288 米护砌防冲，两期工程共完成土方 20.6 万立方米，石方 7.7 万立方米，混凝土 1664 立方米。

1991 年，国家计委批准《沂沭泗河洪水东调南下近期工程复工报告》，确定总沭河行洪流量：大官庄至塔山闸为 2500 立方米每秒，塔山闸以下加区间来水后为 3000 立方米每秒。按照省界、塔山闸和口头设计水位分别为 32.75 米、28.40 米和 19.73 米全线加固堤防，堤顶宽 6 米，堤顶高程超设计洪水位 2 米。沿线险工段加固，塔山闸扩孔和穿堤涵闸接长加固等。1992 年 1 月，徐州市水利局报送《沭河提办工程初步设计及概算》，接长翻建塔山闸上老庄、田吴、大马、沈马、苏营、唐庄等 8 座涵洞，在小陈庄、邵店桥下河床内新建 2 座拦砂坝进行稳定河床试验。同时，在王庄闸下游鲍庄段砂堤做 1 公里灌浆加固试验。1995 年，加固接长响马林和喻林 2 座排涝涵洞；局部加固塔山闸 19 孔老闸，并在右侧河床内扩建 6 孔，净宽 7.6 米的新闸，以满足安全行洪 2500 立方米每秒，校核 3000 立方米每秒的行洪标准。1997 年 1 月，王庄闸至口头段东堤 4.65 公里、西堤 5 公里堤防，按顶宽 6 米，堤顶超设计洪水位 2 米标准加复；改建、接长加固处理沿线褚湖、大圩、小圩、广玉和烟店 6 座涵洞；按堤顶超设计洪水位 2 米、顶宽 4.0 米，复堤加固中和岛堤防；新建中和岛张庄防汛撤退桥梁。1998 年 11 月，继续分段加复苏鲁省界至王庄闸尚未达到设计标准的堤防，东堤 7.4 公里，西堤 6.7 公里；黄墩河与总沭河连接段两岸堤防各加复 500 米；改建、加固和接长沿线小窦庄、焦道、玄庙等 17 座涵洞；护砌处理口头、邵店等 10 处险工段，浆砌块石护坡 3683 米；加固维修新安镇南右岸入沭闸；东堤沙冲 1600 米、西堤焦圩 4190 米、中和岛杜湖 200 米三段砂堤进行灌浆防渗处理。1999 年 12 月完成全部工程。总沭河按沂沭泗洪水东调南下一期工程二十年一遇防洪标准治理，共完成土方 109.6 万立方米，砌石和混凝土 9.41 万立方米，工程投资 6768.56 万元。

2008 年，按五十年一遇设计洪水位以上 1.0 米险工护坡：李庄、蔡庄、新安镇（东、西堤）、水文站南、吴庄、大马、河湾等 8 处险工 9398 米，其中，新安镇东西堤及水文站南在高程 27.80 米以上实施生态护坡。建广玉、邵店、口头等 3 座壅水坝，坝体均为 WES 型开敞式实用堰；改建李庄、黄墩中心站、砂冲、山前村西、中和、胜利、蒋圩等 8 座排引水涵洞；拆除王庄涵洞、重建杜湖桥；加固入沭闸和塔山闸；设置右堤高原防汛上堤道路 545 米。

二、治理中运河

中运河，为京杭大运河其中一段。徐州市境内的中运河上接韩庄运河，自黄楼村入邳州市境，经泇口、滩上、运河镇、张楼，至新沂市窑湾镇的二湾附近入骆马湖，从皂河闸出骆马湖入宿迁市境内。自苏鲁省界至二湾中运河长 55 公里，主要承泄南四湖和邳苍地区洪水以及邳苍分洪道分泄的沂河洪水，沿线有不牢河和邳苍分洪道、陶沟河、老西泇河、城河、官湖河、房亭河、民便河等河流汇入。

新中国成立前，中运河两堤距离 200 米左右，堤身高出地面约 3 米，河槽宽 50~120 米，行洪能力只有 500 立方米每秒左右。新中国成立后，从 1953 年起，分三个阶段对中运河进行大规模治理。

第一阶段，退建堤防。导沂整沭期间，确定骆马湖以上中运河安全泄量 500 立方米每秒；实施复堤整修工程；堵闭沂河向城河分洪的芦口坝，以减轻中运河防洪负担。1954—1956 年，实施复堤、岁修工程，完成土方 44.5 万立方米。

1957 年，沂、沭、泗发生大洪水，中运河运河镇最大流量 1660 立方米每秒，超过了中运河的规划行洪能力，泇口、大王庙、楚埠等处堤防溃决，洪水四溢，中运河两岸一片汪洋。同年汛后，经淮河水利委员会和江苏省水利厅批

准，按照"筑堤防洪、挖河排涝、结合航运"的治理原则，退建中运河两堤，相应扩大东陇海铁路桥。同年冬，邳、睢两县动员3万余人，退建城河口至万庄东堤25.3公里，其中：城河口至运河镇退建400米，庄楼至剑秋涵洞段裁直，堤线退建100~700米，剑秋涵洞至老沂河口就老堤加修。堤顶高超洪水位1.5米，堤顶宽6米，完成土方193.6万立方米。1958年春，东堤退建窑湾老沂河口至二湾段4.35公里，西堤退建苏、鲁省界至宿迁曹店子61.5公里。省界至猫窝堤顶超设计洪水位2米，猫窝以下超高0.5米，顶宽6米。东、西两堤堤距，城河口以上1100~1300米，城河口以下1500~1800米。东、西堤退建后，中运河陇海铁路桥处设计流量为4041立方米每秒。西堤退建分别由邳县动员3万人、睢宁县动员1万人，东堤退建由新沂动员7000余人，共完成土方875.7万立方米。1959年春季和冬季，由邳县负责东堤加复陶沟河至大谢湖和城河口至庄楼，完成土方144万立方米。同年冬，淮阴地区支援徐州段运河的施工，承担了中运河小街至徐淮专区界的航道裁弯、庄楼到窑湾段东堤复堤和陇海铁路以南的切滩工程，完成土方295万立方米。

第二阶段，续建加固。1964年，水电部规划扩大韩庄运河，将南四湖韩庄闸泄量提高到微山湖水位33.5米时下泄2000立方米每秒。1964年8月，为适应水电部规划，江苏省人民政府向国务院报送《中运河续办工程设计任务书》，要求进一步扩大骆马湖以上中运河。施工标准，按照运河镇行洪流量5000立方米每秒，相应水位26.5米，骆马湖水位25米，推算各段河道行洪水位，堤顶高一律超设计洪水位2米，顶宽8米，外坡1:5，内坡1:3。1965年秋，徐州专区组织邳县、新沂、睢宁县5万多民工，江苏省成立中运河加固工程处，驻运河镇现场指挥。1967年续建加固全面完成。运河镇、窑湾镇因拆迁工作量

太大，堤顶降低1米，另设挡浪墙；沿河险工段块石护坡30850米；右岸兴建穿房亭河毛窝地涵；毛窝以下结合复堤疏浚邳洪河。续建加固工程历经三年，累计完成土方943万立方米，石方19.36万立方米。续建加固后的中运河堤防，经历了1974年汛期高水位（运河镇26.42米）的考验。

第三阶段，提高行洪标准。1984年，淮河水利委员会在《治淮修订规划建议书》中提出，"七五"期间，中运河在骆马湖以上行洪能力扩大到6000立方米每秒。1986年，江苏省编报《中运河近期扩大工程设计任务书》。1987年5月，江苏省水利勘测设计院编制《中运河近期扩大工程试挖初步设计》。

1985—1987年，在苏北段京杭运河续建工程中，中运河按三级航道标准，疏浚大王庙至民便河船闸段，航道底宽50米，底高程17.3米，完成土方254万立方米。

1988年12月，国家计委、交通部先后批复，台儿庄—大王庙段航道按三级航道标准开挖，河底宽50米，河底高程17米；按二级航道标准兴建台儿庄船闸。1989年2月，江苏省政府以《关于苏鲁边界韩庄运河航道建设有关问题的请示》电报国务院，12月又两次电报国务院，说明该工程的实施导致中运河上游洪水下泄流量加大和骆马湖水资源失控。

1991年10月，淮河水利委员会编制《沂沭泗河洪水东调南下近期工程复工报告》，确定中运河苏鲁省界至大王庙设计流量4600立方米每秒，大王庙至骆马湖设计流量5500立方米每秒；堤防工程标准，按设计洪水位加2米安全超高，堤顶宽8米；兴建中运河临时水资源控制设施，挡水水位为21.5米，底板高程17米，底宽50米。

1993年12月23日，江苏省副省长姜永荣与水利部副部长张春园在南京签订《关于江苏省治淮治太工程有关问题的会商纪要》，同意建设中运河临时控制工程，对骆马湖水资源进行必要控制；设计闸门顶高程为21.5米，如上游山东用水情况有变，设计挡水位可考虑相应调整至22.5米；临时水资源控制设施由淮河水利委员会负责设计、施工和管理。《纪要》提出，东调南下工程是有机的整体，在抓紧实施南下工程的同时，要抓紧实施东调工程，1994年安排实施分沂入沭调尾工程。第一期工程的主体项目基本完成，第二期工程筹措时优先安排刘家道口闸，与南下工程同步生效。1994年3月25日，水利部副部长张春园及水利部、淮河水利委员会有关人员，江苏省副省长姜永荣、徐州市副市长汪为群等在北京再次会商，签订了《关于韩庄运河台儿庄至大王庙和中运河临时水资源控制工程实施问题的会商纪要》。

两个会商纪要的签订，为中运河扩大工程分期实施创造了必要条件。

1994年4月28日，中运河台儿庄至大王庙段18.5公里扩大工程正式开工。徐州市成立以副市长汪为群为指挥，由水利、交通、公安、土地、新闻等单位人员组成"徐州市沂沭泗流域工程治理指挥部"，下设"中运河施工处"。同年4月28日—8月25日，由铜山县、邳州市、新沂市和丰县4个机械化施工处投入大型土方施工机械149台套，完成了中运河杨滩站以南500米平地开河、裁弯取直的试挖段土方33.1万立方米。为进一步落实部、省"会商纪要"精神，根据省、市政府的安排，1995年1月组织实施310公路桥南至大王庙段4.3公里老河槽扩挖工程，由徐州市华源公司、华冠公司、上海嘉宝公司和铜山县、邳州市、丰县三个水利工程处等6个机械化施工队伍参加施工，共投入铲运机、挖掘机、自卸车等各种陆上土方施工机械152台套，200立方米每小时挖泥船1艘，历时4个月，完成土方111.1万立方米。同年5月，由徐州市水利工程处负责建成中运河"临时水资源控制"设施，共完成石方4400立方米，混凝土方3400立方米，土方13.6万立方米。1996年3月至1998年底，分四期采用机械化施工，完成了剩余河段河槽开挖土方281万立方米。苏、鲁省界处1公里河道，按照规划行洪水位29.37米不变的原则，对车夫航道以北老河槽和滩面进行填槽、填滩处理，老河槽填平，滩面高程填至26.0~26.5米，共回填土方6万立方米。

　　中运河下段（大王庙—二湾）整治工程，分别由江苏省和淮河水利委员会东调南下直属工程指挥部组织实施。江苏段工程由江苏省水利工程建设局和徐州市沂沭泗工程治理指挥部为工程建设单位，组织工程的实施。1996年6月9日，张庄至窑湾16.5公里一期工程开工，交通部第一航道工程局、长江航道局南京航道工程局、山东省水利工程疏浚处和长江航道局武汉航道工程局等，投入大中型绞吸式挖泥船19艘，克服了水位变化大，水下隐形物多，土质变化大，芦苇根丛生等困难，1997年12月底完成水下方疏浚554.66万立方米。1998年9月底全面完成二次倒土复堤。1997年11月中旬，大王庙至徐塘闸12.5公里的二期土方工程开工，徐州市机械化施工处等单位，共投入中型绞吸式挖泥船4艘，小型抓斗船2艘，以及挖掘机、自卸汽车、铲运机等陆上施工机械207台套；克服了稀淤泥、软黏土层、砂礓盘、管涌等难工，于1998年12月底完成土方218.76万立方米。1997年12月中旬，邳州港至张庄3.2公里裁弯取直、平地开河段开工，有邳州市水建公司、广州军区长城公司和济南铁路局工程总公司，共投入挖掘机、铲运机等陆上施工机械208台套，1998年12月底完成河道开挖土方149.6万立方米。淮河水利委员会东调南下直属工程指挥部实施的徐塘闸至邳州港和窑湾南至二湾两段4.92公里，完成土方110.3万立方米，砌石方1.89万立方米，水泥土截渗墙20708平方米。

1998年10月，中运河沿线配套建筑物及影响工程开工。加固接长干河沿线48座穿堤涵洞；26座排灌站按每平方公里0.5立方米每秒排模增容改建，更新机泵169台套，总装机容量9150千瓦；新建房亭河、城河等支河口4座交通桥梁；房亭河、六堡河等支河回水段堤防复堤加固；接长加固支河沿线29座穿堤涵洞，33座排灌站增容和更新改造。

1998年11—12月，邳州市运河镇和新沂市窑湾镇险工段加固工程开工。运河镇险工段位于左堤，西起煤港围墙，东至六堡河涵洞，长4.7公里，主要加固工程为增做垂直铺塑或高喷灌浆垂直防渗帐幕；加固堤防；迎水坡建挡浪墙，墙顶高程28.5米；块石护坡1426米，护砌高程22.0~27.0米；维修防汛路面3070米，新增防汛路面1630米。窑湾镇险工段位于左岸新沂市窑湾镇区，西起口西涵洞，东至窑湾抽水站，长3.1公里，主要加固工程为垂直铺塑2025米；大堤堤身充填灌浆3013米；堤防加固1850米；增建挡浪墙；维修、新建块石护坡长1955米；修泥结碎石防汛路长3100米。

中运河下段整治工程，是江苏省水利勘测设计院根据淮河水利委员会规划设计院编制的《中运河近期扩大工程可行性研究报告》，编报《中运河（大王庙—二湾）近期扩大工程初步设计》实施的，1995年7月在徐州通过水利部水规总院和淮河水利委员会的审查，设计流量从5000立方米每秒扩大到5500立方米每秒，大王庙设计水位28.13米，运河镇26.5米，二湾25.0米；以开挖河槽为主，适当加复堤防，堤顶宽8米，大王庙至窑湾段堤顶高程超设计洪水位以上2米，窑湾至二湾段超2.5米。大王庙—徐塘段采用"近槽"

方案，在西滩面靠近老泓道处开挖新河槽，河底高程 17.0 米，宽 10 米，边坡 1:3。邳州港—张庄采用西滩裁弯取直、平地开河方案，新泓底高程 16.5 米，底宽 50 米，边坡 1:3。张庄—房亭河口采用沿老河槽对凸岸适当裁弯和扩挖方案，河底高程 16.5 米，河底宽（含老河槽）140 米，边坡 1:3。房亭河口—窑湾结合清除滩地芦苇和鱼塘等行洪障碍，采用开挖"浅槽"方案，浅槽河底高程 19.5 米，底宽 180 米，边坡 1:3。中运河提高行洪标准是"沂沭泗洪水东调南下一期工程"的关键。经过徐州市人民政府和各方面的努力，历时六年完成了各项工程任务，河道行洪能力由原 5000 立方米每秒提高到 5500 立方米每秒，基本达到二十年一遇标准，共完成干河土方 1345 万立方米，工程投资 25167.4 万元。2008 年，按五十年一遇防洪，在邳州市境内，扩挖河道 47.97 公里，改造建筑物 11 座；在新沂市境内，实施堤防填塘固基，拆建、加固建筑物 16 座。

三、开辟邳苍分洪道

邳苍分洪道位于邳苍地区，上起沂河右岸李庄江风口闸，西南流经山东省临沂、郯城、苍山等县境，于古宅进入邳州市境，经卞湖、米滩、艾山西、倚宿山东至大谢湖汇入中运河，长 74 公里，其中，邳州市境内长 34 公里。邳苍分洪道除分泄沂河洪水外，还承泄邳苍地区北部陷泥河、小涑河、武河、燕子河、吴坦河、东泇河、白家沟、汶河、西泇河等跨省河道 2357 平方公里来水。分洪道内有耕地 11.2 万亩，其中，邳州市境内 7 万亩。分洪道内东、西偏泓，承担区间河道和道内滩地排水任务。

明清时期，为解决运河水源问题，曾在沂河江风口引沂水经武河济运。由于引水口缺少有效控制，每遇沂河较大洪水便由此缺口泛滥，洪水顺坡而下，遍地漫流，洪涝不分，灾害严重。历史上流传着"决了江风口，水从岚山走，淹了四大哨，捎带旧邳州"的谚语。

为消除沂河和邳苍地区洪水泛滥问题，1951 年缩小江风口，1955 年 6 月，在江风口建成分洪闸，设计过闸流量 2000 立方米每秒。

1957 年沂沭河大水，为减轻沂河压力，江风口闸被迫 5 次开闸分洪，最大分洪流量 3380 立方米每秒，总计分泄沂河洪水 9.4 亿立方米。由于闸下邳苍分洪道尚未修建，武河安全泄量仅 200 立方米每秒，致使洪水漫坡倾泻。邳县境内行洪区宽达 25 公里，入运后又遇南四湖洪水，邳北及运河两岸，尽成泽国，邳县 235.9 万亩耕地有 188.6 万亩受灾。

1957 年汛后，徐州专署水利局编制了《江风口分洪道工程扩大初步设计及预算》，1958 年 2 月，苏、鲁两省同时修建邳苍分洪道，以固定排洪路线。邳苍分洪道从江风口闸起至多福庄计 13 公里，利用武河旧道，加固堤防，堤距 800 米，最窄处 480 米。多福庄以下平地筑堤，束水漫滩行洪。多福庄至省界堤距由 1200 米展宽至 1500 米，省界至东泇河口为 1500 米，东泇河口至中运河为 2000 米。设计分泄沂河洪水流量 3000 立方米每秒，至下湖计入邳苍区间诸河来水 1500 立方米每秒后，共为 4500 立方米每秒。两侧堤防按滩地水深 2 米左右设计堤顶高程，东堤超过设计洪水位 1.5 米，西堤超过设计洪水位 0.5 米。批复中要求两省西堤各留一段不加超高，使超标准洪水向西岸高坡地漫溢。堤顶宽度原定 6 米，后因限于民力，施工改为 4 米，结合筑堤开挖东西偏泓。江苏境内分洪道工程由邳县动员 3 万人，于 1958 年 3 月开工，1959 年春季完成土方 570 万立方米。

邳苍分洪道建成后于 1960、1974 年分洪，最大分洪流量分别为 1100、1590 立方米每秒。

1964 年起，分洪道内群众逐步修筑保麦圩堰和闸坝桥梁，并由保麦发展为保秋。1972 年，邳县根据国务院批转水电部淮河清障报告，清除滩地上阻水围堤，外迁滩地村庄。

1972 年 5 月，徐州地区水电局编报《江苏境内邳苍分洪道治理设计任务书》，提出开挖西偏泓，修筑西隔堤，近期按三年一遇排涝标准筑隔堤，三年一遇流量在隔堤以内漫滩行水。1974 年 4 月，邳县水利局编制分洪道复堤设计，加复大谢湖至汶河口计长 15.5 公里西堤。按中运河行洪 5000 立方米每秒时，老滩上水位 27.72 米为起点水位，推算至汶河口水位为 30.35 米，堤顶高程超过设计洪水位 2 米，顶宽 6 米，完成土方 36.6 万立方米。1974 年 12 月—1975 年 5 月，加复东堤柳林庄至艾山西段 17.2 公里，完成土方 77.2 万立方米。

1986 年 8 月，徐州市水利局报送了《邳苍分洪道工程规划》。1987 年 6 月，报送《邳苍分洪道治理工程总体设计及概算》。同年 11 月，根据淮河水利委员会要求重新编报《邳苍分洪道排涝保麦近期工程初步设计》及《邳苍分洪道西偏泓排涝一期工程初步设计》。1988 年 11 月，苏、鲁两省同时治理西偏泓 55.4 公里，其中江苏段 35.2 公里。西偏泓按三年一遇排涝挖河，东侧筑隔堤，隔堤标准为挡御五年一遇涝水。东偏泓按滩地排涝标准五年一遇设计。第一期工程西偏泓先按二年一遇的排涝规划断面一半开挖，同时按三年一遇水位超高 0.5 米，顶宽 2 米修筑隔堤。新建、改建邳苍公路桥、310 公路桥、依宿坝闸、西偏泓生产桥、排灌站和涵洞共 21 座建筑物，一期工程于 1989 年 6 月全部完工。土方工程由邳州市动员民工 50000 余人，大战严寒 30 天，完成土方 500 万立方米，建筑物工程由邳州市水建公司承建，完成石方 11.9 万立方米，混凝土 0.89 万立方米。

1992 年 7 月，徐州市水利局编制《邳苍分洪道工程总体设计》。1994年 6 月，徐州市沂沭泗治理工程指挥部编制《邳苍分洪道 1994 年度工程初步设计及概算》。1996 年 1 月开工，由邳州市水利局负责加复依宿坝以下至中运河 11.9 公里东大堤和扩挖东偏泓。东偏泓按三年一遇排涝流量 17 立方米每秒挖槽，东隔堤按三年一遇排涝水位加超高 0.5 米，顶宽 2 米复堤。东大堤按行洪流量 4500 立方米每秒遭遇中运河 5500 立方米每秒时滩上集水位 27.8 米，依宿坝水位 29.22 米，堤顶超设计洪水位 2 米加复，堤顶宽度 6~8 米。同时新建、改建沿线公路桥、生产桥、涵洞等配套建筑物共 13 座，修建堤顶防汛路 11 公里，共完成土方 38.3 万立方米，石方和混凝土 0.57 万立方米。

1998—1999 年度治理项目分三期。第一期为西偏泓扩挖、西大堤加固及相应配套建筑物工程。由邳州市组织 36 个乡镇，动员民工 15万人，拉坡机械 9900 台，挖掘机、铲运机、推土机等施工机械 1800 余台，人机结合，按照三年一遇除涝标准挖足西偏泓，省界设计流量 310 立方米每秒，入中运河处 680 立方米每秒，相应水位省界 34.0 米，中运河滩上集24.51 米；西大堤加固长度 33.4 公里，堤顶超设计洪水位 2.5 米，堤顶宽 6 米；沿线 36 座桥涵改建、接长。第二期为东偏泓开挖、东大堤加固和西偏泓下游水下疏浚及相应配套建筑物，由邳州市水建公司承建，采用机械化施工，动员各种施工机械 165 台套。东偏泓自省界至依宿坝 24.6 公里按三年一遇除涝标准挖足，省界流量 24 立方米每秒、水位 33.57 米，米滩涵洞处流量32 立方米每秒、水位 28.0 米。东大堤加固长度 20.7 公里，堤顶高程超设计洪水位 2 米，顶宽 6 米。沿线米滩涵洞、东偏泓依宿坝闸等桥涵 26 座配套建筑物新建、接长、加固。第三期为西泇河林四公路桥改建，堤防管护设施及防汛路面修筑工程。三期工程完成土方 507.4 万立方米，石方 2.15 万立方米，混凝土 1.14 万立方米。建成涵洞 27 座、生产和交通桥 31 座、排灌站等配套建筑物 3 座，总投资 6221 万元。

2000 年实施扫尾工程。堵口复堤西堤小杜家、西卞湖、新庄、大墩、依宿坝五处大堤道口，建过堤上、下坡道；增建东偏泓米滩、古宅北生产桥，增建西偏泓张庄桥；增容改造大墩、找埠、西卞湖三座排灌站。

邳苍分洪道续建工程，按五十年一遇防洪标准，设计行洪流量为省界至东泇河口段分泄沂河洪水 4000 立方米每秒，东泇河口以下段加区间来水 1500 立方米每秒后为 5500 立方米每秒。滩地清障：包括清除滩面阻水圩堤和旧庄台。清除滩面阻水圩堤长 63.4 公里。清除高出滩面现状的横向圩堤和旧河堤等阻水物，圩堤清除弃土就地平摊，清障后圩堤顶高程不高出周围地面。清除滩面旧庄台 17 个，其中 14 座大庄台清除后的高程平地面，弃土外运至堤脚外堆放；3 座小庄台清除弃土就地平摊，清障后高程不高出周围地面。支河复堤：支河口 500 米以内堤防，按邳苍分洪道五十年一遇设计洪水位加超高 1.5 米确定，支河口 500 米以外堤防，按五十年一遇设计洪水位加超高 1 米确定。堤顶宽度：支河口 500 米以内，堤顶宽为 6 米，支河口 500 米以外，堤顶宽为 4 米。汶河、东泇河、三沟河、燕子河等 4 条支河复堤总长 17.9 公里，东泇河支河复堤局部工段因土源紧缺，采用浆砌块石挡墙。燕子河险工 200 米，采用浆砌块石护坡。堤顶防汛道路布置在汶河、东泇河、三沟河及燕子河河口段，共长 3.5 公里，路面宽 4.5 米，手摆块石基础、泥结碎石面层，另在东堤新修筑上堤防汛道路 1 条，长 2 公里，路面标准类同堤顶防汛道路。拆除重建沙墩涵洞。按五年一遇排涝标准，新建周场排涝站，设计排涝流量 10.5 立方米每秒。安装 3 台潜水轴流泵，设 10 千伏专用变电所。

四、南四湖工程

南四湖由南阳、昭阳、独山和微山四个湖泊组成，南北长 125 公里，东西宽 6~25 公里，四湖相连一片，无明显湖界。1958 年开始，山东省横跨昭阳湖东西，兴建二级坝枢纽工程（包括拦洪坝、溢流坝、节制闸及船闸），将南四湖分为上、下两级，在坝上兴建 3 座节制闸，扩挖上、下游引河。上级湖包括南阳、独山及昭阳湖大部分，湖水位 36.5 米时，湖面积 609 平方公里，库容 22.27 亿立方米；下级湖包括昭阳湖的小部分及微山湖，湖水位 36.0 米时，湖面积 671 平方公里，库容 31.45 亿立方米。南四湖承纳苏、鲁、豫、皖 4 省 32 县（市）53 条河道来水，韩庄出口以上流域面积 3.17 万平方公里。

历史上，南四湖洪水出路很小，洪、涝、旱等自然灾害频繁。新中国成立后，开挖了韩庄运河，扩大洪水出路，并兴建了一系列控制性工程，使南四湖成为调节洪水、蓄水灌溉、发展水产、航运交通、改善生态环境等多功能的湖泊型水库。

南四湖东侧为丘陵坡地，西侧建有防洪堤防，即湖西大堤，自南阳湖北端石佛村至微山湖南尾张谷山，长130.84公里。从苏、鲁两省交界处的姚楼河口至铜山县张谷山，长78.8公里（计入支河口宽度后为79.5公里），其中，上级湖堤长21公里，下级湖堤长57.8公里。这段堤防中除铜山县境内18.2公里，沛县境内41.3公里外，另有山东微山县、鱼台县插花地11段共长19.3公里。

湖西大堤是湖西地区的重要防洪屏障，保护湖西地区工矿、城镇和400万亩农田的防洪安全。新中国成立初至1957年春，由沛县和铜山两县组织劳力自力更生沿民国时期的二道埝加固培厚，使大堤堤顶高程达到35.5~36.5米，顶宽4米，完成土方215.4万立方米。

1957年南四湖大洪水，湖西大堤全线漫溢，沛、铜两县淹没农田95万亩。汛后，淮河水利委员会规划湖西大堤，按三百年一遇洪水位设计，堤顶高程39.5米，顶宽8米，迎水坡水下部分边坡1:5，水上部分1:3，背水坡1:3，防御最高洪水位37.0米。1958年春季开始，徐州专署组织沛、铜两县，按照规划，全线整治加复堤防。南段28.5公里因结合大运河航道，堤线东移，其余堤段基本上沿旧线施工。在国家只给少量补助下，自力更生，大干苦干，沛、铜两县共动员9.5万人，一年内结合京杭运河湖西航道开挖，完成土方2237万立方米。1959—1960年春季完成土方179万立方米。自此，堤顶高程一般达到38.5米，顶宽6米。1962—1964年，沛、铜两县又结合顺堤河扩大工程施工。从沿河向南至张谷山，挖河出土结合加固大堤，完成土方465万立方米。

1972—1973年，经水电部批准，山东省搞"湖腰扩大"工程，开挖大屯闸以南至沿河口段湖中深槽9.3公里，完成土方2232万立方米，出土堆放沿河以北大堤西侧。

南四湖西大堤姚楼河—大沙河口段长8.05公里，原堤防由人工堆筑而成，标准低，迎水面无护砌工程，施工质量差，堤身不密实。堤脚受湖水侵蚀淘刷严重，20世纪60年代中期"文化大革命"期间，堤上被微山县渔民大量建房陆居，堤身垦殖，造成大堤断面严重不足。压水井、鼠洞及蛇洞遍布，堤防渗漏严重，成为最大险工。1997年，按二十年一遇防洪标准加固姚楼河至大沙河口8.05公里大堤，设计防洪水位36.5米，相应堤顶高程39.2米、堤顶宽6.0米、边坡1:3。1997年汛前，完成堤身垂直铺塑截渗工程5.3公里。1998年汛前，复堤姚楼河口段1.3公里，完成土方5.2万立方米、砌石护坡0.5万立方米，完成大沙河口段复堤备土22.8万立方米。1999年，完成堤防绿化1.3公里，上堤防汛道路7公里，南段复堤4808米，完成土方15万立方米、砌石护坡3.4万立方米。剩余的2.48公里因房屋拆除进展缓慢，至2002年汛前全部完成。

1998年5月，淮委设计院编制了《南四湖湖西大堤二十年一遇加固工程初步设计》。接着，徐州市水利建筑设计院按照五十年一遇防洪标准，结合顺堤河开挖出土复堤方案，编制上报了《南四湖湖西大堤（大沙河—蔺家坝张谷山）复堤工程设计方案》。同年12月，按照上级湖五十年一遇设计洪水位37.00米，设计堤顶高程40.30米；下级湖按五十年一遇设计洪水位36.80米，设计堤顶高程40.1米，蔺家坝至郑集河口段堤顶宽10米，其余堤段堤顶宽8米；迎水面堤坡1:4，背水面堤坡1:3，全面加复堤防；加固改建沿线穿堤建筑物，按二十年一遇防洪标准加复入湖支河下段堤防，加固穿堤建筑物。

1999年1月，江苏省水利厅批准了《南四湖湖西大堤江苏段1998年度工程设计及概预算》，湖西大堤蔺家坝至沛县小四段29公里大堤以及鹿口河、沿河、杨官屯河、大沙河南堤4条入湖支河湖口段各500米（总计3500米），堤防按五十年一遇防洪标准加高培厚；蔺家坝至郑集河口段9.17公里大堤、杨官屯河北堤、大沙河南堤湖口段各500米，采用水泥搅拌截渗墙进行防渗处理，截渗墙顶平设计洪水位，墙底高程32.0米，墙厚不小于0.12米；杨官屯河南堤湖口段500米进行黏土灌浆防渗处理；八段河至五段河之间1050米大堤迎水坡增做干砌块石护坡工程，护砌高程从滩面至设计洪水位以上1.0米；杨官屯河北堤、大沙河南堤湖口段各150米增做浆砌块石护坡工程；原岱海涵洞及岱海闸拆除，重建3孔，每孔净宽7米新闸1座，设计引水能力70立方米每秒。原八段闸拆除后重建1孔，闸孔净宽4米，设计引水能力13立方米每秒；加固五段闸，改建闸上交通桥，按引水要求增建下游（大堤西侧）消力池，更换启闭机；按二十年一遇防洪标准（上级湖洪水位36.5米、下级湖36米洪水位）整修加固沛县境内姚楼河、大沙河、杨官屯河、沿河、鹿口河 5 条入湖支河迴水段堤防及穿堤建筑物，堤顶超设计洪水位 2.0 米，顶宽 4 米。

1998—1999 年，由沛县和铜山县组织铲运机、挖掘机、压路机等土方施工机械 100 多台套，先开挖疏浚顺堤河，出土存放于滩地晾晒，待达到规定含水量要求后上堤，并分层碾压。该期工程共完成复堤土方 284 万立方米，加固改建穿堤建筑物 33 座（湖西大堤 3 座，支河 30 座），其中岱海老涵洞改为封堵措施处理，未拆除。工程投资 7747.5 万元。

1999 年 11 月 3 日，由水利部淮委主持，山东、江苏两省水利厅派员参加，在安徽蚌埠召开了"沂沭泗洪水东调南下南四湖治理湖西大堤加固及西股引河工程建设协调会"。会议就湖西大堤加固及西股引河工程施工有关问题进行协商，双方同意沿河北—曹庄桥 4910 米和杨屯河南 1650 米的湖西大堤加固工程由山东负责建设，其余堤段由江苏负责建设；二级坝三闸闸下西股引河工程由山东省负责建设。江苏省负责建设的湖西大堤加固工程，涉及山东省的土地征迁及外部环境协调由山东省负责；由山东省负责建设的西股引河及湖西大堤加固工程，涉及江苏省的土地征迁及外部环境协调由江苏省负责，协商确定两项工程均应于 2000 年 5 月底前完成。

湖西大堤小四段至姚楼河段江苏境内（含山东插花堤防）加固工程设计，由徐州市水利建筑设计研究院编报后，经淮委审查同意并由江苏省水利工程建设局批准实施：湖西大堤小四段至鹿口河南计 6.23 公里、鹿口河北至沿河南 8.63 公里，沿河北至大屯闸之间两段计 5.89 公里，杨屯河南至大沙河计 8.1 公里，合计 28.85 公里堤防按五十年一遇防洪标准加固；鹿口河北至沿河南段、杨官屯河南至大沙河段堤身分别采用黏土灌浆和水泥土搅拌截渗墙进行防渗处理；杨官屯河北至大沙河段堤防迎水坡进行块石护坡，其中杨官屯北侧河口及大沙河南侧河口各 200 米采用浆砌块石，其余均为干砌块石；铺设蔺家坝至小四段、小四段至姚楼河口堤段共计 59.64 公里堤顶防汛道路，以及顺堤河小闸子、韩坝、后屯、卞庄 4 座交通桥上堤路段计 3.3 公里泥结碎石路面；韩坝涵洞拆除重建。

该期工程批复后，由沛县组织施工。2000 年汛前基本完成了大堤加固土方工程和顺堤河开挖疏浚工程；2000 年冬季施工后，完成了韩坝涵洞改建工程，新建韩坝闸为 1 孔，净宽 6 米，闸顶高程 40.1 米，底板高程 29.5 米，设计引水能力 34 立方米每秒。基本完成江苏境内的复堤工程以及堤身灌浆、截渗墙、护坡及防汛道路工程，共完成土方 317 万立方米，石方 6.27 万立方米，投资 7341 万元。

蔺家坝控制工程。位于南四湖湖西大堤南端铜山县张谷山与蔺山之间，由拦河坝、节制闸、船闸组成。

清康熙五十八年（1719）在张谷山修筑草坝，即蔺家坝。乾隆四十八年（1783）重修。民国二十四年（1935），黄河于董庄决口，洪水注入微山湖，蔺家坝冲决，洪水漫溢，铜、丰、沛三县受灾严重。

1957年，南四湖遭遇大洪水，蔺家坝泄洪口门从38米冲宽到160米，最大下泄流量达842立方米每秒。

1958年秋，根据交通部和淮河水利委员会规划，按微山湖水位35.5米时泄洪500立方米每秒设计，兴建蔺家坝节制闸。1959年8月建成，共13孔，其中9孔用于排洪引水，1孔为涵洞（用于城子湖地区排涝），每孔净宽3米；3孔为发电孔，每孔净宽3.7米。闸底板高程28.3米，闸顶高程40.0米。1988年初，在江苏省人民政府和省有关部门的支持下，省、市筹资，在节制闸西侧兴建蔺家坝船闸。徐州市水利设计院按二级航道标准设计，徐州市水利工程处承建，1989年5月竣工验收，闸室宽23米，长230米，上闸首门顶高程40.0米，门槛高程26.5米；下闸首门顶高程37.0米，门坎高程26.0米；上、下游闸门均为钢质"人"字门，上、下游输水廊道断面均为4米×4米，阀门为钢质平板门，油压启闭；上游引航道长570米，与湖西航道相接，底宽70米，底高程27.5米，下游引航道长800米，与不牢河航道相接，底宽70米，底高程27.0米，可通航2000吨级船只。蔺家坝船闸的建成，打开了苏北段京杭运河的北大门，为开通南四湖西航道，发展水运事业创造了条件。

五、骆马湖整治

骆马湖位于沂河与中运河交汇处，跨徐州、宿迁两市，是以防洪、灌溉为主，结合航运和水产养殖的综合利用的湖泊型水库。同时，兼有南水北调京杭运河调水线的调蓄功能，流域面积5.14万平方公里。南四湖、沂河洪水和邳苍区间来水在此调蓄后，再分别由嶂山闸泄洪入新沂河，经皂河闸和宿迁闸泄入中运河。

骆马湖北半部在徐州市境内筑有西堤、北堤和东堤，总长37公里。其中，老沂河分洪口至二湾西堤长9公里，苗圩至老沂河分洪口北堤长6公里，沂河左堤加友涵洞至黑马河地涵东堤长22公里。骆马湖南半部在宿迁市境内，分为两线控制：一线控制（皂河控制）由皂河闸、皂河船闸、杨河滩闸和长18.4公里的骆马湖南堤组成，在骆马湖水位23.5米以下时，照顾黄墩湖地区排涝，同时提供中运河航运及工农业用水。当骆马湖超过24.5米水位时，并预报上游来水量将使湖水位上涨达25.0米，即退守二线控制（宿迁大控制）防洪。二线控制由宿迁闸、六塘河闸、宿迁船闸及黄河故道北堤等组成。骆马湖水位23.0米时，一线控制水域面积375平方公里，库容9亿立方米；

退守宿迁大控制以后水位25.0米时，水域面积450平方公里（包括骆马湖一线与二线之间的面积），库容15.03亿立方米。

（一）兴建西堤、北堤和东堤

骆马湖北半部位于新沂市境内，原无堤防，北至陇海铁路，西至中运河东堤，东至马陵山麓，均为骆马湖蓄水范围。导沂第三期工程时，骆马湖北面加筑窑湾至陆渡口一线堤工，始将湖水束至堤内。

1958年，新沂县实施西堤和北堤修筑工程，堤顶高程25米，顶宽3米，迎水坡1:5，背水坡1:3，完成土方131.65万立方米。1959年冬，加复至顶高程26.5~27米，顶宽6米，内外坡1:3，防浪林台顶高程23.5米，顶宽30.0米，完成土方215.2万立方米。1974年骆马湖地区大洪水后，利用水毁修复工程经费，于1975年冬季，由新沂县组织劳力，按堤顶高程28米，顶宽8米，内外坡1:3的标准施工；西堤及北堤两段3公里迎水面增做浆砌石护坡。

东堤始于1957—1961年，新沂县修筑湖东防洪堰，顶高程24~25米，顶宽1.5~2.5米。因堤身弯曲取土坑逼近堤身，1961年冬将堤线向湖内移动500米另建新堤，即东堤，完成土方36.1万立方米。1963年，新沂县动员9000人，按堤顶高程26.5米，顶宽4米，迎水坡1:3、背水坡1:2的标准施工，完成土方93万立方米。1970年，新沂县动员2万人加筑东堤22公里。北段新代河口堤顶高程28.0米，南段司庄以南27.0米，顶宽6米，边坡1:3，完成土方170万立方米。1974年汛后，结合疏浚湖东自排河，从陆沟回龙堰到王营以南17.2公里复堤整修，堤顶高程27.0~27.8米，顶宽6米，完成土方49.2万立方米。1998年，沂河堤防全面整修，加友涵洞以北至新代河口列为沂河东堤，加友涵洞至北坝涵洞划定为骆马湖东堤。

（二）一线控制

一线控制由皂河节制闸、船闸、杨河滩闸和骆马湖南堤组成，位于宿豫县境。

皂河节制闸于1952年6月建成，7孔，每孔净宽9.2米，设计排洪流量500立方米每秒，校核流量800立方米每秒。1971年加固，上游设计水位由原23.0米提高至25.0米，下游设计水位由18.34米提高至19.5米，校核流量提高到1000立方米每秒。1974年最大过闸流量达1240立方米每秒。1994年按7度地震抗震加固，更换了弧形闸门。1996年，改造空箱岸墙小水电，装设4×160千瓦水轮机组。

杨河滩闸于1952年5月建成，3孔，每孔净宽9.2米，闸上设计水位23.0米，流量500立方米每秒，1957年最大流量784立方米每秒。1962年加做上、下游翼墙和公路桥挡浪墙。1996年按Ⅱ级建筑物，7度地震抗震加固，设计正常运行时上游水位23.5米，下游18.5米，防洪时上游水位24.5米，下游19.5米。1996年，为充分利用该闸的水力资源，结合闸室自身抗滑稳定要求，将带胸墙的开敞式水闸闸孔改为泄水、发电两用孔，其中利用中间3.2米作为泄水孔，以满足灌溉输水需要，余下两侧6.0米作为发电孔，以供水力发电，新增水轮机组6台，装机容量960千瓦。

骆马湖南堤于1950年初建，后经多次维修加固，大堤现状长18.4公里，堤顶高程25.5~25.8米，顶宽5.5~6米，边坡1:3，迎水面全部做成灌砌块石护坡，堤顶加做挡浪墙，墙顶高程26.4米。挡浪墙后堤身采用垂直铺膜防渗技术进行防渗加固，深度一般为9~10米。

皂河船闸于1952年建成，1974年被洪水冲毁。一线船闸位于节制闸右侧，1973年8月建成，闸室长230米，宽20米，设计年通过能力2000万吨。1986年12月，建成复线船闸，闸室长230米，宽23米，设计年通过能力增至3000万吨。

（三）二线控制

二线控制由骆马湖二线大堤，宿迁节制闸、船闸，六塘河节制闸和六塘河拦河坝组成。

宿迁节制闸于1958年6月建成，6孔，每孔净宽10米，设计闸上水位25.1米，校核水位26.0米，闸下水位18.88米，1974年8月14日最大过闸流量1040立方米每秒。

宿迁船闸，位于节制闸左侧，1958年5月建成，闸室长210米，宽15米。1986年9月，在原船闸北215米处建成复线船闸，闸室长230米，宽23米，设计年通过能力共2600万吨。

六塘河节制闸于1958年6月建成，3孔，每孔净宽10米，挡洪水位26.0米。1964年起不再承担排洪任务，骆马湖有水时，向灌区适当输送灌溉水。

井儿头大堤，自宿迁城北矿山高地连接宿迁节制闸、船闸、六塘河闸至茶壶窑，长约2300米，堤顶高程28米，顶宽结合公路为10米，临水坡建有防浪林台，宽40米，顶面高程24.5米，并用干砌块石护坡。

中运河大堤，即宿迁大控制大堤，从宿迁节制闸上游向南建堤与黄河故道北堤连接，而后利用黄河故道北堤至皂河镇与中运河右堤衔接，至宿迁与邳州交界的民便河船闸，长34.6公里，设计堤顶高程28.0米，堤顶宽6~8米。

六、设定黄墩湖滞洪区

黄墩湖滞洪区地处邳州、睢宁、宿豫三县（市）交界处，东与中运河相邻，北以房亭河为界，西至邳睢公路，南至废黄河北堤，总面积384.58平方公里（含骆马湖一、二线之间面积）。1997年统计，区内有耕地33万亩，人口22万，其中邳州市面积174.1平方公里，13.4万亩耕地，10.65万人；睢宁县面积97.7平方公里，9万亩耕地，4.45万人。滞洪区内地面高程一般在21.0米左右，最低处19.0米。滞洪水位26.0米时，滞洪库容可达14.7亿立方米。徐洪河在滞洪区中部贯穿南北，将滞洪区分割为两个区域，其中徐洪河以东251平方公里，徐洪河以西133.58平方公里，徐洪河东堤堤顶高程28.0米，顶宽10~20米，西堤顶高程24.0米，东堤在民便河闸两侧1000米范围内顶高程为24.0米。区内主要排涝河道有民便河、邳洪河及小闫河等。

黄墩湖、骆马湖在形成前，原是马陵山前一片洼地，明代迦运河形成后，将其洼地一分为二，即成为骆马、黄墩两湖。1949年导沂整沭规划，骆马湖和黄墩湖均为临时滞洪区。1952年6月，建皂河及杨河滩闸，骆马湖皂河控制工程形成后，确定骆马湖一湖拦洪，黄墩湖作为非常滞洪区，并确定当骆马湖超过设计防洪水位22.5米时，开放黄墩湖滞洪。

1957年沂沭泗流域大水，黄墩湖滞洪水位达23.15米。同年，淮河水利委员会在《沂沭泗流域规划》中，确定骆马、黄墩两湖均为常年蓄水水库。1958年1月，江苏省提出，"骆马湖一湖蓄水，腾出黄墩湖种植农作物"的意见经水利部批复同意。1971年，淮河水利委员会关于沂沭泗洪水"东调南下"的工程规划中，确定骆马湖百年一遇防洪水位25.0米，黄墩湖地区不再作为滞洪区。

1974年沂沭河大水，骆马湖最高水位达25.47米，黄墩湖虽未滞洪，但新沂河防洪任务严峻。1985年，淮河水利委员会修订流域规划，提出将黄墩湖作为非常洪水的滞洪区，确定当上游洪水入境，骆马湖水位超过24.5米时，退守宿迁大控制；当骆马湖水位达25.5米时，并预报上游来量大、湖水位要超过26.0米时，黄墩湖分洪滞洪。为能及时滞洪，1976年汛前，江苏省防汛防旱指挥部确定在中运河西堤上设置曹甸、双河桥两个爆破进洪口门，各长300米，口门处堤身各预设爆破井，内径1.0米，深6米。必要时，预制混凝土井管内安放炸药爆破进洪。1998年6月，在中运河与民便河交汇处南侧建成黄墩湖滞洪闸，12孔，每孔10米，按二十年一遇工情，遭遇五十年一遇水情为设计标准，设计进洪流量2000立方米每秒。

20世纪60年代初期，根据水情发展和黄墩湖实际运用需要，确定在滞洪区内修筑庄台御洪。1974年沂沭河大水后，江苏省防汛防旱指挥部确定黄墩湖最高滞洪水位26.0米，原有庄台已低于滞洪水位。为避免人畜伤亡，力争减少滞洪损失，江苏省防汛防旱指挥部购置水泥船为滞洪区腹部地区抢险救生。80年代初期，利用防汛岁修经费，开始修建简易砂石防汛道路，滞洪区安全建设逐步引起重视。1985 年 7 月，江苏省骆马湖联合防汛会议提出尽快进行滞洪设施规划建设工作。1986 年开始试点建设。1988 年，国务院批转水利部《关于蓄滞洪区安全与建设指导纲要》后，省、市、县水利部门多次编制、修订了《黄墩湖滞洪区安全与建设规划》上报淮河水利委员会。1991 年，淮河水利委员会编制了《淮河流域行蓄洪区安全建设规划》，1993 年修订后向水利部报送了《淮河流域行蓄洪区安全建设修订规划》。1994 年水利部批准规划后，开始兴办以修建避洪楼和撤退道路为主的滞洪保安设施。共修建避洪楼 1748 幢，临时避洪面积 16 万平方米，撤退道路 31 条，213 公里，其中，柏油路面 5 条计 59 公里，碎石路面 26 条计 154 公里；低标准建成古邳镇保庄圩和滞洪区西侧封闭工程。1997 年，由徐州市自筹资金在邳睢公路东侧建成黄墩湖西侧封闭古邳挡洪涵洞，6 孔，中间 4 孔每孔净宽 3.9 米，两个边孔每孔净宽 3.75 米，底板高程 19 米，洞顶高程 21.5 米。当黄墩湖实施滞洪时，关闭涵洞闸门防止洪水侵入邳睢公路以西地区。1999 年，根据淮委的统一布置，在全面总结经验，分析现状的基础上，省、市水利部门又一次编报了滞洪区安全建设规划和 2001—2005 年实施方案，从工程措施及非工程措施两个方面进一步提高完善滞洪基础设施。

第三节 顺水之性：分区治理见曙光

一、沂沭泗水系

（一）湖西地区

湖西地区，即南四湖以西地区，指苏鲁两省南四湖以西、黄河以南、黄河故道以北的三角地带。徐州市境内的湖西地区，包括丰县、沛县的全部和铜山区部分地区，总面积3382平方公里，耕地面积282万亩。该地区属大陆性气候，多年平均降水量近800毫米，因受黄河冲积影响，西南部地区为沙质土，滨湖地区为黏性土，保水、保肥性能差。

历史上，黄河先后在湖西地区形成了贾鲁河、秦沟大河、浊河、丰沛太行长堤等河道。此间，黄河决溢泛滥，向东漫流入南四湖的河道有时多达13股。黄河泥沙的堆积使湖西地区地势由西南向东北倾斜，比降1/2000~1/3000。1851年大沙河的形成，改变了湖西地区原有的东西向排水系统。地势高亢的大沙河，将湖西地区分成两个排水系统：大沙河以西，以复新河为干河，由西南向东北排水入南四湖，形成了复新河排水系统，在徐州市境内流域面积约1250平方公里；大沙河以东，排水经杨屯河、沿河、鹿口河、郑集河等河道，自西向东直接入湖，流域面积2067平方公里；大沙河则自成水系直接将二坝以上黄河故道来水排入南四湖。

为提高湖西地区主要干河的除涝能力，1950—1957年春，根据区域除涝规划，对主要干河进行系统整治和局部治理。1957年南四湖地区特大洪涝灾害，启发了湖西地区的除涝工程建设必须走"洪涝分开，高低分排"的治理之路。大沙河以西复新河水系的干支河道，坚持统一规划，分段实施，长期治理；大沙河以东，实施三级截水。"文化大革命"期间，工程实施以提高排水标准为主。20世纪70年代前期，主要是提高排蓄水能力，拦蓄地面径流和翻引下级湖水，以适应大面积旱改水需要。

党的十一届三中全会以后，湖西地区的水利建设按照进一步完善梯级河网，开发水资源，扩大灌溉面积的要求，进行续建和配套。在大沙河以西，复新河系统形成四级控制、五级水面。大沙河以东，形成了三级控制、四级水面。

大沙河以西：复新河，发源于安徽省砀山县黄河故道以北，向东北流经江苏省丰县和山东省鱼台县注入昭阳湖，长 75 公里；上段在安徽省砀山县境内，长 13 公里；中段贯穿江苏省丰县南北，长 53.9 公里；下段在山东省鱼台县境注入昭阳湖，长 8.1 公里。在丰县境内，汇入复新河的主要支河有苗城河、白衣河、太行堤河、罗河、西营子河、西支河、惠河、苏北堤河、丰徐河、丰沛河、史南河、东营子河、义河、子午河等。复新河流域面积 1812 平方公里，其中，安徽境内 170 平方公里，江苏境内 1183 平方公里，山东境内 459 平方公里。姚楼河发源于大沙河西岸郭庄，向东北流经苏鲁边界的闵堤口、苗港、王三庄、朱王庄、三河尖、姚楼，注入昭阳湖，长 23.5 公里，流域面积 113 平方公里。

黄河夺泗（水）前，复新河属泡水流域，向东流入泗水。1851 年黄河在今丰县二坝溃决形成大沙河，阻挡了泡水东流，而被迫向北流入昭阳湖。

1950 年和 1955 年，修复加固复新河大堤，完成土方近 90 万立方米。1956 年 3 月—7 月，由徐州专区治淮指挥部复新河施工处组织丰县和沛县 4 万民工，按照《复新河流域除涝规划》，堵塞十字河口以下西支河，疏浚东支河为下游排水干线，将十字河口至南四湖 19.1 公里河道，挖深加宽。这是新中国成立以来第一次大规模的人力施工，完成土方 452.8 万立方米。同年冬，丰县疏浚十字河口以上的西支河，完成土方 150 万立方米，兴建十字河口以下配套桥涵 11 座。1957 年春，丰县组织 2.2 万民工疏浚十字河口到太行堤河口 15 公里干河。完成土方 325 万立方米，同时兴建桥梁、涵洞 9 座。

1957 年夏秋之交，南四湖流域大水，复新河沿岸遭遇洪涝灾害。冬季，为提高排涝标准，丰县和沛县共同组织 3.6 万民工，疏浚太行堤河口到河源段的河道。其中，丰城以上按照老十年一遇标准疏浚，丰城以下的干河达到了季节性通航要求，完成土方 425 万立方米。1958—1959 年，完成上游子午河开挖，疏浚太行堤河、苏北堤河、义河、白衣河、西支河、罗河、西营子河等支河，开挖丰徐河西段和大沙河以西丰沛河，完成干河土方 254 万立方米，支河土方 1081 万立方米，疏浚河道 121 公里。

南四湖二级坝建成蓄水后，受上级湖蓄水的影响，1961 年进一步调整支河排水系统，开挖四联干河和史南河，并以四联干河、史南河和大营子河为界，形成复新河流域北部 37.0 米高程以下约 400 平方公里圩区。在圩区范围内发展机械排涝 6000 马力。

1970 年，为适应旱改水需要，丰县组织 5 万劳力，复新河清淤李楼至苏鲁省界段，完成土方 200 万立方米。1971 年及 1978 年先后兴建李楼节制闸和李楼抽水站。闸下直接引用南四湖上级湖水发展灌溉，闸上利用干河河槽拦蓄地面径流，旱情严重时也可适当翻引上级湖水补充。1973年，在水利部治淮规划办公室主持下，经苏、鲁、皖三省协商，确定复新河干支河道按新五年一遇排涝，二十年一遇防洪标准全面治理，确定苏鲁两省交界处按排涝流量544立方米每秒，排洪流量998立方米每秒设计。李楼以下河底高程31.5米，李楼至丰城33.8米，挖河结合筑堤。第一期工程于1974年春，由丰县成立复新河工程指挥部，县、乡各级干部带领民工6.5万人，疏浚复新河丰（县）鱼（台）边界（苏北堤河口）至上级湖西侧京杭运河9公里。河底高程31.0~31.5米，河底宽155~160米。挖河结合复堤，堤顶高程39.5~40.0米，河坡和堤防迎水坡均为1:3，通过80多天的突击施工，人力挑抬完成土方400多万立方米，建成排灌站6座。

1974年冬—1983年，按照治淮规划办公室批准的工程设计标准分七期完成了丰鱼边界以上复新河及苗城河等部分支河工程。八期工程的实施，先后投入劳力30万人次，实做工日1400万个，实做土方3000万立方米，复新河干支河道得到了全面整治，排涝标准全面达到五年一遇，防洪标准达到二十年一遇。干支河道通航里程达170公里。同时建成中型水闸8座，干河桥梁14座，干河沿岸固定排灌站18座，以及支河桥梁、跌水、涵洞等一大批配套工程。

20世纪80年代，分期疏浚丰沛河、西营子河、子午河、义河、苗城河、西营子河等。同时，兴建丰城、赵庄、韩庄、王岗集、黄楼、苗城、宋楼等节制闸；在山东鱼台县境内兴建张堰闸（又称复新河闸）。

2000年5月，复新河下游丰县圩区治理工程2000年度实施项目，经

省计经委批复同意实施,完成了王庄、老刘庄、高庄、肖庄四座排灌站建设,共计装机 15 立方米每秒。同年冬,苗城河扩挖河道 9 公里,河底宽 60~150 米,河底高程 37.0 米。增加河网调蓄能力 500 万立方米。第一期扩挖半边河道,底宽 30~75 米,完成土方 231 万立方米。2001 年实施第二期,加固苗城河闸,兴建 3.5 立方米每秒的苗城河抽水站。

姚楼河于 1959 年将下游苏北堤河至湖西大堤 7.2 公里改道取直,完成土方 30 万立方米。1960 年,实施苏北堤河至湖口段筑堤,堤顶高程 37.0 米,顶宽 4 米。完成土方 8.7 万立方米。1961 年,按 1960 年筑堤标准,完成土方 6 万立方米。1963—1967 年,沛、鱼两县分别动员劳力,疏浚下段河道,完成土方 217 万立方米。1969 年冬,疏浚姚楼河中段(苏鲁界河—张圩子)4.3 公里,完成土方 43 万立方米。1981 年和 1982 年,沛县 3000 人,拓宽姚楼河上段龙固边界到王三庄 4.5 公里。1999 年,加固姚楼河口南堤 500 米,堤顶高程 39.2 米,顶宽 6 米。其余堤段适当整修,堤顶宽 3~4 米,堤顶高程 38 米左右。

大沙河以东:河道均由西向东排水入南四湖。二级坝以上排水入上级湖的河道为杨屯河,二级坝以下排水入下级湖的河道有挖工庄河、沿河、鹿口河、鹿湾河、韩坝河、郑集河等。这些河道均为历史上大沙河向东倾泻、漫流入湖而形成的河道。

1957 年后,按照"洪涝分开、高低分排"的原则,疏浚整治东西向排水河道,调整水系,堵闭或建闸控制挖工庄河、五段河、韩坝河、八段河等 8 个入湖口门。同时,分别沿 33.0 米、35.0 米、37.0 米地面高程开挖南北向的顺堤河、苏北堤河、徐沛河,分级截水,以减轻低洼地区压力。以后又不断完善排灌系统,兴建闸站,蓄水调水。1982 年,沛县沿西部 39.0 米等高线开挖龙口河。从此,湖西大沙河以东,形成了四纵(顺堤河、苏北堤河、徐沛河、龙口河),五横(杨屯河、沿河、鹿口河、郑集河、桃园河)的梯级河网体系。

顺堤河,位于湖西大堤西侧,因与大堤平行,故名顺堤河,自姚楼河起,沿 33 米等高线向南,穿越大沙河、杨屯河、沿河、鹿口河、郑集河,至铜山境内范山附近入蔺家坝闸下京杭运河不牢河段,长 80 余公里,流域面积 326 平方公里。

1959 年冬,为解决苏北堤河以东沿湖洼地积水的自排出路,徐州专署水利局编报《微山湖堰结合湖西排水河设计》,决定开挖顺堤河,北起大沙河南至京杭运河不牢河段 71.5 公里;在穿越入湖港河处,建沿河、郑集河地下涵洞。1960 年 11 月,在沛县和铜山境内建成沿河和郑集河两座地涵。

沿河地涵，按大沙河以南排水面积91平方公里设计，3孔，每孔宽3.5米，高3.2米；郑集地涵，按排水面积233平方公里设计，4孔，每孔宽3.5米，高4.3米。两座地涵完成土方105万立方米，石方1.72万立方米，混凝土1.24万立方米。1960—1966年，开挖丰乐村至京杭大运河不牢河段，河底高程挖至29.0~29.75米，底宽15~20米，完成土方400万立方米。1963年，修订的湖西规划，保留鹿口河，增建鹿口河地下涵洞。同时，在五段河、挖工庄河入湖湖口建闸控制。1965年，建成五段闸，1966年建成鹿口河地下涵洞。五段闸单孔，净宽6.5米，闸底板高程29.5米，除排涝效益外，结合通航、引水灌溉；鹿口河地涵3孔，每孔宽3.5米、高4.0米，设计流量60立方米每秒，五段闸和鹿口河地涵完成土方33万立方米，石方0.95万立方米，混凝土5550立方米。

1972年，由山东省在湖腰扩大工程压占范围外，按照五年一遇标准，重新开挖二级坝到沿河口段被压占的顺堤河。1973—1975年，沛、铜两县扩挖后大沙河到杨屯河段，河底宽8~12米；杨屯河到沿河段，底宽12~20米，沿河到鹿口河段，底宽25~30米；鹿口河到郑集河段，底宽30~40米；郑集河至京杭大运河不牢河段，底宽40米。建成杨屯地涵和郑集第二地涵。杨屯地涵1孔，孔宽5.5米，高4米，设计流量39.2立方米每秒；郑集第二地涵2孔，孔宽3.5米，高4.3米。郑集新老地涵，五年一遇设计流量122立方米每秒，十年一遇设计流量180立方米每秒。整个工程完成土方765万立方米，石方2万立方米，混凝土1.11万立方米。

同时，在沛铜边界以上2.6公里处，建成七段闸，共9孔，每孔净宽3.6米，以节制水位，发展灌溉。1976年8月，为排除大沙河以北沿湖洼地渗水，建成大沙河地下涵洞，排水面积19.5平方公里，1孔，孔宽3.5米，高4.1米，设计流量21立方米每秒，完成土方29.4万立方米，石方0.41万立方米，混凝土0.3万立方米。1998—2000年，结合南四湖西大堤复堤用土，按五年一遇排涝标准，扩挖铜山县、沛县境内顺堤河58公里，完成土方670万立方米；加固、改建沿线桥梁、圩口闸等配套建筑物137座。

苏北堤河，是利用1935年堆筑苏北大堤的取土塘形成的排水河道。沿35米地面高程，自丰县西北隅向东至沛县龙固，折向东南，到铜山张谷山合顺堤河后入京杭大运河不牢河段。复新河以西苏北堤河，为新中国成立后开挖，下游入复新河，长约25公里，流域范围涉及丰县和山东鱼台；复新河至大沙河之间12公里，位于丰、沛及鱼台边界，分别向复新河、姚楼河排水；大沙河以南，介于徐沛河和顺堤河之间，苏北堤河被杨屯河、沿河、鹿口河、郑集河分割，主要排除徐沛河以东、苏北堤河以西坡水。在杨屯河、沿河、鹿口河南北堤及郑集河北堤，均建有涵闸和苏北堤河相通，既可以引水灌溉，也可以自排入湖；在湖水水位较高时，利用抽水站向湖内抽排；在情况允许时，还可以通过挖工庄西闸、挖工庄河、五段西闸和五段河调度排水入顺堤河。在铜山境内，郑集河以北平行两条苏北堤河：东侧承泄沛县境内高地来水；西侧承泄铜山境内马坡洼地内涝，东、西两河通过涵闸控制均汇入郑集河。苏北堤河于 1960—1967 年连续七年施工，沿河以南到铜沛县界段，河底高程 30.0 米，底宽 5 米，其余各段底高程 30~33 米不等，底宽接近 10 米。1970—1971 年，按照河底高程 31 米、河底宽 8~10 米，开挖沿河至杨屯河段。苏北堤河与各港河连通涵闸，用于排涝、防御湖水倒灌和引水灌溉。1960 年建成沿河南双楼闸，1961 年建成沿河北陈楼闸，1965 年建成鹿口河南辛庄闸，1967 年建成鹿口河北胡寨闸，1974 年建成郑集河北闸。1972 年建成杨屯河南岸的杨屯西闸。

徐沛河，北起大沙河，南到京杭大运河不牢河段，长 70 公里。河道沿 37 米等高线，拦截西部坡地来水，分段通过各入湖港河，泄入南四湖，以保证徐沛河以东滨湖洼地不受西部坡地来水的侵袭。1958—1959 年，沛、铜两县出工近 8 万人，按河底高程，郑集河以南挖至 27 米，以北挖至 31 米，

河底宽 30 米，完成土方 412 万立方米。1963 年冬—1964 年春，在 1958 年已做工程基础上疏浚郑集河以北段。1970 年，扩挖杨屯河至王店大沟段，河底高程 31.0 米、底宽 10 米，王店大沟至八段河段，河底高程 32.5 米、底宽 5 米，八段河以南每米挖土 30 立方米，供筑路用，完成土方 320 万立方米。1976 年，沛县组织 7.2 万人，按照河底高程 31 米、底宽 15 米标准，扩挖沿河至铜沛县界段 26.8 公里，完成土方 360 万立方米。1978 年冬，沛县组织 3 万余人，扩挖杨屯河到沿河段 13.5 公里，河底高程 30.5~30 米，底宽 10 米，完成土方 209 万立方米。同时，兴建大王庄节制闸，控制引用上级湖水发展灌溉。1984 年冬，开挖杨屯河南支至杨圩子大沟段，河底高程 31.0 米，底

宽 6 米，完成土方 70 万立方米。1989 年 11 月—1990 年 1 月，扩挖杨屯河北支至大沙河 5.3 公里，河底高程 31.0 米，底宽 10 米，完成土方 54 万立方米。1999 年冬，在徐州市农田水利重点项目中，疏浚沿河至张庄闸 27.5 公里河段：沿河至孙洼大沟，河底高程 30~31 米，底宽 10 米，孙洼大沟以南，河底高程 31 米，底宽 10 米，完成清淤土方 60 万立方米。

龙口河，原为龙河公路沟，位于沛县西部，南起河口镇，北至龙固镇，故改名龙口河。该河沿 39.0 米等高线平地开挖，南接栖唐河，与沛敬公路沟相连，成为沛县梯级河网控制的最上一级河道。1981—1982 年，沛县组织 3.5 万民工开挖栖唐河至朱寨乡北沛鸳公路，15 公里，河底宽 10 米，底高程 34.5 米，滩面宽 10 米，完成土方 156 万立方米，新建改建生产桥 10 座，手扶拖拉机桥 5 座，公路桥 2 座，跌水 7 处，电灌站 15 座。1986 年，由沛县龙固、大屯、朱庄等 6 乡镇动员民工 1 万余人开挖沛鸳公路至四社界沟 11 公里，河底高程 34.0 米，底宽 6 米，完成土方 70 余万立方米。龙口河为沛县西部地区的排涝降渍、地下水与地表水互相补给创造了条件。

杨屯河，原名姚桥河，发源于大沙河东岸，是沛县北部地区排入上级湖的东西向防洪、排涝、引水灌溉的主要河道；上游分南北两支，南支自灌婴寺经安国至二郎庙，穿越徐沛河，北支自大沙河东岸陈庄，经头道圩子村前至刘庄和南支合流为干河，过杨官屯和大屯矿区注入昭阳湖。1961 年冬，沛县出工 2100 人疏浚杨屯河南支河，完成土方 11.7 万立方米。1962 年冬，沛县组织民工 1500 人，疏浚杨屯河北支张庄至韩庄 14 公里，挖土 15.3 万立方米，配建 3 座生产桥。1970 年，疏浚复堤杨屯河南支二郎庙到杨屯桥 4.7 公里，河底高程 30 米，底宽 15 米，堤顶高程 40 米，宽 4 米，完成土方 15 万立方米；配建生产交通桥 1 座，跌水 1 座。1980—1981 年冬疏浚复堤，北支从大沙河南岸陈庄至头道圩子村前，河底高程 36~34 米，底宽 3~6 米；南、北两支交叉口至杨圩站，河底高程 31.0 米，平底河槽，底宽 6 米，防洪堤顶高程 39.0 米，完成土方 37.2 万立方米，配建生产桥 6 座，改建生产桥 1 座，大沟跌水 9 座。1999—2000 年，杨屯桥至河口 4.5 公里，按堤顶高程 38.0 米、顶宽 4 米复堤，结合采煤塌陷，预加高堤顶，复堤用土结合疏浚河道。

沿河与丰沛河是湖西地区导坡水入湖，引湖水灌溉的骨干河道；从微山湖调水可以补给丰县用水。在大沙河以东，利用沿河 25 公里；大沙河以西，为 1958 年按照河网化规划平地开挖 12.5 公里的新河，称丰沛河，又称丰沛运河，流域面积 338 平方公里。

沿河古名泡河、澧水。由于沛民食盐曾通过泡水运入，又称为盐河，后为书写方便，改称沿河。原自丰县入沛境东注泗水。大沙河形成，泡水在沛县境内被断绝，新中国成立前，沿河自栖山北，经罗安子、六里井、沛城、李集注入微山湖。新中国成立后，沿河几经治理，沛城以上，改经阎集、鹿楼向西抵大沙河，沛城以下仍循旧道入湖。1953年，循沿河旧道低标准疏浚。1955年疏浚湖口至后老家27.3公里段，初步解决两岸排涝、下游通航和防御微山湖洪水问题。1959—1960年，丰县开挖大沙河至复新河的丰沛河。沛县将沿河自孟桥起改道直线向西延伸至鹿楼，并全线疏浚。1970年，在徐沛河东侧建沿河沛城节制闸，7孔，总净宽23米，闸上蓄水位34.5米。1973年，套挖徐沛河至邹庄段沿河，河底高程31.0米，底宽10米；1975年，建成沛西抽水站，装机900千瓦，设计抽水流量11立方米每秒，抽引微山湖水至沛城闸上，并承担沿河以北、苏北堤河以西地区42.5平方公里的排涝任务。1976年，建成邹庄跌水，南、北岸建机灌站，以灌溉沛县西部阎集、王店、朱砦等乡农田。1974年冬，为扩大沛西站水源，保障沿河航运通畅，实施微山湖至沛城闸段清淤，河底高程29.5米，底宽30米。1979年春，疏浚徐沛河至邹庄段7.26公里，河底高程30.0米，底宽8米。1981年，为解决丰县干旱缺水，徐州地区决定拓浚1959年开挖的丰沛河向丰县送水，自沛县邹庄至丰县复新河。沛县拓浚邹庄至鹿楼大沟6.4公里，河底高程34.5米，底宽10米。同时，改邹庄跌水为3孔总净宽12米的邹庄节制闸，设计闸上水位36.5米。改邹庄南北灌溉站为向邹庄闸上补水的邹庄抽水站，装机720千瓦，设计抽水流量10立方米每秒；在丰沛河穿大沙河处的东、西岸建节制闸。大沙河以西河段由丰县施工。上述工程完成后，沿河、丰沛河形成两级控制三级水面，可以向丰县李楼闸上复新河补给水源。同时，为沿河上游干旱高亢地区的农田灌溉创造了有利条件。1999年，加固沛城闸以下堤防，挖河结合筑堤，河底高程29.0米，底宽25~30米，边坡1:3。堤顶高程38米，顶宽4米，新建沛城城区排涝站2座，加固维修穿堤建筑物26座。

鹿口河为湖西地区大沙河以东排涝、引水灌溉和通航的河道，位于郑集河、沿河之间，西起大沙河东岸，自西南向东北流经丰、沛两县，过徐沛公路，向东经吴阁、辛庄、鹿口，在山东微山县高楼附近入微山湖，长39公里，流域面积428平方公里。1956年冬，疏浚鹿口河徐沛公路至微山湖堰15.8公里。1964年冬，自丰沛交界处的丰徐河李高楼坝起，开挖鹿口河新线，至徐沛河以西胡楼接老鹿口河，循旧道疏浚到苏北堤河。1965年春，疏浚苏北堤河至湖区段11.5公里，河底高程30~31.5米，底宽20至50米。1971—1972年在徐沛河东侧建苗洼闸站，拦蓄鹿口河上游径流经徐沛河调蓄，并抽调微山湖水补充徐沛河，供徐沛河以西农田灌溉。苗洼闸7孔，其中 1 孔通航，孔净宽 5 米，其余每孔净宽 3 米。设计排涝流量 172 立方米每秒，上游水位 34.5 米，下游 31.5 米。苗洼抽水站 8 台抽水机组安装于苗洼闸左右岸墙，装机 440 千瓦，设计抽水能力 4.4 立方米每秒。

1978 年，在五段河与魏庙大沟交叉处建成冯集站，装机 8 台计 440 千瓦，设计抽水能力 4.4 立方米每秒。1980 年，魏庙港河与魏庙大沟交叉处建成冯庄站，装机 16 台计 880 千瓦，设计抽水能力 10 立方米每秒。

1982 年冬，在沛县境内挖深徐沛河以西至孟楼 8 公里河道。1983 年建成李庙闸站，节制闸共 3 孔，每孔净宽 4.3 米，设计排水流量 141 立方米每秒，闸室内安装 6 台计 330 千瓦抽水机组，抽水能力 4.5 立方米每秒。

1985 年后曾多次整修加复堤防。1998 年底至 1999 年 5 月，挖河结合复堤苗洼闸以下堤防，新建苏北堤河口的胡寨闸站，加固维修穿堤建筑物 21 座。

郑集河，是历史上大沙河向东倾泻、片流入湖形成的漫流河道。由于上游支流多，河系紊乱，河床淤浅，下游常受湖水顶托，汛期上游坡水难以入河，下游河水不能入湖，历史上洪涝灾害严重。1954 年首次疏浚了郑集以下河道。1956 年春，铜山县全线疏浚郑集河，南北支河分别由丰黄公路和前单楼疏浚到松林，底宽 1~10 米。干河由松林至湖口，底宽 25~40 米，沿线建配套桥、涵 19 座，共完成土方 290 万立方米，石方 0.34 万立方米。1962 年，为从微山湖向郑集河上游引水灌溉，铜山县开挖湖内引河 7.7 公里，河底高程 30.4 米，底宽 10 米，完成土方 14.6 万立方米。1963—1964 年，丰、沛、铜三县联合施工，南、北支河，按老五年一遇标准开挖；干河，苏北堤河至湖堰西，按设计流量 99 立方米每秒，河底高程 30.4~31.14 米，底宽 17 米；湖堰至湖内 4 公里，按设计流量 169 立方米每秒，河底高程 30.4~30.0 米，底宽 35 米开挖。建生产桥、跌水各 3 座，共完成土方 132 万立方米。1967 年春，为提高郑集河的排涝能力，解决枯水季节引水灌溉，按新五年一遇标准，铜山县疏浚境内干河，河底高程 30.0 米，底宽 25 米。1971 年 6 月，在徐沛铁路东侧，建成郑集闸和郑集抽水站。

1979 年 11 月至 1980 年 5 月，铜山县组织 2.5 万人，按十年一遇标准，疏浚松林至铜丰边界的南支河，河底高程 32.5 米，底宽 25 米，设计流量 136 立方米每秒，完成土方 203 万立方米；建大沟跌水 7 座，公路桥 2 座。同时，丰县组织 3.8 万人，疏浚丰铜边界至丰黄公路段 21.79 公里，完成土方 276 万立方米；兴建梁寨闸。1984 年后，徐州市政府为解决丰、沛县长期缺水矛盾，改善湖西地区灌溉条件，决定以自筹资金为主，兴建经郑集河向丰沛送水工程。包括郑集河干河疏浚，郑集南、北支河疏浚复堤，新建和扩建抽水站及沿线配套建筑物。郑集河输水工程的实施，进一步提高了防洪排涝标准。干河排涝标准达十年一遇,郑集闸以上堤防达二十年一遇,郑集闸以下堤防达五十年一遇标准。

桃源河,是湖西地区南部铜山县的主要排涝河道。新中国成立前,桃源河上游,黄河故道滩地约47平方公里来水通过缺口注入;中游,河道弯曲,断面狭窄;下游与郑集河水系串通,在郑集河南排水入微山湖。由于西部高水下注,东部湖水顶托严重,因而洪涝灾害连年。加上泡砂土地排水条件不良,土质日趋盐碱,农业生产低而不稳。1955年曾循旧道按老五年一遇标准浚治。1960年开挖顺堤河以后,堵闭桃源河入微山湖口门,改经阎大庄排入顺堤河。1963年,为解决桃源河流域排涝,减少顺堤河流量,根据《湖西地区除涝规划报告》所选定的规划方案,将桃源河在徐沛公路以东小庄附近改入徐沛河南段,经万村于范山东入京杭大运河不牢河段,小庄以下老桃园河仍入顺堤河。1964年,铜山组织施工,自王月铺沿老河疏浚至学庄,学庄以下沿徐沛河入京杭大运河蔺家坝闸下,长23.1公里,流域面积115平方公里,沿线建桥梁5座,与京杭大运河衔接处建范山跌水,完成土方126万立米。1970年,为拦蓄上游径流,抽引大运河水源灌溉,改范山跌水为4孔闸,总净宽14米,设计排涝流量103立方米每秒。1972年,在徐沛公路以西建桃源河闸,设计流量64立方米每秒,兴建补水站1座。1978年,在桃源河上游建王月铺抽水站,以抽引桃源河水补给水库,供滩地及水库下游灌溉。1980年冬,疏浚桃源桥至范山段10.5公里。

(二)运西地区

运西地区,即中运河西部地区,跨铜山、邳县、睢宁三县(区),总面积2661平方公里,耕地面积224万亩;范围包括中运河以西,蔺家坝下不牢河航道南北段及丁万河以东,苏鲁省界以南,黄河故道以北地区;主要河流有不牢河、房亭河、民便河、彭河、邳洪河、小闫河。

历史上运西地区受黄河泛滥影响,1855年,黄河北徙后,南四湖洪水和本地区山洪继续为害其中部平原洼地。1935年,黄河在鄄城董庄决口,大溜下注南四湖经不牢河下泄,不牢河两岸堤防全线溃决,洪水遍漫运西地区后注入中运河。新中国成立初期,各河流断面狭小,水系紊乱。汛期,南四湖洪水和山区洪水汇集于不牢、房亭两河,漫溢后进入沿运洼地和黄墩湖,再汇骆马湖洪水,经由中运河和六塘河缓慢下泄,运西地区的大面积洼地只能一季麦收。

20世纪五六十年代,运西地区的治理,主要以防洪除涝为目标。

尤其,在认真总结1957年南四湖洪水灾害的基础上,从1958年起,结合开挖京杭运河不牢河航道,拓宽浚深不牢河并加固堤防,兴建蔺家坝节制闸。房亭河各支河配合干河得到相应治理，沿运洼地发展了机电排灌工程。从此，洪水片流和一般年份的内涝灾害得到初步安排。1963 年，沂沭泗流域出现较大暴雨。由于黄墩湖排涝无出路，内涝滞蓄水位高达 21.0 米。加之中运河长时间高水位行洪，沿运洼地和黄墩湖地区大面积农田被淹没。1963 年以后，江苏省水利厅编制了《黄墩湖地区民便河治理规划》，提出民便河、小阎河分治，并分别在皂河闸下自流排水。徐州和淮阴两地区扩挖了邳洪河、小阎河，新建邳洪闸、扩建黄墩小闸，以承泄徐州境内民便河来水经邳洪河下泄。徐州、淮阴两地区的小阎河来水经小阎河、黄墩小河下泄，黄墩湖地区的排涝开始得到安排。1964—1970 年，结合上游韩庄运河扩大工程，按照中运河安全行洪省界处 3600 立方米每秒，邳苍分洪道以下 5000 立方米每秒的要求，对中运河堤防再一次进行扩建加固。同时，兴建穿房亭河的毛窝地下涵洞，以使房亭河以北、古运河与中运河之间约 188 平方公里来水，可以经由邳洪河和邳洪河闸向皂河闸下自排。不牢河以北地区的机电排灌站进行了调整和增容，使运西地区排涝问题得到进一步改善。同时，为引用微山湖蓄水发展灌溉，铜山和邳县举办了运南和三八户灌区工程。

20 世纪 70 年代以后，运西地区的治理，由防洪除涝逐步转入以改种水稻发展灌溉的治理阶段。开挖了荆山桥引河、宿占河等串联京杭运河不牢河与房亭河的南北向河道，以便房亭河、京杭运河不牢河段两岸地区均能自流引用微山湖蓄水。由于微山湖供水日趋紧张，又先后兴建了刘山南抽水站、土楼抽水站和刘集抽水站，抽调骆马湖水源向西补给。1983 年，房亭河沿线修建了沟上和时楼临时翻水站。1990—1992 年，废除沟上、时楼临时站，新建单集、大庙抽水站。在兴办调水工程、解决灌溉水源的同时，又进一步提高除涝能力。不牢河、房亭河均达到五年一遇以上排涝标准，民便河、黄墩湖地区涝水可相机由徐洪河经沙集闸直接向洪泽湖抢排。

不牢河是京杭运河之一段，即不牢河段。新中国成立前，由茅村河、荆山河和不牢河组成。蔺家坝以下，茅村石桥至荆山桥为茅村河，至汴塘为荆山河，汴塘以下为不牢河。微山湖水出蔺家山坝后分两支，南支为引线河；北支为茅村河。两支在荆山桥上汇合，东北流会屯头河来水，至汴塘又分为南、北两支：南支为彭家河，东南流会房亭河来水于三岔河入中运河；北支为靳家河，东北流至望母山前东流入运河。

1957 年水电部治淮委员会勘测设计院编制《沂沭泗流域规划报告（初稿）》，对不牢河治理即提出改线规划。1958 年，江苏省大运河指挥部编制《京杭运河江苏段规划要点》、徐州专署水利局编报《不牢河流域规划大纲》，确定京杭运河不牢河段，上起蔺家坝经班庄至徐州北清山头，利用不牢河北支，清山头以下穿津浦铁路至荆山桥开新河，而后斜向东北至太阆口接老不牢河到刘山子，刘山子以下至大王庙开新河。从蔺家坝到大王庙规划河长72公里。全线按二级航道标准设计，满足十年一遇排涝和协助南四湖排泄500立方米每秒洪水。1958年6月，江苏省徐州专区成立大运河工程指挥部，由副专员梁公甫担任指挥，汤海南、徐振东、吴振亚、钟文勤、王振荣、李达哲先后担任副指挥。1958年秋—1961年春，先后组织沛县、丰县、徐州市、铜山、睢宁、邳县、东海和赣榆等市、县，分三期实施不牢河综合治理工程。第一期工程15.4万人完成土石方2170万立方米；第二期工程17.6万人，完成土石方2863万立方米；第三期工程组织常备民工3.82万人，主要是开挖岩石和砂礓以及前两期工程实施后沿河淤积土方，至1961年春共完成土石方598万立方米。兴建蔺家坝、解台、刘山三个梯级枢纽工程和沿岸灌区渠道闸、输水渠道及瓦庄、三八户、小坊上、郑集等引排水涵洞、跌水工程。

1972—1973年，交通航运部门对蔺家坝至刘山闸不牢河两岸正常通航水位上下进行块石护岸工程，长约67公里。1983年，根据江苏省京杭运河（徐杨段）续建工程规划设计要求，不牢河段按照二级航道标准清淤疏浚，扩大原来未做足的部分断面，翻修、续建块石护坡，整修沿河支河涵洞、跌水，全面绿化保持水土。不牢河续建工程长72公里，底宽60米，河底高程：大王庙至刘山闸17.0米；刘山闸至解台闸22.5米；解台闸以上27.0米。挖河出土结合复堤，堤顶宽不小于8米，滩地不小于25米。丰县、沛县、铜山、睢宁、邳县五县21.3万民工突击一个冬季，完成土方840万立方米，石方6.5万立方米。1985年汛前完成护坡、挡墙及老护坡翻新工程近22公里。1986年完成不牢河沿线38条大沟入河口门的整修加固，新建和加固跌水10处，整修加固涵洞10座，新建涵洞1座。

不牢河段历经建设与配套达到了二级航道标准，排涝超过十年一遇，反向输水能力达200立方米每秒以上，成为徐州市具有通航、排涝、泄洪、输水等综合功能的大型河道。不牢河沿线上段有湖西地区的顺堤河、桃源河排入；进入市区后有丁万河、荆马河等支流汇入；过解台闸后，有贾汪境内的屯头河汇入。屯头河是不牢河北侧山区及贾汪矿区主要排水河道，流域面积278平方公里。入不牢河处建有朱湾闸8孔，每孔净宽5米，用于节制水位，发展灌溉。

房亭河，位于徐州市区和邳州市境内，介于民便河和不牢河之间，自西向东，自徐州市经济技术开发区不牢河段沿荆山引河穿陇海铁路大庙桥，经单集、刘集于猫儿窝入中运河，长74公里，流域面积716平方公里。

新中国成立前，有南、北房亭河：北房亭河上游为双楼河，自小吴家西南三里（今新庄矿）分不牢河水东南流，入北房亭河。北房亭河经岐山南、马山南、塔山南、青山西至小沙庄穿陇海路东入邳县界，又东南十余里与南房亭河汇合。南房亭河即房亭河。上游有二源：一为田河，源出徐州市区东、西店子，东流经东贺村、侯集至吴楼入南房亭河；一为白马泉河，源出王山，经杏坡湖至小河淮与源出大坝湖之秃尾河合流至吴楼会田河入南房亭河。南房亭河经毛庄、东西滩头、沟上入邳州境，东流至过满山南会北房亭河，又东流经高桥、武河口折向东北，经虎邱、胡湾，东行至三岔河入运。房亭河在铜山境内有三多河、陶公河（牛凌河）汇入；入邳州境，北侧有一手蝉河、小武河、秃尾河、淤泥干河、彭家河，南侧有白马河、花河、苏家河汇入。

1951年，在邳州土山镇附近利用并扩大白马河东段顺堤河，将原由三岔河入中运河的房亭河，改经苏村隔堤以北顺堤河于猫儿窝入中运河。1955年6月，铜山县兴办杏坡湖、乔家湖圩田，浚深白马泉至刘蝉河口段河槽。1957年春季，按照防洪、除涝、航运相结合的原则，徐州地区组织铜、邳两县7.1万民工，疏浚薛湖至猫窝段48公里，完成土方952万立方米，兴建涵洞3座，土山公路桥1座。同年冬，徐州市、铜山县和邳县组织民工3.8万人，疏浚薛湖以上干河和杏坡湖、乔家湖至干河的支流，共长30.8公里；兴建小墩、周山、高场、高桥、单桥、晃沟涵洞。1965年春，铜山县将房亭河上游陇海铁路以上自侯集桥改道7公里，向北经庙山跌水入京杭运河不牢河段，完成土方45.4万立方米。1967年冬，邳县按十年一遇防洪标准，治理境内干河：河底高程18.3~21米，堤顶宽4米，设计排涝流量335立方米每秒，防洪流量538立方米每秒。

1970—1972年，为进一步拦蓄地面径流，便于调用不牢河来水和利用灌区尾水，跨房亭河新建、改建刘房集、沟上、时楼拦河节制闸。1976—1982年，在已建3座节制闸的基础上兴建抽水站，抽水能力分别为33、9.2和6.6立方米每秒，以调引骆马湖水源。1981—1982年，铜山县拓浚沟上闸下至白马河河口段，河底宽15米，底高程19.0米，沟上闸向上至时楼闸，河底宽15~30米，底高程23.0米。随着江苏省内南水北调工程的进展，1990年9月，徐洪河续建工程经省批准建设。房亭河作为徐洪河输水线上段进行扩挖治理。在满足输水要求的同时，进一步提高了防洪、排涝标准。

房亭河支河治理。1958—1966年，在河网化建设和农田水利工程中，对原有支河水系进行调整：在铜山县境内，房亭河北侧，疏浚陶公河、刘蝉河，将蝉河来水分段排入房亭河；房亭河南侧，疏浚帮房亭河和实施山区截水工程。在邳县境内，房亭河北侧，疏浚淤泥干河、古运河，将原来淤泥干河、秃尾河和晓武河来水经古运河进入房亭河。在古运河以东，新挖滩土河、胜利河，疏通彭河，建毛窝地下涵洞，使宿占河与中运河之间，房亭河以北188平方公里来水由地涵穿房亭河经邳洪河排入皂河闸下中运河；在房亭河南侧，疏浚白马河，堵闭花河、苏家河上游入房亭河的排水口门，使花河、苏家河排水改入混泥沟、民便河。20世纪70年代，开挖宿占河，治理古运河、白马河、帮房亭河。80年代，在邳州市境内，将帮房亭河改道，疏浚古运河。90年代初，在铜山县境内开挖二八河、白马河；在邳州市境内开挖跃进河。

民便河，自西向东，贯穿邳州市南部和睢宁县北部地区，沿岸有引灌河、高集河、二道河、混泥沟、双杨河、新塘河汇入，在马桥入邳洪河，经邳洪河闸于皂河闸下入中运河。长34.6公里，流域面积386平方公里。

为解决民便河排水问题，经江苏省水利厅统一规划，1958年结合中运河复堤开挖邳洪河，并采取民便河、小阎河分治原则，将民便河下游入黄墩小河处堵死，民便河改道从马桥入邳洪河，建邳洪闸在皂河闸下入中运河。1964年冬，邳县和睢宁两县全线疏浚马桥至白山湖段：邳睢公路以东，按五年一遇排涝，河底高程18~18.32米，河底宽12~23米；公路以西，按十年一遇保麦，河底高程19.84~20.63米，河坡均为1:3。1965年，扩建了邳睢公路桥，3孔，每孔净跨5米。1971年，为引中运河水通航和灌溉，睢宁县在中运河西堤兴建民便河船闸及引水涵洞，并拓宽马桥至古邳电厂段河道：邳洪河口至陈平楼，河底宽40米；河底宽30米，河底高程均开挖到17.0米，完成土方150万立方米。1972年，邳县疏浚陈口子至电厂段3公里，河底高程17.0米，底宽10米。1973年，睢宁县疏浚古邳引河闸向西至曹河段7.28公里。其中：邳睢公路以东，河长约4.2公里，河底高程17米，电厂码头附近河底宽30米，其余河段15米；邳睢公路以西，底宽10米，河坡均为1:3。1978年开挖徐洪河后，民便河与徐洪河平面交叉，并于1985年在徐洪河东侧建民便河节制闸，四孔，每孔净宽10米，用以控制徐洪河水位。

民便河支河治理。1955年冬，在邳县境内，按照五年一遇排涝标准，疏浚新塘河后党至唐场7.5公里，河底高程18.0米，底宽7米。1958年，在邳县境内开挖双洋河，白杨楼至杨庄长约11.11公里，下游入民便河，流域面积43平方公里。1962年冬，按五年一遇排涝标准疏浚双洋河，出口底高程18.0米。1972年冬，按引水要求全线疏浚，出口处河底高程17.5米，常水位21.5米，河底宽5米。同年，本着分级排水的原则，新塘河在潘庄以北做截堵工程:潘庄以下新塘河承担双洋河以东排水，面积27.4平方公里，潘庄以上来水由双洋河承泄。1980年冬，在海棠沟以北做双洋河截堵工程，海棠沟以南承泄新塘河上游来水。混泥沟：位于民便河北侧，上源有两支。

主要支流为花河，发源于占城，流经薛集、土山，于黄山东与苏家河合流于陈柳园附近入民便河。1978年冬，邳县将混泥沟于八路乡改道直入徐洪河，该段平地开河，长2.6公里，河底高程17米，底宽15米，两岸筑堤，北堤顶高程27米，顶宽6米，南堤顶高程25米，顶宽8米。改道段以上的混泥沟，成为徐洪河配套工程，称之房南河。1979年春，邳县将混泥沟从邳睢公路向西延伸，至徐塘坊7.5公里，河底高程20米，底宽5米，南堤顶高程27米。同时，疏浚房顶至土山的邳睢公路沟5.7公里，河底高程20米，底宽10米。东堤高程27米，建房顶节制闸。1982年冬，疏浚房顶至八路段5.4公里，河底高程17米，底宽6~15米。筑北堤，堤顶高程27米，顶宽6米。

民便河抽水站，始建于1961年汛前，为排除民便河北侧黄墩湖地区内涝，在邳县胡圩境内民便河口处，建成民便河抽水北站机房、泄水涵洞、后池及其1孔灌溉涵洞，装机22台套，计1320马力，抽水能力约7.5立方米每秒，1962年，兴建自排涵洞1座。1963年，续建南站和西站机房，西站装机9台套，计540马力，抽水能力3.15立方米每秒，南站完成16台泵墩。1964年邳洪河开通，民便河站泄水渠改建渡槽。1983年，邳县将民便河南站改建为永久性电力抽水站，装机20台套50厘米（20英寸）轴流泵配55千瓦电机，抽水能力为10立方米每秒。民便河节制闸，位于徐洪河与民便河交叉处的徐洪河东侧，建成于1986年10月，以确保调水期徐洪河与邳洪河分级控制，设计五年一遇排涝流量385立方米每秒，3孔，每孔净宽10米，安装升卧式平面钢闸门，以利通航。

彭河，有新、老彭河之分。老彭河原为房亭河主要支流，源起铜山县耿集乡张堰南至郭口入房亭河，流域面积118平方公里。

1955年春，邳县农田水利项目按老五年一遇除涝标准，循旧道拓宽浚深，适当裁弯，设计流量51立方米每秒，河底宽10~15米，河底比降1.5/10000。在地

面高程 24.0 米以下地段，河堤并重，挖河结合筑堤，堤顶宽 3 米，顶高程 25.5 米，高出运河洪水位 1 米。

1958 年中运河退堤抬高了行洪水位，为避免彭河水出路受阻，同年冬，邳县开挖新彭河，从郭口经太庄圩向南入房亭河。同年，开挖宿占河、滩土河，将彭河上游来水改排入宿占河，中游来水改排入滩土河。1966 年，房亭河毛窝地涵建成，6 孔，每孔净宽 3.0 米，净高 3.2 米，洞身长 207 米；按十年一遇排涝标准设计，过水流量 134 立方米每秒。同年春，邳县将新彭河从大庄圩改道向东到郭庙入地下涵洞，经邳洪河下排。冬季，疏浚老彭河蒋湖到铁路北段。1981 年刘集抽水站建成后，在毛窝地涵上游西侧，邳县开挖丰产大沟，将抽水站引河与彭河相接。当骆马湖退守宿迁大控制，邳洪闸和毛窝地下涵洞相应关闭时，彭河流域的内涝水，可以由刘集、刘山和赵墩乡的外河沿等抽水站协助机排。

邳洪河，北起房亭河毛窝地涵，南至邳洪河闸，长 27.2 公里，承接民便河及毛窝地涵来水，于邳洪闸下入中运河。流域范围包括不牢河以南，房亭河以北，宿占河以东，中运河以西地区和民便河流域，面积 529.7 平方公里。1958 年冬，邳县动员 1 万人，结合中运河西堤复堤，开挖猫窝至民便河口 14.3 公里河道，完成土方 49.3 万立方米。1959 年冬，按河底高程 17.0 米，淮阴专区来徐开挖毛窝至马桥段。同时，将中运河西堤高程加复至 26~28.16 米，完成土方 142 万立方米。1963 年 3 月，邳县和睢宁县 3 万人疏浚邳洪河下段，将民便河在马桥附近纳入邳洪河，按老十年一遇设计，河底高程 16.5~17.29 米，底宽 42 米，流量 129 立方米每秒，完成土方 132 万立方米。同时，在邳洪河入皂河闸下中运河处建邳洪河节制闸，8 孔，中间 1 孔为通航孔，两侧 7 孔均为排水孔。其作用，当皂河闸泄洪或骆马湖退守大控制后，关闭邳洪河闸，以防止洪水倒灌黄墩湖地区。1966 年，结合加复中运河大堤，邳洪河全线疏浚，民便河口以下，河底高程 16.5~17.2 米，底宽 85 米，西堤顶宽 3 米，顶高程 24.0 米；民便河口以上，河底高程 17.38~18.2 米，底宽 34 米。西堤顶宽 4 米，顶高程 24.5 米。至此，运河地区形成了以邳洪河为骨干，排泄彭河、民便河的新水系。1977 年 11 月，邳县 2.5 万人疏浚民便河机站至毛窝地下涵洞 14.7 公里，河底高程 16.2~17.5 米，底宽 35~53 米，邳洪河西堤堤顶高程 24.5 米，顶宽 6 米，完成土方 141.5 万立方米。1985 年皂河复线船闸引航道的开挖，占用了邳洪河出口段，为此，交通部门投资另开邳洪河出口段新河，重建邳洪河闸。新闸与黄墩小河闸合并建设，8 孔，其中东侧 5 孔为排邳洪河来水（有 1 孔为通航孔），西侧 3 孔排黄墩小河来水，上游设导流墙隔开。设计流量 310 立方米每秒，相应闸上水位 19.3 米，闸下水位 19.1 米。

小阎河，是黄墩湖地区的主要排涝河道，位于民便河以南，黄河故道以北，跨徐州、宿迁两市，自崔瓦房至黄墩河闸，长 23.7 公里，流域面积 145 平方公里。小阎河原为黄河分洪冲积故道，源于刘堰，经五工头分为两支，一支向东南为五工河，一支向东北在高吴庄又折向东南，经马浅、季河、阎小庄，在阎集又与五工河汇合，于袁宅子入黄墩小河。1958 年宿迁圈圩，在马浅将原有河道堵死，并建阎集机站，抽水入小阎河，致使睢宁县万余亩农田无法排水。

1963 年《黄墩湖治涝工程规划》提出，民便河与小阎河分开排水，小阎河独流入黄墩小河，改建黄墩小河闸，为小阎河地区排涝创造了有利条件。1964 年春，睢宁县和宿迁县共同举办小阎河治理工程。除位场至张集段因宿迁筑堤切断须重新开河外，其余沿老河道按十年一遇标准疏浚，设计流量 97 立方米每秒。河道断面：崔瓦房至位场，河底高程 18.87~19.57 米，底宽 3 米；位场至张集东，河底高程 17.5~18.87 米，底宽 3~6 米；张集东至阎河口，河底高程 16.92~17.50 米，底宽 6~20 米；阎河口至黄墩河闸为黄墩小河，河底高程 16.50~16.92 米，底宽 20 米。1970 年，为解决睢宁北部用水问题，兴建新工扬水站，同时开挖向新工站送水的张集引河。张集引河以西来水从老小阎河和马帮大沟入张集引河，自张集涵洞入小阎河下游。1973 年，睢宁县疏浚马帮大沟和小阎河。

1979 年，在张集西建成小阎河穿徐洪河地涵，5 孔，每孔宽 3 米，高 3 米，控制流域面积 43.2 平方公里，设计流量 68 立方米每秒。

（三）邳苍、郯新地区

邳苍、郯新地区位于沂、沭河中下游，东起总沭河东侧的黄墩小河，西止陶沟河与中运河，南及骆马湖，北入鲁南山区，共计 4950 平方公里。其中在邳州和新沂市境内约 1800 平方公里，耕地约 150 万亩。

历史上，邳苍、郯新地区曾被称为"洪水走廊"。沂河、沭河和中运河自北向南纵贯全区，其间有陶沟河、运女河、西泇河、燕子河、武河、城河、白马河、浪青河、新墨河等跨省排洪河道，分别汇入中运河、沂河和沭河。新中国成立前，邳苍、郯新地区的排水系统紊乱，洪涝不分，农业生产低而不稳，灾害频繁。汛期，沂、沭河洪水大量向该地区倾注，区域性干河无法承受大量洪水，堤防溃决，洪水漫流，沿运河两岸洼地李圩、白滩、林庄、曲坊、沙沟等湖均用于滞蓄洪水。新中国成立后，对区域性排水干河进行了低标准治理。

1957 年沂、沭、泗特大洪水期间，沂河分泄的洪水与区域性河道的洪水相互侵袭，邳苍大部分地区沦为泽国。1958—1960 年，邳苍、郯新地区进行全面治理。1963 年汛期，该地区降水量接近 1000 毫米，由于上游高地排水出路不畅，下游洼地抽排能力偏低，中运河长时间高水位行洪，沿岸农田自排能力完全丧失。导致该地区全面内涝成灾。1965 年 4 月，为进一步理顺边界地区的排涝水系，水电部上海设计院为苏、鲁两省编制了《邳苍郯新地区治理规划》，邳苍地区分洪道以西，陶沟河可允许其上游的糖稀湖地区，按五年排涝要求垦殖，相应加固陶沟河堤防；运女河经礓石沟，在丁桥附近改道入陶沟河；西泇河维持 1958 年改道线路，但需处理改道北侧杨宋沟两岸的排涝问题；汶河、白家沟应废除 1958 年的改道线路，沿原汶河、白家沟线路疏浚到顾桥以南向东南改道，在大墩涵洞附近同时进入分洪道；东泇河在上游改道入吴坦河；吴坦河在江苏省境内相应退堤和加固堤防。在分洪道以东，武河上游被分洪道东堤切断，其下游排泄分洪道桃汛，中游在山东境内改道入沙沟河，相应治理江苏省境内沙沟河。在郯新地区，适当加复白马河堤防，对沿线内涝采取以作物改制、农田水利等综合措施；浪青河在现有工程基础上，适当改善，不另考虑其他治理方案；扩大新墨河出路；拓宽新戴河，分泄新墨河 50 立方米每秒来水；相应治理臧圩河。

20 世纪七八十年代，这一地区主要以农田水利配套建设为主，扩大水稻种植面积，讲求工程实效。90 年代，为缓解边界地区水利矛盾，提高排灌标准，尽快改变边界地区生产条件，淮河水利委员会编制《邳苍郯新地区水利规划报告》，经苏、鲁两省征求意见后，1997 年报告经水利部批准，确定邳苍郯新地区骨干河道按五年一遇排涝标准、二十年一遇防洪标准治理。

◎ 邳苍地区

邳苍地区，指中运河、陶沟河以东，沂河以西，骆马湖以北地区。包括徐州境内的邳州市全部和新沂市窑湾、草桥等沂西乡镇。境内多南北向河道，各河道分别排入邳苍分洪道及中运河。

陶沟河，发源于山东省苍山县马家庄北部丘陵地带，进入邳县后沿省界南流 13.7 公里至王庄附近入中运河，长 40 公里；支河，东侧有兰陵沟、大固珊截水沟和运女河，西侧有燕井河、新沟河、季河。陶沟河流域面积 590 平方公里，其中燕井河流域面积 362 平方公里。陶沟河源近流短，来势凶猛，每逢汛期，常泛滥成灾。1955 年汛期，陶沟河流域暴雨成灾，实测马圩洪水位 27.9 米，流量 450 立方米每秒。两岸村庄、农田全部被淹，民房水深及膝。1955 年冬，邳县挖河结合复堤，治理陶沟桥以上 8.2 公里河段；山东治理陶沟河西堤和燕井河。排涝按老五年一遇标准，防洪按汛期最高洪水位超高 1 米复堤，顶宽 3 米。陶沟桥至刘庄以筑堤为主，陶沟桥以下打子坝，顶高程

26.5 米，顶宽 1.5 米。1956 年，为排除陶沟河与运女河之间 64 平方公里内涝，在阎庄处建 9 孔涵洞。1959 年，结合中运河退建加复陶沟河下段东堤。1969 年，在中运河续建工程中，加高培厚陶沟河口至刘庄长 8 公里东堤；堤防标准以中运河口水位 29.46 米，堤顶超高 2 米，顶宽 4 米。

运女河，发源于山东省苍山县沈家坊，南入邳州境内。原河道经邢楼、火石埠在梁王城以南入中运河，在邳州境内河长 19.32 公里，流域面积 214 平方公里。

新中国成立前，运女河年久失修，河床淤塞，下游窑上、李圩一带地面高程 24 米，而河水位最高达 27.0 米，以致两岸漫溢成灾。1954 年，邳县疏浚境内小窑庄至省界段 15 公里，完成土方 31 万立方米。1958 年冬，按照邳新电灌规划建李圩电力排灌站，将运女河自小庄附近改道，向东至岔河镇入老西泇河，经白滩湖利用山头村退水闸排水入中运河。1961 年，开大固珊截水沟、截运女河在固珊村以上来水于沙家王入陶沟河。1971 年，按五年一遇排涝、二十年一遇防洪标准治理，在邢楼以南沿用礓石沟旧道在丁桥附近汇入陶沟河；兴建五圣堂桥闸，以利蓄水灌溉。改道后运女河长 27.8 公里，在邳州境内长 13.2 公里，流域面积 86 平方公里，河底宽 20~90 米，底高程 22.5~27.4 米，边坡 1:2.5，堤距 55~164 米，堤顶高程 30.5~31.2 米。

西泇河，南北朝时称武原水，后易名泇水，与武水合流后于下邳以西入泗。明万历三十二年（1604）避黄开泇，西泇河遂为中运河的主要支流，经邳县良璧、岔河镇与汶河并流至泇口入中运河，全长约98公里，流域面积664平方公里。西泇河发源于山东省苍山县北部山区，上游全属山区，系暴源性河流，来水迅猛；下游河道浅窄弯曲，堤防单薄，加以中运河洪水倒灌，加重了两岸的防洪负担和内涝灾害。1956年，邳县按照行洪1000立方米每秒，堤距300米的标准加复西泇河省界至黄石山段堤防。1958年冬，按照邳新电灌规划，邳县建泇口站，抽排林庄湖内涝，相应兴办西泇河改道工程，将西泇河于岔河镇以北改道东流；拦截杨宋沟来水于林子入邳苍分洪道，改道段长4.7公里，河底宽60~80米，堤距360米，改道后西泇河在邳县境内长17.9公里。1971年，为蓄水灌溉，邳县在苏、鲁边界附近建半步丫节制闸，11孔水力自动翻倒门，每孔净宽4米，3孔直升门，每孔净宽2米，设计过闸流量516立方米每秒。1973年冬，为解决改道段以南的老西泇河两岸排水出路和灌溉引水，邳县疏浚黄石山至中运河段9.83公里，林庄以上沿用老河，并裁弯取直；林庄以下沿白滩湖堤至泇口北入中运河，以筑堤为主，按二十年一遇防洪标准设计。1975年，疏通西泇河老道。1976年兴建穿西泇河改道段地下涵洞，将杨宋沟两岸、赵家沟以南101平方公里内水经地下涵洞和西泇河老道直接排入中运河。地下涵洞至中运河长12.96公里，河底高程：地下涵洞下游为22.0米，至林庄为20.0米，林庄以下20.0米平底开挖，底宽15.0米，设计流量153.0立方米每秒，地下涵洞共5孔，每孔净宽3.5米，高2.65米，设计流量120立方米每秒。

汶河，是排出东泇河与西泇河之间坡水的河道，发源于山东省苍山县以北山区，原河道在苍山县三合村与孤山河、阳明河汇合后进入邳州境内，在四户以西经汶河故道南流分为两支：西支于岔河镇入西泇河后南流入中运河，东支入母猪河经十里长沟于油坊村入中运河。省界以上汶河长25公里，岔河以上流域面积258平方公里。1959年冬，邳县于四户后王庄北开河筑堤，将汶河向东改道入东泇河。1964年冬，汶河复归故道自顾桥以南改道，沿大墩截水沟于大墩涵洞附近入邳苍分洪道。在邳县境内汶河长16.88公里，流域面积167平方公里，按二十年一遇防洪标准筑堤，行洪流量275立方米每秒，五年一遇排涝开河，排水127立方米每秒，河底高程26.0~30.8米，底宽40米。1974年，为解决四户乡灌溉水源，在秦口兴建桥闸，12孔，净宽44米。

白家沟，是汶河与东泇河之间的排涝河道，发源于山东省苍山县下庄南湖，原河道经邳州四户南流至倚宿山以东林庄湖。1959年，白家沟收入汶河改道段入东泇河。1964年，将白家沟与汶河同时改道，由贾家向南至顾桥与汶河平行，以两河三堤形式，在大墩涵洞附近入分洪道。白家沟治理，按十年一遇防洪，五年一遇除涝设计，河底高程26.12~30.87米，底宽14~30米，堤顶高程31.17~35.19米。治理后的白家沟在邳州境内长16.4公里，流域面积63平方公里。

东泇河，发源于山东省苍山县与费县交界的凤凰庄一带，流入邳县境内称柴沟河。1958年以前，东泇河在邳县境内的沙墩、卞家湖之间与三沟河汇流后分成东西两支：东支入燕子河在王家旗杆处与城河汇流，于沙口入中运河；西支经艾山、倚宿山之间。又在倚宿山以下分东西两支：东支与祁家河汇流，于老滩上入中运河；西支入陈滩河再与母猪河下段十里长沟汇合，由油坊村入中运河。1958年，邳苍分洪道开辟后，东泇河与三沟河在卞家湖汇入分洪道，卞家湖以上东泇河长约50公里，流域面积450平方公里，河道最大安全泄量：约200~300立方米每秒，局部河段达500立方米每秒。

吴坦河，源出山东省苍山县吴坦村一带，在江苏省境内称二沟河，南流于邹庄池墩西北入邳县州境内，经沙园于卞家湖汇入东泇河。卞家湖以上流域面积209平方公里。邳苍分洪道开辟后，吴坦河为其支流，于卞家湖汇入分洪道。1958—1959年，山东省在下庄东南大桥处建东泇河分洪道分洪入吴坦河，并退建吴坦村以下至省界的吴坦河东堤，当时下游的邳县将山东新堤与境内原有东堤相连接，在汉庄附近扒开西堤口门约 150 米，致使东泇河、吴坦河之间约 7000 亩土地成为临时滞洪区。1972 年 11 月至 1973 年 3 月，邳县按二十年一遇洪水流量 1183 立方米每秒，退建吴坦河东堤，加复西堤，自北而南河长 6.52 公里，堤距 360~500 米，堤顶宽 4 米，河底宽 36~40 米，设计平槽泄量 72 立方米每秒。同年，为排除吴坦河与分洪道之间的区间来水，按五年一遇标准疏浚沙园沟、二沟、王庄等跨省支河，葛家站截水沟以南的积水，由葛家机站排入分洪道。

燕子河，发源于山东省苍山、临沂两县交界的丘陵山区，上承神山、寨子和官庄一带来水，东受沂、武河洪水侵扰，西纳东泇、吴坦两河，下游进入洼地，是邳苍地区水系最为紊乱的河道。历史上，燕子河两岸无堤，水大即溢。1951 年，为排除内涝，邳县整修米滩至袁庄段，命名为人民新河。1958 年开辟邳苍分洪道后，燕子河在庞庄附近汇入分洪道，与吴坦河、东泇河合流的西支成为邳苍分洪道的中泓，仍由祁家河入中运河。分洪道以下燕子河东支至古宅入邳州境经刘沟于汤楼入城河，长 24.1 公里，流域面积 56 平方公里。1965 年春，按五年一遇标准，设计流量 50.8 立方米每秒，邳县疏浚刘沟至汤楼段 13.8 公里；1972 年春疏浚 310 公路以下河段。1974 年冬，邳县疏浚省界小新庄到刘沟段的东沟 9 公里，底宽 25 米，挖深 3 米。1979 年冬，在治理小涑河时，将米滩以上燕子河改称小涑河。

城河，是明代中叶以后"引沂济运"通道，也是芦口坝分泄沂河来水的主要河流。新中国成立前，枯水期，沂河上游来水全部经城河入运；洪水期，沂河洪水经城河分泄。1951 年，将芦口坝堵闭，城河不再分泄沂河洪水。1959 年邳苍分洪道建成后，城河只担负沂河以西分洪道以南（以东）、城河以北的武河、沙沟、黄泥沟、燕子河、小涑河的来水，流域面积约 316 平方公里，下游注入中运河，长 24.7 公里。1957 年冬，邳县低标准加复城河两堤，整治上游支流沙沟和黄泥沟。1965—1967 年，按二十年一遇防洪标准，疏浚河道，加复邳城以下堤防 13.2 公里，顶宽 4~5 米。1977 年冬至 1979 年，邳县按五年一遇排涝疏浚河道，挖河结合筑堤，邳城以下至中运河口，河底高程 18.5 米，底宽 15 米，堤防加固以东堤为主，顶高程 31~33 米。邳城以上至米滩，河底高程 23.0 米，底宽 15~30 米，两堤高出地面 4~5 米，顶宽 6 米以上，完成土方 434 万立方米；兴建 6 孔邳城节制闸，作为城河的一级控制，闸上蓄水位 26.5 米，可以灌溉红旗、官湖、邳城三乡 5 万亩农田。1980—1981 年，在邳城闸下游左侧建成邳城抽水站，装机 1440 千瓦，抽水能力 16 立方米每秒，可以向节制闸上游补水。城河历经治理，成为具有排涝、灌溉和航运等综合功能的河道。

官湖河，是城河在沟上向南分出的排水河道。1958年，按照骆马湖蓄水规划，为立足自排，辅以机排，确定中运河两岸26.5米以下洼地划为电力排灌区。1959—1960年，将官湖镇以上、小坊上以西官湖河堵死；沿地面高程26.5米，开挖城河至华沂闸吴楼15.5公里的官湖截水沟，官湖河上游，城河与沂河之间51.85平方公里来水，沿官湖截水沟经华沂闸自排入老沂河；河底高程23.0~23.6米，底宽：官湖河以西12米，以东34米。同时，在老沂河进口处筑堤封堵，使老沂河不再分泄沂河洪水，只用于官湖截水沟排涝。1966年春，邳县治理官湖河平墩站至中运河8.2公里河段，河底高程19.1米，底宽8米；1967年，为挡御中运河高水位倒灌，在官湖河入中运河处建5孔节制闸，设计排涝流量47立方米每秒。1975年春，全线治理官湖河，堤顶高程29.0~29.5米，底高程：朱道口以上21.0~21.5米，以下19.0米，底宽14~16米。1977年3月，为防御沂河特大洪水，修筑防洪屏障，确保运河镇、陇海铁路、徐塘电厂防洪安全，邳县组织劳力，扩大官湖截水沟，出土加筑南堤至堤顶高程33.7米，顶宽10米。河底高程19.0米，并改名为纲河，底宽不小于10米，完成土方330万立方米。1978年秋，在纲河与城河连通处建小型船闸，闸室宽8米，以利于排涝、引水灌溉和航运。1982年，开挖官湖河下游10.85公里河段，河底高程18.0米，底宽8米。

老沂河，原为沂河故道，后改建成内部排水河道。上起华沂闸，下迄骆马湖，长19.1公里，流域面积198平方公里。沿线建有机电排灌站19座，穿堤建筑物39座。

新中国成立前，沂河从华沂经炮车、纪集、王楼、于窑湾北口西入中运河。当时，河床弯曲，堤身残缺不全，只能安全行洪200~300立方米每秒。"导沂整沭"期间，开挖了华沂北向南至苗圩的沂河新道。从此，华沂以下原河道称老沂河。1957年汛后，新沂县组织劳力，从王楼向东南开挖了老沂河分洪道3.3公里，排水入骆马湖。1951年，开挖新沂河草桥段时，规划老沂河分泄沂河洪水500立方米每秒。1954年兴建华沂节制闸，设计过闸流量700立方米每秒。1960年邳县开挖官湖截水沟后，徐州专署水利局同意将邳北部分地区涝水截入官湖截水沟经老沂河下排入骆马湖，并筑坝堵闭华沂闸上老沂河。从此老沂河改为邳苍地区的一条内部排水河道。1985年，新沂市实施老沂河骆马湖至老纪集12.1公里河疏浚结合复堤，堤顶高程28.0米，顶宽6米，河底高程19.0米，底宽10米，完成土方144万立方米。重建引水涵洞3座，接长、加固引水涵洞3座，加固排涝站泄水涵洞19座，加固桥梁2座。1999年，按照徐州市水利局印发的《区域性防洪排涝河道堤防达标建设标准》，新沂市对老沂河进行达标建设，按二十年一遇防洪标准整修加固堤防，骆马湖至老纪集设计堤顶高程28.0~29.5米，顶宽6米，完成土方52万立方米。

◎ 郯新地区

郯新地区，指新沂市境内沂河以东、总沭河以西以及总沭河东岸的黄墩小河流域，河道均为沂、沭河支流，常受行洪影响，排水不畅。新中国成立后，对郯新地区的区域性河道进行了全面治理。

白马河，发源于山东省境内的分沂入沭水道以南马陵山区的诸葛店、柳黄埠一带，自东北向西南，纵贯郯城县全境，至邳州吴楼北入沂河。1951年，华沂附近开辟新沂河，白马河改于小河庄前入新沂河。1953年春，为降低白马河下游出口水位，将白马河出口下移至杨庄入新沂河。此时，白马河长60公里，邳州境内长12公里，流域面积668平方公里。1952年春，山东省培筑白马河堤防大杨庄至三杰庄29公里，并在五园、刘湖兴建排水涵洞，在北肖河庄、冯庄、三杰庄建陶管，以利两岸坡水排泄。1953年春，疏浚从南肖庄至后朱家一段干河，扩大了原有河槽断面，同时开挖严庄排水沟，将白马河左岸郯城以南坡水于严庄截入白马河。同年春，邳县组织民工对白马河裁弯取直，挖河结合筑堤，完成土方226.4立方米。1954—1956年，山东省在白马河与沂河之间开挖了亭三和石堰排水沟，并由大官庄五堰里沿马陵山麓修建23公里截水沟，将上游山区116平方公里来水截入沭河，白马河流域面积减为552平方公里。1966年，为扩种水稻，邳县于姚庄兴建中转自动翻板闸门拦河闸坝，形成姚庄自流灌区。1971年，扩建拦河坝，并在其东端增设水力发电站，装机3台套，计190千瓦。1973年冬，邳县疏浚白马河支流十里长沟，兴建配套建筑物。1990年，白马河整治工程开工，在邳州境内，淮河水利委员会投资200万元，省补助60万元，市县自筹65

万元，按二十年一遇防洪标准筑堤，省界处堤顶高程32.5米，入沂河口处31.0米，堤顶宽6米，共筑堤24公里。同时，兴建生产桥1座，改建电灌站3座，拆迁房屋1400间，完成土方131.6万立方米，混凝土827立方米，石方5443立方米。

浪青河，发源于山东省郯城县张林村附近，至青石桥西南有支流汇入，南流经合沟入新沂市境内，于陇海铁路以北分两支，分别经134号、135号铁路桥，南流汇合后于毛墩涵洞入新沂河。1954年，山东省疏浚严庄排水沟后，浪青河长约22公里，流域面积93.73平方公里。1956年，按老五年一遇标准疏浚干、支流河道。干河长15.5公里，出口流量28.6立方米每秒，建成毛墩涵洞等桥涵建筑物16座。1960年，邳县在合沟乡实施圈圩机排工程，将浪青河在青石桥以上西支堵死，另辟圩田排水沟，泄郯城县来水。1961年，郯城县在孔圩王海子等处开挖数道排水沟，加大了上游来水量。1962年5月，苏、鲁两省在徐州商定，浪青河来水面积仍按流域规定执行。孔圩子河和官集老沟来水、新开小山排水沟排入浪青河下游。考虑会壅高浪青河下游水位，决定在邳县、新沂境内，对沙道口一段堤防加高培厚，堤顶高程，下段起点28.5米，上段与原堤相平，工段长5公里，工程于当年7月完成。1969年，邳县和新沂实施浪青河治理工程：将出口下移至关庄入沂河，扩建毛墩涵洞，在沂河东堤西侧建低标准隔堤。省界至毛墩涵洞，以挖河为主，结合筑堤，陇海铁路134号桥处堤顶高程28米，以万分之一比降向下延伸，堤顶宽2米。沂河河床内浪青河西隔堤顶高程在毛墩涵洞处为28.3米，以3/10000比降向下延伸至半庄，顶宽4米。当沂河流量超过6000立方米每秒时，毛墩涵洞以下浪青河西堤溢漫以避免阻碍沂河排洪。1975年，新沂县举办浪青河流域除涝工程，新建马洼、杜市、毛墩西排涝站，扩建毛墩南、毛墩北四座抽排站以及大山站、大新站、杜场站配套。1977年，邳县在合沟乡房庄兴建节制闸，将房庄至圩田沟段河道裁弯取直，河底宽10米，堤顶高程，圩田沟至省界按28.2~29.1米加复。1997年，在沂沭泗洪水东调南下一期治理工程中，毛墩涵洞改建成7孔，高3米，宽4.7米的钢筋混凝土箱涵，设计排涝流量73立方米每秒。

新墨河，于苏、鲁省界附近的小张庄与山东境内的墨河相接，东南流至房庄东侧由柳沟河汇入，穿陇海铁路至张墩与臧圩河相汇，于龙泉沟北入总沭河，流域面积357平方公里。新墨河在新沂境内长19.5公里，流域面积165平方公里，山东境内汇入墨河的支流有郯新河，窦西排水沟、幸福河等。墨河发源于山东省郯城县南部坝子附近，在新沂小张庄北入江苏境，自北而南，经港头、戴沟、捻头南流入骆马湖。草桥段新沂河开辟后，墨河下段被截断。1951 年按苏、鲁两省协议，将墨河在江苏境内段全线改道入总沭河，改道段称新墨河。1955 年，新沂县举办新墨河扩大工程，张墩至入沭河口 9.86 公里，按老五年一遇排涝标准疏浚，河底宽 27~33 米，底高程 21.6~22.8 米，建马姚桥和砥平桥；1956 年，扩大省界至张墩段 9.7 公里，河底宽 13~27 米，底高程 22.8~24.7 米，建桥涵 5 座，两期工程完成土方 114 万立方米。1972—1973 年，建马港闸与新戴河相通。汛期如遇新墨河上游来水较大时，可以开启马港闸向新戴河分泄 50 立方米每秒；在张墩和马港附近分别兴建节制闸和新戴河抽水站，用以抽引骆马湖水向张墩闸上补充灌溉水源，并可以利用新代运河向总沭河塔山闸上补水。1974 年汛后，结合疏浚河道，整修加固张墩闸以下河堤。

臧圩河，发源于山东省郯城县袁堂附近，介于柳沟河与总沭河之间，由北向南，流入新沂市，于小马庄附近汇入新墨河，长 18.5 公里，其中苏、鲁省界以下 11.5 公里；流域面积 70 平方公里，其中苏、鲁省界以下 25.3 平方公里；苏、鲁省界以上有大房沟、小房沟、羊红公路东沟等支流汇入。1954 年冬，山东省在其境内疏浚臧圩河。1955 年春，新沂县疏浚境内河段：河底宽 9.5~15.5 米，流量 28.6 立方米每秒；兴建徐海、平墩和鲍庄三座公路桥。1959 年，开挖新戴河切断臧圩河通向新墨河的排水出路，臧圩河上游来水在候墩以东约 2 公里处汇入新戴河，再转向西至西马港附近入新墨河。1966 年，新沂县治理新戴河以北臧圩河干支流，并兴建涵洞 1 座，公路桥 3 座。河道工程包括臧圩河上段和大房沟下段。臧圩河上段长 6.3 公里，上起苏、鲁省界下迄新戴河；大房沟段长 1.3 公里，上起苏、鲁省界下迄臧圩河，均按五年一遇除涝标准设计，臧圩河设计流量 54.0 立方米每秒，大房沟设计流量 27.9 立方米每秒。1973—1974 年，新沂县举办臧圩河调尾工程，疏浚新戴河闸以上河道 5.7 公里，河底高程 19.0 米，底宽 6 米。1976—1978 年，为引用骆马湖水源，结合改善排涝，新沂县举办新戴河拓宽工程，河底拓宽至 20 米，底高程 19.0 米，并在马港庄西兴建新戴河通航闸 1 座，单孔净宽 10 米。1989 年，为进一步改善引水和通航条件，新沂市组织民力疏浚新戴河船闸至大墩引河段，河底高程降至 18 米，底宽 20 米。

黄墩河，位于总沭河以东，发源于山东省郯城县的马陵山区，向南流入新沂市，穿东陇海铁路、沭新公路，于塔山闸北入总沭河。长 14.8 公里，流域面积 117 平方公里；其中，新沂市境内流域面积 83 平方公里，苏、鲁省界以北支沟有蒿汪沟、常汪沟、尖底沟、孙塘埠、石马涧等。1956 年，黄墩河在山东省境内曾经治理过。1972—1973 年，新沂县疏浚苏、鲁省界至总沭河 13.8 公里段，沿原河道拓宽、挖深、筑堤，河底宽 12~29 米，底高程22.0~27.5米，堤顶高程30.79~32.2米；兴建建桥涵18座。1971年总沭河塔山闸建成，闸上蓄水位为27.5米，两岸农田因高水渗透形成渍灾。为消除渍灾，1974年起，新沂县实施治涝降渍工程，兴建黄墩河地下涵洞，将黄墩河以西新沭公路以南涝水，在塔山闸下排入总沭河。地下涵洞为1孔，高2米，宽2米的钢筋混凝土箱涵。

湖东排水河，是骆马湖东堤以东地面高程25米以下地区向嶂山闸下排水的河道，北起新戴河南堤，沿骆马湖东堤顺堤至嶂山闸下经大马庄涵洞排入新沂河，长22公里，排涝面积为40平方公里。1970年，按三年一遇标准开挖，排水率为每平方公里0.6立方米每秒设计，河底高程18.0~19.0米，底宽15.0~20.0米。湖东排水河沿线穿越各迴龙堰处兴建了柳沟、陆沟、大刀湾、郑沟和黑马河地下涵洞，均为3孔，每孔净宽5米，设计排涝流量50.4~79.8立方米每秒。1976年，结合骆马湖东堤加固再次疏浚湖。

◎ 沂北地区

沂北地区，泛指新沂河以北，新沭河以南，总沭河以东的广大地区，总面积约5400平方公里；其中，徐州市境内800余平方公里。位于这一地区的西北部分为马陵山余脉，地势高亢，岭地起伏，踢球山、宋山和苏、鲁边界的马陵山分布其间。主要排水干河除黄墩小河向总沭河排水外，其他河流均属黄泥蔷薇河水系，向东排水至沭阳县境内。

新中国成立后，在导沂治整沭河的基础上，在江苏省统一规划指导下，对沂北地区进行全面治理。

岔流新开河，是沂北地区主要排水河道，跨新沂、沭阳两县（市），上游在新沂境内称岔流河，长2.5公里，入沭阳境后称新开河；上游有淋头河、大沙河汇入，下游右岸有虞姬沟、泥墩沟、时集截水沟等支流汇入。1956年3月，为减轻黄泥蔷薇河下游洼地排涝负担，按照沂北地区高低分治的原则，徐州和淮阴两地区，按五年一遇排涝、二十年一遇防洪标准开挖新河，自大沙河与淋头河交汇点的岔流开始，经袁滩入沭阳境内，沿11.0米等高线至龙堰西北，利用老沭河故道，于分水龙王庙入新沂河，长31.9公里。1973年再次疏浚，虞姬沟以上，河底宽55~85米，底高程7.8~11.5米。虞姬沟以下，为利用老沭河河槽，在河槽中挖平底航道，河底高程5米，底宽25米。两岸堤防按二十年一遇设计洪水位加超高1.5~2米修筑，顶宽4米。在开挖新开河时于新沂境内东堤留有溢洪口门一处，口门底宽250米，底高程15.7米。1974年汛后，在新开河西岸举办圈圩建站等排灌工程。沭阳县拆除阻水严重的袁滩闸，新沂县境内新开河东堤溢洪口门提高到二十年一遇不分洪，溢流堰顶高程抬高至18.4米，口宽维持250米不变。

淋头河，自阿湖水库泄洪闸至新开河，长 15.8 公里，地面高程 15.5~22.5 米，有芦湖河、大雁河、古木河等支流汇入，区间来水面积 107 平方公里。淋头河原发源于东海县石湖乡马圩一带，至新沂县阿湖乡纵穿陇海铁路后，南流至小官庄处与大沙河合流，向东经伍河入蔷薇河。1956 年，开挖岔流新开河后，将淋头河由东流改向南流入新开河。1958 年，在淋头河上游陇海铁路南北兴建阿湖和贺庄两座中型水库，贺庄水库泄洪入阿湖水库，阿湖水库泄洪闸最大泄洪流量 830 立方米每秒。1973 年，按五年一遇区间来水与阿湖水库泄洪 50 立方米每秒相遇设计，流量 116.5~202 立方米每秒，整修加固阿湖水库至新开河段，河底宽 20~46 米；两岸堤防，按阿湖水库二十年一遇泄洪 280 立方米每秒与区间五年一遇来水相遇设计，合计流量 347~432 立方米每秒，滩面行水深 1.5 米，堤顶超高 1 米。1975 年，为沂北干渠穿淋头河壅水，新沂县于阿湖水库以下 8 公里处拦淋头河建东方红节制闸，10 孔，每孔净宽 4.0 米，设计过闸流量为 294 立方米每秒。1993 年，按五年一遇排涝、二十年一遇防洪、五十年一遇校核疏浚河道、加复堤防，堤顶高程 19.45~25.8 米，顶宽 6 米。

大沙河，原为天然河道，发源于东海县桃林乡北芹口、皇城一带，南流于徐塘庄穿陇海铁路在新沂县小官庄汇入淋头河，东流经伍河入蔷薇河。1956 年，拦截入岔流新开河，在沭阳境内进入新沂河。1958 年，在大沙河上游的东海县境内兴建了皇城、铁西、大石埠、芦窝等 4 座中小型水库，控制流域面积 78 平方公里，新沂县在陇海铁路南修建高塘水库，最大泄洪流量 565 立方米每秒，总控制流域面积 142 平方公里。高塘水库以下大沙河长 16.5 公里。1974 年开始，东海县自大石埠沿 50 米等高线，开挖龙梁河接通石梁河水库，大石埠以上来水经水库调蓄由龙梁河向东调度，一般雨量情况下无水下泄，较大暴雨时大石埠水库仍向南分洪入高塘水库。1977 年冬，沂北干渠续建北伸穿越大沙河，新沂县自筹资金，在高流附近兴建大沙河节制闸，20 孔，每孔净宽 3.5 米，最大过闸流量 565 立方米每秒。1980 年底按原设计标准完成加固。

虞姬沟，发源于总沭河东岸、踢球山与宋山西麓，与总沭河平行流至舒窑附近折向东流，在巴房处合黄泥河来水向东入老黄泥河，长 35 公里，集水面积为 148 平方公里。其中，新沂县境内长约 28 公里，集水面积约 120 平方公里。1955 年，为减轻下游排水负担，将虞姬沟在黄甲与小赵庄间改道近 1700 米，使上游 37 平方公里来水流入老沭河。1956 年，将虞姬沟于桐槐树截入新开河，虞姬沟在县界处流域面积为 83 平方公里。1965 年，新沂县疏浚下游酒店庄以上 4.45 公里河段，按十年一遇开挖河槽，河底宽

25.0 米，底高程 10.10~11.88 米，下泄流量 123~133 立方米每秒。1966 年，加复酒店庄以上 4.45 公里河段堤防。1985 年 12 月，新沂县疏浚境内 10.7 公里河段，以挖河为主，结合筑堤，酒店庄五年一遇水位 13.83 米，新沭边界处 14.08 米，二十年一遇新沭边界水位 15.0 米。县界处河底高程 10.0 米，河底比降 1/4000~1/1500。至沂北干渠河底高程为 16.0 米，河底宽 10~20 米。

泥墩沟，开挖于 1956 年，截时集截水沟以西踢球山区来水入泥墩沟，再汇入新开河，自沂北干渠至新沭边界长 7.64 公里，时集截水沟以西排水面积为 90 平方公里。1985 年 12 月，新沂县对泥墩沟进行第二次治理：时集截水沟以东以复堤为主，以西挖河结合复堤；河底高程 8~12 米，底宽 20~34 米，堤顶高程 16.8~17.3 米，顶宽 6 米，二十年一遇洪水位 14.80~15.38 米。

时集截水沟，开挖于 1956 年。由于新开河漫滩行水，影响西部地区的排涝，为此在新开河开挖的同时，在其西侧沿 14 米高程按十年一遇标准开挖时集截水沟。截水沟南流至温墩以西入泥墩沟，在截水沟以西泥墩沟以北来水经泥墩沟入新开河；泥墩沟以南入虞姬沟东流亦入新开河；截水沟与新开河之间 64 平方公里来水（跨沭阳、新沂两县边界），在泥墩沟以北官庄附近建四孔地下涵洞，每孔净高 2.2 米，宽 2.2 米，排水穿新开河直接入蔷薇河；泥墩沟与虞姬沟之间东部洼地，另建吴后圩穿泥墩沟地下涵洞，向北排水亦经官庄地下涵洞排入蔷薇河。1985 年冬，新沂县编制的《新沭边界治理工程设计》中，确定疏浚时集截水沟，工段北起沭阳县界南至泥墩沟，长 8.2 公里；以挖河为主结合复堤，河底高程 11.10~11.90 米，底宽 20 米。同时，将截水沟以东新沂县境内的 24.6 平方公里洼地改自排为圈圩建站抽排。

二、淮河水系

徐州境内的淮河水系，包括濉河与安河地区，位于黄河故道以南，排水入洪泽湖；流域面积 2020 平方公里，耕地近 170 万亩。

新中国成立前，濉、安河地区的旱、涝、碱、渍灾害十分严重，排涝能力低下，灌溉无水源，盐碱地占耕地面积的 40%。与安徽省接壤的边界线长约 170 公里，统一规划治理难度很大，水利建设发展缓慢，水利工程标准低下。新中国成立后，对濉、安河地区的干支河道进行了全面治理。

（一）濉河地区

濉河地区流域面积为 670 平方公里，主要干支流，有闸河、奎河、琊溪河、运料河等。诸河流皆源出徐州市铜山区，南流入安徽萧县、宿县、灵璧境汇入濉河，再与新汴河于漂河洼合流后入洪泽湖。

王家山闸河，是在王家山、十八里屯天然闸创建之后形成的。王家山与十八里屯位于徐州市区以西的废黄河南岸，楚王山西麓为王家山，东麓十八里屯。清康熙二十三年（1684），为削减黄河洪峰，总河靳辅于王家山就山根开凿减水深底石闸1座，于十八里屯东西两头，就山根建天然石闸分泄黄河洪水，南流至虎腰以下的白山头汇合后仍称闸河，再南流至安徽宿县注入濉河。两闸河汇合处的虎山腰与故道之间的天然洼地称丁塘湖。十八里屯以下的东闸河分泄黄河洪水经丁塘湖滞蓄后，再经虎山腰石脚的天然滚水坝缓慢下泄，与王家山闸下的西闸河合流。由于经常分洪滞洪，丁塘湖与东西两闸河逐年淤高，西闸河已淤为平地，东闸河及白山头以下闸河宽浅不一，虎腰以下河段断面狭小，芦苇丛生。新中国成立后，铜山县夹河、汉王两乡，曾分段拓宽加深东闸河及白山头以下闸河，以利用河道蓄、排水。1986年，在兴办市区丁万河工程的同时，疏浚虎山腰以下东闸河，新建马场节制闸，在十八里屯以南新建田巷闸，解决了丁塘湖地区洪涝问题，并从黄河故道丁楼闸上引水通过闸河、玉带河向云龙湖水库补水。

奎河，地处黄泛冲积平原与低山丘陵相插接地带，发源铜山县汉王拔剑泉，汇聚徐州市区云龙湖后向北流经户部山北，转向南流经奎山东、十里铺，于铜山县三堡镇黄桥闸下入安徽省境内，长22.6公里，流域面积441平方公里。历史上，奎河为泗河支流。黄河夺泗（河），奎河排水受阻，在其上游形成叮当湖、石狗湖（今云龙湖）等洼地。元、明以后，黄河河床高出两岸地面，奎河流域的排水出路被阻绝。明万历十八年（1590），"导源云龙山西石狗湖，北出苏堤，经（云龙）山西麓，又北入郡外城，东经户部山后，左受郡城积水，又南出土城，经奎山东，又东南过伊家桥，左受魏家河水，又南至贾家桥入萧县境"。奎河，曾于明后期和清乾隆、道光、同治等年间疏浚。1951年疏浚后，苏、皖省界处平槽泄量达60立方米每秒。1957年，在铜山县三堡镇黄桥南苏、皖边界0.5公里处建黄桥节制闸（1983年更换钢筋混凝土闸门），7孔，每孔净宽2米。1976年，在三堡镇杨山头村北建杨山头节制闸，7孔，每孔净宽2米。1981年，为减轻奎河在徐州城区段排涝压力，建成云龙山泄洪隧洞和泄洪闸。从此，奎河分两支出云龙湖：东支，自云龙湖泄洪闸，穿云龙山泄洪隧洞，向东1.3公里，至袁桥闸下游与北出云龙湖奎河汇流；北支，过冲污闸流至和平桥，向东至兴隆桥处转南过袁桥闸与右岸云龙湖溢洪道汇合。1982—1983年，在铜山县境内加固十里闸至黄桥闸段堤防，堤顶高程32.0米，堤顶宽4米。20世纪90年代，国务院治淮治太会议将奎河近期治理工程列为治淮骨干工程。2001年，疏浚奎河袁桥闸至姚庄闸11.88公里，改建加固沿线配套建筑物。2002—2005年，按三年一遇排涝、二十年一遇防洪，治理姚庄闸至苏皖边界河道17.6公里，河底宽12~14米，河底高程23.7~26.3米，堤顶高程32.4~35米，高于设计洪水位1.5

米，堤顶宽4米，河道、堤防边坡均为1:3。拆除重建3孔、每孔宽7米杨山头闸和3孔、每孔宽6米黄桥闸。

琊溪河，起源于黄河故道堰下的魏堤头，向西南流经蔺庄、柳集、宋桥、棠张，至马兰流进安徽省境内入奎河。1951年，按五年一遇排涝标准疏浚。1964年冬至1965年春，实施退堤复缺以及兴建桥、涵和中沟等田间工程。1971年，鉴于宋桥以上河道弯曲、排水不畅，结合大龙口水库灌区配套，将河线改从大龙口水库南涵洞，向南经沟北头、塘坊、冯庄至宋桥。琊溪河改道后，在铜山县境内河长15.3公里，流域面积67公里。同年，在距苏、皖省界1公里处兴建马兰节制闸。1983年，实施宋桥至马兰段清淤复堤工程，河底高程29.4~25.5米，底宽5~20米；沿河建闸3座以及小型抽水站。

运料河，为濉河支流，承泄铜山县东南部、睢宁县西北部来水，经浍塘沟入濉河。在徐州市境内，流域面积为169平方公里（1987年治淮委员会规划面积为191平方公里）。主要支流有申家沟、郭集沟和新源河，均于安徽灵璧县境汇入运料河，其中新源河亦称老运料河，上游在睢宁县境内。1956年和1965年，曾按三年一遇标准疏浚。1973年，铜山县将运料河治理工程列入农田水利补助项目，疏浚河道17.8公里，按三年一遇标准设计断面，并兴建店西闸，扩建八王滚水坝。1976年，兴建八王闸。1977年冬，铜山县投入66万工日，国家补助185万元，按三年一遇标准，开挖大沟里桥至黄河故道下截渗沟段3公里；疏浚大沟里桥至八王闸8公里，河底高程24.5~29米，底宽8~20米；堤顶高程29~30米，底宽3~9米，下泄流量61立方米每秒。同时，加固大沟里、八王、尚王、林场等4座桥梁，新建王庄、洪阳沟2座石拱桥。

（二）安河地区

安河地区，处于黄河冲积平原的坡水区，东达洪泽湖，南至老濉河，西界峰山闸河东堰，北邻黄河故道，地跨苏、皖两省，流域面积约2600平方公里，其中睢宁县境内流域面积约1350平方公里。区内的安河是向洪泽湖排水的大通道，故被称为睢宁县排水的咽喉。其水系有龙河、潼河和十咀以上徐洪河。龙河有牛鼻河、白塘河、小睢河、西渭河、中渭河等支流，并分为新龙河、老龙河两支。潼河有田河、白马河等支流。新、老龙河与徐洪河在睢宁东南隅七咀子汇合，南流经宿迁、泗县边界，至泗洪县大口子与潼河汇合，大口子以下为安河干流，自大口子南流经金锁镇、洪泽农场入成子湖后汇入洪泽湖。

安河，因纵穿洪泽湖北部地区的安湖（古称安陂）而得名，七咀至洪泽湖河长56公里。河道原系黄河南泛后由黄、濉水逐渐冲刷形成。清末，安河在归仁大口子（今泗洪县归仁镇东）以上分西、北两支：西支为潼河，北支为罗家河。安河在大口子以下为干流，在宿迁市境内，左纳四河沟、新安河（今西沙河）、西民便河、王沟、太平沟来水；右纳沈家沟（今利民河）来水，东南流至顾勒子西折向南流经安河洼入洪泽湖。民国八年（1919）新开顾勒引河，分安河水向东流入洪泽湖。新中国成立初期，安河河床淤积严重，两岸堤身低矮，洪涝灾害频发。1951年11月—1952年6月，为发展农业生产，苏、皖两省徐州和宿县两地区，按五年一遇保麦、七年一遇防洪标准，分段疏浚安河，共疏浚干、支河道189.7公里。安河干流设计流量70立方米每秒，设计水位17.8米。1956年5—12月，徐州、淮阴两地区疏浚上自睢宁县南庙、下至泗洪县张渡口76.3公里河段，大口子以上按三年一遇除涝标准设计，大口子以下按五年一遇除涝标准设计，浚河结合筑堤。1959年12月—1960年5月，为发挥引水灌溉效益，泗洪县疏浚了顾勒河口至金镇机站33公里。1965年3—5月，泗洪县疏浚安河下游大口子至顾勒河口45公里。1956年春，徐州、淮阴两专区治淮指挥部共同疏浚安河及其上游老龙河。睢宁县动员1.6万人按老三年一遇标准，承做自龙河南庙至安河大口子，计长39.5公里工段。安河大口子以下至张渡口36.8公里，按老五年一遇标准由淮阴专区施工。同年冬季，睢宁县动员2.7万人，按老五年一遇标准拓浚自龙河魏楼经南庙至安河大口子段，共挖土方292万立方米，建桥涵6座。1964年，为提高安河流域统一排水标准，江苏省水利厅按照苏、皖两省协议精神，并报经水电部批准，1965年春季由睢宁县负责施工，按新三年一遇除涝、二十年一遇防洪标准，自龙河凌城闸至安河东马宅疏浚河道。河底高程：凌城闸下12.24米，大口子11.0米，东马宅10.0米，完成土方321万立方米。1970年冬至1971年春，为排涝结合引水，睢宁县疏浚凌城闸以下安河46公里，河底高程9米，底宽：大口子以上14公里，30米，引水流量20立方米每秒；大口子以下32公里，45米，引水流量35立方米每秒，完成土方926万立方米。1976年冬至1978年春，沙集以下徐洪河工程完成后，七咀以下的安河改称徐洪河。

龙河，自睢宁县龙集西北藕池经龙集南流，过朱集、南庙、武宅、小朱折向东，经小夏、找沟至七咀，下游为安河。在睢宁境内，左岸有牛鼻河、白塘河、小睢河、西渭河、中渭河、凌沙河汇入。新中国成立前，龙河排水不畅，每遇暴雨，即易成灾。1949—1952年，睢宁县先后3次疏浚完成土方270万立方米。1956年，在安河治理工程中，拓浚魏楼至安河大口子段。1959年冬至1960年春，睢宁县动员3.5万人，按十年一遇标准，将龙河自汤集起改道，向东经邱集至夏圩折东南，过凌城闸于七咀与老龙河汇合南流入安河，长约 22.5 公里，完成 649 万立方米。改道段称新龙河，以承泄其北部原老龙河支流小睢河、西渭河、中渭河、凌沙河来水，并容纳老龙河汤集闸以上来水。同期，睢宁县疏浚老龙河小睢河口至县界 25 公里。1961 年，疏浚新龙河小睢河口至中渭河口，并连同跃进河一起施工，共完成土方 74 万立方米。1965 年冬季，疏浚新龙河小睢河口至七咀段。设计标准：小睢河口至中渭河口，河底高程 13~15 米，底宽 14 米；中渭河至凌城闸，河底高程 12~13 米，底宽 17 米。凌城闸至七咀底宽 11~12 米，共完成土方 103 万立方米。同年，在新龙河上建成凌城闸，16 孔，每孔净宽 3 米，排涝面积 493 平方公里。在闸底板之上浇筑门槛，槛顶高程 13.90 米，用以拦蓄流域内径流。1965 年，在新、老龙河交汇处建汤集闸。龙河上游 70 立方米每秒来水经汤集闸下泄仍入老龙河，多余流量入新龙河。老龙河下游除汤集闸分泄 70 立方米每秒外，还承担新、老龙河之间的排水任务。1968 年疏浚龙河上游藕池至汤集闸段。1969 年以后，在徐沙河与中渭河交叉口的南侧建中渭河节制闸，控制经中渭河下泄流量，以利于徐沙河以南中渭河两侧洼地排涝。1973 年，凌城抽水站建成，抽引安河（徐洪河）来水至凌城闸上，以灌溉睢宁县徐沙河以南 25 万亩农田。1985 年，疏浚徐沙河至龙王路段。

徐沙河，原称徐圩河，是 1958 年江苏省统一规划由徐州至圩子口的省级航道。在"河网化高潮"中，睢宁县组织数万劳力在其境内开挖徐圩运河。由于土方量大，劳力不足，中途停工，开挖部分作为河网化工程的半成品而长期搁置。1962 年冬至 1963 年春，为使半成品工程逐步发挥作用，睢宁县疏浚龙河以东至胡桥口 8.2 公里，河底宽 10 米左右，分泄龙河、白塘河来水，以减轻下游洼地排水压力。1969 年，治理田河口至沙集段；在老龙河与睢城之间南岸小滩河、白塘河和老龙河三口门处分别兴建节制闸。当三年一遇排涝时，徐圩河以北来水全部由小睢河下泄入新龙河；五年一遇时，由老龙河分水 50 立方米每秒，白塘河分水 30 立方米每秒，其余流量经小睢河纳入新龙河。在睢城至沙集段，于南岸中渭河口兴建节制闸，有控制地向下游放水。1973 年，睢宁组织劳力开挖南柴湖至凌沙河东 49 公里，河底高程 27.8~18.6 米，白塘河口以西底宽 25 米，半槽泄量 35 立方米每秒；以东底宽 45 米，半槽泄量 60 立方米每秒。1974 年徐圩河正式更名为徐沙河，即徐州至沙集之意。1975—1976 年，睢宁县全线疏浚徐沙河，兴建白塘河穿徐沙河地下涵洞，排水入老龙河。1978 年冬季，睢宁县朱集等公社自力更生，平地开挖白塘河地涵至桃园北散卓村徐沙河支线 14.8 公里，河底高程 18.0 米，底宽 7 米。同时，兴建朱东和朱西节制闸。1982 年，按五年一遇排涝标准，睢宁县疏浚沙集至高集临时抽水站 29.75 公里。1989 年，疏浚白塘河地涵至高集桥段。同年冬，疏浚庞庙闸至双洋河口及徐沙河支线。

跃进河，是串通潼河与新龙河水系的横向河道。1958年，为解决睢宁县西部桃园、官山来水出路和采用水路运输供给凌城闸建筑所需石料，平地开挖跃进河，自桃园乡鲁庙向东穿过白马河、田河、老龙河，沿老龙河向东与白塘河相接，至汤集闸向东接通新龙河，全长9.6公里。后经多次清淤疏浚，河底宽：小睢河口至白塘河口15.0米，白塘河口至老龙河口12.0米，老龙河口至田河口9.0米；田河口至白马河口5米；白马河口至桃李公路4米；河底高程均为15.5米。跃进河的开挖，将白马河、田河来水调入龙河后，减轻了潼河的排水压力。

潼河，发源于安徽省灵璧县张庙北的闸河东堰下，承泄老濉河以北原孟山湖一带来水。该河向东南流入睢宁县李集乡，再向东流经黄圩进入安徽省泗县汕头集，于江苏省泗洪县归仁集的大口子汇入安河，河长64公里，集水面积806平方公里，其中睢宁境内流域面积434.8平方公里。潼河两次跨越苏皖两省，排水矛盾较多，治理难度大。1952年，疏浚潼河二郎庙以下19公里，完成土方75万立方米，设计流量潼河在大口子处为38立方米每秒。1957年12月，睢宁、泗县和泗洪县共同治理潼河中、下游40公里，河底宽10米，睢宁县完成其境内土方38万立方米，并在潼河左岸赵山、右岸小王、杜集兴建3座涵洞。1966年3月，经苏、皖两省协商，安徽省组织劳力开挖八里张以上段。睢宁县组织1.07万人治理八里张至二郎庙段，按新三年一遇排涝流量的80%设计，设计流量40.7立方米每秒至99立方米每秒，河底高程18.45~11.0米，河底宽5~33米，堤顶高程24.0~20.5米，堤顶宽4米，完成土方176万立方米。同时，兴建交通桥2座，生产桥2座，涵洞4座，戴李沟跌水1座。1998年汛期，睢宁县南部地区暴雨成灾，潼河沿线多处漫溢。汛后，江苏省水利厅批准睢宁县境内潼河按五年一遇排涝，二十年一遇防洪标准全面治理。以扩挖河道为主，结合弃土修筑堤防。全长21.5公里，设计二郎庙苏、皖省界处，河底高程14.08米，排涝水位18.79米，防洪水位20.0米；河底宽30~10米，堤防超高1~1.5米，堤顶宽不小于6米。同时，改建、加固配套建筑物41座，其中干河节制闸2座，干河桥12座，穿堤涵洞22座，电灌站5座，总计完成土方310万立方米。睢宁县组织18个乡镇，7万劳力，2600多台套机械，历时一个月完成河道开挖。1999年汛前全面完成配套建筑物。

三、沟通淮河与沂沭泗水系的徐洪河

徐洪河，是南北沟通淮河与沂沭泗两大水系的跨流域调水河道，自洪泽湖顾勒河口，沿安河旧道经金锁镇、大口子、七咀、沙集，在袁圩处穿过黄河故道，至邳州境内刘集接通房亭河，再循房亭河向西北经单集、大庙至徐州市区东郊的荆山桥入京杭运河不牢河段，全长 187 公里。其中，洪泽湖顾勒河口至刘集徐洪河干河长 120 公里，利用房亭河 67 公里。

早在 20 世纪 50 年代，江苏省水利厅提出"淮水北调，分淮入沂"和"引江济淮，江水北调"跨流域调水规划。1969 年，淮北地区大搞旱改水，睢宁县为开辟

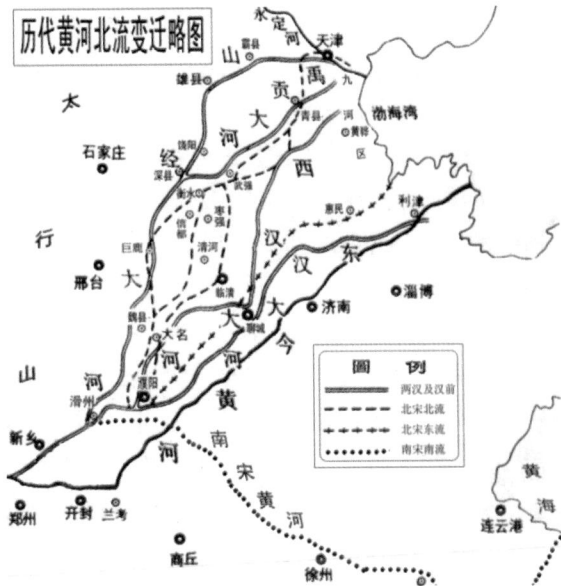

历代黄河北流变迁略图

洪泽湖水源，赴泗洪、宿迁境内，按引水 25~35 立方米每秒标准浚深安河。1973 年 4 月，建成凌城抽水站，抽引洪泽湖水补给新龙河灌区，设计抽水流量 25 立方米每秒。1974 年汛期，骆马湖退守宿迁大控制，运西主要排水干河失去排涝出路。汛后，徐州地区提出开挖徐洪河，直接排水入洪泽湖的要求。1975 年 8 月，江苏省治淮指挥部编报了《江水北调江苏段规划报告》，提出除利用中运河送水外，还必须增辟徐洪河，沟通淮、沂水系，作为继京杭运河输水线后又一条向北送水河道。1975 年 11 月，江苏省治淮指挥部在宿迁召开徐州、淮阴两地六县一市的负责同志、水利局长会议，研究徐洪河工程如何结合运西地区治理问题。会议提出，徐洪河以向北送水为主，结合地区排涝、排洪、航运，必要时还可以结合分泄沂沭泗洪水入洪泽湖。

1976 年冬，徐洪河工程正式开工，徐州地委、专署组织铜、邳、睢三县民工 25 万余人，赴淮阴地区泗洪、宿迁境内，开挖徐洪河洪泽湖农场第四抽排站至七咀 44.75 公里，设计河底高程 8~8.5 米，河底宽度 90~45 米。徐州地区成立徐洪河工程指挥部，由地委副书记蒋桂同任指挥，汤海南、朱群任副指挥亲驻施工现场，地委书记周泽赴现场督促检查。当时，"十年动乱"刚刚结束，国家和群众经济困难，指挥部想方设法调剂粮食，保证每个民工一天 3 斤粮和 1 角钱菜金。民工们不畏生活艰苦，战风雪、斗严寒，肩挑人抬，苦战三个月，完成土方 1983 万立方米，高标准完成了徐洪河下段河道的开挖任务。1977 年 11 月，在睢宁县境内，凌城七咀到沙集南 17 公里，按照河底高程 8.5 米，底宽 27 米开挖。睢宁县委副书记沙玉琴任指挥，

全县动员，抽调县、社两级干部 1300 余人，组织 24 个施工团 13 万民工。从地面到河底挖深 13~14 米，挖河结合筑堤，完成土方 1450 万立方米。同时，兴建徐沙河节制闸一座，跨河桥梁 4 座，涵洞 6 座。同期，淮阴地区组织泗洪、宿迁两县民工，完成洪泽湖农场以下至成子湖 11.25 公里河道疏浚工程，河底高程 8 米，河底宽度 102 米，完成土方 455 万立方米。1978 年冬，徐州地区徐洪河指挥部副指挥朱群与工程技术人员驻土山镇现场指挥协调，邳县、睢宁两县动员民工 10 万余人平地开河，从房亭河南 2000 米处到黄河故道北堤止 18 公里，挖深 8~10 米。河底高程 15 米，底宽 24 米，挖河结合筑堤。该段河道处于黄墩湖滞洪区，考虑滞洪时人畜撤退安置需要，确定堆土以东堤为主，堤顶高程 28.0 米，顶宽 10~30 米，民便河闸南北各 500 米以内，堆土高程 24.0 米，以利滞洪时进水；西堤堤顶高程 24~27 米，顶宽 6 米，完成土方 1518 万立方米。同时，兴建跨河桥梁 7 座，小闫河地下涵洞 1 座。1984 年，在沙集余圩兴建徐沙河沙集抽水站（又称沙集西站），向徐沙河沙集闸上送水 10 立方米每秒，以解决睢宁县东中部地区的灌溉水源。同时，睢宁县以徐洪河、徐沙河为骨干河道的梯级河网化建设全面展开，内部排灌设施相继配套，徐洪河工程大大改善了睢宁县的排灌条件，为睢宁县的农业生产发挥了显著效益。1986—1989 年连续干旱，徐州市平均每年受旱成灾面积达 270 万亩。尤其，1988 年全市特大干旱，全市受旱面积达 525 万亩，减产粮食 8 亿斤。

徐州市委、市政府充分认识到，水源不足已经成为制约徐州市国民经济发展和人民生活改善的一个重要因素，只有增辟水源，复建徐洪河，才能缓解徐州市水资源紧缺的矛盾。市委、市政府领导向省委、省政府反复汇报，蔡崇明等一批退居二线的老同志多次到国家计委和开发办等有关部门汇报。1990 年元月，国家计委批复同意徐洪河工程列入江苏省黄淮海地区农业开发项目。同时，徐州市成立徐洪河续建工程指挥部。6 月，水利部批复同意复建徐洪河工程，开挖沙集以北干河 26 公里，拓宽疏浚房亭河 67 公里，沿线新建和改造沙集、刘集、单集、大庙四座抽水站及黄河故道配套工程。复建工程规模按原设计标准，徐洪河刘集以南干河按引水 200 立方米每秒一次完成，房亭河按五年一遇排涝、二十年一遇防洪和输水 100 立方米每秒标准整治。工程所需经费，除国家黄淮海农业开发资金安排 2000 万元外，考虑到该工程与国家南水北调东线相结合，在中央水利建设投资中安排 1750 万元，其余由省、市筹集解决。8 月，徐洪河续建工程指挥部，按照徐州市委、市政府提出"两年实施，一年扫尾"目标，向江苏省水利厅报送了《关于徐洪河续建工程分年实施计划》的报告。9 月 7 日，江苏省建设委员会在南京召开徐洪河复建工程初步设计审查会，同意江苏省水利厅提出的《关于徐洪河复建工程总体设计的审查意见》，按原定设计规模全线贯通并延伸至大庙（包括房亭河整治在内），工程总投资1.2亿元（其中，市级筹资0.2亿元），由徐州市负责包干建成。

1990年3月，房亭河单集和大庙两枢纽工程先期开工。单集枢纽工程包括节制闸和抽水站，位于铜山县单集乡房亭河向阳桥东约800米处，是徐洪河房亭河段调水工程梯级控制之一，节制闸为5孔，每孔净宽7米，设计五年一遇排涝流量304立方米每秒，相应闸上水位26.85米，闸下水位26.50米，二十年一遇校核流量415立方米每秒，设计闸上蓄水位27.5米。抽水站布置在闸室下游南侧翼墙内，设计流量20立方米每秒，安装8台90厘米（36英寸）立式轴流泵配JSL-14-12-280千瓦电机，总装机功率2240千瓦，设计扬程7.41米，站下最低抽水位20.0米。1991年5月15日竣工，完成土方28万立方米，砌石8438立方米，混凝土及钢筋混凝土13095立方米。大庙枢纽，是徐洪河末端梯级控制，包括抽水站和后姚节制闸。大庙站位于铜山区大庙境内房亭河与房改道的交叉口处，设计流量20立方米每秒，站身采用河床式布置，两侧各设高2.9米、宽3.0米一孔泄洪孔，合计泄洪流量40立方米每秒，设计站上水位32.0米，站下25.5米，安装8台套90厘米（36英寸）立式轴流泵配JSL-14-12-280千瓦电机，总装机功率2240千瓦，设计流量20立方米每秒。站身底板顶面高程22.98米，叶轮中心安装高程24.31米。站身两侧各设孔径为宽3米、高2.9米泄洪涵洞1孔，合计泄洪流量40立方米每秒，以协助排涝及引用京杭运河不牢河段解台闸上水源向房亭河调水灌溉。抽水站于1991年5月12日竣工，完成土方10.8万立方米，砌石3700立方米，混凝土及钢筋混凝土6200立方米。后姚节制闸（1995年建成）布置在大庙站东北房改道上，3孔，每孔净宽4.0米，设计排涝流量75立方米每秒。当大庙站开机调水时，后姚闸关闭，大庙以上房亭河有排涝要求时，开启后姚闸，涝水通过房改河排入京杭运河不牢河段。同年11月，徐洪河续建第一期土方工程开工。房亭河大庙至土山段47.58公里，由邳县和铜山两县组织32个乡（镇）、21万民工、12153台施工机械，提前15天完成土方818万立方米。同期，铜山县负责的白马河分洪道4.21公里，完成土方46.91万立方米。邳州市负责房亭河以南徐洪河干河2.36公里，完成土方140.6万立方米。睢宁县负责徐洪河黄河故道段切滩4.21公里，完成土方260万立方米。同时，穿房亭河刘集地涵工程开工。地下涵洞南侧与徐洪河干河连接，地涵北侧引河与刘集站前池相接。底层地下涵洞按南水北调引水流量200立方米每秒设计，相应涵洞南侧水位20.3米，涵洞北侧水位20.05米。上层泄洪洞位于房亭河南堤下，按协助骆马湖调泄洪水400立方米每秒校核，相应房亭河水位25.5米，洞南徐洪河水位24.87米。刘集地涵采用钢筋混凝土箱式结构，共10孔，单孔断面尺寸为宽3.6米、高4米。

1991年9月，徐洪河续建第二期土方工程开工。新沂、邳州、沛县、丰县、睢宁5县（市）参加河道土方施工。本期施工，除邳州承担的干河100多万立方米和睢宁县承担的魏工分洪道120余万立方米土方采用人力为主施工外，主要采取"人机结合，宜机则机，宜人则人"的方法。新沂、丰县、沛县、睢宁县开挖河道土方，采用以泥浆泵和铲运机为主。各施工单位共投入泥浆泵400多台套，铲运机、推土机250多台，开挖沙集至黄河北闸干河23.1公里，开辟黄河故道魏工分洪道8.5公里，完成干河土方1324万立方米，魏工分洪道土方124万立方米。同时，黄河北闸开工建设：徐洪河的挖通，切断了黄河故道，为防止黄墩湖滞洪时洪水南窜，保证下游安全，在睢宁县浦棠崔埝村黄河故道北堤北侧建闸，以维持沂沭泗和濉安河两大水系各自流域范围不变，并且确保黄墩湖有效滞洪。正常时期开启闸门，发挥引水、排涝和通航等综合效益。该闸按引水能力200立方米每秒，排洪能力400立方米每秒设计，4孔，中间2孔按排水、每孔净宽8米，两边孔按五级航道通航要求设计，净宽各12米。闸顶高程28.0米，闸底板高程15.0米。中间2孔，胸墙顶高程27.0米，胸墙底高程23.6米，采用立拱式钢闸门，配2×25吨卷扬式启闭机。两边通航孔采用平面立拱升卧式钢闸门，门顶高程23.2米，配2×40吨卷扬式启闭机。如黄墩湖滞洪，在实施滞洪前，门顶另加叠梁门，每孔设叠梁门4块，每块净高1米，全部关闭后门顶高程可达27.2米，能满足26.0米滞洪水位要求。两岸岸墙为钢筋混凝土空箱结构，翼墙为钢筋混凝土扶壁式结构，上游翼墙顶高程26.5米，下游翼墙顶高程23.0米，上、下游翼墙均设1米高防浪板。工程于1992年4月26日竣工，完成土方25万立方米，砌石3158立方米，混凝土及钢筋混凝土11707立方米。

1992年3月，江苏省计划委员会批复同意沙集枢纽初步设计。沙集枢纽是徐洪河在徐州的龙头工程，位于睢宁县沙集境内，包括抽水站、节制闸和船闸。抽水站与节制闸为闸站结合，节制闸分布在抽水站两则，共6孔，东、西各3孔，每孔净宽6米，净高4米，设计排水流量200立方米每秒，校核流量400立方米每秒。抽水站位于节制闸中间，5台套180厘米（72英寸）导叶式混流泵，单泵流量10立方米每秒，装机容量8000千瓦，设计抽水流量50立方米每秒。船闸位于沙集闸站东侧，按5级航道规模兴建，闸室长160米，宽16米，设计年通航能力600万吨。沙集枢纽于1992年

1月26日开工建设，土建工程由徐州市水利工程处中标承建，水泵及机电设备安装由江苏省机械设备进出口公司中标承建。1993年5月底工程竣工，6月1日投入试运行，1993年10月11日正式验收。整个工程开挖土方62万立方米，回填土方12.4万立方米，砌石14862立方米，浇筑混凝土及钢筋混凝土31131立方米。

第四节 直面黄河："大工程"催生"大效益"

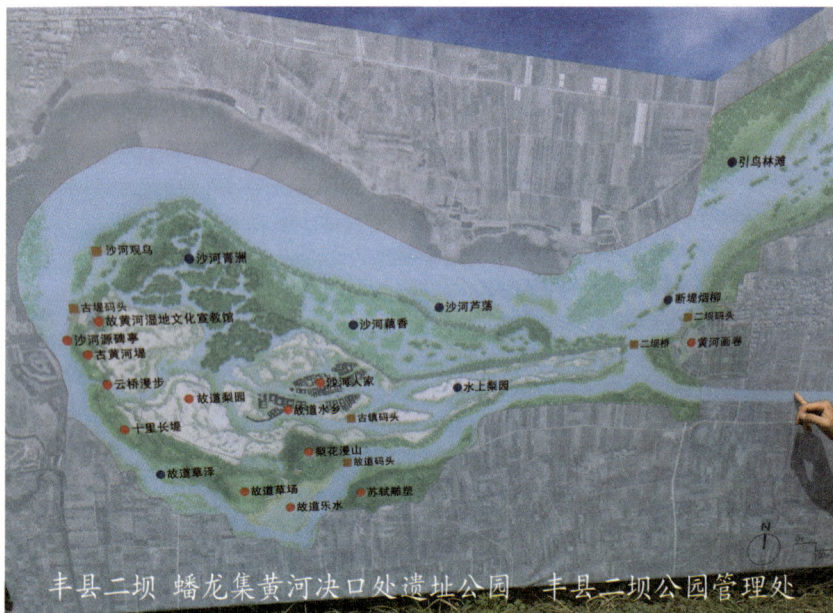

丰县二坝 蟠龙集黄河决口处遗址公园 丰县二坝公园管理处

一、高屋建瓴，规划先行

1964年5月，徐州专署水利局编制了《废黄河地区水利规划查勘报告》。这是新中国成立以来，徐州市最早的关于黄河故道地区的水利规划。《废黄河地区水利规划查勘报告》提出解除黄河故道对两岸的洪水威胁，提高滩地及两侧洼地的除涝能力，在此前提下，结合考虑灌溉问题。同年9月，又提出利用徐州市区以上黄河故道河槽，修建朱庄、郝寨、九里山三级控制及大孤山水库。在较大洪水时，利用河槽调节，由市区下泄，安全泄量80立方米每秒，超过部分经大孤山水库滞蓄后向京杭运河不牢河段分洪。遇特大洪水时，利用张井洼地滞洪及闸河分洪，以确保市区安全。

1971年，徐州专署水利局编报《废黄河治理工程设计任务书》，提出黄河故道要分级控制，两侧洼地建库蓄水，就地拦蓄，水量不足时，抽引外水补给。对于洪水安排，因限于徐州市区桥梁过水能力，市区段河槽原则上下泄流量不超过 100 立方米每秒，超过部分经河槽调蓄后由张井洼地滞洪，并经大孤山（或马场湖）溢洪道溢洪。徐州以下除河槽调蓄外，开辟魏集、中渭河分洪道向安河分洪。

1972 年 10 月，徐州地区水电局在《徐州地区废黄河治理的初步意见》中，提出徐州市区以上洪水安全下泄 100 立方米每秒，下泄水量由睢宁段河槽调蓄，其余，五十年一遇 100 立方米每秒、百年一遇 200 立方米每秒，向北由万寨河分洪入京杭运河不牢河段，超过百年一遇时，睢宁段全部滞蓄上游洪水有困难，计划在帮房亭河、凌沙河各分泄 50 立方米每秒。同时，规划建王山、古邳等站翻水补库，解决灌溉水源。

1974 年 4 月，江苏省治淮指挥部编制《废黄河(二坝至杨庄)治理规划(讨论稿)》，提出"洪、涝、沙、旱、碱兼治，分段治理，梯级控制，水土保持，固沙防冲，增辟洪水出路,结合增加灌溉水源"的治理原则。徐州市区以上，按五十年一遇防洪；以下，按十年一遇排涝。灌溉，按 50~70 天无雨解决水源。对于洪水安排，拟开辟 4 条分洪道，徐州市区以上安排 280 立方米每秒，计划经市区控制下泄 100 立方米每秒。另外，180 立方米每秒开辟大孤山分洪道排入京杭运河不牢河；徐州市区至温庄安排 100 立方米每秒，全部经房亭河排入中运河；房亭河按分洪 100 立方米每秒加区间五年一遇排涝标准扩大……同时，计划整理中泓、清除行水障碍，加固险工险段，除已建周庄、温庄、庆安三个梯级外，增建丁楼等梯级控制，扩建王山站，新建大孤山抽水站。

1975 年 4 月,徐州地区治淮指挥部编制《废黄河徐州段治理规划报告》，针对江苏省治淮指挥部编制《废黄河（二坝至杨庄）治理规划（讨论稿）》，提出利用拾屯河分洪入京杭运河的比较方案；认为大孤山分洪地处市郊，拆迁困难，矛盾多，设想经张湾大沟入郑集河分洪进微山湖。

1979 年 5 月，江苏省水利设计院在徐洪河规划中，提出徐州市区以上黄河故道洪水选用郑集河分洪线路方案，向微山湖分洪。徐州市区以下至袁圩水库之间分两段处理：一为白马河分洪，在黄河故道北堤建分洪闸和分洪道，分泄洪水 140 立方米每秒入白马湖水库，再经水库泄洪入白马河进房亭河；一为魏工分洪，按十年一遇分洪，50 立方米每秒泄入徐洪河。

将"规划"落地，则是一连串人力、财力、物力的巨大投入——

新中国成立后，从 20 世纪 50 到 60 年代初，徐州市黄河故道的治理工程，主要以防洪为主题。

为摆脱洪水威胁，在睢宁县境内，整修尚坝、可怜庄、马帮、洪代庙、石碑圩、铁牛、九堡、魏工等处险工；修筑马浅险工段防浪石墙和丁字坝；

利用黄河故道堰湾兴建清水畔、庆安和袁圩等 3 座水库，在古邳境内兴建古邳黄河闸。在铜山县境内，修复六堡、水口、下洪、崔贺庄等处险工；兴建大龙口和杨洼 2 座水库。在丰县境内兴建梁寨水库。市区段河道实施清淤和堤防护砌工程。

1963 年 5—9 月，徐州地区阴雨连绵，雨季历时长，降雨量大，年降雨量普遍超过 1000 毫米，最大达 1541.9 毫米，7、8 两月阴雨占 52 天，为新中国成立以来所罕见。黄河故道在徐州市区庆云桥最高水位达 38.51 米；在睢宁县境内，上下游齐降暴雨，洪涝并发，庆安水库 28.5 米，已经超过警戒水位；古邳黄河闸上水位达 29.2 米，洪水直冲黄河故道北堤的马帮险段，冲向宿迁境内直河口，挟带大量泥沙冲入中运河。黄河故道沿线冲开缺口 66 处，滩地约 200 平方公里来水经缺口泄于堤外。

从 1964 年起，在铜山县境内，修复六堡、水口、下洪、崔贺庄等处险工 4170 米，堤顶加复至高程 37~39 米，超过 1963 年洪水位 2.4~3 米，堤顶宽 10 米；1970 年，动工兴建吴湾水库、周庄节制闸和王山抽水站南站，建成六堡和水口水库北库。在睢宁县境内，1967 年，整修马浅、石碑圩、铁牛、九堡、魏工等处险工约 4000 余米；1968 年和 1970 年，在古邳镇境内先后兴建古邳抽水东、西站，抽引骆马湖水灌溉黄河故道沿线农田，并向庆安水库补充水源。同时，兴建清水畔抽水站，向清水畔水库补水和灌溉黄河故道滩地农田。1971 年，铜山县按引水要求开挖潘塘乡金庵至张集乡水口段，一般挖深 2 米，底宽 20 米，并扩建夏洪水库；在张集镇王山村建王山南、北抽水站。在睢宁县魏集镇新工村西首黄河故道北岸建新工抽水站。1972 年冬，开挖六堡涵洞至武山 24.5 公里，底宽 30 米，同时兴建房村境内的温庄闸。1974 年建成崔贺庄水库。1976 年和 1977 年冬季，市区段，按河口宽 80 米，拓宽老茅桥至崔庄村 1.5 公里和老茅桥至津浦铁路桥 2.3 公里。1978 年，在铜山县境内扩建夏洪水库；兴建白马河分洪道，自庙山东南黄河故道中泓经进洪闸沿拐山塘进入白马湖水库 4.21 公里。

1978 年开始，市区 16.6 公里河道实施浚深加固工程；增做两岸块石护岸；堤顶铺设柏油路面；右堤顶内侧修建 76000 平方米绿化地和大小 95 个花坛，形成带状黄河公园。1979 年，在铜山县境内建成王月铺、胡集水库，并扩建水口和大坝湖水库；在拾屯境内兴建丁楼闸。

二、黄河故道分洪工程

徐州境内的分洪工程，即开辟郑集河、丁万河、白马河、魏工等分洪道，根据徐州市黄河故道洪水调度方案，将境内二坝至徐宿交界的区间集水，分别排入微山湖、京杭运河不牢河段、骆马湖和洪泽湖。

（一）郑集分洪道

郑集分洪道，是徐州市区以上分泄黄河故道洪水入微山湖而兴建的分洪道，位于铜山区西北部刘集、黄集和郑集三镇交界处，自刘集镇孙楼村黄河故道中泓经张集矿西、闫集桥至郑集河口，长12.6公里，河底宽25~10米，河底高程37.0~31.0米，河口宽50米，集水面积30平方公里；设计防洪标准五十年一遇、行洪流量150立方米每秒、洪水位38.7米；排涝面积41平方公里。

郑集分洪道，既分泄黄河故道在周庄节制闸以上150立方米每秒洪水经郑集河入微山湖，又抽引微山湖水在周庄节制闸以下入黄河故道中泓，向徐州市区供给生态水。

2003年，平地开挖郑集分洪道：黄河故道滩地段3.8公里，河底高程37.0米，底宽25米，河坡1:4，两侧滩地各宽10米，滩地高程44.0~42.0米；黄河故道滩地以下至闫集桥1.3公里；拓宽闫集桥至郑集河口7.5公里的张湾大沟，河底高程31.0米，底宽10米，河坡1:4，两侧滩地各宽10米，滩地高程37.0米，堤顶高程超高洪水位1.5米，堤顶宽4米，堤顶高程，张集闸至郑集河口39.5~38.76米，堤内、外边坡1:3。

郑集分洪道沿线建有孙楼节制闸和张集分洪闸。

（二）丁万河分洪道

丁万河分洪道，是徐州市区以上分泄黄河故道洪水入京杭运河不牢河段而兴建的分洪道。1983年，实行市管县体制后，地、市合并。市长何赋硕亲自过问，利用市县合一的有利时机，决定自力更生开挖丁万河分洪道。丁万河土方工程于1984年11月15日开工，铜山县和郊区3.5万名民工参加施工，于1985年1月中旬竣工，共完成土方240万立方米；大孤山和天齐庙2座梯级控制及其桥涵配套建筑物至1986年6月全部完成，除3座公路桥和输变电工程分别由交通局和供电局承担外，其余工程市级投资近800万元。

丁万河分洪道，自黄河中泓丁楼向东平地开河2.5公里，经大孤山水库，利用原有万寨河扩大浚深，于万寨东入京杭运河不牢河段，长12.4公里。河道分三段，黄河故道滩地至大孤山分洪闸，河底高程35米，底宽10米；大孤山至天齐庙闸，河底高程32.0米，底宽12米；天齐庙闸至运河口，河底高程27.0米，底宽12米。大孤山闸上最高蓄水位39.0米，天齐庙闸上最高蓄水位35米，设计分洪流量50~80立方米每秒。

分洪道沿线建有大孤山分洪闸、站和天齐庙节制闸站。

大孤山分洪闸，闸底高程35米，闸顶高程41.5米，闸孔净宽6米，平面钢闸门，设计分洪流量 50 立方米每秒，校核分洪流量 80 立方米每秒。大孤山分洪闸，在闸室下游乙墙处结合建抽水站，安装 90 厘米（36 英寸）轴流泵配 180 千瓦电机 6 台套，设计抽水流量 12 立方米每秒。

天齐庙节制闸，闸底高程 31.0 米，闸顶高程 37.5 米，闸孔净宽 6 米，平面钢闸门，设计流量 50 立方米每秒，校核 80 立方米每秒。天齐庙节制闸，在闸室下游乙墙处结合建抽水站，各安装 90 厘米（36 英寸）轴流泵配 180 千瓦电机 6 台套，设计抽水流量 12 立方米每秒。

丁万河分洪道的兴建，不仅为徐州市区以上黄河故道开辟了一条洪水出路，而且抽引京杭运河不牢河水源补给黄河故道和云龙湖水库，冲污换水，观光旅游，发展农田灌溉，改善了市区的生态环境。

（三）白马河分洪道

白马河分洪道，在徐州市区以下分泄黄河故道洪水，自铜山区单集镇庙山村东黄河故道北侧经庙山闸跌入拐山潭，沿庙山、拐山拐入白马湖水库经白马河、房亭河入中运河。

1978 年，白马河分洪道列入徐洪河总体工程规划，并与徐洪河工程同步实施，兴建了白马湖泄洪闸和白马湖调节水库。1990 年 10 月，白马河分洪道随着徐洪河续建工程开工。铜山县组织民工 11800 人参加施工，出动施工机械 710 台，对施工中出现的软淤、流沙、石方等难工，根据不同情况分别采取固沙、凿撬、爆破等措施处理。同年 11 月 20 日工程竣工，完成土石方 46.9 万立方米。

白马河分洪道自庙山东南黄河故道中泓，经进洪闸入拐山塘，沿拐山塘西转向东进入白马湖水库，长 4.21 公里。黄河故道滩地段（庙山闸上段），河底高程 29.0 米，河底宽度 30 米，堤顶高程 36 米，堤顶宽度 6 米。滩下段，河底高程 27.4~27.0 米，河底宽 30 米，堤顶高程 32.0 米，堤顶宽度 6 米。水库内段，西侧利用原水库大坝，东侧平行大坝挖河并筑隔堤，河底高程 25.5 米，河底宽 40 米，西堤（水库大坝）顶高程 32.5 米，顶宽 6 米。东隔堤堤顶高程 29.5 米，顶宽 6 米，设计行洪流量 140 立方米每秒。

白马河分洪闸（现称庙山闸）于 1991 年 1 月开工兴建，同年 8 月竣工，完成土方 7 万立方米，混凝土和砌石 4338 立方米。分洪闸为 5 孔，单孔净宽 4 米，闸底板高程 29.0 米，闸顶高程 34.5 米，设计流量 140 立方米每秒，校核流量 160 立方米每秒。

（四）魏工分洪道

魏工分洪道，是徐州市境内黄河故道末端的一条分洪道，分泄黄河故道洪水经徐洪河入洪泽湖，位于睢宁县魏集乡黄河故道南岸。1991 年 11 月 15

日，分洪道开工兴建，睢宁县组织民工3.2万人，施工机械489台，于同年12月15日竣工，共完成土方120万立方米。

从魏工小水库至徐洪河分洪道长8.5公里，其中魏工至姜庄4公里利用西渭河；姜庄以东至徐洪河4.5公里利用原荣苗排水沟。分洪道扩挖，按二十年一遇设计，五十年一遇校核，分洪流量50~130立方米每秒。分洪道工程标准，魏工至姜庄段4公里，河底宽5.0米，河底高程18.0米，两侧滩面宽各10米，堤顶高程25.5~24.5米，堤顶宽度一般为6米，个别地段因取土困难，堤顶宽3~5米。姜庄至徐洪河段4.5公里，河底宽5米，河底高程18.0米，南滩面宽7米，堤顶高程24.5~24.0米，设计分洪流量50立方米每秒时洪水不上滩地。

黄河故道南侧建有魏工分洪闸，1992年5月建成，共3孔，每孔净宽4米，闸基础为16根直径100厘米灌注桩，闸底板高程24.0米，闸顶高程31.5米，设计闸上最高防洪水位为28.6米，设计分洪流量50立方米每秒，校核流量130立方米每秒。

三、黄河故道沿线水库

为调蓄黄河故道洪水、灌溉滩地和沿线农田，自20世纪50年代开始，在睢宁、铜山和丰县境内，先后兴建了庆安、崔贺庄2座中型水库及12座平原小型水库，除白马湖水库尚未完全建成外，其余水库总库容为1.5亿立方米，兴利库容1.12亿立方米。

（一）中型水库

◎ 庆安水库

庆安水库，位于睢宁县城北15公里的黄河故道南侧堤下，是一座以防洪为主，结合蓄水灌溉的平原中型水库，工程等别为Ⅲ等，主要建筑物级别为3级；设计地震基本烈度为7度。规划拦蓄徐州以下至水库段黄河故道滩地280平方公里来水，以调蓄黄河故道洪水，减轻黄河故道防洪压力。水库北侧以黄河故道南堤作为副坝，长5700米；东、南、西三面筑坝，主坝长7300米，两端与黄河故道南堤相连。水库上游为黄河故道中泓，汛期洪水经庆安水库进水闸入库调蓄，库区总面积10.7平方公里，水面积14600亩；总库容6293万立方米，其中，调洪库容2453万立方米，兴利库容4800万立方米。五十年一遇设计洪水位29.31米，三百年一遇设计洪水位为29.81米。兴利水位28.5米，汛限水位27.5米，死水位23.0米。水库大坝保护着下游宁宿徐高速公路和庆安、魏集、梁集、睢城四镇29个村庄以及睢宁县城的安全，保护范围227平方公里。水库设计灌溉面积15万亩，实际灌溉面积11.2万亩，灌区范围北起黄河故道南堤，南至睢城北大沟及徐淮公路一线，东自魏集西环城路，西迄牛鼻河，南北长18公里，东西宽8.4公里，耕地面积16万亩。

庆安水库库区古称白浪浅，位于今古邳、魏集、姚集、庆安等地交界处。这片历史上黄河决口形成的白塘湖洼地，非旱即涝，十年九不收。

1956年，为消除洪涝和解决灌溉水源，根据国家提出的"蓄排兼筹"治水方针，睢宁县委决定在黄河故道堰下庆安集兴建蓄水7000万立方米水库。1957年1月25日，徐州专署水利局将兴建庆安水库计划上报江苏省水利厅。1958年1月，江苏省平原坡地水利会议在睢宁县召开，睢宁县委将兴建水库计划报请主持会议的省委书记刘顺元批准。随即，由徐州地委书记胡宏、江苏省水利厅副厅长熊梯云以及县委负责人和工程技术人员实地勘察，同意列入当年建设计划。

水库大坝：1958年3月，睢宁县委组织16乡25616人，掀起了建设庆安水库的高潮。"不怕苦，不怕难，完成水库搞稻田，大家齐心加油干，实现亩产千斤县"的口号响彻工地。6月20日，7100米水库大坝按照设计标准建成，完成土方3300499立方米、砑方1250万平方米、石方42610立方米、混凝土1049立方米，投入技工2150工日、民工1747100工日、杂工23850工日，投资120万元。1966年，翻修西、南大坝块石护坡4500米。1967年6—7月，整个大坝人工打孔灌注黄泥浆，用土料1.6万立方米。1970—1972年，延长大坝迎水面护坡长度、提高护坡高度，黄河故道南堤护坡300米。1979—1997年，相继实施大坝加固工程：东坝、南坝加筑后戗台，戗台顶高程27.5米，顶宽10米，边坡1:4，坝后滩面宽35米，完成土方24.5万立方米，同时结合取土开挖115亩鱼塘。以邳睢公路为西坝后戗台，加宽至27米，路面高程28.0米。西坝、南坝及东坝部分坝段灌浆、大坝防渗复灌以及增设大坝测压管。

建筑物：

——进水闸

进水闸，位于庆安集西200米黄河故道南堤，其上游引河引黄河故道来水入庆安水库。进水闸与水库大坝同时兴建，4孔，每孔净宽2.3米，总净宽9.2米，孔径偏小。1967年扩建2孔，同时改建旧闸1孔，每孔净宽4.0米，闸孔总净宽达到18.9米，进水流量增加至100立方米每秒。1987年4月改建，公路桥加宽至6米，增设人行道，每侧宽0.5米，并更换启闭机。1997年对进水闸排架进行加固。

——放水涵洞

南涵洞与大坝工程同时兴建，位于南坝西端，3孔，每孔净宽1.2米，洞身高 1.5 米，设计最大放水能力 12.5 立方米每秒。1980 年 7 月，庆安水库架设高压输电线路 10.1 公里，在水库管理所设置 100 千伏安变压器一台，并出线至涵洞，将启闭机改装电动。

东涵洞，1979 年 11 月，为解决东干渠灌溉用水和水库泄洪，建成泄洪兼灌溉涵洞，4 孔，每孔净宽 2.3 米，洞高 2.5 米，反拱底板顶面高程 23 米，设计最大流量 100 立方米每秒。1980 年 7 月在东涵洞设置 50 千伏安变压器一台。1989 年 12 月，对东涵洞底板裂缝进行处理。在涵洞反拱底板及上游护坦上现浇 20 厘米混凝土，反拱底板下及闸两侧回填土区进行灌浆，并维修闸墩、门槽止水、门吊座，工作桥重新吊装及对 4 台启闭机进行维修。2000 年，东涵洞上游翼墙改建为 200 号混凝土防渗翼墙，翻建上游防渗铺盖，长 10 米。东涵洞工程标准，底板高程 23.0 米，4 孔，每孔净宽 2.2 米，孔高 2.5 米，反拱底板，浆砌石中墩，立拱钢丝网混凝土闸门，10 吨手摇电动两用螺杆式启闭机，最大流量 100 立方米每秒。

西涵洞，1979—1980 年春，为解决水库西侧牛鼻河一线高地灌溉水源而兴建。1980 年 10 月重建，2 孔，钢筋混凝土圆管直径 2 米，底板高程 23.6 米，洞身长 45 米，设计最大放水能力 7.45 立方米每秒。

除险加固：

2003 年 8 月 1 日，水利部发出《关于发布〈水库大坝安全鉴定办法〉的通知》。2004 年 8 月 10 日徐州市水利局组织专家对庆安水库进行安全鉴定，并经水利部大坝安全管理中心审查。2005 年 1 月 17 日，睢宁县水利局根据鉴定结论，以睢水〔2005〕3 号文件上报徐州市水利局《关于上报睢宁县庆安水库除险加固工程初步设计的请示》。2006 年 4 月 18 日，江苏省水利厅以苏水计〔2006〕100 号文件转发《省发展改革委关于睢宁县庆安水库除险加固工程初步设计的批复》的通知。

2006 年 11 月 15 日，庆安水库除险加固工程开工，主要工程内容为：大坝消液化处理、坝体及坝基防渗处理、大坝护坡翻修、穿堤建筑物拆除重建和维修加固、堤顶防汛道路修筑、完善工程管理设施及观测设施等。水库主坝长 7300 米，坝顶高程 31.68 米，坝顶宽 6 米，迎水坡 1:4，背水坡在高程 28.00 米设戗台，顶宽 10 米，其中 0+000~3+100 段戗台宽度为 28 米，边坡 1:3。副坝为黄河故道南堤，坝长 5700 米，坝顶高程在 32.80~31.60 米之间，坝顶宽度为黄河故道南堤宽度，迎水面边坡 1:3。在施工过程中，副坝 2+100~3+300 段坝轴线内移。进水闸，闸孔净宽 3 孔 ×4 米 +3 孔 ×2.3 米，总净宽 18.9 米，设计最大进水流量 160 立方米每秒。南灌溉涵洞，在施工过程中，发现涵洞三孔中三节洞身止水完全断裂，洞身混凝土老化严重，洞身不均匀沉降已无法加固处理，故改加固方案为拆除重建，3 孔 1.2 × 1.5 米钢筋砼箱涵，设计流量为 12.5 立方米每秒。西灌溉涵洞，为 2 孔直径 2 米的钢筋砼管涵，设计流量 7.1 立方米每秒。泄洪闸，共 4 孔，每孔净宽 2.2 米，闸墩为浆砌石结构，闸孔顶板为钢筋混凝土现浇盖板、底板为砼反拱结构，设计泄洪流量 100 立方米每秒。水土保持主要施工内容为：水库主坝背水坡采用砼集水槽排水和主坝背水坡采用播撒狗牙根草籽护坡，并每隔 50 米设一道跌水槽；大坝戗台开挖排水沟等。

2010 年 6 月 20 日，除险加固工程全面竣工。工程批复概算总投资 8500 万元。其中，国家投资 2830 万元，省级配套投资 3120 万元，市、县配套 2550 万元。工程完成土方 21.5 万立方米，土方填筑及回填 18.1 万立方米，混凝土及钢筋混凝土 7756.55 立方米，钢筋 248.3816 吨，浆砌块石 81589.24 立方米，干砌块石 10841.76 立方米，砂石垫层 23501.66 立方米，抛石石压重 170241 立方米，大坝多头小直径水泥搅拌桩截渗墙 130115 平方米，建筑物水泥搅拌桩基础 4727.73 立方米，沥青混凝土 2613 平方米，二灰结石 1306.5 平方米；房屋建筑面积 1100 平方米；自动化监测系统工程，包括计算机网络系统、闸门自动监控系统与大坝安全监测系统。

调度运用：

1962 年 7 月，江苏省人委批准汛限水位 27.0 米；1966 年 3 月，省人委苏水字第 84 号文批准汛限水位 27.0 米，汛后 27.5 米。

1982 年苏水管〔1982〕57 号文批准汛限水位 27.5 米，兴利水位 28.5 米；1994 年 3 月，苏防〔1994〕15 号文批准，主汛期（7 月 1 日—8 月 15 日）汛限水位 27.5 米，非主汛期按兴利水位控制。汛限水位 27.5 米以下，开启进水闸，引黄河故道滩地径流入库；达到汛限水位，关闭进水闸，开启黄河故道节制闸泄洪。如黄河故道上游来量大，节制闸下泄量达到设计流量而闸上水位继续上涨时，开启进水闸，利用水库防洪库容适当调蓄洪水；或者，同时开启东坝泄洪闸和南放水涵洞，调度黄河故道部分洪水向南入白塘河。水库滞蓄最高洪水位不超过29.6米。

干旱年份水源不足时，可利用古邳抽水站自民便河抽引骆马湖或徐洪河水源补库。

效益：

除险加固后的庆安水库，对睢宁县的经济社会发展可以发挥显著的效益：一是可以确保水库下游地区防洪安全，汛期调蓄黄河故道洪水160立方米每秒；二是保证当地工农业生产用水；三是发展养殖和旅游业，对促进当地经济发展、改善生态环境具有重要意义。

◎ 崔贺庄水库

崔贺庄水库，位于铜山区伊庄马集村西黄河故道北侧堤下，在房亭河上游，集水面积达25.41平方公里；淹没面积6.8平方公里；死水位29米，死库容100万立方米；兴利水位33.5米，兴利库容2386万立方米；五十年一遇设计洪水位34.34米，一千年一遇校核洪水位34.82米。总库容3364万立方米。设计灌溉面积7万亩，实际灌溉面积4.3万亩。

崔贺庄水库库区在历史上是黄河的险工地段，而今黄河故道北堤紧邻中泓。清乾隆四十九年（1784），曾于库区所在地茅家山山根石底凿槽，砌石裹头，筑钳口坝，开挖茅家山引河，引黄河水由房亭河济运，以致逐渐形成盐碱化沼泽地。

1971年5月，江苏省治淮指挥部提出黄河故道应"分段就地拦蓄，固沙防冲，建库防洪，留有出路"的治理原则。1972年8月，为消除该段黄河故道险工，调蓄上游来水，改造盐碱地，发展农田灌溉，铜山县水电局以铜革水〔1972〕90号文"报送铜山县废黄河整治工程设计任务书"，要求兴建崔贺庄水库。同年9月，以铜革水〔1972〕93号文《报送崔贺庄水库工程初步设计预算书》。设计大坝长3400米，坝顶高程37.00米，顶宽6米。同年12月，江苏省革委会水电局批复同意崔贺庄水库作为黄河故道铜山段防洪工程，列为1973年度地方水利基本建设项目，包括水库大坝、黄河故道北堤、进水闸、泄洪涵洞和引水涵洞。

大坝：

1972年12月至1973年1月，由铜山县筑成3400米大坝，高程32.0~37.0米。由于采用人工筑坝，清基不彻底，加之两次强寒流，大量冻土块上坝，碾压不实，在施工界沟部位有架空现象。1973年1月14日省、地通知停工整顿，对质量事故采取补救措施："将已筑土坝迎水面切开10米至地面高程，

并在上游加宽10米。坝基加做黏土齿墙，坝轴线向前移动10米，坝后平台顶宽加至9米。"1973年3月15日—1973年5月30日，将3400米大坝筑至高程33.0米，迎水坡1:3，背水坡1:5。1973年11月15日—1973年12月30日，将大坝筑至高程37米，顶宽6米，迎水坡1:3，背水坡在高程33米设平台，平台顶宽9米。平台以上边坡为1:3，以下边坡为1:5。1974年2月15日—1974年5月30日，将3400米大坝从高程29.5~33.2米进行干砌块石护坡。连续四期工程共完成大坝土方159.45万立方米。石方30826立方米。1974年冬，水库大坝东段2300米长坝段迎水面干砌块石护坡，高程33.2~35.5米，完成石方6714立方米。1979年5月，实施大坝西段1000米段迎水坡干砌块石护坡，高程33.2~35.5米。1988—1990年，翻修大坝块石护坡长2700米，高程29.5~35.5米。

1990年8月3—6日库区降雨268毫米，水库大坝中段长约1500米坝顶出现沉陷裂缝后，沿坝轴线距上游坝肩2米布孔，采用劈裂灌浆法灌黏土浆，形成帷幕，孔深10米，孔距5米；坝脚增做沟式砌石排水体。1991—1994年，完成3400米长的大坝劈裂式灌浆，2240米长坝后平台充填式灌浆，2901米截渗沟疏浚，增做护坝地排水体等工程。1995—1996年，兴建坝顶泥结碎石防汛道路3400米；完成大坝300米长坝段的块石护坡翻修。

1997年4月13日，江苏省水利厅对崔贺庄水库进行安全鉴定，认为水库大坝部分坝体存在不密实现象，综合评定崔贺庄水库工程属于三类坝。同年5月，根据水库大坝安全鉴定结论和专家组提出的意见，铜山县水利局编制了《崔贺庄水库除险加固工程可行性研究报告》，江苏省水利厅以苏水计〔1997〕147号批复同意，大坝原950米干砌块石护坡全面翻砌。

黄河故道北堤：

黄河故道北堤，兼做水库南岸坝体。对其迎库坡实施的干砌块石护坡工程：1974年2月—1974年5月，护砌3300米，高程29.5~33.2；1979年5月，护砌1000米，高程33.2~35.5米；1982—1984年，护砌2200米长，高程33.2~34.2米。1987年浆砌块石护坡，自水库鱼塘至贺庄抽水站段，完成浆砌块石 337 立方米。2006 年，将大坝原 950 米干砌块石护坡全面翻砌。

建筑物：

——进水闸

进水闸，位于水库东南侧黄河故道北堤，用于控制引用黄河故道来水。1973 年春季建成。共 4 孔，每孔净宽 3 米，闸底板高程 30.5 米，闸顶高程 36.0 米，设计流量 90 立方米每秒。

2006 年，对进水闸实施加固维修，更换钢筋混凝土闸门、启闭机，重做启闭机排架及工作桥，增建启闭机房，上游浆砌石护坡拆除重建，上游翼墙外侧用 250 号钢筋混凝土加固，下游块石护坡接长；大坝护坡翻砌 950 米，高程 31.5~35.0 米，在 33.5 米和 35.0 米处各做横向浆砌石格埂一道，每隔 50 米做纵向浆砌石格埂一道，中间为干砌块石护坡，下垫 10 厘米碎石。

——泄洪涵洞

泄洪涵洞，位于大坝中段，1974 年春季建成。共三孔，每孔净宽 2.0 米，净高 1.9 米，涵洞底板高程 29.0 米，设计流量 50 立方米每秒。

1975 年 5 月，泄洪涵洞出口连接消力池斜坡顺水流方向出现裂缝后，采取沿缝口凿深 0.4 米，宽 0.25 米，长 9 米，放置钢筋重新浇筑 140 号混凝土的处理措施。同时，泄洪涵洞中孔进口第一节混凝土底板顺水流方向出现发丝缝，沿缝口发现潮湿后，将裂缝处底板凿槽，放置钢筋，浇筑 140 号混凝土，厚 0.3 米。加固后运行正常。1986 年 1 月，泄洪涵洞西边孔闸门后第一道伸缩缝止水破损漏水。随即采取在涵洞出口处打坝抢险，采用反向灌注水泥浆及水玻璃堵漏措施。同年 5 月重做伸缩缝止水，加固后运用正常。同年，泄洪涵洞三扇钢筋混凝土闸门更换为钢闸门、启闭机房改建。泄洪涵洞三道伸缩缝进行环氧树脂贴止水橡皮封堵处理。

1991—1994 年，泄洪涵洞下游河道疏浚，107 米长的河道进行块石护底、护坡；兴建截渗沟沟口东、西挡洪闸。2006 年，拆除重建泄洪涵洞。新建泄洪涵洞为三孔，钢筋混凝土箱式涵洞，每孔净宽 2.5 米，洞身长 39 米，分成四节，底板高程 29.0 米，设计流量 70 立方米每秒。上游翼墙为钢筋混凝土悬臂式挡土墙，下游为浆砌块石空箱式挡土墙，钢筋混凝土闸门（原设计为钢闸门施工阶段修改）配 10 吨手电两用螺杆启闭机，按地震烈度 7 度设防。为改善防渗条件，上游翼墙基础下部及第一节洞身底板下部设封闭钢筋混凝土板桩，板桩底高程 24.0 米。

——引水涵洞

引水涵洞，用于农田灌溉，位于一、三干渠渠首，1974 年春季建成。南干渠涵洞两孔，底板高程 29.0 米，净宽 2.0 米，净高 1.9 米，设计流量 7.2

立方米每秒；北干渠涵洞底板高程 29.0 米，净宽 2.0 米，净高 1.9 米，设计流量 2.3 立方米每秒。1987 年，一、三干渠涵洞钢筋混凝土闸门更换成钢闸门，启闭机房改建。

维修加固：

1997 年 4 月 13 日，江苏省水利厅对崔贺庄水库进行安全鉴定，认为水库大坝部分坝体存在不密实现象；泄洪涵洞属病险工程，建议拆除重建；进水闸、灌溉涵洞存在工程缺陷。综合评定崔贺庄水库工程属于三类坝。同年 5 月，根据水库大坝安全鉴定结论和专家组提出的意见，铜山县水利局编制了《崔贺庄水库除险加固工程可行性研究报告》，江苏省水利厅以苏水计〔1997〕147 号批复同意将泄洪涵洞拆除重建，进水闸加固维修，大坝原 950 米干砌块石护坡全面翻砌，三项工程列入 1998 年度水利基建工程计划。批准预算 470 万元，其中省、市各负担 150 万元，县自筹 170 万元。

根据水利部《水库大坝安全鉴定办法》，省政府办公厅《关于加强水库除险加固工作的通知》和《大坝安全评价导则》等有关规定，2000 年 6 月至 9 月，由徐州市水利局组织省内有关技术专家对崔贺庄水库进行大坝安全鉴定，其结果：坝顶高程不足，不能满足防洪要求；大部分坝体出逸坡降大于容许坡降，不满足渗流规范要求；进水闸、泄洪闸等控制性建筑物属险闸。经综合鉴定，属三类坝，须要进行加固处理。2004 年 5 月 15 日，水利部大坝安全管理中心组织专家对崔贺庄水库三类坝鉴定结果进行现场核查，并提出在 2000 年鉴定报告书的基础上做有关补充的建议。徐州市局组织省内专家再次进行审查鉴定：崔贺庄水库 3+400~3+670 段坝顶现状高程不能满足设计高程；坝体局部渗流异常；坝基处于地震液化土层，抗震不满足规范要求；进水闸、一、三干渠均属四类建筑物，须拆除重建。

2006 年 4 月，江苏省水利厅批复实施崔贺庄水库除险加固工程，同年 10 月开工建设，2007 年 4 月 18 日水下工程验收，同年 7 月 20 日全部竣工。

调度运用：

崔贺庄水库设计防洪任务主要是调蓄黄河故道洪水，在正常水情下引水入库供农田灌溉。黄河故道遇较大洪水时，调度一部分洪水经水库调蓄后泄入帮房亭河，以减轻黄河故道温庄闸上洪水压力。1982 年 5 月，江苏省水利厅苏水管〔1982〕57 号文件批准，汛限水位 32.5 米，兴利水位 33.5 米；1994 年 4 月江苏省防指苏防〔1994〕15 号文件批准，主汛期汛限水位 32.5 米（7 月 1 日—8 月 15 日），非主汛期汛限水位 33.5 米。水库控制运用原则：水位在 32.5 米以下，开启进水闸引水入库，进水闸入库流量不超过 90 立方米每秒；水位超过 32.5 米，开启泄洪涵洞，控制下泄流量不超过 50 立方米每秒；水位达到34.2米，控制或关闭进水闸，泄洪涵洞继续按不超过50立方米每秒控制下泄。由于黄河故道上游来水年际变化较大，枯水年份，可以通过王山抽水站翻引京杭大运河不牢河段水源经黄河故道中泓向水库补给。

开发利用：

崔贺庄水库宜养鱼面积9225亩。从1982年开始利用水库养鱼，开展网箱养鱼、化肥养鱼、网围培育鱼种、毛籽发花等养鱼新技术应用等研究。1989年开始网箱养鱼，放养罗非鱼、建鲤、淡水鲳等品种。20世纪90年代初，库内出现银鱼群体。1994年在水库内曾一度养殖珍珠蚌。1995年以后，每年设置网箱在300平方米左右，以养殖鲤鱼为主。1996年库区网围培育鱼种面积扩大到55亩。

（二）小型水库

◎ 梁寨水库

梁寨水库，位于丰县东南部梁寨镇的黄河故道北堤下、郑集南支河梁寨闸上游南侧；是一座防洪兼顾灌溉的小（1）型平原水库，调蓄15平方公里来水和灌溉梁寨镇1334公顷农田。水库面积约1平方公里，兴利库容335万立方米，兴利水位42.5米，汛限水位41.0米，安全行洪水位42.0米。在汛限水位41.0米以下时，开启进水闸调水入库；水位超过汛限水位时，开启泄洪闸，外泄库水；水位超过二十年一遇标准时，减少进水闸进水量，适量控制泄洪闸开启高度；水位超过百年一遇标准时，上报县防汛指挥部，开启下游梁寨闸，预降郑集南支河上游水位。

梁寨水库俗称梁寨渊子。清乾隆七年（1742）黄河北堤决口，洪水直冲石家茔被堆筑的茔基阻挡，漩涡夹裹泥沙冲入石家林，有"石林口"之称。当时被黄水冲成的水坑，民间传说"四两青丝达不到底"，因而又称"淹子"。由于黄河故道滩地洪水下泄，淹子淤浅至高程36.0米。新中国成立前，此处杂草丛生，郑集南支河穿淹子而过，洪涝灾害频繁发生。

新中国成立后，在这里修建堤坝、兴建进、出水节制闸等建筑物，从而形成了梁寨水库。

水库大坝，建成于20世纪50年代，砂性均质土坝长4300米，坝顶高程43.5米，堤顶宽10米，迎水坡1:3，背水坡1:2。1979年进行局部整修。1982年4—6月，实施大坝整修及护坡加固工程，坝顶与坝宽均达到设计标准，完成土方1.1万立方米、石方480立方米。1984年，整修加固大坝完成土方1.1万立方米、石方5840立方米、混凝土720立方米。1999年4—5月，县人民政府安排梁寨乡出动1万人，筹集128万元，整修大坝4300米，坝顶宽10~15米，坝顶高程：东、北、西段43.5米，南段47.0米，完成土方14.5万立方米，浆砌块石护坡102米。

西进水闸，兴建于1976年，位于郑集南支河入水库处，由丰县水利局设计，梁寨公社组织施工，2孔，单孔净宽3米，闸门为钢筋混凝土梁格式平板闸门，设计过闸流量22立方米每秒。1999年5月，更换2扇钢筋混凝土平板闸门，闸底板新浇20厘米厚混凝土，整修下游两侧护坡。

泄洪闸，兴建于1981年，位于郑集南支河出库处，由丰县水利局设计，单孔净宽3米，闸门为钢筋混凝土梁格式平板闸门，设计泄洪流量12立方米每秒。

南进水闸，兴建于1984年，位于水库南堤，由丰县水利局设计，闸门为钢筋混凝土梁格式平板闸门，设计过闸流量18立方米每秒。1999年5月，更换闸门及5吨手摇启闭机，闸底板新浇20厘米厚混凝土，更换下游翼墙撑梁。

梁寨水库开发种植莲藕和水产养殖，宜渔面积58公顷。

◎ 王月铺水库

王月铺水库，位于铜山区黄集镇黄河故道北侧堰下，因靠近王月铺村而得名，是一座以灌溉为主兼顾防洪的平原小（1）型水库，以调蓄王月铺以上黄河故道滩地60平方公里来水和引蓄新黄大沟部分水源灌溉农田。水库设计防洪水位39.31米，校核洪水位41米，汛限水位39米，兴利水位41米，兴利库容454万立方米，总库容490万立方米。

1977年冬，根据江苏省治淮指挥部《关于丰、沛、铜三县湖西地区水利座谈会纪要》及铜山县农田水利基本建设规划精神，开工兴建王月铺水库大坝、进水闸和灌溉涵洞。1979年春水库建成：大坝（均质土坝）3534米，坝顶高程44米，坝顶宽6米，最大坝高6.5米，迎水坡干砌块石护坡高程37.5~40.5米。进水闸位于黄河故道堰上，2孔×3米（宽）×3米（高），闸底板高程38.5米，闸门顶高程41.5米。灌溉涵洞2座，分别位于水库东坝和北坝，每座涵洞1孔，宽1米、高1.2米，涵洞底板高程37.5米。水库设计灌溉面积1500公顷，实际最大灌溉面积267公顷，宜养鱼面积108公顷。

王月铺水库占地 1.41 平方公里，占用耕地 137 公顷，迁移 4 个村庄 786 人，拆迁房屋 582 间，共完成土方 113 万立方米、石方 3.24 万立方米，补助经费 37 万元。

1979 年春，为解决废黄河堰上农业灌溉和王月铺水库水源不足，在王月铺水库东南角建王月铺站，安装 4 台 55 千瓦电机带 14SH—28 水泵。

◎ 胡集水库

胡集水库，位于铜山区大彭镇黄河故道南侧堰下的胡集村东，是一座排除汛期涝水结合蓄水灌溉的小型平原水库，设计洪水位 36.83 米，校核洪水位 38.5 米，兴利水位 37.0 米，汛限水位 36.5 米，兴利库容 144 万立方米，总库容 148 万立方米。水库设计灌溉面积 667 公顷，实际灌溉面积 333 公顷。

胡集水库地处苏皖边界，周边有义安、张井、权寨、杨楼等 4 个村，面积 13.2 平方公里，在煤矿塌陷区内，地势低洼，排涝能力不足三年一遇，土地盐碱与沼泽化。

1978 年冬，为排除这一地区洪涝并结合蓄水灌溉，夹河乡自力更生胡集村东 1.5 公里处兴建胡集水库，包括水库大坝、进出水涵洞以及排涝补水站。

大坝为均质土坝，长 2000 米，1979 年春建成，坝顶高程 40.7 米，坝顶宽 6 米，最大坝高 6 米。大坝迎水坡 1:3，背水坡在 39 米高程设 4 米宽戗台。戗台以上边坡 1:3，以下边坡 1:4。1980—1982 年，水库大坝迎水坡进行干砌块石护坡，护砌高程 35.3~39.5 米。

1994 年 7 月，由于徐州矿务局义安煤矿在胡集水库库区范围地下采煤，胡集水库大坝出现裂缝，徐州矿务局立即聘请淮南煤矿勘测设计院勘探队对胡集水库大坝进行勘测，当年对水库大坝进行整修加固和劈裂灌浆防渗加固。1996 年，徐州矿务局又请勘探队进行复测。复测结论：胡集水库大坝东南拐弯长约 100 米和西南拐弯长约 150 米，二段长共计 250 米坝段采煤干扰较严重，须重点防范，防范深度地表以下 3~4 米；水库南坝部分坝段大坝土质不密实。采取加固措施：由徐州矿务局灌浆队对胡集水库大坝东、西两处拐弯段共计长 250 米重点防范段和水库东坝灌溉涵洞段大坝进行充填式水泥灌浆加固；由铜山县水利局灌浆队对胡集水库南坝进行充填式黏土灌浆加固。整个大坝由夹河水利站负责整修加固，恢复原水库大坝设计标准。全部工程于 1996 年冬季完成。

西进水涵洞，位于水库西北角黄河故道堰上，1 孔，宽 1 米、高 1.2 米，涵洞底板高程 38.5 米。

排涝站位于水库西侧排涝河北端，黄河故道堰下，安装 8 台 40 千瓦电机带 16HB-4 水泵，流量 2.4 立方米每秒。汛期排涝经进水涵洞入胡集水库滞蓄灌溉。

灌溉涵洞，位于水库东坝中段，孔径 0.8 米，混凝土管涵，底板高程34.5 米。东进水涵洞，位于水库东北角黄河故道堰上，1990 年春兴建，以提高胡集水库蓄水利用率，1 孔、宽 1 米、高 1.2 米，引大寨河水入库。

兴建胡集水库共完成土方 46 万立方米，石方 1.2 万立方米，总工日约27 万个。胡集水库宜养鱼面积 37 公顷。

◎ 杨洼水库

杨洼水库，位于铜山区张集镇杨洼村与孟庄村之间的黄河故道南侧堰下，是张集镇引蓄黄河故道来水发展灌溉的小（1）型平原水库。其水位特征：汛限水位 34 米，兴利水位 34.31 米，设计洪水位 34.31 米，校核洪水位 34.5 米；兴利库容 375 万立方米，总库容 392 万立方米。水库设计灌溉面积 1733 公顷，实际灌溉面积 467 公顷。水库宜养鱼面积 63 公顷。

历史上，杨洼水库库区是黄河决口冲成的深潭洼地，称杨洼潭，常年集水面积 0.35 平方公里。1958 年，为发展灌溉，张集公社在杨洼潭筑堤坝蓄水。1967 年冬，动工兴建杨洼水库。1968 年建成水库大坝、进水涵洞和灌溉涵洞，占用耕地 20 公顷，拆迁小黄家、韩家两个自然村，民房 450 间，投工 60 万个工日，完成土方 75 万立方米，石方 1.2 万立方米。1979 年，扩建加固，占地 1.27 平方公里。

大坝，为均质土坝，长 3100 米，坝顶高程 37 米，最大坝高 7.2 米，坝顶宽 6 米，大坝迎水坡 1:3，干砌块石护坡高程 30~35.5 米。大坝背水坡在32.5 米高程处设戗台，顶宽 4 米，戗台以上边坡 1:3，以下边坡 1:4。1999 年，清除水库大坝树条，加固整修，坝顶高程 37 米，顶宽 6 米，加固戗台，戗台顶高程 33 米，顶宽 6 米，边坡 1:4，完成土方 7.9 万立方米。

进水涵洞，位于水库西北角黄河故道堰上。1987 年，在老涵洞原址以北约 1 公里处，重建进水涵洞，1 孔，宽 1.26 米、高 2 米，钢筋混凝土箱式涵洞，设计引水流量 6 立方米每秒。

灌溉涵洞，位于水库南坝，1 孔，宽 1.3 米，高 1.5 米，浆砌块石拱涵，涵洞底板高程 29.5 米。水库南坝背水坡脚外 25 米有截渗沟，沟深 2.5 米，沟底宽 5 米，边坡 1:3。1999 年，杨洼水库灌溉涵洞拆除重建，1 孔，宽 1.3米、高 1.5 米，钢筋混凝土箱式涵洞，设计流量 7.8 立方米每秒，洞身长 40 米，涵洞底板高程 29.5 米。

2006 年 11 月 14 日，江苏省水利厅以苏水计〔2006〕229 号《关于铜山县杨洼水库除险加固工程初步设计的批复》，批准杨洼水库除险加固工程按防洪标准三十年一遇洪水位 34.31 米设计，库容 375 万立方米，五百年一遇洪水位34.5米校核,总库容392万立方米。经复核计算坝顶高程为35.77米。

2007年3月,杨洼水库除险加固工程开工:

大坝:按坝顶高程36米,顶宽5米复土加固。迎水坡干砌块石护坡整修,35米高程以上至坝顶采用草皮护坡。对坝体长2694米进行多头小直径深层搅拌桩防渗处理,桩底进入相对不透水的沙壤土层1米,桩顶高程为34.5米,平均孔深6.84米。增建背水坡排水设施,坡面每隔50米设置一道横向预制砼排槽,长1288米,戗台上靠坝身侧设一道预制砼纵向排水沟长1094米,净断面均为0.25米×0.25米,坝脚处设一道纵向排水沟长2694米,净断面为0.3米×0.4米浆砌块石结构。对大坝桩号0+000~0+400米段长400米水塘进行填塘固基,宽度为坝脚外10米,顶面略高于周边地面高程。

进水涵洞:洞身分缝止水采用橡胶止水修复。工作桥、启闭机房拆除重建,闸门更换为1.26米×2米铸铁闸门,启闭机更换为手动50kN螺杆式启闭机,翼墙与洞身衔接处沉陷变形,采用紫铜片止水修建。

灌溉涵洞:经复核灌溉涵洞消力池长度,底板厚度及防渗长度不满足规范要求,拆除原消力池,新建消力池为砼结构,长12.5米,侧墙为浆砌块石结构。

2007年9月,杨洼水库除险加固工程竣工,完成土方2.99万立方米、混凝土0.38万立方米、干砌块石0.37万立方米、浆砌块石0.1万立方米、搅拌桩防渗墙1.6万平方米。工程总概算530万元,补助经费393.3万元。

◎ 水口水库

水口水库,位于铜山区张集镇黄河故道南侧堰下水口村东,是张集镇引蓄黄河故道来水发展灌溉的小(1)型平原水库,设计兴利水位34米,总库容638万立方米,兴利库容586万立方米。水库设计灌溉面积2000公顷,实际灌溉面积1000公顷。水库宜养鱼面积163公顷。

水口水库于1970年6月建成北库;1984年春扩建成南库。水库总占地面积2.6平方公里,占用耕地100公顷,拆迁水口村90户,房屋383间,共完成土方124.5万立方米,石方2.77万立方米,总投工约100万个工日。

水库大坝,为均质土坝,总长5725米,南北库中间坝长2044米,由原北库灌溉涵洞串通;黄河故道堰长1280米;大坝顶高程37米,顶宽6米,迎水坡1:3,干砌块石护坡高程30.5~36米,背水坡在34.5米高程处设戗台,顶宽6米,戗台以上边坡1:3,戗台以下边坡1:5。背水坡脚线外30米开挖截渗沟,深3米,底宽10米,边坡1:3。

东、西进水涵洞,位于水库北侧黄河故道堰。东进水涵洞,1孔,1米宽,1.2米高;西进水涵洞,1孔,1.5米宽,1.5米高。东、西进水涵洞底板高程均为32米。

灌溉涵洞，位于水库南坝，为钢筋混凝土箱式涵洞，1孔，1米宽，1.5米高，底板高程30.3米。1986年5月，汛前检查时，发现灌溉涵洞第二节洞身中部出现环向裂缝，采用洞内水玻璃水泥封堵，洞外大坝黏土充填式灌浆加固处理。1990年11月，洞内裂缝处采取环氧树脂处理。

1999年，在水库中间隔堤西段增建直径1米钢筋混凝土预应力管串水涵洞。在北库东坝和西坝增做长800米戗台，顶高程34.5米，顶宽6米，边坡1:4；大坝灌浆长2500米，使用黏土3000立方米。灌溉涵洞加固处理，更换闸门和启闭机，拆除重建启闭机房。增做水库西坝和南坝长1500米坝后贴坡排水体，排水体坡长8米，完成土方7.8万立方米，石方0.3万立方米。

◎ 下洪水库

下洪水库，位于铜山区房村镇黄河故道南侧堰下下洪村，是房村镇引蓄黄河故道来水发展灌溉的小（1）型平原水库，设计兴利水位33米，总库容700万立方米，兴利库容684万立方米。水库设计灌溉面积1333公顷，实际灌溉面积1000公顷，水库宜养鱼面积151公顷。

1971年1月，房村公社兴建下洪水库北库，库区面积0.78平方公里。1978年冬，在北库的南坝外扩建南库，库区面积1.12平方公里。南、北两水库由原北库灌溉涵洞串通，统称下洪水库，工程包括水库大坝、进水涵洞和灌溉涵洞。

大坝，为均质土坝，大坝外围长3536米，其中，一期坝长2120米，二期大坝长2320米，南北库中间坝长904米。黄河故道堰长1790米。设计大坝顶高程35.9米，顶宽6米，最大坝高7米，迎水坡1:3，干砌块石护坡高程30~35米。背水坡在33.5米处设戗台，顶宽10米，上下边坡均为1:3。

进水涵洞，位于水库北侧堰上。北进水涵洞，为1孔，宽1.5米、高1.7米，底板高程30.5米，设计流量5立方米每秒；南进水涵洞，为1孔，1.5米宽，1.3米高，底板高程31米，设计流量4.2立方米每秒。

灌溉涵洞2座，西灌溉涵洞1孔1米宽，1.4米高，底板高程30.5米，设计流量2.1立方米每秒；南灌溉涵洞于1986年1月3日晨倒塌后重建，1孔，宽1米，高1.4米，钢筋混凝土箱涵，底板高程29.2米，设计流量3.2立方米每秒。

水库占用耕地100公顷，拆迁下洪、王庄两自然村120户，完成土方175万立方米，石方1.42万立方米，总投资约195万元。

1999年，疏浚下洪水库西坝截渗沟，长2000米，近坝沟边线距大坝背水坡脚线20米以上，沟深2~2.5米，底宽20米，边坡1:3。大坝加固标准：

坝顶高程 36 米、顶宽 6 米、边坡 1:3。戗台顶高程 33.5 米、顶宽 6 米、边坡 1:4。大坝灌浆长 2500 米。封堵南进水涵洞。维修加固北进水涵洞，更换涵洞闸门，启闭机重做门槽和滑道，拆除启闭机房，改建成六角亭，洞身灌浆加固，翻修涵洞上、下游块石护底、护坡。完成土方 5 万立方米、石方 500 立方米。

◎ 吴湾水库

吴湾水库，位于铜山区房村镇黄河故道南侧堰下吴湾村东，是房村镇引蓄黄河故道来水发展灌溉的小（1）型平原水库，设计兴利水位 32.5 米，总库容 259 万立方米，兴利库容 251 万立方米。水库设计灌溉面积 333 公顷，实际灌溉面积 333 公顷，宜养鱼面积 56 公顷。

吴湾水库兴建于 1970 年冬，1972 年 12 月建成。水库由大坝、进水涵洞和灌溉涵洞组成。

大坝，为均质土坝，实筑坝顶高程 34 米，顶宽 17 米，坝长 2293 米，迎水坡 1:3，干砌块石护坡高程 28.5~34 米，背水坡 1:3。进水涵洞，位于吴湾水库北侧堰上。1974 年 8 月 13 日突降暴雨，黄河故道水位猛涨，洪水漫顶，造成涵洞倒塌，水库东南角溃坝，下游 4000 多公顷农田受灾，倒塌房屋 991 间。1975 年重建进水涵洞，1 孔，1 米宽，1.5 米高，涵洞底板高程 30.88 米，设计流量 4.2 立方米每秒。灌溉涵洞，位于水库南坝，直径 1.0 米钢筋混凝土预应力管涵，底板高程 27.82 米，设计流量 2.3 立方米每秒。

兴建吴湾水库共完成土方 78 万立方米、石方 1.1 万立方米，投工约 52 万个工日，总投资约 101 万元。

2005 年 8 月 14 日，江苏省水利厅以苏水计〔2005〕182 号《关于铜山县吴湾水库除险加固工程初步设计的批复》，批准吴湾水库除险加固工程原则上按防洪三十年一遇洪水标准设计，五百年一遇洪水标准校核。考虑到该水库是滞蓄废黄河洪水的平原水库，按原规划滞洪水位加固，最高滞蓄洪水位 34.5 米，总库容 430 万立方米，正常蓄水位 34 米，库容 395 万立方米，汛限水位 33 米，库容 325 万立方米，死水位 29.5 米，库容 75 万立方米。

2005 年 12 月，吴湾水库除险加固工程开工：大坝长 2293 米，加固至顶高程 34.5 米，顶宽 6 米，防浪墙顶高程 35.4 米。迎水坡干砌块石翻修并接长至高程 34.5 米。施工时改为预制混凝土块护坡。大坝采用多头小直径深层搅拌桩防渗处理。背水坡设纵向，竖向预制混凝土槽排水沟，草皮护坡。拆除原进水涵洞，在原址重建，1 孔，1 米宽，2.5 米高，钢筋混凝土箱涵，配铸铁闸门，50kN 手动螺杆启闭机，启闭机房。

更换灌溉涵洞闸门、启闭机、工作桥；启闭机房，涵洞上、下游块石护底、护坡翻修。

新建 2293 米坝顶和 500 米上坝泥结路面防汛道路，宽 4 米。

除险加固于 2006 年 9 月竣工，完成土方 4.87 万立方米，混凝土 0.39 万立方米，混凝土砌块 1.25 万立方米，混凝土搅拌桩防渗墙 1.2 万平方米。工程总概算 689 万元，补助经费 511 万元。

◎ 大坝湖水库

大坝湖水库，位于铜山区大庙境内的大湖村与后坝村之间，是一座引蓄黄河故道来水发展灌溉的小（1）型平原水库，兴利水位 34.5 米，兴利库容 387 万立方米，总库容 407 万立方米，灌溉沈店、后坝、大湖、前坝、李井、河套等村农田。

大坝湖水库西临黄河故道左堤，西北、东南是山丘。建库前，地势低洼，常年积水。1982 年 11 月，大庙镇组织全镇村队，利用地形兴建大坝、引水和灌溉涵洞以及开挖截渗沟。1985 年 5 月，大坝湖水库建成，库区占地 1.023 平方公里，大坝长 3050 米，坝顶高程 37.5 米，顶宽 7 米，内、外边坡为 1:3；块石护坡高程 36.1 米。戗台，位于大坝外坡 34.5 米高程处，顶宽 6 米；截渗沟，位于东坝外坡脚 30 米外，底宽 5 米，沟深 3 米，边坡 1:3；灌溉涵洞，位于水库北端，孔宽 1.2 米、高 1.2 米，洞底高程 31 米；引水涵洞，位于水库西侧，孔宽 1.5 米、高 1.6 米，洞底高程 33 米。

兴建大坝湖水库，拆迁民房 80 余间，每间补助拆迁费 120 元，完成土石方 72.5 万立方米，投入 50 万个工日，补助资金 80 万元。

◎ 六堡水库

六堡水库，位于云龙区潘塘六堡村东的黄河故道南堤下，是一座引蓄黄河故道来水灌溉的小（1）型平原水库，库区面积 1.002 平方公里，总库容 390.6 万立方米、兴利库容 344 万立方米、兴利水位 34.5 米，灌溉面积达 2 万亩。

六堡水库兴建于 1970 年，1973 年扩建，1985 年在大坝背水坡增做戗台。

水库由大坝和进、放水涵洞组成。大坝长 3130 米，坝顶高程 37.8 米，顶宽 6 米；内坡 1:3，块石护坡至 36 米高程；外坡在 36 米高程设戗台，顶宽 6 米；戗台以上边坡 1:3，以下边坡 1:4。在距大坝外坡脚线 20 米处设有截渗沟，底宽 10 米，深 2 米，边坡 1:3。进水涵洞，孔宽 1.5 米、高 1.7 米，洞底高程 30.5 米。放水涵洞，孔宽 1 米、高 1.4 米，洞底高程 32 米。

◎ 清水畔水库

清水畔水库，位于睢宁县姚集镇北约 6 公里、黄河故道北堤下，北面是蛟龙山和花山，集水面积 2.58 平方公里，属小（1）型水库。设计洪水位 28.09，相应库容 582.71 万立方米，校核洪水位 28.45 米，总库容 627.28 万立方米，汛限水位 27.5 米，相应库容 511 万立方米，兴利水位 28.00 米，兴利库容 474.0 万立方米。

历史上，清水畔水库库区，南毗马山、魏山、天井山，北邻花山和蛟龙山，西滨黄河。清康熙七年（1668），黄河向北在花山坝决口向东冲成仲山湖。黄河泛滥使仲山湖地区 2 万余亩耕地变成了十种九不收的不毛之地。

新中国成立后，为改变仲山湖地区的生产条件，睢宁县委决定在清水畔村一带利用地理条件兴建水库，以拦蓄黄河故道来水和众山之水。1956 年 10 月 29 日，水库大坝和建筑物开工。

大坝，长 1500 米，1967 年 7 月 20 日，全部翻修大坝高程 26.5 米以下到坝脚的块石护坡，底角做浆砌块石。8 月 10 日竣工，完成土方 4515 立方米，浆砌块石 516 立方米，补助经费 2.82 万元。1969 年 1 月，实施分段护坡。1972 年 6 月 20 日，翻修加固大坝高程 27.5~30.0 米，增做浆砌块石封顶埂墙，完成土方 3000 立方米，补助经费 1.89 万元。1979 年 3 月，大坝高程 24.5~27.0 米护坡全部翻修，加高至 29 米，完成石方 5180 立方米、浆砌块石齿墙 2 道 1080 立方米，补助经费 4 万元。1983—1984 年，维修大坝护坡后滑坡和鱼鳞坑部分，完成土方 5000 立方米，块石 750 立方米。补助经费 3.1 万元。1996 年，增做大坝戗台，顶高程 28 米，顶宽 8 米，完成土方 6 万立方米。到 1997 年，坝顶高程 32 米，坝顶宽 6 米，内坡 1:3，戗台顶高程 28 米，顶宽 8 米，外坡 1:4。进水闸，3 孔，总净宽 7.5 米，高 1 米，流量 13 立方米每秒，底板高程 26.6 米。放水闸，净宽 0.8 米，高 1 米，流量 2.04 立方米每秒。

2010 年 2 月 20 日，实施清水畔水库除险加固工程：坝身加固，坝顶宽度为 6~8 米，坝顶高程为 31.60 米。背水坡坡比为 1:2.5，迎水坡坡比 1:3。对大坝段采用多头小直径深层搅拌桩进行防渗处理。迎水面护坡和背水坡加固。灌溉涵洞原址拆除重建，泄洪涵洞和进水闸维修加固。完成工程量：大坝清基 63729 平方米，土方开挖 6900 立方米、回填 4364 立方米，混凝土 2296 立方米，钢筋 13.2 吨，浆砌石 2035 立方米，垫层 1400 立方米，拆除 3073 立方米，水泥土搅拌桩截渗墙 20045.8 平方米。2011 年 5 月 30 日，清水畔水库除险加固工程全部竣工。加固后的工程标准，防洪标准按三十年一遇设计，五百年一遇校核；水库枢纽工程等别为Ⅳ等，坝体、涵洞等主要建筑物级别为 4 级；次要及临时建筑物为 5 级。

◎ 二堡水库

二堡水库，位于睢宁县姚集镇境内，是一座以防洪、灌溉为主的小（2）型水库；集水面积 0.41 平方公里，兴利和汛限水位 25.5 米，设计洪水位 25.79 米，校核洪水位 25.94 米；设计灌溉面积 6000 亩，实际达到 5000 亩。

1979年，为引蓄黄河故道来水发展灌溉，在二堡村南的黄河故道右侧堰下兴建水库，大坝长1630米，坝顶高程27.5米，顶宽3米，最大坝高4.5米。灌溉涵洞，2孔，高1.5米，宽1.2米，底板高程23.3米。

二堡水库经多年运行，出现坝顶高程局部不足，坝体有明显渗水现象，迎水坡混凝土护坡损坏严重，背水坡无排水设施，进水涵洞局部损坏，灌溉涵洞洞身漏水等隐患。

2011年2月，睢宁县水利局委托扬州大学工程设计研究院对二堡水库灌溉涵洞、进水涵洞、大坝等建筑物工程进行现场安全鉴定。2011年4月28日，徐州市水利局主持召开睢宁县二堡水库安全鉴定会认定，二堡水库存在严重安全隐患，属三类坝，急需除险加固。

2010年2月20日，二堡水库除险加固工程开工，除险加固按二十年一遇设计，校核洪水标准按二百年一遇设计。主要工程内容：①坝身加固：将坝体覆土、整坡、坝顶新建防汛路，加固后的坝顶路面高程27.5米，迎、背水坡坡比1:2.5。②防渗处理：全坝身采用多头小直径深层水泥搅拌桩加固。③迎水坡加固：迎水坡护坡拆建为现浇混凝土护坡。④背水坡加固：背水坡坡顶至坝脚整坡后采用草皮护坡防护，坝脚设纵向导渗沟1道，坡面每隔50米设横向排水沟1道，护坝地内设排水干沟16道。⑤涵洞拆建：原址拆建进水涵（管）和灌溉涵洞。新建进水涵为1孔直径2.0米钢筋砼管涵，总长435米。新建灌溉涵洞为钢筋混凝土（C25）箱型结构，洞身长21.0米。⑥填塘固基：填塘宽度为坝脚外不小于10米。主要工程量：大坝清基63729平方米，土方开挖6900立方米，土方回填4364立方米，混凝土2296立方米，钢筋13.2吨，浆砌石2035立方米。

2011年5月20日工程全部完工，工程投资862万元。其中，省级补助603万元，市县配套259万元。加固后总库容64.8万立方米。

四、黄河故道梯级控制

为实现黄河故道沿线的分段调洪、分洪、拦蓄自身地表径流、调水等功能以及减缓河道比降，在徐州市境内先后兴建7座黄河故道中泓节制闸，形成了7级控制8级水面，对调蓄洪水、蓄水灌溉起到了关键性作用。

（一）周庄闸

周庄闸，位于铜山区大彭镇周庄村北约1.5公里的徐沛铁路与黄河故道交叉处。1970年12月动工兴建，设计排涝面积380平方公里，设计闸门8孔，其中4孔直升门，每孔净宽3米；4孔自动翻倒门，每孔净宽7.4米，闸总宽48.16米，闸顶高程40.9米，底高程38.4米。1971年6月建成，共完成土方4.16万立方米，石方1980立方米，混凝土1220立方米。国家投资 21.5 万元。

1971 年 9 月 23 日,铜、萧两县协商暂定周庄闸的正常蓄水位为 40.9 米。开启闸门时水位 40.6 米。闸门开启的高度及孔数,根据天气预报、雨情、土地淹没情况而定。

1984 年, 为防止翻倒门失去控制, 突出性洪水威胁市区安全, 曾经采用浆砌块石墙堵闭两侧 4 孔, 闸孔过水断面由原来的 105.5 平方米减为 59.2 平方米, 过闸流量减少近 50%。1987 年, 拆除浆砌块挡墙, 增设平板直升钢闸门, 并改为 8 孔, 每孔净宽 3.1 米 (一孔改二孔)。闸底板高程 38.4 米, 门顶高程 40.9 米, 闸顶高程 42.6 米。上游最高水位 41.4 米, 下游 38.4 米。1989 年增做第三级消力池, 一、二、三级全长 83.7 米。2002 年, 为提高徐州市城市防洪排涝标准, 实施周庄闸改建, 工程设计按五十年一遇, 流量 156 立方米每秒; 设计行洪水位: 闸上 42.0 米, 闸下 41.9 米; 蓄水位: 闸上 41.0 米, 闸下水位 36.5 米; 共 5 孔, 每孔 4 米, 净宽 20 米; 闸底板高程 37.0 米, 闸顶高程 42.7 米, 主闸门为铸铁闸门配 2×12.5 螺杆式启闭机。

（二）丁楼闸

丁楼闸, 位于铜山区拾屯镇丁楼村南黄河故道中泓。1978 年 4 月至 1979 年 10 月建成, 3 孔, 每孔净宽 6 米, 闸底板高程 34 米, 门顶高程 37.7 米, 设胸墙, 闸顶高程 40.5 米。设计防洪水位闸上 39.0 米, 闸下 38.5 米。设计流量 100 立方米每秒, 校核水位: 闸上 40.5 米, 闸下 39.5 米, 校核流量 150 立方米每秒。丁楼闸配合丁万河分洪工程, 确保徐州市区防洪安全。

丁楼闸是徐州市境内黄河故道中泓的第二级控制闸, 配合丁万河分洪工程和周庄闸的控制运用, 以保徐州市区黄河故道防洪安全。丁楼闸上游洪水, 首先通过徐州市区内的黄河故道, 当黄河故道流量达到 100 立方米每秒、丁楼闸上游水位达到 40.5 米时, 并且上游继续来水, 水位不断上涨, 则开启丁万河分洪闸, 通过丁万河向京杭运河不牢河段分洪; 丁楼闸关闭, 则抬高闸上水位, 蓄水灌溉。丁万河翻引京杭运河不牢河段水时, 关闭丁楼闸, 通过黄河故道中泓可逆向送水至闸河, 向云龙湖补水和灌溉大彭、汉王两镇农田。

（三）李庄闸

李庄闸, 又称长山控制, 位于徐州市区三环路以东, 1986 年建成, 5 孔, 每孔净宽 4 米, 底板高程 33.0 米, 门顶高程 36.5 米, 闸顶高程 38.5 米, 设计水位闸上 37.08 米, 闸下 36.92 米, 相应流量 150 立方米每秒; 校核水位闸上 37.71 米, 闸下 37.50 米, 相应流量 200 立方米每秒。上游正常蓄水位 36.0~36.5 米。李庄闸主要功能: 控制上游水位, 改善徐州市区水环境。

（四）程头闸

程头闸，位于铜山区张集东北。1986年6月建成，采用橡胶坝结构形式，闸底板高程32.5米，闸顶高程36.0米，橡胶坝顶高程及坝前最高蓄水位35.0米，坝袋长24米。二十年一遇洪水时上游水位35.62米，泄量179立方米每秒。百年一遇洪水时上游水位36.02米，泄量223立方米每秒。上游南岸设泵房1座，安装12马力柴油机配25厘米（10英寸）水泵1台套，利用管路闸阀及蓄水池控制，充水时可以直接开机抽充，亦可先抽水入蓄水池，再自流充入橡皮坝；排洪时可自排亦可开机抽坝袋内积水，使橡皮坝塌落。该闸建成运行后，效益显著，为沿线大坝湖、大龙湖、六堡等水库以及铜山区黄河故道以南三堡、棠张等补充了大量灌溉水源。

（五）温庄闸

温庄闸，位于铜山区房村镇王庄村东北约一公里处的黄河故道中泓上，距铜、睢边界约一公里。8孔，每孔净宽3.5米，闸底高程31.2米，门顶高程34.5米，闸顶高程35.2米，二十年一遇设计洪水流量190立方米每秒，百年一遇校核流量300立方米每秒。温庄闸闸上正常蓄水位34.5米，汛限水位33.0米。当上游水位34.85米，下游水位34.5米时，最大过闸流量190立方米每秒；当上游水位35.32米，下游水位34.5米时，最大过闸流量300立方米每秒。螺杆直升启闭，安装8台10吨启闭机。温庄闸于1973年7月建成，共完成土方2万立方米，石方2165立方米。混凝土870立方米。国家投资17万元。

温庄闸节制水位后，可以拦蓄黄河故道中泓径流和控制来水下泄，有效向崔贺庄、杨洼、水口等中小水库调水，以减轻黄河故道洪水压力和发展灌溉。

（六）峰山闸

峰山闸，位于睢宁县苏塘镇境内。1988年6月建成橡胶坝，闸底高程29.0米，坝顶高程32.0米，两侧岸墙顶高程33.0米，坝袋宽31米，设计过坝流量263立方米每秒，校核流量335立方米每秒，正常蓄水位31.5米。1992年徐洪河续建工程切断黄河故道后，为分段拦截洪水，有效控制下泄水量，该闸收归徐州市水利局直接管理。1997年拆除橡胶坝袋，在原址改建成节制闸，3孔，每孔净宽3.5米，设置平板钢闸门配10吨螺杆启闭机。按二十年一遇设计下泄流量90立方米每秒，五十年一遇校核流量115立方米每秒。其余水量经白马河分洪道分流入房亭河。

（七）古邳黄河闸

古邳黄河闸，位于睢宁县古邳镇境内，庆安水库北。主要作用是节制水位，确保上游来水进入庆安水库。1959年建成，5孔，总净宽8米，设计最大流量52立方米每秒。1967年扩建8孔，每孔净宽4.4米，闸底板高程27.0米，门顶高程30.5米，闸顶高程31.5米，设计五十年一遇流量238立方米每秒。

1994年，睢邳路古邳段改道，同年11月，在穿越黄河故道处建桥结合建闸，称古邳黄河闸西闸。西闸的作用，主要是在冬春季节古邳抽水站抽水补给庆安水库时，防止水量向西扩散，减少黄河故道中泓沿程水源消耗。西闸按二十年一遇设计，流量185立方米每秒；五十年一遇校核，流量220立方米每秒。7孔，每孔净宽5米。井柱基础、梁板结构。闸上公路桥桥面宽25米。1995年5月底竣工，工程经费全部由睢宁县自筹。

古邳黄河闸，既为黄河故道中段梯级控制闸，又是庆安水库的溢洪闸，主要承担黄河故道上游来水，控制古邳抽水站抽水进入庆安水库。工程自建成常年投入运行，日趋老化，经工程安全鉴定，并报水利部大坝安全管理中心核查，认定为四类闸。根据《全国大中型病险水闸除险加固总体方案》，确定黄河闸在原址拆除重建。2013年8月5日，苏发改农经发〔2013〕1183号文件批复，黄河东闸进行除险加固。2014年7月11日徐州市水利局以徐水计〔2014〕82号文转发2014年7月1日江苏省水利厅〔2014〕69号省水利厅《关于睢宁县黄河东闸除险加固工程设计变更的批复》，同意黄河闸进行扩大规模设计变更，并核定工程初步设计概算投资为2117万元。其中，省级以上补助1482万元，市自筹635万元。

2014年11月15日，睢宁县黄河东闸除险加固工程开工。工程标准：设计排涝标准二十年一遇，相应排涝流量177立方米每秒，防洪标准百年一遇，相应校核流量351立方米每秒。闸上公路桥荷载设计标准为公路Ⅱ级。主要建设内容：原址拆除重建黄河东闸，新建闸设计为7孔，每孔净宽5.0米，总净宽35米。开敞式水闸，闸室底板分缝，共三联，两侧均为两孔一联，中间为三孔一联，底板高程为25.50米，闸墩顶高程为31.8米，底板顺水流方向长14.0米，边墩厚1.0米，中墩厚1.0米，缝墩厚0.70米。

五、黄河故道沿线抽水站

在徐州市境内，黄河故道可用水资源，不仅靠降雨、沿线梯级控制和水库拦蓄地表水，而且通过沿线刘集、大孤山、王山和古邳等抽水站，分别经郑集河、丁万河、房亭河、民便河等四条主要线路，从微山湖、骆马湖、洪泽湖和大运河向故道地区补水。

（一）刘集抽水站

1998年，郑集站增容后，为了进一步提高向丁楼闸上废黄河中泓的补水能力，向市区段黄河故道提供足量的优质水源，以改善市区的生态环境，由市财政投资600万元，在铜山县刘集乡黄河故道北侧埝下建刘集抽水站，安装4台70厘米（28英寸）潜水轴流泵，抽水流量6立方米每秒，总装机功率520千瓦。

（二）大孤山和天齐庙抽水站

1985年在兴办丁万河分洪道时，在大孤山分洪闸及天齐庙闸分别兴建抽水站，各安装90厘米（36英寸）轴流泵6台套，装机1080千瓦，设计流量12立方米每秒，两级抽调京杭运河不牢河段水源至丁楼闸上补给黄河故道中泓及市区云龙湖水库，还可以向汉王、三堡农田灌溉提供用水。

（三）王山抽水站

王山抽水站，位于铜山县吴邵王山村黄河故道堰下，由南、北抽水站组成，通过荆山引河、房亭河引京杭运河水源，由送水渠输入黄河故道中泓，补给铜山境内沿线各水库水源，并供水灌溉潘塘、棠张、张集、房村等11个乡镇约30多万亩农田。

王山南站兴建于1970年11月，安装16丰产—50水泵9台，总装机容量675千瓦，流量3立方米每秒。1971年5月建成，完成土方3.9万立方米，石方3640立方米，投资18万元。1983年调整配套，总计流量5立方米每秒。1987年11月，实施王山南站改建工程，安装180千瓦电机10台套，设计流量15立方米每秒。改建工程投资149.27万元，投入工日4.8万个。

王山北站于1973年10月动工，装机660千瓦，流量6立方米每秒。1974年11月建成，完成土方7.89万立方米，砖石砌体0.22万立方米，投工11.54万个工日，国家投资45.28万元。1980年，王山北站增容1台套，安装480千瓦电机1台，投资9.3万元，完成砌体15立方米，投工752工日，增加抽水量3立方米每秒。1995年10月，实施王山北站改建工程，安装3台导叶式混流泵，3台330千瓦电动机。机房加高、加宽、加长。

（四）古邳抽水站

古邳抽水站，建于1969年，由古邳东、西两站组成。位于睢宁县古邳镇境内，抽取民便河水通过黄河故道向庆安水库补水，并沿黄河故道向西送水，主要承担睢宁县古邳灌区防洪排涝和保证32.9万亩农田灌溉。1986年和1995年分别对东、西站进行改建，安装90厘米（36英寸）混流泵配260千瓦电机5台套；90厘米（36英寸）轴流泵配330千瓦电机4台套。抽水流量达19立方米每秒，总装机2620千瓦。

2009年12月31日，根据《泵站安全鉴定规程》，江苏省水利厅在南京组织召开古邳泵站安全鉴定会，评定建筑物安全类别为三类，机电设备安全类别为四类，金属结构安全类别为四类，综合评定该站安全类别为三类。2013年2月5日，江苏省发展改革委、水利厅以《关于睢宁县古邳泵站更新改造工程初步设计的批复》（苏发改农经发〔2013〕244号）批准拆除重建睢宁县古邳泵站更新改造工程古邳站单位工程原址拆除重建古邳站。工程按防洪标准为二十年一遇，改造完成后，灌溉保证率可达75%。工程等别为Ⅲ等，主要建筑物级别为3级，次要建筑物为4级，临时工程为5级。古邳站设计流量29.0立方米每秒，装机5台套，总装机功率3550千瓦。工程按基本地震烈度8度设防。主要建设内容：拆除一号、二号、三号泵房，在二号、三号泵房处新建设计流量为29.0立方米每秒的泵站一座；原址拆建出水闸；疏浚出水渠。主要工程量：土方开挖5.36万立方米；土方回填3.23万立方米；砂石垫层：1090立方米。现浇混凝土及钢筋混凝土9985立方米；钢筋575.1吨。主变压器1台套；站变压器1台套；混流泵5台套，电机功率710千瓦5台套；螺杆式启闭机3台套；平板钢闸门3扇；清污机5台套。

拆除重建古邳站工程总工期为16个月，投资4155万元，其中省级以上投资2909万元，市、县配套1246万元。睢宁县古邳泵站更新改造工程古邳站单位工程的实施，可提高睢宁古邳灌区防洪排涝标准，保证32.9万亩农田灌溉，保障该地区国民经济可持续发展。

第五节 志存高远：呼之欲出的"综合开发"

　　1984年冬至1990年冬，在徐州市境内，利用江苏省滩涂开发、黄淮海农业综合开发、世行贷款加强灌溉农业开发资金，实施黄河故道综合开发和整治工程。

　　这是新中国成立以来对黄河故道实施的首次综合大开发，是在总结历年黄河故道治理的基础上，从黄河故道的实际出发，按照行洪、排水、蓄水、调水等要求开挖中泓；修整滩地，宜粮则粮，宜棉则棉，宜林则林，宜果则果，宜渔则渔，宜牧则牧；搞好水土保持，改善生态环境，努力提高综合经济效益。并且，在此期间，1985年建成丁万河分洪道和大孤山、天齐庙抽水站；1986年，在徐州市区狮子山、铜山县张集分别兴建李庄闸和城头橡胶坝；1987年，疏浚徐州市区上河头段。1988年，在睢宁县苏塘兴建了峰山橡胶坝。

一、睢宁县综合开发态势

在睢宁县境内，从 1984 年到 1988 年连续五期的黄河故道综合开发，共开挖中泓 69.5 公里，完成土方 1093.2 万立方米。中泓两侧滩地配套挖大、中、小沟及截水沟 650 条，包括开挖鱼塘在内，完成土方 1058.5 万立方米；兴建各类配套建筑物 956 座，其中，中泓建筑物 19 座、中泓两侧滩地建筑物 937 座；开发治理滩地面积 11.304 万亩，其中，开垦荒地 6 万亩、改造低产田 5.304 万亩、植树造林 2.019 万亩、种植果树 1.6015 万亩、植桑 650 亩、开挖鱼塘 2840 亩、种植牧草 4600 亩、栽插三条 330 万穴。五期工程投入经费 2939 万元，其中，省级财政投入 290 万元、市级财政投入 234 万元、县级财政投入 151 万元、群众自筹 2264 万元，总投工 770 万个工日。

睢宁县把黄河故道综合开发作为"七五"期间重点项目。根据总体规划，分段、分期实施；当年开发，当年利用；搞一段，成一段；搞一片，成一片。在实施综合开发过程中，县级重点抓规划、设计、施工及建筑物配套，抓林、果、渔、桑、副、农的经营管理；县指挥部抽调 9 人长年办公，沿线乡镇负责人和水利、多种经营等部门技术干部以及村主任全力以赴。中泓和滩地土方开挖，采用"推磨转圈，以工换工，先后受益，大体平衡"的分工办法组织实施；统一放样、统一分配任务、统一时间、统一工程标准，统一检查验收。建筑物配套由县、乡共同负责。

中泓设计按十年一遇排涝流量，筑堤按二十年一遇防洪标准，超标准洪水仍退守老大堤。峰山闸以上至铜山边界 15.6 公里，中泓底高程 29 米，底宽 50 米，边坡 1:4，两堤间距 200 米，堤顶高程 34.5 米，堤顶宽 10 米；峰山闸至庆安水库北古邳黄河闸 34.9 公里，中泓河底高程 26.5 米，底宽 50~100 米，边坡 1:4，两堤间距 200 米，堤顶高程 33~30.5 米，堤顶宽 10 米；黄河闸至袁圩水库 19 公里，中泓底高程 24.5 米，底宽 50 米，边坡 1:4，两堤间距 200 米，堤顶高程 30~28.5 米，堤顶宽 10 米。峰山闸以上至铜山边界段，由峰山闸拦蓄地表径流，结合挖掘地下水，补给抗旱水源；峰山闸至庆安水库北古邳黄河闸段，利用古邳抽水站抽水，沿中泓向西灌溉两侧滩地；黄河闸以下利用新工抽水站补水。

中泓两侧滩地，按照农田水利标准统一规划，沟、渠、林、田、路，统一安排；桥、涵、闸、站、井、沟头防护，统一配套。中沟挖成平底，分散建站，根据滩地宽窄坡度不同，分为一至二级开挖截水沟；截水沟以下布置毛、条沟。在两侧滩地配套基础上，开垦荒地，以种植果树为主，因地制宜发展养鱼、蚕桑、畜牧等，逐步建立农、林、牧、副、渔全面发展，水、土、田、气综合利用的生态环境和良性循环的立体化农业结构。

1984年冬，睢宁县动员22个乡镇6.5万民工实施第一期工程，开挖中泓黄河闸向上至刘集果园西桥17.5公里，工期30天，完成土方270万立方米。滩地配套工程：开挖中沟8条，截水沟19条，小沟29条，毛沟128条，完成土方250万立方米；完成配套建筑物240座，开垦荒地2.2万亩，配套1.1万亩，开挖鱼塘700余亩，植树4000亩15万株，栽果树2000亩5万株，育苗2000亩，栽插三条20万穴，播种牧草1000亩。

1985年冬，睢宁县动员17个乡镇4.7316万民工实施第二期工程，开挖中泓刘集果园西桥向上至峰山闸17.2公里，工期30天，完成土方247.9万立方米。滩地配套工程：开挖中沟43条，截水沟45条，小沟27条，毛沟128条，开挖鱼塘640亩，完成土方179万立方米；完成配套建筑物174座，其中，兴建中泓马浅交通桥和加固泗八路坝，完成中沟排水涵33座、截水沟跌水64座、截水沟桥49座、电站5座、鱼塘放水涵洞8座。按照年度计划，实施果、林、牧、渔配套工程，栽果树3108亩，植树4500亩，开挖鱼塘440亩，植桑300亩，播种牧草1000亩，栽插三条60万穴，开发利用总面积25220亩。

1986年冬，睢宁县实施第三期工程，开挖中泓马浅生产桥向上至温白11.6公里，从11月中旬至1987年元旦，完成土方189万立方米。滩地配套工程：开挖中沟28条，截水沟66条，小沟86条，完成土方156万立方米；完成配套建筑物201座，其中，中泓生产交通桥3座、公路桥1座、中沟排水涵19座、中沟跌水13座、中沟生产桥8座、截水沟自排涵洞11座、截水沟跌水38座、截水沟生产桥45座、小沟生产桥20座、电灌站3座、鱼塘放水涵10座。开发治理面积21270亩，其中，垦荒9270亩，改造低产田12000亩，栽插三条50万穴。

1987年冬，在睢宁县境内实施第四期工程，开挖魏工至袁圩水库拦水坝7.8公里、峰山闸至马浅生产桥3.1公里、温白至铜山境内的温庄闸下1.3公里等3段故道中泓，完成土方186.3万立方米。滩地配套工程：开挖大沟2条、中沟14条、小沟11条、截水沟27条，修筑道路3条，开挖鱼塘560亩，完成土方126.5万立方米；完成配套建筑物94座，其中，中泓峰山闸续建，睢张和泗八路公路桥，温白、崔堰和王圩3座生产、交通以及庆安水库送水河生产交通桥；完成滩地配套建筑物94座，其中，中沟引排水涵15座、中沟生产桥10座、截水沟跌水45座、鱼塘放水涵20座、二帝庙防渗渠1500米；开发治理面积1.97万亩，其中，垦荒9000亩，改造低产田11700亩。种植果树5167亩，造林5409亩，养鱼540亩，种植牧草750亩，栽插三条73万穴，利用面积1.1316万亩。

1988年冬,睢宁县实施第五期工程,组织邱集、王林、凌城、沙集、高作、刘圩、庆安、龙集等乡镇民工24439人,开挖黄河闸向下至魏工9公里故道中泓,完成土方180万立方米。睢宁县蒲棠乡自行承担故道中泓最下游芦营段2公里开挖任务,完成土方20万立方米。滩地配套,开挖大沟1条、中沟46条、小沟161条、截水沟76条,新筑干支渠4条,开挖鱼塘760亩,完成土方347万立方米。完成配套建筑物247座,其中,中泓黄河闸加固,新建位头、宋庄、房湾、小楼、化庄等5座生产交通桥;完成滩地配套建筑物241座,其中,大沟跌水2座、中沟排水涵26座、中沟跌水10座、中沟生产桥24座、小沟跌水45座、截水沟跌水57座、截水沟桥55座、鱼塘放水涵16座、渡槽2座、电灌站4座;开发治理面积25850亩,其中,垦拓荒地88500亩,改造低产田16000亩。种植果树3740亩,成片造林4110亩,植桑150亩,开挖塘760亩,间作牧草850亩,栽插三条127万穴,利用面积8760亩。

睢宁县通过黄河故道中泓的开挖和其两侧滩地的开发,不仅提高了黄河故道的防洪和排涝标准,而且为黄河故道滩地及西北高亢地区30多万亩农田灌溉用水创造了条件。在黄河故道综合开发地区内,每年可向社会提供果品、木材、鲜鱼、蚕茧等,年总产值可达70万元。

二、铜山县综合开发态势

在铜山县境内,从1984年冬到1990年,黄河故道综合开发连续六期,开挖中泓和开发中泓两侧滩地,累计投资716.5万元,投入600多万个工日,在黄河故道地区,初步形成了粮、棉、林、果、渔、畜、牧等生产基地。

中泓治理,按照行洪、排水和调水要求:铜萧边界至郝寨桥,中泓底高程38.8~37.0米、底宽70米、边坡1:5、堤顶高程42.5米、顶宽10米;郝寨桥至周庄闸,中泓底高程38.0米、底宽50米、边坡1:5、堤顶高程42.5米、顶宽10米;周庄闸至丁楼闸,中泓底高程35~34米、底宽25米、边坡1:4、堤顶高程42.0米、顶宽6米;李庄闸至大坝湖桥,中泓底高程32.5米、底宽40米、边坡1:5、堤顶高37.0米、顶宽10米;大坝湖桥至范湖桥,中泓底高程32.5米、底宽30米、边坡1:5、堤顶高程37.0米、顶宽7米;范湖桥至吕梁桥,中泓底高程32.0米、底宽30米、边坡1:5、堤顶高程36.0米、顶宽10米;吕梁桥至大牛翻水站,中泓底高程32.0~31.0米、底宽30~50米、边坡1:5、堤顶高程36.0米、顶宽7米;大牛翻水站至温庄闸,中泓底高程31.0米、底宽50米、边坡1:5、堤顶高程36.0米、顶宽6米;温庄闸至铜睢边界,中泓底高程29.0米、底宽50米、边坡1:5、堤顶高程34.5米、顶宽10米。

铜山县六期开挖中泓69.4公里,完成土方800万立方米。兴建配套建筑物 506 座。开挖中泓出土结合整治滩地，根据滩地高低和土质情况，因地制宜，实施粮、林、果、渔综合开发，搞好水土保持，改善生态环境。总计开垦荒地 5.4 万亩，植树 65 万株，新拓果园 5.95 万亩。

三、丰县综合开发态势

在丰县境内，黄河故道长 22.8 公里，流域面积 61 平方公里。从 1984 年冬到 1989 年，连续四期实施黄河故道综合开发。

1984 年 7 月 11 日，为实施黄河故道、大沙河及苗城河的开发，丰县县委常委会研究决定成立"三河"开发领导小组，组长由县长朱向阳担任，副组长由营从超、董毓和、王浩善、蒋守清、刘绪勤等担任。"三河"开发领导小组工作人员从沿河乡镇抽调。7 月 19 日开始，历时一个月完成黄河故道的勘察、丈量工作。9 月，编制完成《丰县"三河"开发初步规划》。

1984 年 12 月 11 日，丰县人民政府召开黄河故道中泓施工会议，决定李寨、梁寨和范楼三乡组织人力开挖黄河故道中泓沟。李寨乡后常庄至范楼乡十姓庄，中泓沟长 9.52 公里，开挖标准，沟底高程：后常庄至腰里王大沟 42.12~40.5 米，腰里王大沟至十姓庄为平底 40.5 米；底宽：后常庄至腰里王大沟 10 米，腰里王大沟至十姓庄 12 米；沟坡 1:3。本期工程完成土方 41 万立方米。

1986年11月6日，丰县境内的黄河故道综合开发正式开工。李寨、梁寨和范楼等三乡群众自筹资金100万元，1.2万民工，按五年一遇除涝标准，开挖中泓常庄至袁庄10公里，中泓底高程40.56~39.82米，底宽7米，河坡1:3。12月10日，完成土方80万立方米，造田8000亩。1987年冬，范楼乡开挖黄河故道中泓袁庄至十姓庄段，中泓底高程39.82~38.92米，底宽20米，河坡1:3。完成土方30万立方米。1989年冬，范楼乡拓浚黄河故道中泓十姓庄至丰铜边界段，中泓底高程38.92~38.5米，底宽32米，河坡1:3。完成土方30万立方米。

在丰县境内，连续四期的黄河故道综合开发，按照开挖中泓、填滩造田、引水归槽、排涝降渍、结合引水灌溉的综合治理原则，初步整治了李寨后常庄至丰铜边界 15 公里的黄河故道中泓；在中泓上兴建了双庙、腰里王、义合村、袁庄、十姓庄等生产桥；在中泓北侧修建了付庄、程庄、十姓庄、袁庄等中沟节制闸及部分抽水站。并且，将 1.2 万亩的荒地改造成旱涝保收、稳产高产的农田和果园。

四、综合开发关注黄河故道排引水能力的提升

20 世纪 80 年代后期，在徐州市境内的黄河故道中泓已经形成了梯级控制。从 20 世纪 90 年代开始，徐州黄河故道的综合开发关注黄河故道防洪排涝和引水灌溉能力的提高，为此，徐州市进行了一系列工作。

（一）规划制订

1991 年，按照江苏省黄河故道总体规划，在省水利勘测设计院统一水文计算方法的基础上，江苏省水利厅提出《黄河故道徐州段治理规划》。该"规划"的治理原则是：

统一规划，综合治理，在防洪前提下，为综合开发利用水土资源创造条件，洪、涝、沙、旱、碱兼治，着重解决洪水出路。

治理标准：排涝十年一遇；灌溉，抗旱天数 50~70 天；防洪，徐州市区以上五十年一遇设计，百年一遇校核，徐州市区以下二十年一遇设计，五十年一遇校核。

根据规划，徐州市区以上按百年一遇防洪标准选用郑集分洪道分洪 150 立方米每秒入微山湖；丁万河分洪道分洪 70 立方米每秒入京杭运河不牢河段；徐州市区以下，五十年一遇防洪标准选用白马河分洪道 140 立方米每秒分洪进房亭河；魏工分洪道 50 立方米每秒进徐洪河。崔贺庄水库和庆安水库的泄洪涵洞以及以下河道进行加固配套，必要时作为黄河故道超频率分洪使用。

1994 年 10 月，徐州市城乡建设委员会组织编制《徐州市区防洪排涝规划》，通过江苏省城乡建设委员会审查，经市政府批准实施。规划针对市区黄河故道上游洪水，提出井辟郑集分洪道，分泄上游洪水 150 立方米每秒，改建市区段束水桥梁，即济众桥、和平桥。

1998 年 7 月，徐州市水利局编制《徐州市近期防洪排涝工程可行性报告》，提出黄河故道防洪工程，按《淮河流域规划纲要》，郑集分洪道五十年一遇分泄黄河故道洪水 150 立方米每秒；改建黄河故道周庄节制闸；开挖分洪河道 7.5 公里；新建王岗集分洪闸和新黄大沟陈楼节制闸；扩建新黄大沟口新黄南闸；扩挖郑集河及南支河 7.4 公里；改建市区束水桥梁和平桥、济众桥。黄河故道防洪工程静态投资 6180.5 万元。

2003 年 8 月，根据徐州市人民政府部署，徐州市水利局组织编制《徐州市城市防洪规划》，保护范围为绕城高速公路以内及以外的城南开发区范围，总面积 582 平方公里，排水面积 666 平方公里。规划近期 2010 年，防洪标准为二十至百年一遇，排涝标准为二十年一遇。其中，提出黄河故道市区段堤防加固及河道疏浚，丁楼闸改建、丁万河分洪道整治、李庄闸和两座小水库加固。黄河故道市区段丁楼闸至城头橡胶坝 41.7 公里。规划标准：河底高程，丁楼闸至合群桥 34.0 米，合群桥至铁路桥 33.5 米，铁路桥至李庄闸 33~32.5 米；河底宽，丁楼闸至铁路桥段 50 米；铁路桥至李庄闸 70 米；李庄闸至城头橡胶坝 100 米，边坡 1:4，河口两侧各留 50 米滩面，修筑高 1.5 米小堤，堤坡 1:3，堤顶宽 10 米。2003 年 12 月 31 日，徐州市人民政府以徐政发〔2003〕183 号文件，批准实施《徐州市城市防洪规划》。

2012 年 11 月，徐州水务局编制了《徐州水务现代化规划》，在流域防洪中提出，黄河故道按"梯级控制、分段治理、上分下排"的治理原则，扩挖中泓，加复大堤。结合江苏省黄河故道二次综合开发规划，对防洪标准，巩固完善徐州市主城区百年一遇，其他段不低于二十年一遇，扩挖中泓，完善防洪及分洪设施建设，提高防洪排涝能力"。对黄河故道地区水源工程建设，提出按照"蓄、引、提、调"相结合的治水思路，以蓄水水源工程建设为重点，科学拦蓄地表水，合理开发地下水。优化产业结构，调整灌溉方式，统筹安排生产生活和生态用水，提高黄河故道地区水源保障能力。

（二）治理措施

1991 年，在睢宁县境内开辟魏工分洪道，自黄河故道南岸至徐洪河 8.5 公里。1998 年，在铜山县刘集镇黄河故道北侧建刘集抽水站。

2000 年 3 月，在睢宁县境内，为提高黄河闸以上 9.5 公里河道的防洪排涝标准和北部乡镇农业的灌溉送水能力，按排涝十年一遇，防洪五十年一遇，整治黄河闸至王塘段中泓 9.5 公里，中泓两侧圩堤堤顶超设计洪水位 2 米，顶宽 8 米，边坡 1:4。改扩建和加固维修沿线引排涵洞 14 座，改建跨河交通桥梁 2 座，改扩建泵站 4 座。增做滩地和堤防水土保持工程。

同年 7 月，为确保黄河故道市区段行洪能力和构建水生态环境，实施黄河故道三环西路至和平桥 7.85 公里治理工程，包括河道清淤、生态河堤构筑和护砌。工程标准：清淤工程设计，百年一遇防洪；生态河堤高程 35.5 米；

边坡1:3。10月1日和12月15日，先后完成延平桥至和平桥段清淤和护砌；11月15日和12月25日，先后完成西三环至延平桥段清淤和护砌。征用塌陷地鱼塘180亩用于排泥场；拆迁房屋1350平方米。完成工程量：挖泥船清淤土方27万立方米；生态河堤土方填筑4万立方米；浆砌石2万立方米，混凝土0.8万立方米；完成工程总投资1760万元。

2005—2007年，按照百年一遇标准，治理丁楼闸至李庄闸16.4公里段，河底高程33.0~34.0米，底宽60~100米；边坡为1:4；堤顶高程39.0~42.5米，顶宽10~50米。市区西三环路桥至汉桥9.6公里河道清淤、建亲水平台、接转和搭接平台、设置台阶、沿线码头、河岸线硬化、建接点广场以及沿岸服务设施。

2010—2012年，徐州市境内的黄河故道中泓治理，被列入全国重点地区中小河流治理项目和世行贷款平原洼地治理项目。

在铜山区境内，黄河故道中泓淤积最高处达1.5米，堤身单薄，缺口较多，防洪标准低，河道排涝不畅，汛期威胁两岸农田及村庄安全，部分地段已成为全区的防洪重点，并且影响沿线农业灌溉用水、补水和蓄水。同时，随着徐州市吕梁山风景区建设的推进，黄河故道沿线水环境需要整治。

2009年2月，为贯彻市委、市政府加快吕梁山风景区建设的部署，提高黄河故道防洪除涝标准，改善当地生产条件，促进经济和社会发展，铜山区水利局委托徐州市水利建筑设计研究院编制《废黄河（程头橡胶坝—温庄闸）治理一期工程初步设计报告》，并上报市水务局和江苏省水利厅。同年11月22日，江苏省水利厅以苏水计〔2009〕176号文，批复黄河故道程头橡胶坝至下洪桥5.7公里初步设计。

由于黄河故道程头橡胶坝至下洪桥段位于徐州市吕梁山风景区内，徐州市委、市政府要求景区必须进行原生态保护，并明确指出黄河故道北侧滩地及堤防树木不得砍伐。为发挥工程治理整体效益，解决黄河故道下洪桥至马集桥的洪水出路，结合徐州市吕梁山风景区建设的整体规划，须对原河道设计进行变更。

江苏省水利厅委托徐州市水利局以徐水计〔2010〕47号文批复，同意变更，并将黄河故道下洪桥至马集桥8.1公里工程列入中小河流治理项目。程头橡胶坝至马集桥中泓治理13.8公里，核定工程总投资3162万元。其中，程头橡胶坝至下洪桥段1682.43万元；下洪桥至马集桥段1479.18万元。工程设计标准：防洪二十年一遇，除涝十年一遇；单侧（南岸）扩挖，河底宽35~90米，河底高程30.86~30.46米，河坡1:4；滩面高程36.36~35.36米，滩面宽10~15米。2010年1月20日至3月30日，在铜山区张集、伊庄、房村三镇境内，开挖中泓程头橡胶坝至马集桥 13.8 公里，完成土方 191.3 万立方米。同时，拆建程头、店西、店东、吕梁 1 号和 2 号、下洪、扬场、红旗、新庄、新庄截水沟东西涵、大牛、李庄等 13 座涵洞，结构均为 1 孔钢筋混凝土箱涵。9 月 6 日，13 座涵洞全部建成，完成工程量：土方回填 105.8 万立方米、浆砌石 2530.0 立方米、混凝土 2770.4 立方米，钢材 119 吨。水土保持完成工程量 26.38 万平方米，施工内容，是在正常蓄水位以上河坡采用播撒狗牙根草籽护坡；程头橡胶坝至下洪桥段除播撒草籽外还设置混凝土跌水槽，河滩设置集水沟集中排水，以防止水土流失。

黄河故道程头橡胶坝至马集桥治理后的初期运行效益：一是防洪除涝，工程实施后保障了河道沿线地区的防洪安全，使低洼农田不再受淹；二是确保灌溉用水，保证河道沿线的工农业用水需要；三是水环境得到了有效改

善，引来了大量野鸭、白鹤、大雁等水鸟栖息；四是河道水位的提高、南堤公路的修建和河岸景观绿化，使黄河故道成为徐州新城区至吕梁山风景区游览的水上通道，变成徐州市的重要旅游资源。

2010 年，黄河故道中泓六堡至程头橡胶坝段列入世行贷款平原洼地治理项目。治理中泓 8.9 公里，拆建沿线建筑物 8 座，工程投资 2000 万元。

2010 年 10 月—2011 年 3 月，铜山区何桥、刘集、大彭镇境内 6 个月无有效降雨，处于这一地区的黄河故道滩地地形高亢，沙性土保水能力差，加之河道断面小，淤积严重，蓄水能力不足，而且无外来水源调用，致使沿岸受灾严重，直接经济损失达 600 万元。

2011 年 7 月，铜山区编制《徐州市中小河流治理废黄河铜山段二期治理工程初步设计报告》，在一期治理工程，即程头橡胶坝至马集桥段治理工程的基础上，通过对丰铜界至周庄闸段河道进行疏浚、改建配套建筑物等措施，提高黄河故道的整体排涝能力，保护沿线工农业生产和人民生命财产安全。同时，提高该段黄河故道的调蓄能力，减少沿线水土流失，改善沿线农田灌溉条件，为当地农民增产增收提供保障。2011 年 10 月 25 日，江苏省水利厅以苏水建〔2011〕95 号批复同意治理黄河故道丰铜界至周庄闸段，概算总

投资2803万元。

2012年1月10日，在铜山区何桥、刘集、大彭镇境内，开始实施丰铜界至周庄闸河道13.75公里的疏浚工程，其中，丰铜界至萧铜上边界长2.65公里，萧铜下边界至周庄闸长11.1公里。河道扩挖按中心线布置，桩号0+000~2+650段安徽境内河口不动，2+650~9+750段安徽境内河口不动，河道向铜山境内扩挖；9+750~11+250段河底清淤；11+250~13+750段沿河道中心线向两侧扩挖。河道设计河底高程37.79~36.79米，底宽50米，河坡1:4。设计排涝水位41.7~40.69米，排涝流量59.0~103.0立方米每秒。1月12日开始，先后拆除重建郝寨、下河套、段庄及朱庄等4座生产桥梁。其中，郝寨桥设计净宽5.5米，其余3座桥梁设计净宽均为4.5米，设计桥跨均为5跨13米，桥两侧各设长10米接线段。4座桥梁设计荷载为公路Ⅱ级×0.8，钢筋混凝土预制板桥面，灌注桩基础。新建13座跌水，均为开敞式浆砌块石护砌，混凝土格埂，底宽2米9座，5米3座，10米1座。3月10日，开始实施水土保持设施：在顺河口新建混凝土排水沟，每间隔100米坡面上现浇混凝土跌水槽，共146道，长2167米；在河坡播撒狗牙根草籽护坡等。6月10日，黄河故道铜山段二期治理工程全部竣工，完成土方152.76万立方米、混凝土及钢筋混凝土5647.43立方米、浆砌块石3286.68立方米、钢筋246.70吨。位于周庄闸上游的付庄节制闸也于2012年建成。节制闸3孔，单孔净宽4米，闸底板高程44.0米，正常蓄水位42.5米，设计按十年一遇排涝、二十年一遇防洪、流量69.50立方米每秒。

黄河故道铜山段二期治理工程的实施，使河道排涝标准提高到十年一遇，排涝效益306.9万元；在周庄闸以上形成带状水库，增加河道蓄水量约150万立方米，改善沿线1.0万亩农田灌溉条件，为两岸徐沛铁路、陇海铁路、310国道以及何桥、刘集两镇的防洪排涝提供了安全保障。

在睢宁县境内，睢宁界至宁宿徐高速公路段长约10公里，河道淤积严重，防洪排涝标准低下。

2011年7月29日，为提高黄河故道双沟段防洪排涝标准和改善水环境，江苏省水利厅以苏水建〔2011〕46号文批复《徐州市废黄河睢宁双沟段治理工程初步设计》。8月28日，徐州市水利局以徐水基〔2011〕34号文下发《关于成立睢宁县中小河流治理工程建设处的批复》。12月1日，黄河故道双沟段治理工程开工，建设内容为疏浚中泓6.305公里，铜睢界—宁宿徐高速公路桥（2）段设计河底宽80米，底高程28.79米，河坡1:4。恢复原中泓两侧截渗沟10.585公里，底宽1.5米，底高程29.5~31.0米，边坡1:2.0。拆除重建大白、位头、苏杭等3座生产桥，为钢筋砼预制板桥面，跨径13米，钢筋砼灌注桩基础，位头桥 11 跨，大白桥和苏杭桥为 9 跨，桥面净宽均为 4.5 米。大白交通桥接长加固，两端各接长 3 跨 10 米钢筋砼预制板桥，重建桥栏杆及桥面铺装层。拆建大白北等 8 座跌水，新建 2 座跌水。新建铜刘河跌水为开敞式浆砌块石结构，底宽 10 米；界沟、大白沟 1 号、陈王和苏山东 4 座跌水为 1 孔直径 1.8 米钢筋混凝土管涵式；大白北、大白 2 号、观阁 1 号、观阁 2 号及廉庄东 5 座跌水为 1 孔直径 1.5 米钢筋混凝土管涵式。维修加固交通桥 1 座，加固观音机场灯光带墩。

2012 年 5 月 30 日，睢宁双沟段治理工程竣工。完成工程量：土方 92.66 万立方米、浆砌石 6145 立方米、混凝土及钢筋混凝土 5290 立方米、钢材 444.62 吨。总投资 2584 万元。其中，省级以上 (含省级) 补助 1809 万元，市县配套 775 万元。

黄河故道睢宁双沟段，通过疏浚河道和拆除重建沿线建筑物，提高了河道的排涝能力，使该段黄河故道区域形成了完整的排涝体系，真正做到涝水排得出，改变了低洼易涝区涝灾严重的局面。

从 20 世纪 90 年代到 21 世纪初，黄河故道在铜山和睢宁县境内经过多次治理，提高了防洪排涝标准；有效保障了黄河故道沿线地区的防洪安全，使低洼农田不再受淹；河道蓄水量增加，沿线农田灌溉保证率大幅度提高；河道沿线水环境明显改善。从而，为今后黄河故道综合开发奠定了坚实的基础。

第二章

一件"利国利民奇功"

——黄河故道二次综合开发纪实

第一节　十年磨一剑，大梦我先觉

——黄河故道沿线二次综合开发工程"立项"之路

引言

"大梦谁先觉？平生我自知。草堂春睡足，窗外日迟迟。"这是《三国志通俗演义》卷八《定三分亮出茅庐》中诸葛亮随口吟哦的诗句。当然，我们也可以看作是《三国演义》作者罗贯中的诗句。

本书所以借诸葛亮诗句为题，主要是预为设定一个"觉醒主题"或"智慧主题"。

万事万物，万年万众，一个"觉"字，足以将智与愚、贤与庸、胜与负、生与灭……种种机缘说个清楚明白。

"觉"即"醒"，"醒"即"悟"，"悟"即"为"，如此，还有什么困局不能打破、什么善局不能创造呢？

反之，大梦沉沉，沉沉大梦，不觉不醒，不悟不为，进而拘于迷局、困局、危局、死局，那又能责怪何人呢？

面对黄河故道的生存现状，黄河故道人也存在一个"觉"与"不觉"的双向选择。

从 20 世纪 50 年代的治淮工程开始，到世纪之交的黄河故道治理和农业综合开发，在徐州市历届党委、政府和广大干部群众的共同努力下，黄河故道沿线农业生产基础条件大为改善，综合开发效益不断提高，经济社会发展都取得了明显成效。但受历史、区位、交通等多种因素的制约，黄河故道沿线经济发展仍然滞后，基础设施仍然薄弱，村庄面貌仍然落后，群众生活水平仍然较低。这里集中了两个省级扶贫重点县、全市1/3的经济薄弱村和1/4的贫困人口，截至2010年，黄河故道区域目前仍是徐州的一条"贫困带"。

可喜的是，"贫"而思变，"困"而思进，生活在黄河故道边的徐州人"大梦我先觉"，进而启动了一种全新的"黄河思维"：徐州市农业资源开发局、徐州市水利局、徐州市人民政府、中共徐州市委的业务人员与决策阶层是"大梦先觉"的主体，唯"觉醒"早，"行动"快，徐州市对黄河故道沿线的二次综合开发得以率先于江苏省的兄弟城市及黄河故道所流经的鲁、豫、皖三省各相关城市。

抢占"先机"，就是"战略主动"！

此次黄河故道"二次综合开发"规模空前，投入空前，效益空前，经五六年（2012—2016）持之以恒的工程推进，徐州市黄河故道沿线各城镇的水文面貌、河道绿化、交通设施、农村环境、文化旅游、产业结构、环境保护等均已发生了巨大的变化。

面对"故道"而"新颜"的沧桑巨变，所有的见证者都将心存一份感动。

记录下黄河故道沿线的变化，其实也就记录下我们这代人的新梦和新生。

一、"徐州黄河史"铭记"2012年"

在徐州市黄河故道开发的史册上，应该永远记住2012年。

这一年，徐州市黄河故道沿线二次综合开发不但在江苏省，而且在苏、鲁、豫、皖四省同步启动。

当徐州市委、市政府提出"黄河故道沿线二次综合开发"这一命题的时候，即意味着经过60多年的不断探索，跨越了"条条治理"与"块块治理"的分散格局，徐州人对黄河故道的治理已经上升到一个"全局"的、"综合"的、"流域"的、"战略"的层面。

在这一年，有两个日子不应被人忽略。

一个日子是9月20日。

这一天秋高气爽，艳阳高照，徐州的山川城郭都沐浴于祥光明辉之间。徐州市委、市政府在徐州市铜山区的黄河故道旁边，召开了徐州市黄河故道沿线第二次综合开发动员大会。

参加这次大会的有徐州市委、市人大、市政府、市政协的有关领导，有徐州市发改委、市财政局、市农委、市农业开发局、市水利局、市国土资源局、市规划局、市城乡建设局、市交通运输局、市文广新局、市环保局、市旅游局、市扶贫办等市直单位的负责人，有丰县、沛县、睢宁县、邳州市、铜山区、鼓楼区、云龙区、泉山区、市经济技术开发区、市新城区的负责人，有市新水国有资产有限公司、市新田投资发展有限公司、市农发行等单位的负责人，有承担黄河故道综合开发先导段工程的部分施工单位的代表及相关新闻传媒单位的朋友。

动员大会由徐州市市长朱民主持。

会上，徐州市委书记曹新平就黄河故道第二次综合开发做了讲话。他指出，实施黄河故道沿线二次综合开发是徐州市委、市政府审时度势而做出的重大战略决策部署。

曹新平指出，黄河故道第二次综合开发具有重大意义：一是有助于推进徐州市全面小康建设的攻坚战。黄河故道沿线地区集中了徐州市1/3的经济薄弱村和近1/4的贫困人口，是徐州市建设更高水平全面小康社会的重点和难点所在，实施二次综合开发，有利于小康建设的补软、补短、补缺工作。二是有利于打造徐州市经济转型新的增长极，有利于推动基础设施完善、综合功能提升、经济结构调整和人居环境改善，可为徐州市加快城市转型、产业转型、生态转型、社会转型注入新的动力。三是可以增创政策扶持的新机遇。当前，加快黄河故道沿线综合开发将面临中央和省多重政策叠加的利好，借此，黄河故道沿线将成为徐州市又一个政策集成、项目集中、资源集聚的发展活力区。

曹新平要求，要高标准实施开发，率先走出具有徐州特色的黄河故道综合开发新路子。坚持水利、交通、农业、生态、文化旅游、扶贫"六位一体"（此后上升为"七位一体"），紧紧咬定"十大目标"，全面实施"八大工程"（此后上升为"九大工程"），全力打造综合开发的样板区和示范带。为达此目标，一要突出科学规划引领，着力提高整体开发水平。提高规划编制标准，强化规划衔接配套，发挥规划政策效应，努力推动开发规划上升为省级规划，使黄河故道沿线二次综合开发既成为徐州科学发展的战略工程，又成为争取政策、项目和资金的重要平台。二要突出基础设施先行，

着力完善综合承载功能。要打破"水不畅、路不通、地不肥"的现状，加快水系沟通，加快道路贯通，加快土地整治，力争新增复垦整理土地 10 万亩，建设高标准农田 100 万亩。三要突出特色产业的培育，着力增强自我发展能力。打造高效特色农业产业带，进一步延伸拉长农业增值链条；打造城市服务业集聚区，努力建设一条集聚更多人气、商气、财气的服务业发展轴；打造文化旅游新亮点，使黄河故道成为徐州文化旅游的新品牌。四要突出生态环境保护，着力推进可持续发展。建设绿色生态走廊，把黄河故道建成为横贯东西的绿色走廊，成为徐州特大型区域性中心城市的生态屏障，严把环境准入门槛，实施最严格的环境保护制度，决不给子孙后代留下遗憾。同时，加强生态修复保护，确保沿线环境质量达到功能保护区的标准。五要突出扶贫开发，改善民生民计，并将民生民计视为综合开发的出发点和落脚点，深入实施美好城乡建设行动，将黄河故道建成广大百姓的幸福家园。

朱民对贯彻会议精神提出两点意见：

第一，要切实发挥黄河故道综合开发的基础优势。其一是土地资源优势。通过土地整理复垦、高标准农田建设等途径，对背河洼地进行综合利用，将置换出来的土地指标有序用于重大项目建设，把闲置的土地资源变为支撑徐州跨越发展的宝贵财富。其二是生态环境优势。通过疏通挖掘、设施配套、生态修复，可新增蓄水能力 1 亿立方米，新增湿地 9 个，进而大力构建绿色生态长廊，这对于缓解徐州市水资源紧张状况、有效改善生态环境将起到重要作用。其三是文化旅游优势。通过全面梳理沿线物质文化和非物质文化遗产，把黄河故道打造成为一条文化旅游的精品线路。

第二，要全力促成黄河故道综合开发取得突破性进展。强化规划引导，在尽快制订好总体规划的基础上，认真搞好专项规划，努力提升规划的档次和水平。强化重点突破，各地各部门要根据各自职责进一步细化措施，做好各项目标的任务分解，切实把八大工程落到实处。强化项目带动，强化政策支持，扎扎实实推进黄河故道二次综合开发的项目建设。

在会上，分管全市农业开发的市委副书记李荣启做了动员讲话。他说，实施黄河故道二次综合开发，是事关全市改革发展全局的一件大事，是一件功在当代、利在千秋的民心工程、实事工程，对于改变黄河故道沿线区域贫穷落后面貌、加快推进农业现代化进程、加快城乡面貌一体化发展、加快建设全面小康社会都具有十分重要的意义。全市上下要进一步解放思想，抢抓机遇，以迎难而上、拼搏进取的精神状态，以埋头苦干、求真务实的工作作风，迅速掀起黄河故道沿线二次综合开发的热潮。

会上，市水利局、市交通运输局负责人，丰县、睢宁县负责人做了表态发言。

这次动员会在徐州市黄河故道开发的历史上，具有"分水岭"性质。

此前，徐州市对黄河故道的治理呈现着条块分割、单打独斗的"战术形态"，即"水利局"治理"水"，农业资源开发局治理"土"，"水""土"不搭界；丰县、沛县治理黄河故道西北段（主要是"大沙河段"），铜山区、睢宁县治理黄河故道东南段，"上游""下游"不关联；交通运输局绕开黄河故道而修路，旅游局避开黄河故道而布点，主要也还是因为这里河曲路弯，地僻村穷，故而修路难通、旅游难火。

另一个日子是12月13日。

这一天，徐州市黄河故道沿线综合开发启动仪式在云龙区黄河故道边隆重举行。

从"动员大会"到"启动仪式"，标志着全市人民所瞩目的黄河故道综合开发各项工作均已全面开展，标志着徐州市黄河故道综合开发工作已经在全省率先行动。

市领导曹新平、朱民、刘忠达、庄华平、李荣启、夏文达、王昊、漆冠山、冯正刚，省水利厅厅长吕振霖等出席了启动仪式。大会由李荣启主持，曹新平宣布综合开发工程启动，朱民、吕振霖分别讲话。

黄河故道是徐州人民的"母亲河"，承载着徐州厚重的历史文化，见证了徐州800多年的沧桑巨变。但由于受区位、交通、开发水平等诸多因素的制约，沿线经济社会发展长期滞后。顺应沿线干部群众求富求变的热切期盼，市委、市政府审时度势提出实施对黄河故道的二次综合开发。

朱民在讲话中说，推进黄河故道综合开发，是一项事关徐州全面小康社会建设全局的系统工程。要坚持水利、交通、农业、生态、文化旅游、扶贫"六位一体"，全面推进综合开发"八大工程"，真正把黄河故道沿线建成特色农业走廊、绿色生态走廊、历史文化走廊、旅游观光走廊。综合开发，水利先行。今天启动的中泓贯通工程，是黄河故道综合开发的关键一环，对完善沿线道路交通体系，建设沿故黄河生态带将起到先导作用，也将为全线综合开发打下坚实基础。希望工程沿线各地和市相关部门精心组织，密切协作，妥善处理各方利益关系，为工程建设创造良好环境。各建设单位和广大参建者要牢固树立精品意识，坚持因地制宜组织施工，严格遵循基本建设程序，严格质量标准，强化工程建设管理，争创优质水利工程。各地、各有关部门要充分认识实施黄河故道综合开发的重大意义，以今天综合开发正式启动为契机，迅速掀起黄河故道综合开发热潮，率先在全省走出一条具有徐州特色的黄河故道综合开发新路子。

吕振霖在讲话中说，徐州黄河故道综合开发正式启动，在全省率先掀起了黄河故道大开发、大建设、大发展的热潮，这是徐州市委、市政府贯彻落实党的十八大精神，着力推动区域经济社会协调发展的重大举措。省委、省政府高度重视黄河故道综合开发，专门召开会议对综合开发工作做出部署。实施黄河故道综合开发，不仅能够提升沿线地区的农业生产和粮食生产能力，也有助于进一步促进沿线地区优化产业结构、改善生态环境，对于沿线地区实现经济社会协调发展、全面加快小康社会建设步伐具有十分重要的意义，是一项功在当代、利在千秋、惠及民生的实事工程。徐州按照"六位一体""十大目标""八大工程"的布局，结合实际、统筹兼顾、科学推进黄河故道综合开发，对全省加快做好黄河故道综合开发工作具有重要的指导意义。省水利厅将一如既往地支持徐州的黄河故道综合开发工作，在项目和资金安排上予以重点扶持，携手徐州把黄河故道地区真正建成经济繁荣、人民富裕、生态良好的科学发展典型区和示范区。

当三个月前召开"动员大会"时，在不少人的眼里，关于黄河故道综合开发还是一个虚拟化的理念，是一句口号，是一个遥远的愿景。而当"启动仪式"举行时，一些地段，如铜山区黄河故道沿岸已经开始了先期的治理，并且面貌一新。铜山区委、区政府高度重视黄河故道开发工作，积极与市规划部门协调，在启动仪式举行前就完成了《黄河故道沿线开发铜山段规划（初稿）》，并相继完成了多个"专项规划"的制订。截至 2012 年 12 月，铜山区黄河故道沿线交通、水利设施等建设项目总投资已达 2 亿元。他们沿故黄河大堤修建沿河公路 22 公里，与睢宁县交界处约 6 公里沿河道路也已开展了前期准备。同时，还计划投资 5700 万元推进西部 15 公里黄河故道的疏浚工程，并对故黄河两侧各 5 公里范围内的 26 条大中沟进行综合治理。

徐州市境内黄河故道总长 234 公里，占全部黄河故道的 31.7%、占江苏黄河故道的 42.3%。仅仅从"长度"看，徐州市辖区内黄河故道开发的榜样作用，就是不可低估的。"十一五"以来，徐州市实施黄河故道综合开发，已完成财政资金投入 2.56 亿元，治理面积达 45 万亩。而通过二次综合开发，徐州市将要在黄河故道上画出最美的图画，书写最美的诗篇。

而就在"启动仪式"进行的前一天——2012年12月12日，南水北调东线一期邳州站水下工程顺利通过验收。而在"启动仪式"进行后的第九天——12月22日，在中央农村工作会议上，徐州市被农业部表彰为全国粮食生产先进市。

邳州站是南水北调东线工程第六梯级泵站，工程概算总投资3.16亿元。主要功能是通过徐洪河抽引睢宁站来水，沿房亭河送入骆马湖或沿中运河北送，同时通过刘集地涵调度利用邳州站抽排房北地区涝水。建设内容有：竖井式贯流泵站一座，设计流量100立方米每秒；刘集南闸一座，设计流量400立方米每秒；另有公路桥一座，清污机桥一座，管理区附属建筑物等。

水下工程通过验收时，位于地面以下11.5米的地涵之内直径3米的叶轮已安装完毕，4台竖井式贯流泵正在安装，并计划12月底进行设备试运行。邳州站设计流量为100立方米每秒，是南水北调东线工程中唯一使用竖井式贯流泵的泵站。4台机组，每组流量为33.4立方米每秒，不仅超过了原来的100立方米每秒的设计流量，还可保证一台机组备用。安装竖井式贯流泵比原计划节约资金3000多万元，抽水效率达到82%，超过了原来的设计标准。

与徐州市被表彰为全国粮食生产先进市的同时，睢宁县、铜山区、新沂市亦被表彰为全国粮食生产先进县。2012年全市粮食播种面积达到1098.8万亩，比上年增加7.8万亩，粮食总产达到474.29万吨，比上年增加18.99万吨，总量稳居全省第二位，实现了粮食生产"九连增"。

插叙"南水北调"事，插叙"全国粮食生产先进市"事，意在揭示：徐州人民所进行的黄河故道开发，是与国家最宏伟的水利工程相呼应的，是与国家的粮食安全战略相呼应的。

2012年，黄河故道沿线二次综合开发被列入徐州市"三重一大"范畴。

一个农、水性质的项目，成为与徐州高铁、徐州轻轨、徐州亿吨大港、两河两路、机场搬迁等重大基础工程建设等量齐观的工程，这是徐州农业资源开发局、徐州水利局的朋友们过去梦寐以求而又不敢奢望的。

二、难忘那些历史片刻

（一）动感回放之一：缓缓苏醒的"黄河理念"

在本书撰写的准备阶段，编者曾经采访徐州市农业资源开发局负责人，从他的回忆里，我们得知徐州市农业资源开发局为了推进对黄河故道沿线的综合开发，为了提升这一开发的层次，早已是心中藏之，无日忘之，经年累月，痴痴以求……

因而，编者决定将以徐州市农业资源开发局对黄河故道综合开发的探索为个案，揭示徐州市在黄河故道资源开发问题上是如何做到观念升华、理念更新，进而在治理实践上走在全省、全国之前的。

许多朋友不知道，国人对黄河故道进行"综合开发"的理念，早在20世纪80年代末便已提出。

1989年3月23日，国家农业区划委员会办公室在河南省开封市召开了"豫鲁皖苏黄河故道区域综合开发研究"会议。与会者是河南、山东、安徽、江苏四省农业区划委员会办公室的成员，及沿黄河故道有关市、县农业开发局的成员。

鉴于徐州市在黄河故道沿线的地位，徐州市农业资源开发局亦派员与会，并参与了"豫鲁皖苏黄河故道区域综合开发研究"这一课题的调查与撰稿。

两年后，即1991年4月，该课题基本完成;8月，完成四省总汇，形成了《豫鲁皖苏黄河故道区域综合开发研究》讨论稿。1992年8月，稿本完成补充、修改;当月，形成《豫鲁皖苏黄河故道区域综合开发研究》定稿本，约5万字。

该研究课题既表达了河南、山东、安徽、江苏四省农业开发部门对黄河故道"综合开发"的诉求，也表达了国家农业区划委员会对黄河故道"综合开发"的认可。最后，该研究课题组特向国家提出建议。

第一条建议即是："建议国家将黄河故道区域列为国家重点开发区，增加农业经费，增加农业贷款，重点投资，重点开发。"

第五条建议是："建议国家对本区域内的黄河、淮河的堤防工程、大型骨干河道的整治及灌溉工程、公路交通以及社会福利事业给予优先投资和安排。为该区域的开发顺利进行，创造一个良好的社会环境条件。"

这两条建议，已经包含了"重点开发"与"综合开发"的意蕴。

回顾《豫鲁皖苏黄河故道区域综合开发研究》形成的全过程，并解读该文案的基本意蕴，本书作者这才领悟：人民的意愿与专家学者的关注本来就是一致的;对于如何治理黄河故道这一课题，中国农水系统理论界人士是最早醒悟的，黄河故道沿线地区人民是最为渴求的。而黄河或黄河故道的治理历史则一再显示：只有置于"国家治理"的宏阔背景，只有依托"流域性""全局性"规划与协调，黄河故道每一个局部节点的治理工作才会走上良性轨道。

正因为治理黄河故道已经成为一种"共识"，所以，在20世纪90年代国家即已将黄河故道治理纳入"黄淮海开发"的总盘子。

徐州农业资源开发局将《豫鲁皖苏黄河故道区域综合开发研究》课题的成果，视为治理黄河故道的一种"醒悟"标志。"醒悟"是对"蒙昧"而言的，所以"醒悟"总比"蒙昧"好。但"专家"的醒悟不等于"领导"的醒悟，"局部"的醒悟不等于"全局"的醒悟。因而，在理性上搞明白一个问题之后，意欲付诸实践，要么"等待"一个机会，要么"创造"一个机会。而这个机会，却迟迟未来。

（二）动感回放之二：借助"杠杆"，撬动"地球"

时间到了21世纪初。2005年4月，江苏省老区开发促进会以苏老促〔2005〕6号文件，向时任江苏省省委书记的李源潮、省长的梁保华呈上《关

于加快黄河故道治理开发建议的报告》。

该报告开宗明义，第一句话即是："有一个在徐淮、盐阜革命老区十分突出迫切期盼解决的问题，特做专题请示。这个问题就是黄河故道的整治开发问题。"

一个关于水利、关于农业、关于农村、关于农民脱贫致富的老问题，被一批老同志提出来，其历程也是一言难尽的。

"老促会"的报告，酝酿已久。为黄河故道整治开发事，"老促会"的老同志于2000年、2004年先后两次实地调查，几易其稿，才形成了这份专题报告。在该报告中，"老促会"提出："恳请书记、省长重视这个地带的建设和发展，将它作为一个特殊问题加以关注和支持。鉴于黄河故道的整治开发是一项综合性工程，我们建议由省发改委牵头召集水利、交通、国土、农业资源开发、农业、林业、渔业等厅（局），尽快搞好部门规划和总体规划。在实施步骤上，水利要先行一步……"

在这份报告上，有江苏省委原省委书记韩培信于2005年4月15日写给省委书记李源潮、省长梁保华的亲笔信函，此后是5月13日李源潮的批示，5月15日梁保华的批示，5月18日、5月20日副省长黄莉新的批示……

领导批示的基本精神是："统筹规划，强化实施，力争尽早改变这一地带的面貌"，并决定将黄河故道开发项目纳入"十一五"省财政投资的盘子。

一根杠杆，撬动地球，地球开始旋转。

与这些上层活动相呼应的，是江苏省农业资源开发局几乎在同一时段启动的对《江苏省黄河故道"十一五"农业综合开发规划》的评审工作。具体时间是 2005 年 5 月 16 日。这一天，江苏省农业资源开发局邀请有关专家，在南京对《江苏省黄河故道"十一五"农业综合开发规划》予以评审。

专家的评审意见为：

"该项规划在全面分析了黄河故道的自然状况，基础设施和农业生产现状的基础上，论证了农业综合开发的必要性，深度开发需要解决的主要问题，以及实施综合开发的有利条件……对指导黄河故道农业综合开发具有重要的意义。"

该规划对徐州市的黄河故道综合开发设定的目标是："其一，优势农产品基地布局：优质粮食基地 9 万亩……特色蔬菜基地 17 万亩……优质林果基地 8 万亩……其二，扶植龙头加工企业项目：规划新建及改扩建龙头加工企业 8 个，其中农产品加工企业 7 个，畜禽类加工企业 1 个。"

按照该规划，全省五年投资总量为 10.65 亿，其中优势农产品基地项目投资量为 6.1723 亿元。在这一项中，徐州市的投资量为 2.2531 亿元，占全省投资量的 36.66%。

这一"综合开发"，虽然是在省农业资源开发局主导下、并局限于"农业框架"内的"开发"，仅此，也是一个巨大的突破：毕竟，"黄河故道综合开发"的"新概念"在省一级的高度已经被正式承认、正式提出。

此后的 2008 年 11 月 19 日，中共江苏省委、江苏省人民政府以〔苏发2008〕19 号文，发布《关于加快振兴徐州老工业基地的意见》。该"意见"虽然没有正面提及"黄河故道"的开发，但已明文表示："支持徐州推进村

庄整理。"而"新农村建设"正是黄河故道开发的重要内容。

在中共江苏省委、江苏省人民政府《关于加快振兴徐州老工业基地的意见》和江苏省农业开发局《江苏省黄河故道"十一五"农业综合开发规划》的引领下,徐州市农业资源开发局对徐州市辖区黄河故道开发的热情再一次被激发起来。

此前,徐州市农业资源开发局的主要业务是改造中低产田,而到了2004年,他们即制订了《徐州市黄河故道"十一五"农业综合开发规划(2006—2010)》。该规划针对徐州市黄河故道沿岸的基本情况、土地类型、土地潜力、基础设施现状、农业产业化现状而提出了"十一五"期间的"优势产业项目"(优势农产品基地建设、产业化项目扶植)和"基础设施工程"项目。

将徐州市农业资源开发局的"十一五"规划与江苏省农业资源开发局的"十一五"规划做一个对比,不难发现,"省规划"因为迟发而吸收了"市规划"的不少合理成分。

在执行该规划的同时,徐州市农业资源开发局又从2007年5月开始,启动了名为《进军黄河故道"贫困带"打造特色农业走廊》的"十一五"农业开发项目。该项目持续推进四年(2007年5月至2011年8月),于2011年9月完成并通过了省级验收,综合排名全省第一,而且实现了"五连冠"。即五年期间,全省黄河故道农业综合开发现场会有三次在徐州召开(2007年9月23日、2008年11月2日、2011年11月15日),徐州市黄河故道农业开发项目硬件和软件管理的创新实践经验得以在全省推广。

该项目将徐州市黄河故道综合开发提高了功能定位,即以"五大创新"——投资构成创新、项目设置创新、规划布局创新、立项机制创新、管理机制创新——主动融入徐州市"三重一大"主战场。如项目投资,即占全省总投入的40%,区域治理面积完成20%。共完成投资2.8亿元(吸引、整合投入近10亿元),其中财政资金1.56亿元(省财政资金1.38亿元,市县财政配套0.18亿元),自筹资金1.32亿元;完成了一大批桥、函、闸站、机井、机耕路、造林、土地整治、农产品基地等的治理工程,取得较好的经济、社会和生态效益,使得徐州市黄河故道特色农业走廊的框架初步成型。

当年,《进军黄河故道"贫困带"打造特色农业走廊》项目被评为2011年度"振兴徐州老工业基地创新实践奖"。

而这一切,都引起了徐州市委、市政府领导的重视。自然而然,黄河故道沿线综合开发在他们心中的分量也日益加重。

回顾当年,农业资源开发局的同志说:作为徐州市人民政府的一个职能部门,我们知道自己的权限是有限的,力量是有限的,因而我们对黄河故道的开发只能局限于"农业开发"。但是对黄河故道沿岸的人民而言，他们的期盼则是整个生活背景的改变——水变、路变、田变、村变、文化变、生活变……这一切，我们托举不起。我们前期的工作，集中到一点，就是将黄河故道的开发引向一个更高的目标，推向一个更高的平台，导向一个更大的范畴……

闻其言，思其事，深知有为不在高职，有成不在巧言，唯惦念于民苦，始矢志于国忧。

（三）动感回放之三：地方对中央的响应

据新华网 2011 年 7 月 9 日报道，7 月 8 日至 9 日，中央水利工作会议在北京举行。中共中央总书记、国家主席、中央军委主席胡锦涛在会议上发表重要讲话。

此前的 2011 年 1 月，中共中央、国务院以中发〔2011〕1 号文件印发了《关于加快水利改革发展的决定》。该"决定"从经济社会发展的全局出发，科学阐述了水利发展的阶段性特征和战略地位，明确提出了水利改革发展的指导思想和主要原则，全面部署了今后十年水利改革发展的目标任务和政策举措。

决定公布半年后，中央水利工作会议召开了。对贯彻落实 2011 年中央一号文件进行了全面部署，动员全党全社会力量，推动水利实现跨越式发展。即"十二五"时期，要针对水利发展中的突出问题和重点薄弱环节，紧密围绕全面建设小康社会和加快转变经济发展方式要求，把水利作为国家基础设施建设的优先领域，把农田水利作为农村基础设施建设的重点任务，把严格水资源管理作为加快转变经济发展方式的战略举措，通过深化水利改革、加快水利基础设施建设、加强水资源管理，不断提升水利服务于经济社会发展的综合能力，为促进经济长期平稳较快发展和全面建设小康社会提供坚实的水利保障。

按照《国民经济和社会发展第十二个五年规划纲要》《中共中央、国务院关于加快水利改革发展的决定》和中央水利工作会议的有关精神和要求，以及"十二五"国家重点专项规划编制工作安排，国家发展改革委、水利部、住房城乡建设部又编制了《水利发展规划（2011—2015 年）》，提出了"十二五"及今后一个时期水利发展的总体思路、目标任务、建设重点和改革管理举措。

重温《水利发展规划（2011—2015 年）》的前言，徐州人自会倍感亲切：

水是生命之源、生产之要、生态之基，水利是经济社会发展的基本条件、基础支撑、重要保障，兴水利、除水害历来是治国安邦的大事。"十一五"

时期，在党中央、国务院的高度重视和全社会的共同努力下，水利投入持续增加，重点工程建设取得重大进展，水利基础设施体系不断完善，水利管理不断加强，完成了五年规划确定的主要目标和任务，是新中国成立以来历次五年计划、规划中水利投资规模最大，规划目标实现最好，人民群众直接受益最多的时期，有力地保障和促进了国民经济和社会发展，也为今后的发展打下了坚实基础。"十二五"时期是我国全面建设小康社会的关键时期，是深化改革开放、加快转变经济发展方式的攻坚时期，是可以大有作为的重要战略机遇期。新形势下，我国经济社会发展和人民生活改善对水提出了新的要求，发展和水资源的矛盾更加突出，水对经济安全、生态安全、国家安全的影响更加突出，成为制约可持续发展的重要因素。特别是 2010 年西南地区发生特大干旱，多数省、市遭受洪涝灾害，部分地方突发严重山洪泥石流，充分反映了上述问题的严重性，加快水利改革发展刻不容缓。

《规划》作为"十二五"国家重点专项规划之一，是指导此后五年水利改革发展的重要依据。

在本节插叙中央水利工作会议、《中共中央、国务院关于加快水利改革发展的决定》和《水利发展规划（2011—2015 年）》，从编者的本意考量，则是为了给徐州市黄河故道二次综合开发提供一个"思想源""政策源"，拓展一种"时代背景"和"国家背景"。

风从北京吹来，徐州人醒了。

最早苏醒的一批人中，就有徐州市农业资源开发局的朋友们。

2011年10月9日，中共徐州市委办公室《信息晨报》刊登了《市民热盼我市将故黄河两岸道路综合整治列入明年全市重点工程》的信息，引起了市委书记曹新平的注意，当天，他即加批："请王昊市长阅研。"此信息得以上达，即是市农业资源开发局的运作。

正因为农业资源开发局从正当途径得知了市委书记对黄河故道开发工程的关注，所以，在2011年12月12日，他们才以汇报的形式，向市委正式提出"黄河故道沿线综合开发"的命题（下详）。

12月12日，正是辞旧迎新的时刻。一元复始，万象更新，徐州市农业资源开发局的朋友们或许已经从寒冬的飞雪中，嗅到了春天的气息！

三、"二次综合开发"迎来春天

2012年，春来最早。

徐州，黄河故道边的红梅灿然而放。

2月23日，徐州市农业资源开发局将一份请示，以徐农开〔2012〕19号文件的形式提交徐州市政府。该文件的正式名称为《徐州市农业开发局关于推进黄河故道"二次综合开发"有关问题的请示》。而这份请示的产生，又与李荣启副书记的推进有关。当时，他看到了黄河故道开发的机遇，但这机遇必须有大动作，必须上升到全局战略层面。作为分管领导，他催促农业资源开发局向市委打报告，呈请示，以促成黄河故道开发工程的升格。上呈此请示，亦非贸然行事、横空出世。它的推出又是对上一年即2011年12月12日市委书记曹新平、副书记李荣启对该局上报信息《关于我市黄河故道沿线二次综合开发有关情况的汇报》所做批示的回应。

汇报报送的时间为2011年12月12日，此件在市委信息处压了三天。

待12月15日市委书记曹新平回到办公室处理文案的时候，信息处见缝插针呈上此件。

一个对的时间，找到那个对的人，摆出的又是一个对的问题，于是精神的火花碰撞出来。

曹新平写下如下的批语："故黄河二次开发的思路很好，还可以加上'故黄河历史文化走廊'建设。可以列入'三重一大'，放在'重'还是'大'，请徐文、文达同志提出意见。12.15。"

12月19日，市委秘书长夏文达签署意见："请天文主任先听取徐市长意见后定。"

天文主任请示过邹徐文副市长后，于12月19日在"办理情况"一栏签署："经请示，邹市长要求将其列入重大项目。"

同日，市委副书记李荣启签署："请学胜、建林秘书长阅。按曹书记批示精神，协调相关部门可先编制开发规划。"

一份汇报，引来市委领导如此的反响，入乎情理，而又出乎意料。

入乎情理的是徐州市委领导对黄河故道开发，早已有了调研和思考；出乎意料的是他们竟然一步到位、将黄河故道综合开发列入徐州市"三重一大"工程。这就意味着，从这一刻开始，徐州市对黄河故道的治理已经超越了昔日条条块块的局限，开始在"一个市"的范围内下一盘大棋，或者说又发动了一场新的"淮海战役"，各局联动，各县联动，真正以"综合治理"去创造"综合效益"。

进入新的一年，徐州市农业资源开发局遂在汇报所营造的乐观气氛中，向徐州市委呈上了上述请示。

请示上报十天后的 3 月 2 日，市委副秘书长张爱军在"初步意见"一栏签署："请曹书记、李书记、夏秘书长、倪秘书长、学胜秘书长、李秘书长阅示。"

同日，市委副书记李荣启签署："请曹书记阅示。"

3 月 3 日，市委书记曹新平签署："请示提出的 6 条建议基本可行。请荣启、冠山同志牵头讨论，常委会专门听一听。"

工作进展到这一步，徐州市黄河故道二次综合开发的战略性实践，开始进入快车道。

从 2011 年 12 月到 2012 年 3 月，公文推进了四个月，市委对黄河故道的开发才真正明确了目标和范围。作为分管领导，李荣启副书记在这背后所做的协调，疏通工作，又非局外人可知。

即便在这种曙光升起的形势下，徐州市农业资源开发局仍然谨慎而有序地开展调查研究，理顺各种渠道，让徐州市委、市政府领导听到社会各阶层对黄河故道开发的声音。

2012 年 3 月 19 日，他们所组织的《专家对我市黄河故道开发建设提出四点建议》一文在中共徐州市委办公室《信息晨报》40 期刊出，3 月 23 日，市委书记曹新平看了这篇建议，随即加批："请荣启、冠山同志阅处。"3 月 28 日，市委办公室遂转批市农业资源开发局："请市农业开发局于 4 月 14 日前将有关批示落实情况报市委办信息处。"市农业资源开发局局长恽芝健在次日即批："请杨东起草汇报材料。"

2012 年 3 月 29 日，市委副书记李荣启主持召开了推进黄河故道沿线二次综合开发工作座谈会。参加者有副市长漆冠山、市委副秘书长张学胜、市政府副秘书长谢建林及市委农工办、市农业资源开发局、发改委、财政局、农委、交通运输局、住建局、规划局、国土资源局、旅游局、文广新局、环保局、扶贫办等部门的有关负责同志。会议听取了市农业资源开发局关于推进黄河故道沿线二次综合开发有关情况的汇报，听取了参会部门的相关意见和建议，李荣启做了总结讲话。会议认为：推进黄河故道沿线二次综合开发工作是市委、市政府立足加快"两个率先"，建设美好徐州做出的重大决策部署，是一项功在当今、利在千秋的民心工程，必将对我市未来发展产生重要而深远的影响。会议就黄河故道相关问题做出明确规定。

同一天，《信息晨报》48 期刊出《专家建议将黄河故道沿线未利用滩地申报纳入国土资源部工矿废弃地复垦利用试点》一文，市委书记曹新平于 3 月 30 日批示："建议很好，请李钢局长阅研。"此件虽然没有批给农业资源开发局，但仍然属"黄河故道"范畴。

2012 年 4 月 6 日，中共徐州市委办公室〔2012〕第 69 期《重要信息专报》刊出《沿线干部群众对黄河故道二次综合开发充满期待》一文，李荣启副书记加批："请学胜秘书长、恽芝健同志阅。"

此后的发展趋势，基本依照请示中"六条建议"所预想的程序，逐步推进：

先是在 5 月 2 日下午，市委书记曹新平主持召开黄河故道沿线二次综合开发专题会议，听取并研究黄河故道沿线二次综合开发工作。他强调，实施黄河故道二次综合开发，是一项功在当前、利在千秋的综合性工程，要坚持"五位一体"，围绕"六大功能"，实施"八项工程"，上下联动、形成合力，努力在全省走出一条具有徐州特色的黄河故道综合开发新路。

曹新平就推进黄河故道二次综合开发提出五项具体要求：

一要明确黄河故道沿线二次综合开发的范围。故黄河包括大沙河流域 234 公里，总人口 136.94 万，区域土地总面积 405.48 万亩，规划面积 251.98 万亩。

二要确定二次综合开发的内容。坚持水利、农业、生态、文化旅游、交通"五位一体"，围绕行水、蓄水、资源、生态、文化、旅游"六大功能"，扎实推进水利工程、交通工程、土地整治工程、特色农业体系工程、绿色生态工程、历史文化建设工程、旅游观光工程、村庄环境整治工程"八项工程"。要坚持"三个结合、一个目标",即坚持把故黄河综合开发与徐州小康社会建设有机结合,与扶贫开发有机结合,与贯彻落实苏北工作会议精神有机结合,突出实现粮食过百亿斤这一目标。

三要明确分工和责任部门。要成立领导小组,下设办公室,实行条块结合,上下联动,充分发挥各地各部门的积极性与创造性,形成共同推进开发的合力。高标准做好黄河故道徐州段综合开发示范带的规划,县域部分规划由市农业资源开发局牵头制订,市区段规划由市规划局牵头制订,市区投资主体为新水公司。

四要制订具体工作方案。按照思路项目化、项目具体化的要求,明确故黄河二次综合开发的重点内容,包括 100 米宽的绿色长廊、土地整理、中泓疏浚、水系沟通、交通建设等方面。

五要制定相关政策,重点是土地、资金、综合开发、农业综合开发、投资主体等政策。

市长朱民指出,黄河故道二次综合开发,规划是龙头,要力争把规划上升为省级规划,积极向上争取政策、资金等支持。要突出水利、国土整治、生态环境建设、文化遗产挖掘等内容,积极谋划交通规划体系和产业空间布局。要进一步明确实施主体,在统一规划基础上,采取分级实施、分段实施,积极拓宽投融资渠道,有效破解资金问题,真正把这项工程建设成为推动徐州科学发展的重要工程,成为在全省范围内先行先试的示范工程。

市委副书记李荣启、副市长漆冠山也分别针对一些具体工作提出了意见。

第二天,2012 年 5 月 3 日,中共徐州市委、徐州市政府以徐委〔2012〕19 号文件,发出《关于成立市黄河故道沿线二次综合开发领导小组的通知》。

看看"通知"所公布的名单,即可理解该"领导小组"的规格。

第一组长:曹新平(市委书记)、组长:朱民(市长)、常务副组长:李荣启(市委副书记)、副组长:王昊(常委、副市长)、漆冠山(副市长)。

其成员 29 人,包括了与黄河故道开发相关的部、委、办、局及县、市、区负责人(下节详述)。

从"领导小组"的结构可以看出,徐州市黄河故道二次开发工作的"一线"当班者是市委副书记李荣启,所以,有人称他为农业书记,或黄河开发书记。

领导小组的成立,标志着徐州市委、市政府积极响应省委、省政府的决策部署,在全省率先启动了黄河故道综合开发工程。

领导小组成立，只是为黄河故道开发建立了一个"司令部"。此后，"司令部"如何发挥"运筹帷幄""决胜千里"的作用呢？

"司令部"的每一个成员都在思考，市农业资源开发局的成员也再次思考……

本节文字，编者选用"大梦先觉"为题，相信得其仿佛。

2012 年 8 月 16 日上午，曹新平主持召开办公会，专题研究黄河故道沿线二次综合开发工作。会议发出四条纪要：科学确定目标任务、准确把握规划标准、合理安排资金投入、加强组织机构建设。

黄河故道开发，本来是一个"旧题""老题"或者"难题"，不作为者，可以将此事束之高阁，如此，外界也无从追究其"不作为"的责任，因为，这毕竟是一个富有"弹性"的课题。对于有良知、有作为者而言，黄河故道开发又是一个他们放不下、不愿放，绕不开，不愿绕的"良心工程""福祉工程"：不为则食不甘，不成则眠不安。

此处，我们要再一次强调"二次"综合开发。"二次"是对"一次"而言的。照徐州市农业资源开发局的理解，在"十二五"之前对黄河故道的所有开发，都属于"初步"开发，都属于"基础性"开发。为了与这六十多年的开发有所区别，有必要提出"二次开发"的概念。而任何一种新概念的提出，其实都包含了一种理念更新。

本书编者曾经询问李荣启副书记的经历，方知他家的老屋，竟然是枕着黄河故道的大沙河堤——在大沙河刚刚形成的两年期间，大沙河就是黄河的主河道，而原来的黄河主河道流量还不到三分之一。在他的追述里，未曾治理的大沙河，是一条名副其实的"沙河"，大风一起，漫天飞沙，只消半日，桌上、床上都可以画出字来。

采访中，我们还了解到，在徐州市农业资源开发局内，具有黄河故道成长背景者原来是一个群体——副局长李荣芳、刘存山，综合计划处处长胡光杰等，都是"黄河故道人"！

生于斯，长于斯，黄河水，黄河风，早已将那份黄河情缘融入血脉，化为梦想。而今，"土著的"黄河故道人与"非土著"而关注着黄河故道的人，走到一起、想到一起，共同托举起一个时代命题，这有水到渠成的自然，更有未雨绸缪的努力。

四、黄河序曲，响遏行云

小事小场面，大事大格局，这是尽人皆知的道理。

鉴于黄河故道的宏阔背景，徐州市农业资源开发局作为徐州市黄河故道二次综合开发的"引燃者"，几乎在其朦胧的酝酿阶段，就抱定了那种朴素的、却是最为正确的事业判定：黄河故道的二次综合开发，只有突破徐州一市的局限，力争推进到"省级""国级"层面，才可能获得最大限度的"战略支持""决策支持""财政支持"和"舆论支持"，进而创造出黄河故道综合开发的最大价值、最优效能。

前文所述，徐州市农业资源开发局与江苏省农业资源开发局持之以恒地疏通和对接，从"业务"的层面，已经厘清了源流。

另从徐州市委、徐州市政府的角度，也通过步步深入的汇报、请示，将原本属于徐州市一个局部空间的课题，提升到关系"苏北"、影响"全省"的"全局课题"。

此后，则是江苏省领导站在一个更高的平台上，向中央有关部门继续阐明黄河故道综合开发的黄淮海"流域性"意义……

这是一种连锁动作所引发的连锁反应。即以小的"正能量"，引爆大的"正能量"。

所谓"天地之风"起于"青萍之末"，正是如此。

不妨让我们回顾一下在徐州市启动黄河故道二次综合开发前后，江苏省的相关动态：

——2012 年 4 月，江苏省委、省政府召开苏北工作暨扶贫开发工作会议，吹响了打好苏北全面小康建设攻坚战的号角。

——2013 年 5 月 17 日，江苏省人民政府批准了由省发展改革委牵头制订的《江苏省黄河故道农业综合开发和农村经济发展规划（2012—2020年）》。批复特别指出：

江苏境内黄河故道全长 496 公里，沿线涉及徐州、宿迁、淮安、盐城4 个市 14 个县（市、区）的 76 个乡镇，受自然条件等多种因素影响，沿线地区经济社会发展总体滞后，农民收入较低，是苏北全面小康建设的重点和难点。望认真组织实施《规划》，推进黄河故道农业综合开发和农村经济发展，切实改善沿线地区生产、生活条件，促进农民增收致富，加快苏北振兴和全面小康建设步伐……

围绕黄河故道地区开发目标，实行统筹规划，积极整合资源，协调推进水利建设、农业综合开发、交通基础设施、农业产业化、农业科技创新推广以及生态保护等重点工程建设，确保年年都有新进展，推动各项开发任务落到实处……

推进黄河故道地区农业综合开发和农村经济发展，涉及面广，工作任务重，必须统筹协调推进、上下联动实施。要健全领导机制，确保责任、措施、投入到位。充分发挥沿线地区政府主体作用，广泛调动各方积极性，形成上下协调推进合力。各级财政要增加对黄河故道地区开发的投入，省财政重点增加农业综合开发和农田水利建设投入。加强与河南、山东、安徽三省联系沟通，共同争取将黄河故道地区列入国家农业综合开发重点项目区。

"打造千里黄河故道现代农业特色走廊"，成为省政府对黄河故道综合开发的响亮口号。

——2013年7月8日下午，省长李学勇主持召开省政府常务会议，审议并原则通过《关于支持苏北地区跨越发展实现全面小康的意见》，该意见提出，在已有政策措施基础上，进一步加大对苏北发展的支持力度，通过实施六大关键工程，重点解决苏北发展的薄弱环节，确保苏北振兴，实现全面小康。

——2013年7月28日，苏北发展协调小组第九次会议在盐城举行。李学勇省长强调，要立足现阶段，聚焦政策，集聚资源，集中力量实施六大关键工程，包括脱贫奔小康重点片区帮扶工程、黄河故道现代农业综合开发工程、重点中心镇建设工程、苏北铁路建设工程、城乡供水与污水处理工程和科技与人才支撑工程。同时要着眼中长期，将省委、省政府"六大战略"向苏北纵深推进。

江苏省的"六大关键工程"中，"黄河故道现代农业综合开发工程"赫然在列。这就显示，徐州市所推进的黄河故道综合开发，在被列为徐州市"三重一大"工程后，已经渐渐升格为江苏省的"关键工程"。

看一看时间节点，就可以知道徐州市启动对黄河故道的综合开发，"抢抓机遇"的或"借东风"的特色十分鲜明。

将江苏省委、省政府支持苏北全面小康建设的战略机遇，与率先实施黄河故道综合开发相结合，就为黄河故道综合开发营造了最好、最顺的外部环境。

"实施黄河故道沿线综合开发，不仅是立足当前，也是着眼长远培育新的经济增长极的有力举措；全力打造黄河故道综合开发的样板区和示范带，率先走出一条具有徐州特色的黄河故道综合开发新路子。"在2012年9月20日举行的全市黄河故道沿线综合开发动员大会上，徐州市领导就是以这样的表述，向全市人民发出了综合开发黄河故道的动员令。

号角已经吹响，队伍正在集结，徐州市对黄河故道的二次综合开发已经跨越了局部的、分散的战术治理状态，而递进到流域思考、通盘设计、市县联动、综合治理的战略状态。

任何"大格局""大手笔"，都从"司令部"的筹划起步。

黄河故道沿线二次综合开发领导小组建立后，领导小组负责人、领导小

组办公室人员，想得最多的就是如何"踢开头三脚"。

正因为怀抱了这样的紧迫感，所以在"徐州市黄河故道沿线二次综合开发领导小组"成立之后，作为领导小组"常务副组长"的李荣启曾经多次与领导小组办公室的同志商量："综合开发，百端待举，先抓什么？后抓什么？一定要梳理清楚。"

最后，李荣启定下这样的工作基调："领导小组建立了，这领导小组是抓黄河故道开发全盘工作的，但我们又是要对市委、市政府负责的；所以，先要拿出一个综合开发的意见，报市委、市政府，得到批准，则以市委、市政府的名义发出，这样，我们的综合开发才能在市委、市政府领导下，上下联动，八方呼应。"

此后，领导小组办公室形成了如下共识：市黄河故道综合开发领导小组建立后，市农业资源开发局、市水利局、市交通运输局等，将是领导小组最为紧密的联系单位，所以，领导小组办公室应该加强和这些单位的联系。另外，在市委、市政府的"意见"拿出来之后，接着就该是各种实施规划的编制及年度责任书的编制。

一切都在紧锣密鼓地进行着。

2012年9月19日，中共徐州市委、徐州市人民政府以徐委发〔2012〕46号文件联合下发《关于实施徐州境内黄河故道沿线二次综合开发的意见》（以下简称《意见》）。

该《意见》分为四个部分。

第一部分为"黄河故道沿线二次综合开发的历史背景和重大意义"。《意见》阐明："实施黄河故道沿线二次综合开发，既是沿线区域加快自身发展的内在要求，也是地方干群发展致富的急切盼望，更是全市统筹城乡区域协调发展、加快建设全面小康社会的迫切需要。""是一项功在当代，利在千秋的民心工程、实事工程。"

第二部分为"黄河故道沿线二次综合开发的总体要求、主要目标和开发原则"。

这部分对"总体要求"的阐明是："以科学发展观为指导，抢抓省委、省政府支持苏北加快发展的重大机遇，坚持把黄河故道沿线综合开发与振兴徐州老工业基地相结合，与新一轮扶贫开发相结合，与全面小康社会建设相结合，坚持水利、交通、农业、生态、文化旅游、土地综合整治'六位一体'，高标准编制规划，多渠道增加投入，以项目建设为抓手，扎实推进中泓贯通工程、道路畅通工程、土地整治工程、农业提升工程、生态建设工程、环境整治工程、文化旅游工程、扶贫开发工程、（后在实施中加"城乡用地统筹工程"，故为"九项工程"）等'八项工程'，确保实现中泓贯通、道路畅通、设施配套、产业兴旺、生态美好的目标，全力打造黄河故道综合开发样板区、示范区，努力在全省率先走出一条具有徐州特色的黄河故道综合开发新路子。"

这部分对"主要目标"的阐明是："到 2015 年底完成以下十项目标任务：（1）完成总投资 260 亿元左右；（2）开发治理面积 260 万亩，其中新增复垦整理土地 10 万亩，市区整理建设用地 3000 亩；（3）建设高标准农田 100 万亩，其中新增水稻面积 30 万亩；（4）新建高标准产业园 10 个以上；（5）拓宽疏浚中弘 200 公里以上，新增蓄水能力 1 亿立方米；新建 9 大生态湿地；（6）新增和修建二级公路 400 公里以上；（7）新增精品文化旅游点 15 个以上；（8）新增绿化面积 10 万亩，森林覆盖率达到 33.5%；（9）沿线村庄环境整治全部达标；（10）沿线农民人均纯收入年增长高于全市平均水平 2~3 个百分点，沿线贫困人口全部脱贫。"此即"十大目标"。

第三部分为"黄河故道沿线二次综合开发的主要任务和工作重点"。《意见》所阐明的"总体安排"是"一年启动实施，两年初见成效，四年完成任务"，即"到 2012 年底，完成规划编制、政策制定、实施方案和项目库编制，启动实施年度项目，完成总体任务的 15%；2013—2014 年，基本完成中泓疏浚开挖任务，基本建成沿河两岸公路，建成一批高标准农田、特色农业基地和文化旅游设施，完成总体任务的 70%；2015 年，全面完成黄河故道沿线二次综合开发任务，将黄河故道建设成为特色农业走廊、绿色生态走廊、绿色文化走廊、旅游观光走廊"。重点推进的"八大工程"分别是：

一是中泓贯通工程。按照市区段流域百年一遇、其余流域二十年一遇的防洪标准，排涝五年一遇的标准，全面开挖疏浚中泓，加强堤岸护坡及配套桥闸建设，全面恢复黄河故道行水功能，增强区域防洪排涝能力。

二是道路畅通工程。加快黄河故道中弘两侧等级公路建设，着力构建黄河故道区域交通路网，两侧道路一侧规划建设2级以上公路，另一侧规划建设旅游道路。实现两侧道路与高速、国省道、县乡公路、镇村公路及沿线主要旅游景区的互连互通。

三是土地整治工程。按照国土整治置换建设用地政策要求，重点整治中泓两侧的土地和工程配套。完成土地复垦治理10万亩。通过组织实施农业综合开发土地治理项目、国土整治复垦项目、小型农田水利建设和万顷良田建设工程等，确保到2015年，建成100万亩高标准农田，为提高粮食综合生产能力提供支撑。

四是农业提升工程。按照农业提档升级行动计划的要求，加快设施农业基地建设步伐。形成林果、蔬菜、稻麦、畜禽和食用菌五大产业体系。集中打造1~2个万亩以上的设施农业、园区农业、观光农业或生态农业基地。

五是生态建设工程。按照"林相合理、生态优化、景观优美"的要求，加快中泓两侧100米宽的"绿色生态走廊"建设和黄河故道区域生态林、经济林建设，加快沿线生态保护和建设，加强水土保持综合治理，全面提升沿线生态环境。

六是环境整治工程。根据黄河故道开发总体规划，调整优化沿线镇村布局，加快中心镇和新农村建设，深入开展村庄环境整治，使沿线区域的村容村貌更加整洁、乡村特色更加鲜明。

七是文化旅游工程。坚持挖掘、保护、开发并重，深入挖掘黄河故道沿线历史遗存、名人古迹和汉文化、三国文化等历史文化资源，规划建设一批文化景观区，大力发展黄河故道风光旅游、文化旅游和农业观光旅游，打造黄河故道主题旅游品牌。

八是扶贫开发工程。把黄河故道沿线作为全市新一轮扶贫开发的重点区域，实行连片开发，给予重点扶持，确保到2015年，沿线区域经济薄弱村全面实现"新八有"目标，低收入人口全部脱贫。

第四部分是"黄河故道沿线二次综合开发的组织领导和保障措施"。《意见》从"加强领导，落实责任""统一规划，分步实施""制定政策，鼓励开发""加强督查，严格考核"等方面加以阐明。

该《意见》是徐州市黄河故道二次综合开发的纲领性文件，也可以说是二次综合开发的"任务全书"。此后五年，徐州市黄河故道二次综合开发的"方向""路线"基本都框定在这份《意见》之内。虽然此后也有些修订，有些补充，但《意见》设定的主要任务没有太大的改变。如"八大工程"，后来增加为"九大工程"。

因为该《意见》经过较多人士、较长时间的认真推敲，所以保持了她的合理性、科学性、可操作性，因而在徐州市黄河故道二次开发的全过程都发挥了指导作用。

第二节 黄河走淮海，好梦起宏图

——黄河故道沿线二次综合开发"规划"点睛

一、兵马未动，规划先行

在现代社会里，"预测"与"设计"总是领先于一切"创造"。

所以，"规划先行"是一种工程常识。

黄河故道沿线二次综合开发，作为一种面广量大、综合配套的工程，保证其针对性、科学性、合理性、可操作性的前提，必然是在调查研究后所认真编制的各种实施规划。

可以参照的例子是，在接到江苏省农业资源开发局上报的《江苏省黄河故道农业综合开发和农村经济发展规划（2012—2020 年）》（以下简称《规划》）后，江苏省人民政府就曾在批复中指出：

《规划》是黄河故道地区农业综合开发和农村经济发展的重要依据，你委要牵头做好《规划》的组织实施工作，切实履行规划指导、工作协调、项目建设、督促检查等职能。指导督促沿线地区抓紧编制实施规划，做好与当地城乡建设、产业布局、生态环境保护规划的衔接，科学有序推进《规划》实施，提升该地区农业综合开发和农村经济发展水平，推动该地区早日振兴。

这就告诉人们：再宏伟的"大工程"，也要按实施规划逐步推进。

而在一个世俗的世界里，有人似乎不看重规划。这或许是"长官意志"

用惯了，或许是"拍脑瓜"办事拍惯了，以至有人找上门毛遂自荐时，他们对黄河故道综合开发实施规划的设想，仍然只停留在做一个"大而化之"的"概念表述"。

其实，"过往"的立场，不可能理解"今天"；历史的"老经验"，不可能适应"新任务"。

"高标准编制规划！"成为黄河故道二次综合开发领导小组、以及领导小组办公室所有成员的思维热点。

黄河故道如果是一条"龙"，对黄河故道进行综合开发，即是在进行一项"驯龙"活动。而工程规划的编制，则类似于制订"驯龙程序"。

这，也只是我们局外人的设喻，而在领导层、核心层的心目中，抓规划编制，其实就是在编织一个全息体系的巨型网络，将黄河故道二次综合开发在每一个时间节点、每一个空间节点上进行的工程做一个缩小版的动态"预案"。

开始，规划办的同志对这一系列的规划如何制订，心中也没有数，所以他们最初的方案没有可操作性。是李荣启副书记提出修改思路，又先开了三四次会议，才将这总规划与分项规划的格局，安排妥当。

思想统一后，总规划与分项规划的编制就紧锣密鼓地开展起来。

因为最初的战略考量是推进"八大重点工程"、建设"一带九区十四园"，故所有规划编制即围绕上述任务展开。

规划分类为：

其一，两个总体规划：

1. 徐州市黄河故道沿线综合治理开发（县区段）总体规划

2. 徐州市黄河故道沿线综合治理开发（市区段）总体规划

其二，十一个专项规划：

1. 徐州市黄河故道沿线村庄环境整治规划

2. 徐州市黄河故道沿线综合开发交通建设规划

3. 徐州市黄河故道沿线综合开发水利建设规划

4. 徐州市黄河故道沿线综合开发土地整治专项规划

5. 徐州市黄河故道沿线高标准农田建设规划

6. 徐州市黄河故道沿线综合开发扶贫工作规划

7. 徐州市黄河故道综合开发生态环保建设规划

8. 徐州市黄河故道沿线综合开发旅游发展总体规划

9. 徐州市黄河故道沿线综合开发生态绿化专项规划

10. 徐州市黄河故道综合开发现代农业产业体系建设规划

11. 徐州市黄河故道沿线综合开发文化建设规划

规划的启动日期可以上追到 2012 年 8 月 16 日。这一天，由徐州市委书记曹新平主持召开办公会议，专题研究黄河故道沿线二次综合开发工作。会

上，形成"会议纪要"四条，其第二条即是"准确把握规划编制"。

当时，对规划的学术定位，也拟订了一个富有弹性的尺度："其中两个总体规划设定为国家级水平，十一个专项规划设定为省级水平"。"鉴于十一个专项规划专业性较强，请市各职能部门同步做好与省管部门和有关县（市）区的沟通衔接，确保专项规划协调一致，有操作性。其中，交通、水利等专项规划要因地制宜，彰显特色，确保沿线旅游道路与桥梁建设科学规划，合理布局。""会议明确黄河故道市区段总体规划由市规划局牵头制订，要根据黄河故道市区段沿线土地功能布局道路交通和建筑景观等做优化调整，力争打造一条文化资源丰富、景观优美、通行顺畅的绿色廊道；县城段总体规划以县（市）区为主制订，按照五年内能否实施为标准合理确定项目范围，其中农业、水利和交通类项目原则上全部纳入，旅游、景观和城建类项目适当控制规模，一般不超过两个（市区不限），确保项目重点突出，科学合理。"

关于规划预算："会议原则同意黄河故道沿线二次综合开发市区中心段（含铜山区）总体规划预算 365 万元，县域段总体规划预算 260 万元由市财政全额解决；原则同意十一个专项规划给予定额补助，每个专项规划补助50 万元。"

仅规划一项，总的预算即达 1175 万元！此次徐州市黄河故道二次综合开发手笔之大，可以想见。

对两个总体规划和十一个专项规划的编制，在 2012 年 9 月 19 日中共徐州市委、徐州市人民政府《关于实施徐州境内黄河故道沿线二次综合开发的

意见》中再一次被强调："坚持规划先行，高标准做好黄河故道沿线二次综合开发总体规划和分项规划编制工作。总体规划县区段由市农业资源开发局牵头负责，总体规划市区段由市规划局牵头负责，分项规划由各业务主管部门负责。"

当 2012 年 12 月 10 日下午，市委书记曹新平在调度黄河故道综合开发相关工作时，两个总体规划和十一个专项规划的编制正在紧锣密鼓进行着，只是没有最后定稿，因而，曹新平提出："要立足当前，着眼长远，高标准、全方位、系统化的编制黄河故道沿线二次综合开发的各项规划，坚持水利、交通、农业、生态、文化旅游、扶贫'六位一体'。要按照思路项目化、项目具体化的要求，科学建立项目库。"

此前，按照突出前瞻性、体现科学性、注重操作性的原则，领导小组督促各规划的编制单位，精心编制各自规划，并注意科学确定开发范围和建设内容，合理布局现代农业园区、商贸物流区和文化旅游区；同时强化各个规划之间的衔接，尽力做到多规融合。在市委书记检查之后，市黄河故道综合开发领导小组办公室又对各个规划的责任单位，进行检查、督促。

另在规划的编制阶段，领导小组即注意到规划的"先期效应"，即每有规划初步拟订，便及时向上级吹风、汇报、请示，借规划编制的实践活动，加大对上争取的力度，进而营造出将徐州市黄河故道综合开发纳入省级区域发展规划、并上升到国家发展战略的氛围。

压力变动力。各责任单位亦组织专家学者，针对项目需要，开展调查研究，查阅历史资料，编制专业规划。虽然进度不等，但所有规划责任单位都将规划编制视为急办之务。

至 2013 年 5 月 29 日，领导小组办公室发出通知，提出各规划的专家审定工作应在 6 月底一律结束。

该通知提出：

市黄河故道综合开发各项规划已经市领导审阅，形成文本，根据市领导要求，按照《中共徐州市委、徐州市人民政府关于实施徐州境内黄河故道二次综合开发的意见》（徐委发〔2012〕46 号）的总体部署和有关规划编制工作要求，市黄河故道综合开发各专项规划要履行专家评审程序。现将有关要求通知如下：

一、评审组织：专项规划专家评审由各牵头单位组织，市黄河故道综合开发办公室有关领导等人员参加。

二、评审时间：各专项规划 6 月底前评审完毕。

三、评审要求：按照专项规划要达到省级水平的总体要求，评审专家组组长要是省级权威专家担任，专家组成员要具备高级职称资质，省级专家不少于3名。

四、报送成果：按照专家组提出的修改意见，对规划文本有关内容进一步修订完善。7月20日前将附有评审结果的规划文本一式50份报送市黄河故道综合开发办公室。

五、有关事项：

1. 请各牵头单位将评审专家组成员名单及具体评审时间提前2天报市黄河故道综合开发办公室。

2. 专家评审手续完备后方可申请拨付剩余规划经费。

该"通知"发出后，规划编制工作进入收官阶段。因而，我们将2013年7月20日视为徐州市黄河故道沿线综合开发各项规划的定稿日期——在具体操作方面，各规划当然还是有先有后，就大势而言，"7·20"的"杀青"界限还是准确的。

二、留住"蓝图"，珍存"历史"

纸上的"规划"，就是建设的"蓝图"。

一旦"落地"，则"蓝图"就变成了实实在在的"工程"。当人们惊叹那些宏伟的"工程"时，谁还会想到它的设计者、施工者是谁呢？谁还会想到该"工程"所遵循的科学原理或技术规则呢？

对于后来人而言，每一处悄无声息的历史遗存下面，都有喧嚣的人生故事或纷繁的社会背景。因而保留黄河故道综合治理的种种专业规划，其实就是留下我们这一代人开发黄河故道的信息与密码、责任与担当，至于能否起到"前事不忘，后事之师"的教化作用，或者能否承担"让历史告诉未来"的传承责任，那还要看后来人对我们开发实践的认识。

抱着这样的写作目的，本书将节录黄河故道沿线综合治理专业规划中的部分文字与部分图录，进而"立此存照"。

这是一份"工程档案",记录着不少"技术参数"。

这也是一份"时代记录",珍藏着今人的"智慧结晶"。

下面以"朝花夕拾"为标签的几组资料,分别对"水利规划"、"交通规划"和"环保规划"做了一些"点睛"式的节录;借此,以展现工程背后的先期劳作。

漫步黄河岸,做抚今追昔之想,倘若在知其"然"之后,再知其"所以然",我们又何乐而不为呢?

另,在对上三项规划进行节录之前,考虑到省级规划,尤其是省级水利规划对徐州市黄河故道开发的指导性意义,所以先于节录《江苏省黄河故道地区水利建设专项规划》。该"专项规划"为推进《江苏省黄河故道农业综合开发和农村经济发展规划(2012—2020年)》的实施而编制,编制单位是江苏省水利厅,2013年10月发布。

该专项规划对总体思路的陈述:

一是巩固和完善防洪除涝工程体系,加快堤防、中泓整治和滩地治理,全面提高故道地区防洪保安能力;二是在充分利用本地水资源、提高水资源利用效率的前提下,实施扩挖中泓、完善梯级蓄水工程、补水工程、高效节水工程,进一步增加外调水源,应急利用地下水资源,提高故道地区水资源调蓄能力和应急供水保障能力,满足故道地区经济社会发展的用水需求;三是加强水资源和水生态环境保护,重点加强水土流失治理和饮用水源地的保护,加强水土保持设施建设,加强水量水质监测设施建设,强化城区段入河排污口的监测和管理,保护水质和水生态环境。四是通过深化各项水利改革,转变水利发展模式,强化政府对涉水事务的社会管理和公共服务。

该专项规划对"规划目标"的陈述:

一是防洪除涝,徐州境内市区段(铜泉界—铜云界)长度38.5公里,大堤设计防洪标准为百年一遇,其余段为二十年一遇,子堤防洪标准为十年一遇;黄河故道滩地农田排涝标准为五至十年一遇;分洪道设计防洪标准为二十年一遇,排涝标准为十年一遇。

二是水资源配置与节约用水,供水能力进一步提高,满足故道沿线高亢地区农业、工业和居民生活用水要求,水资源有效利用率进一步提高,灌溉水利用系数不低于0.60,节水型社会建设取得显著成效。

三是农田水利和饮水安全,在提高水资源供给能力和利用效率的基础上,完善农田水利基础设施,提高农田灌排能力,满足农业开发、生产和农村经济可持续发展的要求。农田灌溉供水保证率不低于80%;城乡供水安全基本得到保障。

四是水资源保护和生态环境治理，地下水超采区得到有效治理，地下水位控制在红线水位以内的地表水功能区和主要饮水水源地水质全部达到保护目标；通过完善水土保持设施，防治水土流失，林草植被覆盖率不低于28.5%，水生态环境进一步改善。

该专项规划对"主要任务和重点建设项目"的陈述：

防洪除涝：一是徐州市睢宁境内黄河故道大堤加固3.3公里；徐州境内子堤加固212.5公里（含新黄大沟两侧子堤45公里）。徐州境内中泓拓浚123.5公里（境内未治理段85.5公里、新黄大沟22.5公里、城区段清淤4.0公里、安徽段清淤11.5公里）。徐州市境内险工段处理6.7公里。徐州市境内新建跨河生产桥4座、拆建36座。徐州市境内沿线口门挖压拆建排水涵闸站126座（涵闸38座，泵站88座）。二是魏工分洪道完善工程：根据规划，二十年一遇古邳黄河闸下泄流量为57立方米每秒，加上区间汇流，魏工分洪口流量为112立方米每秒，加上庆安水库设计泄洪100立方米每秒，魏工分洪道设计流量应达到212立方米每秒，而魏工分洪道设计行洪能力仅为100立方米每秒，不能满足要求。因魏工分洪道两侧房屋较多，拆迁量大，扩挖较困难，规划将故黄河向东与徐洪河直接连通，黄河东闸以下的洪涝可直接进入徐洪河。规划开挖河道2公里，将黄河故道和徐洪河连通，加固两侧堤防4.0公里，在徐洪河西侧2公里处新建张庄闸，设计流量112立方米每秒。庆安水库承担故黄河部分分洪任务，但水库下游溢洪道一直没有建成，2006年水库除险加固时，只实施了大坝加固及建筑物重建工程，在东堤重建泄洪闸，设计流量100立方米每秒，并未建设下游溢洪道。为保障水库运行安全，规划沿庆安干渠北侧低洼地开挖一条溢洪道，接入下游的魏工分洪

道后入徐洪河,河道开挖长度13公里,设计流量100立方米每秒。

水资源配置:包括新建梯级控制建筑物、提水泵站。一是规划在梁寨镇腰里王村、付庄村附近分别新建腰里王闸、付庄闸,使徐州段梯级控制增加为9座(不含安徽萧县三大家闸);房湾段中泓拓浚宽度增加至500~1000米,进一步增加槽蓄库容,提高河道拦蓄能力。规划工程实施后,徐州段槽蓄库容达5710万立方米,比现状增加1920万立方米。二是丰县段新建腰里王站、秦庄站,扩挖输水河道8公里。腰里王站从梁寨水库提水向腰里王闸上故黄河补水,秦庄站从郑集南支河提水向付庄闸上故黄河补水。腰里王站、秦庄站设计流量分别为2.5立方米每秒、5.0立方米每秒。在峰山闸处新建峰山站,自峰山闸下故黄河提水向闸上段补水,设计流量为2.5立方米每秒。王山站设计流量25立方米每秒,其中南站15立方米每秒,北站10立方米每秒,王山南站拆建工程已列入大中型泵站改造规划,根据水资源需求,规划王山站增容规模为10立方米每秒,扩挖王山站引河12.5公里。

农村水利:一是为满足滩地农田灌溉要求,徐州市新建提水泵站113座,拆建88座。二是对现有老化失修的灌溉渠道及配套设施进行完善,新建、改建灌溉泵站,疏浚渠道,提高引提水能力;根据农业相关规划配套建设灌溉设施。三是对现有老化失修的排水沟及配套设施进行完善,新建、改建排水泵站,疏浚排水沟,提高排水能力;根据农业相关规划配套建设排水设施。四是对渠道进行衬砌防渗,提高灌溉水利用系数,提高水资源利用效率,节约水资源;适当发展喷灌、滴管、管灌等高效节水示范田,主要用于设施蔬菜、花卉、苗圃、经济林木等高效特色农业项目。五是通过建设地表水厂、地下水厂及配套管网设施,解决高亢地区群众饮水不安全问题。

水资源和生态环境保护:一是切实贯彻省人大颁布的《关于加强饮用水

源地保护的决定》，加强水源地及保护区的治理、保护和管理，实施饮用水源地达标建设，实施水源地安全防护、生态修复和水源涵养等工程，健全故道地区水环境监测体系，建立水功能区水质通报制度。加强蓄水和引提水工程建设，优化水利工程调度方案，保障水量供应。核定区域用水总量、用水效率和纳污总量，加强"三条红线"控制管理。加强水环境综合治理和水土流失治理力度，保护高亢地区水环境。加强地下水管理和保护，严格执行和完善取水许可制度和地下水开采的审批、管理手续；组织实施超采区地下水压采，对区域供水已覆盖范围内的深井，按计划进行封填（存）；防止地下水污染，加强地下水监测能力建设。调整农业结构，指导农民科学种植，减少农业面源污染，控制工业和生活污水达标排放。二是根据黄河故道沿线实际情况，规划建设徐州市二坝生态湿地，建设内容包括清除圩堤，整理滩地，种植水生植物，修复水生态，建设净化设施和配套工程等。三是根据黄河故道地区土质、水土流失特点，结合打造千里生态长廊目标，对两岸堤防、岸坡、滩地农田采取水土保持措施，主要有工程措施、植物措施、管理措施，堤防以堤坡护砌、绿化为主，岸坡以工程防护为主，滩地结合农田水利规划采取沟渠护砌和林草防护。

注：该专项规划确定江苏省黄河故道地区水利基础设施建设共26大项，规划总投资98.62亿元；其中，徐州市38.39亿元。

（一）立此存照之一："水利规划"节录

黄河治理，水利先行。基于这一认识，故将水利规划置于各规划之前，并且在"量值"上不多设限。

1. 规划概述

《徐州市黄河故道水利规划报告》是由徐州市水利建筑设计研究院担纲编制的，完成于2013年6月，证书编号：A132005100。据规划前言可知："徐州市水利局于2012年6月委托徐州市水利建筑设计研究院进行《徐州市黄河故道水利规划报告》的编制工作。按照《黄河故道地区水利规划工作大纲》《江苏省黄河故道农村经济发展规划纲要（2012—2020年）》的要求，依据《江河流域规划编制规范》《江苏省水利规划编制导则》，在现场调查的基础上，参照有关资料并结合黄河故道历次治理的实际情况，编制完成了本规划报告。2013年4月18日，江苏省水利厅会同江苏省发展与改革委员会在南京组织召开了《黄河故道地区发展水利专项规划》审查会。我院根据与会专家提出的修改意见对本报告进行修改，并与2013年6月最终修改完成。"

参编人员组成：批准：李平夫；核定：周苏北；校核：滕红梅；项目负责人：张磊；参加人员：李平夫、周苏北、滕红梅、张磊、纪伟、代晴、周星岑、李佳阳、马彤彤等。

2.“文本”节录

其一，“规划总体布局”之“规划目标和任务”“总体布局”节录：

※ 对“规划目标和任务”的表述：

——规划目标是为黄河故道地区综合开发提供水利基础支撑，重点解决黄河故道存在的防洪排涝标准低、水资源不足、农田水利设施差等突出问题，促进黄河故道地区经济社会发展。

规划目标：2020年使故黄河河道中泓达到十年一遇排涝标准（市区段二十年一遇）；两侧子堤防洪标准达到二至二十年一遇；故黄河堤防防洪标准达到二十年一遇，市区段防洪标准达到百年一遇。大沙河防洪标准达到二十年一遇。农业灌溉保证率75%，城市供水保证率97%。并且，通过农田水利工程的规划，提高故黄河两岸河道的排涝灌溉能力，使黄河故道高亢地区区域内形成一个完整的排涝灌溉体系，真正做到涝水排得出，灌溉引得进。

※ 对“规划总体布局”的表述：

——黄河故道地区治理工程布局是在过去治理已形成的分区分段治理的基础上，根据新的工情、水情和黄河故道地区综合开发的新要求，按照地形、水系特点，规划工程总体布局和治理措施。

防洪除涝：适应徐州市经济社会发展需求，以保障黄河故道地区经济建设为核心，依托黄河故道现有的骨干防洪工程，重点进行河道中泓开挖、干河堤防加固、河道梯级控制及分洪枢纽治理等防洪排涝工程，提高黄河故道洪水科学调度和综合防御能力。通过整理疏浚两侧排水沟治理工程，进一步完善黄河故道两岸排水体系及水库治理。

供水工程：通过扩挖河道，增加河段控制，提高黄河故道蓄水能力。着力建设中泓补水工程的同时，利用地下水源并新增外调水源。着力建设沿线引提水泵站、输水口门、扩大沿线大中沟及引河断面等工程，增加黄河故道河道引水、蓄水和送水能力。

农田水利：按照农田基本建设要求，进行渠系设计、排水沟布置，通过整理疏浚黄河故道两岸干支渠、建设沿线灌溉涵闸泵站等口门、完善黄河故道两岸农田灌排体系。并通过渠道防渗衬砌，增加管灌、微喷灌面积，建设高标准农田，以提高区域农田水利工程标准。

水土保持：通过采取水土保持工程措施、植物措施以及管理措施，对黄河故道河道、滩面、堤防等进行水土保持工程，着重治理黄河故道河道中泓水土流失。

水环境工程：根据黄河故道水功能区分布及水质现状评价资料，重点评价水质保护及监测。结合两岸水环境工程现状，打造和保护黄河故道沿线水生态湿地。

工程管理：明确黄河故道水利管理范围，设置黄河故道管理机构。完善黄河故道水利工程管理设施，建立健全各项管理制度，使得黄河故道河道确权范围内区域真正实现统一管理。

摘录按语：将水利规划目标定在"为黄河故道地区综合开发提供水利基础支撑"，这是十分清醒、十分得体的定位。另防洪工程、供水工程、农田水利等，也都体现了"黄河故道一盘棋"的综合治理特点。

其二，对"防洪除涝工程规划"之"堤防规划""河道治理""滩地排涝工程""故黄河沿线跨河桥梁规划表""分洪枢纽控制""大沙河治理规划"等节录：

※"堤防规划"表述：

——根据黄河故道水文分析成果，分段复核全线防洪堤防。故黄河徐州市区段防洪堤设防标准为百年一遇，堤顶宽度不小于6米；其余段故黄河大堤防洪标准为二十年一遇设计，堤顶宽度不小于4米。全线需在中泓两侧筑子堤的河段，子堤防洪标准达到十至二十年一遇，堤顶宽度不小于4米。

徐州市区故黄河地处主城区，不具备加固防洪堤条件。根据徐州院编制的《故黄河治理（徐州段）工程规划》徐州市区（丁楼闸—李庄闸）故黄河堤防规划堤顶高程39.5米（城区内39米）进行复核，满足要求。其余段故黄河两侧大堤堤顶高程基本能够满足二十年一遇防洪标准。

分段规划防洪堤及中泓两侧子堤。规划堤防加固长度170.8公里。其中规划对睢宁境内薄弱段及缺口段防洪大堤进行加固，加固长度3.3公里。规划对故黄河全线河道两侧不达标子堤进行加固，加固总长167.5公里。

※"河道治理"表述：

故黄河河道治理

徐州境内故黄河全长196.7公里，现状中泓河槽淤积严重，平均淤积深度达1.5米左右，部分河段的不当开发，拦网养鱼，造成中泓排水不畅。近年来，通过世行贷款淮河流域重点平原洼地治理及中小河流治理项目，相继治理了丰铜界—周庄闸、李庄闸—程头橡胶坝、程头橡胶坝—马集桥、铜睢界—高速公路2号桥、房湾桥—黄河西闸河段。经复核，已治理段故黄河（含市区段）能满足规划排涝要求，不再列入治理规划。

新黄大沟位于徐州市铜山区何桥、黄集、刘集3镇境内，西起丰铜交界处，在郑集分洪道上游入故黄河中泓，全长约22.5公里。新黄大沟南侧对应的故黄河中泓长约16公里完全在安徽省境内。经初步协调，安徽境内的中泓治理难度很大，且水源补给和蓄水利用的矛盾很突出。因此，规划将新黄大沟与付庄闸下故黄河连通，与南侧故黄河共同行洪。

故黄河中泓规划治理总长度123.5公里。其中：

规划对二坝—丰铜边界（长度17.8公里）、新黄大沟段（长度22.5公里）、周庄闸—丁楼闸（长度11.7公里）、铁路桥—李庄闸（长度4公里）、马集桥—铜睢界（长度4公里）、高速公路2号桥—房湾桥（长度30.9公里）、黄河西闸—徐宿界（长度21.1公里）段河道进行疏浚，治理长度112公里。

另外，对安徽境内丰砀萧交界段（长度8.7公里）进行清淤整治。

规划对新黄大沟南侧对应的故黄河安徽境内的杨楼泗庄—刘庄（长度0.46公里）、萧铜中边界—三大家闸（长度1.57公里）、萧铜下边界段（长度0.8公里）河道进行疏浚。

附：故黄河干河河道规划数据表

河段	河底高程(m)	河底宽(m)	边坡	正常蓄水位(m)	最高蓄水位(m)	备注
二坝	40	10	1:4	43.5	44.0	
姚庄	40	10-20	1:4	43.5	44.0	
腰里王闸	38.5	30-50	1:4	42.5	43.0	
十姓庄	38.5	50	1:4	42.5	43.0	
付庄闸	38	50	1:4	41.5		
肖县三大家闸	37.0	50	1:4	40.5		
周庄闸	34.0	50	1:4	39		
丁楼闸	34.0	100	1:4	36		
合群桥	33.5	100	1:4	36		
铁路桥	33.0	100	1:4	36		
李庄闸	32.5	80	1:4	35		
程头橡胶坝	31.0	80	1:4	35		
温庄闸	28.0	70	1:4	32		
峰山闸	25.0	80	1:4	29	30	
黄河西闸	25.0	100	1:4	29		
古邳黄河闸	23-24	80	1:4	27		
徐洪河	23.0	80	1:4	26.5		

宿迁界——新黄大沟段河道开挖

新黄大沟段河道拓浚 22.5 公里，规划断面为河底高程 37~38 米，底宽 30 米。改建新黄大沟闸、新（改）建桥梁 21 座、沿线灌溉泵站 16 座以及排水口门 40 座。

险工段工程处理

黄河故道河床土质主要为砂性土，抗冲刷能力差，易淘涮坍塌。徐州市区段大部分险工段基本已防护，规划对丁楼—西三环段（长度 2.7 公里）、铁路桥—李庄闸段（长度 4 公里）河道未防护段进行防护，险工段防护长度 6.7 公里（两侧）。

※ "滩地排涝工程"表述：

两侧排涝骨干大沟

规划滩地排涝按五至十年一遇标准开挖整理沿线滩地排水沟，在排涝沟入中泓子堤处建涵闸控制灌排。规划疏浚两岸大寨河、闸河堰上段、龙须河、吴湾引河、吴王河、苏山河、堰上顺堤河、沈场大沟、大韩大沟、铜刘河等 49 条排涝沟，总长度 146.3 公里。见附表。

故黄河沿线滩地排涝大中沟规划表

序号	名称	桩号	岸别	治理长度（km）	排涝面积（m²）	排涝流量（m³/s）
1	蒋刘庄沟	4+050	左岸	1.5	3.0	2.0
2	包楼沟	4+200	左岸	1.5	2.5	1.1
3	岳庄沟	5+750	左岸	2.0	2.5	1.1
4	丰黄沟	7+350	左岸	3.1	3.0	1.3
5	范庄沟	8+500	左岸	2.5	3.5	1.5
6	常庄沟	10+350	左岸	2.5	3.0	1.3
7	姚庄沟	12+600	左岸	1.8	3.0	1.3
8	双庙沟	14+000	左岸	1.8	3.0	1.3
9	腰里王沟	15+700	左岸	2.1	3.0	1.3
10	小滕庄沟	17+000	左岸	2.1	3.0	1.3
11	二十号沟	19+400	左岸	3.5	3.5	1.5
12	十九号沟	22+700	左岸	5.8	5.8	2.4
13	十八号沟	24+600	左岸	7.0	8.1	3.4
14	十七号沟	26+000	左岸	7.0	7.6	3.2
15	大寨河	68+000	右岸	10.9	22.0	20.5
16	闸河(堰上)	68+000	右岸	1.0	20.0	18.6

序号	名称	桩号	岸别	治理长度（km）	排涝面积（m²）	排涝流量（m³/s）
17	临黄河	63+800	左岸	3.4	5.9	5.5
18	苏山河	70+800	左岸	2.5	2.4	1.6
19	彩印厂大沟	81+700	右岸	1.5	2.3	1.5
20	沈场大沟	74+700	左岸	2.4	4.9	3.2
21	崔庄大沟	86+200	右岸	1.6	2.2	1.5
22	李庄大沟	86+600	左岸	1.4	1.8	1.2
23	上河头大沟	87+600	左岸	2.4	2.1	1.4
24	赵武大沟	91+430	左岸	1.0	1.8	1.2
25	长山大沟	92+400	左岸	2.0	1.7	1.1
26	小韩大沟	96+050	右岸	3.5	3.2	2.1
27	刘庄界沟	97+100	左岸	1.4	2.6	1.7
28	大韩大沟	97+700	右岸	3.2	2.9	1.9
29	六堡界沟	101+400	左岸	1.2	2.5	1.7
30	龙须河	105+700	左岸	7.5	25.5	16.8
31	吴湾引河	121+600	右岸	5.1	4.5	3.0
32	吴王河	127+600	右岸	5.8	1.5	1.0
33	铜刘河	130+980	右岸	2.0	3.2	7.0
34	吕马大沟	139+000	左岸	1.7	3.2	7.0
35	温宋大沟	140+800	左岸	2.4	3.9	8.5
36	洪山大沟	146+400	右岸	3.0	2.5	2.6
37	引黄大沟	154+000	右岸	2.0	2.0	2.0
38	朱湾大沟	159+000	左岸	1.2	3.2	3.3
39	清水畔大沟	164+400	左岸	2.3	3.6	3.7
40	刘庄引河	165+800	左岸	0.8	1.2	1.2
41	代楼大沟	179+800	右岸	1.2	3.0	3.5
42	五工头大沟	182+200	左岸	2.8	2.8	3.3
43	胡套大沟	183+800	左岸	3.6	3.5	4.1
44	吕集大沟	188+800	左岸	6.2	1.3	1.5
45	张铺大沟	188+900	左岸	3.0	2.1	2.5
46	新工南大沟	192+400	右岸	4.0	3.9	4.6
47	新工北大沟	192+400	左岸	3.2	4.2	5.0
48	陆庄大沟	194+200	左岸	2.1	3.8	4.5
49	姚堰大沟	196+000	左岸	3.0	3.0	3.5
总　计				146.3		

中泓沿线涵闸泵站等排水口门

结合滩地排涝大中沟的治理，规划拆建和新建故黄河沿线的排水口门38座，其中拆建袁庄涵洞、小刘庄涵洞等30座涵闸，新建包楼涵洞等8座涵闸；拆建胡集排涝站。详见附表。

故黄河滩地排涝涵闸规划表

序号	名称	桩号	岸别	所在支沟	排涝面积（km²）	排涝流量（m³/s）	性质	规模
1	蒋刘庄涵洞	4+050	左岸	蒋刘庄沟	3.0	2.0	新建	1×2m
2	包楼涵洞	4+200	左岸	包楼沟	2.5	1.1	新建	1×1.2m
3	岳庄涵洞	5+750	左岸	岳庄沟	2.5	1.1	新建	1×1.2m
4	小陈庄涵洞	7+350	左岸	丰黄沟	3.0	1.3	新建	1×1.5m
5	范庄涵洞	8+500	左岸	范庄沟	3.5	1.5	新建	1×1.5m
6	常庄涵洞	10+350	左岸	常庄沟	3.0	1.3	新建	1×1.5m
7	姚庄涵洞	12+600	左岸	姚庄沟	3.0	1.3	新建	1×1.5m
8	双庙涵洞	14+000	左岸	双庙沟	3.0	1.3	新建	1×1.5m
9	腰里王涵洞	15+700	左岸	腰里王沟	3.0	1.3	拆建	1×1.5m
10	小滕庄涵洞	15+700	左岸	小滕庄沟	3.0	1.3	拆建	1×1.5m
11	袁庄涵洞	19+400	左岸	二十号沟	3.5	1.5	拆建	1×1.5m
12	十姓庄涵洞	19+400	左岸	十九号沟	5.8	2.4	拆建	1×2m
13	程庄涵洞	19+400	左岸	十八号沟	8.1	3.4	拆建	2×2m
14	付庄涵洞	19+400	左岸	十七号沟	7.6	3.2	拆建	2×2m
15	小刘庄涵洞	117+200	左岸	刘庄大沟	10.0	11.9	拆建	1×1.5m
16	新庄涵洞	118+200	左岸	新庄大沟	2.4	1.6	拆建	1×1.5m
17	赵庄涵洞	120+000	左岸	赵庄大沟	2.4	1.6	拆建	1×1.5m

序号	名称	桩号	岸别	所在支沟	排涝面积（km²）	排涝流量（m³/s）	性质	规模
18	贺庄涵洞	121+600	左岸	贺庄大沟	2.2	1.4	拆建	1×1.5m
19	周庙涵洞	125+700	右岸	周庙大沟	0.7	1.3	拆建	1×2m
20	卢套涵洞	126+100	左岸	卢套大沟	1.4	7.7	拆建	2×3m
21	路山涵洞	127+550	左岸	路山引河	1.8	3.4	拆建	2×2m
22	吴王河涵洞	127+600	右岸	吴王河	1.5	1.0	拆建	1×2m
23	吕马涵洞	139+000	左岸	吕马大沟	3.2	7.0	拆建	2×3m
24	温宋涵洞	140+800	左岸	温宋大沟	3.9	8.5	拆建	3×3m
25	洪山涵洞	146+400	右岸	洪山引水大沟	2.5	2.6	拆建	1×2m
26	引黄涵洞	154+000	右岸	引黄大沟	2.0	2.0	拆建	1×2m
27	朱湾大沟涵洞	159+000	左岸	朱湾大沟	3.2	3.3	拆建	2×2m
28	清水畔涵洞	159+000	左岸	清水畔大沟	3.6	3.7	拆建	2×2m
29	刘庄涵洞	159+000	左岸	刘庄引河	1.2	1.2	拆建	1×1.2m
30	代楼涵洞	179+800	右岸	代楼大沟	3.0	3.5	拆建	2×2m
31	五工头涵洞	179+800	右岸	五工头大沟	2.8	3.3	拆建	2×2m
32	胡套涵洞	179+800	左岸	胡套大沟	3.5	4.1	拆建	2×2m
33	吕集涵洞	179+800	左岸	吕集大沟	1.3	1.5	拆建	1×1.5m
34	张铺涵洞	188+900	左岸	张铺大沟	2.1	2.5	拆建	1×2m
35	新工南涵洞	192+400	右岸	新工南大沟	3.9	4.6	拆建	2×2m
36	新工北涵洞	192+400	左岸	新工北大沟	4.2	5.0	拆建	2×3m
37	陆庄涵洞	194+000	左岸	陆庄大沟	3.8	4.5	拆建	2×2m
38	姚堰涵洞	196+000	左岸	姚堰大沟	3.0	3.5	拆建	2×2m

故黄河滩地排涝泵站规划表

序号	名称	乡镇	规模	性质
1	胡集排涝站	大彭镇	4m³/s	拆除重建

另外，周庄闸于 2004 年建设时，上游老闸并未完全拆除，行洪时阻水较严重，规划拆除周庄闸上游老闸，并新建两岸挡土墙。

沿线补水泵站

根据现状沿线灌溉泵站布置，结合河道中泓开挖，规划拆建河道沿线提水泵站 88 座，总设计流量 37.6 立方米每秒。

故黄河沿线提水泵站工程

序号	名称	建设性质	设计流量（m³/s）	序号	名称	建设性质	设计流量（m³/s）
1	十八里屯泵站	拆建	2	45	冯庄村站	拆建	0.27
2	卢楼站	拆建	2	46	陈井村站	拆建	0.55
3	吴邵站	拆建	0.56	47	陈井村站	拆建	0.55
4	村东站	拆建	0.22	48	陈井村站	拆建	0.21
5	金安站	拆建	1.5	49	新安村站	拆建	0.21
6	包楼站	拆建	1.1	50	刘集村站	拆建	0.27
7	土楼翻水站	拆建	0.22	51	蛟龙村站	拆建	0.55
8	两半庄翻水站	拆建	0.22	52	巍山村站	拆建	0.21
9	付庄 1 号站	拆建	0.22	53	刘庄村站	拆建	0.55
10	付庄 2 号站	拆建	0.22	54	刘庄村站	拆建	0.55
11	雁群翻水站	拆建	0.22	55	王塘村站	拆建	0.27
12	迷马翻水站	拆建	0.5	56	赵场村站	拆建	0.55
13	临黄村 1 站	拆建	0.22	57	娄偎村站	拆建	0.27
14	临黄村 2 站	拆建	0.22	58	高党村站	拆建	0.27
15	临黄村 3 站	拆建	0.22	59	八一村站	拆建	0.27
16	临黄村 4 站	拆建	0.18	60	黄河村站	拆建	0.52
17	陈庄村 1 站	拆建	0.18	61	黄河村站	拆建	0.26
18	王新庄村 1 站	拆建	0.18	62	吕集村站	拆建	0.26
19	王新庄村 2 站	拆建	0.18	63	吕集村站	拆建	0.26

序号	名称	建设性质	设计流量（m³/s）	序号	名称	建设性质	设计流量（m³/s）
20	王新庄村3站	拆建	0.22	64	戴楼村站	拆建	0.52
21	丁楼村1站	拆建	0.18	65	圯桥村站	拆建	0.52
22	丁楼村2站	拆建	0.18	66	圯桥村站	拆建	0.26
23	丁楼村3站	拆建	0.18	67	旧州村站	拆建	0.7
24	丁楼村4站	拆建	0.44	68	官庄村站	拆建	0.7
25	群英村站	拆建	0.11	69	新庄村站	拆建	0.22
26	马庄引河泵站	拆建	0.2	70	大桥村站	拆建	0.52
27	陈王村站	拆建	0.44	71	张铺村站	拆建	0.52
28	大白村站	拆建	0.44	72	徐场村站	拆建	0.44
29	观阁村站	拆建	0.44	73	新工村站	拆建	0.44
30	观阁村站	拆建	0.44	74	洪山翻水站	拆建	0.8
31	苏杭村站	拆建	0.44	75	吕梁红旗站	拆建	1.2
32	苏杭村站	拆建	0.44	76	邓楼西站	拆建	0.28
33	魏林村站	拆建	0.22	77	邓楼东站	拆建	0.28
34	魏林村站	拆建	0.22	78	刘庄站	拆建	0.22
35	张宋村站	拆建	0.44	79	张庄站	拆建	0.22
36	引黄大沟站	拆建	0.44	80	邢楼南站	拆建	0.22
37	引黄大沟站	拆建	0.44	81	邢楼泵站	拆建	0.56
38	李时村站	拆建	0.64	82	邢楼东站	拆建	0.22
39	李时村站	拆建	0.64	83	邢楼西站	拆建	0.22
40	马浅村站	拆建	0.44	84	庙山西站	拆建	0.35
41	洪山村站	拆建	0.64	85	月楼泵站	拆建	0.35
42	峰山引水站沟	拆建	0.44	86	羊山西站泵站	拆建	0.28
43	黄山村站	拆建	0.55	87	张桥西站	拆建	0.22
44	冯庄村站	拆建	0.27	88	城头西站	拆建	0.56

※"跨河桥梁工程"表述：

故黄河沿线桥梁众多，桥梁大多为20世纪七八十年代建设，大部分桥梁建设标准低、底板高程偏高、桥长偏短，阻水严重。结合河道治理拓浚，规划拆建、新建跨河生产桥共40座。其中，改建蒋刘庄桥、常庄桥等36座，新建常庄桥、岳庄桥、包庄桥、蒋刘庄桥等4座跨河生产桥。详见下表。

故黄河沿线跨河桥梁规划表

序号	工程名称	所在镇	规 模	桥面宽度	备注
1	蒋刘庄桥	大沙河镇	3孔×13米平板桥	净4.5米	新建
2	包庄桥	大沙河镇	3孔×13米平板桥	净4.5米	新建
3	岳庄桥	大沙河镇	3孔×13米平板桥	净4.5米	新建
4	常庄桥	大沙河镇	3孔×13米平板桥	净4.5米	新建
5	双庙桥	大沙河镇	3孔×13米平板桥	净4.5米	拆建
6	腰里王桥	梁寨镇	3孔×20米平板桥	净4.5米	拆建
7	小滕庄桥	梁寨镇	3孔×20米平板桥	净4.5米	拆建
8	韩庄桥	范楼镇	3孔×20米平板桥	净4.5米	拆建
9	袁庄桥	范楼镇	3孔×20米平板桥	净4.5米	拆建
10	袁庄西桥	范楼镇	3孔×20米平板桥	净4.5米	拆建
11	沙塘桥	大彭镇	5孔×20米平板桥	净4.5米	拆建
12	周庄桥	大彭镇	5孔×20米平板桥	净4.5米	拆建
13	丁楼桥	大彭镇	7孔×20米平板桥	净4.5米	拆建
14	漫水桥	云龙区	7孔×20米平板桥	净4.5米	拆建
15	杨庄桥	云龙区	7孔×20米平板桥	净4.5米	拆建
16	上河口桥	云龙区	7孔×20米平板桥	净4.5米	拆建
17	长山桥	云龙区	7孔×20米平板桥	净4.5米	拆建
18	赵武桥	云龙区	7孔×20米平板桥	净4.5米	拆建
19	大湖桥	云龙区	7孔×20米平板桥	净4.5米	拆建
20	李庄桥	云龙区	7孔×20米平板桥	净4.5米	拆建
21	六堡桥	云龙区	6孔×20米平板桥	净4.5米	拆建

序号	工程名称	所在镇	规 模	桥面宽度	备注
22	坦克桥	张集镇	6孔×20米平板桥	净4.5米	拆建
23	山河桥	张集镇	6孔×20米平板桥	净4.5米	拆建
24	范湖桥	张集镇	6孔×20米平板桥	净4.5米	拆建
25	水口桥	张集镇	6孔×20米平板桥	净4.5米	拆建
26	五孔桥	张集镇	6孔×20米平板桥	净4.5米	拆建
27	下洪桥	张集镇	6孔×20米平板桥	净4.5米	拆建
28	杨场桥	伊庄镇	6孔×20米平板桥	净4.5米	拆建
29	大牛桥	伊庄镇	6孔×20米平板桥	净4.5米	拆建
30	马集桥	伊庄镇	6孔×20米平板桥	净4.5米	拆建
31	吴行桥	双沟镇	6孔×20米平板桥	净4.5米	拆建
32	张宋桥	双沟镇	6孔×20米平板桥	净4.5米	拆建
33	庙山东桥	单集镇	6孔×20米平板桥	净4.5米	拆建
34	马浅桥	王集镇	6孔×20米平板桥	净4.5米	拆建
35	冯庄桥	王集镇	6孔×20米平板桥	净4.5米	拆建
36	张井桥	王集镇	6孔×20米平板桥	净4.5米	拆建
37	武庄桥	姚集镇	6孔×20米平板桥	净4.5米	拆建
38	刘庄桥	姚集镇	6孔×20米平板桥	净4.5米	拆建
39	王塘桥	姚集镇	6孔×20米平板桥	净4.5米	拆建
40	韩坝桥	魏集镇	6孔×20米平板桥	净4.5米	拆建

※"分洪枢纽控制"表述：

现状分洪工程

徐州市区以上段分洪：开挖徐洪河时，为适应徐洪河开通的要求，在袁圩水库附近切断故黄河,故黄河排水出路全面做出调整:徐州市为城区安全,城内只限泄 100~150 立方米每秒,多余水必须在徐州城区上游安排分洪出路。现状郑集分洪道和丁万河分洪道均已打通,向微山湖和不牢河分别泄洪,分洪流量分别为 150 立方米每秒和 70 立方米每秒。

徐州市区以下段分洪:徐州市区以下至徐洪河之间,故黄河洪水除向崔贺庄水库和庆安水库进水外,还有白马湖和魏工两条分洪道,分别向房亭河和徐洪河分洪,百年一遇分洪流量分别为 160 立方米每秒和 176 立方米每秒。

上述这些分洪道位置和分洪设计流量,目前已基本定型。

分洪枢纽规划:

现状为徐洪河与故黄河由隔堤隔断,故黄河洪水经魏工分洪道进入徐洪河。根据水文计算成果,魏工分洪道二十年一遇分洪流量 112 立方米每秒。庆安水库规划溢洪道在魏工闸下游接入魏工分洪道(庆安水库设计泄洪流量 100 立方米每秒)。因此,此工况下,魏工分洪道设计流量应为 212 立方米每秒。考虑到现状魏工分洪道经过魏集镇,河道两岸房屋众多,拆迁难度大,工程实施相对较困难。经多次现场查勘、方案讨论,并与徐州市水利局及睢宁县水利局沟通,确定将故黄河与徐洪河直接连通,上游洪水经故黄河直接进入徐洪河,魏工分洪道用于下泄庆安水库洪水。

魏工分洪工程:规划在徐洪河西侧 2 公里处新建故黄河拦河闸——张庄闸,并将故黄河和徐洪河连通,按二十年一遇防洪标准修筑该段河道两侧堤防。张庄闸设计流量 112 立方米每秒,校核流量 211 立方米每秒。

庆安水库溢洪道工程:庆安水库承担故黄河部分分洪任务,2006 年庆安水库除险加固时,只进行了库区及大坝工程建设,并未建设溢洪道。目前,现状为庆安水库除在东堤建了 100 立方米每秒的泄洪闸外,并未有其他洪水出路。为保证庆安水库运行安全,规划在东放水涵洞以东沿下游低洼地整理开挖一条溢洪道,接入下游的魏工分洪道,经魏工分洪道进入徐洪河。治理河道总长度 13 公里,设计标准 100 立方米每秒,底宽 20 米,底高程 17 米。

※ "大沙河治理规划"表述:

大沙河治理规划包括:堤防工程、河道工程、沿线梯级控制建筑物工程、沿线排水口门以及沿线泵站工程等。

堤防工程:结合河道开挖,规划对西陈庄东至阚楼 3.3 公里,丰沛界至柳园子站 2.0 公里,何庄站至湖口 24 公里两侧河道堤防按原批复标准进行加固,加固长度共计 58.6 公里。

河道工程：根据大沙河历年治理情况，结合水源工程建设，规划对除二坝湿地以外的大沙河进行全线扩挖整治，治理河段长度总计59.5公里。

大沙河干河河道规划数据表

河段	长度(m)	河底高程(m)	河底宽(m)	边坡	正常蓄水位(m)	滩面高程(m)	堤顶高程(m)	堤顶宽(m)	备注
二坝	2	/	/	/	/	/	/	/	二坝湿地
西陈庄东	9.7	38.5	150	1:4	42.5	44	46.2~47.4	10	
夹河闸	12.8	37	250	1:4	41.5	42.5	44.6~46.2	10	
华山闸	9	34	150	1:4	38.5	41~42.5	44.1~44.6	10	
丰沛河	7.4	33.5	150	1:4	38.5	40.5~41	42.3~43.6	8	
鸳楼闸	11.6	33.5	100	1:4	37.0	39~40.5	42~41	8	
李庄闸	9	30	50	1:4	34.5	35~39	40~41	5	

中泓沿线口门：大沙河地势高亢，两岸涝水均不汇入大沙河。沿线中泓拓浚以及大堤加固挖压的口门建筑物主要有李口涵洞、大沙河东闸、大沙河西闸和刘邦店涵洞等4座穿堤涵闸。

中泓沿线补水泵站：根据现状沿线灌溉泵站布置，结合河道中泓开挖，规划拆建河道沿线提水泵站37座，总设计流量13.3立方米每秒。详见附表。

大沙河中泓泵站规划数据表

序号	名称	位置	建设性质	设计流量（m³/s）
1	花楼站	大沙河镇	改建	0.33
2	蒋庄站	大沙河镇	改建	0.71
3	大史楼北站	华山镇	改建	0.33
4	徐屯南站	华山镇	改建	0.33
5	赵刘庄站	华山镇	改建	0.33
6	二坝站	大沙河镇	改建	1.65
7	大沙河站	大沙河镇	改建	1.2
8	灌溉泵站		改建20座	5.1
9	灌溉泵站		加固10座	3.3

中泓跨河生产桥工程：大沙河中泓拓浚后，规划改建李新庄桥、二坝桥、唐林桥、鸳楼桥、八孔桥等5座跨河生产桥，并对刘邦店桥进行加固。详见附表。

大沙河跨河桥梁规划表

序号	工程名称	所处河段	规模	桥面宽度	建设性质
1	二坝桥	阙楼闸上	7孔×30米	净4.5米	拆建
2	唐林桥	——	7孔×30米	净4.5米	拆建
3	李新庄桥	华山闸—鸳楼闸	7孔×30米	净4.5米	拆建
4	鸳楼桥改建		7孔×30米	净4.5米	拆建
5	刘邦店桥加固	鸳楼闸—李庄闸	8孔×10米	净4.5米	加固
6	八孔桥改建	李庄闸—湖口	3孔×30米	净4.5米	拆建

摘录按语：上述工程指标，皆立足黄河故道"防洪"需求而做通盘考虑，因而也是新时代围绕黄河故道所做出的最全面、周详的水利规划。

其三，对"规划供水范围"之"供水工程规划"的节录：

※ 现状年供水能力附表：

附1 故黄河现状年各梯级河段蓄水容积

序号	梯级	容积（万 m³）
1	二坝—周庄闸	345.37
2	周庄闸—丁楼闸	240.03
3	丁楼闸—李庄闸	159.39
4	李庄闸—程头闸	594.63
5	程头闸—温庄闸	307.97
6	温庄闸—峰山闸	705.81
7	峰山闸—黄河东闸	538.98
8	黄河东闸—峰山闸	133.97
合　计		3026.15

附 2 大沙河现状年各梯级河段蓄水容积

序号	梯级	容积（万 m³）
1	阚楼闸以上	175.96
2	阚楼闸—夹河闸	322.97
3	夹河闸—华山闸	818.15
4	华山闸—鸳楼闸	600.93
5	鸳楼闸—李庄闸	231.42
6	李庄闸以下	90.72
合　计		2240.15

附 3 故黄河现状年机井数量

梯级	机井数量（眼）
周庄闸以上	98
周庄闸—丁庄闸	5
丁庄闸—李庄闸	5
程头闸—李庄闸	15
程头闸—温庄闸	15
温庄闸—峰山闸	35
峰山闸—刘集	12
梯级	机井数量（眼）
刘集—黄河东闸	16
黄河东闸—宿迁交界	27
合　计	228

附 4 大沙河现状年及规划机井数量

梯级	机井数量（眼）
阚楼闸以上	0
阚楼闸—夹河闸	0
夹河闸—华山闸	0
华山闸—鸳楼闸	214
鸳楼闸—李庄闸	123
李庄闸以下	25
合　计	362

供水工程规划：

根据各梯级土地利用规划和缺水量分析结果，进行供水工程规划。根据以上2020年现状供水能力与需水量平衡计算结果，对增加梯级控制工程、扩挖疏浚河道和对老化损坏的泵站、涵闸进行拆建及新增引提水泵站等。在经济林果基地、特色瓜菜基地和花卉园艺基地，新建机井解决灌溉问题。

供水工程主要建设内容为：局部扩挖河道，适当增加调蓄：

——扩建大沙河水库，提高调蓄水能力，促进沿线地区经济社会的发展。根据大沙河两岸滩地布置及实施难易程度，规划将鸳楼闸至何庄站段3.75公里河道进行扩挖疏浚，形成带状水库，治理标准为河底宽300米，河底高程33.5米。

——根据大沙河水库治理规划及大沙河地区供需水量平衡分析，对大沙河阙楼闸上、夹河闸至华山闸、何庄站至李庄闸河段进行扩挖疏浚。其中夹河闸至华山闸河底宽250米，河底高程37米；何庄站至李庄闸河底宽100~150米，河底高程33.5米。

——为增加河道两岸蓄水能力，规划建设故黄河房湾蓄水工程。治理长度共计9.1公里，浅槽宽500~1000米，高程27米，中泓底高程25米，宽80米。

——另外，郑集南支河、梁西河为南线调引江淮水进入大沙河水库的主要线路，丰沛河、子沙调度河、丰徐河、子午河等均为大沙河的输水线路，规划对郑集南支河及梁西河等调引水河道清淤疏浚，畅通调引水线路，满足用水需要。

附表：大沙河两岸调引水河道规划表

河道名称	所属乡镇	疏浚长度（km）	底宽（m）	土方（m³）
郑集南支河	范楼、梁寨两镇	22.5	10-18	90
梁西河	梁寨、大沙河两镇	9.8	12	70
总　计		32.3		160

新建改建梯级控制：

——故黄河梯级控制工程:干河现状共设有周庄、丁楼、李庄、程头、温庄、峰山、古邳黄河七个梯级控制枢纽。其中李庄闸和程头橡胶坝在排洪时不控制，闸门全开，但在灌溉蓄水期间，常年关门蓄水，有水位控制要求，其余五座枢纽既有灌溉蓄水任务，又有控制分洪和计划下泄的综合作用。上述这些枢纽的位置和梯级控制，目前已基本定型。故黄河上游丰县段河道长度26.5公里，现状河道中泓断面狭小，尤其是腰里王以上段河道中泓基本为小沟标准，局部段已无中泓河道。故黄河二坝至丰铜边界段长度 26.5 公里，地面高差 5~6 米。根据地势情况，规划新增腰里王拦水闸、付庄拦水闸。新建拦河闸设计要素详见下表。

附表：故黄河新增梯级控制建筑物表

序号	名称	桩号	设计标准	设计流量（m³/s）	初拟孔径
1	腰里王闸	17+300	20 年一遇	55	1 孔×7 米开敞式水闸
2	付庄闸	26+000	20 年一遇	87	3 孔×4 米开敞式水闸

峰山闸于 1997 年建设，孔径为 3 孔 ×3.5 米。自建成以后，该闸运行情况良好。由于该闸运行多年，规划对峰山闸启闭机房和上下游翼墙进行维修加固。

——大沙河梯级控制工程：李庄闸上大沙河正常蓄水位提高至 37 米，河底宽度由原 40 米变成 100 米，规划对李庄闸进行相应改建，以满足蓄水和行洪安全的要求。

夹河闸站是丰县大沙河上的一座重要控制工程，建成于 1990 年，橡胶坝袋老化损坏，存在安全隐患，抽水站经安全鉴定为三类站，影响向上游补水的能力，规划对其进行除险加固。

阚楼闸上游河道拓挖后，阚楼闸及二坝滚水坝被挖除，为解决沿线农田灌排问题，规划拆建阚楼闸站，阚楼闸设计流量为 550 立方米每秒，泵站设计流量 2.8 立方米每秒。

——引提水泵站工程：徐州段故黄河上游丰县境内现状水源供给主要依靠郑集南支河，在新建腰里王和付庄两座拦河闸的同时，规划增加补水泵站工程：新建腰里王站和秦庄站，并扩挖输水河道共 8 公里。腰里王站从梁寨水库提水向腰里王闸上故黄河补水，秦庄站从郑集南支河提水向故黄河补水。腰里王站和秦庄站 2 座提水泵站设计流量分别为 2.5 立方米每秒和 5.0 立方米每秒。

故黄河两侧现状有刘集、天齐庙、大孤山、王山、古邳等补水泵站。其中天齐庙、大孤山和古邳泵站已经列入徐州市大中型泵站改造工程项目中，目前正在项目审批阶段，规划不考虑。为充分利用中泓拦蓄径流作为农业灌溉水源，确保故黄河滩地农业生产的灌溉用水，规划对梁寨站、范楼站、王山站进行增容，增容规模均为 10 立方米每秒，并扩挖王山站引河 12.5 公里；对邹庄站增容 12 立方米每秒，并扩挖邹庄站引河 0.4 公里。规划在峰山闸处新建峰山泵站，为峰山闸—温庄闸段河道补水，建设规模为 2.5 立方米每秒。

附表：黄河故道供水工程规划—中泓补水泵站工程

序号	名 称	建设性质	设计流量（m³/s）	补水河段
1	腰里王站	新建	2.5	二坝—腰里王
2	秦庄站	新建	5.0	腰里王—付庄闸
3	王山站	增容	10	李庄闸—温庄闸
4	峰山站	新建	2.5	峰山闸—温庄闸
5	梁寨站、范楼站	增容	10	夹河闸—华山闸
6	邹庄站	增容	12	华山闸—鸳楼闸

规划年供水能力分析

2020年供水能力计算：供水量主要由河槽蓄水量、天然径流量、地下水取水量和泵站翻引水量构成。

梯级蓄水容积：根据规划河道断面及梯级控制工程正常蓄水位，分别计算出2020年各梯级河道蓄水容积，见下表。

附表：故黄河规划各梯级河道蓄水容积

梯级	河段	底高程（m）	底宽（m）	边坡	正常蓄水位（m）	容积（万m³）	合计（万m³）
腰里王闸以上	二坝—腰里王闸	40	10-20	1:4	43	149.89	149.89
腰里王闸—付庄闸	腰里王闸—付庄闸	38.5	50-300	1:4	41.5	449.35	449.35
付庄闸—周庄闸	付庄闸—铜肖边界	40	50	1:4	41.5	72.13	344.05
	铜肖边界—周庄闸	37	50	1:4	40.5	271.92	
周庄闸—丁楼闸	周庄闸—丁楼闸	34	50	1:4	39	409.5	409.5
丁楼闸—李庄闸	丁楼闸—合群桥	34	100	1:4	36	127.44	440.59
	合群桥—铁路桥	33.5	100	1:4	36	178.75	
	铁路桥—李庄闸	33	100	1:4	36	134.4	
李庄闸—程头闸	程头闸—李庄闸	32.5	80	1:4	35	596.25	596.25
程头闸—温庄闸	温庄闸—程头闸	31	80	1:4	34.5	645.12	645.12

温庄闸— 峰山闸	温庄闸— 峰山闸	28	70	1:4	32	588.24	588.24
峰山闸— 黄河东闸	峰山闸— 黄河西闸	25	85	1:4	29	1304.92	1393.08
	黄河西 闸—黄河 东闸	25	100	1:4	29	88.16	
黄河东闸— 宿迁段	黄河东 闸—徐洪河	24	80	1:4	26.5	308.25	489.2
	徐洪河— 宿迁段	23	80	1:4	26.5	180.95	

附表：大沙河规划各梯级河道蓄水容积

梯级	河段	底高程 (m)	底宽(m)	边坡	正常蓄水 位(m)	容积 （万 m³）	合计 （万 m³）
阚楼闸 以上	西陈庄 东—阚 楼闸	38.5	150	1:4	42.5	351.92	351.92
阚楼 闸—夹 河闸	阚楼闸— 夹河闸	38.5	150	1:4	42.5	424.96	424.96
夹河 闸—华 山闸	夹河闸— 华山闸	37	250	1:4	41.5	1543.68	1543.68
华山 闸—何 庄站	华山闸— 丰沛界	34	150	1:4	38.5	1101.4	1581.4
	丰沛界— 何庄站	33.5-34	150	1:4	38.5	480	
何庄 站—鸳 楼闸	何庄站— 鸳楼闸	33.5	150-300	1:4	38.5	462.84	462.84
鸳楼 闸—李 庄闸	鸳楼闸— 李庄闸	33.5	100	1:4	37	201.6	201.6
李庄 闸—湖	李庄闸— 湖口	31	50	1:4	34.5	351.92	351.92

摘录按语：防洪工程是为了"减灾"，引水工程是为了"增产"。如果说防洪工程还是被动的，那么引水工程则立足主动。将"排"与"灌"统一考量，反映了徐州水利建设的全方位思维。

（二）立此存照之二："交通规划"节录

1. 概况资料

《徐州市黄河故道沿线综合开发交通建设规划》由徐州市交通运输局、江苏省交通规划设计院股份有限公司联合编制，完成于 2013 年 12 月。因为深知规划必然出于"调查研究"，所以，为编制此规划，相关人员依据黄河故道沿线综合开发的总体目标，对本规划研究目标做如下设定：

厘清现状——系统梳理沿线地区交通发展现状、诊断突出问题；

构建体系——构建紧密呼应总体开发要求的交通基础设施体系；

储备项目——建立黄河故道沿线交通建设项目库；

对接政策——对接国省干线、路网连接公路、农村公路政策，最大限度寻求支持与发展。

该规划期限为 2012—2020 年，近期项目推进计划安排至 2015 年。

2. "文本"节录

※ "研究背景"部分对徐州市交通战略的表述：

经济发展，交通先行。交通基础设施的完善可以为该地区脱贫致富和经济腾飞提供必要的支撑条件，为黄河故道沿线综合开发提供先导型基础设施。

本次开发将对沿线地区的交通格局产生深远影响，要求在完善路网布局，提高道路质量、加强衔接、促进沿河两岸联系等方面深入研究，提出切实可操作的方案，与水利、农业、生态、文化、旅游实现一体化发展，满足故道沿线 136.9 万百姓的方便安全出行。对交通的要求，总体上体现在以下三个方面：

其一，重构地区交通格局——"水利工程"提出要充分挖掘黄河故道的行水功能和蓄水功能，高标准疏浚中泓、堤岸护坡及配套桥闸，贯通微山湖、骆马湖、徐洪河、徐沙河、大运河实施引水、调水。水系格局的改变要求重构地区交通格局，主要体现在以下三个方面：

一是疏浚中泓意味着河道宽度加大，原有桥梁将不满足过河需求，要求深入研究沿线两岸的联系需求和传统出行习惯，并结合水利上桥梁、船闸、堤坝路的建设，合理布局过河设施。

二是故黄河与微山湖、骆马湖、徐洪河、徐沙河、大运河贯通后，对区域水系将产生大的改变，进而对区域路网格局和沿河路线走向产生影响。

三是开发区域地位的提升使得与外部的交通联系需要加强。

其二，服务现代农业——多年的开发治理使黄河故道地区农业生产条件得到了改善，逐步形成了一批各具特色的现代农业产业园。据初步统计，该区现有包括蔬菜、果品、粮食、食用菌、畜禽、水产等各类产业园 13 家。但是，目前该区域交通基础设施比较落后，县、乡、村道等级低，状况差，乡村道路、生产路硬化率不足 20%，通达性较低，交通运输车辆难以通行，制约了农副产品流通和经济发展。服务现代农业发展，要求我们详细调查规划区域现代农业的发展现状及规划情况，在路网布局时充分考虑新兴农业节点的布局情况，加强衔接，服务农村的生产、生活，促进商贸流通。

其三，促进生态及文化旅游发展——黄河故道地区生态及文化旅游资源十分丰富，潜力巨大。据初步统计，全区共有湿地生态、历史文化、旅游观光等各种类型的景区 62 处，其中丰县宋楼百年梨园、大沙河镇果品自摘园区、铜山吕梁风景区、邳州距山景区、睢宁古邳圯桥张良殿景区、泉山九里湖湿地公园等景区已经形成一定规模和人气，成为徐州市民旅游观光休闲的新热点；尚有丰县大沙河百里旅游观光带、沛县昭阳湖生态湿地、安国镇张双楼湿地等一批景区资源有待深度开发利用。

※ 关于"综合交通现状"的表述：

徐州市地处苏、鲁、豫、皖四省交界，东襟淮海，西按中原，南屏江淮，北扼齐鲁，素有"五省通衢"之称，是国家重要的综合交通枢纽。连霍、京福、京沪三条国家高速公路主干线在此交会，京沪、陇海两大干线铁路于此相交，国家水运主通道京杭运河傍城而过，徐州观音机场是淮海经济区唯一的大型干线机场，徐州市运输管道是华东输油管道的重要组成部分。徐州已经形成公路、铁路、水运、航空、管道"五通汇流"的立体化交通格局，并成为国家级公路主枢纽、我国东部地区路网性大型铁路枢纽、国家级内河水运枢纽、国内一级航空干线大型民航空港。

公路运输：至 2010 年底，徐州市公路里程合计 16174.702 公里。按公路行政等级分：国道 729.871 公里，省道 734.875 公里，县道 2309.336 公里，乡道 5887.634 公里，村道 6512.986 公里；徐州市现已建成连霍、京福、京沪、宁徐、济徐等 5 条高速公路，通车里程 412 公里，初步形成"两横两纵"的高速公路网，与周边主要大城市均已实现高速公路相通；境内普通国省干线公路网四通八达，共有 5 条国道和 11 条省道，总里程 992 公里，实现徐州市区到各县及徐州至周边城市便捷的干线公路交通连通，市到县均以干线一级公路短直连接；县到镇、镇到镇及镇到行政村均通标准化等级公路。

※ 关于"第五章规划方案"的节录

该规划方案可以用"三干七连十条路、一纵一横两航道"加以概述。

"规划思路"：

总体规划思路：本次规划为布局性规划，采取"层次布局法"，按照"交通保障、路网优化；交通引导，河路相携；交通服务，路景相融"的思路，从"网络化国省公路—贯穿性沿河公路—连接性县乡公路"的三个层次规划布局公路网。

交通保障、路网优化：主要布局国省道，服从于江苏省高速公路网规划，江苏省省道网规划，只在具体线路局部走向做优化调整，形成区域对外交通的骨架网络，提升区位优势。

交通引导，河路相携：主要布局沿河公路，重点研究线位的具体走向，服务沿线综合开发。

交通服务，路景相融：重点梳理沿河区域内各类节点及周边干线公路，布局连接性公路，实现开发区域与干线公路及各类节点的合理衔接。

沿河公路规划思路：在沿河布置一条贯通性二级干线公路的基础上，因地制宜地布置旅游公路。当旅游节点与干线公路在同侧时，则沿河另一侧不新建旅游公路，做好旅游节点与干线公路的连接；当个别旅游节点在另一侧时，则修建跨河桥梁与节点连接；当另一侧有连续性旅游节点时，则在另一侧修建旅游道路。

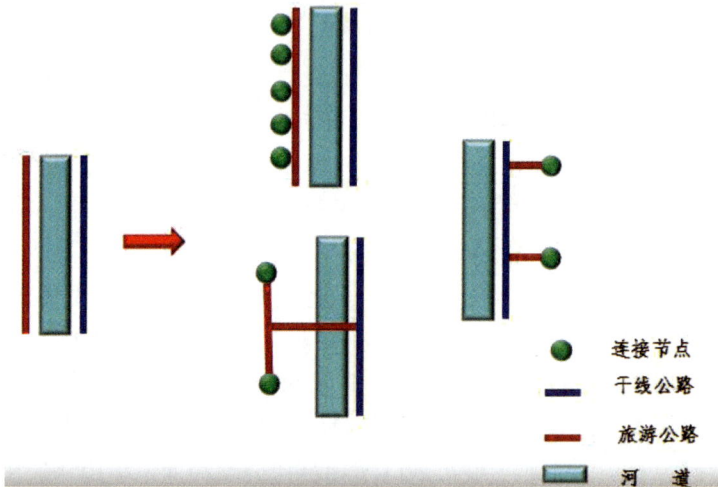

附：沿河公路规划思路概念图

※"分层布局法"表述：

——国省道

高速公路——根据《江苏省高速公路网规划》(2006)，开发区域内将新建徐明高速徐州段5.5公里。到规划期末在沿河区域将会形成以京福高速公路、西北绕城高速公路、连徐高速公路、济徐高速公路、徐明高速公路等6条高速公路，形成"一环六射"四通八达的高速公路网络。

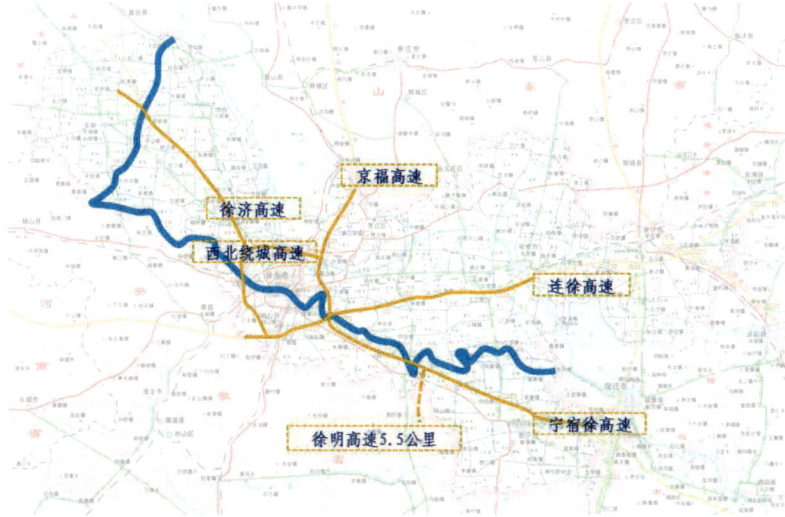

附：开发区域内高速公路网络布局图

普通国省道——根据《江苏省省道公路网规划》（报批稿），涉及黄河故道二次开发区域的普通国道有 G104、G206、G310 和 G311 共计 4 条，规划期内无新改建计划，将形成"一环六射"的国道网。

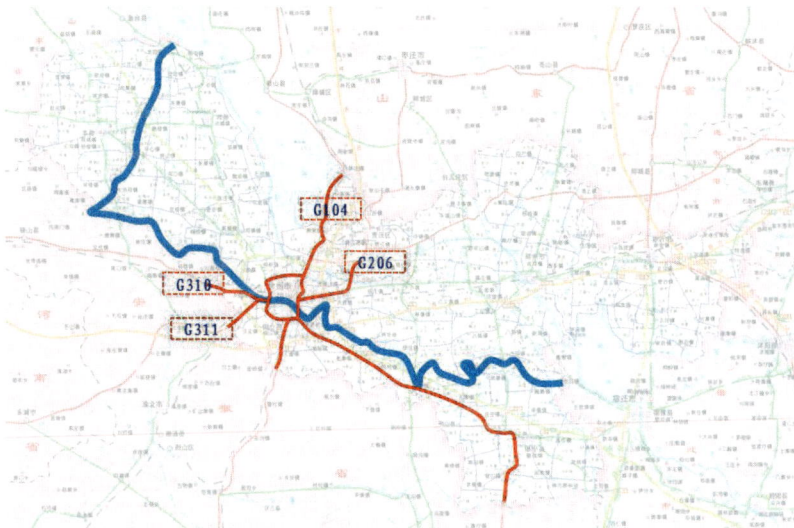

附：开发区域内国道网布局图

开发区域内目前省道现有 S253、S254、S321、S322、S252 和 S251 共计 6 条。根据上位规划，开发区域内将新增 S272、S003、S344、S324、S270、S271、S505 等 7 条省道，规划期末将形成"一环四射＋六纵一横"的省道网络。

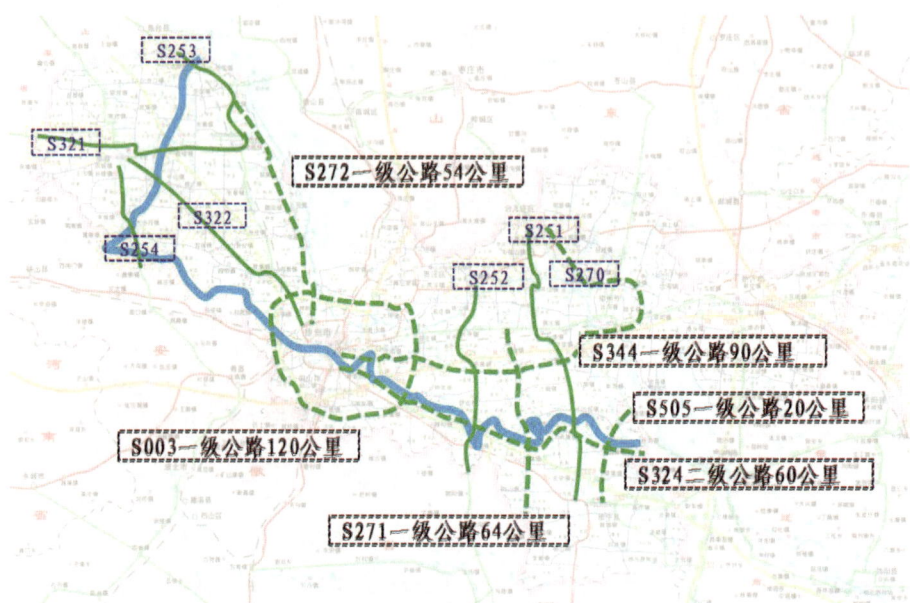

附：开发区域内省道网布局图

附表：开发区域国省干线建设统计表

项目层次	项目名称	建设性质	建设里程（km）	技术等级
已纳入"十二五"规划项目	徐明高速公路	新建	6	高速
	S003 徐州外环公路西段	新建	19.8	一级
	S272 徐沛快速通道	新建	54	一级
建议调整"十二五"提前实施项目	S270 邳州东南绕越公路	新建	24.7	一级
	S344 徐州市区至塔双公路段	新建	32	一/二级
	S505 睢宁至宿迁骆马湖景区连接公路	新建	25	二级
	S271 八义集至李集公路	新建	64	二级
小　计			225.5	

互通——在 S271 与连徐高速、宁宿徐高速公路交叉处，分别新增一处互通立交，拟称八义集互通、王集互通。

——沿河公路

丰沛段：沿故黄河和大沙河河道 50 米范围内修建一条贯通性的干线公

路，技术等级为二级。故黄河段沿河道北岸修建，大沙河段主要沿河道西岸修建。该方案需要新建二级公路里程91公里。

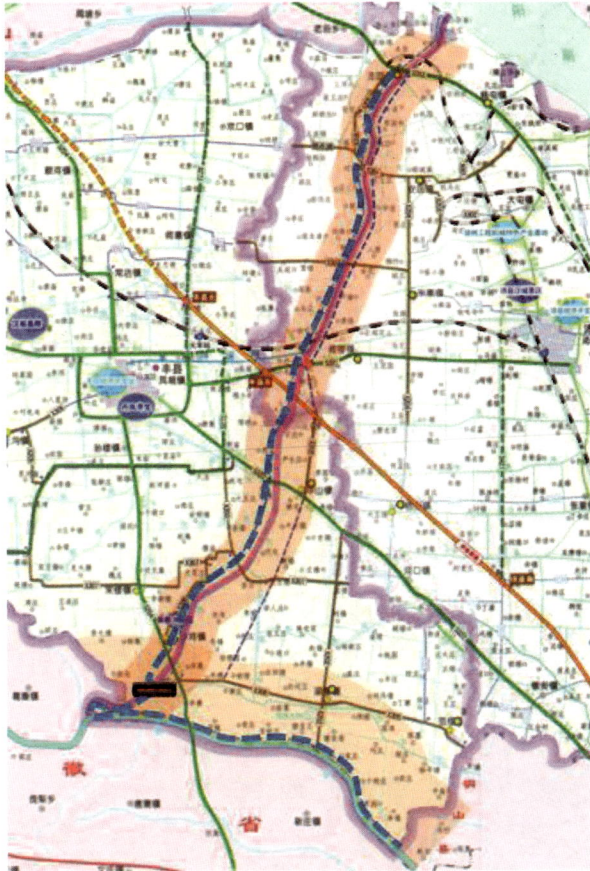

附：开发区域丰沛段沿河公路布局示意图

铜山和市区段：研究范围：西段市区西三环路—铜山丰县界，东段新104国道（汉源大道）—铜山睢宁界。

西三环路—新104国道（汉源大道）之间属于城市道路，该区段由《徐州市黄河故道沿线综合开发（市区段）总体规划》专题研究。

故黄河市区铜山三环路以西段沿河北侧新建二级沿河干线公路连接到市区三环路，在故黄河进入安徽段采用两种方案，方案一：沿着我省境内的新黄大渠布线（水利规划中全线打通故黄河中泓，安徽段如果不打通，则利用新黄大沟段）；方案二：进入安徽境内沿着故黄河北岸布线，并最终与丰县故黄河沿岸干线公路相接，三环路以东段则利用吕梁风景区旅游公路（规划S324）并东延约5公里与睢宁相接。

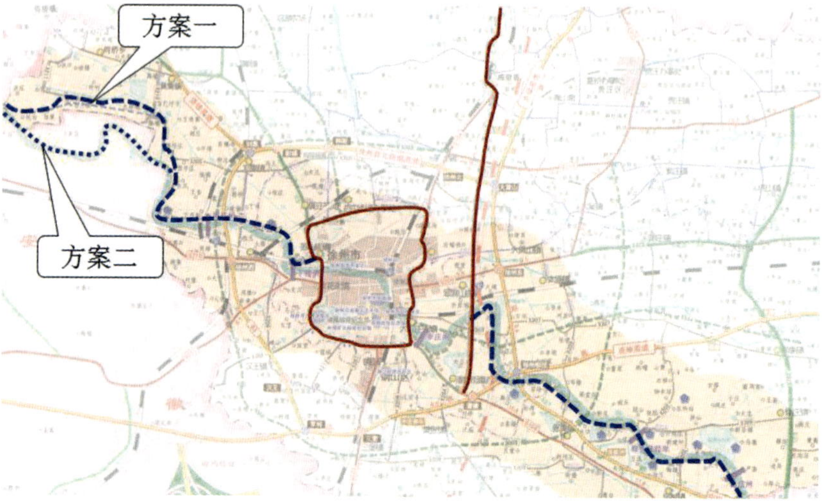

附：开发区域铜山及市区段沿河公路布局示意图

睢宁、邳州段：故黄河睢宁邳州段，利用规划新建的 S324 作为沿河干线公路，技术等级为二级。S324 线形基本按照黄河故道走向确定，对黄河故道沿线开发具有极高的支撑发展作用，且对实现黄河故道区域快速通达有较高意义。在 S324 裁弯取直局部河段，沿中泓线南侧建设干线公路睢宁段支线（双沟、姚集河湾段），其中双沟河湾段以二级标准建设 17.87 公里、姚集河湾段以三级标准建设 10.08 公里。

附：开发区域睢宁邳州段沿河公路布局示意图

附表：开发区域沿河公路建设统计表

项目层次	序号	项目名称	里程 (km)	建设规模
沿中泓干线公路	1	沿故黄河二级干线公路（含 S324 省道 58 km）	115	二级
	2	沿大沙河二级干线公路	61	二级
	3	沿中泓干线公路睢宁段支线（双沟、姚集河湾段）	28	二/三级
小　计			204	

——连接性公路

a. 沛县千岛湿地旅游度假区连接公路（X301 杨欢线）：在开发区域中重点连接公路有连接千岛湿地旅游度假区的 X301 杨欢线，规划等级为一级公路，新建里程为 8.7 公里。

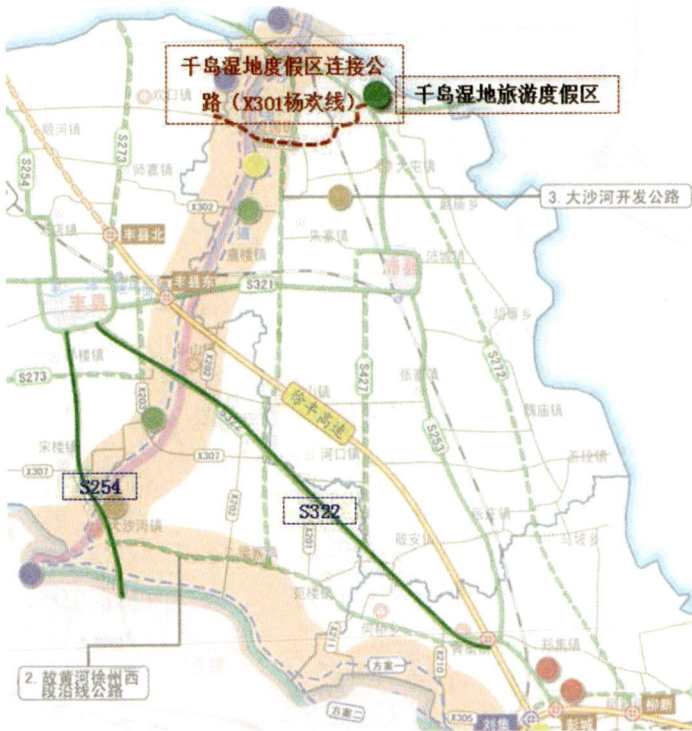

附：沛县千岛湿地旅游度假区连接公路建设示意图

b. 丰铜南线公路（铜山黄集—丰县大沙河）：黄河故道所经过的丰县南部、铜山西部地区目前路网密度相对不足，缺少一条东西向的干线通道，干线路网局部区域通达深度不足的问题比较明显，并直接导致梁寨、范楼、何桥等镇与干线公路交通联系薄弱，交通出行条件比较落后。为促进黄河故道沿线区域经济协调发展，加强省际交通衔接，建议在该地区增加一条连接公路。

建议方案：东起S322铜山黄集镇，向西沿现有县道304、县道308布线，经何桥镇、范楼镇、梁寨镇，止于S254丰县大沙河镇。路线全长约37公里，拟按二级公路标准建设。

附：丰铜南线公路建设示意图

c.龙固至河口公路：从现有路网布局来看，大沙河东部地区路网密度较为稀疏，缺少一条南北向的干线通道，交通出行条件较为落后。在此区域增加一条南北向省道，使253省道、321省道、322省道、济徐高速等线路实现有机衔接，有利于进一步完善省道干线公路布局，发挥省道网的整体作用，也有利于发挥济徐高速公路的辐射带动作用，从而促进大沙河区域经济社会发展。

建议方案：起于沛县龙固镇龙固煤矿，向南沿县道204布线，经龙固镇、安国镇、朱寨镇、栖山镇、河口镇，止于丰县308县道。路线全长约50公里，现为二级公路，拟按一级公路标准建设。

附：龙固至河口公路建设示意图

d. 丰县大沙河风景区、天师故里风景区连接公路（X307 梁寨段、宋楼段）：丰县 X307 梁寨段式连接大沙河果都大观园与 X202 连接的一条主要公路，大沙河果都大观园是国家级生态示范区，占地 380 亩，是一座集花园、果园、公园、历史人文景观于一体的新型园林。园内有宫保府、大观楼、汉代帝王馆等壮观的历史性建筑和苹果自采园、优质梨园等表现果品生产基地特色的田园景观。2005 年被评定为国家级农业旅游示范点，2009 年被评为 2A 级，2011 年被评为省四星级乡村旅游示范点。这条公路建设将进一步提升景区由外部区域公路的连接，更好地服务于景区旅游发展。

丰县 X307 宋楼段是天师故里与 S254 的一条重要的连接公路，天师故里景区位于丰县宋楼镇费楼村，规划占地 4000 余亩，共分为 11 个区域，主要建设天师观、养生堂、张刚墓、邀帝城、关帝庙等历史文化景点，该项目由徐州市道教协会和丰县宋楼镇共同实施建设，截至目前，景区主体天师观大殿主体已经建好，正在进行内部彩绘及装饰。X307 宋楼段的建设将为天师故里景区的发展奠定良好的基础。

附：丰县大沙河风景区、天师故里风景区连接公路建设示意图

e.铜山吕梁风景区连接公路（X202种羊场至房村段）：目前休闲山谷景区按照国家 4A 景区标准进行建设，连接该景区与沿河干线公路的道路为 X202，按照省关于重点连接道路标准应提升至二级公路，长约 12.2 公里。

附：铜山吕梁风景区连接公路建设示意图

f. 睢宁岠山景区连接道路：目前岠山景区按照国家 4A 景区标准进行建设，挖掘宗教文化的养生价值，打造集佛教文化体验、禅修度假养生及山水运动观光为一体的禅修养生度假综合体。拟建一条二级公路，自 S251 经下邳古城连接至岠山景区，长约 10 公里。

附：睢宁岠山景区连接道路建设示意图

g. 邳州石屋山地质公园连接公路（占王线）：开发区域中一般连接公路主要为连接 3A 及以下旅游景区和路网结构改善公路。项目有邳州市 X306 占城至石匣段，改善了区域内的路网结构，同时连接了占城风景区。

附：邳州石屋山地质公园连接公路（占王线）建设示意图

附表：开发区域连接性公路建设统计表

项目层次	序号	项目名称	里程（km）	建设规模
连接性公路项目	1	沛县千岛湿地旅游度假区连接公路（X301杨欢线）	8.7	一级
	2	丰铜南线公路（铜山黄集至丰县大沙河）	37	二级
	3	龙固至河口公路	50	一级
	4	丰县大沙河风景区、天师故里风景区连接公路（X307梁寨段、宋楼段）	18	三级
	5	铜山吕梁风景区连接公路（X202种羊场至房村段）	12.2	二级
	6	睢宁岠山景区连接公路	10	二级
	7	邳州石屋山地质公园连接公路（占王线）	9.2	二级
小计			145.1	

——农村公路

加快黄河故道区域农村公路建设，实施镇村公交配套工程、县道达标工程、新型农村经济节点的连通工程、危桥改造工程及安保工程等。至2015年，新改建和完善农村公路120公里，新改建农村公路桥梁100座以上。

分市（县、区）小结

本次开发区域为带轴状区域，而非传统的行政区域划分，规划成果分别按铜山和市区、丰县、沛县、邳州、睢宁等行政区域梳理和总结，以利于项目推进。

铜山和市区：

铜山区本次规划中需新改建一级公路24公里，二级公路89.3公里，主要为省道344、省道272、沿河公路和丰铜南线公路。

附表：开发区域铜山段公路建设统计表

项目名称	建设性质	建设里程（km）	技术等级
丰铜南线公路（铜山黄集至丰县大沙河）铜山段	改建	17	二级
铜山吕梁风景区连接公路（X202种羊场至房村段）	改建	12.2	二级
沿故黄河二级干线公路铜山段（其中G104以东段为规划S324）	新改建	34.1	二级

项目名称	建设性质	建设里程（km）	技术等级
S344 铜山段	新建	26	二级
S272 铜山段	新建	24	一级
小　计		113.3	

丰县：

丰县本次规划中需新改建一级公路 16 公里，二级公路 77.8 公里，三级公路 18 公里，主要为沿河公路、X307 梁寨段宋楼段、丰铜南线公路和龙固至河口公路。

附表：开发区域丰县段公路建设统计表

项目名称	建设性质	建设里程（km）	技术等级
丰铜南线公路（铜山黄集至丰县大沙河）丰县段	改建	20	二级
龙固至河口公路	改建	16	一级
丰县大沙河风景区、天师故里风景区连接公路（X307 梁寨段、宋楼段）	改建	18	三级
沿故黄河二级干线公路丰县段	新建	30.3	二级
沿大沙河二级干线公路丰县段	新建	27.5	二级
小　计		111.8	

沛县：

沛县本次规划中需新改建一级公路 72.7 公里，二级公路 58.3 公里，主要为省道 272、沿河公路、X301 杨欢线和龙固至河口公路。

附表：开发区域沛县段公路建设统计表

项目名称	建设性质	建设里程（km）	技术等级
沛县千岛湿地旅游度假区连接公路（X301 杨欢线）	新建	8.7	一级
龙固至河口公路沛县段	改建	34	一级
沿大沙河二级干线公路沛县段	新建	33	二级
S272 沛县段	新建	30	一级
小　计		105.7	

睢宁：

睢宁本次规划中需新改建二级公路 106 公里，三级公路 10 公里，主要为省道 505、沿故黄河二级干线公路即省道 324、省道 271 睢宁段、沿中泓干线公路睢宁段支线 (双沟河湾段以二级标准建设 17.87 公里、姚集河湾段以三级标准建设 10.08 公里) 和睢宁岠山景区连接道路。

附表：开发区域睢宁段公路建设统计表

项目名称	建设性质	建设里程（km）	技术等级
睢宁岠山景区连接公路	新建	10	二级
沿中泓干线公路睢宁段支线（双沟、姚集河湾段）	新建	28	二/三级
沿故黄河二级干线公路（S324）睢宁段	新建	53	二级
S505 睢宁段	新建	25	二级
S271 睢宁段（含王集互通）	新建	40	二级
小　计		156	

邳州：

邳州本次规划中需新改建二级公路 67.2 公里，主要为省道 344 邳州段、省道 271 邳州段、省道 270 邳州东南绕越公路和邳州石屋山地质公园连接公路。

附表：开发区域邳州段公路建设统计表

项目名称	建设性质	建设里程（km）	技术等级
S344 邳州段	新建	58	二级
S271 邳州段（含八义集互通）	新建	24	二级
S270	新建	24.7	一级
邳州石屋山地质公园连接公路（占王线）	改建	9.2	二级
小　计		115.9	

——分河段小结

沿大沙河区域段：

沿大沙河段共需建设一级公路 88.7 公里，二级公路 81 公里，三级公路 18 公里。

附表：开发区域沿大沙河区域段公路建设统计表

项目名称	建设性质	建设里程（km）	技术等级
沿大沙河二级干线公路	新建	61	二级
龙固至河口公路	改建	50	一级
沛县千岛湿地旅游度假区连接公路（X301杨欢线）	新建	8.7	一级
丰县大沙河风景区、天师故里风景区连接公路（X307梁寨段、宋楼段）	改建	18	三级
丰铜南线公路（铜山黄集至丰县大沙河）丰县段	改建	20	二级
S272沛县段	新建	30	一级
小　计		187.7	

沿故黄河区域段：

沿故黄河共需建设一级公路54.7公里，二级公路282.4公里，三级公路10公里。

附表：开发区域沿故黄河区域段公路建设统计表

项目名称	建设性质	建设里程（km）	技术等级
沿故黄河二级干线公路（其中G104以东段为规划S324）	新建	115	二级
沿中泓干线公路睢宁段支线（双沟、姚集河湾段）	新建	28	二/三级
睢宁岠山景区连接公路	新建	10	二级
丰铜南线公路（铜山黄集至丰县大沙河）铜山段	改建	17	二级
铜山吕梁风景区连接公路（X202种羊场至房村段）	改建	12.2	二级
邳州石屋山地质公园连接公路（占王线）	改建	9.2	二级
S505睢宁段	新建	25	二级
S344	新建	32	一/二级
S271（含八义集互通、王集互通）	新建	64	二级
S270	新建	24.7	一级
S272沛县段	新建	24	一级
小　计		361.1	

摘录按语：该交通规划以"路线"为贯穿、以"归属"为责任，将"全

局"与"局部"相统一，让人一目了然。

　　※ 航道规划

　　《国务院关于加快长江等内河水运发展的意见》中提出坚持科学发展，合理利用和有效保护水运资源，以市场为导向，突出重点，有序推进，充分发挥水资源综合效益。内河水运在能源、原材料等大宗物资和集装箱、重大装备运输中具有独特优势，加快发展内河水运有利于推动电力、钢铁、汽车等沿江沿河产业带的发展，推动东部地区产业升级和中西部地区承接产业转移，优化流域经济布局和产业结构。

　　对于丰沛运河这样有航运条件的航道，应充分发挥航运资源，为沿线地区的经济和交通发展做出应有的贡献。

　　——丰沛运河航道

　　丰沛运河、大沙河原为六级航道，2006 年徐州市政府航道网规划为五级航道，是徐州市区域内西部的市级干线航道，由于沛县境内大沙河段水利节制闸的限制，目前不通航。

　　方案一（丰沛运河—沿河—京杭运河）：航道整治里程 38 公里，其中丰县段航道整治里程约为 7.8 公里，沛县段航道整治里程 30.2 公里（含沿河段里程 10 公里）。

　　方案二（丰沛运河—大沙河—平地开河—鹿口河—京杭运河）：航道整治里程 55 公里，其中丰沛运河约 10.3 公里，经大沙河向南约 7 公里，再向东平地开河约 6.5 公里、再利用鹿口河约 31.2 公里。

附：大沙河航道建设示意图

——徐洪河航道

紧抓这次黄河故道沿线综合开发的契机，争取将徐洪河航道作为苏北运河复线航道纳入《江苏省干线航道网规划》，结合南水北调东线一期工程力争启动徐洪河一期70公里航道整治工程。规划等级为三级航道。

徐洪河一期航道整治工程主要包括房亭河段8.29公里，徐洪河刘集—七咀段61.71公里的整治，需改建船闸2座，改造桥梁23座，估算工程总投资约15亿元。

※ 规划方案总结

——"三干七连"十条路

三条干线公路：总里程204公里，主要为二级公路。

a. 沿故黄河公路115公里（其中约58公里已纳入省干线）；

b. 沿大沙河公路61公里；

c. 睢宁段急弯河段沿河公路28公里。

七条连接性公路：总里程145公里，均为三级以上公路。

根据总体规划和相关专项规划确定的区域内农业、产业、文化、旅游等重要节点，通过连接公路与沿河干线公路及周边路网进行衔接。

a. 沛县千岛湿地旅游度假区连接公路（X301杨欢线）

b. 丰铜南线公路（铜山黄集至丰县大沙河）

c. 龙固至河口公路

d. 丰县大沙河风景区、天师故里风景区连接公路（X307梁寨段、宋楼段）

e. 铜山吕梁风景区连接公路（X202种羊场至房村段）

f. 睢宁岠山景区连接道路

g. 邳州石屋山地质公园连接公路（占王线）

——"一纵一横"两航道

"一纵"：徐洪河航道。

"一横"：丰沛运河航道。

"一纵一横"的航道网布局，争取进入省航道网规划，以获得省级政策支持。

※ 关于"第七章措施建议"的节录

"措施建议"提出了"积极争取省规划和政策支持"的两个方面。

其一，公路建设：

（1）纳入国家和省路网规划的高速公路建设投资由省全额筹措，地方只负责配合做好建设管理及外部关系协调等工作。

（2）纳入省干线公路网规划的普通国省干线公路，实行省与地方共建的投资政策，省按定额标准给予投资补助，地方作为建设主体筹集配套资金并负责项目实施，省补助标准为新建一级公路 800 万元 / 公里，新建二级公路 400 万元 / 公里。

（3）符合省投资政策，经"一事一议"协商纳入省投资补助计划的路网连接公路项目，省给予定额补助。重点项目一级公路 400 万元 / 公里，二级公路 300 万元 / 公里；一般项目二级以上公路 100 万元 / 公里，三级公路 70 万元 / 公里。

（4）农村公路建设项目，也实行定额补助政策，对于二、三、四级公路分别给予 45 万、30 万、15 万元 / 公里的定额投资。从 2013 年起仅针对镇村公交通达线路上的农村公路给予投资补助。

其二，航道建设：

（1）对纳入省干线航道网规划的项目，由省负责建筑工程安装费，地方只需负责征地拆迁赔偿资金。

（2）对未纳入省规划的其他航道，地方需要组织建设的由地方自行负责建设资金筹集。个别项目经"一事一议"省可能给予少量的支持性资金。

根据省有关政策规定，鉴于徐州市域黄河故道二次开发交通项目建设投资需求巨大，为推进相关项目实施，需要在规划和投资两个方面争取省政策支持。目前，黄河故道徐州东部至宿迁段沿河干线公路约 80 公里已申请纳入省干线公路网规划，新建线路里程约 58 公里，预计可获得省级补助资金 2.3 亿元。其他未列入省网规划沿河干线公路，以及相关连接性公路需要争取省给予特殊的投资政策支持，参照省干线公路、路网连接公路等补助标准给予投资补助，或制定专门的投资支持政策。而徐洪河、丰沛运河投资规模大，短期内难以全面实施，应努力通过黄河故道开发的机遇争取省级规划认可，为下一步的建设创造条件。

摘录按语：在规划后复提出"措施建议"，其实，这是一种"政策指引"。遵循相关政策，争取上级的资金支持，徐州市的交通建设就走上了正确的"经营之道"。

（三）立此存照之三："生态环保建设规划"节录

1. 规划概况

徐州市黄河故道综合开发生态环保建设规划是由徐州市环境保护局主持，由徐州市环境保护科学研究所编制。项目负责人为：张灿、李修好，主要编制人员有：朱守超、张金凤、张灿、李修好、吴冬艳、鹿守敢、朱娇、刘聪，审核为范瑜、刘东，审定为纪杰、张长洲，规划完成时间为 2013 年 7 月。规划分"规划总论""区域概况""主要问题""规划目标""规划任务""重点工程""保障措施"等七个部分。

2.规划节录

（1）"水环境质量现状"的表述：

※故黄河水环境质量现状：根据《徐州市环境质量报告书》，2010 年、2011 年故黄河市区丁楼闸—李庄闸段的大环西路桥、和平桥、东三环路桥断面的水质例行监测数据见附表。

由于故黄河的周庄闸—丁楼闸段和李庄闸—宿迁蔡集段没有例行的水质监测数据，2012 年 8 月对故黄河周庄闸（周庄闸—丁楼闸段）和黄河西闸（李庄闸—宿迁蔡集段）两个断面的水质进行现场监测。故黄河监测结果见附表。

从附表可以看出，2010 年、2011 年故黄河市区段的大环西路桥、和平桥、东三环路桥断面均能达到其功能区划地表水Ⅳ类水质的标准，且主要监测指标全年均未出现超标现象；故黄河的周庄闸—丁楼闸段和李庄闸—宿迁蔡集段的水质未能达到其功能区划地表水Ⅲ类水质的标准，且两个断面的 CODMn 均超标，其他主要监测指标未超标。由于故黄河无天然径流补给，往往在枯水季节进行人工调水补给，因此故黄河各断面主要污染物 CODMn 均呈现丰、平水期浓度较高，枯水期次之的变化特征。

对2010年和2011年故黄河水质进行比较可知，各项监测指标互有增减，但其整体水质较 2010 年无明显变化。

附：故黄河水质监测结果表

水域	断面	监测时间	统计量	CODMn	BOD5	氨氮	氟化物	水质类别
故黄河	大环西路桥（市区）	2010 年（例行监测）	平均值	8.3	5.0	0.88	0.84	Ⅳ
			水质类别	Ⅳ	Ⅳ	Ⅲ	Ⅰ	
			超标率(%)	0.0	0.0	0.0	0.0	
		2011 年（例行监测）	平均值	9.1	5.3	1.24	0.86	
			水质类别	Ⅳ	Ⅳ	Ⅳ	Ⅰ	
			超标率(%)	0.0	0.0	0.0	0.0	
	和平桥（市区）	2010 年（例行监测）	平均值	8.5	5.7	1.00	0.93	
			水质类别	Ⅳ	Ⅳ	Ⅳ	Ⅰ	
			超标率(%)	0.0	0.0	0.0	0.0	
		2011 年（例行监测）	平均值	8.2	5.2	1.18	0.87	
			水质类别	Ⅳ	Ⅳ	Ⅳ	Ⅰ	
			超标率(%)	0.0	0.0	0.0	0.0	
	东三环路桥（市区）	2010 年（例行监测）	平均值	8.8	5.3	1.07	0.95	
			水质类别	Ⅳ	Ⅳ	Ⅳ	Ⅰ	
			超标率(%)	0.0	0.0	0.0	0.0	

水域	断面	监测时间	统计量	CODMn	BOD5	氨氮	氟化物	水质类别
故黄河	东三环路桥（市区）	2011年（例行监测）	平均值	8.6	5.5	1.26	0.86	IV
			水质类别	IV	IV	III	I	
			超标率(%)	0.0	0.0	0.0	0.0	
	周庄闸（铜山区）	2012年8月	平均值	8.6	3.4	0.67	0.89	III
			水质类别	IV	III	III	I	
			超标率(%)	—	—	—	—	
	黄河西闸（睢宁县）	2012年8月	平均值	8.4	3.2	0.87	0.71	
			水质类别	IV	III	III	I	
			超标率(%)	—	—	—	—	

注：表中单位均为"mg/L"。

※ 大沙河水环境质量现状：大沙河原为故黄河决口时流向昭阳湖的分洪道，自丰县与砀山县（安徽省）交界的二坝至沛县龙固入昭阳湖，徐州境内全长60公里。现为三级控制四级水面，设有三个监测断面，分别为：入境断面（夹河闸—丰县），控制断面（华山闸—丰县），出境断面（铁路桥—沛县）。根据《江苏省地表水（环境）功能区划》，大沙河各断面执行地表水Ⅲ类水质标准。

为了解大沙河上游的水质情况，2012年8月在丰县二坝段的大沙河设置水质采样点，对大沙河上游的水质进行现场监测。大沙河水质，监测结果见附表。

附：大沙河水质监测结果表

水域	断面	监测时间	统计量	DO	CODMn	BOD5	氨氮	氟化物	水质类别
大沙河	夹河闸	2010年（例行监测）	平均值	7.3	5.7	3.8	0.34	0.66	III
			水质类别	I	III	III	II	I	
			超标率(%)	0.0	16.7	16.7	0.0	0.0	
		2011年（例行监测）	平均值	6.4	5.4	2.7	0.40	0.68	
			水质类别	II	III	I	II	I	
			超标率(%)	0.0	0.0	0.0	0.0	0.0	
	华山闸	2010年（例行监测）	平均值	7.8	5.2	3.5	0.37	0.80	
			水质类别	I	III	III	II	I	
			超标率(%)	0.0	0.0	0.0	0.0	0.0	
		2011年（例行监测）	平均值	6.4	5.3	3.0	0.36	0.80	
			水质类别	II	III	I	II	I	
			超标率(%)	0.0	0.0	0.0	0.0	0.0	

水域	断面	监测时间	统计量	DO	CODMn	BOD5	氨氮	氟化物	水质类别
大沙河	铁路桥	2010 年（例行监测）	平均值	8.4	5.4	2.8	0.49	0.76	III
			水质类别	I	III	I	II	I	
			超标率(%)	0.0	0.0	0.0	0.0	0.0	
		2011 年（例行监测）	平均值	7.6	5.5	3.0	0.57	0.75	
			水质类别	I	III	III	III	I	
			超标率(%)	0.0	0.0	0.0	0.0	0.0	
	二坝	2012 年8月	平均值	11.2	7.5	5.7	0.41	0.71	
			水质类别	I	IV	IV	III	I	
			超标率(%)	—	—	—	—	—	

注：表中单位均为 "mg/L"。

从上表可以看出，2010 年、2011 年大沙河夹河闸、华山闸和铁路桥闸三个例行断面的水质均能达到地表水III类水质标准，而大沙河二坝段水质中的 CODMn 和 BOD5 超标。采用污染指数法评价，大沙河各断面水质均为轻度污染，影响水质的主要污染物为 CODMn。

对 2010 年和 2011 年大沙河整体水质进行比较可知，BOD5 浓度较 2010 年有所削减，2011 年大沙河整体水质较 2010 年亦无明显变化。

水环境质量现状小结：根据 2010 年、2011 年水环境质量监测数据可知，故黄河（市区段）和大沙河的整体水质现状较好，均能满足相应的水环境功能区划；而故黄河（铜山段和睢宁段）及大沙河（二坝段）的水质未能完全达到相应的水环境功能区划，CODMn 为主要超标因子。因此，影响故黄河和大沙河水质的主要污染物为 CODMn。

（2）"地下水质量现状"表述：

※ 市区地下水质量现状：徐州市的地下水以孔隙水和裂隙岩溶水分布广泛，水量较为丰富，是徐州市生活和工业供水的主要水源。全市地下水多年平均总可开采量（可供水量）为 165054.4 万立方米每年，其中浅层孔隙水 86438.36 万立方米每年，中浅层孔隙水 24491.88 万立方米每年，深层孔隙水 25038.8 万立方米每年，裂隙岩溶水 29085.32 万立方米每年。故黄河沿线的徐州市区和铜山区主要开采裂隙岩溶水作为供水水源，其他县（市、区）开采孔隙水作为供水水源。徐州市地下水资源的开发利用程度总体上不高，但由于存在开采强度分布不均、局部地段开采井过于集中而形成超采及串层混合开采等不合理开采现象，部分地区已经出现地下水位大幅度下降、水位降落漏斗不断扩大、岩溶地面塌陷和地面沉降等环境地质问题。

2011 年徐州市区孔隙水参与评价的 25 个监测项目中，有 8 项指标超出《地下水质量标准》（GB/T 14848–93）Ⅲ类水质标准，其中总硬度超标率83.3%，溶解性总固体超标率66.7%，总大肠菌群超标率50.0%，硫酸盐超标率33.3%，锰超标率33.3%，氨氮、挥发酚和细菌总数超标率均为16.7%。由于孔隙水监测指标中超标项目多，总硬度和总大肠菌群两项指标均值为劣Ⅴ类级别，F值为7.21，因此评定徐州市区地下水（孔隙水）水质综合评价级别为极差。

2011年徐州市区岩溶水参与评价的25个监测项目中，总硬度指标超标率30.0%，锰指标超标率20.0%，氨氮和铁指标超标率10.0%，其他21项指标监测值均达到《地下水质量标准》（GB/T 14848–93）中Ⅲ类水质的要求。虽然2011年岩溶水评价项目中各指标超标率较低，但F值为4.29，因此评定徐州市区地下水（岩溶水）水质综合评价级别为较差。

※ 县区地下水质量现状：徐州市所辖各县（市、区）中，铜山区主要开采岩溶地下水，与徐州市区属共同水源地；其他县（市、区）均开采孔隙水，每年按枯、丰水期进行水质监测。

2011年故黄河沿线各县（市）地下水水质情况为：丰县和邳州市地下水所监测项目均能达到《地下水质量标准》（GB/T 14848–93）Ⅲ类水质，其中邳州市地下水水质综合评价级别为良好；丰县地下水监测项目单项组分质量级别为Ⅰ至Ⅱ类，水质综合评价级别为优良。沛县地下水总硬度、硫酸盐、细菌总数和溶解性总固体超标显著，地下水水质综合评价级别为较差。睢宁县总硬度和氟化物超标严重，但全年水质综合评价级别仍达到良好。

※ 地下水污染原因分析：徐州市地下水水质突出的问题是总硬度超标较普遍，总硬度超标主要原因包括：①徐州市区、铜山区一带碳酸盐岩分布较为广泛，岩层中的磷灰石及碳酸盐矿物溶度积较高，由于岩溶地下水的过量开采造成地下水位大幅下降，流速加快，溶蚀能力增强，地下水化学成分和水力学环境发生改变，导致基底岩石中的 Ca^{2+}、Mg^{2+} 溶离出来，地下水总硬度增高；②人类活动所产生的各类污染物进入地表水体，垃圾淋溶水和受污染的水体在下渗过程中，携带、淋溶、置换了包气带中的 Ca^{2+}、Mg^{2+}，致使浅层孔隙水（潜水）总硬度增高；③岩溶水的过量开采，降落漏斗扩大，在第四系覆盖层薄或隔水能力差的地区以及井管封闭不好的水井，污染较重的地表水体和高硬度的潜水直接越流补给岩溶水，也会造成岩溶水硬度增高；④大气污染物中的 CO_2、SO_2 和 NO_x 等随降水渗入补给潜水，使潜水的酸碱度发生微弱变化，破坏了钙盐和镁盐的动态平衡，也是导致地下水硬度增高的一个重要原因。

此外，2011年全市地下水水质监测结果表明，除总硬度指标外，影响地下水水质的主要污染物仍然是氨氮、硝酸盐氮、亚硝酸盐氮、硫酸盐、氯化物、高锰酸盐指数。这些水质污染指标均与"三废"排放有密切关系，说明人类活动产生的污染物随大气降水、地表水入渗补给潜水，潜水再越流补给岩溶水，造成地下水不同程度的污染。

（3）"规划目标"的表述：

※ 总体目标：黄河故道沿线的各类污染源得到合理有效控制，重点监测断面的水环境质量稳定达标，故黄河、大沙河及沿线重要支流、水库等水体的水环境质量明显改善，污染源实现全面稳定达标排放，污染物排放总量得到有效控制，环境监控与管理水平进一步提高，黄河故道沿线生态环境质量不断改善。

※ 水质目标：规划区域主要水体为故黄河和大沙河，根据《江苏省地表水（环境）功能区划》，故黄河徐州段共划分为7个水功能区。规划区域水环境功能区划及水质目标列于附表。

附表：规划区域水环境功能区划及水质目标

河流（湖、库）	区域	起始—终止位置	长度（km）	功能区排序	控制断面名称	2011年水质现状	2015年水质目标
大沙河	丰县	丰县故黄河堤—丰县夹河闸	12.4	饮用水源，渔业用水，农业用水	夹河闸	III	III
大沙河	丰县沛县	丰县夹河闸—沛县龙固	42.1	农业用水	夹河闸	III	III
大沙河	沛县	江苏沛县龙固—入上级湖口	5.5	渔业用水，农业用水	铁路桥	III	III
故黄河	安徽省铜山区	皖苏省界—江苏铜山县周庄闸	10.5	渔业用水，农业用水	周庄闸	III	III
故黄河	铜山区徐州市区	铜山县周庄闸—徐州市丁楼闸	10.0	渔业用水，农业用水	周庄闸	III	III
故黄河	徐州市区	徐州市丁楼闸—徐州市李庄闸	16.0	景观娱乐，工业用水	袁桥，大环西路桥，和平桥，东三环路桥	IV	III
故黄河	徐州市铜山区睢宁县	徐州市李庄闸—宿迁蔡集	134.0	景观娱乐，农业用水	黄河新桥	IV	III

※ 主要指标：黄河故道综合开发区域生态环保建设规划指标主要包括环境质量指标和污染防治指标两大类共 14 项指标，具体指标见附表。

附表：黄河故道综合开发区域生态环保建设规划目标指标

类别	指标名称	单位	2011 年（现状）	2015 年（目标）
环境质量指标	1. 夹河闸、铁路桥、周庄闸等断面水质达标率	%	100（III类）	100（III类）
	2. 徐州市区袁桥、大环西路桥、和平桥、东三环路桥等断面水质达标率	%	100（IV类）	100（III类）
	3. 睢宁黄河西闸断面水质达标率	%	100（IV类）	100（III类）
	4. 其他主要入河河道、水库水质达标率	%	90（III类或IV类）	100（III类）
	5. 规划区域环境空气质量达标率	%	80（二类）	100（二类）
	6. 自然保护区、风景名胜区环境空气质量达标率	%	/	100（一类）
污染防治指标	7. 工业废水集中处理率	%	90	100
	8. 市区生活污水集中处理率	%	95	100
	9. 镇村生活污水处理率	%	10	50
	10. 市区生活垃圾无害化收集处理率	%	100	100
	11. 镇村生活垃圾无害化收集处理率	%	70	90
	12. 畜禽养殖业粪便资源化利用率	%	70	90
	13. 农作物秸秆综合利用率	%	82	95
	14. 农药、化肥减施率	%	/	25

（4）规划任务

※ 提高污水处理能力：

a.加强对污水厂的考核与监管：加强对规划区域内污水处理厂的考核与监管，确保尾水稳定达标排放。特别加强对徐州市西区污水处理厂进水水质的监控，收水范围内的工业废水要严格执行污水处理厂的接管标准，保证排放废水的水质相对稳定，避免形成冲击负荷，保证污水处理厂运行的稳定性。同时对现有各污水处理厂尾水 COD 和氨氮的浓度实施在线监控，并作为考核出水水质的主要指标。

b.扩大市区污水集中处理规模：进一步扩大规划区域市区范围的污水集中处理规模，在规划区域新建污水处理厂或对现有污水处理厂进行改扩建。规划新建大郭庄污水处理厂，设计处理规模 5 万 t/d，主要集中处理李庄闸段东侧、陇海铁路南侧、故黄河北侧区域范围内的污水；同时，对徐州市西区污水处理厂进行二期扩建，二期计划设计处理规模 4 万 t/d。新建污水处理厂尾水排放必须达到《城镇污水处理厂污染物排放标准》（GB 18918-2002）一级 A 标准。2015 年，徐州市区生活污水集中处理率达到 100%。

c.加快乡镇污水处理厂建设：为了达到创建国家级、省级生态镇的目标要求，规划区域内的各乡镇均积极地计划实施乡镇污水处理厂建设，集中处理乡镇的生活污水和工业废水。新建污水处理厂必须采用具有脱氮功能的处理工艺，达到《城镇污水处理厂污染物排放标准》（GB 18918-2002）一级 A 标准，已建和在建的乡镇污水处理厂也要通过提标改造使尾水排放达到《城镇污水处理厂污染物排放标准》（GB 18918-2002）一级 A 标准。规划到 2013 年底，规划区域内 80% 以上的乡镇将建成集中污水处理厂；2015 年底，规划区域内所有乡镇污水处理设施实现全覆盖，乡镇生活污水处理率达到 50% 以上，届时农村污水将得到有效处理，规划区域内的水环境也将得到明显改善。

※ 完善污水收集管网：

a.完善现有截污管网：徐州市区应首先加快规划区域内截污管网的建设，完善现有截污管网，确保规划区域内的所有工业废水和生活污水均能接入截污管

网，最终进入污水处理厂集中处理。重点建设市区汉桥以南至李庄闸段的东侧、郭庄公路南侧区域的截污管网，同时对徐州市西区污水处理厂、徐州国祯水务运营有限公司、荆马河污水处理厂、三八河污水处理厂、徐州市新城区污水处理厂、徐州市丁万河污水处理厂等污水处理厂的配套污水管网进行铺设完善。其次，对市区现有截污管网进行普查，修缮泄漏点，清除截污管网内的淤泥，使得 2015 年非雨季节污水收集率达到 95% 以上。

各乡镇应在建设污水处理厂的同时，有计划地进行配套污水管网铺设工程，将生活污水和工业废水收集到污水处理厂集中处理。其中，睢宁县规划在双沟镇故黄河沿岸、徐州观音机场周围建设徐州市临空产业园，园内建设污水处理厂及配套截污管网，集中收集处理临空产业园及双沟镇的生活污水和工业废水，污水处理达标后排入尾水导流工程，有利于故黄河水质的改善。

b. 逐步实施雨污分流：徐州市区应逐步实施雨污分流改造，规划区域内的新城区、徐州经济技术开发区的开发建设必须实施雨污分流，市区新建住宅小区和外部主干管网也必须按雨污分流制建设，污水接入截污管网，雨水排入附近河道。市区老城区要制订雨污分流改造的实施方案，本着先易后难，先重点后一般的原则，改造工程从外围向市中心推进，逐步将市区老城区管网改造为雨污分流制，争取到 2020 年徐州市区基本完成雨污分流改造任务。

※ 集中治理工业污染：

a. 加强工业污染源的整治力度：加强对徐州市区工业污染的管理和整治力度，对市区工业企业实施"退二进三""进园进区"战略，分期分批、有序有力推进工业企业退城入园。2013 年，徐州市主城区基本完成化工生产企业的限期关闭、搬迁改造或就地转型；2015 年，市区三环路内的工业企业全部完成退城入园。规划区域内的徐州环宇焦化有限公司、徐州开达精细化工有限公司和徐州锻压机床厂集团等主要企业于 2012 年底前完成搬迁；2013 年底前，徐州齐艳丽涂料有限公司和徐州卷烟厂也将完成搬迁。届时，故黄河徐州市区段的工业污染源将明显减少。

规划区域内的各县（区、市）也要加强对工业污染源的整治力度。其中，沛县计划封堵大沙河沿线工业排污口，对规划区域内的主要煤矿企业等污染源进行重点监控和整治；睢宁县重点对规划区域内的水泥、造纸、石灰窑等企业分类采取关闭、淘汰或搬迁等整顿措施，同时在双沟镇故黄河沿岸建设徐州市临空产业园，临空产业园重点发展航空物流业、航空基础产业、高新技术产业、现代服务业、航空商贸业、生态旅游业等 6 大重点板块，促进故黄河水环境质量的改善。

b. 严格产业准入和环评审批制度：严格执行国家、省级有关产业政策和产业准入制度，逐步淘汰高耗能、高污染的行业，彻底清理、关闭、取缔黄河故道开发区域内的"十五小（土）""新五小"等重污染企业。

积极调整开发区域内的产业结构和布局，生态保护区和风景名胜区等环境敏感区内禁止新建任何工业项目；故黄河两侧200米范围内为禁止建设区，禁止新建任何对大气、水体造成污染的工业项目；故黄河两侧200米~1000米范围内为限制建设区，禁止新建、改扩建对大气、水体造成严重污染的工业项目，对现有的造纸及纸制品业、化学原料及化学制品制造业、农副食品加工业、纺织业、饮料制造业、食品制造业、黑色金属冶炼及压延加工业等行业，加大结构调整力度和整治力度。故黄河沿线区域内重点发展高技术、高效率、低消耗、低污染产业，不断提升产业层次。

规划区域内新建和改扩建项目必须严格执行环境影响评价制度和环保"三同时"制度，同时进一步完善环评审批程序，做到项目审批和项目监管有效分离。

c.加强工业废水的集中处理：加快集中式污水处理厂建设，规划区域内新、改、扩建项目废水必须接入污水厂处理，提高工业废水集中处理率。同时加强企业内部污水收集系统建设和处理设施的运行管理，做到所有生产废水、生活污水和初期雨水全部得到收集和处理，鼓励工业企业在稳定达标排放的基础上进行深度治理，鼓励企业建设污水深度处理设施，加强污水处理设施运行状态的监测和监控，提高运行管理水平。

※ 控制农业面源污染：

a.削减种植业污染：从源头上进行管理，将种植业污染物的产生量控制在最低限度，是降低污染负荷量最直接而又经济有效的办法。种植业污染的源头治理主要包括发展生态农业和科学施肥。

b.大力发展生态农业，调整优化种植结构。积极推广有机果品、有机蔬菜等特色产业示范基地的建设，开展无公害农产品生产全程质量控制；全面推广农业清洁生产技术，从源头上减少化学氮肥、化学农药施用量；建设有机农业生态园，增强故黄河流域的生态功能，构建农业生态屏障。

c.科学使用农药和化肥，削减污染。优化农田的施肥结构，结合畜禽粪便和秸秆的综合利用工程增施有机肥，推广复混肥、配方肥和微肥；改善施肥方法，通过叶面施肥、分次施肥、深施、湿润施肥等技术，结合节水灌溉来提高化肥利用率，减少化肥施用量，减少养分流失；全面实施测土配方施肥，扩大商品有机肥补贴规模；加强病虫监测预报，推广生物农药和高效低毒低残留农药，开展植保专业化防治。同时，倡导农民秸秆还田、种植绿肥以增加农田覆盖，减缓农田中营养物质的流失。力争2015年规划区域内化肥、农药的施用量比 2011 年降低 25% 以上。

※ 治理畜禽养殖业污染：

a. 严格执行畜禽养殖业的环境影响评价制度和"三同时"制度。划定故黄河两侧各 500 米范围内为畜禽禁养区，500~1000 米范围内为畜禽限养区。在禁养区和限养区内不准再规划、审批、新建、扩建各类畜禽养殖场。

对禁养区内畜禽养殖场 2015 年底前全部完成搬迁或关闭。根据调查，禁养区内现有各类畜禽养殖场共计约 1611 家，主要分布在丰县、沛县、铜山区和睢宁县，禁养区内畜禽养殖场户搬迁进度见附表；对限养区内现有畜禽养殖场进行限期治理，其污染物排放不得超过国家和地方规定的排放标准，并达到排放总量控制的要求。对无法完成限期治理的畜禽养殖场，应逐步实行关、停、转、迁，分期分批地清理出限养区；非禁养区内新建畜禽养殖场必须按规定标准办理相应环评手续，选址要符合区划相关要求，并实施总量控制。

管理部门从排污申报、排污收费、排污许可证和污染限期治理等方面下功夫，把该区域的畜禽养殖污染防治管理工作纳入法制化、规范化、程序化轨道。

附表：黄河故道开发区域禁养区内畜禽养殖场户搬迁进度表

搬迁时间	县市区别	丰县	沛县	铜山区	睢宁县	合计
2012 年	涉及镇数	4	6	6	3	19
	养殖场户数	12	32	208	7	259
2013 年	涉及镇数	3	6	5	3	17
	养殖场户数	28	41	484	14	576
2014 年	涉及镇数	3	6	4	3	16
	养殖场户数	28	18	484	14	544
2015 年	涉及镇数	1	6	4	3	14
	养殖场户数	10	8	207	7	232

b. 加快完善规模化畜禽养殖场的污染治理设施建设。畜禽养殖要由粗放型向集约型转变，调整畜禽结构，发展产业化养殖。所有规模化的畜禽养殖场需建设沼气池或化粪池处理畜禽粪便，并逐步采用畜禽养殖清洁生产技术，做到污染物达标排放；对非规模化的畜禽养殖散户实行相对集中饲养和污染集中处理，村镇组织建设畜禽养殖粪便集中处置中心，建设相应的粪便

处理设施，使得非规模化的畜禽养殖的污染物达标排放。

c.优化畜禽粪便控制处理技术。按照"减量化、无害化、资源化、生态化"的要求，进一步提高畜禽养殖污染治理的技术水平，重构养殖业发展和废弃物综合利用模式，推进农牧结合，逐步建立和完善农业产业结构的可持续循环生态链。推行农业生态技术治理畜禽污染，引导畜禽养殖企业走生态养殖道路，改变粪尿收集方式，在各乡镇大力推广发酵床生态养殖技术；推行干清粪作业，减少污水和粪便流失；修建秸秆、畜禽粪便、生活垃圾等固体废物发酵池，处理有机垃圾等废弃物，生产沼气和有机肥，实现资源循环利用。计划到2015年，规划区域内畜禽养殖粪便综合利用率提高到90%以上。

※ 推进秸秆资源再利用：

目前，秸秆资源化再利用的方式主要有肥料化利用（包括秸秆机械化粉碎还田、堆沤还田和覆盖还田等）、饲料化利用（秸秆养畜）、基料化利用（秸秆栽培食用菌）、能源化利用（包括农户炊事燃料直接燃烧、秸秆气化、秸秆固化成型燃料、秸秆发电、秸秆炭化和活化等）、原料化利用（生产秸秆板材、秸秆活性炭、秸秆工艺品等）等。在多种利用方式中，发展前景广泛、秸秆量消耗大的主要是秸秆肥料化利用和能源化利用。

规划区域内各乡镇应积极推进秸秆综合利用工程，实施秸秆综合利用试点示范，大力推广用量大、技术含量和附加值高的秸秆综合利用技术，重点发展"秸秆—家畜养殖—沼气—农户生活用能""沼渣—高效肥料—种植"等循环利用模式，加快农村秸秆气化集中供气站建设，减少秸秆对水环境和大气环境的污染。

※ 发展面源流失生态截污技术

加快采用生态田埂、生态沟渠、旱地系统生态隔离带、生态型湿地处理以及农区自然塘池缓冲与截留等技术，充分利用现有河渠中的水花生以及芦苇等地方优势植物，进行农田沟渠塘生态化系统改造等，建立新型的面源氮磷流失生态拦截系统，拦截吸附氮磷污染物，大幅削减面源污染物对故黄河水体的污染。

此外，故黄河流域水系支流较多，在未有闸坝的支流应增加闸坝，阻止污水入河。

※ 加快重要生态保护区建设：

各县（市、区）应因地制宜，充分利用各类资源，以开发建设重要湿地、旅游风景区、自然保护区等生态保护区为重点，加强故黄河沿岸的生态绿化和景观建设，全面改善规划区域内的生态环境，把故黄河流域打造成徐州市一道亮丽秀美的风景线。

故黄河沿线规划建设的重要生态保护区主要有 13 个，需要重点保护的水库有 13 个。黄河故道沿线重要生态保护区和水库的规划保护目标如下：

吕梁山风景旅游区——

建设内容与规模：规划面积 186.22 平方公里，东到单集镇西侧行政边界、赵疃林场山体山脊线，南以杨洼水库南岸、徐宿高速公路、下洪水库南岸、黄河故道南 200 米为界，西至 104 国道新线，北邻连霍高速公路。旅游区的规划分区包括故黄河生态保护带、南香山田园休闲区、圣人窝文化体验区、吕梁湖山水休闲区等一带三区及其外围的生态控制区。

在倪园村进行农村污水处理与环境监测示范项目建设，该示范项目主要包括四部分：a.倪园东村居民、附属产业生活污水处理与尾水的生态利用工程；b.吕梁山风景区空气自动监测系统；c.吕梁山风景区水监测实验室；d.徐州市农村大气环境质量信息发布平台。

主导生态功能：生物多样性保护。

位置：徐州主城区东南 20 余公里处。

保护目标：

a.环境空气达到《环境空气质量标准》(GB 3095-2012) 一级标准；b.地表水达到《地表水环境质量标准》（GB 3838-2002）Ⅲ类水质标准；c.地下水达到《地下水质量标准》（GB/T 14848-93）Ⅲ类水质标准；d.主要区域执行《声环境质量标准》（GB 3096-2008）1 类声环境功能区要求，县道以及景区主路两侧一定范围内执行 4a 类声环境功能区要求，旅游服务设施集中处执行 2 类声环境功能区要求。

保护区的划分：

a.禁止建设区：总面积 87.34 平方公里，用地建设适宜度评价中叠加灰度大于 60% 范围用地列为禁止建设区。该分区内，除已有历史建构筑物外以及总体规划所确定的道路、服务设施外，禁止建设任何设施。

b. 限制建设区：总面积 81.63 平方公里，用地建设适宜度评价中叠加灰度在 45%~60%。该分区内，除已有建构筑物外以及总体规划所确定的道路、服务设施外，原则上禁止建设与风景区无关的任何设施。在不违反总体规划要求前提下，在报批基础上，可以进行与风景区有关建设，但是不能突破各分区、景点建设总量的要求。

c. 适宜建设区：总面积 17.25 平方公里，风景旅游区内禁止建设和限制建设分区以外的用地视为适宜建设区，但是总建设量不能突破各分区、景点建设总量的要求。

张集地下水饮用水源保护区——

建设内容与规模：总面积 112 平方公里，是徐州市目前最重要的城市地下水供水水源地，开采井大部分分布在市区东部废黄河两侧，日开采水量 10 万~12 万吨每日。该水源地水源来源于废黄河断裂带岩溶裂隙水，水质未受污染，是我市目前水质最优良的地下水供水水源地。

主导生态功能：饮用水源水质保护。

位置：保护区位于铜山区的张集、房村，包括开发区大庙部分区域。

保护目标：达到《地下水质量标准》（GB/T 14848-93）Ⅲ类水质标准。

保护区的划分：一级保护区：以开采水井为中心，半径为 30 米的圆形区域；二级保护区：以开采水井为中心，半径为 30~50 米的圆形区域。准保护区：地下水水源地径流区及北部山区水源补给区涵养区范围，严山—邓楼果园—沿连霍高速向东延升至大张路分离立交桥—水口水库北侧—店西—沿废黄河至下洪水库北侧—延伸至废黄河交叉口—睢宁县界—路山村—大黑山—马集村南侧—崔贺庄水库—洪山村南—赵圩村—寨山—189.3 高地—黑山寨—柯山—黄龙山—磨石山—薛山—鹰山—帽垫山—坷垃山—磨山—严山包围区域。

其中，一级保护区为禁止开发区，面积 0.22 平方公里；二级保护区、准保护区为限制开发区。

沛县龙湖湿地公园——

建设内容与规模：占地面积 6.7 平方公里，由采煤塌陷区改造而成，规划建成省级湿地公园。

主导生态功能：湿地生态系统维护、生物多样性保护。

位置：位于沛县龙固镇。

保护目标：达到《地表水环境质量标准》（GB 3838-2002）Ⅲ类水质标准。

保护区的划分：限制开发区范围为龙湖沿岸 200 米的陆域范围内；未划

禁止开发区。

沛县安国湖湿地公园——

建设内容与规模：占地面积 4.015 平方公里，由采煤塌陷区改造而成。于 2012 年 6 月被江苏省林业局批准为省级湿地公园（批准文号：苏林业〔2012〕49 号）。

主导生态功能：湿地生态系统维护、生物多样性保护。

位置：位于沛县安国镇镇区南部。

保护目标：达到《地表水环境质量标准》（GB 3838–2002）Ⅲ类水质标准。

保护区的划分：限制开发区范围为安国湖沿岸 200 米的陆域范围内；未划禁止开发区。

丰县二坝湿地公园——

建设内容与规模：总面积约 4.87 平方公里（7300 亩），是大沙河生态旅游风光带的起点，规划建成国家级湿地公园。

主导生态功能：湿地生态系统维护、生物多样性保护。

位置：位于丰县大沙河镇二坝村境内。

保护目标：达到《地表水环境质量标准》（GB 3838–2002）Ⅲ类水质标准。

保护区的划分：限制开发区范围包括大沙河水体及两岸陆地 200 米范围；未划禁止开发区。

临黄湿地公园——

建设内容与规模：临黄湿地公园总面积约 1.39 平方公里，其中水面 1700 余亩。该湿地充分利用煤矿塌陷地特殊的地质地貌，以故黄河为纽带，打造集旅游度假、农业观光、休闲娱乐于一体的生态湿地公园。

主导生态功能：湿地生态系统维护、生物多样性保护。

位置：位于徐州市西部故黄河北岸。

保护目标：达到《地表水环境质量标准》（GB 3838–2002）Ⅲ类水质标准。

保护区的划分：限制开发区范围包括故黄河水体及两岸 200 米范围；未划禁止开发区。

九里湖湿地公园——

建设内容与规模：面积 32.8 平方公里，其中核心区域面积 11.1 平方公里，分为东南湖、西湖和北湖三片，由采煤塌陷区改造而成，于 2010 年 2 月被江苏省林业厅批准为省级湿地公园（批准文号：苏林业〔2010〕8 号），规划建成国家级湿地公园。九里湖湿地公园发展架构为"一湖两轴八片区"，建成后将成为国内最大的城市内的湿地公园，使徐州形成"南有云龙山、云龙湖，北有九里山、九里湖"的山水格局。

主导生态功能：湿地生态系统维护、生物多样性保护。

位置：位于徐州主城北部，徐丰公路两侧，包括张小楼矿、庞庄矿、东城矿、拾屯宝应矿和王庄矿。

保护目标：达到《地表水环境质量标准》（GB 3838-2002）Ⅲ类水质标准。

保护区的划分：限制开发区范围为九里湖沿岸 500 米的陆域范围内；未划禁止开发区。

云龙湖风景名胜区——

建设内容与规模：总面积 27.6 平方公里，于 1984 年被江苏省政府批准为省级风景名胜区（批准文号：苏政复〔1984〕29 号），规划建成国家级湿地公园。

主导生态功能：自然与人文景观保护。

位置：位于泉山区及铜山区汉王镇。

保护目标：达到《地表水环境质量标准》（GB 3838-2002）Ⅲ类水质标准。

保护区的划分：限制开发区范围包括云龙湖及周围云龙山、泰山、凤凰山、拉犁山、御避山、看山、光山、黑山、驴眼山、韩山、淮海烈士纪念塔园林等区域。

禁止开发区为风景名胜区的核心景区，分为南北两片，北部包括云龙湖深水区（离湖岸 50 米范围）；南部为拉犁山以南，汉王镇区东北的 100 米以上山体，包括老虎山、尖山和大小窝山等区域，面积 6.6 平方公里。

大龙湖湿地公园——

建设内容与规模：面积 5 平方公里，由大龙口水库改建而成的大型城市中心滨水绿地，规划建成市级湿地公园。

主导生态功能：湿地生态系统维护、生物多样性保护。

位置：位于徐州新城区的中心地带，西邻拖龙山，南临迎宾大道。

保护目标：达到《地表水环境质量标准》（GB 3838-2002）Ⅲ类水质标准。

保护区的划分：限制开发区范围为大龙湖沿岸 500 米的陆域范围内；未划禁止开发区。

黄墩湖湿地自然保护区——

建设内容与规模：面积 28.4 平方公里，于 2005 年 12 月被邳州市政府批准为县级自然保护区（批准文号：邳政复〔2005〕5 号），规划建成省级湿地公园。

主导生态功能：水生动植物资源保护。

位置：位于邳州市运河镇与新河镇境内。

保护目标：达到《地表水环境质量标准》（GB 3838-2002）Ⅲ类水质标准。

保护区的划分：限制开发区为一条以运河为主体的带状湖泊湿地。分布范围上起邳州市城区高架桥，下至邳州市与宿迁市境内的骆马湖交界，西侧边界为运河大堤，东侧边界北部为运河大堤，南部为邳州市与新沂市县界。

禁止开发区为自然保护区的核心区，即运河、邳洪河中间湿地分布区域，面积 15.33 平方公里。

房湾湿地公园——

建设内容与规模：面积 2 平方公里，依托黄河故道现有自然湿地形态建设。

主导生态功能：湿地生态系统维护、生物多样性保护。

位置：位于睢宁县姚集镇房湾村。

保护目标：达到《地表水环境质量标准》（GB 3838-2002）Ⅲ类水质标准。

保护区的划分：限制开发区范围为黄河故道中心两侧各 500 米；未划禁止开发区。

睢宁庆安湿地公园——

建设内容与规模：面积 10.6 平方公里，依托庆安水库建设，规划建成省级湿地公园。

主导生态功能：湿地生态系统维护、生物多样性保护。

位置：位于睢宁县北部，黄河故道南侧。

保护目标：达到《地表水环境质量标准》（GB 3838-2002）Ⅲ类水质标准。

保护区的划分：限制开发区范围为庆安水库沿岸背水坡堤脚外 100 米的陆域范围内；未划禁止开发区。

岠山风景名胜区——

建设内容与规模：岠山风景名胜区为规划的市级风景名胜区，总面积 60.2 平方公里，睢宁县境内面积 57.6 平方公里，邳州市境内面积 2.6 平方公里。其中睢宁岠山湖湿地面积 0.15 平方公里，规划建成市级湿地公园。

主导生态功能：生物多样性保护、自然和人文景观保护。

位置：位于邳州、睢宁岠山风景名胜区岠山的东侧。

保护目标：达到《地表水环境质量标准》（GB 3838-2002）Ⅲ类水质标准。

保护区的划分：限制开发区范围包括海拔 204.7 米的岠山及其古邳镇的大部分区域；未划禁止开发区。

梁寨水库——

建设内容与规模：水库面积 1 平方公里，集水面积 20.2 平方公里。总库容 530 万立方米，兴利库容 330 万立方米，负担梁寨镇 2 万亩农田的灌溉和 20.2 平方公里来洪面积的调蓄任务。

主导生态功能：洪水调蓄。

位置：位于丰县梁寨镇南，故黄河北侧。

保护目标：达到《地表水环境质量标准》（GB 3838–2002）Ⅲ类水质标准。

保护区的划分：限制开发区范围为梁寨水库500米的陆域范围内；未划禁止开发区。

王月铺水库——

建设内容与规模：总库容422万立方米，兴利库容380万立方米。设计灌溉面积1500公顷，实际灌溉面积267公顷。

主导生态功能：洪水调蓄。

位置：位于铜山区黄集镇王月铺村，故黄河北侧。

保护目标：达到《地表水环境质量标准》（GB 3838–2002）Ⅲ类水质标准。

保护区的划分：限制开发范围为王月铺水库500米的陆域范围内；未划禁止开发区。

胡集水库——

建设内容与规模：水库面积1平方公里，集水面积20.2平方公里。总库容530万立方米，兴利库容330万立方米。

主导生态功能：洪水调蓄。

位置：位于铜山区大彭镇胡集村，故黄河南侧。

保护目标：达到《地表水环境质量标准》（GB 3838–2002）Ⅲ类水质标准。

保护区的划分：限制开发区范围为胡集水库500米的陆域范围内；未划禁止开发区。

大坝湖水库——

建设内容与规模：水库占地1.29平方公里，库区面积1.023平方公里。水库最高库容407万立方米，灌溉面积600ha。

主导生态功能：洪水调蓄。

位置：位于徐州经济技术开发区大庙镇，故黄河北侧。

保护目标：达到《地表水环境质量标准》（GB 3838–2002）Ⅲ类水质标准。

保护区的划分：限制开发区范围为大坝湖水库500米的陆域范围内；未划禁止开发区。

六堡水库——

建设内容与规模：水库占地1.46平方公里，库区面积1.002平方公里。总库容390.6万立方米。

主导生态功能：洪水调蓄。

位置：位于大龙湖办事处六堡村东，故黄河南侧。

保护目标：达到《地表水环境质量标准》（GB 3838–2002）Ⅲ类水质标准。

保护区的划分：限制开发区范围为六堡水库 500 米的陆域范围内；未划禁止开发区。

水口水库——

建设内容与规模：水库占地 2.6 平方公里，库区面积 2.2 平方公里。总库容 870 万立方米，兴利库容 775 万立方米。水库设计灌溉面积 2000ha，目前达到 1830ha。

主导生态功能：洪水调蓄。

位置：位于铜山区张集镇水口村和小店村之间，故黄河南侧。

保护目标：达到《地表水环境质量标准》（GB 3838-2002）Ⅲ类水质标准。

保护区的划分：限制开发区范围为水口水库 500 米的陆域范围内；未划禁止开发区。

杨洼水库——

建设内容与规模：水库占地 1.27 平方公里，库区面积 0.88 平方公里。总库容 370 万立方米，兴利库容 340 万立方米。

主导生态功能：洪水调蓄。

位置：位于铜山区张集镇杨洼村和孟庄村之间，故黄河南侧。

保护目标：达到《地表水环境质量标准》（GB 3838-2002）Ⅲ类水质标准。

保护区的划分：限制开发区范围为杨洼水库 500 米的陆域范围内；未划禁止开发区。

下洪水库——

建设内容与规模：水库占地 1.27 平方公里，库区面积 1.9 平方公里。总库容 950 万立方米，兴利库容 850 万立方米。设计灌溉面积 1333ha，实际灌溉面积 1000ha。

主导生态功能：洪水调蓄。

位置：位于铜山区房村镇下洪村，故黄河南侧。

保护目标:达到《地表水环境质量标准》(GB 3838-2002)Ⅲ类水质标准。

保护区的划分：限制开发区范围为下洪水库500米的陆域范围内；未划禁止开发区。

吴湾水库——

建设内容与规模：库区面积0.56平方公里，总库容430万立方米，兴利库容395万立方米，灌溉面积333ha。

主导生态功能：洪水调蓄。

位置：位于房村镇吴湾村东，故黄河南侧。

保护目标:达到《地表水环境质量标准》(GB 3838-2002)Ⅲ类水质标准。

保护区的划分：限制开发区范围为吴湾水库500米的陆域范围内；未划禁止开发区。

崔贺庄水库——

建设内容与规模：总库容3364万立方米，兴利库容2341万立方米。设计灌溉面积7万亩，实际灌溉面积4.3万亩。

主导生态功能：洪水调蓄。

位置:位于铜山区伊庄镇西7.5公里的邦房亭河上游，故黄河北侧。

保护目标:达到《地表水环境质量标准》(GB 3838-2002)Ⅲ类水质标准。

保护区的划分：限制开发区范围为崔贺庄水库500米的陆域范围内；未划禁止开发区。

白马湖水库——

建设内容与规模：设计为故黄河分洪道，设计集水面积32.8平方公里，年径流量1200万立方米，年分洪量5200万立方米。

主导生态功能：洪水调蓄。

位置：位于铜山区单集镇，故黄河北侧。

保护目标:达到《地表水环境质量标准》(GB 3838-2002)Ⅲ类水质标准。

保护区的划分：限制开发区范围为白马湖水库500米的陆域范围内；未划禁止开发区。

清水畔水库——

建设内容与规模：集水面积2.58平方公里，总库容627.28万立方米，兴利库容474万立方米。

主导生态功能：洪水调蓄。

位置：位于睢宁县姚集镇北约6公里，故黄河北侧。

保护目标:达到《地表水环境质量标准》(GB 3838-2002)Ⅲ类水质标准。

保护区的划分：限制开发区范围为清水畔水库500米的陆域范围内；未

划禁止开发区。

二堡水库——

建设内容与规模：集水面积 0.41 平方公里，总库容 64.8 万立方米。

主导生态功能：洪水调蓄。

位置：位于睢宁县姚集镇二堡村南，故黄河南侧。

保护目标：达到《地表水环境质量标准》（GB 3838-2002）Ⅲ类水质标准。

保护区的划分：限制开发区范围为二堡水库 500 米的陆域范围内；未划禁止开发区。

※ 综合整治村庄环境

实施水质生态净化工程——在通过生态补水改善故黄河水质，修复故黄河生态功能的同时，对故黄河的郑集、丁万河、白马河、魏工等主要分洪道以及故黄河沿线的支流、水库和灌溉中沟实施生态净化工程，使规划区域内所有水体的水质和水环境生态功能进一步得到改善。

规范乡镇垃圾收处体系——各县（市、区）应按照"六整治""六提升"的目标要求，扎实开展农村环境连片整治工作，重点进行村庄环境整治，推进村庄净化、绿化、美化和道路硬化工作，普遍改善故黄河沿岸村庄的村容村貌。各乡镇应以创建国家级、省级生态镇为契机，逐步完善农村垃圾集中收集长效机制。按照"组保洁、村收集、镇转运、县（市）集中处理"的运作模式，以各乡镇政府所在地和故黄河两岸的乡村为重点，加强生活垃圾收集、转运设施建设，建立完善的生活垃圾收集转运体系，立即清除随意倾倒的生活垃圾和随处堆存的养殖残渣等农业废弃物，重点治理可见范围内的视觉污染。到 2015 年，各镇、村生活垃圾收集处理率达到 90% 以上。

治理农村分散生活污水——黄河故道综合开发区域主要为农村地区，规划区内有行政村 474 个，区域面积广，大部分农村住户比较分散，生活污水集中收集处理难以实施。首先，在各村庄全面推广"一池三改"工程，利用沼气发酵技术，将人畜粪便、废弃秸秆及有机垃圾进入沼气池厌氧发酵，形成改圈、改厕、改厨一体化，产出的沼气作为农户日常生活用能源，沼液沼渣用作农用肥料；其次，要根据各村庄周围的自然环境，因地制宜地建设污水生态处理工程。对于人口相对集中的村庄，充分利用其下游的河流、水塘、沟渠，建设农村分散式生活污水处理工程，分散式生活污水处理工程一般由集水井、厌氧池、沉淀池、砾石床和出水井组成，见下图；计划到 2015 年，规划区域农村生活污水处理率达到 80% 以上，基本消除生活污水直接入河现象。

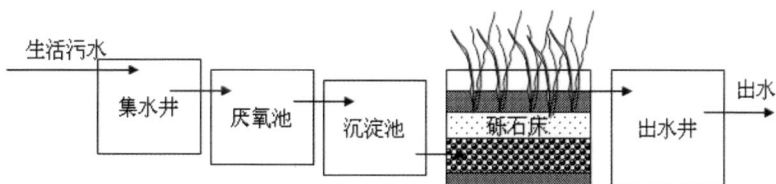

附图：农村分散式生活污水处理工艺流程示意图

※ 重点工程项目

黄河故道综合开发生态环保建设重点实施六大类工程，共 71 个工程项目，总投资约 20.58 亿元。生态环保建设相关重点工程项目分地区一览表见附表 1，生态环保建设相关重点工程项目分类一览表见附表 2。

附表 1　生态环保建设相关重点工程项目分地区一览表

序号	地区	项目数	总投资（万元）
1	徐州市区（包括开发区）	7	16600
2	丰县	13	21434
3	沛县	13	54864
4	铜山区	16	27797.5
5	睢宁县	15	79524
6	邳州市	7	5600
合　计		71	205819.5

附表 2　生态环保建设相关重点工程项目分类一览表

序号	项目类别	项目数	总投资（万元）
1	点源污染治理项目	3	1000
2	城镇污水处理项目	34	97605.5
3	农业面源污染治理项目	20	20164
4	河道综合整治工程	4	33000
5	生态修复工程	6	53000
6	水环境监管能力建设工程	5	1050
合　计		71	205819.5

第三节 壮志缚苍龙，四年建奇功

——黄河故道沿线二次综合开发"战役"纪实

有人将徐州市所进行的黄河故道沿线二次综合开发比喻为"第二次淮海战役"。从"大兵团作战"与"全民支援"的呼应来看，说它是一场"淮海战役"，未尝不可。但从时间的延续，即四年工程来看，"淮海战役"的比喻又显得太短。

历史的相似处仅仅是"全民""全社会"一齐动员的特色。

四年治理，旧貌新颜。徐州人民以其改天换地的精神从事黄河故道的综合治理，终于让沉沦了一百六十多年的黄河故道焕发了勃勃生机。

美景在望，抚今追昔，我们在本章所记录的，或许还是浮光掠影的表象……

一、"一把手工程"的分量

在当代，在中国，"一把手"的分量有多重，"一把手工程"的分量就有多重。这是一个极其普遍的连锁反应。

谁都知道，在公有制的背景下，所有政府层面的工程都是国家的、全民的,而不是"个人工程";但另一个事实也不容漠视,即领导者的权力、责任心、推动力、持续性等,对他所掌控工程的进展,有着直接影响。

徐州市黄河故道沿线二次综合开发,作为徐州市"三重一大"工程,作为江苏省的重点工程,自然并不属于一个人——即使他是徐州市的党政"一把手";但是,有"一把手"动议、策划、规划、实施,并且从启动,到收官,都有他的主导,情形自然与没有"一把手"全面介入大相径庭。这几乎是一个无关"人治"而又摆脱不了"人治"色彩的体制问题。

这个具有"一把手"身份的人,即是徐州市委书记曹新平。

为此,本节将围绕曹新平做一些粗线条的资料罗列:

——2011年12月12日,徐州市农业开发局上报信息《关于我市黄河故道沿线二次综合开发有关情况的汇报》,12月15日市委书记曹新平阅后加批示:"故黄河二次开发的思路很好,还可以加上'故黄河历史文化走廊'建设。可以列入'三重一大',放在'重'还是'大',请徐文、文达同志提出意见。"(此情节前文已述,出乎归纳之需,再予简述,特加注明。另须注明的是,从批转徐文、文达二人处理,可以看到曹本人对黄河故道的开发,还可能局限于市区或铜山吕梁,尚未有县市区同步治理意念。)

——2012年2月23日,徐州市农业开发局以徐农开〔2012〕19号文件的形式向徐州市政府上报《徐州市农业开发局关于推进黄河故道"二次综合开发"有关问题的请示》。3月3日,曹新平签署:"请示提出的6条建议基本可行。请荣启、冠山同志牵头讨论,常委会专门听一听。"从批转荣启、冠山牵头来看,曹的视野已扩大到县区。

——2012年3月19日,徐州市农业资源开发局组织的《专家对我市黄河故道开发建设提出四点建议》在中共徐州市委办公室《信息晨报》40期刊出,3月23日,曹新平看了这篇建议,随即加批:"请荣启、冠山同志阅处。"

——2012年3月29日,《信息晨报》48期刊出《专家建议将黄河故道沿线未利用滩地申报纳入国土资源部工矿废弃地复垦利用试点》一文,曹新平于3月30日批示:"建议很好,请李钢局长阅研。"

——5月2日下午,曹新平主持召开黄河故道沿线二次综合开发专题会议,听取并研究黄河故道沿线二次综合开发工作。他强调:实施黄河故道二次综合开发,是一项功在当代、利在千秋的综合性工程,要坚持"五位一体",围绕"六大功能",实施"八项工程",上下联动,形成合力,努力在全省走出一条具有徐州特色的黄河故道综合开发新路。

——5月3日,中共徐州市委以徐委〔2012〕19号文件发布《中共徐州市委、徐州市人民政府关于成立黄河故道沿线二次综合开发领导小组的通知》，市委书记曹新平出任第一组长，市长朱民出任组长，市委副书记李荣启出任常务副组长，市委常委、副市长王昊、副市长漆冠山出任副组长。曹新平以第一组长的身份亮相，意味着一种担当。

—— 7 月 18 日，徐州市政府《专报信息》刊出《关于打造古黄河文化旅游品牌的建议》。此建议是市信息中心、水务局邀请部分专家学者就黄河故道沿线旅游发展问题座谈而形成的。曹新平在 7 月 19 日看到此建议，遂加批文："请荣启、冠山同志阅研，纳入故黄河二次开发专项规划中。"

—— 8 月 16 日上午，曹新平主持召开办公会，专题研究黄河故道沿线二次综合开发工作。会议发出四条纪要。

—— 2012 年 9 月 20 日上午，市委、市政府召开黄河故道沿线二次综合开发动员大会，全面部署黄河故道沿线二次综合开发工作，曹新平在讲话中指出："黄河故道沿线二次综合开发意义有三点：一是发起全面小康建设的攻坚战；二是打造转型发展的增长极；三是增创政策扶持的新机遇。"

—— 2012 年 12 月 10 日下午，曹新平主持召开专题会议，研究调度黄河故道综合开发相关工作，并对进一步推进黄河故道综合开发工作提出四点要求："一是突出科学规划的引领作用，高标准、全方位、系统化地编制黄河故道综合开发的各项规划。二是按照思路项目化、项目具体化的要求，科学建立黄河故道综合开发的项目库。要突出项目建设重点，加快排定市、县、镇、乡四个层次的重点项目，集中人财物和'优势兵力'打好重点项目'歼灭战'。三是科学制定黄河故道综合开发的阶段性目标，确保综合开发的整体框架思路、重大基础设施和重大项目建设逐步开始落实。3 年内，故黄河沿线的水系沟通疏浚、配套道路建设和生态绿化工作要全面完成，切实形成畅通的水路、陆路交通体系，真正把黄河故道建成为横贯东西的绿色走廊，成为环绕徐州的一条'绿色项链'。四是抢抓有利时机，扎实推进各项水利工程建设工作。黄河开发、水利先行。要因地制宜、因河制宜，加快实施中泓贯通、分洪道整治、水源建设、农田水利、水土保持等工程。在中泓拓宽疏浚过程中，要实地调研、反复论证，科学制定河道的开挖方式，切实保护黄河故道沿线生态的完整性。要推进船闸一体化建设，力争 3 年内完成沿线所有船闸的建设。在抓好水利工程建设的同时，要对黄河故道沿线农田土地属性进行全面摸底调查，为下一步的土地整理复垦、高标准农田建设奠定良好基础。"

—— 2013 年 3 月 26 日，曹新平带领市发改委、交通运输局、水利局、开发局、国土资源局相关负责人来丰县调研社会经济发展情况。他们一行首先来到丰县黄河故道中泓贯通范楼段治理工地，随后，调研团一行又来到华

山镇……曹新平对丰县下一步工作提出五点要求：一是大力推进"三重一大"……二是大力实施黄河故道综合开发……

——2013年10月25日，曹新平专题调度新城区和吕梁风景区2013、2014两年建设情况时强调："生态优先依然是新城区和吕梁风景区建设的主基调。2014年，拟做好悬水湖景区、吕梁山风情小镇、奇石市场、黄河故道沿线农业综合提升工程等四大类12项重点工程。"

——2014年2月2日，曹新平调度徐州市"八大工程"进度，其中就有黄河故道综合开发，与亿吨大港和城市轨道交通项目并列。

——2014年3月30日下午，曹新平去铜山区调研，先后到黄河故道温庄闸、吕梁山风景区崔贺庄村和马集村等地，详细了解生态环境保护、农业产业开发、村庄综合环境整治和新农村建设等。

——2014年6月26—27日，市委、市政府召开全市黄河故道综合开发现场观摩会，对各县（市）区的黄河故道综合开发工程建设情况进行现场观摩。曹新平、李荣启与副市长漆冠山，市委副秘书长张学胜，市各相关单位主要负责同志和有关县（市）区分管同志、黄河故道综合开发办公室主任等参加了观摩活动。27日现场观摩结束后，在邳州召开了总结会，漆冠山副市长主持会议，李荣启副书记对观摩情况进行点评并部署工作。

——2014年8月27日，曹新平带领市发改委、国土资源局、住建局、铁路办等部门负责人来到睢宁县临港新城、黄河故道综合开发项目现场，调研经济社会发展情况。整治后的黄河故道水面宽阔、碧波荡漾、两岸绿树成排、偶有水鸟从河上掠过，展现出一个良好的水域生态。曹新平指出，要加快推进黄河故道综合开发相关项目建设，打造出一个良好的生态环境，真正造福于民。

——2015年3月12日上午，曹新平、刘忠达、李荣启等，与驻徐部队首长一起参加植树活动。曹新平一边种树，一边详细了解今年徐州市植树造林的有关情况和黄河故道两岸的生态绿化建设，提出要高标准实施黄河故道沿线生态绿化工程，真正把黄河故道打造成为贯穿城市的生态走廊。

——2015年5月27日下午曹新平调度徐州市"十大工程"情况。黄河故道综合开发与亿吨大港、城市轨道交通、郑徐客运专线、空军机场迁建、三环高架快速路、"两河两路"工程、外环公路、骆马湖水源地及第二水厂工程、徐宿淮盐铁路等并列。

　　——2015年7月30日，曹新平一行先后来到沛县微山湖环湖西路、昭阳湖和安国湿地，实地察看旅游项目建设。曹新平听取汇报后说："微山湖环湖西路要成为继黄河故道生态走廊之后我市第二条绿色廊道。"

　　——2015年10月14日，曹新平到睢宁调研脱贫奔小康及秋收秋种工作。一行人先后来到魏集镇黄河故道优质果示范区、黄河故道房湾生态湿地。曹新平指出，抓住黄河故道综合开发的历史机遇，积极引导高效设施农业更多地向黄河故道沿线、丘陵山区布局，尽快启动黄河故道示范段提升工程。

　　——2016年1月14日，曹新平接省委调令，不再担任徐州市委书记，根据他的个人意愿，省委安排他回苏州工作。就在他离任前两天，即2016年1月12日，曹新平接受新华日报记者王岩采访时，畅谈徐州市"十三五"期间的"十大工程"，再次说到黄河故道综合开发。曹新平说："今后五年，徐州将基本完成郑徐客运专线、徐宿淮盐铁路、徐连客运专线、轨道交通、三环高架快速路、徐沛快速通道、亿吨大港、黄河故道沿线综合开发等十大工程建设任务，积极推动淮海城市群规划建设上升为国家战略，全力打造淮海经济区八大中心。"

离开徐州前，曹新平引用艾青的诗句说道："为什么我的眼里常含泪水？因为我对这土地爱得深沉。""徐州是我生于斯长于斯的故乡，有我浓浓的乡情、乡思和乡愁，一个领导最大的快乐就是把业绩写在家乡的土地上。我马上就要告老回苏，心中有无限感慨和深深的眷恋，我会永远思念徐州，为徐州祈祷，为徐州祝福，为徐州喝彩，祝徐州的明天更美好！"

徐州市黄河故道沿线二次综合开发酝酿于 2011 年秋，启动于 2012 年春，到 2016 年春曹新平离任时，该工程大势已定。前后四年，徐州市都有一个较稳定的"领导班子"主持着黄河故道的综合开发，这就避免了"换班子，换思路，换做法"的社会通病；既没有"推倒重来"，也没有"另起炉灶"，整个工程得以沿着规划所定方向，健康而有序地向前推进，进而呈现了"一以贯之"的态势。

二、高屋建瓴一盘棋

黄河故道沿线二次综合开发，是徐州市多年以来所开展的牵涉面最广、空间跨度最大、前后延续时间最长的一项工程。

（一）朝花夕拾之一："领导小组"应运而生

为了这一工程的进展，徐州市委、市政府于 2012 年 5 月 3 日专门成立了"黄河故道沿线二次综合开发领导小组"。

"领导小组"组成人员名单如下：

第 一 组 长：曹新平　市委书记

组　　　　长：朱　民　市委副书记、代市长

常务副组长：李荣启　市委副书记

副　组　长：王　昊　市委常委、副市长

　　　　　　漆冠山　副市长

成　　　员：张学胜　市委副秘书长、农工办主任

　　　　　　谢建林　市政府副秘书长

　　　　　　田质林　市发改委主任

　　　　　　韩冬梅　市财政局局长

　　　　　　冯正刚　市水利局局长

　　　　　　陈建领　市农委主任

　　　　　　李　钢　市国土资源局局长

　　　　　　李靖华　市规划局局长

　　　　　　张　军　市城乡建设局局长

　　　　　　蔡前锋　市交通运输局局长

　　　　　　单兴强　市文广新局局长

徐善春　市环保局局长

李　燕　市旅游局局长

恽芝健　市农业资源开发局局长

邹允聪　市委农工办副主任、市政府矿乡办主任

焦思权　市扶贫办副主任

郭学习　丰县县长

李晓雷　沛县县长

龚维芳　睢宁县县长

王　强　邳州市市长

刘广民　铜山区区长

王维峰　鼓楼区区长

陈　静　云龙区区长

蔡成缓　泉山区区长

仇玲柱　经济技术开发区管委会主任

邱　颖　市新城区管委会主任

王智辉　市新水国有资产经营有限责任公司总经理

李祥清　徐州新田投资发展有限责任公司总经理

丁　洪　农发行徐州市分行行长

　　"领导小组"下设"办公室"，具体负责黄河故道沿线二次综合开发的组织、协调、规划、指导、督查、考评等日常工作。张学胜兼任办公室主任，恽芝健兼任办公室常务副主任，邱述银、郝敬良、韩峰、侯玉忠、王文劲任办公室副主任。

　　2015年8月5日市黄河故道综合开发领导成员进行调整，调整后的组成人员名单如下：

第 一 组 长：曹新平　市委书记

组　　　长：朱　民　市委副书记、市长

常务副组长：李荣启　市委副书记

副 组 长：王　昊　市委常委、副市长

　　　　　　漆冠山　副市长

　　　　　　冯正刚　市政协副主席

成　　　员：张学胜　市委副秘书长、农工办主任

　　　　　　谢建林　市政府副秘书长

　　　　　　高　山　市发改委主任

　　　　　　李京成　市财政局局长

卜凡敬　市水利局局长

陈建领　市农委主任

李　刚　市国土资源局局长

李靖华　市规划局局长

张　军　市城乡建设局局长

蔡前锋　市交通运输局局长

高成富　市文广新局局长

纪　杰　市环保局局长

雒永信　市旅游局局长

恽芝健　市农业资源开发局局长

张　威　市农机局局长

郭学习　丰县县长

吴卫东　沛县县长

贾兴民　睢宁县县长

陈　静　邳州市市长

刘广民　铜山区区长

龚维芳　鼓楼区区长

方正华　云龙区区长

吴　君　泉山区区长

周建洪　经济技术开发区管委会主任

邱　颖　市新城区管委会主任

王智辉　市新水国有资产经营有限责任公司总经理

谢洲胜　徐州新田投资发展有限责任公司总经理

丁　洪　农发行徐州市分行行长

从"领导小组"及"领导小组办公室"的组成，读者可以看出，这样一个机构已经将市、县（区）两级与黄河故道二次综合开发相关部门的行政领导全部吸收进来了。从"全局"看，他们是"领导班子"成员；从"局

部"责任看，他们又是某一"条"、某一"块"的第一责任人。

（二）朝花夕拾之二：稳定的"铁三角"

从徐州市黄河故道沿线综合开发工程的领导层看，与曹新平"一把手作用"相呼应的，还有一个上下相连的"领导体系"或"运作体系"；或者说，徐州市黄河故道开发工程自始至终都存在一个自上而下、条块结合的"网络推进结构"。这就保证了政令通畅，指挥到位，反馈及时，处置得力。

另从"领导小组"这一平台看，还有两个人的"点位"也极为重要。一个是身为"常务副组长"的市委副书记李荣启，一个是身为"领导小组办公室常务副主任"的徐州市农业资源开发局局长恽芝健。

本书编者倾向于将曹新平、李荣启、恽芝健这三个人比喻为徐州市黄河故道沿线二次综合开发工程领导层的"铁三角"：

曹掌控全局，李协调各方，恽一线值班。

即黄河故道开发的大政方针都出乎曹新平书记，或由别人提出均得到他的首肯；以市委名义与徐州市各县（区）、局、兄弟县、市及省、中央等出面联络的是李荣启副书记；衔接上下或前去第一线处理各种开发事务的则是恽芝健局长。

人尽皆知，曹新平书记并无农村工作的经历，他的长处是能够倾听善言良策。李荣启副书记则是有农村工作经验，又有黄河治理情怀，二人的呼应，为徐州黄河故道开发提供了精神支撑。

据办公室的工作人员说，身为领导小组常务副组长的李荣启，基本是以黄河故道开发为"主业"而安排自己日程的，只要市委无会议、无接待，他一周常常有四五天会主动打来电话："老恽，如果没有别的安排，咱们下去看看吧！"因而，黄河故道沿线的路，他最熟悉；黄河故道综合开发的进展，他最清楚；综合开发遇到的难题，他最早发现；而黄河故道的变化，又是他最先感应着……仅仅为了争取资金支持，几年来他就曾五次进京、十多次去省。谈到"跑断腿，说破嘴"，李荣启副书记真是深有体验。

（三）朝花夕拾之三："遭遇阻力"与"应变之策"

作为领导者，工作贵在亲历亲为。而即便亲历亲为了，还不一定能够马到成功。

在徐州市的黄河故道综合开发过程中，最先的难题是要突破几个"立项瓶颈"。

——如"大沙河"立项问题，因资金投入过大，省有关部门认为大沙河不属黄河故道开发范畴。经多次申明，用历史资料说话，这才终于说服了省里。

——如"邳州"立项问题，省里开始也未将邳州划入黄河故道开发的范畴，为此，领导小组也多次赴宁，递材料，说因由，做了大量工作，才将邳州纳入。

——如解决与兄弟市——安徽省宿州市联合治理黄河故道，李荣启与恽芝健便不止一次地南下宿州，与该市相关领导商谈共同治理黄河故道的大局与细节。个中曲折，一言难尽。

打开徐州市地图即可看到，黄河故道从丰县二坝进入徐州市境，即在苏、皖边界蜿蜒而下。以里程计，从丰县二坝至徐州市市区（泉山区）丁楼闸，黄河河道长约 63.7 千米，其中丰县段河道 22.8 千米，安徽宿州萧县段河道 15.45 千米，铜山区段河道 19.85 千米，泉山区段河道 5.6 千米。从流域全局考虑，不论是中泓贯通，还是沿河公路的修筑，都必须有两省、两市的联动。因而，主动与安徽省宿州市方面联系，徐州方面视为本分。

在市一级的层面上进行沟通时，气氛极为融洽。

这让李荣启、恽芝健一行人大为乐观。

而具体对接，还要与宿州市萧县方面洽谈。鉴于黄河故道萧县段中泓基本贯通，所以就不存在再一次开挖中泓的问题，因而余下的工程主要是解决"道路畅通"的问题。修路是好事，萧县方面自然表示支持。而说到路线的选择及筑路经费，则双方又小有分歧，萧县提出：公路走河北，不走河南；筑路经费，由徐州方面筹措，萧县只负责公路沿线的动迁。

李荣启、恽芝健以及随同的人员都明白：黄河故道之南，全是萧县土地，黄河故道之北，大部分是萧县土地，但还有铜山区刘集、黄集、何桥三镇的部分"插花地"，因而公路选择走河北、不走河南，是出于萧县方面对筑路占地的忧患，这些都是情有可原的；至于筑路经费，原则上应该是"一家一半"的。

后来，李荣启、恽芝健将此事汇报给曹新平。经领导小组核心成员会商，大家的倾向意见是：鉴于萧县方面的财政困难，筑路经费由徐州方面独立提供。

当恽芝健与办公室成员将徐州单方出资的筑路方案反馈给萧县方面时，萧县方面同意。但不久他们又提出新的要求：徐州出资，路款打到萧县，由萧县组织施工。

"共同开发黄河故道"的商谈，谈到这一步，李荣启、恽芝健作为第一线责任人感到不能再做让步了。所以，他们在请示领导小组决策层之后，决定终止与萧县在修筑沿河公路方面的合作，并重新为黄河故道沿河公路选址。

有修路协商的前车之鉴，李荣启、恽芝健对黄河故道中泓开挖也多了一份担心。此后，他们与徐州市水利局局长冯正刚等论证：黄河故道中泓贯通之后，在行洪的问题上，江苏徐州与安徽萧县不会产生太大的矛盾，而在水源补给和蓄水利用方面，则可能因为牵涉两省两市管辖而产生矛盾，较难化解。为避免将来可能发生的蓄水、用水纠纷，并考虑到对于萧县段以上丰县段黄河故道及丰县、沛县大沙河的水源补给和蓄水利用的长远目标，可能的选项就是绕开萧县段黄河故道另开一个补水渠道。他们分析：该段河道流域面积约为356.48平方公里。其中上游段故黄河北大堤是高滩地与湖西地区的分水岭，大堤之外的径流排入微山湖下级湖，故黄河高滩地的径流排入故黄河中泓。该段河道沿线还有梁寨水库、王月铺水库和胡集水库等三座小水库。如果利用旧有排洪河道，进一步疏浚开挖，形成一条黄河"副水道"的可能性还是存在的。

（四）朝花夕拾之四："新黄大沟"走蛟龙

这一变动，后来促成了《徐州市黄河故道水利规划报告》中对铜山区段"新黄大沟"的全面规划。"新黄大沟"立项后，沿此"新黄大沟"又有新的黄河故道公路的修建。此虽为"后话"，但与最初的联合开发构想遇到阻碍自有其内部联系，所以本节在此先予披露：

"新黄大沟"作为徐州市黄河故道干河治理工程的全新项目，位于铜山区何桥、黄集、刘集镇三镇境内。西起丰铜交界处之付庄闸，东至郑集分洪道上游入故黄河中泓处，全长约22.5千米。新黄大沟南侧对应的故黄河中泓长约16千米，完全在安徽省萧县境内。按规划，新黄大沟西头与东头皆与徐州市辖境内的黄河故道相连通，而与南侧萧县境内的黄河故道大势平行，故既可与萧县段黄河故道共同担当行洪任务，又可在排水、调水方面自成体系，独立运行。

徐州市铜山段黄河故道干河治理工程"新黄大沟"段于2014年3月开工，2014年12月底基本完成，完成投资14000万元，完成拓浚新黄大沟22千米，新建两岸挡墙19.96千米，拆（新）建梯级节制闸4座，拆建沿线涵闸8座，新建跌水44处，拆建跨河桥梁24座，拆建泵站5座等。共完成土方开挖约138万立方米、混凝土约

72146 立方米。工程实施后将通过郑集河补水，增加新黄大沟段蓄水量，提高黄河高滩地区抗旱能力；河道周边产业结构可进行优化调整，大大改善沿线水环境，对当地生产生活带来极大方便，对实现市委、市政府提出的农民增收、农业增收的目标有重要意义。2015 年 2 月 10 日验收。

2015 年，"新黄大沟"的完善工程进一步展开。该工程包括对新黄大沟付村闸至新黄闸段（桩号 12+250~0+500，长 11.75 千米）以及军用机场影响改线增加段（长 0.55 千米）共计 12.3 千米河段实施钢筋砼挡墙护岸；疏浚新黄大沟沿线 35 条中沟，并在赵台闸右侧兴建赵台补水泵站 1 座；完善付村、王楼、赵台闸与快速通道的连接道路，以及三座闸管理房的建设等。工程规模：总投资为 5287.44 万元。计划开工时间为 2015 年 3 月 1 日，计划竣工时间为 2015 年 4 月 30 日。工程招标分为两个标段。第一标段：土建及安装工程招标内容为（桩号 0+500~4+600、改 2+900~ 改 0+250）6.7 千米河道两岸采用钢筋砼挡墙，兴建管理所 1 处，补水泵站 1 座，疏浚支沟 9 条，完善连接道路 1 处；第二标段：土建及安装工程招标内容为（桩号 6+900~12+250、改 0+000~ 改 0+250）5.6 千米河道两岸采用钢筋砼挡墙，兴建管理所 2 处，疏浚支沟 26 条，完善连接道路 2 处。

新黄大沟治理工程完成后，可用于汛期排水，又可通过郑集河补水，并通过付庄闸向丰县段黄河故道、进而向大沙河补水，这就大大改善了沿线及上游的水环境，提高黄河高滩地区的抗旱能力，给当地百姓的生产生活都带来极大方便。

在"新黄大沟"开挖工程完成后，沿"新黄大沟"并西接丰县段黄河故道公路、东接泉山区黄河故道公路的"铜山区公路"开始启动。这条徐州市城区以西、沿着黄河故道及"新黄大沟"的公路在媒体宣传时，一般被称为"黄河故道沿线公路铜山西段"，以与徐州市区以东的黄河故道沿线公路相区别。该路段西起铜山区与丰县交界处，向东经葛庄村西、经马行村后转向东，经朱窑村，在王月铺村南转向为东北方向，沿新黄大沟北岸布设，在王岗集村南侧转向南，途经杜楼、新庄、西杨庄、孙楼、张安、丁孟圩，在张庄南转路线向东，沿线分别与徐沛铁路、疏港公路、京台高速公路、铜山区 209 县道交叉，途经何桥、黄集、刘集、大彭四个镇，终点止于铜山区与泉山区交界处。路线全长 38.2 公里，道路等级为双向两车道，二级公路，沥青混凝土路面 [路面结构为 4 厘米细粒式沥青混凝土（AC-13C）+6 厘米中粒式沥青混凝土（AC-16F）+18 厘米水泥稳定碎石 +18 厘米低剂量水泥稳定碎石；被交路补强路面结构为 4 厘米 AC-13C 表面层 +18 厘米水泥稳定碎石基层]，路基宽度 10 米，路面宽 8.5 米（2×3.5 米行车道，2×0.75 米硬路肩），土路肩宽 2×0.75 米，道路路面横坡 1.5%，土路肩横坡 3%，设计时速 60 公里/小时。其中，下穿京福高速和郑徐高铁，沿线建大桥 1 座，中小桥梁 10 座，总造价约 2.5 亿元。

黄河故道沿线公路铜山西段的建设始于 2015 年 1 月。至 2015 年 4 月，道路工程已完成路基清表 4 公里，路基开挖 3 万立方米，圆管涵底板施工 10 道，此后，进入全线推进阶段。根据计划，全线路基应于当年 5 月 1 日前贯通，后因衔接不畅而致工期推迟。至 2016 年 3 月 31 日，该路段路基工程已完成总工程量的 95%，此后即是进行路基、涵洞、平面交叉等方面的施工。全线工程定于 2016 年国庆扫尾，此后沿河公路工期又有延误，这已经不是单纯的工程问题。

黄河故道铜山西段公路的建成，与 2014 年建成的铜山区黄河故道东段工程一脉相通，遥相呼应，共同构成了徐州市黄河故道的东西两翼，为铜山区黄河故道旅游观光网的组接，架起一条大动脉。

在阐明"体系运作"的背景下，插叙"新黄大沟"的开挖及铜山西段公路的修建，我们想要表达的意向是：每一个看似"局部"的工程、"基层"的任务，其实都是由市一级领导站在黄河故道流域的视点上，进行通盘考虑后才最后敲定的。

（五）朝花夕拾之五：一盘跨年度大棋

在市一级的"领导小组"之下，从 2012 年 6 月，到 2012 年 8 月，各有关县区也都建立了"黄河故道沿线二次综合开发领导小组"。其模式基本上都是县委书记出任第一组长，县长为组长，各相关部门主要负责人和各镇党委书记为小组成员，领导小组下设办公室，及规划管理、土地整治、建设质监、资金监管等若干专门工作组，形成"政府主导、国土搭台、部门合作、乡镇实施、农民参与"的工作机制。

这一市、县衔接的"黄河故道沿线二次综合开发领导小组"，在整个的、长达四年（按规划设定为四年，其实又超出四年）的黄河故道开发过程中，一直发挥着规划、指挥、调度、协调、服务的功能。唯如此，徐州市的黄河故道二次综合开发才形成了"高屋建瓴一盘棋"的局面。

用"一盘棋"来比喻黄河故道综合开发，仅得仿佛。实际的运作，则比"下棋"难上百倍千倍。

听开发办公室的朋友谈，徐州市黄河故道沿线二次综合开发好比是"过五关斩六将"。

第一关，是"立项关"。为过这一关，徐州市农业资源开发局几乎坚持了数年的"马拉松"长跑。

第二关，是"规划关"。为了编制徐州市黄河故道二次综合开发的大小13个规划，徐州市投入的人力、财力都是空前的。

　　第三关，是"资金关"。开发必须投入，无钱不能建设。四年期间，全市近200亿元的资金投入，向省、国家争取多少？自筹多少？吸引社会投资多少？一分一厘都不能含糊！

　　第四关，是"工程关"。此次徐州市黄河故道综合开发的"工程"，可以用"八大重点工程""一带九区十四园"做概括。这些工程，还必须分解到六个县区、四个年度环环紧扣地推开，其先期的项目任务书编排、责任人确定、工程现场动迁，中期的招标、投标、定标，资金运作、材料供应，设备进场，后期的施工、监理、调试、验收等，哪一个环节都不能"掉链子"。

　　第五关，是"效益关"。工程好坏，效益为证。工程有体量，效益无时限。所以别的"关"可以一次闯过，这一关要时间证明、百姓点赞。

　　说到"一盘棋"，这儿还要补叙一下市领导小组之下"综合开发办公室"的"中枢"作用。作为全市黄河故道综合开发的"工作机构"，该办公室相当于一个作战参谋部或指挥部。他们的工作，属于鸟瞰全局而又调度全局的性质。比如两个总体规划与十一个专业规划的编制，由他们协调、催办；各年度项目编排及目标任务书的编制，由他们负责权衡；县、区、局各类工程的信息反馈，由他们搜集、整理、上报……

　　仅仅浏览一下他们逐年编制的《徐州市黄河故道综合开发2013年度项目编排及目标任务》及《徐州市黄河故道综合开发2013年度项目编排及目标任务一览表》，《徐州市黄河故道综合开发2014年度项目编排及目标任务》及《徐州市黄河故道综合开发2014年度项目编排及目标任务一览表》，《徐州市黄河故道综合开发2015年度项目编排及目标任务》及《徐州市黄河故道综合开发2015年度项目编排及目标任务一览表》，我们就可以感知他们工作的谨严、细致、缜密和一丝不苟。

　　以"任务一览表"为例，其"汇总"一表，竖列"八项工程"：中泓贯通

工程、道路畅通工程、土地整治工程、农业提升工程、生态建设工程、环境整治工程、文化旅游工程、扶贫开发工程；横列丰县、沛县、铜山区、邳州市、睢宁县、主城区等六个责任单位的工程个数、总投资数、财政投资数；下栏为县区工程及投资"合计"，右栏为"八项工程"分项"合计"；右下为年度工程个数、总投资数、财政投资数、其他投资数。

排比三年的"任务一览表"可知：

2013年启动工程78个，总投资445116万元，财政投资153446万元，其他投资291770万元。

2014年启动工程118个，计划总投资1422948万元，完成总投资756416万元，财政投资334984万元。

2015年启动工程91个，计划总投资813745万元，完成总投资709432万元，完成财政投资260507万元。

如果我们对这三年的工程与投资做一个累加，就可以知道三年期间，徐州市黄河故道二次综合开发共启动了287项工程，完成了1910964万元的总投资，其中财政投资达748937万元。

将如此巨大的投资，细细分解到县、区的每一项工程，核算之，推动之，检验之，审计之，终于让资金转化为绿色环保、利民惠民的工程，这就是黄河故道开发的终极硕果！

在短短的三四年内，对黄河故道的治理做如此大的投入，这在当代是绝无仅有的，这在徐州的黄河史上也是绝无仅有的。

这一切，都是在徐州市黄河故道沿线二次综合开发领导小组领导下，在领导小组办公室的具体推进中完成的。

回望历史，他们的工作一环扣一环，有如长河入海，层层推进：

——2013年4月15日，中共徐州市委办公室以徐委发〔2013〕39号文，发出《徐州市黄河故道综合开发2013年度项目编排及目标任务》的通知。该"通知"分为"指导思想""总体计划""项目安排""工作要求"四项，并附《徐州市黄河故道综合开发2013年度项目编排及目标任务一览表》19页。该"通知"及"任务一览表"其实就是当年的工程责任书。

——2013年5月17日，中共徐州市委、徐州市人民政府联合以徐委发〔2013〕32号文下发《关于加快黄河故道现代农业示范带建设的意见》。该"意见"就"现代农业示范区""物流加工园""文化旅游景区"的规划布局和目标责任开列了"责任一览表"。因而此"意见"是对黄河故道综合开发的"深化"与"细化"。

——2013年8月13日，徐州市人民政府以徐政发〔2013〕58号文，向江苏省政府发出《徐州市人民政府关于黄河故道沿线综合开发重大项目建设给予支持的请示》。该请示提出"把黄河故道沿线综合开发列为省级发展战略,并争取上升为国家发展战略"。关于资金支持的要求,项目较多,略有:

丰县30万亩经济林:以3000~5000元/亩标准补助;

30万亩"旱改水",年均10万亩,以1000元/亩标准,投入1亿元;

黄河故道农业开发省补,10万亩指标,以1500元/亩标准,补1.5亿元;

39.6公里黄河故道中泓贯通,给予补助;

黄河故道沿线二级公路建设,给予补助;

黄河故道区域高标准农田建设资金扶持,每年不低于2亿元;

扶贫开发,115个经济薄弱村,每村补助100万;低收入人口人均补助1200元;

黄河故道绿色走廊建设,需投资2亿元;2.2万亩生态防护林,申请以1500元/亩标准补助。村庄整治资金缺口1.5亿元;黄河故道污水处理管网建设,每座补500万~1000万元……

—— 2013年11月13日,徐州市人民政府以徐政发〔2013〕79号文,向国家农业综合开发办公室发出《徐州市人民政府关于解决黄河故道区域农业综合开发高标准农田建设项目投资的请示》。该请示介绍了徐州市2012—2015年将建设高标准农田100万亩,目前尚有20万亩不能落实,申请解决10万亩补助。

浏览上述的简单罗列,人们可以感知,徐州市委、市政府通过黄河故道综合开发领导小组及综合开发办公室,在"内"与"外"两个空间,均不遗余力地推进着黄河故道的综合开发。对内,主要是挖潜力,推工程,对外,其实是对"上",他们在不断向省、向国家的有关部门争取项目,争取资金,争取关注。

经过 2012 年、2013 年约一年半的奋战,徐州市黄河故道综合开发迎来了遍地开花的局面。以 2013 年为例,78 个工程项目,当年完成 32 个,其余 46 个必须跨年度进行。当年计划投资 126.73 亿元,实际完成 43.2 亿元,占年度项目总投资的 97%。其中中泓贯通工程投资 2.63 亿元,占目标任务的 103%;道路畅通工程完成投资 2.34 亿元,占目标任务的 96%;土地整理工程完成投资 4.57 亿元,占目标任务的 102%;农业提升工程完成投资 9.43 亿元,占目标任务的 86%;生态建设工程完成投资 4.19 亿元,占目标任务的 92%;环境整治工程完成投资 3.81 亿元,占目标任务的 100%;文化旅游工程完成投资 14.37 亿元,占目标任务的 103%;扶贫开发工程完成投资 1.87 亿元,占目标任务的 106%。

到了 2014 年初,对前两年的投资情况进行总结,其投资总额已达 66 亿元,占四年总投资的 35%。这就是说,在 2014、2015 两年期间,还有 65% 的投资等待落实。因而 2014 年的投资安排,应确保在 70 亿元以上。

2014 年的建设项目共安排 137 项,包括 2013 年度的 46 项跨年度工程,和 2014 年新增的 91 项工程,计划完成投资 60.3 亿元,其中财政投资 26.8 亿元,其他投资 33.5 亿元。包括中泓贯通工程 64.2 公里,投资 8.5 亿元;道路畅通工程实施 106.3 公里沿岸二级公路、77 公里农村公路和旅游通道,投资 7.5 亿元;中泓两侧绿化工程 9320 亩——睢宁县 3000 亩,铜山区 4300 亩(含吕梁景区 600 亩、何桥段 400 亩),丰县 2000 亩,计划投资 7.8 亿元(其中财政投资 1.95 亿元,规划为投资 2.2 亿元)等。

2014 年,开门大吉。1 月 7 日,徐州市政府在新城区会议中心召开黄河故道生态绿化工作会议,漆冠山副市长出席会议并讲话。相关县(市)区政府分管领导,市、县两级林业、水利、交通、财政、农办部门负责人,沿线重点镇主要负责人参加会议。

会议指出,沿黄河故道各县(区)按照全市的统一部署,至 2013 年底,共完成造林面积 2.09 万亩,其中廊道 1500 亩,完成任务的 15%;"三网"面积 7100 亩,完成任务的 101%;特色经济林和村庄绿化 12300 亩,完成任务的 102%。但是沿线绿化工作总体进展不快,特别是廊道绿化工程进展较慢。

会议强调,当前的主要工作是建设黄河故道两侧各 50~100 米宽的生态廊道工程,总的绿化面积 2.2 万亩,调整为 2014、2015 两年实施。2014 年的任务是 1 万亩(规划为 9320 亩),其中丰县 2000 亩,沛县 1500 亩,铜山区 4000 亩,睢宁县 2500 亩(与规划小异)。

会议要求，2014年生态廊道工程要在4月中旬前完成苗木栽植任务，土地流转工作要在2月中旬前完成，3月中旬前完成地块整理和四至界沟开挖。当前相关县区一是要抓紧完善绿化方案。明确范围面积、立地条件、树种规格、栽植密度、进度安排等，每个县区要确定2~3个绿化示范点，1月15日前完成并上报市农委。二是要抓紧落实经营主体，筹措工程资金。三是要加快土地流转，确保2月中旬前完成，3月中旬前完成地块整理和四至界沟开挖。四是要做好组织保障，市县两级都要成立工程建设领导小组，市农委要牵头做好督查检查工作，每周通报进展情况。

会上，漆冠山强调尽快提交相关方案，签订绿化协议。李荣启强调绿化工作要及早动手，确保完成。

本节所以对这次黄河故道生态绿化工作会议予以简介，意在展示徐州市领导层"只争朝夕"的精神风貌。"一年之计在于春"，植树造林更是要走在春光之前啊！

2014年2月20日，曹新平主持召开专题会议，调度黄河故道综合开发的"八大工程"进展情况。

市领导李荣启、夏文达、王昊、冯正刚、张爱军及市委、市政府相关副秘书长、市有关部门和单位主要负责人参加。黄河故道沿线综合开发办公室汇报了2013年度的工作开展情况和2014年的工作计划安排，县区负责人做了汇报。李荣启指出：2014年是黄河故道开发任务最重的一年，一是抓紧向上争取资金和项目；二是进一步与省发改委对接，将大沙河开发列入省黄河故道综合开发盘子；三是加快工程进度；四是加强调度。并提出4、5月召开全市黄河故道综合开发现场推进会，对县区八大类工程进行全面检查评比。

曹新平则强调了黄河故道综合开发的战略意义。他指出，一是抓住战略机遇，务必完成今年的任务，二是每个县区都要突出重点，三是制定严格的标准，四是加强督查，五是年底进行一次现场观摩，请各县区自出精彩华章。

2014年3月7日，市委、市政府召开黄河故道综合开发领导小组会议，有李荣启、漆冠山、冯正刚及市委、市政府相关副秘书长、黄河故道综合开发领导小组成员参加。主要内容还是明确任务，强化责任，突出重点，抓好落实。李荣启讲四点意见。

原定年底召开的全市黄河故道综合开发现场观摩会，提前在6月26—27日召开。市领导曹新平、李荣启、漆冠山，市有关部门、各县（市）区负责人参加了观摩活动。

两天时间里，观摩团行程近700公里，实地观摩了铜山区、丰县、沛县、睢宁县和邳州市的部分综合开发项目建设情况，目睹了综合开发实施以来，黄河故道沿线地区经济社会发展出现的新变化、新气象，切身感受沿线地区抢抓机遇、竞相发展的浓厚氛围。

27 日，总结会在邳州召开。李荣启对观摩情况进行了点评，并部署了工作，漆冠山主持会议。

李荣启指出：我市黄河故道综合开发从 2012 年 9 月启动实施以来，各地各部门积极行动，综合开发取得了明显成效。到目前为止，已累计完成投资 104 亿元，建设了吕梁快速通道、丰县大沙河中泓、睢宁双沟段道路绿化等一批重大项目工程。其中，中泓贯通工程进展较快，已累计疏通中泓 180 公里。道路畅通工程及时跟进，目前已建成沿河二级公路 75 公里。中泓沿线绿化完成了 14000 余亩，城区段和部分重要节点绿化标准较高。示范园区建设初具规模，邳州优质果蔬、丰县优质果品等示范区不仅形成了一定规模，而且形象较好。土地整治工程、文化旅游工程、环境整治工程、扶贫开发工程等其他工程也都取得了一定进展。我市黄河故道综合开发走在了沿线地区的前列，引起了国家、省领导的高度重视和社会各界的广泛关注。2014 年是黄河故道综合开发的关键一年，也是开发建设任务最重的一年。各级各部门必须进一步明确任务，加快推进，确保按时间、高标准完成综合开发年度各项目标任务。

接着，李荣启对进一步做好当前工作提出四点要求。漆冠山要求各地各部门要突出重点，打造亮点，牢牢抓住"牛鼻子"，把土地、资金、环境整治等各类困难和问题切实解决好。

在本节的追述中，我们较多地展示了"会议动态"，而对基层的工程进展未能铺开。这还是基于对"话语权"的考量。既然是"高端工程""全市工程"，我们怎么能不将目光瞄准"领导层"的一举一动呢！

2014 年 11 月底，盘点全局，黄河故道开发的成绩可圈可点：累计完成投资 71.47 亿元，占全年总投资的 94%，其中财政投资 31 亿元，占计划的 95%。两个中泓贯通项目：丰县十姓庄至二坝 20 公里黄河故道中泓贯通，14 座跨河桥、15 处沟口涵闸、1 座跨河闸、2 座水泵站建成；大沙河夹河闸至丰沛边界 16.8 公里河道疏浚及堤防加固完成。道路畅通工程：黄河沿河干线丰县段 26.5 公里，按二级公路标准建成。丰县沿河三四级公路 70 公里改造完成；生态绿化工程超额完成……

跨入 2015 年，黄河故道综合开发进入决战时刻。这一年，在建开发工程 91 项，其中当年完成者 80 项，计划总投资 81.37 亿元，其中财政投资 33.3 亿元。当年完成投资 70.94 亿元，其中财政投资 26.05 亿元，其他投资

44.89 亿元。当 2015 年 12 月 15 日曹新平书记在全市黄河故道综合开发现场会上讲话时，向全市人民、向省领导展示的是一份优异的成绩单：

徐州市黄河故道开发落实了"七位一体、九项工程、十大目标"的总体部署，已经初步实现了"河畅、路通、岸绿、业兴、民富"的目标。

"河畅"就是中泓基本贯通，累计投入 17.25 亿元，疏通黄河故道中泓 193.8 公里，新增蓄水 1 亿立方米，相当于三个云龙湖的蓄水量，可新增灌溉面积 30 万亩；

"路通"就是沿线路基基本成形，累计投入 10.9 亿元，建成二级公路 75.3 公里，完成路基 70.7 公里，徐州市内沿黄河故道公路基本贯通；

"岸绿"就是黄河故道沿线绿化与另外工程同步推进，累计投资 1.69 亿元，完成绿化 22390 亩，丰县二坝、沛县安国、睢宁县房湾三大湿地具备雏形；

"业兴"就是现代农业建设快速了进程，随着"一带、九区、十四园"建设的进展，徐州市新增高标准农田 85 万亩，流转土地 11 万亩，农业核心区面积达 12.3 万亩，九大示范区累计投资 13.6 亿元；

"民富"就是黄河故道沿线居民持续增收，沿线 115 个经济薄弱村和 22 万低收入人口于 2015 年底全部脱贫。

如果对四年（仅截至 2015 年 10 月 31 日）成果做一个概述，则是：

徐州市黄河故道综合开发坚持了"七位一体"，即水利、交通、农业、生态、文化旅游、扶贫、土地综合整治等统一思考、统一规划；

完成了"九项工程"：扎实推进中泓贯通、道路畅通、土地整治、农业提升、生态建设、环境整治、文化旅游、扶贫开发、城乡用地统筹等；

推进了"一带、九区、十四园"建设，其"一带"即黄河故道沿线现代农业示范带；"九区"，即两个优质粮食、两个优质蔬菜、四个优质林果和一个优质水产示范区；"十四园"，即在黄河故道综合开发规划区域内，凡没有安排示范区建设的 14 个镇，原则上每个镇建设一个农业示范园。

四年间，徐州市坚持水利、交通、农业、生态、文化旅游、扶贫开发"六位一体"的总体布局，推进了中泓贯通、道路畅通、土地整治、农业提升、生态建设、环境整治、文化旅游、扶贫开发等"八项工程"，县域段累计实施各类项目 287 个、完成投资 193.3 亿元，开发治理土地 260 万亩，建设高标准农田 100 万亩，沿线 115 个经济薄弱村和 22 万低收入人口全部实现脱贫。黄河故道综合开发已初具规模，实现了中泓贯通、道路畅通、设施配套、产业兴旺、生态美好的战略目标，昔日的"贫困带"正成为一个特色农业走廊、绿色生态走廊、历史文化走廊、旅游观光走廊，初步实现了"河畅、路通、岸绿、业兴、民富"的构想，并在全省率先走出一条具有徐州特色的黄河故道综合开发新路子。

（六）朝花夕拾之六：高端关注

徐州市不是孤立的，徐州市所进行的黄河故道综合开发自然也不是孤立的。

在省一级、国家一级，都有关注的目光看着徐州。随着关注而来的，是指导，是肯定，是必要的资金扶植，是及时的政策引领。

本节将省级与国家级对徐州市黄河故道综合开发的关注，做一个粗线条的梳理，择其要者而录之。

◎ 副省长徐鸣来徐州铜山考察春季农业生产

2012年3月17日，副省长徐鸣来铜考察春季农业生产。市、区领导李荣启、漆冠山、毕于瑞、刘广民、李淑侠、巩伟陪同。徐鸣看后提出"加大农业生产投入，完善农业基础设施"的要求。

◎ 江苏省政府以苏政复〔2013〕50号文发出《省政府关于江苏省黄河故道农业综合开发和农村经济发展规划（2012—2020年）的批复》

此前，省发改委于2012年11月编制了《江苏省黄河故道农业综合开发和农村经济发展规划（2012—2020年）》，上报省政府。省政府于2013年5月17日发出批复，指出："原则同意《江苏省黄河故道农业综合开发和农村经济发展规划（2012—2020年）》。"批复第三条提出："紧密结合黄河故道地区实际，针对治水滞后、土壤贫瘠、产业薄弱的实际，围绕粮食增产、农业增效、农民增收、农村繁荣目标，大规模推进治水改土，提高农业综合生产能力，在稳定发展粮食生产基础上，着力发展优质瓜果蔬菜、规模畜牧、特色水产、花卉苗木等高效农业以及农产品加工流通和生态旅游业，打造'千里黄河故道现代农业特色走廊'。"

省发改委拟订的《江苏省黄河故道农业综合开发和农村经济发展规划（2012—2020年）》第一章为"总论"，包括：一、规划背景；二、规划范围；三、规划期限（本规划期为2012—2020年，其中，2012—2015年为近期规划，

2016—2020年为远期规划);四、规划依据;第二章为"现状分析",包括:一、自然资源条件;二、经济社会发展概况;三、治理开发成就;四、存在问题;五、发展机遇;第三章为"指导思想、基本原则与发展目标",包括:一、指导思想;二、基本原则;第四章为"产业布局",包括:一、高效特色农业产业带;二、农产品加工产业带;三、农产品物流产业带;四、生态旅游产业带;第五章为"重点工程",包括:一、水利建设工程;二、农业综合开发工程;三、交通建设工程;四、农业产业化工程;五、农业科技创新建设工程;六、农业社会化服务体系建设工程;七、环境保护与生态建设工程;第六章为"保障措施"等。

【按】:从省发改委《江苏省黄河故道农业综合开发和农村经济发展规划(2012—2020年)》得到批复的时间,可以推定:徐州市黄河故道综合开发的起步,是率先于全省的。

◎ 李学勇省长调研考察徐州黄河故道综合开发

2013年6月5—7日,省长李学勇先后到徐州、宿迁和淮安调研考察。在徐州,李学勇考察黄河故道综合开发情况时充分肯定了徐州的开发思路,他提出要深入研究以黄河故道为依托,在沿线整体建设现代农业产业带,综合实施旅游开发和生态保护等各项工程,解决沿线人民群众的致富增收问题。副省长缪瑞林,省政府秘书长张敬华,省有关部门和三市负责同志随同调研。

◎ 省委书记罗志军在徐州调研

2013年6月24日至25日,省委书记罗志军在徐州调研。他考察了贾汪区的潘安湖湿地公园、新沂必康新医药综合体项目、沭河西岸景观带上的"沭河之光"节点、新沂小青山万亩蜜桃产业园等地。又于25日上午,他冒雨考察了黄河故道市区段中泓治理工程、故道沿线倪园东村环境整治工程及徐州苗圃科技园,并听取了省和徐州市黄河故道沿线开发情况的汇报。罗志军要求省有关部门和沿线各地,把黄河故道沿线综合开发与实施脱贫攻坚工程结合起来,进一步加大政策扶持力度,积极鼓励社会资本参与故道开发,统筹处理好发展现代农业与保护生态环境的关系,确保沿线群众早日脱贫,使沿线地区经济发展跟上全省全面小康建设步伐。

罗志军对徐州加强生态文明建设取得的显著成效给予充分肯定,希望徐州再接再厉,以更大力度推进美丽徐州建设,让良好生态环境成为徐州的新名片。省领导樊金龙、徐鸣、许津荣随同调研。

【按】:省长、省委书记在一个月中先后考察徐州市,自然是对徐州市黄河故道开发工作的肯定、鼓励和支持。

◎ 徐鸣副省长听取徐州市关于黄河故道沿线综合开发情况的汇报

2013 年 8 月 15 日上午，副省长徐鸣主持召开省政府专题工作会议，听取徐州市黄河故道沿线综合开发情况汇报，省政府副秘书长杨根平主持会议，省发改、财政、农业、水利、交通等 13 个部门的有关负责人出席会议，并就徐州市黄河故道综合开发工作提出意见和建议。市领导朱民、李荣启、漆冠山出席会议。

会上，徐鸣充分肯定了徐州市在推动黄河故道沿线综合开发所做的工作和取得的成效。他说，省委、省政府高度重视黄河故道综合开发工作，近期将专门出台省政府文件，以加快黄河故道农业综合开发，促进农村经济社会发展。徐州在黄河故道综合开发上规划早、行动快，成效明显，值得肯定。省相关部门对这项工作也都明确表明了态度，并给予了大力支持。当前，徐州市和省相关部门要认真抓好"三个衔接"。一是抓好规划衔接。要把徐州市黄河故道沿线综合开发规划同省"十二五"发展规划、省有关部门专项规划以及黄河故道综合开发规划做好有序对接，按照开发的总体要求，一步一步有序推进。二是抓好政策衔接……三是抓好工作衔接……早日把黄河故道沿线地区由贫困带变成繁荣富裕带。

◎ 江苏省政府发布《关于加快黄河故道地区农业综合开发促进农业农村经济发展的意见》

2013 年 8 月 23 日，江苏省人民政府以苏政发〔2013〕109 号文，发布《省政府关于加快黄河故道地区农业综合开发促进农业农村经济发展的意见》。该意见指出：

一、深刻认识加快黄河故道地区农业综合开发、促进农业农村经济发展的重要意义。黄河故道流经豫、鲁、皖、苏 4 省。江苏境内黄河故道西起丰县大沙河镇，东至滨海县滨海港镇入海口，全长 496 公里，沿线涉及徐、宿、淮、盐 4 个市 14 个县（市、区）、76 个乡镇、903 个行政村，滩地面积 618 万亩，人口 284 万。历史上该地区曾经是仓廪殷实之地，南宋后黄河多次改道，造成沿线地区水系紊乱、土壤沙化，形成了一条绵延千里的"贫困带"……黄河故道沿线作为苏北地区发展"洼地"，是全省全面小康建设的重点和难点所在。充分利用黄河故道地区自然资源等优势，组织实施现代农业综合开发工程，加大高标准农田建设力度，加强农田水利基础设施建设，切实改善交通出行条件，积极发展现代高效农业，推进农业产业化经营，繁荣发展农村经济，对于增强该地区农业综合生产能力，提升现代农业发展水平，拓宽农民增收渠道，加快脱贫致富进程，确保苏北地区如期全面建成小康社会，具有重要意义和作用……

二、黄河故道地区农业综合开发和农业农村经济发展的目标任务。到2015年，黄河故道地区生产生活条件明显改善，高标准农田占耕地面积比重达到50%，农民人均纯收入达到1.2万元，257个经济薄弱村实现"新八有"目标，集体经济收入达到15万元以上，57万低收入人口年收入提高到4000元以上。到2020年，建成千里现代农业特色走廊，农业综合生产能力显著增强，农村经济发展水平全面提升，农民人均纯收入达到1.8万元，巩固发展全面小康建设成果。

三、全面落实黄河故道地区治理开发各项关键措施：……改善水利交通基础设施条件……增建和完善梯级控制，增加拦蓄当地径流，加大外调补给能力，提高农业灌溉保证率。推进田间引排设施建设，疏浚排水沟渠，新建改建灌溉泵站，扩大有效灌溉面积。加强输水管道和防渗渠道建设，发展节水灌溉设施，提高水资源利用效率。到2020年，新增有效灌溉面积42万亩，建设旱涝保收农田50万亩，发展"旱改水"26万亩……加大黄河故道地区国省干线公路、农村公路和区域内机耕道路建设力度，到2015年，完成贯穿公路的建设任务，完善农村公路网络，有效改善黄河故道地区交通出行状况，满足大中型农业机械通行和生产作业要求……大力发展特色优势农业。充分发挥黄河故道地区资源优势，发展优质粮食、高效林果、特色瓜菜、规模畜禽四项主导产业和花卉苗木、食用菌、特色水产三项特色产业，五年内打造特色农产品生产基地100万亩……

四、提高黄河故道地区农业综合开发和农村经济发展的组织保障水平……加大投入力度。各级财政要增加对黄河故道地区农业综合开发和农业农村经济发展的资金投入，重点支持治水改土等基础建设，扶持现代农业发展，充分发挥财政资金导向作用。省财政增加黄河故道地区农业综合开发和水利建设资金投入，落实年度建设任务，确保治理成效。

◎ 江苏省政府在徐州市召开全省黄河故道地区农业综合开发工作会议

2013年9月11日，江苏省政府在徐州市召开全省黄河故道地区农业综合开发工作会议，总结黄河故道地区治理开发经验，研究部署今后一个时期黄河故道地区整体开发工作。省政府副省长徐鸣参加会议并讲话。徐鸣副省长指出，省委、省政府高度重视黄河故道地区整体治理开发，书记、省长多次深入沿线地区调研，对治理开发工作提出具体要求。实施黄河故道地区整体开发是改善农业生产条件的迫切需要，是推进现代化农业建设的有力举措，是推动新一轮扶贫开发的重点工程，是苏北实现全面小康的根本要求。会议明确宣布，2013年至2015年省级财政安排资金63.14亿元，重点推进农业综合开发、水利、交通建设等7个方面的项目建设。徐鸣说，黄河故道地区农业综合开发总的目标要求是，到 2015 年，农民人均纯收入达到 1.2 万元，257 个经济薄弱村实现"新八有"目标，集团经济收入达到 15 万元以上，57 万低收入人口年收入提高到 4000 元以上。到 2020 年农民人均纯收入达到 1.8 万元。

省发改委、财政厅、交通厅、水利厅、农委、国土资源厅、海洋渔业局、农业资源开发局等有关单位负责同志；黄河故道沿线 4 个市政府分管领导、14 个县（市、区）政府主要领导和分管领导，市县有关部门负责同志参加了会议。

此次工作会议，当是为贯彻省政府意见而举行的第一次推进会议。

◎ 叶健总工程师赴徐州市调研水利现代化与黄河故道综合开发工作

2013 年 9 月 10—11 日，江苏省水利厅总工程师叶健一行赴徐州市实地查看了已建成的黄河故道徐州市段中泓治理工程、丰县丰城闸站工程，在建的中小河流丁万河分洪道、复新河治理工程，以及即将实施的大沙河治理工程现场，并且召开座谈会，听取徐州市水利工作情况汇报。

座谈会上，叶健充分肯定了徐州水利现代化建设与黄河故道综合开发工作。他提出三点要求：一要把握政策机遇。2013 年 7 月省政府出台《关于支持苏北地区全面小康建设的意见》，把加快黄河故道综合开发作为六大关键性工程之一；9 月又出台了《关于加快推进黄河故道地区现代农业综合开发的意见》，印发实施方案。要充分把握这些政策机遇。二要抓好前期工作。三要注重总结经验，发挥示范作用。厅规计处、规划办、省水利咨询公司以及徐州市水务局相关负责同志陪同调研。

◎ 江苏省水利厅和江苏省发展和改革委员会联合发布《江苏省黄河故道地区水利建设专项规划》

2013年10月，江苏省水利厅和江苏省发展和改革委员会联合发布《江苏省黄河故道地区水利建设专项规划（2012—2020年）》。该规划是依据2012年11月发改委编制，2013年5月17日市政府批复执行的《江苏省黄河故道农业综合开发和农村经济发展规划（2012—2020年）》所做的关于水利方面的专项规划。

该规划从"黄河故道地区基本情况""水利建设现状及面临的形势""水利规划的总体思路""水利规划目标与布局""水利建设的主要任务和重点工程""投资规模及实施意见"和"保障措施"七个方面展开。是指导黄河故道地区水利建设的纲领性文件。

◎ 财政部国家农发办主任王光坤一行专程来徐州考察黄河故道综合开发

2013年11月19日，财政部国家农发办主任王光坤一行专程来徐州考察黄河故道综合开发工作，徐鸣副省长全程陪同考察。

王光坤主任一行考察了我市黄河故道新城区——铜山区吕梁段、吕梁苗圃科技示范园、倪园东村、张集镇优质粮食示范区高标准农田开发治理情况，实地察看了张集镇黄河故道待开发治理区域，并听取了省、市工作汇报。徐鸣副省长对我市率先实施黄河故道综合开发及其取得的初步成效给予充分肯定，建议国家农发办进一步出台相关扶持政策。

王光坤主任对我市继续做好黄河故道综合开发工作提出殷切希望和具体要求，表示将把徐州的经验和考察成果带回研究，加大黄河故道沿线综合开发支持力度。省财政厅副厅长黄晓平，省农业资源开发局局长唐铁飞，市委、市政府以及市黄河故道开发办、市财政局相关负责同志等参加考察和汇报会。

◎ 财政部副部长胡静林率考察团来徐州考察黄河故道综合开发

2015年3月24日，财政部副部长胡静林率领农业综合开发考察团专程来徐州考察黄河故道综合开发，国家农业综合开发办公室主任卢贵敏等一同参加。胡静林一行沿黄河故道新城区段及铜山段，实地察看了中泓贯通工程、铜山区张集镇优质粮示范区、紫薇园、倪园村、苗圃科技园等项目建设进展情况。他指出，农业综合开发工作，要以集中连片特困地区为主战场，以增强贫困人口自我发展能力为重点，以发展支柱产业为根本，调集政府和社会等各方力量，加大扶贫投入，提高扶贫开发水平，不断缩小贫困地区和群众的发展差距。财政部将一如既往地支持农业综合开发工作，在项目和资金安排上给予重点倾斜，推动地方精准科学扶贫，加快"贫困带"脱贫奔小康步伐。

◎ 国务院副总理汪洋在江苏徐州市调研农业农村工作

2015 年 9 月 24—25 日,国务院副总理汪洋在江苏省调研农业农村工作。他在徐州市铜山区、睢宁县、沛县等地,考察了农民专业合作社和农村集体经济发展情况。他强调,要创新农业经营方式,积极探索以土地托管、土地承包权入股等多种形式推进农业适度规模经营,发展规模化、社会化服务,降低农业生产成本,提高农业效益。农民专业合作社是适度规模经营的重要形式,是农民合作与联合的组织平台,要大力扶持并促进其规范发展。

汪洋还考察了徐州市优质稻麦生产基地建设、黄河故道综合开发、农村电子商务发展等情况。

◎ 省委常委、副省长杨岳到徐州市视察

2016 年 9 月 25 日,省委常委、副省长杨岳到徐州市丰县、沛县,就做好当前扶贫开发工作进行调研。

在徐期间,杨岳分别实地调研考察了沛县黄河故道综合开发水利设施建设和现代农业发展、丰县湖西片区整体帮扶情况,以及君乐宝奶业、师寨镇10MV 农光互补集中式光伏扶贫、欢口镇工业园区标准厂房、顺河镇岳庄村拆迁扶贫等项目现场,对两县的扶贫开发和"三农"工作成效给予肯定。

杨岳指出,实施好脱贫致富奔小康工程,加快补齐经济薄弱地区发展和低收入农户增收"短板",事关我省率先建成全面小康大局。各级党委政府要把脱贫攻坚作为头等大事和第一民生工程,确保抓紧抓实,抓出成效。

◎ 跨区域开发的良性联动

伴随着开发效益的日益凸显,黄河故道综合开发工程正在形成区域联动效应。

苏、鲁、豫、皖将对黄河故道沿线实施综合开发。

2012 年 11 月 24 日,苏、鲁、豫、皖四省黄河故道农业综合座谈会在徐州市开元名都酒店召开。会上,四省农业综合开发部门的负责人介绍了黄河故道开发利用的情况,协商讨论了下一步联合加强黄河故道地区农业开发的措施和方案。市委副书记李荣启参加了会议。"十一五"期间,徐州市黄河故道农业综合开发共投资 2.8 亿元,通过桥、涵、闸、站、井、路基础设施配套、植树造林、果菜和优质粮食基地建设等措施,完成治理面积 29.8万亩,取得了显著的经济、社会和生态效益,为黄河故道沿线二次综合开发提供了有利的条件。

市农业资源开发局局长恽芝健介绍了徐州市在黄河故道开发方面"一年启动实施,两年初见成效,四年完成任务"的总体安排,并表示借这次会议的契机,进一步做好我们本身的工作,同时,争取省政府和各个部门加大对徐州黄河故道治理的投资。

2013 年 3 月 14 日，在两会期间小组讨论中介绍，全国人大代表、徐州市市长朱民提出了《加快苏鲁豫皖黄河故道综合开发》的建议。

2013 年 9 月 11 日，江苏省政府在徐州市召开全省黄河故道地区农业综合开发工作会议。省政府副省长徐鸣参加会议并讲话。徐鸣指出，省委、省政府高度重视黄河故道地区整体治理开发，书记、省长多次深入沿线地区调研，对治理开发工作提出具体要求。实施黄河故道地区整体开发是改善农业生产条件的迫切需要，是推进现代化农业建设的有力举措，是推动新一轮扶贫开发的重点工程，是苏北实现全面小康的根本要求。

2014 年 6 月 16 日，苏、鲁、豫、皖四省黄河故道沿线七市分管领导聚会江苏省徐州市，共商黄河故道沿线综合开发事宜。

2015 年 5 月 23—24 日，第六届淮海经济区核心区城市市长会议在安徽省宿州市召开，九市形成共识：2015 年淮海经济区核心区一体化建设将着力推动九项重点工作，其中之一即是协调推进苏鲁豫皖黄河故道的综合开发，打造四省交界生态功能区。

2016 年 9 月 1 日，徐州、开封、商丘、宿州、菏泽、宿迁、淮安、盐城八市黄河明清故道沿线城市政协联系协作会在徐召开。八市政协负责人相聚徐州，共同签订倡议书，倡议黄河故道沿线城市建立城市政协联系协作机制，共同打造沿线区域发展的协商合作平台，进一步提升黄河故道综合开发水平，共创沿线地区经济社会发展新局面。

上述信息，皆倾向于"宏观"。而在"微观"方面，跨县、跨省的合作依然存在。如丰县段黄河故道与萧县即多有交叉，因而在中泓贯通即沿河路修筑方面，双方均有携手。丰县段黄河故道全长 26.5 公里为苏、皖行政区分界线，河道中心线两侧分为萧县新庄镇与江苏省丰县范楼镇、梁寨镇。为造福两岸农民群众，宿州市与徐州市多次进行沟通协调，组织专家实地探查，并于 2012 年 12 月签订了联合治理开发的意向性协议，制订了沿河道路、河岸、护坡及绿化等整体实施规划，确定治理开发以发展现代农业和旅游观光农业为主要方向。

三、故道开发重头戏：中泓贯通

"九大工程"是徐州市黄河故道二次综合开发的重头戏。而其中的中泓贯通工程，更是重中之重。今对中泓贯通工程略做扫描，并对其连锁反应做一些剪影式说明。

黄河故道在 160 多年的衰变中，最大的痛，就是断流。断流的客观原因是不能否定的——上源无水，下游自然"无流"，加之黄河故道主河床高出地面，两边其他河流无法汇入，故其水流时断时续就在意想之中了。另一个极端状态则是，虽然长期断流缺水，但由于黄河故道地势高亢，偶遇汛期，河床洪水水位又会急剧增高，进而威胁两岸群众的安全。这真应了当地百姓的叹息：旱时"盼水水不来"，涝时"怕水水成灾"，黄河故道的两难之局，久久不能破解。

客观因素之外，也还存在人为的破坏。比如20世纪六七十年代，安徽萧县"农业学大寨"，全民动员，疏浚黄河故道。由于萧县段黄河故道被疏浚挖深，致使铜山何桥镇赵台村以上乃至丰县段黄河故道的河水急剧下泄，以致全河干涸。原本水草茂密的这一段黄河故道一时变成了"干河""沙河"，"无风三尺沙，黄土埋庄稼"的旧话，竟然又在现当代得到印证。

黄河故道开发，首先就是要让黄河故道重新有水！这就是中泓贯通规划的原始动力！

追述中泓贯通的历史变迁，本书将采用两种视角，一是"时间视角"，即按时间先后，简述中泓贯通工程的进程；二是"空间视角"，即以县区为单位，将中泓贯通工程分段叙述。为了减少重复，"时间视角"在前，简述；"空间视角"在后，较详。因为叙述的是一个客体，小有重复，势在难免。

（一）中泓贯通：三年三步走

黄河故道综合开发战略实施以来，市水利局按照省、市决策部署，在市委、市政府的领导下，凝聚"综合开发、水利先行"共识，明确"先通中泓、后再配套"工作思路，以及"三年三步走"的实施计划（2012—2015），决定先行一步，在全省率先启动黄河故道中泓贯通工程，进而为黄河故道综合开发夯实水利基础支撑。

徐州市水利局成立了黄河故道综合开发水利工程领导小组，抽调具有丰富经验的工程建设管理人员，专门负责中泓贯通工程的建设管理，制定了周、月报制度。同时，各县（市、区）水利部门也成立相应工程领导小组，抽调技术人员参与工程建设管理。在资金投入方面，设立专项经费，加强跟踪督查、定期调度落实。

关于"三年三步走"的计划，其基本框架为：

2012年冬至2013年汛期前，打通以市区为中心即自丰铜边界（丰县范楼）至睢宁峰山闸之间126公里的中泓贯通任务。

2013年汛后至2014年汛期前，实施故黄河上下游73公里和大沙河50公里的贯通工程，进而实现黄河故道与大沙河的全线贯通。

2014年下半年至2015年实施完成沿线重点涵、闸、站及配套工程。

而在实施过程中，自然免不了对局部工程的工期进行调整。总之，要确保2015年实现故黄河中泓的全部贯通。

徐州市黄河故道中泓贯通工程计划投资18.68亿元。

工程分年度实施完成情况大体是，2013年完成"四段土方、一座水闸"工程，治理长度39.6公里，总投资2.16亿元，实现了黄河故道以主城区为中心上下（东西方向）共126公里中泓贯通治理目标。

2014年完成治理长度88.3公里。其中丰县故黄河20公里，大沙河17公里，铜山区故黄河21.4公里，睢宁县故黄河26.9公里。

2015年完成睢宁县14.7公里中泓贯通任务，实现了故黄河在徐州市的全线贯通；并完成沛县段一期大沙河5公里中泓贯通任务（沛县段二期大沙河治理工程长27.6公里，加固堤防55.2公里，配套建筑物73座，2016年5月全面竣工）。

因而，实现故黄河中泓贯通的原定任务是2015年基本完成；黄河故道与大沙河总体贯通的战略目标则在2016年5月得以实现。

◎"序曲"奏响

上述阶段任务，是黄河故道沿线二次综合开发战役打响后的部署。其实，在全市的中泓贯通工程启动之前，由徐州市水利局所主导的"先期中泓工程"便已在2011年启动，这就是"故黄河世行贷款项目段"工程。工程治理范围为云龙区李庄闸—铜山区张集界，河段全长16.7公里，流经云龙区、经济开发区和铜山区等3个区6个办事处20个村。本书倾向于将这一段黄河故道的治理视为徐州市黄河故道中泓贯通工程的"序曲"或"序幕"。我们姑且称之为"世行贷款项目"。

该项目2011年2月开始施工图设计、招投标及征迁协调等前期工作，主体工程于2011年10月8日正式开工。工程治理范围为云龙区李庄闸至铜山区张集界。主要治理内容为：2008年剩余工程的扫尾、损毁工程的修复，马庄果园（桩号26+000）—张集界（桩号30+200）段4.2千米河道疏浚，长山桥（桩号18+800）—张集界（桩号30+200）段22.8千米河道护砌，3

座桥梁加固，38 座跌水等。

至 2013 年 5 月中旬，工程共完成河道开挖用地 113.73 亩，临时占地 2075.82 亩。完成河道疏浚 16.7 公里，疏浚土方 115 万方，河道护砌 22.8 公里，桥梁护砌 3 座，新建跌水 37 座及损毁工程修复。工程共计完成投资 7903 万元，其中：土建工程投资 5000 万元，征迁投资 2256 万元，其他费用 647 万元。

该项目由省发改委 2010 年引进，交徐州市水利局主持施工，至 2013 年夏天，河道沿线已经再现了水清、河畅、岸绿的景观。

"世行贷款项目"的先期施工、先期见效，无疑为徐州市所推进的黄河故道中泓贯通工程树立了一个样板，提供了一种经验。

◎ 年度画面

而大兵团作战的中泓贯通工程随即于 2012 年底至 2013 年春，即世行贷款项目还在进行时，先后在丰县、铜山区、泉山区、睢宁县打响。工程以"四段土方、一座水闸"为施工重点而依次展开。

且让我们以时为序，简单梳理其脉络：

——2013 年度黄河故道中泓贯通工程，长度 39.6 公里，工程项目包括：丰铜边界段 6.5 公里、铜泉边界段 11.8 公里，云龙区世行贷款项目段 11.4 公里，铜睢边界段 9.9 公里，总投资 2.16 亿元。

在 39.6 公里的工程区间内，须拆除重建跨河桥梁 7 座、配套建筑物 47 座、河道护砌 11.4 公里及拆除重建温庄闸。

丰铜边界范楼段治理工程 6.5 公里，从 2013 年 2 月下旬开始，由丰县中小河流治理工程建设处主持，项目总投资为 3061 万元，工程招标分为施工及设备采购两个标段：

A 标段：土建及设备安装工程；内容为按照排涝十年一遇、子堤二十年一遇的标准，疏浚治理黄河故道十姓庄西至丰铜边界 6.5 千米河道，设计河底高程为 38.5 米，河道底宽 50 米。新建付庄闸，新建沟口涵闸 3 座，拆建桥梁 1 座。

B 标段：金属结构设备采购：4.13×5.0 米钢闸门 3 扇，QPQ−2×80kN 卷扬式启闭机 3 台，检修钢闸门一套，2.0×2.0 米铸铁闸门 2 扇，LQ− 1×50kN 螺杆式启闭机 2 台。主要用于付庄闸建设。

同期，2013 年 3 月，黄河故道中泓贯通工程泉山段（从故黄河丁楼闸到泉山区桃园办事处临黄村和铜山区交界处）工程动工。该工程全长约 5.3 公里，工程总量包括河道开挖、清淤、护坡及沿线建筑物改造。工程设计河底宽 50 米，高 34 米，河道边坡 1:4，预计开挖土方 84 万余立方米。沿线建筑物工程包括改建丁楼桥 1 座，改建沿线泵站 2 座，改建涵闸式跌水 6 座，改建箱涵 3 座，以及丁万河至丁楼闸段河道驳岸挡墙工程等。工程总投资约 4300 万元，2014 年 1 月 17 日顺利通过验收。

与上述工程同步启动的还有铜山区黄河故道南段温庄闸重建工程及睢宁县 3.23 公里的黄河故道中泓贯通工程。

温庄闸重建工程是铜山黄河故道中泓贯通工程的一个节点。2013 年 1 月 15 日开工，虽已"入九"寒冬，徐州市铜山区温庄闸重建工程工地上仍然一派繁忙景象：老闸拆除、一座桥梁拆除与上下游围堰修筑同步进行。整个工地，车轮滚滚，机器轰鸣，挖掘机不停地推运土方，几十名工人抽水挖土，搭建钢架，干得热火朝天。项目负责人表示，春节期间不停工，以确保工程 4 月底通过水下工程验收。

睢宁县黄河故道中泓贯通工程在双沟镇，自废黄河 2 号桥至铜睢界，全长 3.3 公里，设计底宽 70 米，底高程 28 米，边坡 1:4，沿线拆除重建桥梁 2 座、穿堤涵洞 4 座以及跌水 6 座。工程总投资为 1800 万元，2013 年 1 月中旬开工后，当年春天即完成土方开挖约 3 万立方米。

与此同时，世行贷款项目河道土方基本完成，河道护坡则完成 96%。

2013 年 6 月（一说为 2013 年 9 月 4 日，此或为全面验收日期），该年度黄河故道中泓贯通工程完成。39.6 公里的治理"线段"与原存黄河故道相连接，便形成了以徐州市主城区为中心，上下共 126 公里的中泓贯通。

——2014 年度黄河故道中泓贯通工程，计划工程总长度为 88.3 公里，计划投资 10.32 亿元。其中丰县故黄河 20 公里、大沙河 17 公里（16.8 公里）；铜山区故黄河 21.4 公里，睢宁县故黄河 26.9 公里。沿途拆建建筑物 151 座，开挖土方 3480 万立方米，总投资 13.8 亿元，投资金额占全省当年水利投资计划的一半。

据 2014 年 12 月中旬统计，中泓贯通年度总长度共完成 82.1 公里。其中丰县黄河故道中泓开挖已完成 17 公里，完成土方 430 万立方米，建筑物配套设施完成 80%；大沙河河道开挖 16.8 公里，完成土方 880 万立方米，建筑物配套设施基本完成。沛县大沙河中泓何庄至鸳楼闸段 4.5 公里，前期项目设计、工程预审报告正在进行。铜山区新黄大沟河道开挖 21.4 公里，土方完成 400 万立方米，项目全面完成。邳州市农村河道疏浚工程及徐州市中小河流治理工程县乡河道疏浚已全部完成，村庄河塘已完成 22 个村的整治任务，完成总土方 113 万立方米。魏庄闸除险加固工程和 2014 农村饮水安全工程已经完成。睢宁县徐州市睢宁段黄河故道干河治理工程完成春季工程：峰山闸至刘集桥 16.9 公里土方开挖，累计完成土方 484 万立方米，完成相关配套设施；秋季工程：刘集桥至黄河东闸 10 公里，施工段面全面完成土方开挖，开挖土方 380 余万立方米，桥梁桩基已完成，建筑物配套设施加快推进中；冬季工程：黄河东闸至徐洪河交汇处 14.7 公里，沿线清障工作已经完成。

这一年的铜山区黄河故道中泓贯通工程（"新黄大沟"），于 2014 年 2 月 28 日启动，在铜山区刘集镇、黄集镇、何桥镇东西向展开。初春的工地，一派忙碌景象，数十台挖掘机一字排开，开挖土方，清理淤泥。

丰县黄河故道中泓贯通工程从范楼镇付庄闸至三大家闸，全长 22.5 公里，涉及范楼镇、梁寨镇、大沙河镇三镇范围，工程主要包括河道开挖、清淤、护坡及沿线建筑物改造等。2014 年 6 月底，基本完成中泓贯通土方施工及建筑物水下部分，当年年底全部完成建设任务。

睢宁县境内黄河故道横穿睢宁县北部，西接铜山区温庄，东至宿迁市宿豫区朱海，全长 69.5 公里。河道流经双沟、王集、姚集、古邳、魏集 5 个镇，流域面积 226.3 平方公里。截至 2013 年底，睢宁县政府通过自筹资金和国家中小河流治理政策补助，在完成了与铜山区温庄闸衔河段的治理后，又启动了对 2014 年工程的前期准备。

2014 年、2015 年该县列入黄河故道中泓贯通工程共计 41.63 公里（原定 46.1 公里，因徐洪河以东 4.47 公里划入宿迁市治理范围，故减少）。根据计划，该工程又分三期实施，一期：峰山闸至刘集桥段 16.9 公里；二期：刘集桥至黄河东闸段 10 公里；三期：黄河东闸至徐洪河段 14.73 公里。一期、二期工程均在 2014 年开工并完成。

峰山闸至刘集桥的治理范围：峰山闸（桩号 16+120）至刘集桥（桩号 32+980）河道疏浚长度 16.9 公里。工程投资 3200 万元，建设内容为—A 标段：其一，河道工程。疏浚中泓 16.9 公里；开挖两侧截水沟 33.8 公里；加固薄弱段及缺口段防洪大堤 500 米。其二，建筑物工程。治理沿线涵闸 25 座，其中，新建涵洞 2 座，维修加固涵洞 10 座，拆除重建涵洞 13 座；拆建沿线滩地灌溉泵站 2 座；拆建跨河桥梁 5 座、加固桥梁 2 座；加固峰山闸。B 标段：河道桩号 21+140~26+300，长 5160 米，土方 145 万立方米，拆建桥梁 3 座，加固桥梁 1 座，加固涵洞 9 座，电灌站 1 座。工程于 2014 年 3 月 20 日开工，当年 5 月上旬完成河道土方，10 月 31 日建筑物工程全部完成，完成投资 1.6 亿元。

刘集桥至黄河东闸黄河故道治理工程，投资 8500 万元，工程内容为疏浚河道桩号刘集桥 32+980 至房湾桥 41+350 段、房湾桥 0+000 至黄河东闸 1+900 段，共长 10270 米；新建峰山补水站 1 座，拆建桥梁 3 座、加固 2 座，拆建涵洞 7 座、电灌溉站 1 座及清水畔沟头防护 1 处。2014 年 9 月 20 日正式开工建设，土方工程、配套建筑物桥梁及涵洞于 2014 年 12 月 31 日完工。

——2015 年度黄河故道中泓贯通工程，总长度为 14.7 公里，位于睢宁县；大沙河中泓贯通 5 公里，位于沛县。另 2016 年大沙河 27.6 公里开挖工程提到 2015 年实施。

睢宁县黄河东闸至徐洪河段 14.7 公里中泓开挖工程，于 2014 年 12 月 20 日开工建设，总土方约 500 万立方米，施工高峰期，各类施工机械达 510 台套，其中挖掘机 140 余台、推土机 20 余台、运土车 350 余辆。到 4 月，工程已完成土方 400 余万立方米，配套建筑物桥梁及涵洞工程亦正常推进，并完成投资约 1.4 亿元，整个工程年底完成。

该段黄河故道治理标准，河道按十年一遇排涝标准疏浚，沿线薄弱段及缺口段防洪大堤按二十年一遇防洪标准进行加固。通过中泓开挖，黄河故道睢宁段蓄水量增加了 1500 万立方米，保证总蓄水量达到 3000 万立方米，相当于新建一个中型水库，可增加灌溉面积 15 万亩。

沛县大沙河全长 32.6 公里，流域跨越栖山、鹿楼、朱寨、安国、龙固等 6 个镇，现有耕地 28 万亩，总人口 25 万。该县对大沙河的治理，分为两期。2015 年为一期工程，从鹿楼镇何庄到鸳楼闸共 5 公里工程，建设内容包括河道中泓扩挖 5 公里，河底宽由原来的 50 米扩挖至 190 米，河底高程 33.5 米，边坡 1:4；加固两岸堤防共 10 公里。土方开挖 370 万立方米，堤防填筑 64 万立方米，新建拆建、加固建筑物 6 座，工程总投资 7502 万元。

为了推进大沙河治理，沛县县委、县政府于 2015 年 4 月 15 日在大沙河边召开黄河故道综合开发誓师大会。

工程分两个标段，于 8 月 12 日正式开工，工程预期 100 天，出动 116 台挖掘机、260 台自卸车同时施工。截至 9 月 17 日，35 天河道开挖土方就已达 290 万余立方米，完成工程量的 80%。至 9 月底，仅仅 50 天就全部完成了土方工程。

二期土方工程计划工期为 4 个月，12 月 8 日开工，也仅用了 45 天，于 2016 年春节（2 月 8 日）前（或为 2016 年 1 月 21 日）全部完成了河道土方开挖任务。一期、二期的土方工程，沛县人民用了累计不到 100 天时间就开挖土方 1370 万立方米，这等于正常水利年度 10 年的工程量，创造了沛县水利建设的奇迹。

沛县段大沙河二期工程省厅原来安排在 2016 年实施，后经徐州市黄河故道综合开发领导小组协商，改在 2015 年开始施工。工程范围分为两段，一为丰沛县界至何庄一段，一为鸳楼闸至昭阳湖湖口一段，建设内容包括河道中泓扩挖 27.6 公里，加固两岸堤防 55.26 公里，土方开挖 720 万立方米，堤防填筑 204 万立方米，新建拆建、加固建筑物 68 座，工程投资 37000 万元。工程于 2015 年 12 月开始施工，在完成土方任务后，于 2016 年 5 月全部完成配套工程。

大沙河沛县段按十年一遇排涝、二十年一遇防洪标准治理。工程完成，即形成一个带状水库，增加调蓄库容 2000 万立方米，总库容可达到 4500 万立方米，不仅能提高和改善该区排涝及防洪现状，还可改善灌溉面积 25 万亩。

睢宁县黄河东闸至徐洪河段 14.7 公里中泓工程的完成，标志着徐州市黄河故道主流河段的中泓全部贯通。

沛县段大沙河 32.6 公里河道的疏浚完成，标志着徐州市黄河故道支流河段的中泓也全部贯通。

至 2016 年 1 月，比省计划提前一年，徐州市完成了黄河故道全线中泓贯通的任务。在江苏省黄河故道沿线的四个省辖市中，徐州市第一个实现了"中泓贯通"的目标。

就工程效益而论，中泓贯通提高了黄河故道沿线防洪保安能力，防洪标准主城区可达百年一遇，其余河段二十年一遇，为沿线生活、生产提供了保证。另外，因为中泓的贯通、拓宽，黄河故道河道蓄水能力将增加至 1 亿立方米，这就大大增加了蓄水、调水能力，河道沿线灌溉保证率达到 75%，供水保证率达到 97%。

黄河故道中泓贯通，是一件富有历史纪念意义的水利大事，也是一件富有时代象征意义的文化大事。一条曾经断流、破败、淤塞的河道，被打通了"经脉"，唤醒了"梦魇"，绿波荡漾，首尾相通，生机再现，活力奔涌，犹如一条涅槃再生的苍龙，在徐州大地上兴云播雨，润泽万物。

（二）中泓贯通工程：各路显神通

上节文字以三年三步走为序，对中泓贯通工程做了一个粗线条的勾画。本节我们将以县、区为单元，展示中泓贯通的具体画面。

1. 丰县中泓工程

在丰县境内，黄河故道自二坝起至丰铜边界全长 26.5 公里，丰铜边界付庄闸以上总流域面积 166.405 平方公里。该地区地势高亢，水利基础设施薄弱，缺少灌溉水源；中泓断面狭窄，淤积严重，排水不畅。尤其，位于安徽境内插花地段中泓基本淤平，沿线灌排建筑物、桥梁严重破损。

丰县黄河故道中泓贯通工程，包括治理二坝至丰铜边界河道 26.48 公里。其中，范楼镇十姓庄西至丰铜边界 6.5 公里，为疏浚开挖河道和左、右堤分别复堤 6.5 公里、0.2 公里，新建 3 座沟口涵闸和 1 座拦河闸、拆建 1 座桥梁等；二坝至十姓庄西 19.98 公里，平地开河 12.61 公里，拓浚河道 7.37 公里，新建防护工程 24.8 公里，新建梯级建筑物 1 座，新建、拆建补水泵站 2 座（含疏浚输水渠道 6.9 公里），新建穿丰黄公路桥（涵）1 座，新建沿线沟口涵闸 15 座，新建、拆建跨河桥梁 14 座以及水土保持工程等。

该工程 2014 年 7 月 20 日完成河道土方开挖；2015 年 12 月 30 日完成建筑物工程。共开挖土方 368 万立方米，混凝土 63217.32 立方米，钢筋 3330.83 吨；加固、拆建、新建跨河桥梁 14 座，新建跨河闸 1 座、沟口涵闸 15 座、补水泵站 2 座，总投资 2.43 亿元。

范楼段（十姓庄东全丰铜边界）治理工程纪实：

工程于 2012 年 12 月 10 日，由丰县发展改革与经济委员会、丰县水利局以丰发改经济〔2012〕158 号文、丰水工〔2012〕59 号文上报《关于上报〈徐州市故黄河中泓贯通 2013 年度工程丰县范楼段治理工程可行性研究报告（代项目建议书)〉的请示》。同年 12 月 26 日，徐州市发展和改革委员会以徐发改行政许可服务审字〔2012〕172 号批复了工程可研报告（代项目建议书）。2013 年 1 月 7 日，丰县发展改革与经济委员会、丰县水利局以丰发改经济〔2013〕8 号、丰水农〔2013〕5 号上报了《关于上报〈徐州市黄河故道中泓贯通 2013 年度工程丰县范楼段治理工程初步设计报告〉的请示》。1 月 9 日，徐州市发展和改革委员会以徐发改行政许可服务审字〔2013〕4 号批复了初步设计报告，工程概算总投资 3061 万元。范楼段黄河故道中泓贯通，主要是通过对河道扩挖疏浚及建筑物配套，使河道达到十年一遇排涝标准，子堤防洪标准达到二十年一遇，沿线建筑物按十年一遇排涝标准设计；工程等别为 IV 等，沿线主要建筑物级别为 4 级，次要建筑物级别为 5 级。

2013 年 3 月 5 日，该段治理工程全面开工。

河道疏浚，十姓庄东至丰铜边界段，沿安徽侧老河口单侧开挖丰县侧河道，十姓庄西至十姓庄东段河道，基本沿原河道中心线，针对微弯段进行适当切角抹弯。为了减少工程量，弯道段维持现状弯道半径，不做裁弯取直。河道土方工程为边排水，边施工，即通过开挖降水垄沟和不断抽排明水，降低河道内地下水位，同时组织 50 多台挖掘机、10 余台推土机和 200 多辆运载车，分 8 个工段，在 6.5 公里长的河段上平行开展作业。先施工左岸，包括挖、运、弃土、筑堤及河坡、滩面、堤坡和堤顶修整；再施工右岸，主要修整河坡和滩面等。范楼段河道工程按照十年一遇排涝、二十年一遇防洪标准设计，河底高程 38.5 米，河底宽 50 米，河坡 1:4，滩面高程 43.1~43.5 米，宽度 3~10 米。堤防长度：左岸 6.5 公里，右岸 0.2 公里，堤顶高程 44 米，堤顶宽 6 米，堤坡内外侧均为 1:3。河道正常蓄水位以上迎水坡河坡采用撒草籽进行植物防护，面积约 5.8 万平方米，在纵向距河口 1 米处设置素混凝土集水沟，横向每 100 米做跌水槽。

付庄闸，位于丰铜边界付庄村南侧付庄路与黄河故道交叉处，为 3 孔 4 米开敞式钢筋混凝土结构，闸底板顶高程 38.50 米，闸顶高程 44 米。上游设厚 0.5 米钢筋混凝土防渗铺盖长 12 米，上游护坦长 20 米，下游消力池长 17 米，池深 0.7 米，底板厚 0.6 米。铺盖上游端设水泥土搅拌桩截渗墙海漫长 30 米，防冲槽口宽 8.25 米，深 2.5 米。该闸设计标准：地震烈度根据《中国地震动参数区划图》（GB 18036-2001），场地地震动峰值加速度为 0.05g，相应地震设防烈度为 6 度。设计二十年一遇防洪，流量 87.30 立方米每秒、闸上水位 43 米、闸下水位 42.75 米；十年一遇排涝，流量 69.50 立方米每秒、闸上水位 42.6 米、闸下水位 42.45 米；蓄水位，闸上 42.5 米、闸下水位 41.5 米。

果园桥，为生产桥，桥梁跨径为 5 跨 16 米，桥面净宽 4.5+2×0.5 米，桥面高程根据二十年一遇洪水位 +0.5 米，确定梁底高程 43.55 米，相应桥面高程为 44.404 米。该桥处水文数据：十年一遇设计流量 63.6 立方米每秒，相应水位 42.64 米，二十年一遇校核流量 79.8 立方米每秒，相应校核水位 43.05 米。结构形式：桥面结构采用 16 米跨 C40 钢筋混凝土预制预应力空心板结构，下部为直径 100 厘米 C25 钢筋混凝土桥墩柱，基础为直径 100 厘米 C25 钢筋混凝土灌注桩。

沟口涵闸：付庄涵闸为 1 孔 2×2 米涵洞式钢筋混凝土结构，底板顶高程 39.5 米，铸铁闸门控制。十姓庄涵闸为 1 孔 2×2 米涵洞式钢筋混凝土结构，底板顶高程 41.5 米，铸铁闸门控制。程庄涵洞为 1 孔 2×2 米涵洞式钢筋混凝土结构，底板顶高程 40 米，无控制。

2013 年 6 月 19 日，范楼段治理工程完成了河道、建筑物及桥梁水下部分；7 月 3 日通过水下部分工程验收；11 月 10 日，上部附属建筑物工程全部完成。河道工程，完成土方 1795769 立方米、混凝土 1300.48 立方米；付庄闸完成土方 83030 立方米、混凝土 3407.06 立方米、石方 574.22 立方米；付庄和十姓庄涵洞完成土方 77996.24 立方米、混凝土 677.42 立方米；程庄涵洞完成土方 3698.6 立方米、混凝土 336.94 立方米；果园桥完成土方 3210.84 立方米、混凝土 627.43 立方米、石方 57.51 立方米。

在范楼段工程实施过程中，建设处充分发挥建设管理的主导作用，以质量控制为核心，加强了对设计、监理及施工单位的质量管理。

一是建立了质量管理体系和质量监督机制。形成了以徐州市水利基建工程质量监督项目站为领导，由徐州市黄河故道中泓贯通丰县范楼段治理工程建设质量监督小组，徐州市水利工程建设监理中心丰县黄河故道中泓贯通（范楼段）工程项目监理部，徐州市黄河故道中泓贯通丰县范楼段治理工程 A 标段项目经理部、项目部各施工班组共同组成的质量管理体系，实现了质量管理层层有人抓、处处有人管，分工负责，各尽其职，层层落实责任，一级对一级负责，建立了完善的管理网络。

二是对工程项目进行科学划分。徐州市水利基建工程质量监督站以徐水质监〔2013〕58 号文《关于徐州市黄河故道中泓贯通丰县范楼段 2013 年度工程项目划分的批复》对该工程项目划分进行了批复，核定工程共划分为 3 个单位工程，12 个分部工程，130 个单元工程和 73 个分项工程。

三是质量控制和检测。为了保证工程质量，主要购置材料进场后，施工单位、监理、建设处分别把关，不合格材料坚决清除出场。每道工序完成后，按照三检制的要求，对有些未经报验就实施下道工序的单元工程或经检查不满足要求的单元工程，责令其返工。对河道堤防工程的质量控制主要注重事前和事中，开工前即明确河道开挖的具体标准，要求河坡、滩面、堤坡及堤顶面平整，高程及坡度符合设计要求，河底、河口、堤脚及堤顶线顺直。施工中定期进行测量，对不符合设计要求的河底高程、河底、河口宽度及滩面高程等，及时通知施工队进行整改。在质量控制过程中，充分发挥监理工程师作用。徐州市水利工程建设监理中心范楼段工程项目监理部的监理工作坚持关键部位严格监理，材料质量认真监理，薄弱环节重点监理的原则，主要对施工图纸签发、工程开工审查、施工原材料检验、墙后回填土等重点把关，加强施工过程抽样试验和工序、单元、分部工程验收等措施，以现场检测为主要手段，控制工程质量。经检验，范楼段治理工程的 130 个单元工程，73个分项工程，12 个分部工程，3 个单位工程，质量等级的评定全部合格。

二坝至十姓庄西段工程纪实：

黄河故道二坝至十姓庄西段治理工程，于 2013 年 9 月，丰县水利局按照省委、省政府的统一部署，依据省政府〔2013〕79 号文通知精神，委托徐州市水利建筑设计研究院编制《徐州市丰县段黄河故道干河治理工程可研报告》，并将丰县境内黄河故道治理项目上报江苏省水利厅。2013 年 10 月18 日，江苏省水利厅组织召开《徐州市黄河故道干河治理工程可行性研究报告》专家咨询会，形成了咨询意见。设计单位根据咨询意见修改可研报告（报审稿）并上报江苏省水利厅。2013 年 12 月 5—7 日，江苏省发展与改革委员会组织召开《徐州市丰县段黄河故道干河治理工程可行性研究报告》审查会。根据审查意见，设计单位修改了工程建设内容、调整工程投资。编制《徐州市丰县段黄河故道干河治理工程可行性研究报告（报批稿）》并上报江苏省水利厅。2014 年 1 月 29 日，江苏省发展与改革委员会以苏发改农经发〔2014〕148 号文批复，工程估算投资 25165 万元。其中，省级补助70%，其余由市、县自筹。1 月 30 日，徐州市发改委以徐发改行政许可服务审字〔2014〕19 号文批复黄河故道二坝至双庙段工程实施方案，工程概算总投资 15775.17 万元。2 月 19 日徐州市发改委以徐发改行政许可服务审字〔2014〕30 号文批复了双庙至十姓庄段实施方案，工程概算总投资 9373.29万元。4 月 2 日，江苏省发改委以苏发改农经发〔2014〕310 号文批复黄河故道丰县段干河治理工程初步设计报告，工程估算投资 24349 万元。其中，省级补助 70%，其余由市、县自筹。

该段工程标准：扩挖浚深二坝至十姓庄西段黄河故道中泓，满足该地区十年一遇排涝要求和二十年一遇防洪标准。同时，新建梯级控制拦河闸、补水泵站，提高引蓄水能力，满足该地区 80% 灌溉保证率用水要求。干河中泓设计河底宽10~30米，河底高程38.5~40米，其中，水位变化区段采用混凝土挡墙护岸。工程等别为Ⅳ等，主要建筑物为4级,次要建筑物为5级。

2014年3月15日、29日，干河开挖疏浚相继开工。按照十年一遇排涝标准扩挖、清淤疏浚干河19.98公里，河底高程38.5~40米，底宽10~30米，边坡1:4，新开河段和太阳能发电基地河段两岸新建混凝土挡墙护岸24.8公里。

由于河道线路长，施工条件复杂；因此，对整个工程分为九个工段进行施工。其中，平地开河12.61公里，采用挖掘机配合运输车辆进行平行作业。由于施工区为沙土区且富含地下水，土方开挖过程中渗水较快形成明水，故采取分两层开挖的施工方案，上层开挖1.5~2米后，下层一次性挖至河底高程，并将河道中心线位置挖超深50厘米作为降水垄沟进行排水。光伏段土方施工方法，采用挖掘机配合泥浆作业，将土方输送至光伏发电厂北侧。老河道扩挖疏浚7.37公里，由挖掘机配合推土机和泥浆泵进行施工。干河开挖疏浚工程共投入挖掘机100余台，运输车辆400余辆，推土机20余台，泥浆泵及抽水设备40台套。为保证河道工程外观形象，河道土方完成后，人工配合挖掘机、推土机对河坡、摊面、堤坡和堤顶进行修整。两岸混凝土挡墙护岸24.8公里，共浇筑混凝土4.6万多立方米。由于混凝土数量大，施工线路长，全线路分为七个工段进行施工。其中，光伏段5.96公里分两个工段，姚庄以上18.8公里分两个工段。

2014年4月21日，建筑物工程开工。

新建腰里王拦河节制闸。

该闸为梯级控制，设计为3孔，每孔3米钢筋混凝土开敞式水闸。检修便桥布置在闸室下游侧，交通桥、工作桥布置在闸室上游侧。闸室底板高程40米，闸顶高程44.5米，闸室底板顺水流方向长11.5米，垂直水流方向总长12.6米，底板厚0.7米，边墩厚0.9米、中墩厚0.9米。腰里王闸设工作闸门3扇，采用平面定轴钢闸门，选用LQ-1×100kN-SD单吊点手电两用直联螺杆式启闭机。启门力100kN，闭门力50kN。

秦庄站和腰里王站为黄河故道补水泵站。

秦庄站，位于丰县境内陈腾河南岸，拆建为补水泵站，抽引郑集南支河陈腾河水，通过秦庄灌溉大沟送至黄河故道。主要建筑物有：进水前池、站身主体工程、出水池、出水渠道、过路涵、上下游连接段、管理区配套设施维修等。泵房采用分基型结构，秦庄站500HW-6.5蜗壳式混流泵4台套，配75千瓦电机，总装机容量300千瓦，设计抽水能力2.5立方米每秒。电动机采用低压供电方式，电机型号为Y315M-8，额定电压0.4kV，功率75kW。主变设计选用SCB-400/10/0.4kV型干式变压器，站用变压器选用SCB-80/10/0.4kV站用变压器一台。泵房总长41米。泵房室内地面高程41.80米，水泵底座安装高程40.50米。秦庄输水渠道通过秦庄站向付庄闸上河槽补水2.5立方米每秒，长5公里，设计渠道底宽5米，底高程40.50~41.5米，边坡1:3。

腰里王站，新建于丰县梁寨水库岸边，具有自排和补水功能。工程采用涵站结合的型式，泵站和自排、机排涵洞合成一体。腰里王站为堤后式泵站，站身通过出水涵洞与梁寨水库连接。主要建筑物有：主站身、穿堤涵洞、上下游连接段、检修间和控制室等。泵站设计流量2.5立方米每秒，安装2台700ZLB-100立式轴流泵，配套75千瓦电动机2台套，总装机容量150千瓦。电动机采用低压供电方式，电机型号为YL315L1-10，额定电压0.4kV，功率75千瓦。主变设计选用SCB-200/10/0.4kV型干式变压器，0.4kV配电柜选用GCK型低压开关柜，0.4kV主变出线柜1台，电机控制柜2台，电容补偿柜GGJ1台及站用配电柜1台。站室采用湿室型泵房结构，开敞式进水池进水，开敞式出水池出水，出水池和站室连为一体，分上下两层，上层为水泵的出水池，下层可用于自排、机排；自排、机排和灌溉共用一个涵洞，选用PGZ2.5×3.0米铸铁闸门1扇，单吊点LQ-1×120kN-SD手电两用直联螺杆式启闭机。腰里王大沟通过腰里王站向腰里王闸上补水2.5立方米每秒，长1.9公里，河底清淤，河底高程41米，底宽5米，边坡1:3。

该段黄河故道沿线跨河桥梁14座，除丰黄公路桥外，13座桥梁均为跨乡村公路。其中，1座梁满路桥进行加固；6座建设年代较久，孔径小，桥梁基础高于规划河底，梁板高程底，阻水严重，壅高水位，影响防洪排涝，每当洪水来临时，严重影响当地老百姓通行，给当地的经济发展及人民生命财产安全带来严重威胁，予以拆除重建；因新挖河道切断原有生产道路，新建6座生产桥。13座跨乡村公路桥梁，均采用板梁桥结构，桥跨有3×10米跨、5×10米跨、7×10米跨三类，桥面宽均为净4.5+2×0.5米，荷载标准均为公路-Ⅱ级折减。

丰黄公路桥,位于254省道,是连接苏、皖两省丰县与砀山的重要通道。由于丰县至安徽黄口的省级公路与黄河故道平地开河交叉,桥梁所在地两侧已经打造成丰县万亩梨园,黄河故道北侧的观光大道也从此平交,并且,计划桥下通小型游船。因此,作为黄河故道上的一个重要节点,新建丰黄公路桥采用钢筋混凝土箱涵式结构,涵洞底板顶高程40米,洞身长135米,设计孔径为1孔8×5.3米。上游设置12米长铺盖,下游设置12米长铺盖;上、下游两侧采用挡土墙与河坡衔接。

新建黄河故道沿线沟口涵洞15座,结构型式均为预制钢筋混凝土管涵,上游护底采用现浇混凝土护底,涵洞入口两侧采用重力式挡土墙与河道混凝土挡墙衔接;下游采用现浇砼护底护坡,涵洞出口两侧采用重力式挡土墙。

水土保持工程,采取工程与植物措施。工程措施,主要是对弃土区坡面及滩面来水合理归集、有序导流而进行的设计,减少雨水对河坡的侵蚀。主要工程措施为实施滩面排水工程。植物措施,主要对弃土区迎、背水坡坡面、滩面裸露区以及正常蓄水位以上的河坡采用人工撒播草籽方式进行植物防护。

在黄河故道二坝至十姓庄西段治理工程过程中,始终坚持以工程质量为核心。一是建立了质量管理体系,二是建立了质量监督机制,三是对工程

项目进行了科学划分。依据徐州市水利工程质量监督站徐水质监〔2014〕49号文《关于徐州市黄河故道丰县二坝至双庙段干河治理工程项目划分的确认意见》对该工程项目划分进行批复,核定工程共划分为1个单位工程,2个子单位工程,16个分部工程,594个单元工程。徐州市水利工程质量监督站以徐水质监〔2014〕84号文《关于徐州市黄河故道丰县双庙至十姓庄段干河治理工程项目划分的确认意见》对该工程项目划分进行了批复,核定工程

共划分为 1 个单位工程，5 个子单位工程，41 个分部工程，851 个单元工程。经质量控制和检测，工程建设处委托徐州市正源水利建筑工程检测中心对本工程的施工质量、原材料及实体质量进行检测。二坝至双庙段共抽验原材料 8 组，全部合格；混凝土强度现场检测 158 个部位，抽检结果均满足设计要求；结构主要尺寸，共抽检 21 个部位，合格率 91%；砼表面平整度抽检 6 个部位，合格率 82.5%；钢筋保护层厚度抽检 12 个部位，合格率 82.5%；墩墙立面垂直度抽验 4 个部位，合格率 89.5%；回填土抽测 18 组，检测结果符合要求；河道断面检测 18 个断面，基本满足设计要求。双庙至十姓庄段共抽验原材料 31 组，全部合格；混凝土强度现场检测 285 个部位，抽检结果均满足设计要求；结构主要尺寸，共抽检 33 个部位，合格率 92.6%；混凝土表面平整度抽检 15 个部位，合格率 89.3%；钢筋保护层厚度抽检 21 个部位，合格率 79.6%；墩墙立面垂直度抽验 2 个部位，合格率 90%；回填土抽测 11 组，检测结果符合要求；河道断面检测 12 个断面，满足设计要求。

关于质量等级评定，经施工单位自评、监理单位复评、建设单位认定，二坝至双庙段 667 个单元工程质量全部合格，17 个分部工程质量全部合格，单位工程质量合格；双庙至十姓庄段 1000 个单元工程质量全部合格，50 个分部工程质量等级全部合格，单位工程质量合格。

2. 铜山区中泓贯通工程

在铜山区境内，黄河故道全长 46.55 公里。其中，丰铜边界至铜泉界长 19.85 公里，铜云界至铜睢边界长 26.7 公里；流经何桥、黄集、刘集、大彭、张集、伊庄、房村、单集等 8 个乡镇；境内主要支流有闸河（苗山闸上）、大寨河、新黄大沟等，流域面积包括徐州市区为 360 平方公里。

中泓治理纪实：

2012 年 11 月 21 日，由徐州市发展和改革委员会以徐发改行政许可服务审字〔2012〕153 号文《关于徐州市黄河故道中泓贯通 2012 年度工程可行性研究报告的批复》立项，总投资 13572.12 万元。2012 年 11 月 27 日，徐州市发展和改革委员会以徐发改行政许可服务审字〔2012〕157 号文《关于徐州市黄河故道中泓贯通 2012 年度工程项目初步设计的批复》批准建设，概算 17322.81 万元。2013 年 1 月 25 日，徐州市水利局以徐水计〔2013〕10 号文《关于下达徐州市黄河故道中泓贯通 2012 年度工程执行预算的通知》，确定铜山段工程总投资为 4819 万元。2013 年 8 月 26 日，徐州市水利局以徐水计〔2013〕95 号文《关于下达徐州市黄河故道中泓贯通 2012 年度工程修正预算的通知》，确定铜山段工程总投资为 6884.40 万元。其中，征迁移民费用 2065.32 万元。2013 年 10 月 12 日，江苏省发展和改革委员会以苏发改农经发〔2013〕1528号文《省发展改革委关于徐州市黄河故道丁楼闸至周庄闸段治理工程初步设计的批复》，批准工程初步设计，核定工程概算总投资4873万元。

中泓贯通工程，按十年一遇排涝、二十年一遇防洪设计标准疏浚河道、修筑子堤、改建配套建筑物等设施。工程等别为Ⅳ等，主要建筑物级别为4级，次要建筑物级别5级。场地地震动峰值加速度为0.10g，地震的反应谱特征周期为0.40s，相应基本地震烈度为Ⅶ度。

2013年1月15日，铜山区黄河故道中泓贯通工程全面开工。河道按除涝十年一遇开挖，子堤防洪标准为十到二十年一遇，配套建筑物按十年一遇设计。工程分A、B两个标段。

A标段——位于徐州市区西部，周庄闸至铜泉界河长6.5公里，河道疏浚标准：设计河底宽50米，河底高程34米、边坡1:4；子堰顶高程40.5~41米，顶宽10米，边坡1:4。堤防加固及岸坡防护：由于汉河路桥河道超挖或扩挖，为防止对桥梁墩台的冲刷，需对其河道进行护砌。护砌范围为两侧各10米范围内河坡。最高水位+0.5米以下边坡护砌采用30厘米厚M10浆砌石护砌，以上边坡采用草皮护坡。河坡防护结合治理段中泓河道及滩地情况，在治理段河道正常蓄水位以上迎水面河坡采用撒草籽进行植物防护，护坡上至滩面（子堰顶），下至常水位。

为该标段河道疏浚和堤防加固，铜山区出动挖掘机35台、推土机10台、小型自卸车80台，于2013年4月29日完成河道开挖土方116.23万立方米，5月4日完成子堰填筑土方16.72万立方米。

沿线拆建2座桥梁：周庄桥，为钢筋混凝土板梁桥，桥梁跨径为7跨×13米，桥宽4.5米，滩面高程39.5米，二十年一遇水位39.62米，桥面高程41米；沙塘桥，为钢筋混凝土板梁桥，桥梁跨径为7跨×13米，桥宽5.5米，滩面高程39.5米，二十年一遇水位39.61米，桥面高程41米。

沿右岸拆建4座涵洞式跌水：1号涵洞式跌水，单孔直径1.5米，设计流量1.61立方米每秒、水位39.10~39.20米，实际过流1.92立方米每秒。2号涵洞式跌水，单孔直径1米，设计流量0.92立方米每秒、水位39.09~39.19米，实际过流1.15立方米每秒。3号涵洞式跌水，单孔直径1米，设计流量0.46立方米每秒、水位39.09~39.19米，实际过流1.08立方米每秒。4号涵洞式跌水，单孔直径1米，设计流量0.46立方米每秒、水位39.09~39.19米，实际过流1.08立方米每秒。

在大彭镇境内，沿中泓两岸新建6座穿堤涵闸：1号涵闸位于左岸，单孔1.0×1.5米，设计流量2.57立方米每秒、水位39.09~39.19米，实际过流3.10

立方米每秒。2 号涵闸位于左岸，单孔 2.5×2.5 米，设计流量 6.24 立方米每秒、水位 39.08~39.18 米，实际过流 8.86 立方米每秒。3 号涵闸位于右岸，单孔 1.0×1.5 米，设计流量 2.28 立方米每秒、水位 39.08~39.18 米，实际过流 2.87 立方米每秒。4 号涵闸位于左岸，单孔 1.0×1.5 米，设计流量 1.61 立方米每秒、水位 39.07~39.17 米，实际过流 1.69 立方米每秒。5 号涵闸位于右岸，单孔 1.0×1.5 米，设计流量 1.53 立方米每秒、水位 39.07~39.17 米，实际过流 2.31 立方米每秒。6 号涵闸位于左岸，单孔 2.5×2.5 米，设计流量 7.92 立方米每秒、水位 39.06~39.16 米，实际过流 8.71 立方米每秒。

2013 年 8 月，建筑物工程竣工，周庄和沙塘 2 座跨河桥梁，完成钢筋制安 117.62 吨，混凝土浇筑 2538.12 立方米。涵洞及跌水工程，完成钢筋制安 132.37 吨，混凝土浇筑 4316.78 立方米。

B 标段——位于徐州市区东部，马集桥至铜睢界及铜睢界至峰山闸，河道长 6.65 公里。河道设计疏浚标准：马集桥至温庄闸段 2.85 公里，河底宽 60~70 米，河底高程 29.7 米，河口高程 32.5~34 米，边坡 1:4；子堰顶高程 36.5 米，顶宽 4~12 米，边坡 1:4。温庄闸至铜睢界 1.1 公里，河底宽 50~60 米，河底高程 28~29 米，河口高程 32.5 米。铜睢界至峰山闸 2.7 公里，河底宽 70 米后增宽至 80 米，河底高程 28 米，河口高程 30.5~32.5 米，边坡 1:4；子堰顶高程 33.5 米，顶宽 10 米，边坡 1:4。

岸坡防护：一是沟头防护。峰山闸上段共 6 处涉及沟头防护，均采用 30 厘米厚 M10 浆砌石护底和护坡进行护砌。二是峰山闸上游护砌。由于峰山闸为黄河故道上一处重要节点工程；因此，对其上游河道边坡进行护砌，范围为闸上游 50 米内的河道边坡，高程 32.5 米以下边坡护砌采用 30 厘米厚 M10 浆砌石护砌，高程 32.5~33.5 米边坡采用草皮护坡。三是马集桥、庙山西桥桥梁护砌。由于马集桥、庙山西桥河道超挖或扩挖，为防止对桥梁墩台的冲刷，需对其河道进行护砌，范围为马集桥下及下游 50 米内的河底及河坡，庙山西桥两侧各 10 米范围内的河坡。最高水位 +0.5 米以下边坡护砌采用 30 厘米厚 M10 浆砌石护砌，以上边坡采用草皮护坡。四是河坡防护。结合治理段河道及滩地情况，在治理段河道正常蓄水位以上迎水坡采用撒草籽进行植物防护。

2013 年 4 月底，完成 B 标段河道开挖及堤防填筑，河道疏浚土方 100.5 万立方米，子堰填筑土方 41.7 万立方米。

温庄闸至铜睢界段，沿线拆除重建穿堤涵洞（周庙 3 座涵洞均为 1×1.6 米箱涵，卢套涵洞为 2.5×2.5 米箱涵，路山 2 座涵洞均为 1.5×2 米箱涵）。

周庙涵洞，位于河道右岸，设计流量 1.31 立方米每秒、水位

33.51~33.61 米，实际过流 1.32 立方米每秒。卢套涵洞，位于河道左岸，设计流量 7.7 立方米每秒、水位 33.51~33.61 米，实际过流 7.94 立方米每秒。路山涵洞，位于河道左岸，设计流量 3.38 立方米每秒、水位 33.50~33.60 米，实际过流 3.56 立方米每秒。吴王河涵洞，位于河道右岸，1 孔，孔径 1.0×1.6 米，设计流量 0.95 立方米每秒、水位 33.50~33.60 米，实际过流 1.32 立方米每秒。利民涵洞，位于河道右岸，1 孔，孔径 1.5×2.0 米，设计流量 2.53 立方米每秒、水位 32.69~32.79 米，实际过流 2.78 立方米每秒。富民涵洞，位于河道左岸，1 孔，孔径 1.0×1.6 米，设计流量 1.27 立方米每秒、水位 32.69~32.79 米，实际过流 1.32 立方米每秒。

铜睢界至峰山闸段，沿线拆除重建庙山东桥、穿堤涵洞和跌水。

庙山东桥，为钢筋混凝土板梁桥 8 孔，每孔跨 13 米，宽 5.5 米，滩面高程 33 米，二十年一遇水位 33.65 米，桥面高程 35.67 米；桥台：直径 1 米、底高 16 米，桥墩：直径 1 米，底高 11 米。

庙山涵，位于河道右岸，1 孔，孔径 1.0×1.6 米，设计流量 1.20 立方米每秒、水位 32.21~32.31 米，实际过流 1.32 立方米每秒。洪山涵，位于河道右岸，1 孔，孔径 1.5×2.0 米，设计流量 1.90 立方米每秒、水位 32.18~32.28 米，实际过流 2.78 立方米每秒。鲤鱼山 1、2 号涵，位于河道右岸，1 孔，孔径 1.5×2.0 米，除设计水位分别为 32.17~32.27 米和 29.62~29.72 米外，设计流量 1.9 立方米每秒、实际过流 2.78 立方米每秒。

睢铜界跌水，位于河道左岸，排涝面积 3 平方公里，十年一遇排涝流量 4.80 立方米每秒；水位：上游 32.21 米，下游 32.31 米；支沟：沟底宽 2 米、底高程 30 米。庙山跌水，位于河道右岸，排涝面积 0.6 平方公里，十年一遇排涝流量 1.20 立方米每秒；水位：上游 32.22 米，下游 32.32 米；支沟：沟底宽 4 米、底高程 30 米。洪山跌水，位于河道右岸，排涝面积 0.65 平方公里，十年一遇排涝流量 1.9 立方米每秒；水位：上游 32.18 米，下游 32.28 米；支沟：沟底宽 2 米、底高程 29.5 米。单集跌水，位于河道左岸，排涝面积 1.55 平方公里，十年一遇排涝流量 2.7 立方米每秒；水位：上游 32.17 米，下游 32.27 米；支沟：沟底宽 4 米、底高程 29.5 米。鲤鱼山跌水，位于河道右岸，排涝面积 1 平方公里，十年一遇排涝流量 1.9 立方米每秒；水位：上游 32.17 米，下游 32.27 米；支沟：沟底宽 2 米、底高程 29.1 米。5 库跌水的支沟边坡均为 1:2.5。

B 标段工程于 2013 年 8 月底全部完工，完成混凝土 8500 立方米，钢筋制安 320 吨。

黄河故道中泓贯通铜山区段 A、B 两个标段分为 2 个单位工程，15 个分部工程，337 个单元工程。其中，A 标段工程划分为河道开挖、子堰填筑、水土保持、沙塘桥、周庄桥、涵洞及跌水工程等 8 个分部工程，173 个单元；B 标段工程划分为河道开挖、子堰填筑、水土保持、庙山东桥、涵洞及跌水等 7 个分部工程，164 个单元工程。

经全面管理、监理、检测 A 标段单位工程 8 个分部工程，173 个单元工程全部合格，其中优良 13 个，8 个分部工程质量等级为合格；B 标段 7 个分部工程，164 个单元工程全部合格，其中优良 18 个，7 个分部工程质量等级为合格。

新黄大沟拓浚纪实：

新黄大沟拓浚工程，主要是河道疏浚新黄闸至赵台闸 21.4 公里，新建两岸挡墙计 18.36 公里，拆（新）建梯级节制闸 4 座，拆建沿线涵闸 10 座，新建跌水 44 处，拆建跨河桥梁 29 座，拆建泵站 11 座以及水土保持工程等。

拓浚缘由——新黄大沟，位于徐州市铜山区何桥、黄集、刘集 3 镇境内，西起丰铜交界处（付庄闸），在郑集分洪道上游（新黄闸）入黄河故道中泓，全长 21.4 公里。由于新黄大沟一直未得到治理，河道淤积严重，大部分地段无水源，沿线建筑物水毁严重且配套不全，以致灌溉、排涝能力低下。

新黄大沟南侧对应的黄河故道中泓在江苏境内部分已经疏浚。在安徽境内的黄河故道全长 19.35 公里。其中，完全在安徽省境内的河道长 15.55 公里，苏皖两省插花段 3.8 公里。由于安徽省境内河段淤积严重，使得该区域排涝不畅，排涝体系混乱。如果疏浚安徽境内的黄河故道，就可以使黄河故道中泓全部贯通。但是，经协调，安徽境内的中泓治理难度大；而且，水源补给和蓄水利用的矛盾突出，致使安徽省境内的河段治理无法实施。

为使徐州市黄河故道全线贯通发挥整体效益，依据《江苏省黄河故道地区水利建设专项规划（2012—2020 年）》《徐州市黄河故道水利规划报告》等规划，按照十年一遇排涝、80% 灌溉保证率要求，徐州市决定拓浚新黄大沟，以连通黄河故道上下游中泓。同时，建闸节制，仍然维持该段黄河故道的排涝体系。通过治理，在汛期利用新黄大沟排除区间涝水；非汛期利用新黄大沟蓄水灌溉。并且，改善该区域的水环境。

新黄大沟拓浚，按十年一遇排涝标准疏浚河道，沿线建筑物按十年一遇排涝标准设计。根据《水利水电工程等级划分及洪水标准》（SL 252-2000），《灌溉与排水工程设计规范》(GB 50288—99)，确定徐州市铜山区段黄河故道干河治理工程等别为 IV 等，沿线主要建筑物级别为 4 级，次要建筑物级别为 5 级，其他建筑物级别 5 级。

关于工程立项和施工准备：2013 年 12 月 26 日，新黄大沟拓浚工程可研报告、环境影响评价、项目节能评价、建设用地复函以及项目稳评等手续全部完成，铜山区水利局拟文上报了工程可行性研究报告。

2014年1月29日，江苏省发改委以苏发改农经发〔2014〕146号文对工程可研报告进行批复，估算投资25042万元。同时，徐州市水利局对设计部门编制的实施方案进行审查。1月30日，为使工程尽快实施，缩短建设工期，徐州市发改委以徐发改行政许可服务审字〔2014〕21号文批复了《徐州市铜山段黄河故道干河（王楼闸至赵台闸）治理工程实施方案》。2月13日，徐州市铜山段黄河故道干河治理工程初步设计报告编制完成，铜山区水利局联合区发改委拟文上报。2月19日，为使王楼闸以下段工程尽快开工，徐州市发改委以徐发改行政许可服务审字〔2014〕31号文批复了《徐州市铜山段黄河故道干河（新黄闸至王楼闸）治理工程实施方案》。

工程批复后，铜山区中小河流治理工程建设处作为工程项目法人，及时开展施工准备工作。建设处下设工程科、财务科、质安科、综合科等职能科室，全面负责工程建设工作。为保证工程建设管理工作的正常开展，建设处配置了相应的管理人员和专业技术人员。建设处严格执行招投标相关规定，工程设计、监理、施工、设备采购全部通过公开招标方式选择承包单位，并且积极协调地方政府开展征迁补偿工作，为工程建设提供必要场地条件，积极督促监理及施工单位做好开工准备，确保工程如期开工建设。

2014年2月27日，徐州市铜山段黄河故道干河（王楼闸至赵台闸）治理工程通过公开招投标，确定监理及施工单位。3月14日，徐州市铜山段黄河故道干河（新黄闸至王楼闸）治理工程通过公开招投标，确定了下游段工程的监理及施工单位。

2014年3月16日正式开工。工程分为设计、监理、设备采购标和三个施工标。其中，施工A标为桩号8+300~15+200段河道及建筑物，施工B标为桩号15+200~21+400段河道及建筑物，施工EQ标为桩号0+000~8+300段河道及建筑物。

河道疏浚和水土保持工程——河道拓浚基本沿原河道中心线布置，向两侧开挖，与原河

道中心线一致。拓浚总长 21.4 公里，按照十年一遇排涝标准，新黄闸至杨庄 1 号桥 0.5 公里，河底高程 38 米，挡墙底高程 41 米，挡墙高 1.5 米；杨庄 1 号桥至王楼闸 7.8 公里，河底高程 38 米；王楼闸至付村闸 4 公里，河底高程 39.5 米；付村闸至黄河故道口 9.1 公里，河底高程 39.5 米，挡墙底高程 42.5 米，挡墙高 1.5 米；机场改线段 2.9 公里，河底高程 38 米。全线河底宽与河坡均为 10 米和 1:4。

为减少新黄大沟两岸占地，对局部河段采用钢筋混凝土挡墙防护，挡墙总长 9.18 公里（扣除沿河涵闸、桥梁等建筑物占用长度），两岸共长 18.36 公里。挡墙以下河道边坡为 1:4。挡墙总高 2.8 米，墙趾基础埋深 0.9 米，墙身厚 0.4 米，底板厚 0.4 米，顺水流方向间隔 2 米设 PVC 排水管一道，管后做三级反滤。河道桩号 0+100~0+500 段滩面高程 42.5 米，墙顶高程 42.7 米；桩号 12+400~21+300 段两岸挡墙底板顶面高程 41.8 米，滩面高程 44 米，墙顶高程 44.2 米。为了保证河道上暂不治理的跨河建筑物的安全稳定，设计跨河建筑物上下游各留 15 米保护范围，河道按照现状断面护坡。

水土保持工程：河口线 0.5 米外滩面上设置混凝土集水沟一道，收集弃土区内坡面以及滩面来水，通过滩面上每 100 米设置一道混凝土跌水槽将水导入河槽。集水沟、跌水槽内断面尺寸均为宽 0.4 米，深 0.4 米，底板、侧墙厚 0.12 米，跌水槽深入河槽底，同时设置 0.4×0.6 米混凝土底脚墙一道。为防止坡面太长，造成砼跌水槽断裂，在跌水槽顺坡向中间设置分缝一道。为防止水土流失，在弃土区迎、背水坡坡面、滩面裸露区以及河道正常蓄水位至河口线的河坡上人工播撒草籽。

新建与拆建建筑物工程主要是涵、闸工程——涵闸工程共 14 座。其中，梯级控制闸 4 座，分别为：拆建新黄闸、王楼闸；拆除杨杜楼闸移址修建付村闸；新建赵台闸。中沟节制闸 1 座，为陈楼闸。其余 9 座为穿路排涝涵洞。

新黄闸，位于黄河故道桩号 0+100 处，具有排涝、蓄水功能。排涝期提闸向黄河侧放水，平时落闸蓄水。改善该闸以上地区的水环境和灌溉条件。新黄闸按十年一遇设计，排涝流量 29.02 立方米每秒，3 孔单孔净宽 2.5 米，闸底板顶高程 38 米，闸底板顺水流方向长度为 11.5 米，闸边墩厚 0.9 米，上游砼铺盖长 12 米，下游消力池长 16 米，海漫长 25 米。挡土墙采用钢筋混凝土悬臂式结构。

王楼闸，位于黄河故道桩号 8+300 处，为梯级控制工程，调节新黄大沟内水位、水量，改善新黄闸以上、付村闸以下区域内的水环境和灌溉条件。排涝期提闸向新黄闸上放水，通过新黄闸排入黄河故道。该闸按十年一遇设计排涝流量 24.29 立方米每秒，3 孔，单孔净宽 2.5 米，闸室底板顶高程 39.5 米，闸上河道底宽 10 米、闸下 10 米,边坡 1:4,闸底板顺水流方向长度为 11.5 米,闸边墩厚 0.9 米,上游混凝土铺盖长 15 米,下游消力池长 16 米,海漫长 25 米。挡土墙采用钢筋混凝土悬臂式结构。

付村闸,位于黄河故道桩号 12+300 处,为梯级控制工程,主要具有排涝、蓄水灌溉功能。用于新黄大沟内水位、水量的调节,改善王楼闸以上、赵台闸以下区域内的水环境和灌溉条件。该闸按十年一遇设计排涝流量 16.62 立方米每秒,1 孔,净宽 6 米,闸室底板高程 39.5 米,闸底板顺水流方向长度 14 米,闸边墩厚 0.9 米,上游砼铺盖长 15 米,下游消力池长 12 米,海漫长 29.05 米。挡土墙采用钢筋混凝土悬臂式结构。

赵台闸,位于黄河故道桩号 21+300 处,主要作用是蓄水灌溉。蓄水期,通过该闸与付村闸、王楼闸和新黄闸调节新黄大沟内水位、水量,改善区域内农田灌溉条件,改善水环境。当丰县付庄闸下黄河故道内有多余弃水时,可以提闸引用,增加新黄大沟内的水量。为便于闸室上下游的衔接,赵台闸设计为 1 孔,净宽 6 米,闸室底板高程 39.5 米,闸底板顺水流方向长度为 11.5 米,闸边墩厚 0.9 米,上游混凝土铺盖长 15 米,下游铺盖长 12 米,海漫长 30 米,护坡长 30 米。上游连接黄河故道入口,挡土墙采用钢筋混凝土悬臂式结构。下游连接新黄大沟,采用悬臂式河护岸挡土墙。

陈楼中沟闸,位于干河桩号 5+120 处,具有挡洪、排涝功能,设计排涝流量 0.8 立方米每秒。由于该闸外地面高程低于黄河故道内洪水位,因此,行洪期利用该闸挡洪,排涝期提闸排入黄河故道侧。该闸采用钢筋砼箱涵结构,涵洞尺寸为 1 孔 1.5×1.5 米箱涵,底板顶高程 40 米,洞身长 22 米,分两节 11 米,工作桥顶高程 45.45 米。涵洞支沟侧设 0.5 米厚 6 米长钢筋混凝土 U 形槽,接 5 米长混凝土护底、护坡,两侧采用钢筋混凝土悬臂挡墙结构,新黄大沟侧设 0.5 米厚 2.5~0 米渐变高 18 米长钢筋混凝土 U 形槽。闸门采用 1.5×1.5 米铸铁闸门,配 LQ -1×30kN 手动螺杆式启闭机。

新黄大沟沿线有 9 座穿路排涝涵洞,均已不同程度损毁,加之河道疏浚时将被破坏,需拆除重建。另新建涵洞式跌水 24 座,功能和结构形式基本相同,选取彭庄公路东边沟做 Φ50 厘米管涵典型设计,选取陈楼砖厂管涵做 Φ80 厘米管涵典型设计。

为保护河道在黄河故道与支沟交叉处新建跌水 44 座。其中,点府楼西跌水包含在王楼闸工程中实施;付村西中沟跌水和郎庄西中沟跌水并入付村闸合建;17 座升敞式小沟跌水,功能和结构形式基本相同;2 座开敞式中沟跌水分别为芦楼站送水河和朱马庄西中沟,功能和结构形式相同。

灌溉泵站和桥梁——新黄大沟拓浚工程需拆除重建 11 座灌溉泵站,为混流泵站，总装机 12 台套，222 千瓦。其中，安装双机组 300HW-5 泵站 1 座，分别装机 18.5 千瓦，设计流量 0.4 立方米每秒；安装单机组 300HW-7S 泵站 3 座，分别装机 22 千瓦，设计流量 0.2 立方米每秒；安装单机组 300HW-5 泵站 4 座，分别装机 18.5 千瓦，设计流量 0.2 立方米每秒；安装单机组 250HW-7S 泵站 3 座，分别装机 15 千瓦，设计流量 0.1 立方米每秒。根据《水利水电工程等级划分及洪水标准》（SL 252-2000），工程等别为 V 等，建筑物级别为 5 级。

新黄大沟拓浚工程拆除重建 29 座桥梁。其中，跨干河桥梁 26 座；支沟生产桥 3 座。杨庄 1 号桥等 9 座桥梁为 3 跨 16 米预应力钢筋混凝土板桥，基础采用钢筋混凝土灌注桩，荷载标准为公路 Ⅱ 级；王楼桥等 8 座桥梁为 3 跨 13 米预应力钢筋混凝土板桥，基础采用钢筋混凝土灌注桩，荷载标准为公路 - Ⅱ 级；杨杜楼桥等 9 座桥梁为 3 跨 10 米预应力钢筋混凝土板桥，基础采用钢筋混凝土灌注桩，荷载标准为公路 - Ⅱ 级；赵台公路边沟桥等 3 座桥梁为 1 跨 5 米钢筋混凝土板桥，荷载标准为公路 - Ⅱ 级折减。

工程设计变更：在工程建设过程中，部分项目因徐州军用机场建设和工程现场实际情况与批复时的情况发生了变化，已经进行了设计变更。

河道改线——桩号 4+600~6+900 段河道位于拟建的徐州军用机场附近，实施过程中原设计河线与机场建设用地冲突，因此原河道线路需要进行调整。按照充分利用现有支系河道、尽量减少占地的原则，经方案比选，确定河道线路调整至南侧支河处，改线前河道长 2.3 公里，改线后长 2.9 公里，河道断面维持不变。

其中有因改线段而造成的桥梁变更：取消原批复调整河道范围内的后陈楼北桥（桩号 4+730）、陈楼桥（桩号 5+090）、刁新楼桥（桩号 6+400）、

刁新楼西桥（桩号 6+900）4 座桥梁的建设；拆建杨庄桥（桩号改 0+250）、钱楼北桥（桩号改 1+250）、钱楼后桥（桩号改 1+680）、后陈楼 1 号桥（桩号改 1+930）、后陈楼 2 号桥（桩号改 2+500）、后陈楼 3

号桥（桩号改 2+830）等 6 座跨河桥梁。工程规模均为 3 跨 × 16 米，其中后陈楼 2 号桥桥面净宽 9 米，钱楼北桥桥面净宽 6 米，其余桥面净宽 4.5 米。泵站变更：由于河道线路的调整，取消原批复调整河段内的后陈楼北 1 号站（桩号 4+750）、后陈楼北 2 号站（桩号 5+060）、李八圩子翻水站（桩号 5+120）、刁新楼南翻水站（桩号 6+380）等 4 座泵站建设。改线段内支沟涵闸、跌水变更：①取消原批复调整河段内的陈楼（桩号 5+120）1.5 × 1.5 米涵闸、刁新楼（桩号 6+480）DN800 管涵及后陈楼跌水（桩号 5+100）、陈楼中沟跌水（桩号 5+400）等建设；②改线后，陈楼桥西中沟被改线河道截断，在左、右两岸增设陈楼桥西南中沟跌水（改 2+500 右岸）和陈楼桥西北中沟跌水（改 2+500 左岸）。

还有因现场实际情况变化而进行的变更：如增加桩号 10+000~10+800 段挡墙护岸。该段河道位于何桥镇庄里寨村北侧。由于该河段紧邻道路和村庄，为减少占用耕地和避免河道拓宽对房屋影响，并结合当地新农村建设，在该河段两侧增加挡墙护岸。桥梁变更：原批复拆建前陈楼桥、庄里寨桥、肖庄桥 3 座桥，经论证三座桥梁为近年修建，桥梁无明显病害，不再拆除重建，仅对桥梁墩台处及桥梁下部河道进行护砌；原批复新建赵台公路边沟桥 1、桥 2，为单跨 5 米支沟桥梁，由于赵台村作为新农村建设示范村，该村范围内支沟水系调整，排向改变，因此本次取消兴建上述两座桥梁；原批复拆除王月铺 2 米宽险桥（桩号 7+400 处），根据当地生产、生活需求，对该桥恢复重建；原批复拆除重建彭庄桥（桩号 17+450），设计为 3 跨 10 米，桥面净宽 4.5 米。由于该桥所处道路级别由村级道路改为镇级道路，道路路面加宽，通行车流量增加，因此，将该桥变更为 3 跨 13 米、桥面净宽 7 米；农业开发部门已将原批复兴建的吕楼桥南、北 2 座泵站建成，因此，变更取消吕楼桥南站、吕楼桥北站的兴建。2015 年 10 月 16 日江苏省发改委以苏发改农经发〔2015〕1148 号文下达了《江苏省发改委关于徐州市铜山段黄河故道干河治理工程设计变更的批复》。

关于征地补偿：新黄大沟拓浚工程涉及占地及拆迁补偿主要有，临时占地 2314.22 亩（其中，国有水利用地 547.11 亩，农村集体土地 1767.12 亩）、简易棚舍 13431 平方米、房屋 100 平方米，大小树木 83030 棵，土坟 568 座，以及部分交通、电力、水利设施等。工程占地及拆迁安置补偿费用为 2314.93 万元。

占地征迁补偿工作在沿线各镇村政府的大力支持下，按照有关政策规定及文件要求，在切实维护群众利益的基础上，严格执行上级文件批复标准，积极稳妥地开展工作。为保证征迁工作顺利开展和补偿资金专款专用，工程建设处与铜山区何桥镇、黄集镇、刘集镇人民政府签订了征迁补偿包干协议，占地补偿经费由所在镇包干使用。在征迁工作开展过程中，建设处及时下拨征迁经费，督促征迁进度，监督资金管理和使用。2014年2月16日，按照工程建设计划，拆迁补偿工作启动，由区政府召开动员会，要求区水利局配合地方政府，做好政策宣传和占地丈量工作。2月25日，工程建设处与何桥镇政府和有关村委会相关人员开展了何桥镇的地面附着物调查。2月28日，工程建设处与黄集镇政府及相关村委会负责人进行黄集镇境内拆迁量逐项清点。3月3日，工程建设处与刘集镇政府及相关村委会负责人进行刘集镇拆迁量调查清点。经过初步调查清点后，工程沿线各镇依据占地范围内拆迁量逐步开展补偿和清理工作。2014年3月16日，主要河段内的征迁工作基本完成，为工程开工建设及时提供场地条件。部分拆迁难点在工程建设过程中陆续开展工作，确保工程建设顺利开展。

2015年10月15日—30日，铜山区审计局组织审计组对工程征迁补偿资金进行了审计，核定工程实际完成征迁补偿投资1735.975万元。其中，何桥镇人民政府960万元，黄集镇人民政府613万元，刘集镇人民政府145万元，其他投资17.975万元。实际完成征迁实物量为：临时占地2470.6亩，简易棚舍11039.5平方米，房屋276平方米，大小树木15858棵，土坟333座，以及水利设施恢复68处等。2015年12月11日，徐州市铜山段黄河故道干河治理工程新黄大沟段征迁补偿通过铜山区政府主持的专项验收。

工程质量管理：铜山区中小河流治理工程建设处作为工程项目法人，对工程质量负总责。针对工程实际，制定《铜山区新黄大沟段黄河故道干河治理工程质量管理规定》《铜山区新黄大沟段黄河故道干河治理工程质量管理实施细则》及《铜山区新黄大沟段黄河故道干河治理工程质量控制体系》等制度，严格控制工程质量。

2014年3月10日，建设处以铜水河治〔2014〕42号文向徐州市水利工程质量监督站申报工程质量监督。市质监站以徐水质监〔2014〕33号文审批了质量监督手续，明确了徐州市铜山区黄河故道干河治理工程质量监督项目组，确定了项目组

工作人员。2014 年 3 月 26 日，项目法人以铜水河治〔2014〕47 号申报了工程项目划分。市质监站以徐水质监〔2014〕34 号文对工程项目划分进行了批复。核定本工程共划分为 3 个单位工程，13 子单位工程，75 个分部工程，共 1633 个单元工程。工程实施过程中因发生设计变更，建设处组织各单位对项目划分进行了局部调整。调整后徐州市铜山段黄河故道干河治理工程共分为 A 标段、B 标段、二期标段 3 个单位工程，12 个子单位工程 74 个分部工程，1518 个单元工程。具体为：A 标段划分 5 个子单位工程，29 个分部工程（含 1 个检查项目跌水及水保分部工程），其中主要分部为 6 个，530 个单元工程（含 32 个检查项目跌水及水保分部工程单元工程），重要隐蔽及关键部位单元工程为 42 个。B 标段划分为 4 个子单位工程，22 个分部工程（含 1 个检查项目跌水及水保分部工程），564 个单元工程（含 16 个检查项目跌水及水保分部的单元工程），其中主要分部为 3 个，重要隐蔽及关键部位单元工程为 19 个；下游二期标段划分为 3 个子单位工程，23 个分部工程（含 1 个检查项目跌水及水保分部工程），424 个单元工程（含 6 个检查项目跌水及水保分部的单元工程），其中主要分部为 3 个，重要隐蔽及关键部位单元工程为 31 个。

经施工单位自评、监理单位复核、项目法人认定基础，经质量监督部门核定，各单位工程等级核定为：A 标段单位工程共划分为 29 个分部，全部合格，其中优良 13 个，优良率 44.8%，主要分部工程 6 个，优良 6 个，优良率 100%，外观质量优良，单位工程质量等级合格；B 标段单位工程共划分为 22 个分部，全部合格，其中优良 10 个，优良率 45.5%，主要分部工程 3 个，优良 3 个，优良率 100%，外观质量优良，单位工程质量等级合格；下游二期标段单位工程共划分为 23 个分部，全部合格，其中优良 7 个，优良率 30.4%，主要分部工程 3 个，优良 3 个，优良率 100%，外观质量合格，单位工程质量等级合格。工程项目质量等级核定，共涉及 3 个单位工程，质量全部合格，于 2015 年 2 月 10 日通过投入使用验收。

2015 年 1 月，新黄大沟拓浚工程建成，共完成河道开挖土方 178.42 万立方米，土方回填 25.7 万立方米，混凝土 6.18 万立方米，钢筋 3620.17 吨。工程投资 15791 万元，其中，省级补助 11054 万元，铜山区配套 4737 万元。

3. 睢宁县中泓贯通工程纪实

黄河故道横穿睢宁县北部，西接铜山区温庄，东至宿迁市宿豫区朱海，经双沟、王集、姚集、古邳、魏集 5 个镇，流域面积 226.3 平方公里，长 69.5 公里。截至 2013 年，由睢宁县自筹资金和国家中小河流治理政策已经完成治理外，从 2013 年 1 月开始，黄河故道中泓贯通工程在睢宁县境内展开。

古黄河二号桥至峰山闸段——

黄河故道古黄河二号桥至峰山闸段在睢宁境内长 3.24 公里。

该段中泓贯通工程由徐州市发改委以徐发改行政许可服务审字〔2012〕157 号文批准建设，徐州市水利局以徐水计〔2013〕11 号文下达了工程预算，核定工程总投资 1587.7 万元（不含拆迁补偿费）。其中，市级补助 1111.4 万元，县配套 476.3 万元。

2013 年 1 月 18 日，黄河故道古黄河二号桥至峰山闸段中泓贯通工程开工。河道按排涝十年一遇设计，河底宽 70 米，河底高程 28 米，河坡 1:4，滩面宽 10 米。吴行和张宋 2 座生产桥，均为 8 孔 13 米钢筋混凝土板桥，桥面宽 5.5 米，钢筋混凝土预制板桥面，钢筋混凝土灌注桩基础。马庄、张楼、峰山、吴杭、苏山、赵行等 6 座涵洞和吴前中沟涵洞，洞身均为钢筋砼结构，单孔，断面为 1.5×2 米箱涵。采用铸铁闸门，配 50kN 螺杆启闭机。温宋大沟和吴行北两座跌水均为敞开式。

古黄河二号桥至峰山闸段中泓贯通，共 4 个单位工程，21 个分部工程，322 个单元工程，全部完成。其中，20 个分部工程(1 个撒草籽分部工程为检查项目)，质量初评合格；314 个单元工程，质量初评合格；混凝土拌和物优良；4 个单位工程，质量初评等级为合格。

2013 年 8 月 15 日，黄河故道古黄河二号桥至峰山闸段中泓贯通工程全面建成，完成疏浚河道 3.24 公里，拆除重建生产桥 2 座、涵洞 7 处、跌水 2 处；土方开挖 59 万方、土方回填 2.5 万方、混凝土 2829.6 方、浆砌石 1890 方、钢筋 178 吨。

峰山闸至徐洪河段——

黄河故道峰山闸至徐洪河段中泓贯通工程，于 2013 年 11 月 19 日，睢宁县发改委与水利局联合以睢发改经济委〔2013〕127 号、睢水〔2013〕273 号文，向徐州市发改委、水利局上报可行性研究报告。徐州市发改委以徐发改农经〔2013〕398 号文上报江苏省发改委。2014 年 1 月 29 日，江苏省发改委以苏发改农经发〔2014〕147 号文批复。

2014 年 3 月 12 日，睢宁县委、县政府召开黄河故道干河治理工程动员大会；成立黄河故道干河治理工程指挥部；建设处与各施工单位及监理单位签订合同。同日，睢宁县发改委以睢发改经济委〔2014〕19 号文上报徐州市发改委初步设计报告；徐州市发改委以徐发改农经〔2014〕74 号文上报江苏省发改委。

3 月 19 日，黄河故道中泓贯通工程指挥、县长贾兴民召开黄河故道干河治理工程协调会，安排工程建设任务。4 月 2 日，江苏省发改委以苏发改农经发〔2014〕308 号文批复睢宁县黄河故道干河治理工程初步设计，治理范围，为黄河故道峰山闸至房湾桥、黄河西闸至徐洪河段总长 41.63 公里干河治理；标准为河道设计排涝标准十年一遇，灌溉保证率 80%，沿线薄弱段及缺口段防洪大堤按二十年一遇防洪标准进行加固。主要建设内容：开挖土方 1400 万方，配套建筑物工程 82 座。其中，新建滚水坝 1 座，加固峰山闸 1 座，新建峰山补水站 1 座，拆建灌溉泵站 8 座，拆建桥梁 11 座、加固 4 座，配套穿堤涵洞 56 座。批复工程概算总投资 5.16 亿元。其中，工程部分 3.73 亿元，征迁部分 1.43 亿元，省级补助 70% 共 3.61 亿元，市县配套 30% 共 1.55 亿元。

黄河故道峰山闸至徐洪河段中泓贯通工程分三期组织实施，共划分 6 个施工标段。一期工程，峰山闸至刘集桥 16.9 公里；二期工程，刘集桥至黄河东闸段 10 公里；三期工程，黄河东闸至徐洪河段 14.7 公里。

峰山闸至黄河东闸段——

2014 年 3 月 20 日和 9 月 20 日，一、二期工程先后开工。黄河故道峰山闸至黄河东闸段长 26.9 公里，工程分两期，一期峰山闸至刘集桥 16.9 公里；二期刘集桥至黄河东闸段 10 公里。

一期工程：疏浚峰山闸至刘集桥段河道 16.9 公里，拆建桥梁 5 座，加固桥梁 1 座，拆建涵洞 15 座，加固涵洞 10 座、电灌站 2 座，峰山闸下游加固。

二期工程：疏浚刘集桥至黄河东闸段河道 10 公里，拆建桥梁 3 座，加固桥梁 2 座，拆建涵洞 7 座、电灌站 1 座，新建峰山站 1 座，清水畔水库引河防护。

河道设计标准：峰山闸至房湾桥 25 公里，中泓河底宽 80 米，底高程 25 米，边坡 1:4。其中，刘庄桥至房湾桥段长 3.8 公里，结合房湾湿地工程，规划建设房湾蓄水工程，将此段开挖成复式断面，设计标准为：中泓河底宽 80 米，底高程 25 米，边坡 1:4。中泓两侧向外各扩挖 100 米浅滩，设计高程 27 米，使本段水面总宽度达到 300 米。黄河西闸至黄河东闸 1.9 公里，中泓河底宽 100 米，底高程 25 米，边坡 1:4。中泓两侧向外各扩挖 75 米浅滩，高程 27 米，使本段水面总宽度达到 280 米。建筑物设计标准：桥梁，为板梁结构，桥面宽 5.5 米，钢筋砼预制板桥面，钻孔灌注桩基础；涵洞：均为钢筋砼箱涵结构，单孔，洞身断面为 1.5×1.5 米、1.5×2.0 米、2.0×1.5 米，2×2 米等几种型式。采用铸铁闸门，配手动螺杆启闭机；电灌站工程：单台 300HW 或 350HW 混流泵。

在实际施工过程中，黄河故道中泓贯通工程峰山闸至黄河东闸段，需增加、核减和调整部分内容：

一是需核减的建设内容。一期工程中批复的拆建冯庄站（21+430），由于河道扩挖，灌溉面积减少，产业结构调整，且该站早已废弃。二期工程中批复拆建的王塘桥（桩号40+270），由于其处于房湾湿地内，不需要再建生产桥，而且其与房湾湿地整体规划不符。二期工程中批复的拆建象山西涵洞（东0+500），为灌溉站引河上的过路涵洞，两闸间扩挖后，灌溉站可直接抽河水灌溉，引河和涵洞作用消失。

二是需增加的建设内容。二期工程中的房湾湿地扩挖后，面积大大增加，扩挖影响范围增大，原来不受影响的陆庄涵洞和房湾涵洞须拆除重建。

三是需调整的建设内容。二期工程中的峰山站，功能为向峰山闸上游补水，原址在峰山闸西侧，距峰山闸较近。为最大化发挥此站功能，解决峰山闸东侧农田灌溉问题，将此站站址调整到峰山闸东侧并预留一出水口门，不仅解决了上游补水问题，而且有利于以后峰山闸东侧的农田灌溉。另外，原址面积小，不利于站址布置，且距峰山闸较近，影响以后峰山闸的拆建。二期工程中刘庄桥至房湾桥段3.8公里，原批复设计标准为：中泓河底宽80米，底高程25米，边坡1:4。中泓两侧向外各扩挖100米浅滩，设计高程27米。为建设房湾湿地工程，结合房湾蓄水工程，此段中泓两侧由向外各扩挖100米调整为向外扩挖100~300米浅滩，设计高程调整为27.8米。黄河西闸至黄河东闸段1.9公里，原批复设计标准为：中泓河底宽100米，底高程25米，边坡1:4。中泓两侧向外各扩挖75米浅滩，设计高程27米。结合两闸间湿地建设，调整为：中泓两侧向外各扩挖40~80米浅滩，高程调整为27.5~27.8米。

黄河故道峰山闸至黄河东闸段，批复投资约3.16亿元。主要工程量，共完成土方882万立方米，混凝土33253立方米。

该段中泓贯通工程，共划分A、B、C、D四个标段，分为4个单位工程，36个子单位工程，151个分部工程，1347个单元工程，经验收全部合格。施工中未发生重大质量事故，原材料质量合格，混凝土拌和物质量合格。

黄河东闸至徐洪河段——

黄河东闸至徐洪河段的建设任务，是对14.5公里干河拓宽浚深，以增加河槽蓄水量。河道设计排涝标准为十年一遇，灌溉保证率80%，沿线薄弱段及缺口段防洪大堤按二十年一遇防洪标准进行加固。开挖黄河东闸至徐洪河段土方约500万立方米，沿线配套建筑物34座，其中新建滚水坝1座，拆建灌溉泵站5座，拆建桥梁3座，配套穿堤涵洞25座。根据国家有关规范及标准等规定，确定中泓子堤及沿线建筑物级别为4级，其中张庄滚水坝主要建筑物级别为3级，设计洪水标准二十年一遇。

2014年12月20日，黄河东闸至徐洪河段中泓贯通工程开工。工程分为 E、F 两个施工标段和一个监理标段。河道工程采取挖掘机接力开挖、整坡、整堰、整滩面，同时分段采用泥浆泵配合施工，河道明水采用集中排除，雨水、渗水采取集中与分散相结合排除。涵洞和跌水工程，在河道土方基本完成后进行，先施工河坡段，再施工平直段和上游段。集水沟和跌水槽工程，土方压实后采用机械开槽，人工配合机械浇筑混凝土。

黄河东闸至张庄滚水坝（新建）12.5 公里河道，规划中泓河底宽 80 米，底高程 24~23 米，边坡 1:4。张庄滚水坝至徐洪河 2 公里，规划中泓河底宽 50 米，底高程 16 米，边坡 1:4。涵洞，均为钢筋砼箱涵结构，单孔，洞身断面为 1.5×1.5、1.5×2.0 米、2.0×1.5 米、2×2 米等几种型式。采用铸铁闸门，配手动螺杆启闭机；桥梁，为板梁结构，8 跨 13 米，桥面净宽 4.5 米，钢筋砼预制板桥面，钻孔灌注桩基础；电灌站工程：单台 300HW-4S 混流泵，配 Y180L-6 电机一台。

在实际施工过程中，需增加、核减和调整部分建设内容：原批复拆建五工头涵洞（东 11+030）为灌溉站引河上的过路涵洞，目前该电灌站已废弃，涵洞失去作用；双河大堤加固时，发现双河涵洞损坏严重，大堤加固后其极易成为新的安全隐患，故增加拆建该涵洞；桩号东 9+660 左岸处黄河北涵洞，需拆除重建；张庄滚水坝至徐洪河口段新建护砌工程（总长 4000 米），由于睢宁县规划在此河段建设码头（长 600 米），护砌方案需做部分调整，原混凝土护坡变更为直立式挡墙护岸。

黄河东闸至徐洪河中泓贯通工程，共划分 E、F 两个标段，分为 2 个单位工程，16 个子单位工程，73 个分部工程，1354 个单元工程。经评定全部合格，施工中未发生重大质量事故，原材料质量合格，砼混凝土拌和物质量合格。

2015 年 12 月底，黄河东闸至徐洪河段中泓贯通工程建成。完成主要工程量，E 标段：土方开挖 238.1 万立方米；土方填筑 7.7 万立方米；混凝土及钢筋混凝土 1.6 万立方米；钢筋制作及安装 753.7 吨；钢绞线 14.13 吨，铸铁闸门及螺杆式启闭机安装 19 台套；水泵电机 5 台套。F 标段：河道土方开挖 312.4 万立方米；建筑物土方开挖 25.6 万立方米；土方回填 6.1 万立方米；混凝土 2.96 万立方米；钢筋 873 吨；铸铁闸门及螺杆式启闭机安装 6 台套。完成批复投资约 2 亿元。

梯级控制和补水工程——

新建张庄滚水坝：张庄滚水坝，位于睢宁县境内黄河故道干河上，距徐洪河 2 公里处，为黄河故道睢宁段控制工程之一，是控制黄河东闸下游水位，具有蓄水灌溉、交通等综合性功能，也是睢宁县黄河故道干河治理工程单体投资量最大的建筑物，批复概算投资 2322 万元。工程于 2015 年 3 月开工，2015 年 12 月底完工。

张庄滚水坝采用上下坝两级布置，一级坝进口段长 50 米，设钢筋混凝土翼墙、护底，控制段采用钢筋混凝土结构，坝长 76 米，设计坝高 3.5 米，坝顶高程 26.5 米，坝后设消力池；二级坝设计坝高 2 米，坝顶高程 22 米，坝上设交通桥 1 座，桥面净宽 4.5 米，滚水坝顺河道方向总长 151 米。

黄河东闸除险加固：黄河东闸，位于睢宁县古邳镇的黄河干河上，建成于 1967 年，最大设计流量 160 立方米每秒，共 8 孔，单孔净宽 4.4 米，闸顶高程 31 米，底板面高程 27 米。该闸既为黄河故道中段梯级控制闸，又是庆安水库的溢洪闸，主要承担黄河故道上游来水，控制古邳抽水站进入庆安水库。工程自建成投入运行以来，日趋老化，防渗范围内地基液化土层不满足抗震规范要求；闸室、上下游翼墙基础地基应力不均匀系数、抗滑稳定安全系数不满足规范要求；闸室主体结构、上下游翼墙墩均为浆砌石结构，整体性差，不利于抗震；水闸闸墩、底板、工作桥排架柱、交通桥排架柱混凝土构件强度较低，不满足规范要求；消力池、海漫、护坡冲刷毁坏严重；启闭机老化，管理和观测设施缺乏。经工程安全鉴定，并报水利部大坝安全管理中心核查，认定该闸为四类闸。为消除隐患，确保工程安全运行，根据《全国大中型病险水闸除险加固总体方案》，黄河东闸须拆除重建。

2013 年 8 月 5 日，苏发改农经发〔2013〕1183 号文批复黄河东闸除险加固，规模为原址新建 5 孔节制闸，单孔净宽 5 米，底板面高程 26.5 米，设计标准二十年一遇排涝流量 105 立方米每秒，百年一遇行洪流量 160 立方米每秒。2014 年 7 月 11 日，徐州市水利局以徐水计〔2014〕82 号文转发 2014 年 7 月 1 日江苏省水利厅〔2014〕69 号文《省水利厅关于睢宁县黄河东闸除险加固工程设计变更的批复》，同意黄河东闸进行扩大规模设计变更，二十年一遇设计流量扩大至 177 立方米每秒，百年一遇校核流量扩大至 351 立方米每秒。工程等别为Ⅲ等，主要建筑物级别为 3 级，次要建筑物 4 级，临时建筑物为 5 级；闸上公路桥荷载设计标准为公路Ⅱ级。批复核定工程初步设计概算投资为 2117 万元，其中省级以上补助 1482 万元，市自筹 635 万。

2014 年 11 月 15 日，黄河东闸除险加固工程开工。新闸在原址拆除重建，设计为 7 孔，每孔净宽 5 米，总净宽 35 米，开敞式水闸，闸室底板分缝，共三联，两侧均为两孔一联，中间为三孔一联，底板高程为 25.5 米，闸墩顶高程为 31.8 米，底板顺水流方向长 14 米，边墩厚 1 米，中墩厚 1 米，缝墩厚 0.7 米。工作桥为钢筋砼Ⅱ型结构，由钢筋砼排架支撑，工作桥桥面高程 38.8 米，桥面宽 4.6 米，桥面设启闭机房。上游采用 40 厘米厚 15 米长钢筋防渗混凝土铺盖，接 20 米长素混凝土护底，两侧翼墙采用钢筋混凝土扶壁式，接素混凝土护坡。下游消力池池底高程 24 米，池长 24 米，消力池底板厚 0.8 米，两侧采用钢筋砼扶壁式翼墙，与下游河道连接。海漫长 60 米，每节 15 米，素混凝土结构，海漫设 6 米长块石防冲槽。防冲槽以外护砌弯道边坡。主闸门采用 5.12×4.8 米平面钢闸门，配 QP-2×80kN-8 米卷扬式启闭机，共 7 台套，配检修钢闸门一套，采用浮箱叠梁闸门，共 4 块。

2015 年 5 月 24 日，完成水下阶段工程，完成主要工程量：老闸拆除，水泥搅拌桩 6243 立方米，土方开挖 65800 立方米，土方回填 36300 立方米，混凝土 7100 立方米，钢筋 385 吨，沥青 46 吨，抛石 703 立方米，砂石垫层 1903 立方米，闸门及启闭机 7 台套。黄河东闸除险加固工程分 1 个单位工程，12 个分部工程，185 个单元工程。验收合格率为 100%。

古邳泵站更新改造：古邳泵站，由古邳东、西两站组成，位于睢宁县古邳镇，坐落在古邳引河上，抽取民便河水通过黄河故道向庆安水库补水并沿黄河故道向西送水，主要承担睢宁县古邳灌区防洪排涝和保证 32.9 万亩农田灌溉。该站建于 1969 年，经常年运行，工程建筑物破损，机泵台数多，运行能耗高，机电设备失修、破坏严重，金属结构锈蚀、变形，不能满足安全运行要求。2009 年 12 月 31 日，江苏省水利厅召开古邳泵站安全鉴定会，根据《泵站安全鉴定规程》（SL 316-2004），评定建筑物安全类别为三类，机电设备安全类别为四类，金属结构安全类别为四类，综合评定该站安全类别为三类。

为提高睢宁县古邳灌区防洪排涝标准，保证 32.9 万亩农田灌溉，保障该地区国民经济可持续发展，2010 年 6 月，睢宁县水利局委托徐州市水利建筑设计研究院编制《睢宁县古邳泵站更新改造工程可行性研究报告》。2012 年 7 月 31 日，江苏省发展和改革委员会、水利厅以苏发改农经发〔2012〕1145 号文下达《关于睢宁县古邳泵站更新改造工程可行性研究报告的批复》。同年 12 月，初步设计修订本形成并上报省水利厅。

2013 年 2 月 5 日，江苏省发展改革委、水利厅以苏发改农经发〔2013〕244 号文《关于睢宁县古邳泵站更新改造工程初步设计的批复》，批准古邳泵站更新改造工程古邳站单位工程，核定工程总投资 4155 万元。其中，省级以上投资 2909 万元，市县配套 1246 万元。

2014 年 10 月 10 日，在原址拆除重建古邳站。工程按防洪标准二十年一遇，改造完成后，灌溉保证率可达 75%。工程等别为Ⅲ等，主要建筑物级别为 3 级，次要建筑物为 4 级，临时工程为 5 级。古邳站设计流量 29.0 立方米每秒，装机 5 台套，总装机功率 3550 千瓦。工程按基本地震烈度 8 度设防。工程主要建设：拆除一号、二号、三号泵房，在二号、三号泵房处新建设计流量为 29 立方米每秒的泵站一座；原址拆建出水闸；对泵站出水闸间出水渠进行疏浚。

古邳泵站更新改造工程总工期 16 个月。按照江苏省发展改革委、水利厅《关于睢宁县古邳泵站更新改造工程初步设计的批复》，完成主要工程量：土方开挖 5.36 万立方米；土方回填 3.23 万立方米；砂石垫层 1090 立方米。现浇混凝土及钢筋混凝土 9985 立方米；钢筋 575.1 吨。主变压器（S11-5000kVA)）购置安装 1 台套；站变压器（SCB10-160kVA)）购置安装 1 台套；1400HD-9 型导叶混流泵购置安装 5 台套，电机 YL710-20，功率 710kW 购置安装 5 台套；LQ-2×50kN 螺杆式启闭机购置安装 3 台套；平板钢闸门（4.63×4.3 米）购置安装 3 扇；清污机 5 台套。

古邳泵站更新改造工程的质量监督，由徐州市水利工程质量监督站承担。工程划分为 1 个单位工程，2 个子单位工程，23 个分部工程，270 个单元工程。经施工单位自评、监理部复评，评定结果全部合格，其中有的还被评为优良等级。

古邳泵站的更新改造，提高了黄河故道干河的防洪、排涝、蓄水灌溉能力，增加蓄水 1500 万立方米，改善灌溉面积 31.08 万亩，提高了河道排涝标准和大堤防洪标准；并且，改善了该区域的水环境质量，打造了生态河道，美化了环境，带来良好的社会效益。

就质量管理而言，睢宁县在工程建设过程中始终坚持"百年大计，质量第一"的方针，按各自承担的质量责任，加强质量管理。工程完成，坚持评定标准，按评定程序进行了质量评定验收，全部合格。

四、中泓贯通的良性反应

"工程效益"之外，是巨大的社会效益。

通过中泓贯通工程的建设，黄河水质显著提高，两岸水环境、水生态明显改善，这对满足人民群众对良好生态环境的期待、形成人水和谐发展新格局，具有重要意义。

黄河故道中泓贯通工程的率先实施，为交通、绿化、农业、旅游等设施建设提供了丰富的土源，成为黄河故道综合开发项目的基础保障和有力抓手。工程建设为沿河观光路建设、河道两岸景观绿化提供了土源，迅速带动各项工程的启动实施。

本书甚至将黄河故道中泓贯通工程视为黄河故道"综合开发的便车"，搭上"中泓便车"，则无不利，无不通，无不成！

第一个"搭便车"的，是黄河故道沿线公路。

如沛县大沙河中泓开挖，一期工程治理河道长 5 公里，加固堤防 10 公里；二期工程治理河道长 27.6 公里，加固堤防 55.2 公里。这两边 65.2 公里的河堤，就是最好的路基。沛县沿大沙河西大堤修建堤顶二级公路 33.24 公里，设计标准路基 10 米，路面宽 8.5 米，2016 年 6 月建成通车。沛县大沙河西堤公路建成后与沛丰路、杨欢路、龙河路相连接，形成了沛县西部地区"井"字形交通框架。从 2015 年开始，沛县又对大沙河沿岸 14 条、66.5 公里农村公路进行了提档升级，改造危桥 9 座；2016 年又对 84.5 公里乡村公路进行提档升级，改建危桥 19 座。

沛县城乡的公路，因大沙河的中泓贯通而网络四通。

从徐州市区经铜山而到达丰县南部的公路，则沿黄河故道新堤、新黄大沟大堤、大沙河一路无阻，将徐州市区、铜山区、丰县、沛县紧紧相连。

其中的黄河故道公路铜山段工程是徐州市黄河故道综合开发工程的重要项目，该路段西起铜山区与丰县交界处，向东经葛庄村西、经马行村后转

向东经朱窑村，在王月铺村南转向东北方向，沿新黄大沟北岸布设，在王岗集村南侧转向南，途经杜楼、新庄、西杨庄、孙楼、张安、丁孟庄，在张庄南转路线转向东，沿线分别与徐沛铁路、疏港公路、京台高速公路、铜山区 209 县道交叉，途经何桥、黄集、刘集、大彭 4 个镇，终点止于铜山区与泉山区交界。路线全长 38.2 公里，道路等级为二级公路，路基宽度 10 米，路面宽 8.5 米，双向两车道，沥青混凝土路面，设计时速 60 千米。其中，下穿京沪高速和郑徐高铁，大桥 1 座，中小桥梁 10 座，总造价约 3 亿元。该路段 2016 年国庆节建成，沿线分别与徐沛铁路、机场铁路专用线、疏港公路、京台高速、209 县道交叉。

该路段西端，则连接着丰县段黄河故道北大堤新路，直通"二坝湿地"，并与丰县大沙河西大堤公路、沛县大沙河西大堤公路相连，构成由徐州城区绕行黄河故道、大沙河并抵达丰县东部、沛县西部、北部的观光通道。

黄河故道沿线公路铜山段建成后，与2014年建设的黄河故道东段工程一脉相通，遥相呼应，共同组成铜山区黄河故道旅游观光网。

在徐州市区以东，启动了从新城区六堡桥东到252省道全长36公里的黄河故道景观提升工程。工程实施后，市民可从新城区顺堤河北侧的新安路一路朝东，过新元大道后转入吕梁快速通道，一路前行抵达观音机场东侧的252省道，沿岸可欣赏到带有浓郁特色的乡村风景。

另324省道徐州东段工程作为省委、省政府提出的黄河故道二次开发道路建设的一部分，作为徐州市、睢宁县"三重一大"重点工程，也于2015年开工。该工程东起徐州宿迁市界，西至睢宁铜山界，路线全长54.352千米，均为新建，全线采用二级公路标准，设计时速80千米，路基宽15米，路线宽12米，桥涵汽车荷载为公路I级。项目估算投资8.7亿元。

此前，江苏省国土资源厅于2013年12月21日发布了《江苏省国土资源厅关于324省道徐州东段工程项目用地的预审意见》。该意见以全长约58公里，按二级公路标准建设等因素为据，同意公路建设征用睢宁县魏集镇、古邳镇、姚集镇、王集镇、双沟镇及铜山区房村镇土地，且控制在179.5093公顷以内。

324省道徐州东段公路一期工程起于251省道睢邳公路，止于睢宁铜山界，全长33.244公里，于2015年开工建设，当年完成22余公里的路基施工，同时进行水稳基层施工。施工单位为盐城市路桥建设工程有限公司。全线设跨故黄河大桥3座，涵洞66道。朱湾黄河故道大桥位于睢宁县姚集镇朱湾村西侧，大桥全长231.4米，宽15米，桥梁跨径组合为9×25米的装配式部分预应力混凝土组合箱梁，总投资约976万元，预计2017年7月建成。

其二期工程于2016年4月8日启动，该段起自徐州市与宿迁市交界处，接324省道宿迁段，向北经魏集镇王春圩村、王马路村，跨过徐洪河后，沿黄河故道南侧河堤向西，与203县道平交后，与251省道交叉，接在建的324省道睢宁段的西段一期工程，路线长度21.129千米。全线除了道路还包括4座桥梁建设任务，其中大桥1座、中桥3座。

该公路预计2017年建成。建成后的324省道徐州市东段将成为西起徐州市区，横贯铜山，东连睢宁县北部地区的故黄河观光大道，直接服务于黄河故道综合开发，对提升沿线镇村的农业生产、农民生活、观光旅游、商贸物流，都会起到重要的支撑作用。

第二个"搭便车"的是农业开发、旅游开发。

大沙河治理后，大沙河穿境而过的沛县鹿楼、安国、龙固三镇，数万亩沙河滩面的土地流转全部完成，星罗棋布的新品水果采摘园、精品瓜菜示范园、新型水产科技园开始建设，沿线各镇均在打造着各自的产业亮点。

沛县安国镇，大沙河穿境10余公里。境内4000亩沙河滩面已全部栽植上果树；两岸规划建设了5万亩生态西瓜种植园和8大家庭农场。他们的目标是铸精品、上规模，把大沙河沿岸打造成绿色长廊、瓜果长廊和生态长廊。

沛县鹿楼镇，在大沙河滩面建设了三个2000亩精品园，引进避雨栽培、大棚温室栽培等新技术，发展高产、避时优质果，打造沿沙河滩面高标准农业精品园区。

依托黄河故道中泓贯通工程，丰县、铜山、睢宁等地先后建成了黄河故道二坝湿地公园、吕梁山旅游风景区、吕梁观光苗圃基地、红杉树农业生态园、徐州观音生态农庄、双沟镇千亩石榴园、古邳镇千亩银杏园、房湾生态湿地、黄河东西闸湿地等景观带，故道沿线景观质量亦大幅度提升。一条具有徐州特色的黄河故道生态环境廊道，正在提速建设。

丰县实施的大沙河综合整治工程后，最宽的地方拓宽到470米，将增加蓄水量1000万立方米，除改善85.7万亩农田的灌溉条件外，还可满足日供20万吨生活用水和30万吨工业用水水源的要求。

黄河故道中泓的贯通促进了徐州市黄河沿线风光带的建设，黄河故道正在变成徐州市的一条景观河道，进而实现了故道开发的"水安全保障、水环境清新、水景观优美、水文化丰富和水经济活跃"的目标，为居民提供了一个巨大的休闲、健身、娱乐场所。

第四节 九区十四园，一带谱新篇

——黄河故道综合开发中的县区画面

徐州市在推进黄河故道二次综合开发过程中，坚持水利、交通、农业、生态、文化旅游、扶贫、土地综合整治"七位一体"，扎实推进中泓贯通、道路畅通、土地整治、农业提升、生态建设、环境整治、文化旅游、扶贫开发、城乡用地统筹等"九项工程"，努力在全省率先走出一条具有徐州特色的黄河故道综合开发新路子。

其"九项工程"中的"农业提升"工程，又表述为"一带""九区""十四园"。"一带"，即黄河故道沿线现代农业示范带；"九区"，即两个优质粮食、两个优质蔬菜、四个优质林果和一个优质水产示范区；"十四园"，即在黄河故道综合开发规划区域内，凡没有安排示范区建设的 14 个镇，原则上每个镇建设一个示范园。

经四年开发，徐州市基本完成了黄河故道开发规划所规定的任务。考虑到徐州市黄河故道综合开发工程大都是在县区展开的，因而本章前三节内容皆属"县区工程"。之所以单列一节，目的还是为了凸显县、区党政领导及县区水利、交通、农业开发、环保等职能部门在黄河故道开发中的作为。

另外，需要申明的是，本节文字为了避免与本章前三节内容重复，特将重点放在各县区水利工程或交通工程的"指标性"概述方面。而本节的标题，则借用"九大工程"之"农业提升工程"中"一带、九区、十四园"的描述，内容则仅仅能与"九区十四园"呼应，而做不到"一一呼应"。

一、丰县干河治理的"一盘大棋"

黄河故道从丰县进入徐州市境，丰县处在徐州黄河故道的"龙头"位置。因而，丰县黄河故道综合开发的经验或教训都将直接影响到全市的开发进程。

在黄河故道开发的历史上，丰县一直走在全市之前，如对大沙河的治理，对大沙河沿岸飞沙地的治理及大沙河果园的建立等，他们都起到先行一步，创造经验的作用。同样，在二次综合开发过程中，丰县又是最先启动，最早为全市提供了中泓贯通、园区建设、新农村建设的经验。

黄河故道干河从丰县南境流过，大沙河则从其南境向东北流去，这两条河流经了丰县范楼、梁寨、华山、大沙河、宋楼、王沟等六个镇，土地总面积 97.76 万亩，其中耕地及果园面积 70.33 万亩。

本节仅仅从黄河故道干河治理（中泓贯通工程）这一个侧面，来展示丰县在黄河故道二次综合开发中的务实精神、谨严作风。

丰县段黄河故道干河，指的就是"黄河故道丰县段"。该段西自丰县大沙河镇二坝起，曲折东南行，至丰铜边界全长 26.5 千米，黄河故道南岸即安徽萧县新庄镇辖区。丰铜边界付庄闸以上总流域面积 166.405 平方公里。

治理之前，该地区地势高亢，水利基础设施薄弱，缺少灌溉水源；中泓断面狭窄，淤积严重，排水不畅，特别是位于安徽境内插花地段中泓基本淤平；沿线灌排建筑物、桥梁破损严重。按照先急后缓原则，丰县于2013 年先期实施了十姓庄西至丰铜边界 6.5 千米中泓拓浚，并新建了付庄闸梯级控制，此过程初步改善了两岸农田灌排条件。

根据省、市关于徐州境内黄河故道中泓贯通工程的意见精神，丰县结合本县水利发展实际情况，计划按底宽10~50米开挖疏浚黄河故道中泓，河底高程38.5~40.0米，并按二十年一遇防洪水位修筑防洪子堤，新建付庄闸、腰里王闸两级梯级控制工程，改建沿线建筑物，工程总投资2.74亿元。

2013年，丰县先期实施了黄河故道丰铜边界至范楼镇十姓庄段6.5公里中泓贯通工程。工程总投资约3061万元，主要建设内容一是河道堤防工程，按照排涝十年一遇、防洪二十年一遇的标准开挖黄河故道十姓庄西至丰铜边界6.5千米河道，新建付庄节制闸、付庄穿堤涵闸、程庄穿堤涵闸、十姓庄穿堤涵闸和拆建果园桥等。该工程于3月初全面开工，7月初完成河槽土方和建筑物水下工程并通过市水利局组织的阶段验收，目前工程已全部完成。工程完成后，可增加蓄水量100多万立方米，改善范楼镇2万多亩农田灌溉和排涝条件，具有良好的社会经济效益。

2014年，丰县全面完成二坝至十姓庄西段20公里的河道治理工程，共开挖土方368万立方米，加固、拆建、新建跨河桥梁14座，新建跨河闸1座、沟口涵闸15座、补水泵站2座，总投资2.43亿元。工程于2014年2月底开工建设，2015年1月底通过水下工程验收，目前已基本完成。

黄河故道中泓贯通工程完成后，可改善黄河故道两岸100平方公里防洪除涝和范楼、梁寨、大沙河三镇13万亩农田灌溉条件，为下一步交通、文化旅游、农业综合开发等提供有力的水资源和水生态保障。

（一）立项及建设的文件批复

2014年1月29日，江苏省发改委以苏发改农经发〔2014〕148号文批复《丰县段黄河故道干河治理工程可行性研究报告》，工程估算投资25165万元，其中省级补助70%，其余由市县自筹。

2014年4月2日，江苏省发改委以苏发改农经发〔2014〕310号文批复《黄河故道丰县段干河治理工程初步设计报告》，工程估算投资24349万元，其中省级补助70%，其余由市县自筹。

根据省市有关精神，丰县将本县段黄河故道干河治理工程分作两段进行了提办，分别批复如下：

2014 年 1 月

30 日徐州市发改委以徐发改行政许可服务审字〔2014〕19 号文批复了《黄河故道二坝至双庙段工程实施方案》，工程概算总投资 15775.17 万元。

2014 年 2 月 19 日徐州市发改委以徐发改行政许可服务审字〔2014〕30 号文批复了《双庙至十姓庄段实施方案》，工程概算总投资 9373.29 万元。

（二）工程设计标准及建设内容

设计标准：本次治理对黄河故道中泓进行了扩挖浚深，满足该地区十年一遇排涝要求和二十年一遇防洪标准，同时新建梯级控制拦河闸、补水泵站，提高引蓄水能力，满足该地区 80% 灌溉保证率用水要求。干河中泓二坝至十姓庄西段设计河底宽 10~30 米，河底高程为 38.5~40 米，其中桩号 2+800~12+200 及 13+920~16+960 段在水位变化区采用砼挡墙护岸。工程等别为Ⅳ等，主要建筑物为 4 级，次要建筑物为 5 级。

主要建设内容：整治二坝（桩号 0-550）至十姓庄西段（桩号 19+970）河道 19.98 千米（其中平地开河 12.61 千米，拓浚河道 7.37 千米），新建防护工程 24.8 千米，新建梯级建筑物 1 座，新（拆）建补水泵站 2 座（含疏浚输水渠道 6.9 千米），新建穿丰黄公路桥（涵）1 座，新建沿线沟口涵闸 15 座，新建、拆建跨河桥梁 14 座，水土保持工程等。

（三）主要技术特征指标

1. 干河开挖疏浚：按照十年一遇排涝标准扩挖、清淤丰县境内黄河故道，总长度 19.98 千米。黄河故道干河设计河底高程 38.5~40 米，底宽 10~30 米，边坡 1:4，桩号 2+800~12+200 新开河段和桩号 13+940~16+920 太阳能发电基地河段两岸新建砼挡墙护岸，总长度 24.8 千米。

2. 沿线跨河桥梁：沿线新建跨河桥梁 14 座，均采用板梁桥结构，桥跨有 3×10 米跨、5×10 米跨、7×10 米跨三类，桥面宽均为净 4.5+2×0.5 米，荷载标准均为公路 – Ⅱ级折减。新建丰黄公路涵采用钢筋砼箱涵结构，涵洞底板顶高程 40 米，洞身长 135 米，设计孔径为 1 孔 8×5.3 米。上游设置 12 米长铺盖，下游设置 12 米长铺盖；上、下游两侧采用挡土墙与河坡衔接。

3. 沿线沟口涵闸：本次治理共新建沿线 15 座沟口涵闸。涵洞结构型式均为预制钢筋砼管涵，上游护底采用现浇砼护底，涵洞入口两侧采用重力式挡土墙与河道混凝土挡墙衔接；下游采用现浇砼护底护坡，涵洞出口两侧采用重力式挡土墙。

4. 水源工程：新建秦庄、腰里王两座补水泵站，疏浚输水渠道 6.9 千米（其中腰里王中沟 1.9 千米，秦庄中沟 5 千米）。秦庄站采用分基型结构，安装 500HW-6.5 蜗壳式混流泵 4 台套，配 75kW 电机，总装机容量 300kW，设计抽水能力 2.5 立方米每秒。腰里王站工程采用涵站结合的型式，泵站和自排、机排涵洞合成一体，安装 2 台 700ZLB-100 立式轴流泵，配套 80kW 电动机 2 台套，总装机容量 160kW。

5. 跨河闸：腰里王闸设计为 3 孔，每孔 3 米钢筋砼开敞式水闸。检修便桥布置在闸室下游侧，交通桥、工作桥布置在闸室上游侧。闸室底板高程 40 米，闸顶高程 44.5 米，闸室底板顺水流方向长 11.5 米，垂直水流方向总长 12.6 米，底板厚 0.7 米，边墩厚 0.9 米、中墩厚 0.9 米。腰里王闸设工作闸门三扇，采用平面定轴钢闸门，选用 LQ-1×100kN-SD 单吊点手电两用直联螺杆式启闭机。

（四）工程投资

工程初步设计方案批复工程总投资 24349 万元，其中省级补助 17044 万元，县级配套 7305 万元（市发改委批复实施方案总投资 25148.46 万元，其中二坝至双庙段 15775.17 万元，双庙至十姓庄段 9373.29 万元）。

（五）施工图审查

2014 年 4 月 15 日，徐州市水利局组织召开了徐州市黄河故道丰县段干河治理工程施工图专家审查会。与会专家听取了设计单位汇报，经认真讨论，形成了如下审查意见：1. 二坝至双庙段进一步补充施工图说明，完善河道拐点坐标及施工期环境保护措施；进一步复核河坡护岸的埋置深度；结合交通规划，进一步优化涵洞工程布置；优化水土保持设计；补充桥梁灌柱桩技术要求。2. 双庙至十姓庄段，补充太阳能发电基地段河道与挡墙断面图、涵洞、桥梁与河岸挡墙连接设计；结合交通规划，进一步优化涵闸工程布置等。

工程实施前，根据施工图审查意见进行了优化设计，按照审查意见，设计单位完成了施工图设计。

（六）主要设计变更

2016 年 3 月 22 日，徐州市发展和改革委员会、徐州市水利局以徐发改农经发〔2016〕73 号文批复了丰县段黄河故道干河治理工程设计变更。主要内容为：1. 丰县段黄河故道干河沿线增加排水管涵 7 座；2. 黄河故道大沙河镇新增生产桥 1 座；3. 秦庄中沟沿线增加农桥 8 座；4. 增加腰里王站、秦庄站进场道路、管理围网等配套附属工程；5. 光伏电厂段 2.5 千米砼道路恢复；6. 丰黄公路桥上下游 600 米河道底宽由 10 米增加至 30 米。

（七）开工、完工时间及已完成工程量

黄河故道中泓开挖工程分别于 2014 年 3 月 15 日、3 月 29 日正式开工建设，7 月 20 日完成河道土方开挖；建筑物工程于 4 月 21 日开始施工，2015 年 12 月 30 日完成建筑物工程，具备了单位工程及合同工程完工验收条件。共完成土方 364.844 万立方米，砼 63217.32 立方米，钢筋 3330.83 吨。

（八）项目管理情况

机构设置及工作情况：本项目由丰县中小河流治理工程建设处作为项目法人，全面负责工程的建设管理工作。市水利局以徐水基〔2011〕16号文批准成立丰县中小河流治理工程建设处，王宾任建设处主任，张营灏、韩以振任副主任，朱武军任技术负责人，常敬印任财务负责人。建设处下设工程、财务及综合科，履行法人职责，全面负责黄河故道治理工程项目建设的实施。

工程招投标情况：丰县段黄河故道干河治理工程的设计、土建及安装工程施工、监理等均采用公开招标方式，委托招标代理公司组织招标。

经公开招标，工程勘察设计由徐州市水利建筑设计研究院中标，中标金额490万元。土建及安装工程施工标段均由江苏华禹水利工程处中标，中标金额合计为13677.5518万元，其中二坝至双庙段中标金额为7156.6630万元，双庙至十姓庄段中标金额为6520.8888万元。监理标段均由徐州市水利工程建设监理中心中标，中标金额合计225.4万元，其中二坝至双庙段中标金额为112.7万元，双庙至十姓庄段中标金额为112.7万元。

工程监理单位及工作情况：徐州市水利建设工程监理中心成立了黄河故道治理工程项目监理部。监理部依据有关法规和合同条款，认真履行职责，对工程施工进度、质量、投资进行全过程控制。

（九）资金到位及管理情况

资金到位及完成情况：工程初步设计批复概算总投资24349万元，其中省级资金17044万元，县级配套7305万元。上述资金均及时到位。关于资金管理情况：建设处下设财务科，配备了两名财务人员，都持有会计从业资格证书，都具有会计专业中级职称资格；执行了财政部《国有建设单位会计制度》，保证了工程资金的合理、合法使用，做到了结算准确、及时，无工程款拖欠现象发生。

（十）工程建设纪实

河道土方工程施工：由于河道线路较长，施工条件较为复杂，对整个工程分为九个工段进行施工。其中平地开河段12.61千米采用挖掘机配合运输车辆进行平行作业。由于施工区为沙土区且富含地下水，土方开挖过程中渗水较快形成明水，采取分两层开挖的施工方案，上层开挖1.5~2米后，下层一次性挖至河底高程，并将河道中心线位置挖超深50厘米作为降水垄沟进行排水。光伏段土方施工方法主要是采用挖掘机配合泥浆作业，将土方输送至光伏发电厂的北侧；老河道的疏浚扩挖主要是挖掘机配合推土机泥浆泵进行施工。整条河道共投入挖掘机100余台，运输车辆400余辆，推土机20

余台，泥浆泵及抽水设备 40 台套。为保证河道工程外观形象，河道土方完成后，人工配合挖掘机、推土机对河坡、摊面、堤坡和堤顶进行修整。

砼挡墙护岸工程的施工：砼挡墙护岸两岸全长 24.76 千米，共浇筑砼 4.6 万余立方米。由于砼数量较大，施工线路较长，全线路分为七个工段进行施工，其中光伏段 5.96 千米分两个工段，姚庄以上 18.8 千米分两个工段。光伏段因施工场地狭窄，两个工区段分别采取由里及外退让施工，极大影响了工程施工进度。

桥梁施工：沿线共新建、拆建跨河桥梁 14 座，新建桥梁桥面板设计为单跨 10 米预制砼板，由预制厂统一定制，整个预制过程由监理对质量进行控制。桥面板达到设计强度后，统一运输及吊装，吊装完成后，做好桥面铺装层及防撞栏板的施工。

腰里王闸施工：闸室基坑开挖，通过井点降水配合真井降低地下水位，水泥土防渗搅拌桩施工，闸室、翼墙、上下游部分砼浇筑，翼墙后回填土分层夯实，启闭机排架及工作桥浇筑，启闭机、钢闸门就位、调试等。

秦庄站与腰里王补水泵站的施工：秦庄站采用分基型泵房结构，开敞式进出水池，压力管道出水、拍门断流，施工的主要难点是进水池及泵房基础部分的开挖。先将陈滕河筑围堰，进行真空降水，降水一周后，开挖基础进行施工作业，目前工程已全部完成。腰里王站采用堤后式布置，湿式型泵房，底板高程为 38.5 米，施工采用圈围堰，轻型井点结合真井方法降水施工。工程顺利完成。

丰黄公路桥（涵）的施工：该桥涵砼量达 3800 余立方米，钢筋近 300 吨，单体工程量较大，安排一个专门施工队伍进行施工。由于该河段为平地开河，开挖土方时将上下游河段留足土方作为围堰暂不开挖，下游围堰作为 S254 临时通道，修建一条路面宽 10 米，全长 260 米的沥青路面交通辅道，辅道完成后封闭了 S254 道路通行，进行了开敞式开挖施工。经过一年多运行，未发现质量问题。

二、沛县大沙河治理的时代超越

（一）沛县段大沙河的灾害史

大沙河是清咸丰元年（1851）黄河在徐州府砀山县（今属安徽省）蟠龙

集北堤决口而形成的一条分洪道。

形成之初,它一度还是黄河的主河道。待 1855 年黄河于铜瓦厢改道北流,经山东利津入海后,这一段黄河分洪道因上源来水锐减而成为黄河沙滩。"大沙河"之名即因水少沙扬而得。

该河段后为二坝以上废黄河滩地排洪入南四湖之走廊,承泄三义寨以下苏、鲁、豫、皖四省 1658 平方公里的来水。大沙河全长 61 公里,在沛县境内 33 公里。

大沙河由丰县流入沛县西南部,东北流经鹿楼、鸳楼、八堡果园、沙河林场、安国、朱王庄、龙固共五乡二场(后乡镇合并,上数有变),注入昭阳湖。

大沙河两岸地势高亢,为粉质沙土。河床弯浅曲折,堤防残缺,旱时飞沙漫天,涝时行洪不畅,曾在大朱集、关元村、郭庄、龙固等处决口。1957、1963、1976、1978 年发生过四次较大的洪灾,损失严重。

1963 年大沙河在丰县华山李楼处决口,洪水漫堤,造成沿岸数十万亩农田被淹,民房进水,损失严重。

1978 年大沙河洪水决堤,农田受灾面积 40 余万亩,丰黄公路被冲毁,造成交通中断。

历次大沙河洪水都对沿岸煤矿及工业企业构成极大威胁,损失严重。

旱灾较为严重的有:1952 年冬旱,1962 年春旱,1975 年大旱,1977 年、1978 年、1997 年、2002 年大旱,每年受旱面积均在数十万亩,部分农田绝收,人畜饮水困难。

多年来大沙河虽经不断治理,但多是修修补补,局部堵口,从未全面根治,致使两岸 18 万亩土地一直处于中、低产状态,经常遭受洪涝、旱、渍、风沙、盐碱等灾害的侵袭。

如果根除了大沙河灾害,该区可供开发和利用的土地有 8 万亩之多(河滩面积在内),生产潜力很大。因此,沛县期待大沙河的全民治理。

(二)沛县大沙河的历史治理

治理记录约有十次,每一次都是挖深、沟通,接着淤平、堵塞。而为了生存,丰沛人民坚守着一个"屡败屡战"的信念或梦想。

民国时期的治理:

"民国二十二年(1933),挑浚大沙河,仅由湖口程子庙至刘邦店,约十余里。"当年秋,被涨水淤平。

民国二十三年(1934)五月十日至六月五日,国民政府于大沙河附近村庄每日征集民工万余,疏浚入沙河约 20 公里,次年又淤平。

中华人民共和国时期治理:

新中国成立后,大沙河先后经局部治理 8 次,共完成土方 322.34 万立方米,国家投资 90.96 万元。

1952 年疏浚大沙河（当时属山东省），挖土 50 多万立方米。1957 年，湖西地区遭受特大暴雨后，河床全被淤平。

1958 年，徐州专区统一规划，丰县负责施工。从湖堰至八孔桥一段，堤河并举；龙固至刘邦店一段，以筑堤为主。龙固集（从八孔桥）向下的施工标准是：两堤距 350 米，河床两坡 1:4，河底宽 10 米，河底真高 30 米。全段共挖土 70 多万立方米，当年汛期遇特大暴雨行洪，河床大部分淤平，约淤土 50 万立方米。

一般年份行洪，河床也可以基本淤平。

1962 年汛期前，湖西地区旱情严重。龙固地区为了引水抗旱，再次组织民工，按河底真高 31 米、河底宽 4 米、两坡 1:3 的标准，从湖堰挖至机灌站以南，长 2440 米，挖土 2.63 万立方米。1963 年行洪后，河床大部淤积到真高 33.5 米左右。

挖到 30 米，淤回 33.5 米！4.5 米的高差，埋下一座楼！

1963 年 9 月上旬，朱王庄、鸳楼两公社动员民工 2000 人，完成两岸抢险堵口工程 6 处，做土方 7.57 万立方米。投资 1.47 万元。

1964 年春，为解决上游行洪和下游机站引水灌溉的问题，沛县统一规划施工，仍按 1958 年河床标准，疏浚从湖堰至程子庙机灌站南，长 3200 米。同时岁修大朱寨至郭家口和刘田寨、刘邦店段，均以筑堤结合开挖中泓施工。实做土方 18.64 万立方米。国家投资 8.63 万元。

1979 年春，鹿楼、鸳楼、大屯、龙固、鹿湾、张庄、张寨、河口等公社修筑大沙河上游两堤（从丰沛边界结合开挖顺堤河），西堤筑到大朱集，长 8869 米；东堤筑到黄楼，长 6490 米。两堤顶真高约在 41 米以上。同时，建鸳楼公社何庄涵洞一座。鹿楼、鸳楼两公社建顺堤河生产桥 20 座。共完成土方 76.5 万立方米。国家投资 30.86 万元。上述工程使 17 万亩耕地增强了抗洪排涝能力。

下游段（入湖口至龙固八孔桥）两堤，于 1979 年冬开挖中泓时结合治理。其标准为：堤顶真高 40 米，堤顶宽 6 米，内外坡均为 1:3，两堤内脚距 260 米；中泓河底真高 31 米，宽 30 米，接长三里涵洞，改建程子庙涵洞和杨庄排灌站。共完成土方 80 万立方米。国家投资 50 万元。这段工程，筑堤、挖河并举，既能引水，又能排洪、通航，受益明显。

大沙河治理过程中的配套建筑物计有：丰沛公路建漫水桥 1 座，沛鸳公路建漫水桥 1 座，龙固建八孔桥 1 座，鸳楼公社建涵洞 1 座，龙固大沙河程子庙建地涵 1 座，丰沛河、大沙河东、西岸各建对口闸 1 座；大沙河下游，龙固公社建电力排灌站 6 座，装机 11 台，377.75 千瓦，受益面积 1.6 万亩。

1989—1990年利用黄淮海开发资金兴建并加固了一批配套建筑物工程，并组织民工12.3万人开挖大沙河中泓9千米、河道20千米、顺堤沟15千米，修筑沿线防洪堤防。

1992—2003年对何庄站以上8.4千米段进行了挖河筑堤，在距湖口9.2千米处建成李庄闸。

2005年，在距丰沛边界12.6千米处建成鸳楼闸，基本形成了34.5~36.5~38.5米三级水面的河川形带状水库。

2006年，大沙河地区被列入省级开发项目区。2006—2011年，投入资金4300余万元，治理两岸土地面积6.8万亩。

沛县对大沙河的多次治理，取得了明显的经济、社会、生态效益。扩挖中泓，提高了蓄水能力，改善了灌溉条件，提高了地下水位，改善了该地区生态环境，开发项目实施后，农民人均年增收1800余元。

（三）黄河故道二次综合开发背景下的大沙河治理

鉴于"大沙河"在百年治理期间，从没有跳出反复疏浚，反复淤塞，挖成深堑，淤成平陆的折腾史，所以沿岸百姓对大沙河的感受复杂而矛盾，有人用"爱恨交并"四字加以表述。

根于斯，脉于斯，离不开这道清流、这片黄土，所以一个"爱"字，让你魂牵梦萦。

涝泛滥，旱飞沙，跳不出百年梦魇、百年无奈，因而一个"恨"字，让你痛彻心扉。

到了2012年，徐州市启动黄河故道沿线二次综合开发工程，大沙河被纳入"黄河故道"的开发范畴。大沙河的历史状态得到彻底改观，沛县大沙河地区的人们迎来一片"沙河新天地"。

2015年8月—2016年，沛县大沙河分两期实施。

一期工程：为大沙河何庄至鸳楼闸段的中泓河道疏浚、复堤治理。2015年2月10日，省发改委以苏发改农经发〔2015〕146号文批复了可行性研究报告，通过公开招标确定的设计单位是徐州市水利设计研究院，该院编制完成了《大沙河（何庄—鸳楼闸）治理工程初步设计报告》，并上报省发改委；省发改委以苏发改农经发〔2015〕421号文批复了初步设计报告。

工程长4.95千米。本次按照十年一遇排涝标准，疏浚大沙河中泓，河底宽由50米扩挖至190米，河底高程33.5米，边坡1:4，土方开挖370万立方米；按照二十年一遇防洪标准加固大沙河两岸堤防长度9.9千米，堤防填筑64万立方米。沿线建筑物：新建拆建穿堤闸站3座、涵洞3座。工程总投资7502万元。

该工程于 2015 年 8 月 12 日开工建设，2016 年 4 月 30 日全部完成。

二期工程：又称"徐州市黄河故道剩余段工程"，省发改委以苏发改农经发〔2015〕1327 号文批复了初步设计报告。

工程分两部分：1. 大沙河中泓河道疏浚、复堤治理范围：沛县大沙河丰沛边界至何庄、鸳楼闸至大沙河闸上，分为两段，全长 27.6 千米，土方 925 万立方米。本次按照十年一遇排涝标准疏浚大沙河中泓，按照二十年一遇防洪标准加固大沙河两岸堤防，长度为 55.2 千米，筑堤土方 98.6 万立方米。

2. 沿线建筑物（共 75 座），具体如下：（1）沿线配套建筑物（共 74

座）：支河口大沙河东闸、西闸，共 2 座，为丰沛运河与大沙河平交控制闸；沿线穿堤涵洞 46 座；沿线灌溉泵站 24 座；跨河桥梁 2 座。（2）大沙河水源工程建筑物 1 座：李庄闸。工程总投资估算 3.3 亿元。

该工程于 2015 年 12 月 8 日开工建设，河道开挖、滩面整理及堤防加固工程于 2016 年 2 月底全部完成，沿线小型穿堤涵洞、翻水站土建工程、水土保持工程亦同步完成。

李庄闸及沙河东西闸主体工程于 2016 年 10 月底全部完成。

从徐州市黄河故道二次综合开发的全局部署来看，沛县对大沙河的治理工程起步最晚。这主要是由徐州市黄河故道治理的大局所决定的。

沛县县委、县政府高度重视大沙河治理工程建设，将大沙河综合治理列为 2015 年"三重一大"的一号工程。根据县委常委会要求，成立了黄河故道综合开发指挥部，县委书记任政委、县长任总指挥，分管领导任副总指挥，同时搭建了"一办五组"的工作推进机构，涉及了 7 个镇和 23 个责任部门，作为一把手工程强力推进。严格按照水利工程基建程序实施建设管理工作，确保了该工程的顺利实施。

2015年4月15日，沛县县委、县政府召开黄河故道综合开发誓师大会，当年12月8日，沛县又举行了黄河故道综合开发大沙河治理二期工程誓师大会，此后，大沙河治理二期工程全面开工。

两办督查室和指挥部办公室在开工初期每天督查进场施工机械数量，施工的各类机械达到700余台(其中挖掘机216台)，具备了大会战的设备条件。县水利局在河道排水未结束时，即采取一边开挖土方、一边围堰排水等创新做法，节省了施工时间，加快了工程进度。大沙河疏浚累计完成土方1300多万立方米。

中泓贯通后的大沙河，河底宽度由原来的50米扩挖至190米；河口宽度由原来的100米扩到240米，河底高程33.5米，河堤拓宽到10米。两侧大堤内青坎也已全部流转，全部栽植果树、景观树。工程完成后，沛县境内32.6公里的大沙河，增加蓄水能力2500万立方米，将形成一个总库容4500万立方米的带状水库，有效改善沛县西部地区排涝防洪和灌溉现状，排涝标准可达十年一遇，防洪标准可达二十年一遇，沿线25万亩土地能够得到大沙河水充分的灌溉。地下水位的提高，可以从深层次上改善沿岸生态环境。

三、铜山区故道治理齐头并进

黄河故道自西北向东南贯穿铜山区，总长56.3公里，流域面积360平方公里，涉及何桥、张集、大彭、刘集等镇。

为了全面实现黄河故道二次综合开发的战略目标，铜山区在全市县区中第一个完成了《铜山区黄河故道沿线二次综合开发总体规划》的制订及各镇的产业定位，铜山区将故道沿线（铜山段）产业格局定位为：以休闲观光农业为总抓手，规模经营，成片开发；各镇形成闭合圈，加大产业结构调整。按照各自不同的产业现状及资源优势，黄河故道西北片产业定位为：休闲农业和规模蔬菜种植业；黄河故道东南片产业定位为：旅游、观光、度假和优质粮食示范区。

现代农业示范区项目包括两部分：现代农业优质粮食示范区和现代农业优质蔬菜示范区。

现代农业优质粮食示范区位于张集镇和房村镇，规划面积2万亩，项目计划总投资5000万元，其中2013建设总投资780万元，其中市级引导资金300万元，区级配套资金300万元，自筹资金180万元。规划围绕基础设施建设、装备水平提升、科技含量增加、体制机制创新四个方面，着力抓好"六大工程""八个重点项目"建设。"六大工程"，即高标准农田建设工程、粮食科技服务能力提升工程、农田作业全程机械化工程、粮食仓储物流和加工能力建设工程、农业废弃物无害化处理利用工程、现代农业经营管理制度创新工程。"八个重点项目",即土地综合治理与高标准农田建设、农田作业全程机械化、粮食作物科技研发集成创新基地建设、粮食高产创建示范区建设、粮食生产数字化与信息化技术等。

现代农业优质蔬菜示范区位于何桥镇和黄集镇,规划面积 1.2 万亩,项目计划总投资 5000 万元。在何桥镇主要对现有 6000 亩设施大棚进行提档升级,进行连片种植,配套基本农田建设,扩种日光温室、食用菌大棚。其中 2013 年开发治理土地 1000 亩,建设总资金 390 万元,其中市级引导资金 100 万元,区财政配套 200 万元,自筹资金 90 万元。在黄集镇主要将新扩(改)建钢架大棚 6000 亩,改水泥竹木结构大棚种植为日光温室生产,提供技术支持和园区内配套设施建设。

优质林果基地示范区项目,包括优质林果生产基地和苗圃观光农业示范区,均位于伊庄镇,项目计划总投资 6 亿元,规划建设苗圃基地 1 万亩,利用新技术开展优良品种的引种驯化及快繁,最终将建成具有自身特色,集生产、科技、观光为一体的优质林果基地示范园区。

文化旅游景区项目位于吕梁风景区的吕梁湖山水休闲区和圣人窝文化体验区内,规划占地面积 21.5 平方公里,计划总投资 4.2 亿元,主要规划吕梁山旅游度假区悬水湖景区及倪园山村项目、12+1 会所项目、吕梁风景区水上娱乐项目等。

关于交通建设:在黄河故道沿线道路建设中,作为黄河故道开发公路一期工程 324 省道铜山段(大牛村至周庙村)于 2013 年底建成。这是黄河故道沿河公路中第一个建成的路段。该路段全长 6.8 公里,设计为二级公路,路面宽 8.5 米,路基宽 10 米,西起铜山区房村镇大牛村,东至房村镇周庙村与睢宁县交界。作为省政府批准建设的新一轮二线公路规划中 324 省道的重要组成部分,该线段的建成意义重大,它不仅为铜山到睢宁开辟一条新的道路,而且与前期建设的吕梁山风景区道路实现对接,成为横贯铜山,连接徐州市区、睢宁的故黄河观光大道,对提升沿线镇村的农业生产、农民生活、观光旅游、商贸物流,起到重要的支撑作用,同时,这条道路打通后,可以与 252 省道连通,缩短铜山区房村镇、伊庄镇群众到观音机场的时间。

以 2014 年为例,铜山区计划投资 16 亿元,强力推进黄河故道综合开发工作,主要包括中泓贯通、道路畅通、土地整理等 8 项工程,涵盖了新黄大沟治理工程,中小河流整治工程,黄河故道沿线公路(S324 铜山段)建设工程(续建),黄河故道沿线生态防护林工程,机场黄河桥和 309 县道取直项目，倪园环村东路南延、悬水湖步行道、白塔湖步行道工程，以及张集粮食示范区、优质蔬菜示范区等 28 个项目。

其中的重点推进项目新黄大沟治理工程，自新黄闸至赵台闸段河道全长 21.4 千米，总投资约 2 亿元，按十年一遇标准建设。新建跌水 44 处、拆建节制闸 4 座、泵站 11 座、桥梁 29 座、涵闸 10 座等。河道断面尺寸为：河底宽 10 米，河坡 1:4，河口宽 34 米，河底高程 38~39.5 米；部分河段两侧采用钢筋砼挡墙护岸，两岸共长 18.36 千米。

该工程 2014 年 3 月开工，2014 年 12 月底基本完成，完成投资 14000 万元，完成拓浚新黄大沟 22 千米，新建两岸挡墙 19.96 千米，拆（新）建梯级节制闸 4 座，拆建沿线涵闸 8 座，新建跌水 44 处，拆建跨河桥梁 24 座，拆建泵站 5 座等。共完成土方约 138 万立方米、混凝土约 72146 立方米。工程实施后将通过郑集河补水，增加新黄大沟段蓄水量，提高黄河高滩地区抗旱能力；河道周边产业结构可进行优化调整，大大改善沿线水环境，对当地生产、生活带来极大方便，对实现市委、市政府提出的农民增收、农业增收的目标有重要意义。2015 年 2 月 10 日通过验收。

黄河故道沿线绿化工程总面积 8026 亩，2014 年计划投资 1.74 亿元，将在吕梁景区范围内建成永久生态林，单集、大彭、刘集、何桥等镇范围内建成经济林，实施范围为故黄河两岸 50~100 米。

在全市率先完成中泓贯通任务，沿线优质粮食和蔬菜示范区建设也走在全市之前。何桥镇作为全市唯一的优质蔬菜示范区，进度领先，成效显著，已经建成为徐州市重要的"菜篮子"。

至 2016 年 10 月，经过紧张施工，作为徐州市"三重一大"工程的黄河故道沿线公路铜山段进展顺利，至 2016 年夏目前已完成总工程量的 95%，整个工程预计于十一前通车。该段公路长约 40 公里，总投资 3 亿元，沿线分别与徐沛铁路、机场铁路专用线、疏港公路、京台高速、209 县道交叉。黄河故道沿线公路铜山段建成后，将与 2014 年建设的黄河故道东段工程一脉相通，遥相呼应，共同组成铜山区黄河故道旅游观光网。

黄河故道二次综合开发使铜山区的水利面貌、交通现状、文化环境、农业条件、生态现状均发生了巨大变化。仅以生态建设为例，由于贯彻了生态文明建设的新要求，该区实施"天更蓝""水更清""地更绿"行动计划，绿色发展能力日益增强。多措并举整治空气污染，强力实施秸秆禁烧、燃煤控烧、脱硫脱硝、扬尘治理和热电整合，"十二五"时期大气质量良好以上天数年均达到 325 天。顺利通过了国家生态区技术评估；建成污水处理厂 14 座，奎河黄桥等 3 个国控断面水质实现稳定达标。完成"二次进军荒山"等绿化造林工程，林木覆盖率达 31.1%，较"十一五"末提高 1.45 个百分点。实施"十二五"旅游业发展规划，吕梁山度假区获批省级旅游度假区，悬水湖景区获批 4A 级景区，新增 3A 级景区 5 个、省四星级乡村旅游点 8 个，倪园村成为全国"最美乡村"，荣膺"全国休闲农业与乡村旅游示范区"，铜山特色旅游名片逐步形成。

新农村建设，城乡一体化建设成效显著。城镇化率较"十一五"末提高 6.1 个百分点。按照城市副中心发展定位，积极参与市总体规划修编，高起点修编城区总规，完成部分镇总规编制调整。实施部分行政区划调整，设立铜山、新区、三堡街道办事处。"十二五"累计完成房屋征收面积 456 万平方米，投入 397.6 亿元建设 201 项城建重点工程，万达广场主体封顶，市第一人民医院、矿大附中等项目加快推进，城市功能日趋完善；大力开展老旧小区及棚户区改造、幸福家园创建，新建改建农贸市场 21 个，城区生态调水、楚河景观带、无名山公园敞园、娇山湖景区、凤凰山生态文化景区等项目相继完工，城镇绿化覆盖率提高到 45.5%，完成国家生态园林城市创建任务；实施"路更畅"行动计划，104 国道、珠江路、疏港公路、环湖大道、玉带大道、吕梁景区主干道顺利通车，郑徐客专铜山段基本建成，形成内引外联、东西贯通、南北纵横的交通格局。小城镇和新农村建设势头强劲，完成县道改造 114 公里，新建农村公路 187 公里，改造公路危桥 60 座，中小型水库加固 17 座，开展村内道路"户户通"工程，创成中心镇 6 个、管理示范镇 5 个，市级新农村示范村 42 个。

在黄河故道综合开发工程的推动下，铜山区农业继续保持领先。2015 年实现农业总产值 145 亿元，增长 12.7%，是 2010 年的 2.1 倍。粮食生产实现"十二连丰"，总产量达 80 万吨。设施农业面积达 58.8 万亩，蔬菜产量突破 400 万吨，3 个万亩连片设施农业核心园区实现提档升级。省级以上农业产业化龙头企业达到 13 家，"三品"认证有效数保持全省首位。

四、睢宁县富民工程是龙头

黄河故道在睢宁境内总长 69.5 公里，是豫、鲁、皖、苏四省黄河故道总长 738 公里的 9%，是徐州市黄河故道总长 234 公里的 29%。黄河故道横穿睢宁北部六大乡重镇。

黄河在流经徐州的 728 年间，在睢宁暴发水患最多，据《睢宁县志》载，其间共发生较大的迭复式决口 67 次，决口次数之多，居苏北之首。今睢宁境内的田河、西渭河、白塘河、老龙河、牛鼻河等多条河流，都是黄河决口后形成的。黄河决口后，河水四处汹涌，泥沙在堤外淤积，使黄河沿线沙土层的厚度高达 8~10 米，形成了黄淮平原上的沙碱地带。

在 60 多年治理的基础上，睢宁县乘黄河故道二次综合开发的东风，自 2012 年以来，他们以"科学规划"为先导，以"优化产业结构"为理念，以"古黄河综合开发"为根本，下大力气培育和争取项目落地，财政资金扶持量逐年扩大，重点项目接连上马。至 2015 年底、2016 年上半年，计划完成中低产田改造 18 万亩，总投资 10800 万元，其中财政投资 9720 万元，项目区群众自筹 1080 万元。实际上则通过规划引导、培育项目、择优立项和用一流的工作业绩及用招商的精神争取项目，共有五大类 26 个农业综合开发项目落户睢宁。到 2015 年底共完成中低产田改造 20.21 万亩，占计划的 112.2%，完成总投资 24572.28 万元，是计划的 227.5%，其中财政总投资 23143.5 万元，完成计划的 238.1%。仅从"投资额"，即知睢宁县的工作力度。

四年来，睢宁县紧紧瞄准"富民"目标，围绕提高农业综合生产能力，按照发展现代农业要求，全面提升高标准农田产出率和资源利用率。共建设高标准农田面积 13.99 万亩，新增灌溉面积 3.37 万亩，改善灌溉面积 13.42 万亩，新增除涝面积 5.5 万亩，改善除涝面积 11.56 万亩，新增农田防护林面积 4.01 万亩，土壤改良 1.36 万亩，新增节水灌溉面积 3.78 万亩，年节约水量 1164.58 万立方米，新增粮食 1742.77 万公斤，新增油料 251.20 万公斤，新增蔬菜 741.25 万公斤，新增林果 1120 万公斤，新增农业总产值 13720.63 万元，农民年纯收入增加总额 8174.57 万元，农民年人均纯收入增加 370 元。项目区的百姓生产、生活条件已大为改观，取得了显著的经济效益、社会效益和生态效益。

四年来，睢宁县农业综合开发工作不断取得新成绩，得到省市局充分肯定：

2012 年度省级黄河故道项目在全市名列第一，国家土地治理项目在全省抽验中排名第二；

2013 年度省级黄河故道项目在全市名列第一方阵；

2014 年国家土地治理项目在全省抽验中排名第一；

2015 年 7 月 8 日省农业资源开发局唐铁飞局长、张学平副局长一行实地察看睢宁古邳镇、姚集镇，对 2014 年度国家土地治理和省级黄河故道项目的执行情况给予了高度评价。2016 年 4 月 1 日市局李荣芳副局长带领市督察组一行对睢宁 2015 年度各类项目督查中，明确指出项目建设明显好于其他各县。

如睢宁县优质粮食示范区的建设就走在全市之前。该示范区位于睢宁县魏集镇东部，西起花庄大沟，东与宿迁相邻（小阎河），北至四支渠南沟，南到五更河，涉及新工、陆圩、卢营、王圩等 4 个行政村，建设规模 3000 亩，总投资 300 万元，其中市级引导资金 150 万元，县级配套资金 150 万元。

该项目由睢宁县古黄河综合开发办公室、睢宁县农业委员会联合申报，睢宁县农业技术推广中心承担建设，徐州市农业资源开发规划设计室、徐州市水利建筑设计研究院编制初设计及图纸。

根据市县黄河办要求，该项目是对原有项目示范区进行补充建设、提档升级。该项目工程于 2015 年 10 月开始建设，批复新建小沟桥 4 座、涵 20 座、斗渠分水闸 8 座、跌水 8 座、防渗渠 3.9 千米、放水口 20 座、水泥路 6.5 千米、防护林网 5550 株。目前已经新建小沟桥 4 座、涵 8 座、斗渠分水闸 8 座、防渗渠 2.192 千米、放水口 20 座、水泥路 2.7 千米。

经审计，认为该项目建设符合县委、县政府提出的"大规划引领、大规模推进、大区域实施、大田块耕作、大农户经营"的高标准农田建设思路。项目区土地平整、土壤肥沃、集中连片、设施完善、农电配套、高产稳产、生态良好、抗灾能力强，土地已经流转，由两名种田大户承包，并成立农业合作社，示范区整体与现代农业生产和经营方式相适应。

如睢宁县将姚集镇定位为优质果示范区（一区）核心区。核心区规划面积 12000 亩，包括石碑、王塘村，以及张尹、刘集村的一部分。核心区以姚张路为中线，路北为苹果、冬桃区 3000 余亩，其中新植 1000 亩；路南为砂梨区约 7000 亩，其中新植 3000 亩；姚张路西与古黄河之间以鲜杂果（黄河杏等）为主，约 1500 亩；另外日光温室果树 200 亩，已建 33 栋，猕猴桃园 300 亩。

2015 年投入 1700 万元，建设 300 亩猕猴桃棚架，350 亩苹果支架，600 亩滴管设施，修建了 4 公里引水渠道，铺设了 5 公里生产道路，2000 平方米冷库和 2500 平方米交易市场完成了规划设计。

2016 年计划投入 1600 万元，完成 300 亩高标准梨树棚架建设，800 亩苹果支架建设，铺设 3.6 公里生产道路，配套 1000 亩管道灌溉设施，引进 2 万株新品种果苗，完成 2000 平方米的保鲜库和 1200 平方米的交易大棚主体工程建设，修建 1400 平方米的优质果品展厅，打造 1000 米的特色葡萄长廊。

该优质果核心区主要以大户承包经营为主，目前有承包主体 10 个。山东日照莒县年近花甲的老果树技术员单占山被果区环境所吸引，举家来到示范区，2015 年承包了 15 个果树大棚栽植葡萄，年纯收益达 20 多万元。

为加强果树前期管理，提高单位面积的经济效益，示范区主要采取果套菜和果套菊花的种植模式，从目前来看，效益可观，果套菜纯利润在每亩 800 元左右。果套菊花纯利润在 700 元左右。2015 年共发展果套菊花 300 亩，每亩收获鲜菊花 1000 斤左右，每斤鲜菊 4.5 元，毛收入每亩 4500 元。每亩栽植成本总计 3800 元（其中每亩 10000 株苗木，每株苗款 0.2 元，计苗木每亩投入 2000 元；每产一斤菊花需劳务成本 0.7 元，每亩需劳务费 700 元；每亩土地承包金 800 元；肥料每亩 300 元）。

核心区发展后期，将逐步与房湾湿地连成一片。目标是建成一个规模适中、以果树产业为主体、产业链条相对完整、基础设施齐全、功能多样的现代化农业示范园区。

黄河故道沿线二次综合开发是徐州市实现跨越发展、均衡发展的一项重大战略。邳州市按照徐州市委、市政府整体部署要求，迅速建立机构，科学编制规划，召开动员大会，出台实施意见，推出百项工程，目前各项工作进展顺利。

五、邳州市故道开发迎曙光

黄河故道在历史上曾从邳州经过。后因行政区划调整，原邳州区域内的一些乡镇划给睢宁县、新沂县，而这改变不了邳州一些乡镇属于"黄河故道流域"的事实。唯如此，徐州市才将邳州划入黄河故道沿线范畴，并报江苏省委、省政府批准，将邳州纳入黄河故道二次综合开发的体系。

邳州市黄河故道二次综合开发地段处中运河以西、房亭河以南，覆盖占城、八路、新河、土山 4 个镇的全部区域和八集镇的部分地区，涉及 87 个行政村，区域内面积 397 平方公里，人口 23 万。该区域是邳州经济社会发展相对落后的区域，位置偏僻、交通不便，平原、高亢山区与低洼地并存；基础设施落后，水利设施陈旧；传统农业占主导地位，区域内集中了全市约 1/2 的经济薄弱村和 28% 的贫困人口，农民人均纯收入长期低于全市平均水平，是邳州市全面实现小康的"短板"。但该区域文化积淀深厚、河湖水网密布、地质特色鲜明、生态环境良好、传统农业比较发达，开发潜力巨大。

实施黄河故道二次综合开发有利于充分发挥该区域资源优势和后发潜力，推动该区域基础设施完善、综合功能提升、产业结构调整和人居环境改善，对加快邳南地区振兴、缩小与邳北地区差距、统筹全市协调发展的重大机遇，对加快推进邳州跨越发展、率先发展、富民强市具有十分重要的意义。

切实加强领导，科学谋划，高标准制订实施方案，是邳州市黄河故道综合开发的第一步。为此，邳州市成立了黄河故道二次综合开发领导小组，由市委书记任第一组长，市长任组长，分管副市长任副组长，农业资源开发局主要负责人任办公室主任，抽调了工作人员，配备了办公设施，拨付了工作经费，这就为黄河故道二次综合开发提供了组织保障。

经过市委常委会研究讨论，邳州市制定出台了《关于实施黄河故道二次综合开发加快实现邳南振兴的意见》，确立了以兴业、富民为目的，以治水、修路为重点，实施百项工程，构建四大体系（基础设施、现代农业、文化旅游和生态环境），振兴邳南经济，全力打造黄河故道二次综合开发样板区的工作思路，确定了十大目标任务、百项重点工程，该《意见》成为邳州实施黄河故道二次开发的行动指南。

为了制订高起点的总体规划，邳州市先后邀请中科院南京地理和湖泊研究所和江苏师范大学经济管理学院的专家学者，深入黄河故道区开展了深入细致的调查研究，实地察看了黄河故道区的水系路网、特色农业、文化古迹，进一步摸清了故道沿线的土地资源、历史文化、经济社会等基本情况，并多次召开专题座谈会，广泛征求区域内各镇和相关部门意见。在此基础上，积极对接徐州市黄河故道开发总体规划，密切结合邳州发展现状、资源优势、产业特色，把水利、交通、特色农业、旅游规划确定为编制重点，并委托江苏师大编制完成了《邳州黄河故道二次开发总体规划》。

2012 年 10 月 20 日，该市率先在徐州各县（区）召开了黄河故道二次综合开发动员大会，开发区域内镇党委书记、镇长及村支部书记全部参加了会议，对黄河故道二次开发工作进行了全面广泛的宣传发动。徐州市黄河故道二次开发领导小组办公室常务副主任、徐州市农资开发局负责同志应邀参加了会议，对邳州二次开发工作提出了明确的要求和指导性意见。

动员大会召开后，各镇、各部门积极筹措资金，全面启动各类项目，开局良好。小型农田水利重点县建设、白马河分洪道治理、农村河道疏浚工程、刘集站改造全面开工；开发区域 2012 年度镇村公路路网建设、镇村公路危桥改造，土山、占城、八路等客货运站场、物流中心建设及土山镇镇村公交工程已经完成；新河土地整治项目，八路、八义集、新河建设用地增减挂钩项目全面完成；占城、新河、八路 3 万亩高标准农田建设工程全面开工，12 月底即完成；5 个 2 万亩设施农业园区强力推进，新河、占城、八路等园区初具规模，占城、八路、土山、八义集小麦万亩高产创建示范区建设，邳州市肉鸡无公害养殖基地建设，林下养殖基地建设等工程已经启动；岠山景区、土山古镇景区开发总体规划已完成，占城镇省级地质公园正在申报相关手续。

就工作思路而言，邳州市依据徐州市黄河故道开发的总体规划，依然是以水利工程、交通工程为骨干，将着力点放在高标准农田建设、农业基础设施提高方面。

他们累计投资 1.67 亿元，实施了对刘集翻水站的建设、魏庄闸的加固、白马河的疏浚等工程；投资 6.62 亿元，实施了干线公路、地方连接线和农村公路危桥改造工程，实现了黄河故道区域内水网全面疏浚贯通，路网不断升级畅通。

同时，则紧紧抢抓徐州黄河故道综合开发的重大机遇，以兴业、富民为目标，以治水、修路为重点，大力实施黄河故道综合开发 100 项工程，加快提升区域农业综合生产能力。曾经的经济"薄弱带"正逐步转化为新的经济"增长极"。

邳州市以八路、新河两镇为核心，精心打造了 4 万亩黄河故道现代农业优质果蔬示范区，形成了万亩葡萄、万亩花、万亩蔬菜、万亩瓜的产业格局，现代农业成为农业增效、农民增收的新路径。

走进八路镇双洋河葡萄园，园内的葡萄文化长廊引人注目，这长廊是黄河故道综合开发专项资金建设的，集文化、旅游、商贸为一体。等到葡萄成熟的时候，游客们就可以在这里品尝到甘甜的葡萄，领略葡萄文化。

葡萄文化长廊的建设，进一步完善了葡萄园区的功能，提升了园区的档次。黄河故道综合开发积极推动现代农业产业升级，完善农业示范区基础设施，先后投资 3500 万元，配套建设沟渠路电桥涵闸站，修建园区道路 30 公里。"现在园区做得很好，在咱们邳州也有一定知名度。"八路镇双洋河葡萄园经理王先军告诉记者。

现代农业的发展，离不开水利设施的健全，在黄河故道综合开发过程中，把治水、修路工作放在重要位置。刘集闸除险加固是其重点工程。工程建成后，配合刘集翻水站使用，将解决黄河故道区域内"东涝西旱"和高亢地区用水难的问题。干旱季节，将刘集闸关上，经过刘集翻水站往上游送水，能解决上游 5 个镇 40 万亩耕地的用水问题。一座水闸，控制一条河，沿河百姓的用水便都有保障。邳州市黄河故道开发就是这样抓住"龙头"的。

"十二五"以来，邳州市集全市之力，将黄河故道沿线区域打造成特色农业走廊、绿色生态走廊、历史文化走廊、旅游观光走廊，走出一条具有邳州特色的黄河故道综合开发新路子。至 2015 年，邳州市已累计完成投资 32 亿元，完成 60 项重点工程。

黄河故道综合开发工程的实施，给邳州西南部地区带来发展的曙光。

第三章

一幅山清水秀黄河图

——故道采风札记

第一节 乡风醇厚美如酒

一、梁寨"渊子"五姓庄

经各地审核推荐、专家评审、公示等程序，省农委 2015 年认定 20 个村为首批"江苏省农家乐集聚村示范村"，丰县梁寨镇五姓庄村成为徐州市唯一入选的村。

五姓庄农家乐村位于丰县梁寨镇渊子湖西岸，景色宜人，风情浓郁。全村面积 1.04 平方公里，人口 758 人，耕地 1560 亩，2014 年，村民人均收入 1.1 万元。

五姓庄是一个历史悠久的自然村落。村旁的渊子湖一年四季似一幅千变万化的画卷：春有碧波荡漾，夏有清荷飘香，秋有渔歌声声，冬有野鸭浮冰。目前，渊子湖四周已经建成了千亩油菜花、陈氏园林、芦苇湿地、荷花湿地、鸳鸯岛、百姓林、百果园等旅游景点。2014 年，渊子湖景点被评为"AAA"级乡村旅游景点。2014 年开展了村容村貌整治活动，建设了村污水处理厂、水冲厕所，实施村内垃圾集中清运，对村民的围墙进行了统一粉刷，对村庄的房屋进行了美化，修建了以休闲、健身、娱乐为一体的文化广场，通电、通水、广播电视、通信入户率均达 100%。

为了充分发挥五姓庄的环境优势，梁寨镇鼓励群众发展乡村旅游业，兴建特色农家乐。现在全村已经注册农家乐35家，其中上档次、成规模的就有16家，带动就业人员150余人。在五姓庄，游客可以吃到地道的农家生态菜、品尝渊子湖的优质鱼、虾、鳖、藕等野生产品。漫步田间小径，呼吸新鲜空气，宛如进入天然氧吧之中。

据了解，近年来梁寨镇不断加大五姓庄的村庄建设和环境综合治理，使村庄与渊子湖景区融为一体，呈现出了"村在景中，景在村中"的美丽画卷，由此五姓庄获得江苏省最美乡村申报资格。

对村庄道路进行硬化共投资150万元，铺设21条、总长6300米的巷道；铺设污水管网3000米、雨水管网2000米；安装太阳能路灯120盏；实施五姓庄及渊子湖绿化，栽植女贞、红叶石楠等绿化苗木；投资15万元新建公厕1所；投资180万元建设1500平方米五姓庄广场；粉刷五姓庄墙面30000余平方米，屋面30000平方米；喷绘二十四孝文化墙；五姓庄污水处理设施正在建设中。

为了提升农家乐品牌，梁寨镇在村庄中建设了花园、木亭，村道两旁栽植了绿化苗木，对围墙进行了统一粉刷，对村庄的房屋进行了美化、亮化。建美丽庭院，筑漫步小道，建小桥，引流水，入家园，使村容村貌焕然一新。晴朗夜晚的五姓庄村，灯光璀璨，静谧美好。人们置身其中，仿佛进入了奇妙梦幻般的世界。人们站在渊子湖边观赏璀璨的美丽夜景，则又增加了美轮美奂、五彩缤纷的韵味。

五姓庄是一个历史悠久的自然村落。传说五姓庄是由清朝乾隆皇帝委任赵、冯、李、霍、韩等五姓治河官员负责治理黄河而建村。因清乾隆七年（1742）黄河决堤于石林口，形成梁寨渊子湖，乾隆皇帝每年拨付银量无数，用于治理黄河及石林口决堤形成的梁寨渊子湖。乾隆南巡，幸徐州行宫，官员汇报渊子湖治理工程浩大，有"铁帮铜底玉石栏杆金小虫，四两青丝达不到底"之称，风景非常优美。乾隆皇帝一听，龙颜大悦拟亲往视察，因实际拨付的工程款项经过各级层层克扣，实际用于治理黄河及梁寨渊子湖的资金甚少，黄河及梁寨渊子湖治理效果甚微。于是徐州知府及地方官员非常害怕，就买通随乾隆皇帝一同到来的太监，告诉乾隆皇帝说这个地方在汉朝曾经出过皇帝刘邦，他是真龙天子，而有水就有龙，您是真龙天子，到时龙与龙相见如有争斗恐伤了贵体，乾隆皇帝思前想后斟酌再三，未前往美丽的渊子湖，而成为人生的一大憾事。此后，五名治河官员因贪恋渊子湖美景，就在梁寨渊子湖西岸建村居住，子孙慢慢繁衍，而形成现在的"五姓庄"。

五姓庄村外在生态良好、环境优美、布局合理、设施完善，与内在的社会和谐、产业发展、生活富裕、文明提升互为表里。现在该村已经注册农家乐 50 余家，开业 20 家，届时可带动就业人员 200 余人。

二、美景果都大观园

丰县"果都大观园"始建于 1996 年，占地 500 亩，是一座集果园、花园、乐园于一体，农业观光、民俗展示、农活体验于一身的新型生态农业体验园。

园内有李卫纪念馆、李卫墓、圣旨碑等历史景观，也有大沙河精神纪念馆、青春行广场、果都女神雕塑等人文景观，又有各种果品自摘园、种植体验园。在这里，你可以躬耕垄亩，亲身体验农村生活，也可以游园、观赏、品果、垂钓。春可观百花争艳，秋可品百果美味，体验生态农业的质朴美妙。园内所有农产品都为绿色产品，所有游人都可以自摘、自采、自食。这里蓝天碧水，满园花香，遍地果实，满塘鱼虾，给人们营造了一个舒适清雅的休闲环境。果都大观园自 1996 年建成以来，每年都吸引着数十万名游客，特别是一年一度的梨花节和红富士苹果节期间，更是游人如潮，络绎不绝，赶上婚庆旺季，周围十里八乡的新婚男女，他们都来此拍结婚录像，然后刻下一张心仪的光盘，留下几组令人陶醉的画面，留住这永恒的回忆。

李卫纪念馆为徐州籍清代名臣李卫而建。李卫，字又介，号恰亭，清代三朝重臣，曾任太子少保、兵部尚书、浙江总督、直隶总督，为雍正皇帝信臣。史载其籍贯为江南铜山，因现时代区划调整，今属丰县，即大沙河镇六座楼村。

"宫保府"是李卫的府第，李卫任太子少保时，雍正皇帝拨专款在李卫的老家为他建造了一座府舍，并御笔题名"宫保府"，此匾额悬挂于大门上方，以示封赏。然而不幸的是，1851 年黄河在安徽砀山蟠龙集决口，宫保府以及附近的村庄被汹涌澎湃的洪水所吞没。现在果都大观园内的宫保府是 1996 年大沙河人民及海内外李氏宗族捐资重建的，占地面积 6 亩，大殿东西长 36 米，高 15 米，上有 7 间大殿，采取清代皇家园林式建筑风格，古朴典雅，气势雄伟。

2014 年，大沙河镇党委政府为纪念李卫，将宫

保府改名为李卫纪念馆，结合大沙河镇特有的生态环境和历史文化底蕴，对纪念馆进行提档升级，重新划分了大厅、公堂、会客厅、诏书陈列处等，新增了清朝一品大员乘坐的轿子和马车、万民伞、李卫金头、升堂鼓、开道锣等物件，馆内墙壁上还悬挂了李卫的历史故事。重新布展后的李卫纪念馆布局合理，庄严大气，2014 年红富士苹果节期间对外开放。

李卫是以国子监学生的身份又捐赀为武选司（兵部）员外郎，后任户部郎中、云南盐驿道、云南布政使、浙江巡抚、浙江总督、直隶总督、兵部尚书、太子少保等职。与田文镜、鄂尔泰二人同是雍正皇帝的重臣。雍正皇帝说过，"今天下督抚重臣，朕最关切李卫"。我们看到的这面"公谨廉干"的匾牌即是雍正元年（1723），李卫任云南盐驿道时，惩治不法官吏，打击不法商贩盗卖私盐，改革盐政赋税制度，使老百姓过上了好日子，雍正皇帝亲写"公谨廉干"匾牌，加以奖赏。

李卫 1686 年正月初一午时生于六座楼村，当时异香满堂，人皆惊奇。李卫七岁时入村塾读书，有奇才，博闻强记，过目不忘，十岁时父亲病故，遂弃文习武，研读兵法，为后来的仕途打下了基础，康熙五十八年（1719）李卫出任户部郎中，随都御史朱轼去山西赈灾，由于李卫筹划细心，办事认真，所经州县请客送礼都不接受，照章办事，山西灾民无一人死亡，朱轼回京后以"才能敏干，操守清廉"向康熙帝汇报。康熙帝非常高兴，说这些部下比李卫强的没有几人。

雍正元年，升云南盐驿道，由于母亲年老，李卫不愿就任，皇帝便下谕说：朕新政，万里外边疆无信任的人委派，你千万不能推辞。恢复了盐业的生产，平抑了物价，老百姓安居乐业，雍正又做了这样的批示：尔为人刚直，居心莅事，忠诚勤敏，朕所深知，览所奏数折，实一片血诚，毫无顾忌，且其中分析款项井井有条，甚属可佳，殊不负朕一番识拨也。不久，升任云南布政使，并御笔亲书"公谨廉干"大幅匾额以示奖赏。

由于李卫身兼各要职，昼夜忙碌，积劳成疾，乾隆三年（1739）八月，皇上拜谒太陵时，李卫随行，半途发病而

归，皇上让太医诊视无效，这年十月二十二日，李卫病故，终年52岁。

李卫病故后，乾隆帝派大臣护送其灵柩回徐州，所经州县奠祭护送，归葬于故乡。今墓地之碑是1996年李氏后代为其所立，原碑在丰县博物馆保存，为满汉双文。

大观楼是和宫保府遥相呼应的又一景点。李卫回乡时，在家乡建造了一座三层楼阁，每到春暖花开时节，便邀请方圆百里的文人墨客，到此登高赏景，吟诗赋对。新建的三层大观楼位于果园深处，登临其上，放眼远眺，大沙河畔果的世界，花的海洋尽收眼底，故又被人们称为"果都观景台"。

三、大沙河果园：青春烙印

大沙河原为黄河决堤冲击形成的"分洪道"。据史料记载，清咸丰元年（1851），黄河在蟠龙集至二坝之间决口，冲击出一条长60余公里、宽约2公里的分洪道，直泻昭阳湖。后黄河改道，上游断流，致使这一段"分洪道"变成了飞沙滩、咸碱窝，也就是"大沙河"。

该河只在汛期行洪走水，它流经的地方却撂下了几尺厚的黄沙，常年多枯，经烈日曝晒，狂风旋裹，形成了连绵不绝的沙丘，低洼的地方，水涸后留下大片大片的盐碱。百年以来，大沙河环境之恶劣，让两岸人民深受其害。这里一度被称为寸草不生的"小戈壁"。

1955年和1957年，江苏省农林厅林业调查队两次勘察大沙河，认为此处虽然环境恶劣，不适合种庄稼，却适宜果树生长，并计划在此建立一座果园。

"大沙河果园"呼之欲出。

为大沙河果园做出贡献的，除了大沙河两岸的百姓，还有一些人，如城市知识青年及戴着右派帽子的知识分子，为大沙河的发展做出了不可磨灭的贡献。本文重点说说城市知识青年的贡献。

20世纪五六十年代，在"到祖国最需要的地方去，到最艰苦的地方去"的号召下，一批批城市知青来到大沙河。

据记载，知识青年大多只是十七八岁的姑娘和小伙子，年龄小的连衣服破了也不会补，住的是窝棚，吃的是干粮。当时的自然环境又极为艰苦，野地里北风呼啸，狂风吹来，漫天的黄沙打得人睁不开眼。早上吃过饭去干活，等中午回来，碗里就能盛着半碗沙土。

然而，恶劣的环境并没有吓倒这些知青，他们和当地人一起，以"敢教日月换新天"的气魄，在大沙河沿岸拓荒建园，一举造就了大沙河"田园牧歌"式的传奇。

当年的下乡知青，现在都已是白发老人。他们告诉记者，前前后后从南京和徐州等地来了一共600多名知青。等到1979年底的时候，大部分知青都回去了，但依然有十多名知青在这里安家落户，娶妻生子，还有一名来自南京的女知青，也留了下来。

据记载，1963年8—11月，徐州铁路中学40名学生和徐州知青、社会青年、下放职工50多人，苏州农校毕业生20多人，进驻大沙河果园。1970年前后"上山下乡运动"大规模展开后，有194名南京知青，响应号召来到大沙河果园。1975—1976年，又有徐州和丰县300名知青下放到大沙河果园。

这些下乡的知青，在大沙河畔走过了一段用青春和热血燃烧的激情岁月。他们和大沙河人民同甘共苦，以勤劳的双手和超人的毅力，向荒沙开战，终于把这块40平方公里的沙滩，建成了林茂果丰的绿洲。

知青们的奋斗史，以及20世纪90年代初，在开挖、治理大沙河的战役中全体"参战"人员"自强不息、艰苦创业"的大沙河精神，成为这片土地上人们守望的精神家园。

现在，大沙河两岸苍翠绿如海，林茂花果香，变成了全国生态农业观光旅游示范点；"水清鱼儿跃，气爽鸟啼鸣"，俨然一幅风光秀丽、生机盎然的天然画卷。大沙河果园里的果树也在更新换代。

1972年，第一株红富士苹果苗栽在了大沙河，在经过引种试栽、快速发展、成果巩固几个阶段的发展后，大沙河苹果最终形成了"皮薄、肉脆、汁多、风味浓郁"的优良品质。

到1986年，大沙河果园和当时的岳庄村果品总产量达3000多万斤，农民人均收入509元，居全县之首。其中大沙河果园总收入620多万元，上交国家利税17万元。

1988年，大沙河果园红富士苹果发展到了4000亩，初步形成了以红富士为主的果品生产基地，先后建成了矮化苗木栽培园1000多亩，良种矮化试验田2000亩，两年内荣获省、市、县15项科技成果奖。

丰县大沙河果园1959年建园时，由四个高级社和一个生产队组成，1963年设7个分场；1965年国有果园与公社分开，四个大队归岳庄公社；20世纪70年代初，果园周围的7个大队划归果园管理，为场带队；1986年成立岳庄镇，果园和镇由一个党委领导，果园负责国有部分，单独核算，镇政府负责管理集体部分；1993年8月，岳庄镇更名为大沙河镇。国有果园场带队部分原先大部分都是农田，在国有果园建立之时，经统一规划，先后发展了果树，丰县大沙河果园果树面积3.2万多亩，而国有部分仅占9000亩左右。

经过几十年的发展，大沙河果园规模越发庞大，声名也越发响亮。1992年，全国人大常委会原副委员长彭冲、国务院原副总理田纪云来到大沙河视察后欣然提笔留下了"果都"和"果海"之名。

如今的大沙河镇物阜民丰，是远近闻名的"中国红富士之乡""中国白酥梨之乡"，江苏省最大的连片果园生产地。

"大沙河"牌红富士苹果和白酥梨，在全国各类水果评比中获得国家、省、市大奖238项，并获得农业部"绿色食品"认证和"中华名果"称号。而大沙河镇也陆续收获"徐州市最美乡村""江苏省魅力乡村""国家级生态镇""全省唯一的国家级果品出口质量安全示范区"等称号。

大沙河果园建园40周年时，大部分原在大沙河果园的知青，受大沙河果园党委的邀请专程来参加了庆典活动，看望了"第二故乡"的人民。

他们见面后有的抱作一团，失声痛哭；有的议论果园的变化；有的在追忆着那既有苦难也有磨炼的似水年华……

当年的苍凉冷落再也寻不见任何痕迹，但大沙河的精神力量却鼓舞着下一代的年轻人。今朝，在这片散发着魅力的土地上，无数年轻人选择回乡"务农"，获得隔代的精神养分。

"风起三尺沙，黄上埋庄稼""逃荒去要饭，归来不见房"，这些民谣是徐州丰县大沙河当年的写照，环境之恶劣，可见一斑。

大沙河，见证了苍凉冷落、热闹繁华。两代青年自强不息的背后，也沉淀出无数个动人的励志故事。

四、花果飘香七里沟

1855年黄河最后一次改道，给苏北故黄河两岸留下大片大片含沙95%的荒沙滩地。距徐州市中心东南约3.5千米的黄河故道南岸坐落着七里沟自然村。至20世纪40年代，这里依然是连片的流动沙丘，晴日风起，黄沙尘土铺天盖地，雨天一过，浑黄的泥水夹杂着几株茅草四处流淌。居住在这里的人们，曾经在这里试种过庄稼，干旱年份颗粒无收，暴雨之年劳动成果一次次化为乌有。这里的多数人家长年过着食不果腹、衣不蔽体的困苦生活。那时流传这样一首民谣：黄河故道废沙滩，一片荒凉无人烟，五谷不生草不密，土匪白日把路拦，情愿端碗去讨饭，誓死不回这荒滩。

穷则思变，在土地里打滚的人们始终没有忘掉如何利用好这片荒土滩。新中国成立后的 1951 年（徐州市时属山东省），山东省农业厅有关专家到黄河故道七里沟一带的荒沙滩上实地勘察后，认为这里可以种果树、兴建果园。

1952 年之夏，曾组织市级机关青年数百人到白云山造林，时任徐州市建设局局长的胡大勋，向上级建议利用黄河故道建果园的设想。下半年，肩负全市人民的重托、率精兵强将的他毅然向荒沙滩挑战，开始了在黄河故道这片不毛之地栽种果树的尝试。

建园初期是艰苦的，十几个人挤在两间破屋里，没有电灯和饮用水。夜里胡大勋睡不着，常抱衣而坐，窗外映着机场上的微弱灯光，令人有"黄沙白草、青灯古磬"的感觉。胡大勋长年不回家，从未歇过星期天，当有朋友问他半夜睡不着觉时都想些什么呢，他说："啥都想，想那些在战争中牺牲的战友，其中包括我的弟弟和儿子，但是更多想的是为人民做的事儿太少了，现在我要死守这个园子，栽一棵树是一棵树，我也许吃不到果子了，但是后人能吃到果子，这就是我的一项事业。"

创业者住的是窝棚，吃的是半菜半粮，用的是铁锹、条筐、木杠。他们脚踏炙人的火沙，人挑肩抬平沙丘填沟壑，每天紧张劳作十多个小时。两个多月下来，抬断碗口粗的木杠几百根，用坏条筐上千只，完全靠人力搬掉了数不清的沙丘，填平了无数道沟壑，平整出了 900 余亩土地。当年 11 月，将由东北调运来的 12000 余株苹果苗定植在了这片新生的沙滩土地上。1953 年夏季，前期持续干旱，后来下了一场 60 年未遇的暴雨，植入了果苗的沙滩内积水遍地，创业者们夜以继日地抗涝……这批果苗存活不足 3000 株。当年市委拨款 2000 元，冬季又从泰安、烟台等地购买来果树苗进行补植，在汲取经验并精心管理与呵护下，这批果苗的成活率达到 96.7%。

1953 年 10 月正式成立了徐州市果园领导班子，胡大勋任果园主任。吃住都在果园里的他因为耳聋，夜里下雨听不见，因此每到雨季，他一夜几次起来，跑到外边，看淋着头没有，如下雨就把大家叫起来。

1956 年，徐州市果园的苹果树第一次开花、结果。果园自建的苗圃，不仅满足自身发展需要，并且支持其他兄弟果园建园用果苗、林苗累计达 6000 多万株。

在胡大勋的积极领导下，果园从 1953 年的 987 亩，逐年增加到 1957 年的 3212 亩，70% 的土地上种苹果。其余种梨、枣、葡萄，一片片，一簇簇，一串串，挂满枝头。

胡大勋把建园成功的喜讯告诉了他的老战友朱道南，朱道南又转告了江苏省委第二书记刘顺元，刘顺元即来果园视察。当刘书记看到昔日的荒滩上起了青绿的果园后，奔走市委大声疾呼："我发现了一位英雄,你们知道不？"从此来果园参观者络绎不绝。记者于西曾这样报道："当我到达这里，他闻声出来的时候，不禁使我惊讶，出现在我面前的竟是这样一位老人——身体肥胖，满腮乱蓬的灰色胡子，一顶满是尘的破帽子，不能说戴，只能说是随随便便地放在头上。棉制服上几处露出的棉花已经发黑，耳朵很聋，走路的步伐显得滞缓，有些吃力，而最能表现他的年龄的还是一双眼皮，浮而且松弛，垂在眉毛下边。第一眼的印象简直不能使人相信，这是曾经领着千军万马转战沙场的指挥员。但是开始谈话不久，这种惊讶之心就不存在了。他健谈的风貌，有力的手势，豪放的性格，时时在说明他的身份。他知道我的来意之后说：'我不过在年老的时候，尽自己一份力量而已，已经不想出声扬名了。当领导叫我来这里的时候，我立刻保证说，这个仗可能打不好，但是死守阵地没有问题的。'说完哈哈大笑。"

徐州市果园在黄河故道荒沙滩土地上成功建设果园的创举，引起了中央的极大关注，在京和苏、鲁、豫、皖四省多次召开全国性会议和区域性会议，宣传推广徐州果园的建园经验，推动了果树种植业的迅速蓬勃发展。

1958 年 1 月，中央在京召开全国发展果林生产大会，徐州市果园被授予"全国先进单位"荣誉称号，果园主任胡大勋被授予"全国劳动英雄"称号。

1958 年 3 月下旬至 4 月初，农业部在徐州市召开苏、鲁、豫、皖省利用黄河故道发展果树生产座谈会议，四省的林业部门负责人、中国农业科学院、华东农业科学研究所的专家，以及有关各县的农林、商业等部门负责人共计 100 多人到会，与会人员会议期间来到果园，实地进行了参观考察。中央服务部在一次会议上，杨一辰部长表扬了徐州果园和胡大勋。随后，上海市人民政府邀请他去上海介绍经验。《新闻日报》介绍了他利用沙滩建园的功绩。《人民日报》以"荒滩玉露"为题，介绍了徐州果园。

徐州市果园建设的实践经验，不仅引起各级领导的关注，而且全国各地媒体广泛进行宣传报道。胡大勋主任被邀请到各地介绍经验，听过胡大勋果园创建发展报告会的人数累计超过 10 万人次。上海《新闻日报》、上海《新民报》、北京《大公报》、《济南日报》、《徐州日报》等众多新闻媒体都及时做了大幅的宣传报道。

1964 年，朱德委员长过徐时，专程到果园视察，还亲自品尝了园中的苹果，对荒滩建园给予很高的评价，勉励果园职工"发展果树生产，搞多种经营，进行果品加工"。委员长的亲切关怀和高瞻远瞩的谆谆教导，为徐州市果园的进一步发展，指明了前进方向。1965 年，徐州果园果品产量达 133 万斤。

徐州市果园从无到有、由小到大，这只是创业迈出了第一步。要使果园从弱变强，生产更多、更好的果品满足社会需要，为国家建设积累更多的资金，发展社会主义事业，任重道远。

植树造林防风固沙，改善自然环境与气候。在各片果园的四周和园内的各主、次干道两侧栽植柳树、刺槐、杨树等高大乔木 20 余万株，在其下部和排灌沟渠的两侧栽植紫穗槐、白蜡条、簸箕柳等矮生灌木上百万墩。营造防护林带 33 公里。

兴修水利抗旱排涝，增强抵御灾害能力。在黄河故道修建大型翻水站 3 座，在奎河修建大型翻水站 1 座。修建主泄洪沟渠入黄河 6 道、入奎河 2 道。果树田间每隔 4~6 行果树开挖一条排灌水沟，与区块四周次沟相通，区块之间次排灌水沟互相连接。修建农田水利土石方达 24 万立方米、排灌水沟（渠）网络化，总长达 63.5 公里。

抬田降低地下水位，客土改良土壤结构。地下水位高的区块，进行人工抬田，从十多里外拉运红土覆盖树盘下以改良土壤和降低地下水位。

广开肥源培植地力，提高土壤有机质含量。在果树行间种植苜蓿草和苕子，苜蓿喂养大牲畜，苕子夏季刈青埋施果树。收集树叶、禾草等堆腐或沤腐后混合厩肥用作果树基肥坑施。人力拉运平板车到市内收集人粪尿给果树增施肥料。千方百计提高土壤肥力。

创办园艺学校，培养果树技术人才。重视果树科技人才的造就与培养，选派大批有志青年到大中院校进行深造。1976 年，"文革"余波尚在，就大胆创办了徐州市果园"七二一"工人大学，使用江苏农学院教材，聘请教授、专家授课，学期一年半。1977 年培养果树栽培专业学员 52 名，其中徐州市果园 16 名，徐州市郊区包括市果品公司 20 名，浙江省 16 名。

重视新技术的引进、应用和推广。不仅较早地建立了果树生产样板田，组建科技示范队、示范园，而且从 20 世纪 70 年代初期开始成立专门从事果树生产科研的机构——徐州市果园果树试验站。

此间，果园一直与郑州果树所、兴城果树所、熊岳果树所、山东果树所、江苏农科院及南京农业大学、苏州农校、江苏农学院、山东农学院、河南农学院、安徽农学院、浙江农大等科研院所、院校保持密切联系，既是科研院所的试验和种苗推广基地，又是院校的长期实习基地，并与这些院所通力合作，开展新品种引进选育、芽变选种、矮化栽培、土壤测定、绿肥间作、病虫害测报、化学防治、物理防治、生物防治、综合防治、激素应用等多方面科学研究，取得了一大批有影响的科研技术成果。幼树提早结果、中心三区 40 亩沙荒地成龄苹果连续五年优质高产稳产达 8300 斤每亩。在国内首创独树一帜的果树盆景等，都倾注了徐州果园科技人员大量心血，在国内外都产生了深远影响。

在科技不断进步的推动下，果品产量由 1965 年的 133 万斤，上升到 1980 年的 580 万斤，平均七年翻一番，特级果和级内果年均 85% 以上。果品不仅在国内各地销售，而且每年都有较大批量的优质果品出口东亚、南亚以及我国香港等地区。

技术人员结合生产进行技术攻关。《苹果快速育苗技术试验》《黄河故道地区苹果幼树提早结果研究》《苹果品种在徐州故道地区的生物学反应》《苹果幼树早结果早丰产栽培技术》《巴梨早期丰产技术》《金帅苹果生长结果初期的结果习性与丰产关系》《徐州果园病虫害综合防治技术》等，都是这一时期的科研成果，论文均在国家级刊物或国家、省地年会上交流，推动了果树事业的健康发展。

从 1960 年至 1984 年，果园在坚持"以果为主"建园指导方针的前提下，积极发展多种经营，不断创新求实、锐意进取，自我发展、自我完善，创造了一个又一个名载果树事业发展史册的光辉业绩。

五、双沟巨变"可怜庄"

民谣："千里大堤锁黄河，新旧社会两支歌，一支唱得千家泪，一支唱得万户乐。"

黄河流经睢宁县双沟镇可怜庄时，在这里形成了一个 U 形弯，弯道受洪水冲击使这里成为险工险段，因此，可怜庄是黄河上有名的决口点和受灾区之一。

走在可怜庄庄后的黄河大堤上，脚下的大堤高出堤下民房地基七八米，庄中村民看大堤的视角是抬头仰望。不难想象，一条狂暴的滔滔大河悬在空中，一旦决口，洪水将如黄色巨兽扑面而来，令人惊心动魄。那高高的大堤是黄河走过可怜庄时留下的特有景观。如今，与此形成鲜明对比的是，庄后经过开发的滩地上坐落着一排排标准的蔬菜大棚。现在的可怜庄已不再可怜，而是令人欣喜万分。

当地人说，现在的可怜庄有 100 余户，700 多人，已并入了魏林村。村里一位叫王洪保的老年人，他家祖祖辈辈住在堤下，小时候，听过许多有关水灾的往事。他听上辈人说，这个庄名是因为一次大水过后，民不聊生，不知哪朝哪代的一位皇帝经过时慨叹这里人民可怜，留下了"可怜庄"这个庄名。在他的记忆中，已没有了洪水威胁的情景，但让他记忆极为深刻的是，他看到过村民们从地下挖出了不知埋了多少年的石滚、石磨、石臼等生活用具。

在《双沟镇志》上还记载着一个"万芳姑退水"的故事，据说可怜庄庄名就是为了纪念万芳姑。

那是南宋时期，一次天降暴雨，洪水滔滔，危及周边村庄。当时有个庄子里正好有人家在办喜事，听说洪水来了，男女老幼都纷纷赶去抢险。大家赶到大堤时，洪水已经爬上堰顶，就要往村中冲去。当日出嫁的新娘子万芳姑也赶来抗洪。忽然，她想起了夜里做的那个梦。梦中有人告诉她，全村人要有大难，只有她才能搭救大家。为使洪水退却，万芳姑按梦中所说，以红裙蒙面纵身跳入滔滔洪水。岸上的人一看新娘子跳进水里，纷纷呼喊："万芳姑，万芳姑。"因她的名字和"万方土"音近，洪水听了认为前面没路了，便向北退走了。整个村子保住了，但可怜的万芳姑却葬身水底，村民们为了不忘万芳姑，就把村子改叫"可怜庄"了。

老人们说，由于故黄河的河床较高，渗水严重，每到汛期可怜庄黄堰引黄闸处都要组织大批人力抢险加固。1963 年夏季，连续阴雨，故黄河水位持续升高，黄堰已被大水浸透，站不住人。时任双沟公社书记的王学俭组织 200 多名壮劳力打坝抢修，他连续五六天坐镇指挥。1974 年汛期，引黄闸西侧从当时的魏头 10 队村民的房屋内向外渗水，公社组织了 1000 余人抢险，并派人日夜守候在引黄闸处……

从 20 世纪 80 年代中期，故黄河全段开挖中泓后，加固了险工险段，消除了可怜庄的洪水隐患。对两侧滩地进行开发时，按照农田水利标准统一规划，沟、渠、林、路统一安排，桥、涵、闸、站统一配套的要求进行实施，改善了农业生产条件，促进了农业增效，农民增收。现在，故黄河流过可怜庄时，流淌的是希望，故黄河以她博大的胸怀滋润着沿岸儿女的美好未来。

开头所引民歌，描写的是可怜庄的变化。2006年，在可怜庄庄后黄河故道的滩地上，瑞克斯旺蔬菜有限公司投资2200万元建设了230个冬暖式温室大棚，在这里崛起了一座现代化的蔬菜示范园。与瑞克斯旺蔬菜示范园一路之隔的，是该公司于2007年投资兴建的占地1000亩的百利育苗基地。室外是冰天雪地，大棚内却温暖如春，从荷兰、以色列引进的彩椒、茄子、番茄、黄瓜等优良品种长势喜人。

为何将公司设在这里？瑞克斯旺蔬菜有限公司副总经理周超说，蔬菜怕涝，而这里地处高滩，不但土质适于蔬菜生长，而且灌溉取水方便。蔬菜示范园和育苗基地，依靠黄河故道农业开发项目区已建成了高标准农田灌溉工程，且具有先进的农业生产技术，成为黄河故道农业开发的最大亮点。对于瑞克斯旺公司的到来，周边地区的群众表现出的是热烈欢迎。占地700亩的瑞克斯旺蔬菜示范园是以租用农民土地的方式运作的，土地的租金是每亩每年500元。公司吸纳了当地500余人就业。农民打工的月工资是500元，奖金是每采摘一斤产品奖励5分钱。在这里连续两年承包大棚的双东村农民赵芳说，这里离家近，"上班"又不受年龄限制，五六十岁的人都能干，给附近村民带来了实惠。近年，她每一年的收入净落1.5万元。陈翠梅是原可怜庄9队的村民，她在瑞克斯旺承包了一个番茄大棚，说起今昔对比，陈翠梅颇有感慨："1989年我刚嫁入可怜庄时，家里的粮食年年都不够吃，日子紧紧巴巴的。现在可不一样了，生活是越来越好！"她又在瑞克斯旺承包了一个辣椒大棚。她在大棚里说："看到一个个又红又大的辣椒心里别提多高兴了。我都是当奶奶的人了，每年还能有一两万的收入，这在以前可是想都不敢想的。"在瑞克斯旺公司院内，有人提到可怜庄这个村名时，几名当地的中年妇女立刻笑着纠正说，哪还有可怜庄啊，人家早就改名叫幸福庄啦。

六、百年蜕变"幸福庄"

在邳州市占城镇东部与八路镇接壤处，有一个不足百户的小自然村。这个村庄虽小，但很有名气，原因是它除了行政区划名称叫单庄（隶属占城镇凌湖村）外，还有两个对比鲜明的别名：一个是过去的别名叫"可怜庄"，一个是现在的别名叫"幸福庄"。

说起单庄两个别名的由来，还得从300多年前清顺治年间说起。

清顺治十一年（1655）夏，黄河于邳州境内的西塘池决口，当时决口一侧的沿岸村庄几乎全部被淹，百姓死伤无数。幸存下来的人分别逃到黄河决口两侧的黄河大堤上露宿20多天，洪水才渐渐退去。洪水退后，这些活下来的百姓大都成了无家可归的乞民。他们白天沿街乞讨，晚上走到哪里就就近找个地方落脚住宿。但这种流浪乞讨的生活方式毕竟不是长久之计。后来有些乞民相约为伴，在岠山脚下不远处的黄河岸边一处地势较高的地方搭建简易窝棚定居下来。他们白天四处讨饭，晚上到这里住宿，这样总算能有了一个可以安身的家。后来，别的乞民看到有人在此居住，也都纷纷效仿来这里搭建窝棚。条件好一些的则在这里建起土坯房。再后来，这里的人愈来愈多，也就形成了一个不大的自然村落。在这些乞民心中，这里只不过是他们临时逃难的栖身之所，因此，虽然像个小村庄，但从来没有人想着起个庄名。后来有一年，州府官员来黄河岸边巡察，走到庄头，见一位老农正在劳作，一位官员便随口问道："你们这个庄叫什么名？"老人见官家询问，长叹一声说道："唉——，可怜。住在这里的都是一些无家可归、乞讨要饭的，哪有什么庄名啊！"这位官员听他这么一说，又看了看进出庄子的也都是些衣衫褴褛的人，便随口向随行的幕僚感叹道："唉，这里的确都是些可怜之人，权且就叫它可怜庄吧。"从此，可怜庄的庄名便慢慢地传开了。当时有首民谣唱道："可怜庄，太可怜，男女老少都要饭，住的窝棚露着天，一条裤子轮着穿。"

由于可怜庄里居住的都是一些穷苦之人，加之地方偏僻，庄名又不雅，村里的男孩长大都不好说媳妇，女孩长大却又想远嫁他乡离开这个穷地方。所以，虽然建村二三百年，人口却繁衍很慢，村庄规模也不大，村民以单、李、许、刘四姓居多。

新中国成立后，1955年实行土改时，人们还称这里为"可怜庄"。直到1958年成立人民公社，这里划归占城管辖后，因嫌"可怜庄"庄名不雅，且因庄内单姓村民较多，才改名为"单庄"。

从新中国成立后至20世纪70年代，单庄农业生产均以种粮为主，只能解决温饱，经济发展也一直缓慢。直到改革开放实行土地承包责任制后，单庄群众才真正发挥出创业干劲和经济活力。他们凭借故黄河滩地的优质土壤，大力发展特色农业，以种植传统经济作物苔干、西瓜为主，并逐步探索推广良种繁育，间作套种，配方施肥，生物防治等无公害科学栽培管理模式。经济效益大幅提升。目前，全村一年种植两季苔干，苔干种植加工已成为村里的支柱产业。全村苔干年产量可达6万公斤。其苔干成品以质优、色正、味纯等特色成为苏、鲁、豫、皖地区食品加工生产企业的首选原材料。单庄"大陵"西瓜以薄皮、沙瓤、汁甜、味爽等特色被市县农业部门认定为品牌农产品。2010年后，全村又推广套种、复种优质白蒜，进一步提高了经济效益，正常年份亩均净增收益5000多元。

目前全村人口300多人，人均收入超过1.4万元，达到占城镇全镇居民年收入上等水平。随着村里经济的发展，村容村貌也焕然一新。全村实现了道路宽敞化，住房舒适化，生活现代化。村民们高兴地说："俺们单庄，过去叫可怜庄，现在该改叫幸福庄了。"还有人编了一首民谣唱道："小小单庄换新颜，村容村貌像花园。家家户户有存款，日子过得像蜜甜。"

七、两河汇流"大桥村"

故黄河从魏工处决口冲出了西渭河，大桥村就分布在黄河故道和西渭河形成的夹角之中。一道故黄河古堰像是角平分线，把大桥村分成了截然不同的两个部分，这在《睢宁水利志》中所记录的《睢宁县废黄河两岸土壤分布示意图》上可以明显地看出来。古堰下的大桥村土地属于魏工冲击扇，土质以沙土二合土为主；而堰上的河滩地要比堰南高出三四米，土质却是适宜西瓜生长的飞泡沙土。村民都住在堰下，种地多分布在堰上。

两河围绕一村庄，这情形并不多见。人们说，有水的地方多灵气，大桥坐拥着这么多的水系发生的变化是显而易见的。据大桥村支部书记王保栋介绍说，在故黄河水域还没有治理之前，一遇到大雨，大桥村就会受到水灾的困扰，那时候大桥在附近几个村中经济是最差的，"有时吃都成问题"。20世纪90年代初，故黄河水系重新治理以后，村民开始尝试着种植一些经济作物，最终锁定在适宜河滩沙地上生长的西瓜上，慢慢地人们的生活都好了起来。"要说现在，大桥村富裕程度那在魏集镇那么多村中都能数得着！"王保栋说的时候脸上显出了几分兴奋。

大桥村段宽阔的黄河故道里长满了蒲草和芦苇，宁静地向下游延伸着；村南的西渭河也从幽深的意杨林中迤逦而出，带着些许的微风，缓缓地流向远方。辛勤的大桥村人并没有坐下来享受这美丽风景的恬静和安逸，他们带着大桥村的西瓜走出了村庄，走出县镇，走向了一个更加广阔的世界。那里，西瓜田地接天碧绿，人们的笑容里都透着无尽的甘甜。

大桥村村民的生活像西瓜一样甜蜜。大桥村位于魏集镇东北部，全村辖8个村民小组，1667人，耕地面积2554亩。大桥村土地肥沃，民风淳朴，是一个以种植西瓜为主的村，近几年，大桥村每年种植早熟西瓜1000亩左右，在人均收入 6150 元中，仅西瓜一项就超过了一半，村民靠种植设施西瓜逐步摆脱贫困，目前全村 80% 的农户有存款，村民们生活富足，像西瓜一样透着甜蜜。

大桥村党支部书记王保栋生于 1958 年 8 月，1991 年 4 月担任村党支部书记，2007 年当选为县人大代表。他担任村党支部书记和县人大代表以来，大桥村党支部先后被市、县评为先进集体和"十佳"基层党组织，他本人也多次被市委、县委、县人大授予"优秀共产党员""先进基层党组织书记""县优秀人大代表"等光荣称号，并被评为江苏省劳动模范。

他是村民致富的带头人。大桥村地处黄河故道，堰上飞沙堰下盐碱，土壤瘠薄，种植粮食作物经济效益较低。1991 年，王保栋任大桥村党支部书记后，首先琢磨的是怎样加快经济发展，促进群众增收。为了更新群众陈旧的思想观念，找准发展经济的突破口，迈好走向市场的第一步，他一方面带领村组干部和群众代表到经济发达的地方参观学习，长见识、开思路，使群众认识到"过去种田为吃饭，现在种田为赚钱"；另一方面，结合本村的自然资源和生产条件，组织村组干部和群众代表研究讨论切实可行的经济发展路子。经过对成功经验的总结和对失败教训的吸取，大桥村最终把种植早熟西瓜作为发展经济的主导产业。

认准了就要干。为了打消群众思想上的顾虑，王保栋首先带领村"两委"成员和各组组长领头试种，总计面积 130 亩，并普遍采用了火炕育苗新技术。春节前后下种，移栽后进行弓棚膜和地膜双膜覆盖。功夫不负有心人，经过精心栽培管理，亩产西瓜 2500 公斤，且比常规露地栽培提前 40 天左右上市，经济效益十分显著，是种植粮食的四五倍。

谈起西瓜种植的成功，王保栋感触颇多。在大面积栽培西瓜之前，大桥村也曾试种过牛蒡，栽过苹果、梨、李子等，因为不适应当地的自然环境，最后都半途而废，王保栋也因此受到一些人的指责和埋怨，但他坚信：只要是真心实意为人民群众谋利益，就一定能够赢得群众的理解和拥护。

他是设施农业的发起人。大桥西瓜的试种成功，不仅打消了群众的顾虑，而且激发了群众种瓜致富的积极性。第二年，大桥村的设施西瓜种植大面积铺开，全村仅西瓜一项收入 120 万元，人均收入 750 元。此后栽培面积年年扩大并最终稳定在 850 亩左右，成为全村农民收入的重要支柱产业。这时王保栋又开始了新的尝试和探索，采用高支架大棚、内套小弓棚、地膜"三膜覆盖法"，并实行瓜地套种棉花、豆角、辣椒、大白菜等经济作物，到 2009 年使土地的产出效益大幅度提高，亩纯收入超过了 4000 元。

虽然西瓜亩收入很高，可是，由于西瓜重茬种植会造成西瓜品质和产量下降，病虫害加重，大部分瓜农背井离乡纷纷到镇周边地区包地种瓜，甚至还有瓜农出县域承租土地种瓜，这大大影响了群众种瓜的积极性，出现了反哺种粮现象。针对这个实际情况，2008年底2009年初，王保栋急瓜农所急，想瓜农所想，千方百计寻找西瓜抗重茬的办法。在县农业局及镇政府的帮助下，他经过多方考察，从山东省昌乐县尧沟镇成功引进西瓜嫁接技术，攻克西瓜不能重茬的难题，解决瓜农后顾之忧，极大提高了瓜农积极性。为了让此项技术在全镇推广开来，王保栋建议镇政府高薪聘请山东技术员长年在魏集镇为瓜农传授西瓜嫁接技术，2009年培训瓜农近千人。经过嫁接后的早熟西瓜，不仅可由隔年种植变为连年种植，还可由一年一熟变为一年两熟，每年可种植春秋两季西瓜。每亩收入可翻一番，年收入可达8000元以上。

随着西瓜栽培面积的扩大，一个新的问题又摆在了王保栋面前，那就是销售难带来的连锁负面效应，一些群众的思想也发生了动摇。严峻的现实使他深深地意识到，车拉人驮和沿街叫卖不能满足规模化经营的客观需要，只有畅通销售渠道，才能真正获得良好的经济效益。为此，在2009年3月至4月，王保栋自费跑南京、上海、无锡、苏州、沈阳等大中城市，联系销售，建立了稳定的销售网络。从提篮小卖到坐地有客，彻底改变了以前销售上的被动局面，农民不出瓜田就能把瓜销售出去。

作为一名县人大代表，王保栋把早熟西瓜种植扩大到全镇十几个村。种植面积达到2万亩，成为魏集镇农业的支柱产业并且富了百姓。为了抓好这项增收惠民工程，村里组织本村能人，成立该镇甚至全县第一家西瓜协会，为瓜农提供产、供、销一条龙服务。2009年全村扩种早熟西瓜800亩，建起西瓜大棚400栋，全力打造西瓜种植"苏北第一村"。2010年，王保栋一家就种植西瓜50亩，是全镇的西瓜种植大户。

在故黄河二次开发中，魏集镇专门成立黄河故道综合开发领导组，镇长李国君任组长，党委副书记卢力、副镇长夏春波任副组长。卢力书记珍惜党和人民赋予自己的权力，始终把"人民满意"作为自己的工作准则，自我加压、自我勉励、自催奋进，创新工作理念，抓好故黄河综合治理重点项目，坚持依法决策，依法行政，认真履行职责，踏踏实实做事，尽职尽责完成了本职工作，为全镇经济发展做出了突出的贡献。两年来，在他的领导下，镇故黄河治理领导组团结协作，全体成员充分发挥主观能动性和创造性，使得该镇故黄河治理工作取得了辉煌的成果。镇党委政府为打造"苏北生态第一镇"，规划出具有魏集镇农业区域特色的"223"工程，即：提升2个"基地"，打造2个"工程"，创建3条"沿线"。黄河故道沿线的产业规划是该镇年初规划创建3条的最重要的一线。魏集镇地处黄河故道末端，境内全长近15公里，沿线涉及叶场、韩坝、双楼、大桥、张庄、七堡、夏庄、王圩、卢营、陆圩、新工、徐场、张铺等 13 个村，85 个自然村庄。河道两侧滩面宽窄不一，宽的达到 2000 多米，最窄处仅仅为 200 米，由于黄河故道两侧地势高亢，土壤贫瘠，农业增产增效的潜力大。经过实地调查，在广泛征求当地群众意见的基础上，依据因地制宜、一村一品的原则，在河道两侧 100 米以内，主要以栽植绿化景观树种为主，形成绿色长廊。徐洪河以东的黄河故道以南的地块，由于地势高亢，土质多为沙壤土或抛沙，重点发展林果产业。叶场、韩坝有种植果树历史，该地区规划 3000~5000 亩以油桃为主优质果品基地。睢魏路以东至新工干渠，依托七堡核桃示范基地，重点以发展优质干果，使核桃面积发展到 4000 亩，目前已经成立核桃种植专业合作社，下一步合作社将投资核桃粉生产加工业，逐步形成生产、加工、销售一条龙，从而带动二、三产业发展。新工干渠以东至徐洪河西埝，涉及张庄、夏庄、王圩三个村，此地属抛沙地，种植粮食作物产量极低，该地区最适宜栽植银杏和杨树，计划发展杨树、银杏林 3000 亩，两种树木实行块状混交。黄河北岸地块，涉及张铺、徐场、新工三个村，北侧高亢，南侧低洼，土质多为黏土，土质肥沃，适宜发展高效农业，在原有的 0.6 万亩农业园区的基础上向南扩大面积，达到 1 万亩，把该地区打造成为生态、观光、休闲、采摘于一体的休闲观光农业示范园。徐洪河以东至宿迁界，涉及卢营、陆圩两个村，该地块土质为沙壤土和抛沙，适宜栽植银杏、梨树、杨树，在已有的百年老梨园的基础上，对老梨园进行品种改良，逐步扩大种植面积 2000 亩，实行块状混交。该镇结合各村区域规划，对沿途 85 个村庄进行统一改造，实行"一庄一品"，打造区域特色生态庄园。

八、邓楼果园六十年

打开铜山县地形图，你会发现铜山县的地形地貌有个显著的特征，那就是"三片平原三片山，黄河故道一高滩"。这个黄河故道高滩，是历史上黄河泛滥淤积而成的。地势高而平坦，平均高出废黄河两岸堤下地面 5~7 米。就在这个高滩张集段的西北部，有一片 3000 多亩不毛之地的盐碱滩，经过当地人民不断努力奋斗，终于建成了一个县内最大的果园，即国营铜山邓楼果园。

邓楼果园始建于 1957 年 12 月。当时，江苏省农林厅有个省属林业站，常驻在铜山黄河故道旁的邓楼村（该站后来下放给了铜山林业局）。站里有位刘姓负责人认为，邓楼西南角有一片 3000 多亩黄河高滩盐碱地闲在那里。这种光长茅草不长庄稼的碱滩子地，最适合植树造林。如能因地制宜，种植果树，建成果园，那是最好的选择了。于是，他马上向省农林厅提出建议，要求省厅速派员来铜山邓楼实地调查，尽快在此建果园。

江苏省农林厅得此消息后，很快做出答复，同意在铜山邓楼黄河故道建果园。并于 1957 年 11 月，委派南京市政府王珏处长带队（14 级干部），王圣林（邳州八集人，军队转业干部）为副职，带领 10 名省里下乡当农民的干部，一同来到了铜山（下放的干部级别、工资、待遇不变）。当时铜山县委听说这个情况后，也欢送一批县级下乡当农民的干部（约 60 余人），与省里干部一起来到了邓楼村，安家落户，带领当地村民，一同奋战在黄河故道高滩上，誓叫沙滩变绿洲，黄河故道果飘香！

邓楼果园的开发，在当时无论是劳动强度，还是物质生活待遇，都是很艰苦的。据邓楼村李传忠（75 岁）同志和果园生产队长邓传后同志（70 岁）介绍：新中国成立伊始，时值隆冬季节，省里和县里下放来的几十名干部，虽说级别、工资待遇和口粮计划不变，但与在城市机关坐在办公室里办公的情况大不相同；荒滩无住房，他们在工地干完活，还得赶回邓楼租茅屋、睡地铺，吃饭方面，由于活重（如挖沟、翻地、挖坑、挑水、栽树）体力消耗大，每月的口粮计划为 28 斤，不到 20 天就吃光了。无奈，这些省里和县里来的干部，只好到邓楼集上买私人的鸡蛋来补充。如无鸡蛋，就买胡萝卜或红芋充饥。面对如此的艰苦生活，干部们从不叫苦，没喊一声累，终日与当地百姓风雨同舟，患难与共，战斗在茫茫的黄河高滩上……时至今日，果园的老职工，仍记忆犹新！

功夫不负有心人。全体干群经过三年的艰苦奋斗，终于建成了一个绿树成荫，风景宜人、硕果累累、四季飘香的大果园！

邓楼果园是今徐州市铜山区内最大的国有果园。它的地理位置在铜山区东南部张集境内的故黄河高滩上。黄河故道高滩地（指邓楼段），虽说是咸丰五年（1855）黄河北徙留下的一片无主荒滩地，但在近百年来，都被当地百姓开垦耕种了。特别是 1951 年农村"土改"后，这些兔子不拉屎的盐碱地，都依法有了明确的归属。其中有邓楼的（约占总面积的三分之二），吴邵的（少量），范湖的（在东部，少量），吴楼的（在南部），孙弯的（在东南部）。总面积达 3800 多亩。

自从 1957 年 11 月（时值农业合作化高级社时期）当地百姓一听说省里要在这片黄河滩上栽果树、建果园，都高兴得不得了！尤其是邓楼村的百姓，不光敲锣打鼓放鞭炮，还列队欢迎省里下放的干部（包括县里下放的干部），来邓楼建果园，并把属于自己的高滩地无偿地献出来作为果树栽植地。其他各村争相仿效。没过三天，果园所有用地都全部解决。1958 年底，西部潘塘公社还把最东边三个生产队的地，也无偿献给了邓楼果园。原占地 3800

多亩的果园，后因黄河故道残段低洼有水，无法开发，故今实际占有土地面积 3216 亩。其中，果园周围防护林带占地 812 亩；果树栽培面积 1678 亩，苗圃面积 80 亩，余皆为果园厂部、道路、仓储、职工住房所占用。它是一个历经"大跃进"、人民公社、"文革"、改革开放等阶段磨砺出来的老果园。

邓楼果园从 1957 年建园至今六十多个年头了。它的果树品种更替，如同果园的老职工退休一样，也经历了一个新陈代谢的大轮回。据果园退休职工邓传后回忆：果园起初栽种的果树，以苹果、甜梨、蜜桃为主，苹果是"龙头"。当时的品种有金帅、元帅、红星、红玉、握锦、国光等十多个品种，梨和桃为辅。那时苹果很畅销，也好卖，年产量曾突破 150 万公斤大关！后来，由于市场的不断变化和苹果新品种的不断出现，果园的老品种苹果就很难销售了，梨和桃的行情也不看好，销量一般化。根据这个现实情况，果园领导和工程技术人员，通过调查研究决定：立即去除苹果老品种，引进新品种超级蜜桃的栽培，逐步形成以桃为主，以梨、枣为辅的新格局。现在新培育的桃子品种有"突围""早春红""加纳盐"等七八个好品种。这些优良品种将来能否占领市场？那就要看我们的领导、技术人员和职工们如何拼搏了。

邓师傅的话有道理——成绩不是等来的。一个人、一个单位，如果没有拼搏，没有奋斗，没有科学头脑，永远也拿不到金牌！

邓楼果园从 1957 年建园到现在，走过了一条艰难曲折的建园道路。据邓传后师傅回忆，荒滩刚建果园时，场部门口挂的大牌子，是"国营江苏省邓楼果园"。果园的主要领导，也是省里直接派来的，也是省里投的资，这说明这个果园是江苏省的省属单位。可是没过多久，全国各地纷纷成立人民公社，邓楼果园又忽然划归铜山县魏集公社邓楼大队管辖了，是邓楼大队一个专业生产队。那时，果园职工都在公共大食堂里吃饭，每人每月发三块钱做零用。1961 年后，果园大食堂停办，职工改吃"定销"计划，口粮供应标准低于"定量"，大人小孩每顿饭只能吃个半饱，职工常在干活休息时，到处刨野菜煮熟充饥。再后来，职工在果园劳动开始记工分。那时果园的劳动组织，最初是两个工区（东工区和西工区），后来人多了，分成四个生产队，再后来又分八个生产队。职工按劳记工分，年终按所挣工分多少进行"分红"，与农村社员没有二样。

1982 年，铜山撤社建乡后，邓楼果园又划归铜山县林业局管辖了，果园的正式职工开始实行工资制。每月的工资虽然只有十七八块钱，但总比到处刨野菜充饥强得多。1988 年后，果园职工又上调一次工资，每月能领 30 多块钱，日子好过一些了，但还是走不出贫穷的困境。

1993年春，铜山县林业局开始在邓楼果园推行果木地承包责任制，砸烂工资制的"铁饭碗"。果木地承包规定：凡本果园正式职工（退休者不承包），每人承包 6 亩果木地，收入归己，林业局不再发工资。如超包果木地，每超一亩，年终要向场部上交承包费 230 元（现已提高到每亩 300 多元），以此类推。如原本园职工的成年子女（非正式工）承包果木地，上交承包费与正式职工超包交费相同。

如今，邓楼果园自推行果木地承包责任制以后，职工人数虽减少 100 多人（原有职工 271 人，现在只有 140 人），但每年果品销售收入反而增加了，超过承包前任何一年！职工们尝到了黄河故道综合开发的甜头，改革开放的硕果越结越大！邓楼果园人，正在改革开拓的大道上阔步前进！

九、"张集职中"闪新星

铜山张家集，自古地处黄泛区。70 年前，这里民间曾传唱一首古民谣，曰："黄河故道旁，昔日真荒凉，春风黄沙起，夏日水茫茫，秋禾不结子，隆冬雪花扬。大片盐碱地，就是不打粮。"就在这片常年不立庄稼苗，光长芳草的盐碱荒滩上，1983 年，一所"心系农业、心系农村、心系农民"的张集职中拔地而起。这就是后来曾被国家教委、劳动部、人事部、财政部和国家计委授予"全国职业技术教育先进单位"称号的张集职业高级中学——一颗闪跃在徐州黄河故道上的新星！

1978 年，中央明确提出：要在全国实行中等教育结构改革，大力发展职业技术教育。为了认真贯彻执行中央教改方针，铜山县委于 1983 年春，成立铜山县中等教育结构改革领导小组，县委副书记胡秀松任组长，并根据铜山县的实际情况，制定了一个多层次、多渠道、多规格的办学方针。同年秋，铜山县多种经营管理局（简称多管局）和水产局，决定利用 1980 年原徐州师范学院在张集开办的校办农场，创办张集农业中学（初名），当年招生一个班，有学生 45 人。1983 年 12 月，将张集农业中学改名为"张集职业中学"。从此，张集职中在这个黄河故道旁的茫茫荒野中，悄然诞生了。

张集职中诞生后，经全体教职员工 30 多年不断地努力拼搏奋斗，于2009 年 9 月，通过江苏省教育厅四星级中等职业学校评估验收后，一致认为该校符合江苏省高水平示范性中等职业学校标准，并于 2010 年 2 月，又将张集职中校名，更名为"江苏省张集中等专业学校"，简称"张集职专"。开设水产、畜牧、果林、蔬菜、蚕桑等 18 个专业班，从此成为一所誉满全国的农业高水平示范性中等职业学校。

张集职中开办之初，首先遇到的难题就是招生难。这是因为在平常人眼里，职高生似乎是教育对象中的弱势群体，而且在少数人的心目中已形成了定势，总认为学生在这里读书，不如进郑中、侯中、棠中、铜中等中学培养出来的管用，结果造成生源不足，开课困难。面对部分群众对农村职教的偏见，张集职中历届领导不气馁、不退缩。他们积极改革招生办法：放宽招生时间，放宽招生对象，招生不限地区。放宽考生年龄、分数等，彻底打破传统招生的条条框框，敞开职教大门，欢迎那些愿学一技之长，期望脱贫致富的农村优秀青年进校学习……学校顿时活了起来，职教火了起来！

第二个遇到的难题，就是办学之初学校资金匮乏。因为没钱雇不起劳力，所以学校里的一些苦活、重活，都落到该校广大师生的肩上。他们凭着一双手，夏天顶烈日，冬天冒严寒，除杂草、挖泥塘、铺道路、搭桥梁、栽花、种树、拉土、平坑等，样样都是亲自干。冬天，修剪果树时虎口被冻裂；夏天，铺设道路时汗水湿透了衣衫，没有人叫一声苦，没有人喊一声累。据曾在该校读书的马宁同学告诉笔者："俺校有一位老师，为勤俭建校扒旧房子，不慎跌落，摔断五根肋骨！他咬紧牙关没叫一声疼；教养殖专业的一位老师，为搞好育雏工作，晚上有一两个月没脱衣上床睡过觉，两眼熬得通红，从未叫一声苦。老师为我们树立了好榜样，俺们学生也都自觉地拼命干起来，那时真不知啥叫累。"

正是因为全体师生艰苦奋斗，努力拼搏，苦干了二十多个春秋，因此，他们用心血和汗水把这片茫茫的盐碱地，建成了美丽、整洁、优雅的职教校园。果园、苗圃、鱼塘、猎场、养殖场、禽畜门诊部、良种育种基地、日光无土栽培室等，哪个不是该校教职员工自己动手，少花钱或不花钱亲自干起来的？社会效益、经济效益和人才效益都得到了充分发挥，赢得了人们的赞誉！

第三个棘手问题，就是张集职中学生就业问题，也是学校、家长、学生本人和社会最关心的问题。办学初期，该校领导对此心里并没有"底"。学生毕业后，除了哪里来哪里去之外，能否在其他大城市对口就业也不敢向学生打包票。然而，该校领导和主管部门，经过多年的努力探索后，他们今天可以向每位在此毕业的学生下保证:你们的就业问题不用担心，学校全包了!这个中的奥妙在哪里? 那就是张集职中数十年积累的雄厚办学质量和有把握的社会需求，为学生就业做了保证 。回首过去，张集职中为解决学生毕业后就业问题，曾在6年前该校就成立了学生就业指导处，专门解决学生毕业后的出路问题。至今，张集职中也先后在上海、苏州等大城市，建立了20多个固定的就业基地，依法签订了十多个长期委托培养协议。张集职中的学生们不出校门，学校已经给他们安排好了三五年代选岗位，而且五年之内，随时为他们就业、择业、创业做好了全程服务。让莘莘学子无后顾之忧。以前，有好多家长为孩子成绩中等，担心考大学没有希望而感叹，现在张集职中为这群"无望"的学生，早已铺就了一条金光大道! 在该校精心培养下，每年都有几百人升入东南大学、苏州大学、扬州大学、南京财经大学等名牌大学。这已成为不争的事实。

30多年来，张集职中所走过的道路，是一条由小到大，由弱到强，由"土打五"到现代网络化的办学道路。

1983年初建校时，学校仅征用245亩盐碱地。其中校园占60亩，实习基地90亩,生产基地95亩。地面所建办公室、教室、实验室等教学用房，既简陋又窄小，显得有些寒酸。可是到了1999年底，该校仅学习生产基地就达280亩，超过建校初期用地的总和!（该校现占地356亩。）目前，该校新建办公楼、教学楼、实验室、陈列室、图书室、阅览室等地面建筑面积达5.7万平方米。固定资产总值高达3915.1万元。其中实验、实习设备就达1657.4万元! 这是一组了不起的发展数字!

此外，为发展体育，增强师生体质需要，该校还建有400米标准塑胶田径场、篮球场、排球场、多功能活动中心，为满足全校3800多名师生（其中专任教师185人）体育活动需要，起到了保证作用。

教学设施方面，根据专业设置需要，该校除建有实验室、仪器室和水产、果林、畜牧兽医三个标本陈列室外，现建有现代化的多媒体投影47套。其中44套装入教室，3套装入实习室，使该校56.41%的教室都具有多媒体教学功能，完全满足了教师利用多媒体对学生教育的需求。另外，为加强教师对学生现代化、网络化的教育，该校还为每位教师配备了2台清华同方笔记本电脑，随时为学生制作和开发多媒体课件，大大方便了教学，提高了教学质量。

张集职中开办初期，该校共设农经、财会、畜牧、林果、蔬菜、农学、蚕桑七个专业。后来，根据社会不断发展变化和农村经济所呈现出的多元化需求，学校又将学生所学专业重新调整为：机械加工技术、机电一体化、数控技术应用、计算机多媒体网络技术、计算机的运用、电子信息技术、服装设计与工艺、饭店烹饪服务与管理、电子商务与信息管理、汽车驾驶与维修、汽车美容与商务、动物医学（畜牧兽医）、农村经济管理、园艺、种植、水产养殖、农副产品加工、农机使用与维修，共18个专业。在这18个专业中，除一些传统专业技术人们比较熟悉外，其他七八个新专业（如机电一体化、数控技术应用、计算机多媒体网络技术、计算机的运用、电子与信息技术、汽驾与维修一体化技术等），都是紧跟时代、社会飞速发展的需要，新开办的实用技术。据笔者调查，张集职中为教好学生熟练掌握汽车驾驶与维修技术（又称一体化维修），专门选派一位本专业教师，远涉重洋到德国大众汽车维修厂深造学习两年，再回校悉心教授学生。可见张集职中对本专业是何等的重视，何等的负责！难怪很多学生家长高度评价张集职中说："张集职中是俺老百姓致富奔小康的根据地，是俺农村早日实现现代化的大本营。俺把孩子送到张集职中求学，俺一百个放心！"

张集职中蜚声省内外，誉满举国上下，不是偶然的，也不是吹牛 吹出来的。它是张集职中全体教职员工，在各级党委领导下，在各级主管部门关怀下，经过长期的努力拼搏，艰苦奋斗，用心血和汗水换来的成果。

从1983年9月张集职业中学诞生，到2015年底寒假结束，这所扎根农村，一心为农的职业高级中学，已经跨越了整整32个年头。在这30多年的拼搏奋斗中，张集职中的广大师生员工，用心血和汗水，把昔日铜山东大荒那一片茫茫盐碱地，变得富足起来，辉煌起来，获得了举世瞩目的殊荣；他们除先后获得省、市、县表彰奖励200多次外，还被国家和省有关部门先后授予20多个先进光荣称号。

此外，从2003年至2005年，该校还有一个专业被国家教育部认定为全国骨干示范专业。还有三个专业被江苏省教育厅认定为省级骨干示范专业。其余该校所有专业均为徐州市级以上示范专业。这些殊荣，在中国国内是独一无二的，堪称徐州黄河故道上一座不朽的丰碑！

十、潘塘水利新风景

程庄翻水站——

潘塘境内的黄河堤坝，这里人称为黄河堰，堰上有大韩、赵武、张屯、丁庄4个大队，耕地面积五六千亩。为解决其灌溉问题，修建了程庄翻水站，修建时间为1974年。建程庄翻水站不是全民动员，而只是用这些匠人（石工、瓦工）来抵他们生产队的其他水利工程的工程任务。

　　工程是先在堰下整一块 2~3 亩地的平台，修一个长 20 多米、宽 2 米多、深 2 米多的大机塘，用水泥浇灌，靠南留有进水口，用石砌一进水道，机塘内有 3 台大水泵，出水管内径 40 多厘米，动力各泵配一台 20 千瓦的大电机，水泵的扬程 12.5 米。三台机器同时开动，每小时可出水近千立方米。机塘上建一长 20 余米、宽 7.5 米、高 3.5 米的大机房，由红砖红瓦水泥棒建造。泵房北墙留 3 个出水泵管的洞，泵房北靠老堰用青石修一长 20 余米、高约 12 米的倾斜约 70 度的慢坡石壁，3 条巨龙般的水管沿石壁而上。紧靠石壁修了一个长 15 米、宽 2.5 米、深 2 米的水池，水池靠北留有出水口，水从出水口进入堰上的人工悬渠，一直向北直至赵武大队（潘塘最北的一个村庄）。

　　悬渠南宽北窄，内宽约 1.5 米，深也不等，由南向北逐渐由高变低。紧连水池处宽约 2.5 米，而到最北端则不足 50 厘米。悬渠用方石砌成，水泥浇缝，流经北刘、大韩、晓庄、张屯到赵武，全长 3000 多米。

　　3000 多米的悬渠，不免要阻挡一些东西走向的道路。为了行走流水两不误，则每逢悬渠过路处便修一座连通管。其方法是：根据水渠与路面的落差，在路两边的渠口各修一个深水池，把路挖开，在地下用钢管或水泥管（根据路面通过的车辆载重的大小而定）连接两边的水池，然后再填地修路。水从进水池流入，出水池流出继续北上，路上交通丝毫不受影响。这样的连通管一共修了 35 个，分别在北刘路、大韩路、张屯路、小韩路。整个工程共用了 3 年才完成。可惜，这一耗资巨大的工程，没用几年，由于土地承包到户，无力支撑巨大的经济开支而荒废，直至修汉源大道时而全部拆除。

为了解决翻水站的水源问题，还修了一条顺堤河，这是潘塘境内的唯一的一条东西走向的人工河。顾名思义，顺堤河是顺着黄河古堤而修，东起六堡，在六堡东通过老堰修一涵洞，引出黄河水向西进入翻水站的泵池。不光如此，顺堤河向西直到大龙口水库，还可以向水库补水；流经狼溪河时也可以向狼溪河补水。顺堤河向东延伸到团结水库，向团结水库补水。在新城区建设时这条渠扩修后连接大龙湖与团结水库，成了新城区的一条东西走向的重要的观光水系。

狼溪河——

狼溪河是潘塘境内唯一的一条古老的河流，在潘塘境内约 5 公里，河龄已无从考证，它起源于六堡东的狼庄（已经并入六堡），流至三堡的溪庄（现已延伸经奎河注入淮河），这是狼溪河的名称来源。

新中国成立后，狼溪河几近荒废，在潘塘境内窄处只有几米宽、米把深，而宽的地方有几十米宽，两岸长满芦苇杂草，旱季干涸断流，雨季水排不出去，积涝成灾，两岸庄稼受灾严重。虽经过几次疏通，也没有彻底地解决问题。20 世纪 70 年代中期，也就是程庄翻水站修好了以后，对狼溪河进行了一次彻底的改造，将原来弯弯曲曲的河道取直加宽，形成河面 30 多米，河深 2~3 米的宽阔河流。它北起于程庄，西通顺堤河过蔺桥一直向南过刘桥，流入棠张境内。由六堡、魏堤、蔺桥一段彻底废掉。从此之后不光解决了潘塘境内的水涝，而且解决了沿岸地区的灌溉问题造福两岸人民。在新城区的建设中，此河原封不动地保留下来，只是对两岸加固，用水泥板镶嵌，两岸各增加 30 多米的绿化带，汉源大道沿其东岸而过。

拦山河——

拦山河修于 1969 年，北起黄河大堤，经韩山窝、马口，过两山口、王山、段山、曹山，出潘塘流入三堡，经过三堡流入奎河，在潘塘境内约 5 公里。拦山河是一条平地挖出的人工河。

为什么要挖这一条河呢？它要从潘塘的地理环境说起。潘塘的西界是拖龙山，南北约 5 公里，只有南端的闰山在三堡境内，由此造成拖龙山东的几千亩地，由西向东，渐渐地低洼，形成塘坊大队以西大面积的洼地，每逢雨季，这一带形成一片汪洋，大面积歉收。为解决这一带的涝灾而修此河，由铜山县委调度，在潘塘境内由潘塘公社修，三堡境内由三堡公社修。

这条河修好以后原潘塘境内的涝灾解除，后来又在黄河堰修了一个涵洞，每到旱季，通过涵洞将黄河水排放入河，又解决了潘塘、山堡沿河地区的灌溉问题。

沿河——

　　沿河北起六堡接顺堤河南下经茶安、刘庄、孙店出境至棠张进入安徽，在潘塘境内约 5 公里，是铜山县协调两个乡的统一的水利工程，河面宽 30 余米，两边堤岸栽植杨树、洋槐树。水源来自顺堤河，雨季用于排涝，旱季用来灌溉和种植水稻，是潘塘境内的第三条贯通南北的重要河流，修建于 20 世纪 70 年代初期。至此，潘塘以形成三纵一横水利系统，基本解决了全乡的排灌和旱地改水田的大问题，提高了粮食产量。虽然真正解决潘塘人吃饭难题还是 80 年代的包产到户以后，可这以前建设的水利设施也功不可没。

第二节 顶天立地黄河人

一、铜山推行"河长制"

2013年，铜山区建立"河长制"管护制度，由各级党委、政府主要负责人担任"河长"，负责辖区内河流治理。

徐州运料河，上起铜山区张集镇杨洼水库，下至苏皖交界，全长19.7公里，承担着沿岸防洪除涝及灌溉任务。

两岸紧挨村庄和稻田，河水清澈干净，岸边垂柳依依。在交通桥和河岸交叉处显要位置，竖立着河长管护公示牌，上面清晰列着区、镇河长姓名，管理单位，河道起讫，管护标准，监督举报电话等。

许东是铜山区张集镇镇长，也是杨洼水库至房村界段11.2公里运料河的镇级河长。

"以前看河脏水污，觉得那只是水利部门的责任。当上河长后，我和区里签订责任状，责任压力变成了工作动力。"

作为张集镇12条镇管河道的河长，除了每月定期巡河两次，他在入村调研、检查等日常工作中，只要到村里，许东就一定会去分管的河道看一看，一旦发现河道内有漂浮物、河道旁有违章建筑等，就马上联系分管副镇长，一个电话打完，快则几分钟，慢则半小时，村里的河道水管员就过来解决。

党政主要负责人任河长，工作执行力显然得到增强。2015 年 5 月 8 日凌晨，一辆运送化学制剂的罐装车在徐宿高速古黄河服务区发生泄漏，3 吨的化学制剂随雨水顺着服务区排水道进入运料河支渠。被污染水流经的河道河水发黑，水草枯萎。

9 日早晨，一位河道管护员发现异常，立刻上报给许东。许东立即带着镇分管负责人和村级河长赶到现场，调度大型机械，将支河两端打上土堰，防止污染水体外流。同时联系化工专家，确定专业处置方案，立即抽调人员及机械进行处理。

若在以前，遇到这种突发事件，在没有河长的情况下，河道管护员须层层上报，事件处置会很慢，后果严重。现在"一把手"任河长，第一时间了解情况，可直接调配人员、资金、机械，处置过程中的障碍减少了。

作为张集镇 12 条镇管河道河长，许东需要牵头协调解决的事情很多。他说，"一把手"出手解决河道管护难题，最大限度整合了相关部门力量，部门之间衔接更通畅，有效发挥了党委政府的推动力。

河长这个官并不好当。铜山区专门成立由区委书记任第一组长、区长任组长的区级"河长制"管护工作领导小组，下设检查考核小组，对"河长制"管护工作进行考核，并将考核情况、得分和排名进行通报，考核结果纳入各级、各部门年度考核和领导班子任期考核范畴。根据年度考核分数，检查考核小组还将对相应的河长和管理单位实施严格奖惩。

运料河斜对岸，几位保洁员身着明黄色保洁服在沿岸巡查，或拿着长杆打捞河面漂浮物，或清洁护坡。

这是铜山区以"河长制"管护制度为抓手，积极推行市场化保洁养护机制的一个剪影。每年铜山区政府都安排财政、水利等部门，招标选择专业管护公司，推行河道管护专业化、市场化。

铜山区副区长刘刚是运料河的区级河长，他自信地说："铜山区区级河道水库已全部实现市场化保洁，明年将实现区镇村三级河道、水库市场化保洁的全覆盖。"

河道不仅有了"河长"，更有了"保姆"。这些"保姆"均来自顺安保洁公司。该单位实行分责任段保洁，两人负责一段，每天都要清理水面漂浮物、水草，保洁效果直接和单位招标、员工工资挂钩，所以人人尽心尽责。

"保姆"也有监管人。按照统一管理和属地管理相结合的原则，徐州市河（湖、库）都明确了专门机构监督管理，市管河道由市区河道管理处统一归口管理，各县（市）区河湖管理所负责辖区内河湖管理，镇级河湖由镇水利站管理。

据铜山区城区水利工程管理所职工介绍，管理所主要负责河道的巡查监管，每天有两名巡查员早晚巡河，发现水面有污染物，会及时通知保洁员来清理。遇到管理所难以解决的较大问题，将及时向河长反映，由河长来协调解决。

每季度，铜山区水利局根据考核细则对中标单位的养护保洁情况进行考核打分，根据考核分数档次，按百分比兑现保洁费用。季度考核在95分以上的，全额拨付季度承包费；90分以上、95分以下，拨付季度承包费的90%；承包期内两个季度平均考核分数低于85分的，将解除合同；四个季度考核平均分95分以上的，在下一轮招标同等条件中可优先考虑中标。

镇村级保洁员大部分都是周边村民，同样实行每季度考核一次，发现河面垃圾未清扫的，扣绩效工资，保基本工资。

同时，按属地管理原则，区财政落实区级河道养护保洁经费；各镇（场、办事处）落实镇级河道的，区政府按年度考核情况给予不超过50%的补助。

从2013年1月任房村镇7条镇管河道河长，到2015年4月调任张集镇镇长，任12条镇管河道河长，许东亲身经历了"河长制"的从无到有、日益完善。"必须确保河道管护经费投入，没经费说什么都是空话。要有责任心，真正投入抓工作才行。"近5年的河长职责，让这席话多了分量。

河边，还设有水利界桩，沿着河岸走，每100米埋设一个，界线以内河道权属为水务局的，界线外10米为水务局的河道管理范围，禁止房地产开发等危害河道安全的活动。

在界桩旁，树一块蓝牌，上面详细标示了在河道管理范围内禁止从事的活动。

2015年，借助全国河湖管护体制机制创新试点市机遇，徐州市积极推进河湖"划界确权"创新管理工作。铜山区先行先试，对境内的废黄河、运料河、奎河及胡集水库等试点河库进行"划界确权"，目前共计埋设水利界桩1700根、告示牌222块。河湖安全实现依法保障，促进了河道长效管护。

二、绿化荒山一百年

——中国好人刘开田的承诺

他对山有情，立志要把光秃秃的石头山绿化成茂密的森林，签下了承诺绿化荒山100年的合同。

他对林有情，三十年如一日，吃在山上，住在山上，与山林相依为伴。

他，是"绿林"好汉，艰苦奋斗，无私奉献，为子孙后代留下一座青山、宝山。

他，是当代"愚公"，坚忍不拔，敢想敢干，梦想着依靠自己的双手让天地改变面貌。

他就是铜山区伊庄镇吕梁村护林员，被评为"诚实守信"类中国好人的老共产党员，88岁的省劳模——刘开田。30年前刘开田和村里签订了100年的承包荒山合同。从此以后，三十年如一日，他用一双布满老茧的大手，硬是把一座光秃秃的石头山绿化成了一片茂密的树林，"生命不息，绿化不止"，他把自己后半生无私地奉献给了荒山绿化事业。

伊庄镇，坐落在江苏省徐州市东南部30公里处，全镇有177座山头。镇上有一座地处偏僻、贫瘠荒凉的石头山——徐山。以前每逢雨季到来，山洪暴发，石沙俱下，水土尽失；干旱时节，大风一吹，飞沙走石，一片迷茫。20世纪50年代以来，村里曾多次组织人们上山植树造林，结果都没能收到良好效果。

进入20世纪80年代后，为了改变自然生态和群众生活环境，乡政府和村干部多次动员群众承包荒山，自栽自管。竞标会开了一次又一次，全村几百户人家无人承包。人们都在心里盘问：石头上栽树，能行吗？1987年12月的一天，村里又一次召开群众大会，号召大家承包荒山，绿化家园，造福后代。就在这次会上，刘开田老人挺身而出，在合同上签下自己的名字，合同上签的是100年的时间。那一年，老人61岁。

人们议论纷纷，100年啊，老头子疯了！很多人都劝他：算了吧！刘开田说："愚公挖山不止，子子孙孙无穷尽也，为的是自家有条出路，而我绿化荒山为的是家乡，为的是子孙后代，何况承包合同上明明写着子孙后代有承包权和继承权，我相信共产党的政策不会变！"家人知道后很不理解，老伴骂老头子疯了，你也不算算100年是多长时间！你还能活多长时间啊？还赌气说："你若坚持到底，咱俩就一刀两断，你就永远别进这个家门！"

全家老少六口人，五口人反对，就是不同意他做这个"傻事"。可这还是没有动摇老人的决心。第二天一大早，他一个人背起半袋子玉米面，手提一口小铁锅，拎起铁镐就上了山，从此30年来，他就没有下山过。

冬天的石头山寒气逼人，刘开田老人上山后，找一处避风的山坡，用石块垒起一间不足两平米见方的小窝棚，用三块石头支起锅，"家"就这样安好了。之后，他就开始凿石挖坑，把一块块乱石从坑里拣出来，然后从山上的石缝里刮土，从山脚下背土，将一个个鱼鳞坑填满，以便来年开春好栽树。就这样，刘开田老人每天从早干到晚，挖坑不止。

老人承包的徐山，离村七八里远，山上缺水、无电，路是羊肠山道，常年无人光顾。一个人吃住在荒山野岭，孤单不怕，苦累不怕，最大难题就是吃水要到几里外去挑，一个来回就要个把小时，既费时间又耽误干活。为了节省时间节省水，老人几天都不洗一次脸，刷锅水也舍不得倒掉，放在盆里澄清后再用。他吃的是玉米饭，住的是小窝棚，干的却是力气活，连续干了一个多月，老人就整个瘦了一圈，手上脚上都裂开一道道口子，蓬头垢面，像个野人。

农历腊月二十八那天，儿子提着肉和酒上山来了。快过年了，儿子一来是看看老人，二来是接他回家过年的。父子俩一见面，看到父亲被山风吹裂的脸，看到那三块石头支起的铁锅和碎石头垒砌的小窝棚。儿子鼻子一酸，呜呜地哭了起来。老人惊问："你哭什么？家里出了什么事吗？"儿子心疼地说："你怎么变成这样了？我都不敢认了。"老人一听儿子这话，呵呵一笑说："为叫荒山变青山，累倒也心甘。"

儿子接着说道："本来咱家日子是蛮好过的，每年种的收的吃不了，农闲时我们还可以外出打工挣点钱，你这一折腾，全乱了套，一家人都为你担心，我看还是算了吧。"老人说："孩子，我就知道你得来，你不来你娘也得来，你们要和我一刀两断，我想世上没有这样的刀，再说看到山上光秃秃的，没有树林，我心里不舒服，植树造林是一件大好事，利国又利己，我们为什么不干？人不能光为自己活着，咱不能眼看着这几百亩山地一年年荒下去。植树造林，绿化荒山，这是积德积善、造福后代的大好事啊。"

儿子明白了父亲的苦心，春节刚过，他就带领全家扛锹提桶上了山。出嫁多年的女儿也领着全家人来了，左邻右舍的亲友们也都赶来帮忙，乡林业站还免费送来了树苗。大家挖坑的挖坑，填土的填土，浇水的浇水，栽树的栽树，荒凉的石头山上呈现出一派热火朝天的劳动景象。不久，老伴也把家搬到山上来了，和老头子吃住在一起。有老伴做帮手，刘开田老人干得更起劲了。

冬去春来，在这个不足两平方米的小"石屋"里，老人经常是渴了喝沟里的山泉水，饿了啃干馒头，夏天虫子叮，冬天风刺骨，按照刘开田老人自己的话说，"天当房，地当床，风霜雨水当衣裳，挖块白芋当干粮，艰苦奋斗人不让。白天干，黑夜干，白天黑夜连轴转"。这个"轴"一转就连续转了6年。"不为名不为利，为了世界六十亿。"6年时间，老人凿石挖坑用坏铁锹、铁镐、铁锤50多把，布鞋磨透了80双，在600亩石头山上挖了10万个鱼鳞坑，栽下10万棵松树苗，把整个荒山绿了个遍。

他的事迹得到了社会的尊敬和百姓的赞扬，在老人带动下，村里又有几户人家把另外几座荒山承包下来，植树造林连成一片，石头山区从此披上了绿色的盛装。

在石头山上栽树难，管理更难。树苗刚栽好的那几年，松柏苗子小，不易成活，若是被羊吃了树头，这个树苗就报废了。因此老人天天在山上转悠，还遍山地割酸枣枝条盖上，在树的地块周边栽上花椒树，为了保护好松树，他还用山上的石头垒起了1米高、0.6米宽、2000米长的防火墙。树苗缺水时，老人就到二三里外的山下沟里挑水，挑一次水来回要四五十分钟，一趟2桶水只够浇10余棵树，他一天跑六七趟，却只能浇五六十棵树，那时老人的工作就是每天不停地担水、浇树，有时饭也忘了吃，直到雨季。

　　刘开田看管树林的认真是出了名的，为此，他挨过别人的骂，甚至挨过别人的打。有一次，一群人上山捉蝎子，乱扒乱挖，老人担心他们破坏树木，上前阻止，竟被这帮人给打得头破血流。吕梁村是养羊大村，全村养羊3万多只，过去山上栽的树，由于管理不善，很多都被放养的羊破坏了。有一天邻村有一养羊大户，把羊赶到了徐山，刘开田坚决不让他在徐山放羊，那人骂刘开田死了都没有地方埋，刘开田理直气壮地说："我死就死在徐山上，死都不让你糟蹋树木！"

　　为了使老人不再受风雨之苦，1999年镇政府在徐山山脚下给老人盖了两间瓦房，他们全家人都搬上山了，老人在院里种了菜，喂了鸡，养了羊，生活可以自给了，就更加方便看护树林了。

　　30年就这样过去了，在他的精心看护下，原先三四十厘米高的小树苗现在已经长大到三四米高了，郁郁葱葱。小树长大了，老人也老了，他已经88岁高龄了，行动也不是那么方便了，但是他还是那个习惯，每天早晨起床后第一件事就是围山转一圈，看看他亲自呵护长大的一个个心爱的"孩子"，只是步伐有些缓慢，有些蹒跚。

　　30个年头，10000多天，老人一直没有离开那片树林，他要亲自守护那片亲手栽植的树林，老人与林，情比父子，难分难舍，老人离不开树林，树林也离不开老人啊！

　　那一年他外孙子结婚，女儿两次上山请他回去喝喜酒，老人没有去；远在郑州的表哥20多年未见面，几次来信请他到郑州玩一玩、看一看，老人也没有去。

　　2011年，和他相伴一生的老伴去世了，刘开田就把老伴安葬在了山上树林里。并对儿子刘继忠说："孩子，我的年龄越来越大了，来日也不多了，有生之年我栽树看树，等我死后也和你母亲一起埋在这片树林里吧！"

　　老人总说，自己种树不为名，不为利，只想对得起自己当初的那个红手印，不让人戳脊梁骨。正是这种老实而又实在的想法和做法，吕梁人亲切地称他是"老愚公"。

现在，昔日的石头山变成了一座四季常青的生态林。原先那座光秃秃、白花花的石头山，已是一片苍翠，一棵棵胳膊粗的松柏亭亭玉立，从山脚一直铺排到山顶。每当看到那漫山遍野的青松翠柏，人们都不由得发出一阵阵的赞叹声，对那位坚守自己的承诺，硬是在石头缝里种出树林来的这位老人，更加肃然起敬。

他受到了社会的尊敬和百姓的赞扬，曾被国家林业局和江苏省政府分别授予"全国优秀乡村护林员"和"劳动模范"称号。2011年获感动徐州十大人物。

2012年4月，刘开田被评为"诚实守信"类中国好人。

2012年，全国第一家省级美德基金会成立，评出第一批16名省美德基金资助对象，刘开田获得省美德基金会10000元资金资助，他也是徐州市唯一获此殊荣的人。

2013年，刘开田又荣获江苏省道德模范提名，并受到了罗志军书记的亲切接见。

2013年9月23日，江苏省第一家好人园在风景秀丽的云龙湖畔珠山公园开园，全市150多名国家、省级先进人物经过多轮投票遴选，刘开田成为全市第一批入驻好人园的11名好人之一，他也是铜山唯一获此殊荣的人。

他的先进事迹得到社会媒体的关注，人民网、新华网、中国文明网、江苏省广播电台、徐州电视台、《新华日报》、《徐州日报》等国家、省、市、区多家新闻媒体多次报道刘开田的先进事迹。

100年的承诺，30年的奉献，刘开田一直坚守着自己的那块"阵地"，履行着当初的诺言。一棵棵树木，诉说着刘开田的艰辛与喜悦；一次次奉献，谱写着刘开田的伟大与无私。他凭借坚忍与执着成就了开山造林的伟大事业，他的贡献不仅是绿了一方土地，更重要的是将自己的精神染遍了吕梁的秀美山川。

三、黄河故道多"能人"

赵昌飞——果品大王

52岁的赵昌飞是邳州八义集人。2002年，年轻气盛的他横下心来承包了村里400多亩荒滩地栽速生杨树，没想到，这些年杨树的价格下跌，2011年，几百亩杨树林结果只收入90万元。除去上交承包费、护林费、成本费外所剩无几。

"难道我要眼睁睁看着宝地却掏不出宝来？"赵昌飞时常思忖着。他家住在八义集镇一个山村里，山南边是黄河故道，听老辈人讲，这里是个"聚宝盆"，而今这个"聚宝盆"却生不出"宝"来，他曾一度迷茫。

2012年春天，不到50岁的赵昌飞经过一番市场调查，在镇村领导的鼓励下，他到市里请专家"出招"。专家认为，赵昌飞承包的地土质适合栽植干鲜果品种。于是他拿定主意，将近400亩"老小树"全部砍伐干净。接着到省、市科研院所购置果树苗木，300亩苹果、60亩核桃和几十亩的板栗很快落实栽在园内，他请了徐州市有名的苹果种植专家做技术顾问，为了弥补果树无果期间的效益损失，赵昌飞在果园内套种银杏苗圃，第二年，果园就有了产出效益，2015年，果园内的"富士""红将军"等5个品种的果树全部果实累累，满园飘香。2012—2015年间，赵昌飞在多方面的帮助和支持下，先后分期投放资金400多万元，把果园建成了邳州最大规模的由个体承包经营的果园。回顾这两年的建园经历，赵昌飞感慨万千。他说："一个50多岁的人，经营这样的果园真的是有太多的压力，而现在才刚刚开始，其中滋味有苦有甜，创业真是艰难啊！"

有耕耘就会有收获。赵昌飞凭着一股子干劲，干别人不敢干的事业，走别人不敢走的路。面对投资的风险，赵昌飞仍满怀信心地说："我认准了经营果园的目标，哪怕困难再大也要坚持干下去，相信功夫不负有心人，果园会越种越好，两年内实现果实累累、满园飘香，三年后立志成为黄河故道边的'果品大王'。"

鸭司令——陈旭

陈旭，邳州市新河镇梨园村人，44岁，高中文化程度，普通农民。这位生长在黄河故道的庄稼汉，利用他的一技之长和满腔热情带领近千户乡邻乡亲走上了致富的道路。2013—2015年他靠养殖肉鸭收入130万元，在他的直接帮助下，年收入在20万元以上的有200户，年收入15万元的近400户。2007年曾被评为徐州市劳模，2016年，又被省政府评为"劳动模范"。

曾毕业于职业技术学校养殖专业的陈旭为改变家乡落后面貌，2004年他率先办起4000只肉鸡养殖厂。创业初期，既没有资金，也没有实用技术，他就在养殖实践中不断摸索，一点一滴地积累技术。第一年，就收入10万元，初次成功的他并没有沾沾自喜，而是不断总结经验。在地方党委、政府的热情鼓励和支持下，他信心大增，决定大干一场，带头办起了养殖合作社。然而，通向成功的每一条道路都是不平坦的，2005年，受多种不利因素的影响，陈旭的肉鸡销售陷入谷底。在困难和挫折面前，他经过一番思考，果断地将养殖肉鸡改为养殖肉鸭，想方设法和徐州益客食品生产有限公司签订了购销合同，但益客食品生产公司明确要求：肉鸭体内的药物残留量不能超标，否则，公司有权拒收原料。在新的挑战和困难面前，陈旭没有被吓倒，他在如何消减药物残留上动脑筋，请教专家。他翻阅了有关书籍资料，多次到科研院校拜访专家，其中甘苦，只有他自己知道。他把给肉鸭治病前置到预防工作上来，每一次注射疫苗，他都要亲自到场。2011年，他将养殖的第一批7000只肉鸭送到生产公司药检，药物残留量全部达标。他成功迈出关键性的一步，这一年，他净赚了50多万元。

2013年，他发明了一种中草药配方的防病防疫药物，经过给肉鸭防疫使用后效果很好，真正实现了绿色养殖。这一年，益客食品生产公司生产加工的肉鸭制品也远销到全国多数城市，特别在上海市场成了抢手货。2014年，陈旭的养殖场全面实现了养殖自动化生产，占地20多亩，鸭棚内宽大、卫生、整洁，并有调温设备，既杜绝了鸭病，又缩短了肉鸭生长周期。2015年，批养量达到了8万只，年出栏肉鸭64万只，每只肉鸭纯利2元，实现年利润近130万元。

他常说："自己富了不算富，带动大家富才是自己人生价值的体现。"在他的带动和帮助下，新河、八路和周边地区近千养殖户，实现了脱贫、致富，过上了小康生活。

这些年，陈旭远近闻名。找他帮助的人也多了。他有求必应，有难必帮。村民陈辉、陈一明，家庭经济十分拮据，陈旭帮助他们建起了养殖场，还出资帮他们购买雏鸭。2013年，陈辉、陈一明分别获得了养殖上的成功，甩掉了贫困的帽子。毗邻八路镇的李明辉，离他家有4公里，为了帮助他养殖脱贫，平均每天要往返两趟，为李明辉提供技术上的帮助和指导。2014年，李明辉批养量达到1万只，年出栏8万只，一年就收入了20万元。

陈旭致富后还不忘社会。2013年，他出资20多万元为本村村民修路；2014年，他又做慈善事业，为睢宁一所孤儿院分批捐献了大量的食品、衣物和学习用品，帮助6名孤儿和特困学生完成了高中学业，并帮助两名在校大学生就读。

如果说，陈旭这几年创业凭的是自己的胆识和智慧，那么在他的事业获得成功后，不忘同在黄河故道生活的父老乡亲们，不忘那些需要帮助的社会弱势群体，这就是黄河子孙的情怀。

曹杰——科技带头人

1999年6月，23岁的曹杰怀揣着南京农业大学毕业证回到家乡八义集镇工作。那时，农村大多采用每年稻麦两季轮作的传统生产方式，加上农民旧的管理习惯，粮食收益产出比重失调，经济效益不高。

针对八义集是一个农业主导型镇的情况，为了在土地上创造出更高的效益，曹杰下决心把学到的基础理论、农技推广和信息技术等应用到生产实践，切实服务于农村、农业和农民。在生产结构调整上，曹杰和他的同事们先后与南京红太阳种业集团、泗阳原种厂合作实施了南抗系列、泗抗系列的杂交棉制种；与徐州农科所合作实施了水稻杂交制种及小麦新品种徐州24号、25号的良繁工作；与省农科院合作实施了小麦新品种苏徐2号、3号的良繁、示范、推广工作。当地农民通过制种增收得到实惠。

科学技术来不得半点儿虚假。在农作物的试验示范、新品种新技术指导和推广运用以及科技转化成果上更需要严谨的工作作风和高度的敬业精神。在重点推广菜棉、瓜菜稻立体栽培模式上，在推广大蒜无公害生产、配方施肥、秸秆还田、农机化插秧等高效生产技术上，在参与建设设施蔬菜生产基地，引导农民栽植反季节果蔬产品生产上，注重选准项目，研究好课题，提供好技术。

该镇闫集村是被市镇选定的蔬菜大棚生产示范村，石桥村是地膜栽培马铃薯、西瓜、水稻示范村，八集村和山后村是推广水稻统防统治示范村，曹杰利用"一村一品"布局优势，进行技术上的分类指导，通过技术普及推广，多示范区的收益明显增长，仅种粮农户增加收益就达到70万元。

科技的力量是无限的，科技一旦被农民所掌握，就会带来滚滚财源。几年来，曹杰辛勤工作，先后实施了《江苏省单季稻丰产高效技术研究与示范》项目；参与实施优质小麦万亩示范方的创建；参与了江苏省水稻高产增效整建制推进示范乡镇建设；参与优质稻米生产基地建设和高效设施蔬菜基地建设项目；参与重点推广无公害大蒜生产配套技术及大蒜生产防治连作障碍技术、水稻肥床旱育、棉花轻简栽培、大蒜标准化生产、优质稻米生产加工、蔬菜反季节设施栽培等多项新技术。还参与"三品一标"认证工作，共完成无公害产品产地认定3个；认证无公害农产品大蒜3600吨、大米2520吨、芋头360吨、土豆480吨、茄子1900吨等共计16个农产品。

2005年以来，曹杰一直是个科技入户技术指导员，经常到农户家中、田间地头、收集种植农户的想法、需求。种植户有什么技术的难题，拨他的电话，一般是随叫随到。他是邳州市农民实用技术培训讲师团中的一员，参加举办各类宣传培训80多期，培训农民12000人次；编发《农情信息》28期，印发技术资料5万多份。曹杰先后被评为邳州市科技入户先进个人，基层农技推广示范县先进个人，邳州市农民培训工程先进个人，2012年他被评为"江苏省农业系统农机推广服务先进个人"。

张德超、魏峰——体育冠军

1994年，在全国拳击锦标赛中，20岁的张德超以67公斤级重量夺取全国拳击比赛的冠军。张德超是邳州市八义集镇人。

生长在黄河故道边的张德超有着比常人更健壮的体魄，他从小就爱好体育，特别是拳击运动，他很羡慕像拳王泰森那样的世界级大牌明星，立志长大后也能在拳坛上显显身手。12岁的他到县体校参加训练，16岁到省体校体育队上课、集训，训练过程中，他不怕吃苦，不怕受累。由于拳击运动需要高强度的爆发力，他的手上早已练得一层茧一层茧地脱落，但为了心中的目标，他从没有喊一声苦，喊一声疼。1993年，省专业队的艰苦训练使张德超明白了冠军之路的崎岖，但他还是咬着牙坚持了下来。可谓是"功夫不负有心人"，1994年，全国锦标赛吹响了号角，张德超"披挂上阵"，在67公斤级比赛中，一举夺得了冠军。手里捧着冠军的奖杯，他高兴地哭了。

1998年，在全国划船项目锦标赛中，18岁的魏峰夺取了全国划船项目冠军。魏峰是邳州市占城镇人。

占城镇是故道岸边的一个乡镇，自1998年这个镇农民后生魏峰成为全国划船项目冠军后，这个乡镇顿时声名大噪。1980年出生的魏峰从小就有着坚毅的性格，在和同龄的孩子玩耍时，显得更沉稳。相对来说，80后的父母对他们娇生惯养，疼爱有加。可魏峰从小就偏偏喜爱水上项目。他1993年到县体校时，体校老师看他动作机敏、耐力较强，就对他重点培养"划船"这个项目，魏峰在训练队里出类拔萃。1997年魏峰被调到省队参加训练，他果然不负众望，一年后在全国锦标赛中，魏峰力挺双桨，最终以超常的水平夺取了年龄组划船运动项目第一名，站在了冠军的领奖台上。

四、睢宁有个"麦囤子"

九曲黄河以它的无数弯道而著称。曲不仅是在中国版图上整体像个"几"字，在局部也是"几"形曲绕。睢宁境内的故黄河就呈现出多个"几"字相连的形状，而这第一个"几"字顶上就是双沟镇与王集镇交界的张宋村。

张宋村地处睢宁县和铜山县的交界地，北面就是铜山的邢楼村和庙山村。张宋村村支书张道沛说："我们村中的土地都是淤土地，麦子亩产达到1300多斤。"

"几"字弯道顶上这个特殊的地理位置，河水流速加快，沙石很难沉积下来，而这就让张宋村拥有了有别于缓流地区的淤土。张宋村是在20世纪80年代大小村合并时由张楼村和小宋庄合并而来。这片肥沃的淤土地就集中在原来的张楼村。张楼北面的邢楼村、南边的赵行村、东边的峰山村都是一片飞沙地。

"沙地看苗，淤地吃饭。"张楼是故黄河岸边有名的"麦囤子"。村里每年都能获得不小的收成，一些人家现在还存有三四年的余粮。徐州金穗种子公司还把这里作为他们的种子繁育基地。

1968年8月，睢宁县农委农业技术推广研究员李振宏就出生在这里。

24 年前，他从江苏农学院毕业时，时任院党委书记、睢宁老乡的梁隆圣对他寄予深切的期望：为家乡父老造福，为母校增光添彩！ 24 年来，他牢记师长的嘱托，怀抱致富乡亲的信念，扎根农技推广第一线，在制订农业规划，落实惠农政策，推广新品种、新技术等工作上勤奋耕耘。在农业技术领跑下，睢宁县粮食产量实现了十一年连续增产增收，连续七年被评为全国粮食生产先进县。

李振宏出生在双沟镇黄河故道边，从小就饱尝了古黄河畔盐碱飞沙的困苦和劳作的艰辛，立志要把黄河故道变成苏北的"鱼米之乡"。1992 年 7 月，从江苏农学院现扬州大学农学院本科毕业的他，怀着报效家乡、传播科技、致富农民的理想，来到了睢宁县农委，一干就是 24 年。

从当初的农技员，到后来的技术专家，李振宏坚持带领技术人员走村入户进田头，指导农民推广运用农作物新品种和新技术，帮助农民解决农业生产中的实际问题。全县哪个区域、哪个镇、哪个村的土壤质地，适宜农作物的类型，他全都了如指掌，牢记在心里。

为彻底改变水稻栽插"面朝黄土背朝天"的传统栽植模式，2009 年夏收夏种期间，李振宏牵头建设了 2000 亩水稻机械栽插示范方。插秧时正值高温天气，他带着同事们赤脚进入稻田，手把手地指导农民如何使用插秧机，如何调节栽插的行距株距，如何确定每穴苗量，如何控制水深，如何施用肥料，确保栽插技术和质量。连续一个星期的时间，每天头顶烈日在田间指导长达十多个小时，2000 亩稻田示范方插秧结束，李振宏和他的同事也晒得脱了一层皮，有句话用在他们身上比较恰当："远看像个要饭的，近看是个卖炭的。"同事们劝他稍微休息一下，可他怎么能放心刚刚栽下去的水稻呢？就这样，在水稻示范方整个生产过程中，他们每隔两三天就要到场察看苗情长势，察看肥水管理，发现问题，及时督促农户落实措施。机插秧苗子小，必须浅水管理，但多数农户习惯杂交稻深水灌溉，心疼水，不愿排掉，他们看到后就苦口婆心地讲道理，实在不接受的他们就承诺包产量，然后自己一块一块地排水。功夫不负有心人，在他和同事们的精心指导、呵护下，水稻机插秧技术在睢宁县首次大面积示范成功，并组织了多次现场观摩，得到全县、全市干部群众的广泛认可。

心血与汗水换来了成功的喜悦，然而李振宏却夜不能寐。面对成功的示范，   种职责的本能让他伏案疾书，一份《关于大面积推广应用水稻机械栽插技术的报告》呈到了县农委主要领导的办公桌上。2010 年夏季，他又率领农技人员奔赴黄河故道水稻种植重点区域，建设水稻机械栽插示范方。目前，机械插秧已成为全县水稻的主要栽插方式。庆安镇杨圩社区党支部书记杨道会说:"这种栽插方式就是好,农民不再需要弯腰栽稻啦,既提高了栽插效率,又利于杂交稻改粳稻,产量提高,效益提升。"

24年来,李振宏坚持探索、研究和推广农业技术,先后引进大面积推广小麦、水稻、玉米等粮食作物新品种50多个,每年组织创建粮食高产增效示范区、示范方达20多个,推广种植新技术30多项,为提高全县粮食作物单产、增加经济效益和社会效益做出了突出贡献。

从李振宏加入了中国共产党宣誓的那一刻起,他时刻为实现"信仰之梦"而努力奋斗着。他抱定了一个信念:利用自己的知识和技术,为睢宁的农业发展、农民致富多办好事、实事,回报党和父老乡亲对自己的培养与厚望。就是因为有了这种信仰和信念,24年间,他心里想着哪儿,脚步就会跟着走到哪儿,心里装着的是农民和田块。睢宁150万亩耕地是他轮转不停的露天办公室,全县18个镇(街道)400多个行政村,村村印下了他推广农业技术的脚印。四方水稻种植专业合作社的仝新生说:"夏季稻田里只要遇到他,脱下他的靴子,十有八九就能倒出半靴子的汗水,他穿的皮鞋从来看不到皮鞋的样,永远都是泥鞋。"

在睢宁大地,只要一提到他,庄户人家喻户晓,这是因为他推广的农业技术帮大家解除了一个个困难,实现了一次次增产增收。庆安镇农乐机插秧专业合作社杨洪绅提起他便滔滔不绝,那亲切熟悉的语气如同亲兄亲弟。杨洪绅说:"我从村书记的岗位上退下来之后,他就建议我发挥余热,组建合作社,到魏集镇马王村开展农田托管服务。合作社组建后,从播种到收获,每到关键环节,他几乎天天电话询问庄稼长势、询问有没有什么问题,只要有时间他就会跑来现场察看、现场指导。合作社的社员都知道他的手机号码,只要遇到生产难题,一个电话,他就会跑来帮助我们解决,事后连口水都不喝,现在又开始帮我们谋划大米品牌创建,他可是我们难得的福星啊!"

这位农民的福星,一直行走在希望的田野上,带领他的团队踩出了确保全县农业丰收的良田沃土。2010年秋季,县农委决定利用县农业园区筹建的重大机遇,在光华村建设500亩粮食科技综合展示示范基地,由他牵头负责实施。决定就是命令,他点将率兵,亲自带领技术人员奔赴南京、扬州等科研院所基地考察学习,结合实际,制订了《农业园区光华村500亩粮食科技综合展示示范基地实施方案》,并于2011年3月正式开工建设。他和技术人员吃住在工地进行一线指挥,仅用两个月时间,就高标准完成了建设任务。2011年6月是基地正式运营的第一季,为确保适合推广的水稻、玉米新品种、新技术、新模式全部在基地展示出来,他带领技术人员在田里冒着高温酷暑,一晒就是半个多月,天天早上6点到田地,晚上8点离开,真可谓披星戴月。

其工作强度导致请来帮种试验田的农户吓跑了好几批，最后终于把所有的示范、展示工作落实到位。在作物生长期间，先后组织各镇 2000 多名科技示范户、种粮大户、农技员进行观摩学习，干群们都很兴奋，盛赞这种现场技术培训方式好，称之为"农技超市"。2013 年他引进的南农大粳稻新品种宁粳 4 号在基地种植 200 亩，整合运用扬州大学精确定量栽培技术和机械栽插方式，强化全程肥水管理，当年单产达 810.8 公斤，创造了徐州市常规粳稻最高单产纪录。目前宁粳 4 号在全县推广种植面积达 10 万亩，平均亩产一直保持在 600 公斤以上。2014 年，全省秋熟作物新品种、新技术现场观摩在展示基地召开，得到兄弟县市的一致称赞。目前基地已被省农委认定为省级现代农业科技综合示范基地，基地不仅是全县种粮农户选用新品种、新技术、新模式的"自选超市"，而且成为中国农科院、江苏省农科院、南京农业大学、扬州大学、里下河地区农科所、徐州地区农科所等科研院校的研发基地。

面对所从事的工作，他以党员标准严格要求自己，坚持给自己约法三章，即每天看一小时的专业书籍，每天收集一项农业信息，每天写一篇工作体会。日复一日，年复一年，他写出了大量既有理论指导、又有实践经验的专业论文和农业生产技术推广意见，其中有 15 篇论文在省级以上刊物发表，获全国农牧渔业丰收计划奖三等奖一项、江苏省农业技术推广成果奖三等奖两项，先后参与和主持了国家、省重大技术推广项目、科研项目三十多项。

24 年来，他每天行走在希望的田野上，面对 100 多万睢宁农民，面对蜿蜒百里的黄河故道，面对 150 万亩沧海桑田，如痴如醉，默然奉献。曾经有许多人反复问他同一个问题："你一直都和土疙瘩打交道，后悔吗？"他每次都是淡淡地一笑，十分平静地回答："我家人老几辈子都是种地的，一生同土疙瘩打交道，无怨无悔！"

斗转星移，暑去寒来，他在农技推广领域取得了骄人的业绩，也赢得了家乡父老的交口称赞。24 年来，他先后荣获县优秀共产党员、县十佳人才、县新长征突击手，市优秀共产党员、市农业科技推广先进工作者、市十佳青年农技推广工作者，省农业科技推广先进个人、省粮食生产突出贡献奖，农业部农业技术推广贡献奖、全国科技减灾促春耕先进个人等多项荣誉。

五、房村"梨痴"张守君

张守君个子不高，却很壮实，古铜色的皮肤和绝大多数农民没有什么两样。两只卷起的裤脚一个高一个低，深绿色的球鞋上尽是泥巴，一看模样就是一个地地道道的庄稼汉。不过，他可是徐州地区首个引进黄冠梨的人，如今带领上万农民致富，是国内种梨行业的名人。

那是 1997 年的秋天，36 岁的张守君还是吴湾村村委会主任的时候，县里要求各地进行产业结构调整，改变单一的种植模式。而解决了温饱问题的农民，也正需要寻求一条脱贫致富的新路子。经过和村支两委研究，张守君干了一件让乡亲们震惊的大事。他租用了三辆中巴车，村干部、全体党员、群众代表一共一百多人，到砀山县、丰县参观学习果树种植。

一路看，一路商讨，这一百多人看到了希望。回到家连夜开会，要把全村的土地全部收回来，统一栽植果树，然后搞立体种植。意见统一后，张守君又带人三上石家庄，到河北省农科院果树研究所，考察他们刚刚培育的新品种黄冠梨。当时 5 元一斤的价格太诱人了，张守君一行人下定了决心。按照群众志愿的原则，1998 年的春天，村里引进黄冠梨，种植面积 427 亩。

张守君还带领大家在梨园里发展立体种植，一年可以种一季韭菜、一季西瓜，一亩收入 3000 多元。到 2001 年，黄冠梨开始挂果了，当年亩产 1000 多斤，每斤 1.5 元，当年每亩地总收入就达 5000 多元。看到种植梨树的效益高，很多农户开始跟进，到 2003 年的时候，已经有 300 多户家庭种植梨树，面积也发展到 700 多亩。再后来，全村基本上家家种梨树，适宜梨树生长的地块全部种植，全村种植梨树 1500 多亩。如今每亩收益在 7000 元左右。

2003 年，正当黄冠梨在吴湾村种植热火朝天的时候，张守君又干了一件让人意想不到的事。他毅然辞去了村主任职务，一心种梨。

张守君当时是这样说的："我当村主任，就是想带着大伙儿致富，如今大家都找对路了，我想从繁忙的事务中退出来，干点我自己喜欢的事。"

张守君到底是怎样的人呢？他 1961 年出生，1979 年高中毕业，任吴湾村团支部书记。1982 年，作为委培生考上南京农业大学园艺专业；1986 年本科毕业，回到吴湾村任村委会主任，主持工作。

这样一个有知识、有能力的人，不继续带领大家致富，却要中途退出，干自己喜欢的事，是不是有点儿太自私了？

其实，用现在很流行的话说，他正在下一盘很大的棋。

随着吴湾村，甚至房村镇梨树种植面积越来越大，很多问题已经暴露出来了，储存问题、销售问题、品种更新问题……这一系列问题如果不能及时有效解决，将会带来很大风险。

退下来以后，他一刻也没有闲着。2004 年，他注册了"宫品"商标，2006 年成立徐州宫品果品专业合作社，2009 年宫品牌黄冠梨获"江苏省名牌产品"称号，2010 年入选"中国十大名梨"，并且，这里的黄冠梨每年都能通过绿色食品认证。

正是有了这些认证和荣誉，才使得房村镇的黄冠梨种植面积发展到了 1.5 万亩，形成了引领当地农民致富的支柱产业，才能保证 20 年来一直经久不衰，畅销省内外。

张守君还建起了冷库，帮助农民储存、销售梨。为让农民得到最大利益，张守君的合作社拿出果品销售利润的百分之六十按入股比例给社员分红。张守君说："是农民的产品让我挣的钱，这么做，是想让社员和合作社能够更好融合在一起。"

房村人都知道，要找张守君，不是到他家，而是到梨园。

张守君的梨园，有块响当当的牌子"宫品果品专业合作社科技示范园"，如果你觉得还不够专业的话，旁边还有"徐州宫品农民田间科技学校""南京农业大学博士生试验站"。

通过长期摸索钻研，张守君形成了一整套科学完善的种植技术，他撰写的论文多次在《中国农业科学》《现代农业科技》等专业刊物发表。说起"梨"字，张守君滔滔不绝。为什么房村镇适合种植，张守君研究发现，梨比较耐水、对土壤敏感、通气性好，而房村镇位于黄河故道，正是适宜梨树生长的地方。"你看，砀山、丰县，甚至国内一些地方，黄河及黄河故道两侧都盛产果品。"张守君又给记者介绍起梨的家族，国内梨的品种主要集中在白梨、沙梨、秋子梨、西洋梨四大系列，黄冠梨是白梨的新世纪品种和沙梨的雪花梨品种杂交培育的新品种，因为色泽金黄，又属于冠字系列，因此取名黄冠梨。有人也叫"皇冠梨"，只不过名字显得高大上而已。

为把实践经验与新的理论结合起来，张守君特地请来南农大的吴华清、渠慎春教授授课，请来石家庄果树研究所主任干迎涛进行田间指导。全国梨"948"项目首席专家、南农大张绍珍博士不仅到这里讲课，还把这里建成项目示范基地。

张守君还利用 DV 摄像机自行拍摄科教片《黄冠梨剪枝技巧》，制成 VCD 碟片，分发到农户手中。为让农民尽快掌握栽培管理技术，张守君每年对农户进行现场指导和远程教育站点教学授课不低于 60 次，受教群众 1500 余人。徐州市及周边安徽、河南等地农业培训机构也纷纷聘请他去现场教学。

张守君还通过做药敏试验攻关科学难题，成功破解了梨树菌丝褐斑病。经过多年种植经验，张守君对梨园种植密植、Y 型、傻瓜式理论的研究也得到业界广泛认可。

让农民们富起来，是张守君最初的愿望。做大做强果品事业，是张守君更大的目标。张守君因此得到了社会各界的认可，2012 年，他当选"徐州市劳动模范"。2013 年，他被评为"江苏省劳动模范"。

第三节 故道"明珠"结连环

　　在徐州境内的黄河故道，蜿蜒曲折，清波潋滟，犹如一条银线，将她的美丽一路挥洒；沿河而行，人们还一定会被由黄河故道串联的那一个个湖泊所惊艳：彩云追月，天光照影，被人誉为黄河故道的一串"明珠"……

一、大龙湖的时代变身

　　位于徐州市新城区的大龙湖是在"大龙口水库"的基础上修建的，几经扩建改建，名称也因时代变迁有所改变，但全名始终含有"大龙"两字。

　　黄河从上游裹挟而来的黄沙，使黄河成为悬河，两岸的人们如同顶着一盆水过生活，始终处于心惊胆战之中。人们担心的事情发生了——黄河决口了！凶猛的河水冲开了高悬十几米的河堤从空而降，如同巨龙张开大口而喷出……当河水退出后给此地留下了一大片洼地，每到雨季，这里一片汪洋，而旱季则是一片白茫茫的盐碱地。后来潘塘人就把黄河决堤处叫"大龙口"，再后来也泛指这一片洼地。

　　1855年，黄河再次改道离开徐州，这里迁来马姓人家居住，称为"马口"或"马路口"，但当地习惯叫"马口"，而不叫"马路口"。"马口"的成村时间已无从考证，"大龙口"的起时也无从考证或在地方志有所记载。

　　1958年人民公社成立，原名叫"柳集人民公社"，后改名为"潘塘人民公社"。名称虽改，公社的政治经济中心仍在柳集。

人民公社成立以后，提出了一个振奋人心的口号"粮千斤，钱百元，跨淮河，赶江南"，这也成了淮北人民奋斗的目标。

口号震天响，做起十分难。在当时每个壮劳力每天十个工分，每个工分决分时只有4~5分钱（全公社平均数），好的生产队合7~8分钱，差的生产队合1~2分钱都有。在这种情况下，平均每人一年收入要达百元这是一个天文数字。而粮食当时最好地块亩产小麦200斤顶天了，少的则几十斤，两季也不过200多斤，很难达到300斤。除上交公粮，人均口粮也不过200斤（不含三年自然灾害期间）。人们是处在"瓜菜代粮食"的年代，要达千斤粮食是不可思议的。

这时潘堂人在摸索，在思考，在不断地总结，最后得出：我们这地区与江南相比，江南最大的优势是河网密布的水利，而我们这里缺的正是水，有水可种水稻，可稻麦两熟，可高产。水从哪儿来？我们能否把夏季丰富的水引出、存下、留住、利用，这岂不是天大的好事？几经讨论研究，于是公社决定在大龙口洼地修筑一个水库，取名"大龙口水库"。

1964年，三年自然灾害刚过，人们生活刚有所好转，但还不能吃饱肚皮。这年冬天大龙口水库正式动工。

全公社动员近万名人员。大到五六十岁老人，小到十五六岁的辍学学生，使用人海战术，利用锨挖肩抬。任务分到各个生产队，开展劳动竞赛，评出先进生产队、劳动模范，用以鼓舞人们的劳动热情。人们吃的是煮白芋、蒸白芋干、白芋干面窝头。生产队出一部分，劳力自己出一部分，仍然不能吃饱。青菜是生产队自己解决，公社是不负责的。至于菜，只有咸菜、萝卜汤，中午、晚上是萝卜白菜，早上是咸菜，一天要干十几个小时，硬是用锨挖肩抬，一个冬天修起了一座面积为1.1平方公里，容积约100多万立方米的小型水库，并建有排水闸、进水闸、排水渠的配套设施，解决了附近几个大队的旱改水的问题。第二年，栽上了水稻，潘塘人第一次吃上了自己种的大米。

随着时代的发展，中国大地掀起了"农业学大寨，工业学大庆"的高潮。潘塘需要提高产量，种植更多的水稻，以落实以粮为纲的最高指示。公社党委决定要将大龙口水库扩容，于1975年冬季动工。当时动员了全社的所有劳动力，党员带头，干部领先，时任茶庵大队党支部书记的张振启，带领几个社员，跳到结冰厚约1厘米的水里挑龙沟，挖水，大大地鼓舞了人们的激情，提高了劳动的效率。

当时使用的工具较十年前也有了进步。多用平板车，弱劳力"上车"，就是把土装上车，壮劳力掌车把在后推，车前系上粗麻绳，四个人往前拉，最陡的坡度有40多度，每一趟都要大汗淋漓。一天下来，个个精疲力竭。

这些前辈一锨锨、一车车，一个冬天把"大龙口"水库改建成面积为 2.46 平方公里，容积为 200 多万立方米的中型水库，此时可供潘塘西部的柳集、大王庙、程庄、马口、塘坊、两山口、茶安、段山等几个大队的大部分种稻用水问题。这时的水库更名为"人民水库"。这次的扩容方法主要是扩大面积包括马口庄，全村堰下住户都迁到堰上。

大龙口水库的第三次扩容是在 1983 年，这次扩容与上次不同，其方法主要是加高加宽水库的堤坝，加高后水坝高为十米多，底部宽三十多米，顶部宽十多米，坝内用石板镶嵌，水泥勾缝。扩容后可容水 400 多万立方米，不光解决了潘塘田地用水，还可供棠张镇土地的部分用水。

这次扩容的施工方式也与前两次不同。因为时至 1983 年，本区以全面实行了土地承包到户，彻底单干，所以施工的方法是：乡按各大队的土地数把工段分到各大队，各大队以同样的方法分到生产队，而生产队以每户土地的多少分到各户，各户自己解决，乡、大队、生产队只管负责质量问题。

这次施工的工具也与前两次不同，使用了卷扬机。每个生产队设一部卷扬机用柴油机驱动，运载工具仍为平板车，具体干时多为几户自愿结合，劳动力多的也可以自己单干，用两辆平车，一辆装满后挂上卷扬机的钢丝钩，示意卷扬机手，机手挂挡，带动平车，平车由一壮汉掌把，车把朝后，车身在前，平车到堰上后，壮汉掀起车把撒手，平车向上翻起倒出土，机手配合卷扬机换空挡，整个过程在 2~3 秒中完成，干脆利索。如果拖泥带水，后果很严重。然后拉车返回，同时也把卷扬机的钢丝带下。这时另一车也已经装好，再拉上去，往返来回，如同穿梭，效果比前两次施工也大大提高，这种方法叫作"倒扒皮"。至于报酬，既无钱，也无粮，正如常言所说："吃自己的不管穿。"百姓也就抱着完成上级交给的任务，却也毫无怨言。卷扬机手由生产队抽派原来的拖拉机手，可抵当一家的任务，也很划算。

现在的大龙湖，是在原大龙口水库的基础上修建的。去掉了所有的堤坝，而且加深了深度，扩大了面积，平均深度为 2 米多，面积约 5 平方公里，容水 800 多万立方米，水面宽阔，水质清净，湖边建有小岛，绿树成荫，岛上建有宾馆，湖岸绿树成荫，并修有各种休闲的平台，游玩的大草坪，供人行走锻炼的小道，供人打拳练剑的小广场，并建有沿湖大道。此时的大龙湖完全由存水灌溉变成了休闲健身的游览地，成了新城区的地标。

一、庆安水库的综合效应

在睢宁县县城以北 20 公里的庆安镇北部，紧紧靠着黄河故道南大堤，是一片碧波荡漾、一望无垠的湖区。这里，就是被睢宁县人民誉为"黄河明珠"的庆安水库。水库建立的年头并不久远，60 年前，这里还是一片洼地。

庆安镇老人还记得:这片洼地,年年上水。十年就淹了八年。就是种点玉米、豇豆、绿豆,一场大水,淹得干净净的。

1958 年 3 月,为清除水患、改造农田,睢宁县政府经上级水利部门批准决定在此开挖一座大型水库。当时全县十几个公社的群众都参与了水库的开挖工程。先是搬迁安置了十几个村庄的百姓,接着挖土打堰,修路建闸,从 1958 年 3 月动工,到 1959 年 5 月建成大坝、进水闸、南灌溉涵洞各一座,历时 15 个月。水库北侧为废黄河南大堤,其东、南、西三面筑坝,坝长 7300 米,两侧与废黄河南堤相连,是一座以防洪为主,结合蓄水灌溉的中型水库,总库容 6293 万立方米。水库的建成,为减轻废黄河洪水压力和满足大坝西部灌溉需要发挥了巨大作用。水库之水,则是从运河和黄河故道引入。为提高水库防洪灌溉能力,睢宁县水利局分别于 1979 年和 1981 年在东、西坝建设完成水库泄洪闸、西灌溉涵洞各一座。

水库修成后,睢宁县庆安、古邳、姚集、魏集等镇大面积的低产杂粮田,全部变成了高产水稻区,农业实现增产丰收。

2006 年初,庆安水库被国家列入大中型水库除险加固计划,江苏省政府发改委批准投资 8500 万元。后经江苏省政府水利厅批准,睢宁水利局成立"庆安水库除险加固工程建设处",由江苏省睢宁水利局原副局长梁化林担任建设处主任。该工程分为 5 个标段,2006 年 9 月 19 日开标建设。如今的庆安水库,护堤全长 13.1 公里,正常水位面积 11.5 平方公里,最高蓄水量达 6900 万立方米。

而今水库的主要作用也发生了变化,在过去是防汛防旱,现在又增加一样,就是作为饮用水源地。为此,水库属于一级保护区,供睢宁县县城居民用水。为了保障水库水质优良,管理者采取了各种保护措施,其中也包括放养一些绿色鱼种,以鱼养水。目前,庆安水库水质在江苏省排在前列,达到 Ⅱ、Ⅲ类水质。

根据 2008—2011 年 4 年水质资料,对庆安水库分全年、汛期和非汛期 3 种时段进行Ⅲ类水达标情况分析。结果表明:庆安水库除 2008 年达标率为 75% 外,2009—2011 年全年、汛期、非汛期达标率均为 100%。

以下是专业部门对庆安水库作为"饮用水源"的科学论证：

1. 水量分析：庆安水库坝址控制流域面积为 280 平方公里，其中库区水面面积 9.6 平方公里，多年平均降雨量 909 毫米。根据 1952—2011 年资料进行频率分析，50%、75% 和 97% 的年降水量分别为 858.4 毫米、747.1 毫米和 594.8 毫米，区间径流量分别为 2750 万立方米、1900 万立方米和 1190 万立方米。庆安水库除区间来水外，主要通过古邳翻水站翻引徐洪河水。徐洪河水源来自两个方面，一是通过沙集翻水站翻引洪泽湖水；二是通过刘集地涵、民便河船闸引中运河及骆马湖水。古邳翻水站现状翻水能力 19 立方米每秒，多年平均翻入庆安水库水量为 5931 万立方米，最大为 9699 万立方米，最小为 1201 万立方米。综上可见，庆安水库水量充足，可以满足睢宁县地面水厂备用水源水量要求。

2. 地理位置：庆安水库位于睢宁县城以北废黄河南侧堤下，其地理坐标为东经 117° 52′ ~117° 54′，北纬 34° 03′ ~34° 05′。坝址位于睢宁县庆安镇，距睢宁县城 15 千米，距地面水厂 13 千米，地理位置优越。

3. 水库构造：庆安水库由主坝、副坝、进水涵闸（4 座）、泄洪闸、溢洪闸（黄河东闸）、灌溉涵洞（2 座）、补水站（古邳抽水站）等组成，其中主坝长 7300 米，坝顶高程 31.6 米。2006 年对水库进行除险加固，增设主坝水泥截渗墙，翻修大坝迎水面浆砌块石护坡，坝前抛石压重，坝后贴坡排水，同时建设了大坝安全监控系统等。庆安水库工程级别为 3 等，设计防洪标准为五十年一遇，入库最大流量为 230.5 立方米每秒，入库水量为 2962 万立方米，相应水库水位 29.31 米，为了确保大坝安全，设有溢洪闸和泄洪闸。可见，庆安水库构造完善，可以满足作为水源工程的质量要求。

三、山光水色吕梁湖

吕梁湖（原名"崔贺庄水库"）位于徐州新区东南部 20 公里处，属铜山区，是为江苏省级水利风景区，现已与江苏重点旅游区天目湖成为嫡亲姊妹。

吕梁湖是一个人工湖，面积 11000 亩，周围群山拥抱，四季飞鸟翩翩，因一面与黄河故道相连，故为黄河道上的一颗明珠。绿水如镜，倒映青山，驾一叶小舟，荡漾湖中，总能使人感到心旷神怡。

吕梁湖三面环山，水域总面积达 1.1 万亩，内有岛屿占地 2000 平方米，湖边有农家果园环绕，山清水秀，风景怡人。原来的重要功能就是防洪防旱，保灌溉，促丰收；其次，是水产养殖。而今，则又增加了文化旅游、生态环保的功能。

由于国家防洪的需要，水库于 2006 年进行大面积、全方位修建。今已成为旅游休闲中心、垂钓中心、农家郊游度假村、高档别墅群。

环吕梁湖一周大概 52 公里,无论是汽车、摩托车还是自行车,路途很适合自驾、骑行。水边空气清新,有较开阔地域可以供游友休憩,湖南边树荫下很适合自己带个小烧烤炉烧烤,至于三五游友自助野餐更是不成问题。

2006 年,吕梁湖进行了除险加固工程。工程以拆除重建进水闸,拆除重建一干、三干灌溉涵洞,泄洪闸维修加固为重点。进水闸工程 2006 年 11 月 15 日开工,一、三干渠及泄洪闸 2006 年 10 月 25 日开工,2007 年 3 月 20 日全部完成水下工程,具备放水条件,2007 年 5 月 20 日完成合同全部工程。

四、黄汉水库黄汉营

在故黄河的南岸、三八路的北侧有个村子叫黄汉,因村委会驻地设在黄汉营庄而得名。

说起"黄汉营"庄名的由来,村中人会告诉你,黄河没改道时,肆虐的河水威胁着两岸,这里属黄河南岸易决口的险工险段,古时不仅有兵营驻扎守护黄河,还有月堰遗迹,筑起了多重防线。后人推断,像姚集镇黄河南岸的马营、后营、卢营等自然庄的得名一样,黄汉营的得名也缘于有兵营防守。

提起黄汉的过去,村中的老辈人都会唉声叹气,因为旧社会的生活不堪回首:黄河冲积的土地,沙丘叠连,盐碱片片,无法耕种;战乱频繁时期,炮火连天,人心惶惶,家无宁日;自然灾害时期,粮食不足,举家逃荒,讨饭度日。

黄汉村的土地由黄河冲积而成,属泡沙盐碱地。涝时易包浆,雨后易板结,农作物受渍枯瘦发黄;旱时一片白茫茫,常伴有风、沙灾害。此地年年闹春荒,当时流传着这样一首民谣:"春天到,秋日末,飞沙刮起难揭锅,路上行人难睁眼,一步一个沙灰窝。""椿树握卷,饿得穷人翻白眼",人们的生活,只能靠"糠菜半年粮,白芋南瓜来补上"。

据《姚集乡志》记载,新中国成立前的黄汉村,共有 479 户人家,其中就有 450 户人家逃荒要饭。住在黄汉村的二堡村党总支书记兰玉民说,他在十几岁的时候,还到安徽、山东等地要过饭。20 世纪 70 年代之前,一首流传的"春天白茫茫,夏天水汪汪,秋天不见收,冬天去逃荒"的民谣是黄汉村村民生活的真实写照。如果称"姚集是睢宁的北大荒",那么,黄汉村就是姚集镇的"不毛之地"。贫瘠的土地才让这里外出讨饭的人占到了全村人口的三分之二。

黄汉村的贫穷在周边地区是出了名的,新中国成立后村民的生活主要依靠国家救济,吃粮靠统销,烧柴靠煤炭,用钱靠贷款。这里的"乞丐大军"被外人戏称为刁蛮之民,又有人说,"黄汉、黄汉,就是饿黄脸的汉子"。褴褛的衣衫、破旧的草苫房(用芦苇和麦草苫成)、贫瘠的土地勾出了黄汉村灰色的生活图景。姑娘们纷纷外嫁，小伙子们光棍多多，所以一提起黄汉村，人们都说这里又是"光棍村"。

在黄汉乡村水泥路东侧有一座 3.5 平方公里的水库，它像一个明珠镶嵌在尹埝和黄汉营两个自然庄之间，就是这座水库造福了当地的村民。兴修水利、疏通河道沟渠，植树造林，扩大水田，黄汉人让荒滩变成了绿洲。它是姚集人民勤劳勇敢的象征，是当地人战天斗地精神的见证。

黄汉水库是当时姚集乡的自办工程，国家投资了 15 万元。它将古代修筑的月堰加高加宽，利用黄河故道南大堰及小月堰自然积水而成。黄汉水库从 1979 年 3 月动工到 1985 年 5 月建成历时近 6 年，水是从东面庆安水库引来，南岸建有一间琉璃瓦屋顶的放水闸，通过干渠灌溉农田。它的蓄水量可灌溉 1 万亩农田。

时任黄汉生产大队民兵营长的兰玉民见证了兴建黄汉水库的全过程，当时，全公社的人都来了。1980 年 5 月 13 日 3 时 30 分第一次从庆安水库试放水时，兰玉民现在想来还心有余悸，由于水势过猛，庆安水库西放水涵洞承受不住发生倒塌。危急时刻，县里、公社的领导、生产队里的负责人全部冲锋在第一线，坐镇指挥、调度；各机关的人也来了，随时听候调遣；沿途村民则日夜巡防，上演了团结一心、众志成城的动人一幕。

站在黄汉水库的西岸，可以明显看到水库的形状像个大大的牛角，水库的弯度就是月堰的弯度。兰玉民手指东北方向高高的黄土堆说，那里就是最初的黄河大堤。

据史料记载，明朝后期河道总理大臣潘季驯整理河槽时，为了确保漕运，采取"塞决筑堤，束水攻沙"的策略，在徐、睢、邳、宿段，大筑缕堤（近河口堤）、遥堤（离河较远）、格堤（缕遥之间横格）、月堤和减水坝（缕堤边月堤）。潘季驯所筑的四种河堤改变了前人治理黄河"分其流，杀其势"的传统办法。《睢宁县水利志》上记载，为确保河堤安全，1855 年河南省兰阳铜瓦厢（今河南兰考县北）改道之前，在黄河两侧险工地段遥缕堤外复筑月堰，为险工建筑二道防线。这些月堰当时的修筑质规与遥堤相同，高程有的基本齐平。由于河水改道，月堰逐年退落，现在只有一些痕迹依稀可寻。

黄汉村的月堰遗迹是前人和后人智慧的叠加，月堰的再利用，为当地的村民带来了不小的福祉。抗日战争时期，这里的有利地形也发挥了作用，黄汉营战斗在此打响：我方利用故黄河埝、水塘、芦苇、高粱地等有利地形打击敌人，共毙伤日军50余名，伪军200余名，为我党派入国民党的地下党员——万毅（国民党五十七军某师师长）运送军火过陇海道奠定了胜利的基础。

沿水库的月堰弧度一路走过，但见水波激潋，杨柳依依，月堰上面，标准化的鸭棚一个连着一个。走过一座拱桥，便来到故黄河滩，那里桑园一片生机勃勃。再穿过桑园，就是一行行参天挺立的意杨林。这真是一片诗意的空间：青翠欲滴、挺拔脱俗的意杨剪碎了春日金色的阳光，把它洒向林中座座白色的鸭棚，洒向鸭农幸福的笑脸。清风漫过树叶发出沙沙的低吟，伴奏着清脆的鸟鸣。空气中弥漫的清新的油菜花芳香，令人神清气爽。只有来到这里你才会体会到，所有描写的文字都是那样的苍白。

村民们说，滩上植树造林，缘于防风固沙。早在1979年，姚集林业站就在黄汉搞育苗试点，这里是姚集最早种植意杨的地方之一。这些树木让沉睡千年的故黄河滩披上了绿装。树下养殖肉鸭，节约土地，改善养殖环境，肉鸭无病效益好，鸭粪还是树木好肥料，一举几得。滩上的意杨林既是经济林、景观林，又是生态林。养鸭户杨勇谈起养鸭的收益笑得合不拢嘴，一年纯利润保守的数字也在3万元以上。

黄汉滩上栽植林桑、养鸭，滩下发展种粮，开挖改造鱼塘，搞特种水产养殖。对今后的发展蓝图，兰玉民充满信心，黄汉正在用"生态立村"。绿色的屏障，激潋的波光，依依的杨柳，整齐的房舍……共同编织出美丽的风光。这里是一个充满生机的地方，更是一个梦想起飞的地方！

五、唯美湿地房湾村

如果说黄汉村的变化是在"渐进"中实现的，那么姚集镇的另一个村庄——房湾的变化，则有了"突变"的色彩。房湾"突变"，得益于徐州市黄河故道第二次综合开发，得益于"房湾湿地公园"的建设。

故黄河从姚集镇王塘村向东北方向流出不远，又向北折出一个小湾。在这个小湾的南面，坐落着房湾村。

房湾村的得名，一是黄河流到这里，折出一个"湾"，二是一位姓"房"的河营官在此守护，并将家安在此处。久而久之，"房湾"就成了村名。

房湾一带自古就是黄河险段。黄河水无数次的决口，在堰南的房湾村内冲刷出一个个天然水潭，其中最著名的就是金水潭和郭铁潭。不过作为黄河水患"证据"的金水潭，如今已经被开发成水产品养殖基地。

房湾村民历来以种地为生。这里的土地以抛沙盐碱地为主，过去只能种植小麦、黄豆，产量也很低。20世纪70年代全国"农业学大寨"高潮时，当时的姚集公社在房湾兴建了超钢闸，并在故黄河南堤上建造了引水涵洞，向故黄河南岸一带供水。自那以后，房湾村在满是黄沙的土地中改种上了水稻，农民的收成才终于有了保障。

当然，房湾村最大的变化是与近年的房湾湿地保护、湿地开发密切相关的。

2013年，睢宁县委、县政府在黄河故道综合开发过程中，被这里的节点资源——房湾湿地深深吸引：初秋时节，天蓝水碧，草甸漫漫，一片片、一簇簇的野生水莲葱茏而翠绿，不时有几只白鹭在湿地内翩翩起舞，构成了一幅水天交融的美景。于是，他们因地制宜，通盘考虑，决定在这里建立保护性湿地公园。

湿地全长约9公里，总面积550公顷，因为保持了原生态，所以是故黄河睢宁段景观最好的区域之一（资料备存：故黄河房湾湿地核心区，西起刘庄桥，东至房湾桥，全长约3.7公里；黄河东西闸湿地，西起S251，东至古魏路，全长约1.9公里。工程规模：房湾湿地核心区，面积209.7公顷，河道最窄80米，最宽600余米，3个岛景观绿化面积分别约为4.5万平方米、4.5万平方米、8万平方米，另外有约10万平方米绿化景观）。

湿地公园建设以保护性开发为基础，先期开发面积约255公顷。其核心区水体景观及黄河东西闸湿地工程建设项目，经过规范的招投标，并经多部门的攻坚努力，整个湿地公园已经形成了荷花白鹭观光区、湿地运动游乐区、水乡情韵度假区和玩转黄河营地区四大发展片区，四区串联，已经成为徐州都市圈内最具特色的家庭旅游目的地。

房湾村党支部书记周保庆说：湿地公园打造好之后，我们房湾村，还有其他的村，要在服务业这一块、观光农业这一块，互相联动，真的让湿地公园成为一方美景，吸引八方游客。通过服务，我们这一方百姓也能过上好日子。

随着房湾湿地公园的建设，房湾村的整体环境治理也一步步展开。房湾村两委适时抓住湿地开发的契机，加大村庄环境整治力度，已经彻底扭转了困扰村庄多年的脏乱局面。

村民房永宗说："现在，我们村的道路平了，垃圾收了，卫生好了，环境不比城市差。"

村民赵中财说："以前庄里头，塘水都是黑的，臭的，这两年水清了，花香了，一进庄，就让人舒心。"

通过湿地保护，进而改变了村容，房湾村的黄河故道开发真的做到了利国利民。

寂寞百年的黄河故道，因为政府的治理，因为百姓的介入，在房湾一段，展示了她从未展现的大美——天更蓝了，草更绿了，水更清了，人居其间，其乐何极？

我们访问房湾村群众，他们共同的感觉是：自己好像生活在世外桃源。

六、一色荷花三十里——房村新景

六月荷花开，荷香扑面来。2017 年之夏，铜山区房村镇万亩荷花陆续进入盛花期，吸引了周边市民前来观荷。

游人、记者，一批批从新城区出发，沿着黄河故道观光路一路前行，约 20 多分钟的车程，即进入房村镇区。道路一侧是蜿蜒流淌的故黄河，另一侧则是房村镇精心打造的万亩荷园了。驻足远眺，美景入画，荷香四溢，荷风拂面，万亩荷花盛景尽收眼底。沿着弯曲的田间小路步入荷田深处，细看一株株荷花，有的含苞待放，有的迎风盛开，红的、粉的、白的，在碧绿的荷叶的映衬下，娇艳欲滴、婀娜多姿。远处的游人只顾着拍照，误入藕塘深处，惊起了几只白鹭鸟，呼啦啦地飞向了远方。

一位藕农告诉记者，近两年房村镇大力发展莲藕种植，不仅成为农民的致富项目，还带来了良好的生态环境。荷花盛开的时候，城里人都开车来看荷花。到了周末，故黄河观光路总是挤得水泄不通。荷花开，游人来，甚至破天荒引来了几十只白鹭鸟在房村栖息，真是"吉祥之象"啊！千年古镇，旧貌新颜。

人们知道，房村镇地处徐州东南部，境内有 30 里黄河故道，流经 7 个行政村。得黄河之利，水质洁净、土地肥沃，所以房村人民有着悠久的种植浅水藕历史。窦家村从 20 世纪 70 年代就开始种藕，还注册了"众欢"牌商标，在徐州及周边地区都很畅销。

2012 年后，徐州市推进黄河故道综合开发，房村镇因地制宜，加强农业招商引资，促进产业结构调整。目前，故黄河两岸种植浅水藕 1.2 万亩，养殖南美白对虾 0.4 万亩。莲藕种植品种主要有鄂莲 6 号,该品种清脆、无渣、畅销江苏、山东、安徽、河南等地。为了解决莲藕销路问题,房村镇计划增加莲藕深加工项目,生产藕粉、藕汁、饮料等,增加农产品的附加值。

房村镇负责人介绍说：房村镇生态环境好,是农业大镇,自古就有“万里黄河房村驿,千年古镇荷花香”之说。根据《徐州府志》记载,明永乐年间,房村即为“水驿站”。

规划建设的万亩生态荷园风景区,被纳入了铜山区 2017 年黄河故道农业综合开发项目（见《徐州市 2017 年度黄河故道农业综合开发市级财政引导资金项目建议书》）。该项目遵循“自然、生态、环保、可持续发展”的设计原则,总体设计顺应地势,保留乡土气息,借鉴北宋《清明上河图》,致力于打造 500 年前房村客舟辏集、居民富庶的乐土景象,争取 1~2 年内建成自然生态景色与娱乐教育为一体的旅游示范区,为市民增添休闲娱乐的好去处。

项目计划总投资 1000 万元,其中申请市财政引导资金配套 400 万,区财政配套 400 万元。企业自筹 200 万。预期的经济效益是：通过项目区,可新增农业年总产值 120 万元；年增加旅游观光 1 万人次,产值 50 万元；项目区农民纯收入增加总额 115 万元左右；项目实施前浅水藕亩产 3200 斤左右,项目实施后亩产达 3800 斤左右；增产部分,企业与浅水藕农户签订保护价为 3 元 / 斤,而多年来统计市场价格为 2.5 元 / 斤,仅此,项目区亩均纯效益即比非项目区高出 42%。

对万亩荷园的建设,房村镇投入巨大。其主要项目为：按照灌溉标准,项目区维修（设备更新）灌溉泵站 2 座,配套新建 D120 U 形渠道 3.5 千米；新建 D80 U 形渠道 2.049 千米,新建渠系建筑物 181 座架设输电线路 1.2 千米,变压器 1 台；建设湿地栈道 2.6 千米,河道护坡 4188 平方米,栽种树木 2367 棵,建设农产品储藏冷库 1 座。按照排水标准,对河沟清淤疏浚,项目区共规划疏浚河沟 4.3 千米,开挖土方 8 万立方米,以保证排水通畅。通过开挖、疏浚大、中、小沟,建设引、排水站,修建防渗渠道,进行电网和道路建设等,使项目区能够充分利用骨干河道中的水源,灌溉保证率达到 80% 以上,提高渠系利用系数,降低灌水定额,达到农田有效灌排和增产增收的目的。机电排灌站,按照配套要求,装置效率在现有的基础上提高20%；建筑物配套工程,配套率达到 100%；电网和道路建设,满足灌排用电和农村人、机交通需要。

分类投资情况是：土方,80000 立方米,40 万元；维修翻水站,二座,6万元；建生产桥,二座,7.54 万元；过路涵、跨渠涵,105 处,83.4 万元；硬化道路，8000米，248万元;湿地栈道，2600米，208万元……累计800万元。

如今，房村镇形成了赏荷、采摘、农家乐为一体的故黄河旅游观光带，且成为吕梁风景区的重要组成部分。

七、水口水库藏隐秘

在铜山区张集镇东3公里，有一个美丽的平原湖泊——水口水库。水库面积1平方公里左右，明水如镜，蓝天白云倒映湖中，充满诗情画意。说起水口水库，还有一段故事：

清乾隆十八年（1753）夏秋间，徐州府境内连日大雨，河湖水涨外溢，情势危急！当年九月十一日，徐州黄河下游南岸小店汛内工程，即出现渗漏险情。"当夜三更时分，风雨大作，水势汹涌。"须臾，黄河南岸大堤突破冲开，决口宽达一百四十余丈！洪水湍急，"溜势全行掣过"，夺河之势已成。洪水大溜南趋铜山，直贯下游睢宁、灵璧……

小店河决事件发生后，清政府极为震怒！乾隆帝为此惩戒此次贻误河工和治河不力的徐州河营官员，遂将负主要责任的同知李焞、守备张宾，斩于铜山小店工次。并命刚从四川调来的两江总督策楞等人，将河道总督高斌和河务协办张师载两人，绑赴小店工次刑场，会其目睹李、张被斩完毕后，再解职释放回家。

当年小店汛黄河决口处的归址，即是今天水口村东北角的"堰湾子"（水口水库的俗名），亦是水口村村名的由来。

从清乾隆十八年（1753）小店汛黄河决堤在北冲成深渊，清咸丰五年（1855）黄河改道北徙，到新中国成立后的1970年，这漫长的岁月里，不论是清朝后期的六任封建皇帝，还是中华民国政府，都没有人过问过这里饱受苦难的百姓生活疾苦。一直是荒滩一片，死水一潭，野鸭成群，水波连天的荒凉地方。据家住水口村的陈孝英（82岁）和杨淑英（75岁）两位老人讲："没建水库前，这里从古到今，都是一眼看不到边的深水潭子。当地人既不叫它渊子，也不叫它潭子，更不叫它水库，当地百姓都叫它'堰湾子'。"起初，堰湾子是一块"野水塘"，湾子里的鱼随便逮，每逢连天大雨，堰湾子周围一片汪洋，分不清哪里是陆地，哪里是水塘，庄稼都被泡在水里，颗粒无收。后来，大水归槽了，堰湾子二坡崖的浅水里，有人开始在此排苇子护鱼（黄河故道百姓方言，意即将芦苇根，用脚踩入泥里，让其生根发芽，长成芦苇），每年冬季，家家户户都到堰湾子里，采芦毛英子、割苇子、留作打毛翁、编凉席、织苇箔好卖钱，忙得不可开交。

黄河改道北徙后，铜山境内的废黄河，只能承担排泄滩面的内水，失去了防洪作用。但在废黄河座湾迎流处，洪流仍能直冲堤身，以致堤身日益单薄。每遇汛期暴雨来袭，险情难以排除。

据《铜山县志》记载："1963年5月22日和5月28日、29日，铜山全境连降暴雨3天；七八月间，又连续阴雨37天，以致废黄河决口17处。淹没庄稼、死伤人命、倒塌房屋、秋禾无收。"

为保护废黄河险工段的人民生命财产安全，防止水土流失，1969年，经铜山县革委会批准，决定在张集公社，水口村东，建设一座能蓄、能排、能灌溉的大型水库，名曰"水口水库"。

水库由铜山县水利局工程设计室勘察设计，并由县革委会和当地人民公社负责组织水库周围四个人民公社，近万名民工于1969年11月开赴水库工地，参加清淤、培土、筑堤、建涵洞、建水闸的艰苦劳动。经过八个月的奋战，水口水库终于在1970年6月建成北库。1984年春，根据水库扩容需要，又组织当地民工完成扩建南库任务。

水库新筑成的防洪大堤，高达6米，周长3618米，顶宽6米。大堤为均质土堤，以梁塘山产的大青石板护坡，既美观又坚固，防止水土流失。水库设计总库容为638万立方米，兴利库容为586万立方米。设计灌溉面积为2000公顷，实际灌溉面积为1000公顷；适宜养鱼面积为163公顷。2009年10月，为水库安全长远大计，铜山县水利管理部门，又对水口水库的防洪能力，做了三十年一遇的洪水防控标准重新设计，并按五百年一遇的洪水核准，再次加固大堤，确保万无一失。

故黄河又得到彻底治理，水患没有了，老百姓的日子越来越好了。与过去相比，真是好得没法说……

八、杨洼水库"变脸记"

清乾隆三十一年（1766）初夏，铜山雨水偏多，加之上游洪水过境，致铜山境内黄河大堤险象环生。9月21日夜，铜山境内韩家堂黄河南岸大堤连续溃决40余里。江苏巡抚明德闻讯后，速向清廷入折奏报："本月十八日（公历9月21日）夜里，铜山境内黄河南岸溃堤六十余丈（韩家堂与杨家洼两村之间的黄河大堤决口）。韩家堂在徐州府下四十里黄河南岸浸溃。江苏睢宁、安徽灵璧、虹县受伤。"

九月十二日，明德继续奏道："查勘得浸口东南铜山被水（被水淹）村庄，俱在漫水正冲。当被水之时，灾民俱已搬移南面之梅花山、褚兰山 带高阜处所栖身。"

徐州河营官高晋奏报："兹臣高晋……均于（八月）二十三日到工（到河决险工段现场），会同臣……细加查勘漫溢之处。数日以来，又复刷宽三十余丈，连前约宽九十余丈。大溜尚有三四分由正河行走，其趋入漫口（决口）者约有十分之六七。现今西岸溜势力稍缓，东岸仍在汕刷未定（杨洼西侧韩堂孙弯，地处黄河座弯回溜处，故有西岸东岸之称）。漫溢之水，下注孟山等湖，汇入洪泽湖出清口入海。"

八月二十九日，江苏巡抚明德再奏："臣来赵两岸漫口逐一查勘……漫口两岸堤上灾民共三千余户，皆原附近漫口村庄之民……嗣臣赵漫口西南查勘，铜山县村庄正当漫口中，被水较重……"

综合上述韩家堂黄河决堤的实录描述，可以清楚地看出，当年黄河洪水之浩大，决堤之迅猛，灾害之深重，损失之惨重！

当年这个韩家堂黄河决堤处，就是今天杨洼水库北侧的古黄河大堤。杨洼水潭的形成，就是这场黄河决堤冲成的无底深渊！

自从清乾隆三十一年（1766）秋，黄河在韩家决堤冲成深渊后（后称此渊为杨洼潭子），这里是杂草丛生，荒滩一片，不毛之地，唯见荒凉河滩。又因潭深水阔、浩渺无际，且有水妖作怪伤人的传说，故游人多不敢涉足水潭。偶有村民夏天洗澡，亦多在北岸浅水中撩水冲凉，不敢涉水深处。

每遇洪涝灾害之年，故黄河仍有积水漫溢，潭水外流，低洼地里的庄稼尽在水中，积水无处排泄，以致秋季颗粒无收。贫困中的饥民无力挣扎，只好背井离乡，逃荒在外。难怪解放前，有吕梁花鼓戏班，曾把杨洼、韩堂央黄河决堤造成的灾难编成花鼓戏词演唱，曰："说杨洼，道韩堂，韩堂本是个好地方。自从黄河决了口，这里的百姓遭了殃：盐碱地、不长粮、没啥吃，没有住房，如若再遇孬年景，只好要饭去逃荒……"

新中国成立后，各级人民政府，针对杨洼潭子无堤坝、常泛滥、淹庄稼、毁农田的问题，前后进行四次大规模的艰苦治理。

第一次治理是1958年"大跃进"时期。当时张集人民公社领导，为解放农田水利灌溉问题，曾组织各大队民工数千人，利用抬筐、铁锨、扁担等落后工具，在杨洼潭子周围进行筑堤打坝，蓄水灌溉。为水库日后建设，奠定了初步基础。

第二次治理，是1967年冬至1968年春的"文革"时期。张集公社党委积极组织本公社社员群众，对杨洼潭子进行一次正规的水库建设，增高堤坝、建设泄洪水闸，开挖灌溉渠，使当年农作物喜获丰收。

第三次对杨洼水库的治理是1979年冬。铜山水利局会同张集公社党委领导，决定组织动员当地万名社员群众，对杨洼水库进行大规模的扩建治理。当时水利局的工程技术人员对扩建工程总体设计方案是：具有水位为34.5米，总库容为400万立方米，均质土坝顶高35.77米，青石板护坡；水库大堤长3100米，仅次于水口水库，设计灌溉面积1733公顷，实际灌溉面积 467 公顷，宜养鱼面积 63 公顷。

第四次对杨洼水库的治理，是 1977 年至 1999 年，在这长达三年的时间里，铜山水利局和张集乡政府，曾多次组织人力，动用几十部大型挖掘机，对杨洼水库进行堤坝加固、加高和涵闸整修。经 2006 年对该水库重新检验测量，防洪标准从三十年一遇，库容 375 立方米，提高到五百年一遇洪水校核标准，库容 392 万立方米。

杨洼水库的建成，既解决了张集镇西部万亩良田水利灌溉，又开发了水产养鱼的综合利用。

九、王月铺水库的新生

王月铺水库并不像丰县梁寨渊子那样是黄河决口而形成，而纯粹是一座人工平原水库。

王月铺水库形成于 1977 年 "农业学大寨" 期间，当时黄集公社革委会领导张海金受柳泉公社向阳渠工程的启发，他认为，故黄河大堤高头南地势高亢，平时所积故道上游来的水及下雨时的雨水因黄集无蓄水之处，白白流到安徽萧县去了，何不把高头南的积水利用高低差引导至高头以北洼地处拦蓄起来形成水库，以利于灌溉！于是，由当时的公社水利办土专家李恩年带队，采取因陋就简，利用土办法进行勘察设计、规划。

1976 年下半年，为了搬迁库区内移民，黄集公社首先在高头南沿建安置房，由社内各小队进行对口支援，每个小队支援一户人家建房，房子建成当时流行的土墙瓦顶。1977 年 11 月开始，王月铺、刁前楼、刁后楼等村庄陆续搬出库区住进新房。同期，全社各大队男女青壮劳力 1.5 万余人进入工地施工。学校、社直各部门人人出动，每个成年人摊派 200 斤运送黄沙、石块的任务，把通过船运至郑集翻水站的石块、黄沙再转运至水库工地。

1977 年冬挖土筑坝、1978 年春转为护坡施工，年底开挖水库经王庙入桃源河。经过近三个年头的施工奋战，至 1979 年 5 月水库竣工，其间共筑大堤 3500 余米，护石坡 3 万平方米，建进水闸 1 座，出水闸 2 座，排水站 2 座，引水河 2500 米，防渗河 2500 米，集水面积 64 平方公里，总库容 600 余万立方米，净水面 2000 余亩，可容纳蓄水。汛限水位 39 米，最高控制水位 41 米。水库建成蓄水后水中较高处形成了两个小岛，面积加起来约 0.5 平方公里。20 世纪 80 年代起，一些鹭鸟 "发现" 了这块风水宝地，开始筑巢繁衍。当时，小岛上时常有人来捕鸟，安家的鹭鸟还不算多。便有有心人在上面种植了柳树和少量的槐树、竹子。慢慢地，有人在水库里开始养鱼，形成了水库养殖场，同时加强了管理，不让人随便进水库登岛骚扰鸟儿。从此以后，水库内小岛安静了下来，鹭鸟在此安居，繁衍生息。鹭鸟们早出和晚归时，白茫茫一片，约有万余只。以灰鹭、夜鹭等为主，白鹭较少，只有四五百只，形成了当地的一道特殊风景。

2010年，鉴于多年运行，迎水坡干砌石护坡缺损、坍塌严重，无顶格埂，护砌顶高程不足；背水坡无排水设施；进水闸防渗长度不足，进水段护坡损坏，启闭设施老化；两座涵洞洞身漏水；补水站穿堤涵素砼涵管断裂、漏水；缺乏必要的管理设施等。上级投资对水库进行除险加固。建永久性建筑物设计洪水标准为三十年一遇，校核洪水标准为五百年一遇。水库枢纽工程等别为Ⅳ等，坝体、溢洪道等主要建筑物按4级设计，次要及临时建筑物按5级设计。本次除险加固主要建设内容为：坝体加固、整坡及防渗处理；迎水坡护坡改建；背水坡增建排水设施；两座输水涵洞及进水闸、补水站穿堤涵洞拆除重建；增设了必要的管理设施。

现在王月铺水库环境优美，绿树成荫，水面上鸭鹅成群，候鸟密栖，不时可见大量的白鹭起飞，场景蔚为壮观。水库中间的环形岛杨柳依依，尤其适合休闲、度假、垂钓、观光，是旅游度假休闲的好去处。

附：《游白鹭岛小记》

王月铺水库周围的人给水库起了个名字叫"龙雾湖"，湖中央最大的小岛叫"白鹭岛"，地面离水面不到半米高。"嘎、嘎……""哦喔、哦喔……"登艇赴岛距椭圆形的小岛50米时，可听到鹭鸟们此起彼伏的叫声。听到摩托艇的马达声，鹭鸟们顿时飞起，头顶的天空暗了一大片。远远地可以看到岛上的树上有许多鸟巢，巢内还有母鹭在孵蛋，一些雏鸟站在枝头上，警惕地观望着四周。轻手轻脚地上了岛，乳白色的萝卜花、淡紫色的马马菜悄然开放，绿油油的马齿苋等野菜也随处生长，细细长长的垂柳、竹叶在风中沙沙作响。过了白鹭亭，深入岛内，空气变得浑浊起来。地面上、草丛中、灌木上，几乎都被白色的鸟粪涂满，远远看去，竟似大团雪花一般。白色的绒羽在空中飞散，让人鼻子和喉咙忍不住发痒。

受登岛的声音打扰，霎时几棵相邻的柳树中，呼啦啦飞出了数十只鹭鸟。它们一会儿俯冲，一会儿振翅高飞。远处高亢的鸣叫声与这些白鹭遥相呼应。树杈间到处是浅浅的像飞碟一般的鸟巢，一根壮实的树枝上有时会有两三个鸟巢。草丛里到处是半个半个的白色鸟蛋壳。

下了白鹭岛,坐摩托艇又绕行了东南角的一个无名小岛。虽是谨慎绕过,但声响依然惊扰了岛上的鹭鸟,成鸟们旋涡般地飞向天空。

由于20多年的封闭式保护,两个小岛上的鹭鸟群规模已饱和。为了繁殖小鸟,现在约5只母鹭合用一个鸟巢,它们轮流在巢内抱窝。当地人还告诉记者一个有趣的现象,母鹭一次可下5个蛋,如有人拿走了一两个,母鹭就终止了孵化。而另外一只母鹭准备用该巢抱窝时,看到巢内剩有别鸟的蛋,也不愿在里面下蛋孵鸟。

除了鹭鸟,鹌鹑、乌鸫、野鸭等禽鸟也把这里当成了它们的家。杨庄村村民刘女士说,周边的村民们开始对这么多鸟很好奇,习以为常后,非常引以为豪。村民保护野生动物的淳朴意识也越来越强,人与鸟和谐相处,不再像以前那样常去欺负这些"外来户"。

"水库里很少有泥鳅、长鱼,它们不够鹭鸟吃的。"刁集村村民张志为老汉告诉记者,岛上鸟多了,也给村民带来了不少烦恼,比如啄食鱼塘里的鱼,啄烂村民种的西瓜。但村民没有什么怨言,大伙把鸟儿当成了淘气的"邻居"。"与鸟儿当邻居是一种缘分。"张老汉说,鸟儿在岛上住了几十年,是他们的邻居,希望人们尽量不要去惊扰它们。

仰望天空,一群群鹭鸟也觅食归来。它们的两脚往后伸着,缓慢地、从容不迫地在低空盘旋。

第四节 回首烟云写春秋

一、安国"五里三诸侯"

2016 年，随着黄河故道开发的步步深入，沛县安国镇三诸侯文化园被国家旅游局批准为国家 3A 级景区，这为沛县又增添一张亮丽的旅游名片。

安国镇素有"五里三诸侯，帝王将相乡"之美誉。该镇"刘邦店"村是汉高祖刘邦少年、青年时期生活过的地方，另该镇"周田村"同时也是汉初名相、汉绛侯周勃的老家，"安国集"（今安国镇所在地）是汉安国侯王陵的老家，"灌婴寺"是汉颍阴侯灌婴的老家。

相距不足五里的几个小村子竟然出了一位皇帝、三位诸侯，这是一个中国历史并不多见的奇迹。由此，便有了"五里三诸侯"的美誉。

"大汉之源出县沛，大汉之根在安国"，这是沛县人、安国镇人的自豪。

深厚的历史文化底蕴，使古镇安国成为探访汉文化、研究汉文化和海内外刘氏宗亲、三诸侯后人寻根问祖的圣地。

王陵、周勃、灌婴都是汉初重臣，为刘邦夺取政权立下了汗马功劳，又为巩固汉政权出了大力，都官到丞相。

三人中，王陵为人最为豪爽、正直，敢于谏言，这种耿直磊落的性格，秉承母亲的教诲和激励。

史载："王陵以兵属汉，项羽取陵母置军中。陵使至，则东向坐陵母，欲以招陵。陵母私送使者，泣曰：愿为妾语陵，善事汉王，汉王长者，毋以老妾故持二心。遂伏剑而死。"这就是《陵母伏剑》的故事。陵母自刎后，项羽勃然大怒，命人将她以大锅烹煮，以泄愤恨。

为了纪念王陵母的壮烈不屈，徐州人民为她建冢筑坊，并将冢旁道路命名为"王陵路"。而安国镇的"三诸侯园"里则雕刻着王陵母与王陵的事迹。

关于周勃，史载："绛侯周勃者，沛人也。其先卷人，徙沛。勃以织薄曲为生，常为人吹箫给丧事，材官引彊。"一个织薄吹箫的百姓，参与了灭秦剪楚的大业，终于出将入相，让人感叹事在人为、命由己造。

关于灌婴，史载："颍阴侯灌婴者，睢阳贩缯者也。高祖之为沛公，略地至雍丘下，章邯败杀项梁，而沛公还军於砀，婴初以中涓从击破东郡尉於成武及秦军於扛里，疾斗，赐爵七大夫。"后来，灌婴做了汉王的骑兵司令，在楚汉战争中又立新功，封侯拜相。

2200年后，再游安国镇的"五里三诸侯"旧地，发历史之幽情是必然的。

而今，三诸侯文化园景区已经成为沛县汉文化景区的重要组成部分。景区坐落于安国镇区的东南部，紧邻泗水故道，占地100亩，总投资1.5亿元，由南京必得旅游规划设计研究院规划设计。

该景区2012年开始动工建设，2014年建成运营。景区建有泗水驿文化园、安国宝鼎、文化广场、帝乡侯府书卷、三诸侯青石浮雕、龙凤景石、汉史连廊、汉初疆域图、漕运码头、汉文化雕塑小品及游客中心、停车场、购物中心等配套设施，是一个集汉文化展示、宣教、研究、体验于一体的休闲文化景区。

在安国镇，百姓常常戏言："安国安国，县中之国。"如今，方圆百里，10万多人的安国镇，俨然汉时偌大之封国。走进新安国镇，即可感知，安国人再一次吐纳帝王之乡的豪气，十里沙滩变成了万顷良田，新辟的5万亩设施瓜菜，一栋连一栋的钢架大棚，绵延起伏，一望无际；1000多亩生态花卉园，郁郁葱葱，繁花似锦；疏浚改造的古泗水，人工开挖的龙口河，纵横交汇，丰润着四万亩绿色稻田，"安国资源丰而富，三河一矿又一湖"的地域特色，正在受到人们的青睐。

二、古城下邳再辉煌

诗词："一片白波浮故垒，土人犹道旧邳州。"

看帆影濡湿一轴水墨，听涛声荡涤满河空灵。站在古邳镇黄河西闸边放眼望去，故黄河水面宽阔、碧波轻漾，河水倒映着蔚蓝的天空和两岸高耸的意杨。河堤上，白云似的羊群在暖阳下慢慢移动，不远处，掩映在树林中的村庄沉浸在一片安详之中，眼前的景色让人似乎走进了诗的意境。

但翻开史料，那里却记载了我们都不愿看到的一幕，奔流的黄河途经古邳，给这里带来过灌溉和舟楫之利，也带来了灭顶之灾。

下邳古城——一座辉煌的城池，提起它，就让人百感交集。乾隆皇帝曾写有《旧邳州》一诗："艾阳迁建圣恩留，患自羊山初改流。一片白波浮故垒，土人犹道旧邳州。"再现了当年黄河决口吞噬一座古城的巨大灾难。

清康熙七年六月十七日戌时（1668年7月24日晚9点左右），夜幕笼罩着下邳这座无比辉煌的城池。忽然，人们听到像打雷一样的巨大声响，声音从西北方向传来，众人惊异，不知道怎么回事。紧接着，地动山摇，房屋梁柱的断裂声，墙倒屋塌的轰隆声和孩子啼哭、妇人哀号声交织一起。原来，山东莒县、郯城发生了8.5级特大地震，强烈的震感波及了下邳。下邳城郭损坏，房舍倒塌，无数人在地震中丧生。一波未平，一波又起。七月十二日，暴虐的黄河从10公里外的花山坝决口，滔天黄水奔泻而来，浊浪又席卷了惊魂未定的下邳，一座有着五千年文明史、三千年封地的历史名城就这样悄悄地沉入了水底……

当年天崩地裂、河水倾泼的那场毁灭性的灾难，在《睢宁县志》《睢宁水利志》及《古邳镇志》上都有记载。《睢宁水利志》上是这样说的："七月十二日河决花山，邳州城陷。时积水为巨浸，庐舍尽漂，田地淹没，人民四散，仅一二百家，栖息护城堤上（现在的玉带桥一带）。"

现在的圯桥村，原叫旧城村，下邳沉陷后这一带遗留的残迹很多，《史记》中张良遇黄石授书的圯桥便是其中之一。2003年，旧城村改为了圯桥村。

旧城是一座曾繁华过近4000年的历史名城，从22次诸侯封国、王公食邑，到后来县、郡、州的治所，曾经悠久的历史让这里留下了灿烂的文化、美丽的传说和数不清的古迹。

下邳城位于岠山东南沂水与泗水交汇处，因这里山青水美，沃野千里而成为一方风水宝地。夏朝时，掌管车辆的奚仲受封赏，率部族来到这片肥沃的土地上，成为下邳的第一代统治者。春秋战国时，宋襄公伐齐，在这里修筑加固下邳城池；齐威王封美髯公邹忌为成侯居下邳。秦末，张良椎秦失败后沿泗水一路逃来，隐匿在这里，在圯桥为黄石老人进履，得授兵书。两汉时期，汉明帝刘庄将这里改为下邳国，封他的儿子刘衍为下邳王，领下邳、徐、取虑、睢陵、下相、淮阳等17城，都下邳。这里共传四代刘姓下邳王，到三国时，曹操的儿子曹宇、晋代司马晃又被封为下邳王。在此时期，下邳更是风云激荡，曹操决沂、泗之水淹下邳城，在白门楼缢杀吕布，在困凤堂围困关羽和刘备甘、糜二夫人……在史册中，下邳是一个频繁出现的地名。

直至元朝，这里仍称下邳，先后作为郡、州、军、府的治所，到明清时改称邳州。悠久的历史、唯美的风光引得王维、李白、李商隐、温庭筠、苏轼、苏辙、冯梦龙、归有光等文人贤士来此游历、寻访，并把吟诵的诗句贴满历史的天空。"汴水流、泗水流，流到瓜州古渡头。""沂武交流泗水通，巨峰独秀耸长空。"诗中记下了下邳的青山秀水，一幅幅美景如画。

下邳城沉陷20年后，知州黄日焕、孙居湜改建新城，把邳州城北迁到90里外的艾山南麓（今邳州市邳城镇），治所也随之迁到了新城，残址被称为旧州，也就是今天的古邳镇。这一事件在清朝皇帝乾隆所作的《旧邳州》中可见一斑："艾阳迁建圣恩留，患自羊山初改流。"

三、韩坝与魏工圩

韩坝在魏集镇西北故黄河南岸，全村没有一个姓韩的。在黄河流经那里的 600 多年间，百姓受水灾之苦就像挨日军扫荡一样，整日提心吊胆，不能安生。河水经常决口泛滥，在那里形成了一个"冲积扇"。

清朝康熙二十八年（1689），上级派来一位姓韩的工头，要在这里筑坝打堰。这位姓韩的工头是大户人家出身，不但长年住在这里，以工地为家，而且仗义疏财，爱做善事，很受百姓尊敬，像庄上的老医生、老兽医一样，在四周都有很高的威望。

有一年，连续多日下大雨，加上黄河上游河水下泄，凶猛的洪水，野兽一般决堤横流，直冲堰南大片良田和村庄，使那里的百姓无家可归。

后来，这位姓韩的工头就跑回家中，拿出自家钱财，带领百姓齐心筑堤，打坝抗洪。经过一个多月连续不断的忙活，在黄河决口西南方向七八百米的地方，筑起了一道五里多长的大坝，拦住了洪水，拯救了大面积的良田、房屋和百姓的生命。这坝因为远离决口，两端连接黄河老堰，形成新堰为弯月形，就像天上的月牙一样，人们都称它为月堰。

这种在险工险段筑起双坝拦水的方法，防洪非常成功，得到黄河沿岸百姓的大力推广。后来，地方官员表彰了韩工头的功绩，百姓又联名上书朝廷，推荐他做官。

韩姓工头得到了朝廷重用，举家赴京上任。月堰之地从此杜绝了水患。周边百姓看到那里地形较高，有利于建房居住，便纷纷迁入，在那里建设家园，很快形成了一个村庄。百姓怀念韩姓工头筑坝有功，就把村名称为韩坝，像纪念"柳将军"一样，永远纪念姓韩的工头。

据《魏集乡志》记载，黄河流经魏集时长 28 华里，仅明朝黄河就 6 次决口使这里受害，清时决口更加频繁，这里曾有"洪水走廊"之称，而境内决口点多在韩坝村的魏工。韩坝、魏工，这些地名的由来也都与黄河相关。韩坝，因为有姓韩的工头在此修河坝，故名。魏工，因黄河从此处决口时有魏、郭两姓工头带民工在这里堵决口并筑双堤，后称魏工。

魏工险段，是黄河在睢宁的重要险段之一，是险中险，重中重。翻开《睢宁水利志》，有这样的记载：在黄河两侧险工险段，为确保河堤安全，曾经都在遥缕堤外复筑月堰，为险工二道防线。在韩坝村就有作为二道防线的魏工圩堰。

清顺治九年（1652）至嘉庆十五年（1811）的 159 年中，黄河经常在魏工决口，再加上为加固南堤取土，逐渐形成了一个没有水流出路的大水塘，被称为水厢。魏工水厢就位于韩坝村东 1 公里处，坐落在魏工圩内。

魏工水厢是一片地势低洼十几米的凹地，里面有鱼塘、荷花池，水面约 300 余亩。阳光下，鱼塘波光粼粼，碧绿的荷叶随风起舞，荷花含苞欲放，这里风景极美，附近却少有人家。

魏工圩堰，是一道半月形防洪堰，当魏工的黄河南堰出现险情时为抢险防洪救急所用。它建于 1861 年，是一个叫夏君重的人围绕魏工水厢修建的一道圩堤，两端与黄河南堤相连，圩东西长 3 里，宽 500 米。

当年，为防土匪，夏君重还在土圩上修建了垣墙、垛口、炮台，圩子上建有东、西、南三个大门，夜晚关闭。当时因匪乱和洪秀全的太平天国农民起义，一些地主都逃到圩子内暂住，晚上，百姓也进来躲避。当时流传着"铁打的六合县（洪秀全未攻下），纸糊的南京城，要想去逃命，你奔'魏郭工'"的说法。这里说的"魏郭工"就是指魏工圩堰，当时这条圩堰的坚固程度可见一斑。即便现在，140 余年过去了，那高高的土圩依然清晰可见。

四、五百健儿喋血黄河滩

1938 年，中日徐州会战。

第二十二集团军来自四川。这支川军部队自初春来到山东邹县、滕县一带，把守徐州的北大门，经滕县血战之后，官兵伤亡惨重。为了继续抗战，四川人民发扬国民革命军第二十三集团军第一二二师师长王铭章的英雄精神，又把大批四川优秀青年送往抗战第一线，特别是第二十二集团军战斗过的地方——徐州第五战区。

2000 多名优秀的四川青年，一路颠簸，于 4 月底 5 月初到达徐州。第二十二集团军 4 个师的干部训练队各分得一营的新兵，集中在徐州郊区的拾屯、敬安镇等地训练。5 月 17 日，日军北线兵团已占领黄口，有一部日军由丰县东犯，兵锋接近敬安镇。第二十二集团军总司令孙震下令，新兵以营为单位，迅速向后方撤退。

从四川过来的新兵还没有整训完毕，没有上过战场不说，连枪都还没有发到手，便随着各自的队伍钻隙迂回，向大后方撤退了。第七三一团新兵营 500 多人，由 3 营长罗浚率领，从敬安镇训练地沿梁寨、唐寨、砀山、夏邑路线向安徽亳州方向转移。

罗浚选择的这条线路照说是比较安全的。事前经过侦察，还得到师部、团部的帮助，分析过敌情后才动身的。新兵营的这批四川青年都是好苗子，半个月的军事训练，已培养出了他们的集体观念，很有组织性。一路上罗浚十分警惕，他的压力很大，一群没有武器的新兵，不能有半点儿闪失。行军和躲避日军是全营的两大任务。

徐州西北均是平原，没有隐蔽的地方，所以他们行军走路尽可能走低洼处，有壕沟走壕沟，没有壕沟就走树林，在平坦的地面上，部队都是跑步穿越，把自己暴露在地面的时间越短越好。

新兵营还没走上几十里地，就被日军的骑兵大队发现了。侦察人员向罗浚报告说，日军的骑兵大队正分三路朝这个方向围上来。罗浚心里一紧，长吸了一口气，徒手新兵怎么对付得了骑兵？别说是没有武器的新兵，就是战斗部队也拿他们没有多少办法。

罗浚跳到一个坎子上，他让有武器的班排长站出来，跟他一块儿阻挡日军，其他人员由副营长唐少斌率领，跑步到前面的黄河故道里面去，利用黄河故道隐蔽自己。

唐少斌掏出手枪一挥说："新兵兄弟们，跟我来！"他说着带头朝前跑去，后面呼啦啦跟着几百人的新兵队伍。罗浚朝跑过去的队伍看了一眼，"新兵队伍有些乱。新兵乱，自己可不能乱啊。"罗浚想。

新兵朝黄河故道的方向跑去，罗浚急忙把班排长五六十人分成三组，他说要沉着，过去同骑兵作战是射人先射马，现在不同了，我们人少，又不是作战部队，就必须先打人，瞄准人打，尽可能把日军拖住，给新兵留有充足的时间。他们三组呈"品"字形，背对着黄河故道严阵以待。

日军骑兵在他们周围扬起的漫天尘土，几百米外都能看见，像千军万马奔驰过来一样。罗浚回头看看身后，新兵还在奔跑，还没有跑到黄河故道。罗浚趴在一处小土坡上，用枪瞄着当头冲过来的日军扣动了扳机，日本士兵一头栽了下来。

营长的枪一响，其他人的枪也响了起来，有五六个日军掉下马来。日军骑兵在奔跑中散开队形，举刀朝罗浚他们的阵地猛扑过来。有一个小队的骑兵飞快地从阵地上穿了过去，直奔罗浚他们身后的徒手新兵。罗浚一下子明白了，他们转身射击，但为时已晚。

日军其余的骑兵翻身下马，同罗浚他们进行枪战。日军的火力很猛，压得罗浚他们抬不起头来。冲在前面的日军已接近阵地，并向他们投掷手雷。

罗浚他们抵挡不住，于是脱离阵地，采取且战且退的办法去同新兵会合。日军骑兵见中国军队只有几十个人，便更加肆无忌惮，一个指挥官挥舞着长长的军刀，然后是几百匹马一起冲了过来，眨眼之间就冲到罗浚他们面前。日军骑兵在马背上挥舞着军刀，在一群中国士兵的头上挥来挥去。有的官兵的头被砍了下来，有的被劈成两半，还有的被砍掉一只胳膊，在地上翻滚……

眨眼之间，二十多名官兵被日军砍死，罗浚他们三十多人也被日军团团围住。罗浚枪里已没有子弹了，他拔出背后的大刀，砍掉几个日军的头……抵抗已没有用了，他们把刀枪摔在地上，身后几百名新兵被日军骑兵押了上来。

日军对他们搜身，几块大洋，几十块大洋，最后什么东西都被日军抢走了。被洗劫一空的新兵被押着往唐寨的方向走。日本骑兵缺乏耐心，用刀背抽打俘虏的肩头后背让他们快走。罗浚提出抗议，要求日军遵守《日内瓦公约》，他们是俘虏，况且是空手，没有任何武器。

日本一名中佐骑在马上，骄傲横蛮，他把战刀架在罗浚的脖子上，让他不要开口说话。日军把他们押到黄河故道里，然后命令他们停止前进，把他们排成三列横队，坐在北大堤下面，四周布满岗哨。

罗浚看见日本中佐、少佐、军曹好几个人碰在一起，好像在商量着什么。几挺机枪被招了过去，机枪手不停地点头，并朝被俘中国新兵正面走去，选择地形，架设机枪。

罗浚和唐少斌对视了一下，他们知道日军下一步要干啥。这帮比野兽还要残忍的家伙，想把这批中国士兵屠杀在这片黄河故道里，然后再去执行他们的任务。

反抗是死，不反抗也是死。反正是死，那就给他娘的拼一下，兴许还有一丝活的希望，哪怕一个人冲出去也是胜利。罗浚和唐少斌分别同几个连排长交换眼色。他们身后是故黄河大堤，上面有几个日本兵，大多数的日军都在他们对面，一群战马在黄河故道里啃着青草，同他们的主人一样有些放松。罗浚抓住机会，突然站起来向自己的士兵高呼："冲出去，跟他们拼了！"

唐少斌带领新兵转身攀爬身后的堤岸，迅捷的他们三五步就攀了上去。日军没反应过来，见这些手无寸铁的中国军人突然爬上堤岸，才开始射击，很多日军慌着去牵马。

罗浚在大堤上搂住一个日本兵，旁边的人上去夺日本兵手里的枪，七八个对付一个，他们用拳头打，用脚踢……有五六十个人倒了下去，但大多数的人跑到堤下面去了，几百个人在河堤下分散开来，谁也顾不上谁了。身后日军的枪嗒嗒嗒地响了起来，有的士兵倒在地上，没有被击中的仍在拼命奔跑着……日军跨上战马，挥舞着军刀从后面追了上来。

罗浚提着一支从日军手里夺来的步枪，他的手指被日军鬼子砍掉了两个，血不停地淌着。他顾不了那么多，带着三四十个人往河堤树林子里钻。

日本骑兵的高头大马进不了河道线上的树林子，罗浚利用树林向冲到跟前的日军开枪射击，日本骑兵从马背上栽了下来。唐少斌飞跑过来捡起日军的枪后，想去牵那匹大马，但战马不从，腾起身子跑掉了。另一名鬼子举刀朝唐少斌砍来，唐少斌就地打了个滚，翻身朝他开了一枪，日军应声落马。

一群日本骑兵一窝蜂朝唐少斌冲了过来，战马把他团团围住，罗浚没有办法。在日军同唐少斌纠缠的时候，罗浚率一群新兵转身朝后跑。人是跑不过马的，他们只好穿树林、下壕沟。身后密集的子弹朝他们打来，又有二三十人倒了下去。罗滩身边的十几个人没有办法，只好分散躲在麦子即将成熟、有大腿一般深的一大片麦地里。

天近黄昏，日本骑兵还在搜索，密集的枪声已变得零星。罗浚他们趴在地里一动也不敢动，大气也不敢喘一下，十多个人只有两杆枪，万一搜到了自己，只有同他们拼了，死也不当俘虏。毫无人性的日军竟会屠杀手无寸铁的俘虏，罗浚在麦地里咬着牙直流泪。

天黑的时候，他们听见日军大吼大叫，不知道他们在干什么。罗浚从麦秆的缝隙中往外看，在远处的一片开阔地里，敌人在集合。敌人要走了，战斗结束了。

一场战斗就这么结束了吗？罗浚心里紧了一下。就在这时，罗浚的耳边响起热锅爆炒黄豆的声音……罗浚的手死死抓住一把麦秆。

终于，日军走了，大汗淋漓几近虚脱的罗浚他们走出麦地。弟兄们还活着吗？难道只剩下身边的几个人了？他们谨慎地往前寻找，到处都是战友们的尸体，在黄河故道的堤岸下，就倒下了一百多人，地里又躺下了一大片。最让罗浚愤怒的是，在一处壕沟底下，日军竟用机枪一次屠杀了二百多名新兵营战士。

500多人的四川新兵，寸功未建的他们遭到了日军的屠杀，灭绝人性的日军丧尽天良。罗浚和幸存的十几名战士在旷野里默哀，他的手疼得要命，而心更像被刀割一般。

没有时间也无力掩埋战友的罗浚带着十几名战士，历时半个多月才走到河南潢川，找到了自己的队伍。

五、第二十二集团军黄河突围

就在罗浚带领新兵营的士兵同狭路相逢的日本骑兵进行殊死搏斗的同时，他所在的第二十二集团军也奉命撤退了。自会战开始，第二十二集团军为保护第五战区长官司令部的安全，一直驻守在微山湖东岸一线，隔运河与日军对峙。

第二十二集团军接第五战区撤退转移的命令后，立即用全军炮火轰击日军炮兵阵地和交通要点。在摧毁韩庄铁桥附近日军阵地、破坏掉主要交通道路和桥梁后，做出全线进攻的样子，从正面很好地迷惑了敌军。

为了不过早地暴露中国军队撤退的计划，第二十二集团军的四十一军派出七三〇团向韩庄津浦路进行攻击。与此同时，各作战部队迅速撤出战斗，向后方开拔。攻击韩庄的第七三〇团为全军的掩护部队，改为全军的后卫。

部队经过一夜的急行军，到达陇海铁路上的东黄集车站，由此又朝南面推进。撤退部队过于庞大，又是辎重，所以行动不快。当部队越过陇海铁路的大庙集、张旗杆、杨庄一带时，日军才发现对岸的中国军队撤退了，他们一方面派出部队在后追击，另一方面派飞机跟踪轰炸。

日军的侦察机连续过来好几遍，他们在空中盘旋，可能是想把周围的情况侦察仔细，所以一架接着一架地过来。日军侦察机的动向，立即引起第二十二集团军的高度重视，他们意识到日军一定会有大规模的轰炸行动，于是他们把全军现有的轻机枪、重机枪集中起来，临时组建成一支防空部队。

果不其然，日军在几十里外升起了观察气球。这些气球是专供日军观察监视中国军队各方面行动的，以便指挥空中飞机和他们的地面部队。朝徐州方向看，浓烟升天，隐隐约约还能听见隆隆炮声。第二十二集团军知道，在那个方向，还有张自忠将军的第五十九军和刘汝明的第六十八军，他们还在掩护部队转移，用自己的血肉之躯阻挡日军前行。

撤退的第二十二集团军，翻过兔山，穿过林头村之后，便进入了黄河故道。行军的部队突然慢了下来，黄河故道里的沙滩地，地面松软，疲惫的双腿使不上劲儿，再加上一些轻重车辆或炮车的阻挡，队伍一下子挤成了人堆。

指挥部看到这种状况后，立即命令防空部队做好防空准备，并组织大量步兵去帮助炮兵、辎重兵，目的是加快部队行军速度，尽快通过这片没遮没拦的河道，走出这段沙滩。

日军军机好像专等这个时候，就在第二十二集团军陷入黄河故道沙滩地的时候，天上飞来3架飞机，他们猖狂之极，先是一阵炸弹的轰炸，然后转头便是俯冲扫射，一趟又一趟。

防空部队开始对空射击，万弹齐发，当即打落了一架飞机，另两架飞机落荒而逃。时间不长，日本军机又飞了过来，这次是9架，他们一齐向黄河故道投弹，撤退部队伤亡很大，有车辆被炸弹击中，燃烧起来。

敌人的飞机还是老办法，投了弹之后，又调转过来。防空部队知道敌人又要俯冲扫射，百十挺机枪编织成严密的火网，封住敌人俯冲的方向，这次又打落了两架飞机。其他飞机见势不妙，赶紧把飞机拉上去，不敢做低空飞行。

日本空军不甘心失败，再说有那么多中国军队集中在那里，此时不炸，更等何时？他们又来了。黄河故道里的炮兵部队伤亡惨重。在河道白白挨打，不如跟他们拼了。在敌机再次俯冲盘旋时，炮兵用大炮朝天射击，一发炮弹击中了一架飞机，当即在空中爆炸，瞬间燃烧成一团巨大的火球。

中国军队的防空力量增强了，日本的军机再没有那么疯狂了，他们不得不在很远很高的地方投掷炸弹，有些炸弹落在麦地里，有些炸弹落在离部队很远的沙滩上。这样对地面的威胁便减少了。

防空部队打下日本空军的4架飞机，取得了对空作战的胜利。一架飞机残骸落在沙滩上，冒着滚滚浓烟。有胆大好奇的士兵捡拾起地上的残片留作纪念。

全军快速通过沙滩地，进入黄河故道对岸的村庄。部队在那里救治伤员，重新整顿，并把车辆、马匹做了调整，扔掉一些没有用的空弹车辆和被敌机炸坏的大炮。部队不敢久留，因为日军地面部队正朝这儿迂回过来。

部队正要出发，后面友军的部队过来了。这支部队同刚才的他们一样，也陷入了黄河故道的沙滩上，遭到了敌机的轰炸。不能眼睁睁地看着友军挨打挨炸，他们的防空部队又出击了。

日本空军不知道是不是过来报复的，他们这次飞来了18架飞机，组成两个编队。防空部队的两个步兵团用重机枪、轻机枪对空射击，密集的火力网把部队的上空给封锁住了，他们又击落了两架飞机，还打伤多架。但防空部队遭到敌机的扫射，也有伤亡。刚刚组建的防空部队短短不到一天的对空作战，击落敌机6架，击伤多架，从而使敌机不敢猖獗，撤退大军得以有惊无险地继续向后方转移。

六、叶场村围困战

1943年春，盘踞在睢宁的日伪军400多人，抢占了叶场。他们挖圩沟，打圩墙，筑炮楼，企图以此为跳板，攻占地委所在地——古邳，打通陇海路与海郑公路的通道，以调运军需，并占领邳睢铜抗日根据地，消灭抗日力量。

叶场村位于魏集镇西北部，北靠黄河滩，西邻古邳镇。清朝年间，有一叶姓人家迁此居住，叶姓全家勤劳吃苦，开垦了大片农田，连续多年喜获丰收，曾在此处营造一处面积较大的打谷晒粮场地，随后称叶家场。叶姓人家成为富裕大户，后经多年繁衍生息，随着叶姓人口逐渐增多，以致形成了小村庄，便自然取庄名为叶场。

为了粉碎敌人的阴谋，在司令员赵汇川等领导的指挥下，钟景峻带领一部分地方武装，配合新四军四师九旅二十七团和淮北三分区独立一团，总共4000余人，将叶场敌人包围。1943年8月，新四军淮北军区第三军分区与新四军四师九旅二十七团，决定依靠当地群众和地方武装，拔除叶场据点。

从8月9日开始，军分区部队和地方武装2500多人，先端掉魏集据点敌岗哨，继而切断叶场守敌的电话线。而后，又分别从西北、正南、东南三面向据点开挖3条S形进攻壕。在距据点近百米处，又将3条进攻壕连接成一道环形战壕。至此，一切部署停当，拔除叶场据点的围困战即将打响。

8月12日23时，新四军九旅二十七团和地方武装在军分区司令统一指挥下，向叶场守敌发起猛攻。经过1小时的战斗，在予敌重创并为地方武装围困叶场创造条件后，主力部队即撤出战斗，地方武装则将敌人据点团团围住。

13 日拂晓时分，伪军向外突围，被早有准备的军民击退。

14 日午夜，突围的守敌又在围困部队多道伏击下，损失了一个班，仓皇逃回据点。随后，敌人又组织了 4 次突围，但每次都被打得头破血流，不能越出据点半步。

15 日，魏集伪军 100 余人，企图强行夺路给叶场伪军送粮。新四军九旅二十七团杜绍三率部以猛烈的火力阻击，敌人伤亡惨重，只有部分残兵落荒而逃。

16 日，魏集日军 40 余人和伪军 400 余人，又向叶场增援，沿途遭二十七团骑兵排袭击。援敌进至蔡园后，先以伪军向阵地冲击。杜绍三率阻击部队，一部分从正面还击，一部分与地方武装迂回到援敌背后攻击日军，致敌腹背受击。日军被打得晕头转向，炮手误将炮弹倒装，致使炮膛爆炸，日军小队长和十来个日本兵被炸死。这样，敌人先后组织 4 次增援，不是被阻击部队消灭，就是被堵了回去。

17 日上午，睢宁县城 500 多名日伪军增援叶场。增援部队出城不久，分散隐蔽在青纱帐里的区分队、游击小组立即展开"麻雀战"，与敌纠缠，敌人处处挨打，筋疲力尽、狼狈不堪。二十七团等主力部队则以逸待劳，一面以密集火力阻击，一面迂回到敌后，经过半个多小时的激战，日伪军丢盔弃甲，狼狈逃窜。

在主力部队采取虚虚实实、断断续续的火力攻击和强大的政治攻势的同时，黄河滩上的武工队和民兵积极投入战斗。他们配合大部队作战，白天以武工队、民兵为主，四面包围叶场；晚上举起灯笼火把，摇旗呐喊，和敌人打"疲劳战"。他们割断了敌人的电话线，切断了敌人与睢宁县城和魏集日军的联系，又用秫秸把麦草卷起来浇上水，做成土坦克，向敌步步逼近。敌人急了，连续进行 5 次突围，都失败了，只好又龟缩在据点里，等待时机逃跑。几天后，敌人粮食吃光了，连口水喝都没有。

时值酷暑，地上干得冒烟。难得下场大雨，让圩沟里有了些浅水，但又遭遇了"臭狗阵"——民兵将一些死狗扔进沟里，加上战斗中打死的敌人的尸体、马匹和粪便，弄得沟里臭气熏天，沟里的水，根本不能喝。据点里的敌人渴急了，派人到圩外一口井里取水，但都被埋伏在交通壕里的神枪手打死了。无奈，只好把唯一的希望，寄托在睢宁和魏集方面日军的救援上，但救援的敌人，一次次都被预先埋伏的新四军部队击退了。

8 月 18 日，叶场已被围困 7 天。据点里断粮缺水，伪军已不堪支持。圩西北角的炮楼，又被新四军炮火摧毁，进攻壕也已经延伸到圩墙根前，敌人惊恐万状。这时，围困部队一方面展开强大的政治攻势，另一方面把馒头、猪肉、水果等食品放在圩沟外面，让伪军来取，立即就有几个伪军跑过来投降，其余敌人见大势已去，也相继放下武器。叶场据点的代理大队长余景德及以下的 400 多名伪军全部投降。

在叶场围困战中，新四军较好地利用了故黄河的地形地貌，新四军四师九旅二十七团主力隐蔽于韩坝老牛角一带芦苇中，伏击魏集睢宁之援敌；二十七团所属的骑兵排与邳睢铜独立大队进至魏集据点附近，分散隐蔽在青纱帐里，以"麻雀战"袭击敌人；河北区队与铜山独立大队依托黄河堤阻击窑湾运河之援敌。

后来，"叶场围困战"的胜利消息传到延安，《解放日报》在头版头条发表了淮北军民胜利进行叶场围困战的报道，称之为"模范战斗"。张震将军在《新四军第四师的战斗历史和淮北抗日根据地的创建与发展》一文中，赞誉"叶场围困战的胜利，成为我主力部队、地方武装、民兵密切配合，实行人民战争的模范"。

半个世纪过后，睢宁县委、县政府在魏集镇叶场村小学院内，建立了叶场围困战纪念碑。纪念碑底座七层，代表战斗的七天七夜。底座高 1.9 米，塔高 4.3 米，代表围困战的时间：1943 年。张震将军亲笔为"叶场围困战纪念碑"题写碑名并奠基。碑文曰：

民国三十二年（1943）四月十三日，盘踞在睢宁的日寇派 400 余名伪军侵占八区（魏集）叶场营造据点，妄想以叶场为跳板攻占古邳，打开陇海铁路与海郑公路间的通道，以便调运军火，集结兵力，达到消灭我抗日力量、分割淮北与鲁南抗日力量的联系，夺取苏皖边区的目的。

为粉碎敌人阴谋，在扩大根据地，缩小敌占区的方针指引下，新四军四师九旅于 1943 年 4 月 20 日，令二十七团配合地方武装攻打叶场，因后备不足，伤亡二十余人。同年 8 月，中共淮北三分区与九旅二十七团再次决定攻打叶场据点。

此次作战方案，采取了"围攻打援，先围后取"的方法。通过 7 天围困作战，据点里的伪军因缺粮断水数日，多已疲惫，不堪支持，我军终于胜利攻克了据点，共俘捉敌官兵 422 名，缴获迫击炮、手炮 5 门，各类枪支 379 支，战刀、刺刀 45 把，枪弹 8674 发，手榴弹 227 枚，破坏敌人电话线 7000 余米。

叶场围困战的胜利，是我军作战史上一大辉煌战例，标志着睢邳铜地区抗日战争由战略防御转入战略反攻的起始，显示了军民合作、并肩战斗的强大威力。

如今，叶场围困战旧址已成为黄河故道红色教育基地，激励着一代又一代人为开发故道贡献自己的聪明才智。

第五节 故道又闻黄水谣

一、古代民谣的黄河记忆

下邳筑堤谣
明·陆士邦

彼田高，我田低，低田积土河成蹊。

低田年年催筑堤，筑堤复取田中泥。

去年大水百谷伤，高田得熟低田荒。

今年土龙雨莫祷，高乡之田为茂草。

田家谣 并序
清·张文醇

余乡居两河之间，岁有水患，间岁无之，则必甚旱也。数年以来，备尝艰苦，因为俚言述之，以俟观风之采焉。

泽国少乐岁，瘠农无厚基。

三时勤苦妇子同，终岁不能免寒饥。
夏来低价卖精粒，冬来昂值籴藿藜。
此非良计讵不知，知而不免益足悲。
田家力田难凭田，为苦为乐都任天。
去年低田晚禾嘉，浃旬苦雨逐浪花。
今年高田旱禾好，连月不雨等霜草。
荒年赦租应免催，谁道年荒催更早。
民饥转令官吏饱，吁嗟乎？
补疮剜肉未是苛，乃并无肉可奈何。

二、近代民谣的黄河恩怨

一

黄河弯、黄河长，黄河淌水黄泥浆。
黄泥浆，淤河床，河床高过两岸庄。
七月发水河决口，两岸村社成汪洋。
百姓淹死无其数，田园变成蛙子汪。
没淹死的更凄凉，离乡背井去逃荒。
讨儿卖女无人要，妻离子散奔他乡。

二

黄河一决口，水往洼处走。
村庄全淹完，百姓成泥鳅。

三

黄河决口好凄凉，黎民百姓遭了殃。
死的死，亡的亡，讨儿卖女去逃荒。

四

黄河弯、黄河长，黄河年年流黄汤。
十年倒有九年灾，家家户户卖儿郎。

五

家住黄河边，俺唱黄河谣。

乡亲和父老，听我说根苗：
天下黄河十八拐，十八拐里又弯几遭。
十八拐里难行船，弯几遭里浪滔滔。
年年黄浪泥沙滚，河床倒比两岸高。
三年能决两次口，十年八年一改道。
决口改道灾难重，两岸百姓哭号啕。
万顷良田都淹了，村庄房舍水中泡。
邻里乡亲难相救，死的死来逃的逃。
活的扶老又携幼，奔走他乡去乞讨。
三天要不饱两顿饭，讨儿卖女卧荒郊。
妻离子散多悲惨，年迈爹娘难照料。
抬头喊冤问青天，哭罢低头怨地曹。
黄河哪年能变清，苦难日月何时了。

三、我家就在黄河边

九曲黄河十八弯，一路奔腾到邳南。
途经占城到土山，修桥筑坝在山前。
胡圩庄里门前过，八路境内碰一面。
祖祖辈辈岸边住，酸甜苦辣都尝遍。
旧时黄河多灾难，黄水汤里度饥寒。
烧香磕头都无用，三年无水准大旱。
茅草房里度一生，大水来了得玩完。
背井离乡去讨饭，卖儿卖女实在惨，
官府还要地税钱。日子实在没法过，
饥寒交迫泪涟涟。
古老黄河虽不见，它的故事讲不完。
如今家乡得巨变，花园村庄人人羡。
条条大道宽又亮，高楼大厦是家园。
吃穿用度都超前，银行里边有存款。
百姓生活有保障，就医报销还方便。
招商企业如林立，旅游产业随处见。
生态农业生机旺，不出家门也赚钱。
我的家乡在邳南，我家住在黄河沿。

四、邳州故事说黄河

跳进黄河洗不清——

在邳州南部故黄河沿岸一带，民间流传着这样一句谚语说："我的冤屈无处申（方言读音生），跳进黄河洗不清。"说起这句谚语的来历，还有一段民间故事呢。

传说在很久以前，下邳城外的黄河边有个村庄叫河湾村。村里住着一户姓何的人家，这何家老公母俩和一个儿子，一家三口靠打鱼为生。后来儿子何旺慢慢长大，便娶了邻村赵家的闺女名叫月娥的为妻。一家四口，婆媳俩在家缝衣做饭操持家务，何老汉和儿子天天到黄河里打鱼，生活虽不富裕，但一家人有说有笑，其乐融融，日子过得还算蛮有滋味。老公母俩就盼着能早日抱上一个胖孙子。

谁知天不遂人愿。这年夏天黄河发大水，别人家都不敢到黄河里打鱼，何家迫于生计，爷儿俩还天天去黄河里打鱼。这天中午时分，突然天空电闪雷鸣，狂风大作，爷儿俩驾船没来得及靠岸，渔船就被风浪掀翻，爷儿俩虽然都熟识水性，怎耐风大浪急无法泅渡，结果双双丧身黄河。

父子俩死后，家里就像塌了天。婆媳俩天天以泪洗面，艰难度日。不久，婆婆因为过度悲伤，日夜啼哭，竟然哭瞎了双眼。月娥既要照顾婆婆，又要打理生计、操持家务，更是苦不堪言。常言说，祸不单行。村里有位姓吴的财主，人称吴老财。他凭着自家有钱有势，横行乡里，经常欺男霸女，背地里人都叫他吴老赖。何家父子死后，吴老赖见月娥生得俊美，便想占为己有，但多次调戏均遭月娥拒绝，因而便怀恨在心。

这年春天，正值青黄不接，村里人几乎家家闹饥荒，何家更是度日艰难。月娥只得靠天天去湖坡挖野菜充饥。这一天，月娥又到湖坡挖野菜，而湖坡上较为好吃的荠菜、婆婆蒿、豆瓣菜等几乎被人挖光，月娥转了半天也没挖到几棵，只得挖了一些别人不愿挖的奈嘟菜（方言，为音译）。这种野菜味太苦，口感不好，所以挖的人不多。月娥回到家中，为了消除苦味，先将野菜洗净放在热水里烫了烫，然后搦成团挤去苦汁，再放入清水里淘一遍，自己先尝了尝，仍有些苦味。这时忽然想起回家路上拾到了一个铜钱还在兜里，便赶忙去油盐店里打了一个钱的香油，回到家，将淘净的野菜重新放在锅里炒了一下，放点盐，盛到碗里，倒上点香油拌拌，这才端到婆婆面前，让婆婆先吃。婆婆尝了尝很好吃，便一气吃下一大碗。谁知刚吃完一会儿就腹痛难忍，翻身打滚，接着头冒虚汗，口吐白沫，前后不到一个时辰便两腿一伸没了气息。月娥见婆婆这么快就突然死去，吓得不知如何是好，缓过神来后，急忙喊了邻里乡亲，向他们诉说原委。因为不少人以前也都吃过这种野菜，虽说苦点，但却平安无事，所以都说不清这是怎么回事。很快，这个消息就传遍了全村。

吴老赖听说这事后，先是幸灾乐祸，又一转念，便打起了坏主意。他暗自造谣传扬说是月娥在菜里下了毒毒死了婆婆，然后又放出口风说要代表村里百姓告到官府治月娥的死罪。他原打算这样一闹腾，等月娥害怕后，自己再出面调停，使月娥有求于他，然后再趁势胁迫逼她改嫁收为小妾。这谣言一夜之间就传遍了全村。

月娥得知有人说她故意毒死了婆婆后，又急又气又委屈，想想才短短几个月，一家人都相继死去，自己又受此不白之冤，活着还有啥意思？不如跳进黄河随丈夫去了。她痛哭了一夜，第二天天刚蒙蒙亮，便独自一人悄悄来到黄河边，仰天长叹，喊了几声丈夫的名字，然后说："我来了。"便纵身跳进黄河。此时，恰巧一位行医的郎中赶早路过此地，听见有人哭叫跳河的声音，便急忙赶了过来。此时正值春季河水归槽，水流平缓，郎中见河中有人沉浮，赶忙脱去外衣跳河救人，他将月娥救上岸后，月娥已淹得不省人事。郎中将她头往下放在岸边斜坡上控出喝进的河水，又进行了一番抢救，月娥这才慢慢缓过气来。这时，天已大明，村里一些早起的人也都聚到河边。大家七嘴八舌议论着月娥的遭遇，其中也有人悄悄地说她毒死婆婆的事。月娥清醒过来后，长叹一声哭道："我的冤屈没处申啊……"此时郎中已听明白事情的原委，便对月娥说："幸亏你今天遇到了我，要不然，你搭上了命，跳进黄河也洗不清呀！"接着他向大家解释说："据我多年行医经验，这奈嘟菜虽然味苦有微毒，还是能吃的，但这种野菜最忌香油，一旦与香油搅拌，毒性就会大增。这种野菜味苦很少有人吃，而奈嘟菜忌香油更是少有人知，月娥也不可能知道，她给婆婆吃后中毒死亡，当然是冤枉她了。"听他这么一说，大家这才恍然大悟，说她故意毒死婆婆的谣言也就不攻自破了。

后来，人们把这个故事总结概括成两句谚语，一句是"奈嘟菜，调香油，婆婆吃了耷拉头"，一句是"我的冤屈没处伸，跳进黄河洗不清"，一直流传至今。

石家爷们治黄河——

从前，在邳南的黄河岸边居住着一位姓石的石匠，早年丧妻，带着两个年幼的孩子。家里在黄河岸边有 20 多亩地，农忙过后，帮助乡邻们凿石磙、凿碓窝子、锻石磨，活干完只收少量的功夫钱，加上他为人厚道处事随和，在当地名声还很不错。

他有两个儿子。大儿子六岁时，那一年他在几里以外农田里干活儿。一天中午，只听得远处"轰隆隆"一阵响，接着听到有人喊："黄河涨水啦！"吓得他拼命往家跑。回到家只见儿子早已吓得钻进盛粮食的大木盒子里，幸好那一年黄河水刚漫上岸，很快就退了下去，这才躲过了这场灾。老石又惊又喜，于是就给儿子起了个名字，叫"石匣"。

过了三年后，二儿子也到了六岁，那一年夏秋季节，石匠带着一家人到山坡地干活，这时又逢黄河决口，这次很快淹没了他家大片田地，幸亏石匠一家很快躲到了附近的山上，才又躲过一劫。老石便给二儿子起了个名字，叫"石山"。

日月如梭。一转眼，老石成了年过半百的老汉，石匣、石山也都成家立业了。一天晚饭过后，石老汉对俩儿子说："我一年比一年老了，身体也不如过去了，趁着现在还不糊涂，我想把地给你们分了吧！"于是，石匣、石山弟兄俩各分得十多亩地。

分完地以后，兄弟俩摽起膀子起早贪黑地干，地里的活儿收湿晒干都弄得妥妥当当。四邻八村的人们一提起他俩没有不夸的，都竖起大拇指羡慕得不得了。

十多年以后，老大石匣的儿子石林，老二石山的儿子石桥、石横也都逐渐长大成人，这小弟兄仨个也都继承了他们父辈勤劳能干的优点。

有道是气候无常，黄河也会变脸。那一年正值大旱，黄河水出现少有的断流，而老天爷也"趁旱打劫"，一年不下一场透犁雨，地里干得"冒烟"，地里的庄稼晒得蔫巴巴的跟火燎一样，一季下来，一亩地难收两斗（一斗为40斤）粮。

年过七旬的石老汉急了，他问俩儿子怎么办，一个说挖井，一个说挖沟引水。挖井，黄河故道多为沙壤土，当井挖到见水时，土井就会坍塌，几经尝试，打井是行不通了，于是，全家决定挖沟引水。

挖沟更是谈何容易？在黄河岸边开沟引水首先需要官府批准同意，此外还需要设计制造节制闸等。州府县衙也正为持续旱情无计可施而发愁，听说有人挑头挖沟抗旱，当官的很快批准了。兄弟俩拿出几年来全部积蓄，到岠山拉来了石料、辅料，由石老汉凿制石闸，众邻居受石家爷儿几个精神感召，有力出力，有钱出钱，纷纷加入到开河引水工程上来。在众人共同帮助下，经过几个月的苦干，一条二里多长，两丈多宽的引水沟终于被挖通，节制闸也投入使用。

谁料想，当引水大功告成时，一件不幸的事情发生了。

年轻的石桥、石横兄弟俩避着他父亲堵住了大伯家引水渠，把水放到自家田地里，当石家老大的儿子石林要找他叔父石山评理时，老大石匣却因劳累过度吐血身亡。而祸不单行，风烛残年的石老汉见到儿子开挖河沟积劳累死，不禁又悲又气又急，也很快撒手"驾鹤西去"了。

老石家接连失去两位亲人，震惊乡邻。老二石山严厉杖责了儿子，妥善安排了老大家的农田灌溉和乡邻的土地灌溉。可是毕竟用水量大，还不能同时解决旱情。

正在这时，对面来了一位道士模样的过路人，只见他手执拂尘，面带微笑，与石山拱手相见，向他询问了几个问题。临走时，对石山说道："尊兄悉听，天生变数，人生私念，也属世间寻常之事；但亲情、人情、乡情及骨肉之情却是立足之本，人间正道啊。有道是：兄弟同心，其利能断金；乡邻友好，黄河能献宝。当看到您举家治理黄河，与逆境抗争，舍身为人，广播爱心，令人钦佩。善行善举，定得天佑。"说完，便立刻化作一缕清风而去。不多时，只见黄河谷底渐渐水涨，顺着新开挖的河沟缓缓流进岸边广袤良田，水量不多不少，正好润透岸边庄稼苗，多余的水装满开挖的河沟。

从此以后，石山一心为大家着想，热情主动，乐于奉献，大公无私，被乡邻一致推选为首领，带领大家整修黄河水利。直至他临终前，又把带领乡亲们治理黄河的担子交给两个儿子，并嘱咐将他葬在黄河岸边的高坡上，让他时刻监督儿孙们亲力亲为多做善事，让他永远看到人们改造黄河、治理黄河的壮举，并分享黄河岸边人民生活幸福安康的喜悦。

石山死后，葬他的地方化作一座小山，坐落在八义集和占城两镇之间，山名就叫"石山"。

偷来的官——

腊月二十四祭灶日，这是人所共知的，然而岠山东麓一杜姓人家是二十三日祭灶。问其原因，这杜老先生说："官三民四嘛！"原来他的高祖杜公曾做过清代下邳水利游击（水利官员），他本是官门之后，所以才与众不同。其实杜公做官还有一段故事哩！

杜公原住下邳。康熙七年（1668），黄河决口水沉下邳，后建新城于旧城南面,（今古邳镇）仍处于洪水走廊之中。下邳官兵、民众年年垒堰、固堤，防范洪水涌城。汛期一到，日夜巡查死守，以防不测。

一天晚上，杜公之妻再三催他说："明日灶下没柴，无法烧火做饭，快想想办法！"杜公吧嗒着烟袋说："急什么！天刚黑，堰上巡查又紧，再等一会儿，我自有办法。"

天过二更，杜公揣着一把斧子，悄悄摸向大堤，想砍几根木桩回家以解明日无柴之急。当他举起斧子刚刚砍下第一斧时,巡逻兵丁跑过来大声喝问:"谁?干什么的?"这时杜公发现有人,吓得战战兢兢,却故作镇静地答道:"是我,我怕这儿木桩不牢被水冲走,不放心,特来看看。"说罢举起斧子朝木桩上又狠狠地砸了几下,如此一夜三次都是这样,巡查兵丁见他守堤心诚,把这事报于州官。州官念其如此用心护堤,百姓中实乃少见。于是具文上报,封他为下邳水利游击。

此后,杜公非常珍视这个官职,恪尽职守,在水利方面为百姓办了不少实事,深得官民的赞扬。

附 录：

从"贫困带"到"增长极"

——全力打造黄河故道综合开发样板区

李荣启

黄河故道西起河南省开封市兰考县三义寨乡，东至江苏省盐城市滨海县滨海港镇入海口，全长730多公里，流经苏鲁豫皖4个省、8个地级市。江苏省境内黄河故道全长496公里，流经徐州、宿迁、淮安、盐城4个省辖市、14个县（市）区。徐州境内黄河故道全长234公里，占全部黄河故道总长的32%，占江苏省内黄河故道长度的47%，流经4县（市）5区、43个镇（街道办事处），沿线区域土地面积405万亩，流域内人口154万。受历史、区位、交通等多种因素的制约，沿线经济发展水平滞后，基础设施薄弱，村庄面貌老旧，群众生活水平较低，是徐州的一条"贫困带"。

近年来，徐州市委、市政府在认真调研的基础上，充分认识到，黄河故道沿线区域战线长、面积大、贫困人口多，同时，也蕴含着丰富的农业资源、土地资源、文化旅游资源和良好的生态环境资源，开发潜力巨大，是经济社会发展的一个重要"增长极"。实施黄河故道综合开发既是沿线区域加快自身发展的内在要求，也是沿线群众发展致富的急切盼望，更是统筹城乡区域协调发展、加快建设全面小康社会的迫切需要。2012年初，徐州市委、市政府积极响应省委、省政府的号召，在全省率先实施黄河故道综合开发，高起点定位、高标准规划、高水平实施，取得了阶段性成效，沿线区域进入了大开发、大建设、大发展的新时期。

一、坚持高起点目标定位，着力打造黄河故道综合开发示范区

我们提出了黄河故道综合开发的总体要求：以科学发展观为指导，抢抓省委、省政府支持苏北加快发展的重大机遇，坚持把黄河故道综合开发与振兴徐州老工业基地相结合，与新一轮扶贫开发相结合，与全面小康社会建设相结合，坚持水利、交通、农业、生态、文化旅游、扶贫、土地综合整治"七位一体"，高标准编制规划，多渠道增加投入，以项目建设为抓手，扎实推进"九项工程"，努力实现"十项任务"，确保达到中泓贯通、道路畅通、设施配套、产业兴旺、生态美好的目标，在全省率先走出一条具有徐州特色的黄河故道综合开发新路子。

围绕实现上述目标，我们全力推进九项工程建设，即中泓贯通工程、道路畅通工程、土地整治工程、农业提升工程、生态建设工程、环境整治工程、文化旅游工程、扶贫开发工程、城乡用地统筹与城镇化推进工程。

二、坚持高标准编制规划，着力提升黄河故道综合开发整体水平

我们把规划编制作为推进黄河故道综合开发的龙头，以高标准规划引领高水平建设。经过分析论证，我们把黄河故道开发规划分为县区段、市区段2个总体规划和11个专项规划。总体规划设定为国家级水平，专项规划设定为省级水平，市财政专门安排1200万元资金用于规划编制，面向全国挑选资质水平高、技术力量雄厚的规划编制单位。在规划编制过程中，加大调查研究的力度，严格按照主体功能区定位，尊重黄河故道沿线人民群众生产生活习惯和历史文化传统，使规划成果具有科学性、指导性和可操作性。特别是在具体项目安排上，坚持"思路项目化、项目具体化"，根据规划要求精心布局安排项目，编制了2012—2015年项目推进计划，共编排项目261个，计划总投资292.4亿元。工作中，我们坚持每年安排年度投资计划，明确责任单位、完成时限和推进措施，多方筹措建设资金，全力推进项目落实。到目前为止，已完成项目155个，投资164亿元。

三、坚持高质量完善设施，着力构筑黄河故道沿线产业发展平台

我们把水利、交通、土地整治、绿化等基础设施建设作为推进黄河故道综合开发的重中之重，打通经脉，构筑平台，着力解决"水不畅、路不通、地不肥"的问题。一是加快水系沟通。重点实施中泓贯通工程，按照市区段流域百年一遇、其余流域二十年一遇的防洪标准，排涝五年一遇的标准，拓

宽、疏浚、打通中泓，目前已实现 180 公里中泓贯通，有效地发挥了先行龙头作用。二是加快道路贯通。大力推进道路畅通工程，沿黄河故道一侧规划建设二级以上公路 258 公里，目前已建成沿河二级公路 75 公里，剩余工程正在加速推进。三是加快生态绿化建设。在中泓两侧各规划宽 50~100 米的绿化带，把黄河故道建成横贯东西的绿色走廊，目前中泓两侧已完成绿化面积近 2 万余亩。四是加快土地综合整治。充分挖掘沿线土地资源潜力，实施农业综合开发治理、国土整治复垦和小型农田水利建设等工程，提高土地利用率和产出率。目前已建成高标准农田 75 万亩，为全市粮食增产、农业增效打下坚实基础。

四、坚持高水平建设示范园区，着力夯实黄河故道沿线产业基础

围绕建设国家级现代农业示范带，我们重点做好四项工作。一是科学规划布局园区。围绕林果、蔬菜、稻麦、水产等特色产业，规划建设"一带九区十四园"。二是明确园区建设标准。按照国家级现代农业示范区的创建标准，提出了"规模大、设施全，品种优、技术新，机制活、效益高，环境美、形象好"24 字的建设要求，努力达到每个示范区集中连片规模在 2 万亩以上，粮食产量和效益高于当地平均水平 20% 以上，水产、果品、蔬菜实现效益倍增。三是加大资金投入力度。示范区建设坚持多元化投入原则，实行"政府引导、市场运作、业主开发、农民受益"的投入机制。加大了财政投入力度，市、县财政分三年安排 1.5 亿元专项引导资金，重点用于园区基础设施建设。同时还整合农业资源开发资金 1.9 亿元投入示范带建设。四是完善园区建设机制。相关县（市）区均成立了示范区建设管理机构，具体负责示范区建设的组织实施和项目资金的统一扎口管理。创新园区经营模式，通过托管、租赁等形式推进园区土地流转，实行统一布局、统一管理、统一经营、统一服务，促进农业适度规模经营。同时，根据黄河故道沿线产业发展的需要，同步推进沿线物流加工园区和 3A 级以上景区建设，促进沿线产业发展尽快实现规模化、标准化，形成比较完备的产业体系。

五、坚持高效率组织实施，着力完善黄河故道综合开发推进机制

一是加强组织领导。市委、市政府高度重视黄河故道综合开发工作，已连续三年将其列为事关我市改革发展稳定的大事，作为全市重点推进的"八大重点工程"之一，专门成立了工作领导小组，市委书记、市长分别任第一组长和组长，市委、市政府主要领导多次召开专题会议，研究部署黄河故道综合开发工作，制定下发了相关政策文件。二是争取政策支持。通过多种渠道加大对上汇报争取力度，努力推动黄河故道综合开发纳入国家和省区域发展规划，上升到国家和省发展战略。江苏省委、省政府已将黄河故道综合开发列为支持苏北发展的六大重点工程之一，并纳入全省农业综合开发规划进行重点推进。同时，积极推动黄河故道综合开发纳入国家区域发展规划。三是强化督查考核。把黄河故道综合开发纳入县（市）区科学发展考核和市直部门绩效考核，成立黄河故道综合开发督导组，由5个农口有关部门主要负责人任组长，对5个县（市）区黄河故道综合开发工作实施全方位、全过程督查，并实行"捆绑式"考核，同奖同罚，有力促进了各项工作措施的落实。

（作者系中共徐州市委副书记）

参考文献

[汉] 司马迁 :《史记》，北京 : 中华书局，1982 年。

[明] 官修本《明实录》，黄彰健校勘，中央研究院历史语言研究所印，北京 : 中华书局，2014 年影印版。

[明] 李东阳等 :《大明会典》，扬州 : 广陵书社，2007 年。

[明] 杨宏 :《漕运通志》，北京 : 方志出版社，2006 年。

[明] 郑晓 :《今言》，北京 : 中华书局，1984 年。

[明] 陈子龙 :《明经世文编》，北京 : 中华书局，1962 年。

[明] 顾炎武 :《天下郡国利病书》，上海 : 上海书店，1985 年。

[清] 永瑢、纪昀 :《江南通志》，《(景印) 文渊阁四库全书》第 507—512 册·史部，台北 : 台湾商务印书馆股份有限公司，1986 年。

[清] 官修本《清实录》，北京 : 中华书局，1985 年影印版。

[清] 张廷玉 :《明史》，北京 : 中华书局，1974 年。

[清] 赵尔巽 :《清史稿》，北京 : 中华书局，1976 年。

[清] 陈梦雷 :《古今图书集成》，北京 : 中华书局，1986 年。

李荣启 :《徐州历史文化丛书》，北京 : 中华书局，2004 年。

梁方仲 :《中国历代户口、田地、田赋统计》，北京 : 中华书局，2008 年。

赵明奇 :《徐州古方志丛书》，北京 : 中华书局，2014 年。

赵明奇 :《新千年整理全本徐州府志》，北京 : 中华书局，2001 年。

赵明奇 :《徐州自然灾害史》，北京 : 气象出版社，1994 年。

中国社会科学院历史研究所资料编写组 :《中国历代自然灾害及历代盛世农业政策资料》，北京 : 农业出版社，1988 年。

沂沭泗水利管理局 :《沂沭泗河道志》，北京 : 中国水利水电出版社，1996 年。

徐州市政协文史委员会 :《运河名城徐州》，北京 : 中国文史出版社，2014 年。

江苏省地方志编纂委员会 :《江苏通志稿》，南京 : 江苏古籍出版社，1993 年。

铜山县志编纂委员会：《铜山县志》，北京：中国社会科学出版社，1993年。

丰县志编纂委员会：《丰县志》，北京：中国社会科学出版社，1994年。

沛县志编纂委员会：《沛县志》，北京：中华书局，1995年。

邳县志编纂委员会：《邳县志》，北京：中国社会科学出版社，1995年。

睢宁县志编纂委员会：《睢宁县志》，北京：中国社会科学出版社，1993年。

新沂县志编纂委员会：《新沂县志》，南京：江苏科学技术出版社，1995年。

姚克明：《徐州寺庙》，北京：中国戏剧出版社，2006年。

邓毓昆：《徐州胜迹》，上海：上海人民出版社，1990年。

鲁枢元，陈先德：《黄河史》，郑州：河南人民出版社，2001年。

姚汉源：《中国水利史纲要》，北京：水利电力出版社，1987年。

邓毓昆、李银德：《徐州史话》，南京：江苏古籍出版社，1990年。

祖振华：《徐州市水利志》，徐州：中国矿业大学出版社，2004年。

[朝]崔溥：《漂海录》，北京：社会科学文献出版社，1992年。

[意]马可·波罗口述，鲁思梯谦记录，沙海昂注，冯承钧译：《马可·波罗行纪》第136章，北京：商务印书馆，2011年。

[罗]尼古拉·斯伯达鲁·米列斯库著，蒋本良、柳凤运译：《中国漫记》，北京：中华书局，1990年。

图书在版编目（CIP）数据

徐州黄河 / 李荣启主编. -- 北京 : 中国文史

出版社, 2018.10

ISBN 978-7-5034-9326-3

Ⅰ.①徐… Ⅱ.①李… Ⅲ.①黄河流域—文化史—徐

州 Ⅳ.①K295.33

中国版本图书馆CIP数据核字(2017)第144813号

责任编辑：薛媛媛

出版发行：**中国文史出版社**

社　　址：北京市西城区太平桥大街 23 号　邮编：100811

电　　话：010 - 66173572　66168268　66192736（发行部）

传　　真：010 - 66192703

印　　装：北京楠萍印刷有限公司

经　　销：全国新华书店

开　　本：720×1020　1/16

印　　张：51.25　　　字数：869千字

版　　次：2018 年 10 月第 1 版

印　　次：2018 年 10 月第 1 次印刷

定　　价：268元（上下卷）